佛山年鉴

FOSHAN NIANJIAN

2019

（总27期）

《佛山年鉴》编纂委员会　　佛山年鉴社　编

中国·广州

图书在版编目（CIP）数据

佛山年鉴.2019 / 《佛山年鉴》编纂委员会，佛山年鉴社编. —广州：广东旅游出版社，2019.11

ISBN 978-7-5570-2074-3

Ⅰ. ①佛… Ⅱ. ①佛…②佛… Ⅲ. ①佛山-2019-年鉴 Ⅳ. ①Z526.53

中国版本图书馆 CIP 数据核字（2019）第 262182 号

FOSHAN NIANJIAN. 2019

佛山年鉴. 2019

《佛山年鉴》编纂委员会　佛山年鉴社　编

佛山年鉴社

地　　址：广东省佛山市顺德区佛山新城吉祥道 10号

邮政编码：528000

电　　话：(0757) 83329325　83805035

传　　真：(0757) 83805035

电子邮箱：fsnj@fsnj.net

出 版 人：刘志松

责任编辑：梁　坚　何　方

特约编辑：陈　绍

装帧设计：陈志辉

责任技编：冼志良

出版发行：广东旅游出版社

地　　址：广州市越秀区环市东路 338 号银政大厦西楼 12 层

邮　　编：510060

电　　话：(020) 87348312

印　　刷：佛山市高明领航彩色印刷有限公司

开　　本：850mm×1168mm　1/16

印　　张：37.625　　**字　数：**1400 千字

版　　次：2019 年 11 月第 1 版　2019 年 11 月第 1 次印刷

定　　价：280.00 元

本书如有错页倒装等质量问题，请直接与印刷厂（电话：0757-88502277）联系换书

《佛山年鉴》编纂委员会

名誉主任：朱　伟

主　　任（主　编）：郭长勇　谭　萍

常务副主任（副主编）：张朝志　毛永天

副 主 任：邓灿荣　孙少娜　孔海文　顾耀辉　彭聪恩
梁耀斌　胡学骏

委　　员：杨小晶　黄少文　张开机　刘铭恩　商学兵
周佩珊　梁志光　赖洪健　江启强　钟飞健
杨永泰　陈浩斌　曾阳春　李永生　唐棣邦
苏　岩　陈新文　王　政　李　强　魏　钰
何　内　李　灿　曾祥钳　王培星　陈志海
吴小庆　陈伟锋　林国荣　梁柱华　丘胜辉
宋树龙　卢伟杰　谢端纯　丘韩飞　关珏华
王进平　刘　伟　甘志宇　利学时　杨伟亮

佛 山 年 鉴 社

副 社 长：陈　绍

编　　辑：周智锋　黄忠发　陈志辉　蔡美妹
何武琼　霍小倩　袁少芬

编辑说明

一、《佛山年鉴》是由中共佛山市委员会、佛山市人民政府主持编纂出版的一部地方性综合年鉴。每年更新资料出版一次，国内外公开发行。

二、《佛山年鉴》编纂出版坚持以马克思列宁主义、毛泽东思想、邓小平理论、“三个代表”重要思想、科学发展观和习近平新时代中国特色社会主义思想为指导。

三、《佛山年鉴》旨在全面、系统、准确地反映每个年度佛山市自然、政治、经济、文化、社会等方面的基本情况，为读者了解和研究佛山提供基本资料。

四、《佛山年鉴》采用分类编辑法。主体内容设类目、分目、条目 3 个结构层次。少数分目增设次分目的层次。条目为表现内容的基本形式。全书条目标题统一用黑体加【 】表示。少数包含多方面资料的条目则在段首加插楷体标题提示。

五、《佛山年鉴.2019》着重反映 2018 年佛山市的基本情况。全书设《特载》《年度聚焦》《总述》《党政机关》《民主党派·工商联》《群团组织》《外事·侨务·台港澳事务》《法治》《军事》《经济监督管理》《财政·税务》《金融》《城乡建设》《区域合作·扶贫开发》《开放型经济》《民营经济》《农业》《工业》《建筑业·房地产业》《交通运输业·邮政业》《信息业》《商贸服务业》《旅游业》《教育》《科学技术》《社会科学》《文化艺术》《图书·博物·档案·地方志》《传播媒体》《卫生健康》《体育》《社会民生》《生态环境》《市辖区》《人物》《2018 佛山大事记》《统计资料》《法规·文件》等 38 个类目，212 个分目，1638 个条目；设《佛山风采》图片专辑 1 个。

六、本年鉴统计数据采用法定计量单位，主要统计数据，均经撰稿单位与统计部门核对。全书所载录内容均由各撰稿单位审定提供。由于统计口径不一，个别数据可能不一致，使用时以佛山市统计局提供的数据为准。

七、本年鉴配套双重检索系统：书前刊有目录，书后配有索引。索引采用主题分析法，款目按汉语拼音字母顺序排列。

目　录

党政机关

外事·侨务·台港澳事务

法　治

军　事

经济监督管理

财政·税务

金 融

城乡建设

区域合作·扶贫开发

开放型经济

民营经济

农　业

工　业

建筑业 · 房地产业

交通运输业 · 邮政业

信息业

商贸服务业

旅游业

教　育

科学技术

社会科学

文化艺术

图书·博物·档案·地方志

传播媒体

卫生健康

体　育

社会民生

生态环境

市辖区

人　物

2018 佛山大事记

统计资料

法规·文件

佛山

城市名片

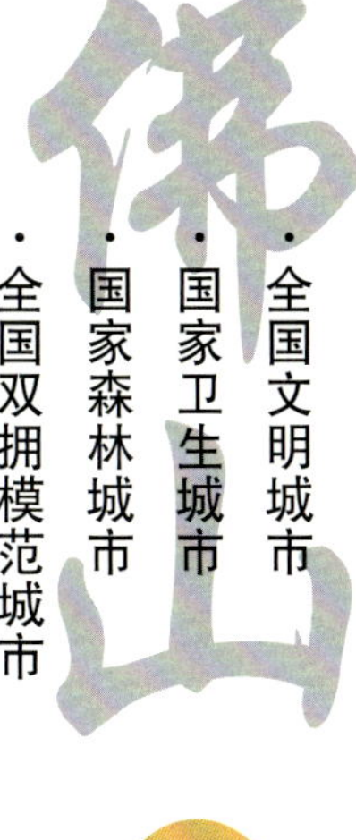

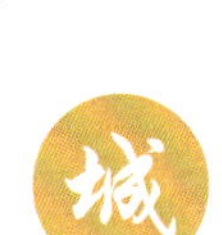

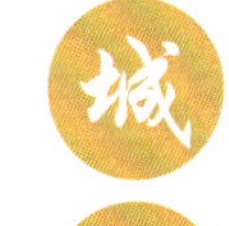

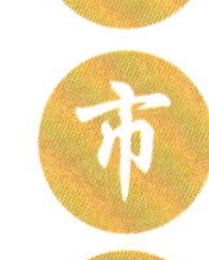

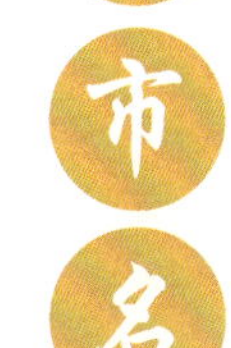

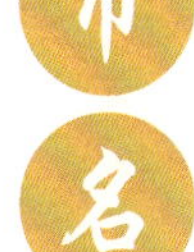

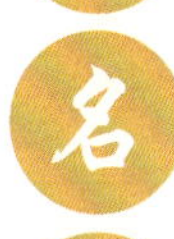

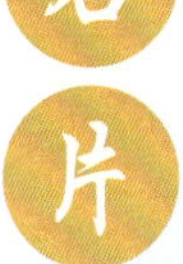

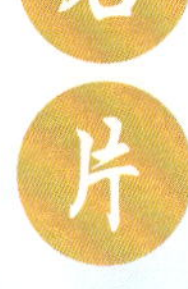

- 全国文明城市
- 国家卫生城市
- 国家森林城市
- 全国双拥模范城市
- 国家园林城市
- 国家农业产业示范基地市
- 国家优秀旅游城市
- 联合国人类居住区优秀范例
- 全国绿化模范城市
- 国家环境保护模范城市
- 中国十大智慧城市
- 中国品牌经济城市
- 国家商标战略实施示范城市
- 国家知识产权投融资试点城市
- 国家知识产权示范城市
- 国家公共文化服务体系示范区
- 国家级市场采购贸易方式试点城市
- 中国历史文化名城
- 中国品牌之都
- 全国制造业转型升级综合改革试点
- 全国科技进步先进市
- 全国制造业信息化工程重点城市
- 信息惠民国家试点城市

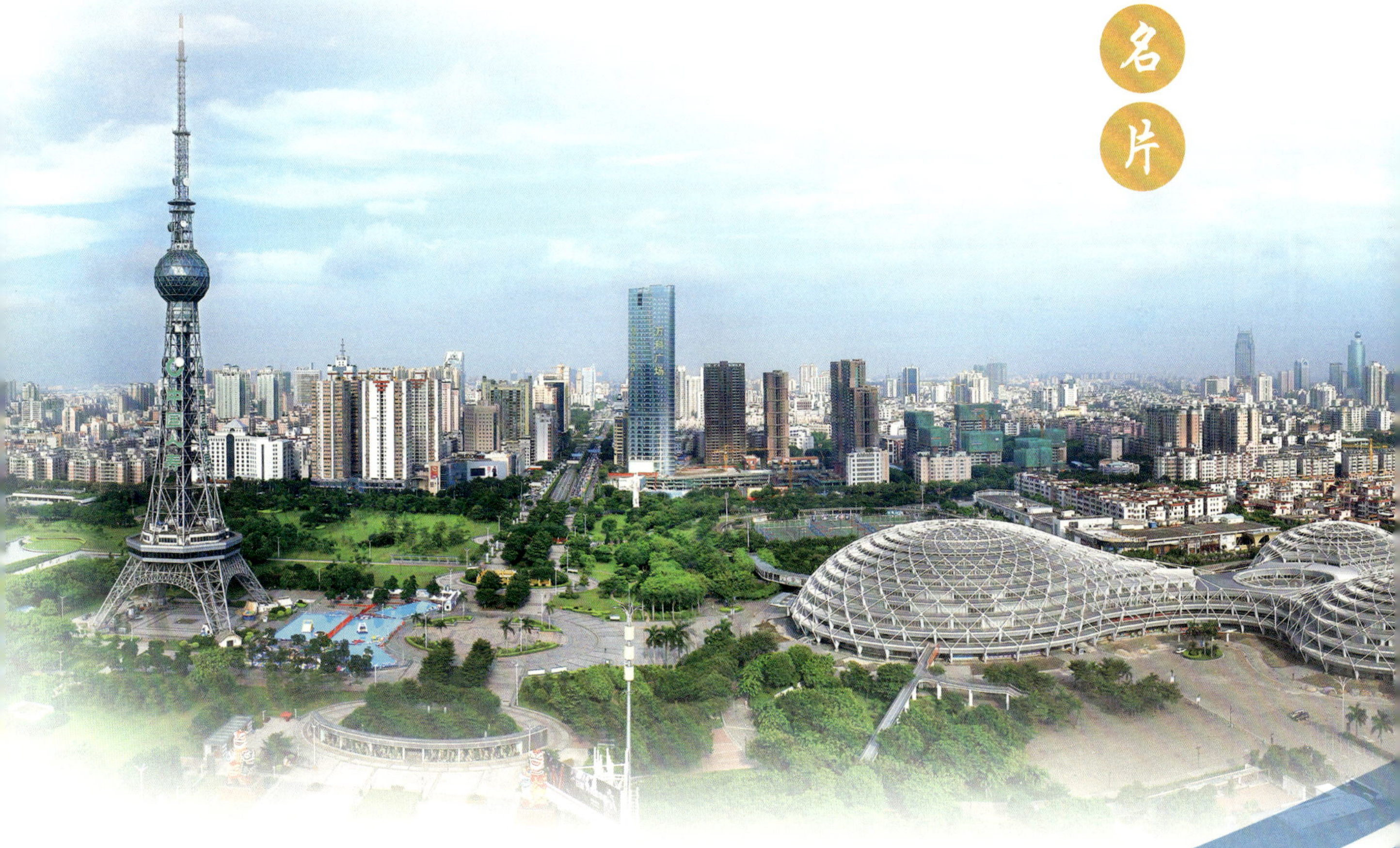

佛山市行政区划图

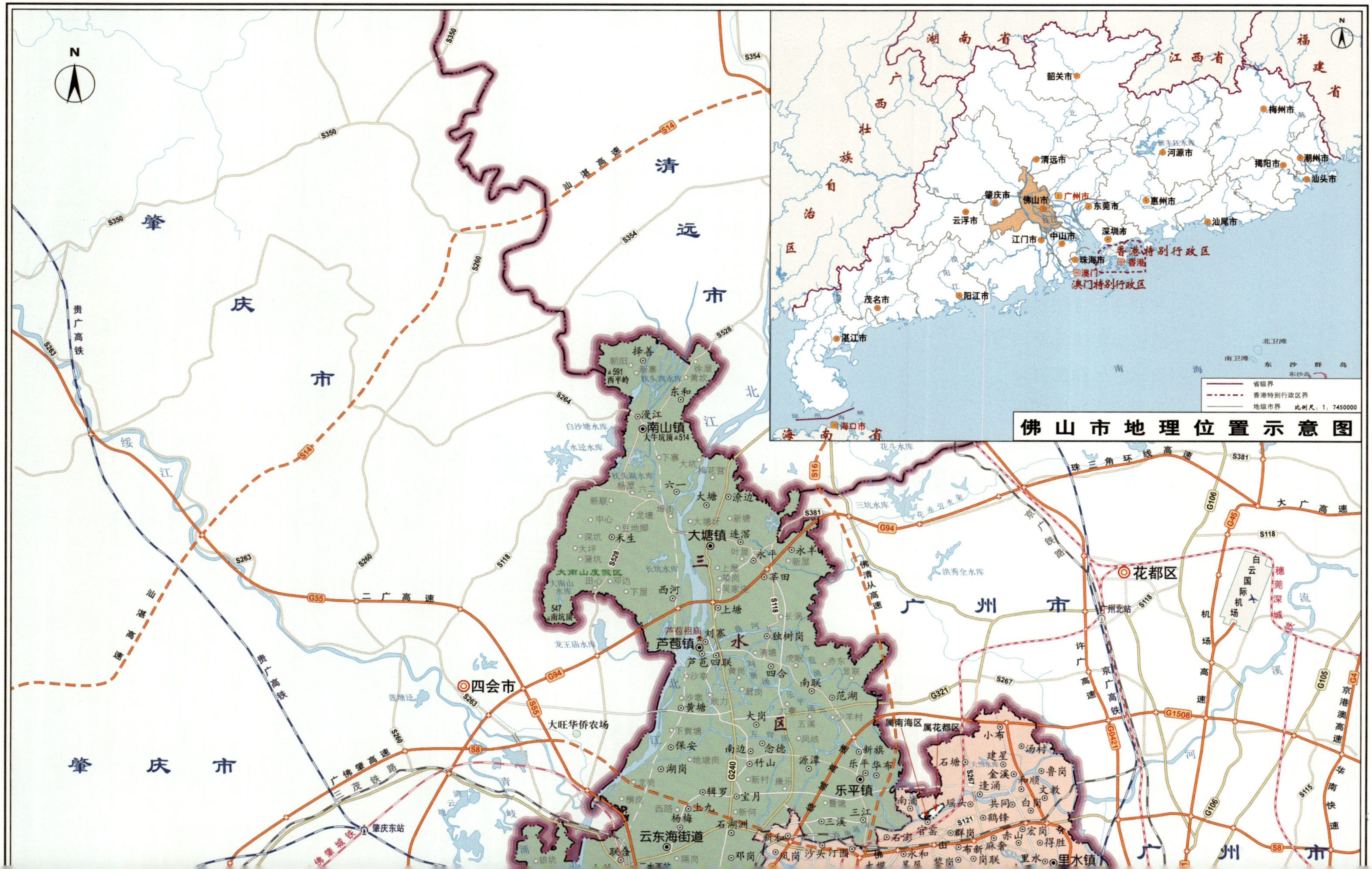

肇庆市
清远市
广州市
三水区
南山镇
大塘镇
芦苞镇
乐平镇
云东海街道
里水镇
四会市
花都区
白云国际机场
大旺华侨农场
肇庆东站
二广高速
汕湛高速
贵广高铁
广佛肇高速
三茂铁路
佛清从高速
珠三角环线高速
大广高速
京广铁路
许广高速
京广高铁
机场高速
京港澳高速
华南快速
穗莞深城铁
佛肇城铁
北江
绥江
佛山市地理位置示意图
湖南省
江西省
福建省
广西壮族自治区
海南省
韶关市
梅州市
清远市
河源市
揭阳市
潮州市
汕头市
肇庆市
佛山市
广州市
东莞市
惠州市
云浮市
深圳市
汕尾市
江门市
中山市
香港特别行政区
珠海市
香港
澳门
澳门特别行政区
茂名市
阳江市
湛江市
海口市
南海
东沙群岛
省级界
香港特别行政区界
地级市界
比例尺：1：7450000

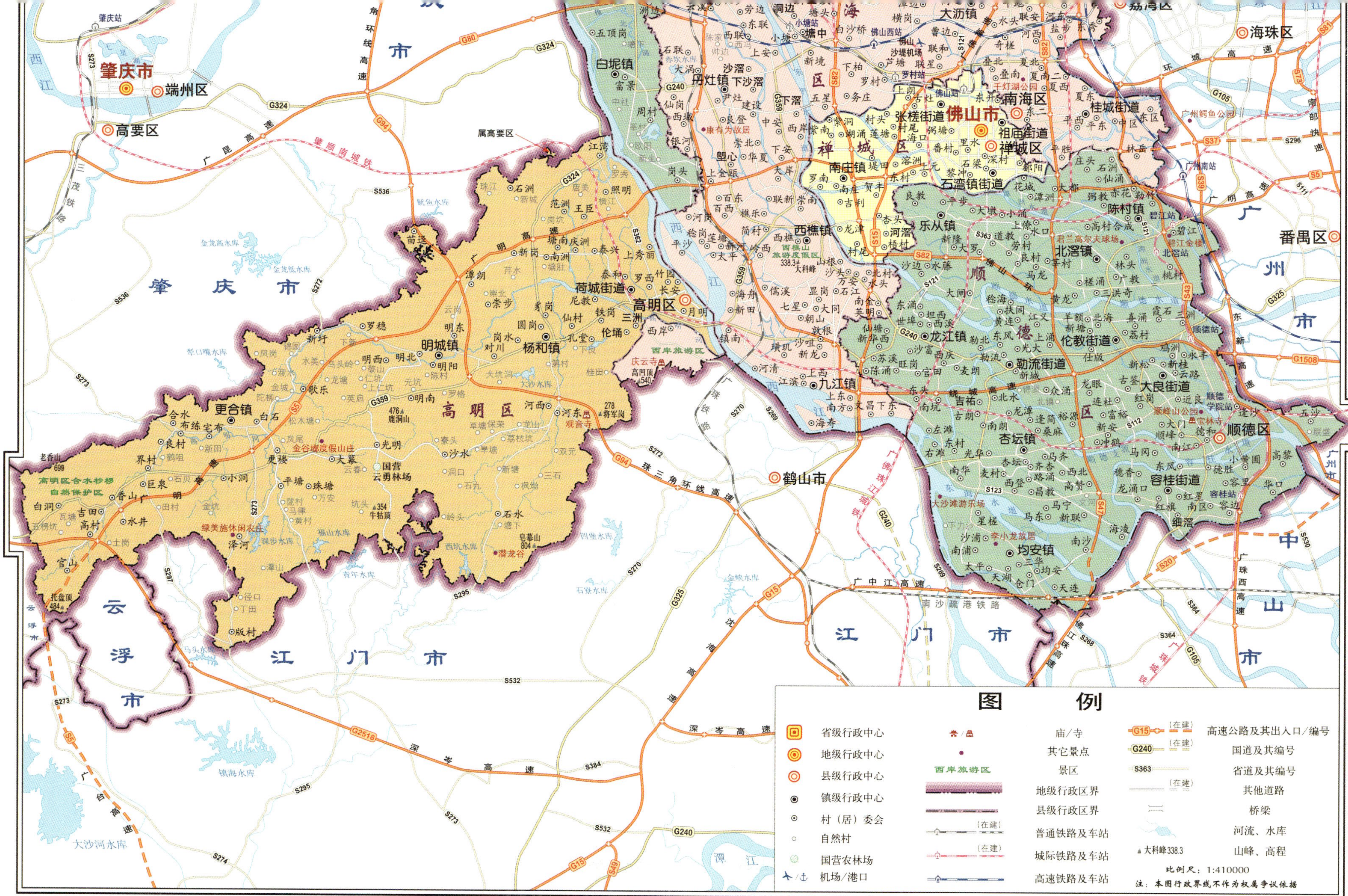

图例

符号	说明	符号	说明	符号	说明
	省级行政中心		庙/寺	G15（在建）	高速公路及其出入口/编号
	地级行政中心		其它景点	G240（在建）	国道及其编号
	县级行政中心	西岸旅游区	景区	S363	省道及其编号
	镇级行政中心		地级行政区界	（在建）	其他道路
	村（居）委会		县级行政区界		桥梁
	自然村	（在建）	普通铁路及车站		河流、水库
	国营农林场	（在建）	城际铁路及车站	大科峰338.3	山峰、高程
	机场/港口		高速铁路及车站		

比例尺：1:410000

注：本图行政界线不作为权属争议依据

2018年佛山多项工作走在全国全省前列

佛山市第十五届人民代表大会第四次会议于2019年2月14日，在市委机关大礼堂开幕，佛山市市长朱伟向大会作政府工作报告，全面回顾2018年工作。2018年，佛山市坚持稳中求进工作总基调，坚定践行新发展理念，统筹推进稳增长、促改革、调结构、惠民生、防风险各项工作，全市经济社会保持平稳健康发展，多项工作走在全国全省前列。

一、“六稳”

出台落实“六稳”工作方案，多措并举应对经济下行压力。

稳就业：城镇新增就业8.57万人。

稳金融：促进社会投资健康发展、企业债券发行、债券品种创新与风险防范等工作获国务院通报激励；金融机构贷款余额1.05万亿元，成为全省首个贷款余额突破万亿元的地级市；新增上市企业5家，累计达58家。

稳外贸：成为国家级市场采购贸易方式试点城市；
完成进出口总额4599.3亿元，增长5.5%。

稳外资：实际利用外资45.73亿元。

稳投资：固定资产投资增长5.6%，其中工业技改投资增长8.5%。

稳预期：为企业减负426.02亿元；
民营工业对全市工业增长贡献率80.1%；
新登记市场主体15.72万户，增长30.9%；
新增主营业务收入超100亿元企业2家、累计达20家。

二、供给侧结构性改革

国家制造业转型升级综合改革试点扎实推进，工业稳增长和转型升级成效较明显，获国务院通报表扬；三次产业比重调整为1.5：56.5：42。

传统产业：推广应用机器人3014台。

新兴产业：新签约投资超亿元内资项目462个，计划投资3039亿元；
投资800亿元的碧桂园“机器人谷”、150亿元的航天军民融合协同创新智慧城等项目签约。

品质革命：获批创建全国知名品牌示范区4个、累计达13个，驰名商标总量160件，均位居全国地级市首位；新增广东省名牌产品268个，累计达580个，总量位居全省首位；109家企业入选广东制造业500强，增加51家。

服务业：广东金融高新区总投资达1010亿元；启动“粤菜师傅”工程，成立全省首家厨师学院；南方影视中心加快建设，影视制作企业达467家。

三、创新驱动

获批建设国家创新型城市，财政科技投入54.65亿元，预计研发经费支出占地区生产总值比重2.42%。

创新能力：清华大学佛山先进制造研究院揭牌；新增国家高新技术企业1350家、累计达3900家。

创新平台：佛山国家高新区全国排名升至第25位。

创业环境：新引进领军人才超过50人；与德国亚琛工业大学合作筹建佛山理工大学。

四、改革开放

多项改革开放举措走在全省乃至全国前列。

改革攻坚：顺德区获批率先建设全省高质量发展体制机制改革创新实验区；成为全国“企业开办全程网上办”改革试点城市；在全省率先复制“证照分离”改革试点经验。

扩大开放：中德工业城市联盟成员及观察员城市增至41个，其中德国城市18个。

五、城乡统筹

城市治理三年行动计划稳步推进，968个项目已完工374个、开工460个，累计完成投资2580亿元。

城市品质：出台产业发展保护区划定及城市棕线管理办法，保障350平方千米产业用地规模。

基础设施：珠三角枢纽（广州新）机场前期工作启动；“一环”高速化主线改造基本完成；新能源和清洁能源公交车比例达100%。

乡村振兴：启动高明革命老区特别帮扶计划；三水区成为省乡村振兴综合改革试点；与省农科院共建农业科技示范市。

六、三大攻坚战

积极有效防范化解各类风险。

$PM_{2.5}$首次达到国家空气质量二级标准，全年空气优良天数超八成；

率先开展市级生态环境督察；

划定生态控制线面积1951.53平方千米、城市蓝线面积562.6平方千米；

开展48个河心岛生态修复工作。

深入推进对口帮扶。

七、民生事业

居民人均可支配收入4.96万元，增长8.3%。财政民生支出612.64亿元，占一般公共预算支出75.9%。

民生福祉：最低生活保障标准提高至每人每月980元；特困人员供养标准提高至平均每人每月1863元；实现全市城乡居民养老保险全覆盖。

公共服务：完成新（改、扩）建幼儿园43所，新增学前教育学位1.7万个；新（改、扩）建义务教育阶段学校41所，新增学位4.2万个；实施药品和医用耗材供应链改革，药品采购价格降低11.2%；创建成为国家公共文化服务体系示范区；成功举办第27届中国金鸡百花电影节。

平安佛山：刑事警情下降26.9%，治安警情下降16.8%。

八、依法行政

坚持依法行政，人民满意政府建设取得新进展。

办理人大代表建议188件、政协提案215件，办复率100%。提请市人大常委会审议法规草案2件、制定修改政府规章3项。

建设人民满意政府完成115个年度重点项目，第三方机构评估得分87.25分。

推进“数字政府”建设，获中国智慧城市建设领先奖和中国营商环境创新奖。

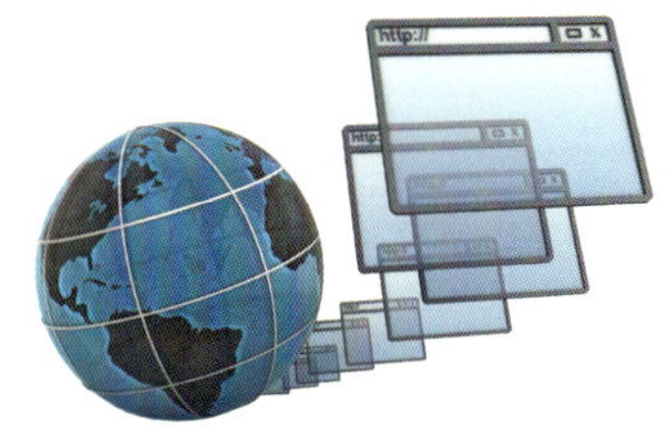

（摘自《佛山日报》）

佛山新貌

佛山市禅城区文华公园（绍辉摄）

中国人寿

佛山市南海区千灯湖金融高新区（绍辉摄）

佛山市顺德区北滘镇（绍辉摄）

佛山市顺德区顺峰山公园（顺德区供图）

佛山市顺德区均安镇皃洲河一河两岸（顺德区供图）

佛山市顺德区龙江新城（顺德区供图）

佛山市高明区西江新城（高明区供图）

佛山市三水新城（三水区供图）

佛山市三水区凤凰公园（三水区供图）

佛山市三水区云东海国家湿地公园（三水区供图）

晚霞辉映的佛山新城（王澍摄）

南海区三山新城成为三龙湾高端创新集聚区的重要区域之一（王澍摄）

2018年9月8日，广东省省长马兴瑞（前右三）等省领导一行到广东顺德军民融合创新产业园调研全链条军民融合产业生态体系服务平台建设情况
（顺德区供图）

2018年6月21日，为深入贯彻习近平总书记在全国生态环境保护大会上的重要讲话精神，落实广东省生态环境保护暨污染防治攻坚战工作推进会部署，全力配合做好中央环保督察“回头看”工作，广佛两市主要领导到广州新市涌、佛山水口水道调研督导广佛跨界河涌治理工作
（市档案馆供图）

2018 年 3 月 28 日，佛山市召开珠三角枢纽（广州新）机场建设工作推进会议，中共佛山市委副书记、市长、佛山机场建设工作领导小组组长朱伟主持会议并讲话。会议听取珠三角枢纽（广州新）机场建设进展情况汇报，研究相关重要事项，并部署下一步工作。图为佛山机场建设工作办公室及佛山市机场建设开发有限公司成立仪式现场

（市档案馆供图）

2018 年 11 月 27 日，中共佛山市委书记鲁毅（左三）率队调研重点项目推进工作。图为鲁毅在佛山轨道交通 3 号线顺德美旗站项目现场听取项目建设情况介绍 （市档案馆供图）

2018 年 12 月 29 日，番海大桥工程动工仪式举行。佛山市禅城区魁奇路和广州南大干线以及外部的广明高速公路、广珠西高速公路和东新高速公路将有效串联起来，形成一条连接广佛两市的东西走向经济大动脉，成为广佛同城化交通项目中崭新的里程碑

（市路桥公司供图）

2018 年 1 月 26 日，原中央政治局委员孟建柱（前右二）在佛山市领导的陪同下视察顺德广东工业设计城　　（市档案馆供图）

2018 年 3 月 2 日，广东省副省长陈良贤（前右三）率队到佛山调研民营经济发展情况。图为调研组一行在乐华陶瓷洁具有限公司听取企业情况汇报　　（市档案馆供图）

2018 年 3 月 20 日，中共佛山市委书记鲁毅（右一）带队赴顺德区开展 2018 年“企业暖春行动”，深入企业走访调研，并与企业代表座谈交流，听取诉求，要求各级各部门提供“保姆式”服务，营造市场化、法制化、国际化营商环境，支持企业实现跨越式发展。图为鲁毅在顺德海尔电器有限公司调研（市档案馆供图）

2018 年 6 月 27 日，科力远 CHS 佛山工厂正式投产，标志着中国自主知识产权混合动力总成正式产业化。广东省副省长陈良贤（右三），佛山市市长朱伟（右二）等领导以及汽车产业企业代表共同出席活动（市档案馆供图）

2018 年 10 月 31 日，广东省部分全国人大代表到佛山市开展“降低实体经济成本政策落实情况”专题调研。图为调研组听取佛山市国星光电股份有限公司工作人员介绍企业发展情况（市人大供图）

2018 年 12 月 28 日，位于南海区三山新城的季华实验室正式动工。季华实验室是广东省委、省政府启动的首批 4 家广东省实验室之一，旨在打造先进制造科学与技术领域海内一流、国际高端的战略科技创新平台（市档案馆供图）

2018 年 2 月 2 日，佛山市建设大湾区高品质森林城市启动现场会在南海区金沙岛举行，会上还举行广东南海金沙岛国家湿地公园揭牌仪式

（市档案馆供图）

2018 年 11 月 27 日，佛山市特色小镇建设工作现场会在禅城区召开。佛山市计划启动第二批特色小镇创建工作，全市 5 个区共推荐 13 个特色小镇创建对象。图为佛山市常务副市长蔡家华（前左三）带队到陶谷小镇实地考察陶·创客会馆

（市档案馆供图）

2018 年 3 月 28 日，中德工业智能制造国际合作示范区暨美的库卡智能制造产业基地启动仪式在美的库卡智能制造产业基地举行，广东省副省长陈良贤（右七）、中共佛山市委书记鲁毅（右六）等领导出席启动仪式

（市档案馆供图）

2018 年 12 月 20 日，佛山亚洲国际市场采购贸易方式试点正式启动。广东省商务厅厅长郑建荣（右五）、广州市海关副关长孟传金（右四）、佛山市市长朱伟（左五）等出席启动仪式　（市商务局供图）

2018 年 10 月 29—30 日，2018 中国·佛山人工智能与智能制造国际大会在佛山高新区举行。国内外众多人工智能与智能制造领域的院士、专家参会，通过重大项目签约、主题演讲、论坛对话、项目展演等多种形式，交流最新行业趋势，促进国内外高精尖项目产业化并落地广东乃至佛山。图为广东省科技厅、英国东北企业合作署和佛山市政府代表共同签订中英合作备忘录　（市档案馆供图）

2018年6月22日，一汽－大众华南基地全面建成投产仪式在南海区举行。这是一汽－大众在2018年建成投产的第三个基地。一汽－大众华南基地占地面积约166万平方米，建成投产后，华南基地形成年产60万辆整车能力。图为佛山市市长朱伟（右八）等领导与嘉宾出席投产仪式

（南海区供图）

2018年11月6日，2018绿色生产与消费交流会暨第二届氢能周系列活动开幕式在南海区举行，该次活动汇聚中国、美国、加拿大、德国、法国、日本等20多个国家和地区的权威部门和专家，围绕氢能、燃料电池及汽车、绿色制造和消费，交流分享绿色发展新理念，建设保障氢能产业高质量发展的检测认证体系。图为活动中举行的氢能产业项目签约仪式

（南海区供图）

2018 年 1 月 23 日，由华南理工大学与佛山市顺德区政府签约共建的华南理工大学国家大学科技园顺德创新园区举行开园仪式

（顺德区供图）

2018 年 10 月 27 日，顺德新能源汽车小镇示范区在顺德区南方智谷园区落成。来自北京、上海、深圳等地的 14 家企业，正式入驻新能源汽车小镇创新启动区。该示范区定位是高端研发和创业孵化基地，重点发展新能源核心零部件、无人驾驶，以及相关云计算、人工智能等科技产业，为顺德注入新动力（顺德区供图）

2018 年 9 月 19 日，广东博智林机器人有限公司与西湖大学签约仪式在碧桂园集团总部举行。双方将在顺德机器人谷设立联合研究院，并在全球范围内招聘 200 名人工智能、智能制造及机器人领域的世界级专家，在人工智能、机器人技术研发与应用、人才培养等方面开展全面合作

（顺德区供图）

2018 年 12 月 17—19 日，2018 第四届珠江西岸先进装备制造业投资贸易洽谈会在广东（潭州）国际会展中心举行。中共广东省委书记李希（后排右九）、省长马兴瑞（后排右八）等领导出席开幕式并见证重点项目签约（市档案馆供图）

2018 年 12 月 17 日，出席 2018 第四届珠江西岸先进装备制造业投资贸易洽谈会开幕式的中共广东省委书记李希（前右四）、省长马兴瑞（前右五）等领导在佛山市领导的陪同下会见参会嘉宾并考察展馆（市档案馆供图）

2018 年 10 月 24— 27 日，中国（广东）国际“互联网 +”博览会在广东（潭州）国际会展中心举行。展会汇集全球多家工业、互联网企业参展，设置包括“互联网 + 前沿技术”、数字化商业、数字化生活、智能制造等六大展区。图为中国工程院原院长周济（前中）在中共佛山市委书记鲁毅（左三）、市长朱伟（左二）等领导的陪同下到场观展并与智能机器人握手 （市档案馆供图）

2018 年 10 月 24 日，数字广东网络建设有限公司佛山市分公司、佛山市大数据发展与应用创新研究院、佛山市数据资源中心的成立揭牌仪式，在第四届中国（广东）国际“互联网 +”博览会数字政府建设展区举行。这 3 个单位的成立，将推动佛山市数字政府建设的项目开发和数据利用，推进政务数据的汇聚分析和开放共享，为数字政府的高效运作提供有力支撑和智力支持

（市档案馆供图）

2018 年 9 月 13 日，第十届国际发明展览会暨第三届世界发明创新论坛在广东（潭洲）国际会展中心举行，来自中国科学院、中国工程院、澳大利亚国家工程院等科研院所的国内外院士及专家，进行了全球前沿技术解读、军民融合发展趋势等专题演讲，为佛山相关领域发展带来“外脑”支持。图为论坛过程中举办的首届中国发明协会会士证书颁发仪式（市档案馆供图）

2018 年 11 月 23—24 日，2018 年广东省高校科技创新暨高等教育“冲一流、补短板、强特色”提升计划工作推进会在佛山新城举行。广东省高校、佛山企业、研发机构、科技园区代表共聚一堂，探讨高校科研成果转化有效路径，实现成果与需求的对接，助推佛山产业转型升级。会上，18 所高校签署教育人才“组团式”帮扶协议（市档案馆供图）

2018 年 1 月 14 日，佛山市人民政府、佛山市总商会与《财经》杂志、《财经》智库在佛山保利洲际酒店举办 2018 中国制造论坛。论坛以“全球制造业变局下的新产业革命”为主题，通过深度解读佛山实践，围绕探寻中国制造业未来转型升级的路径展开讨论交流

（市档案馆供图）

2018 年 9 月 5 日，“品质革命 创新力量”2018 佛山企业大会在佛山新城举行。图为大会对话论坛现场，企业家和专家们围绕“迈向高质量发展，中国制造如何破题”发表见解

（市档案馆供图）

2018 年 6 月 16—18 日，以“3D 打印重新定义制造业”为主题的第五届世界 3D 打印技术产业大会在南海区举行。来自英国皇家工程院、中国工程院、美国工程院、剑桥大学等国内外 800 多位权威专家和嘉宾出席大会，同时全球首个 3D 打印批量化制造中心暨广东（大沥）3D 打印协同创新平台正式对外开放

（市档案馆供图）

2018 年 6 月 26 日，中国（佛山）知识产权保护中心挂牌仪式在禅城区绿岛广场举行。佛山市市长朱伟（右三）等出席挂牌仪式

（市档案馆供图）

2018 年 7 月 17 日，中国（佛山）知识产权保护中心授章仪式在禅城区绿岛湖国家知识产权服务业集聚发展示范区举行。图为佛山市常务副市长蔡家华（左）作为代表接受国家知识产权局专利局审查专务部副部长雷春海（右）为中国（佛山）知识产权保护中心颁授“专利申请受理章”“专利审查业务章”“专利登记簿用章”共 3 枚印章 （市档案馆供图）

2018 年 10 月 12 日，佛山市举办“2018 年世界标准日暨建设第一批参与‘百城千业万企对标达标提升行动’城市宣传活动”。活动中，佛山市质监局为蒙娜丽莎集团股份有限公司及广东联邦家私集团有限公司等 2 个“第一批国家级消费品标准化试点单位”进行授牌

（市市场监管局供图）

2018 年 1 月 12 日，由佛山市人民政府主办的佛山市企业上市工作促进会在佛山新城召开。图为佛山市市长朱伟（左七）等领导为上市工作先进企业颁奖并合影　　（市档案馆供图）

2018 年 7 月 18 日，第七届中国创新创业大赛港澳台赛启动仪式在佛山市南海区举行。图为启动仪式过程中举办的企业联合创新平台授牌仪式　　（市档案馆供图）

2018 年 5 月 21 日，清华大学佛山先进制造研究院签约及揭牌仪式在清华大学举行。佛山市市长朱伟（前右一）带领各区及相关市直部门相关负责人走进清华大学，代表佛山市人民政府与清华大学签约，并为清华大学佛山先进制造研究院揭牌（市档案馆供图）

2018 年 12 月 6 日，清华大学常务副校长王希勤教授走进佛山一中，开启“iTsinghua 学堂——名师大家进中学”系列活动佛山第一站。其间，佛山市教育局和清华大学电子工程系就校园安全管理、人工智能教育等方面签订合作意向书（市教育局供图）

2018 年 9 月 17 日，佛山市人民政府与中国铁塔广东分公司战略合作框架协议签约仪式在佛山市举行。协议共同推进佛山信息通信基础设施建设，为全面推动 5G 网络发展奠定基础。佛山市市长朱伟（后排左七）、中国铁塔集团广东分公司总经理舒兆平（后排左八）等出席签约仪式（市档案馆供图）

2018 年 1 月 4 日，佛山市人民政府与农业银行广东省分行战略合作框架协议签约仪式在佛山市举行，佛山市市长朱伟（后排左三），农业银行广东分行行长袁明男（后排左四）等见证签约（市档案馆供图）

2018 年 1 月 19 日，佛山市监察委员会揭牌仪式在市机关大院正门举行，中共佛山市委书记鲁毅（右四）、市长朱伟（左四）等领导参加揭牌仪式

（市档案馆供图）

2018 年 7 月 5 日，国家税务总局佛山市税务局正式挂牌，原佛山市国家税务局、原佛山市地方税务局正式合并。图为国家税务总局广东省税务局联合党委委员、副局长陈忠明（左三），佛山市委常委、常务副市长蔡家华（右三）等领导为国家税务总局佛山市税务局揭牌

（市税务局供图）

2018 年 11 月 8 日，佛山市开办企业便利度再提升暨 24 小时智能商事登记系统“五进”（进社区、园区、专业市场、商业中心、银行网点）启动仪式在顺德区龙江镇亚洲国际家具材料交易中心举行。佛山市副市长乔羽（左四）出席启动仪式并讲话。佛山市工商局、市编办、市公安局、市税务局、市行政服务中心、人民银行佛山市中心支行和各商业银行相关负责人等参加启动仪式

（市市场监管局供图）

2018 年 7 月 17 日，广东省首个保险创新发展示范区在禅城区揭牌。佛山市禅城区政府与广东省保险行业协会、广东省保险中介行业协会现场签订共建示范区框架协议，三方将发挥各自优势，通过加强招商引资、人才培养、产品创新等方面的合作，整合各方资源，共同将禅城打造成为区域性保险服务中心

（禅城区供图）

2018年9月14日，佛山市对口帮扶云浮市第八次党政联席会议在云浮市召开。两市共同协商研究下一步佛山市对口帮扶云浮市产业共建、精准扶贫工作，拓展帮扶领域，提升合作层次，坚决打赢精准脱贫攻坚战，推进经济社会高质量发展 （市档案馆供图）

2018年8月28—29日，中共佛山市委书记鲁毅率党政代表团到湛江市对接新时期精准扶贫对口帮扶工作。图为佛山市副市长乔羽（左）代表佛山市向湛江市副市长崔青（右）赠送对口帮扶资金 （市档案馆供图）

2018 年 11 月 6 日，最高人民检察院监外执行（社区矫正）检察调研交流活动在佛山市禅城区举行。最高检刑事执行检察厅、全国 10 个省（市）检察院刑事执行检察部门、佛山市检察院、佛山市司法局、禅城区政府及禅城区检察院等部门领导及相关人员约 50 人参加调研活动。图为调研组到佛山市禅城区社会综合治理指挥中心调研　　（市检察院供图）

2018 年 9 月 4 日，为全面展示警察保安队伍的风采，增进粤港澳三地警察保安队伍的了解和友谊，第十八届粤港澳警察、保安体育交流会在佛山岭南明珠体育馆举行。图为交流会开幕仪式　　（市公安局供图）

2018 年 1 月 8 日，国家食品药品监督管理总局副局长尚勇到佛山调研食品安全工作。图为尚勇（右二）在南海何氏水产调研
（市档案馆供图）

2018 年 10 月 13 日，广东省副省长叶贞琴（左一）到佛山市三水区兴农大畜养殖有限公司调研非洲猪瘟防控工作
（市档案馆供图）

2018 年 11 月 14—16 日，2018 中国安全产业大会在佛山广发金融中心举行。来自全国 2500 多名安全行业专家、中国安全行业龙头企业代表齐聚一起，展示安全产业前沿科技产品，解读安全产业新趋势。同时，大会还发起成立安全产业联盟。会上，国家安全产业大数据平台华南节点及灾备中心上线，清华大学－佛山先进制造研究院城市安全研究中心和佛山市南海区公共安全技术研究院也正式揭牌
（市档案馆供图）

2018 年 2 月 2 日，中共佛山市委书记鲁毅（前中）率队到佛山西站检查春运安全工作（市档案馆供图）

2018 年 9 月 20 日，中秋、国庆双节前夕，中共佛山市委书记鲁毅（左三）率队到南海区检查安全生产工作。图为鲁毅一行在南海环宇城商业综合体了解节前食品安全情况（市档案馆供图）

2018 年 6 月 22 日，佛山市第二届“佛山 · 大城工匠”命名大会。图为佛山市领导为第二届“佛山 · 大城工匠”颁发证书

（甘建华摄）

2018 年 4 月 28 日，佛山市召开“2018 年佛山庆祝‘五一’国际劳动节大会”。佛山市领导，各区分管领导，2018 年佛山市获得全国和广东省五一劳动奖状、奖章和工人先锋号的代表，以及工会代表和东鹏研究院代表等 200 多人出席大会。图为 2018 年获得全国和广东省五一劳动奖状、奖章和工人先锋号的代表合影

（市档案馆供图）

2018 年 8 月 13 日，首届“廉洁佛山年度人物”先进事迹报告会在佛山市机关大礼堂举行。10 名勤廉拒腐的先进人物被推荐为“廉洁佛山年度人物”。中共佛山市委书记鲁毅（左九）等领导为“廉洁佛山年度人物”颁发荣誉证书并合影 （市档案馆供图）

2018 年 5 月 16 日，2018 第三届佛山市“最美天使”命名大会在佛山新城举行。图为出席活动的领导嘉宾与 20 名“最美天使”合影留念 （市档案馆供图）

2018年6月11日，佛山市市长朱伟（右二）会见德国工商总会主席史伟哲（左二）一行。双方就推动德国企业与佛山合作、加强互访等具体事宜进行深入探讨交流。图为会见双方互赠纪念品并合影 （市档案馆供图）

2018年10月24日，佛山市市长朱伟（右）在佛山市禅城区马哥孛罗酒店会见英国迈克尔·肯特王子（左）率领的英国考察团一行。图为会见双方互赠纪念品并合影 （市档案馆供图）

2018年11月20日，佛山市市长朱伟（前排右一）会见乌拉圭萨尔托省省长兼首府萨尔托市市长安德烈斯·利马及乌拉圭驻广州总领事马丁·阿尔维斯一行。双方就推动两地合作共赢、加强互访等事宜进行探讨交流。图为双方签订《佛山市·萨尔托市关于加强友好交流与合作意向书》 （市档案馆供图）

2018 年 7 月 31 日，香港特别行政区财政司司长陈茂波率队到佛山市考察，调研两地在产业、金融等方面的合作。佛山市市长朱伟（右六）、副市长刘俊文（右五）会见陈茂波（左五）一行并陪同调研。考察团一行到佛山市香港科技大学 LED-FPD 工程技术研究开发中心，了解佛山市与香港科技大学的合作情况，还到佛山机器人学院实地考察。图为市领导与香港考察团代表合影（市档案馆供图）

2018 年 7 月 9 日，澳门特别行政区行政长官崔世安（前右五）率澳门特区政府代表团就粤港澳大湾区城市合作到佛山市等地考察。图为在佛山市市长朱伟的陪同下，澳门特区政府代表团一行在南海区广东金融高新区考察（市档案馆供图）

2018 年 8 月 14 日，澳门特别行政区社会文化司司长谭俊荣（左）一行到佛山市考察。佛山市副市长刘俊文（右）会见谭俊荣一行并互赠纪念品（市档案馆供图）

2018 年 12 月 13—16 日，由香港佛山社团总会、佛山海外联谊会联合主办的第三届香港·佛山节在香港举行。活动期间集中展示佛山美食、佛山功夫、佛山非遗等特色元素 （市文广旅体局供图）

2018 年 9 月 23 日，佛山庆祝首届中国农民丰收节活动暨第二届农业嘉年华开幕式在三水区南山镇举行。中共广东省委副书记任学锋（左三）、佛山市委书记鲁毅（右三）等领导出席开幕式 （三水区供图）

2018 年 9 月 21 日，由佛山市艺术创作院联合市文联各协会组织编撰、花城出版社出版的《佛山韵律文学艺术丛书》第一辑（2017 年卷）在佛山市图书馆首发 （市档案馆供图）

2018 年 3 月 2—3 日，2018“温爱佛山——元宵慈善文化人人行”和正月十六“行通济”民俗文化活动在佛山市禅城区举行。图为元宵节当晚大批市民手拿风车和生菜走过通济桥祈求来年平安顺利 （市档案馆供图）

2018 年 11 月 2—3 日，“粤港澳大湾区非遗周暨佛山秋色巡游活动”连续两晚在禅城区祖庙历史文化街区举行。图为秋色大舞台演出现场 （李国标摄）

2018 年 3 月 31 日，“美丽佛山，一路向前——2018 佛山 50 公里徒步活动”举行。超过 10 万市民报名参加活动，从各区的不同起点出发，用脚步丈量佛山大地、见证佛山城市升级的魅力。图为禅城区文华公园出发点大批市民有序出发 （市文广旅体局供图）

第27届中国金鸡百花电影节

2018年11月7—10日，由中国文联、中国电影家协会和佛山市人民政府共同主办的第27届中国金鸡百花电影节在佛山市举行。

电影节包括主体活动、影展活动、学术论坛活动、影评征文活动、其他活动等5大类共30项主要活动，兼具时代特征和地域文化特色。主体活动包括电影节开幕式暨文艺晚会、第34届大众电影百花奖终评、第34届大众电影百花奖提名者表彰仪式、电影艺术家走红地毯仪式和第34届大众电影百花奖颁奖典礼暨闭幕式。

电影节开幕式对改革开放40年来和党的十八大以来的中国电影历程与辉煌成就进行情景化演绎，既有浓郁的时代特征和中国风尚，也有鲜明的岭南风格和现代科技感。全国政协副主席刘奇葆宣布电影节开幕。中国文联主席铁凝，中影协主席李雪健，广东省委常委、宣传部部长傅华，广东省政协副主席林雄等出席开幕式。成龙、刘晓庆、林志玲、黄晓明、赵薇、容祖儿、吴京、江疏影、刘昊然、宁静、周冬雨、马思纯、冯绍峰等明星逐一亮相红地毯仪式。

颁奖典礼暨闭幕式上产生获奖名单，最佳故事片为《红海行动》，优秀故事片为《建军大业》，最佳导演为《红海行动》林超贤，最佳男主角为《战狼2》吴京，最佳女主角为《十八洞村》陈瑾。《红海行动》获包括最佳故事片、最佳导演、最佳男配角、最佳女配角、最佳新人5个奖项。

影展活动除5个主题影展，还增加改革开放40年中国电影成就暨粤港澳大湾区影展。“中国电影高峰论坛”“中国电影科技论坛”“中国电影教育与产业高峰论坛”“中国电影文学论坛”等七大学术论坛中融入佛山元素，众多学者专家、业界精英为南方影视中心和佛山影视业发展建言献策。电影节围绕六大主题影展，通过院线组织免费观影，在中心城区组织37场活动，安排播映113部国内外影片，在全市五区9个指定影院放影映137场，观众达1.3万人次。开展“百万市民观影”活动，通过数字机顶盒展映总点播量达63万次，惠及118万广电网络用户。开展“千场公益电影下基层”活动，播映电影600多场次，惠及基层群众和流动人员10多万人。

电影节期间，《人民日报》、中央电视台、新华网等50多家境内外主流媒体和20多家行业媒体、近300名记者到会到场采访，推出原创报道900多篇（条、次），相关报道、视频转载1000万余次。新浪微博关于电影节的话题阅读量超5000万次，关于百花奖的话题阅读量4.8亿次。

著名演员吴京应邀担任本届电影节形象大使。佛山题材电影《梦想之城》作为开幕影片在电影节期间首映，向改革开放40周年以及金鸡百花电影节献礼。

2018年11月7日，第27届金鸡百花电影节开幕式在佛山国际体育文化演艺中心举行。图为歌手宁静与平安领唱合唱歌曲《我爱你中国》

2018 年 11 月 7 日，第 27 届金鸡百花电影节开幕式上，佛山市市长朱伟（前左一）为第 27 届中国金鸡百花电影节形象大使吴京（前左三）颁发形象大使荣誉证书

2018 年 11 月 7 日，第 27 届金鸡百花电影节期间，举行中国电影文学论坛，与会嘉宾就"讲好中国故事"为题研讨交流

2018 年 11 月 8 日，第 27 届金鸡百花电影节期间，举行《中国国有电影企业发展调研报告》发布仪式暨中国国有电影企业发展论坛启动仪式

2018 年 11 月 7 日，第 27 届金鸡百花电影节期间，中国电影家协会分党组书记、驻会副主席张宏（左五），中共佛山市委常委、副市长刘俊文（左六）等领导嘉宾，共同启动中国电影高峰论坛启动仪式暨《走向新时代：改革开放与中国电影》发布仪式

2018 年 11 月 9 日，第 27 届中国金鸡百花电影节期间，第 34 届大众电影百花奖提名者表彰仪式在佛山岭南明珠体育馆举行

2018 年 11 月 9 日，第 34 届大众电影百花奖提名者表彰仪式在佛山岭南明珠体育馆举行。图为最佳男主角提名颁奖现场

2018 年 11 月 9 日，第 34 届大众电影百花奖提名者表彰仪式在佛山岭南明珠体育馆举行。图为最佳女主角提名颁奖现场

2018 年 11 月 9 日，第 34 届大众电影百花奖提名者表彰仪式在佛山岭南明珠体育馆举行。图为获得最佳男主角提名的演员张涵予（右二）发表获奖感言

2018 年 11 月 10 日，第 27 届金鸡百花电影节闭幕式暨第 34 届大众电影百花奖颁奖典礼上，林超贤（右）获得最佳导演奖

2018 年 11 月 10 日，第 27 届中国金鸡百花电影节电影艺术家走红毯仪式上，《红海行动》团队亮相红毯

2018 年 11 月 10 日，第 27 届中国金鸡百花电影节电影艺术家走红毯仪式上，电影《战狼 2》团队亮相红毯

2018 年 11 月 10 日，第 27 届中国金鸡百花电影节电影艺术家走红毯仪式上，《梦想之城》剧组亮相红毯

2018 年 11 月 10 日，第 27 届中国金鸡百花电影节电影艺术家走红毯仪式上，国内外电影艺术家们走上红毯，与影迷们互动

（本专题由市委宣传部供稿）

2018年“佛山十大醉美古村”评选揭晓

2018年12月28日，“佛山十大醉美古村评选颁奖仪式”在南海区九江镇烟桥村举行。“佛山十大醉美古村评选”由佛山市住建局、文广新局、旅游局联合主办，佛山市各区国土城建和水务（利）局、文体局、旅游局协办，佛山日报社承办。最终，结合网络投票及专家、市民团的线下走访打分，南庄镇罗南隆庆村、西樵镇上金瓯松塘村、九江镇烟南烟桥村、丹灶镇仙岗村、杏坛镇逢简村、北滘镇碧江社区、北滘镇林头社区、荷城街道阮埇村、芦苞镇长岐村、乐平镇大旗头村获得“佛山十大醉美古村”称号。佛山市于2014年底出台百村升级行动计划实施方案，于2016年底完成第一、二批30个特色古村落的活化升级，两年活化项目523个。2017年佛山市启动第三批10个古村落活化升级工作，至2018年底，各项目按计划推进，总建设项目195个。

禅城区南庄镇罗南隆庆村

南海区西樵镇上金瓯松塘村

秋烧番塔——南海区丹灶镇仙岗村

龙舟竞渡——南海区九江镇烟桥村

顺德区北滘镇林头村

顺德区杏坛镇逢简村

顺德区北滘镇碧江社区

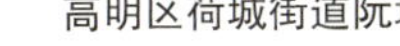

高明区荷城街道阮埇村

三水区芦苞镇长岐村

三水区乐平镇大旗头村

（本专题由市住房城乡建设局供稿

拥抱新时代　践行新思想　展现新作为　争当社会主义现代化建设先行区

——在中共佛山市委十二届五次全会上的报告

（2018 年 1 月 5 日）

中共佛山市委书记　鲁　毅

同志们：

这次全会的主要任务是：高举习近平新时代中国特色社会主义思想伟大旗帜，深入贯彻落实党的十九大、中央经济工作会议、中央农村工作会议精神和省委十二届二次、三次全会精神，总结 2017 年工作，部署 2018 年工作，动员全市党员干部群众更加紧密地团结在以习近平同志为核心的党中央周围，不忘初心，牢记使命，以永不懈怠的精神状态和一往无前的奋斗姿态，在奋力把广东建设成为向世界展示习近平新时代中国特色社会主义思想的重要“窗口”和“示范区”中走在前列。

下面，我代表市委常委会向大会作报告。

一、过去一年的工作

过去一年，市委紧紧围绕迎接党的十九大胜利召开和学习宣传贯彻党的十九大精神，以习近平总书记对广东工作的重要指示批示精神总揽全局，坚持稳中求进的工作总基调，全面落实中央、省委的决策部署，团结带领全市广大党员干部群众，攻坚克难，砥砺前行，推动各项工作取得新成效。

——学习宣传贯彻党的十九大精神形成浓厚氛围。按照省委的部署和李希书记的讲话要求，把学习宣传贯彻十九大精神作为首要政治任务和最重要的“纲”，与学习贯彻习近平总书记对广东工作重要指示批示精神结合起来，与学习贯彻《习近平谈治国理政》第一、第二卷结合起来，在学懂弄通做实上下功夫。制定学习方案和工作计划，注重开展形式多样、各具特色的学习宣传贯彻活动。市委常委以身作则、以上率下，带头学、带头讲、带头干，有力带动全市上下学习宣传贯彻工作全面开展，推动十九大精神进企业、进农村、进机关、进校园、进社区、进军营、进网络，使十九大精神在佛山大地家喻户晓、深入人心。

——经济综合实力迈上新台阶。2017 年，全市地区生产总值预计完成 9500 亿元，增长 8.5%。聚焦降成本、提质量，深入推进供给侧结构性改革。制造业智能化高端化改造加快，产业结构持续优化。工业产品质量不断提升，区域品牌建设全国领先。以广东（潭洲）国际会展中心为载体，会展经济蓬勃发展。新动能加快培育，高新技术企业新增 1173 家，总量达 2561 家。珠三角国家自主创新示范区建设扎实推进，规划建设禅（城）南（海）顺（德）高端创新集聚区，积极谋划创建国家军民融合创新示范区。佛科院加速向高水平理工科大学转型，仙溪校区建成启用。开放型经济新体制加快构建，“佛山+香港”开创区域合作新模式，民营企业“走出去”步伐加快。

——城市治理现代化取得新进展。城市治理三年行动顺利开局，现代化基础设施加快建设，佛山西站开通运营，轨道交通建设、“一环”西拓、“断头路”连通工程有序推进，珠三角新干线机场前期工作积极开展。特色小镇、“五好”新村居、美丽文明村居建设进程加快。百村升级扩面、古村落活化、村级工业园区综合整治取得成效。生态工程建设持续推进，荣膺国家森林城市。全面推行“河长制”，开展排污权有偿使用和交易试点，顺利完成国家大气污染行动终期考核目标，环境质量持续改善。

——文化佛山建设迈出新步伐。牢牢把握正确舆论导向，意识形态安全网络不断夯实。社会主义核心价值观融入社会生活成效显著。成功蝉联全国文明城市。文化佛山三年行动计划全面实施，公共文化服务示范区创建通过文化部中期督查。群众体育运动蓬勃发展，文化事业和文化产业发展加快，南方影视中心建设取得阶段性成效，举办“2017 佛山功夫（动作）电影周”等活动。挖掘和弘扬传统文化，打造博物馆之城。大力弘扬企业家精神，命名一批脊梁企业、大城企业家，丰富了佛山人精神内涵。

——社会民生事业取得新进步。社会民生投入不断加大，一批惠民实事得到落实。全面深化改革各项工作取得实效，获批组建数字政府建设管理局。农村土地确权颁证完成98%。基本公共服务均等化水平持续提高。就业保持稳定。国家教育综合改革试验区创建深入推进，高等教育发展取得突破。城市公立医院综合改革全面启动，分级诊疗、全民医保制度进一步完善。城乡居民基础养老金和最低生活保障金标准调升，社会保障水平进一步提高。积极稳控房地产市场，成为全国首批住房租赁试点城市之一。法治佛山、平安佛山建设深入推进，社会治安稳定向好，安全生产、农产品、食品药品安全形势平稳。援藏、援疆和对口凉山州扶贫协作取得积极成果，启动与黑龙江双鸭山市对口合作，精准帮扶湛江、云浮完成年度任务，佛山云浮共建产业园区取得实效。

——全面从严治党取得新成效。落实管党治党主体责任，推动全面从严治党向纵深发展。“两学一做”学习教育常态化制度化扎实有效，“党支部规范化建设年”活动提升了各领域党支部标准化建设水平。推动黄龙村和梁家河村党建结对共建。以党建引领基层治理转型，构建“一个龙头，四个体系”[1]基层治理格局，顺利完成村（社区）“两委”换届、非户籍常住人口参与村（居）“两委”换届试点工作。坚持“强三性、去四化”[2]，推动群团改革取得成效。建立健全容错激励机制，鼓励干部担当有为。完成两轮市委巡察，发现问题、形成震慑。坚决落实中央八项规定精神，建立作风建设长效机制，持续深入改作风、转作风。把纪律和规矩挺在前面，深入践行监督执纪“四种形态”，坚定不移推进惩贪治腐，反腐败压倒性态势已经形成。

市委总揽全局、协调各方，市人大围绕中心、依法履职，市政府依法行政、高效履职，市政协突出重点、协商议政，大统战工作机制不断完善，各民主党派、工商联融入大局、争作贡献，和谐共进氛围更加浓厚。

同志们，过去一年取得的成绩，是在中央、省委的坚强领导下，全市广大党员干部和人民群众团结拼搏、努力奋斗的结果。在此，我代表市委，向所有关心、支持、参与佛山改革发展和现代化建设的同志们、朋友们，表示崇高的敬意和衷心的感谢！

同时，我们也清醒认识到，佛山经济社会发展仍然存在一些问题和不足，主要表现在：产业层次整体不高，缺乏新的经济增长点；创新创业环境有待优化，高端人才队伍缺乏，新旧动能转换缓慢；城市形态和功能品质有待提升；资源环境约束持续加大；公共服务水平与社会民生需求还有差距；维护社会稳定和推进基层有效治理任务繁重，安全生产形势不容乐观；一些党员干部的改革意识和创新精神有待提高；一些基层党组织战斗堡垒作用不强，解决基层群众切身问题成效不够明显；一些党员干部“为官不为”，“四风”问题和腐败现象时有发生，等等。这些问题，必须着力加以解决。

二、高举习近平新时代中国特色社会主义思想伟大旗帜，推动党的十九大精神学习宣传贯彻往深里走、往实里抓

伟大的时代需要伟大的思想领航。党的十九大作出中国特色社会主义进入新时代的重大政治判断，确立了习近平新时代中国特色社会主义思想的核心指导地位。中央经济工作会议指出，十八大以来，在我国经济社会发展实践中，形成了以新发展理念为主要内容的习近平新时代中国特色社会主义经济思想，是习近平新时代中国特色社会主义思想的重要组成部分，是中国特色社会主义政治经济学的最新成果。全市各级党组织和全体党员要紧紧围绕学懂弄通做实的要求，按照省委的部署，扎实开展“大学习、深调研、真落实”活动，切实增强政治认同、思想认同、情感认同，把习近平新时代中国特色社会主义思想刻在骨子里、融到血液中，作为解决佛山一切问题的“金钥匙”。

（一）持续大学习，以习近平新时代中国特色社会主义思想武装头脑。学习贯彻十九大精神是一项长期的政治任务。要从讲政治的高度切实增强学习贯彻十九大精神的自觉性和坚定性，结合“两学一做”学习教育常态化制度化和“不忘初心、牢记使命”主题教育，整体把握、辩证思考、系统认识，注重理论和实践、历史和现实、当前和未来、中国和世界相结合，切实增强学习的针对性和实效性。以理论学习中心组专题学习会、专家辅导、撰写学习体会等方式，原原本本读原文、原汁原味悟原理，持续、广泛、全覆盖地推动学习活动不断拓展广度和深度。领导干部要以上率下、落实责任，先学一步、学深一层、学透一些。通过深入学习，坚定“四个自信”，增强“八项本领”[3]，全面提高全市党员领导干部在新时代履行新使命的能力素质。

（二）开展大调研，为深入贯彻落实党的十九大精神奠定坚实基础。把学习和调研有机结合起来，用学习成果指导调研实践，用调研实践深化学习成果。大兴调查研究之风，聚焦落实十九大提出的新目标、新思路、新要求，找准短板弱项，解决实际问题。在大学习基础上，由市领导带头，围绕全面从严治党、建设现代化经济体系、乡村振兴、生态文明建设等事关新时代佛山发展的全局性、战略性和前瞻性课题深入开展大调研，切实把存在的问题搞清楚，把产生的原因弄明白，研究形成具有科学性、实效性和可操作性的工作意见建议。各级领导干部要拜人民为师，向人民学习，放下架子、扑下身子，接地气、通下情，“身入”更要“心至”，切实提高看问题的眼力、谋事情的脑力、察民情的听力、走基层的脚力、解决问题的能力。

（三）突出真落实，以党的十九大精神指导实践推动工作。坚持知行合一、学以致用，切实把学习和调研的成果转化为推动佛山改革发展的工作举措和行动计划，列出任务清单，明确时间表、路线图，以真抓的实劲、敢抓的狠劲、善抓的巧劲、常抓的韧劲，抓铁有痕、踏石留印抓落实，一步一步把宏伟蓝图变为美好现实。要强化督查问责，层层传导压力和责任，坚决防止空喊口号、流于形式，确保各项目标任务按时保质完成。同时，及时总结提炼各级各单位抓落实的好经验好做法，在全市复制推广，发挥示范带动效应，营造比学赶帮超的浓厚氛围。

三、全面把握新时代新目标新要求，结合实际完善优化佛山现代化建设战略目标

当前，世界正处在大发展大变革大调整时期，新科技革命、产业革命加速孕育兴起，我国发展仍处于重要战略机遇期，具有长期向好的光明前景，昭示我们大有可为。与此同时，区域竞争、城市竞争百舸争流，佛山面临“标兵渐行渐远、追兵越来越近”的考验，倒逼我们奋发有为。我们要善于观大势、谋全局、干实事，积极抢抓机遇，主动迎接挑战，找准立足点和发力点，完善发展思路和路径举措，继往开来、奋发图强，在高质量全面建成小康社会、加快建设社会主义现代化新征程上走实走好。

（一）坚持实事求是、辩证思考，全面把握新时代佛山发展阶段性特征。进入新时代，我国社会主要矛盾已经转化为人民群众日益增长的美好生活需要和不平衡不充分的发展之间的矛盾，佛山经济社会发展也呈现出新特征。我们要以习近平新时代中国特色社会主义思想为指引，用辩证的思维看待变与不变，用发展的眼光分析优势与短板，用全面的观点把握整体与局部，把佛山实际研究清楚、思考透彻。

一是以辩证思维看待变与不变。在变与不变中把握佛山特征，找准佛山位置、明确发展方向。发展作为第一要务没有变，发展理念和发展方式变了。佛山虽然经济综合竞争力位居全国大中城市前列，但发展不平衡不充分问题比较突出，主要表现在：区域发展不平衡不充分，既有发展较好较快的禅城、南海、顺德，也有相对后发的高明、三水。城乡发展不平衡不充分，农村在经济、基础设施、公共服务、治理体制等方面滞后于城镇，农村居民和城镇居民收入差距较大。民生发展不平衡不充分，优质公共服务资源总量不足、分布不均、水平不高。解决发展不平衡不充分问题仍然要靠发展，要坚定不移把发展作为第一要务，保持战略定力，克服速度焦虑、数字情结，摆脱传统发展模式的路径依赖和思维定式，树立符合高质量发展要求的正确政绩观，自觉用新发展理念审视和推动工作，不懈追求更高质量、更有效率、更加公平、更可持续的发展。改革开放作为“关键一招”没有变，改革的任务和要求变了。佛山敢饮头啖汤、敢为先行者，过去40年依靠改革开放交出了优异答卷，未来仍然要靠改革开放集聚竞争优势、发展胜势。但我们也要清醒看到，改革发展到今天，佛山不同程度出现小富即安、小成则满的思想，敢为人先、敢涉险滩、敢啃硬骨头的精气神没有那么强烈。我们要拿出变革的气魄和担当，准确把握新时代改革的新任务、新要求，推进各领域各方面改革在新起点上续写新篇章。为人民谋幸福的根本宗旨和初心没有变，满足人民群众美好生活需要的内涵和方式变了。进入新时代，人民群众不仅对物质文化生活提出了更高要求，而且在民主、法治、公平、正义、安全、环境等方面的要求日益增长。我们要坚定不移把人民对美好生活的向往作为奋斗目标，优化公共产品和服务供给，使人民群众获得感、幸福感、安全感更加充实、更有保障、更可持续。

二是以发展的眼光深入分析优势和短板。佛山区位优势明显，与广州共同构成“广佛都市圈”，是粤港澳大湾区重要枢纽城市。佛山制造业基础雄厚，制造业门类齐全，产业配套能力强，民营经济发达，营商环境优越，市场化程度高。这些优势，是我们继续前行的底气和依托，但不能盲目乐观、自我满足，要居安思危。在长期发展过程中，佛山也累积了不少深层次结构性问题。比如，制造业技术水平仍处于中低端，高校、国字号研究机构等高端平台较少，佛山国家高新区综合竞争力不强；城镇建设“摊小饼”、资源配置碎片化问题仍然存在，土地利用粗放，全市土地开发强度超过38%；特别是占地193平方千米的1029个村级工业园，不仅产出效益低下，而且是环境污染、消防安全等隐患的重要根源，等等。我们要增强紧迫感和忧患意识，发掘问题和短板背后蕴藏的机遇和潜力，采取措施补齐短板弱项，将短板转变为新的发展优势。

三是以全面的观点把握整体与局部。习近平总书记十分重视和关心广东工作，先后对广东作出“三个定位、两个率先”和“四个坚持、三个支撑、两个走在前列”等重要指示批示，并对佛山提出“继续走在改革开放的前面，做改革开放的示范”等要求。佛山要开创发展新局，必须始终牢记嘱托，坚定不移沿着习近平总书记指引的道路阔步前进，在粤港澳大湾区中谋求发展，在服务服从全省、全国大局上展现担当、作出贡献。过去一个时期内，以区、镇（街）为主导的经济发展模式，对佛山经济社会发展起到了重要作用；但在经济全球化、区域一体化的今天，这种模式对高端要素的吸引力和承载力不足，日益显示出其局限性，不能适应未来发展需要，迫切要求市级加强统筹协调和分类指导。各区必须牢固树立高度自觉的大局意识，始终把全局、大局作为考虑问题的出发点和立足点，以更宽视野、更大格局谋划和推动发展，切实增强全市发展的整体性、平衡性，握指成拳、众行致远。

（二）加强对标对表，细化实化佛山发展思路和举措。党的十九大明确提出，在全面建成小康社会的基础上，分两步走，在本世纪中叶建成富强民主文明和谐美丽的社会主义现代化强国。市委着眼于实现第二个百年目标，谋划编制了《佛山2049远景发展战略规划》，明确了战略定位、远景目标和时序安排，市第十二次党代会提出打造面向全球的国家制造业创新中心，建设宜居宜业宜创新的高品质现代化国际化大城市，为佛山阔步迈向社会主义现代化建设新征程奠定了基础。

贯彻落实新时代中国特色社会主义发展的战略安排，我们要对标对表，抓紧对市第十二次党代会提出的目标任务和《佛山2049远景战略规划》进行完善提升。各区、市相关部门要按照与全国发展进程同步、发展质量更高的标准，科学确定新时代全面建设社会主义现代化的目标和路径，形成具体工作举措和行动方案，努力实现第一个百年目标、开启第二个百年目标新征程。

从现在到2020年，是高质量全面建成小康社会决胜期，要按照党的十九大提出的新要求，高标准完成全面建成小康社会各项目标任务，坚决打好防范化解重大风险、精准脱贫、污染防治三大攻坚战，全面建成国家创新型城市，基本建成国家制造业创新中心，使高质量全面建成小康社会得到人民认可、经

得起历史检验。

高质量全面建成小康社会后，要乘势而上、砥砺奋进，分两个阶段高水平高质量全面建设社会主义现代化。第一个阶段，从2020年到2035年，高质量完成基本实现社会主义现代化的目标，经济综合实力和质量效益大幅提升，制造业创新能力达到世界制造强国水平，社会文明程度达到新高度，人民群众获得感幸福感安全感明显提高，现代社会治理格局基本形成，生态环境根本好转。第二个阶段，从2035年到本世纪中叶，全面提升物质文明、政治文明、精神文明、社会文明、生态文明水平，各项指标达到现代化国家的先进城市水平，在建成富强民主文明和谐美丽的社会主义现代化强国新征程中走在前列。

从高质量全面建成小康社会到基本实现现代化，再到全面建成社会主义现代化强市，是一个接续奋斗、久久为功的过程。我们要以奋发有为的精神状态和苦干实干的实际行动，不断开创佛山现代化建设新局面。

四、全面贯彻党的十九大各项决策部署，奋力在新时代干出新气象、实现新作为

2018年是贯彻党的十九大精神的开局之年，是改革开放40周年，是决胜全面建成小康社会、实施“十三五”规划承上启下的关键一年。今年全市工作的总体要求是：全面贯彻党的十九大精神和中央经济工作会议精神，高举习近平新时代中国特色社会主义思想伟大旗帜，以习近平总书记对广东工作的重要指示批示精神统揽工作全局，落实省委各项决策部署，加强党对一切工作的领导，坚持稳中求进工作总基调，坚持新发展理念，紧扣我国社会主要矛盾变化，牢牢把握高质量发展根本要求，统筹推进“五位一体”总体布局，协调推进“四个全面”战略布局，大力实施“七大战略”[4]，继续用好改革开放“关键一招”，在打好三大攻坚战[5]方面取得扎实成效，干在实处，走在前列，努力推动党的十九大各项决策部署在佛山落地生根、结出丰硕成果。

今年经济增长的预期目标是8%左右；居民消费价格涨幅控制在3%左右，居民人均可支配收入增长和经济增长基本同步；城镇登记失业率控制在3.5%以内；单位生产总值能耗、主要污染物总量减排完成省下达目标任务。这些指标是根据省委对今年发展的预期目标和政策导向，结合我市实际综合考虑确定的。我们提出8%左右的增长目标，主要是着眼于质的提高，把工作的聚焦点主要放在转变发展方式、优化经济结构、转换增长动力上。

重点抓好以下六个方面的工作。

（一）坚定不移抓改革，再创佛山发展新优势。改革是佛山最强大的发展动力、最核心的竞争优势、最鲜明的城市特征。佛山过去40年取得的发展成就得益于敢为人先、大胆改革，在新时代新起点上再创新局，也必须高举改革大旗，抓重点、扭关键，汇聚起推动经济社会发展的磅礴力量。

解放思想，重振改革精神。世界大势浩浩荡荡、不可阻挡，墨守成规、固步自封只会错失良机、贻误发展。今年是改革开放40周年，我们要组织筹备好纪念活动，总结经验、乘势而上，在全市掀起新一轮解放思想的大潮，重振佛山改革创新精神，推动新时代佛山改革再出发。全市各级领导干部要坚定不移做改革的闯将、实干家和促进派，以排除万难、杀出一条血路的气概，勇于冲破思想的“禁区”和利益的“雷区”，勇于冲破一切束缚发展的体制藩篱。要把中央精神、省委要求和佛山实际紧密结合起来，保持锐意进取的勇气、敢为人先的锐气、蓬勃向上的朝气，始终按照先行一步、走在前列的要求，不断创新改革的思路和举措，大胆试、大胆闯，在新一轮改革开放中乘风破浪、勇立潮头、再创辉煌。

强化全市统筹发展能力。贯彻新发展理念，必须加强市级统筹，增强宏观调控能力。强化市级在规划编制、政策指导、监督协调等方面的统筹职能，加强重大政策的统筹设计、重大项目的布局和重点资源的配置能力。坚持重大发展建设规划由市统一编制，破解城市建设“摊小饼”、碎片式发展，避免资源分散、低水平重复建设、产业同质化竞争，切实优化全市资源配置、形成整体合力。强化市级对重大功能区、重大平台的统筹规划、督导，重点加强市对禅（城）南（海）顺（德）高端创新集聚区、军民融合创新示范区、珠三角新干线机场、佛山西站枢纽新城、南三产业合作区等的统筹规划建设，加强对现有重大园区的市级统筹管理力度。研究调整市、区财政管理体制，增强市级宏观调控能力，统筹解决全市发展不平衡不充分问题。稳步推进机构和行政体制改革，统筹考虑各类机构设置，统筹使用各种编制资源，形成科学合理的管理体制。

科学划分区、镇（街）管理职能。顺应新时代新目标新要求，进一步理顺区、镇（街）事权关系。区要强化经济发展、创新集聚职能，增强对中央、省、市的重大决策、重大规划、重大项目的落实力、执行力。镇（街）要强化公共服务、社会治理等职能，提高直接服务企业和群众的能力水平。研究制定对镇（街）更加科学合理的指标考核体系。

探索构建自治、法治、德治相结合的乡村治理体系。全面理清村（居）党组织、村（居）委会、村（居）监委会、经济（联）社、行政服务中心的关系，探索建立权力清单、责任清单，构建权责约束体系。旗帜鲜明强调党对农村工作的全面领导，切实发挥村（社区）党组织领导核心作用，落实好治理与服务职责，规范自治，倡导德治。

激发各类市场主体活力。坚持市场化改革方向，充分发挥市场在资源配置中的决定性作用。进一步深化“放管服”[6]改革，大力实施“互联网+政务服务”，完善新型市场服务监管模式，提高事中事后监管的有效性，实现“有效市场”与“有为政府”的有机统一。以数字政府建设管理局成立为契机，加快建成“数字政府”“智慧佛山”，加强大数据在政府决策、社会治理、企业服务和民生事业方面的运用。大力支持民营企业加快发展，做优做大做强做成“百年老店”。落实产权保护政策，强化知识产权的创造、保护和运营，建立产权保护长效体制机制。持续深化商事制度改革，大力开展市场准入负面清单制度改革试点。深化国资国企改革，完善国企法人治理结构，积极发展混合所有制经济，加快健全市场化经营机制，整合全市资源，发展壮大国有资本。

（二）贯彻新发展理念，推动经济

高质量发展。深入贯彻习近平新时代中国特色社会主义经济思想，坚持质量第一、效益优先，围绕打造面向全球的国家制造业创新中心，大抓重大载体和平台建设，推动经济发展质量变革、效率变革、动力变革，加快建设现代化经济体系。

深化供给侧结构性改革。建设现代化经济体系，必须把着力点放在实体经济上，把提高供给质量作为主攻方向，重点在破、立、降[7]上下功夫，显著增强佛山经济质量优势。加快制造业动能转换，打造世界级先进制造业集群。瞄准世界科技前沿，推动量子通信、新一代信息技术、智能制造加快发展。加快发展数字经济，推动实体经济与数字经济融合发展，推动制造业向数字化、网络化、智能化发展。加快智能制造技术和装备在传统产业领域的应用，充分利用互联网、大数据、人工智能改造提升传统产业，扩大优质供给，积极培育新动能。突出以科技创新为导向的招商引资，千方百计引进一批战略性重大项目，为经济发展增添新动力。全面落实“粤十条”[8]“佛十条”[9]，切实做好产业保护区建设，多措并举帮助实体经济降本增效。着力推动佛山制造向高质量发展。以创建“全国质量强市示范城市”为抓手，深入实施“以质取胜、技术标准、品牌带动”三大战略，在质量上下真功夫、实功夫，加快从“有没有”转向“好不好”“优不优”“强不强”。大力弘扬工匠精神，培养和汇聚更多能工巧匠、大城工匠，建设知识型、技能型、创新型劳动者大军。

以“一环创新圈”规划建设引领创新发展。市第十二次党代会提出打造“一环创新圈”，是着眼实施创新驱动发展战略作出的重大决策。要以“一环”沿线高端载体为节点，坚持市级统筹、规划引领，五区协调联动，加快推进创新资源的战略布局和关键战略平台的建设，走“世界科技+佛山智造+全球市场”的创新发展之路，打造具有国际影响力和吸引力的科技创新圈。加快建设珠三角国家自主创新示范区，推动佛山国家高新区竞争力加快提升。加强国际科技创新交流合作，对接全球高端创新资源，推动人才、技术、资本、信息等要素在“一环创新圈”聚集融合，孕育出新技术、新产业、新模式、新业态。激发和保护企业家精神，调动企业家创新创造积极性。建立健全以企业为主体、市场为导向、产学研深度融合的技术创新体系。做大做强高新技术企业，培育一批具有创新能力的排头兵企业，推动更多中小型高企上规模、上水平。加快建设佛山先进制造科学与技术广东省实验室，支持佛科院建设高水平理工科大学、佛职院和顺职院建设一流高职院校，力争实现国家级实验室和国内外一流高校培育引进零的突破。以更强烈的责任感和危机感抓好人才工作，加大财政投入力度，改革人才体制机制，出台更具竞争力的人才政策，既要帮助人才解决住房、子女就学、医疗、文化等生活配套问题，更要高度重视提供发展平台、发展空间的问题，构筑强有力的创新人才支撑。

高标准规划建设禅（城）南（海）顺（德）高端创新集聚区。坚持生态为纲、文化为魂、宜居适度，建立系统化生态格局，使“山、水、林、田、湖、文”交相辉映、相互促进，提高对创新创业人群特别是青年一代的吸引力。研究出台针对性政策，着力引进和培育国家级重点实验室、高端科技创新团队和人才、高新技术企业等，把禅（城）南（海）顺（德）高端创新集聚区建设成为创新资源密集、创新人才聚集、创新成果富集，国际高端、国内一流的生态宜居创新发展区、粤港澳大湾区创新增长极、践行新发展理念的示范区。

把军民融合作为促进佛山产业整体优化升级的重要引擎。军民融合是富国强军的重大国家战略。发挥我市雄厚的制造业和民营经济优势，大力支持“民参军”，引导更多优势民营企业进入军品科研、生产和维修保障领域。对接军队高端科技创新资源和成果，积极承接“军转民”，推动军事装备生产技术和研发成果率先在佛山转化。积极构建军民融合协同创新体系，加快建设佛山生态工程高等研究院、佛山中国空间技术研究院创新中心、顺德军民融合创新产业园等平台。以顺德杏坛95平方千米区域为核心区，加强与军地有关方面务实合作，共同申报创建国家军民融合创新示范区，重点面向智能装备制造、智能穿戴制造、生物智能制造、新一代信息技术、航空航天、新材料和新能源等前沿领域，积极引入军工企业和重大项目，集聚军地优势资源，发展军民融合产业集群，打造新的经济增长极。

依托珠三角新干线机场高水平规划建设临空经济区。珠三角新干线机场规划建设是佛山发展的历史性机遇，必须摆在突出位置加快推进落实。要把空军佛山机场迁建作为新时期佛山军民融合深度发展的典范工程，加快做好新机场建设前期有关工作，推进新机场尽快动工建设、尽早投入运营。全面谋划推进周边区域重大基础设施与机场对接，构建多式联运的综合交通枢纽。高标准规划建设临空经济区，前瞻开展招商引资，汇聚国际、国内高端发展要素，重点发展民用航空、金融服务、跨境电商、现代物流、国际贸易、高端制造等临空产业，强化产业集聚和创新能力，放大佛山区位和产业优势，将珠三角新干线机场打造为珠西新空港中心和我市发展新的动力源。

依托佛山西站推动高铁经济带加快发展。完善佛山西站周边路网、换乘设施和其他配套项目，强化区域交通联系，构建多元高效便捷的综合交通枢纽。加快推进佛山西站枢纽新城建设，发展金融服务、会展交易、现代物流、文化旅游、现代客运空港服务等现代服务业，带动周边产业加快升级。落实粤桂黔高铁经济带合作试验区（广东园）发展总体规划，深化与贵广、南广高铁沿线地区合作，探索高铁经济带发展模式。着力推动跨区域产业合作，促进先进制造业、现代农业、科技教育、文化旅游、创新创业等领域合作，将试验区（广东园）打造为泛珠三角区域合作平台、珠三角辐射大西南的前沿阵地和大西南融入珠三角的枢纽。

发展更高水平的开放型经济。紧抓国家“一带一路”和粤港澳大湾区建设机遇，加快构建具有更强国际竞争力和自主性的开放型经济新体制。加强与粤港澳大湾区各城市的区域合作。深化广佛同城，在继续加强交通、产业、民生等领域合作基础上，积极推进创新驱动发展同城，广佛同心共同融入全球创新网络，把广佛同城化推向更深层次、更广领域、更高水平、更具内涵的新阶段。全面落实“香港+佛山”机制，努力在广东与港澳合作中走在前列。主动对接深圳技术、资本、人才等创新要素，承接深圳创新溢出效应，参与构建粤港澳大湾区协同创新体系。以“一带一路”为重点加快“走出去”“引进来”。积极拓展对外贸易，培育贸易新业态新模式。鼓励企业通过并购等方式实现全球化经营，支持龙头企业带头打造对外贸易投资平台，推动相关行业企业抱团出海。支持和帮助“走出去”企业加快返程投资进程。加强对德、对欧合作，建设中德智能制造产业园。创新对外开放体制机制，对接国际高标准投资贸易规则，打造国际化营商环境。

*打好防范化解重大风险攻坚战。*正确处理促发展和防风险的关系，增强风险意识，突出防范化解政府性债务风险和行业性金融风险。高度重视防范化解政府性债务风险，去存量、控增量双管齐下，确保风险可防、可控、可化解。进一步规范PPP项目库管理，大力化解政府购买服务形成的隐性债务。加大财力筹措力度，优化预算支出安排，加快政府债务清偿，积极压减债务余额。加强政府性债务考核，不断完善债务风险管理制度。落实地方金融监管责任，坚决打击违法违规金融活动，做好房地产领域金融风险防范化解，推动金融更好服务于实体经济发展。

*（三）顺应经济发展趋势和城市发展规律，全面提升城市治理现代化水平。*坚持以人为核心，在统筹上下功夫，在重点上求突破，全面提升城市形态和功能品质，着力推进城市治理现代化。

*以高水平规划引领城市现代化，打造粤港澳大湾区枢纽城市。*大力实施珠江三角洲全域规划、粤港澳大湾区城市群发展规划，携手大湾区城市合力打造国际一流湾区和世界级城市群。全面贯彻落实国家和省实施主体功能区战略的部署，把佛山放在粤港澳大湾区格局中科学定位，推动主体功能区战略格局在佛山精准落地。探索建立公共空间技术数据共享平台，在纵向上强化市级规划统筹，在横向上推进各类专项规划的“多规合一”。深入实施“强中心”战略，强化市、区规划衔接、功能互补、协同发展，着力将禅城、南海、顺德打造成为广佛都市圈核心区。实施建设用地减量规划，推动空心村、空闲地等低效用地拆旧复垦。高度重视城市设计和村庄规划，开展中心城区城市形态提升三年专项行动[10]，从整体平面和立体空间上统筹城乡建筑布局，做到城市外形美观、内涵丰富、色彩和谐、错落有致。

*加快基础设施现代化，提升城市辐射带动功能。*抢抓粤港澳大湾区城市群和珠三角新干线机场建设历史机遇，高标准、高质量建设支撑新一轮发展的交通、水利、通信、电力等现代化基础设施，提升城市品质和综合承载力。全方位对接南沙港、白云机场、广州南站三大交通枢纽，重点对接好广州地铁建设。加强跨区域路网衔接，推动与周边城市重大交通基础设施互联互通。以“佛山一环”西拓为重点，加大城市路网升级改造力度，全面推进公交都市建设，着力构建轨道交通、常规公交、慢行交通一体化的公共交通体系。依托西江、北江岸线资源优势，加强港口和航道建设，推动临港经济加快发展。加快布局新一代信息基础设施和电动汽车充电基础设施、加氢站、分布式能源网络等新型基础设施，积极推进海绵城市、地下综合管廊的规划建设。

*推进城市管理精细化，让人民生活更美好。*把精细化的要求体现到规划、建设、管理的全过程，推动精细化管理全覆盖。深化城市管理执法体制改革，建立健全社会多元参与城市管理的沟通渠道和监督平台，提升城市管理法治化、智能化、标准化水平。依法对城市违法建筑、违法用地、安全隐患等开展综合整治。从城市绿化美化亮化、街道路面、人行通道、城市下水道、公用厕所、管道网线、智能交通等细处着手，努力补齐影响群众生活品质短板，做到规划科学化、设计人性化、管养高效化。

*大力实施乡村振兴战略，促进农业农村现代化。*没有乡村的现代化就没有城市的现代化。坚持农业农村优先发展，按照产业兴旺、生态宜居、乡风文明、治理有效、生活富裕的总要求，以农业供给侧结构性改革为主线，以体制机制创新、队伍建设和解决一批热点问题为重点，加快推进镇村经济现代化、园区现代化、形态现代化、治理现代化。加大财政投入，向相对后发的高明、三水倾斜，抓好美丽文明村居、“五好”新村居、特色小镇建设和古村落活化升级，推动城市公共服务向农村覆盖、城市基础设施向农村延伸、城市文明与乡村文明互进共融，让农业成为有奔头的产业，让农民成为有吸引力的职业，让农村成为安居乐业的美丽家园。

*全力推进村级工业园区整治提升，促进城乡经济社会高质量发展。*以形态现代化、产业现代化、管理现代化为导向，以安全生产、环境治理为抓手，以治促改、以改助治。坚持政府引导、规划引领，强化区、镇（街）对村级工业园区的管理职能，合理把握园区改造升级的时序和规模，稳步推进村级工业园区连片整合、连片开发、一体管理。深化集体产权制度改革，坚持规范用地管理与保护产业用地相结合、减量规划与拆旧插绿相结合，完善园区及周边配套设施，打造宜居宜业的生态环境。加大园区改造升级扶持力度，建立健全村级工业园区发展利益共享机制，推动村级工业园区整治提升从“要我提升”到“我要提升”的转变。

*（四）坚持人与自然和谐共生，坚定不移走制造业城市生态文明创新之路。*去年，佛山荣获国家森林城市称号。我们要以此为新起点，以解决损害群众健康突出问题为重点，大力推进生态文明建设，实现发展模式根本转变。

*推动生态建设从“浅绿”到“深绿”，高水平建设“一环生态圈”。*金佛山、银佛山，生态文明创新建设美佛山。以云勇林场建场60周年为契机，深入挖掘和大力弘扬云勇精神，引领带动全市生态文明建设。落实中央生态文明体制改革总体方案，制定实施全市自然生态文明建设专项规划和自然生态文明建设三年行动纲领，构建“三屏六楔、两脉两环、蓝绿成网”[11]多层次生命协同的自然生态格局。开展大规模国土绿化行动，向“三旧”改造要生态建设空间，不断增加城市中心及周边区域成片大面积绿地，实现森林围城、绿色进城。着力推进大湾区高品质森林城市和城市生态绿心群建设，严格保护和控制48个河心岛的开发建设。“一环”

是佛山的连心环、交通环、创新圈，也是增绿提质的重要空间。要高水平建设“一环生态圈”，使之成为绿量丰富、色彩鲜明、层次多样的花园大道，成为佛山人居环境绿色化、绿化景观现代化的亮丽名片。加快整合西樵山国家森林公园和南海桑基鱼塘田园公园资源，积极创建国家生态公园，再现桑基鱼塘、绿水红荔的岭南水乡风貌。

坚持不懈打好污染防治攻坚战。环境整治，只有起点，没有终点。坚决打好大气、水、土壤污染防治三大战役，重点是打赢蓝天保卫战，构建政府为主导、企业为主体、社会组织和公众共同参与的环境治理体系。狠抓大气污染防治，强化源头控制，加强重点行业、工地扬尘、露天焚烧、机动车尾气等污染防治，促进空气质量持续改善。狠抓水污染防治，加强市政污水管网建设，不断优化“河长制”“湖长制”，重点推进广佛跨界河流综合整治，改善水环境质量。以农用地和重点行业用地为重点，逐步铺开污染地块监管和修复试点。加强固体废弃物和垃圾处置，提高危险废物处置水平，夯实化学品风险防控基础。严格执行自然资源离任审计制度，推动环境保护党政同责、一岗双责、失职追责落到实处。

加快形成绿色发展方式。生态环境问题归根结底是经济发展方式问题。要坚持绿色发展理念，加快传统产业绿色化改造，支持绿色清洁生产，实施生产全过程污染控制，着力推动经济效率低、污染排放多、资源消耗大的产业向低能低耗、集约高效利用转型。在全社会大力倡导简约适度、绿色低碳的生活方式和消费方式，引导公众履行环境保护的社会责任和义务。加大对损害生态环境行为的监管和处罚力度。全面实行保基本、促节约的居民用水、用气、用电等阶梯价格制度，倒逼生产生活方式绿色转型。

（五）坚定文化自信，建设更具品质的文化导向型城市。佛山作为国家历史文化名城，既传承了丰富多彩的岭南文化，又植根于改革开放伟大实践，要坚定文化自信，自觉担负起新时代文化使命，树立和传播“文化佛山”城市形象，推动文化创造性转化、创新性发展。

牢牢掌握意识形态工作领导权。加强党对意识形态工作的领导，严格落实意识形态工作责任制，坚决守好把牢思想理论、新闻舆论、文化市场、互联网、宗教、社会组织活动等意识形态工作重要阵地、重要领域和关键环节，营造清朗有序的舆论环境。加强传播能力建设和手段创新，加强互联网内容建设和综合治理，积极抢占网络舆论领导权话语权。加快推动传统媒体和新兴媒体深度融合发展，提高新闻舆论的传播力、引导力、影响力、公信力。增强政治定力，旗帜鲜明反对和抵制各种错误观点，大是大非面前敢于亮剑。

培育和践行社会主义核心价值观。强化教育引导、实践养成、制度保障，把核心价值观融入社会发展各方面，转化为人们的情感认同和行为习惯。充分发挥核心价值观的引领作用，使之贯穿国民教育全过程，融入精神文明创建各方面，渗透精神文化产品创造生产传播各环节。以蝉联“全国文明城市”为新起点，以更高标准、更高要求持续抓好文明创建，深入实施公民道德建设工程，进一步擦亮“大爱佛山”“信用佛山”“乐善之城”“敬业之城”“志愿者之城”等佛山特色的文明创建品牌。从细节着眼、实处着手，抓好“厕所革命”等城乡文明建设的具体工作，推动文明创建常态化、精细化，让文明成为美丽的城市风景。

传承和弘扬佛山优秀传统文化。充分依托佛山丰富的历史文化资源，深入贯彻实施中华优秀传统文化传承发展工程，加强文化遗产保护传承和文物保护利用，延续佛山千年历史文脉。鼓励社会力量参与兴办各类博物馆，着力打造“博物馆之城”。推进重点文物的保护规划编制工作，促进文物保护与城市建设协调发展。保护和发展红色纪念设施，打造爱国主义教育基地，传承红色基因，弘扬红色文化。传承佛山商道文化，创新城市宣传推广方式，努力将佛山打造成为融合岭南民俗文化、时代特色和现代商业文明，具有广泛影响力的高品质文化导向型城市。

繁荣发展文化事业和文化产业。文化是城市更深层次、更持久的竞争力所在。要高标准创建国家公共文化服务体系示范区，进一步提升公共文化服务的均等化优质化水平。大力推动世界功夫之城建设，广泛开展全民健身活动。坚持以人民为中心的创作导向，繁荣文艺精品创作，围绕纪念改革开放40周年，讴歌新时代、传播正能量，讲好佛山故事、唱响佛山好声音。促进文化资源与文化产业有机融合，推动文化设计、文化创意与生产领域深度融合，提升工业品、消费品的创意内涵和文化附加值。做强南方影视中心，办好第27届中国金鸡百花电影节等活动。加强文化传播能力建设，不断提升佛山在国际国内的文化影响力，树立大城品质、塑造大城形象、彰显大城气象。

（六）践行以人民为中心的发展思想，努力满足人民日益增长的美好生活需要。必须始终把人民利益摆在至高无上的地位，切实解决好发展不平衡不充分问题，补足民生领域短板，让人民群众过上更加富裕、更加健康、更有保障、更有尊严、更有发展的美好生活。

把保障和改善民生作为头等大事。做好民生工作，既尽力而为，又量力而行，分清轻重缓急，用心用情用力把实事办好、把好事办实。优先发展教育事业，深化教育重点领域和关键环节改革，着力解决学前教育、高等教育发展的关键问题。大力实施就业优先战略和积极就业政策，实现更加充分、更高质量就业。完善政府、工会、企业共同参与的协商协调机制，构建和谐劳动关系。深化户籍制度改革，让“新”“老”佛山人享有平等发展机会。全面建成多层次社会保障体系，健全社会救助体系，完善最低生活保障制度，全力推进社会福利、优抚安置、慈善、养老、残疾事业发展。深化医药卫生体制综合改革，坚持“三医”联动，加快分级诊疗、现代医院管理、全民医保、药品供应保障和综合监管制度建设。实施健康佛山战略，大力传承发展中医药事业，鼓励社会资金进入养老、医疗、健康产业等领域，满足人民群众多样化健康需求。

加快构建多主体供应、多渠道保障、租购并举的住房制度。坚持“房子是用来住的，不是用来炒的”定位，加快构建房地产平稳健康发展长效机制。持续开展房地产市场专项整治，坚决稳控市场预期，将房价维持在合理水平。

积极稳妥推进国家住房租赁、集体建设用地建设租赁住房试点，拓宽租赁房源供给渠道，支持专业化、机构化住房租赁企业发展，完善住房租赁交易和监管平台。

在精准脱贫攻坚战中贡献佛山力量。强化党政主要负责同志负总责的责任制，注重扶贫与扶志、扶智相结合，深入推进精准扶贫、精准脱贫各项政策措施落地见效。扎实做好对口援藏援疆、对口四川凉山州扶贫协作、支援联系四川甘孜州工作，积极开展与黑龙江双鸭山市的对口合作。全面完成新一轮精准扶贫对口帮扶湛江、云浮三年攻坚任务，推动共建佛山（云浮）产业转移工业园再上新水平。同时，加大力度推进高明革命老区和三水华侨新村精准帮扶工作。

打造共建共治共享的社会治理格局。加强社会治理制度建设，坚持“一个龙头、四个体系”的思路，完善党委领导、政府负责、社会协同、公众参与、法治保障的社会治理体制，提高社会治理社会化、法治化、智能化、专业化水平。充分调动各类社会力量参与基层治理，推动群众实现自我管理和自我服务。全面推进依法治市，健全覆盖城乡的公共法律服务体系，推动“两法衔接”，发挥法治的引领、规范和保障作用。完善非户籍常住人口参与基层治理的机制和平台，促进新市民更好地融入佛山。

坚决维护社会安全稳定。坚持源头治理和机制建设并举，把佛山建设成为全国最稳定、最公平公正、法治环境最好的城市。树立安全发展理念，健全公共安全体系，完善安全生产责任制，严格执行安全生产“一票否决制”，全力扭转安全生产事故易发多发态势，坚决遏制重特大事故发生。以创建国家食品安全示范市为契机，着力加强农产品、食品、药品安全监管，切实保障群众“舌尖上的安全”。

五、全面贯彻落实新时代党的建设总要求，为高质量全面建成小康社会、争当社会主义现代化建设先行区提供坚强政治保证

党政军民学，东西南北中，党是领导一切的。全市各级党组织和全体党员要以习近平新时代中国特色社会主义思想统领一切工作，毫不动摇坚持和加强党的全面领导，毫不动摇把全市各级党组织建设得更加坚强有力，全力推进党的建设新的伟大工程，为高质量全面建成小康社会、加快建设社会主义现代化提供坚强政治保证。

（一）把党的政治建设摆在首位，坚决维护以习近平同志为核心的党中央权威和集中统一领导。要旗帜鲜明讲政治，增强“四个意识”，坚决维护习近平总书记在党中央和全党的核心地位，自觉在思想上政治上行动上同以习近平同志为核心的党中央保持高度一致。以政治建设为统领，全面推进党的思想建设、组织建设、作风建设、纪律建设，把制度建设贯穿其中。全体党员要坚决维护和尊崇党章，严守党的政治纪律和政治规矩，牢记“五个必须”，严防“七个有之”。大力发展积极健康的党内政治文化，自觉加强党性锻炼，永葆对党忠诚的政治品格。认真落实民主集中制。着重抓好各级领导班子政治建设，贯彻落实“两个条例”[12]，进一步强化党的领导核心地位。认真开好专题民主生活会，每位领导同志要把自己摆进去、思想摆进去、工作摆进去，落实省委要求，全面彻底肃清李嘉、万庆良等流毒影响，坚决防止和反对码头文化、圈子文化、拉帮结派、政治阴谋。

（二）坚持思想建党和制度治党紧密结合，推动习近平新时代中国特色社会主义思想在佛山落地生根。要把坚定理想信念作为党的思想建设的首要任务，牢记党的宗旨，自觉用习近平新时代中国特色社会主义思想武装头脑，解决好世界观人生观价值观这个“总开关”问题。深入推进“两学一做”学习教育常态化制度化，扎实开展“不忘初心、牢记使命”主题教育，大力弘扬红船精神、延安精神、梁家河精神和改革开放精神，铸牢理想信念宗旨之魂。加强制度顶层设计，鼓励基层创新创造，积极探索既严格执行党章、党规，又具有佛山特色、基层管用的制度创新。不断增强党员干部的党章意识、纪律意识、规矩意识，狠抓制度执行，使制度成为硬约束。

（三）全面提升基层党组织组织力，确立基层党组织的核心领导地位。把抓好党建作为最大的政绩，压实各级党委抓基层党建的主体责任。以提升组织力为重点，突出政治功能，把基层党组织建设成为宣传党的主张、贯彻党的决定、领导基层治理、团结动员群众、推动改革发展的坚强战斗堡垒。坚持“三会一课”制度，推进党的基层组织设置和活动方式创新，加强基层党组织带头人队伍建设和党员教育管理。进一步扩大党内基层民主和党务公开。深入推进驻点联系群众制度，完善区域化大党建格局。持续精准整顿软弱涣散基层党组织。深入开展基层党组织“优化提升年”行动，突出抓好城市党建和农村党建两大领域，强化党组织对各类基层组织的全面领导。以“四个统一”[13]系统推进佛山城市基层工作，加快制订城市基层党建工作实施意见。优化现有行政村党组织设置，探索建立自治组织和经济组织的党建管理机制。统筹推进“两新”组织、国有企业、园区和校园等领域党建工作，让党的旗帜在每个基层阵地高高飘扬。

（四）坚持正确选人用人导向，锻造一支政治过硬的高素质专业化干部队伍。坚持党管干部原则，落实好干部标准选人用人，把政治过硬作为干部高素质的第一位要求，将政治标准贯穿到干部选拔任用各环节、全过程。提拔重用牢固树立“四个意识”和“四个自信”、坚决维护党中央权威、全面贯彻执行党的理论和路线方针政策、忠诚干净担当的干部，选优配强各级领导班子。重点考察干部在重大问题上是否立场坚定，关键时刻是否挺身而出，急难险重面前是否敢于担当。加强党员干部的学习和实践，提高专业能力，弘扬专业精神，增强“八项本领”。着力培养懂农业、懂金融、懂外贸的干部，发展储备年轻干部。坚持严管和厚爱结合、激励和约束并重，完善“三个区分开来”和容错纠错制度，加大正向激励，旗帜鲜明为敢于担当负责、勇于攻坚克难的干部撑腰鼓劲，全面提振干部干事创业的精气神。

（五）持之以恒正风反腐，巩固发展良好政治生态。作风建设永远在路上，必须持续用力、久久为功。坚持以上率下，以钉钉子精神抓好作风建设，以更高标准更严要求贯彻落实八项规定精神和实施细则，持续纠正“四风”，

重点解决官僚主义、形式主义的新表现，着力解决表态多调门高、行动少落实差等突出问题，推动党风政风全面好转。扎实推进“廉洁佛山”建设，全面实施党风廉政建设“七大工程”[14]。坚持把纪律挺在前面，用好监督执纪“四种形态”，完善抓早抓小长效机制，让“咬耳扯袖”“红脸出汗”成为常态。保持惩治腐败的高压态势，坚持无禁区、全覆盖、零容忍，有腐必反，有贪必肃，受贿行贿一起查，形成强大震慑力。扎实开展农村基层腐败和作风问题专项治理，深化扶贫领域的监督执纪问责，坚决查处发生在群众身边的腐败问题和不正之风。充分发挥巡察利剑作用，完善市、区巡察制度，构建上下联动的监督网。稳步推进监察体制改革试点，实现对所有行使公权力的公职人员监察全覆盖。加强审计监督，提升审计执行效率和审计结果使用效能。深化标本兼治，探索创新源头治腐机制，强化不敢腐的震慑，扎牢不能腐的笼子，增强不想腐的自觉，巩固扩大压倒性态势。

发挥市委总揽全局、协调各方的领导核心作用，支持人大、政府、政协和法院、检察院依法依章履行职能、开展工作。发挥市人大及其常委会在地方立法工作中的主导作用，健全人大组织制度和工作制度。发挥人民政协协商民主和民主监督的作用，重点监督党委政府重大方针政策和重要决策部署的贯彻落实。

巩固和发展爱国统一战线，支持民主党派按照新时代中国特色社会主义参政党要求更好履行职能。探索推动新的社会阶层人士工作实践，推进党外知识分子工作，深化港澳台侨工作，引导宗教在维护社会和谐稳定中发挥积极作用。构建亲清新型政商关系，促进非公有制经济健康发展和非公有制经济人士健康成长。深入推进工会、共青团、妇联等群团组织改革，提高联系服务群众水平。进一步做好双拥和老干部工作，推动各项事业全面协调发展。

同志们，使命呼唤担当，初心引领未来。让我们高举习近平新时代中国特色社会主义思想伟大旗帜，深入学习贯彻党的十九大精神，全面落实习近平总书记对广东工作的重要指示批示精神，锐意进取，扎实工作，奋力在新时代干出新气象、展现新作为，争当社会主义现代化建设先行区，为实现“两个一百年”奋斗目标和中华民族伟大复兴中国梦贡献佛山力量！

注释：

[1] 一个龙头、四个体系：强化镇街党委的龙头作用，上下联动凝聚大抓基层合力；构建科学的组织动员体系，使基层党组织真正成为基层的坚强领导核心；构建全覆盖的联系服务体系，提升基层精准服务水平；构建开放的多元共治体系，实现基层治理各类主体联动融合；构建法治化的矛盾化解体系，维护基层长治久安。

[2] 强三性、去四化：即群团改革的总体改革目标，增强政治性、先进性、群众性，去除机关化、行政化、贵族化、娱乐化。

[3] 八项本领：习近平总书记在党的十九大报告中指出，我们党既要政治过硬，也要本领高强。要增强学习本领、政治领导本领、改革创新本领、科学发展本领、依法执政本领、群众工作本领、狠抓落实本领、驾驭风险本领。

[4] 七大战略：党的十九大报告指出，要坚定实施科教兴国战略、人才强国战略、创新驱动发展战略、乡村振兴战略、区域协调发展战略、可持续发展战略、军民融合发展战略。

[5] 三大攻坚战：党的十九大报告提出，要坚决打好防范化解重大风险、精准脱贫、污染防治的攻坚战。

[6]“放管服”改革：包括简政放权、放管结合、优化服务三个方面。“放”即简政放权，降低准入门槛；“管”即公正监管，促进公平竞争；“服”即高效服务，营造便利环境。

[7] 破、立、降：“破”就是大力破除无效供给，把处置“僵尸企业”作为重要抓手，推动化解过剩产能；“立”就是大力培育新动能，强化科技创新，推动传统产业优化升级，培育一批具有创新能力的排头兵企业，积极推进军民融合深度发展；“降”就是大力降低实体经济成本，降低制度性交易成本，继续清理涉企收费，加大对乱收费的查处和整治力度，深化电力、石油天然气、铁路等行业改革，降低用能、物流成本。

[8] 粤十条：广东省降低制造业企业成本支持实体经济发展若干政策措施。

[9] 佛十条：佛山市降低制造业企业成本支持实体经济发展若干政策措施。

[10] 中心城区城市形态提升三年专项行动：对中心城区城市核心地段、滨水区域、历史文化区、道路门户区四类区域，实施总投资 764.3 亿元、50 个项目工程建设，重点打造两大滨水核心景观带、推进城市中轴建设，着力建设八大功能节点、重塑“三横三纵”网络型门户展示走廊，推进中心城区形态结构一年小变、两年中变、三年大变。

[11]“三屏、六楔、两脉、两环、两网”多层次的自然生态格局：“三屏”为市域三处生态屏障，包括三水区内北江干流西侧连绵林地、高明区西江支流南部的连绵林地和顺德区南部河网密集地区等重要生态板块。“六楔”是指六处重要的生态楔形廊道，包括三水区塘西大道两侧、芦苞涌两侧、高明区凌云山沿广明高速两侧、高明皂幕山至南海西岸之间、顺德区乐龙路和顺番公路两侧、一环南延线两侧形成的生态廊道，廊道宽度按照 5000 ~ 6000 米进行控制。“两脉”是指沿北江、西江干流和东平水道、顺德水道形成的两条滨水生态廊道，滨水生态廊道按照按常水位后退 300 ~ 500 米进行控制。“两环”是指沿西南涌、佛山一环北线、北江、顺德水道形成城郊万亩郊野森林环，滨水两侧绿地不少于 300 米。以及沿佛山水道、东平水道和潭州水道形成城区千亩城市公园环，滨水两侧绿地不少于 100 米。“两网”是指都市蓝绿网，包括沿城市内部的河流水系两侧规划滨水绿地，形成城市蓝网；沿重要的交通干道规划防护绿地，形成城市绿网。

[12] 两个条例：中国共产党地方委员会工作条例、中国共产党党组工作条例（试行）。

[13] 四个统一：统一思想、统一试点、统一资源、统一标准。

[14] 七大工程：铸魂固本工程、强责聚力工程、正风凝心工程、肃纪护林工程、天网监督工程、容错激励工程、能力提升工程。

政 府 工 作 报 告

——2019 年 2 月 14 日在佛山市第十五届人民代表大会第四次会议上

佛山市市长 朱 伟

各位代表：

现在，我代表市人民政府，向大会报告政府工作，请予审议，并请各位政协委员和其他列席人员提出意见。

2018 年工作回顾

2018 年是全面贯彻党的十九大精神的开局之年，是改革开放 40 周年，是决胜全面建成小康社会、实施“十三五”规划承上启下的关键一年。面对错综复杂的国内外形势和经济下行压力，市政府坚持以习近平新时代中国特色社会主义思想为指导，全面贯彻党的十九大精神，以习近平总书记重要讲话精神为统领，在省委、省政府和市委的正确领导下，在市人大、市政协的监督支持下，坚持稳中求进工作总基调，坚定践行新发展理念，统筹推进稳增长、促改革、调结构、惠民生、防风险各项工作，实现地区生产总值 9935.88 亿元，增长 6.3%；地方一般公共预算收入 703.14 亿元，增长 6.3%，全市经济社会保持平稳健康发展。

一年来，我们主要做了以下工作：

一是及时出台有效政策措施，促进经济运行保持在合理区间。出台落实“六稳”[1]工作方案，多措并举应对经济下行压力。着力稳就业，就业形势保持稳定。城镇新增就业 8.57 万人，其中城镇失业人员再就业 3.5 万人，就业困难人员实现就业 6768 人，本市生源应届高校毕业生就业率 95.1%，城镇登记失业率 2.36%。省、市、区共建创业孵化示范基地投入运营。着力稳金融，金融服务实体经济能力提升。促进社会投资健康发展、企业债券发行、债券品种创新与风险防范等工作获国务院通报激励。金融机构存款余额 1.54 万亿元，增长 9.5%；贷款余额 1.05 万亿元，增长 11.5%，成为全省首个贷款余额突破万亿元的地级市；银行业机构不良贷款率为 1%，下降 0.46 个百分点。新增上市企业 5 家，累计达 58 家；新增新三板挂牌企业 6 家，累计达 92 家；新增私募股权投资基金 100 家，累计达 486 家。着力稳外贸，外贸增长总体平稳。主动应对中美贸易摩擦影响，推动外贸调结构、拓市场，成为国家级市场采购贸易方式试点城市，完成进出口总额 4599.3 亿元，增长 5.5%。其中，出口总额 3527.4 亿元，增长 11.9%，对“一带一路”沿线国家出口 1173.1 亿元，增长 9.7%。着力稳外资，外资利用水平稳步提高。优化外商投资环境，扩大对外开放投资领域，实际利用外资 45.73 亿元。引进粤维物流设备、维讯科技等超千万美元外资项目 39 个，合同外资 11.29 亿美元。着力稳投资，固定资产投资规模持续扩大。固定资产投资增长 5.6%，其中工业技改投资增长 8.5%。民间投资增长 18%，占固定资产投资比重达 75.1%。省、市重点项目投资 891.24 亿元，完成全年进度目标。着力稳预期，提振民营企业发展信心。召开民营企业家大会，出台促进民营经济高质量发展“1 + 3”政策文件[2]。降低生产要素成本及制度性交易成本，为企业减负 426.02 亿元。深入开展“暖企”行动，帮助企业解决用地、用工、用电等实际问题 234 项。民营经济增加值占地区生产总值比重达 62.5%，规模以上民营工业增加值增长 7.1%，对全市工业增长贡献率 80.1%。新登记市场主体 15.72 万户，增长 30.9%，市场主体总数达 72.03 万户。扶持骨干企业做强做大，新增主营业务收入超 100 亿元企业 2 家、累计达 20 家，14 家企业入选省百强民营企业。实施小微企业上规模专项行动，认定“专精特新”企业 306 家。培育发展“四上”企业，入库企业净增 1500 家，总数达 1.36 万家。

二是深入推进供给侧结构性改革，制造业转型升级取得新成效。国家制造业转型升级综合改革试点扎实推进，工业稳增长和转型升级成效较明显，获国务院通报表扬。三次产业比重调整为 1.5 ：56.5 ：42，规模以上工业增加值增长 6.3%，工业对经济增长贡献率达 61.1%，服务业占比提高 1.1 个百分点。工业经济质量效益稳步提高，规模以上工业经济效益综合指数 311.87%，提高 14.4 个百分点，利润总额增长 5.9%。传统产业改造升级力度加大。引导 1224 家规模以上工业企业开展技术改造和智能化高端化改造，新增省级智能制造试点示范项目 28 家、市级智能化改造示范企业 32 家，推广应用机器人 3014 台。促进制造业与互联网融合发展，新增 27 家国家和省级“两化”融合管理体系贯标试点企业。规模以上装备制造业增加值增长 6.4%，其中“工作母机”增长 7.2%。培育发展新兴产业步伐加快。规模以上先进制造业增加值增长 7.4%，占规模以上工业比重 49%，提高 2.4 个百分点。新签约投资超亿元内资项目 462 个，计划投资 3039 亿元。投资 800 亿元的碧桂园“机器人谷”、150 亿元的航天军民融合协同创新智慧城等项目签约，投资 118 亿元的一汽 - 大众新能源汽车、90 亿元的中国中药总部、60 亿元的美的库卡智能科技园、20 亿元的大疆创新科技等项目开工，科力远混合动力项目一期建成投产。制造业品质革命深入开展。积极创建全国质量强市示范城市，工业产品质量监督抽查综合合格率 94.6%，提高 1.1 个百分点。新认定细分行业龙头企业 216 家，累计达 370 家；新增质量管理体系认证企业 1543 家，累计达 7575 家。推动企业参与制（修）订国际、国家和行业标准 100 项，累计达 1769 项；制定实施联盟标准 36 项，累计达225项。获批创建全国知名品牌示范区4个、累计达13个，驰名商标总量160件，均位居全国地级市首位。新增广东省名牌产品268个，累计达580个，总量位居全省首位。109家企业入选广东制造业500强，增加51家。服务业发展提质增效。现代服务业增加值增长7.6%，占第三产业比重59.8%，提高0.3个百分点。高端服务业载体建设成效明显，广东金融高新区集聚银行、证券、私募创投等项目523个，总投资达1010亿元；千灯湖创投小镇一期基本建成，新引进股权投资基金152家，资金规模124亿元；广东工业设计城聚集设计企业253家、研发设计人员8195名。会展业水平持续提升，成功举办第四届珠江西岸先进装备制造业投资贸易洽谈会、第四届中国（广东）国际"互联网+"博览会、第十届国际发明展、中国安全产业大会等重大展会活动。全域旅游发展格局加快形成，旅游业总收入809.14亿元，增长14%；接待游客5424万人次，增长10%，其中过夜游客1695万人次，增长13.2%。启动"粤菜师傅"工程，成立全省首家厨师学院。南方影视中心加快建设，影视制作企业达467家。消费市场规模不断扩大，社会消费品零售总额增长8.9%。创建全省首个"放心消费"试点城市，消费环境评分位居全省首位，城市消费者满意度位居全国第4位[3]，居民消费价格涨幅为2%。

*三是深入实施创新驱动发展战略，科技创新水平能力得到新提升。*获批建设国家创新型城市，财政科技投入54.65亿元，预计研发经费支出占地区生产总值比重2.42%。研发创新能力持续增强。季华实验室主体工程动工，引进新加坡半导体仪器等研发团队。清华大学佛山先进制造研究院揭牌，中科院苏州纳米所佛山研究院、佛山（华南）新材料研究院、清华大学城市安全研究中心、省科学院佛山产业技术研究院等新型研发机构落户。开展高新技术企业树标提质行动，新增国家高新技术企业1350家、累计达3900家，认定规模以上标杆高新技术企业50家。规模以上工业企业研发机构建有率51%；新增省级企业重点实验室5家，累计达26家；新增省级工程中心83家，累计达711家。建有科技企业孵化器85家、众创空间62家。区域创新平台建设提速。推进珠三角国家自主创新示范区建设，出台"一环创新圈"战略规划和三龙湾高端创新集聚区综合规划，佛山国家高新区全国排名升至第25位。佛山军民融合创新示范区核心区启动建设，张槎街道获批创建全省首个军民融合科技产业创新试点镇。创新创业环境进一步优化。出台"人才新政23条"，新引进领军人才超过50人，新增省级创新创业团队1个、市级创新创业团队48个。推进佛山科学技术学院创建高水平理工科大学，与德国亚琛工业大学合作筹建佛山理工大学，北京科技大学顺德研究生院、北京外国语大学佛山研究生院正式招生。成立全省首个技工教育集团，启动实施技能人才"2357"工程[4]。中国（佛山）知识产权保护中心正式运营，专利申请量增长27.9%，授权量增长38.7%。加快科技成果转移转化，技术合同成交额7.46亿元，增长179%。

*四是坚持深化改革开放，经济发展动力活力持续增强。*以实际行动庆祝改革开放40周年，多项改革开放举措走在全省乃至全国前列。改革攻坚力度加大。积极探索构建推动高质量发展体制机制，顺德区获批率先建设全省高质量发展体制机制改革创新实验区。深入实施"放管服"改革，加大简政放权力度，取消和调整218项权责事项。开展"减证便民"事项清理，取消132项证明事项。在全国率先实施"3＋5"商事制度改革模式[5]和启用全程电子化"零见面"24小时智能商事登记系统，成为全国"企业开办全程网上办"改革试点城市，在全省率先复制"证照分离"改革试点经验。"一门式一网式"政府服务改革获"中国法治政府奖"[6]，"区块链+共享社区"入选中国"互联网+政务"优秀实践案例[7]。成为全省"信用奖惩、一键搞定"试点城市。探索科学划分市、区、镇（街）管理职能，研究出台加强市级财政统筹工作方案。稳步推进机构改革，深化事业单位分类改革。深化国资国企改革，新增混合所有制企业15家。农村土地承包经营权确权登记颁证基本完成，南海区中央农村土地制度改革试点取得阶段性成果，顺德区全国农村集体产权改革试点通过验收。开放水平全面提升。积极参与"一带一路"建设。举办中国—以色列跨境投资大会等国际交流活动，在美国、南非、坦桑尼亚设立佛山泛家居品牌产品海外展示体验馆。全方位加强对外交往。荣获国际友好城市交流合作奖[8]，德国总统等多国政要到访，德国因戈尔施塔特市、日本伊丹市等友城代表团来访交流。中德工业城市联盟成员及观察员城市增至41个，其中德国城市18个。举办第三届"香港·佛山节"等活动，深化与粤港澳大湾区城市及泛珠区域高铁经济带城市合作发展，推动成立粤桂黔高铁经济带高新区协同创新联盟。广佛同城化深入推进，加强创新驱动发展战略合作，共建广佛科技创新产业示范区，广佛放射线二期、番海大桥等项目启动建设，1396个政务事项实现"异地申请、跨城通办"。

*五是扎实推进城乡统筹发展，城市治理取得新成绩。*城市治理三年行动计划稳步推进，968个项目已完工374个、开工460个，累计完成投资2580亿元。城市形态功能品质优化提升。实施中心城区城市形态提升三年专项行动，已开工28个项目，开工率58%，完成投资116.67亿元。出台产业发展保护区划定及城市棕线管理办法，保障350平方千米产业用地规模。加强城市更新（"三旧"改造）和村级工业园整治提升，新增"三旧"改造实施项目155个，占地面积1060公顷（1.59万亩），已完成106个，占地面积700公顷（1.05万亩），投入资金260.93亿元。治理违法建设1596.93万平方米。特色小镇建设成效初显，岭南文荟小镇、仙湖氢谷小镇等12个小镇入选省级特色小镇创建名单，数量居全省首位。首批市级特色小镇256个重点项目已开工192个，完成投资271.35亿元。现代化基础设施建设稳步推进。珠三角枢纽（广州新）机场前期工作启动，地铁2号线一期、3号线、广州地铁7号线西延顺德段建设顺利，广佛地铁全线开通。"一环"高速化主线改造基本完成，"一环"西拓工程加快推进，新打通"断头路"20条。新建公交枢纽9个，中心城区公交专用道达157.2千米，新

能源和清洁能源公交车比例达100%，公交车实现移动支付全覆盖。累计建成充电站120座、充电桩4000个、加氢站5座、地下综合管廊42千米，海绵城市达标面积53.23平方千米。新增光纤用户39万户，基本实现4G城乡全覆盖。220千伏坡丹甲乙线等9项重点电网工程建成投产。乡村振兴战略全面实施。出台乡村振兴"1＋7＋X"政策体系[9]，启动高明革命老区特别帮扶计划，三水区成为省乡村振兴综合改革试点。推进6个省级新农村连片示范工程，完成农村人居环境整治和"五好"新村居建设任务。深化农业供给侧结构性改革，与省农科院共建农业科技示范市，新增市级现代农业园区5家，累计达50家；新增省级农业龙头企业5家，累计达52家；新增市级菜篮子基地9家，累计达63家；"三品一标一名牌"[10]认证产品累计达251个。

六是坚决打好三大攻坚战，三年行动开局良好。积极有效防范化解各类风险。加强地方政府债务管理，消化地方政府债务160.56亿元，降幅11.9%。防范化解金融风险，打击违法金融活动。严格落实房地产调控政策，有效化解轮候网签风险，房地产市场保持平稳健康运行。持续改善生态环境质量。单位地区生产总值能耗、主要污染物排放量下降幅度完成省下达的目标任务。完成70家省控重点VOCs[11]企业综合整治，淘汰禁燃区高污染燃料设备205台，二氧化硫、二氧化氮、$PM_{2.5}$、PM_{10}及臭氧浓度齐齐下降，其中$PM_{2.5}$首次达到国家空气质量二级标准，全年空气优良天数超八成。落实河长制和湖长制，投入50亿元推进广佛跨界河流整治项目160个，饮用水源水质保持100%达标，11个国控、省控考核断面水质达到省考核要求。完成44间污水处理厂提标改造，新建（改造）污水管网304.82千米。认真落实中央环保督察"回头看"以及省环境保护督察整改，率先开展市级生态环境督察，完成水源地环境问题专项整治任务，完成村级工业园6027家企业环境整治，基本完成100项环保民生实事。划定生态控制线面积1951.53平方千米、城市蓝线面积562.6平方千米。创新实行岛长制，开展48个河心岛生态修复工作。大湾区高品质森林城市建设初见成效，新增绿化面积20180公顷（3.27万亩），市域森林覆盖率37.4%、建成区绿化覆盖率44.3%，新增（改造）公园绿地318.7公顷、绿色建筑1098.34万平方米。顺德区获评国家生态文明建设示范区，顺控环投热电项目投入运营。深入推进对口帮扶。积极开展新时期精准扶贫对口帮扶云浮、湛江工作，投入财政资金13.91亿元，所帮扶村农村居民人均可支配收入水平达到省考核要求，佛山（云浮）产业转移工业园创建国家级氢能技术标准创新基地。深入开展东西部扶贫协作，落实财政资金9.86亿元，对口扶贫协作四川凉山州工作在全国考核中获评"好"等次，对口支援西藏墨脱县、新疆伽师县、新疆生产建设兵团41团草湖产业园以及四川甘孜州乡城县、得荣县，对口合作黑龙江双鸭山市工作扎实推进。

七是加快发展社会民生事业，人民生活水平稳步提高。居民人均可支配收入4.96万元，增长8.3%。财政民生支出612.64亿元，增长6.8%，占一般公共预算支出75.9%，省、市民生实事全面完成。民生福祉持续改善。最低生活保障标准提高至每人每月980元，特困人员供养标准提高至平均每人每月1863元，孤儿养育标准提高至每人每月2000元，市受助人员托养中心建成投入使用。企业职工养老保险人均养老金提高至每人每月3200元，城乡居民养老保险基础养老金提高至每人每月220元，实现全市城乡居民养老保险全覆盖。随军家属一次性安置补助金标准提高至10.9万元，优抚对象抚恤补助标准最高增幅达32%。政府投资建设的公租房累计分配19900套，分配率96.9%。住房租赁监管及交易平台上线，新增上线房源31356套，签约6530套。公共服务水平不断提升。完成新（改、扩）建幼儿园43所，新增学前教育学位1.7万个，普惠性幼儿园占比达76%。新（改、扩）建义务教育阶段学校41所，新增学位4.2万个。推进省现代职业教育综合改革示范市建设，现代学徒制试点通过验收。实施"登峰计划"，启动11家高水平医院建设，积极打造珠江西岸医疗高地。国家卫生城市复审通过复查，209万居民签定家庭医生服务协议，为超过10万名新生儿提供常见遗传代谢疾病免费筛查服务。实施药品和医用耗材供应链改革，药品采购价格降低11.2%，医用耗材采购价格降低21.8%。新增社区居家养老设施88家，总数达332家；新建收养性床位3827张，总数达3.7万张。构建政社互动型复退军人服务体系，建成各级复退军人服务组织803个。优化新市民服务，实施新市民业务办理"最多跑一次"制度。创建成为国家公共文化服务体系示范区，佛山大剧院和国际体育文化演艺馆投入使用。开展50千米徒步、广东（佛山）非遗周暨佛山秋色巡游等活动，成功举办第27届中国金鸡百花电影节。启动社会综合治理云平台，获评全国社会治理创新示范市[12]。加强精神文明建设，实施"乐善之城"建设三年行动计划。深入推进"厕所革命"，新（改）建各类公共厕所322个。平安佛山建设扎实推进。开展扫黑除恶专项斗争，创建全国禁毒示范城市，刑事警情下降26.9%，治安警情下降16.8%，社会治安持续好转。创建国家食品安全示范城市中期绩效评估获评最优等次，"明厨亮灶"餐饮单位达3.25万家，认定餐饮服务食品安全A级单位1048家、食品安全示范点1172家。积极稳妥做好非洲猪瘟防控工作。粮食安全责任省考核连续两年获优秀等次。落实安全生产"一岗双责"，商贸制造业、火灾、道路交通实现事故总量、伤亡人数"双降"目标。

八是坚持依法行政，人民满意政府建设取得新进展。坚持和加强党的领导，认真学习贯彻习近平总书记重要讲话精神，积极开展"大学习、深调研、真落实"活动，把全面从严治党贯穿到政府工作各方面。主动向市人大及其常委会报告工作，向市政协通报情况，依法接受监督，办理人大代表建议188件、政协提案215件，办复率100%。提请市人大常委会审议法规草案2件、制定修改政府规章3项，在全省依法行政考评中获优秀等级。建设人民满意政府完成115个年度重点项目，第三方机构评估得分87.25分。推进"数字政府"建设，获中国智慧城市建设领先奖和中国营商环境创新奖。自觉接受巡视监督

和监察委员会的监督，审计监督全覆盖深入推进。加强党风廉政建设，严格落实“一岗双责”，驰而不息正风肃纪，政府作风持续改善。

各位代表，过去一年的成绩来之不易，这是习近平新时代中国特色社会主义思想科学指导的结果，是省委、省政府和市委坚强领导的结果，是全市人民凝心聚力、团结拼搏的结果。在此，我代表市人民政府，向全市人民，向各位人大代表和政协委员，向各民主党派、各人民团体和社会各界人士，向中央、省驻佛山有关单位，向驻佛山部队官兵和消防救援队伍指战员，向关心和支持佛山改革发展的港澳台同胞、海外侨胞和国际友人，表示衷心的感谢！

同时，我们也清醒地认识到，我市经济社会发展不平衡不充分的问题依然存在，政府工作还存在诸多不足：一是经济下行压力增大，发展质量效益有待提高，传统产业转型升级任重道远，新兴产业还未形成有力支撑，重大创新平台、创新型龙头企业和高端创新人才缺乏，科技研发投入相对不足，新旧动能接续转换有待提速；二是城乡区域发展不平衡，城市形态功能品质与经济发展水平不匹配，基础设施建设欠账较多，一些重点项目工程推进较慢，村级工业园整治提升任务繁重，城市管理不够精细科学，智能交通服务能力有待提升；三是生态环境保护压力依然较大，大气、水、土壤环境污染问题未能根本解决，绿色生产生活方式尚未形成；四是社会治理能力有待提升，安全生产形势仍然严峻，教育、医疗、养老、文化等优质公共服务水平与人民群众期待还有较大差距；五是政府执行力、行政效能需进一步提升，少数公职人员干事创业热情有所减退，存在不想为、不敢为等现象。我们将直面问题，勇于担当，在今后工作中认真加以解决。

2019 年工作安排

2019 年是新中国成立 70 周年，是决胜全面建成小康社会第一个百年奋斗目标的关键之年，做好今年工作至关重要。当前国际形势复杂多变，世界经济周期呈现整体性回落趋势，中美经贸摩擦是我国外部发展环境中最大的不确定性因素，国内经济运行稳中有变、变中有忧，经济面临下行压力，这些都给佛山今年的发展带来挑战和不确定性。但同时，我国发展仍处于并将长期处于重要战略机遇期，经济正由高速增长阶段转向高质量发展阶段。我市面临中央和省大力支持实体经济和民营经济发展、“一带一路”建设、粤港澳大湾区建设及“一核一带一区”发展新格局建设等重大机遇；我市经过改革开放 40 年发展，积累了较雄厚的经济基础和综合实力，拥有经济结构优化升级、制造业提质增效、民营经济保持活力、营商环境优良等发展优势。我们必须坚定信心、迎难而上，化挑战为机遇，变压力为动力，以闻鸡起舞、日夜兼程，风雨无阻、勇往直前的精神状态，扎实做好全年各项工作，推动经济社会发展取得新成绩。

今年政府工作的总体要求是：高举习近平新时代中国特色社会主义思想伟大旗帜，深入学习贯彻党的十九大和十九届二中、三中全会以及中央经济工作会议精神，深入学习贯彻习近平总书记对广东重要讲话和一系列重要指示精神，按照省委、省政府决策部署和市委十二届七次全会部署，统筹推进“五位一体”总体布局，协调推进“四个全面”战略布局，坚持稳中求进工作总基调，坚持新发展理念，坚持推动高质量发展，坚持以供给侧结构性改革为主线，继续用好改革开放“关键一招”，牢牢扭住推进粤港澳大湾区建设这个“纲”，统筹推进稳增长、促改革、调结构、惠民生、防风险、保稳定各项工作，进一步稳就业、稳金融、稳外贸、稳外资、稳投资、稳预期，打好三大攻坚战，深入落实省委“1 + 1 + 9”工作部署[13]，突出“抓落实、求突破”，保持经济持续健康发展和社会大局稳定，为全面建成小康社会收官打下决定性基础，以优异成绩庆祝中华人民共和国成立 70 周年。

今年经济社会发展主要预期目标是：地区生产总值增长 6%~6.5%；全社会固定资产投资增长 9%；社会消费品零售总额增长 9%；进出口总额增长 3%；地方一般公共预算收入增长 6%~6.5%；研发经费支出占地区生产总值比重 2.5% 左右；居民消费价格涨幅控制在 3% 以内；居民人均可支配收入增长与经济增长基本同步；城镇登记失业率控制在 3.5% 以内；单位地区生产总值能耗、主要污染物排放量下降幅度完成省下达的目标任务。

围绕以上主要目标，今年重点做好以下工作：

一、全力以赴稳增长，精准发力推动经济平稳健康发展。坚持稳中求进工作总基调，突出在保持战略定力、增强企业活力、释放内需动力、增强经济发展内生动力上精准发力，着力稳住经济运行，以合理增速为提升发展质量创造条件。

推动工业经济运行稳中向好。发挥重大工业项目引领支撑作用，实行市、区领导挂钩联系制度，投资额 50 亿元以上的由市主要领导挂钩联系，20 亿元以上的由市领导挂钩联系，10 亿元以上的由区领导和市直部门领导挂钩联系，加快推进碧桂园“机器人谷”、一汽 - 大众新能源汽车、美的库卡智能科技园、大疆创新科技、乐华家居总部生产基地、织梦小镇等重大项目建设，促进在建项目尽快释放产能。持续开展“暖企”行动，帮助企业解决用工、用地、融资等实际困难。扎实开展第四次全国经济普查工作，加强普查数据分析运用，为推动经济行稳致远和科学决策夯实数据基础。

狠抓固定资产投资。加大轨道交通、公路、环保基础设施等投资力度，加强人工智能、工业互联网、物联网等新型基础设施建设，推动基础设施和公共服务设施向农村延伸。加大招商引资力度，完善“大招商、招大商”工作机制，突出项目亩均效益和科技含量，瞄准电子信息、机器人及智能装备、新能源、新材料等新兴产业精准招商，以重大产业项目建设带动工业投资。实施工业企业技术改造三年行动计划，放宽技术改造事后奖补范围，引导 1200 家以上工业企业开展技术改造。加强教育、医疗、养老等民生领域投资，加大学前教育及义务教育学位建设投入，加快市第二人民医院新院、三水新城医院等项目建设。拓宽民间投资领域，打破阻碍民间投资的“玻璃门”“弹簧门”“旋转门”，切实增强民间投资活力动力。

积极扩大消费需求。适应物质产品和服务消费升级趋势，积极培育消费新增长点，多渠道扩大服务供给、提升产品质量、改善消费环境，让市民群众吃得放心、穿得称心、用得舒心。推动实体零售创新发展，引导专业市场转型升级和商业综合体差异化发展，提高电子商务发展水平，促进线上线下融合消费。积极创建“放心消费”城市，加强消费环境安全和维权体系建设，培育一批示范性放心消费商家和企业。推动全域旅游扩面提质，拓展工业旅游、岭南民俗文化旅游、美食旅游、航空旅游、乡村旅游等精品旅游产品，完善各类旅游设施和服务体系，打造全国知名旅游目的地。实施“粤菜师傅”工程，打造优质粤菜食材基地，到2020年成立1家省级和20家市、区级粤菜师傅培训基地，培养粤菜师傅3000人以上，各区各打造1~2条特色美食文化街区。

促进外贸外资稳定增长。主动应对国际经贸形势变化，推动出口市场多元化，优化出口产品结构，扩大一般贸易基础。加快培育贸易新业态，推进亚洲国际家具材料交易中心市场采购贸易方式试点，积极申报佛山综合保税区，大力发展跨境电子商务，支持外贸综合服务企业发展壮大。加强出口质量安全示范区建设，培育出口名牌企业，促进产品“同线同标同质”。加强冻品、乳制品、水产品等进口商品集散地建设，扩大先进技术、关键设备、零部件和稀缺资源型产品进口规模。实施扩大对外开放实现利用外资高质量发展若干政策措施，提升外商投资贸易便利化水平，吸引更多优质外资项目落户佛山。

二、坚持以供给侧结构性改革为主线不动摇，推动制造业高质量发展。把发展经济的着力点放在实体经济上，在“巩固、增强、提升、畅通”上下功夫，提高供给体系质量和效率，加快建设具有国际竞争力的现代产业体系。

大力培育发展先进制造业集群。加快发展通用装备、专用装备、环保装备等装备制造产业，提升家电、家具、铝型材、纺织等家居产业发展水平，推动传统产业高级化、新兴产业高端化，力争到2020年培育形成装备制造、家居2个超万亿先进制造业产业集群，到2025年培育形成汽车及新能源、军民融合及电子信息2个超5000亿元产业集群，智能制造装备及机器人、新材料、食品饮料、生物医药及大健康4个超3000亿元产业集群。

巩固“三去一降一补”成果。深入推进国家制造业转型升级综合改革试点，探索完善促进制造业转型升级的财税支持、金融服务、技术创新、贸易投资、要素供给、市场监管等政策体系。加大“僵尸企业”退出力度，破除无效低效供给，加快推进村级工业园综合整治，到2020年完成23.06平方千米村级工业园整治提升。落实国家大幅度减税降费政策措施和省、市“降成本十条”，完善工业用地弹性出让、工商业用电用气价格定价、工伤保险费率浮动调整等政策机制，推广“众陶联”“众塑联”等市场化降成本模式，合力促进实体经济降本增效提质发展。围绕加强基础设施建设、营商环境建设等关键领域补短板。

着力增强企业发展活力。全面落实中央、省、市促进民营经济发展政策措施体系，形成政策叠加效应。扶持民营企业梯队成长，推动中小微企业“个转企、小升规、规改股、股上市”，深化大型骨干企业培育行动，培育一批“专精特新”隐形冠军，力争净增“四上”企业2000家以上，其中净增规模以上工业企业1500家，年主营业务收入超百亿元企业达22家、超50亿元企业达36家，形成大企业顶天立地、小企业遍地珍珠的产业协作生态体系。依法平等保护民营企业和企业家权益，严格区分“六个界限”[14]，严肃查处侵权行为，重点保护民营企业家的人身权和财产权。弘扬企业家精神，表彰“脊梁企业”“大城企业家”，让民营企业家安心经营、放心投资、专心创业。

加快提升产业链水平。加大产业强链、补链力度，提升佛山制造在全球产业链、供应链、价值链中的地位。着力引进一批产业带动力强、投资额大的上下游关联项目，力争每年新增世界500强、行业龙头企业投资大项目10个以上。以智能制造为主攻方向推动传统产业优化提升。加快建设省智能制造创新示范园，打造一批智能制造示范企业以及重点行业机器人应用示范项目，新增智能化技改示范企业32家、机器人应用3000台。推进工业互联网广泛应用，支持企业依托工业互联网平台加快数字化、网络化、智能化发展，到2020年实现2万家企业“上云上平台”。继续推进佛山制造品质革命，创建全国质量强市示范城市，完成工业产品质量提升三年行动计划，参与“百城千业万企对标达标提升专项行动”，努力把佛山制造打造成为中国制造最高品质。推进“标准领跑者”工作，引导企业主导或参与国际、国家、行业标准制（修）订。强化个体品牌和区域品牌建设，确保全市获批创建知名品牌示范区占主导优势产业集群比例达95%以上。

畅通金融服务实体经济渠道。在信贷、债券、股权等方面精准发力，切实缓解企业融资难融资贵问题。搭建金融信用服务平台，完善中小微企业信用信息和融资对接平台，为企业融资提供精准服务。支持银行扩大信贷投放，健全信贷风险损失补偿机制，成立融资担保专项基金，拓宽支持企业融资专项资金覆盖面。加大债券融资支持力度，灵活运用债券融资风险缓释基金和民营企业债券融资支持工具，引导企业通过债券市场融资。设立融资租赁专项资金，成立融资租赁投资基金，支持中小企业以融资租赁方式购买设备，把佛山打造成为珠江西岸融资租赁区域中心。实施企业上市“添翼计划”，新增上市企业5家以上、股份制改造企业30家以上。依托广东金融高新区，加快建设千灯湖创投小镇，支持区域股权交易市场发展，打造珠江西岸创投中心。

提高现代服务业发展水平。大力发展商贸会展、信息服务、现代物流等生产性服务业，加快发展育幼、教育、养老健康、休闲娱乐、文化旅游等生活性服务业。发挥广东工业设计城示范带动作用，推进陶谷小镇清华美院设计研究所等项目建设，着力打造“世界设计之都”。以建设3大类综合影视基地、5个特色影视产业聚集区、若干个影视特色衍生产业群、1条影视主题全域黄金旅游线路[15]为抓手，加快建设中国南方影视中心，促进影视产业跨越发展。

三、全力推进粤港澳大湾区建设，加快形成全面开放新格局。编制实施大湾区建设实施方案和专项规划，携手大湾区各城市共建国际一流湾区和世界级城市群，努力在更高水平上扩大开放。

全面深化广佛同城。加快推进广佛同城化合作示范区建设，推动三山新城与广州南站接壤片区对接，谋划建设大型城市综合体，打造大湾区标志性项目。推进广佛创新同城，提高产学研协同创新和成果转化水平，共建国际科技创新中心。深化产业协同发展，聚焦先进装备制造、汽车、新一代信息技术、生物医药与健康等产业，共建若干个万亿级产业集群。优化同城化交通网络，加快广佛核心区“两高两快五主干”快速通道[16]以及广佛新干线快速化改造、珠江大桥放射线接广佛新干线、番海大桥等项目建设，推进南海新交通与广州南站衔接，争取广州地铁28号线接入佛山西站，共建共享国际空港海港枢纽。深化教育医疗、社会保障、社会治理、污染防治合作，共建广佛优质生活圈。

加强与珠江东西两岸城市合作。深化与珠江东西两岸城市在基础设施建设、产业协同发展、公共服务供给等领域合作对接，加快打造覆盖全市、通达湾区、联络世界的现代化综合交通体系，共同推动先进装备制造产业带与电子信息产业带融合发展。加强与深圳在科技创新、产业协同等领域合作，着力引进电子信息、高端装备制造等深圳产业外溢项目。全面落实“香港+佛山”合作机制，办好第四届“香港·佛山节”，力争开通佛山西站至香港的高铁线路，构建香港—佛山1小时经济圈。建立健全“澳门+佛山”合作机制，加强经贸、文化、金融、中医药等领域合作。高标准规划建设粤港澳合作高端服务示范区，打造粤港澳服务贸易自由化示范基地。

深度参与“一带一路”建设。加强国际产能合作，支持优势行业企业抱团到“一带一路”沿线国家参与经贸园区建设、开展并购和投资设厂。鼓励“走出去”企业返程投资，加快引进国外资金、技术、人才和管理经验。深耕欧美市场，积极开拓东南亚、中东、非洲、东欧等市场，举办多场“佛货全球行”展会，继续推进佛山泛家居品牌产品海外展示体验馆建设，着力打造世界“泛家居商品采购之都”。复制推广自贸试验区改革创新经验，争取广东自贸试验区扩区延伸至佛山。充分发挥中德工业服务区作用，依托中德工业城市联盟，强化对德对欧经贸往来和技术合作。发挥地处珠三角腹地区位优势，积极参与推进广佛肇清云韶经济圈建设，加快粤桂黔高铁经济带合作试验区（广东园）核心区建设，着力把佛山打造成为珠江西岸经贸中心和辐射粤西及大西南的桥头堡。

四、加快集聚创新资源，不断壮大发展新动能。充分发挥创新对建设现代化经济体系的战略支撑作用，加快集聚创新资源和新旧动能转换，努力建设面向全球的国家制造业创新中心。

强化高端创新平台建设。推进三龙湾高端创新集聚区规划建设，加快布局高端高新产业，努力将三龙湾建设成为引领创新发展的重大引擎。实施“一环创新圈”战略规划，打造“东北—科创环”“西南—智造环”，构建“一核五平台多节点”创新体系[17]，对接广深港澳科技创新走廊。推动佛山国家高新区聚焦高新技术企业培育和新兴产业集聚，着力建设成为创新发展示范区，力争到2020年跻身全国高新区20强。推动基础研究、应用研究和产业化融通发展，建立健全季华实验室管理体制和运行机制，力争到2020年完成基础设施建设，努力成为国家实验室“预备队”重要一员。深化与中科院、清华大学、北京大学、复旦大学、北京理工大学、中山大学、华南理工大学等科研院校合作，力争新引进大院大所组建新型研发机构10家以上，到2020年累计引进各类型创新平台100家，在关键共性技术、前沿引领技术和颠覆性技术创新攻关上取得突破。发挥佛山绿色发展创新研究院平台作用，努力建设世界级氢能与燃料电池技术研发创新基地。

提升企业自主创新能力。坚持企业是创新的主体，强化分类指导，培育一批具有自主知识产权和核心竞争力的高新技术企业。大力实施高新技术企业树标提质行动计划，力争国家高新技术企业达5000家，培育规模以上标杆高新技术企业50家。支持龙头企业参与国家和省重大创新平台建设，引导中小企业普遍建立研发机构，规模以上工业企业研发机构建有率提高到55%。落实研发费用加计扣除等普惠性政策，引导企业加大研发投入，增强技术创新能力。

推动军民融合发展。以创建国家军民融合创新示范区为突破口，加快形成全要素、多领域、高效益的军民融合深度发展格局。加强与中国电子科技集团等大型军工央企合作，着力引进军民融合重大项目和龙头企业，积极培育智能装备制造、智能穿戴制造、生物智能制造、新一代信息技术、航空航天、新材料和新能源等6大产业，推动军民融合产业集聚发展。加快广东国防科技工业技术成果产业化应用推广中心、中国空间技术研究院佛山军民融合技术推广中心、广东空间网络工程技术研究中心等平台建设，实施一批军民技术重点领域攻关项目，促进军民技术和成果双向转化，争当全国军民科技协同创新引领区。

打造创新人才高地。完善人才扶持政策，通过“靶向引才”“以才引才”“柔性引才”等方式，加快集聚一批“高精尖缺”人才团队和重点产业专业技术人员，新增省级创新创业团队5个、市级创新创业团队40个、中高端人才1500人以上。推行“优粤佛山卡”，为持卡人才提供安居保障、医疗健康、子女入学、金融支持等优质服务。打造南方高等教育名城，加快筹建佛山理工大学，继续推进佛山科学技术学院建设高水平理工科大学，加快建设东北大学佛山研究生院、华南师范大学国际联合学院、广东工业大学佛山研究生院。提升现代职业教育水平，支持佛山职业技术学院、顺德职业技术学院建设一流高职院校，大力培育精准对接产业需求的专业技能人才。

营造创新创业良好生态。完善创新激励机制，赋予科研人员更多的人财物自主支配权。健全孵化育成体系，各类孵化载体增至90家，为企业提供“众创空间+孵化器+加速器+产业园区”全链条服务。加快建设广东高校科技成果转化中心，争取一批国家和省重大项目在佛山开展延展性研究和产业化应用，打通科技成果转化“最后一千米”。发挥中国（佛山）知识产权保护中心、广州知识产权法院巡回法庭作用，加快构建知识产权创造、保护、运用、服务体系。引导企业积极申请国际专利，强化海外商标注册保护，为企业“走出去”营造公平竞争市场环境。

五、加大城乡区域统筹发展力度，提高发展平衡性和协调性。树立全市“一盘棋”思想，着力破解城乡之间、区域之间发展不平衡不充分问题，塑造要素有序自由流动、基本公共服务均等、资源环境可承载、城乡一体化发展的区域协调发展新格局。

强化全市统筹协调发展。坚持以高水平规划引领城市现代化，以城市现代化促进产业高端化，努力实现以城促产、以产兴城。优化国土空间规划编制体系，建立“多规合一”的“一张图一平台”[18]，推进城市总体规划修编和空间规划编制，合理配置市域各类空间资源。发挥南海区和顺德区的牵引力、高明区和三水区的加速力以及禅城区的融合力作用，推动“强中心”由“禅桂新”全面拓展为“禅南顺”，统筹产业资源、基础设施、公共服务等适度向高明区、三水区倾斜，逐步缩小各区之间发展差距。

建设现代化基础设施体系。按照适度超前、互联互通、安全高效原则，建设一批重大基础设施工程。加快推进地铁2号线一期、3号线、广州地铁7号线西延顺德段等项目建设，完善佛山西站、三水南站等枢纽建设，继续做好2号线二期、4号线、9号线、11号线和13号线等前期工作。加快“一环”西拓工程建设，基本完成“一环”辅道改造，再打通20条“断头路”。做好珠三角枢纽（广州新）机场前期工作，加快规划临空经济区，积极参与世界级机场群建设。大力发展水路运输，强化岸线资源整合，加快推进佛山新港和澜石港关停，以及三水港区、高明港区扩容，融入粤港澳大湾区港口群。积极创建全国公交都市示范城市，实现全市公交TC管理[19]体制一体化，加强公交场站设施建设，加快实现中心城区公交专用道成环成网。全面推广新能源汽车在公共交通领域应用，加大充电桩、加氢站建设力度。积极谋划布局5G网络建设，推动移动通信和宽带网络深度覆盖。实施智能电网三年行动计划，加快凤城输变电等重点电网工程建设。加强海绵城市建设，新建地下综合管廊10千米，推进老城区雨污分流改造。推进绿色建筑扩面提质，新建绿色建筑1000万平方米。创建省装配式建筑示范城市，培育引进一批装配式建筑企业。

提高城市治理精细化水平。全面完成城市治理三年行动计划。推进中心城区形态提升，加快打造“两大滨水核心、一条城市中轴、八大功能节点、多条门户走廊”，推动中心城区面貌“一年一小变、三年大变样”。完善城市更新体制机制，以“绣花”功夫提升城市精细化管理水平。统筹推进“三旧”改造，促进城市“旧貌换新颜”。推进首批市级特色小镇建设，谋划创建第二批市级特色小镇。加强交通拥堵治理，规范共享单车有序发展，引导市民绿色出行。开展“五位一体”沿街景观整治[20]，全面治理违法建设和“脏乱差”等现象，实现城市管理考评村居全覆盖。推进城乡生活垃圾分流分类减量，到2020年基本建立生活垃圾分类制度。深入实施“厕所革命”行动，到2020年打造100座示范文明公厕。

强力实施乡村振兴战略。坚持农业农村优先发展，全面推进19类90项乡村振兴重点任务，带动乡村基础设施、公共服务、产业发展、社会治理与城市深度融合。启动一批乡村振兴示范村建设和第四批10个古村落活化升级，深入开展高明革命老区特别帮扶。开展“千村示范、万村整治”工程，全域推进生态宜居美丽乡村建设，争创第三、四批省级新农村示范片。统筹开展农村集体产权制度改革国家整市试点，推动集体资产“应上必上”平台公开交易。加快建设现代农业产业体系。推进省农业科技示范市建设，加强“菜篮子”工程建设，培育农民合作社、家庭农场等新型经营主体，创建一批省级现代农业产业园，增加优质绿色农产品供给。积极发展民宿经济、农村养老服务、农村文化创意、田园综合体等新业态。

六、加快关键环节和重点领域改革，进一步增强经济发展内生动力。抓好改革举措的协同配套、同向共进，将改革进行到底，为高质量发展提供坚实体制机制保障。

全面完成政府机构改革。调整优化政府机构设置和职能配置，合理划分事权，理顺权责关系，构建系统完备、科学规范、运行高效的机构职能体系。出台实施部门“三定”规定，稳步推进区级机构改革和镇（街）机构改革，确保各级机构、职责、人员及时有序调整到位，各项业务无缝衔接、平稳运行。深化事业单位改革，做好本次机构改革后事业单位同步调整工作，推进政事分开、事企分开、管办分离。

加快构建“强市、活区、实镇”发展新格局。深化行政管理体制机制改革，加强市级在规划布局、重大平台、基础设施等方面统筹力度，强化区级政府推动经济发展、城市建设管理和发展社会民生事业等职能，把镇（街）工作重心转到基层治理和公共服务、公共管理、公共安全上来。落实加强市级财政统筹机制工作方案，建立全市性重大项目建设市级财政统筹制度，增强市级对重要战略资源、重大项目、重点工作的统筹力和执行力。按照“市统筹、区建设、市区联动”原则，加快建立健全三龙湾高端创新集聚区管理体制机制，着力打造深化改革开放、强化市级统筹的示范区。优化佛山国家高新区管理体制机制，加强对各园区产业规划、科技创新、招商选资等领域统筹协调力度，进一步释放发展活力。支持顺德区率先建设省高质量发展体制机制改革创新实验区，三水区推进省乡村振兴综合改革试点。深化综合行政执法改革，整合同一领域或相近领域执法队伍，实行综合设置，推动执法力量向基层和一线倾斜。

深入推进“放管服”改革。积极对接国际高标准营商规则体系，加快创建全国社会信用体系建设示范城市，着力建设国际化法治化便利化营商环境。深化行政审批制度改革，再取消调整一批行政许可和中介服务事项。推进工程建设项目审批制度改革，进一步优化业务流程压减审批时限，实现政府投资项目全流程审批时间不超过45个工作日、社会投资项目平均审批时间不超过25个工作日。推进不动产登记能力和作风建设“双提升”，实现抵押登记1个工作日内、其他登记类型3个工作日内办结。推进权责清单标准化工作，压减权责清单事项数量。全面实施市场准入负面清单制度，提升市场事前事中事后监管水平。深化商事制度改革，大力推行准入即准营“证照联办”，构建“一窗受理、联合审批、同步发证”涉企证照审批新模式。提高“数字政府”建设水平，完善“一门式一网式”政府服务模式改革，拓展政务服务网上办事、移动办事、自助办事范围和深度，构建“互联网+政务服务”新格局。

优化土地管理体制。完善土地利用年度计划指标管理政策，分类管理、高效使用各类用地指标，保障重大项目和平台用地。创新增减挂钩市场化管理方式，推动增减挂钩指标公开交易。研究出台产业发展保护区工业用地提升指导意见，推动低效产业用地整治提升，加大对闲置土地、批而未供土地的处置力度，为实体经济发展拓展土地利用空间。

深化国资国企改革。优化国有资本布局，引导国有资本向公共服务、基础设施建设、现代金融及现代服务业等领域加快集聚。积极发展混合所有制经济，鼓励市属国有企业与行业优势企业交叉持股，全面提升国有资产运营质量。完善企业法人治理结构，深入推进职业经理人制度和外部董事制度试点。优化国资监管职能，加快从“管企业”向“管资本”转变。

七、集中力量攻坚克难，推动三大攻坚战取得决定性进展。坚持问题导向，打好防范化解重大风险、精准脱贫、污染防治三大攻坚战，使全面建成小康社会得到人民认可、经得起历史检验。

着力打好防范化解重大风险攻坚战。严控政府债务风险。按照严控增量、清理存量、尽快化解、确保平稳的原则，积极防范化解地方政府债务和隐性债务风险，确保按计划完成存量隐性债务化解任务。主动防范化解金融风险。严厉打击违法金融活动，规范金融机构经营行为，深入开展互联网金融风险专项整治，维护金融稳定，坚决守住不发生区域性系统性金融风险的底线。发挥总规模100亿元上市企业通济基金作用，纾解上市企业股权质押风险。坚持房子是用来住的、不是用来炒的定位，积极稳妥推进住房租赁试点和集体建设用地建设租赁住房试点，探索建立促进房地产市场平稳健康发展长效机制。

着力打好精准脱贫攻坚战。深入推进云浮、湛江精准扶贫，持续实施打赢脱贫攻坚战三年行动，确保扶贫资源投入和使用更加有效。深化佛山对口帮扶云浮产业共建，做大做强“两园六区”优势产业，着力打造产值超100亿元的共建产业园。积极开展东西部扶贫协作，以深化产业合作、人才支持和劳务协作为重点，做好对口扶贫协作四川凉山州工作。继续推进对口支援西藏墨脱县、新疆伽师县、新疆生产建设兵团41团草湖产业园以及四川甘孜州乡城县、得荣县工作。积极做好对口合作黑龙江双鸭山市工作。发挥“万企帮万村”行动示范效应，鼓励和引导更多企业到贫困地区投资兴业，推动贫困人口增收脱贫。

着力打好污染防治攻坚战。突出打好碧水攻坚战，开展江河湖库“五清”专项行动[21]，落实省万里碧道工程和“让广东河更美”大行动，积极推进广佛跨界河流污染治理和城乡黑臭水体整治，力争12个省控及以上断面地表水水质优良比例达83.3%，8条城市建成区黑臭水体消除黑臭。实施排水管理条例，加快建设分散式污水处理设施和污水管网，新（改）建接通污水管网1000千米。坚决打赢蓝天保卫战，落实大气污染防治强化措施，严控大气污染项目准入，优化产业、能源、交通运输结构，禁止使用高排放非道路移动机械，推进195家市控重点VOCs企业“一企一策”综合整治，确保$PM_{2.5}$浓度控制在36微克/立方米以内。扎实打好净土防御战，加强土壤污染风险管控，加快建立重点行业企业污染地块清单和优先管控名录。强化危险废物全过程环境监管体系，加快建设生活垃圾、污泥、危险废物等固体废弃物处置设施。深入推进大湾区高品质森林城市建设，启动美丽佛山五年绿化行动计划，全面实施九大重点生态工程[22]，加快云东海国家湿地公园、王借岗公园、李家沙湿地公园等一批大型城市绿心项目建设，推进48个河心岛生态修复整治。全面推行排污许可证制度，优化排污权交易制度。加快构建绿色制造体系，推动绿色产品、绿色工厂、绿色园区和绿色供应链全面发展，积极引导清洁能源消费。强化环保宣传教育，提高全社会生态文明素养。做好中央、省环保督察及市生态环境督察后续工作。

八、加强保障和改善民生，加快形成共建共治共享社会治理格局。坚持以人民为中心的发展思想，精心做好各项民生工作，让群众获得感、幸福感、安全感更加充实、更有保障、更可持续。

优化公共服务供给。健全与经济社会发展水平相适应的基本公共服务统筹机制，稳步推进城镇基本公共服务常住人口全覆盖。实施就业优先政策，推进创业孵化基地群和公共就业人才服务平台建设，实现更高质量和更充分就业。创建国家教育综合改革试验区，加快高水平教育现代化，着力构建以普惠性资源为主体的学前教育公共服务体系，力争完成新（改、扩）建幼儿园44所，新增学位1.8万个，促进普通高中优质特色多样发展。完善养老服务体系，取消养老机构设立许可，扶持民办养老机构发展，加快建设市颐养院和新社会福利院。深化基本医疗保险城乡一体化改革，推进基本医疗保险支付方式改革。探索政府引导、社会力量筹资、慈善组织运作的政社联动救助模式，支持禅城区开展全国社会救助综合改革试点。深化医药卫生体制综合改革，推进紧密型医联体建设，促进优质医疗资源往基层下沉。深入实施“登峰计划”，力争到2022年3家重点建设医院跻身全国同类医院百强，4家培育建设医院排名全省同类医院前五位。加快建设中医药强市，积极创建全国基层中医药工作先进单位。建立健全退役军人服务保障体系，完善退役军人服务管理、就业创业、优先优待等政策措施，做好优抚安置工作，争创全国双拥模范城“九连冠”。开展新市民融入行动计划，实施新市民积分制服务管理新办法，有序解决新市民户籍、住房、教育等问题，促进公共服务资源公平共享。

推进文化导向型城市建设。提升公共文化设施服务效能，巩固国家公共文化服务体系示范区创建成果。强化历史文化资源保护、开发和利用，挖掘南粤古驿道历史文化基因，办好广东非遗周暨秋色巡游活动，加快建设市博物馆和粤剧文化园，积极推进“博物馆之城”“世界美食之都”“世界功夫之城”建设。繁荣文学艺术创作，围绕庆祝新中国成立70周年组织开展系列文化活动，打造系列文艺精品。巩固全国文明城市成果，打造“乐善之城”“敬业之城”“志愿者之城”。深入开展全民健身活动，推进社区体育公园等公共体育场地设施建设。办好篮球世界杯（佛山赛区）比赛、定向世界杯决赛、国际龙舟赛等赛事活动。

*加强和创新社会治理。*全面推进社区“五化”建设[23]，统筹推进“网格化”“社区通”“村务通”等平台建设，打造社会综合治理云平台。完善非户籍常住人口参与基层治理机制，50%社区建立社会组织联合会。加强村级组织标准化建设，制定村民委员会、村民小组、村务监督委员会等组织建设标准，提升基层自治组织服务能力和基层善治水平。扶持社工人才队伍和志愿服务组织建设，推行“三社联动”[24]社区服务模式。发挥普法宣传、人民调解和律师队伍作用，深化“一村居一法律顾问”工作，完善四级公共法律服务网络。健全社会矛盾纠纷排查化解机制，构建群众诉求服务体系，推动信访矛盾化解。

*深入推进平安佛山建设。*持续开展扫黑除恶专项斗争，积极推进全国禁毒示范城市创建，筑牢立体化社会治安防控体系，把佛山打造成为全国最安全稳定、最公平公正、法治环境最好的城市之一。加强应急管理工作，健全安全生产责任体系，建设智慧安全城市，深入开展危险化学品、交通运输、建筑施工等重点行业领域安全生产综合治理，持续推进“智能制造、本质安全”示范创建、国际（国家）安全社区创建等活动。创建国家食品安全示范城市，推进食品药品安全三年升级计划，构建公平公开的食品药品生产经营环境和共治共享的食品安全社会治理格局。推进“南粤粮安工程”，保障粮食安全。

*扎实办好十件民生实事。*一是城乡居民养老保险基础养老金提高至每人每月260元。二是新（改、扩）建义务教育学校30所，新增义务教育阶段学位3.1万个。三是推进普惠性幼儿园生均拨款按星级分类扶持。四是市妇女儿童医院建成投入使用。五是免费筛查新生儿疾病，综合防控儿童青少年近视。六是完成省下达的住房保障工作目标任务。七是提高低保和特困人员供养标准。八是开展文化进园区普惠性活动1000场（次）。九是新增（改造）公园绿地面积81公顷。十是建设20项民生水利重点工程。

九、加强政府自身建设，努力建设人民满意的服务型政府。坚持和加强党的全面领导，加快政府职能转变，切实增强履职能力，着力提升政府治理体系和治理能力现代化水平。

*加强政治建设。*切实提高政治站位，树牢“四个意识”，坚定“四个自信”，坚决做到“两个维护”，自觉在思想上政治上行动上同以习近平同志为核心的党中央保持高度一致。严格落实全面从严治党主体责任，严明政治纪律和政治规矩，以良好的政治文化涵养风清气正的政治生态。严格执行中央八项规定及其实施细则精神，落实党风廉政建设各项规定，深化廉政风险防控，永葆为民务实清廉的政治本色。

*加强法治政府建设。*严格遵守宪法和法律，运用法治思维和法治方式开展工作，确保政府工作在法治轨道上运行。认真执行人大及其常委会的决议决定，自觉接受人大的法律监督和工作监督，主动接受人民政协的民主监督，广泛听取各民主党派、工商联、无党派人士和人民团体意见，全面接受司法监督、群众监督和舆论监督，自觉接受巡视监督和监察委员会的监督，推进审计监督全覆盖。遵守法定权限和程序，严格规范公正文明执法，做好行政复议工作。加大政务公开力度，着力构建决策科学、执行坚决、监督有力的权力运行机制，持续提升政府公信力。

*加强作风建设。*把雷厉风行和久久为功结合起来，全面整治“四风”问题特别是形式主义、官僚主义以及庸政懒政怠政，完善政绩考核评价机制，压实工作责任，确保各项决策部署落到实处。加强和改进调查研究，认真解决群众和企业反映强烈的突出问题，推进服务型政府建设。严格规范督查检查考核事项，落实激励机制和容错纠错机制，营造崇尚实干的良好氛围。坚持厉行节约，一般性支出按照不低于5%的比例压减，严控“三公”经费预算。加强公务员队伍建设，提高科学决策水平和精准施策水平，打造忠诚干净担当的高素质公务员队伍。

各位代表！乘风好破浪，奋进正当时。让我们更加紧密地团结在以习近平同志为核心的党中央周围，高举习近平新时代中国特色社会主义思想伟大旗帜，在省委、省政府和市委的坚强领导下，不忘初心、牢记使命，锐意进取、奋勇争先，努力在新时代展现新作为、创造新业绩，为广东实现“四个走在全国前列”、当好“两个重要窗口”作出新的更大贡献！

注释：

[1]“六稳”：稳就业、稳金融、稳外贸、稳外资、稳投资、稳预期。

[2]促进民营经济高质量发展“1＋3”政策文件：“1”是总纲，即《佛山市关于促进民营经济高质量发展的若干意见》；“3”是配套政策，分别为《佛山市降低制造业企业成本支持实体经济发展若干政策措施（2018年修订）》《佛山市金融促进民营经济高质量发展若干政策措施》《关于依法保护民营企业家人身和财产安全的若干意见》。

[3]消费环境评分位居全省首位，城市消费者满意度位居全国第4位：根据省工商局、省社科院发布的《2018年广东省消费环境评价报告》，佛山消费环境评价得分位居全省首位。根据中国消费者协会2018年3月发布的“城市消费者满意度测评报告”，佛山取得全国第4、全省第1的成绩。

[4]技能人才“2357”工程：“2”是创建2所示范性技工院校；“3”是打造3所特色技工学校；“5”是培育5家高技能人才公共实训基地；“7”是打造7家校企合作示范企业。

[5]“3＋5”商事制度改革模式：开办企业全流程3天内办结、营业执照自助办理5分钟完成，该模式入选中国“互联网＋政务”优秀实践案例50强。

[6]“一门式一网式”政府服务改革获“中国法治政府奖”：根据中国政法大学法治政府研究院、中国法学会行政法学研究会承办的第五届“中国法治政府奖”评审结果，佛山市“一门式一

网式”政府服务改革项目荣获“中国法治政府奖”。此外，“一门式一网式”政府服务改革还入选了国务院《关于深入推进审批服务便民化的指导意见》典型案例。

[7]“区块链+共享社区”入选中国“互联网+政务”优秀实践案例：在中国社会科学院信息化研究中心、北京国脉互联信息顾问有限公司联合主办的“2018智慧中国年会”上，禅城区“区块链+共享社区”项目入选“第四届中国互联网+政务优秀实践案例50强”。

[8]荣获国际友好城市交流合作奖：在中国人民对外友好协会、中国国际友好城市联合会共同主办的“2018中国国际友好城市大会”上，佛山市荣获“国际友好城市交流合作奖”。该奖项是国际友城交流工作的最高奖项。

[9]乡村振兴“1+7+X”政策：“1”是《中共佛山市委佛山市人民政府关于推进乡村振兴战略的实施意见》；“7”是以七大突出问题为导向的分类行动方案；“x”是若干份配套政策文件。

[10]“三品一标一名牌”：“三品”即无公害农产品、绿色食品、有机农产品，“一标”即地理标志农产品，“一名牌”即名牌农产品。

[11] VOCs：挥发性有机物的英文简称，是生成臭氧（O_3）和细颗粒物（$PM_{2.5}$）二次污染物的重要前体物。

[12]获评2018全国社会治理创新示范市：在法制日报社、法治周末报社、《民主与法制》社共同开展的“第四届加强和创新社会治理成果交流会”上，佛山荣获“2018全国社会治理创新示范市”。

[13]“1+1+9”工作部署：第一个“1”是指坚定不移加强党的领导和党的建设。第二个“1”是指以新担当新作为不断把改革开放推向深入。“9”是指扎实推进9个方面重点工作：一是举全省之力推进粤港澳大湾区建设；二是加快建设科技创新强省；三是扎实推进高质量发展；四是加快建设现代化经济体系；五是坚决打好三大攻坚战；六是实施乡村振兴战略；七是构建“一核一带一区”协调发展新格局；八是加快文化强省建设；九是营造共建共治共享社会治理格局。

[14]“六个界限”：严格区分经济纠纷与经济犯罪的界限、个人犯罪与企业违规的界限、企业正当融资与非法集资的界限、经济活动中的不正之风与违法犯罪的界限、执行和利用国家政策谋发展中的偏差与钻改革空子实施犯罪的界限、合法经营收入与违法犯罪所得的界限。

[15] 3大类综合影视基地、5个特色影视产业聚集区、若干个影视特色衍生产业群、1条影视主题全域黄金旅游线路：3大类综合影视基地是综合影视基地、高科技基地和孵化型摄制基地，5个特色影视产业聚集区分别是影视内容与版权区、职业培训区、全域旅游中突出影视文旅区、影视科技研发区和衍生品产业区，X个影视特色衍生产业群是影视主题公园、文创商圈等，1条佛山全域黄金旅游线路是以佛山南方影视中心旅游为主题，打造一条精品文化旅游线路，实现开窗即见岭南特色景点、开门即享港澳影视文化的多方位全域旅游。

[16]“两高两快五主干”快速通道：“两高”是广佛高速、广明高速；“两快”是海八路—龙溪大道、魁奇路—南大干线；“五主干”是建设大道—大坦沙大桥、广佛路—珠江大桥、广佛新干线—珠江大桥放射线、穗盐路—花蕾路—洲头咀隧道、佛平路—花地大道—鹤洞大桥。

[17]“一核五平台多节点”创新体系：“一核”是三龙湾高端创新集聚区；“五平台”是佛山军民融合创新示范区、广东金融高新区、南三产业合作区、青年湖电子信息产业园、空港经济区；“多节点”是培育“一环创新圈”周边具有创新潜力的多个创新节点。

[18]“多规合一”的“一张图一平台”：通过推动主体功能区规划、国土规划、土地利用规划、城乡规划等空间规划“多规合一”工作，实现各类空间规划在规划目标、规划范围、规划期限、基础数据和标准相互衔接和统一，建设市域空间规划的一张蓝图。将一张蓝图的数据整合到一个统一的基础地理信息平台上，构建“多规合一”空间信息管理平台。

[19]公交TC管理：TC（transport community）指交通共同体模式，核心是实行“票运分离”，即由政府统一收取票款，对公交网络进行规划，对运营商提出服务质量要求，通过成本核算以政府购买服务的形式向企业购买公交服务。

[20]“五位一体”沿街景观整治：从建筑立面、路面及标志、人行道和附属设施、道路绿化、路灯和夜景亮化等五方面整治提升沿街景观。

[21]江河湖库“五清”专项行动：在江河湖库范围内，清理非法排污口、清理水面漂浮物、清理底泥污染物、清理河湖障碍物、清理涉河湖违法违建。

[22]九大重点生态工程：即城市生态绿心群建设工程、交通干线生态廊道建设工程、滨水河道生态廊道建设工程、“三旧”改造增绿工程、森林小镇建设工程、退耕还林建设工程、限桉退桉提质工程、污染耕地复绿工程、城市空间立体绿化工程。

[23]社区“五化”建设：即社区事务标准化、社区协商规范化、社区建设信息化、社区服务标准化、社区工作队伍优质化。

[24]“三社联动”：建立以社区为平台、社会组织为载体、社工专业人才为支撑的“三社”相互融合、相互协同、相互促进的运行机制，进一步发挥社区、社会组织、社工专业人才在创新基层社会治理中的作用。

年度聚焦

手机扫码阅读

【学习贯彻习近平总书记视察广东重要讲话精神掀起热潮】 2018年10月22—25日，习近平总书记到广东省珠海、清远、深圳、广州等地视察指导工作，深入企业、高校、乡村、社区，实地了解广东改革发展情况，听取省委和省政府工作汇报并发表重要讲话。

佛山市将学习宣传贯彻习近平总书记视察广东重要讲话精神作为全市一项重要政治任务，部署落实迅速有力。10月29日，中共佛山市委召开常委会（扩大）会议，研究佛山市贯彻落实意见。11月13日，全市处级主要领导干部和各镇（街）党（工）委书记学习贯彻习近平总书记视察广东重要讲话精神专题研讨班在市机关大礼堂开班，中共佛山市委书记鲁毅出席开班式并作动员讲话暨主题报告。11月16日，中共佛山市委办公室印发《关于全面深入开展习近平总书记视察广东重要讲话精神学习培训的实施方案》，对全市学习培训工作进行全面部署。用2个月时间，分层次、多形式对全市1000多名副处级以上领导干部、各镇（街）党政正职、768名村（社区）党组织书记、基层党代表、29万余名党员和3.2万名公务员（含参公管理人员）进行集中培训。突出轮训"广度"，以各级党组织为核心，市、区、镇、村四级联动，各行业各领域各部门协同推进，依托市委党校、镇（街）党校和党群服务中心，综合运用党员教育"一台一网"等平台，广泛开展学习培训。突出培训"温度"，根据党员干部的职业特点、地域差异、教育程度，利用更接地气的学习平台，采取更为灵活的学习方式，推动总书记重要讲话精神进机关、进农村、进企业、进校园、进社区、进网络，让广大干部群众听得懂、能领会、可落实。突出学习"深度"，深刻领会习近平总书记提出的四方面重要要求，聚焦佛山改革发展的重点难点问题，继续深化"大学习、深调研、真落实"工作，引导广大党员干部把自己摆进去、把工作摆进去、把职责摆进去，进一步优化发展思路举措，推动思想再解放、改革再深入、工作再落实。

（李欣滢）

【监察体制改革全面实施】 2018年，中共佛山市纪委监委树牢"四个意识"，坚定"四个自信"，坚决做到"两个维护"，全面深化改革创新，狠抓工作落实，坚持稳中求进工作总基调，精准施工、统筹推进，深化创新、提升效能，全市党风廉政建设和反腐败各项工作开创新局面。

在队伍建设上实现战略性重塑。抓住转隶组建这一关键环节，推进纪委监委全面融合，实现"形"的重塑、"神"的重铸。较早完成转隶、组建工作。市委主要领导靠前指挥，当好"施工队长"，强化协调作战，组织"按图施工"，确保改革顺利推进。在全省较早实现市、区两级监委挂牌组建，做到思想不乱、队伍不散、工作不断。全市从检察机关共划转编制191个，实际转隶180人，市、区两级纪委监委新增纪检监察室共18个。坚持优势互补、交叉配备、混合编成，工作力量向监督执纪一线倾斜，力求人岗适应、人尽其才。实现全面深度融合。坚持改革推进到哪一步，思想政治工作就跟进到哪一步，按照逐个谈心谈话、综合分析研判、班子集体研究、公示转隶名单"四步法"，将思想政治工作做深做细做实，开展纪检监察干部家访活动，一体考虑干部提拔任用，建立"学习、关爱、提醒"三个清单，增强转隶干部的认同感和归属感，做到"进一家门、成一家人、说一家话、干一家事"。

在纪法贯通、法法衔接上实现无缝衔接。把握纪法贯通、法法衔接这一改革核心，深化制度创新，释放改革效应。高标准构建制度体系。着眼纪法贯通，建立"五个一"工作制度，即一套执纪监督监察工作办法、一套执纪监督监察流程图、一套审查调查措施使用规范、一套执纪监督监察常用文书、一套留置安全管理手册，对谈话函询、初步核实、立案审查等关键环节梳理细化、再造流程，实现执纪审查和监察调查有机统一、无缝对接；实现法法衔接，出台"3+X"制度体系，即执纪审查审理质量终身责任制、疑难职务犯罪案件研究论证专业委员会和案件联络员3项制度，建立职务犯罪案件跟踪反馈、庭审旁听、提前介入、案件质量分析通报等若干配套机制，实现监察机关与执法司法机关相互衔接、协调配合。高效率全要素试用12项调查措施。按照能试尽试原则，以全市首例留置案件——市政协原常委刘坚明案件为范本，以打造"标志、标本、标准"案件为目标，主动对接以审判为中心的诉讼制度改革方向，严格按照刑事诉讼标准调查取证，全要素试用12项调查措施。该案留置时间为24天，成为全省首个全要素试用12项调查措施的案件。高质量推进留置专区建设。坚持"双轨制"建设使用留置场所，在全省率先完成3个看守所留置专区改造工作，高标准建设6间专用讯问室和11间留置监室，同步制定规范化管控制度，被省公安厅评价为"建设速度最快、建设质量最高、使用效果最好"。全年全市采取留置措施124人中，留置专区收押99人，实现

“零违纪”“零事故”。

在对公权力的监督上实现全覆盖。把握监督这一首要职责，科学构建全方位监督格局，实现对所有行使公权力人员的监督全覆盖。从严纪律监督。坚持把纪律和监督挺在前面，深化运用监督执纪“四种形态”，着力在早发现、分类处置、用好第一种形态和谈话函询上下功夫，做到抓早抓小、防微杜渐。全年全市运用监督执纪“四种形态”处理3643人次，四种形态分别占63.2%、22.7%、5.9%、8.2%，监督执纪由“惩治极少数”向“管住大多数”拓展。聚焦党员领导干部这个“关键少数”，查处“一把手”108人，比上年增长89.5%。推进监察监督。协助市委出台加强对一把手监督的意见，探索制定一把手权力清单和负面清单，建立基层政治生态评估系统和党风廉政建设主体责任评估系统。推动监察职能向基层延伸，推动区监委向镇（街）派出监察组，赋予监察权限，开展镇（街）纪检监察机构“转职能”专项清理，覆盖监察监督“最后一公里”。完善巡察监督。组建市委巡察机构，配齐配强17名巡察干部，按计划开展巡察和推动巡察整改工作。市、区两级共开展常规巡察19轮，巡察95个单位党组织，共发现问题2202个，问题线索354条，移交省纪委1条，立案31人，党纪政务处分15人，移送司法机关2人。组织开展2轮农村基层党组织涉黑涉恶涉腐问题专项巡察，共发现涉黑涉恶问题线索46条，立案28件。加强派驻监督。坚持内涵发展，优化派驻机构设置，将派驻（出）机构由36个整合为25个，赋予相应监察权限，实现对市直单位监督全覆盖。健全联组协作区工作机制，建立联组履职考评清单，强化常态化、近距离、可视化的日常监督，充分发挥派驻监督探头作用。市纪委监委派驻（出）机构共立案62件，比上年增长29.2%，12个派驻纪检监察组查办案件实现零的突破，派驻机构履职能力明显增强。

在巩固扩大反腐败斗争成果上实现高质量发展。把握全面履职这一根本要求，坚持以改革为动力，以反腐败的力度和实效体现改革成果。惩贪治腐不手软，持续保持高压态势。全年全市受理信访举报4394件次，比上年增长49.4%；处置问题线索3639件，增长9.1%；立案1647件，增长36.5%。正风肃纪不停步，落实中央八项规定精神。2018年，全市查处违反中央八项规定精神问题75起136人，处分94人，通报曝光案例38例57人；全市排查基层党员干部违纪违法问题线索6060条，立案1352件，移送司法机关138人；全市摸排扶贫领域违纪违法问题线索16条，立案53件，结案35件，处分26人；全市排查涉黑涉恶腐败问题线索424条，立案查处120人，处分61人。对围猎问题不放过，让“围猎者”付出沉重代价。对留置行贿人员全部立案查处，全市全年查处行贿案件67件67人。追逃追赃不放松，发出“凡逃必追、一追到底”的强烈信号。赋予第七纪检监察室追逃防逃职责，全年全市追回外逃人员10人。以案治本不松懈，坚持标本兼治。坚持不敢腐、不能腐、不想腐一起抓，深入开展以案治本工作，建立重大政策廉洁风险评估制度，研究出台加强城乡基层党风廉政建设意见，制发监察建议书，组织开展首届“廉洁佛山年度人物”宣讲活动，实现“三不”同步推进、同向发力。

（陈　明）

【三龙湾高端创新集聚区建设】 2018年12月14日，《佛山三龙湾高端创新集聚区综合规划》（下称《三龙湾综合规划》）通过佛山市城市规划委员会审议。作为佛山一环创新圈的创新极核，三龙湾高端创新集聚区将突出“引领示范”，引领新时代高质量发展模式，为全市发展树立标杆示范。三龙湾高端创新集聚区位于禅城、南海、顺德三区交界处，涉及石湾、桂城、陈村、北滘、乐从五个镇街，总面积约93平方千米，凝聚了佛山三个经济实力最强的区，更是一环创新圈的创新极核所在。截至2018年底，三龙湾范围内有上市企业9家、高新企业38家、省工程中心13个，正在推进美的库卡、大疆无人机、季华实验室、达安创谷等一批重大项目落地。

三龙湾高端创新集聚区项目于2017年开始启动。2017年7月，在粤港澳大湾区背景下佛山创新格局初判汇报会议上，佛山提出要把禅、南、顺作为广佛都市圈核心区进行规划。9月，佛山三龙湾高端创新集聚区项目启动，通过开展现场调研、部门访谈、数据整理等基础研究工作，形成前期研究报告。10月10日形成概念方案，明确了坚持生态优先、低密度开发的规划原则。11月24日，项目组形成阶段性成果向市主要领导汇报，进一步明确了创新集聚区的规划方向、发展愿景、空间意向、规划策略，并要求在生态、交通、产业、启动区等方面深入研究。2018年4月形成《佛山三龙湾高端创新集聚区综合规划》中期方案和现状土地及企业摸查分析报告。7月19日，由市主要领导主持召开会议听取三龙湾高端创新集聚区的规划工作汇报并研究三龙湾建设体制机制有关问题。项目组于8月13日召开专家评审会，规划方案基本稳定。2018年9月正式提请规委会审议。12月3日市国土资源和城乡规划局网站发布国际竞赛公告，面向全球征集佛山三龙湾高端创新集聚区启动区城市设计方案，并公布了三龙湾高端创新集聚区规划范围以及项目情况。12月14日上午，佛山市城市规划委员会审议通过《佛山三龙湾高端创新集聚区综合规划》。

（郭　庆）

【乡村振兴“1+7+X”政策文件制定】 2018年，佛山市根据中共广东省委、省政府关于乡村振兴“1+1+N”政策文件精神，结合佛山实际，制定了实施乡村振兴战略“1+7+X”政策文件（“1”为关于推进乡村振兴战略的实施意见，“7”为实施乡村振兴战略七大工程的行动方案，“X”为推进各项重点工作的若干配套文件）。至年底，“1+7”政策文件全部印发实施，第一批28份配套政策文件全部印发。《佛山市乡村振兴战略规划（2018—2022年）》编制工作基本完成，县域乡村建设规划编制完成率100%。

以农业供给侧结构性改革促进乡村产业振兴。全市农村居民人均可支配收入28765元，比上年增长9.0%。

绿色优质农业加快发展。市财政预算安排5000万元，专项扶持现代农业发展，形成以高值花卉苗木、优质果蔬、优质鱼养殖为主导的产业格局。启

链接

三龙湾（禅南顺）高端创新集聚区综合规划解读

为贯彻落实建设“两个重要窗口”总目标和实现“四个走在全国前列”总任务，抓住“粤港澳大湾区”、“广深科技走廊”发展机遇，市委、市政府提出要坚持市级统筹、规划引领，五区协调联动，以更强的决心、更大的力度、更高的效率、更实的举措推动以三龙湾高端创新集聚区为核心“一环创新圈”战略。

近年来佛山大力实施创新驱动发展战略取得明显成效，创新能力显著增强，但仍面临创新发展不平衡、不充分的问题，存在大型高端创新平台引领缺乏、高端创新要素亟待集聚、良性协同创新格局尚未形成、创新环境有待优化等不足。为深入贯彻落实国家创新驱动发展战略，整合全市创新资源、构建一体化创新体系、提升五区协同创新发展能力，市委、市政府提出实施“一环创新圈”战略，坚持开放引领、创新驱动，建设面向全球的国家制造业创新中心。

“一环创新圈”以禅南顺（三龙湾）高端创新集聚区为极核，依托南三产业合作区、广东金融高新区、佛山军民融合创新示范区、南海电子信息产业园和空港经济区为五大创新平台，培育周边具有潜力的多个创新节点，形成“一核五平台多节点”的创新体系。

作为“一环创新圈”的极核，禅南顺（三龙湾）高端创新集聚区地处禅城、南海、顺德三区交界地区，毗邻广州南站，交通区位优越、生态本底良好、创新基础雄厚，总面积达93平方千米，是佛山最具创新发展潜力的区域。近年来，禅城、南海、顺德三区不约而同在“三龙湾”发力，但由于缺乏规划统筹，在功能定位、环境治理、服务配套、重大项目等方面并未形成合力，创新发展潜力并未得到充分激发。为此，在深入贯彻党的十九大精神全面实施创新驱动发展战略的开局之年，市委市政府启动了《禅南顺高端创新集聚区（三龙湾）综合规划》的编制工作，以规划引领创新极核的发展，旨在将“三龙湾”打造成为佛山新时代实施创新驱动发展战略的关键极核、新旧动能转化的加速器。

作为佛山下一轮发展最重要的创新极核，“三龙湾”综合规划与既往规划存在较大不同。创新要素的吸引和集聚是个系统性、全局性、长期性工程，“三龙湾”综合规划不能就空间论空间，而是应该站在第二个百年奋斗目标的高度，从生态、社会、文化等维度全方位培育创新土壤。因此，自“三龙湾”规划编制之日起，便率先直面如何处理自然、城市和乡村的关系、如何吸引创新企业和创新人才、如何传承与发展佛山浓厚的文化基因、如何在同质化的竞争环境中异军突起等主要问题。所以，“三龙湾”综合规划不仅是创新集聚区发展的纲领性文件，也是佛山在新时代践行新发展理念探索城市发展新路径的重要示范样板。

“三龙湾”坚持高起点规划，超前地提出了一系列新规划理念，坚持生态优先，构建系统化的生态格局，使“山水林田湖文”交相辉映、相互促进，营造“凤鸣、鹤舞、观湖、听涛”的美好意境；以水系为引、以文化为魂，构建第三类人居环境，营造差异化的宜居环境，振兴岭南乡村，促进城乡协调发展；融合科技创新、文化创意、高端商务与城市公共服务等多种功能，建设区域性功能中枢；构建便捷、通达的综合交通系统，提供完善、高品质的公共服务，全面提升社会治理水平。

“三龙湾”综合规划通盘考虑创新集聚区的空间结构，提出应加强市级统筹力度，强化资源统一配置能力，促进各区协同发展。未来“三龙湾”将形成“一芯、一轴、三廊、双核”的总体空间结构，“一芯”是指以生态绿芯，“一轴”是指佛一环产业发展轴，“三廊”是指魁奇路、文登路、白陈路产业发展走廊，“双核”是指北部的生产创新服务中心和南部的本地企业创新中心。以总体空间结构为纲，各组团将实施差异化发展路径，形成多个特色功能组团，全面提升“三龙湾”的协同创新能力。

“三龙湾”综合规划作为一项面向实施的规划，也将加强规划实施保障方面的措施：一是加强市层面的统筹领导，成立“三龙湾”高端创新集聚区建设工作领导小组，统筹、协调“三龙湾”高端创新集聚区的政策制定、产业协调、规划建设等有关工作；二是开展土地管理制度创新，完善从土地利用指标分配、用地审批、土地供应到批后监管等一系列新土地资源管理模式，倒逼城市挖潜利用存量土地，包括优化建设用地指标分配、实施城乡建设用地增减挂钩、激励产业发展保护区内工业用地提升、推动留用地改革等方面，聚焦解决土地历史遗留问题和村级工业园综合提升问题；三是探索管理机构与财税金融体系创新，统筹集聚区开发建设，建立应对“三旧”改造的经济调节机制和投融资机制；四是探索城市管理制度创新，多部门出台面向创新人才的住房供给政策，创新人才人口管理方式，建立完善的产业准入政策。

抓创新就是抓发展，谋创新就是谋未来。下阶段“三龙湾”将着力引进和培育国家级重点实验室、高端科技创新团队和人才、高新技术企业，使之建设成为创新资源密集、创新人才聚集、创新成果富集，国际高端、国内一流的生态宜居创新发展区、粤港澳大湾区创新增长极、践行新发展理念的示范区，推动佛山从传统的制造业大市向创新型智造业强市迈进，将佛山打造成为具有影响力的国家制造业创新中心，在奋力把广东建设成为向世界展示习近平新时代中国特色社会主义思想的重要“窗口”和“示范区”中走在前列。

动6个现代农业产业园建设，建成市级现代农业园区50个。推进“一村一品、一镇一业”建设，“三品一标一名牌”认证产品251个，省级名牌农产品达76个。构建“龙头企业+合作社+农户”“龙头企业+基地+农户”的产业协作机制和利益联结机制，省级农业龙头企业增至52家，农民专业合作社252个。与省农科院共建农业科技示范市，实施“一十百千万”产研直联工程，建成省级新型职业农民培育示范基地13个，全国新型职业农民培育示范基地数量实现“零”的突破。建成省级森林小镇2个，佛山花卉小镇（陈村）、佛山文旅小镇（西樵）等15个特色小镇建设有序推进。

农村集体经济转型发展。制订关于实施农村集体经济转型发展工程的行动方案，推进农村土地资源确权登记颁证，完成农村土地确权工作任务。分类深入推进股份合作制改革，南海区农村土地制度改革三项试点工作取得显著成效，获得自然资源部肯定。加强集体“三资”管理平台建设，完成集体资产交易合同标的总额2214亿元，率先建成禅城区农村集体经济“数字云图”。全市农村集体资产总额870亿元，集体经济总收入180亿元。

村级工业园整治提升。推进1025个村级工业园区整治提升，制定整治标准，分类推进实施，盘活农村闲置低效土地资源，带动集体资产增值、农民增收，为高质量发展腾出创新发展空间、生态建设空间、优质生活空间。顺德区村级工业园改造工作相继被《人民日报》、中央电视台《新闻联播》深入报道。

乡村组织振兴和人才振兴。把加强党的基层组织建设作为固本之策，以农村基层党组织建设牵引乡村振兴。

强化党组织领导核心地位。全面厘清村（社区）党组织、自治组织、经济组织、村务监督委员会、社区公共服务中心的关系，发挥党对农村基层各类组织和各项工作的核心领导作用。出台加强基层党建三年行动计划实施方案和实施重要事权清单管理、加强城市基层党建、无职党员设岗定责等“1+3”系列文件，农村党组织实施重要事权清单管理的做法得到省委肯定。排查整顿软弱涣散村（社区）党组织43个，撤换调

2018年12月2日，佛山市南海区九江烟桥古村举行2018年烟桥古村旅游文化节。图为烟桥龙舟锦标赛 （黄绍斐摄）

整村（社区）党组织书记16人。投入基层党建工作经费17986万元，建成村（社区）党群服务中心494个。

自治、法治、德治相结合的乡村治理体系。编制《佛山市村（居）委会工作职责指导目录》，深化村（社区）减负，参与村（社区）社会事务管理的非户籍村（社区）“两委”260人。实现村（社区）公共法律服务平台全覆盖，65%以上纠纷解决不出村，549个村（社区）获评广东省民主法治村（社区）。部署开展2轮农村基层党组织涉黑涉恶涉腐问题专项巡察，发现问题线索240条。建成577个农村劝导站。农村道路交通事故率比上年下降38.61%。

乡村振兴人才队伍。实施“头雁工程”，村（社区）党组织书记培训全覆盖，选拔村（社区）党组织书记储备人选1566人。选派717名机关干部到村（社区）担任第一书记、副书记和驻村工作队员。实施南粤党员先锋工程，推行无职党员设岗定责，共设置岗位6805个，领岗履职党员15484人，占全市无职党员的11.9%，办成各类好事5310件，三水区无职党员设岗定责的改革创新做法获《人民日报》报道。实施新乡贤、党员人才等返乡计划，培育新型职业农民，累计培训农户20万人，发放“新型职业农民证书”1154个。

乡村生态振兴。全面开展“三清三拆三整治”行动，纳入整治台账的自然村（村小组、经济社）4929个，至年底完成4885个，整治完成率99.4%。推进村村通自来水工程建设，农村集中供水实现全覆盖。推进“四好”农村公路建设，97%的自然村实现村道路面硬化，三水区获评“四好农村路”全国示范县。推进农村“厕所革命”，无害化卫生厕所普及率100%，农村公厕实现专员跟踪、规范管理。建成农村分散式生活污水处理设施348个，47%的自然村实现城镇污水处理管网覆盖。投入农村生活垃圾长效治理资金7.82亿元，购买市场专业服务，实施“一把扫帚扫到底”的环卫保洁城乡一体化模式，“一镇一站、一村一点”建设实现全覆盖，“村收、镇运和市、区处理”的收集转运体系不断完善，农村生活垃圾治理率100%。完善农村人居环境管理长效机制，修订城市管理考核评比办法，推动管理考评覆盖全部乡村。

推进乡村绿色发展。开展大规模乡村绿化行动，打造高品质乡村森林生态系统，推进“一村（居）一公园”专项工作，建成村居公园141.6公顷（2124亩）。完成276个“五好”新村居和110个美丽文明村居建设，完成3轮共50个古村落活化工作，累计投入各类资金33.7亿元，古村落活化工作得到省委有关负责人批示肯定。禅城区南庄村入选2018年“中国乡村振兴先锋十大榜样”。南海里水“梦里水乡”、顺德

均安“东海绿岛”等省级新农村连片示范工程基本建成。

以改革创新完善乡村振兴保障机制。坚持把体制机制创新贯穿乡村振兴全过程，健全投入保障机制，不断激活主体、激活要素、激活市场。建立财政正常投入机制。坚持真金白银硬投入，市级财政安排不少于12.4亿元资金专项用于乡村振兴。“政银保”合作农业贷款实现全覆盖，每年为各类农村生产经营主体提供约7亿元贷款额度，累计发放贷款16亿元。实施高明革命老区特别帮扶，安排市级财政资金4.9亿元，帮扶49个革命老区乡村开展基础设施建设。严格落实乡村振兴用地指标要求。用于农村集体土地办理农转用的新增建设用地指标61公顷（915亩），占全市新增建设用地总指标的14%。广泛开展村企结对。组织开展“百企帮百村”对口凉山帮扶活动。以共建共享共赢为出发点，在各区成立乡村振兴促进会、乡村发展促进会、家乡建设委员会、慈善会等，广泛组织本土企业开展村企结对。顺德区村企结对项目450个，意向金额超4亿元。

以乡风文明建设促进乡村文化振兴。坚持正确导向抓乡风文明建设，推动创建全国文明城市工作向基层延伸，为乡村振兴提供有力的思想引领、道德支撑和文化滋养。实施思想引领行动。深入村居宣讲习近平新时代中国特色社会主义思想和党的十九大精神2200多场。在禅城区紫南村、顺德区黄龙村建设“新时代文明传习所”，探索基层党员全员培训的长效实现形式，顺德区黄龙书院获中宣部2018年度基层理论宣讲先进集体表彰。开展文明涵育行动。开展“好家风好家训”评选、创建“星级文明农户”等活动。推动农村志愿服务制度化、规范化、常态化，建成村（社区）“融爱”家庭服务中心574个，驻点志愿组织311个、服务项目264个。组织开展村规民约大修订活动，全市97.9%的自然村（村小组、经济社）制定了村规民约。开展文脉传承行动。传承和弘扬红色文化，大力保护西海烈士陵园陈列馆、三谭革命事迹展览馆等红色革命遗址。传承保护优秀本土文化，积极传承弘扬粤剧、武术、龙舟、龙狮等传统技艺、传统民俗。开展规范创建行动。建成村（社区）基层综合文化服务中心733个，32个镇（街）文化站全部达到省特级站标准，更新农家书屋图书29.4万册，举办农家书屋文化活动902场，完成公益电影放映4000场，成功举办第十三届亚洲龙舟锦标赛、全国广场舞展演和民歌民乐大赛，参与群众超170万人。

以打赢脱贫攻坚战助推乡村振兴。把打赢脱贫攻坚战作为重大政治任务，加强工作力量，加大资金投入，助力乡村振兴。对口帮扶湛江、云浮取得新进展。投入财政资金13.91亿元，2016—2018年累计脱贫72378人，脱贫比率88.66%，帮扶村农民人均可支配收入平均13804元，达省考核要求。佛山（云浮）产业转移工业园创建国家级氢能技术标准创新基地。东西部扶贫协作四川省凉山州成效明显。落实财政资金6.85亿元，完成援建安全住房1320套，直接受惠贫困群众6072人，在全国考核中获评“好”等次，广东(佛山)援建新村、禅城区紫南村结对帮扶村昭觉县特布洛乡谷莫村获2018中国最美村镇精准扶贫典范奖，广东（佛山）对口凉山扶贫协作被人民日报评为“大国攻坚”精准扶贫推荐案例。组织农业企业赴凉山开展产业对接，达成合作协议企业24家，协议金额41亿元，建成凉山农特产品销售点、展销店13个。对口合作黑龙江双鸭山市取得成果。与双鸭山市商讨农业产业合作框架协议，开展农业产销合作，在禅城区设立双鸭山优质农产品展销中心，推进双鸭山市四方台区农业观光示范园区项目。

（杜山川）

【佛山市入围改革开放40年经济发展最成功40城】 2018年6月，中国社会科学院和经济日报在北京联合发布《中国城市竞争力报告No.16——40年：城市星火已燎原》(下称《报告》)，佛山市位列2017年中国城市综合经济竞争力指数第十一位。《报告》根据近40年经济密度、人口密度、非资源城市、近年人口净流入等指标，选出改革开放40年来经济发展最成功的40个城市。

经济体制改革激发市场活力　改革开放40年来，佛山以“敢饮头啖汤”的勇气劈波斩浪，实现了从经济落后到发展繁荣的宏伟跨越。佛山地区生产总值从1978年的12.96亿元增长到2017年的9398.52亿元。佛山成为中国品牌经济城市、中国品牌之都、国家商标战略实施示范城市。获批创建全国知名品牌示范区13个，拥有中国驰名商标160件，均位居全国地级市首位。美的电器、佛山照明、海天调味品、新中源陶瓷、健力宝饮料、联塑非金属管道、溢达纺织等品牌和商标享誉海内外。

宜居城市建设　《报告》显示，中国城市宜居竞争力指数佛山位居第三十六位。至2017年底，佛山市11个城镇、78个村庄、225个社区分别获得广东省“宜居示范城镇”“宜居示范村庄”“宜居社区”称号，1个项目获得“中国人居环境范例奖”，18个项目获得“广东省宜居环境范例奖”。

本土经济和专业镇发展　佛山自改革开放以来经济快速发展，坚守民营经济和制造业以发展本土经济为人称赞。《报告》评价认为，至2015年佛山经济密度约为全国的29.5倍，人口密度约为全国平均水平的2.9倍。作为珠三角城市群中的重要城市，佛山区位优越，经济发展空间广阔。其民营企业实力强劲，自主创新能力较强，特别重视对科技创新的投入。佛山经济的一大特色是拥有大批国内外知名的专业镇，专业镇是推动佛山社会经济发展的重要力量。

至2017年底，佛山市各类市场主体61.8万个。2017年，佛山市规模以上民营工业企业完成工业总产值15845.54亿元，民营工业占全市工业总产值的70.9%，对全市工业增长的贡献率81.6%。2017年，全市新增2家年主营业务收入超百亿元企业，总数18家。2017年主营业务收入50亿元～100亿元企业12家，20亿元～50亿元企业42家。佛山市有7家企业进入“2017中国民营企业500强”。美的集团、碧桂园成功入围《财富》世界500强。至2017年底，佛山拥有国家高新技术企业2547家，区域创新体系建设更趋完善。佛山专业镇拥有省级及以上名牌产品331个，驰名、著名商标475件；专业镇专利授权30784件，其中发明专利授权1460件，居全省第三；全市89%的专业镇建立特色产业公共创新服务平台。

（华恩顺）

【佛山创建成为国家公共文化服务体系示范区】 2018年8月，国家公共文化服务体系示范区创建办实地检查验收组对佛山创建示范区工作进行实地验收。根据第三批示范区东部验收标准的8大类32项共63个指标，以及创建管理过程中7个部分18个指标，佛山以优秀成绩成功创建国家公共文化服务体系示范区，成为第三批国家公共文化服务体系示范区30个入选城市中的广东唯一城市。在示范区创建过程中，佛山以建设更具品质的文化导向型城市为导向，初步建成“网络完善、运行高效、供给丰富、保障有力”的公共文化服务体系。

文化设施大幅提升　2018年，佛山市建成村（社区）综合性文化服务中心733个，基层村（社区）覆盖率100%。全市每万人均公共文化设施建筑面积2525.11平方米，处于全省地级市前列。全市区级以上公共图书馆和文化馆全部为国家一级馆，32个基层文化站全部为省特级站。佛山市图书馆摘得国际图联2018年绿色图书馆大奖一等奖，是国内图书馆界首次获得该奖项的最高奖。全市图书馆文化馆总分馆制全面完成，建成智能图书馆177个。推进“博物馆之城”建设，带动民间投入近3300万元参与博物馆建设。

文化惠民精彩多样　2018年，佛山市开展“行通济”、广东（佛山）非遗文化周暨秋色民俗文化活动、“佛山韵律·时代中国”2018音乐季、“佛山韵律·琼花焕彩”2018戏剧季系列文艺演出活动、“筑梦佛山”文化艺术公益夏令营、“开心广场 百姓舞台”公益流动演出等活动。开展的广东（佛山）非遗文化周暨佛山秋色巡游活动，集非遗展示、巡游表演、民俗活动等于一体，以粤港澳大湾区和泛珠三角区域民间艺术和地域风情为特点，分为非遗活态展、祖庙秋祭、乡饮酒礼、秋色巡游、秋色赛会、秋色大舞台、非遗区域合作交流会等七个板块，现场观看人数26万人，观看网络直播人数84.6万人次。2018南国书香节佛山分会场暨佛山书展嘉年华，各类阅读体验活动超30场。

文化创新亮点频出　2018年，佛山将书吧、农家书屋、文化娱乐休闲等功能相结合，建设9家诗意优雅、动静相宜、科技时尚、文化浓郁的“智能文化家”，为市民提供高品质的文化资源与服务。整合市区镇村四级文化资源力量，打造“佛山文化云”，提供信息咨询、服务预约、图书借阅、文化点单、活动众筹、在线展览等服务，使文化供给与需求有效对接。推动文艺工作者深入基层开展“文化直联”，提升文艺原创力。在佛山市图书馆开展法人治理结构试点，激发了公共文化机构发展动力和活力。出台《关于加强产业工人公共文化服务的指导意见》，全面提升产业工人公共文化服务。探索“党建引领，文群共建”机制，集中各类文化机构与单位的资源，形成共建共治共享格局。

（雷郎才）

【佛山市成为国家级市场采购贸易方式试点城市】 2018年9月30日，商务部等七部委正式批复同意亚洲国际家具材料交易中心开展市场采购贸易方式试点，佛山成为第四批全国6个开展试点的城市之一。

从2015年下半年开始，佛山市就向商务部等部委正式申请开展市场采购贸易方式试点。2017年，佛山家具制造业实现工业总产值约850亿元，年产量超2000万件，占广东省家具产量的15%以上。其中，顺德家具市场集群成为全国乃至全球最大的家具制造及商贸专业市场。

2018年12月，佛山正式启动推广“国家市场采购贸易方式试点”，成为广东省继广州之后，第二批先试先行推进“市场采购”贸易新方式的城市。试点的相关工作也在不断推进和完善：制订综合管理方案，落实政策及制订操作指引，建立市场采购贸易方式试点联网信息平台，并通过市商务局、市场监管、海关、税务、外管等部门协作，明确监管流程和措施。试点综合服务大厅建设完成，市场软硬件建设以及外贸配套平台和功能等工作稳步推进。

（史　阳）

【佛山“一门式一网式”政务服务改革入选国务院《关于深化推进审批服务便民化的指导意见》典型案例】 2018年5月23日，中共中央办公厅、国务院办公厅印发《关于深入推进审批服务便民化的指导意见》（简称《意见》），在总结归纳地方典型经验做法基础上，从8个方面提出改革任务和具体要求，包括全面推行审批服务“马上办、网上办、就近办、一次办”等。佛山“一门式一网式”政务服务改革的经验做法成为《意见》中全国唯一的地级市典型案例。《意见》提出，广东省佛山市以“互联网+”技术为支撑，打破部门层级界限、政务藩篱和信息孤岛，变多门为一门，变多窗为一窗，实现进一个门可办各种事、上一张网可享受全程服务的“一门式一网式”政务服务新模式，对佛山市的“一门式一网式”经验做法给予了高度肯定。《意见》共总结了佛山的6条经验：持续简政放权，推行就近服务；推行行政审批标准化，实现无差别审批服务；实行一口受理、受审分离，强化部门业务协同；加强业务协同配合，提升即办服务；探索打破区域限制，不断拓展“同城通办”；加快数据共享，推行一网通办。

自1998年以来，佛山坚持以建设一流营商环境和政务环境为目标，以方便群众办事为着力点，以行政审批改革为突破口，持续推进行政审批制度改革和政务服务创新，多项改革举措走在全省甚至全国前列。佛山市“一门式一网式”政府服务模式改革，充分运用“互联网+”思维，推行权责清单制度，市向区下放95%以上的政务服务事项，区向镇（街）下放65%以上的政务服务事项，以权力运行标准化、信息化、体系化为核心基础，在全省率先推行审批服务标准化建设，全市1922个事项实现标准化梳理和实施。以政务服务整体化、规范化、数字化为基本要求，以企业群众办事更方便为目标导向，打破服务的碎片化、权利的部门化、信息的孤岛化的局面，941个事项实现同城通办、1400多个事项实现广佛通办；基本建成4×4政务服务体系，全市建成796个行政服务中心，铺设1356台“市民之窗”自助终端，形成15分钟服务圈，98%以上审批服务事项进驻大厅提供“一窗式”“主题式”服务。推进线下政务服务向线上转移，全市98%以上政务服务事项上网服务，60%以上事项实现全程网办，268个事项进驻“粤省事”服务平台提供服务，79个事项实现无纸化自助办理，134个事项可实现容缺受理。围绕企业开办、企业经营、投资建设、不动产登记等跨部门管理领域，全面实施联合审批改革。

佛山市“一门式一网式”政务服务改革加快推动了各级各部门政务公开、办事规范、信息共享、管理协同，实现政府服务和权力运行的全程可视、可见度、可量化的评价，基本做到了政府的服务无界限、行政无缝隙、标准无差异，基本建成以门、网、端、线为标志的政务服务标准体系、“政府一扇门、开到家门口，只到一个窗、办事不求人，服务一张网、最多跑一次”的政府服务模式，对于更好满足群众诉求、促进行政机关依法积极作为、构建服务型政府具有重要示范意义。

（市政务服务数据管理局）

【佛山获中国智慧城市建设领先奖】 2018年11月28—29日，2018智慧中国年会在北京召开，佛山共获6个奖项，包括第八届（2018）中国智慧城市建设领先奖、第一届（2018）中国营商环境创新奖、第四届中国互联网+政务优秀实践案例50强等。2018智慧中国年会由中国社会科学院信息化研究中心、北京国脉互联信息顾问有限公司联合主办，会上发布首届中国营商环境评估获奖名单等奖项。

佛山是全国率先开展智慧城市相关规划及建设的城市之一，2003年，佛山就开展智慧城市相关规划。2010年5月，《“四化融合智慧佛山”发展规划纲要（2010—2015）》的出台，标志着佛山智慧城市建设进入快速发展的阶段。此后佛山在管理体制机制、信息基础设施、政务民生服务、社会安全治理等智慧城市多个领域的建设中均走在全国前列。

在管理体制机制方面：2014年5月，佛山市南海区率先成立全国首个区级数据统筹局；2017年12月，佛山成立全省第一个经批复成立的、以数字政府建设为主要职责的地级市政府工作部门，并根据机构改革要求成立佛山市政务服务数据管理局；2018年6月，佛山市成立大数据统筹发展决策委员会，并于2018年10月成立佛山市大数据发展与应用创新研究院，为数字政府体制机制框架建设打好基础。在信息基础设施建设方面：2018年，佛山市电信运营企业新增光纤接入用户39万户，光纤入户率100%；4G基站累计超2万座，基本实现4G信号城乡全覆盖。在政务民生服务方面：2016年6月佛山推行了全国首创的“市民之窗”自助服务终端，实现多种行政事项的“一窗式”自助办理，佛山“一门式一网式”政务服务改革获全国“创新社会治理”最佳案例并入选国务院《关于深化推进审批服务便民化的指导意见》典型案例；2017年6月，佛山推出全国首个实现预约挂号、实时结算功能的政务服务类微信公众号——“健康佛山”。在社会安全治理方面：2015年12月，佛山市禅城区创新推出全省最大社会综合治理云平台，开创“一张图”管一座城的典范；2018年11月，佛山市启动市级社会综合治理云平台建设，并于12月在北京召开的“第四届加强和创新社会治理成果交流会”上获评“2018年全国社会治理创新示范市”。

经过多年的发展，佛山在全国智慧城市建设中保持着高水平，占据领先优势。自2015年以来，连续四年，佛山智慧城市建设的综合实力在全国名列前十位。由中国社科院信息化研究中心及国脉互联智慧城市研究中心联合发布的2015年、2016年及2018年度《中国智慧城市发展水平评估报告》、由国家发改委城市和小城镇改革发展中心发布的2017年度《中国城市治理智慧化水平评估报告》中，佛山在全国百来个副省级及地级以上评比城市中，脱颖而出，与上海、广州、深圳等超一线城市一道列居前十位。其中，2015年和2016年，佛山智慧城市建设综合实力位列第八，并于2018年在北京举办的智慧中国年会上获得智慧城市建设领先奖。

（市政务服务数据管理局）

【云勇林场成为工业城市生态文明的绿色样本】 2018年2月4日，中共佛山市委书记鲁毅在云勇林场参加纪念云勇林场建场60周年座谈会上强调，要在全市范围内打造更多像云勇林场一样坚守生态文明建设的范例，在推进生态文明建设上有更大担当、更大作为。7月，《人民日报》以《佛山云勇林场：一个珠三角林场的坚守与进击》为题，整版报道云勇林场的先进事迹，称其为“珠三角的塞罕坝”。

云勇林场位于高明区明城镇，创建于1958年，是佛山市属唯一国有林场。自2001年转型为生态公益型林场以来，云勇林场大力进行林分改造，增加樟树、榕树、鸭脚木等数十个阔叶树种，置换生态效能低的经济林，建设多树种、多层次、多功能的省级生态公益林示范区。2018年，云勇林场从树种单一的商业性林场，成功转型为占地2000多公顷（3万多亩）、拥有134科520种植物的生态公益型林场。云勇林场省级生态公益林达97%，成为佛山一道重要的生态脊梁。

云勇林场60年来艰苦创业、生态转型、科学发展的历程，集中体现了一代代“云勇林场人”身上特有“云勇精神”，即“牢记使命、扎实苦干，改革创新、争创一流，久久为功、绿色发展”。“牢记使命、扎实苦干”，云勇林场人扎根偏远山区，从零开始艰苦创业，“天为被、地为床、吃住在山头”，做到扎根基层、以场为家。面对市场经济环境下复杂的各种诱惑，云勇林场人坚守生态保护的底线，在利益诱惑面前不摇摆、在矛盾困难面前不低头，几十年如一日甘于奉献，以辛勤汗水将林场的事业推向前进，为子孙后代留下一片“青山绿水”。“改革创新、争创一流”，云勇林场与时俱进，及时进行经济体制改革，实行多种形式的承包和岗位责任制，调整林相结构和产业结构，以市场需求为导向，为佛山乃至珠三角地区经济建设提供大量的木材和林副产品，经济效益曾跻身全国一流林场行列。国家在2015年才明确提出所有国有林场要向生态公益转型，云勇林场2000年就提出提以木材砍伐为主的商业性林场转型为生态公益型林场，改革先行一步。“久久为功、绿色发展”，一代代云勇林场人把根扎在了青山深处，有的30多年如一日，有的子继父业，有的以山为媒，在林场终身相知相爱相守。进入新时代，云勇林场吸引一批研究生加入，运用专业知识开展科研，尝试景观改造、造林模式的突破，推动云勇林场从生态公益林向生态景观林转变。

云勇林场是佛山走好一座工业城市生态文明创新之路、持续深入推进生态文明建设的缩影，与佛山坚持不懈推进工业城市创新走好生态文明之路相通相融，其转型发展历程是佛山生态文明创新之路的具体体现与生动见证。佛山市委市政府提出，要复制推广云勇林场坚守生态文明建设的样本，更好发挥国有林场作用造福佛山。以云勇林场建场60周年为契机，深入挖掘和大力弘扬云勇精神，引领带动全市生态文明建设。

2018年，云勇林场经营面积2007.8公顷（30117亩），有林面积1886.73公顷（28301亩），森林覆盖率95.7%，林场内森林蓄水量512万立方米，相当于一个中型水库；年释放氧气价值超8.2亿元，同化二氧化碳价值为13.6亿元，保育土壤价值超过2.9亿元，生态服务功能价值超26亿元，被誉为佛山最大、森林生态系统最完整的“城市绿肺”。云勇林场先后获评“全国500强林场”“全国100佳林场”“中国森林体验基地”“中国最美林场”等称号。

（雷郎才）

顺德区北滘镇林头社区北村（顺德区供图）

【佛山全面完成自然村落历史人文普查工作】 2018年10月底，佛山市完成自然村落历史人文普查。在该次普查工作中，全市纳入普查的自然村3366个，其中禅城区222个、南海区1253个、顺德区565个、高明区535个、三水区791个，形成近600万字2万多张图片的《全粤村情——广东省自然村落历史人文调查》（简称《全粤村情》）。《全粤村情》佛山市部分分为5卷12册，其中禅城区卷1册、南海区卷4册、顺德区卷2册、高明区卷2册、三水区卷3册。

佛山市自然村落历史人文普查工作是广东省自然村落历史人文普查的重要组成部份。开展自然村落历史人文普查正是为了进一步摸清基本市情，全面保护自然村落中的历史人文印记，抢救与保护佛山乡村文明，为在社会主义新农村建设中留住村貌、记住乡愁，延续历史文脉提供依据。

2015年，广东省启动自然村落历史人文普查工作。佛山市及各区地方志办做好普查的各项准备。市地方志办组织学习省下发的有关文件，开展前期研究。禅城、南海、顺德、高明、三水各区地方志办也按照上级部门的有关要求，开展相关工作。南海从年初起，确定丹灶镇为全省普查试点单位。

2016年3月，广东省全面启动自然村落普查工作。佛山市于2016年4月21日印发《佛山市自然村落历史人文普查工作实施办法》。5月，市政府成立市级普查工作领导小组，建立“各级党委政府领导、地方志工作机构牵头、有关部门配合、以镇（街）为单位组织实施”的工作机制。6月2日，召开全市动员大会并现场开展业务培训，全面铺开全市自然村落普查工作。普查内容主要包括：村落地理环境、历史沿革、人口状况、经济发展情况、民居祠堂、风俗习惯、家谱家规、文物遗址、历史事件、人物、华人华侨与港澳台同胞等。

自然村落历史人文普查过程中，市、区两级投入经费240万元，参与普查工作近万人。各级组建普查队伍，因地制宜，通过聘用熟悉本地地情的退休老同志、中小学教师或委托专业的文化公司完成基础普查工作。

此次普查全面掌握自然村落基本情况。对村级经济发展状况进行普查过程中，发现众多历史人文资源，为开发普查资源，助力乡村振兴提供基础资料。按照广东省人民政府地方志办公室《关于印发〈开发利用自然村落普查资源 助力乡村振兴战略工作方案（2018—2020年）〉的通知》，佛山市围绕乡村振兴战略，以“弘扬佛山优秀传统文化”为主题，制订《佛山市自然村落历史人文普查资源开发利用工作方案（2018—2020年）》，明确全市开发利用工作任务，以撰写调研报告、举办展览、全媒体互动、图书编辑、开展名志编纂等方式，打造一系列具有佛山特色的村落开发项目。2018—2020年，全市开发利用计划数21个。2018年完成8个，完成率38%。

2018年12月，佛山市地方志办公室向市政府提交《佛山市自然村落历史人文普查工作情况报告》，全面总结普查工作基本情况、普查工作亮点、普查成果、开发利用情况，并围绕乡村振兴战略，提出进一步开发利用普查资源的意见建议，得到市领导肯定。

（王丽娃）

总 述

基本情况

【建置沿革】 佛山"肇迹于晋，得名于唐"。新石器时代，佛山先民就以渔耕和制陶开创原始文明。春秋战国时期，佛山属于百越之地。秦、汉时期，现禅城、南海、顺德、三水属南海郡番禺县；高明属高要县。晋代，禅城称"季华乡"。隋开皇十年（590年），从番禺县分置南海县，因旧属南海郡。唐贞观二年（628年），乡民在塔坡岗掘得三尊铜佛像，人们把塔坡岗称为佛家之山，取名"佛山"，并捐款重建塔坡寺，将佛像供奉于寺内，立石榜，上刻"佛山"二字。佛山由此得名。五代十国时期，现佛山禅城、顺德属咸宁县，宋初重新并入南海县。明景泰三年（1452年），敕封佛山为"忠义乡"，属南海县。同年，置顺德县，意为"顺天威德"。明成化十一年（1475年）置高明县，因原有高明巡检司而得名。明嘉靖五年（1526年）置三水县，意为"三水合流"。民国时期，佛山曾先后改设佛山镇、佛山市、佛山镇、南海县特别区。

1949年10月15日佛山解放，10月31日，佛山市人民政府成立。1950年3月，设广东省珠江专区专员公署，辖中山、顺德、南海、三水、花县、番禺、宝安、东莞8县和佛山市，专署驻地中山县石岐镇。1952年11月，撤珠江专员公署，设粤中行政公署，辖中山、顺德、南海、三水、番禺、东莞、宝安、增城、博罗、龙门、珠海、新会、高明、鹤山、封开、怀集、高要、广宁、四会、新兴、罗定、云浮、郁南、德庆24县和石岐市，并领导省辖佛山市、江门市。粤中行署驻地江门市。1954年6月，粤中行政公署由江门市迁入佛山市。1956年撤粤中行政公署，成立佛山专员公署，驻地佛山市。辖中山、珠海、番禺、顺德、南海、三水、新会、鹤山、高明、台山、开平、恩平、花县13县和石岐市，领导省辖的佛山市、江门市。1958年，佛山、江门改为县级市，由佛山专区领导。1966年，佛山市升为地级市，受广东省、佛山专区双重领导。1970年，佛山专区更名为佛山地区，佛山、江门改为县级市。佛山地区辖南海、顺德、三水、高鹤、台山、恩平、番禺、中山、珠海、新会、开平、斗门12县和佛山、江门两市。1974年，佛山、江门两市恢复为省辖市，实行省地双重领导。1980年，成立佛山地区行政公署，辖中山、斗门、顺德、南海、三水、高鹤、新会、台山、开平、恩平10县和佛山市、江门市。1983年6月1日，撤销佛山地区建制，实行市领导县体制。佛山市辖中山、南海、顺德、高明、三水5县。同年，中山县改为中山市（县级）。1984年6月，佛山市辖汾江区（1986年易名为城区）和石湾区及南海、顺德、高明、三水4县，代管中山市。1988年1月，中山由县级市升为地级市，从佛山市划出。1992—1994年，南海、顺德、高明、三水先后撤县设市（县级），由佛山市代管。

2002年12月，撤销佛山市城区、石湾区及县级南海市、顺德市、三水市和高明市，设立佛山市禅城区、南海区、顺德区、三水区和高明区。自此，佛山市实行一市辖五区体制。

（市地方志办）

【行政区划】 截至2018年12月31日，佛山市行政区划由禅城区、南海区、顺德区、高明区、三水区共5个辖区组成。全市共有21个镇、11个街道。其中：禅城区辖南庄1个镇和祖庙、张槎、石湾镇3个街道；南海区辖大沥、里水、狮山、丹灶、九江、西樵6个镇和桂城1个街道；顺德区辖乐从、龙江、杏坛、均安、北滘、陈村6个镇和大良、容桂、伦教、勒流4个街道；高明区辖杨和、更合、明城3个镇和荷城1个街道；三水区辖芦苞、大塘、白坭、乐平、南山5个镇和西南、云东海2个街道。

（陈 瑶）

【地理位置和面积】 佛山市位于广东省中南部，珠江三角洲腹地。东倚广州，邻近深圳和香港、澳门。全境于北纬22°38′～23°34′，东经112°23′～113°24′之间。佛山市域东距西、南距北均约103千米，大致呈"人"字形，总面积为3797.72平方千米。

佛山市东傍广州，西靠肇庆，南邻江门、中山，北接清远，陆运、水运、空运交通基础设施齐备，交通便捷。

（郭 庆）

【地质地貌】 佛山市地势总体有北高南低、西高东低的特征，大部分地区较为低平，地势起伏较小，以平原为主，为珠江水系之北江、西江三角洲平原，海拔一般小于5米，多在1.2～4.8米，河汊众多，桑基鱼塘密布，其间零星分布有丘陵残丘和残留台地，丘陵残丘海拔小于100米，坡度15度以下；残留台地海拔一般小于50米，浑圆低平；佛山市西部的高明、北部的三水地区有连绵的山体，为丘陵—低山地貌，地势陡峻，相对高差大，山谷纵横，植被茂密。佛山市最高山峰为高明区杨梅镇的皂幕山，海拔 805 米，三水大塱涡地势低洼，高程 -1.7 米，为全市最低点。

在中国大地构造分区中，佛山市位于二级构造单元武夷—云开—台湾造山系，经历了各构造旋回的地质演化，形成佛山市极具特征的地质背景。距今 8 亿至 2300 万年的岩石构成佛山市的坚硬基底，沉积岩、岩浆岩和变质岩三大岩类均有发育，但是以各地质时期的沉积岩为主体。各地质时代的地层发育较为齐全、分布广泛，发育的地层有南华系、寒武系、泥盆系、石炭系、二叠系、三叠系、侏罗系、白垩系、古近系和第四系，以古近系和第四系分布最广。佛山市位于珠江三角洲平原，属于浅覆盖区，基岩上覆盖着 5 万年以来形成的松散堆积层，即第四纪地层，厚度一般小于 50 米，最厚 70 米，是珠江水系与中国南海共同作用形成的，其沉积中心沿北东向和北西向呈现出有规律的展布，与区域断裂构造的展布较一致，显示断裂构造对第四纪沉积的控制作用。大约 9000 万年前开始发生火山活动，4800 万年至 3600 万年前的火山活动，形成西樵山、王借岗、紫洞等地的火山岩，岩性主要为粗面岩、玄武岩等，经过后来的风化、剥蚀，造就了今日的西樵山火山地貌景观和王借岗、紫洞等地的火山岩柱状节理地质遗迹。经历漫长的地质历史演化，佛山市范围内地质构造复杂，主要的构造形迹包括褶皱、断裂等，以一组多条断裂构成断裂构造带为特征。断裂构造总体以北东向广州—从化断裂带（南段）、北西向白坭—沙湾断裂带和西江断裂带为主，它们相互切割、复合，构成本区构造的基本格架。佛山市断裂构造具有多期活动的特征，主要形成期为加里东期至燕山期。佛山市新构造运动主要表现为基底断块的差异升降。

佛山市地下水资源较为丰富，地下水类型主要有松散岩类孔隙水、碳酸盐岩类裂隙溶洞水、红层孔隙裂隙水和基岩裂隙水等，以松散岩类孔隙水为主，不同地区含水量有所差异，总体含水量为中等—丰富。地下水位高，一般埋深 1 ~ 2 米，连续含水层分布有 1 ~ 3 层，以微承压—承压水为主，顺德区陈村、伦教、勒流、杏坛和均安一线的东南部为咸水区，佛山市其余地区为淡水区，过渡带为上淡下咸区。

佛山市地质灾害的发生与强降雨和人类工程活动密切相关，人为因素诱发的地质灾害比例也越来越大。截至 2018 年 12 月底，全市共有地质灾害或隐患点 179 处，其中崩塌 146 处、滑坡 25 处、地面塌陷 1 处、地面沉降 1 处、泥石流 6 处。

（罗锡宜）

【气候】 佛山属于亚热带季风气候区，温暖、多雨、湿润，夏长冬短。四季气候可概括为：夏少酷热，冬无冰雪，春常阴雨，秋高气爽。年平均（统计年份为 1981 — 2010 年，下同）气温 22.5℃，1 月最冷，平均温度 13.9℃，7 月最热，平均温度 29.2℃；年平均相对湿度为 76%，月平均以 4 月的 83% 为最高；年平均风速为 2.1 米 / 秒；年日照时数达 1627.7 小时，年平均雾日数为 14.5 天，年平均雷暴日 69.7 天。佛山是华南地区龙卷风灾害多发、频发的地方。春夏季常出现雷雨大风、短时强降水、强雷电、冰雹、龙卷风等灾害性天气，夏秋季常有热带气旋影响，据统计平均每年有 1 ~ 2 个热带气旋影响佛山市。年降雨量 1688.2 毫米，6 月最多，平均 284.6 毫米，汛期（4 — 9 月）降水量占全年的 80%；年平均雨日 146.5 天，6 月最多，平均 18.2 天；夏季降水不均，旱涝无定，秋冬雨水明显减少。

九江海寿岛（南海区供图）

由于地处低纬，海洋和陆地天气系统均对佛山有明显影响，冬夏季风的交替是佛山季风气候突出的特征：冬春多偏北风，夏季多偏南风。冬季的偏北风因极地大陆气团向南伸展而形成，干燥寒冷；夏季偏南风因热带海洋气团向北扩张所形成，温暖湿润。

春季（3 — 5 月） 春季白昼渐长，气温和降水量均处在上升时期，天气多变，常出现乍暖乍冷天气。佛山的春天常常是阴雨绵绵，"连绵春雨湿红棉"，这个季节的雨水滋润万物，但也淹没了阳光的踪影，因此春季又是一年中日照最少的季节。由于缺少阳光，气温日变化小，总让人感到丝丝寒意。当然，有的年份也会出现春光明媚的景象。另外，春季是冬夏季的交替季节，天气过程复杂，变化迅速，中小尺度天气系统非常活跃，因此常出现强对流天气。通常从 4 月开始，佛山市进入前汛期，5 月到达前汛期的降雨高峰期，暴雨频发。

夏季（6 — 8 月） 佛山的夏季盛行偏南风，丰沛的水汽随南风源源不断输送到上空，为夏季降雨提供有利条件。6 月仍然是佛山前汛期的降雨高峰期，出现暴雨的机会甚多。全年中 40% ~ 50% 的雨水集中在夏季，暴雨和热带气旋往往造成严重的灾害。佛山的夏季天气炎热，一年中最热的月份是 7 月，全市的月平均气温达 29.2℃；极端最高气温 39.2℃（2005 年 7 月 18 日，南海国家气象观测站；2017 年 8 月 22 日，顺德国家气象观测站）。盛夏季节气温高，加上相对湿度大，更显得暑气逼人。

秋季（9 — 11 月） 秋季是一年中最舒适的季节。此时冷空气开始频繁南下，气温逐渐下降。9月仍是热带气旋活跃期，10月后强对流天气和热带气旋明显减少，但仍有出现的可能。总的来说，秋季多以晴天为主，少降水。从9月下旬至11月底平均降水量仅155.4毫米，约占全年降雨的9.2%，历史上还曾多次出现连续30天无雨的年份，秋燥的特点十分明显。

冬季（12月至次年2月） 冬季是北方蒙古冷高压的鼎盛时期，冬季风势力强大，佛山受蒙古冷高压边缘影响，盛行偏北风，受到冷空气的频繁影响，为全年最冷的时期。1月的月平均气温13.9℃，为全年最低，极端最低气温曾达-1.9℃（1967年1月17日，南海国家气象观测站）。在两次冷空气之间也常有一段回暖过程，气温上升。佛山常受冷高压脊控制，处于干冷气流控制下，降水最少，有时整月无降水出现，晴好天气多，日照充足。

（何秋蕊）

【水文】 2018年，佛山市主要控制站马口、三水站发生水位达到中洪水位（1.74米）的洪水共5场，没有发生达到中高洪水位（4.58米）和警戒水位（7.50米）的洪水。马口、三水站第一次明显涨水过程出现在5月中旬，9月下旬水势开始趋于平缓。全年最大洪水出现在6月上旬，该场洪水主要为北江发洪，经思贤滘调节，6月9日三水站出现全年最高水位3.28米、年最大流量6490立方米/秒，马口站出现年最大流量19200立方米/秒。是年，马口站年平均流量6350立方米/秒，比常年值偏小11.3%；三水站年平均流量1520立方米/秒，比常年值偏大7.8%。

2018年共有4个热带气旋登陆广东省，主要影响珠三角的热带气旋有2个，分别是1804号“艾云尼”、1822号“山竹”。受“艾云尼”影响，高明河上游出现强降雨，6月7日至8日高明河出现一次明显涨水过程，实测最大流量890立方米/秒，这是57年来高明河的最大实测流量。“山竹”给佛山市带来强降雨和超历史的风暴增水。受“山竹”影响，佛山市各潮位站均出现超历史最大增水，刷新1422号“黑格比”和1713号“天鸽”创下的历史增水记录，其中容奇站、五斗站出现超警水位。全市12个水文站中有11个站的年最高水位出现在台风“山竹”期间。台风“山竹”期间，风暴潮沿河网上溯，上游至马口、三水控制站均出现明显水位波动与负流，其中马口站16日19时40分出现最大负流-8970立方米/秒、三水站16日20时40分出现最大负流-2640立方米/秒，均超历史最大负流记录。

（彭　靖）

【土地资源】 2018年底，根据佛山市通过省自然资源厅上报自然资源部2018年度土地变更调查成果，佛山市辖区土地总面积为379772公顷。按八大类分类，耕地36109.87公顷、园地10585.1公顷、林地71721.74公顷、草地4854.74公顷、城镇村及工矿用地130308.18公顷、交通运输用地15550.18公顷、水域及水利设施用地105646.21公顷、其他土地4996.36公顷。

【矿产资源】 佛山市地处华南褶皱系西南部之粤中拗陷，成矿条件良好，银、铅、锌、锰、稀土、岩盐、石膏、水泥用灰岩、建筑用花岗岩、砖瓦用页岩等矿产资源较丰富。截至2018年底，佛山市已发现矿产52种，矿床（点）319处，其中大型矿床11处、中型矿床23处、小型矿床52处、矿点233处。矿产种类有能源矿产、金属矿产、非金属矿产和水气矿产，已查明有储量的矿产40种。

【水资源】 佛山市地处珠江三角洲中部河网区，西江、北江分流的各水道贯穿其中，河流纵横交错，形成水网。除西江、北江及其主要分流河道外，集雨面积超1000平方千米的河流只有高明河。

西江由肇庆高要市进入佛山市三水区境内后，由思贤滘与北江相通，主流折向南行至佛山市顺德区境内的甘竹溪，通过甘竹溪与北江相遇，再下至顺德南华，分为东海与西海两条水道出佛山境，部分经容桂水道汇合顺德支流后流入洪奇沥。西江主流在佛山境内长69.1千米，有支流河道11条。

北江经清远市流入佛山市三水区境内，在思贤滘上游马房附近有绥江汇入，流至思贤滘与西江相通，主流折向东南行，流经三水区西南街道至禅城区南庄镇三华村，再通过顺德水道，经广州市番禺区的沙湾水道由蕉门出海。北江主流在佛山市境内长114.3千米，主要支流河道有13条。

高明河又名沧江河，是西江下游右岸的一级支流，发源于佛山市高明区西部更合镇的托盘顶，流域面积1028平方千米，总长83千米；全河贯穿高明区东西，在高明区荷城街道海口村附近注入西江。

佛山全市多年平均（统计年限1956—2000年，下同）降水量1556.8毫米，折合年均降水总量59.36亿立方米。降水时空分布不均匀，降水主要集中在汛期4—9月，约占全年降雨量

马口水文站外侧全景　（佛山水文分局供图）

的 80%。降水年际变化大，丰水年是枯水年的 1.9 倍。多年平均水资源总量为 29.45 亿立方米，其中地表水资源量 27.93 亿立方米、地下水资源量 6.81 亿立方米。

佛山市多年平均（统计年限 1956 — 2000 年，下同）径流量 27.93 亿立方米，多年本地水资源总量 29.45 亿立方米。佛山市有西江、北江丰富的过境客水，多年平均入境水量 2770 亿立方米，出境水量 2800 亿立方米。

2018 年佛山市降水属偏丰水年，年平均降水量 1991.1 毫米，比多年平均偏多 27.9%；地表水资源量 35.68 亿立方米，比多年平均多 27.8%；地下水资源量 8.56 亿立方米，比多年平均多 25.7%；水资源总量 36.70 亿立方米，比多年平均多 24.6%。全市入境水量 2498.2 亿立方米，出境水量 2525.9 亿立方米。

（彭　靖）

【生物资源】 佛山市地处珠江三角洲中部河网区，西江、北江分流的各水道贯穿其中，主要江河面积 3.47 万公顷。佛山市境内江河鱼类资源丰富，有淡水鱼类 46 种。其中，鲤形目 2 科 32 种 12 亚种，占总种数的 69.6%；鲇形目 4 科 7 种；鳉形目 1 科 1 种；鲈形目 5 科 6 种。贝类主要有中国圆田螺、淡水壳菜、河蚬、背角无齿蚌、褶纹冠蚌等；甲壳类主要有日本沼虾，以及国外引进养殖种罗氏沼虾；龟鳖类有鳖、黄喉拟水龟（石金钱）、中华草龟、三线闭壳龟（金钱龟）、黑颈乌龟等；水生维管束植物常见种类有喜旱莲子草、马来眼子菜、龙须眼子菜、菹草、茨藻矮慈姑、浮萍等。全市有位于高明区的合水沙罗自然保护区（县级）1 个。佛山物产主要品种：粮食作物有水稻、玉米、马铃薯、红薯、大豆；特色作物有粉葛、雪梨瓜、黑皮冬瓜；特色水果有荔枝、龙眼、香蕉、番石榴、橘、柑、杨桃；油料作物以花生为主。

（彭慕莹　范忠武）

【土特产品】 佛山本地土特产品丰富多样，全市各区都有各具特色的产品类型。其中较为出名的有：禅城的佛山盲公饼、酝扎猪蹄（佛山扎蹄）、佛山柱候鸡、石湾米酒、佛山应记云吞面、海天豉油、豉味玉冰烧等；南海的西樵大饼、平洲福肉饼、九江煎堆、南海麻奢狗肉、盐步秋茄、平洲金丝柚、平洲石硖龙眼、官窑石碣西瓜、九江双蒸酒、官窑马蹄、南海沙溪马蹄粉等；顺德的大良双皮奶、龙江煎堆、大良膏煎、伦教糕、顺德鱼生、大良蝴蚱、南乳肉、陈村年桔等；高明的合水粉葛、对川红茶、三洲黑鹅、合水肉姜、更楼肉姜、杨梅金皇芒果、合水西瓜、山桔、青梅等；三水的大塘黑皮冬瓜、乐平雪梨瓜、乐平小宝西瓜、三水家乡米醋等。特色旅游产品有石湾公仔、佛山香云纱（莨纱绸）、南海刺绣（粤绣的最重要组成部分）、大良鱼灯秋色等。

2018 年 9 月，中国农业农村部发布第 62 号公告，公布 2018 年第三批农产品地理标志登记产品，佛山市顺德区的“陈村年桔”获农业农村部登记为农产品地理标志。至此，佛山拥有国家地理标志 6 个，其中农产品有“大塘黑皮冬瓜”“乐平雪梨瓜”“合水粉葛”“陈村年桔”，特色旅游产品有“石湾公仔”和“佛山香云纱”。

（饶锦涛）

【历史文化】 佛山历史悠久，文化底蕴深厚，是国家历史文化名城。据考证，佛山的历史起源于现禅城区石湾镇街道澜石区域。4500 ~ 5500 年前，百越先民沿西江、北江到此繁衍生息，以渔耕和制陶开创原始文明。

唐宋时期，佛山的手工业、商业已十分繁荣。明清时期，更是发展成商贾云集、工商业发达的岭南重镇，与湖北汉口镇、江西景德镇、河南朱仙镇并称为全国“四大名镇”，与北京、汉口、苏州并称“天下四大聚”，陶瓷、纺织、铸造、医药四大行业鼎盛南国。清末，佛山得风气之先，成为中国近代民族工业发源地之一，先后诞生了中国第一家新式缫丝厂和第一家火柴厂。佛山以悠久的历史孕育出独具魅力的岭南传统文化。佛山素有南方铸造中心、广纱中心、陶艺之乡、岭南成药之乡、粤剧之乡、武术之乡、民间艺术之乡等美誉，并拥有秋色、“行通济”等独具特色的民俗。

佛山的铸造业始于西汉，到明代，佛山的铸造技术已达相当高的水平，成为南中国冶炼中心，以至“佛山之冶遍天下”。张心泰在《粤游小识》中道：“盖天下产铁之区，莫良于粤，而冶铁之工，莫良于佛山。”

佛山是“南国陶都”“中国陶瓷名都”，制陶工艺源远流长，自古有“石湾瓦，甲天下”的美誉。建于明代正德年间的南风古灶，是世界上现存最古老的柴烧龙窑，薪火相传 500 多年，故被誉为“陶瓷活化石”。

佛山是“岭南成药之乡”，产品种类齐全的古方正药已有 400 余年历史，涌现了“黄祥华”如意油、“冯了性”药酒、“源吉林”甘和茶等一批老字号名药。

佛山是“南国红豆”粤剧的发源地，诞生了粤剧艺人的代称——“红船子弟”和粤剧最早的戏行组织——琼花会馆。2004 年举办的琼花粤剧艺术节，使佛山呈现出古人描绘的“红船泊晚沙，万人看琼花”的盛况。

佛山是“武术之乡”“武术之城”，是中国南派武术的主要发源地，现在世界上广泛流行的蔡李佛拳、洪拳、咏春拳等均发端于佛山，著名武术大师黄飞鸿，咏春宗师梁赞、叶问，影视武打明星李小龙等祖籍及师承亦在佛山。

佛山是“狮艺之乡”，是南狮的发源地，是首个“中国龙狮龙舟运动名城”。近年来，每年一度的“狮王争霸赛”吸引了国内外广大武术和体育爱好者参与。禅城区是“中国龙狮运动之乡”，南海区西樵镇是全国唯一的“中国龙狮名镇”。

佛山是珠江三角洲民间艺术的摇篮，孕育并保留了大量体现岭南文化精髓的民间艺术及民俗事象。狮舞、粤剧、龙舟说唱、佛山木版年画、广东剪纸、石湾陶塑技艺、佛山狮头、香云纱染整技艺、祖庙庙会、佛山秋色、十番、八音锣鼓、人龙舞和佛山彩灯等项目入选国家非物质文化遗产名录。正月十六“行通济”始于明末，盛于清乾隆年间，延续至今并逐渐被赋予慈善等现代色彩，每年吸引数十万群众参加，200 多年来还流传着“行通济，无闭翳”的谚语。此外，全市各地还有各种不同的习俗，如官窑的“生菜会”、罗村的“乐安灯会”等。

佛山是珠三角“美食之乡”，是粤

菜发源地之一，有“食在广东，厨出凤城”之说。一直以来，佛山以民间丰富食谱、茶楼食肆林立、烹饪技艺精良而蜚声海内外。2004年和2011年，顺德区和佛山市先后被中国烹饪协会命名为“中国厨师之乡”“中国粤菜美食名城”。2014年12月，顺德区被联合国教科文组织评为“世界美食之都”。每年举办的“佛山美食欢乐节”，成为集美食、旅游、文化艺术于一体的盛大旅游节庆活动。

【历史名人】 佛山人文荟萃，人才辈出。历史上，广东有九位先贤，其中佛山占了四位：战国时南海人高固，东汉时南海人疏源，西晋南海人王范，晋代南海人黄恭。

从唐至清光绪三十年（1904年），佛山有文进士786人，武进士98人，举人近4000人。其中文状元5人、榜眼3人、探花3人、会元7人、解元25人。在广东先后出现的9位文状元中，佛山占5位，澜石黎涌村的简文会，是南汉乾亨四年（920年）的状元；南海人张镇孙（今属顺德）是南宋咸淳七年（1271年）的状元；与简文会同村的伦文叙，是明弘治十二年（1499年）的状元；顺德人黄士俊，是明万历三十五年（1607年）的状元；顺德人梁耀枢，是清同治十年（1871年）的状元。此外，佛山也先后出现过2位武状元。分别为明崇祯元年（1628年）武状元朱可贞（顺德龙江人）和清嘉庆四年（1799年）武状元姚大宁（南海县和顺镇大文教乡人）。

封建社会到朝廷做官的佛山人，很多都尽心为国出力、为民办事。广东先后出过6位宰相，佛山占3位，如南海人方献夫（明嘉靖年间宰相）和顺德人黄士俊（明崇祯九年宰相，后再任南明桂王宰相）等。晚清重臣戴鸿慈，是清末出国考察五大臣之一，中国近代史上第一位司法部长，是清宣统年间协办大学士，以“诤言”名世。佛山人庞尚鹏，历经明代嘉靖、万历两朝，官居左副都御史，敢于与贪污腐败的官吏作斗争，民谣赞他“亮如水，猛如虎”，称他为“庞铁面”，当代人认为他是封建社会杰出的经济体制改革家。三水人何维柏，生活于明代嘉靖、隆庆、万历三朝，官至尚书，敢于犯颜直谏，阻止皇帝几次劳民伤财的工程，坚决与奸臣严嵩作斗争。

在岭南文化形成、发展过程中，作出巨大贡献的佛山人如繁星闪烁。明代诗坛“南园五子”，佛山占其二（孙蕡、王佐）；明嘉靖年间“南园后五子”，佛山占其三（梁有誉、欧大任、吴旦）。万历年间的区大相，对岭南诗派的形成起到关键作用，被誉为“粤东诗派皆宗海目”。此后，有“岭南三大家”之陈邦彦、邝露；“岭南后三大家”之陈恭尹、梁佩兰；“岭南四家”之黎简、张锦芳、黄丹书，以及“岭南近代四家”之黄节、罗惇曧。绘画方面，有广东现存最早的古典绘画作品的作者、南海人颜宗，有明代开创水墨写意新派的林良，有“开启广东画坛新时代”的黎简，以及杰出画家苏仁山、苏六朋。近代则有被称为独树一帜的“新写实主义”画家黄少强。文学小说创作方面，有《粤讴》的创作者招子庸，有近代小说巨子吴趼人。佛山是粤剧的发祥地，著名的粤剧艺术家有开粤剧改良先声的黄鲁逸，有“广东梅兰芳”美誉的千里驹，粤剧五大流派薛（觉先）、马（师曾）、桂（名扬）、廖（侠怀）、白（驹荣）都是佛山人。佛山是著名的“武术之乡”，在海内外影响广泛的武术名家有梁赞、黄飞鸿、叶问和李小龙等。

教育科技方面，有撰写童蒙课本《三字经》的宋末区适子；明代，有在西樵山设书院讲理学的霍韬、方献夫以及新会人湛若水；清代，有与番禺陈澧并称“广东大儒”的朱九江。还有第一位照相机的发明者、科学家邹伯奇，以及被称为“中国铁路之父”的詹天佑。

地处南海之滨的佛山，得风气之先，有一批广东最早“睁眼看世界”的中国人。南海人黄衷，明嘉靖十五年（1536年）写成《海语》一书，是广东第一部影响较大的记述海岛及关于海外的书籍。清嘉庆十四年（1809年）接种牛痘法传到澳门，南海人丘熹在澳门行医，亲身试种后，也鼓励亲友试种，推广效果甚佳。基督教由澳门传入内地后，高明人梁发在清道光三年（1823年）成为第一位华人牧师。顺德人梁廷枏，清道光二十四年（1844年）先后写成《夷氛闻记》《海国四说》，介绍欧美各国的情况。

鸦片战争后，一批爱国文人、华侨，学习西方工业革命的成功经验，办工厂，兴实业，使佛山成为近代中国民族资本主义工业的重要诞生地。他们之中，有创办中国近代首家民族资本新式企业——继昌隆缫丝厂的陈启沅；中国第一家民族资本机器造纸厂——宏远堂机器造纸公司的钟星溪；创办机器制造厂、生产出第一台国产柴油机的陈沛霖、陈拔廷、薛广森；创办南洋烟草公司的简照南、简玉阶兄弟。同时，还有一批高举爱国主义旗帜，以拯救中华民族为己任，寻找救国富民之路的仁人志

秋色巡游 （李国标摄）

士：较为突出的有合著《新政真铨》一书的何启、胡礼垣；发动和领导戊戌维新运动的康有为；与孙中山并称反清“四大寇”的尢列；追随孙中山，继承孙中山遗志，为革命做出杰出贡献的何香凝。此外，在黄花岗72位烈士中，佛山也有13位。

中国共产党成立后，每个历史时期，都有一批杰出的佛山儿女，为中华民族的解放和共产主义事业英勇奋斗。他们中有广东中共党组织的创建者之一的“高明三谭”（谭平山、谭植棠、谭天度）、党的好女儿陈铁军、被彭湃誉为“红色花木兰”的区夏民、参加省港大罢工和广州起义的中国工农红军杰出指挥员黄甦、在大革命时期就组织农民武装与反动势力斗争的吴勤、东北抗日联军的主要发动者和领导者罗登贤、中国共产党最早的工人党员之一邓培等等。

（市地方志办）

【人口】 2018年底（根据公安部办公厅《关于下发新修订的人口统计报表的通知》，从2016年起，年度人口统计时点为11月30日24时），佛山市总户数131.29万户，比上年增加5.85万户，增长4.66%。全市总人口436.98万人（根据公安部调整统计口径后的标准），比上年增长4.14%，其中城镇人口406.38万人、乡村人口30.60万人。全市总人口中，禅城区总人口68.24万人、南海区总人口147.81万人、顺德区总人口145.26万人、高明区总人口32.05万人、三水区总人口43.62万人；男性人口214.42万人、女性人口222.56万人。全年全市出生登记7.86万人、死亡注销2.36万人，人口自然增长率12.86‰；迁入13.37万人，迁出1.48万人，人口机械增长率27.75‰。

2018年底，佛山市登记在册的外来人口515.18万人，同比减少14.44%；禅城、南海、顺德、高明、三水五区的外来人口分别为65.28万人、204.92万人、199.79万人、17.43万人和27.77万人。

【语言】 佛山市推广使用普通话，但佛山五区各镇拥有丰富多彩的地方语言，主要为粤语（Cantonese）。粤语方言俗称白话，也称广州话，海外称唐话。以珠江三角洲为分布中心，流行于广东的中部和西南部，广西的东南部、海南与港澳地区，在北美洲、欧洲、大洋洲等地，以及在东南亚的新加坡、印度尼西亚、马来西亚、越南等地的华人社区中亦得到广泛使用。在粤语核心地区广东省的近8000万本地人口中，粤语使用者近4000万人，而全世界使用粤语人数约7000万人。

广东的方言比较复杂，即使是粤方言中的广府片语言，也有一些差异，如“广州讲宜家，佛山讲家下”。由于语言有差异，由此而衍生的语言民俗也不一样。同时，由于地域、经济、文化的不同，佛山的语言也形成了鲜明的本土特色。佛山方言就是粤语方言，也是粤语的主体结构之一，是继客家话、涯话、潮汕话的广东第四大方言。在佛山地区有350万人口使用，但是佛山五区居民的发音和习惯用语都有所不同，在字音、词汇、语法等方面显示各自的特点。

广州音是约定俗成的粤语标准音，大多粤语字典也是以广州音为准，但在佛山部分地区使用的粤语略有不同。佛山话有17声母、60韵母、9声调。佛山话与广州话在语汇、语法方面基本相同，语音十分接近，但在韵母和声调上略有差异。如：“咩事呀？”中的“事”，石湾一带的老佛山人常读“树”（syu6），而广州人读“似”（si6）。又如：佛山人常把“这个”读成“阿个”，广州人常读成“果个”，等等。

佛山方言的类别与分布：佛山市粤语处于强势，客家话属于弱势，主要通行于三水、高明、南海部分区域。禅城区域大致等于佛山原来的市区，通用粤方言。南海区除和顺、松岗个别村的极少数人操客家方言外，主要使用粤方言。按照特点的不同，南海粤语可分为五小片：一是位于南海中部桂城片、二是位于南海东部的大沥片、三是位于南海北部官窑片、四是位于南海南端的九江片、五是位于南海西南部的沙头片。以上粤方言属于珠三角片（南番顺小片），但在桂城西约的岐阳与健龙、桂城东二的新村、桂城叠南的乐庆有居民使用四邑片粤方言，但不足1000人。西樵镇的西岸为鹤山、高明所包围，语言较复杂，其中八村及六村的新地、下舍通行鹤山茶山话（茶山话归属暂不详）。顺德区通用粤方言，顺德粤方言主要分为五小片：一是大良片、二是陈村片、三是桂洲片、四是龙江片、五是均安片。其中龙江粤语接近四邑片方言。高明粤方言的内部分片则大致为三片：一是以明城话为代表的中、西部方言，使用范围包括明城、新墟、更合等区域；二是以西安话为代表的北部方言，通行地域包括西安、三洲、富湾；三是以人和、杨梅为主的南部方言。三水区绝大部分地区讲粤方言，大塘镇六和片多数村落讲客家方言，南山镇也是客家人聚居点，约占全区总人口的3%。这些客家人大部分是清代从嘉应州等地迁来六和镇。三水区粤方言主要分为五片：一是西南片、二是芦（苞）塘（大塘）片、三是金（本）白（坭）片、四是迳口片、五是南（边）范（湖）片。高明区主要使用粤方言，少数使用客家方言，主要是合水西部的官山、鹿田少数乡村使用客家话，使用人口3000～4000人。

随着佛山经济社会的发展，人口迁移不断推进，越来越多的外地人在佛山学习、生活、工作，成为新佛山人。佛山本地人也顺着外来人的口音，逐渐发生着细微的变化。

（淦述卫）

【民族】 至2018年底，佛山市有少数民族人口53.72万人，分属54个少数民族。其中，户籍人口3.69万人，占全市总人口的7.29%。佛山市少数民族人口主要来自广西、云南、湖南、四川、贵州等地。

【宗教】 至2018年底，佛山市有佛教、道教、天主教、基督教。宗教团体中，市一级宗教团体5个，分别为市佛教协会、市道教协会、市天主教爱国会、市基督教三自爱国会、市基督教协会；区一级宗教团体有7个，分别是禅城区佛教协会、禅城区基督教三自爱国会、南海区道教协会、顺德区佛教协会、顺德区基督教三自爱国会、顺德区基督教协会、三水区基督教三自爱国会。全市共有55个宗教活动场所（佛教寺院16个、道教宫观6个、天主教堂12个、基督教堂点 21 个），教职人员 278 人，信教群众 15.67 万人。

（顾　楠）

经济和社会发展

【概况】 2018 年，佛山市经济社会平稳健康发展，综合实力持续增强。

经济运行保持在合理区间　执行"月监测、季分析"制度，制定实施《佛山市关于贯彻落实"六稳"工作要求促进经济平稳健康发展的若干举措》，统筹做好稳就业、稳金融、稳外贸、稳外资、稳投资、稳预期工作，确保经济平稳运行。实现地区生产总值 9935.88 亿元，比上年增长 6.3%。其中：第一产业 144.45 亿元，增长 5.8%；第二产业 5614.00 亿元，增长 6.1%；第三产业 4177.43 亿元，增长 6.6%；三次产业比重为 1.5 ∶ 56.5 ∶ 42.0。

需求拉动总体平稳　消费增长保持平稳，全市社会消费品零售总额比上年增长 8.9%。投资稳定增长，全社会固定资产投资比上年增长 5.6%，其中工业技术改造投资增长 8.5%；省、市重点项目投资 891.24 亿元，完成年度计划的 109.26%。应对中美经贸摩擦影响，进出口总额完成 4599.3 亿元，比上年增长 5.5%；出口总额完成 3527.4 亿元，比上年增长 11.9%。

质量效益稳步提升　财税收入稳定增长，全市地方一般公共预算收入完成 703.14 亿元，比上年增长 6.3%。其中税收地方收入完成 518.17 亿元，增长 10.8%。发展后劲不断夯实，全市投资额超 10 亿元人民币的重大签约项目 65 个，计划投资总额 1927.8 亿元。金融运行持续稳健，全市金融机构本外币存款余额 1.54 万亿元，比上年增长 9.5%；金融机构本外币贷款余额 1.05 万亿元，增长 11.5%，总量在全省地级市中率先突破 1 万亿元。民营经济保持活跃，全市民间投资比上年增长 18.0%，居珠三角第三位；民营经济增加值占地区生产总值比重达 62.5%，对全市工业增长贡献率 80.1%。企业经营效益稳中向好，规模以上工业经济效益综合指数 311.87%，比上年同期提高 14.4 个百分点。

【供给侧结构性改革成果】 2018 年，佛山市完成 100 个村（社区）的 6027 家企业环境整治。新认定细分行业龙头企业 216 家。推动企业参与制（修）订国际、国家和行业标准 100 项，制定实施联盟标准 36 项。新获广东省名牌产品称号产品 268 个。新获批创建全国知名品牌示范区 4 个。为企业减负 426.02 亿元。（详见 100 页《供给侧结构性改革》）

【先进制造业集群】 2018 年，佛山市推进制造业转型升级，启动编制《佛山市关于加快培育发展先进制造业集群的意见》，培育一批超万亿元、超 5000 亿元、超 3000 亿元先进制造业产业集群。规模以上先进制造业增加值比上年增长 7.4%，占规模以上工业 49%。推进珠江西岸先进装备制造业产业带建设，举办第四届珠江西岸先进装备制造业投资贸易洽谈会。规模以上装备制造业实现增加值 1426.01 亿元，比上年增长 6.4%。新兴产业项目加速引进，实现碧桂园机器人谷、爱德曼氢燃料电池等项目签约，一汽－大众 MEB 新能源汽车、美的库卡智能制造产业基地等项目开工建设，三大氢能产业基地加速布局。实施"互联网＋"战略，举办第四届中国（广东）"互联网＋"博览会，新增 27 家国家和省级两化融合管理体系贯标试点企业。推进企业智能化技术改造，新增省级智能制造试点示范项目 28 家、市级智能化技改示范企业 32 家，开展"机器换人"规模以上工业企业 160 家，推广引用机器人 3014 台。

2018 年 12 月 28 日，季华实验室主体工程动工建设　（麦炽辉摄）

【现代服务业发展】 2018 年，佛山市现代服务业增加值比上年增长 7.6%，占服务业增加值 59.8%。广东金融高新区核心区共引进项目 523 个，总投资超 1010 亿元，资产规模管理超 7800 亿元。广东工业设计城集聚设计企业 253 家、研发设计人员 8195 人。培育现代会展业，潭洲国际会展中心举办 19 场大中型展会，二期工程主体框架基本搭建完成。大数据产业加快培育，翼卡车联网公司"基于传统车机厂数字化转型的车联网大数据行车 SOS 安全服务应用示范平台"项目入选 2018 年广东省大数据应用示范项目。旅游产业加快提质，旅游业总收入 809.14 亿元，增长 14%；引入荷花奇境项目，宋城・西樵山岭南千古情景区项目加快建设。启动"粤菜师傅"工程，成立全省首家厨师学院。南方影视中心加快建设，影视制作企业 467 家。

【现代农业提质】 2018 年，佛山市推进农业供给侧结构性改革，农业产业水平稳步提高。有市级现代农业园区 50 个，市级农业龙头企业 115 家，"三品一标一名牌"认证产品累计 251 个。生态农业、高端农业发展加快，建成全国休闲农业示范点3个、中国森林体验基地1个、中国最美林场1个、广东省森林小镇3个、省级农业公园2个、佛山农业公园30个。农业产业结构优化，种植业、水产业、畜禽业产值占比为35∶41∶18。

【自主创新提升】2018年，佛山市获批建设国家创新型城市，制定《佛山市建设珠三角国家自主创新示范区2018年工作要点》，推动创新驱动“八大举措”重点任务落实。高企“树标提质”行动深入实施，新增国家高新技术企业1350家，累计3900家。研发机构建设进一步加快，累计拥有科技企业孵化器85家，众创空间62家；新增省级企业重点实验室5家，累计26家；新增省级工程中心83家，累计711家。季华实验室主体工程动工，首批立项扶持9个科研项目。清华大学佛山先进制造研究院揭牌，中科院苏州纳米所佛山研究院、佛山（华南）新材料研究院、清华大学城市安全研究中心、省科学院佛山产业技术研究院等新型研发机构落户。

【重大创新平台建设】2018年，佛山市编制《佛山市一环创新圈战略规划》《佛山三龙湾高端创新集聚区综合规划》，整合全市创新资源打造具有国际影响力科技创新圈。佛山高新区全国综合排名提升至第二十五位，集聚高新技术企业1009家、上市及新三板挂牌企业76家、世界500强投资企业76家。

【金融科技产业融合发展】2018年，佛山市上市企业“添翼计划”稳步实施，全市新增上市公司5家，累计58家，资本市场更加完善。千灯湖创投小镇建设加快推进，成为首批省级特色小镇中唯一金融类特色小镇，注册基金类机构累计347家，募集资金规模超过523亿元。制订《佛山市促进企业债券发行工作实施方案（2018—2019年）》，拓宽企业直接融资渠道，在全国性债券市场发行各类债券232期，融资金额1024.78亿元。促进社会投资健康发展、企业债券发行、债券品种创新与风险防范等工作获国务院通报激励，企业债券申请可实行“直通车”机制。高新技术企业金融支持力度加大，认定科技支行达12家。

【创新人才培育引进】2018年，佛山市完善人才发展政策，实施《佛山市人才发展体制机制改革实施意见》，配套制定16份实施细则。加快引进高层次人才，修订《佛山市科技创新团队资助办法》，新增省级创新创业团队1个、市级创新创业团队48个；引进博士人才323人、硕士人才2206人；博士后工作站增至61个。推进佛山科学技术学院创建高水平理工科大学，北京科技大学顺德研究生院、北京外国语大学佛山研究生院正式招生。成立全省首个技工教育集团，启动实施技能人才“2357”工程。高层次人才服务专区投入使用，开展活动20余场。

2018年4月24日，佛山市召开全市科技创新大会（市发改局供图）

【行政体制改革】2018年，佛山市开展“明确市、区、镇（街道）管理职能”改革，推动构建“强市、活区、实镇”发展新格局。出台进一步加强市级财政统筹工作方案，增强市级宏观调控和全市统筹发展能力。深化“放管服”改革，承接1008项省级行政职权事项，取消和调整218个权责事项，取消市本级132个证明事项，公布镇街权责清单通用指导目录2964个。深化行政审批制度改革，公布市本级行政权力中介服务事项290个，网上中介服务超市正式上线运行，“一门式一网式”经验做法作为全国唯一地级市经验获中办国办认可和推广，“区块链＋共享社区”入选中国“互联网＋政务”优秀实践案例。推进商事登记改革，在全国率先实现“3+5”商事制度改革模式和启用全程电子化“零见面”24小时智能商事登记系统，成为全国“企业开办全程网上办”改革试点城市，在全省率先复制试点经验推行“证照分离”试点改革。全市新登记市场主体15.72万户，增长30.9%。深化事业单位分类改革，盘活编制资源向重点领域高层次人才倾斜。推进“数字政府”建设，制订《佛山市“数字政府”建设方案（2018—2020年）》，佛山“粤省事”平台上线。

【经济体制改革】2018年，佛山市加快构建全市经济高质量发展体制机制，制订《佛山市关于在构建推动经济高质量发展的体制机制上走在全省前列的行动方案》，顺德区获批率先建设广东省高质量发展体制机制改革创新实验区。推进国家制造业转型升级综合改革试点，实施《2018年佛山市国家制造业转型升级综合改革试点工作要点》。完善产权保护制度，建立市产权保护工作联席会议制度，制订《佛山市完善产权保护制度依法保护产权的实施方案》，中国（佛山）知识产权保护中心正式启动运营。深化国资国企改革，全年发展混合所有制企业15家，累计74家；推进

2018年7月6日，泛珠区高铁经济带建设工作现场会在南海区召开，一批合作项目签约（陈天颢摄）

国有“僵尸企业”出清重组，完成出清60家，2016—2018年累计完成253家。

【社会管理体制改革】 2018年，佛山市加强城乡社区治理工作，制订《佛山市加强和完善城乡社区治理的实施方案》等文件，城乡社区治理政策体系不断健全。推进社会信用体系建设，实施《2018年佛山市社会信用体系建设工作要点》，从36个重点项目着手不断完善信用制度和标准建设。启动市公共信用信息管理系统（二期）终验，至年底，归集3.26亿条数据，基本覆盖全市市场主体和常住人口。深化信用信息应用，佛山市成为全省6个联合奖惩试点城市之一，搭建联合奖惩子系统，实现联合奖惩备忘录发起、响应、反馈等全业务流程流转，实现联合奖惩部门全覆盖。

【法治政府示范区建设】 2018年，佛山市开展依法行政年度考评工作。在2017年度的省依法行政考评中，佛山市获优秀等级。“‘一门式一网式’政府服务模式改革实践”项目成功申获“中国法制政府奖”。在中国政法大学法治政府研究院组织的法治政府评估（2018）中，佛山市在广东省全部参评城市中名列第三。开展科学民主依法立法，《佛山市测绘地理信息管理办法》《佛山市供用电安全管理办法》经市法制局审查后通过市政府审议；开展对首部政府规章《佛山市城市市容和环境卫生管理规定》立法后评估，对该规定的实施情况形成整体性评价。

【农村集体产权制度改革】 2018年，佛山市“确权扫尾”“颁证到户”“数据汇交”三大重点任务收官攻坚。至年底，全市应确权集体经济组织3354个，完成确权工作3267个，完成率97.4%；应确权农户数502063户，完成确权基础工作农户499636户，完成率99.52%；印制承包经营权证书497734本，完成率99.1%；颁发到户证书474952本，完成率94.6%。完成确权市级检查验收工作、县级数据库汇交任务和市级数据库建库工作。部署推进农村集体经济制度改革国家整市试点和顺德区整县试点工作，不断规范农村“三资管理”。全市进入农村集体资产管理交易平台进行交易的农村集体资产累计27.7万宗，涉及合同标的总额2214亿元，成交价与底价相比平均增值率15%以上。

【粤港澳大湾区建设】 2018年，佛山市推进粤港澳大湾区建设，建立健全推进粤港澳大湾区统筹协调机制，成立由市委书记任组长的佛山市推进粤港澳大湾区建设领导小组，负责领导、部署、统筹全市参与湾区建设的相关工作。深化与广深港澳合作创新，主动对接珠海、东莞，制订《深化广佛合作，联手打造粤港澳大湾区极点研究报告及实施方案》《佛山与深圳产业协同发展研究报告及实施方案》《佛山市推进“香港+佛山”合作发展实施方案》《进一步扩大澳门与佛山合作工作方案》，与珠海合作制订《携手参与粤港澳大湾区建设合作方案》等文件，携手参与粤港澳大湾区建设。“香港+佛山”7大领域11个合作项目建设进展顺利，粤港澳合作高端服务示范区建设加快，举办第三届“香港·佛山节”。

【广佛同城化】 2018年，佛山市深入推进广佛同城化，编制实施广佛同城化建设2018年度重点工作计划，召开2018年度广佛同城化党政联席会议，与广州签订《深化广佛同城化战略合作框架协议》，与广州、肇庆、清远、云浮、韶关5市共同编制《广佛肇清云韶经济圈发展规划》，顺德区与南沙区签署共建广佛同城化合作示范区框架协议。广佛地铁全线通车，广佛环线佛山西站至广州南站段、广州地铁7号线西延顺德段、广佛肇高速二期、海华大桥等加快建设。与广州签署两市深化创新驱动发展战略合作框架协议，共建广佛科技创新产业示范区。1396个政务事项实现“异地申请、跨城通办”。

【区域协调一体化】 2018年，佛山市承办泛珠区域高铁经济带建设工作现场会暨第四届粤桂黔高铁经济带合作联席会议，粤桂黔高铁经济带沿线13个市（州）签署《粤桂黔高铁经济带乡村振兴共同行动倡议》。会议期间，环保行业、建材采购、农产品采购、家居产业、农业、智能装备产业六场合作对接会同时举行，高铁沿线市（州）超300家行业商协会、企业签订了一系列产业合作备忘录。举行粤桂黔高铁经济带共建生态宜居美丽乡村行动计划研讨会，高铁沿线13个城市的环保部门、环保产业协会和环保龙头企业代表共同启动《粤桂黔高铁经济带共建生态宜居美丽乡村行动计划》，并成立粤桂黔高铁经济带环保产业联盟，共同探索区域协作治污新路径。

【“一带一路”建设】 2018年，佛山市参与“一带一路”建设。举办中国—以色列跨境投资大会等交流活动。推进佛山泛家居品牌产品海外展示体验馆建设三年行动计划，成功在美国休斯顿、南非约翰内斯堡、坦桑尼亚达累斯萨拉姆三地开设佛山泛家居品牌产品海外展示体验馆。组织超1000家（次）企业参加土耳其国际陶瓷卫浴展、越南国际建材展、香港家庭用品展、迪拜建筑和商业照明展等重点展会及广交会、海博会等国际展会。9月30日，佛山顺德亚洲国际家具材料交易中心获商务部等七部委正式批复同意开展市场采购贸易方式试点。是年，佛山市获国际友好城市交流合作奖，德国总统等多国政要到访，德国因戈尔施塔特市、日本伊丹市等友城代表团到佛山交流。中德工业服务区引入重点产业项目14个，工业城市联盟成员及观察员城市增至41个。

【城市规划布局】 2018年，佛山市启动新一轮城市总体规划修编工作，以新理念引领强化总体规划统筹。印发实施《佛山市中心城区“三规合一”规划》，配套管理办法加快完善，逐步打破部门条块分割和局限，整合盘活存量，优化空间布局，统筹城乡协调发展。编制《佛山市产业发展保护区划定》，按照“保大保优、集中连片、分类分级、提高效率”的原则划定了全市352个产业发展保护区、350平方千米产业用地规模，按产业用地规模大小分为产业园区、产业组团及产业地块。出台《佛山市城市棕线管理办法》，以两级控制线的分级方式对佛山市产业发展保护区的范围界线纳入控制性详细规划管理体系进行科学管控，实现佛山市产业用地集约节约高效利用，有效引导制造业产业转型升级。

【城市治理水平提升】 2018年，佛山市推进城市治理三年行动计划，968个城市治理计划项目中完工374个、开工460个，累计完成投资2580亿元。全面启动中心城区城市形态提升专项行动，开工28个项目，开工率58%，完成投资116.67亿元，谢边收费站改造完成、佛山国际体育文化演艺馆投入使用。出台《关于深入推进城市更新（“三旧”改造）工作的实施意见（试行）》，新增实施“三旧”改造项目155个，占地面积1060公顷（1.59万亩）；已完成“三旧”改造项目106个，占地面积700公顷（1.05万亩）；改造投入资金260.93亿元。治理违法建设1596.93万平方米。综合执法体制改革持续推进，实现市、区、镇（街）数字化城市管理平台互联互通。

【村镇现代化建设】 2018年，佛山市深入推进特色小镇建设，首批市级特色小镇建设256个重点项目已开工192个，累计完成投资271.35亿元；第二批省级特色小镇创建对象佛山市入选5个，数量居全省第一。印发实施乡村振兴“1+7+X”政策体系，加快推进农业农村现代化，三水区成为省乡村振兴综合改革试点。持续推进古村落活化、城中村改造、“五好”新村居和美丽文明村居建设，开展13个沿街景观“五位一体”综合整治，建成村（社区）综合性文化服务中心733个，覆盖率100%。

【现代化基础设施建设】 2018年，佛山市推进现代化基础设施建设，珠三角枢纽（广州新）机场前期工作顺利推进，市机场办、机场公司成立运作。地铁2号线一期、3号线等稳步推进，“一环”高速化主线改造基本完成，“一环”西拓工程有序推进，20条“断头路”建成或主体完工。编制《佛山港总体规划修编》，不断优化港口规划布局。新能源公交和配套设施建设稳步推进，全市新能源和清洁能源公交车占比100%，公交车实现移动支付全覆盖。全市累计建成充电站120座、分散式充电桩4000个、加氢站5座。新建公交枢纽9个，中心城区公交专用道157.2千米。累计建成地下综合管廊42千米，海绵城市达标面积53.23平方千米。新建4G基站2700个，基本实现4G城乡全覆盖。220千伏坡丹甲乙线等9项重点电网工程建成投产。

【生态环境质量改善】 2018年，佛山市实行最严格的环境保护“党政同责、一岗双责”责任制考核，深入实施大气、水、土壤污染防治行动计划，环境质量日益改善。单位地区生产总值能耗、主要污染物排放量下降幅度完成省下达的目标任务。完成70家省控重点VOCs企业综合整治，淘汰禁燃区高污染燃料设备205台，全市二氧化硫、二氧化氮、可吸入颗粒物、细颗粒物平均浓度分别为11、41、60、35微克/立方米，优良天数占比超八成。落实河长制和湖长制，投入50亿元推进广佛跨界河流整治项目160个，全市饮用水源地省控断面水质达标率100%。完成44间污水处理厂提标改造，新建（改造）污水管网304.82千米。深入开展固体废物企业“三个一”专项工作，在省规定时间内超额完成任务。印发实施自然生态文明建设专项规划，统筹推进自然生态文明建设。创新实行岛长制，开展48个河心岛生态修复工作。推进大湾区高品质森林城市建设，全市新增绿化面积2180公顷（3.27万亩），市域森林覆盖率37.4%、建成区绿化覆盖率44.3%。顺德区获评国家生态文明建设示范区，顺控环投热电项目投入运营。

【公共服务体系优化】 2018年，佛山市扩大基础教育优质学位供给，完成新改扩建幼儿园43所、新增学位1.7万个，普惠性幼儿园占比达76%。完成新改扩建义务教育阶段学校41所、新增学位4.2万个。推进省现代职业教育综合改革示范市建设，现代学徒制试点通过验收。大力推进大众创业万众创新，全市城镇新增就业8.57万人。推进卫生强市建设，实施“登峰计划”，启动11家高水平医院建设，市妇女儿童医院主体结构基本封顶。国家卫生城市复审通过复查，209万居民签订家庭医生服务协议，为超过10万名新生儿提供常见遗传代谢疾病免费筛查服务。全市公立三级医院均牵头成立医联体，覆盖全市32个镇街，实现100%家庭15分钟内可达医疗机构。全市收养性床位新增3827张，社区居家养老设施新增88个。打造“线上30秒、线下30分”公共法律服务圈，建设四级公共法律服务平台801个。优化新市民服务，实施新市民业务办理“最多跑一次”制度。深入推进“文化佛山”三年行动计划，成功创建国家公共文化服务体系示范区，参与举办第27届中国金鸡百花电影节。市博物馆新馆主体结构封顶，佛山国际体育文化演艺馆投入使用。成功举办“50公里徒步”、2019年国际篮联篮球世界杯亚洲区预选赛等活动。

【民生保障提升】 2018年，佛山市最低生活保障标准提高至每人每月980元。城乡居民养老保险实现全覆盖，城乡居民基础养老金发放标准不断提高，从每人每月180元提高至每人每月220元。居民医疗保险补助标准大幅提高，从每人每年693元提升至每人每年965元；全市基本医疗保险参保率98%。社会救助力度不断加大，全市低保补差水平由不低于每人每月530元提高至不低于每人每月560元。加强儿童福利保障，孤儿养育标准提高至每人每月2000元，比上年增长11%。随军家属一次性安置补助金标准提高至10.9万元，优抚对象抚恤补助标准最高增幅32%。培育发展住房租赁市场，市及各区成立国有住房租赁企业7家；搭建全国首个"政银合作"住房租赁监管交易平台，上线房源31356套，实现线上签约6530套。公益慈善事业稳步发展，组织"6·30广东（佛山）扶贫济困日"活动，现场认捐总金额2.2亿元。

【平安佛山建设】 2018年，佛山市创建国家食品安全示范城市取得阶段性成果，在省中期评估中获评A级，全市食药监系统共完成食品抽检45562批次、药品（含化妆品、医疗器械）抽检1345批次，合格率分别为96.4%和96.9%。"明厨亮灶"餐饮单位3.25万个，认定餐饮服务食品安全A级单位1048个、食品安全示范点1172个。全市粮食保供稳价，2017年度粮食安全责任考核被评为优秀等次，名列全省第二。推进全省首个"放心消费"试点城市创建，在全国消费者满意度测评中排第四名。启动"智慧安全佛山"项目建设，落实安全生产"一票否决制"，商贸制造业、火灾、道路交通实现事故总量、伤亡人数"双降"目标。开展扫黑除恶专项斗争，"飓风2018"专项行动成效排名全省前列，刑事警情下降26.9%，治安警情下降16.8%。创建全国禁毒示范城市，开展禁毒"两打两控"和"粤剑"扫毒专项行动，建立起国内首个市场化运作毒情监测中心。

【新时期扶贫攻坚】 2018年，佛山市推进对口支援和精准扶贫。落实财政投入对口支援、对口合作资金47928万元，扶持受援地和合作地改善民生，提升自我"造血"能力。协助墨脱县把茶叶种植面积扩大至582.53公顷（8738亩）；引进投资伽师项目18个，合同投资额超10亿元；4家企业落户草湖；与双鸭山市达成重点产业合作项目9个，总投资额达15.68亿元。至年底，共帮助受援地实现94710人脱贫（其中新疆伽师县81514人，西藏墨脱县2571人，四川甘孜州乡城县6834人、得荣县3791人）。援建成效得到中央电视台等主流媒体的关注报道。对口扶贫协作四川凉山州在2017年全国东西部扶贫协作考核中获评"好"的等次，援藏经验做法得到国家发改委援藏项目检查组认可。对口帮扶云浮和湛江工作稳步推进。制定《促进高明革命老区乡村振兴三年（2018—2020年）特别帮扶计划》，三年安排4.9亿元对老区进行特别帮扶。

（王　英）

精神文明建设

【概况】 2018年，佛山市以争创全国一流文明城市为目标，推进全市精神文明建设。制定印发《佛山市加强精神文明建设、争创全国一流文明城市行动计划（2018—2020年）》，推进文明创建工作常态化和制度化。定期开展文明程度指数测评并向重点责任单位反馈，建立问题"回头看"制度。抓住社会主义核心价值观基础工程、铸魂工程，推动物质文明和精神文明更加协调发展。深化"乐善之城""大爱佛山""志愿之城""信用佛山"等精神文明品牌创建。全年推荐命名"最美佛山人"61组、"佛山好人"20组。全市新入选"中国好人"5人、"广东好人"5人。全市注册志愿者约86万人，注册志愿者平均志愿服务时长18.31小时。全市入选全国志愿服务先进典型2个、广东省岗位学雷锋标兵2人、广东省最美志愿者3人、最佳志愿服务组织2个、最佳志愿服务项目2项、最美志愿服务社区1个。推进基层文明和主题文明创建，美丽文明村居建设取得良好成效，举办系列文明主题实践活动，强化家庭文明建设。全市新入选全国五好文明家庭2户、全国最美家庭2户、第一届省文明家庭3户、广东十大最美家庭1户、第十三届"十大优秀书香家庭"1户。推动文明主题宣传常态化，佛山文明网全年发稿4600多篇，"文明佛山"微信公众号推送文章4000多篇。

【全国文明城市年度检查获通过】 2018年，佛山市印发《佛山市加强精神文明建设、争创全国一流文明城市行动计划（2018—2020年）》。该行动计划着眼2018—2020年文明创建任务，从加强城市建设管理、培育和践行社会主义核心价值观、深化基层文明创建、

2018年佛山市新入选"中国好人"名录

姓　名	荣誉称号或奖项	所在单位
莫才好	助人为乐	佛山市三水区常青志愿服务队队长
付新妹	孝老爱亲	佛山市高明区更合镇新圩岳塘村农民
陈燕梅	孝老爱亲	佛山市南海区西樵镇第一小学科研主任
苏永善	敬业奉献	佛山市禅城区教育局教育发展中心教研室科学科技教研员
许世彬	助人为乐	广州广电物业管理有限公司佛山分公司员工

2018年佛山市新入选“广东好人”名录

姓　名	荣誉称号或奖项	
许世彬	助人为乐	2018年第一季度入选广东好人榜
凌送军	助人为乐	2018年第一季度入选广东好人榜
梁志豪	助人为乐	2018年第二季度入选广东好人榜
李兴浩	助人为乐	2018年第二季度入选广东好人榜
陈春亮	见义勇为	2018年第二季度入选广东好人榜
李世芳	敬业奉献	2018年第四季度入选广东好人榜
范现强	敬业奉献	2018年第四季度入选广东好人榜
仇志晖	孝老爱亲	2018年第四季度入选广东好人榜

2018年“佛山好人”名录

姓　名	荣誉称号或奖项	所在单位
李其晁	助人为乐	佛山航道事务中心禅城航标与测绘所
肖　鲲	助人为乐	佛山市好帮手有限公司
万雯辉	助人为乐	佛山市蓝天救援志愿协会
吴　昊	见义勇为	佛山市第二人民医院
屈燕飞	见义勇为	佛山市中医院
黄少娟	见义勇为	佛山市中医院
伍振华	见义勇为	佛山市三水区适发有限公司
崔邦胜	诚实守信	广州中医药大学顺德医院
苏荣欢	诚实守信	佛山柯维电光股份有限公司
谭惠芳	诚实守信	佛山市高明区明城镇明阳村委北街
蔡结容	诚实守信	佛山市三水区芦苞镇
陈炳瑛	敬业奉献	佛山市医疗纠纷人民调解委员会
林幸谊	敬业奉献	佛山市惠景小学
安元巍	敬业奉献	佛山市南海区第一中学
董兴妹	敬业奉献	佛山市顺德区公安局大良派出所金榜社区民警中队
李世芳	敬业奉献	佛山市三水区白坭镇敬老院
徐奕新	敬业奉献	佛山市三水区南山镇东和居委会横岗咀村
仇志晖	孝老爱亲	佛山市禅城区石湾镇街道丽豪社区
陈玉平	孝老爱亲	佛山市南海区狮山镇芦塘旧一村
梁建丽	孝老爱亲	佛山市南海区大沥镇盐步社区

2018 年“最美佛山人”名录

季度	名录
第一季度	李其晃（助人为乐） 肖　鲲（助人为乐） 聂伟文（助人为乐） 利海锋（助人为乐） 陈春亮（见义勇为） 蔡　敏（见义勇为） 张伟强（诚实守信） 罗兆波（诚实守信） 苏荣欢（诚实守信） 邱　锐（敬业奉献） 李树成（敬业奉献） 陈艳芬（敬业奉献） 黄国基（敬业奉献） 徐奕新（敬业奉献） 陈玉平（孝老爱亲） 何凤英（孝老爱亲）
第二季度	何腾远（助人为乐） 李炳全（助人为乐） 谢国高（见义勇为） 邓宏照（见义勇为） 赖明建（见义勇为） 胡永丰（见义勇为） 吴　昊（见义勇为） 梁红伟（见义勇为） 谭惠芳（诚实守信） 何毅明（诚实守信） 陈炳瑛（敬业奉献） 王贵杰（敬业奉献） 吴惠萍（敬业奉献） 董兴妹（敬业奉献） 李世芳（敬业奉献） 梁志响（孝老爱亲） 蔡瑞满（孝老爱亲） 李科伦（孝老爱亲）
第三季度	余志杰（助人为乐） 邵亮标（助人为乐） 谭杰荣（助人为乐） 屈燕飞（见义勇为） 黄少娟（见义勇为） 崔邦胜（诚实守信） 范现强（敬业奉献） 林幸谊（敬业奉献） 何丽婵（敬业奉献） 李胜奇（敬业奉献） 梁美娟（敬业奉献） 叶　豪（敬业奉献） 廖爱好（孝老爱亲） 梁建丽（孝老爱亲） 张海娟（孝老爱亲） 胡爱娣（孝老爱亲）
第四季度	林　钢（助人为乐） 万雯辉（助人为乐） 龙永雄（助人为乐） 梁艳芳（助人为乐） 蔡镜华（助人为乐） 凌少梅（见义勇为） 伍振华（见义勇为） 朱国雄（诚实守信） 蔡结容（诚实守信） 安元巍（敬业奉献） 刘淑仪（敬业奉献） 戚华川（敬业奉献） 陈洪波（敬业奉献） 仇志晖（孝老爱亲） 陆秀玲（孝老爱亲）

提升市民素质四个方面提出目标和要求。以问题为导向开展城市文明程度指数测评，向 32 个文明创建重点责任单位反馈，建立问题“回头看”制度，通过严格督办推动重点难点问题解决。通过常态化管理、重点专项治理、常态化情况反馈和督办工作机制，推动文明创建重点难点问题有效解决。是年，佛山顺利通过全国文明城市年度检查。

【广府家训馆和佛山好人馆建成】 2018 年，佛山市在禅城区南庄镇紫南村建成广府家训馆和佛山好人馆。广府家训馆展馆面积近 1000 平方米，分为“经典长廊”“广府演绎”“时光之旅”三部分，收藏展示中华传统家训、广府家训等 150 余条，成为传承弘扬广府地区优秀传统家庭文化，引领新时代家庭文明建设的重要基地。佛山好人馆展馆面积近 500 平方米，通过展陈区、艺术区、互动区多维度、立体式呈现佛山好人的感人事迹、心路历程、精神品格，全面展现佛山市“大爱佛山、敬业之城、乐善之城、志愿之城、信用佛山”建设成果，引领和带动广大市民以佛山道德模范和身边好人为榜样，培育和践行社会主义核心价值观，营造崇德向善、孝老爱亲、敬业奉献、乐于助人、热心公益的良好社会氛围。展馆于 4 月开放，平均每天接待市内外各类参观团队 100 多人次，成为佛山市精神文明建设“新地标”。

2018 年，佛山市建成“广府家训馆”，收藏展示中华传统家训、广府家训等 150 余条，成为传承弘扬广府地区优秀传统家庭文化，引领新时代家庭文明建设的重要基地

（市委宣传部供图）

【文明主题宣传】 2018 年，佛山文明网发布稿件 4600 多篇，“文明佛山”微信公众号推送文章 4000 多篇。黄龙村、紫南村被中央广播电视总台“走在乡村振兴的路上”、广东广播电视台“全国电视媒体聚焦广东乡村”等专题节目作典型报道。制作《市民文明教育系列情景剧》，包括“移风易俗”篇、“文明家庭”篇、“文明村居”篇、“文明校园”篇、“市民文明教育系列情景剧——大型活动礼仪”篇等，通过动漫形象向市

民群众宣传精神文明建设工作。该系列动漫情景剧于2月11日发布上线，通过腾讯网以及省、市、区文明系统微信宣传推广。至年底，该系列动漫情景剧新闻（含视频）报道曝光量为1.68亿次，点击量为210多万次，并得到中国文明网、新华网广东频道、网易、央广网、新浪、搜狐等主流媒体的关注和宣传报道，成为广大市民学习创文知识，教育下一代的好载体、好帮手。

【文明主题实践活动】 2018年，佛山市推进文明旅游工作，举办“最岭南之佛山乡村游”启动仪式和文明旅游·安全出行主题宣传活动。开展“我们的节日”主题活动。春节前夕开展“我们的节日·春节”——广东省道德春联进万家活动；元宵节期间组织全市各级道德模范参加“温爱佛山——元宵慈善文化人人行”；清明节期间组织开展“我们的节日·清明”网上祭奠革命先烈活动；端午节期间组织“开展我们的节日·端午”“龙腾高明·神采飞扬”龙舟赛活动。印发《佛山市“厕所革命”新三年行动方案（2018—2020年）》，全市共新建市政公厕28座、提升改造172座，新建、改建农村无害化卫生户厕1959户，全市农村无害化卫生厕所普及率达99.93%。

【家庭文明建设】 2018年，佛山市开展寻找“最美家庭”活动，围绕夫妻恩爱、孝老爱亲、勤俭持家、教子有方、和睦邻里等主题，推选出40户“最美家庭”。组织开展解读“最美家庭”幸福密码——佛山“最美家庭”故事分享会进村（社区）活动约100场次。全省家庭文明建设工作会议在佛山召开，佛山市“微家书”“家庭文化节”“融爱家庭服务中心”等经验做法得到推广。全市新入选全国“五好文明家庭”2户、全国“最美家庭”2户、第一届省“文明家庭”3户、广东“十大最美家庭”1户、第十三届“十大优秀书香家庭”1户。

链接

2018年度佛山入选全国“最美家庭”

吴剑清家庭
任　明家庭

2018年度佛山入选全国“五好文明家庭”

蔡昌壮家庭
黎娜卿家庭

2018年度佛山入选第一届广东省“文明家庭”

黄婉霞家庭
林伟光家庭
吴振奇家庭

2018年度佛山入选广东“十大最美家庭”

仇志晖家庭

2018年度佛山入选第十三届广东省“十大优秀书香之家”

梁辉军家庭
叶琳琳家庭

2018年佛山市“最美家庭”

区域	家庭
禅城区	廖遇钿家庭　刘丹平家庭　肖　莉家庭　黄洁玲家庭　仇志晖家庭　梁雪莹家庭
南海区	何根贵家庭　罗建中家庭　袁　曼家庭　朱开来家庭　梁丽嫦家庭　王　雪家庭　李凤玲家庭　黄畅光家庭　范绮媚家庭
顺德区	区成国家庭　陈忠杰家庭　江存志家庭　蔡绮男家庭　罗玉莲家庭　杨丽娟家庭　钟　琼家庭　吕肖珍家庭　罗小珠家庭
高明区	甘长勇家庭　潘海清家庭　李明中家庭　邓建雄家庭
三水区	刘翠珍家庭　郑友泉家庭　谭雁萍家庭　李天溢家庭　覃　宽家庭
市直单位妇工委	杨清昀家庭　蒋　爽家庭　常玉升家庭　刘贤慧家庭　谭　晶家庭　何子兰家庭　陈　深家庭

【乡风文明建设】 2018年，佛山市以乡风文明建设为重点深入推进美丽文明村居建设。制订《佛山市乡风文明建设工程实施方案》，确定未来三年乡风文明建设的总纲领，提出思想引领、文明涵育、文脉传承、规范创建四大工程，推动社会主义核心价值观融入村容村貌、乡规民约、文化生活，大力建设“崇德乡村”“好学乡村”“孝义乡村”“乐善乡村”。顺德区黄龙村、禅城区紫南村成为全省乡风文明建设的先进典型。黄龙村围绕传承和弘扬习近平新时代中国特色社会主义思想、延安精神、梁家河精神、改革开放精神，组织开展农村党员干部大轮训，成为加强农村党建、打造乡村振兴骨干队伍的基地。紫南村通过系统展示传统文化、民俗风情、家风家训、好人好事，彰显淳美乡风，“仁善紫南”建设经验在全省推广，获评全国文明村、中国十佳小康村、中国最美村镇。佛山市乡风文明建设经验多次在省文明委全体（扩大）会议等重要会议上作介绍，全省乡风文明建设工作现场会在佛山市召开。

【“大爱佛山”建设】 2018年，佛山市围绕培育和践行社会主义核心价值观这一工作中心，以成功创建全国文明城市为新起点，争创全国一流文明城市，高度重视挖掘、宣传和学习道德模范和身边好人工作，营造正能量海洋，打造“大爱佛山”文明创建品牌。定期开展道德模范和身边好人命名活动。完善“好人好事发现一件，即时点赞一件、宣传一件”常态化机制。全年推荐命名“最美佛山人”61组、“佛山好人”19组。全市新入选“中国好人”5人、“广东好人”5人。出台《佛山市礼遇帮扶道德模范暂行办法》，组织慰问道德模范。通过走访慰问、召开座谈会、邀请参加传统节日活动等形式，给予道德模范崇高礼遇。组织佛山市各类精神文明建设工作先进典型参加2018年“温爱佛山——元宵慈善文化人人行”活动和50公里徒步活动。

【“志愿之城”建设】 2018年，佛山市推动志愿服务发展，为城市注入浓浓温情，“志愿之城”建设取得成效。至年底，全市注册志愿者约86万人，注册志愿者平均志愿服务时长达 18.31 小时。第 27 届中国金鸡百花电影节期间，全市约 1300 名志愿者参与服务。春节、五一、十一等节假日期间，全市志愿者围绕文明交通、文明旅游、邻里互助、文化服务、生态保护等主题广泛开展志愿服务，传播“讲文明、有公德、守秩序”时代新风。全市共入选全国志愿服务先进典型 2 个、广东省岗位学雷锋标兵 2 人、广东省最美志愿者 3 人、最佳志愿服务组织 2 个、最佳志愿服务项目 2 项、最美志愿服务社区 1 个。在公共场所提升改造 40 个“志愿服务 V 站”。

【“信用佛山”建设】 2018 年，佛山市推进诚信建设制度建设，加强诚信宣传教育。制订印发《佛山市集中治理诚信缺失突出问题提升全社会诚信水平实施方案》，在 19 个领域开展专项治理。组织市工商局、市食品药品监管局等 14 家单位集中发布诚信“红黑榜”。举办以“全民反诈　天下无骗”为主题的“千人千场”反诈骗主题宣传日活动。将诚信教育纳入中小学和初任公务员教学计划，保证各阶段诚信教育课时。开展企业信用修复培训，约 400 个企业代表参训。广东省信用管理师协会正式落户佛山，为全省 830 多家企业和单位培训信用管理师 980 余人，举办企业诚信系列宣讲活动 19 场，普及信用知识 1700 多人次。佛山成为全省 6 个信用联合奖惩试点市之一，“守信处处受益、失信寸步难行”的社会信用氛围日益形成。

【未成年人思想道德建设】 2018 年，佛山市组织开展“扣好人生第一粒扣子”主题教育实践活动。开展“新时代好少年”学习宣传活动，顺德区第一中学罗智聪入选广东省第二季度“新时代好少年”，罗智聪、吴雨桐等 10 名中小学生被评为佛山市“新时代好少年”。全市各中小学校开展学习实践活动 600 余场。组织开展“传承红色基因”系列教育活动。在清明、七一、十一等重要时间节点，全市中小学开展祭英烈、“童心向党”歌咏活动、向国旗敬礼等活动 1000 多场次，中小学生参与率达 100%。开展中华优秀传统文化传承活动。佛山第一小学等 22 所基地学校成为佛山市第一批粤剧特色创建基地学校。组织全市中小学校开展“我们的节日”“中华经典诵读”“戏曲进校园”活动 3600 多场次。组织开展学雷锋志愿服务活动，全市中小学师生为困难学生提供学业辅导、亲情陪伴等校内互助志愿服务 610 余次，开展提升校园文化、美化校园环境等志愿服务 270 余次。开展“劳动美”社会实践活动，将“劳动光荣”观念纳入教育教学各方面，组织全市中小学生参与校内卫生清洁、校外植树造林等集体劳动 650 余次。全市未成年人心理健康教育工作取得新进展。印发《佛山市中小学心理健康教育三年行动计划（2018 — 2020 年）》。将每年 3 月确定为全市中小学“心理健康教育月”，开展心理健康教育“八个一”活动。邀请全国知名心理学专家为全市中小学教师授课。开展优秀童谣征集、传唱系列活动，共征集童谣作品 898 首，有 10 首优秀童谣推荐参加全省评选。征集的童谣作品通过电台节目、新媒体进行展播，市民试听投票。乡村学校少年宫建设，张槎中心小学等 7 所乡村学校少年宫被命名为“佛山市乡村学校少年宫示范点”。

（雷郎才）

全面深化改革

【概况】 2018 年，佛山市共开展改革项目 111 个，其中由市党政领导班子成员和各区书记牵头的改革重点项目 45 个，完成 15 个；承接国家级、省级改革试点项目 30 个（其中部分为改革重点项目），完成 8 个；市直部门和五区自主开展项目 44 个，完成 20 个。先后召开十二届市委全面深化改革领导小组第四次会议、全市全面深化改革工作会议、十二届市委全面深化改革领导小组第五次会议、十二届市委全面深化改革领导小组第六次会议；审议通过《市委全面深化改革领导小组 2018 年改革工作安排》和《中共佛山市委关于进一步解放思想深化改革开放的若干意见》等重要改革文件，梳理形成《佛山市改革项目清单（2018 年）》，明确每项改革任务的负责领导、牵头单位、年度目标、工作进度和具体人员等，构建起全市年度改革的“总台账”“责任书”和“路线图”。市委全面深化改革领导小组充分发挥统筹、协调职能，聚焦佛山改革难点，以改革项目为牵引带动各领域改革整体推进，全市各领域改革取得了积极成效。比如：结合地方机构改革，推进强市、活区、实镇改革，进一步激发全市各级改革发展活力；深化供给侧结构性改革成效明显，成功申报 2017 年工业稳增长和转型升级成效明显市（州），获国务院通报表扬；在全国率先打造“3 + 5”商事制度改革模式，率先启用全程电子化“零见面”24 小时智能商事登记系统；顺德区获批建设广东省高质量发展体制机制改革创新实验区，成为全省唯一的高质量发展实验区；南海区“三块地”改革取得突破性进展，形成一套可复制、利修法、能推广的“南海方案”，获得自然资源部肯定；等等。

是年，佛山市在供给侧结构性改革、制造业转型升级综合改革、创新驱动发展、优化营商环境、乡村振兴综合改革、基层社会治理、依法治市、民生领域等重点领域和关键环节改革取得实效。其中，供给侧结构性改革、商事制度改革、农村土地制度改革等探索和实践走在全省甚至全国前列。

【改革试点项目】 2018 年，佛山市推进承接中央和省的各项改革试点工作，部分项目为全省和全国改革创新提供示范和案例。

顺德区建设广东省高质量发展体制机制改革创新实验区　9 月，中共广东省委全面深化改革领导小组正式批复同意佛山市顺德区率先建设广东省高质量发展体制机制改革创新实验区，要求顺德区奋力在构建推动经济高质量发展的体制机制上走在前列，以“顺德样本”“顺德示范”为全省高质量发展提供借鉴。佛山市委、市政府大力支持顺德区实验区建设，顺德区将该项工作列为一把手工程全力推进，制订完善《佛山市顺德区率先建设广东省高质量发展体制机制改革创新实验区实施方案》。顺德区坚持把村级工业园改造整治提升作为实验区建设的突破口，召开村级工业园升级改造工作千人动员大会，出台《顺德区村级工业园升级改造实施意见》等“1 + 3”系列文件，制定 18

个专项实施细则。在10个镇（街）分别确定1个连片规模20公顷（300亩）以上的项目，作为2018年村级工业园升级改造示范项目，并从中挑选一批示范园区重点推进，打造成为“示范中的示范”。2018年全年拆除整理旧工业园区300多公顷（4500多亩），关停淘汰落后企业约1400家，新建厂房约140万平方米，带动基层党建、乡村振兴、城市建设、生态文明建设等领域全面提升。实施“科技顺德”建设三年行动计划，推动制造智能化，加快技术改造和机器人应用。以科技力量武装传统产业优化升级，布局发展科技型新产业。美的库卡智能制造产业基地一期实现试产，成功争取投资800亿元的博智林机器人谷项目落地，支持博智林机器人公司与清华大学、西湖大学、香港科技大学等分别设立机器人研究院，世界级无人机项目顺利推进，万亩智能制造产业园启动规划建设。引入一批重大创新平台，支持企业加快布局全球研发体系，2018年研发投入资金（R&D）占地区生产总值（GDP）比重达3.12%。“设计顺德”三年行动计划成效初显，成功举办国际设计与科技大会。军民融合“一核多点”发展格局加速成型。创新成立顺企知识产权保护服务中心，实施企业上市三年倍增计划和制造业“百企倍增”计划，启动建设金融小镇，支持实体经济、民营经济发展。

三水区乡村振兴综合改革试点　三水区把乡村振兴综合改革作为全区全面深化改革工作的首要任务，制订《佛山市三水区乡村振兴综合改革试点方案》，出台乡村振兴7大行动方案和一批细化文件，形成乡村振兴改革“1 + 7 + X”政策体系。出台《三水区乡村振兴三年行动计划（2018—2020年）》，明确围绕“五个振兴”和促进城乡融合发展，三年内全区实施50项重点改革项目，确定“1 + 6”乡村振兴工作路线图：白坭镇作为全区乡村振兴先行示范区，全面开展改革示范，其余6个镇街每年选择一个区域先行探索改革，三年全覆盖。产业振兴方面，坚持将水产业做大做强，重点打造“两园一区”的水产业高水平集聚发展载体，推进广东省青岐渔业产业园（省级现代渔业园区）规划设计建设，引进珠江水产研究所落地。加快规划建设北部三镇省级农业产业园区建设，引入范湖现代化农业（水产）项目、建设乐平镇水产综合服务中心大楼、引入白泥湖高科水产养殖项目。加快发展形成一批现代农业主体（载体）。生态振兴方面，全面启动高品质森林城市建设，2018年全年启动的九大重点工程项目共有66个，完工33个。新增58个自然村通过区级社会主义新农村验收考核，全区共完成692个新农村创建，约占总任务数95%。开展“四项治理”，畜禽禁养区清理总进度达100%。全区新建120个农村生活污水分散式治理站点。大力开展农村户用卫生厕所建设和改造，全面普及乡村旅游区等公共厕所。组织振兴方面，强化党建引领和“三治融合”。以“构筑红色 + 领航新征程”为工作主线，全面全领域建设“红色驿站”，持续深化村（社区）无职党员设岗定责。建立党员“三先”机制，深化党支部规范化建设，实施“一村一策”，精准整顿软弱涣散村（社区）党组织。进一步完善村民议事机制，加强村务监督委员会建设，深化“四会联动”。文化振兴方面，建设文明公益宣传阵地，建设核心价值观主题公园，建成示范公园23个，不断推动乡风文明建设。组建“三水道德模范”百姓宣讲团，深入村居开展宣讲50多场。人才振兴方面，深入实施“头雁”工程，进一步选优配强农村基层党组织带头人队伍。实施“万名农村党员大培训”和学历提升工程。持续推进“3个100”农村后备干部梯队建设。实施“人才回乡计划”“五个一批”工程，不断为乡村振兴储备专业人才。

农村土地制度改革试点　南海区农村土地制度改革三项改革试点取得突破性进展，实践了一套可复制、利修法、能推广的“南海方案”。农村集体经营性建设用地入市改革深度覆盖。南海区主要从构建“制度完善、交易公平、服务高效、信息通达”的农村集体经营性建设用地入市体系出发，按照“一套政策、两个基础、三项配套”的系统部署，完善区、镇两级公开交易平台，建立统一的集体建设用地管理信息系统。至年底，完成入市111宗，面积186.67公顷（2800亩），总成交金额86.2亿元；抵押融资地块51宗，抵押土地使用权面积66.53公顷（998亩），抵押价值33亿元。入市相关数据均居全国试点地区前列；农村土地征收制度改革新政全域实施，共建共享的征地新模式基本建立，新增征地项目全部按改革新政实施。选取了桂城轨道交通2号线TOD综合开发等代表性征地项目进行全程引导和培育，引领改革深入。改革试点以来，南海全区协商征地共11个项目，土地面积167.6公顷（2514亩），城市更新项目自愿申请“集转国”8个，土地面积64.47公顷（967亩），在缓解征地矛盾的同时，提升了农民的收益，确保被征地农民生活水平不降低、长远生计有保障；农村宅基地制度改革深入推进，规范管理体系基本形成，试点政策在南海全区所有镇村全面实施，围绕建立“依法公平取得、节约集约使

2018年3月28日，三水区举行碧桂园·佛山双子星城启动暨产业项目签约仪式

（三水区供图）

用、自愿有偿退出”的试点要求开展试点相关工作。改革试点以来，历史遗留宅基地办证方面共收件2992份，通过预审1089件，核发《农村住宅建设用地许可证》7份，成功办理不动产权证共6份，收取超标使用费3.02万元，违建处罚金5.75万元；在建宅基地登记6243宗，收件863份，通过预审776份，核发《农村住宅建设用地许可证》19份，收取超标使用费26.26万元。

其他改革试点项目　国家现代学徒制试点市、完善建设用地使用权转让出租抵押二级市场试点、全国农村集体产权制度改革试点、“一门一网”便民警务模式、佛（山）清（远）从（化）高速公路南段一期工程监理改革、低碳城市和低碳县（区）试点等国家和省级改革试点任务圆满完成。全国住房租赁试点、利用集体建设用地建设租赁住房试点、建设国家新型城镇化试点、国家产融合作试点城市、“互联网+政务服务”国家示范工程、体育总局体育产业联系试点市、深化创建国家教育综合改革试验区、创建全省职业教育综合改革示范市、深化中小学教师职称制度改革试点、创建珠三角法治政府示范区、创新城乡社区治理专项改革试点、建设粤桂黔高铁经济带合作试验区（广东园）、南海区西樵镇农村综合性改革试点实验工作等国家和省级改革试点进展顺利。

【基层改革探索】 2018年，佛山市鼓励和支持各区、各部门发挥主动性和创造性，结合地区和部门实际，大胆试、大胆改，进行差别化改革探索，推动改革在基层落地生根。禅城区开展工商登记制度改革，实现通过“禅城工商”微信公众号登录“佛山市24小时智能商事登记系统”，服务范围扩展至内地自然人投资设立的个体工商户、个人独资企业、内资有限责任公司（涉及前置审批、不适用住所申报的情形除外）的设立登记。高明区调整优化区镇（街）两级权责，强化区级对土地资源、产业布局、招商引资、重大平台等核心发展要素的统筹配置能力。构建简约高效的镇（街）基层管理体制，推动镇（街）工作重心转移到加强党的建设和公共服务、公共管理、公共安全上来。共青团佛山市委创新开展志愿者守信联合激励加快推进青年信用体系建设，将志愿服务成为一项正向信用记录纳入个人信用档案，让信用在青年教育、就业、创业等领域获得有形价值，推进青年信用体系，推动各部门对志愿者守信联合激励措施真正落到实处。佛山市税务局深化“放管服”改革，减负便民，开展让纳税人办税“最多跑一次”改革探索，编制《“最多跑一次”办税事项清单》共7大类555项业务，编制《社保费事项“最多跑一次”清单》共2大类26项业务，解决纳税人办税“多头跑”“来回跑”的问题，减轻办税成本。

【“强市、活区、实镇”发展新格局构建】 2018年，佛山市结合地方机构改革，开展“强市、活区、实镇”改革。在全市改革重点项目中，专门设置“强化市级统筹”专题，谋划部署“明确市、区、镇（街）管理职能，走出一条百花齐放、万紫千红的发展模式”“探索财政体制改革”“加强市级财政统筹能力”“规划建设三龙湾高端创新集聚区”“以‘一环创新圈’规划建设引领创新发展”“佛山高新区管理体制机制优化”6个改革项目。市委主要领导高度重视“强市、活区、实镇”改革，亲自部署、亲自推动，带头深入各区开展实地调研，形成调研报告，并多次召开书记专题会、市委改革领导小组会议专题研究相关工作，明确结合佛山市机构改革切实做好“强市、活区、实镇”改革这篇大文章。“强市、活区、实镇”改革与佛山市地方机构改革一体谋划部署、协同推进，“强市、活区、实镇”改革、财政统筹体制机制、建立三龙湾高端创新集聚区管理体制、优化佛山高新区管理体制机制等改革工作均出台方案。

【供给侧结构性改革】 2018年，佛山市把握供给侧结构性改革工作主线，重点抓好“破、立、降”工作。制订《佛山市深化供给侧结构性改革2018年工作方案》。破除低端无效供给，推进村级工业园整治提升，为高质量发展腾挪空间。完成100个村（社区）的6027家企业环境整治；升级实施“以质取胜、技术标准、品牌带动”战略，全市新认定细分行业龙头企业216家，累计认定370家；企业参与制（修）订国际、国家和行业标准89项，累计1735项；新增“广东优质”品牌认证企业5家，新获批创建全国知名品牌示范区4个。全面落实“粤十条”“佛十条”，为企业减负426.02亿元，成为广东省积极贯彻落实国家重大政策措施5个典型之一；深化人才发展管理体制改革，新引进国家级和省级领军人才54人、市级创新创业团队项目48个；成功申报2017年工业稳增长和转型升级成效明显市（州），获国务院通报表扬。

【国际化法治化便利化营商环境营造】 2018年，佛山市始终将良好营商环境作为促进经济发展的必要条件，营造国际化法治化便利化营商环境。

加强产权保护制度建设　建立产权保护工作协调机制，召开全市产权保护协调工作会议，制订实施《佛山市完善产权保护制度依法保护产权的实施方案》，推动对各种所有制经济组织和公民财产权平等保护、全面保护、依法保护。研究制定产权保护若干政策措施，重点加强民营经济产权、知识产权和农村集体产权保护。区分经济纠纷和刑事犯罪，依法慎用强制措施和查封、扣押、冻结措施，降低对企业正常生产经营活动的影响，促进激发和保护企业家精神。中国（佛山）知识产权保护中心正式启动运营，完善知识产权代理、运营、鉴定、维权援助等服务体系，推进知识产权民事、刑事、行政案件的“三审合一”改革，完善知识产权综合管理体制和执法机制。

创新“3+5”商事制度改革模式　在全国率先实现开办企业全流程国家和省标准3环节（执照、公章、发票）3天内办结，在全国率先创新打造开办企业全流程4环节（执照、公章、发票、开户）5天内办结、营业执照自助办理5分钟完成，率先启用全程电子化“零见面”24小时智能商事登记系统，为全省全国各地提供了可复制、可推广的改革样本，获评第四届中国“互联网+政务”优秀实践案例50强。

简化优化审批服务流程　深化企业投资建设项目联合审批改革，制订《佛山市工程建设项目审批制度改革实施方案》，提出31条优化提升措施，实现社会投资类工程建设项目项目按分类从立项用地规划到竣工验收的审批时限控制在平均25个工作日。探索推行证照分离试点改革，通过直接取消一批、改为备案一批、实行告知承诺制一批、优化准营管理一批“四个一批”的方式，清理规范各类涉企许可事项，推动政府把更多精力从关注事前审批转到事中事后监管上来，破解企业“准入不准营”的突出问题。推行容缺受理服务，按照“信任在先，审核在后”的原则，推进“容缺受理、信任审批”等审批服务方式优化创新，大幅减少申请人跑腿次数。全市140多个事项可实现容缺受理，共涉及申请材料224份。

【法治佛山建设】 2018年，佛山市深入推进依法治市工作，进一步改善佛山法治环境。

全面提升法治佛山建设水平　制订《佛山市2018年全面依法治市工作要点》，对全年依法治市工作作出整体部署，推动法治建设各项工作落实。科学立法进程进一步加快，审议《佛山市排水管理条例（草案）》《佛山市住宅物业管理条例（草案）》，确立《佛山市消防条例（草案）》《佛山市河涌水污染防治条例（草案）》等4项预备项目。健全依法决策机制，聘任18名法学专家和律师作为佛山市法律顾问团成员。

深化司法体制改革　深化司法体制综合配套改革，完善员额动态管理机制。市中院每季度报送一次全市法院员额法官进退额请示，实行动态管理；市检察院开展员额动态管理机制及内设机构改革的摸底调研。推动内设机构改革和新型办案组织建设，完成检察官办案责任制、检察官联席会议、检察委员会运行情况调研工作。

推进基本解决执行难　市委高度重视，多次听取汇报，将该项工作纳入综合治理考核体系，并与基层综治网格对接，数万名网格员协助执行，形成全覆盖、立体式工作格局。建立执行指挥中心并实体化运行，划分案件管理、质效监控、指挥调度等模块，建立执行质效、宣传、信访、资料等“执行四员”制度，形成上下一体、反应快捷的组织架构体系。加强执行工作的协同强化，由市中院统一负责佛山财产查控网的建设和运行，向基层法院开放端口应用，协同基层法院强制执行重大疑难案件。

【社会事业改革】 2018年，佛山市坚持以人民为中心的发展思想，推进民生领域改革，提升群众改革获得感。

深化教育领域改革　实施全省最大规模的义务教育阶段学校基础设施五年提升计划（2016—2020年），完成新建、改扩建义务教育阶段学校41所，新增学位4.2万个。实施《佛山市普通高中优质多样特色发展实施方案》，推动新高考下普通高中分类改革，以创建卓越高中、精品高中、特色高中、品牌民办高中和新优质高中为抓手，建设高品质高中发展集群。出台《关于加快高等教育发展实施意见》，加快高等教育跨越发展，佛科院建设高水平理工科大学取得积极成果。借鉴德国亚琛工业大学的办学理念和办学模式，加快筹建佛山理工大学。

深化医药卫生体制改革　实施高水平医院建设“登峰计划”。制订《佛山市深化医药卫生体制综合改革实施方案》，明确提出2018年和2020年医改关键时间节点的总体目标，明确12个方面的任务安排和4个方面的工作要求。起草《佛山市促进分级诊疗制度实施工作计划》《佛山市深化医疗联合体建设实施方案》等重要文件，对完善分级诊疗、推进医联体建设、深化公立医院综合改革等工作任务进行细化。探索公立医院薪酬制度改革，成为2018年全省5个公立医院薪酬制度改革试点城市之一，出台《佛山市公立医院绩效评价办法（试行）》，在全省范围内首次提出将评价结果与医院绩效工资、医院院长薪酬水平、医保基金支付、医院财政项目补助资金、医院等级评审评价、医院领导职务任用选聘六个方面挂钩。

狠抓食品药品安全　创建国家食品安全示范城市取得阶段性成果，在省食安办对佛山市创建工作中期绩效评估中获评A级。实施食品安全大提升三年行动计划，通过“互联网+监管”模式，大幅提升监管覆盖率。打造线上“阳光餐饮”，在建成2万家视频监控式和透明式“明厨亮灶”的基础上，将后厨视频数据推送到“阳光餐饮”平台。在南海区里水镇试点实施“食安E+”项目。试点实施食品药品“一店一码”，食品经营单位和监管人员可以通过扫码、上传照片等操作，将经营者信息、监管记录等集成在系统平台上并进行公示。

推进放心消费创建试点市建设　印发《关于2018年深入推进放心消费创建试点城市工作的实施意见》《佛山市创建放心消费旅游景区工作方案》等文件，指导全市放心消费试点创建工作。加强消费维权服务站标准化创建，推进消费投诉信息公示试点和消费维权服务站标准化创建工作。在2018年全国、全省消费者满意度及消费环境评价中，佛山市获得全国第四、全省第一的名次，多项营造安全放心消费环境的改革举措走在全省乃至全国前列。

【基层社会治理】 2018年，佛山市坚持党建引领，推动基层社会治理善治。

实施村（社区）重要事权清单管理　印发《关于实施村（社区）重要事权清单管理　强化党组织领导核心地位的意见（试行）》，明确村组两级各类组织的人事安排、集体经济股份分红和补偿款分配、上级拨付惠民项目资金使用等涉及村（社区）人财物管理的10项重要事权，并重点对每项重要事权实施的主要流程进行优化再造和制度创新，突出党组织和党员重要精神先知、重要事项先议、实事好事先做的“三先机制”和在关键环节发挥审核把关作用。

深入整顿软弱涣散基层党组织　将扫黑除恶专项斗争和整顿软弱涣散基层党组织结合起来，发现涉黑涉恶村（社区）党组织即时列入整顿，初步排查出软弱涣散村（社区）党组织。全面开展村（社区）党组织书记履职情况摸查，坚决撤换调整政治上不合格、经济上不廉洁、能力上不胜任、工作上不尽职的村（社区）党组织书记。

统筹抓好各领域党建工作　高标准谋划推进城市基层党建，建立区域党建联席会等制度，推进街道、社区、“两新”组织等各领域党组织互联共建。认真落实国企党建80个重点任务，全市283家国有企业已全部把党建工作要求纳入公司章程和建立健全党组织议事决策机制。着力提高“两新”组织“两个覆盖”，推动370个社会组织将党建工作要求写入章程。

（市委改革办）

党政机关

中共佛山市委员会

2018 年中共佛山市委书记、副书记、常委名单

书　记：鲁　毅
副书记：朱　伟
　　　　区邦敏
常　委：黄志豪
　　　　蔡家华
　　　　李政华（4 月任职）
　　　　郭文海
　　　　黄喜忠（任至 3 月）
　　　　梅河清
　　　　杨朝晖
　　　　范德军（1 月任职）
　　　　郭长勇（7 月任职）
　　　　刘俊文（4 月挂职）

·综　述·

【概况】 2018 年，中共佛山市委全面贯彻落实习近平新时代中国特色社会主义思想和党的十九大精神，深入学习贯彻习近平总书记对广东重要讲话和一系列重要指示批示精神，落实省委书记李希在佛山调研时的讲话精神，统筹推进“五位一体”总体布局，协调推进“四个全面”战略布局，贯彻落实省委“1 + 1 + 9”工作部署，坚持稳中求进工作总基调，坚定践行新发展理念，统筹推进稳增长、促改革、调结构、惠民生、防风险各项工作，坚持以民营经济为主体、先进制造业为主战场、智能制造为主攻方向，着力打造面向全球的国家制造业创新中心，实现全市经济社会的平稳健康发展。

全市实现地区生产总值 9935.88 亿元，比上年增长 6.3%；国家制造业转型升级综合改革试点扎实推进，工业稳增长和转型升级成效较明显，获国务院通报表扬。三次产业结构为 1.5∶56.5∶42，规模以上工业增加值比上年增长 6.3%，工业对经济增长贡献率达 61.1%，服务业占比提高 1.1 个百分点。工业经济质量效益稳步提高，规模以上工业经济效益综合指数 311.87%，提高 14.4 个百分点，利润总额增长 5.9%。地方一般公共预算收入 703.14 亿元，比上年增长 6.3%。各项社会事业全面进步。城市治理三年行动计划稳步推进，有效防范化解各类风险，生态环境质量持续改善，对口帮扶深入推进。财政民生支出 612.64 亿元，比上年增长 6.8%，占一般公共预算支出 75.9%，省、市民生实事全面完成，民生福祉持续改善，公共服务水平不断提升，启动社会综合治理云平台，获评全国社会治理创新示范市，平安佛山建设扎实推进。坚持依法行政，人民满意政府建设取得新进展。

【习近平新时代中国特色社会主义思想学习贯彻】 2018 年，中共佛山市委坚持把学习贯彻习近平总书记重要讲话精神作为头等大事和首要政治任务，与学习贯彻习近平新时代中国特色社会主义思想和党的十九大精神结合起来，紧扣学懂弄通做实，一体学习领会、整体贯彻落实。一是持续抓好“大学习”。市委常委会带头建立“第一议题”学习制度，示范带动全市各级党组织常态化、制度化开展学习贯彻。全年召开市委常委会会议 51 次、共 263 个议题，其中传达学习贯彻总书记重要讲话精神和党中央重大决策部署共 71 个议题；组织市委理论学习中心组学习 27 次。全市各级党委（党组）全年集中学习 3300 次，1.7 万个基层党组织全部集中学习 2 次以上。市委常委以身作则，带头学习、带头宣讲，推动习近平总书记重要讲话精神进企业、进农村、进机关、进校园、进社区、进军营、进网络，带动全市上下形成学习宣传贯彻热潮。全市累计开展各类宣讲 6000 多场次，覆盖 120 万人次；举办 18 期专题研讨班，轮训副处级以上领导干部、镇（街）党政正职等 3368 人次。组织开展“进一步解放思想、改革再深化”的大学习、大讨论活动，全市各级党组织开展“学讲话、讲故事、谈感受”等活动 2180 场次，推动学习贯彻落实工作往深里走、往实里抓。二是持续开展“深调研”。围绕贯彻党的十九大精神和习近平总书记对广东重要讲话和一系列重要指示精神、落实省委书记李希在佛山调研时提出的工作要求，全年组织开展 3 轮“深调研”活动，明确 21 个课题、59 个专题，由市领导牵头深入开展调研，部分调研成果已转化为政策文件，形成一批务实管用的工作思路、政策举措。三是持续推动“真落实”。开展“建机制、抓项目、真落实”活动，重点梳理出 60 个工作项目，由市领导牵头推进。召开市委十二届六次全会，贯彻落实省委“1 + 1 + 9”工作部署，切实把习近平总书记重要讲话精神和省委书记李希在佛山调研时的讲话精神贯彻落实到佛山工作全过程各方面。召开专题会议部署全面深化改革、军民融合、乡村振兴、粤港澳大湾区建设、基层党建、宣传思想文化工作等重大工作，发出抓重点、出实招、见实效的动员令。

【经济保持平稳健康发展】 2018 年，佛山市及时出台有效政策措施，着力稳就业、稳金融、稳外贸、稳外资、稳投资、稳预期，促进经济运行保持在合理区间。以智能制造为主攻方向引领产业优化升级，推动机器人应用及产业发展，新增省级智能制造试点示范项目28个，新增应用机器人3014台。实施“千亿产值项目工程”，签约投资超亿元内资项目400个，计划投资2950亿元，引进投资800亿元的博智林机器人谷项目，一汽－大众MEB新能源汽车、美的库卡智能制造产业基地等重点项目开工建设，科力远混合动力一期建成投产。推进国家制造业转型升级综合改革试点，“众陶联”经验复制推广成效明显，“众塑联”“众铝联”等“众”字平台呈遍地开花之势，得到国家发改委肯定。深入实施“以质取胜、技术标准、品牌带动”战略，纵深推进佛山制造品质革命，工业产品质量监督抽查综合合格率94.6%，获批创建全国知名品牌示范区4个、累计13个，驰名商标总量160件，均位居全国地级市首位。深入实施创新驱动发展战略，“一环创新圈”和三龙湾高端创新集聚区规划初步形成，季华实验室等一批重点平台和项目建设有序推进，佛山国家高新区全国排名升至第二十五位。实施高新技术企业树标提质行动计划，认定规模以上标杆高企50家，全市高企预计达3900家。获批建设国家创新型城市、国家知识产权服务业集聚发展示范区。实施“人才新政23条”，新引进领军人才超过58人、博士323人。推进佛山科学技术学院创建高水平理工科大学，筹建佛山理工大学。支持和保护民营经济发展，召开民营企业家大会，出台促进民营经济高质量发展“1＋3”政策体系。深化供给侧结构性改革，在“破、立、降”上下功夫，共计为企业减负425亿元，成为广东省贯彻落实国家重大政策措施五个正面典型之一。实施企业上市“添翼计划”，新增上市企业5家，累计58家；新增“新三板”挂牌企业6家，累计92家。加快培育和发展市场主体，全市新登记市场主体15.72万户，比上年增长30.9%。实施“四上”“大型骨干”“专精特新”等企业培育工程，新增主营业务收入超100亿元企业2家，累计20家，14家企业入选省百强民营企业，109家企业入选广东制造业500强；“四上”企业入库净增1508家，总数1.36万家。

【全面深化改革】 2018年，佛山市以庆祝改革开放40周年为契机，推动思想再解放、改革再深入、工作再落实，由市级领导牵头推进42个改革重点项目，带动全市各领域改革稳步推进，取得积极进展。推进“强市、活区、实镇”改革，理顺市、区、镇（街）权责体系，增强市级统筹协调能力，激发各区执行力和发展活力，做实基层镇（街）服务功能，增强全市发展的整体性、平衡性、协调性，走出一条“百花齐放、万紫千红”的发展模式。调整理顺重大发展平台管理体制机制，基本确立三龙湾高端创新集聚区管理体制，制定佛山高新区管理体制机制优化调整方案，按照“市统筹、区建设”的思路，以“三专、三不变”（专门架构、专业团队、专注发展，行政区划不变、财政体制不变、主体责任不变）为原则统筹推进两大平台建设发展，引领全市高质量发展。基层改革探索亮点频现，顺德区获批率先建设广东省高质量发展体制机制改革创新实验区，三水区、顺德区分别获批建设乡村振兴综合改革试点、创新城乡社区治理专项改革试点2项省级改革试点。打造社会综合治理云平台、以党建引领非户籍常住人口融入基层社会治理等改革得到省委关注，排污权有偿使用和交易试点改革入选《全省改革案例选编》，南海区“三块地”改革试点获得自然资源部肯定，形成一批“叫得响”的改革成果。营商环境进一步优化，开展“放管服”改革，深化企业投资建设项目联合审批改革。商事制度改革持续深化，创新打造“3＋5”商事制度改革模式。推进产权保护制度建设，出台《佛山市完善产权保护制度依法保护产权的实施方案》，研究制定产权保护若干政策措施，重点加强民营经济产权、知识产权和农村集体产权保护。中国（佛山）知识产权保护中心正式启动运营，佛山市互联网知识产权保护中心加速建设。

【全面开放新格局构建】 2018年，佛山市坚持把粤港澳大湾区建设摆在全市工作重要位置，深化与粤港澳大湾区城市合作发展，提升开放型经济发展水平。深化广佛同城，与广州市签署《深化广佛同城化战略合作框架协议》，聚焦科技创新、产业协同发展、交通网络、生态环境及民生项目等8个方面，开展新一轮战略合作。加强科技创新合作，共建广佛科技创新产业示范区。推动交通基础设施互联互通，广佛地铁（燕岗至沥滘段）正式通车，一批交通基础设施项目加快建设。深化政务通办、管理联动，两市1396个政务事项实现“异地申请、跨城通办”。深化与大湾区其他城市间的开放合作，加大与深圳等珠江

2018年5月30日，佛山市召开全面深化改革工作会议　（市档案馆供图）

东西两岸城市在基础设施建设、产业协同发展、公共服务供给上的合作力度，携手推进粤港澳大湾区建设。抓好与深圳在科技创新、产业发展、金融服务等领域的合作，主动承接深圳溢出效应，落实大疆无人机等一批重点项目。制定《佛山市推进“香港+佛山”合作发展实施方案》，推进“香港+佛山”7大领域11个合作项目建设。探索“澳门+佛山”合作机制，重点在金融科技、经贸文化、人才培养、创新创业等方面，加强与澳门互补发展和多元合作。以深化“一带一路”建设为重点加快“走出去”“引进来”，坚持外贸调结构和拓市场并举。引进超千万美元外资项目39个。成为国家级市场采购贸易方式试点，举办2018中国—以色列跨境投资大会等国际交流活动，在美国、坦桑尼亚、南非建设泛家居品牌产品海外展示体验馆。获国际友好城市交流合作奖，中德工业城市联盟成员及观察员城市增至41个，其中德国城市18个。

【思想文化宣传】 2018年，佛山市围绕学习宣传贯彻习近平新时代中国特色社会主义思想这一主题，着力丰富内容、创新形式、拓展渠道，做实学习，做活宣传，做强研究，做精大学习大讨论，推动学习宣传天天见、天天新、天天深。围绕习近平总书记在参加十三届全国人大一次会议广东代表团审议时的重要讲话精神、习近平总书记视察广东重要讲话精神等，开展全方位、多视角、多层次的宣传，组织开展庆祝改革开放40周年系列宣传活动，壮大推动佛山深化改革发展舆论强势。抓住培育和践行社会主义核心价值观这个基础工程，制定印发《佛山市加强精神文明建设、争创全国一流文明城市行动计划（2018—2020年）》，推动精神文明创建常态化制度化。推进基层文明和主题文明创建。推进美丽文明村居建设，顺德区黄龙村、禅城区紫南村等成为全国乡村振兴先进典型。制定《佛山市乡风文明建设工程实施方案》，推进新时代文明实践中心建设，开展寻找“最美家庭”活动，强化未成年人思想道德建设，开展“传承红色基因”系列教育活动，做实中华优秀传统文化传承活动，推进文明公厕建设，开展国防教育工作。坚持把文化导向型城市建设作为一项重要战略深入开展，成功创建国家公共文化服务体系示范区，佛山市图书馆获得国际图联2018年绿色图书馆大奖一等奖。擦亮佛山秋色民俗活动、佛山韵律、“筑梦佛山”文化艺术公益夏令营、“开心广场 百姓舞台”公益流动演出等文化惠民品牌。打造“佛山文化云”，推动文艺工作者深入基层开展“文化直联”。探索“党建引领 文群共建”机制，推进“文化佛山”三年行动计划，推进“博物馆之城”建设。出台《佛山市文艺精品扶持工作实施办法》《佛山市文艺重点创作项目联席会议制度》，健全文艺精品创作扶持机制。做好传承，让传统文化活起来。加强文化产业招商工作，开展初创文创企业扶持行动，加快建设南方影视中心，举办第27届中国金鸡百花电影节，提升佛山在海内外的美誉度和影响力。粤港澳大湾区非遗周暨佛山秋色巡游、香港佛山节、佛港澳粤剧交流等近10项活动列入粤港澳大湾区2018年文化合作项目。围绕“经济佛山”“生态佛山”“文化佛山”“文明佛山”等主题，加强宣传策划，推动城市对外宣传工作取得新飞跃。推进媒体深度融合，筹建佛山传媒集团重大时政新闻策划指挥系统，推进实施佛山新闻网三年改革提升计划，打造强有力的网络宣传舆论阵地。《佛山日报》《珠江时报》《珠江商报》共同成立佛山+融媒平台，打造佛山最强大的市、区、镇、社区、家庭五级融媒平台。

【乡村振兴战略和城市治理行动实施】 2018年，佛山市坚持高标准规划、高水平建设、精细化管理，统筹城市治理现代化和乡村振兴战略实施，促进城乡融合发展。以实施乡村振兴战略推动农业农村现代化。制定实施乡村振兴“1 + 7”政策文件。推进农业供给侧结构性改革，加快建设现代农业园区，全面提升农业现代化发展水平。新增省、市级现代农业园区5家，累计50家。省级龙头企业累计47家，市级龙头企业累计115家，“三品一标一名牌”认证产品累计251个。推进6个省级新农村连片示范工程建设，完成农村人居环境综合整治和“五好”新村居建设任务。深化农村综合改革，顺德区全国农村集体产权改革试点工作通过验收。以城市治理提升城市形态和功能品质。推进城市治理三年行动计划，累计完成投资2563亿元。实施中心城区城市形态提升三年专项行动，开工28个项目，完成投资额116.67亿元。加快特色小镇建设，国家级、省级特色小镇数量居全省首位。研究出台《佛山市村级工业园整治提升实施方案（2018—2020年）》，引导全市各区用三年时间集中开展村级工业园整治提升。实施产业发展保护区划定及城市棕线管理办法，划定产业保护区352个，保障350平方千米产业用地总规模。推进基础设施建设，开展珠三角枢纽机场前期工作。探索制造业城市生态文明创新之路。出台佛山市自然生态文明建设专项规划，以项目为抓手，梳理提出三年行动计划项目库，形成四大行动25类任务334个具体项目。2018年完成109个项目建设，重点抓好16个万亩公园和18个千亩公园建设。以建设“一环生态圈”为抓手，实施大规模国土绿化行动，新增绿化面积2180公顷（3.27万亩），市域森林覆盖率37.4%、建成区绿化覆盖率43%，大湾区高品质森林城市建设初见成效。推进西樵山国家生态公园创建工作和全市48个河心岛生态修复项目。

【社会民生事业】 2018年，佛山市坚持以人民为中心的发展思想，推动人财物向社会民生领域倾斜，不断满足人民群众日益增长的美好生活需要。居民人均可支配收入4.96万元，比上年增长8.3%；财政民生支出612.64亿元，增长6.8%，占一般公共预算支出75.9%，省、市民生实事全面完成。实施就业优先战略和积极就业政策，建设省现代职业教育综合改革示范市，现代学徒制试点通过教育部验收。深化教育重点领域和关键环节改革，新增学前教育学位1.7万个、义务教育阶段学位4.2万个。深化医药卫生体制综合改革，分级诊疗、现代医院管理、全民医保、药品供应保障和综合监管制度不断完善，国家卫生城市复审通过复查。实施“登峰计划”，启动11家高水平医院建设。医养结合推进养老服务设施建设，健康养老服务事业加快发展。推进国家住房租赁、集体建设用地建设租赁住房试点，在全国率先推出“商改租”政策，住房保障工作扎实推进。落实房地产调控政策，房地产市场保持健康平稳运行。加强和创新社会治理，坚持源头治理和机制建设并举，保持对违法犯罪的严打高压态势，维护全市社会大局稳定。坚决打赢扫黑除恶专项斗争攻坚仗，紧盯十类黑恶势力，坚持边扫边治边建，打掉涉黑恶团伙309个，刑拘团伙涉案嫌疑人3310人，给予党纪政务处分61人。健全“党建统领·三治融合”的基层社会治理体系，探索“枫桥经验”佛山实践，基层治理成效明显，获“全国社会治理创新示范市”称号。市领导带队深入五区开展安全生产点对点督导，安全生产、交通安全和食品药品安全形势总体平稳。

【“三大攻坚战”工作】 2018年，佛山市牢固树立风险意识和底线思维，把决胜全面建成小康社会的底板加固、短板补齐，打好防范化解重大风险、精准脱贫、污染防治三大攻坚战。有效防范化解各类风险，加强地方政府债务管理，制定实施防范化解政府性债务和隐性债务风险工作方案，消化压减存量地方政府债务和隐性债务规模。防范化解金融风险，开展涉众金融领域矛盾纠纷排查摸底，防范和打击非法集资等违法金融活动，稳妥处置互联网金融案件。打好精准脱贫攻坚战，坚持把打赢脱贫攻坚战作为重大政治任务，加强工作力量，加大资金投入，推动对口扶贫协作四川凉山州在全国东西部扶贫协作考核中获评“好”的等次，援藏援疆、对口合作黑龙江双鸭山市取得积极成果，省内精准帮扶湛江、云浮完成年度任务，高明革命老区特别帮扶计划扎实推进。推动美的、碧桂园等企业率先参与“万企帮万村”行动，促进深度贫困地区打好脱贫攻坚战。坚决打好打胜污染防治攻坚战，全面建立实施河长制、湖长制，抓好中央环保督察“回头看”和省环保督察问题整改工作，运用生态环境督察、环保联动专项执法两大手段，实行环保案件“一案三查”，推动全市大气、水、土壤环境质量持续改善，主要大气污染物浓度下降，饮用水源水质保持100%达标，12个国控、省控考核断面水质达到省考核要求。加强广佛跨界河涌治理，投入50亿元推进160个整治项目，整治成效逐步显现。

【党的建设事业】 2018年，佛山市委全面落实新时代党的建设总要求和新时代党的组织路线，推进全面从严治党，把全市各级党组织锻造得更加坚强有力。坚持把加强政治建设摆在首位，增强党内政治生活的政治性、时代性、原则性、战斗性。抓好中央、省委巡视反馈意见整改落实，以巡视整改解决突出问题、健全长效机制、推动重点工作，做好巡视“后半篇文章”。掌握意识形态工作领导权管理权主动权，落实意识形态工作责任制，完善“市、区、镇（街）、村（社区）”四级意识形态工作领导体系，加强意识形态分析研判处置，严把全市思想理论、新闻舆论、文化市场、互联网、高等院校、宗教等重点领域的意识形态安全关，筑牢意识形态“护城河”和“防火墙”。把握正确舆论导向，推进传统媒体和新兴媒体深度融合发展，创新媒体传播手段，巩固壮大主流思想舆论。坚持以提升组织力为重点，制定佛山市加强党的基层组织建设三年行动计划实施方案、实施村（社区）重要事权清单管理、推进城市基层党建和推行村（社区）无职党员设岗定责等“1＋3”文件，深入整顿软弱涣散村（社区）基层党组织，把基层党组织建设成为坚强战斗堡垒。坚持正确选人用人导向，提拔任用一批政治过硬、本领高强、堪当重任、群众公认的优秀党员干部。实施年轻干部培养储备工程，从市直单位和各区之间选派100名年轻干部，开展为期两年的双向挂职锻炼。首推11名高校人才到国有企业挂职锻炼。制定出台关于建立健全激励机制鼓励干部担当有为的若干意见，建立健全容错纠错机制，严肃查处诬告陷害信访举报行为，旗帜鲜明地为有担当作为的干部撑腰鼓劲。开展正风肃纪反腐，发挥狠刹“四风”网络监督平台作用，制定实施《佛山市加强干部队伍作风建设行动方案》，健全作风建设长效机制。完善纪律监督、监察监督、派驻监督、巡察监督全覆盖的权力监督格局，提高监督效能。推进纪检监察体制改革，在全省较早实现市区两级监委组建挂牌。探索赋予派驻机构和镇（街）纪检机构相应监察职责权限，推动监察职能向基层延伸。

【民主法治建设】 2018年，佛山市学习贯彻习近平新时代中国特色社会主义思想和党的十九大精神，贯彻落实总书记全面依法治国新理念新思想新战略，发挥市委对法治建设的核心领导作用，全市各级党委把法治建设纳入年度重点工作。制定《佛山市深入学习宣传贯彻实施宪法的通知》，成立宪法专项督察工作专班，开展形式多样的“宪法宣传周”系列活动，弘扬宪法精神，树立宪法权威。开展“大学习、深调研、真落实”活动，形成《法治佛山建设调研报告》。强化党政主要负责人履行推进法治建设第一责任人职责，建立党政主要负责人述法制度，首次组织五区和市直单位主要负责人向市委全面依法治市工作领导小组进行书面述法，市、区均把第一责任人工作纳入年度法治建设考评内容。健全党委议事决策机制，建立党委常委会议议题预安排等机制，修改完善《市委书记专题会工作规范》。推行法律顾问和公职律师公司律师制度，市四套班子联合聘任18名法学专家和律师作为首届佛山市法律顾问团成员。加强党内法规制度建设，市委全年印制44份党内规范性文件，报备率、及时率、合法合规率均100%。加强党对立法工作的领导，科学编制年度立法计划，强化立法计划执行力度，探索开展立法后评估工作，加强对首批5个基层立法联系点的机构建设和业务指导，推进科学立法、民主立法、依法立法，提高地方立法水平。推进依法行政和“放管服”改革，开展市场准入负面清单制度改革试点工作，完善重大行政决策程序，加强对行政权力监督制约，全面推进阳光政务建设，加快法治政府建设。深化司法体制改革，加强司法机关内部人员过问案件信息登记和查核工作，深化司法体制综合配套改革，推进诉讼制度改革，加强对司法活动监督，提升司法公信力。佛山市“一门式一网式”改革获第五届“中国法治政府奖”。

【中共佛山市委十二届五次全会】 2018年1月5日召开。全会总结2017年工作，部署2018年工作。市委书记鲁毅作主题为《拥抱新时代，践行新思想，展现新作为，争当社会主义现代化建设先行区》的报告，市长朱伟作经济工作专题讲话。全会审议通过《中共佛山市委关于持续深入学习宣传贯彻党的十九大精神推动习近平新时代中国特色社会主义思想在佛山落地生根结出丰硕成果的意见》。审议市委常委会向全会的党建工作报告。

会议指出，2017年佛山市围绕迎接党的十九大胜利召开和学习宣传贯彻党的十九大精神，以习近平总书记对广东工作的重要指示批示精神总揽全局，各项工作取得新成效。会议强调，要以习近平新时代中国特色社会主义思想为统领，以习近平新时代中国特色社会主义经济思想指导全市经济工作，推动党的十九大精神学习宣传贯彻往深里走、往实里抓，推动习近平新时代中国特色社会主义思想在佛山落地生根、结出丰硕成果，奋力在新时代干出新气象、实现新作为。一是全面贯彻落实新时代党的建设总要求，为高质量全面建成小康社会、争当社会主义现代化建设先行区提供坚强政治保证。二是坚定不移抓改革，再创佛山发展新优势。三是贯彻新发展理念，推动经济高质量发展。四是顺应经济发展趋势和城市发展规律，全面提升城市治理现代化水平。五是坚持人与自然和谐共生，坚定不移走制造业城市生态文明创新之路。六是坚定文化自信，建设更具品质的文化导向型城市。七是践行以人民为中心的发展思想，努力满足人民日益增长的美好生活需要。

【中共佛山市委十二届六次全会】 2018年7月10—11日召开。全会深入学习贯彻习近平新时代中国特色社会主义思想和党的十九大精神、习近平总书记在参加十三届全国人大一次会议广东代表团审议时的重要讲话精神，全面贯彻省委十二届四次全会和省委书记李希在佛山调研时的讲话精神，总结运用“大学习、深调研、真落实”工作成果，深入分析佛山市面临的新形势新要求，研究部署当前和今后一个时期佛山工作。市委书记鲁毅作《新时代 新使命 新征程 再出发 奋力为全省实现“四个走在全国前列”作出更大贡献》的讲话；全会审议通过《中共佛山市委关于深入学习贯彻落实习近平总书记重要讲话精神奋力为全省实现“四个走在全国前列”作出更大贡献的意见》《中共佛山市委关于深入学习贯彻落实新时代党的建设总要求努力把各级党组织锻造得更加坚强有力的实施意见》；提交“走在前列”四个行动方案；按照党章和有关规定递补4名市委委员。

会议强调，要深入学习贯彻习近平总书记重要讲话和省委十二届四次全会精神，奋力开创新时代佛山工作新局面。要牢牢把握事关佛山发展的核心关键问题，以新担当新作为再创佛山发展新优势。一是用好改革开放关键一招，为高质量发展提供不竭动力。二是以三龙湾高端创新集聚区为龙头，引领佛山谱写高质量发展新篇章。三是坚持以发展实体经济为基础，加快建设现代化经济体系。四是抢抓粤港澳大湾区建设重大机遇，加快形成全面开放新格局。五是以提升城市功能现代化为重点，加快建设高品质国际化现代化大城市。六是围绕满足人民日益增长的美好生活需要，营造共建共治共享的社会治理格局。七是坚决打好三大攻坚战，不断夯实高质量发展基础。八是推进党的建设新的伟大工程，把抓好党建作为最大政绩，为新时代佛山改革发展提供坚强政治保证和组织保证。

2018年7月10—11日，中国共产党佛山市第十二届委员会第六次全体会议召开
（市档案馆供图）

【《关于持续深入学习宣传贯彻党的十九大精神推动习近平新时代中国特色社会主义思想在佛山落地生根结出丰硕成果的意见》】 2018年1月9日，中共佛山市委出台《关于持续深入学习宣传贯彻党的十九大精神推动习近平新时代中国特色社会主义思想在佛山落地生根结出丰硕成果的意见》，指出学习宣传贯彻党的十九大精神是当前和今后一个时期全市的首要政治任务，要求全市各级党组织和全体党员更加紧密地团结在以习近平同志为核心的党中央周围，深入学习宣传贯彻党的十九大精神，推动习近平新时代中国特色社会主义思想在佛山落地生根、结出丰硕成果，在奋力把广东建设成为向世界展示习近平新时代中国特色社会主义思想重要“窗口”和“示范区”中走在前列。一是坚定不移地把习近平新时代中国特色社会主义思想作为指导思想和行动指南。二是坚决维护习近平总书记的核心地位和以习近平同志为核心的党中央集中统一领导。三是坚持以习近平新时代中国特色社会主义思想总揽佛山工作全局。四是坚持以习近平新时代中国特色社会主义思想指导谋划佛山改革发展的思路举措。五是坚持以习近平新时代中国特色社会主义思想指引推进党的建设新的伟大工程。六是以强有力的组织领导推动学习宣传贯彻工作取得实效。

【《佛山市人才发展体制机制改革实施意见》】 2018年1月11日，中共佛山市委出台《佛山市人才发展体制机制改革实施意见》，要求实行更加积极、更加开放、更加有效的人才政策，以“舍得投入、舍得时间、舍得声誉”的胸襟和气度开展人才工作，加大人才发展体制机制改革力度，加大对人才的支持和服务力度，加快构建与国家制造业创新中心相匹配的人才供给体系。一是深化人才管理体制改革。二是加大扶持力度全方位引才。三是创新人才培养机制。四是创新人才评价激励服务保障机制。

【《关于对重大政策开展廉洁风险评估的意见（试行）》】 2018年3月15日，中共佛山市委出台《关于对重大政策开展廉洁风险评估的意见（试行）》，要求以规范权力运行和防止利益冲突为重点，围绕重大政策开展廉洁风险评估工作，从制度层面铲除腐败滋生蔓延的土壤和条件，降低重大政策的廉洁风险，形成不敢腐、不能腐、不想腐的有效机制。意见对重大政策开展廉洁风险评估的范围、内容、主体、依据、方式和程序进行规定，强化对权力运行的制约监督，把权力关进制度的笼子里，推动全面从严治党向纵深发展。

【《关于进一步加强对一把手监督的若干意见》】 2018年3月15日，中共佛山市委出台《关于进一步加强对一把手监督的若干意见》，对加强各区党委、人大常委会、政府、政协、纪委监察委，市委各部委，市直各单位，市各人民团体，各授权经营公司的主要领导（一把手）的监督工作提出具体要求，各区各部门对下级一把手监督工作参照执行。一是建立一把手权力清单和负面清单。二是落实一把手选人用人责任。三是建立一把手违规干预插手重大事项记录制度。四是公开一把手个人有关事项。五是完善约谈一把手机制。六是强化一把手组织开好民主生活会的领导责任。七是增强一把手述责述廉监督实效。八是加强对一把手的巡察监督。九是强化对一把手的派驻监督。十是实行一把手问题直报制度。十一是加强对一把手日常教育监管。十二是加强对一把手问责。

【《佛山市关于贯彻落实李希同志在佛山调研时的讲话精神工作方案》】 2018年4月16日，中共佛山市委印发《佛山市关于贯彻落实李希同志在佛山调研时的讲话精神工作方案》，对全市学习贯彻落实2018年3月24日省委书记李希在佛山调研时的讲话精神作出全面安排，要求以扎实的工作成效开创佛山改革发展新局面。一是深刻领会李希同志调研佛山讲话的精神实质，深刻领会李希同志对深入学习贯彻习近平总书记重要讲话精神的总体要求、要求佛山为广东实现“四个走在全国前列”作出更大贡献的明确要求、对佛山贯彻落实全面从严治党的明确要求。二是精心谋划、真抓实干，坚决把李希同志讲话精神落到实处。开展“进一步解放思想、改革再深化”的“大学习、大讨论”活动，开展系列“深调研、出成果”活动，开展“建机制、抓项目、真落实”活动，创建国家军民融合创新示范区。三是组织传达学习，开展调查研究，强化督查问责。

【《佛山市加强干部队伍作风建设行动方案》】 2018年5月17日，中共佛山市委印发《佛山市加强干部队伍作风建设行动方案》，对进一步深入改进作风，建设高素质专业化干部队伍，全面增强执政本领，提出明确要求。一是把党的政治建设摆在首位，坚决维护以习近平同志为核心的党中央权威和集中统一领导。二是加强思想教育，激发干部干事创业的内生动力。三是精准科学选人用人，营造鼓励干事创业的鲜明导向。四是加强培养锻炼，提升干部干事创业的能力素质。五是坚持严管和厚爱结合的管理监督，保护干部干事创业的积极性。六是改进作风密切联系群众，筑牢干部干事创业的作风基础。

【《佛山市生态环境督察实施意见》】 2018年5月18日，中共佛山市委办公室、佛山市人民政府办公室印发《佛山市生态环境督察实施意见》，明确生态环境督察组织、对象、形式和时间、主要内容、程序、结果应用以及工作要求，提出通过构建生态环境保护推动经济高质量发展的体制机制，用最大决心解决佛山市突出环境问题，坚决打好污染防治攻坚战，加快促进形成现代化经济体系，为全市现代化产业体系腾出发展空间，努力构建佛山市生态环境治理共建共治共享的新格局，以新的更大作为开创全市生态环境保护新局面，为全省实现“四个走在全国前列”作出佛山应有的贡献。

【《贯彻落实〈中共广东省委、广东省人民政府关于进一步加强和改进新时期信访工作的意见〉实施意见》】 2018年7月4日，中共佛山市委、佛山市人民政府印发贯彻落实《中共广东省委、广东省人民政府关于进一步加强和改进新时期信访工作的意见》实施意见，要求切实加强和改进新时期信访工作。一是深化认识，明确新时期信访工作任务。二是坚持以人民为中心，依法维护群众合法权益。三是坚持源头预防，推动信访问题在政策层面上批量解决。四是坚持法治思维方式，促进信访法治化建设。五是坚持形成工作合力，打造共建共治共享信访工作格局。六是坚持构建保障体系，不断开创信访工作新局面。

【《关于推进乡村振兴战略的实施意见》】 2018年7月11日，中共佛山市委、佛山市人民政府印发《关于推进乡村振兴战略的实施意见》，指出到2020年，乡村振兴取得重大进展，政策体系基本形成，城乡融合发展体制机制初步建立；到2022年，乡村振兴见到显著成效，农村人居环境明显改善；到2027年，乡村振兴取得战略性成果，农村落后面貌实现根本改变。一是强化党的基层组织建设，推进组织振兴。二是严格乡村环境治理，推进生态振兴。三是深化农业供给侧结构性改革，推进产业振兴。四是创新管理体制机制，推进人才振兴。五是加强乡风文明建设，推进文化振兴。六是坚持和完善党对“三农”工作的领导。

【《关于深入学习贯彻落实习近平总书记重要讲话精神奋力为全省实现“四个走在全国前列”作出更大贡献的意见》】 2018年7月31日，中共佛山市委印发《关于深入学习贯彻落实习近平总书记重要讲话精神奋力为全省实现“四个走在全国前列”作出更大贡献的意见》，要求深入学习贯彻落实习近平总书记重要讲话精神，更加紧密地团结在以习近平同志为核心的党中央周围，在省委的坚强领导下，解放思想、改革创新、主动作为，奋力为全省实现“四个走在全国前列”展现佛山担当、作出佛山贡献。一是坚持以习近平总书记重要讲话精神统揽佛山工作全局。二是构建推动经济高质量发展的体制机制。三是建设现代化经济体系。四是形成全面开放新格局。五是营造共建共治共享社会治理格局。六是建设高品质国际化现代化大城市。七是始终用好全面深化改革“关键一招”。八是为继续走在全省地级市最前面提供坚强政治保证。

【《关于实行国家机关“谁执法谁普法”普法责任制的实施意见》】 2018年7月31日，中共佛山市委办公室 佛山市人民政府办公室印发《关于实行国家机关“谁执法谁普法”普法责任制的实施意见》，提出健全佛山市普法宣传教育工作机制，落实国家机关普法责任，坚持普法工作与履职实践相结合，坚持联动协作与社会普法相结合，坚持日常普法和集中宣传相结合，坚持工作创新与注重实效相结合，努力形成党委统一领导，部门分工负责、各尽其责、齐抓共管的工作格局。一是建立普法责任制。二是明确普法内容。三是加强党章和党内法规制度的学习宣传。四是做好本系统学法。五是利用法规规章和规范性文件起草制定过程向社会开展普法。六是围绕热点难点问题向社会开展普法。七是健全完善法官、检察官、行政执法人员、律师等以案释法制度。八是创新普法工作方式方法。

【《关于进一步加强城乡基层党风廉政建设的意见》】 2018年7月31日，中共佛山市委办公室印发《关于进一步加强城乡基层党风廉政建设的意见》，要求着眼服务乡村振兴战略和助推基层组织建设，推动全面从严治党向基层延伸。一是强化基层党组织的领导核心地位。二是探索监督执纪体制机制创新。三是开展城乡基层腐败和作风问题专项治理。四是加强城乡基层“三资”监管。五是激励基层干部新时代新担当新作为。六是压实管党治党政治责任。

【《关于深入学习贯彻落实新时代党的建设总要求努力把各级党组织锻造得更加坚强有力的实施意见》】 2018年8月10日，中共佛山市委印发《关于深入学习贯彻落实新时代党的建设总要求努力把各级党组织锻造得更加坚强有力的实施意见》，要求全市各级党组织和广大共产党员以坚如磐石的意志把全面从严治党持续引向深入，以党的建设新的伟大工程引领开创新时代佛山工作新局面，为广东实现“四个走在全国前列”、为实现中华民族伟大复兴的中国梦贡献佛山力量。一是把政治建设摆在首位。二是深学笃行习近平新时代中国特色社会主义思想。三是牢牢掌握意识形态工作领导权。四是突出政治标准选人用人。五是激励干部大胆改革创新担当作为。六是抓好党管人才工作。七是以提升组织力为重点加强基层党组织建设。八是持之以恒正风肃纪。九是夺取反腐败斗争压倒性胜利。十是落实党要管党全面从严治党责任。

【《佛山市基层正风反腐三年行动实施方案（2018—2020年）》】 2018年8月10日，中共佛山市委办公室关于印发《佛山市基层正风反腐三年行动实施方案（2018—2020年）》，要求进一步加强基层党风廉政建设，把全面从严治党覆盖到“最后一公里”，经过3年不懈努力，实现基层腐败和作风问题得到全面遏制，农村基层政治生态更加清朗，人民群众对全面从严治党的获得感和满意度显著提升，党的执政基础更加巩固。明确扶贫领域腐败和作风问题、涉黑涉恶腐败和“保护伞”问题、基层干部违反中央八项规定精神问题、农村集体“三资”领域腐败和作风问题、行政执法领域“为官不为”问题、公共服务行业“吃拿卡要”问题、村（居）“两委”换届中的拉票贿选等问题、其他损害群众利益的突出问题等八项惩治重点，排查问题线索，查处违纪违法问题，发挥巡察“利剑”作用，加大通报曝光力度，建立健全长效机制等五项具体措施。

【《关于进一步解放思想深化改革开放的若干意见》】 2018年8月13日，中共佛山市委印发《关于进一步解放思想深化改革开放的若干意见》，要求在改革开放40周年新起点上，要以更大作为开创佛山全面深化改革工作新局面，奋力在构建推动经济高质量发展的体制机制、建设现代化经济体系、形成全面开放新格局、营造共建共治共享社会治理格局上走在全国前列。一是坚持以习近平新时代中国特色社会主义思想指导佛山改革实践。二是直面问题，推动思想大解放、问题大排查。三是正确把握新时代佛山全面深化改革的总体要求。四是坚决破除制约佛山高质量发展的体制机制弊端。五是加强和改善党委对全面深化改革的集中统一领导。

【《佛山市贯彻落实〈关于加强我省立法工作队伍建设的若干意见〉的实施意见》】 2018年8月14日，中共佛山市委办公室印发《佛山市贯彻落实〈关于加强我省立法工作队伍建设的若干意见〉的实施意见》，要求进一步加强党对立法工作的领导，提高佛山市立法工作队伍建设水平，造就一支政治坚定、业务精通、作风过硬、结构合理、清正廉洁的立法工作队伍。一是加强学习、深化认识，增强贯彻落实《若干意见》的坚定性和主动性。二是突出重点、狠抓落实，确保《若干意见》不折不扣落实到位，重点抓好以下七项工作落实：加强党对立法工作的领导，强化立法队伍建设；提高有法治实践经验的专职常委会组成人员比例；加强人大常委会法制工作委员会等机构的立法工作力量；加强政府法制工作机构立法队伍建设；加强对立法工作队伍建设的统筹规划；完善立法工作队伍的选拔、培训、交流机制；加强立法智库建设。三是以问题为导向、认真研究，切实解决工作中遇到的困难和问题水平。

【《关于加强和改进人民政协民主监督工作的实施意见》】 2018年8月15日，中共佛山市委办公室印发《关于加强和改进人民政协民主监督工作的实施意见》，要求进一步推进政协民主监督制度化、规范化、程序化，切实增强民主监督实效。一是总体要求。二是明确人民政协民主监督的主要内容。三是完善人民政协民主监督形式。四是规范人民政协民主监督工作程序。五是健全人民政协民主监督工作机制。六是增强人民政协民主监督实效。七是加强党对人民政协民主监督工作的领导。

【《佛山市加强党的基层组织建设三年行动计划（2018—2020年）实施方案》】 2018年8月21日，中共佛山市委办公室印发《佛山市加强党的基层组织建设三年行动计划（2018—2020年）实施方案》，要求推动全面从严治党向基层延伸，促进全市党的基层组织建设全面进步、全面过硬，通过3年工作，推动党在基层的组织覆盖和工作覆盖更加有效，党组织的领导核心作用更加坚强，政治引领更加突出，体制机制更加科学，基层党建与基层治理结合更加紧密，党支部建设更加规范，党组织书记队伍建设更加系统，党员教育管理更加精准，党员先锋模范作用发挥更加充分，基层党组织保障更加有力，党在基层的执政根基更加牢固。一是总体要求。二是坚持以习近平新时代中国特色社会主义思想武装头脑。三是实现党组织对各类基层组织的全面领导。四是系统推进城市基层党建工作。五是营造共建共治共享社会治理格局。六是坚决惩治群众身边的不正之风和腐败问题。七是开展基层党组织达标创优活动。八是实施基层党组织“头雁”工程。九是实施佛山党员先锋工程。十是实施基层基础保障工程。十一是加强对实施行动计划的组织领导。

【《佛山市关于严肃查处诬告陷害信访举报行为的意见（试行）》】 2018年8月29日，中共佛山市委办公室印发《佛山市关于严肃查处诬告陷害信访举报行为的意见（试行）》，要求深入贯彻党的十九大精神，依纪依法规范信访举报秩序，建立健全正向激励机制，保护党员干部干事创业积极性、主动性、创造性。明确对诬告陷害信访举报行为的预防和查处的指导思想、基本原则、范围界限、职责权限、工作程序以及工作要求。

【《关于加强新时代人民政协工作的意见》】 2018年9月19日，中共佛山市委印发《关于加强新时代人民政协工作的意见》，要求深入贯彻落实习近平新时代中国特色社会主义思想和党的十九大精神，进一步加强佛山市新时代人民政协工作。一是充分认识加强新时代人民政协工作的重大意义。二是推进人民政协政治协商、民主监督、参政议政制度建设。三是充分发挥人民政协广泛联系群众营造共建共治共享社会治理格局的独特优势。四是拓展人民政协的海内外联谊交往工作。五是完善支持人民政协履行职能的工作机制。六是强化人民政协的自身建设。七是加强和改善党对人民政协的领导。

【《领导干部直接联系服务高层次人才制度》】 2018年9月17日，中共佛山市委办公室印发《领导干部直接联系服务高层次人才制度》，要求扎实推进全市联系服务高层次人才工作制度化、常态化。一是明确联系服务范围和对象。二是明确联系服务高层次人才的领导干部。三是市领导联系服务对象的确定原则。四是联系服务内容和形式。五是工作要求。

【《佛山市完善产权保护制度依法保护产权的实施方案》】 2018年10月17日，中共佛山市委办公室、佛山市人民政府办公室印发《佛山市完善产权保护制度依法保护产权的实施方案》，提出完善产权保护制度，实现产权有效激励，深化经济体制改革。推进产权保护法治化，加快建立产权保护长效体制机制，为推进供给侧结构性改革、实施创新驱动发展战略和构建开放型经济新体制提供支撑，为广东实现“四个走在全国前列”作出更大贡献。一是加强各种所有制经济产权保护。二是依法妥善处理历史形成的产权案件。三是严格规范涉案财产处置的法律程序。四是审慎把握处理涉及产权的经济纠纷的司法政策。五是完善政府守信践诺机制。六是完善财产征收制度。七是加大知识产权保护力度。八是健全增加城乡居民财产性收入的各项制度。

【《关于加强调查研究提高调查研究实效的实施意见（2018年10月31日）》】 2018年11月1日，中共佛山市委办公室印发《关于加强调查研究提高调查研究实效的实施意见（2018年10月31日）》，提出切实加强和改进全市调查研究工作的有关意见。一是以习近平新时代中国特色社会主义思想统领全市调查研究工作。二是把调查研究贯穿于决策和执行全过程。三是提高调查研究针对性。四是深入基层全面掌握第一手材料。五是创新调查研究方式方法。六是强化综合分析研究和成果运用。七是严明调查研究纪律改进工作作风。八是加强对调查研究工作的组织领导。

【《关于建立健全容错纠错机制的实施意见（试行）》】 2018年11月13日，中共佛山市委办公室印发《关于建立健全容错纠错机制的实施意见（试行）》，提出建立健全容错纠错机制，旗帜鲜明为敢于担当、踏实做事、不谋私利的干部撑腰鼓劲，激发和保护干部干事创业的积极性主动性创造性。一是明确总体要求。二是明确容错界定和结果运用。三是明确纠错主体和主要方式。四是明确容错纠错保障措施。

（李秀敏）

·组　织·

【概况】 2018年，佛山市组织系统落实新时代党的建设总要求和新时代组织路线，落实全国、全省、全市组织工作会议精神，推动党的建设和组织工作取得新进展新成效。政治建设方面，把政治能力作为干部培训重要内容，明确干部培训主体班中党性教育课不低于总课时20%。实施新任职市管干部党纪党规考试制度。贯彻市委关于坚决全面彻底肃清李嘉、万庆良恶劣影响的意见，高质量组织召开巡视整改暨全面彻底肃清李嘉、万庆良恶劣影响专题民主生活会。推进巡视问题整改任务落实落地，开展7个系列选人用人专项整治，完成工资关系清理、“带病提拔”倒查、新增“裸官”清理、新增超职数配备干部整改，完成市管国企领导人员管理体制调整。抓好习近平新时代中国特色社会主义思想学习培训方面，推动各级党委（党组）、各基层党组织建立“第一议题”学习制度。组织开展总书记参加广东代表团审议时重要讲话和视察广东重要讲话精神2轮大培训，轮训副处级以上干部、镇街党政正职等3368人次，五区培训10653人次。市、区两级党政班子成员深入基层开展督学指导近150次，全市1.7万个基层党组织全部开展集中学习2次以上。各级党组织开展“学讲话、讲故事、谈感受”等“大学习、大讨论”活动2180场次。挂牌第二批15个党员教育基地和32个镇街党校。干部队伍建设方面，出台《加强干部队伍作风建设行动方案》，全年提拔重用干部48人、交流干部45人。严格落实“凡提四必”（即讨论决定前，对拟提拔或进一步使用人选的干部档案必审、个人有关事项报告必核、纪检监察机关意见必听、线索具体的信访举报必查，坚决防止“带病提拔”）、政治和廉洁“双签字”，对政治不过关的“一票否决”。全年分析研判11个市直单位、8家市属国企。组织全市90个单位的党组（党委）书记讲条例，开展选人用人专项检查，对213个问题逐一整改落实。开展市、区两级机构改革。举办专业化能力培训班57期，培训3588人次，选派100名优秀年轻干部参加双向挂职，首推11名高校人才到7家国企挂职。加大干部交流轮岗力度，重点推动公检法系统交流干部2669人。完成2018年公务员和选调生招录工作。清理规范全市机关事业单位津贴补贴。创新开展受诫勉期满专项考察，大幅提高在职市管领导干部特需费标准。市委组织部全年与各层级的干部谈心谈话548人次。市委党校增设心理健康课程。制定领导干部因私出国（境）管理监督工作规程、领导干部及时报告家事变化通知等文件，开展市管干部因私出国（境）普遍核查。组织体系建设方面，制定实施佛山市加强党的基层组织建设三年行动计划实施方案“1＋3”系列文件〔中共佛山市委办公室关于印发《佛山市加强党的基层组织建设三年行动计划（2018—2020年）实施方案》的通知、中共佛山市委办公室关于印发《关于实施村（社区）重要事权清单管理 强化党组织领导核心地位的意见（试行）》的通知、中共佛山市委办公室关于印发《佛山市关于加强城市基层党建工作的实施意见》的通知、中共佛山市委组织部印发《关于开展村（社区）无职党员设岗定责工作的实施方案》的通知〕。创新实施村（社区）重要事权清单管理。推行“党员人才回乡计划”，储备村（社区）书记人选1566人，撤换调整16名“四不”村（社区）书记，规范村“两委”干部因私出国（境）管理。推动镇（街）、村（社区）、新兴领域等建设党群服务中心。落实“国企党建80条”，成立市律师行业党委，全市282家国企、370个社会组织将党建工作要求写入章程。全面推行村（社区）无职党员设岗定责，获《人民日报》作专题报道。全市统一招录200名党建工作指导员。将党建工作调整为市委对五区和市直单位年度综合考核指标的最大权重，权重从14%分别提高到23.5%和21%。建立党建工作约谈提醒通报机制。开展扫黑除恶专项斗争，制定干部调配工作预案，将发现涉黑涉恶的村（社区）党组织即时列入整顿，动态排查43个软弱涣散村（社区）党组织。人才引进培养方面，推进人才发展体制机制改革实施意见及12个配套文件落实，新引进省创新创业团队1个、市科技创新团队32个，新引进博士287人，3人入选“珠江人才计划”青年拔尖人才，5人入选“广东特支计划”，博士后工作站增至61个。

【“第一议题”学习制度全面落实】 2018年，佛山市为推动学习习近平新时代中国特色社会主义思想常态化、制度化，按照省委统一部署，佛山市委常委会会议率先建立并推行“第一议题”学习制度，带动全市各级党委（党组）、各基层党组织把学习习近平新时代中国特色社会主义思想作为党委（党组）会、理论中心组学习会、“三会一课”的首要内容和第一议题。2018年11月14日，佛山市委组织部印发《关于深化“第一议题”学习制度的通知》。全年全市各级党委（党组）理论学习中心组开展集中学习3300多次，推动广大党员干部用习近平新时代中国特色社会主义思想武装头脑、指导实践、推动工作。

【《佛山市加强党的基层组织建设三年行动计划（2018—2020年）实施方案》出台】 2018年，佛山坚持把基层党建作为“头号”工程系统推进。8月20日，佛山市出台《佛山市加强党的基层组织建设三年行动计划（2018—2020年）实施方案》。根据方案要求，2018年佛山以“规范化建设”为主题，2019年以“组织力提升”为主题，2020年以“基层党建全面进步全面过硬”为主题加强基层党组织建设，通过采取“选优配强基层党组织书记”“建立健全城市基层党建体制机制”等46条措施，不断加强党的基层组织建设，实现全面提质。

【佛山实施村（社区）重要事权清单管理】 2018年8月29日，佛山市委办出台《关于实施村（社区）重要事权清单管理强化党组织领导核心地位的意见（试行）》，从制度上保障党组织对各类基层组织的全面领导。明确村（社区）人事安排、集体经济股份分红和补偿款分配、上级拨付惠民项目资金使用等涉及村（社区）人财物管理的10项重要事权，对原有的议事决策机制和办事流程优化再造，对每项重要事权实施的主要程序和相应职责进行细化，突出党组织和党员先知、先议、先做以及在关键环节发挥领导把关作用。实施当年，党组织审核把关村、组两级各类组织人选1138人次，审议把关重大项目1616个、涉及资金30.85亿元，落实征地补偿款和分红2271次、涉及资金108.9亿元。

【佛山推行无职党员设岗定责】 2018年7月2日，佛山市委组织部出台《关于开展村（社区）无职党员设岗定责工作的实施方案》，提出在全市村（社区）开展无职党员设岗定责工作，为村（社区）无职党员搭建发挥作用的平台，让党员有“名分”、有底气干事，激发无职党员的责任感和工作热情，发挥党员先锋模范作用，形成党员创先争优的长效机制。通过摸底调查、合理设岗、党员领岗、组织定岗、公示明岗、培训上岗、考核评岗等七个步骤开展无职党员设岗定责工作，不仅给无职党员搭建发挥作用的平台，也有效提升基层党组织组织力。实施当年，全市共设置各类岗位8058个，18129名无职党员领岗履责，办成各类实事好事9791件。佛山市三水区推行无职党员设岗定责获《人民日报》作专题报道。

【《关于加强城市基层党建工作的实施意见（试行）》出台】 2018年8月24日，佛山市出台《关于加强城市基层党建工作的实施意见（试行）》，明确要求深入推进城市基层党建工作体制机制创新、组织设置创新、方式方法创新。从6个方面提出20条具体工作措施，力争到2020年，佛山市、区、街道三级城市基层党建工作领导体制机制更加健全，全区域统筹、多方面联动、各领域融合的城市基层党建格局更加完善，新兴领域党组织覆盖率90%以上，党的工作覆盖率达100%。

【佛山32个镇街全部成立镇街党校】 2018年12月26日，佛山举行全市镇街党校成立暨授牌仪式。市委常委、组织部部长、党校校长杨朝晖出席仪式并讲话。杨朝晖向全市32个镇街授予镇街党校牌匾，要求做好镇街党校建设，确保全市基层党员干部教育全覆盖，把基层党员干部干事创业激情点燃得更加高涨，把基层党组织锻造得更加坚强有力。镇街党校作为最基层的一级党校，是市委党校的延伸，肩负着集中教育培训基层党员干部的重要职责。

【佛山命名第二批15个党员教育基地】 2018年，佛山市为传承红色基因，拓展党员教育平台，经发动各区、各单位广泛推荐，并到各候选对象实地考察，命名第二批共15个佛山市党员教育基地，并于10月29日举行第二批党员教育基地授牌仪式。截至2018年底，全市命名的党员教育基地累计30个。第一批教育基地挂牌以来，全市各级党组织组织党员到教育基地开展主题党日活动、过组织生活，各党员教育基地共计接待参观学习团7000多个，接待党员群众24.5万人次，为推进“两学一做”学习教育常态化制度化提供有力支持。

【干部队伍作风建设行动方案出台】 2018年5月9日，佛山市出台《佛山市加强干部队伍作风建设行动方案》。该方案明确提出加强干部队伍作风建设的五大总体目标：有过硬的政治素质、

2018年佛山市党员教育基地名录

批次	序号	名称	所属单位
第一批	1	陈铁军故居·铁军公园	禅城区
	2	南海“二七”革命烈士纪念碑	南海区
	3	中共南三花工委旧址	南海区
	4	邓小平纪念展馆	顺德区
	5	西海抗日烈士陵园	顺德区
	6	黄龙村党员教育基地	顺德区
	7	中国人民解放军粤中纵队纪念馆	高明区
	8	“三谭”革命事迹展览馆	高明区
	9	邓培故居·邓培烈士纪念碑	三水区
	10	禅城区南庄镇紫南村	禅城区
	11	南海区里水镇河村社区	南海区
	12	广东瀚天科技城	南海区
	13	广东工业设计城	顺德区
	14	三水区西南商会	三水区
	15	三水工业园区产业社区	三水区
第二批	16	毛泽东同志下榻处	市委市政府接待办
	17	吴勤烈士陵园	市民政局
	18	云勇林场	市农业局
	19	佛山警察历史博物馆	市公安局
	20	罗登贤事迹展览馆	禅城区
	21	廖锦涛故居	禅城区
	22	中共南海县委旧址	南海区
	23	珠江纵队独立第3大队队部旧址	南海区
	24	区梦觉故居	南海区
	25	三洲抗日烈士纪念碑	顺德区
	26	甘竹滩洪潮发电站	顺德区
	27	海信科龙党员教育基地	顺德区
	28	陈定、陈妹革命烈士纪念碑	高明区
	29	三水区革命烈士陵园	三水区
	30	三水区粮食红色展览馆	三水区

有牢固的宗旨意识、有适应新时代中国特色社会主义发展要求的专业化能力、有敢闯敢干的冲劲、有清正廉洁的良好形象。并且，从把党的政治建设摆在首位、加强思想政治教育、精准科学选人用人、加强培养锻炼、坚持严管和厚爱结合的管理监督、改进作风密切联系群众等6个方面提出26条具体措施。

【人才发展体制机制改革实施意见出台】 2018年1月11日，佛山市出台《佛山市人才发展体制机制改革实施意见》，作为佛山市深入实施创新驱动发展和人才优先发展战略的纲领性文件。该意见对全市人才发展进行顶层设计，明确人才发展战略总体框架，推进人才管理部门简政放权，实施引才育才系列人才计划，在高端人才及团队引进培育、评价激励、服务保障等方面给予人才最大政策红利；深化职称制度改革，在市属国有企业开展职业经理人制度改革试点，在专业性较强的国有企事业单位试行协议工资制，构建与佛山建设国家制造业创新中心相匹配的人才供给体系。市级财政每年拿出不少于5亿元引才专项资金，撬动五区每年投入不少于25亿元人才资金，力争全市人才资金达到30亿元。

【全市组织部长会议】 2018年1月31日，佛山召开全市组织部长会议，总结2017年组织工作，研究部署2018年工作。市委常委、组织部部长杨朝晖出席会议并讲话。会议具体部署6项重点任务：把政治建设摆在首位，确保全市各级党组织和党员干部在思想上、政治上、行动上同以习近平同志为核心的党中央保持高度一致；以新思想武装党员干部头脑，持续深入抓好习近平新时代中国特色社会主义思想大学习大培训；以提升组织力为重点，把基层党组织建成坚强战斗堡垒；突出政治标准，打造高素质专业化干部队伍；以落实市人才发展体制机制改革实施意见为抓手，构建国家制造业创新中心人才供给体系；以久久为功的韧劲，着力推动作风建设向纵深发展。佛山市委组织部部务会成员、各区委组织部部长、市直各有关单位分管组织人事工作负责人等参加会议。

【基层党组织建设工作会议】 2018年7月27日，佛山召开加强基层党组织建设工作会议，以电视电话会议形式开至全市村（社区）党组织。市委书记鲁毅出席会议并讲话，市委副书记、政法委书记区邦敏主持会议。会议要求，要深入学习贯彻习近平新时代中国特色社会主义思想，从全市工作战略和全局的高度抓紧抓实基层党组织建设；要突出政治引领，把坚持和加强党的全面领导落实到基层；要以推进巡视整改落实为契机，下决心把各领域基层党组织锻造得更加坚强有力；要强化责任担当，推动基层党组织建设各项工作落地见效。会上，市委常委、组织部长杨朝晖就《佛山市加强党的基层组织建设三年行动计划（2018—2020年）实施方案》《关于加强城市基层党建工作的实施意见（试行）》《关于实施村（社区）重要事权清单管理强化党组织领导核心地位的意见（试行）》（征求意见稿）作说明。

【全市组织工作会议】 2018年9月6日，佛山召开全市组织工作会议，学习贯彻全国、全省组织工作会议精神，研究部署新时代佛山党的建设和组织工作。市委书记鲁毅出席会议并讲话，市长朱伟主持会议。会议强调，要深刻学习领会习近平总书记关于党的建设和组织工作重要思想，牢牢把握党的建设和组织工作的正确方向；要以组织体系建设为重点，贯彻落实好新时代党的组织路线；要坚持党管干部、组织选人，着力培养忠诚干净担当的高素质干部；要进一步深化人才体制机制改革，以舍得投入、舍得时间、舍得声誉“三个舍得”加快集聚各方面优秀人才；要压实管党治党政治责任，强化对党的建设和组织工作的领导。会议以电视电话会议形式开至各区。市委常委，市人大常委会、市政协主要负责人，市直各有关单位、市各授权经营公司主要负责人和分管负责人，市委组织部部务会成员，各区区委组织部部长等在市主会场参加会议；各区区委书记，各镇（街道）党（工）委书记、组织委员等在各区分会场参加会议。

（吴荣利）

·宣　传·

【概况】 2018年，佛山市宣传思想文化系统深入学习贯彻习近平新时代中国特色社会主义思想、党的十九大精神和习近平总书记对广东重要讲话、重要指示批示精神，推动全市宣传思想文化工作取得明显成效，为佛山市改革开放再出发提供思想保证、舆论支持、精神动力和文化条件。市委理论学习中心组开展集体学习32次，带动全市各处级党委（党组）理论学习中心组开展专题学习1500多次。组建“4＋N”宣讲团，开展重大主题宣讲和市讲师团“菜单式”宣讲，全年宣讲4200多场次，覆盖人群超200万人。全年在省级以上主流媒体重点报道5600余篇（条），其中中央主流媒体报道近1900篇（条）。紧扣主题创新渠道开展网络宣传，营造风清气正的网络空间，“网络护城河”不断夯实。印发《佛山市加强精神文明建设、争创全国一流文明城市行动计划（2018—2020年）》，推动精神文明创建常态化制度化，全国一流文明城市创建不断深化。成功创建国家公共文化服务体系示范区，加快发展南方影视中心，文化导向型城市建设取得新成果。

【理论学习宣讲宣传】 2018年，佛山市围绕习近平新时代中国特色社会主义思想和党的十九大精神开展理论学习宣讲宣传。市委理论学习中心组共开展专题学习32次，带动全市各处级党委（党组）理论学习中心组共开展专题学习1500多次。尤其是将学习贯彻习近平总书记视察广东重要讲话精神作为头等大事和首要政治任务，全市各级党委（党组）理论学习中心组以多种形式积极开展学习研讨。组织全市党员干部开展《习近平新时代中国特色社会主义思想三十讲》和《习近平谈治国理政》（第二卷）等系列专题学习。面向全市党员干部开展“学习宣传贯彻党的十九大精神”和“习近平总书记对广东发表重要讲话精神”主题征文活动。《学习》周刊、《佛山日报》理论版成为全市理论学习、理论研究、理论宣传的品牌阵地。

是年，佛山市组建领导干部宣讲

团、市委宣讲团、百姓宣讲团、市讲师团以及市直机关、高校、国企等10多个市级宣讲分团和各区宣讲团的“4 + N”宣讲团，组织开展《习近平谈治国理政》第二卷、习近平总书记参加十三届全国人大一次会议广东代表团审议时的重要讲话精神、习近平总书记视察广东重要讲话精神等重大主题和市讲师团“菜单式”宣讲。全年宣讲4200多场次，覆盖人群超200万人。首次组建市区两级百姓宣讲团，组织开展庆祝改革开放40周年百姓宣讲活动，广东嘉腾机器人自动化有限公司副总裁陈洪波等4名市百姓宣讲团成员，结合学习贯彻习近平总书记视察广东重要讲话精神，讲述改革开放40年历程中的奋斗故事，令人动容。黄龙书院入选中央宣传部“基层理论宣讲先进集体”。

是年，佛山市社科规划项目立项142个，其中重大项目5个、重点项目14个。围绕“佛山改革开放40年”开展课题研究，推出佛山改革开放40年经验系列文章，形成《佛山改革开放40年：工匠传统、善为政府与有效市场的合流与聚变》一书，由广东人民出版社出版。中央宣传部到佛山市开展庆祝改革开放40周年“百城百县百企”调研，形成佛山市及顺德区专项调研报告。中央宣传部《时事报告》杂志社调研组来佛山开展调研，有关成果以9个版的篇幅在《时事报告》上刊登。开展“继续推进改革暨佛山市改革开放40年经验和启示”课题研究，在《南方日报》推出“1 + 8 + 8”系列专题宣传。编辑出版第三辑《佛山历史文化丛书》和第五辑《佛山人文社科丛书》。佛山传媒智库挂牌成立，成为佛山市第三家新型特色智库。开展“进一步解放思想、改革再深化”大学习大讨论活动，开展一系列专题学习研讨、一系列“头脑风暴”、一系列专题调研、一系列“我为佛山深化改革建言献策”、一组重大社科课题研究等“五个一”活动。其中，专题学习600场次，“头脑风暴”200多场次，开展调研300多项，组织专家建议献策活动2次，推出重大社科课题8个，编印简报100期，各媒体刊播宣传报道1500多篇、专题专版120多个。

【主流媒体聚焦宣传报道佛山】 2018年，中央及省级媒体围绕“改革佛山”“经济佛山”“文化佛山”“大爱佛山”等主题，纷纷聚焦佛山改革创新、转型升级、文化发展、文明创建、党建工作等方面的好经验好做法。中央电视台《新闻联播》两次报道佛山服务外来务工人员的创新举措，报道佛山创新性助推墨脱完成脱贫攻坚任务；中央电视台庆祝改革开放40年·百城百县百企调研行选择顺德区，以《小腾挪换来发展大空间》为题进行报道。《人民日报》报道禅城区构建“数字政府”和顺德区村级工业园改造的做法和经验；以《一个珠三角林场的坚守与进击》为题，以整版篇幅重点报道高明区云勇林场的转型探索情况。新华社刊发全国通稿分别报道佛山政务服务改革、南海区和顺德区农村集体产权制度改革、顺德区探索村级工业园改造“破题”高质量发展、佛山对口凉山扶贫协作工作组和扶贫干部李金旺事迹等情况。佛山醒狮再次登上央视春晚舞台，佛山行通济的盛况再上央视。

是年，佛山市在省级以上主流媒体重点报道5600余篇（条），其中中央主流媒体报道近1900篇（条）。包括中央电视台300余条、《人民日报》（含海外版）150余篇、新华社（含新华每日电讯）70篇、《经济日报》88篇。

【第二届“佛山·大城工匠”评选】 2018年，佛山市组织开展“寻找大城工匠·弘扬工匠精神”系列专题报道，在全市推选出30名“佛山·大城工匠”。佛山市委、市政府高规格召开第二届“佛山·大城工匠”命名大会，为30名“佛山·大城工匠”命名并颁发证书，给予最高礼遇和荣誉。佛山市委书记鲁毅强调，要以工匠精神构建佛山城市新价值，推动大城工匠在佛山大地竞相涌现；以工匠精神担当高质量发展新使命，推动制造业向高端跃升；以工匠精神谱写高质量发展新篇章，把佛山打造成为制造业工匠高地。这是佛山市继两年前召开首届“佛山·大城工匠”命名大会、命名首批30名“佛山·大城工匠”后，佛山市委、市政府又一次高规格召开“佛山·大城工匠”命名大会。新华网、《经济日报》、人民网、中新网等中央媒体以及国外媒体高度关注、持续报道佛山评选“大城工匠”活动。

【媒体融合发展】 2018年，佛山市加快推进筹建佛山传媒集团重大时政新闻策划指挥系统，实施佛山新闻网三年改革提升计划。佛山日报社、珠江时报社以及珠江商报社共同成立“佛山+”融媒平台，打造佛山最强大的市、区、镇、社区、家庭五级融媒平台。佛山市各主流媒体运用图文、音视频、H5等丰富产品形态，提升新闻宣传的传播力、影响力和公信力。佛山电视台重点打造《观点佛山》，佛山新闻网重点打造“这里是佛山”等融媒体品牌栏目。

【网络空间正面宣传】 2018年，佛山市组织政务新媒体联盟、五区及各媒体“两微一端一网”，全方位宣传习近平总书记视察广东重要讲话精神、中央环境保护督查“回头看”、“扫黑除恶”专项整治、第27届金鸡百花电影节等。推出“四个走在全国前列”主题网络宣传活动——新时代佛山打CALL达人测试，吸引近50万名网友参与。佛山市市长朱伟在全国“两会”期间做客人民网，开展“佛山智造助推高质量发展”主题访谈活动。开展“微家书”系列社会主义核心价值观教育实践活动，打造“传家教、扬家风、暖家庭”系列品牌，产生微家书40余万封、点赞400余万次、浏览量2000余万次的“十百千万”传播影响力，被评为全省“十佳网络公益项目”。推出“我为佛山金鸡百花秀一把”抖音接力点赞活动，视频播放量达1796万次。开展第五届网络宣传安全周活动，创新H5传播方式，10余万名网友成为“网络安全卫士”。组织开展庆祝改革开放40周年大型网络主题采访佛山站活动。开展“扫黄打非”、网上假新闻及敲诈问题等整治网络生态专项行动。佛山市网络舆情应急响应绩效评估系统实现全市87个单位网络意识形态责任制考核全覆盖。

【“文化佛山”建设加快】 2018年，佛山市成功创建国家公共文化服务体系示范区，形成示范区创建的佛山特色路径。全市建成村（社区）综合性文化服务中心733个、“智能文化家”9个、农家（社区）书屋701间，基本构建起文化就在身边、服务触手可及的“城乡十分钟文化圈”。全市每万人均公共文化设施建筑面积达2525.11平方米，处于全省地级市前列。佛山市图书馆开展法人治理结构试点，激发公共文化机构发展动力和活力，摘得国际图联2018年绿色图书馆大奖一等奖，是国内图书馆界首次获得该奖项的最高奖。开展佛山秋色民俗活动、佛山韵律、“筑梦佛山”文化艺术公益夏令营、“开心广场 百姓舞台”公益流动演出等文化惠民活动。广东（佛山）非遗文化周暨秋色巡游现场和网络直播观看人数分别达26万人次和84.6万人次。打造“佛山文化云”，整合全市所有文化活动场所的场馆信息、活动与服务信息，提供服务预约、场馆预订、图书借阅等服务，有效对接文化供给与需求。推动文艺工作者深入基层开展“文化直联”。出台《关于加强产业工人公共文化服务的指导意见》。探索“党建引领 文群共建”机制。“文化佛山”三年行动计划顺利推进，全年完成投资116.34亿元，75个项目全部启动。推进“博物馆之城”建设，带动民间投入近3300万元参与博物馆建设，启动57个重点项目建设。举办2018南国书香节佛山分会场暨佛山书展嘉年华，各类阅读体验活动超过30场。

是年，佛山市出台《佛山市文艺精品扶持工作实施办法》《佛山市文艺重点创作项目联席会议制度》，健全文艺精品创作扶持机制。电影《梦想之城》、音乐剧《香云纱》、电视剧《闯广东》、粤剧《红头巾》纳入“广东省文艺创作生产重点选题规划”；音乐剧《香云纱》、粤剧《72家房客》、话剧《穷孩子富孩子》获得省文艺精品专项资金扶持；话剧《康有为与梁启超》、系列摄影作品《谁作的景观》、粤剧《梦红船》获“第十届广东省鲁迅文学艺术奖”；歌曲《飞越梦想》入选第27届中国金鸡百花电影节官方主题曲。陶塑作品《戏曲人物》获第十三届中国民间文艺山花奖金奖，学术著作《佛山彩灯》获“广东省第八届民间文艺学术著作奖”一等奖，小说《浮家》获首届“小十月文学奖”金奖，小说《羊儿在云朵里跑》获首届“接力杯曹文轩儿童小说奖”铜奖。国家级工艺美术大师潘柏林在中国美术馆举办“妙手神韵——潘柏林2018陶塑作品展”。《春江水暖——佛山文艺40年作品选粹》《佛山古村落故事集》《梁玉榕大师手记》等文艺作品编辑出版。佛山文化文艺团队赴沙特阿拉伯、瓦努阿图，以及中国香港等地开展文艺演出和交流。粤港澳大湾区非遗周暨佛山秋色巡游、香港佛山节、佛港澳粤剧交流等近10项活动列入粤港澳大湾区2018年文化合作项目。

是年，佛山市加快发展文化产业，加强文化产业招商，组织优秀文化企业参加苏州创博会和深圳文博会。举办“中国佛山（石湾）陶瓷设计创意谷招商合作洽谈会”，签约10多个合作项目。推动建设佛山市文化产业招商展示中心。开展初创文创企业扶持行动。梳理入库“三上”文化企业470家。推进文物保护工作，东华里古建筑群修缮工程成功争取国家补助资金，梁园历史文化街区历史风貌逐步恢复。顺德糖厂入选国家工业遗产保护名录，广三铁路西南三水站旧址活化工程有序实施。继续推进10个古村升级工作。打造全市首个红色主题文化街区——“三谭”红色革命文化街。推进非遗传承，评选市级非遗保护基地29个和传习所1个。石湾陶塑技艺市级传承人黄志伟被评为中国工艺美术大师，黄钦添、何信等4位传承人成为第五批国家级非遗传承人，鹰爪拳、双皮奶制作技艺等5个项目进入第七批省级非遗代表性项目名录。

2018年11月7—10日，佛山市1248名志愿者为第27届中国金鸡百花电影节提供全方位、多层次、高水平的志愿服务，充分展示佛山志愿者的风采和“乐善之城”的文明形象

（市委宣传部供图）

【佛山举办第27届中国金鸡百花电影节】 2018年11月7—10日，由中国文联、中国电影家协会和佛山市人民政府共同主办的第27届中国金鸡百花电影节在佛山市举行。

佛山市制定电影节“1＋2”总体工作方案，组建11个执委会办公室内设部门，征集发布电影节VI系统和主题曲，组织拍摄献礼首映电影，落实经费、场馆、人力等方面保障。实现将电影节优秀传统与体现新时代特色等“五个结合”，把电影节办成人民群众的文化艺术盛会，提升佛山在海内外的美誉度和影响力。

电影节主体活动、影展活动、学术论坛活动、影评征文活动、其他活动等5大类共30项主要活动精彩纷呈，兼具时代特征和地域文化特色。主体活动包括电影节开幕式暨文艺晚会、第34届大众电影百花奖终评、第34届大众电影百花奖提名者表彰仪式、电影艺术家走红地毯仪式和第34届大众电影百花奖颁奖典礼暨闭幕式。电影节开幕式对改革开放40年来和党的十八大以来的中国电影历程与辉煌成就进行情景化演绎，既有浓郁的时代特征和中国风尚，也有鲜明的岭南风格和现代科技感。全国政协副主席刘奇葆宣布电影节开幕，中国文联、中影协以及广东省委、省政府、省政协等相关领导出席开幕式。成龙、刘晓庆、吴京等演员参加红地毯仪式及开幕式。吴京应邀担任该届电影节形象大使。佛山题材电影《梦想之城》作为开幕影片在电影节期间首映。颁奖典礼暨闭幕式上产生获奖名单：最佳故事片为《红海行动》、优秀故事片为《建军大业》、最佳导演为《红海行动》林超贤、最佳男主角为《战狼2》吴京、最佳女主角为《十八洞村》陈瑾。《红海行动》获包括最佳故事片、最佳导演、最佳男配角、最佳女配角、最佳新人等5个奖项。

影展活动除5个主题影展，还增加改革开放40年中国电影成就暨粤港澳大湾区影展。“中国电影高峰论坛”“中国电影科技论坛”“中国电影教育与产业高峰论坛”“中国电影文学论坛”等七大学术论坛中融入佛山元素，众多学者专家、业界精英为南方影视中心和佛山影视业发展建言献策。电影节围绕六大主题影展，通过院线组织免费观影，在中心城区组织37场活动，安排播映113部国内外影片，在全市五区9个指定影院放影映137场次，观众达1.3万人次。开展“百万市民观影”活动，通过数字机顶盒展映总点播量达63万次，惠及118万名广电网络用户。开展“千场公益电影下基层”活动，播映电影600多场次，惠及基层群众和流动人员10多万人。

电影节期间，佛山市接待国内外嘉宾1421人。各界市民群众直接参与电影节开闭幕式等现场活动的人数达32万多人次，通过各种渠道分享影展等的市民130多万人次，线上点击关注近2000万人次。《人民日报》、中央电视台、新华网等50多家境内外主流媒体和20多家行业媒体、近300名记者到会到场采访，推出原创报道900多篇（条、次），相关报道、视频转载1000万余次。新浪微博关于电影节的话题阅读量超过5000万次，关于百花奖的话题阅读量达4.8亿次。

【南方影视中心建设取得新成效】 2018年，佛山加快建设南方影视中心，出台《关于加快发展影视产业的若干政策》《佛山市南方影视中心影视产业发展规划（2018—2025年）》，全年扶持影视项目15个3400多万元。编制《佛山影视拍摄指南》，成立佛山影视行业协会，依托上海温哥华电影学院与佛山卓艺学院合作打造影视基础人才培训基地。打造石湾古镇文创园影视发展基地、佛山国家火炬创新创业园、佛山互联网+产业园·影视梦工场、西樵山国艺影视城、中央电视台南海影视城等首批影视产业园，推进国艺影视城二期项目、博纳影业高科技产业园、禅城区梦工厂影视产业园等升级改造。碧桂园文化产业集团携手广州美术学院等打造碧+文化产业园。全市影视企业有1037家，影视制作企业有467家，到佛山拍摄取景剧组有200个。

【佛山首届数字文化创意产业峰会举行】 2018年11月29日，“科技艺术 创意未来”佛山首届数字文化创意产业峰会暨碧+文化产业园启动会举行。来自中国传媒大学、中山大学等高校的专家学者发表主题演讲。专家学者从“全球经验、目标定位、发展方向”三个方面现场解读粤港澳大湾区为数字文化创意产业带来的机遇与发展，分析全球范围内数字经济新趋势下中国数字文化产业的发展现状和趋势，并对AI（人工智能）、AR（增强现实）、VR（虚拟现实）、物联网、全息影像、3D打印等技术在文创产业领域的应用进行了阐述。专家们认为，由于数字技术和移动互联网的普及，中国已经逐步建立全新的文化生态环境和生产体系，数字化时代的变革将文化创意产业链升级变革为“创意—融资—生产—销售”。在峰会上启动建设的碧+文化产业园定位为文化创意产业集聚地，集数字艺术、影视数字中心、文创总部经济、创客空间等为一体，搭建产学研用服务平台和国家级众创空间，以及影视孵化中心及数字艺术中心，未来将打造成为华南文创新高地，促进文化产业集聚发展。佛山“星光大道”——“鸣星廊桥”在峰会上正式授牌。

（雷郎才）

·爱国统一战线·

【爱国统一战线政治建设】 2018年，佛山市爱国统一战线坚持把政治建设放在首位，加强政治引领，筑牢统一战线共同的思想政治基础。组织统一战线广大成员深入学习贯彻习近平新时代中国特色社会主义思想、党的十九大精神、习近平总书记在十三届全国人大一次会议广东代表团审议时重要讲话精神以及视察广东重要讲话精神，学习贯彻广东省委书记李希在佛山调研的讲话精神和市委十二届六次全会精神，组织举办系列专题报告会、学习座谈会、邀请专家教授作专题学习宣讲、组织党外人士座谈研讨等20多场次，推动统一战线掀起政治学习热潮。

【多党合作和政治协商制度落实】 2018年，中共佛山市委重视多党合作，参政党的职能作用得到发挥。

将政党协商工作纳入市委议事日程，制定2018年政党协商计划，政党协商工作有序推进，召开2018年市各民主党派负责人暑期座谈会，市委书记鲁毅参加会议，听取民主党派的意见建议。

结合纪念中共中央发布“五一口号”七十周年系列活动，联合中国民主党派历史陈列馆举办为期三个月的“五一口号”图片展巡展，成为全省首个举办“五一口号”专题图片展的地级市，并组织各民主党派赴太原、延安开展“不忘合作初心，继续携手前进”主题教育活动，引导党外人士在重温多党合作历史中不断深化政治共识。

引导民主党派积极参政议政。党委出题、民主党派调研、政府落实的工作制度不断完善。组织民主党派、无党派人士围绕“提高人才服务质效，优化人才发展环境”和“创建水生态文明城市，实现高质量绿色发展”2个课题，开展“同心”联合调研活动，提出可操作性的建议。引导民主党派聚焦粤港澳大湾区建设、三龙湾高端创新集聚区建设、社会治理等问题，开展专题调研，积极献计献策。是年，市各民主党派在市“两会”提交提案276件、议案50件，获得表彰优秀提案31件、优秀议案4件，提出许多有益的意见和建议，为党委政府民主科学决策提供参考。

【民族宗教工作】 2018年，佛山市爱国统一战线工作部门推动民族宗教工作服务社会治理，促进社会和谐稳定。

推动民族团结进步创建进社区、进学校、进企业。举办“民族团结进步宣传月”专题宣传活动，少数民族流动人口服务管理水平不断提升，营造民族团结和谐的社会氛围。

依法加强宗教事务管理。开展宗教活动场所“四进”（五星红旗进场所、宪法和法律法规进场所、社会主义核心价值观进场所、中华优秀传统文化进场所）活动，引导宗教向中国化方向发展。推进宗教活动场所规范化管理，开展民间信仰管理调研和民间信仰场所的清理整治工作，对佛教和道教商业化问题进行治理，坚决打击境外宗教渗透活动。仁寿寺改造提升工程有序推进，完成大殿内部设计、功德堂装修和地下停车场建设工作。

加强党对民族宗教工作的领导，建立覆盖市、区、镇（街）、村（社区）四级的民族宗教工作网络，参与共建共治共享社会治理格局，共同营造佛山发展良好环境。

【港澳台统战工作】 2018年，佛山市爱国统一战线工作部门发挥港澳台资源优势，深化佛山与港澳台交流合作。

港澳统战工作进一步拓展，加强爱国港澳社团建设，协助香港佛山社团总会换届，启动澳门佛山社团总会换届工作。举办第十一届佛港澳青年经济交流会、佛港澳青年菁英国情考察活动、第四届佛港澳台四地青少年“中华翰墨情”书法比赛作品联展等活动，促进港澳青年一代统战工作。全年参与第三届“香港·佛山节”等大型交流活动93场，接待港澳乡亲社团27批、2055人次，拜访乡亲代表、社团职首。

对台工作进一步深化，制定出台《关于进一步深化佛台经济文化交流合作的若干措施》，解决中央、省惠台政策落地“最后一公里”问题，为台商台胞在佛山工作和生活提供同等待遇。台资企业稳步发展，全年新增台资企业项目44个。促进佛台交流交往，全年赴台人数59批345人次，到佛山交流10批203人次。继续打造青年台商成长平台，在西安交通大学举办第八期青年台商培训班，共63人参加，人数创历届之最。完成佛山台青会换届工作，在顺德旺创空间成立两岸青年创业就业基地，促进佛台两地青年融合发展。

【非公有制经济领域统战工作】 2018年，佛山市爱国统一战线工作部门构建亲清政商关系，促进非公有制经济人士健康成长和非公有制经济健康发展。

增强民营企业发展信心。开展暖企行动，召开2018中国制造论坛、“品质革命·创新力量”佛山企业大会和民营企业家大会，推动工商联深入开展上规模民营企业等专题调研，鼓励民营企业创新发展，推动佛山制造业提升品质。联合佛山电视台推出《佛山商道》栏目，传播佛山民营经济好声音。

2018年7月15日，由佛山市政协、广东省书法家协会主办的第二届“中华翰墨情”佛港澳台中小学生书法比赛颁奖典礼暨优秀作品联展开幕式在佛山市图书馆举行

（市政协供图）

推进产业合作和对接。推动商协会利用一带一路、粤港澳大湾区和粤桂黔高铁经济带等合作平台，拓展民营企业经贸合作和发展空间，全年组织工商联会员企业参加各类经贸活动3260人次，签订合作协议22个，协助政府招商引资项目2个，涉及投资金额36亿元。推动商协会搭建银企沟通对接平台，推动市政府成立100亿元的纾困通济基金，破解民营企业融资贷款难问题，促进实体经济发展。

着重培育新一代优秀青年民营企业家。举行“不忘创业初心，接力改革伟业”非公有制经济人士理想信念教育报告会，举办两期创二代青年企业家培训班，加速新一代青年民营企业家的成长。开展非公有制经济代表人士综合评价40多人次，促进非公有制经济代表人士的政治安排。

【党外知识分子和新的社会阶层人士统战工作】 2018年，佛山市爱国统一战线工作部门组织党外知识分子赴重庆开展“跟党迈进新时代，同心共筑中国梦”主题实践活动，创建新的社会阶层人士微信公众号，开设“新阶层微课堂”“统战新语”“佛山同心圆”等栏目，加强对党外知识分子和新的社会阶层人士的政治引领。召开市党外知识分子联谊会一届五次理事大会，推进党外知识分子统战工作。是年，佛山成为全国新的社会阶层人士统战工作创新推广城市，创建新的社会阶层人士实践创新基地，开启佛山市新的社会阶层人士统战工作新探索，党外知识分子、新的社会阶层人士和留学人员统战工作进一步向基层延伸和拓展。

【党外代表人士队伍建设】 2018年，佛山市将党外代表人士的发现储备、培养教育、选拔使用和管理纳入全市干部“一盘棋”，举办党外领导干部、党外基层骨干、党外知识分子、新阶层人士等各类培训班6个，230人次参加培训，为党外代表人士加速成长创造有利条件。推进十二届市政协委员的调整工作，全年辞免委员7人（其中免去常委职务1人）、撤销委员资格3人（其中免去常委职务2人）、调整安排秘书长1人。完善市委常委、党员副市长与党外代表人士联谊交友制度，调整安排15名市委常委、党员副市长与44名党外代表人士联谊交友。

【统战理论研究和信息反映】 2018年，佛山市爱国统一战线工作部门推进统战理论研究工作，2篇调研论文获得全省统战理论政策研究创新成果优秀奖。佛山科学技术学院承办2018年鄂湘粤三省高校统战理论研讨会暨第十八届广东省高校统战理论研讨会，进一步促进开展统战理论研究工作。全年编发《佛山统战信息》78期，在媒体发布信息300多条、开展报刊专版宣传3次。

【党外人士传达学习贯彻习近平总书记重要讲话精神座谈会】 2018年3月29日，中共佛山市委召开党外人士传达学习贯彻习近平总书记重要讲话精神座谈会，市委书记鲁毅出席会议并讲话，市委常委、统战部部长黄喜忠主持会议。鲁毅强调：一要坚持凝聚共识，切实把思想和行动统一到习近平总书记的重要讲话精神上来，筑牢多党合作的思想政治基础；二要发挥好人才荟萃、智力密集、联系广泛等优势，为佛山更好服务广东落实“四个走在全国前列”提供广泛力量支持；三要围绕坚持和发展新型政党制度，加强自身建设，努力营造统一战线风清气正的政治生态。市各民主党派、市工商联、市知联会、新阶联等负责人表示，要不忘多党合作初心，按照习近平总书记重要讲话精神和省委书记李希对佛山提出的新要求，以及市委的工作部署，真抓实干，开拓进取，为广东“四个走在全国前列”和佛山走在广东前列作出新的贡献。

【佛山市纪念中共中央发布“五一口号”70周年图片展】 2018年4月11—17日，佛山市委统战部联合中国民主党派历史陈列馆、市各民主党派举办的“不忘合作初心 继续携手前进”——佛山市纪念中共中央发布“五一口号”70周年图片展在市图书馆举行。佛山是全省首个举办“五一口号”专题图片展的地级市。该次图片展旨在引导各民主党派、无党派人士在重温历史中铭记合作初心，在弘扬优良传统中深化政治共识，增强“四个意识”，坚定“四个自信”，更加紧密地团结在以习近平同志为核心的中共中央周围，为坚持和完善中国共产党领导的多党合作和政治协商制度，推进新时代多党合作事业不断向前发展贡献智慧和力量。展出的内容由中国民主党派历史陈列馆提供，运用馆藏的照片、图片文物文献等大量资料，再现各民主党派和爱国民主人士与中国共产党在中华人民共和国成立前后“风雨同舟、患难与共、肝胆相照、真诚合作”的光荣历史。

【佛山市非公经济人士理想信念教育报告会】 2018年9月17日，为深入推进全市非公有制经济人士以“不忘创业初心、接力改革伟业”为主题的理想信念教育实践活动，佛山市委统战部、市工商联举行非公有制经济人士理想信念教育报告会。市委常委、统战部长李政华出席会议并讲话。会议提出，希望佛山民营企业家切实增强政治责任意识，持续深入搞好非公经济人士理想信念教育活动，通过活动进一步增强新时代民营经济和民营企业发展信心，为佛山实现高质量发展贡献力量。会上，佛山·脊梁企业、佛山·大城工匠以及五区企业家代表，围绕主题分享各自的创新创业经历，鼓励广大企业家不忘创业初心，在变革时代，更要寻找初心、坚守初心，引领企业保持旺盛的活力、创造力和发展力。全市120多名非公经济人士和民营企业家代表参加报告会。

【佛山海外联谊会成立30周年暨第七届第二次理事大会】 2018年10月23日，佛山海外联谊会在香港举行成立30周年暨第七届第二次理事大会。会议指出，随着港珠澳大桥正式开通，粤港澳大湾区合作交流进入全新的时代，佛山海外联谊会始终要以维护祖国统一、港澳和谐稳定为要务，维护“一国两制”的顺利实施；始终要以开展联谊活动为基础，继续拓宽海外联谊领域，不断扩大联谊交友面；始终要以增强海外联谊会生命力和凝聚力为目标，推动会务再上新台阶；始终要以增强佛山市经济发展后劲为己任，发挥海外联谊会人才荟萃、联系广泛的优势作用，为佛山的经济社会发展贡献力量。佛山海外联谊会是佛山连结港澳台、海外乡亲的重要社团，成立30年来，在沟通佛山与外界联系、促进佛山与海内外交流和合作等方面起到桥梁和纽带作用，为佛山经济和社会发展作出重要贡献。

【佛山市新阶联成立一周年年会暨“汇智·聚力”大讲堂启动仪式】 2018年12月27日，佛山市新的社会阶层人士联合会举行成立一周年年会暨“汇智·聚力”大讲堂启动仪式，邀请北京大学经济学院教授张延作“抢抓粤港澳大湾区建设重大机遇”的专题授课。省委统战部副部长李阳春出席活动，市委常委、统战部长李政华为佛山市首个新的社会阶层人士实践创新基地——广东新媒体产业园授牌。会议强调，市新阶联及广大新的社会阶层人士要坚定理想信念，做中国共产党的坚定拥护者；要顺应时代潮流，做民族伟大复兴的建设者；要发挥专业优势，做建言献策的参与者；要立足行业发展，做佛山高质量发展的推动者；要参与公益事业，做社会文明进步的善行者，推动全市统战工作开创新局面。是年，市新阶联聚焦提升新阶层人士政治素养和能力，发挥新阶层人士在法律、会计、评估、专利代理等专业服务方面的优势，积极建言献策，投身公益活动，为新时代佛山经济社会发展贡献智慧和力量。是年，佛山被列为全国34个新阶层统战工作创新推广城市之一。

（张畹芝）

·机构编制·

【市、区机构改革】 2018年，佛山市将机构改革摆在各项工作的突出位置，多次传达学习习近平总书记重要讲话精神和党中央、省委决策部署。成立市委深化机构改革工作领导小组，由市委书记鲁毅担任改革领导小组组长，统筹安排改革的具体路线图、时间表，做到方案亲自把关、关键环节亲自协调、重大问题亲自过问、落实情况亲自督察。改革期间，市委书记鲁毅带领相关领导专门到部分涉改部门调研，亲自协调解决改革重大问题。改革办公室设置6个专责工作组，组建工作专班，挂图作战、倒排工期、落实到人，9次到省汇报请示，开展调查研究，发挥机构改革的指挥部、枢纽站、宣传队作用。同时，创新构建机构改革评估体系，全面梳理改革底数，建立改革台账。经过反复研究论证，结合佛山实际，拟订机构改革方案初稿。2018 年 12 月 10 日省委机构改革领导小组办公室的初审通过佛山市机构改革方案，根据初审意见进一步修改完善，形成送审稿，按规定程序正式报省委审批。

12 月 28 日，省委、省政府批准《佛山市机构改革方案》。

通过改革，党的全面领导体制机制进一步加强和完善。加强和优化市委议事协调机构，全面深化改革、全面依法治市、国家安全、网络安全和信息化、外事、机构编制、军民融合发展、教育、审计、农业农村、粤港澳大湾区建设等市委议事协调机构组建和调整到位。组建和优化有关市委工作机关，组建市委网信办、军民融合办、外事办、台港澳办、机要和保密局。加强市委职能部门的统一归口协调管理职能，办公室、组织、宣传、统战等党委部门对相关领域的统一归口协调管理职能得到强化。以人民为中心的发展思想得到深入贯彻。深化卫生健康、医疗保障、退役军人服务、生态环境保护、应急管理、市场监管、政务服务等人民群众普遍关心关注的领域，机构职能得到优化，工作力量得到明显增强，公共服务体系进一步完善。在全省率先成立数字政府建设管理机构基础上，佛山市进一步优化整合审批制度改革、公共资源交易职能，组建市政务服务数据管理局，加快建成“数字政府”。优化协同高效的机构职能体系初步建立，严格贯彻落实省委关于市县机构改革的总体意见，上下一致地抓好自然资源、生态环境、应急管理、退役军人事务、医疗保障等新机构组建，基本构建上下贯通、运行顺畅、充满活力、令行禁止的工作体系。坚持机构改革与“强市、活区、实镇”改革紧密结合，强化市级规划、资源、生态、民生等统筹能力，将自然资源、生态环境、医疗保障机构实行垂直管理。政府与市场关系进一步理顺。通过改革，佛山市政府职能界定更加科学合理，更有利于市场在资源配置中起决定性作用和更好的发挥政府作用，制约佛山市高质量发展的体制机制障碍逐步得到解决。加大政府职能转变力度，减少微观管理事务和具体审批事项，更好地发挥政策协调、规划导向作用。例如，重新组建的市科技局，对应中央和省科技管理部门的职能配置，从研发管理向创新服务转变，围绕佛山市战略性新兴支柱产业发展需求，整合科技创新的规划和资源，打破行政主导和部门分割，推动创新要素自由流动和聚集。强化事中事后监管，通过组建市场监管局，整合工商、质监、食药监、价格和反垄断、知识产权等监管职责，监管合力明显提升，完善全过程监管，减少监管中的重复、烦苛和自由裁量权，市场竞争更加公平有序。

【“强市、活区、实镇”改革】2018年，佛山市将“强市、活区、实镇”改革列为全市全面深化改革项目的重中之重，市委书记鲁毅高度重视，在多次会议上作思想和组织动员，数次听取专题汇报，3 次批示市委编办要结合机构改革抓好落实。市委编办牵头开展调研工作，先后与 24 个市直部门领导、5 个区主要政府部门的负责人、20 位镇（街）党政一把手、100 多位镇（街）机构负责人面对面座谈，赴深圳、珠海、江苏无锡、浙法绍兴等市考察学习先进经验，并对 2003 年以来市向区下放的 1025 个审批事项进行逐项评估，形成《佛山市明确市、区、镇（街）管理职能调研的报告》，并呈报市委、市政府决策参考。市委书记鲁毅专门召开书记专题会议，研究“强市、活区、实镇”具体措施。市委全面深化改革领导小组会议审议通过《关于“强市、活区、实镇”调研的情况报告》，要求将各项措施落实到机构改革方案及各项具体工作中。将强市活区实镇具体措施写入《佛山市机构改革方案》，并于 2018 年 12 月 27 日经省委批准印发实施。

【重要平台体制机制建设】 2018 年，佛山市委编办创新建立佛山三龙湾高端创新集聚区体制机制，完成佛山高新区管理体制机制优化调整。

佛山三龙湾高端创新集聚区体制机制的创新建立　市委编办会同发改局、国土规划局研究起草《关于设立三龙湾高端创新集聚区管理体制机制改革方案（送审稿）》。落实“市统筹、区建设、齐共享”的体制，并按照“三专、三不变”的原则搭建三龙湾管理体制机制，即：专门的架构、专业的队伍、专注建设发展，行政区划、财政管理体制、建设发展主体责任保持不变。明确领导机制，成立市三龙湾高端创新集聚区建设工作领导小组，同时还明确相关机构设置和管理及职责权限。

佛山高新区管理体制机制优化调整　市委编办按市政府工作部署，配合市科技局等单位开展佛山高新区体制机制优化改革工作，到各区开展实地调研摸底，了解高新区各园区运行情况。赴珠海、宁波、济南等省内外兄弟城市学习构建高新区体制的先进经验，赴广州开发区学习推进开发区改革的做法。并配合市科技局完善高新区改革调研报告及体制机制优化方案，相关改革方案已经市深化改革领导小组会议研究通过。

【重点领域机构编制保障】 2018 年，佛山市委编办加强机构编制管理，为重点领域机构编制提供保障。

规范其他组织举办事业单位登记管理。在全省率先以市政府名义出台事业单位、社会团体及企业等组织利用国有资产举办事业单位的规范管理意见，对此类事业单位登记事项及程序、管理模式、退出注销等全过程进行明确规定，突出各方的监管责任，增强其他组织举办事业单位的公益属性，破解科研创新机构、科技推广交流机构的设立难题。登记设立佛山季华实验室等 6 个其他组织举办的事业单位。强化市级知识产权保护职能。将市知识产权保护中心从公益二类调整为公益一类事业单位，并相应调整职能及职数配置，强化其公益属性。

立足尊重人才，服务人才，研究起草《佛山市人才专项事业编制管理办法（试行）》，力求专编专用，对引进高层次人才编制使用申请予以优先办理，提高办理时限，解决佛山市事业单位引进人才难、留住人才难的问题。配合市教育局出台《佛山市基础教育高层次人才引进、认定（评定）及管理办法（试行）》，为佛山市教育领域人才发展提供保障。配合市委组织部起草佛山市《加强党的基层组织建设三年行动计划

（2018—2020年）实施方案》，提出佛山市基层党建人才配备工作意见。

牵头制定《市直机关单位政府购买服务岗位管理办法（试行）》，并配套设计政府购买服务岗位申请表、流程图，明确部门工作责任，细化操作流程，统一政策解释口径。

做好承担行政职能事业单位改革试点后续调整工作。稳步推开从事生产经营活动事业单位改革，制定改革总体计划，梳理市直经营类、公益三类事业单位机构编制情况，提出加强市直从事生产经营活动事业单位空编管理、盘活编制存量的方案。在卫生领域方面，配合市卫生计生局研究深化医疗联合体建设、院前医疗急救建设等工作，研究优化完善市直公立医院领导职数配置。在教育领域方面，统筹市启聪学校、市重度残疾儿童少年康复教养学校各类人员编制使用，努力解决佛山市特殊教育人手不足问题；研究佛山市公办中小学校（幼儿园）教职员编制管理意见，做好省关于市县人民政府履行教育职责实地核查的迎检工作，配合推进学前教育改革。全年研究各单位申请的机构编制事项82项。

【机构编制法定化建设】 2018年，佛山市委编办加强机构编制法定化建设，严格机构编制实名制管理和狠抓监督检查工作落实。

机构编制实名制管理　开展系统数据信息维护。结合机构编制实名制数据月报中数据对接问题，督促各单位对机构编制管理监督与分析决策系统的基础数据信息进行补充完善。配合市委组织部清理工资关系与所在单位不一致人员，对近10年市直机关事业单位被“双开”的处级以上人员信息进行集中清理，力求系统数据信息更加准确、完善。做好实名制数据统计上报和日常机构编制有关数据的统计分析，为领导决策提供依据。每月定期汇总市直和各区机构编制实名制数据，严格审核测试，完成实名制数据报送工作。加强系统升级改造和对接。完善监督管理与分析决策系统功能，规范业务办理流程。针对省实名制系统功能拓展和省委编办关于“实现实名制数据2小时内交换”的最新要求，跟进市监督管理与分析决策系统升级改造工作，先后2次组织各区、软件系统开发公司召开征求意见会和协调会，着手研究区与市、市与省的系统对接方案。

机构编制监督检查　开展机构编制纪律教育宣传。贯彻落实中央和省委编办关于做好机构编制违纪违规行为预防工作的意见，系统梳理近年来中央和省关于机构编制管理有关政策规定和纪律要求，以简报形式印发各区和市直单位学习和执行。将机构编制纪律规定学习纳入市委党校培训主体班课程，在全市人事科长培训班上开展机构编制纪律教育宣讲。严密组织机构编制问题自查整改。组织各区和市直部门围绕“擅自增减内设机构、挪用领导职数，混岗混编、人岗不符、交叉任职，干部配置、职数使用不合理，实名制管理不规范”四个方面开展机构编制相关问题自查整改，重点清理部分市直单位长期借调下属事业单位人员及混编混岗等问题。将中央编办和省委编办查处的条条干预情况对口转发市直有关部门对照整改，同时对市直和各区直部门涉及条条干预的问题进行清理。推进机构编制问题台账整改落实。组织对全市216个机构编制问题台账进行“回头看”，对全市机构编制问题台账进行多轮梳理，共整改问题118个，新增问题59个，问题存量157个。

【事业单位“全生命周期”监管模式】 2018年，佛山市委编办举办新任事业单位法定代表人培训班，邀请市委巡察办、市委组织部、市人社局相关领导和业务骨干培训授课，编印《佛山市事业单位管理政策法规文件汇编》，培训对象覆盖市直事业单位新任法人，编制人事工作负责人，主管部门分管领导等。做好事业单位法人登记管理工作，全年全市受理完成设立登记30个、变更登记677个、注销登记32个、刊登拟注销公告90个、发布遗失声明49份、证书补领6个。做好2017年事业单位法人年度报告公开工作，将全市1635个事业单位的法人年度报告在省事业单位登记管理网上公开，加强社会公众对事业单位的监督。开展事业单位法人公示信息抽查工作，推进事业单位法人治理结构试点和社会信用体系建设工作。

【中介服务超市改革】 2018年，佛山市在三水区试点基础上，市直和各区联合共建中介服务超市平台，编制行政权力中介服务事项清单，全市各级各部门1085个中介事项向社会公开，同时以市政府名义出台《佛山市网上中介服务超市管理暂行办法》，打造全面开放、公开透明、规范高效的中介服务市场。实现中介机构入驻“零门槛”和线上交易“零跑动”，全链条网上办理。2018年7月3日，市网上中介服务超市正式上线运行，至年底，共有1387家中介机构进驻超市，交易量2208宗，在全省中介服务超市应用中名列前茅。

【简政放权】 2018年，佛山市放松市场管制，优化营商环境，以市政府名义印发取消调整218项审批管理事项。其中：取消一批价格、数量、级别限制事项，为促进就业创业降门槛；收回一批依法应当由市级承担的事项，加强市级统筹；将一批原应由行政机关承担的事项从事业单位回归到市直部门，理顺政事关系；再下放一批管理事项到各区，推动就近办理。

【“减证便民”行动】 2018年，佛山市委编办梳理出《本单位为其他单位开具的证明事项底单》和《本单位要求其他单位开具的证明事项底单》，实现开具和收取两头清。逐项比对审核形成《佛山市市本级取消的证明事项目录》132项，大幅取消证明事项。坚持“便民导向”，对保留清单中的证明事项实行标准化管理，逐项编制办事指南和业务手册，破解群众“办证多、办证难”问题。

【全市编办主任座谈会】 2018年3月28日，佛山市召开全市编办主任座谈会，市委常委、组织部部长杨朝晖出席会议并讲话。会议指出，2018年全市机构编制工作要重点抓好四大重点任务：要深入持续地学习宣传贯彻习近平新时代中国特色社会主义思想和党的十九大精神，要提高政治站位，全面加强学习，注重学习效果；要认真贯彻省委书记李希来佛山调研时讲话精神，把加强党对一切工作的领导贯穿改革各方面和全过程，以扎扎实实的工作成效开创改革发展新局面；要深刻领会党的十九届三中全会精神，提前谋划，统筹推进下一步改革工作；要贯彻落实市委十二届六次全会部署，以强化市级统筹能力、理顺区和镇（街）职能为目标，以新一轮改革为契机，开展市、区、镇（街）职能“深调研”，为构建市、区、镇（街）三级分工明确、运行顺畅、充满活力的权责体系提供有力的体制机制保障。佛山市委编办领导班子成员、各区委编办主要负责人参加会议。

【佛山高新区“证照分离”改革试点发布会】 2018年6月6日，佛山高新区“证照分离”改革试点发布会在行政服务中心大厅举行，并颁发第一张备案文书和告知承诺许可文书，标志着佛山高新区作为全市唯一试点正式启动“证照分离”改革工作。佛山高新区将以优化政府服务和营商环境为导向，通过直接取消一批、改为备案一批、实行告知承诺制一批以及优化准营管理一批等“四个一批”的方式，全面清理规范各类涉企许可事项，推动政府把更多精力从关注事前审批转到事中事后监管上来，着力破解企业“准入不准营”的突出问题。

是年，佛山市率先在佛山高新区复制“证照分离”改革试点经验，市直相关部门、南海区部门与佛山高新区管委会三级联动，成立试点工作专责组推进试点相关工作。通过改革，取消、改备案、告知承诺等事项共计126项。改革后，“证照分离”改革事项办件量比上年同期增长55.2%，办证效率大幅提升，为全市复制推广打下坚实基础。

【事业单位公益指标体系建设课题研究】 2018年，佛山市委编办承接国家事业单位登记管理局关于开展事业单位公益指标体系建设研究课题，牵头开展构建佛山市卫生类事业单位公益指标体系，成立由佛山市委编办和佛山市卫健局等多方参与的课题工作组，分别到温州、南京、福州等市开展调研。通过指标收集、研究释义、明确数源、求同存异、搭建体系，完成一、二、三级指标、考评项和释义，研究构建一套能够量化反映卫生类事业单位指标体系，形成《佛山市事业单位（卫生类）公益指标体系建设研究报告》，通过国家局验收并得到肯定。

（罗　徽）

·机关党建·

【概况】 2018年，中共佛市直属机关工作委员会全面贯彻落实习近平新时代中国特色社会主义思想和党的十九大精神，以政治建设为统领，全面落实新时代党的建设总要求，不断提升市直机关党的建设质量。开展机关党建走在前工作，得到省委巡视组的高度肯定。发动、组织市直单位参加全省改革创新大赛（工作技能大赛），夺得改革创新类第一名。

是年，佛山市直单位88个党组（党委）理论学习中心组开展学习1332次，平均每个单位超过15次。市直机关工委举办佛山机关大讲堂——市直单位学习贯彻习近平新时代中国特色社会主义思想系列讲座7次，1400多名机关党员干部参加。组织开展佛山市直机关“学习贯彻十九大精神 推动工作走在前”知识竞赛，各区机关工委和45个市直单位党组织255名党员干部参加。组织开展“寻找身边的感动，讲‘两学一做’好党员故事”比赛，市直机关报名比赛项目90个，通报表扬项目30个。出版4期《佛山机关党建》杂志，刊登理论文章90多篇。指导开展各类党员志愿服务活动，组织来自62个市直单位的90多名党员志愿服务骨干参加市直单位党员志愿者骨干培训。举办市直单位加强基层党组织建设和组织工作业务培训示范班，市直单位从事组织工作的业务骨干和部分党小组长共1020人参加培训。组织开展2018年“互联网+”市直民主评议党风政风行风工作，全年共有120.18万名粉丝关注并参与网上投票。严格执纪审理，全年立案1件，审理市直机关科级以下党员和公职人员违纪违法案件24件。组织开展党建创新和改革创新大赛，市直单位和五区机关共申报参赛项目148个，7个项目入围省决赛。

【机关学习宣传贯彻习近平新时代中国特色社会主义思想和党的十九大精神】 2018年，佛山市直机关工委组织开展学习宣传贯彻习近平新时代中国特色社会主义思想和党的十九大精神活动。

组织开展佛山市直机关“学习贯彻十九大精神 推动工作走在前”知识竞赛，各区机关工委和45个市直单位党组织255名党员干部参加。承接省直机关工委创建“当好‘三个表率’、服务‘四个走在全国前列’”模范机关——省市机关学习贯彻党的十九大精神知识竞赛佛山片区比赛，与江门、中山、珠海、韶关等4市同台竞技，佛山市获得佛山片区比赛团体总分第二名。

举办佛山机关大讲堂——市直单位学习贯彻习近平新时代中国特色社

2018年6月6日，佛山高新区“证照分离”改革试点发布会举行。图为发布会现场（市委编办供图）

会主义思想系列讲座，邀请省市教授、专家，就“牢记习总书记嘱托 扎实推进四个走在前列”“学习贯彻党的十九届三中全会精神 深化党和国家机构改革”“大力弘扬红船精神、延安精神、梁家河精神和改革开放精神，铸牢理念信念宗旨之魂”“坚定不移全面从严治党 不断提高党的执政能力和领导水平”等7个主题作专题讲解，共组织1400多名机关党员干部参加。

围绕学习贯彻习近平新时代中国特色社会主义思想，全年共出版4期《佛山机关党建》杂志，杂志重点刊登市直单位深入学习贯彻习近平新时代中国特色社会主义思想的理论文章、市直单位结合实际学习贯彻习近平总书记视察广东的重要讲话精神的文章、市直单位加强党的政治建设的文章、市直单位党建工作的思想与理论研究成果以及市直单位党建工作的成功做法与经验等90多篇。同时，在“佛山机关党员红”微信公众号上设置专栏，开展大学习大讨论的宣传。专栏刊登稿件50多篇，宣传报道市直单位开展大学习大讨论的进展情况和好做法、好经验，反映市直单位通过大学习大讨论呈现出新的精神风貌。

举办市直单位“不忘初心·榜样引领走在前”集中主题党日活动，通过重温入党誓词、讲述身边好党员故事、经典著作朗诵、优秀组织生活案例展示等形式，勉励市直机关广大党员发挥先锋模范作用，以更强的使命意识、更大的责任担当、更加奋发有为的精神状态投身到佛山新时代改革发展各项事业中。

督导落实理论学习中心组学习。落实市直单位党组（党委）理论学习中心组学习情况季度通报制度，对部分单位中心组的学习情况进行抽查并提出整改落实意见，全年指导督促市直单位88个党组（党委）理论学习中心组开展学习1332次，平均每个单位超过15次。到四川省成都市电子科技大学举行为期6天的佛山市直单位党委（党组）理论学习中心组培训班。

【机关基层党组织建设】 2018年，佛山市加强机关基层党组织建设。研究起草《市直单位党组织落实〈佛山市加强党的基层组织建设三年行动计划（2018—2020年）实施方案〉工作方案》，并编制落实该行动计划工作安排表。围绕“规范化建设”主题，完善市直机关（事业）单位基层党组织工作指引，编制《市直单位党组织及其组成人员责任清单（试行）》，修订《机关党务工作手册》。制定工作指引，加强督导检查，规范组织生活会和民主评议党员工作。在市直单位开展党支部组织生活优秀案例、优秀党支部工作法案例征集评选活动，通报表扬案例36个。组织开展“寻找身边的感动，讲‘两学一做’好党员故事”比赛，市直机关报名比赛项目90个，通报表扬项目30个。严格“三会一课”通报考核制度，修订《佛山市直单位基层党组织会议记录簿》。开展优化市直单位基层党组织设置专项检查，指导督促25个单位党组织调整优化党组织设置。

【机关党建“走在前”工作】 2018年，佛山市直机关工委开展机关党建“走在前”工作，得到省委巡视组的肯定。市机关工委与市委组织部工作对接，梳理市直单位在管党治党方面存在的5类38项共性问题，制定《关于深入开展市直单位机关党建“走在前”工作实施方案》。3月至5月，通过自查、整改、验收三个阶段，在市直单位集中开展机关党建“走在前”工作。协同市委组织部全面复核2017年度民主生活会，通报并督促11个单位重开，36个单位补开。举办2次民主生活会专题培训，确保开好巡视整改暨肃清李嘉、万庆良恶劣影响专题民主生活会。督导市直26个党组（党委）开好巡视整改暨全面彻底肃清李嘉、万庆良恶劣影响专题民主生活会。

【机关精神文明建设】 2018年，佛山市推进市直机关党员志愿服务工作。指导和支持市直单位开展各类党员志愿服务活动，组织来自62个市直单位的90多名党员志愿服务骨干参加市直单位党员志愿者骨干培训，组织通过评审的志愿服务项目负责人赴深圳交流学习。开展“我们的节日”主题系列活动。组织16个市直单位160多名市直机关党员干部代表参加温爱佛山慈善文化人人行系列活动，弘扬佛山新时期公益慈善文化。组织10个单位50名机关党员干部参加佛山市、禅城区烈士公祭活动，共同汲取奋勇向前、续写辉煌的精神力量。做好学雷锋活动示范点、“最美佛山人”等的推介工作。

【机关党组织“头雁工程”】 2018年，佛山市推动市直单位选优配强支部书记，充实党务工作力量。市直单位85%的机关在职党支部书记由科室以上负责人兼任。加强基础业务培训。6月3—9日，在西安交通大学举办市直机关党委书记“学习贯彻十九大精神，推进机关党的建设”研讨班，市直机关党委书记（专职副书记）共58人参加培训。11月，利用7天时间分4期举办市直单位加强基层党组织建设和组织工作业务培训示范班，市直单位2018年新任基层党支部书记、2016年换届以来新从事组织工作的业务骨干和部分党小组长共1020人参加培训。11月26—30日，在中山大学珠海校区举办市直机关加强党的基层组织建设培训班，市直单位机关党委专职副书记和机关纪委书记共58人参加培训。落实机关党委书记抓党建述职评议考核，全部市直单位书面述职，9个单位党组织书记现场述职。激励关怀机关党务干部。建立完善专职副书记任职谈话制度和定期交流学习制度，设立市直机关党务干部交流室。

【模范机关创建活动】 2018年，根据市委部署安排，佛山市开展模范机关创建活动。10月26日，市直机关工委召开市直机关党的政治建设推进会。12月5日，成立市直机关模范机关创建活动领导小组，并起草《关于印发市直机关开展模范机关创建活动的通知（征求意见稿）》。通过开展模范机关创建活动，引导市直机关和广大党员做好“三个表率”，建设“模范机关”。

【“互联网+”市直民主评议政风行风】 2018年，佛山市直机关工委根据市委重点任务分工，牵头组织开展2018年“互联网+”市直民主评议党风政风行风工作。

加强市区协调，创新评议内容。印发评议工作方案，召开五区区直评议办、承办单位交流座谈会和重点评议单位部署动员会，把市民政局、国土规划局、住建管理局、文广新局、卫生计生局、食品药品监管局等6个政府部门作为重点评议单位，20个市级政府部门作为社会满意度常态测评单位。把党风纳入评议内容，对被评议单位党组（党委）推动管党治党、机关党建、建立问题导向机制、不断提升办事效率、全面查找违反“中央八项规定”、纠正“四风”等六个方面突出问题进行评议。

改进评议平台，完善五个载体。委托广电公司开发运维党风政风行风评议工作平台，具备信息发布、群众投票、评议结果展现、大数据分析等功能，提高评议工作效率，展示评议全过程。依托电视、网络、微信、第三方评估机构、评议团等对被评议单位进行打分。全年有120.18万粉丝关注并参与投票。实际投票为35.68万人次，比2017年度投票人次增长50.6%。其中，14万人次参与电视、电脑网络投票，21.5万人次参与微信公众号“佛山机关党员红”“946民生直通车”和佛山日报社承办的“佛山口碑榜”投票，1826人次参与第三方问卷调查。

加强媒体宣传，营造评议氛围。在《南方日报》《佛山日报》等媒体开辟《党风政风行风大家评》专栏，跟踪报道15篇，深入报道本年度评议动员情况、解读工作方案、发动市民参与、被评议单位落实问题整改等情况。

提升工作担当，促进民生改革。佛山市民政局为解决人口老龄化与养老一床难求的矛盾，准备3年内增加1.5万个护理和养老床位，加强养老食品安全，提升养老服务队伍水平，计划培训600名护理人员，提升佛山市养老服务队伍专业化程度。佛山市食品药品监管局不断提升监管效果，计划打造一个覆盖2万多家餐饮的互联网移动应用（APP），终端同时连接网络订单平台，借此倒逼餐饮服务单位保证食品质量。佛山市文广新局针对市民投诉的图书馆开放时间不清晰、借还书不便、图书更新少等问题，推动镇街、社区图书馆纳入市联合图书馆数字资源共建共享平台，联合图书馆成员达226个。

【市直机关工委执纪审理职能履行】 2018年，佛山市直机关工委立案1件，审理市直机关科级以下党员和公职人员违纪违法案件24件。其中，运用第一种形态处理2人、占8%，第二种形态14人、占59%，第三种形态8人、占33%。受理市直科以下公职人员违法案2件，审理后提出处理建议，由所在单位按干部管理权限给予相应政纪处分。落实市直机关党组织主体责任，审理后出具党纪处理意见7份，敦促所在机关党委作处分决定。

对2015年5月至2018年6月市直机关科以下党员和监察对象违纪违法处分案件质量进行自查和有关单位执行落实情况进行检查，市直单位执行办结案件共计91件，涉及单位13个，检查发现案件处理过程中存在审查调查审理程序不规范、依据引用不准确、定性不准确、案卷不符合归档与审理要求、涉案款物处理不当、案卷材料内容不规范等问题，均给予及时提醒改正。

2018年6—11月，佛山市组织36个市直单位领导和部门负责人参加佛山电台《民生直通车》党风政风行风热线节目。图为党风政风行风热线节目现场

（市直机关工委供图）

【《民生直通车》党风政风行风热线栏目开办】 2018年，佛山市直机关工委组织36个市直单位领导和部门负责人参加佛山电台《民生直通车》党风政风行风热线栏目。通过“12345”大数据分析，筛选出市民关心关注的热点难点问题，作为节目互动环节，增强政民互动的效能。邀请12名市人大代表、政协委员到重点评议单位走访体验，收集问题线索，并参与线上节目直播，听取职能部门反馈，充分发挥代表、委员参政议政作用。招募热心听众到地铁工地了解地铁建设进展，到云勇林场体验佛山创建国家森林城市的成效、感受云勇精神等，让市民体验佛山城市发展的成效，同时与职能部门面对面，让政府和市民实现零距离、无障碍沟通。是年，《民生直通车》热线节目36期，共有102名部门领导上线，通过网络、微信、微博和电话共收集问题超过5000个，并100%转交给相应职能单位跟进，回复率超90%，解决住宅区周边环保诉求、居住区域供电不稳定、看病就医难等民生问题。

【机关工作技能大赛活动】 2018年3月至10月，佛山市受邀参加广东省直单位第六届工作技能大赛暨市县机关工作技能邀请赛。市直单位和五区机关共申报参赛项目148个（其中，党建创新类项目67个、改革创新类项目81个），有60个项目晋级省组织的12个城市协作区分赛（晋级项目数在省地级以上市中排第一），有17个项目入围省半决赛，有7个项目入围省决赛。在省决赛中，3

个项目分别取得改革创新类第一名、第七名以及党建创新类第八名的成绩。

【市直单位“5公里悦跑+党建”活动】2018年11月16日下午，佛山市直机关工委组织市直各单位党组织书记、优秀党员、劳模和党员干部职工等600名组成的90支队伍参加“5公里悦跑+党建”活动。活动以5千米竞跑为主线，在25个宣讲点组织宣讲党从一大到十九大的光辉历程、中国工运事业发展史，开展党建和工建教育宣传活动。通过组织活动颁奖、展播7个党组织优秀党建视频、组织市第二人民医院白衣天使合唱团演绎全国道德讲堂经典歌曲“好人就在身边”，组织近1200名党员职工观看专题文艺汇演，推动市直机关深入学习贯彻习近平新时代中国特色社会主义思想和党的十九大精神，深入学习贯彻习近平总书记视察广东重要讲话精神，推动党的建设与工会建设进一步融合和创新。

（尉东峰）

·党校工作·

【概况】2018年，佛山市委党校举办各类培训班232期，培训学员53760人次。其中：主体班138期，43926人次（含全员培训32000人）；佛山市各职能部门及省内外有关合作单位委托培训班次94期次，培训学员9834人次。送课上门354场次，参与听课学员33907人次。完成科研咨政成果221项，公开发表文章117篇，参加省级以上研讨会并提交论文28篇。出版刊物有《佛山研究》和《调研快报》。

【干部教育培训】2018年，佛山市委党校以学习贯彻习近平新时代中国特色社会主义思想和习近平总书记重要讲话精神为第一主课，推动习近平新时代中国特色社会主义思想系统进课堂进教材进头脑。

及时举办专题研讨班3轮共29期。包括全年举办学习贯彻习近平新时代中国特色社会主义思想专题研讨班12期、学习贯彻习近平总书记在参加十三届全国人大一次会议广东代表团审议时的重要讲话精神专题研讨班7期、学习贯彻习近平总书记视察广东重要讲话精神专题研讨班10期，共培训轮训学员3608人次。针对3轮专题研讨班开发设置《新时代全面加强党的领导和党的建设》等30多门新课。成立以4名骨干教师为组长、16名教师组成的课题组开发出系列课程，对全市干部系统宣讲习近平总书记重要讲话精神，并选派4名骨干教师成立“四个走在全国前列”宣讲团队，选派6名骨干教师参加市委宣传部宣讲团，到机关、学校、企业、社区开展宣讲，为广大党员干部群众答疑解惑，开展宣讲40余场次，受听学员12000余人次。校领导带头撰写《贯彻落实“四个走在全国前列”关键做到“三个深刻认识”》等理论文章和学习体会，并在《佛山日报》刊发。

推进“用学术讲政治”的教学实践，坚持讲政治、讲规矩、讲纪律，制定实施《教研部研究方向和课程体系》《现场教学课程开发指引》，严格执行《新课程讲评办法》等制度，严把课程准入政治关。

创新培训方式，提高培训质量。重点打造“学习共同体”，继续探索“培训+咨政”重点专题培训模式，从市委、市政府年度中心工作出发，举办生态文明建设与制造业城市转型升级专题研讨班、贯彻新发展理念建设现代化经济体系专题研讨班等4个专题研讨班，并提交咨政报告11篇。其中《坚持红线理念，强化佛山生态空间管控》等2篇报告获市委主要领导批示。从学科建设入手，构建课程体系框架，新开设《习近平新时代中国特色社会主义思想概论》等32个专题课程，构建由110多门课程组成的“马克思主义中国化最新成果”“马克思主义经典著作导读”“党性修养”“中国特色社会主义理论体系与佛山实践”等4个核心单元课程体系，把党史课作为必修课，确保党性教育课不低于总课时20%。新开发延安与梁家河、四川凉山等现场教学线路，突出延安精神与梁家河“大学问”、长征精神、彝海结盟与民族团结精神、“两弹一星”精神、精准扶贫攻坚、生态文明建设等主题教育，多角度强化党性教育和国情体验式教育。挖掘本地特色资源，新开发《传统制造业转型升级的启示——佛山市陶瓷产业转型升级的实践探索》等8个现场教学点，形成产业转型、体制改革、社会治理、基层党建、生态文明等五大类30多个现场教学点，使干部培训紧跟时代步伐，符合佛山实际。

强化服务区级培训职能和帮扶职能，全年完成区级培训项目36期，在镇街基层办班480期次，培训学员49117人次；承办四川省凉山州、陕西省延安市等对口培训班19期次，培训学员1079人次。

【科研咨政】2018年，佛山市委党校完成科研咨政成果221项，其中形成决策参与类成果106项、舆论引导类成果115项。全年在报刊杂志上公开发表文章117篇，参加省级以上研讨会并提交论文28篇。继续发挥“党校+党媒”等平台作用，实施科研开放合作战略。全校教师在《南方日报》《佛山日报》发表文章104篇；通过《信息与交流》《领导决策参考》《动态与研究》《工作建议》等渠道，多次向市领导报送咨政成果；成功搭起“学术月谈”活动平台和理论研讨会平台，全年共举办5期学术月谈和2次理论研讨会，20余名教师参加全国各地高校和学术团体的理论研讨会。

围绕市委、市政府中心工作，开展专题调研。结合“大学习、深调研、真落实”活动，组成由各校领导为领队，骨干教师为成员，邀请善于对本地问题进行理论思考和思想创新的研究者参与的调研组，开展佛山社会经济发展重大课题调研20余场次，形成决策咨询参考，其中《佛山干部队伍作风建设的创新实践》《佛山三龙湾高端创新集聚区创新模式与路径研究》等7项成果升级纳入创新思想库立项课题。

提高《佛山研究》和《调研快报》编辑水平，扩大党校理论影响。《佛山研究》结合中心工作和时政热点，全年编辑出版6期，常设《习近平新时代中国特色社会主义思想研究》专栏。《调研快报》突出服务市委、市政府决策宗旨，全年出版10期，《坚持红线理念，强化佛山生态空间管控》《创新体制机制，打造适应现代化经济体系建设的有为政府》《关于智能化建设提升城市精细化管理水平的建议报告》等3份咨政报告获市委书记鲁毅批示。

整合信息资源，打造党校咨政信息服务平台。围绕教学中心，全年编辑市情资料9期，省市领导决策思想6期，咨政信息参考材料5期，继续为领导决策和干部学习提供信息情报服务。

【全市镇街党校成立】 2018年12月26日，佛山市举行全市镇街党校成立暨授牌仪式，向全市32个镇（街）授予镇街党校牌匾。自2016年5月开始，在市委组织部宏观统筹协调下，推动佛山市13个镇（街）挂牌成立13个基层党员干部培训基地，成为镇街党校建设的探路者，做好“三个探路”。一是统筹利用现有资源，探路镇街党校硬件建设。截至2018年，佛山市挂牌运作的13个基地，基本是按照有领导机构、有学习场地、有授课老师、有学习计划、有规章制度、有经费保障的“六有”标准建设的，有效改善提升基层党员教育培训硬件建设条件和水平。二是开展党员培训，探路镇街党校主业主课。2018年，佛山市13个基地共举办各类培训班480期次，培训学员49117人次。三是加强制度规范建设，探路镇街党校管理运行。佛山市委党校向北滘镇的黄龙基地派出2名挂职干部，指导基地规范开展培训，并且着手编制《佛山市镇街党校工作手册》。

（郭朝忠）

·党史工作·

【概况】 2018年，佛山市党史部门有6个，分为市、区两级。其中市级1个，区级5个。市级党史部门单独设置，区级党史部门与本地档案局（馆）、地方志办公室等单位合署办公。全市有党史工作人员21人，其中市级7人、区级14人。

2018年，佛山市党史工作围绕改革开放的主题，完成相关党史资料征编和研究的阶段性任务，整理出一批离退休老干部的访谈稿，推出一批有份量的党史专题研究成果；同时，市、区两级党史部门围绕市（区）委、市（区）政府决策部署和地方经济社会发展、地方党组织建设等中心工作，进一步推进党史宣传教育工作，配合有关单位开展红色遗址遗迹保护、开发、利用和相关场馆建设，探索党史资政、党史咨询服务。

【党史资料征编】 2018年，佛山市、区各级党史部门继续做好改革开放时期离退休老干部口述史料征集工作。市委党史研究室在2017以来完成对改革开放时期离退休老领导8人访谈的基础上，2018年开展对原广东省省长、佛山市市长卢瑞华等4名老干部的访谈，共整理出离退休老干部访谈稿近10万字。禅城区党史部门完成对原城区、石湾区担任领导职务的区达辉、林广垣等4位老干部的访谈。顺德区党史部门完成对原顺德县委书记黎子流、顺德市委书记冯润胜的访谈。南海区委党史研究室完成对梁广大、李景滔等老干部的访谈，并尝试将该项工作从区向镇街延伸，在7个镇（街）全面铺开老干部访谈工作，首批老干部访谈对象50多人。

以“抢救活史料”的责任感开展革命亲历、亲见、亲闻者访谈工作，挖掘整理红色历史。三水区委党史研究室开展三水籍革命烈士影像资料抢救工作，集中采访三水籍包括在三水战斗过的老干部、老战士及其家属和专家学者16人，采集高清视频资料1000余分钟，征集一批反映革命历史的书籍、照片、文献和手稿，其中包括邓培、陈真等人档案资料600余页。南海区委党史研究室完成对原中共南三花工委地下革命工作者陶少霞、陶石麟、沈家伟、沈宝佳等4人和革命后人谢岳、杜军红、杜君凯等3人的口述访谈工作，征集扫描整理原中共南三花工委书记杜路后人提供的资料共993页。

年内，市委党史研究室继续推进并完成从2015年起开始组织实施的《佛山市抗日战争时期人口伤亡和财产损失》课题内容资料核实和文稿修订工作，于12月经省委党史研究室审核，送中央党史和文献研究院终审。

2018年12月26日，佛山市举行全市镇街党校成立暨授牌仪式

（市委组织部供图）

【党组织文献征编】 2018年，佛山市党史部门将党的文献征集编辑出版工作作为党史研究的基础工作。市委党史研究室及时征集2018年度召开的中国共产党佛山市第十二届委员会各次全会的有关文献资料，包括全会的文件、决议和决定、讲话等。顺德区委党史部门将2006年至2018年的顺德区第十一、第十二、第十三次党代会以及每年一次的全会文献进行汇编并内部出版，收录党代会及全会的会议概况、代表名单、选举结果、会议议程、领导讲话、会议决议决定等重要文献，再现顺德区历届党代会和历次全会的历史原貌。

【党史大事记编写】 2018年，佛山市委党史研究室按时完成2018年党史大事记的资料征集、史实甄别、文稿撰写和

2017年党史大事记的书稿审核、编辑出版等相关工作。全年共征集2018年党史大事记新闻报刊资料、文件档案资料、图片图表资料600多份；在2018年7月如期出版《中国共产党佛山历史大事记（2017年）》，全书480多个条目16万字。禅城区党史部门收集整理《中共禅城区历史大事记（2018）》初稿约12万字，同年编辑出版《中共佛山市禅城区历史大事记（2013—2017年）》。南海区委党史研究室完成《中国共产党佛山市南海区历史大事记（2012—2016年）》的出版工作，全书约28万字。

【中国特色社会主义时间段党史研究】 2018年，佛山市党史部门以庆祝改革开放40周年为契机，继续开展中国特色社会主义时间段历史研究并取得成果。1月，《佛山改革开放实录》汇编出版。该书由市委党史研究室自2014年起规划指导全市24个单位及五区党史研究部门参与撰写，前后收到各类专题文章31篇共60万字；该书既有体现全市改革发展的综述性专题，又有体现重点部门行业领域、具有佛山特色的亮点性专题，全面展示改革开放以来佛山市进行改革、开放、创新、发展的光辉历程。11月，《佛山改革开放40年纪事》正式出版发行。该书由市委党史研究室从2013年开始组织编纂，全书183个篇目、57万字，记录佛山改革开放40年来影响全局或者影响深远的大事、要事、特事，是全市党员干部群众了解佛山改革开放历史的重要读本。12月，《佛山市南海区改革开放实录》汇编出版。该书由南海区委党史研究室从2015年起指导部分区直机关单位和镇（街道）编写的17篇改革开放党史专题文章汇编而成，全书约26万字。

【地方党史基本著作编写】 2018年，佛山市委党史研究室加大对各区党史基本著作编写工作的指导和检查力度，全市党史三卷编写工作稳步开展。顺德区党史部门完成《中共顺德历史（第三卷）》编写、审稿工作，计划2019年度出版。禅城区党史部门继续推进《中国共产党禅城历史第三卷（1979—2002年）》的编写工作，累计查找征集档案资料3万多页，整理出资料100多万字，完成70个条目的编写，约21万字。南海区委党史研究室启动《南海县党史（第一卷）》的重编工作，扫描整理资料共11548页。

【党史宣传教育】 2018年，佛山市党史部门创新党史宣传教育方式方法，讲好红色故事，让红色资源活起来。市委党史研究室配合全市党员干部“不忘初心、牢记使命”主题教育活动，在2018年7月1日编印出版《红色佛山》。该书简述佛山新民主主义革命时期的历史，介绍若干突出的佛山籍党史人物生平事迹，载录一批重要的革命遗址遗迹，是一本佛山党史文化资源工具书和“红色家谱”宣传册。三水区委党史研究室深入挖掘以邓培、陈真等为代表的三水籍革命烈士事迹，拍摄全区红色资源专题记录片，并通过报纸、微信、电视广泛传播，提升红色资源知晓度，2018年《三水信息》第72期以“佛山市三水区多举措活化红色资源传承红色基因”为题，专题报道红色资源保护利用工作开展情况。

【党史资政与咨询服务】 2018年，佛山市党史部门利用党史征研成果，围绕贯彻中央、省委决策部署及地方党委的中心工作、地方党组织的建设及经济社会发展，开展服务大局、贴近现实的党史资政与咨询服务。

为地方党史遗址遗迹保护和场馆建设提供党史资料、提出指导意见。市委党史研究室先后为市委组织部第二批党员教育基地、市档案馆举办的《佛山足印》展览大纲、市城建展览馆改革开放成就展提供党史资料，提出党史专业部门指导意见。三水区委党史研究室在对全区红色遗址遗迹全面调查摸底的基础上，多次召开全区红色资源保护开发利用工作联席会议，制定全区红色资源保护利用规划（纳入总体规划的红色资源点共23处），开展占地600多平方米的三水党史综合展示区的规划设计建设并完成展陈大纲编制。南海区委党史研究室协助区委组织部门推进中共南海县委旧址、中共南三花工委旧址升级改造，完成展陈内容的党史资料审核；探索与镇（街）共建红色展馆，指导桂城翠颐社区党史展厅、大沥革命历史展览厅完成建设并对外开放。高明区党史部门参与谭平山纪念园及红色故居讲解词和中国人民解放军粤中纵队纪念馆讲解词审核。

履行市委授权和有关部门委托的涉及佛山地方党史重大事件和重要人物题材的出版物以及音像影视作品的审查任务。其中，南海区、顺德区、高明区党史部门分别协助三个区的农业部门做好由广东省老区建设促进会、广东省老区建设办公室组织编纂的《革命老区县发展史》有关编写工作，并发挥专业优势，在配合资料审核过程中严把政治关、史实关，同时提供大量相关的党史资料。

（张　群）

佛山市人民代表大会

2018年佛山市人大常委会主任、副主任名单

主　任：鲁　毅

副主任：李子甫

麦洁华（女）

刘　珊（女）

李　坚

叶　良

黄　坚

【概况】 2018年，佛山市有市人民代表大会1个、区人民代表大会5个、镇人民代表大会21个。全市有全国人大代表9人、省人大代表38人、市人大代表383人、区人大代表1200多人、镇人大代表1700多人。佛山市第十五届人大常委会有组成人员36人，其中主任1人、副主任6人、秘书长1人、委员28人。佛山市第十五届人大设有法制委员会、监察和内务司法委员会、财政经济委员会、教育科学文化卫生委员会、城乡建设环境与资源保护委员会、农村农业委员会、华侨民族宗教外事委员会等专门委员会。市人大常委会下设办公室、法制工作委员会、监察和内务司法工作委员会、财政经济工作委员会、教育科学文化卫生工作委员会、城乡建设环境与资源保护工作委员会、选

举联络人事任免工作委员会、农村农业工作委员会、华侨民族外事工作委员会等9个工作机构。

2018年，佛山市人大常委会审议地方性法规2件（通过1件、待续审1件），对31件规范性文件进行备案审查；听取和审议“一府两院”（市人民政府、市中级人民法院、市人民检察院）专项工作报告13项，对5部法律法规开展执法检查，开展专题调研15项；对重大事项作出决议、决定14项；任免本级国家机关工作人员51人次。

【地方立法】（详见185页《地方立法》）

【人大监督】 2018年，佛山市人大常委会围绕市委中心工作和人民群众普遍关注的问题，坚持正确监督、有效监督，增强监督实效性。

自觉把市委的领导贯穿于人大工作的全过程 佛山市人大常委会坚持把政治建设摆在首位，旗帜鲜明讲政治。坚持以习近平新时代中国特色社会主义思想统领市人大常委会一切工作。始终站稳政治立场，牢固树立“四个意识”、坚定“四个自信”，坚决做到“两个维护”，坚守政治纪律和政治规矩，涵养风清气正的政治生态。坚持重大事项向市委请示报告制度，始终坚持在市委的领导下开展工作。2018年，市人大常委会党组向市委请示报告常委会年度工作要点、立法工作计划、地方性法规草案等重大事项45项，并遵循市委批示要求予以贯彻落实。围绕市委关于实施乡村振兴战略、支持实体经济和民营企业发展、打造“一环创新圈”、村级工业园综合整治提升、打好防范化解重大风险、精准脱贫、污染防治攻坚战等工作部署，开展调查研究，形成11份调研报告上报市委，并按照市委的批示精神狠抓落实，确保人大各项工作与市委决策部署同频共振、同向发力。

财政经济工作监督 佛山市人大常委会听取和审议市政府关于计划、预算执行情况、预算收支调整方案等报告。在提前介入预算编制工作，及时了解预算编制总体原则、主要思路、工作进度等情况的基础上，重点分析全年预算执行的趋势，提出要切实提高财政收入质量、全面深化财政体制改革、强化财政支出预算管理、加强预算支出与政策有效衔接等意见建议，围绕市政府提交的2017年市本级决算草案，提出要以高质量发展的理念加强预算管理，防范化解政府债务风险，加强财务监督和审计监督，推进预算绩效管理等建议。并于7月和11月，按照《预算法》相关规定，分别就市政府提请审议的市本级预算收支调整方案进行审查，建议落实好国家各项财税政策，加强对新增债券资金使用情况的监督检查，强化支出绩效管理，提高资金使用效率，确保财政平稳运行。开展加强财政支出监督机制的调研。围绕预算编制、预算项目库、财政支出跨部门审批、绩效管理等方面存在的问题，提出将绩效的理念贯穿于预算管理全过程，实行跨年度滚动预算编制管理，利用信息化手段监督财政支出效率的提升以及加强支出预算和政策的有效衔接等意见和建议，提升财政支出效率，盘活存量资金，增强财政资金的引领带动作用。开展国民经济和社会发展“十三五”规划纲要中期评估情况的调研。围绕“十三五”规划确定的发展任务和政策措施落实以及主要指标完成情况等方面听取有关部门汇报，并提出加快推进各领域的改革步伐、加快产业结构优化升级、加快推进城镇化发展、强化环境治理力度的意见建议，同时对“十三五”规划指标中的耕地保有量、危险化学品产业规划的调整进行审查。建立审计查出突出问题整改情况向市人大常委会报告机制。为贯彻落实党的十八届三中全会“加强人大预算决算审查监督、国有资产监督职能”改革任务，根据市委印发的《关于改进审计查出突出问题整改情况向人大常委会报告机制的意见》，建立健全市人大常委会监督工作制度，推进审计查出问题整改工作制度化、常态化，增强监督的针对性、实效性，更好地发挥市人大常委会的重要作用。建立市政府向市人大常委会报告国有资产管理情况制度。根据《中共中央关于建立国务院向全国人大常委会报告国有资产管理情况制度的意见》对加强人大国有资产监督职能作出的部署，按照广东省统一要求，市委印发《中共佛山市委关于建立市政府向市人大常委会报告国有资产管理情况制度的意见》，明确要求市本级2018年建立市政府向市人大常委会报告国有资产管理情况制度，2019年各市要建立区政府向区本级人大常委会报告国有资产管理情况制度。2018年11月，市政府首次向市人大常委会报告国有资产“家底”，交出一份涵盖各级各类国有资产的“明白账”。召开全市人大预算联网监督系统应用交流会，继续推进人大预算联网监督系统建设，将一般公共预算、政府性基金预算、国有资本预算、社会保险基金预算“四本账”延伸至区一级在线联网监督。

污染防治工作监督 佛山市人大常委会按照市委要求，加强对水污染防治工作的监督，将广佛跨界河流域污染整治（水口水道丰岗涌）作为水污染整治监督工作重中之重，并将监督工作常态化，对水口水道丰岗涌污染治理开展多次跟踪调研。2018年3月，专题听取南海区关于水口水道丰岗涌水污染防治工作进展情况汇报，建议南海区要进一步搭建精细化治水体系，强化“四源共治”，全面实施挂图作战，按照时间节点，长短结合、紧抓快办，持续改善水环境质量，以期达到考核目标要求。6月8日，召开市、区人大聚焦污染治理攻坚战加强人大监督力度座谈会，要求将聚焦污染防治攻坚战列入市、区人大常委会的年度监督重点，进一步探索有效监督方式方法，不断拓展人大监督工作的广度和深度。8月31日，召开全市人大联动监督水污染防治工作会议，传达省、市人大联动监督12市水质变差问题工作会议精神，部署建立市、区、镇（街）三级人大联动监督水污染防治工作，建立市、区人大微信工作群、QQ工作群等工作平台、定期信息报送机制、水污染防治重点监督河涌数据库等工作制度。会议确定将水口水道、西南涌、顺德乌洲水道、漫水河的整治作为市级人大重点监督的河涌，同时要求每个区、镇（街）人大要参照市人大做法，加强与政府沟通，确定2条以上河涌或者黑臭水体作为本级人大监督工作的重点，有关河涌目录和基本情况要向市人大报备。通过市、区、镇三级人大联动监督水污染防治工作，切实形成工作合力和推力，共同推动实现全市水环境质量持续改善。开展年度环境状况和环境目标完成情况的监督。3月，

对佛山市2017年环境状况和环境保护目标完成情况开展调研，建议市政府落实党的十九大精神，做实生态文明和环境保护的重大战略部署，突出目标和问题导向，精准施策，系统治污，科学治理，社会参与，妥善处理好环境和产业、生活的关系，夯实环境污染治理的长效机制，营造共建共治共享环保治理格局，坚决打赢污染防治攻坚战。开展村级工业园区综合整治提升调研。4至9月，专题听取市国土规划局以及环保、消防、安监、农业等相关市直部门关于深入推进村级工业园综合整治提升工作的情况汇报，实地调研部分村级工业园改造提升项目，并到东莞、深圳宝安考察旧工业园整治提升的经验做法，建议市政府在整治统筹上、空间品质上、“工改工”上、政策配套上、规划控制上下功夫，推进村级工业园环境整治提升工作。开展佛山市工业废气污染防治情况专题调研。10月，听取市环保局等部门的工作报告，实地考察南海区、顺德区工业废气污染整治情况，建议市政府及其工作部门，进一步研判工业废气污染防治存在的短板和不足，应当在加强末端治理的基础上，突出总量控制和源头治理，从“退、优、管、立”着手，寻找更加符合佛山市工业文明发展的工业废气污染治理路径，为全省全国贡献制造业城市工业废气治理的佛山样本。市人大常委会配合市委实施市级生态环境督察的工作。5月，佛山市在全国率先实施市级生态环境督察，市人大常委会派出2名副主任分别任2个督察组组长，1名委员和1名办公室副主任、1名工委副主任分别任副组长参加佛山市对各区的环境保护督察工作。同时，为做好《关于新时期加强自然生态文明建设，助推佛山社会经济转型的议案》重点督办议案的督办工作，市人大常委会围绕议案办理的关键环节，督促市政府及承办单位市国土规划局严格落实办理责任。通过重点议案督办与代表约见工作相融合共推进的模式，于6月29日组织5位市人大代表就生态文明建设规划与实施问题约见市国土规划局负责人，并将议案督办会议与代表约见活动合并举行。该次重点议案督办借力代表约见活动的契机，强化督办合力，推进议案的办理，形成围绕佛山市生态文明建设群策群力的良好局面。

乡村振兴工作监督　市人大常委会通过发挥人大监督职能，推进乡村振兴战略实施。4月下旬，对佛山市实施乡村振兴战略、促进农业农村现代化发展情况进行专题调研，到五区多个调研点，以实地调研为主，深入农村基层，结合召开相关座谈会，广泛征询意见。在深入探讨佛山市实施乡村振兴战略现有基础条件和存在问题的基础上，对标中央、省、市的要求提出相应的对策建议，旨在从分析问题入手，抓重点、补短板、强弱项，以市委制定实施乡村振兴战略“1 + 7 + X”系列政策文件为依托，促进乡村振兴、人才振兴、文化振兴、生态振兴、组织振兴，推动农业全面升级、农村全面进步、农民全面发展。

民生工作监督　市人大常委会贯彻习近平总书记坚持以人民为中心的发展思想。围绕人民群众最为关切的食品安全问题，于4月至5月，对佛山市贯彻实施食品安全法情况进行一次全面的执法检查，视察市、区两级的食品药品检验检测中心和农产品检测中心，实地检查包括石湾酒厂、海天调味食品股份有限公司在内的10家（个）食品生产企业（单位），听取市、区两级政府的工作汇报，提出全市各级政府必须深刻领会习近平总书记关于食品安全“要用最严谨的标准、最严格的监管、最严厉的处罚、最严肃的问责，确保广大人民群众‘舌尖上的安全’”等一系列重要讲话精神。建议建立食品行业自律机制，理顺全市食品安全监管体制，进一步强化基层能力建设。6月至9月，对佛山市学前教育发展情况进行调研监督（已连续五年开展该类调研监督），听取市政府、相关职能部门的专题汇报，以多种形式征求五区人大和部分人大代表的意见建议，召开学前教育界专业人士座谈会，分别考察深圳、杭州、嘉兴三地做好学前教育工作的创新工作模式，指出通过连续实施2期学前教育三年行动计划，佛山市学前教育发展取得显著成效，提出必须按照市政府的统一部署，加大财政投入，加快学前教育的改革步伐，创新管理体制和办园机制，紧紧围绕如何增加公办园数量、提高公办园质量这个首要的关键环节，突出“增投入、建公办、扩普惠、强队伍、抓落实”，努力构建“以公办园为核心、普惠园为主体、多种形式学前教育服务为补充”的普惠优质多样化现代学前教育公共服务体系。其后，市政府发布《佛山市发展学前教育第三期行动计划》和《佛山市加快幼儿园建设发展实施方案》等一系列改革文件，其内容包含“增投入、建公办、扩普惠、强队伍、抓落实”的各项措施，迈出加快学前教育改革的坚实脚步。7月中旬，开展关于全市禁毒工作情况专项调研，赴顺德区容桂街道社区戒毒康复工作站、容桂街道禁毒示范社区进行实地调研，同市禁毒办等部门进行座谈。建议抓住创建全国禁毒示范城市有利契机，坚持预防教育、戒毒康复、执法打击“三驾马车”并驾齐驱，确保禁毒工作高效扎实开展。下半年，组织实施《全民健身条例》执法检查，检查禅城区半月岛湿地公园、岭南明珠体育中心、南海区听音湖公园、顺德区近良体育公园、三水区云东海体育公园等全民健身体育设施，观摩南海区百舟竞渡龙舟邀请赛，听取市、区两级政府的工作汇报，提出要严格执行《全民健身条例》，研究体育设施的规划、建设和养护机制，出台相关管理措施，进一步加大学校体育设施开放力度，鼓励教育和体育部门加强沟通协调，保障学校开展体育活动。

依法行政、公正司法监督　市人大常委会开展关于法院落实司法责任制工作情况的专题调研，6月中旬，到市中级人民法院和禅城区法院、顺德区法院对佛山市法院落实司法责任制工作情况进行专题调研，提出全市法院系统全面落实最高法院《关于完善司法责任制改革的若干意见》，优化审判资源配置，明确审判组织权限，建立健全符合司法规律的审判权力运行机制，推动司法责任制各项改革全面落地，增强司法公信力。9月下旬，开展关于佛山市检察机关推进“两法衔接”工作情况专项调研，提出：要重点关注食品药品安全和环境保护等方面，履行好宪法赋予的监督职责，对相关执法部门加强监督和指导；要早日做到全市五区信息平台全覆盖，加强对未录入信息平台案件的监督，发现线索提前介入；要与相关行政执法部门要做到有效衔接，形成合力，根据大数据进行分析研判，建立健全工作机制，共同推进“两法衔接”工作再上新台阶。同时，市人大常委会还对台湾同胞投资保护法《广东省华侨权益保护条例》安全生产法实施情况进行执法检查。9月上旬，对《广东省华侨权益保护条例》的落实情况进行执法检查，听取市外事侨务局以及五个区关于贯彻落实《条例》的情况汇报，实地检查广东景兴健康护理事业股份有限公司、顺德区莱利达工程设备有限公司、大自然家具（中国）有限公司、三水三联实业有限公司、广东溢达纺织有限公司等侨资企业，并与有关人员进行了座谈交流，重点了解华侨回国投资置业、创新创业及他们在出入境、定居、政治参与、工作生活待遇、社会保障等方面权益保护所面临的情况，提出要强化在维护华人华侨权益方面的联络机制，加强《广东省华侨权益保护条例》宣传工作，积极拓宽为侨维权渠道。9月至10月，开展佛山市贯彻实施安全生产法情况检查，听取市安全监管局等相关部门的情况汇报，并前往有关企业开展现场安全生产执法检查，提出要抓好企业第一责任人的职责，促进安全生产主体责任制的落实，加强安全教育培训强化安全意识，完善制度建设加强部门配合，运用信息化手段提升安全监管工作效能等意见和建议。

【人大代表工作】 2018年，佛山市有全国、省、市、区、镇五级人大代表3340多人。人大代表结构和比例不断完善，一线工农代表、专业技术人员代表、妇女代表所占代表比例比上届有所提高，党政干部、非公经济人士所占代表比例有所下降。代表们分布于佛山市各地、各个行业、各条战线，在自己参加的生产、工作和社会活动中，身体力行，遵守宪法和法律，是宪法和法律实施的重要保证。是年，市人大常委会把“更好发挥人大代表作用”作为坚持和完善人民代表大会制度的重要内容，把推进代表联络站建设作为建立代表联系群众制度的重要抓手，搭建代表与人民群众有序有效联系的平台载体，把强化代表履职服务保障、提升代表工作成效贯彻依法履职全过程，取得良好效果。

人大代表闭会期间工作　佛山市人大常委会探索创新闭会期间“更好发挥人大代表作用”的途径，组织代表和代表专业小组开展培训、专题调研、主题活动、集中视察等各项活动，坚持邀请代表列席市人大常委会会议和政府有关会议制度，坚持代表旁听法院庭审制度，拓展代表知情知政渠道，鼓励代表建言献策。3月26—29日，在全国人大深圳培训基地举办市区镇（街）人大工作业务培训班，共80人参加培训。6月4—5日，组织佛山的全国、省人大代表围绕佛山市“一环创新圈”和自然生态文明建设的规划建设情况开展专题调研，听取市政府关于“一环创新圈”和自然生态文明建设情况的汇报，实地调研南海区西樵山国家生态公园、禅城区周尾围湿地公园和南海区三山科创中心，并召开座谈会，代表们结合佛山市的经济社会发展情况提出不少高质量的意见建议，为市委科学决策提供参考。8月20—31日，按照省人大常委会的部署安排，佛山市各级人大组织佛山市的全国、省、市、区、镇五级人大代表开展“更好发挥人大代表作用”主题活动。9月4—5日，在市委党校举办市人大代表学习班，200多名市人大代表参加培训学习。通过培训，增强代表的法律意识，提高撰写议案、建议、批评、意见的水平，提升代表依法履职及参与管理国家和社会事务的能力。人大代表通过各种方式密切联系群众、听取群众的意见建议，全市代表联络站组织各类活动855次，参与代表3043人，占全市五级人大代表总数的83%。其中，进站的各级代表2256人，接待人民群众2354人，收集意见建议993件。市委书记鲁毅，市长朱伟，市人大常委会党组副书记、副主任李子甫以及市、区、镇党政领导均以人大代表身份走进代表联络站，参与各项活动。11月26—28日，市人大常委会组织佛山市的省人大代表围绕“民营企业发展”和“实施乡村振兴战略”两个内容开展集中视察活动，邀请佛山市的全国人大代表一同参加，为省人大代表出席省十三届人大二次会议提出议案建议做准备，也为佛山乃至全省经济社会高质量发展建言献策。是年，共组织市人大代表和市人大代表专业小组开展视察、调研等履职活动280多次，参与活动的五级人大代表2500多人次。

代表议案建议办理　佛山市第十五届人大第三次会议期间，收到代表议案57件、建议134件。市人大常委会做好分类归口和交办工作，与“一府一委两院”及有关部门反复协调办理工作，在半个月内交办完毕。同时，及时掌握办理进度，对于办理工作开展过慢的单位了解原因，经常给予提醒督促。截至10月23日，各承办单位全部依照法律规定答复代表，代表对议案建议办理的满意率100%。创新议案建议督办方式，6月29日，组织市人大代表围绕《我市自然生态文明建设规划面临的几个问题》约见市国土规划局负责人活动。8月28日，组织市人大代表围绕《我市普法工作面临的几个问题》约见市司法局负责人活动。约见活动采取“一问一答”的形式，围绕代表提出的问题，约见双方进行沟通交流，推动议案建议的办理。

代表工作制度的完善和落实　市人大常委会继续落实佛山市人民代表大会代表履职考核制度、佛山市人大代表联络站工作暂行办法和常委会组成人员每人直接联系5名人大代表的制度，通过完善和落实制度来加大代表工作力度。同时贯彻落实省人大关于加强人大代表联络站建设的指示精神，推动和指导各区及镇街加强人大代表联络站的制度建设，顺德等区人大常委会分别印发关于加强代表联络站建设的通知，里水镇人大印发《关于印发里水镇关于加强人大代表联络站建设完善人大代表直接联系群众工作方案的通知》，等等。7月13日，市人大常委会召开完善和落实代表联络站建设工作制度的交流座谈会，全面总结交流佛山市人大代表联络站建设的经验做法，分析梳理存在问题，研究提出下一步工作意见。截至2018年底，全市有人大代表联络站（点）700个。其中，禅城区146个、南海区284个、顺德区126个、高明区76个、三水区68个。佛山人大代表联络站创建速度和数量位居全省前列，基本实现村居、五级人大代表2个“全覆盖”。

“推进县乡人大工作年”工作　市人大常委会根据省人大常委会印发的《关于开展“推进县乡人大工作年”的指导意见》，及时出台《关于在全市开展“推进县乡人大工作年”的实施意见》，成立“推进县乡人大工作年”领导小组，派出5个调研指导组，分别由常委会副主任带队，深入佛山市5个区和32个镇（街道）人大对“推进县乡人大工作年”工作情况逐一调研指导，总结经验，查找问题，提出指导意见。在调研指导的基础上，召开区、镇（街道）人大工作推进会，深入总结规范化建设经验，推广先进做法。在常委会的指导下，各区、镇（街道）人大积极探索、勇于创新，使全市、区、镇（街道）人大规范化建设水平得到明显提升。南海区里水镇人大被授予“广东省乡镇人大工作示范点”；市人大常委会机关获广东省县乡人大工作和建设贡献奖；顺德区、三水区人大常委会机关，南庄镇、里水镇人大主席团，桂城街道人大工委均获评广东省县乡人大工作和建设先进集体。

【佛山市第十五届人民代表大会第三次会议】 2018年1月16—18日在市机关大礼堂召开。会议听取和审议市人大常委会党组副书记、副主任李子甫所作的《佛山市人民代表大会常务委员会工作报告》、市人民政府市长朱伟所作的《政府工作报告》、市人民政府副市长赵海所作的《佛山市人民政府关于佛山市“一环创新圈”战略规划和佛山市自然生态文明建设规划的报告》、市中级人民法院院长赵菊花所作的《佛山市中级人民法院工作报告》、市人民检察院检察长黄黎明所作的《佛山市人民检察院工作报告》，审议市发展和改革局局长张开机受市人民政府委托所作的《佛山市2017年国民经济和社会发展计划执行情况与2018年计划草案的报告》、市财政局局长江启强受市人民政府委托所作的《佛山市2017年预算执行情况和2018年预算草案的报告》，并通过相应决议。大会依法选举梅河清为佛山市监察委员会主任。根据《全国人民代表大会常务委员会关于实行宪法宣誓制度的决定》《广东省实施宪法宣誓制度办法》的规定，市人大常委会在市机关小礼堂举行新当选人员向宪法宣誓仪式。

【佛山市第十五届人大常委会第九次至第十七次会议】 2018年，佛山市第十五届人大常委会召开第九次至第十七次会议。会议听取和审议市人民政府《关于佛山市自然生态文明建设专项规划的报告》《关于佛山市2017年度环境状况及环境保护目标任务完成情况的报告》《关于市本级2017年度预算执行及其他财政收支情况的审计工作报告》《关于佛山市2018年上半年国民经济和社会发展计划执行情况的报告》《关于佛山市2018年上半年财政预算收支执行情况的报告》《关于佛山市级2018年财政预算调整的报告》《关于佛山市2017年度财政决算草案的报告》《关于佛山市国民经济和社会发展第十三个五年规划纲要实施中期评估的报告》《佛山市国民经济和社会发展第十三个五年规划纲要部分指标与内容调整的报告》《关于〈中华人民共和国安全生产法〉贯彻执行情况的报告》《关于佛山市级2018年第二次财政预算调整的报告》《关于佛山市2017年企业国有资产管理情况的报告》《关于调整2018年佛山市部分主要经济发展指标增长预期目标的报告》《关于市第十五届人大第三次会议代表建议办理情况的报告》《关于佛山市2018年第二批新增地方政府债券分配方案的报告》，以及市中级人民法院《司法责任制改革落实情况的报告》、市人民检察院《关于“两法衔接”工作情况的报告》、市公安局《关于我市禁毒工作情况的报告》；作出《关于废止〈佛山市人民代表大会常务委员会关于对市中级人民法院、市人民检察院提请任命司法人员实行任前公示的暂行办法〉的决定》《关于接受孙建国同志辞去广东省第十三届人民代表大会代表职务请求的决定》《关于接受叶雪青同志辞去佛山市第十五届人民代表大会常务委员会委员职务请求的决定》《关于修改〈佛山市机动车和非道路移动机械排气污染防治条例〉的决定（草案表决稿）》《关于召开佛山市第十五届人民代表大会第四次会议的决定》《关于列席和邀请列席佛山市第十五届人民代表大会第四次会议人员的决定》《关于佛山市第十五届人民代表大会第四次会议设旁听席的决定》等7项决定；作出《关于批准2018年市级财政预算调整的决议》《关于〈佛山市自然生态文明建设专项规划〉的决议》《关于批准佛山市2017年市本级决算的决议》《佛山市人民代表大会常务委员会关于批准佛山市国民经济和社会发展第十三个五年规划纲要部分指标与内容调整的决议》《关于批准市级2018年第二次财政预算调整的决议》《关于批准佛山市2018年部分经济发展指标调整的决议》《关于批准佛山市2018年第二批新增地方政府债券分配方案的决议》等7项决议；审议通过《佛山市第十五届人民代表大会

2018年1月18日，佛山市第十五届人大第三次会议第三次全体会议召开。图为中共佛山市委书记、市人大常委会主任鲁毅代表大会主席团向新当选的市监察委员会主任梅河清颁发当选证书

（市档案馆供图）

常务委员会代表资格审查委员会关于个别代表的代表资格审查报告》；研究市第十五届人民代表大会第三次会议《市人大常委会工作报告（讨论稿）》、市第十五届人民代表大会第四次会议《市人大常委会工作报告（讨论稿）》；审查市第十五届人民代表大会第三次会议有关文件（草案）、市第十五届人民代表大会第四次会议有关文件（草案）；听取法制工作委员会《关于2017年规范性文件备案审查工作情况的报告》《关于〈佛山市历史文化街区和历史建筑保护条例〉〈佛山市机动车和非道路移动机械排气污染防治条例〉立法后评估报告》，财政经济工作委员会《关于建立加快财政支出机制的调研报告》《关于佛山市2018年上半年预算收支执行情况的调研报告》《关于2018年佛山市级财政预算调整的审查报告》《关于佛山市2018年上半年国民经济和社会发展计划执行情况的调研报告》《关于佛山市本级2017年度财政决算草案的审查报告》《关于佛山市国民经济和社会发展第十三个五年规划纲要中期评估的调研报告》《关于佛山市国民经济和社会发展第十三个五年规划纲要部分指标与内容调整的审查报告》《关于检查我市〈中华人民共和国安全生产法〉实施情况的报告》《关于2018年佛山市级第二次财政预算调整的审查报告》《关于佛山市2017年国有资产管理管理情况的审查报告》《关于调整佛山市2018年部分主要经济发展指标的审查报告》《关于佛山市2018年第二批新增地方政府债券分配方案的审查意见》《〈关于优化金融供给侧结构性改革，提升佛山产业基金作用的议案〉督办情况的报告》，城乡建设环境与资源保护工作委员会《关于我市2017年度环境状况及环境保护目标完成情况的调研报告》《关于佛山市自然生态文明建设专项规划的初步审查意见》《关于我市村级工业园综合整治提升工作情况的调研报告》《关于检查〈佛山市治理货物运输车辆超限超载条例〉实施情况的报告》《关于我市工业废气排放情况的调研报告》，教育科学文化卫生工作委员会《关于检查我市〈中华人民共和国食品安全法〉实施情况的报告》《关于我市学前教育发展情况的调研报告》《关于检查全民健身条例实施情况的报告》，选举联络人事任免工作委员会《关于市第十五届人大第三次会议代表议案建议办理情况的报告》，内务司法工作委员会《关于我市法院落实司法责任工作情况的调研报告》《关于我市禁毒工作情况的调研报告》《关于我市检察机关推进“两法衔接”工作情况的调研报告》；对《佛山市排水管理条例（草案修改稿）》进行二审、《佛山市排水管理条例（草案表决稿）》进行三审、《佛山市住宅物业管理条例（草案）》进行一审。

（谢巍诗）

佛山市人民政府

2018年佛山市人民政府市长、副市长名单

市　长：朱　伟
常务副市长：蔡家华
副市长：刘俊文（5月任职）
　　　　许　国
　　　　邓建伟
　　　　赵　海
　　　　乔　羽
　　　　谭　萍（女，8月任职）

·综　述·

【市政府常务会议纪要】 2018年，佛山市政府召开市政府常务会议20次，会议主要讨论研究以下事项：研究通过《关于调整市社会福利院自费老人托养服务收费标准的方案》《佛山市政府性债务与隐性债务通报制度》《佛山市深化安全生产责任保险工作实施意见》《佛山市自然生态文明建设专项规划》《佛山市食盐储备管理办法》《佛山市市本级2018年政府投资项目计划》《佛山市人民政府规章项目库管理办法》《佛山市住宅物业管理条例（草案）》《佛山市城镇土地使用税税额标准调整方案》《佛山市科技创新载体后补助试行办法》《佛山市科协系统深化改革实施方案》《佛山市科协所属学会有序承接政府转移职能试点工作实施方案》《佛山市深入推进创新驱动助力工程实施方案》《佛山市节庆活动管理实施方案》《清华大学与佛山市人民政府联合建立“清华大学佛山先进制造研究院”合作协议书》《佛山市建设国家军民融合创新示范区实施方案》《关于佛山市2017年地方政府债务限额的报告》《佛山市、三水区两级政府联合储备土地协议书（三水农村信用合作联社土地项目）》《佛山市进一步深化商事制度改革优化营商环境的若干意见》《佛山市建设“乐善之城”行动计划（2018—2020年）》《佛山市推动机器人应用及产业发展扶持方案（2018—2020年）》《佛山市产业转移资金管理办法》《佛山市人民政府2018年重大行政决策目录》《佛山市人民政府2018年重大行政决策听证目录》《佛山市水污染防治三年攻坚战行动计划（2018—2020年）》《佛山市违法采砂运砂行为举报奖励办法》《佛山市商业银行科技支行认定及管理暂行办法（修订稿）》《佛山市促进债券融资发展扶持办法》《关于加强政策性小额贷款保证保险工作的通知》《佛山市2018—2019年加快氢能公交车和纯电动公交车推广应用工作方案》《佛山市深化医药卫生体制综合改革实施方案》《佛山市扩内需促消费专项扶持资金管理办法（试行）》《关于促进高明革命老区乡村振兴三年（2018—2020年）特别帮扶计划》《关于取消和调整一批行政审批等权责事项的通知》《佛山市2018年重点建设项目计划》《佛山市城市蓝线划定规划》《佛山市中心城区城市形态提升专项行动方案（2018—2020年）》《关于完善佛山市国有建设用地使用权出让协调决策制度的通知》《佛山市人民政府、北京外国语大学、佛山市顺德区人民政府合作共建北京外国语大学佛山研究生院协议（送审稿）》《广东高校科技成果转化中心建设方案》《关于推进“博物馆之城”建设的实施意见》《佛山市公立医疗机构药品和医用耗材集中采购试行办法》《中共佛山市委佛山市人民政府关于推进乡村振兴战略的实施意见》《关于贯彻〈中共广东省委广东省人民政府关于进一步加强和改进新时期信访工作的意见〉的实施意见》《佛山市深化供给侧结构性改革2018年工作方案》《佛山市支持双鸭山市民生及基础设施项目建设工作方案》《佛山市支持双鸭山市民生及基础设施项目协议书》《佛山市法治政府建设工作领导小组关于佛山市实施〈广东省行政执法公示办法（试行）〉〈广东省行政执法全过程记录办法（试行）〉〈广东省行政执法重大决定法制审核办法（试行）〉工作方案》《佛山市政府性债务风险应急处置预案》《佛山市城市建筑垃圾管理办法》《佛山市引进和培育优质高等教育资源若干扶持政策》《佛山理工大学建设办公室组建方案》《关于提高佛山市2018年最低生活保障标准的通知》《关于实行国家机关"谁执法谁普法"普法责任制的实施意见》《佛山市网上中介服务超市管理暂行办法》《佛山市人民政府关于佛山市级2018年财政预算调整的报告》《佛山市人民政府关于印发佛山高新技术产业开发区管委会行使市级行政审批服务事项目录（第二批）的通知》《佛山市节约用水管理办法》《佛山市非居民用水累进加价实施方案》《关于在我市湖泊实施湖长制的工作方案》《佛山市城市地下综合管廊管理试行办法》《佛山"一环"西拓项目建设模式整改方案》《中国行政体制改革研究会国务院发展研究中心国际技术经济研究所佛山市人民政府战略合作框架协议》《关于佛山市2017年度财政决算草案的报告》《佛山市科技创新团队资助办法》《佛山市村级工业园整治提升实施方案（2018—2020年）》《佛山市产业发展保护区划定》《佛山市城市棕线管理办法》《佛山市人民政府关于深入推进城市更新（"三旧"改造）工作的实施意见（试行）》《共建广东省农业科技示范市行动计划》《佛山市气瓶安全监管改革实施方案》《佛山市党政机关境内举办展会管理实施方案》《佛山市发展学前教育第三期行动计划》《佛山市加快幼儿园建设发展实施方案》《佛山市高新技术企业树标提质行动计划（2018—2020年）》《佛山市人民政府广东省科学院共建佛山研究院协议》《广东省科学院佛山产业技术研究院建设方案》《佛山市"数字政府"建设方案（2018—2020年）》《佛山市城市绿地系统规划修编》《佛山市城乡生活垃圾分流分类减量实施意见》《关于加快全面推广绿色建筑的意见》《佛山市建设工程混凝土临时搅拌站（拌合点）监督管理办法》《佛山市关于加强公交专用道管理的实施意见》《佛山市2018年度绩效考核工作实施方案》《佛山市市直机关单位政府购买服务岗位管理办法（试行）》《关于改革留用地安置实施方式的通知》《省属驻禅机关事业单位基本养老金发放工作方案（暂行）》《佛山市深入推进创新驱动助力工程专项资金管理办法》《佛山市促进科技成果转移转化实施意见》《关于佛山市农村土地承包经营权确权登记颁证工作情况的报告》《佛山市人民政府—清华大学（材料学院）关于合作共建佛山（华南）新材料研究院协商备忘录》《佛山（华南）新材料研究院建设方案》《清华大学（材料学院）与佛山市人民政府联合依申请公开佛山市科学技术局文件建立"清华大学—佛山先进制造研究院新材料研究中心"合作协议书》《城市地下综合管廊有偿使用收费指引》《佛山市建立完善守信联合激励和失信联合惩戒制度的实施方案》《佛山市加强政务系统诚信建设实施方案》《〈佛山市扩大固定资产投资引领科学稳健发展三年行动计划〉实施情况中期评估报告》《佛山市城镇独生子女父母计划生育奖励办法》《佛山市人民政府与清华大学联合成立"清华大学—佛山先进制造研究院城市安全研究中心"合作协议书》《佛山市工程建设项目招标投标管理办法》《佛山市政府投资建设工程工资支付管理暂行办法》《佛山市既有住宅加装电梯管理办法》《佛山市既有住宅加装电梯技术规程》《佛山市防范化解存量隐性债务风险实施方案》《全市饮用水水源保护区优化调整方案》《佛山市级2018年第二次财政预算调整报告》《佛山市在构建推动经济高质量发展的体制机制上走在全省前列的行动方案》《佛山市氢能源产业发展规划（2018—2030年）》《佛山市新能源公交车推广应用和配套基础设施建设财政补贴资金管理办法》《佛山市支持甘孜州乡城县民生项目建设协议书》《佛山市支持甘孜州得荣县民生项目建设协议书》《2018—2020年佛山市支持四川省甘孜州乡城县、得荣县民生项目建设工作方案》《处置澳门房产物业实施方案》《佛山市新市民积分制服务管理办法》《佛山市保障性公共租赁住房管理办法》《佛山市公立医院薪酬制度改革试点工作实施方案》《佛山市公立医院薪酬制度改革试点实施细则（试行）》《佛山市在形成全面开放新格局上走在全省前列的行动方案》《佛山市进一步加强市级财政统筹工作方案》《2019年全市重大建设项目资金筹集方案》《佛山市本级政府投资基金管理实施办法》《关于市级财政出资政策性基金清理规范的实施意见》《关于设立佛山市上市公司通济基金总体框架方案》和《佛山市上市企业市级通济基金组建方案》《关于调整2018年佛山市部分主要经济发展指标增长预期目标的报告》《佛山市关于贯彻落实"六稳"工作要求促进经济平稳健康发展的若干举措》《佛山市促进融资租赁发展扶持办法》《佛山市加快融资租赁发展三年行动计划》《佛山市高等教育办学机构高层次人才引进扶持办法》《佛山市新市民积分制服务管理办法》《佛山市关于建设现代化经济体系走在全省前列的行动方案》《佛山市降低制造业企业成本支持实体经济发展若干政策措施（2018年修订）》《关于佛山市养殖水域滩涂水产养殖禁止养殖区、限制养殖区、养殖区划定和加强规范管理的意见》《佛山市特困人员供养工作实施办法》《佛山市关于促进民营经济高质量发展的若干意见》《佛山市金融促进民营经济高质量发展的若干政策措施》《佛山市人民政府2019年度法规计划建议》《佛山市人民政府2019年度规章制定计划》《佛山市人民政府规章项目库》《佛山市工程建设项目审批制度改革实施方案》《佛山市促进全域旅游发展扶持办法》《佛山市民宿管理暂行办法》《关于扩大和落实佛山职业技术学院办学自主权推进一流高职院校建设的若干意见》《佛山市加强电动自行车管理工作实施方案》《佛山市市级统筹路网项目建设管理暂行办法》《佛山市利用集体建设用地建设租赁住房管理办法（试行）》《关于划定高排放非道路移动机械禁止使用区域的通告》《关于实施佛山市高水平医院建设"登峰计划"的意见》《佛山市信息基础设施三年建设实施方案（2018—2020年）》《佛山市加快新能源汽车产业发展及推广应用若干政策措施》《2017年下半年降低企业用电成本补贴资金计划》《2017年下半年降低企业用气成本补贴资金计划》《佛山市支持双鸭山市民生及基础设施项目补充协议书》《佛山相控阵天气雷达网建设方案》《佛山市博士和博士后创新创业孵化基地建设方案》。

【市政府工作会议纪要】 2018年，佛山市召开市政府工作会议205次，主要研究部署以下工作：研究优化佛山市城市展览馆新馆布展项目方案、部署港口码头补偿关闭有关工作、佛科院北院新校区建设专项工作小组第十九次会议暨南区建设第一次会议、研究民盟佛山市委会实施“标准化+”战略建议、协调广高线对川至迳尾段大修工程二期工程有关问题、协调中国制造论坛筹备工作、部署推进工业危险废物处置工作、研究协调车辆通行费年票制取消后续工作、市政府党组主要负责同志征求意见座谈会、研究探索新路径促进村级工业园全面整治提升工作建议案、推进落实沙贝互通立交及临近路段堵塞问题整治工作、研究洪塘等地块行政管理问题、2017年第二次珠三角城际联络会议、研究部署第十五届中博会筹备工作、总结部署佛山“一环”西拓及“断头路”建设工作情况、协调广佛高速公路（南海段）沿线环境综合整治工作、2018年佛山春运工作会议、研究城市轨道交通近期工作、佛山市双鸭山市对口合作座谈会、协调综合保税区建设工作、协调推进环保科技小镇及生活垃圾资源化处理项目建设工作、研究举办第十届国际发明展览会暨第三届世界发明创新论坛、研究协调佛科院北院新校区建设资金拨付问题工作、部署2018年环境保护工作、研究省创新驱动“八大举措”工作2017年完成情况和2018年目标任务、研究南海区桂江公路跨南广贵广高铁跨线桥安全隐患整治问题、协调市直机关编外人员管理体制工作、推进佛山市对口支援（合作）工作、研究部署市经济和信息化及科技重点工作、研究佛山市2018年金融工作、研究安排珠三角城际轨道交通运营补亏保障金、研究整合出让东平河堤北侧地块事项、研究近期经济和信息化及科技工作、研究部署佛山市自然生态文明建设规划“深调研”工作、部署2018年春运阶段性工作、部署佛山“一环”西拓等交通基础设施重点项目相关工作、研究共同推进佛山市安全产业发展工作、佛山理工大学筹建工作情况汇报、协调广佛出口放射线二期项目反征拆工作及广三高速公路项目移交工作、协调康有为与近代中国——第七届中国近代思想史国际学术研讨会筹备工作、推进加油站、加氢站合建工作、落实促进企业上市工作措施、协调佛山市农合机构改革问题、协调荷杨大道大岗臂隧道和龙涛湾公路工程建设、协调佛山市廉洁文化教育基地建设项目、佛山市道路交通事故社会救助基金管理第十一次联席会议、协调佛山市交通建设重点项目相关工作、协调佛山市粤剧文化园建设工作、协调汇通大楼确权工作、听取佛山市商务重点工作专题汇报、专题听取全市“三农”工作情况汇报、研究沙贝立交拥堵整治工作及佛山市限货方案、研究部署全市城镇污水管网建设工作、全市道路运输行业安全生产紧急会议、加强道路交通运输安全工作紧急会议、研究加快推进沙贝互通立交及临近路段堵塞问题整治工作、研究国家部分谈判药品用药及医保报销问题、研究推进广佛里智慧慢城特色小镇建设工作、佛科院北院新校区建设专项工作小组第二十次会议暨南区建设第二次会议、与中科院长春光机所负责人座谈、2018年市国资系统工作座谈会议、禅城区季华二路华宝路隧道东南侧辅道裂缝应急处置现场办公会议、佛山市人民政府与国药集团座谈会议、部署2018—2019年加快新能源公交车推广应用工作、研究先进制造科学与技术广东省实验室建设筹备工作、调研上市重点后备企业、研究推进与北京科技大学深化合作、研究部署全市集中式饮用水水源地环境保护专项行动、消灭城乡黑臭水体工作动员会议、推进高明苗村填埋场第四填埋区建设工作、督导检查顺控环投热电项目、研究佛山市中心城区形态提升专项行动方案、第七届中国中小企业服务大会筹备工作座谈会议、研究环保科技小镇及生活垃圾资源化处理项目推进情况、研究部署市公路与城市桥梁管养工作、部署国家保障农民工工资支付实地核查工作、2018年中国安全产业大会筹备工作会议、研究佛山高新区管理体制机制优化工作、现场督办全市村级水厂关停整合及乐从水厂取水口迁移项目工作、协调武警佛山支队停偿项目、协调推进集体土地建设租赁住房有关项目调规和土地协议方式出让工作、共同研究广州佛山两市港口资源整合有关工作、研究冯某某和戴某某来信问题、部署广佛跨界河水环境治理审计整改工作、泛珠高铁经济带工作现场会暨第四届粤桂黔高铁经济带联席会议筹备、研究某部队建设发展有关问题、研究转改文职人员军官随军家属就业安置工作、调研佛山高新区有关工作、研究河心岛生态修复工作方案和省政府委托建设用地审批（审核）职权事项、协调泛珠区域高铁经济带建设工作现场会暨第四届粤桂黔高铁经济带合作联席会议筹备工作、研究市属国有企业管理体制改革工作、研究深圳市天昆实业科技有限公司佛山“智毂车轻量化底盘”项目推进情况、研究加快南海农商银行上市及海晟金融租赁公司业务发展、佛山市中心城区交通拥堵治理联席会议第六次工作会议、督办西南涌底泥疏浚工程、协调佛山农商银行税收征收及分成及增资扩股问题、佛山市污水处理厂建设联席会议、研究全市开展打击固体废物非法转移倾倒工作、市政府主要领导就固定资产投资和进出口等指标约谈禅城区主要领导、市政府主要领导就固定资产投资和进出口等指标约谈南海区政府主要领导、市政府主要领导就进出口等指标约谈顺德区政府主要领导、部署城市安全生产工作会议筹备等工作、研究广佛肇高速公路佛山段S1标施工期间西江引水管线检修道路交通管制问题、协调武警佛山支队停偿项目后续工作、研究推进城市基础设施项目建设推进工作、研究制定创新驱动“八大举措”2018年工作要点、研究第十届国际发明展览会暨第三届世界发明创新论坛筹办工作、研究部署下阶段佛山市船舶和港口码头大气污染防治工作、研究佛山火炬创新创业园H座配套用房楼层分配使用等相关问题、研究中央电视台南海影视城文旅产业发展工作、研究协调广和大桥收费项目补差欠款拨付主体问题、研究生活污水处理厂污泥应急处理处置工作、研究协调佛山市交通建设重点项目相关工作、研究季华实验室建设工作、研究佛山市创新创业产业引导基金向佛山电子信息产业基金出资有关问题、研究部省合作共同推动广东省安全产业发展暨2018中国安全产业大会筹备工作、处置高明农商银行地块有关问题工作、研究协调佛山“一环”高速化改造及广佛高速公路谢边立交景观提升资金补助相关问题、研究顺德智能制造科技园项目专项扶持工作、研究高明苗村填埋场安全运营工作、研究佛山市城市总体规划编制专项督查整改工作、研究贯彻国务院扶贫办东西部扶贫协作考核整改落实协调会精神、协调解决广佛环线城际轨道交通广州南站至佛山西站段项目佛山境内消防设计审核问题、研究城北污水处理厂地埋式改建方案、研究协调佛山“一环”高速化改造交通组织等工作、佛山市防范和化解地方金融风险暨互联网金融风险专项整治工作领导小组会议、研究顺德区生活垃圾焚烧飞灰处理暨加快推进顺控环投热电项目建设、协调推进季华实验室建设工作、约见中国交通建设股份有限公司领导、研究部署吉林长生生物疫苗案件处置工作、研究国星公司申请补贴等事宜、研究推进与延安市友好合作项目工作、部署推进落实上海微技术工业研究院南海项目、研究部署佛山市重点车辆行驶记录仪规范安装使用工作、研究三龙湾高端创新集聚区规划工作、研究轨道交通项目审批事项、研究与中山大学开展产学研合作交流、协调推进佛山供电局资产产权证明补办工作、协调平洲导航台设备校验参数超限事故隐患及周边限高问题、研究部署环保科技小镇概念性规划工作、研究交通运输相关工作、研究协调广佛高速公路谢边收费站开通相关问题、调研广佛出口放射线二期工程（南海段）现场工作、研究2018第十届国际发明展览会暨第三届世界发明创新论坛筹备工作、推进清华大学—佛山市城市安全合作、推进巡视反馈部分问题整改工作、部署市政府推进支持广州海关有关事项工作、佛山市道路交通事故社会救助基金管理第十二次联席会议、协调解决佛山市城市轨道交通二号线一期工程项目佛山境内消防设计审核问题、研究部署全市水源地环境问题清理整治工作、督导推进全市贯彻落实党的十九大决策部署滞后事项、研究东华里改造项目有关问题、协调解决佛山市城市轨道交通三号线工程项目稳定段消防设计审核问题、协调岭南大道北延线项目土地和房屋征拆工作、研究部署港口资源整合和公路水路货运周转工作、研究高明区城镇污水处理厂污泥处置问题、协调贵广铁路佛山段土地确权办证工作、研究城市基础设施建设有关工作、筹备2018第四届中国（广东）国际“互联网+”博览会、研究佛山市中轴线普君片区规划和建设情况、研究佛山湘潭大学绿色智造研究院筹建工作、研究部署落实广东省降低制造业企业成本支持实体经济发展的若干政策措施（修订版）降气价工作、研究协调禅城区与南海区桂园社区及其相关“交界地”社会事务管理工作职责划分问题、研究全市楼盘生活污水直排情况、研究2018粤港澳大湾区·泛珠三角（广东）非遗周暨佛山秋色巡游活动筹备工作、协调交通运输工程起重设备管理问题、研究部署市“住家船”安全隐患专项治理工作、研究佛山市法纪教育基地预算报建立项等问题、部署加快推进水源地环境问题清理整治工作、协调佛山供电局落实《佛山市违法建设查处暂行办法》有关工作、部署市残联下属3家公益三类事业单位转制工作、协调推进全市集中式饮用水水源地环境保护专项行动难点问题、协调佛山水务环保股份有限公司上市工作、研究佛山市早期人防工事整治工作、研究部署佛山市新能源公交车推广应用工作、研究养犬管理工作、研究部署第十六届中博会专业展相关工作、研究佛山市中央及省级环保专项资金使用工作、协调科力远与丰田合作项目落地工作、拟建市委党校综合楼项目、集体约谈佛山市滞后省重点建设项目责任单位、纾解上市公司股权质押流动性问题、研究部署佛山“一环”高速化改造有关工作、研究部署佛山“一环”西拓工程建设有关工作、研究协调广佛线二期工程结算有关问题、约谈安全生产有关单位、分解落实2018年全市主要经济指标、研究第三届香港·佛山节（2018）筹备工作、落实书记专题会议精神及有关经济发展工作要求、研究部署全市批而未供土地去库存工作、研究部署省有关部门调研佛山市水源地环境保护专项整治工作反馈意见整改、研究部署佛山市水源地环境问题清理整治收尾工作、佛山市道路交通事故社会救助基金管理第十三次联席会议、研究推进“三山云谷”项目建设工作、调研广佛里智慧慢城特色小镇启动区及装配式建筑产业园建设情况、落实书记和市长对统计工作重要指示精神及经济发展有关工作要求、研究部署佛山“一环”高速化改造有关工作、研究协调佛山市与广州市人民政府共同做好涉及广和大桥项目相关工作处置、促进工业投资工作的专题会议、推进全市创建国家节水型城市工作、中国科学院佛山产业技术创新与育成中心暨佛山中国科学院产业技术研究院第一届理事会第二次会议、中国科学院佛山产业技术创新与育成中心暨佛山中国科学院产业技术研究院第二届理事会第一次会议。

【市政府主要工作】 2018年，佛山市政府开展的主要工作有：

及时出台有效政策措施，促进经济运行保持在合理区间　2018年，佛山市出台落实“六稳”工作方案，多措并举应对经济下行压力。着力稳就业，就业形势保持稳定。城镇新增就业8.57万人，其中城镇失业人员再就业3.5万人，就业困难人员实现就业6768人，本市生源应届高校毕业生就业率95.1%，城镇登记失业率2.36%。省、市、区共建创业孵化示范基地投入运营。着力稳金融，金融服务实体经济能力提升。促进社会投资健康发展、企业债券发行、债券品种创新与风险防范等工作获国务院通报激励。金融机构存款余额1.54万亿元，比上年增长9.5%；贷款余额1.05万亿元，比上年增长11.5%，成为全省首个贷款余额突破万亿元的地级市；银行业机构不良贷款率1%，降低0.46个百分点。新增上市企业5家，累计达58家；新增“新三板”挂牌企业6家，累计达92家；新增私募股权投资基金100只，累计达486只。着力稳外贸，外贸增长总体平稳。主动应对中美贸易摩擦影响，推动外贸调结构、拓市场，成为国家级市场采购贸易方式试点城市，完成进出口总额4599.3亿元，比上年增长5.5%。其中，出口总额3527.4亿元，比上年增长11.9%，对“一带一路”沿线国家出口1173.1亿元，增长9.7%。着力稳外资，外资利用水平稳步提高。优化外商投资环境，扩大对外开放投资领域，实际利用外资45.73亿元。引进粤维物流设备、维讯科技等超千万美元外资项目39个，合同外资11.29亿美元。着力稳投资，固定资产投资规模持续扩大。固定资产投资比上年增长5.6%，其中工业技改投资增长8.5%。民间投资增长18%，占固定资产投资比重达75.1%。省、市重点项目投资891.24亿元，完成全年进度目标。着力稳预期，提振民营企业发展信心。召开民营企业家大会，出台促进民营经济高质量发展“1 + 3”政策文件。降低生产要素成本及制度性交易成本，为企业减负426.02亿元。深入开展“暖企”行动，帮助企业解决用地、用工、用电等实际问题234项。民营经济增加值占地区生产总值比重达62.5%，规模以上民营工业增加值增长7.1%，对全市工业增长贡献率80.1%。新登记市场主体15.72万户，比上年增长30.9%，市场主体总数达72.03万户。扶持骨干企业做强做大，新增主营业务收入超100亿元企业2家、累计达20家，14家企业入选省百强民营企业。实施小微企业上规模专项行动，认定“专精特新”企业306家。培育发展“四上”企业，入库企业净增1500家，总数达1.36万家。

深入推进供给侧结构性改革，制造业转型升级取得新成效　2018年，佛山市国家制造业转型升级综合改革试点扎实推进，工业稳增长和转型升级成效较明显，获国务院通报表扬。三次产业比重调整为1.5：56.5：42，规模以上工业增加值比上年增长6.3%，工业对经济增长贡献率达61.1%，服务业占比提高1.1个百分点。工业经济质量效益稳步提高，规模以上工业经济效益综合指数311.87%，提高14.4个百分点，利润总额增长5.9%。传统产业改造升级力度加大。引导1224家规模以上工业企业开展技术改造和智能化高端化改造，新增省级智能制造试点示范项目28个、市级智能化改造示范企业32家，推广应用机器人3014台。促进制造业与互联网融合发展，新增27家国家和省级“两化”融合管理体系贯标试点企业。规模以上装备制造业增加值比上年增长6.4%，其中“工作母机”增长7.2%。培育发展新兴产业步伐加快。规模以上先进制造业增加值比上年增长7.4%，占规模以上工业比重49%，提高2.4个百分点。新签约投资超亿元内资项目462个，计划投资3039亿元。投资800亿元的碧桂园“机器人谷”、150亿元的航天军民融合协同创新智慧城等项目签约，投资118亿元的一汽－大众新能源汽车、90亿元的中国中药总部、60亿元的美的库卡智能科技园、20亿元的大疆创新科技等项目开工，科力远混合动力项目一期建成投产。制造业品质革命深入开展。积极创建全国质量强市示范城市，工业产品质量监督抽查综合合格率94.6%，提高1.1个百分点。新认定细分行业龙头企业216家，累计达370家；新增质量管理体系认证企业1543家，累计达7575家。推动企业参与制（修）订国际、国家和行业标准100项，累计达1769项；制定实施联盟标准36项，累计达225项。获批创建全国知名品牌示范区4个、累计达13个，驰名商标总量160件，均位居全国地级市首位。新增广东省名牌产品268个，累计达580个，总量位居全省首位。109家企业入选广东制造业500强，增加51家。服务业发展提质增效。现代服务业增加值比上年增长7.6%，占第三产业比重59.8%，提高0.3个百分点。高端服务业载体建设成效明显，广东金融高新区集聚银行、证券、私募创投等项目523个，总投资达1010亿元；千灯湖创投小镇一期基本建成，新引进股权投资基金152家，资金规模124亿元；广东工业设计城聚集设计企业253家、研发设计人员8195名。会展业水平持续提升，成功举办第四届珠江西岸先进装备制造业投资贸易洽谈会、第四届中国（广东）国际“互联网+”博览会、第十届国际发明展、中国安全产业大会等重大展会活动。全域旅游发展格局加快形成，旅游业总收入809.14亿元，比上年增长14%；接待游客5424万人次，增长10%，其中过夜游客1695万人次，增长13.2%。启动“粤菜师傅”工程，成立全省首家厨师学院。南方影视中心加快建设，影视制作企业达467家。消费市场规模不断扩大，社会消费品零售总额比上年增长8.9%。创建全省首个“放心消费”试点城市，消费环境评分位居全省首位，城市消费者满意度位居全国第4位，居民消费价格涨幅为2%。

深入实施创新驱动发展战略，科技创新水平能力得到新提升　2018年，佛山市获批建设国家创新型城市，财政科技投入54.65亿元，预计研发经费支出占地区生产总值比重2.42%。研发创新能力持续增强。季华实验室主体工程动工，引进新加坡半导体仪器等研发团队。清华大学佛山先进制造研究院揭牌，中科院苏州纳米所佛山研究院、佛山（华南）新材料研究院、清华大学城市安全研究中心、省科学院佛山产业技术研究院等新型研发机构落户。开展高新技术企业树标提质行动，新增国家高新技术企业1350家、累计达3900家，认定规模以上标杆高新技术企业50家。规模以上工业企业研发机构建有率51%；新增省级企业重点实验室5家，累计达26家；新增省级工程中心83家，累计达711家。建有科技企业孵化器85家、众创空间62家。区域创新平台建设提速。推进珠三角国家自主创新示范区建设，出台“一环创新圈”战略规划和三龙湾高端创新集聚区综合规划，佛山国家高新区全国排名升至第25位。佛山军民融合创新示范区核心区启动建设，张槎街道获批创建全省首个军民融合科技产业创新试点镇。创新创业环境进一步优化。出台“人才新政23条”，新引进领军人才超过50人，新增省级创新创业团队1个、市级创新创业团队48个。推进佛山科学技术学院创建高水平理工科大学，与德国亚琛工业大学合作筹建佛山理工大学，北京科技大学顺德研究生院、北京外国语大学佛山研究生院正式招生。成立全省首个技工教育集团，启动实施技能人才“2357”工程。中国（佛山）知识产权保护中心正式运营，专利申请量比上年增长27.9%，授权量增长38.7%。加快科技成果转移转化，技术合同成交额7.46亿元，比上年增长1.79倍。

坚持深化改革开放，经济发展动力

活力持续增强 2018年，佛山市以实际行动庆祝改革开放40周年，多项改革开放举措走在全省乃至全国前列。改革攻坚力度加大。探索构建推动高质量发展体制机制，顺德区获批率先建设全省高质量发展体制机制改革创新实验区。深入实施“放管服”改革，加大简政放权力度，取消和调整218项权责事项。开展“减证便民”事项清理，取消132项证明事项。在全国率先实施“3＋5”商事制度改革模式和启用全程电子化“零见面”24小时智能商事登记系统，成为全国“企业开办全程网上办”改革试点城市，在全省率先复制“证照分离”改革试点经验。“一门式一网式”政府服务改革获“中国法治政府奖”，“区块链+共享社区”入选中国“互联网+政务”优秀实践案例。成为全省“信用奖惩、一键搞定”试点城市。探索科学划分市、区、镇（街）管理职能，研究出台加强市级财政统筹工作方案。推进机构改革，深化事业单位分类改革。深化国资国企改革，新增混合所有制企业15家。农村土地承包经营权确权登记颁证基本完成，南海区中央农村土地制度改革试点取得阶段性成果，顺德区全国农村集体产权改革试点通过验收。开放水平全面提升。参与“一带一路”建设。举办中国—以色列跨境投资大会等国际交流活动，在美国、南非、坦桑尼亚设立佛山泛家居品牌产品海外展示体验馆。全方位加强对外交往。获国际友好城市交流合作奖，德国总统等多国政要到访，德国因戈尔施塔特市、日本伊丹市等友城代表团来访交流。中德工业城市联盟成员及观察员城市增至41个，其中德国城市18个。举办第三届“香港·佛山节”等活动，深化与粤港澳大湾区城市及泛珠区域高铁经济带城市合作发展，推动成立粤桂黔高铁经济带高新区协同创新联盟。广佛同城化深入推进，加强创新驱动发展战略合作，共建广佛科技创新产业示范区，广佛放射线二期、番海大桥等项目启动建设，1396个政务事项实现“异地申请、跨城通办”。

扎实推进城乡统筹发展，城市治理取得新成绩 2018年，佛山市城市治理三年行动计划稳步推进，968个项目已完工374个、开工460个，累计完成投资2580亿元。城市形态功能品质优化提升。实施中心城区城市形态提升三年专项行动，已开工28个项目，开工率58%，完成投资116.67亿元。出台产业发展保护区划定及城市棕线管理办法，保障350平方千米产业用地规模。加强城市更新（“三旧”改造）和村级工业园整治提升，新增“三旧”改造实施项目155个，占地面积1060公顷，已完成106个，占地面积700公顷，投入资金260.93亿元。治理违法建设1596.93万平方米。特色小镇建设成效初显，岭南文荟小镇、仙湖氢谷小镇等12个小镇入选省级特色小镇创建名单，数量居全省首位。首批市级特色小镇256个重点项目已开工192个，完成投资271.35亿元。现代化基础设施建设稳步推进。珠三角枢纽（广州新）机场前期工作启动，地铁2号线一期、3号线、广州地铁7号线西延顺德段建设顺利，广佛地铁全线开通。“一环”高速化主线改造基本完成，“一环”西拓工程加快推进，新打通“断头路”20条。新建公交枢纽9个，中心城区公交专用道达157.2千米，新能源和清洁能源公交车比例达100%，公交车实现移动支付全覆盖。累计建成充电站120座、充电桩4000个、加氢站5座、地下综合管廊42千米，海绵城市达标面积53.23平方千米。新增光纤用户39万户，基本实现4G城乡全覆盖。220千伏坡丹甲乙线等9项重点电网工程建成投产。乡村振兴战略全面实施。出台乡村振兴“1＋7＋X”政策体系，启动高明革命老区特别帮扶计划，三水区成为省乡村振兴综合改革试点。推进6个省级新农村连片示范工程，完成农村人居环境整治和“五好”新村居建设任务。深化农业供给侧结构性改革，与省农科院共建农业科技示范市，新增市级现代农业园区5家，累计达50家；新增省级农业龙头企业5家，累计达52家；新增市级菜篮子基地9家，累计达63家；“三品一标一名牌”认证产品累计达251个。

坚决打好三大攻坚战，三年行动开局良好 2018年，佛山市积极有效防范化解各类风险。加强地方政府债务管理，消化地方政府债务160.56亿元，降幅11.9%。防范化解金融风险，打击违法金融活动。严格落实房地产调控政策，有效化解轮候网签风险，房地产市场保持平稳健康运行。持续改善生态环境质量。单位地区生产总值能耗、主要污染物排放量下降幅度完成省下达的目标任务。完成70家省控重点挥发性有机物（VOCs）企业综合整治，淘汰禁燃区高污染燃料设备205台，二氧化硫、二氧化氮、细颗粒物（$PM_{2.5}$）、可吸入颗粒物（PM_{10}）及臭氧浓度齐齐下降，其中$PM_{2.5}$首次达到国家空气质量二级标准，全年空气优良天数超八成。落实河长制和湖长制，投入50亿元推进广佛跨界河流整治项目160个，饮用水源水质保持100%达标，11个国控、省控考核断面水质达到省考核要求。完成44间污水处理厂提标改造，新建（改造）污水管网304.82千米。落实中央环保督察“回头看”以及省环境保护督察整改，率先开展市级生态环境督察，完成水源地环境问题专项整治任务，完成村级工业园6027家企业环境整治，基本完成100项环保民生实事。划定生态控制线面积1951.53平方千米、城市蓝线面积562.6平方千米。创新实行岛长制，开展48个河心岛生态修复工作。大湾区高品质森林城市建设初见成效，新增绿化面积3.27万亩，市域森林覆盖率37.4%、建成区绿化覆盖率44.3%，新增（改造）公园绿地318.7公顷、绿色建筑1098.34万平方米。顺德区获评国家生态文明建设示范区，顺控环投热电项目投入运营。深入推进对口帮扶。开展新时期精准扶贫对口帮扶云浮、湛江工作，投入财政资金13.91亿元，所帮扶村农村居民人均可支配收入水平达到省考核要求，佛山（云浮）产业转移工业园创建国家级氢能技术标准创新基地。深入开展东西部扶贫协作，落实财政资金9.86亿元，对口扶贫协作四川凉山州工作在全国考核中获评“好”等次，对口支援西藏墨脱县、新疆伽师县、新疆生产建设兵团41团草湖产业园以及四川甘孜州乡城县、得荣县，对口合作黑龙江双鸭山市工作扎实推进。

加快发展社会民生事业，人民生活水平稳步提高 居民人均可支配收入4.96万元，比上年增长8.3%。财政民生支出612.64亿元，比上年增长6.8%，

占一般公共预算支出75.9%，省、市民生实事全面完成。民生福祉持续改善。最低生活保障标准提高至每人每月980元，特困人员供养标准提高至平均每人每月1863元，孤儿养育标准提高至每人每月2000元，市受助人员托养中心建成投入使用。企业职工养老保险人均养老金提高至每人每月3200元，城乡居民养老保险基础养老金提高至每人每月220元，实现全市城乡居民养老保险全覆盖。随军家属一次性安置补助金标准提高至10.9万元，优抚对象抚恤补助标准最高增幅达32%。政府投资建设的公租房累计分配19900套，分配率96.9%。住房租赁监管及交易平台上线，新增上线房源31356套，签约6530套。公共服务水平不断提升。完成新（改、扩）建幼儿园43所，新增学前教育学位1.7万个，普惠性幼儿园占比达76%。新（改、扩）建义务教育阶段学校41所，新增学位4.2万个。推进省现代职业教育综合改革示范市建设，现代学徒制试点通过验收。实施"登峰计划"，启动11家高水平医院建设，积极打造珠江西岸医疗高地。国家卫生城市复审通过复查，209万居民签订家庭医生服务协议，为超过10万名新生儿提供常见遗传代谢疾病免费筛查服务。实施药品和医用耗材供应链改革，药品采购价格降低11.2%，医用耗材采购价格降低21.8%。新增社区居家养老设施88个，总数达332家；新建收养性床位3827张，总数达3.7万张。构建政社互动型复退军人服务体系，建成各级复退军人服务组织803个。优化新市民服务，实施新市民业务办理"最多跑一次"制度。创建成为国家公共文化服务体系示范区，佛山大剧院和国际体育文化演艺馆投入使用。开展"50公里徒步"、广东（佛山）非遗周暨佛山秋色巡游等活动，成功举办第27届中国金鸡百花电影节。启动社会综合治理云平台，获评全国社会治理创新示范市。加强精神文明建设，实施"乐善之城"建设三年行动计划。深入推进"厕所革命"，新（改）建各类公共厕所322座。平安佛山建设扎实推进。开展扫黑除恶专项斗争，创建全国禁毒示范城市，刑事警情比上年下降26.9%，治安警情下降16.8%，社会治安持续好转。创建国家食品安全示范城市中期绩效评估获评最优等次，"明厨亮灶"餐饮单位达3.25万个，认定餐饮服务食品安全A级单位1048个、食品安全示范点1172个。积极稳妥做好非洲猪瘟防控工作。粮食安全责任省考核连续两年获优秀等次。落实安全生产"一岗双责"，商贸制造业、火灾、道路交通实现事故总量、伤亡人数"双降"目标。

坚持依法行政，人民满意政府建设取得新进展　2018年，佛山市坚持和加强党的领导，学习贯彻习近平总书记重要讲话精神，开展"大学习、深调研、真落实"活动，把全面从严治党贯穿到政府工作各方面。主动向市人大及其常委会报告工作，向市政协通报情况，依法接受监督，办理人大代表建议188件、政协提案215件，办复率100%。提请市人大常委会审议法规草案2件、制定修改政府规章3项，在全省依法行政考评中获优秀等级。建设人民满意政府完成115个年度重点项目，第三方机构评估得分87.25分。推进"数字政府"建设，获中国智慧城市建设领先奖和中国营商环境创新奖。自觉接受巡视监督和监察委员会的监督，审计监督全覆盖深入推进。加强党风廉政建设，严格落实"一岗双责"，驰而不息正风肃纪，政府作风持续改善。

（黄影彤）

·综合协调服务·

【政务服务】 2018年，佛山市政府以佛府、佛府办名义印发文件145份，收文19745份，其中办件13140件。全年召开市政府常务会议20次、市政府全体会议1次、市政府廉政工作会议1次、全市经济形势分析会3次、市长碰头会11次。

【调研工作】 2018年，佛山市府办组织到浙江省、江苏省开展营造法治化、国际化、便利化营商环境专题调研，到山东省开展城市形态提升专题调研，到河南省、陕西省开展电子信息产业集群专题调研，到江苏省开展新能源汽车产业发展专题调研，到珠三角各地市开展强化全市统筹发展专题调研，开展全市各区经济社会发展情况调研。全年完成26项课题研究，包括《关于2003年以来佛山经济增长趋势的研究报告》《关于六大城市发展态势和工作思路对比分析的报告》《佛山经济高质量发展对策研究》《提升佛山制造业自主创新能力对策研究》等。

【督查督办】 2018年，佛山市府办做好国务院大督查迎检工作，组织各区各部门开展自查、处理国务院转交的问题线索12件，制订《2018年市政府督查工作计划》和《2018年市〈政府工作报告〉重点任务督查方案》。及时对群众反映强烈、影响范围大并且性质恶劣的难点问题和典型案例进行督查督办。开展各专项督查，分别针对前三季度经济分析会强调事项、供给侧结构性改革、外资外贸进展、固定投资及市重点项目进展、企业上市任务落实等事宜开展了专项督查督办。持续跟进省委巡视组反馈意见整改落实情况。全年草拟并向市政府上报《督查专报》35份。省人大建议政协提案、市人大议案建议办复率和满意率100%；市政协提案办复率100%，满意率96.78%，基本满意率3.22%。

【政务公开】 2018年，佛山市府办印发《佛山市2018年政务公开工作要点分工方案》《佛山市政府政务公开动态扩展和定期审查制度》。全年收到政府信息公开申请125宗，全部交由各相关单位进行办理，完成答复125件。编辑《佛山市人民政府公报》24期，汇编各类主动公开文件293份。2018年8月，省府办公厅公布2017年度全省政务公开工作第三方机构评估结果，佛山市得分为86.2分，全省排名第三。佛山市政府网在全国302个地级市政府网站中连续8年稳居第一。

【综合文稿起草】 2018年，佛山市府办发挥以文辅政和决策参谋职能，完成市领导交办的各项工作任务。全年完成市领导文稿350篇，约140万字，包括高质量起草2018年市《政府工作报告》，取得良好的社会反响。

【政务信息】 2018年，佛山市府办向省政府办公厅报送《佛山政务信息》267

篇，41篇被省政府办公厅采用，采用率位居全省前列。其中，21篇政务信息被省府办公厅选报国务院办公厅，11篇政务信息被选送省领导参阅，8篇获得省领导批示，9篇政务信息被省政府办公厅刊登《粤府信息》。

（黄影彤）

·政务服务·

【概况】 截至2018年底，佛山市向区下放95%以上的政务服务事项，区向镇（街）下放65%以上的政务服务事项；全市1922个事项实现标准化梳理和实施，941个事项实现同城通办、1426个事项“广佛通办”；基本建成“4×4”政务服务体系，全市有行政服务中心机构795个，布设“市民之窗”自助终端1356台，形成15分钟服务圈，98%以上审批服务事项进驻大厅提供“一窗式”“主题式”服务。

2018年，全市实体大厅业务量1838万件。推进线下政务服务向线上转移，全市98%以上政务服务事项上网服务，60%以上事项实现全程网办，268个事项进驻“粤省事”服务平台提供服务，79个事项实现无纸化自助办理，134个事项实现容缺受理。围绕企业开办、企业经营、投资建设、不动产登记等跨部门管理领域，全面实施联合审批改革。建成上下可互联互通、数据汇集共享、业务全程电子流转的一体化支撑平台，涉及4大体系、4层应用共61个信息化系统，可支撑全市政务服务集约化、一体化运行。是年，佛山市五区“政务服务满意度”均值得分94.02分，市直单位“政务服务满意度”均值得分97.58分。5月，中共中央办公厅、国务院办公厅印发《关于深入推进审批服务便民化的指导意见》，在附件部分总结了6个省市、地区的经验做法，其中包括“广东省佛山市‘一门式一网式’经验做法”；8月，国务院办公厅印发《关于部分地方优化营商环境典型做法的通报》，佛山市在审批服务标准化建设方面的典型做法被通报表扬；10月，佛山市“一门式一网式”政府服务模式改革实践”项目获第五届“中国法治政府奖”。

【“一门、一网、一次”政务改革】 2018年，佛山市贯彻落实中办国办推进政务服务“一网、一门、一次”改革工作方案，构建方便快捷、公平普惠、优质高效的一体化网上政务服务体系，推进跨层级、跨地域、跨系统、跨部门、跨业务的协同管理和服务，推动企业和群众办事“一网、一门、一次”。

深化标准化建设应用　修订2018年“一网通办”和“一窗通办”审批服务事项通用指导目录，全市54个部门1922个事项实行标准化要素化管理。截至年底，管理材料应用清单61147条，对应材料目录10075条，收集和应用材料实例96738份。编制涉及41份标准的全市“一号一窗一网”政务服务标准汇编，全面执行应用标准，推进全市“一门式一网式”政务服务平台在各区和市各单位的全面应用。

完善服务体系建设　优化综合窗口建设，窗口平均等候时间压缩至15分钟以内，平均办理时间压缩80%以上。完善企业经营许可准入服务主题，新增第一类医疗器械备案、商场超市行业、木材运输等联审联办主题；按照企业生产经营活动梳理出126个服务主题，涉及联审联办的有48个主题、77个办事情形。推广同城通办服务，全市160个事项全市通办，941个事项区内通办；1426个事项“广佛通办”。深化“市民之窗”自助终端应用，全市建成58个24小时自助服务区，布设1356台“市民之窗”自助服务终端机提供82项服务事项，截至年底，全市业务量超300万件。

简化优化审批服务流程　深化企业投资建设项目联合审批改革，在工程报建阶段建立“适时发起、部门联审、统一意见、限期完成”的联合审图会审会商工作机制。启动新一轮工程建设项目审批制度改革，成立以市长为组长的工程建设项目审批制度改革工作领导小组，拟订方案，提出27项改革举措任务。探索推行“证照分离”试点改革，组织佛山高新技术开发区作为全市唯一试点开展“证照分离”改革。深化完善市、区、镇（街道）企业登记综合服务体系，实行企业登记“一站式”服务。

构建便捷高效网上政务服务体系　深化应用广东省政务服务网，开展平台集约化改造提升，统一申报入口，优化网上服务门户。至年底，全市7125个行政许可和公共服务事项100%进驻广东省政务服务网，在线申办率91.04%，网上全流程办理率72.63%，网上办结率55.38%。建设并推广自助填表系统，涉及农业、卫计、民政等7个部门360张电子表单。推进“一键查、随身办”移动办事服务，开通“粤省事·佛山”小程序随身办服务，业务范围覆盖佛山市的268个事项。强化政务大数据应用支撑，开通包括工商营业执照、完税证明等证照74类电子证照，“税收完税证明”“残疾人证”“营业执照”等累计调用量6400余次。推广邮政速递服务，完成物料平台跟邮政特快专递服务（EMS）的对接。推进统一身份认证，初步制定身份认证的等级标准。构建大数据可视化展现平台，汇聚全市155个行政服务中心大厅的基础数据、1059640笔业务数据。

【工程建设项目审批制度改革】 2018年下半年，佛山市启动新一轮工程建设项目审批制度改革，成立以市长为组长的工程建设项目审批制度改革工作领导小组，拟订《佛山市工程建设项目审批制度改革实施方案》，并征求相关部门意见，从加强项目前期策划、优化项目中期审批、强化项目后续监管三大方面提出27项改革举措任务，按照工程项目类型分阶段编制9类办事指南和办理流程图，围绕“一张蓝图”统筹项目实施、“一个平台”实现全程管控、“一个窗口”提供便捷服务、“一张表单”压减申报材料、“一支队伍”优化审批服务、“一套机制”规范审批行为，全面推进佛山市工程建设项目审批大提速、质量大提升。在全省率先推行网上全流程审批，102个事项只需4次申办，所有项目的申报、审批、技术审查实行全流程无纸化网上办理，推行自助式项目申办，提供“智能辅导”，推动信息共享和数据服务。全流程审批时间压缩70%，相比全国规定时间少60%以上，政府投资项目控制在45个工作日内，社会投资项目项目最短11个工作日、最长45个工作日。

【“证照联办”改革】 2018年，佛山市成立“证照联办”改革工作专责小组，打造主题式联办服务，以佛山高新技术开发区为示范区，梳理第一批“证照分离”改革事项126个，将营业执照与工商登记后置审批项目、关联服务项目纳入综合窗口统一受理，设置“证照分离”专窗，市场监管部门与各主管部门间的串、并联审批相结合，打造全市统一的企业登记许可“一窗受理、内部流转、联合审批、同步发证”的新模式，形成“共享互认资料、优化业务流程、精简申请材料、服务高效便捷”联审联办机制，打破部门壁垒，倒逼审批效率进一步提升，解决企业“办证多”“办证难”的问题，实现“最多跑一次”“马上办”，方便企业和创业者办事。

【不动产登记制度改革】2018年，佛山市推行不动产登记制度改革，按照“前台一窗受理、后台分类审核、部门并联办理、统一窗口出件”的原则，在各区行政服务中心统一设置不动产登记综合服务窗口，将不动产登记、房产交易、房屋契税等事项进行整合，提供“打包式”和“套餐式”服务，实现不动产登记“进一扇门，跑一次路”。除复杂不动产登记外，实现不动产抵押登记3个工作日内、其他登记类型5个工作日内办结。推进“互联网+登记”，统一建设全市不动产登记网上申办系统，实现部分主要业务掌上预约、网上预审、网上查档、网上告知。推行不动产登记自助服务，在“市民之窗”自助终端开发不动产自助打证、发证、查询等功能。推行不动产登记“互联网+金融”服务合作，把不动产登记办事窗口延伸至银行网点，群众在银行办理抵押贷款业务的同时即可申办不动产抵押登记业务。

【“12345统一服务平台”建设】2018年，佛山市政府“12345统一服务平台”服务处理量444.67万人次。其中：电话服务处理量201.89万人次，电话接通率80%以上，电话服务满意度98%以上；微信、网站、智能问答机器人等渠道服务处理量242.78万件次，满意度97%以上。“佛山12345”微信公众号全年总阅读量超过200万人次，获评“佛山十大特色政务微信”。是年，佛山“12345平台”的服务模式和创新经验受到关注，获全国政务热线发展研究论坛十大创新案例“金锐奖”、全国年度十佳政府服务热线奖、全国政府热线高质量发展研讨会服务质量“卓越奖”、年度“金耳唛杯”中国最佳客户中心“卓越在线服务奖”和“最佳管理人”、年度“金音奖”中国最佳客户联络中心“最佳政务服务奖”和“最佳管理人”、年度中国客户联络中心行业发展年会“大数据应用创新示范单位”和“最具创新管理人”、年度“金铃奖”暨中国大数据应用新典范大奖“公共服务—智能决策奖”等。

【公共资源交易服务】2018年，佛山市公共资源交易中心及各区交易平台完成各类公共资源交易业务7472项，成交金额1225.27亿元。业务量比上年增长110.89%，交易额减少10.39%。全市公共资源交易各项业务运作规范，办事群众满意度99.69%以上。

统筹开展各类电子化系统的上线应用，通过国家电子招标投标交易平台三星级检测认证。7月3日，启动网上中介服务超市，至年底，进驻中介机构2955个，项目业主968个，中介事项1137个。全市发布采购公告项目3963个，累计接受中介服务机构报名94998个次。9月，全市上线运行政府采购全流程电子化系统。10月18日，启动工程建设交易全流程电子化工作。12月，“佛山市建设工程招投标全过程服务标准试点”项目通过省级终期评估验收。

【各区政务服务】2018年，佛山市各区政务服务以人民为中心，推进审批服务便民化、标准化建设。

禅城区政务服务　禅城区“一按灵”平台业务受理总量1343514件。“空中一门式”节目共开播138期，解答市民问题375件，办结率100%。不动产抵押登记等81个服务事项实现办理时限大幅压缩至5个工作日以内。创新商事经营“主题式”服务，推出开办餐馆、进出口贸易公司、旅馆、高端装备制造业、办美容美发店、办货运公司等10个商事经营主题，办理时限15个工作日以内。推出79个“零跑腿”事项，151份规范化的证照类材料和非规范化的证明类材料“零提交”，11个事项实现即办即有。7-12月，法人全生命周期服务推送服务5457人次。

南海区政务服务　南海区在全省范围内率先制定县区级的网上办事管理规范性文件，在全省首推“刷脸”微信办事，首次运用电子证照，推出140个全流程网上办理事项，7个“刷脸”即可全流程微信办理事项，网上办理业务2774件；推出8批共476个全区通办事项和7批跨城通办事项，与广州市荔湾区、白云区、花都区三区的通办事项780个。扩大“重点企业专窗”服务范围，服务重点企业由38家增至225家。8月，南海区行政审批先进标准体系试点项目以高分通过验收，为全省提供良好示范。

顺德区政务服务　2018年，顺德区推进“跨城通办”，与广州市南沙区于7月2日启动“南顺通办”，推出“南沙代顺德办”事项63个，“顺德代南沙办”事项58个，涵盖卫计、药品医械、工商、人社、文体、交通等领域。出台《关于优化村级工业园改造项目报建审批事项权限及其流程工作指引》，提升村级工业园改造项目报建审批速度。新增“顺德百事通”微信版，所有功能与手机应用软件（APP）保持一致，平台累计注册用户22万人。整合全区15个职能部门、7个镇街共88条热线。

高明区政务服务　高明区启动“容缺受理”政务服务，梳理出全区涉及公安、教育等22个部门307个事项。不动产抵押登记及抵押权注销登记“全区通办”、交易登记税务“一窗通办”，压缩审批时间37.5%、材料37%、跑动次数压减50%。推出收费事项“e支付”，实现银行卡、微信、支付宝等多种支付方式。推出10个行业共19个经营许可联办主题，平均压减材料6份，压缩审批时限45%。开办企业压缩为2个流程、5个工作日，审批时限压减75%。1月，“佛山12345热线”新平台在高明区正式部署上线。

三水区政务服务　三水区成为佛山市率先推行工程报建并联预审改革试点和佛山市不动产登记“60分钟”审批试点。组建大塘镇、乐平镇、白坭镇不动产登记分中心，实现对当年确权当年申请的一手房商品房（住宅）转移在60分钟内完成不动产登记审批，审批流程优化后审批时限由5个工作日压缩至60分钟。启动新一轮商事制度改革，企业开办登记所需7个环节精简为3个环节，全流程用时缩减到3个工作日。11月，中介超市实体大厅正式对外服务，50多个中介机构进驻，可提供30多项中介服务。

【佛山市“一门式一网式”政务服务模式改革获第五届“中国法治政府奖”】 2018年10月28日，第五届“中国法治政府奖”终评评审暨颁奖典礼在北京市举行，佛山市人民政府申报的“以服务创新促行政权力规范高效运行——佛山市‘一门式一网式’政府服务模式改革实践”项目获第五届“中国法治政府奖”。第五届“中国法治政府奖”于2018年4月启动评选，活动组委会收到全国各地85个项目，经过专家初评、公示，31个参评项目入围最终评审，最后评选出“中国法治政府奖”15个、“中国法治政府提名奖”16个。佛山市是广东省内四个获得“中国法治政府奖”的单位之一。佛山市“一门式一网式”政府服务模式改革，运用“互联网+”技术，推行权责清单制度，创新构建政务服务“一窗办百事、一网布千点”政务服务新模式，基本实现“政府一扇门、开到家门口，只到一个窗、办事不求人，服务一张网、最多跑一次”目标。

（市政务服务数据管理局）

2018年10月28日，第五届“中国法治政府奖”颁奖典礼在北京举行，佛山市“以服务创新促行政权力规范高效运行——‘一门式一网式’政府服务模式”项目改革获第五届“中国法治政府奖”

（市政务服务数据管理局供图）

·信 访·

【概况】 2018年，佛山市信访系统及有信访任务的各有关部门共办理群众信访件67696件次，比2017年上升21%。从案件分布看，市级单位24430件次，其中市信访局6162件次、市有关部门18268件次；各区、各镇（街）12495件次。成功化解省领导包案3件和市领导包案7件。依程序办结中央巡视组交办佛山市信访事项247项，其中化解198项（化解率80.16%）；依程序办结省委巡视组交办佛山市信访事项205项，其中化解167项（化解率81.46%）。市、区两级信访部门全年排查出涉黑恶乱问题线索161条，全部按照程序移送有关部门掌握，其中移交公安机关22条。

是年，佛山市群众进京上访批次数和人次数与2017年相比分别下降25%、21%，进京到非接待场所上访批次数和人次数与2017年相比分别下降33%、27%，群众进京上访总量、到非接待场所上访量均处于2017年来最低水平。群众到省上访批次数和人次数与2017年相比分别上升19%、下降19%；到省集体上访批次数和人次数与2017年相比分别下降39%、60%。是年，佛山市没有发生因信访问题引发的极端恶性事件和舆论负面炒作事件。佛山市驻京信访工作组被广东省驻京信访工作组通报表扬。市信访局党支部小品《搬迁》获第三届工作技能大赛“二等创新成果”称号。

【信访工作制度改革】 2018年，佛山市紧跟省信访局信访工作制度改革的步伐，创新信访工作运行机制，信访工作逐步回归本位。制定下发《中共佛山市委佛山市人民政府贯彻落实〈中共广东省委广东省人民政府关于进一步加强和改进新时期信访工作的意见〉实施意见》，明确新时代信访工作要坚持以人民为中心、依法维护群众合法权益，坚持源头预防、推动信访问题在政策层面上批量解决，坚持法治思维方式、促进信访法治化建设，坚持形成工作合力、打造共建共治共享信访工作格局，坚持构建保障体系、不断创新信访工作新局面。制定下发《佛山市依法分类处理信访诉求工作实施细则》，明确有权处理机关要依法及时就地解决群众合理诉求。修订《2018年度区级落实信访工作绩效考核评分方案》，以考核为导向，实现信访工作从维稳向维权转变。

【信访工作群众满意度评价项目开展】 2018年7月，佛山市信访局启动常态化信访工作群众满意度评价项目，项目委托第三方中立机构佛山市博睿社会工作服务中心开展。项目依据中共中央办公厅《信访工作责任制实施办法》、国务院《信访工作条例》及《广东省信访条例》的相关规定和要求，依托世界公认的客户服务质量评估标准RATER指标，从信赖度（reliability）、专业度（assurance）、有形度（tangibles）、同理度（empathy）及反应度（responsiveness）等代表衡量信访工作质量的五个维度，设置维度对应的问卷，对全市信访事项资料进行科学统计、筛选、划分及问卷调查。项目开展过程中，第三方专职工作人员进行信访事项办理规范性检查、红黄灯催办、电话回访、满意度评价等，并根据日常工作中发现的问题提出相关的意见建议。2018年第三、第四季度，群众满意度评价调查回收有效率90.4%，受访群众提出各类相关意见 107 条；信访事项规范性按时办结率 98% 以上，群众满意度评价整体满意度 87%。

【佛山市信访业务“受理、办理、督办三个平台”建成】 2018 年 3 月，佛山市信访局率先落实省信访工作制度改革，在原科室设置不变、总人数不变的基础上，工作人员调整到位、办公场所调整到位、岗位职责明确到人，在全省率先建成信访业务“受理、办理和督办三个平台”。三个平台的建成大大提高工作效率和业务规范化水平，推动信访工作回归本位。

【“佛山市一体化信访信息系统”升级改造完成】 2018 年 7 月，佛山市一体化信访信息系统正式启用，实现统一建设、统一平台、统一使用、统一管理，全市信访信息实现大数据统筹，极大地提高工作效率，实现“让数据多跑路，让群众少跑腿”的工作目标。该系统在以下四个方面进行改造升级：一是实现省、市、区、镇（街）、村（居）五级纵向、横向全覆盖，支持各使用单位之间的横向、纵向连接。二是支持多渠道信访，与市、区信访网站、APP 客户端、微信、微博等新媒体端口对接，方便群众反映诉求，让数据多跑路，让群众少跑腿。三是保障信访信息数据传输和获取的实时性、准确性和多样性，设置办理流程校验把关，量化业务办理质量，推进信访事项办理过程有理有序有节。四是从制度上保障了信访事项处理及时、准确、公开、透明，最大限度地维护群众合法权益。

（陈志毅）

2018 年 7 月，佛山市一体化信访信息系统正式启用，实现了统一建设、统一平台、统一使用、统一管理。图为系统界面截图 （市信访局供图）

政协佛山市委员会

2018 年佛山市政协主席、副主席名单

主　席：熊志翔
副主席：郑灿儒
唐冬生
葛承书
骆毓林
朱华仙（女）
万志康
杨小晶

【概况】 2018 年，佛山市有各级政协组织机构 6 个，其中市级政协 1 个，区级政协 5 个。政协第十二届佛山市委员会辞去委员职务 19 人，撤销委员资格 4 人，增补委员 35 人。增减后，实有委员 378 人，其中常务委员会组成人员 78 人。委员中，中共党员 152 人，非中共人士 226 人；常务委员中，中共党员 31 人，非中共人士 47 人。设有提案委员会、经济科技委员会、城建资源环境委员会、文教体卫委员会、社会和法制委员会、港澳台侨及外事委员会等 6 个专门委员会。

市政协把握团结和民主两大主题，围绕中心、服务大局，立足佛山实际，扎实履行政治协商、民主监督、参政议政职能，着力打造“有为政协、特色政协、和谐政协”，全年共开展专题协商 4 项、调研议政 3 项、专题视察 9 项，合并交办提案 215 件，编报《佛山政协信息》211 期，为各民主党派、工商联、人民团体参政议政搭建良好的平台，密切与港澳台侨人士的联系，推进公共外交活动，做好委员履职管理工作，开展文化交流、扶贫济困和公益慈善等活动，为推进佛山市经济社会持续健康发展作出贡献。8 月 8 日，全国政协办公厅信息联系点工作座谈会在江苏省泰州市召开，佛山市政协受邀作经验介绍，并第 11 次获“全国政协办公厅社情民意信息工作先进单位”称号。

【佛山市政协十二届二次会议】 2018 年 1 月 15 — 17 日，中国人民政治协商会议第十二届佛山市委员会第二次会议在佛山召开，市各民主党派、人民团体、社会各界及港澳地区特邀人士等 29 个界别共 345 名委员出席。市党政军领导到会祝贺。全国政协委员梁华，市各民主党派主要负责人，在佛山市工作、居住的省政协委员，没有安排担任政协第十二届佛山市委员会委员的市政府直属机构和中央、省驻佛山部分单位的领导，市政协历届正副主席、秘书长，海外华侨华人代表人士，台湾地区代表人士，市政协历届港澳委员联谊会理事和市政协机关副处级以上干部等 103 人列席会议。会议还邀请 20 名市民代表旁听开幕会和闭幕会。会议审议通过政协第十二届佛山市委员会常务委员会工作报告和关于市政协十二届一次会议以来提案工作情况报告；表彰市政协十二届一次会议以来的 17 件优秀提案，表扬 45 名 2017 年度履职考核优秀的委员；补选马时光为十二届市政协秘书长；通过市政协十二届二次会议决议。会议期间，委员们列席佛山市第十五届人民代表大会第三次会议，听取并讨论市长朱伟所作的政府工作报告及有关报告。市政协主席熊志翔在闭幕大会上讲话。

【政协常务委员会会议】 2018 年，佛山市政协召开十二届三次、四次、五次、六次常委会议。第三次常委会议传达学习中共十九大精神，提出要进一步深入学习领会习近平新时代中国特色社会主义思想，准确把握精神实质，并作为统揽政协工作的总纲；听取《政府工作报告》（征求意见稿）说明并进行分组讨论，听取市政府部门办理2017年政协提案情况通报，书面听取市纪委、市中级人民法院、市人民检察院关于2017年工作情况通报；讨论审议市政协《常委会工作报告》（草案）和《提案工作情况的报告》（草案）及报告人，审议通过召开市政协十二届二次会议的决定、日程及有关决定，审议通过《政协佛山市委员会委员履职管理办法》（修订案）和《政协佛山市委员会专门委员会工作规则》。第四次常委会议审议通过市政协十二届二次会议议程、日程，审议有关人事事项。第五次会议传达学习全国两会精神，学习《中国人民政治协商会议章程修正案》，并就如何贯彻会议精神，作政协全年工作部署。第六次会议主要围绕佛山市实施乡村振兴战略专题进行议政，向与会常委传达习近平总书记关于加强和改进人民政协工作的重要思想，并通报市政协2018年工作的主要情况。

【政治协商】 2018年，佛山市政协通过全体会议、常委会议、主席会议各界别委员代表座谈会、大会发言、港澳委员座谈会等，开展多形式、多层次的民主协商，并搭建“有事多商量”——佛山市政协协商民主平台，围绕佛山市培育新兴产业、加强科技创新、扶持中小企业发展、实施乡村振兴战略、推进生态文明建设、提高基层医疗服务水平以及群众普遍关心的民生热点问题深入协商议政，为党委政府科学民主决策提供有益参考。就加快建立多层次社会养老服务体系、“博物馆之城”建设、佛山西站周边环境配套建设情况等3个专题开展季度协商，并形成专题协商报告报市委、市政府。其中，关于加快建立多层次社会养老服务体系的专题协商报告，提出加快完善社区养老设施、培育养老服务专业人才等对策建议，推动《关于进一步完善设立养老机构相关措施（试行）》政策文件出台；关于加快佛山市“博物馆之城”建设的专题协商报告，提出加大统筹支持力度、全面提升建设质量和水平、充分发挥博物馆的功能作用等建议，促进“博物馆之城”建设深入开展。开展提案办理协商，共收到以提案形式提出的建议429件，经审查，立案320件，根据内容相近并案后实际交办215件。开展提案办理调研、视察、走访、座谈活动200多次，提出会办意见762份，办复完成全部提案。提案提出的问题已经解决或建议得到采纳的69件，占32.09%；列入计划解决或拟采纳的137件，占63.72%；其余用作参考。政协委员对提案办理满意率96.78%，基本满意率3.22%。《关于推进军民融合创新发展》《大力发展高端电子信息产业》《关于建设高品质森林城市的建议》《建设世界级检测中心推行“佛山制造”认证》4份提案，分别作为市委书记、市长、政协主席重点督办提案和“回头看”督办提案。

【调研议政】 2018年，佛山市政协根据全市经济社会发展需要，找准围绕中心服务大局的切入点，精心谋划专题调研议政，为佛山市改革发展寻求良谋善策。围绕乡村振兴专题开展调研。在2017年度“村级工业园全面整治提升”议政成果基础上，联合民主党派、党政部门和各区政协等围绕乡村振兴专题深入调研，形成常委会议《关于借力乡村振兴推动我市高质量发展的建议案》，提出“城中村”加快城市化、“城边村”加快新型工业化、“城郊村”绿色生态优先发展，建议创新“政府+农村+市场”发展机制、创新集体资产增值渠道、创新发展利益共享机制、创新农村治理体制等，得到市委主要领导高度重视，认为具有很强的针对性，要求各区和市直部门认真研究吸纳。围绕城市智能化精细化管理情况开展专题调研，形成主席会议《关于推进智能化建设 提升城市精细化管理水平的建议案》，提出以建设全国一流智慧城市为目标，以数字政府建设为契机，更新发展理念、推进资源共享、加强人才保障等建议，得到市委主要领导充分肯定，有效推动相关政策的出台。开展推进佛山经济高质量发展专题调研，形成主席会议《全力打造三龙湾、高新区两大创新平台 推动佛山经济高质量发展的建议案》，提出把三龙湾高端创新集聚区和佛山国家高新区作为实施创新驱动战略的主引擎，通过强化市级统筹，高标准规划布局，主动对接粤港澳大湾区创新资源，加快形成引领全市经济发展两大新的增长极等意见建议，为市委、市政府推动相关工作提供有益参考。

【民主监督】 2018年，佛山市政协坚持把关注民生、履职为民作为政协参政议政的根本宗旨和工作的重要方面，聚焦重点难点民生问题，加强民主监督，促进改革发展成果更多更公平地惠及全体人民。组织开展专题视察活动7项，并形成专题视察报告报市委、市政府。《关于我市台资企业发展情况专题视察报告》提出的推动传统台资企业转型升级、增强台商信心等建议，纳入相关部门议事日程，助推“惠台”若干意见出台；《关于我市公立医院取消药品和医用耗材加成改革情况的专题视察报告》提出加快完善分级诊疗制度、完善服务价格形成机制、深化药品供应链改革等建议，为推进佛山市公立医院综合改革提供较好参考。联合广州市政协、肇庆市政协开展“广佛肇水环境治理情况”专题视察，联合云浮市政协开展“云浮氢能产业基地情况”专题视察，围绕“村级工业园全面整治提升”专题议政成果、“古村落活化升级”工作开展“回头看”视察。根据市委部署安排，市政协三位副主席带队参加全市生态环境督察和安全生产驻点督导工作，对禅城、顺德、高明等区进行协商式监督，并根据生态环境督察情况，如实反映的《我市农村分散式生活污水处理切忌“一刀切”》社情民意信息，得到省、市领导批示，并转有关部门办理，推动生态环境督察工作顺利开。是年，共收到社情民意信息2774篇，编报《佛山政协信息》普刊227篇，被中共中央办公厅采用1篇，被全国政协、省政协采用23篇，被省委、市委采用50篇，得到省、市领导批示7篇。《关于新个税法的争议焦点及改进建议》得到中共中央办公厅、全国政协办公厅采用，社情民意信息工作继续走在全国前列，市政协办公室第11次获评“全国政协办公厅信息工作先进单位”。推荐政协委员担任时事评论员，担任政府部门和司法机关特邀监督员，参与民主评议活动。

【团结联谊】 2018年，佛山市政协以实现大团结、大联合为目标，把发扬民主、增进团结贯穿于各项活动中，开展形式多样的联动合作，进一步促进爱国统一战线的巩固和发展。巩固完善政协党组成员与各民主党派负责人沟通联系制度，坚持政协秘书长与各民主党派、工商联秘书长（办公室主任）联席会议制度，支持和保障各民主党派、无党派人士通过政协全体会议、常委会议和专题协商会等平台履职建言，加大对党派提案的督办力度，与党派开展联合调研视察。各民主党派、工商联、人民团体共提交提案40件，反映社情民意信息1245篇。协助全国政协、省政协和省内外兄弟城市政协开展中长期人口变化与经济社会发展、大数据智能化产业发展情况、推动乡村振兴战略落实等调研考察活动，协助做好省政协主席到佛山开展医联体建设、水环境综合治理情况的调研视察工作，联系驻佛山的省政协委员赴湛江市开展海洋生态环境保护专题调研，加强对各区政协的指导，通过联合开展调研、视察、提案督办等活动，推动全市政协工作协同共进。成立佛山市政协历届香港委员联谊会，继续发挥历届香港委员“双重积极作用”，得到中联办、省政协、省港澳办等单位的充分肯定和大力支持；加强与台湾地区社团领袖和代表人士的沟通联系，举办第二届“中华翰墨情”佛港澳台中小学生书法比赛活动，促进佛港澳台青少年的文化交流和团结联谊；开展台资企业转型升级专题视察，推动传统台资企业转型升级、增强台商自信；继续邀请海外华侨华人和台湾地区代表人士列席市政协会议，不断拓宽工作渠道、创新交流平台。开展高规格高质量的公共外交活动，依托佛山公共外交协会平台，联合俄罗斯莫斯科肖邦协会等在佛山举办第十一届肖邦青少年国际钢琴比赛，联合马来西亚佛山总商会举办6场“中马企业共同成长之路”佛山巡回分享说明会，组织佛山企业赴马来西亚参加“牵手乡贤·共创辉煌”商业论坛与千家企业对接会，密切与印度尼西亚、柬埔寨、毛里求斯、南非、坦桑尼亚、肯尼亚、马达加斯加等“一带一路”沿线国家交流，助推佛山企业“走出去”，开拓海外市场，完成佛山公共外交协会换届，接待前来佛山视察的中国前外交官联谊会等团体，配合中央、省、市有关部门做好涉外工作。加强文化文史工作，以佛山市政协书画院为平台，举办佛山市政协系统书画展，开展书画艺术交流活动，营造团结和谐的文化氛围；配合协助接待全国政协副主席到佛山考察参加第27届中国金鸡百花电影节。出版《建言资政——佛山市政协优秀提案选编》《佛山文史资料》，修建文史资料室。

【全市政协系统学习习近平总书记关于加强和改进人民政协工作重要思想专题研讨会】 2018年6月25日，佛山市政协在佛山市机关小礼堂召开全市政协系统开展习近平总书记关于加强和改进人民政协工作的重要思想理论学习研讨活动，省政协党组书记、主席王荣带领省政协督导组到会督导并作总结讲话。市委副书记、市长朱伟到会指导并发言。佛山市政协主席熊志翔，副主席郑灿儒、骆毓林、朱华仙以及各区政协主席、市各民主党派代表分别发言。王荣对佛山市政协深入系统开展理论研讨活动予以充分肯定，认为党组示范带头学、注重结合深入学、面向港澳拓展学、做好宣传广泛学，学习研讨活动取得良好开局。省政协督导组及机关人员、市委领导、市政协及机关人员、市各民主党派代表、五区政协、市政协委员代表70多人参加研讨会。

【全市政协工作会议】 2018年10月10日在佛山市机关小礼堂召开，市委书记鲁毅出席会议并讲话，市委副书记、市长朱伟主持会议。市领导李子甫、区邦敏、黄志豪、蔡家华、郭文海、梅河清、杨朝晖、郭长勇、郑灿儒、唐冬生、骆毓林、朱华仙、万志康、杨小晶，各区党委、政协，市有关单位、市各民主党派主要负责人参加会议。顺德区委、市委宣传部、市人力资源和社会保障局、民革佛山市委会专门作书面交流发言。会议学习贯彻习近平总书记关于新时代政协工作重要指示精神，落实中央、省委加强和改进政协工作的有关意见，总结十二届市政协成立以来的工作情况，研究部署新形势下全市政协工作。这是佛山市政协成立以来，首次以市委名义高规格组织召开的全市政协工作会议。

【市委书记督办提案办理工作座谈会】 2018年9月4日，佛山市委书记鲁毅主持召开“关于推进军民融合创新发展的建议”系列提案办理工作座谈会。会上，市发展改革局负责人详细介绍佛山市推进军民融合创新发展工作情况，与会人员深入研究讨论下阶段如何推动佛山军民融合深度发展，委员们对办理过程和结果表示满意。市领导蔡家华、郭长勇、唐冬生、朱华仙以及11位提案会办单位领导，市委督察组和市政协提案委领导参加座谈。市委书记到一线督办政协提案，推动市委、市政府重要决策部署的贯彻落实，是佛山市民主政治进程中的突出亮点。

【“有事多商量——佛山市政协协商民主平台”节目首播】 2018年7月6日，“有事多商量——佛山市政协协商民主平台”首期节目在佛山电视台《六点半新闻》节目中专题播出，聚焦佛山“一环”高速化改造情况，邀请市政协委员与市交通局、市路桥公司负责人共同上线节目，围绕“一环”改造中群众关注的热点开展协商讨论。“有事多商量——佛山市政协协商民主平台”由佛山市政协联合佛山电视台建立，旨在聚焦大事、关注实事、紧盯难事，为人民群众解决最关心、最实际的困难，让人民群众感觉到政协离自己很近、政协委员就在身边，是佛山市政协推进履职能力现代化建设的一项重要尝试。

【佛山政协大讲堂首场专题讲座开讲】 2018年10月25日，“佛山政协大讲堂”首场专题讲座在市政协大礼堂开讲，特邀中国工程院院士王超作“河流水生态环境综合治理”专题讲座。“佛山政协大讲堂”是市政协筹办的全新学习平台，邀请全国各领域顶尖专家学者走上讲堂，宣讲前沿的新知识、新思想、新观念，并结合佛山经济社会发展实际，邀请本地权威人士进行解读。

【第二届“中华翰墨情”佛港澳台中小学生书法比赛】 2018年3—12月，由佛山市政协、广东省书法家协会主办的第二届“中华翰墨情”佛港澳台中小学生书法比赛暨优秀作品联展，在佛山、香港、澳门，以及台湾的桃园、新北五个赛区开展。大赛共收到书法作品5000多件，共评选出特优奖获得者42人，优等奖获得者118人和佳作奖获得者189人。在大赛中获特优奖和优等奖的160件作品，于2018年7月中旬、8月上旬和下旬、10月上旬、12月下旬，分别在佛山、台湾桃园、台湾新北、澳门和香港五地进行巡展。7月15日，比赛颁奖典礼暨优秀书法作品联展开幕式在佛山市图书馆举行，佛山、香港、澳门、台湾获特优奖的学生及其家长80多人参加。

【佛山市政协历届香港委员联谊会成立】 2018年3月31日，佛山市政协历届香港委员联谊会成立大会暨第一届理事会就职典礼在香港举行。联谊会由佛山市政协历届和现届香港委员组成，邀请全国、省历届佛山籍香港委员参加。全国人大代表、香港特别行政区基本法委员会副主任梁爱诗，全国政协委员、香港特别行政区立法会主席梁君彦等担任荣誉会长，佛山市荣誉市民岑杰英担任会长，陈少雄、林道明等担任执行会长。联谊会的成立，有利于更好地团结佛山籍历届和现届政协香港委员，持续发挥委员“双重积极作用”，不断培育壮大爱国爱港爱澳力量，更好服务于国家发展和港澳的长期繁荣稳定。

【佛山公共外交协会换届】 2018年11月26日，佛山公共外交协会第二届会员大会在市政协召开。会议审议通过杨晓光所作的佛山公共外交协会第一届理事会工作报告、佛山公共外交协会第二届理事会选举办法（草案），选举产生佛山公共外交协会第二届理事会，决定佛山公共外交协会第二届理事会名誉会长、顾问和海外名誉副会长、常务理事、理事名单等事项。熊志翔当选新一届会长，郑灿儒当选执行会长，杨晓光任名誉会长，马时光、黎才远、李忠等当选副会长，黄卫平当选秘书长，殷辉、张辉明、周文、黄棋泰、何绮红、黄南飞、陈小霞等为常务理事。

【第十一届肖邦青少年国际钢琴比赛在佛山举行】 2018年5—8月，由广东开放大学音乐学院、俄罗斯莫斯科肖邦协会、柏斯音乐集团、佛山公共外交协会（市政协办公室）共同主办的第十一届肖邦青少年国际钢琴比赛在佛山举行。来自60个多国家和地区的近万名专业组和业余组选手参加，创下比赛创立以来“比赛规模”“参赛人数”和“赛事影响力”最高的纪录。比赛得到俄罗斯联邦驻广州总领事馆、波兰共和国驻广州总领事馆、广东省文化厅、佛山市委、佛山市政府等的重视。肖邦青少年国际钢琴比赛于1992年由俄罗斯文化部、波兰文化部、莫斯科肖邦钢琴协会、波兰肖邦会、俄罗斯国家音乐协会共同创办，是一项历史悠久的青少年国际钢琴赛事。

（郑　静）

2018年3月31日，佛山市政协历届香港委员联谊会成立大会暨第一届理事会就职典礼在香港举行。图为佛山市政协主席熊志翔在成立大会上讲话（市政协供图）

纪检监察

2018年中共佛山市纪委书记、副书记名单

书　记：梅河清

副书记：裴广明

宋会勇

龚嘉明

2018年佛山市监委主任、副主任名单

主　任：梅河清

副主任：裴广明

宋会勇

龚嘉明

【概况】 2018年，佛山市纪检监察机关增强“四个意识”、坚定“四个自信”、坚决做到“两个维护”，坚持稳中求进工作总基调，忠实履行党章和宪法赋予的职责，深化改革创新，狠抓工作落实，全市党风廉政建设和反腐败各项工作开创了新局面。严明政治纪律和政治规矩，坚决全面彻底肃清李嘉、万庆良恶劣影响，全市立案查处违反政治纪律案件28人。发挥巡察“利剑”作用，组织开展两轮常规巡察，对市文广新局等13个单位党组织开展巡察，共发现问题542个、问题线索55条；组织开展两轮农村基层党组织涉黑涉恶涉腐问题专项巡察，对1个镇和38个村（社区）基层党组织进行巡察监督，共发现问题836个、问题线索213条。规范述责述廉工作，组织31名党委（党组）主要负责人向纪委全会述责述廉，严格落实“一案双查”，全市共对59名落实“两个责任”不力的党员领导干部进行问责。蹄疾步稳推进监察体制改革试点，在全省较早实现市、区两级监委组建挂牌、顺畅运转，推进纪法贯通、法法衔接，依法行使监察职权，对所有行使公权力的公职人员实施监察。持之以恒纠治“四风”，坚持暗访、查处、追责、曝光“四管齐下”，发挥佛山市狠刹“四风”网络监督平台作用，集中整治形式主义、官僚主义，坚决防止“四风”反弹回潮。查处违反中央八项规定精神问题75起136人，处分94人，通报曝光案例38起57人。深化运用监督执纪“四种形态”处理3643人次，四种形态分别占63.2%、22.7%、5.9%、8.2%；开展谈话函询729人次，比上年增长74.8%；采信了结并书面反馈128人次，增长265.7%。保持惩治腐败的高压态势，全市纪检监察机关接受信访举报4393件次，比上年上升49.4 %，其中检举控告2965件；处置问题线索3639条，增长9.1%；立案1647件，增长36.5%；查处一把手108人，增长89.5%；查处市管干部26人；通过审查调查挽回直接经济损失3.492亿元。加大追逃追赃力度，开展外逃人员大起底工作，全市追回外逃人员10人。严守审查调查安全底线，实现“零违纪”“零事故”。排查基层党员干部违纪违法问题线索6060条，立案1352件，结案1206件，处分1076人，移送司法机关138人。强化生态环保领域监督执纪问责，查处生态环境损害责任问题25起，问责191人，其中处分46人。深入开展扶贫领域专项治理，摸排扶贫领域违纪违法问题线索16条，立案53件，结案35件，处分22人，为打赢脱贫攻坚战提供坚强纪律保障。排查涉黑涉恶腐败问题线索423条，立案120人，处分61人。紧盯“关键少数”深化制度创新。加大改革创新力度，协助市委出台《关于进一步加强对一把手监督的若干意见》等制度，着力破解一把手监督难题。强化“三个区分开来”的执纪导向，协助市委出台《佛山市关于严肃查处诬告陷害信访举报行为的意见（试行）》《关于建立健全容错纠错机制的实施意见（试行）》，为842名受到不实举报的党员干部澄清正名，激发党员干部干事创业积极性。全面加强队伍自身建设，建立“第一议题”学习制度，深化“五个一”创先争优走在前列活动，加强干部日常监管，对南海区纪委开展专项检查。坚持刀刃向内，坚决清除害群之马，锻造忠诚干净担当的纪检监察铁军。

【市纪委十二届三次全会】 中国共产党佛山市第十二届纪律检查委员会第三次全体会议于2018年2月1—2日召开。市委书记、市人大常委会主任鲁毅出席全会并讲话，市委副书记、市长朱伟传达习近平总书记在十九届中央纪委二次全会上的重要讲话和中央纪委全会、省纪委全会精神。全会审议并通过市委常委、市纪委书记、市监委主任梅河清代表市纪委常委会所作的《坚决落实党的十九大全面从严治党战略部署，为佛山市争当社会主义现代化建设先行区提供坚强保障》工作报告和全会决议，听取6名市委工作部门和市直单位党委（党组）主要负责人述责述廉报告并进行评议。市纪委委员、市委各部委、市直副局以上单位、市各人民团体、各授权经营公司、中央和省驻禅各单位的纪检组长（纪委书记），市纪委派驻（出）机构副处级以上干部，市纪委机关各室（部）负责人及副处级以上干部，各区纪委副书记和特邀监察员代表参加会议，并与市几套班子党员领导干部，全市副处级以上干部，听取市委书记鲁毅的讲话。鲁毅的讲话，充分肯定过去一年的全市纪检监察工作，强调要认真贯彻落实中央、省委和省纪委的工作部署，推动佛山市全面从严治党、党风廉政建设和反腐败工作不断取得新成效。市委常委、市纪委书记梅河清代表市纪委常委会作题为《坚决落实党的十九大全面从严治党战略部署，为佛山市争当社会主义现代化建设先行区提供坚强保障》的工作报告，总结回顾2017年党风廉政建设和反腐败工作。2017年，在省纪委和市委的正确领导下，全市各级纪检监察机关紧紧围绕迎接党的十九大胜利召开和学习宣传贯彻党的十九大精神，以习近平总书记对广东工作重要批示精神为统领，以建设廉洁佛山为目标，强化“四个意识”，坚定“四个自信”，忠诚履职，勇于担当，开拓进取，真抓实干，全市纪检监察工作取得新的明显成效，推动全面从严治党向纵深发展。全会部署2018年的六项工作任务：一是把党的政治建设摆在首位，推动落实管党治党政治责任；二是全面完成深化监察体制改革试点任务，实现对行使公权力的公职人员监察全覆盖；三是巩固拓展落实中央八项规定精神成果，推动党风政风持续好转；四是深入推进党的纪律建设，巩固发展反腐败斗争压倒性态势；五是开展农村基层腐败和作风问题专项治理，深入解决群众身边的不正之风和腐败问题；六是落实政治过硬、本领高强的要求，打造忠诚干净担当的纪检监察干部队伍。

【市纪委十二届四次全会】 中国共产党佛山市第十二届纪律检查委员会第四次全体会议于2018年8月17日召开。市纪委委员、市监委委员，市委各部委、市直副局以上单位、市各人民团体、各授权经营公司、中央和省驻禅各单位的纪检组长（纪委书记），市纪委监委机关各室（部）负责同志及副处以上干部，市纪委监委派驻（出）机构和市委巡察机构副处以上干部，各区纪委监委副书记参加会议。

全会听取市委常委、市纪委书记梅河清代表市纪委常委会所作的讲话。全会充分肯定全市各级纪检监察机关深入贯彻落实党的十九大关于全面从严治党决策部署取得的阶段性成效。强调必须坚决贯彻稳中求进工作总基调，全力推动全市纪检监察工作实现高质量发展。要牢牢把握坚持党对反腐败工作集中统一领导根本政治原则，要牢牢把握“两个坚决维护”根本政治任务，要牢牢把握以人民为中心根本政治立场，要牢牢把握纪法贯通、法法衔接关键环节，要牢牢把握聚焦监督第一职责基本任务，要牢牢把握改革创新根本动力。

全会要求，全市纪检监察机关要不忘初心、牢记使命，全面加强队伍自身建设，更好担当时代重任。要把政治建设摆在首位，坚持以习近平新时代中国特色社会主义思想为指导，牢固树立“四个意识”，坚定“四个自信”，落实“两个坚决维护”。要加强能力建设，着力提高运用理论政策、依法反腐、调查研究、狠抓落实的本领。要强化教育管理监督，坚持刀刃向内，坚决防止“灯下黑”，全面打造政治过硬、本领高强的“纪律部队”。

【监察体制改革】 （详见76页《监察体制改革全面实施》）

2018 年佛山市出台纪检监察制度文件情况

事项	文件名称
加强对一把手监督	《关于对重大政策开展廉洁风险评估的意见（试行）》 《关于进一步加强对一把手监督的若干意见》
开展基层党风治理	《关于进一步加强城乡基层党风廉政建设的意见》 《关于开展农村基层党组织涉黑涉恶涉腐问题专项巡察的意见》 《佛山市基层正风反腐三年行动实施方案（2018 — 2020 年）》
深化监察体制改革	《佛山市监察委员会与检察机关办理职务犯罪案件衔接办法（试行）》 《佛山市纪委监委执纪审查审理质量终身责任制暂行办法》 《佛山市监察委员会疑难职务犯罪案件研究论证专业委员会工作规则（试行）》 《佛山市监察机关、审判机关、检察机关、公安机关关于案件联络员制度的若干工作意见》
营造良好政治生态	《佛山市关于严肃查处诬告陷害信访举报行为的意见（试 行）》 《关于建立健全容错纠错机制的实施意见（试行）》 《关于依法保护民营企业家人身和财产安全的若干意见》
加强党委巡察	《关于建立党委巡察制度的实施意见》 《关于佛山市村级党组织巡察全覆盖的实施意见》 《中共佛山市委巡察工作规划（2018 — 2021 年）》

【纪检监察制度文件编制】 2018 年，佛山市出台关于加强一把手监督、健全容错纠错机制、依法保护民营企业家人身和财产安全等 15 份制度性文件，补齐制度短板，堵塞监管漏洞，发挥标本兼治的综合效应。

【纪检监察十大重点改革创新项目】 2018 年，佛山市为深入学习贯彻习近平总书记参加广东代表团审议时的重要讲话精神和省委书记李希调研佛山时的讲话精神，贯彻落实全省全面深化改革工作会议精神，开展“建机制、抓项目、真落实”活动，市纪委监委推行 2018 年十大重点改革创新项目，集中力量，精准发力，发挥示范引领作用。

市纪委监委推行的十大重点改革创新项目为：一是深化监察体制改革试点工作，推动监察权向派驻机构和镇（街道）延伸；二是研究出台查处诬告陷害类信访举报的意见；三是树立“三个区分开来”执纪导向，研究制定关于建立党员干部容错纠错机制的实施办法；四是探索建立基层政治生态评估系统，开展基层政治生态状况研判；五是探索建立一把手权力清单和负面清单，强化对权力运行的制约和监督；六是推进廉洁试验区建设，探索廉洁保证金制度创新；七是积极运用“互联网+”技术，建立应用党风廉政建设主体责任评估系统；八是探索留置人员“智能看护”模式，建立智能监控网络和预警系统；九是建立执纪审查审理质量终身责任制、疑难职务犯罪案件研究论证专业委员会、职务犯罪案件联络员制度；十是创新巡察方式方法，探索开展联合巡察、提级巡察和交叉巡察。

【首届“廉洁佛山年度人物”宣讲活动】 2018 年 3 — 10 月，佛山市纪委监委组织开展首届“廉洁佛山年度人物”宣讲活动，围绕市委确定的潘桂升等 10 名首届“廉洁佛山年度人物”广泛传播事迹，宣传宣讲改革创新、勤政廉政的先进典型，讲好廉洁故事，传播先进事迹，引发社会积极反响，让守护清廉成为舆论强音、社会共识，为佛山助推广东实现“四个走在全国前列”、当好“两个重要窗口”营造浓厚廉洁社会氛围和强大精神动力。市委书记鲁毅带领市几套班子领导以及市、区两级 700 多名党员领导干部参加首场先进事迹报告会，南方+、佛山发布等省、市主流新媒体现场全程图文直播，人民网等 10 多家主流媒体进行关注报道，超过 15 万人次实时关注。活动期间，全市共举办 700 余场宣讲，2.5 万人次参加。

（陈　明）

民主党派·工商联

中国国民党革命委员会佛山市委员会

【组织概况】 中国国民党革命委员会佛山市委员会成立于1956年12月。1955年4月，民革佛山市支部筹备小组成立，对1949年10月前在广州或香港参加民革前身的“民联”“民促”组织又在佛山工作的王应杰等7人进行登记，成为支部筹备小组的第一批党员。随后，联系原国民党及与原国民党有历史关系的中上层人士，从中选定52人，按民革章程要求进行培养，并逐步吸收他们参加民革组织。在1955年至1957年间共发展党员64人，实有党员72人。1956年12月，民革佛山市第一次党员大会在佛山召开，民革佛山市委会正式成立。第一届市委会主委为黄志腾，第二、第三、第四、第五、第六届市委会主委为王应杰，第七届市委会主委为黄沪芳，第八、第九、第十届市委会主委为杨军辉，第十一届市委会主委先后由杨军辉、唐冬生担任，第十二届主委为唐冬生。主要成员和所联系对象是同原中国国民党有关系的人士、同民革有历史和社会联系的人士、同台湾各界有联系的人士、社会和法制专业人员以及其他人士，着重吸收其中有代表性的中上层人士和中高级知识分子。至2018年底，全市有党员360人，其中分布在教育界121人、新的社会阶层74人、医卫界65人、公有经济界45人、其他界别55人。党员男性222人、女性138人，平均年龄53岁，大学以上文化274人，高级、中级职称262人。设有6个总支、21个支部，设有参政议政等6个专门委员会。

【组织建设】 2018年，中国国民党革命委员会佛山市委员会发展新党员28人，调出党员1人。10月，民革佛山市第十二届委员会第十四次（扩大）会议审议通过民革南海总支增选副主委的相关事宜。11月，在民革南海区第六届总支部委员会第十四次会议上选举增补关紫云为南海总支部副主委。

是年3月，在民革广东省十三届二次全会上，民革佛山市委会获民革省委会颁发的2017年度团结报工作先进集体一等奖、2017—2018年度参政议政工作先进集体二等奖；党员唐冬生、刘建萍、李蕾、张晓曦被民革省委会评为2017—2018年度参政议政工作先进个人；民革禅城总支、南海总支、高明支部被民革省委会评为2017年度组织工作先进支部；党员吴时光被民革省委会评为2017年度优秀基层组织工作者。

【参政议政】 2018年，在省政协十二届一次会议上，十一届省政协委员、民革市委会主委唐冬生提出的《关于贯彻五大发展理念，促进特色小镇快速发展的系列提案》获省政协优秀提案奖；十二届省政协委员、民革市委会副主委刘建萍提交6件提案，内容涉及乡村振兴等领域。是年，市民革新增市、区政协委员2人，各级政协委员共计34人。在市政协十二届二次会议上，民革市委会秘书长李蕾作题为《加快珠三角新干线机场规划建设，打造珠江西岸空港经济新增长极》的大会发言；《关于“创新驱动、质量提升”双引领，加快建设装备制造业强市的建议》等5件提案获市政协十二届一次会议以来优秀提案奖；渠铮等5位履职考核优秀政协委员受到表扬。以民革市委会或民革市政协委员名义提交提案共计99件。其中，《关于推进军民融合创新发展的建议》被定为书记督办案，《关于加快实施乡村振兴战略的建议》《关于加快珠三角新干线机场规划建设，打造珠江西岸空港经济新增长极的建议》《关于建设博物馆之城系列提案》分别被定为市政协经科委、城资委、文教委跟踪办理提案。是年，市民革新增市、区人大代表3人，各级人大代表共计14人。代表们在市十五届人大三次会议上，提交或参与提交议案、建议共计7件。

是年，市民革向市政协报送各类信息108条，其中市政协采用17条、市委采用5条、省政协采用1条、省委采用2条、省领导批示1条、中央办公厅综合采用1条。向市委统战部报送信息85条、报道35条，其中《佛山统战信息》采用2条。向民革省委会报送信息60条、报道68条，其中报道全部被民革广东省委会网站转发采用。市民革被评为2017年度民革广东省委会社情民意信息工作先进集体一等奖，被中共市委统战部评为统战系统信息工作先进单位，被市政协评为社情民意信息工作先进集体三等奖。李蕾获市政协社情民意信息工作先进个人三等奖，夏克传被评为2017年度全市统战信息工作先进个人。

9—11月，市民革担任由中共市委统战部组织、市各民主党派及无党派人士代表参加的“同心”联合调研人才工作专题调研组的牵头单位，形成调研报告《提高人才服务质效，优化人才发展环境》提交市委、市政府作决策参考。9—12月，市民革组织党员围绕“大力发展田园综合体，打造乡村振兴新动能”开展专题调研，先后到广东惠州、浙江绍兴、江苏无锡等城市进行实地考察，形成省、市两级政协大会发言和集体提案。11月，党员黄向撰写的论文《浅析监察法实施与民主党派内部监督制度的衔接问题》入选民革中央监督委员会召开的“监察法实施与民主党派内部监督制度衔接”专题研讨会，其本人应邀在会上作主题发言。

【社会服务】 2018年，中国国民党革命委员会佛山市委员会主委唐冬生、副主委刘建华带领机关专干定期到对口的湛江吴川市中山村实地调研贫困户帮扶工作，开展慰问活动，捐献帮扶资金，按要求完成市里下达的年度精准扶贫任务。接待民革贵州省委会、毕节市委会和纳雍工作委员会代表团一行，组织党员出席民革中央对口扶贫点“贵州纳雍高山生态茶联盟成立暨含雾露香新产品推介会”活动，助推纳雍培育支柱产业，发展地区特色产品。禅城总支到韶关南雄市乌迳镇开展“粤北社会服务扶贫项目考察帮扶活动”。南海总支到四川越西县参加扶贫协作对接活动；联合团市委等单位赴湛江开展对口扶贫活动，党员简观德个人捐款12万元为湛江吴川3所小学购买电教设备并慰问困难群众，教育界党员送课下乡。三水总支率先成立“党员爱心基金”，在统战、民政部门协助下选定第一批两户困难家庭作为救助对象，定期进行探访慰问，利用自身的“爱心资金”及“爱心资源”，安排“爱心专员”负责联系并随时为他们提供帮助。6月，市民革副秘书长朱延通以民革市委会名义向市福利院的残障儿童和孤寡老人捐赠价值2.5万元的图书、电风扇；12月全国法律宣传日期间，顺德总支法律界党员参加各种义务法律宣传活动。

【纪念中共中央发布“五一口号”70周年和民革成立70周年活动】 2018年4月13日，中国国民党革命委员会佛山市委员会主委唐冬生率民革党员近30人前往佛山市图书馆参观中共佛山市委统战部、中国民主党派历史陈列馆及市各民主党派联合举办的“不忘合作初心，继续携手前进——纪念中共中央发布‘五一口号’70周年图片展”。7月1日，市民革举行纪念中共中央发布“五一口号”70周年和民革成立70周年主题演讲比赛，有市直、禅城、南海、顺德、三水总支及高明支部的6名党员参赛。最终禅城总支的周凯和高明支部的谭月欢获得该次比赛一等奖。其中，周凯代表市委会于9月7日到广州参加民革广东省委会举办的纪念中共中央发布“五一口号”70周年和民革成立70周年演讲比赛并获得优秀奖。

【民革省委会调研佛山“民革党员之家”】 2018年9月19日，民革广东省委会专职副主委、广东省“民革党员之家”建设工作领导小组副组长黎智明率队到佛山调研“民革党员之家”建设工作。佛山市政协副主席、民革市委会主委唐冬生等陪同调研。调研组一行先后考察位于佛山新城的南风艺术部落和李广海医馆旧址，并听取相关负责人的介绍。在调研座谈会上，唐冬生向调研组汇报佛山市委会“民革党员之家”的筹建情况。调研组在调研座谈会上提出希望佛山市委会继续推进“民革党员之家”的建设工作，把“民革党员之家”真正建设成为凝心聚力的阵地、参政议政的平台、服务社会的基地、风采展示的舞台。

（李　蕾　罗燕婷）

中国民主同盟佛山市委员会

【组织概况】 佛山民盟组织建立于1951年，1956年成立中国民主同盟佛山市委员会。第一届市委会主委为高炎，第二届市委会主委为戴翼丰，第三至第五届市委会主委为陈历，第六、第七届市委会主委为何国基，第八届市委会主委先后由谢颂凯、冯正廷担任，第九届市委会主委先后由冯正廷、谭钦德担任，第十、第十一届市委会主委为谭钦德，第十二、第十三届市委会主委为杨锡基，第十四届市委会主委为赵新文。至2018年底，市委会下设1个区委会、7个总支，共43个支部。共有盟员1001人，其中分布在教育界、科技界408人。盟员男性599人、女性402人，平均年龄54.21岁，大学以上文化837人，其中具有高级、中级职称的807人，占80.62%。

【组织建设】 2018年，中国民主同盟佛山市委员会坚持数量与质量并重，吸收中青年优秀人才和代表性人士入盟。全年发展新盟员45人，净增率4.4%。向党委政府举荐人才，为盟员履职尽责搭桥铺路。截至年底，有省人大代表1人，市人大代表9人（其中常委1人），市政协委员15人（其中常委4人），区人大代表、政协委员55人，省、市特约监督员、检察员3人，市新的社会阶层人士联合会常务副会长1人。是年，盟员何惠娟当选广东省三八红旗手、获“南粤十大女工匠”；盟员钟宏伟当选“全国中小学体育教学指导委员会委员”。

是年，市民盟贯彻民盟中央组织工作会议精神和《民盟广东省委五年工作规划（2017—2021年）》要求，加强政治引领，增强做好组织工作的责任感和使命感，推进领导班子建设，深入实施“人才强盟”战略，坚持抓好基层组织建设，着力加强机关干部队伍建设，不断提高组织化程度，为建设新时代高素质中国特色社会主义参政党地方组织提供组织保障。策划筹备并组织实施“不忘合作初心，继续携手前进”大型历史图片展，隆重纪念中共中央发布“五一口号”70周年。召开民盟佛山市委十四届十一、十二、十三、十四次（扩大）会议，把政治学习作为“第一议题”，学习习近平总书记关于广东“四个走在全国前列”重要讲话、视察广东重要讲话和庆祝改革开放40周年大会重要讲话精神，深入贯彻中共广东省委十二届四次全会、民盟十二届二次全会及中共佛山市委十二届六次全会精神。主动走访各区党委统战部和佛科院组织统战部，促进党盟关系和谐。

【参政议政】 2018年，中国民主同盟佛山市委员会及盟员代表、委员在佛山“两会”期间，共向佛山市人大、政协大会提交议案、建议、提案53件。1件提案被确定为省政府办公厅2018年重点督办建议，4件政协提案获2017年度优秀提案。参加中共佛山市委、市政府各类专题协商会、座谈会、征求意见会等8次，先后就政府机构改革、重大人事安排、政府工作报告、加快三龙湾高端创新集聚区和佛山一环创新圈建设、打造面向全球的国家制造业创新中心、加强环境综合治理等重大问题提出意见和建议，受到中共佛山市委、市政府及有关部门的重视和采纳。

民盟市委会通过社情民意信息建言献策，全年共向佛山市政协报送社情民意信息215份，其中路骏峰《关于个税申报问题的反映》信息被中共中央办公厅采用，刘鸿宇《关于机构改革司法部门重组后存在的两个问题及建议》信息得到广东省省长马兴瑞批示，另外35条信息被佛山市政协采用。

9—12月，在中共佛山市委统战部的支持下，民盟、民进、农工、致公党佛山市委会组成联合调研组，围绕佛山市水生态文明建设开展一系列调研，市民盟作为课题牵头单位撰写调研报告，为佛山生态文明建设献计出力。参与组织市政协季度协商课题“把佛山打造成为博物馆之城”的调研，完成调研和写作任务，为促进佛山文化事业发展贡献了聪明才智。

【“2018民盟科技论坛”在佛山举行】 2018年9月13—14日，由民盟中央科技委员会、民盟中国科学院委员会、民盟广东省委会联合主办，民盟佛山市委会承办的“2018民盟科技论坛”在佛山举行。论坛以“创新体系：主体功能定位”为主题，有来自全国各地的130多位民盟科学家、科技工作者参加论坛。民盟中央副主席龙庄伟出席开幕式并讲话。论坛收到论文88篇。在9月13日的主论坛上，中国科学院院士、科技部原副部长程津培等分别作了《我国科技评价和奖励制度的改革与发展》等主题报告。在9月14日分论坛上，盟内外专家学者围绕“创新体系：政府角色与企业发展”“创新体系：教育的作用与平台支撑”2个专题进行研讨。

（李　亨）

中国民主建国会佛山市委员会

【组织概况】 中国民主建国会佛山市委员会成立于1956年7月。第一届市委会主委为梁荣，第二至第八届主委为雷佳，第九、第十届主委为庞友国，第十一、第十二、第十三届主委为李应滔。主要成员和联系对象是经济界人士。至2018年12月底，全市有民建会员524人，其中企业界人士384人，占总人数73.2%。会员男性387人、女性137人，平均年龄50.9岁。会员大学以上文化298人，高级、中级职称197人。设有4个区总支（禅城、南海、顺德、三水）、1个区支部（高明）和5个市直支部。

【组织建设】 2018年，中国民主建国会佛山市委员会发展新会员35人。深入开展“不忘合作初心，继续携手前进”学习教育活动，召开十三届九次、十次、十一次委员（扩大）会议专题学习习近平总书记在参加全国政协十三届一次会议的民盟、致公党、无党派人士、侨联界委员联组会时发表的重要讲话精神以及习近平总书记对广东作出“四个走在全国前列”重要指示精神、习近平总书记视察广东重要讲话精神、习近平总书记在民营企业座谈会上的重要讲话精神、习近平总书记在庆祝改革开放四十周年大会上的重要讲话精神，学习贯彻民建广东省九届二次全会、中共佛山市委十二届五次和六次全会精神。组织委员赴重庆参观中国民主建国会成立旧址和中国民主党派历史陈列馆，到惠州叶挺将军故居、达州张爱萍将军故居、高明“三谭革命事迹展览馆”参观学习，赴深圳参观“大潮起珠江——广东改革开放40周年展览”和莲花山公园、深圳证券交易所。深入全市五区20多家会员企业开展暖春行动，关心企业生产经营情况，收集意见和建议，为企业创新发展出谋划策。组织企业家会员参加民建中央举办的“2018中国风险投资论坛”“2018中国（四川）非公有制经济发展论坛”，组织企业家会员赴深圳比亚迪新能源汽车电池工厂和腾讯计算机系统有限公司全球总部参观学习。全年在民建中央网站、民建广东省委会网站和《广东民建》《佛山政协》以及《佛山日报》《珠江时报》等媒体刊物上发表工作通讯50多篇。坚持举办“海棠夜话佛山民建读书会”，会员们在参与中得到思想熏陶、知识学习和思维启发。会员文章《论充分发挥社会主义协商民主在新时代中国发展的作用》获广东省政协“深入开展习近平总书记关于加强和改进人民政协工作的重要思想学习研讨活动”论文评选优秀奖。

【参政议政】 2018年，中国民主建国会佛山市委员会发挥紧密联系经济界的特点和优势，围绕深化供给侧结构性改革、经济高质量发展、乡村振兴等国家、省、市中心工作开展建言献策。在暑期座谈会上，市民建领导就推进佛山与香港区块链产业技术合作、着力提升金融服务实体经济水平、确保出口贸易稳增长等主题即席发言，向中共佛山市委主要领导提建议献计策。市民建在市政协十二届二次会议上作《弘扬传统美食文化，打造佛山美食殿堂》的大会发言，提交集体提案4件。市民建在2017年提交的2件集体提案《关于加快实施佛山大数据发展战略的建议》《关于加快推动佛山民营企业创新发展的建议》和6件会员个人提案获优秀提案奖。

是年，市民建报送社情民意信息220多篇。其中，《关于新个税的舆情反映》被中共中央办公厅采用，《港珠澳大桥通车后的预期影响和意见建议》被全国政协采用，《合乘车领域存在安全隐患亟待出台对应管理办法》被民建中央采用，《进一步加强农药兽药监管确保食品安全的建议》《关于机构改革后行政复议制度调整的若干思考》《关于改进身份证版式的建议》得到省领导批示。

是年，市民建会员提交的调研报告《加大珠三角地区村级工业园全面整治提升》得到民建广东省委会采用，并作为集体提案提交省政协。

【社会服务】 2018年，中国民主建国会佛山市委员会与市教育局、市公安局、共青团市委联合在高明德信实验学校举办2018年暑期预防学生溺水教育活动启动仪式暨公开课，全市90多万名中小学生通过网络观看直播。佛山民建画院创作一批高水平美术书法作品赠送给对口扶贫的湛江市吴川中山村公共服务站大楼。杨海滨、梁锡钧、杨间贤、程嘉韵、麦伟芳等民建会员、企业家赴四川凉山扶贫捐赠款物120多万元。会员周志成、易能文、林少强捐资支持高明区“拥抱阳光圆梦助学”项目。会员李明中设立助学志愿服务工作室，成立东洲中学李明中志愿服务分队，获得市文明办授予“佛山好人”称号。

【民建佛山市委会与民建双鸭山市委会缔结友好市委会】 2018年6月8日，民建黑龙江省双鸭山市委会主委贾胄率一行8人到访佛山开展交流活动，并与民建佛山市委会缔结友好市委会。民建佛山市委会主委李应滔和双鸭山民建主委贾胄代表两地民建共同签订“友好市委会协约书”。两地市委会建立友好，构建两地民建组织在自身建设、参政议政、社会服务以及企业交流等多方面、多层次、全方位的长期交流合作关系，将有利于发挥民建组织作用推动两地经济社会共同发展。

【民建佛山市委会与民建达州市委会缔结友好市委会】 2018年6月12日，民建四川省达州市委会主委陈明星率达州企业家会员一行12人到访佛山交流工作。在双方会员的共同见证下，佛山民建副主委张卫红和达州民建副主委黄绚珠分别代表民建佛山市委会和民建达州市委会签订“友好市委会协约书”。签约仪式后，民建达州市委会访问团一行参观考察了佛山民建会员企业广东爱旭科技股份有限公司、广东安怀集团公司、佛山普拉迪数控科技有限公司等，以及作为佛山“三旧”改造典范的岭南新天地。

（张英强）

2018年7月4日，民建佛山市委会与市教育局、市公安局联合举办中小学生暑期防溺水教育活动

（市民建供图）

中国民主促进会佛山市委员会

【组织概况】 中国民主促进会佛山市委员会成立于1981年12月24日，成立时有会员24人。第一届主委为区湛彝，第二、第三届主委为胡福添，第四届主委为陈世菲，第五、第六、第七届主委为袁毅桦，第八届主委为武小文。主要成员和所联系的对象是从事教育文化出版工作的高级、中级知识分子。至2018年底，全市有会员493人，其中分布在教育257人、文化艺术界62人。会员男性293人、女性200人，平均年龄47.6岁，大学以上文化413人，高级、中级职称352人。设有1个区委会（民进顺德区委会）、2个总支（禅城、南海）和28个支部。

【组织建设】 2018年，中国民主促进会佛山市委员会发展新会员31人。其中，本科学历17人、研究生学历4人，教育界10人，文化界8人。市民进组织会员学习贯彻习近平总书记系列重要讲话精神，以及广东省委书记李希到佛山调研时的讲话精神，佛山市委书记鲁毅在佛山市党外代表人士座谈会上的讲话精神。与中共市委统战部、中国民主党派历史陈列馆、佛山市各民主党派共同举办“不忘合作初心，继续携手前进”——佛山市纪念中共中央发布“五一口号”70周年图片展。举行“不忘合作初心，继续携手前行”——中国改革开放40周年主题思想教育活动，组织会员到深圳参观中国改革开放蛇口博物馆和“大潮起珠江——广东改革开放40周年展览”。召开组织工作会议，成立监督委员会，继续开展特色支部活动。基层组织和会员表现优异取得显著成绩。南海总支获民进全国宣传思想工作先进集体，民进禅城总支、顺德医卫科技支部获“民进港九分会成立70周年先进基层组织”，梁绮惠、莫鸿辉、刘作斌被授予“民进广东省优秀会员”称号。陈东初获第十届国际发明博览会金奖、2018年中国产学研创新成果优秀奖，游斌获“第三届广东发明人奖”，曹俊君获“中国健美百年风云人物”奖，王玉凯、赖玉琼、徐战平获“岭南名医”称号，赵勇获佛山市“医学杰出青年”称号，朱维礼被评为高明区优秀校长，区国圣被评为高明区多项先进工作者，戴浩万被评为2018年度“禅城好人”，周耀能被评为南海区四类人才。省特级教师王玉建入选广东名教师工作室主持人，受邀出席民进中央在山东济南举行的“海峡两岸暨港澳地区基础教育交流活动”。是年，市民进会员任市、区书法家协会、美术家协会、工艺美术协会、音乐家协会、舞蹈家协会、钢琴家协会等协会主席、副主席的有50多人次。

【参政议政】 至2018年底，中国民主促进会佛山市委员会有省政协委员2人，市人大代表8人（其中常委1人），市政协委员12人（其中常委5人），区人大代表、政协委员42人，市特约检察员1人。是年，市民进有市人大代表8人出席佛山市人大十五届三次会议，提交议案6件。市政协委员12人出席佛山市政协十二届二次会议，向大会提交提案25件。副主委谭伟亮代表市民进在政协会议上作题为《关于深入推进我市高品质森林城市建设的建议》的大会发言，该发言作为市民进提案被评为2018年市政协主席督办案。市民进副主委陈东初和佛山民进开明画院院长梁国荣参加十二届佛山市政协各界别委员代表座谈会，分别以《关于加快先进制造广东实验室建设的几点建议》《关于加快中心城区禅城升平片区的重修重建工作的建议》为题作发言，得到中共佛山市委书记鲁毅的现场回应。市民进的《关于促进我市医疗服务供给侧结构性改革的建议》《关于大力开展我市特色小镇建设的建议》，谭伟亮、俞宙虹的《关于加快佛山打造国内机器人制造中心的建议》，申桂树的《关于加快实施佛山大数据发展战略的建议》等提案被评为“市政协十二届一次会议优秀提案”。谭伟亮、游斌、俞宙虹、王玉建被评为“2017年度履职考核优秀委员”。

是年，市民进共报送社情民意信息174篇。其中，被全国政协采用1篇、被中共省委采用2篇（1篇获省主要领导批示）、被民进中央采用10篇，还有多篇被省政协、中共省委统战部、民进省委、中共市委、市政协、中共市委统战部采用。市民进获2017年度“市政协信息工作先进单位二等奖”，2017年度“市统战信息工作先进单位一等奖”，在省民进各地方组织中报交信息数量和积分也继续保持领先。专干徐雅珉被民进中央聘请为第一届参政议政特邀信息员，也是广东省唯一的一位入选的会员。徐雅珉提出的社情民意信息《应重视境外“惰性垃圾”在我海湾沿岸转运、寄存现象》获民进中央2018年参政议政成果三等奖。

是年，市民进参与省和市的各种协商和调研。在2018年佛山市各民主党派负责人暑期座谈会上，市民进主委武小文就加强民主党派的民主监督职能和减少层层督导，减轻镇街干部工作负担提出协商建议。市民进参与市政协《加快建立我市多层次社会养老服务体系》《创新农村体制机制，推动乡村振兴发展》《陶瓷文化和古村落活化》等专题协商调研。与市民盟、农工党和致公党参加2018年中共市委统战部组织的《推进佛山市水生态文明建设的建议》课题联合调研。参与省民进调研课题申报，其中市民进申报的《关于促进我省经济发达地区村级工业园全面整治提升的建议》（撰写：谭伟亮）调研课题被省民进立项，继续保持年年有课题被省立项。是年，徐雅珉撰写的《重视“二次清算”刷卡模式的风险》和莫鸿辉撰写的《关于以人为本　促进我省医疗服务供给侧结构性改革的提案》被省民进评为2017年提案二等奖，陈东初撰写的《关于加强科技机制体制创新，建设高水平理工大学的提案》被评为三等奖。

【社会服务】 2018年，中国民主促进会佛山市委员会参与佛山市对口湛江市和四川省凉山州扶贫活动。主委武小文和副主委谭伟亮多次走访吴川市中山村，所帮扶的3户贫困户均脱贫，其中1户走上小康道路。将佛山民进开明画院作品义卖所得资助凉山州品学兼优的贫困学生和贫困户。支持民进广东省教育帮扶项目——广西上思县民族高中“瑶族女生班”和“少数民族女子高中班”，从省委会彩虹基金里拿出民进佛山市委会会员的捐款1万元捐赠给该班贫困学生。佛山民进开明艺术团到珠海万山岛驻军部队进行慰问演出。

【佛山民进赴四川凉山州开展扶贫助学活动】 2018年5月，中国民主促进会佛山市委员会专职副主委谭伟亮、开明画院院长梁国荣及画院骨干成员赴四川凉山州布拖县开展扶贫助学活动，为布拖中学30名贫困生每人捐赠1000元助学金。书画家们在布拖中学开展书画进校园活动，现场创作一幅《高山流水》送给该校。书画家们还深入走访布拖县的贫困户，为补尔乡嘎且村的贫困家庭送上10台洗衣机。在与沙洛乡拐乐村委会党支部书记、驻村工作人员进行座谈时，得知该村委会在当地崎岖山路开展工作较为困难，当即捐赠3辆摩托车。南海总支也为援建“凉山州越西县南海同心幼儿园”募捐33200元。会员戴浩万、雷泽兵、韦邕平参与凉山支教。

【《关于深入推进我市高品质森林城市建设的建议》获市政协主席督办案】 2018年，中国民主促进会佛山市委员会在市政协十二届二次会议上的提案《关于深入推进我市高品质森林城市镇建设的建议》被评为市政协主席督办案。该提案提出，虽然佛山市获得“国家森林城市”的称号，但城市建成区人均公园绿地面积、市域森林覆盖率和城市建成区绿化覆盖率在珠三角排倒数第一、第二位，林地森林生态效益未能有效充分发挥，林地保护面临着巨大压力等问题依然没有得到有效的解决。要建设高品质森林城市，必须要有强有力的林业机构来统筹落实，有强大的林业人才队伍提供动力，有先进的林业信息技术来支撑。

【佛山民进开明艺术团开展“八一”建军节慰问演出】 2018年“八一”建军节前，中国民主促进会佛山市委员会主委武小文、副主委谭伟亮带领佛山民进开明艺术团到珠海万山岛驻军部队进行慰问演出，为每一位子弟兵献上节日礼物。艺术家们深入军营，了解子弟兵们的生活状况，倾听子弟兵们在海岛上克服重重困难守卫祖国南大门的感人故事。晚上，艺术家们以歌唱、舞蹈、诗歌朗诵、小品、乐器演奏等不同形式为子弟兵们献上精彩表演。

（黄锦培）

2018年5月16日，民进佛山市委会赴四川凉山州布拖县开展扶贫助学活动

（市民进供图）

中国农工民主党佛山市委员会

【组织概况】 中国农工民主党佛山市委员会成立于1958年。中华人民共和国成立后，先后有5位农工党党员从外地调入佛山市工作，于1954年冬成立农工党佛山市支部。1957年1月，农工党广东省委会决定在佛山市成立“中国农工民主党佛山市委员会筹备委员会”，配备专职干部4人。1958年10月13日，佛山农工党召开第一次党员大会，正式成立中国农工民主党佛山市委员会。第一至第四届市委会主委为彭玉存，第五届市委会主委为黄李康，第六至第七届市委会主委为孔繁钧，第八届市委会主委为魏光群，第九至第十届市委会主委为邓国清，第十一届市委会主委为杨小晶。主要成员和所联系的对象是医药卫生、人口资源和生态环境领域高级、中级知识分子。截至2018年底，市农工党有专职干部6人，全市党员总数633人，其中分布在中医卫界341人（约占党员总数的60%）、文教界90人、科技界31人、其他171人。党员男性395人、女性238人，平均年龄45岁，大学以上文化519人。党员中级、高级职称467人，占全市农工党党员的74%。设有禅城区总支、南海区总支、顺德区总支、高明区总支、市中医院总支、佛科院总支、市科技总支等7个总支部，30个支部。

【组织建设】 2018年，中国农工民主党佛山市委员会新发展党员39人。其中，博士研究生2人、硕士研究生4人，省政协委员1人、市政协委员1人、区政协委员2人。是年，农工党佛山市委会党员中，有省级人大代表1人，政协委员2人；市级人大代表9人，政协委员13人；区级人大代表5人，政协委员26人。市农工党在延续主体界别优势的同时，党员结构进一步优化，党员质量有较大提高。

【参政议政】 2018年，中国农工民主党佛山市委员会在佛山市政协十二届二次会议上，共向大会提交集体提案3件、个人提案28件，其中《关于大力发展高端电子信息产业的建议（三案合并）》被列为市长督办案，3份提案在会上获评优秀提案标准。在省政协十二届一次会议上，省政协委员、市农工党党员刘宏参与的《关于推进我省智慧健康养老服务系列提案》被列为省政协主席督办提案，并被评为省政协2018年优秀提案。

是年，市农工党分别向农工党省委会、佛山市政协、中共佛山市委统战部等部门报送社情民意信息193篇，获中共中央办公厅综合采用2篇，获全国政协综合采用1篇，获农工党中央刊物《前进论坛》采用2篇，获中共省委采用并被省领导批示有1篇，获中共省委统战部采用1篇次、获省政协采用4篇次，获中共佛山市委采用3篇次、获中共佛山市委统战部采用3篇次、获市政协采用18篇次。其中，市农工党委员刘金财撰写的《关于个税修改后的影响及建议》及党员刘婉冰撰写的《对新个税实施的看法和建议》被中共中央办公厅采用，原农工党市委会调研员梁祥提撰写的关于发展养老事业方面的建议、党员宫艳华撰写的《促进中医药在抗艾领域的发展，再创祖国医药辉煌》分别被农工党中央刊物《前进论坛》采用。

是年，市农工党组织多次专题调研。调动人大代表、政协委员和各专委会、各基层组织的积极性，支持并组织开展形式多样的调研活动。4月，为助力“乡村振兴”、建设“大美佛山”，市农工党参政议政工作委员会组成调研小组，赴江苏省盐城市大丰区“荷兰花海”项目开展专题调研。5月，市农工党妇女工作委员会组织相关领域的专家党员，到贵州从江开展“关注临终关怀倡导生态安葬”专题调研。7月，市农工党组织医药工作委员会部分委员，联合市卫计局中医科、市食药监局药品生产科、市中医院药物科有关领导，到广东一方制药有限公司开展“中医药标准国际化”专题调研；市农工党还与佛科院环化学院组成联合调研组，共同前往广东一方制药有限公司进行“废旧中药渣综合利用”专题调研，并洽谈中药渣环保处理与资源化科技合作事宜。12月，为准备2019年佛山市政协大会的提案及大会发言工作，市农工党组织部分骨干党员到习近平总书记视察广东的首站——粤澳合作中医药科技产业园参观调研，了解中医药产业化及国际化建设过程中存在的问题及实践经验。

【社会服务】 2018年，中国农工民主党佛山市委员会继续发挥医卫界别优势，各级组织开展义诊咨询、教育咨询等20余次，参加活动党员130人次，服务群众3000多人次，捐赠物资价值8万余元。6月，市农工党与市科协、市中西医结合学会急救专业委员会、市政协办公室联合举办第11届“中国环境与健康宣传周”急救培训活动，经实操和笔试考核，有47名学员获得美国心脏协会颁发的证书。12月，中共佛山市委办公室、市农工党联合开展义诊活动，市农工党组织医疗专家到市委办的对口帮扶村——吴川市浅水镇龙首村，让村民们在家门口享受专家诊疗服务。是年，市农工党第十一届“中国环境与健康宣传周”期间，佛山科学技术学院总支部、佛山市中医院总支部和科技三支部的党员们在佛山科学技术学院为师生举办“常见校园创伤与急症的紧急处理”培训活动，参加培训30余人。

【“三学一讲”专题教育活动开展】 2018年，中国农工民主党佛山市委员会召开十一届十一次市委委员（扩大）会，正式启动2018年“三学一讲”（指深入学习贯彻习近平新时代中国特色社会主义思想和中共十九大精神，学习贯彻《宪法》，学习贯彻农工党十六大精神和党章党史、多党合作优良传统，以“三学”内容为主题讲党课）专题活动。会上，市农工党主委杨小晶以《以习近平新时代中国特色社会主义思想为引领 积极履行好参政党职能》为题，为参会人员讲专题党课。会后，各基层组织迅速响应，各总支（支部）负责人“先学一步、深学一层”，并带头讲党课。部分支部还组织外出实地教学，使农工党党员通过回顾党史中体验革命过程和革命精神，坚定理想信念、提高政治站位。其中高明区总支率先开展“三学一讲”专题教育活动，并赴湖南郴州开展调研和教学。另外，禅城区总支、南海区总支、顺德区总支、市中医院总支部、佛科院总支部及三水区支部、市二医院支部、市妇幼保健院支部、市疾控中心支部、市科技一支部、市科技二支部等基层组织开展理论学习同时，也分别组织党员外出开展现场教学。

【深入开展调查研究】 2018年，中国农工民主党佛山市委员会积极参与市委统战部组织的2018年佛山市各民主党派、无党派人士“同心”联合调研。与民盟、民进、致公党佛山市委会组成联合调研组，围绕如何深入开展水生态文明建设，提升佛山市水环境质量，开展一系列调研工作。李薇、陈忻、陈光、毕志刚四位党员代表农工党佛山市委员会参加调研组，调研组先后以实地考察和座谈的方式，与市国土规划局、市水务局和市环保局以及南海区和三水区相关部门进行深入交流，并到广东省深圳市、惠州市和浙江省淳安、桐庐、南浔、杭州等水生态文明建设走在全国前列的地方学习考察，反复讨论修改最终形成“让佛山水生态靓起来活起来”的调研报告。

（蒋希为）

中国致公党佛山市委员会

【组织概况】 致公党广东省委佛山直属小组成立于1986年10月，1988年5月成立致公党佛山市支部，1992年4月成立中国致公党佛山市委会。至2016年7月，共召开六次党员大会，产生第一至第六届市委会，历届主委是徐庆登、梁小牧、吴毅、刘海生、乔羽。主要成员和所联系的对象是归侨、侨眷中的中上层人士和其他有海外关系的代表性人士。至2018年底，市致公党共有党员357人，成员分别来自教育、科学技术、医疗卫生、文化艺术、新的社会阶层、政府机关等多界别多行业，成员平均年龄49.6岁，中级、高级职称226人，中级、高级职称成员占成员总数的63.98%，“侨”“海”界别成员占成员总数55%。市致公党下设禅城、南海、顺德、三水4个总支，市直属2个支部和高明支部，内设参政议政工作委员会、组织发展工作委员会、老龄工作委员会、妇女工作委员会、文体工作委员会、海外联络工作委员会等6个工作委员会和佛山致公摄影社。

【组织建设】 2018年，中国致公党佛山市委员会发展新党员21人。其中，博士3人，硕士6人，中级、高级职称8人，海归5人，非公经济法人或高管12人，机关事业单位成员15人。重视做好后备干部的培养工作，市致公党副主委李建丽于12月底挂职担任佛山市妇联副主席，市致公党委员乐振华于1月被提任为三水区人民法院副院长。

市致公党注重加强对成员的教育培训。抓住庆祝改革开放40周年、“五一口号”发布70周年、司徒美堂诞辰150周年等契机，开展思想政治教育和《中华人民共和国宪法修正案》《中国致公党章程》等专题学习教育活动。如：组织90多人次参观佛山市纪念中共中央发布“五一口号”70周年图片展及参加佛山市纪念中共中央发布“五一口号”70周年座谈会；开展“老一辈致公党人投身祖国建设口述史”活动，拍摄相关的视频资料并组织新党员观赏学习；组织近三年加入的新党员赴深圳参观“大潮起珠江——广东改革开放40周年展览”和腾讯公司总部；开展多场《中国致公党章程》系列宣讲和学习活动；联合致公党中山、阳江市委会在重庆大学举办“不忘合作初心、传承作风再前进”骨干成员专题培训班等等。

是年，市致公党充分发挥各个工作委员会的作用，开展丰富多彩的主题活动，提升组织凝聚力和活力。如：参政议政工作委员会组织开展“人大代表、政协委员口岸行”等多项参观调研活动，并举办两期佛山致公“议政论坛”，其中，联合致公党广东省委会经济工作委员会共同举办“中美贸易摩擦”讲座及调研活动；组织发展工作委员会、海外联络工作委员会联合组织成员前往佛山博士创新梦工场开展参观调研、交流联谊；海外联络工作委员会联合参政议政工作委员会组织成员前往南海、顺德以及珠海开展“归国留学人员企业发展情况”专题调研。妇女工作委员会举办“三八”心理健康知识讲座；老龄工作委员会组织全体老同志开展“庆端午”茶话会活动，联合禅城总支开展“中秋佳节情系银发·保健理疗促进健康”活动，组织退休成员到三水侨鑫生态园开展重阳敬老暨生态文化体验活动；文体工作委员会组织成员与致公党中山市委会开展文体交流联谊活动，并参观孙中山纪念馆。

是年，市致公党成员陈仁龙获得广东省人民政府颁发的“特级教师”称号，黄文柱入选“佛山市十大医学领军人才”，陈小霞、刘耘被致公党中央评为参政议政工作先进个人，援藏干部李展健被广东、西藏两地各记三等功一次。

【参政议政】 2018年，中国致公党佛山市委员会有省级人大代表和政协委员2名、市级人大代表和政协委员19名、区级人大代表和政协委员32人。市致公党提案《关于推进军民融合创新发展的建议（四案合并）》被选定为中共佛山市委书记督办案。市致公党《关于加快实施佛山大数据发展战略的建议》和《关于发展外延农业提高政府扶贫绩效的建议》2篇提案以及政协委员个人名义提交的4篇提案获得市政协优秀提案奖。陈小霞、刘致军、林在进、刘玉华等4名市政协委员获得履职考核优秀奖。李建丽被佛山电视台聘请担任《观点佛山》栏目特约时事评论员。

是年，市致公党向市政协、中共市委统战部、致公党省委会等提交信息125篇，涵盖经济、政治、文化、民生等领域。有17篇被市政协采用，其中《构建绿色金融体系，助推产业转型升级》被致公中央、全国政协采用，《关于做好贫困归侨侨眷帮扶工作的建议》被致公中央和中共中央统战部采用，《探索运用多样化资本运作模式 助力我省村级工业园升级改造》被广东省政协采用，《关于加快港口一体化　促进以港兴城的建议》被中共广东省委统战部采用，《对非广州市籍车辆实施“开四停四”通行管理措施的意见反映》《坚持绿色发展理念，推动乡村绿色振兴》等4篇信息被中共佛山市委采用。

是年11月召开的中国致公党参政议政工作会议上，市致公党被评为致公党2013—2017年参政议政先进集体。市致公党鼓励成员申报致公党省委会参政议政课题，共申报38项，其中5项课题获课题立项、8项课题获社情民意立项。

【社会服务】 2018年，中国致公党佛山市委员会继续深入开展对安徽六安大别山区的结对帮扶工作。通过佛山市慈善会的支持，向致公党员和社会发动捐款，筹集32多万元，定向帮扶安徽六安金寨县油坊店乡西莲村幼儿园建设。继续支持湛江吴川市中山村的各项扶贫工作。多次探望对口帮扶家庭，了解家庭情况，并送上慰问金及慰问品。6月，市致公党组织成员到中山村开展保健义诊、送医送药活动，活动现场还向村民派发价值5000元的外贴药膏等常用药品和有关保健知识宣传资料。

【海外联谊】 2018年，中国致公党佛山市委员会发挥与海外侨胞和华侨华人社团有广泛联系的优势，接待受邀参加"2018粤港澳大湾区·泛珠三角（广东）非遗周暨佛山秋色巡游活动"的美国费城洪门致公堂监督、前主席徐福群和美国国际大中华经易促进会主席黄新建，美国闽南亲友联谊总会会长黄炜秋，美国闽南亲友联谊总会理事长吴榕生，美国宾州华人工商联合总会会长毛伟雄等；接待澳洲广东侨团联合总会创会总召集人、澳洲新南威尔士州上议院副议长王国忠和澳洲广东侨团总会理事长、澳洲洪门致公总堂盟长黄翼强带领的广东访问团一行18人等。通过交流座谈和参观考察等方式，积极宣传推荐中国和佛山在经济社会发展方面取得的巨大成绩，宣传同根同祖的中华传统文化。

【"佛山致公·议政论坛"暨"中美贸易摩擦"专题调研活动】 2018年8月7日，中国致公党佛山市委员会联合省委会经济委员会，举办"佛山致公·议政论坛"2018年第2期暨"中美贸易摩擦"专题调研活动，邀请广东工业大学经贸学院教授蔡春林作专题演讲。致公党广东省委会参政议政处副处长黄静，致公党广东省委会经济委副主任、佛山市致公党委员夏立军，致公党广东省委会社法委副主任李治国，市致公党副主委陈小霞、李建丽，市致公党参政议政工作委员会主任秦伟新，以及致公党广东省委会经济委成员、佛山市致公党参政议政骨干成员共25人参加活动。

蔡春林分别从中美贸易摩擦的深刻背景、中美双方的战略和策略、中美贸易摩擦的未来前景等几个方面解读美对华贸易摩擦的影响及应对策略。论坛结束后，与会人员实地考察广东东鹏控股股份有限公司，现场了解佛山本土进出口代表企业的经营状况，并到佛山市进出口商会，就"中美贸易摩擦对佛山进出口贸易的影响，佛山应如何应对"等议题开展调研座谈。

【"不忘合作初心、传承作风再前进"骨干成员专题培训班】 2018年，恰逢中共中央发布"五一口号"70周年、改革开放40周年、司徒美堂诞辰150周年，10月15—19日，致公党佛山、中山、阳江市委会联合在重庆大学举办"不忘初心深学习、传承作风再前进"骨干成员专题培训班。佛山市致公党副主委朱新进、陈小霞、李建丽，中山市致公党副主委庾江碧，阳江市致公党副主委敖锦清及三地致公党骨干成员共62人参加培训。

为期5天的培训班安排丰富的学习内容，包括《新常态下宏观经济发展及趋势》《中共十九大精神及习近平新时代中国特色社会主义思想学习》《努力提高参政议政能力，切实履行民主党派职能》等，涉及政治经济、社会管理、参政议政技能等多个方面。还安排成员参观特园中国民主党派历史陈列馆、红岩革命纪念馆等。依托重庆丰富的统战教育和革命教育资源，借力重庆大学的智力资源和办学优势，让参加学习的成员们增长见识，开拓视野，洗涤灵魂，提升自身的理论水平和政治思想素质，更加坚定跟着共产党走，牢记合作初心再前进的理想和信念。

（黄嘉韵）

九三学社佛山市委员会

【组织概况】 九三学社佛山市委员会于1987年5月成立（当时有社员36人），第一至第三届主委为叶雄干，第四至第六届主委为徐海祥，第七届主委为章成国。主要成员和所联系的对象是科技界高级、中级知识分子。截至2018年底，市九三学社有社员695人，平均年龄为51岁。社员中，女社员人数205人，拥有中级、高级职称人数660人（占总社员人数的94.9%），拥有大学以上学历人数616人。设有城建、佛科院、医卫、禅城、顺德、南海、三水、高明等8个基层委员会和31个支社。

【组织建设】 2018年，九三学社佛山市委会发展社员89人，调出3人，转入5人。市九三学社全面贯彻落实中共十九大和九三学社十一大精神，按照社中央、社省委和中共佛山市委统战部的统一部署，结合"五一口号"发布70周年和改革开放40周年的历史重要节点，组织全社开展多项组织建设活动，包括：召开纪念中共中央发布"五一口号"70周年座谈会和庆祝改革开放40周年大会，传达学习中共广东省委书记李希在省各民主党派负责人座谈会和到佛山调研时的讲话精神等；分别选派社员参加社中央、中共市委组织部和中共市委统战部举办的各类主题学习活动；举办佛山九三庆祝改革开放40年演讲比赛暨新社员培训班，邀请原主委叶雄干给新社员讲社史讲多党合作制度；组织社员参加社中央举行的"社员之家杯"社章社史知识竞赛和省九三举行"庆祝改革开放40年"主题征文；等等。

是年，《风雨同舟三十年——九三学社佛山市委员会发展历程》社史一书完稿并印刷出版，是九三学社佛山市委员会的首次修史。该书分自身建设、参政议政、社会服务共3章53小节306页，总字数约39万字。由原专职副主委李景明全程编写。

是年，市九三学社以组织社内活动为平台，激发基层组织凝聚力和活力，激发基层社员参与积极性和主动性。主要活动包括：组织女社员参观广东省大观博物馆和岭南金融博物馆；召开九三学社佛山市青年工作委员会大会；邀请浸会大学国际联合学院殷亚敏教授为九三学院讲授《声情并茂的讲话艺术》；组织参政议讲座和新社员培训班，邀请到原专职副主委李景明和青工委主任王阳讲授如何撰写社情民意信息；召开"纪念中共中央发布'五一口号'70周年图片展"座谈会，从4月到6月全社范围内组织社员参观纪念"五一口号"图片展，并接待各地九三参观图片展多次；选拔社员参加省九三纪念“五一口号”羽毛球赛，获全省第四名；会同城建基层委到三龙湾高端创新集聚区参观调研，组织社员结合专业技术多献良策；举办庆祝改革开放40周年演讲比赛、社章社史培训学习、新社员联谊等，展现九三人的新时代风采；选拔社员参加省九三学社举办的兵乓球赛，获全省第二名；组织市九三学社重阳节联谊活动，参观广东省大观博物馆和粤桂黔名优食品体验店；会同佛科院基层委到韶山等地寻访革命先辈足迹，接受革命传统教育；组织佛山青工委参加省九三第三届青年论坛，参与演讲、辩论、知识竞赛环节，社员王阳参加圆桌会议与省委会主委张少康面对面；举办市九三学社庆祝改革开放40周年羽毛球赛，8个基层委100多名社员参与活动；等等。

【参政议政】 2018年，九三学社佛山市委会努力提高议政建言能力和质量。1月14—17日两会上，市九三学社共提交大会发言材料1份、集体和个人提案20件、意见6件、信函2件。其中，《关于加强食用农产品质量安全快速检测的建议》被列为主席督办案，《提高土地供给水平，为建设国家制造业创新中心城市创造条件》的大会发言得到佛山市政府领导的重视，《关于加快佛山海绵城市建设的建议》《关于建设与地方经济互动发展的高水平理工科大学的建议》《关于加快我市养老服务体系建设的建议》3个提案获得优秀提案表彰。

是年，市九三学社共上报反映社情民意信息253篇，其中市政协采用44篇、市委采用7篇、省九三采用176篇、社中央采用16篇、中央统战部采用1篇、全国政协采用2篇，完成全国政协专题约稿4篇。

是年，市九三学社参与市委统战部组织的基层民主党派发展、佛山市人才发展等党派联合调研组，分别到黑龙江、天津、山东、陕西等地调研学习；多次选派社员参与市政协组织的城市精细化管理、乡村振兴工作、特色小镇建设情况等专题调研；组织社员骨干分别就科技企业发展和环保治理工作等到蒙娜丽莎陶瓷集团公司、广东环境保护工程职业学院调研，助力佛山经济转型升级；由副主委王蕴波带队到南京、苏州开展新的社会阶层人士发展情况的专题调研，形成《新时代新阶层人士统战工作中的角色与定位》的调研报告提交省九三学社；围绕生态文明建设、大数据产业发展、乡村医疗卫生服务等为主题，由主委章成国和专职副主委陈建良分别带队到柳州、贵州实地考察和调研，与当地九三学社、相关部门围绕调研主题进行沟通交流。同时，各基层委紧紧围绕粤港澳大湾区、三龙湾建设、环境治理等工作，组织开展各类调研活动，向党委政府献计献策。

【社会服务】 2018年，九三学社佛山市委员会通过多次选派专家社员参加中共市委、区委统战部组织的同心社会服务活动，送医送药下基层，科技精准扶贫等形式，全面参与脱贫攻坚工作。另外，市委会主要领导及专干人员共6人次探访湛江吴川市中山村对口扶贫户，分四次以现金慰问及实物赠予的方式实施“一对一”入户解决扶贫户实际困难。是年，九三市委会筹集5000元，赠予对口扶贫村村委会，用于改造村委会设施。

是年，各基层委亦开展形式多样的扶贫济困、社会服务活动。禅城区九三爱心会继续开展坚持多年的上门帮扶困难家庭和困难学生活动，并专门给扶贫村残疾儿童捐献电动轮椅。南海区九三基层委成立义工队到扶贫村开展医疗义诊、法律咨询等活动，为扶贫户送医送药，捐送电饭锅、衣物等生活用品。顺德区九三基层委持续资助英德汶潭村贫困学生，社员何敬成利用自身便利条件多次到相关社区、学校开展“用药安全”等药品安全相关知识讲座累计服务7000多人次。三水区基层委在南山镇漫江社区举行医疗扶贫暨颈腰腿痛专项义诊启动仪式，专家社员利用周末休息时间前往为困难群众进行持续的免费治疗合计24次；赴乐平镇与镇妇联牵手开展“献爱心，表关怀”主题活动（已连续三年开展该活动），对5名单亲特困母亲和5名春蕾儿童进行慰问，并送上米、油、面等慰问品。佛科院基层委成立社会服务专门工作委会，在佛山科技创新、培育高新技术企业、科技专家精准扶贫等方面提供服务。

【“勇攀科技新高峰，建功立业新时代”科学技术座谈会】 2018年9月2日，九三学社佛山市委会在市政协常委会议室召开以“勇攀科技新高峰，建功立业新时代”为主题的市九三学社2018年科学技术座谈会，并成立市九三学社科学技术工作委员会。九三学社广东省委员会专职副主委黄惊雷、中共佛山市委统战部副部长张朝阳、佛山市科学技术协会专职副主席葛振海、九三学社佛山市委员会主委章成国出席会议并讲话。社省委会办公室和组织处、市统战部党派科负责人以及社市委会历届主委、市委会委员、各基层委员会委员、从事科技领域和专业的社员代表共100余人参加座谈。

【九三学社佛山市委员会科学技术工作委员会】 2018年9月2日，九三学社佛山市委员会2018年科学技术座谈会在佛山市政协常委会议室举行，会议邀请到九三学社广东省委会黄惊雷专职副主委、中共佛山市委统战部张朝阳副部长和佛山市科学技术协会葛振海专职副主席参加会议。会上宣布成立九三学社佛山市委员会科学技术工作委员会（下简称“佛山九三科工委）。佛山九三科工委是由佛山九三占半数以上成员的科技界人才组成，旨在总结过去31年佛山九三科技成果和宝贵经验的基础上，进一步发挥党派力量和科技人才的引领作用，在科学前沿孜孜求索，在重大科技领域不断取得突破。

（钟学明）

佛山市工商业联合会

【组织概况】 佛山市工商业联合会于1953年4月20日成立。主要任务是加强和改进非公有制经济人士思想政治工作，参与政治协商，发挥民主监督作用，积极参政议政，协助政府管理和服务非公有制经济，促进行业协会商会改革发展，参与协调劳动关系，协同社会治理，促进社会和谐稳定。历任负责人有老道怀、雷佳、谢君昉、宋植友、朱卫华、李德。2018年，佛山市工商联（总商会）内设办公室、会员部、经济联络部；市工商联（总商会）执行委员会共195人。截至2018年底，全市工商联（总商会）组织网络由5个区级工商联（总商会）、32个镇街（总）商会和148个行业商（协）会、54个综合商会、43个异地商会构成，有会员60204个，覆盖家电、五金、建材、家具、涂料等支柱产业。

【参政议政】 2018年，佛山市工商联发挥联系非公有制经济人士的桥梁、纽带作用，当好政府管理和服务非公有制经济助手。开展“不忘创业初心，接力改革伟业”为主题的理想信念教育实践活动；组织开展“暖春行动”、改革开放40年佛山民营企业专题调研、非公组织党建调研、品质革命创新力量专项调研和制造业强市佛山攻略系列调研、上规模民营企业大调研等，编辑出版《寻路中国制造：佛山样本解密》和《品质革命：佛山民营经济40年》；专门组织座谈、交流和走访活动，形成多份情况反映和调研报告向省、市有关部门反映；召开品质革命创新力量佛山企业大会，举办中国制造论坛，向全国输出以品质优化供给体系的“佛山经验”和“佛山样本”；与佛山电视台联合推出《佛山商道》栏目，传播佛山民营经济好声音；推动商会改革，服务“两个健康”发展。是年，全市各级工商联担任各级人大代表和政协委员的民营企业家共提交提案议案60多份，向有关部门反映意见建议、信息100多份，参与政策法规文件起草和制订7件，有效发挥民营企业家群体建言献策作用。

【商（协）会建设】 2018年，佛山市工商联继续抓好基层商会建设，发挥商会主阵地作用。继续加强对异地商会的指导，加大团体会员发展力度，不断夯实工商联组织网络体系，构建大商会工作格局。继续推进“五好”工商联、“四好”商会建设，组织召开佛山、韶关、潮州三地工商联基层组织建设学习交流会。推动10家商会完成“四好”商会建设，推荐佛山市江西商会、南海区大沥总商会、顺德区龙江总商会申报全国工商联“四好”商会。继续开展优秀商会示范点建设工作，推动商会建设向制度化、规范化和现代化方向发展，全年新增团体会员9个，市直团体会员达82个。

链接

佛山市入选2017—2018年度全国“四好”商会名单

佛山市江西商会

佛山市南海区大沥总商会

佛山市顺德区龙江总商会

佛山市入选2018年广东省工商联系统“四好”商会名单

佛山市江西商会

佛山市潮州商会

佛山市电子信息行业协会

佛山市禅城区总商会直属商会

佛山市南海区大沥总商会

佛山市南海区南海高新区总商会

佛山市顺德区龙江总商会

佛山市顺德区陈村总商会

佛山市高明区餐饮行业协会

佛山市三水区铝加工行业协会

【经济服务】 2018年，佛山市工商联推动民营企业品质革命，助力打造质量佛山。重点开展“品质革命·创新力量”系列宣传调研活动，在《南方日报》发布样本报告34篇；召开品质革命创新力量佛山企业大会，向全国输出以品质优化供给体系的“佛山经验”和“佛山样本”。参与培育细分行业龙头企业工作，累计370家企业获得认定。举办中国制造论坛，为佛山质造提供智力支持，联合《财经》智库发布佛山制造先进经验。促进金融税务支持中小微企业，助力实体经济高质量发展。深化政策通企业号服务，全年共推送政策1283条，联合发布政策专题3个，为企业提供政策支持。

是年，佛山全市工商联系统组织28批273人次赴香港、澳门与香港广东社团总会、澳门工商联等工商社团交流对接；接待境外工商访问团13个263人次，组织会员企业参加各类经贸活动3260人次，签订合作协议22个，协助政府招商引资项目2个，涉及投资金额36亿元。市工商联联合市司法局推进商会人民调解工作实施，配合省联推动商会调解组织、投诉机构的设立及运作。开展企业“七五”普法宣传教育活动，营造良好的产权保护氛围。与市检察院联合召开民营企业座谈会为民营企业保驾护航，与市律师协会开展律师为民营企业“法治体检”服务调研座谈，扎实推进佛山市律师服务民营企业工作。全年维护会员合法权益54起，涉及金额380万元。

【非公有制经济人士理想信念教育实践活动】 2018年，佛山市工商联全面贯彻学习习近平新时代中国特色社会主义思想和党的十九大精神，组织全市各级工商联执常委、机关干部深入学习、率先领会习近平总书记系列重要讲话精神核心要义。组织动员全市各级工商联所属商会、会员企业开展学习总书记重要讲话活动，不断增强对习近平新时代中国特色社会主义思想和党的十九大精神的思想认同和行动自觉。开展“不忘创业初心，接力改革伟业”为主题的理想信念教育实践活动，弘扬中国特色社会主义核心价值观。举办“不忘创业初心，接力改革伟业”为主题的非公有制经济人士理想信念教育报告会，老中青三代企业家共话共商创业改革伟业。形成以“能力提升与政治培养”“素质锻造与政治引领”相结合的教育培训模式，顺德区工商联举办“顺德区企业家培训班”并组织执常委到上海复旦大学学习，南海区工商联组织非公有制经济代表人士赴井冈山进行红色基因教育，高明区工商联组织基层商协会会长赴重庆和湛江开展实地教学。市工商联坚持举办企业家主席（会长）主题分享会，执委履职能力培训班，培养“创二代”青年企业家传承接班，取得良好的效果。是年，全市各级工商联组织执常委、商协会、会员企业召开学习贯彻习近平总书记系列重要讲话精神学习会、座谈会、报告会等297场次、机关干部专题学习会45场次；开展非公有制经济人士理想信念教育报告会8场次，参加各种学习座谈会28500人次。

【企业家培训】 2018年，佛山市工商联开展民营企业家培训。在武汉大学举办主题为“创新驱动发展”执委履职能力提升班，共组织46名执委参加。在清华大学举办2期“创二代”青年企业家培训班，每期均组织40名青年企业家参加。此外，组织召开佛山市青年企业家学习弘扬企业家精神分享会，组织青年企业家参加菁英国情教育考察活动和全省非公有制经济人士理想信念教育报告会。全年全市各级工商联组织各类企业家培训班次29个，参训人数达1000人。

【非公组织党建】 2018年，佛山市工商联着重通过推进非公企业党建工作，引导民营企业家发挥企业党组织的政治引领作用，促进企业健康发展。探索非公党建工作新模式，开展非公组织党建工作专题调研，举办各类学习培训，在执委履职中增加党组织建设权重分值，按照“两个优先”（把移交给非公党委的优秀企业家逐步吸纳到工商联执委班子队伍，新增补的工商联执委人选优先从已组建党组织的企业中产生）、“两个覆盖”（党的组织覆盖和党的工作覆盖）、“应建尽建”（有三名以上党员的执常委企业应建立党的组织）的原则，推动非公党建工作的发展。南海区龙江镇总商会探索会务建设与党的建设相融相促工作法则，有效推动民营企业党建工作的开展。至年底，市非公党委共有党组织143个，直属党员2374人；在168个市工商联执委企业中，成立党组织的有101个（12个党委、5个党总支、84个党支部）。

【第一届中国制造论坛】 2018年1月13—14日，由佛山市人民政府指导、佛山市总商会主办，《财经》杂志和《财经》智库联合承办的2018中国制造论坛在佛山举行。论坛主题为“全球制造业变局下的新产业革命”。为期2天的论坛上，制造业政产学界代表针对全球经济变局与中国制造、科技革命引领智能制造、中国制造的质量标准品牌、企业家精神与制度新生态、产融结合助力实体经济等话题展开探讨，为中国制造业提供创新思路和智力支撑。佛山作为全国重要的制造业基地，在论坛上公开发布《中国制造2025佛山样本》报告，向全国推介佛山制造业转型升级的经验和发展路径。

【“品质革命·创新力量”2018佛山企业大会】 2018年9月5日，由佛山市政府指导，佛山市工商联（总商会）主办的“品质革命·创新力量”2018佛山企业大会在佛山市中欧中心举行。会上，著名经济学家、北京大学教授周其仁向与会的800名企业家分享他在佛山企业调研30天后对于制造业品质革命的新思考，并在大会现场与多位佛山知名企业家代表共同探讨从制造向质造转变的佛山路径。会上，佛山企业家现场发起坚守让价不让质、坚持以人为本、注重职工培训、追求极致产品等7项佛山制造品质提升倡议。佛山举办“品质革命·创新力量”2018佛山企业大会，旨在动员更多佛山企业参与品质提升行动，助力佛山加快推进高质量发展，为佛山争创中国制造最高品质提供路径参考。

【全市非公有制经济人士理想信念教育报告会】 2018年9月17日，市工商联与市委统战部联合组织召开全市非公有制经济人士理想信念教育报告会，青年企业家代表、商协会代表近120人参加。会议总结市工商联近年来开展理想信念教育实践活动的情况，并对下一步工作进行部署。佛山脊梁企业、佛山大城工匠、各区企业家代表围绕“不忘创业初心，接力改革伟业”发表主题演讲。市委常委、统战部部长李政华出席并讲话。

【佛山市工商联（总商会）十四届三次执委会议】 2018年12月26日，佛山市工商联（总商会）十四届三次执委会议暨学习习近平总书记系列重要讲话精神专题报告会召开。市委常委、统战部部长李政华出席会议并勉励广大民营企业家要做有远见的企业家、务实进取的企业家、有情怀的企业家。会上，市工商联主席、广东新明珠陶瓷集团有限公司董事长叶德林作2018年度市工商联（总商会）执委会工作报告并对2019年工作进行部署。会议审议通过财务报告、财务管理制度（修订），选举产生增（替）补执委会执委16人和常委4人，向广大民营企业家发起积极投身“万企帮万村”行动暨乡村振兴战略倡议书。会议通报2018年度执委履职情况，其中邓伟健等48名执委履职考核优秀。

（凌俊锋）

2018年12月26日，佛山市工商业联合会（总商会）第十四届第三次执委会议召开

（市工商联供图）

群团组织

手机扫码阅读

佛山市总工会

【组织概况】 佛山市总工会于1950年3月成立筹备会，1954年12月正式成立佛山市工会联合会，1983年地市合并，成立新的佛山市总工会。2018年，市总工会内设办公室、组织部、权益保障部、经济工作部、宣传教育部、财务事业部、教育工会等7个工作部门，另有市工人文化宫、市工会职业技术学校、市工人康复医院3个下属事业单位。至2018年底，全市累计基层工会4.3万个，涵盖法人单位6.1万个，工会会员近278万人。

【工会组织建设】 2018年，佛山市总工会重点推进新业态新模式新领域企业组建和农民工集中入会工作，组织实施全市“百日攻坚集中建会行动”和“农民工入会集中行动”，着重在100人以上企业开展工会组建工作，加强重点工程项目建筑工人和道路货运行业货车司机入会工作，扩大工会组织覆盖面。是年，全市新建基层工会746个，新发展工会会员6.9万人。

推进“三个一批”（建设一批社区（村）、园区工会联合会，建设一批职业化工会工作者，建设一批“会、站、家”一体化的职工之家）建设，组织全市各级工会主席现场考察“三个一批”创建示范点，共申报省级“三个一批”示范点8个。广东省总工会在佛山市召开全省工会组建工作和重点工程项目工会建设现场会，向全省推广佛山“建设者之家”工作经验。截至2018年底，全市共建成“建设者之家”66个。

【工会集体协商】 2018年，佛山市总工会完善集体协商履约监督、考核督导等工作机制，下发《关于进一步细化2018年权益保障考核工作的通知》，细化2018年工会集体协商考核要求，到各区总工会开展督导工作，全面加强集体协商工作基础建设。截至2018年底，全市共签订集体合同（含综合性及专项集体合同）5525份，集体协商建制覆盖企业46187家，覆盖职工196.87万人，实现已建工会企业集体协商建制率稳定在85%以上的目标。是年，全省工会集体协商工作会议在佛山市召开，会上，佛山市2个行业性集体协商工作经验获推广。

【困难职工解困脱困】 2018年8月，佛山市总工会制定《佛山市工会困难职工解困脱困三年工作规划（2018年—2020年）》，并召开困难职工解困脱困工作推进会议，对佛山市困难职工解困脱困工作进行部署。主要开展涵盖大病救助、就业培训、就业服务、社工引导等多方面精准帮扶措施，确保到2020年全市困难职工全部实现解困脱困。截至年底，帮扶中心帮扶困难职工4955人次，帮扶款物总额558.2万元，其中生活救助2354人次、医疗救助214人次、子女上学救助244人次、就业培训1210人次，经工会帮扶实现脱困的困难职工家庭228户。

【产业工人公共文化服务供给】 2018年，佛山市总工会倡导职工群众践行社会主义核心价值观，弘扬先进工会文化、职工文化，助推“文化佛山”品牌建设和全市文化导向型城市建设。以“职工心

2018年3月30日，佛山市总工会主办“‘职工心向党·建功新时代’2018年佛山市职工定向悦跑”活动
（市总工会供图）

向党·建功新时代”为主题，开展职工文化节（产业工人文化节）系列活动，带动各级工会多形式、广渠道、全覆盖开展不同类型的职工文化活动2000多场。“寻找最美劳动者”、职工好声音、“三进五送”工会文化服务、职工文化竞投等文化活动品牌凸显。其中，职工文化竞投共扶持15个项目，惠及职工6万余人；重点开展10场“职工大讲堂”、50多场职工宣讲会、20多场职工读书会等职工思想教育活动，10场以“职工心向党·建功新时代”为题的文艺晚会送进工地、进企业、进园区；“职工好声音”竞赛自上线来收到投稿作品500多首，开创工会线上活动新模式，在省总培训活动中获领导及各地级市点赞。10月，中华全国总工会主要领导作出重要批示，对佛山市工会“面向产业工人拓宽公共文化服务供给”的经验给予肯定，要求全国总工会对佛山的具体做法、作用发挥、突出成效和成功经验等方面进行总结梳理并向全国推广。

推进基层职工服务活动中心、职工快乐大舞台、职工书屋、职工心灵驿站等基层工会文化活动平台建设。市工人文化宫与文化馆、图书馆等单位形成文化设施联盟，以整合资源的形式创新职工服务面，各区、镇（街道）职工服务活动中心探索“三工联动”（“工会+社工+义工”的联动）、错峰服务等模式，多元化、多渠道打造工会文化服务体系。瀚天科技产业园职工书屋等3个单位获“全国职工书屋”称号。

【行业特色联谊交友活动】 2018年，佛山市总工会按照职工婚恋服务“八个一”［建立完善一个职工婚恋服务联盟；建立完善一套职工婚恋联合服务机制；进一步完善一个职工婚恋服务网（鹊桥网）；组建一支职工红娘志愿服务队伍；打造一批职工婚恋服务基地；开展一系列职工联谊交友活动；开展一系列职工婚恋服务讲座；举办一系列职工集体婚礼］思路开展职工婚恋交友活动，分别走进军营、警营、产业园、工地、银行和学校，组织开展6场具有行业特色的大型联谊交友活动，参加活动的单身青年职工累计3000人次，成功牵手的达180对。

【全国劳动模范和先进工作者】 2018年，佛山市总工会进一步宣传培育精益求精的劳模精神、劳动精神和工匠精神，使之成为鲜明的佛山城市特质。评选推荐熊智康等2名劳动者获“全国五一劳动奖章”，评选推荐本田汽车零部件制造有限公司工会委员会1个集体获“全国五一劳动奖状”称号，评选推荐佛山市东鹏陶瓷有限公司东鹏研究所等2个集体获“全国工人先锋号”称号，评选推荐杨建州等18名劳动者获“广东省五一劳动奖章”，评选推荐广东一鼎科技有限公司等15个集体获“广东省五一劳动奖状”。

【劳动竞赛活动】 2018年，佛山市各级工会开展职工职业技能竞赛和重点工程竞赛等劳动竞赛活动，参加活动企事业

2018年佛山市获全国劳动奖表彰集体（个人）

奖　项	获奖集体（个人）
2018年全国五一劳动奖章获得者（2人）	熊智康　龙莉英
2018年全国五一劳动奖状获奖集体（1个）	本田汽车零部件制造有限公司工会委员会
2018年全国工人先锋号获评集体（2个）	佛山市东鹏陶瓷有限公司东鹏研究所（技术中心） 广东电网有限责任公司佛山供电局电力调度中心调度自动化班

2018年佛山市获广东省劳动奖表彰集体（个人）

奖　项	获奖集体（个人）
2018年广东省五一劳动奖章获得者（18人）	杨建州　唐卫军　庞建波　关正生　万　鹏　张雪琴 孙　军　黄醒民　彭建锐　江存志　仇志杰　王力展 李天成　胡忠录　刘新华　黄小耘　区卓琨　吴惠萍
2018年广东省五一劳动奖状获评集体（15个）	广东一鼎科技有限公司 广东联塑科技实业有限公司 广东星星制冷设备有限公司 广东红牛维他命饮料有限公司 佛山市路桥建设有限公司 广东顺控发展股份有限公司 广东电网有限责任公司佛山禅城供电局配电部试验班 广东坚美铝型材厂（集团）有限公司氧化二车间工艺技术班组 广东文灿压铸股份有限公司压铸车间二班 广东新宝电器股份有限公司招募中心 广东科达洁能股份有限公司深加工机械事业部研发试制部 广东炜林纳新材料科技股份有限公司调色组 广东运峰电力安装有限公司变电工程部 佛山海关驻禅城办事处稽查科 佛山市第一人民医院急诊科

单位3万多个，参赛职工超过230万人次，通过技能培训、技能比赛晋升技术等级2.1万人次。市总工会围绕佛山打造制造业强市，以“学习十九大、建功十三五”为主题开展一系列市级劳动竞赛25项，赛出市级职工技术状元19人、创新标兵10人、技术能手194人、先进建设者30人、先进建设单位30个。组队参加香港工联会和省总工会主办的“粤港澳大湾区首届职工职业技能大赛焊接技能竞赛、中式厨艺技能竞赛、美容化妆技能竞赛”，佛山市代表队获“城市金奖”2项，个人获金、银、铜及优异奖共9项。

【佛山市第三届寻找“最美天使”活动】 2018年4月，佛山市总工会、市卫生和计划生育局、市护理学会联合开展寻找“最美天使”投票评选活动，旨在选出一批时代特色的护理人员典型，倡导全社会关注护士、爱护护士、尊重护士。活动在全市23403名护理人员中，经基层推荐产生193人进入初选，初选选出50名候选人，再由全市职工通过“佛山工会”“健康佛山”和“佛山市护理学会”等3个微信公众号平台对50名候选人进行网络投票，评选出“最美天使”“最具网络人气奖”等奖项。投票过程中，微信公众号活动页面总访问量144万次，投票量达43万张。

5月16日，2018第三届佛山市“最美天使”命名大会在佛山新城中欧中心举行。会上，苏敏谊等20名护士获命名为“最美天使”，罗银秋等5名护士获颁“最具网络人气奖”。

第三届佛山市“最美天使”名单

获奖个人	单　位
苏敏谊	佛山市第一人民医院
蹇祥玉	佛山市第二人民医院
胡惠娟	佛山市中医院
周燕芬	佛山市妇幼保健院
邓爱宜	佛山市中心血站
刘　清	佛山市禅城区中心医院
钱大辉	佛山市第一人民医院同济康复医院
余　杨	佛山市南海区人民医院
吴国英	广东省中西医结合医院
叶丽娟	佛山市南海区妇幼保健院
陈燕玲	佛山市南海区第四人民医院
麦玉明	佛山市南海区里水镇社区卫生服务中心
欧阳艳玲	佛山市顺德区第一人民医院
丘伟兰	佛山市顺德区妇幼保健院
霍丽婵	佛山市顺德区伍仲珮纪念医院
楚伟英	暨南大学附属顺德医院顺德区第二人民医院）
刘　喜	佛山市顺德区容桂街道新容奇医院有限公司
叶燕红	佛山市高明区人民医院
龙玉兰	佛山市三水区人民医院
卢淑云	佛山市中医院三水医院

第三届佛山市寻找“最美天使”活动“最具网络人气奖”获奖名单

获奖个人	单　位
杨婉仪	广东同江医院
林慕贞	南方医科大学顺德医院（佛山市顺德区第一人民医院）
罗银秋	佛山市第一人民医院
钟佩珍	佛山市中医院
邓伟娟	佛山市禅城区人民医院

第三届佛山市寻找“最美天使”活动“优秀组织单位”名单

佛山市第一人民医院
佛山市南海区第五人民医院
佛山市禅城区人民医院

【佛山工会新媒体联盟成立】 2018年1月24日，佛山市工会系统微信运营总结会暨佛山工会新媒体联盟成立仪式在佛山市总工会新城职工服务中心举行。佛山工会新媒体联盟是由佛山市总工会牵头、由佛山工会系统新媒体之间组成的联盟机构，旨在推动工会新媒体融合发展，推动各级工会之间共享信息内容、新媒体人才队伍、技术及平台。联盟将结合工会中心工作，策划新媒体网络宣传传播活动，组织成员之间的培训及交流活动，每年度根据各成员的表现开展相关评比工作，激励各成员进一步做好线上工会服务，以组团形式进一步打造“互联网+工会”模式。至2018年底，全市工会系统共有开通的微信公众号34个，粉丝总量42万人，发布条文信息2万多条，日均发布21条。2018年，“佛山工会”微信公众号获评市直十佳政务微信公众号，获评2018年度广东政务微信50强，是广东工会系统唯一上榜的微信公众号。

【凉山州驻佛山农民工维权服务工作站成立】 2018年12月17日，佛山市总工会、凉山州总工会探视凉山籍农民工座谈会、农民工维权服务合作签约暨工作站揭牌仪式在佛山市总工会举行。会上，佛山、凉山两地总工会主要领导共同签署《城际间农民工维权服务合作协议书》，并为凉山州驻佛山农民工维权服务工作站举行揭牌仪式。两地签约及成立维权服务工作站旨在通过建立农民工法律援助合作机制，帮助凉山籍农民工依法有序表达利益诉求，引导农民工以理性合法方式维护自身权益；通过建立农民工帮扶合作机制，将符合条件的农民工纳入务工地工会困难职工档案，从生活上、工作上、思想上关心和帮扶，帮助困难职工及家庭成员树立自立自强、干事创业的信心，提高自我发展能力。

佛山市总工会自2011年始至2018年，在全市设立市、区、镇（街）工业园区外来工维权服务中心46个，并配备维权服务专员，工会特约律师提供专业的法律服务。

【佛山市第三届寻找“最让我感动的老师”活动】 2018年5月至9月，佛山市总工会、市教育局联合开展2018年

佛山市第三届“最让我感动的老师提名奖”名单

马胜娥	佛山市南海区大沥镇黄岐小学
王韫钰	佛山市三水区西南街道中心小学
仇帼欢	佛山市南海区九江镇儒林初级中学
甘爱仪	佛山市顺德区陈村镇青云小学
刘石生	佛山市三水区三水中学
李志谦	佛山市高明区高级技工学校
李艳红	佛山市顺德区大良街道五沙幼儿园
吴　薰	佛山市高明区纪念中学
吴国荣	佛山市顺德区伦教周君令初级中学
利祖棣	佛山市禅城区中心幼儿园
张继勇	佛山市顺德区启智学校
陆艳青	佛山市南海区丹灶镇初级中学
陈敏坚	佛山市禅城区澜石小学
周子牛	佛山市南海区大沥高级中学
房宜彪	佛山市顺德区北滘镇莘村中学
徐　胜	佛山市三水区理工学校
高海宁	佛山市惠景中学
盛　超	广东职业技术学院
曾　莹	佛山市南海区九江镇初级中学
雷万春	佛山市禅城区石湾第三小学

佛山市第三届“最让我感动的老师网络人气奖”名单（按得票数排序）

李艳红	佛山市顺德区大良街道五沙幼儿园
盛　超	广东职业技术学院
胡平贵	佛山市顺德区杏坛中学
马友坤	佛山市南海区九江职业技术学校
罗士祷	佛山市顺德区第一中学

佛山市第三届“最让我感动的老师”名单

邓秋红	佛山市三水区芦苞瑞芳幼儿园
李丹佛	山市顺德区陈村职业技术学校
陈燕梅	佛山市南海区西樵镇第一小学
林幸谊	佛山市惠景小学
罗士祷	佛山市顺德区第一中学
庞　珍	佛山市第一中学
胡平贵	佛山市顺德区杏坛中学
姚美康	顺德职业技术学院
常幸芳	佛山市实验学校
童兰芬	佛山市三水区西南街道第四中学

佛山市第三届寻找“最让我感动的老师”活动。活动在全市10万多名教育工作者中，按照推荐标准，经过层层选拔、公示认定共遴选48名候选人进行网络投票，全市超过12万名公众在“佛山工会”和“佛山教育”微信公众号投票，最终评出10名佛山市“最让我感动的老师”和20名“最让我感动的老师提名奖”。根据网络投票结果评选出5个“最让我感动的老师人气奖”。

9月28日，市总工会、市教育局在佛山市工人文化宫召开佛山市第三届“最让我感动的老师”认定大会，各区总工会、教育局、教育工会领导，各学校单位领导以及教职工代表等200多人参加会议。大会上，邓秋红等10人获认定为“最让我感动的老师”，马胜娥等20人获颁“最让我感动的老师提名奖”，李艳红等5人获颁“最让我感动的老师人气奖”。

（陈欣然）

共青团佛山市委员会

【组织概况】 广东社会主义青年团佛山分团成立于1922年，1973年经选举，产生共青团佛山地区第一届委员会。历任团委书记有：梁绍棠、梁炽荣、雷于蓝、刘海、潘逸阳、杨振富、何国森、刘珊、俞进、陈新文、曹洪彬、王树斌。共青团佛山市委员会机关内设有：办公室、组织部、宣传部、志愿者部。下属单位有：佛山市志愿者行动服务中心、佛山市青少年文化宫。全市共有基层团委362个、基层团工委22个、团总支331个、团支部10277个。共有团员203665人。共有团干部18539人，其中专职团干部513人。根据广东省统计局2015年调查数据，佛山市青年常住人口数（14~28周岁）为179.58万人。

【青少年思想引领】 2018年，佛山共青团把学习贯彻习近平新时代中国特色社会主义思想和党的十九大精神作为首要政治任务，开展“青年大学习”分享会、主题征文、专题宣讲和培训、专题讨论调研等，印发《佛山共青团贯彻落实广东省委书记李希在佛山调研时的讲话精神“进一步解放思想、改革再深化”大学习、大讨论活动的实施方案》。邀请十九大党代表程祖彬等优秀青年代表组成宣讲团，宣讲党的十九大精神等方面内容，相关宣讲开展560多场。开展“不忘初心跟党走”“学党史、感党恩、跟党走”“向上向善好青年”等主题教育活动逾1000场，覆盖青年103万人次。举办佛山市阳光新“声”代青少年演讲比赛，组织青年代表发声讲述身边正能量，展示改革开放40年的历程和成就。组织全市各级团干青年观看马克思诞辰200周年大会等重大会议活动直播，覆盖青年20万人次。

深化网上共青团建设。搭建志愿服务信息平台，在全省率先对接广东志愿者信息管理服务平台（简称“i志愿”平台），通过“i志愿”移动客户端、“腾讯微信”“阿里支付宝”同时开通线上志愿服务，实现志愿者、志愿组织、服务项目无缝对接，截至10月，全市注册志愿者达863866人，注册志愿者平均志愿服务时长达18.31小时，志愿服务实现制度化、信息化、常态化、专业化。开展星级志愿者资质认证，截至年底，全市经资质认证的四星级志愿者562人、五星级志愿者650人。推进网络舆论引导，以“青网计划”为统揽，加强网络文明志愿者队伍建设，佛山在线注册登记网络文明志愿者达3.7万人，建成市级100人、区级120人的骨干队伍，深入开展主题网络文化活动，构建清朗网络空间。

【共青团深化改革】 2018年，佛山共青团坚持问题导向，进一步解放思想，优化团的组织格局和工作方式。调整市直企业团工委，成立互联网团工委、非公企业团工委以及小微企业、个体工商户、专业市场团工委，加强对重点领域基层团组织的直接联系指导。落实团的机关干部常态化下基层制度，落实团干部直接联系青年制度，推动全市106名专职团干与19931名青年建立经常性直接联系，全市各级团干与青年开展面对面谈心、宣讲等活动1161场，创新通过“1 + 100”手机端线上解答青年疑问739次。

统筹其他方面改革。推动“全团抓学校”，在全省率先出台《佛山共青团“全团抓学校”重点工作实施要点》，推动中学中职共青团“强基固本”工程，成立首批8个市级中学共青团名师工作室，组建由32名中学团委书记组成的市中学共青团导师团，建立一市五区两级教育团工委，落实各初中、小学全面成立学校少工委。完成佛山市青年联合会换届，于12月26日召开市青联第十届委员会第一次全体会议，选举产生市青联常务委员会委员、副主席、主席，调整优化委员职业结构和界别设置，重点提升基层和一线青年代表比例，同时表决通过佛山市青年联合会章程修正案、佛山市青年联合会委员履职考核制度、佛山市青年联合会界别工作委员会工作制度等系列文件，严明青联组织纪律。204名市青联委员中，工人、农民、农民工等一线劳动者占10.29%、文化艺术、科学技术、教育等界别知识分子代表占35.78%。

【从严治团】 2018年，佛山共青团推进基层团组织建设规范化，出台《佛山共青团整治软弱涣散基层组织三年行动“命脉工程”实施方案》和“命脉工程”攻坚阶段重点工作任务清单，推广“智慧团建”系统，佛山770个行政村（社区）均在系统建立组织树。巩固学校共青团基础性、战略性、源头性地位，将团建工作纳入学校党建工作考核重要内容，占分不低于10%，促进全市236所中学均建成团校，其中7所获省级示范团校称号。加大团员发展调控力度，全市初中、高中毕业班团学比例控制在27.54%和55.22%。加强基层团建基础保障和资源支持，推动实现全市32个镇（街）团委均配备2名以上专职团干，年均工作经费超30万元，各镇（街）拥有至少1个直属或依托党建力量建设的阵地。探索镇（街）青少宫建设，市直属镇（街）青少宫达7个，平均面积超3000平米。基层组织建设创新，团高明区委联合区人社局在毕业生专场招聘会上专设“寻找失联团员”咨询点，该做法被写入广东共青团基层组织建设简报第4期。实施“向心力工程”，统筹整合32个优秀市级团青组织，与全市32个党建、团建基础相对薄弱的村（社区）团组织双向匹配，实现市级团青组织+镇（街）团组织+村（社区）团组织三方结对共建，实现市级、机关团青组织资源常态化下沉，项目自2015年启动以来，开展活动近300场，惠及基层团员青年3万余人次。

【志愿服务工作】 2018年，佛山共青团立足佛山建设“志愿者之城”三年行动计划，带领团员青年参与志愿服务和社会公益事业。推动志愿服务规范化管理，推广使用注册志愿者证，全市持证注册志愿者119985人。提升志愿服务专业化水平，推动成立团市委下属公益一类事业单位“佛山市志愿者行动服务中心”，编写《佛山市星级志愿者培训规范与指南》《佛山市大型活动志愿服务操作指南》，发挥志愿者学院培训功能，开展覆盖200多名志愿服务骨干的专题培训。推进志愿服务典型选树示范，全年共推荐16个项目获省“益苗计划”志愿服务项目大赛扶持（3个省级示范项目，1个第四届中国青年志愿服务项目大赛银奖）。加强志愿服务阵地建设，与佛山市精神文明委员会办公室联合对现有41个志愿V站进行升级改造，并扶持11个志愿V站新站点与好人工作室的联建。承接大型活动志愿服务，先后承接2018佛山“五十公里徒步”、第十届国际发明展览会暨第三届世界发明创新论坛、第27届中国金鸡百花电影节等大型活动志愿服务工作，招募培训志愿者近1万人次，服务超100万人次，服务总时长超5万小时。

【佛港澳青年交流】 2018年，佛山共青团推进粤港澳大湾区青少年交流，助力大湾区协同发展。推进佛港澳“青年同心圆”计划，全年开展佛港澳青年菁英国情研修班、“中国心 翰墨情”佛港澳青少年书法大赛、非遗文化香港行等交流合作项目13个，覆盖港澳青少年逾1000人。继续举办香港学生暑期到佛山实习活动（已连续4年举办该活动），吸纳近100名香港大学生通过双向选择配对，在由佛山市青年联合会对接联系的大型企业进行为期5周的实习生活，了解佛山经济社会发展。举办第四届“情义两地行 聚焦大湾区”粤港青年志愿服务合作营（佛山），通过走访优秀企业和实践基地，开展以科技、文化、卫生等为主题的志愿服务活动，结合社会实践、社会调研、社会服务等，深化两地青年在公益志愿服务方面的交流合作。搭建佛港澳青年交流平台，依托三龙湾粤港澳科技展示交流中心建立全省首批粤港澳大湾区青年家园，为已经扎根佛山或有意向来佛山学习、工作和生活的港澳青年提供信息咨询、个案支援、成长发展、社会融入等方面服务。是年3月23日，佛山共青团派代表出席在香港举办的粤港澳大湾区青年创新中心发布会暨签约仪式活动，推动打造与国际接轨的创新平台。

【青少年权益维护】 2018年，佛山市人民政府办公室印发《关于成立佛山市未成年人保护委员会的通知》，成立佛山市未成年人保护委员会，日常工作由佛山共青团承担，加强对佛山市未成年人保护工作的领导和协调。推进佛山市“12355”青少年综合服务平台建设，从心理咨询、法律援助、志愿服务、婚恋交友、禁毒防艾、就业创业、圆梦计划、智慧团建、粤港澳人员综合服务、留守（困境）儿童综合服务、求学助学等方面回应青年诉求，接到青年来电13251宗，重点跟踪帮扶个案19宗，开展佛山市“12355”青少年综合服务系列50场，制作并派发宣传背包、环保袋、雨伞及宣传单张2000份。加强青少年事务专业力量建设，佛山市有青少年事务社会组织155个，其中47个建立团支部，青少年事务社工人数2983人，承接团市委权益、预防工作业务机构共15个。参与申报创建中央、省“青少年零犯罪零受害（零吸毒）”社区创建，禅城区石湾镇街道东平社区被认定为全国第一期“青少年零犯罪零受害社区（村）”试点单位，禅城区祖庙街道同兴社区、高明区荷城街道江湾社区和高明区荷城街道竹园社区被认定为广东省第一期创建“青少年零犯罪零受害（零吸毒）社区（村）”试点单位。开展2018年佛山市涉案未成年人重点心理帮扶活动项目，委托专业心理机构对全市相关涉案未成年人心理健康状况等进行调查评估和心理帮扶共16场。结合专题讲座、入户探访，开展严重精神障碍患者关爱救助专项活动共10余场，惠及人次2000余人。开展“千名青年律师千场青少年法律服务”“为了明天——青春自护·益起来”青少年自护教育、“千人千场”反诈骗系列宣传等活动项目，优化青少年成长环境。开展“共青团与人大代表、政协委员面对面”活动，收集建议、提案13篇，答复提案21篇。举办2018年佛山市青少年事务社工培训班，围绕青少年心理帮扶技能、预防青少年违法犯罪、青少年普法等内容，为全市100多名青少年事务社工开展7天线下和6期线上课程培训。

【中国少年先锋队佛山市第六次代表大会和佛山市学生联合会第四次代表大会】 2018年10月30日，中国少年先锋队佛山市第六次代表大会和佛山市学生联合会第四次代表大会在市政府机关大礼堂召开。会议选举产生38名第六届市少工委委员，选举产生48个佛山市学生联合会第四届委员会团体委员，及19个佛山市学生联合会第四届主席团成员单位。自少先队佛山市委员会代表大会、佛山市学生联合会代表大会筹办以来，佛山共青团、佛山市教育局、少先队佛山市工作委员会和佛山市学生联合会共同举办“传承红色基因 争做时代新人”星星火炬网上传递活动，通过网上传递火炬的方式，传递习近平总书记对青少年的教导、传递学习团章和队章、传递佛山家乡美和红色文化。全市超过12万名少先队员和大中学生参加接力，视频观看总人数超过52万人，共收集青少年学生提案10.8万份。

【青少年禁毒教育】 2018年，佛山共青团开展青少年禁毒宣传教育活动，不断提高青少年识毒、防毒、拒毒的能力，开展“健康人生 绿色无毒”——佛山市青少年禁毒宣传教育系列活动，包括“五区禁毒行”、禁毒文艺巡演“五进”活动等共600场。推动举办禁毒暨法治宣传创意大赛，征集禁毒主题宣传创意作品417份。12月，在佛山市强制隔离戒毒所挂牌首个市级青少年法治教育实践基地。

【青年就业创业服务】 2018年，佛山共青团为促进青年创新创业创优积极打造良好环境。实施“展翅计划”，面向党政机关、事业单位、大型企业、500强企业、基层一线单位等开发高质量实（见）习、实训、兼职、正式招聘等优质岗位，通过微信公众号、自媒体、微博、报纸等展开宣传，在企业基层网点、机关事业单位等投放宣传展架和手册，为全省在校大学生提供实习岗位4414个，吸引参与学生数5000多人次，其中安排基层经济社会发展情况调研实践等有助于年轻人成长的基层岗位近1000个。继续举办佛山青年创新创业大赛（已连续6年举办该比赛），有近1000个青创项目和70余名投资人参赛，推荐超过100个青创项目参加省青创赛，佛山市青创赛选送项目“旭航科技无人机续航技术”获省青创赛银奖。搭建青年创新创业高水平平台，推动顺德创意产业园挂牌“全国青年创业示范园区”，推动国家火炬园创新创业园等5个园区挂牌“广东省青年创业示范园区”。组建由优秀企业家、职业经理人、专家学者和公职人员组成的近200人的青年创业导师团，提供线上线下培训超160场，培训覆盖青年超5万人次。引领青年立足岗位创先争优，推动全市各级、各战线团组织开展青年文明号、青年安全生产示范岗创建活动，2个集体获评全国青年文明号、3个集体获评全国安全生产示范岗。继续开办返乡大学生暑期实践体验营（已连续6年开办该类体验营），帮助数百名佛山籍在外大学生了解家乡发展成果。

【共青团助力环保工作】 2018年，佛山共青团联合佛山张槎低碳环保协会、佛山幼苗之友、佛山绿行者等7个环保组织组建市级环保联盟，推动各级团组织组建9支河小青志愿服务队。整合环保相关社会资源，联合佛山绿萤志愿服务队以西樵镇为试点，绘制“西樵

2018年10月30日，中国少年先锋队佛山市第六次代表大会和佛山市学生联合会第四次代表大会召开

（团市委供图）

河涌绿地图”，联合衣点爱心在佛山市设立近500个旧衣回收点，旧衣捐赠惠及全国18个省近80万人。推动南海固废处理环保产业园建设成为佛山市环保教育实践基地，接待青少年环保教育实践活动1800多人次。抓住重要时间节点开展主题活动，结合世界地球日、世界水日等时间节点，开展“守护碧水蓝天”“争当惜水、爱水、护水使者”等主题活动，邀请2000名市民走进水厂参观水处理流程。结合植树节，联合福田汽车开展“共建美丽森林佛山”植树活动，在近2千米区域中种下近300株秋枫树。开展环保“微公益”，引导青年从小处做起，联合星月普法志愿服务队组成绿色骑行方队绕城区骑行一周，扶正摆好沿途共享单车，撕掉违规贴放小广告，沿途宣传文明使用共享自行车。

第五届佛山青年创新创业大赛获奖项目名单

奖项	项　目
一等奖	帮啦跑腿
二等奖	芬芳负离子陶瓷
	无人机续航技术及其方案供应商
三等奖	一种环保节能的加气混凝土生产新工艺
	佛山红模铸造工艺的产业化
	小A青少年创客教育
优秀奖	智能外贸人
	3~18岁青少年视力矫正
	基于区块链的电子物证平台
	麦微商务服务有限公司

【阳光青年计划】 2018年，佛山共青团积极引导各类青年群体“以阳光的心态面对人生，以辛勤的劳动创造生活，以感恩的情怀融入社会”，印发《“阳光青情爱满佛山”佛山共青团关爱青少年系列行动实施方案》，实施“青年心理健康帮扶、青年综合素质提升、青年社会责任引导”三大计划。同时，佛山共青团联合佛山市精神文明委员会办公室、佛山传媒集团、佛山市志愿者联合会开展“才艺达人”“志愿达人”“职场达人”“励志达人”“创意达人”5大类别佛山阳光青年达人认定。经社会推荐、组织推荐、媒体推介，通过综合初评、专家评审、市民投票、公示等环节，共有12人被命名为2018年佛山市“阳光青年”。此外，为帮助青年群体提供良好心理健康发展环境，佛山共青团推动实施企业青年员工心理援助项目，组建企业青年员工心理援助讲师团，在企业特别是非公企业实施以职业规划、婚姻家庭、人际交往、压力应对等为主要内容的青年员工心理援助项目，并为各区提供相关师资经费支持。

2018年佛山市“阳光青年”名单

获奖个人	单　位
王文婷	佛山科学技术学院
龙步章	佛山市高明区殡仪馆
刘锦鑫	顺德职业技术学院
苏荣欢	佛山柯维光电股份有限公司
李　强	佛山市启聪学校
陈贤帅	佛山市安齿生物科技有限公司
林海全	佛山市南海区桂城街道社工工作中心
易康成	佛山市公安局刑警支队第八大队
罗纪锋	佛山市高明区鹏力农业科技有限公司
梁伟权	佛山市第二人民医院
梁绍伦	佛山市外国语学校
舒娟娟	广东省女子强制隔离戒毒所特类人员专管大队

【圆梦计划】 2018年，佛山市继续实施“圆梦计划”。在全市组织开展企业青年员工心理辅导26场，覆盖1560人次。下发《2018年圆梦计划·佛山1000》通知，启动2018年圆梦计划项目工作，与山东大学、佛山科学技术学院、佛山开放大学、武汉理工大学、广东科技学院、佛山职业技术学院和仲恺农业工程学院等8所高校及教育机构开展合作，教学方式包括函授、网络教育和面授3种。通过QQ、微信、官网等媒体渠道，结合在广东格兰仕集团有限公司、广东澳美高新科技有限公司、北汽福田汽车股份有限公司等30家企业、园区开展宣讲会。

【青年婚恋交友】 2018年，佛山共青团服务青年婚恋刚需，优化工作资源，授予南海区海寿岛首个“佛山市青年交友体验基地”牌匾。整合各方面资源推动搭建服务青年婚恋交友的线上服务平台4个（佛山“12355”青少年综合服务平台、玫瑰友约、三水区青年人才库、鹊桥网），联合佛山市总工会、佛山市妇女联合会等单位打造“鹊桥网”——佛山市职工婚恋服务联盟线上服务平台，线上依托“青年之声”网络平台，针对青年实际需要开展分类引导，整合基层阵地资源，联合珍爱网等专业婚恋机构，搭建婚恋交友线下服务站。是年，佛山共青团共开展28场青年联谊交友活动，直接服务青年2000人次，通过活动成功牵手青年近50人，并带动各级、各方面团组织开展形式多样的青年交友活动。南海共青团打造集“公益、娱乐、交友”于一体的“友你友我”系列联谊服务；三水区共青团打造“团聚森城”青年人才联谊项目，通过线上选取个性化活动菜单的形式，线下为青年定制“精彩交友联谊活动”等特色服务。

（谭敏仪）

佛山市妇女联合会

【组织概况】 1953年11月25—27日，佛山市第一次妇女代表大会在佛山大戏院举行，正式成立佛山市民主妇女联合会。1973年11月10日启用“佛山市妇女联合会”印章。历任妇联主任（主席）有：黄梅、王素珍、黄茵、张丽芬、陈大苏、何亦雄、杨坚、莫翠珍、黄少霞、吴培英。2018年，市妇联主席为曾颖，市妇联内设办公室、妇女儿童权益维护部、组织宣传教育部、儿童少年工作部，市妇女儿童工作委员会办公室挂靠市妇联。下属事业单位有市儿童活动中心、市儿童活动中心幼儿园。全市有市、区妇联6个，镇（街道）妇联32个，村（社区）妇联769个，市、区、镇（街道）、村（社区）妇女组织组建率达100%。全市各级妇联干部1949人（副主席以上），执委9496人。有“佛山融爱”家庭服务中心39家，妇女儿童权益维护工作站38个，“妇女之家”812个（含镇、街道、村、社区、农业园区、产业园社区、专业合作社等“妇女之家”），村、社区儿童活动园地769个，社区家长学校769所。

【妇女思想政治引领】 2018年，佛山市妇联开展领导干部“上讲台”、下基层工作，全市各级妇联开展宣讲活动73场，参与群众4600多人，在全市妇女中掀起大学习大讨论的热潮。组织“巾帼心向党 建功新时代”系列活动，开展“佛山融爱”妇女健身广场舞大赛、市妇联系统主题演讲比赛等。率先在妇联系统出台《关于佛山市妇联系统在购买社会服务工作中加强党的领导工作意见》的文件，把党建工作写进购买合同，建立党建工作承诺书、党建工作台账和“黑名单”等制度，从源头上强化购买方妇联的政治引领作用，确保承接妇联项目的社会组织“听党话、跟党走”，让妇女群众明白“惠从党来，惠从妇联来”。

【妇女创业就业服务】 2018年，佛山市妇联深化“巾帼创业创新行动”。紧抓粤港澳大湾区建设机遇，打造“佛山融爱”妇女创业创新基地，首批2个基地在南海金谷智创产业社区和顺德北滘丰明中心挂牌，为女性创业者提供优质的创业空间。指导高明区开展妇女小额担保贷款工作，全年为50名妇女发放贷款453万元。组织开展妇女创业创新、增收致富送课活动，为女致富带头人、电商女创客等700多人送课14场。指导各区妇联与当地科技、农业、林业等部门和社会组织，开展“乡村振兴巾帼行动”科技服务活动，向农村妇女宣传有关方针政策，派发科普书籍600余册、政策宣传单张500多份、优质瓜菜种子近3000份。

【寻找“最美家庭”活动】 2018年，佛山市妇联寻找佛山“最美家庭”，开展故事分享会进村（社区）活动，在佛山电视台、《佛山日报》《珠江时报》等媒体开设2018年佛山寻找“最美家庭”专栏，促进全社会重视良好家风的培养。开展第三届争做“佛山小当家”活动，组织“小当家”们探寻传播非遗文化，培养公民意识，关心并参与城市的发展。持续办好“幸福家动力”家庭教育巡回报告会、“与孩子的心灵对话”论坛、“心手相牵·共同成长”家长培训、“家庭教育大讲堂进社区（村）”活动等项目，在党员远程教育平台开设“远程家庭教育课程”。2018年寻找最美家庭活动参与人数达107720人，各级最美家庭344户，开展家风活动547次，参与群众44106人次；举办家庭教育大讲堂活动1210多场，受惠家长9.2万多人次；开展家长、儿童主题实践活动1612次，参与人数接近13万人次；开展家教骨干培训502次，培训家教骨干逾1.7万人；社区家长学校培训家长6.2万人次。

2018年10月12日，佛山市首批“佛山融爱”妇女创业创新基地成立。图为顺德区北滘镇丰明中心“佛山融爱”妇女创业创新基地揭牌 （市妇联供图）

【妇女儿童合法权益保障】 2018年，佛山市妇联强化维权队伍建设，运用专业社会工作和心理工作技能，提升妇女服务热线“12338”和维权工作站窗口实体服务水平。开展妇女代表、主席接访日工作，强化网上维权服务，扩大妇女诉求渠道，切实把服务送到妇女群众身边。与市中级人民法院建立全省首支市级家事调查员队伍，并推动各区建立区级家事调查员队伍，建立市、区两级家事调查员队伍6支，家事调查员135人。协助人民法院对家事案件进行委托调查、收集信息并形成“家事调查报告”，为法院审判提供法律依据。是年，全市妇联系统38个三级维权站处理信访个案3113宗，服务3512人次，处理率100%；组织系列法治文化活动832场次，受益群众约8万人次。与专业社工机构合作开展“向日葵”关爱妇女服务项目，开展网上教育宣传服务“佳人100分在线学堂”和温情小剧场11期，受益群众2.6万人。

【妇女儿童发展规划】 2018年，佛山市妇联开展妇女儿童发展规划重难点指标专项调研，督促各区及成员单位制定实施方案并推进实施各项指标任务，较好完成2017年度“两个规划”监测评估工作。关注推进基层妇女参政议政工作，向市委组织部提交《关于进一步提升我市基层妇女参政议政指标水平的建议》。配合省妇儿工委办开展“对拟参选下届进‘两委’女性后备培养对象摸底调查”工作。开展“我市社区0~3岁教养服务需求情况与对策”专题调研，建议意见列入市政协提案和大会发言。开展“男女平等、儿童优先”“反家庭暴力”知识问答宣传活动，营造男女平等的社会氛围。

【困境妇女儿童的帮扶与救助】 2018年，佛山市妇联开展“情暖母亲·爱润孩子”单亲特困母亲家庭春节慰问活动，为200户单亲特困母亲送上慰问金共20万元。开展“姐妹情深10元捐”活动，筹得善款75万余元。发动市女企业家协会母亲节前夕入户慰问三水区10户单亲特困母亲家庭，给每户送上慰问品和1000元慰问金。与市女企业家协会开展“微救助”项目，对14户遭遇突发性困难和变故的单亲特困母亲家庭给予每户2000元资助。携手市妇幼保健院为66名困难妇女提供免费“两癌”筛查服务。组织市儿童福利会、爱心社会组织开展“六一”慰问重症儿童活动，探望10名身患重症的儿童，送上慰问金和“六一”礼物合计3.7万元。开展“爱润孩子 助力成长”扶贫助学活动，筹集助学款103.8万元，帮扶100名儿童。联合市儿福会开展“共享蓝天 快乐成长”公益夏令营活动，为33名困难家庭儿童提供锻炼和学习机会。组织干部到对口扶贫点云浮市通门镇冲枚村开展慰问4次，送出慰问金1.8万元。是年，全市各区妇联共为佛山市54350名妇女提供免费“两癌”筛查。

【妇联改革】 2018年，佛山市妇联制定《佛山市妇联加强党的基层组织建设三年行动计划（2018—2020年）实施方案》，结合妇联改革工作，找准妇联定位。完成会改联换届工作，推动村（社区）妇联主席进入村（居）民委员会，镇（街道）妇联专兼职副主席、执委人数和村（社区）妇联执委人数落实到位。出台《佛山市各级妇联执行委员会委员工作制度》，通过佛山妇联微信公众号上线“执委专栏”，落实每名执委联系至少10名群众，强化对执委的管理和培训。出台《佛山市“妇女之家”工作制度》，进一步明确“妇女之家”的建设要求。在社会组织等领域建立妇委会，团结引领社会组织妇女听党话、跟党走。

通过“佛山妇联”微信公众号、“佛山指尖上的妇联”微官网、“佛山妇联一张图”，向广大妇女传递党和政府的声音、送去温暖，使妇女更加了解党和国家路线方针政策。参展第四届中国（广东）国际“互联网+”博览会，展现“佛山指尖上的妇联”“佛山妇联一张图”网上便民服务。至年底，“佛山妇联”微信公众号关注人数近20万人，年阅读量达250万次，单篇最高阅读量近9万次，获得佛山政务新媒体总评第三名，在全国地市级妇联周传播指数两次夺冠。通过“指尖上的妇联”微官网，进行执委培训、活动预告报名、活动签到、接访预约等，零距离服务妇女群众，实现党建引领、服务基层、总有妇联在身边。

市妇联3名挂兼职副主席到位，市妇联挂兼职副主席成员比例占市妇联班子成员的50%，完成妇联改革的该项要求。区、镇（街道）妇联落实专兼挂干部配备工作，至年底，全市有3个区妇联配备挂职副主席、5个区配备兼职副主席，47名镇（街道）级兼职副主席、702名村（社区）级兼职副主席，建立起全市四级妇联专兼挂干部队伍。

【“佛山融爱”家庭服务中心项目】 2018年，佛山市妇联出台《佛山市妇联系统购买社会工作服务项目财务管理规范指引》等，进一步规范妇联系统社会工作服务项目的财务操作标准，保证妇联购买项目的财政资金合理、合法、合规使用。推动“佛山融爱”家庭服务中心形成“党建引领、社区共融、家庭共爱、妇儿共享”新服务理念。截至年底，全市由妇联主导的“佛山融爱”家庭服务中心及其同类社会服务机构共39个，服务覆盖379个社区（村），常驻社工103人，服务269万人次。是年，中心共跟进个案69宗，服务218人次；开展小组活动155个，服务8731人次；社区活动1353场，服务78775人次。

【“三八”妇女节活动】 2018年3月7日，佛山市在市机关小礼堂召开佛山市社会各界妇女代表纪念“三八”国际劳动妇女节108周年座谈会，来自各行各业的妇女代表130多人参加座谈，欢度“三八”，共话成长，共谋发展。活动当天，“佛山市妇联一张图”（指以佛山妇联系统“妇女之家”“佛山融爱”家庭服务中心、维权工作站等妇联服务阵地为基础，实现标识各区各服务点的分布、详细信息，并可使用实时定位、一键导航和观看VR实景的试点应用系统）启动。市妇联以纪念“三八”国际劳动妇女节为契机，广泛开展优秀女性事迹宣传，弘扬优秀女性榜样力量，展示当代女性良好面貌和高尚品质，全年共宣传优秀女性个人32名、优秀女性集体10个。

【佛山妇女代表参加中国妇女第十二次全国代表大会】 2018年10月30日至11月2日，中国妇女第十二次全国代表大会在北京举行，佛山市有市妇女联合会主席曾颖、市女文艺家协会会长夏

2018年6月1日，佛山市举办庆祝2018年“六一”国际儿童节活动

（市妇联供图）

少丽、南海区乐活社会工作服务中心总干事曾莹慧等3名代表出席大会。其中，南海区乐活社会工作服务中心总干事曾莹慧为新领域新阶层新群体妇女代表。大会结束后，3位代表迅速向妇女群众广泛宣讲中国妇女第十二次全国代表大会精神。

2018年佛山市获全国“三八红旗集体”荣誉称号集体

广东省佛山市第一强制隔离戒毒所女子管教中队

2018年佛山市获广东省“三八红旗集体”荣誉称号集体

佛山市公安局禅城分局出入境管理大队
广东医科大学顺德妇女儿童医院（佛山市顺德区妇幼保健院）产科
佛山市华英学校英语科组

2018年佛山市获广东省“三八红旗手”荣誉称号个人

获奖个人	单　位
田　碧	佛山市禅城区图书馆馆长
关紫云	佛山市南海区人民医院副院长
区淑玲	佛山市顺德区容山中学校长
王林煌	佛山市高明区鹏力农业科技有限公司副总经理
赖宜君	佛山市三水区人民医院护理部主任
夏少丽	佛山市女文艺家协会会长
刘霭仪	佛山市南海区大沥镇盐步社区党委委员、居委委员、妇联主席

（莫宏谦）

佛山市科学技术协会

【组织概况】 佛山市科学技术协会（以下简称佛山市科协）于1958年4月由佛山市科普协会正式改名而来，同年7月起与市科委合署办公，9月召开佛山市科学技术工作者代表大会，选举产生市长邓振南等23名委员组成的佛山市科学技术协会委员会。1963年7月，召开第二次全市代表大会，王灿任主席。“文化大革命”期间，佛山市科协活动停止，所属学会停顿或解散。1978年9月27日，佛山市科协恢复，到1980年底，恢复和新建学会28个。1983年6月1日，佛山地区科协与佛山市科协机构合并，仍称佛山市科学技术协会，1985年1月1日起佛山市科协与市科委财政分家，合署办公的历史结束。1989年8月15—16日，召开第三次全市代表大会，黄浩权任主席，同年10月17日设党组。1994年9月，市政府批准佛山市科协机构改革方案，科协机关内设机构：办公室、学会部、科普部。1997年5月20—21日，召开第四次全市代表大会，姚兰昌任主席。2001年8月，佛山市机构编制委员会批准佛山市科协“三定”方案，市科协机关内设机构：办公室、学会工作部、科学技术普及部。2002年10月22—23日，召开第五次全市代表大会，胡经倬任主席。2007年8月28—29日，召开第六次全市代表大会，选举胡学骏任主席。2013年3月21日，召开第七次全市代表大会，黄文任主席。至2018年底，市科协有市级学会（协会、研究会）61个，区级科协5个，园区科协3个，高校科协3个。

【创新驱动助力工程联席会议制度建立】 2018年，佛山市推进创新驱动助力工作政策资金落地。经市科协争取，市政府印发《佛山市深入推进创新驱动助力工程实施方案》《佛山市深入推进创新驱动助力工程专项资金管理办法》，每年至少投入1000万元，用于支持产业技术创新联盟、会企科研基地、学术交流和会展活动、院士专家工作站、学会科技服务站、决策咨询、科技成果和专利技术推广等七大类项目的开展。在此基础上，市科协发布《2019年深入推进创新驱动助力工程项目申报指南》，召开两次申报辅导会，广泛发动佛山市企事业单位联合国家级学会申报。同时，建立佛山市推进创新驱动助力工程联席会议制度，佛山市市长朱伟担任总召集人，成员为各区政府及有关市直单位等26个部门的主要负责人。（2018年尚未召开会议）是年，中国科协授予佛山市科协为广东省创新驱动助力工程优秀试点单位。

广东卫视《创新在前列》专题宣传报道市科协。根据习近平总书记关于广东工作要“四个走在全国前列”的重要指示精神，省直机关工委联合广东卫视制作《创新在前列》系列专题片，宣传先进单位的创新经验和做法。鉴于佛山市科协在创新驱动方面的突出成绩，广东卫视专门为佛山市科协录制20分钟的专题片，介绍市科协办好发明展、建立院士工作站、搭建人才培养平台等来服务企业科技创新和人才培养的做法，向全省乃至全国宣传佛山市科协的成功经验，在全国科协系统是第一例。

【重点项目对接与落地】 2018年11月25—28日，由佛山市科协副主席葛振海带队，市科协学会部部长陈锋登、市信息协会秘书长颜乃谦、市纺织丝绸学会秘书长尤青、深圳清华大学研究院佛山力合创新中心金敏、广东博智林机器人有限公司王岳宇共6人赴北京，拜访中国电子学会、中国纺织工程学会、中国自动化学会、中国微米纳米技术学会等4个学会并进行对接合作座谈，争取国家级学会的科技、人才、项目资源向佛山倾斜，已落户佛山的项目包括中国发明成果转化研究院、中国硅酸盐学会佛山科技服务站、珠三角智能制造培训中心等。

【全民科学素质行动】 2018年，佛山市科协牵头制订《佛山市全民科学素质“十三五”总体目标要求及三年攻坚行动方案（2018—2020年）》，确定佛山市全民科学素质行动计划在2018—2020年的主要目标任务。是年，市科协继续开展公众科普活动并推进青少年科普工作，其中“大手拉小手——科普报告希望行”活动共举办科普报告会84场、科普报告进校园活动全年完成科普宣讲报告40多场次等。是年，佛山市新增省级科普教育基地2个、市级科普教育基地6个。

【科协服务科技工作者】 2018年，佛山市科学技术协会做好服务科技工作者的工作，进行职称评审工作、优秀学术论文评选、推荐优秀科技人才，并开展继续教育培训。

职称评审　市科协及所属学会承接市人人力资源和社会保障局的职称评审职能，开展机械、纺织、陶瓷、化工等12个专业的职称评审工作。全年市科协完成400多份中级、初级职称申报材料的评审，继续保持零投诉的良好纪录。

优秀学术论文评选　市科协开展第十五届佛山市优秀学术论文（著作）评选工作，经过论文申报、学会初评等环节，评出优秀著作4部，优秀论文特等奖3篇、一等奖16篇、二等奖32篇、三等奖259篇，参评论文涵盖理、工、农、医等各自然学科。市科协对获奖论文进行表彰奖励，并在全社会进行宣传推广。

优秀科技人才选荐　市科协利用各种渠道推荐优秀科技工作者，推荐国务院特殊津贴专家候选人1人。

继续教育培训　市科协及所属学会举办8期技术创新暨职称公需课培训和160多场继续教育专业课培训，受众超过2万人次。支持机械工程学会、工程师协会、质量管理协会等学会开展本专业领域的继续教育培训，并为蒙娜丽莎集团等培训需求量大的科技型企业举办个性化定制的专场培训。

【科协所属学会管理】 2018年，佛山市科协所属学会61个，其中获得5A级称号的有5个、4A级称号的6个、3A级称号的6个。搭建职称评审、论文发表、学术交流等自有平台8个，共享人才举荐等平台4个，为学会能力提升创造条件。

科技进步活动月重点资助项目评选　2018年科技进步活动月评选出重点资助项目8个，资助总金额40万元，资助项目包括心脏超声造影高峰论坛、科技成果评价规范标准研讨评审会活动、技术创新暨职称公需课培训班、佛山市公众急救技能培训学术活动等。

自然科学类社会组织扶持资金项目考核与评选　完成2018年的“综合病例下站点式”护理技能培训在临床应用及区域推广、佛山市食品科学科普教育宣传系列活动、佛山市QC活动小组成果技能大赛等5个活动项目的绩效考核，评出“基于传统产业智造转型的标准化服务”等5个项目为2019年资助项目。

学会承接政府职能转移工作促进　组织市陶瓷学会、市技术创新协会、市软件行业协会、市口腔医学会等20多个学会，与市科学技术局主要领导及相关科室开展科技成果鉴定工作对接会。市标准化协会借鉴广东省有关学会的经验，研究制订科技成果评价规范标准，拟在全市推广应用，广东省东莞市科协、江西省九江市科协、湖北省荆州市科协来佛山学习交流。

2018年3月11-16日，佛山市科协邀请中科院老科学家开展2018年佛山市“大手拉小手——科普报告希望行”活动　（市科协供图）

【科技合作交流】 2018年，佛山市举办2018中（国）以（色列）科技项目佛山交流会。交流会由市科协和佛山高新区管委会联合主办，力合科技园承办，以“中以科技合作，驱动产业融合发展”为主题，邀请中国以色列交流中心总顾问Boaz Sacks做主题演讲，分析中以之间成功进行技术合作的秘诀，为与会各方搭建面对面的交流平台。佛山科研机构、企业、投资机构、创业园区等企事业单位通过项目路演、现场洽谈、交流研讨等形式与以色列创新科技项目进行对接合作。

赴香港参加粤港澳大湾区背景下的“一带一路”高峰论坛。该届论坛以“全方位合作”为主题，有70位国家、香港以及“一带一路”相关国家的政府官员、企业家及行业领袖参与，国务院国资委主任肖亚庆、香港特别行政区行政长官林郑月娥，以及国家发改委、商务部等部委领导出席，有5000余名嘉宾与会。

赴澳门参加第九届粤港澳大湾区可持续发展研讨会。该届会议以“紧握机遇　建设绿色大湾区”主题，围绕区域防洪防灾合作发展、金融助力科技创新、绿色建筑等开展研讨交流。

组织队伍参加2018年“粤港澳大湾区IT应用系统开发大赛”总决赛。该赛事由香港青年IT网络、广州市科协、深圳市科协、佛山市科协等联合主办。总决赛共有来自粤港澳大湾区的14支队伍参赛。佛山职业技术学院代表佛山参赛，温室大棚模拟监测系统等2个项目获得优秀作品奖。

【佛山市重点产业技术创新联盟模式研究课题】 2018年，佛山市科协委托广东省广州市中大管理咨询有限公司开展佛山市重点产业技术创新联盟模式研究课题。该课题认为，佛山产业技术创新联盟在运行机制和发展环境方面面临着诸多问题和挑战，建议从文化创新、制度创新和政策创新三个维度进行顶层设计，进一步完善政府引导支持、联盟自律自治、联盟治理模式：加强对产业联盟的规范引导和政策支持；探索联盟治理新模式，学习台湾工研院经验，建立产业技术创新联盟协同中心；实施创新驱动助力工程，积极引进国家级学会创新资源，推动本地产业技术创新联盟建设。佛山市政府将产业技术创新联盟项目列入《佛山市深入推进创新驱动助力工程专项资金管理办法》，每个定额资助100万元。

【第十届国际发明展览会暨第三届世界发明创新论坛】 2018年9月13日，由科学技术部、中国科学技术协会、中华全国总工会、国家知识产权局等单位指导和支持，中国发明协会主办，佛山市人民政府承办，发明者协会国际联合会特别支持的第十届国际发明展览会暨第三届世界发明创新论坛，在佛山市广东（潭州）国际会展中心举行。

该届展会展览面积4万平方米，参展的国内外发明创新项目4000多项，有来自62个国家、地区和2个世界组织的350余名嘉宾参展参会。同期还举办多个专题论坛，以及举办军民融合发展创新大赛等活动。活动中，2006年诺贝尔物理学奖获得者乔治·斯穆特、2008年诺贝尔奖生理学或医学奖获得者吕克·蒙塔尼、闫楚良、刘科、陈克复、杨凤田等10位院士，以及国内外知名专家、学者作主旨报告。该届展会呈现出六大亮点：参展覆盖面广，是历届以来展览面积最大、参展项目最多、外宾人数最多的一届国际发明展览会；展览主题突出，集中展示改革开放以来中国科技、发明创新取得的重大成果；论坛层次高，有2位诺贝尔奖获得者和多名院士参加并发表主旨演讲，全球发明创新“大咖”云集；军民融合特色鲜明，会上，军委发展装备部发布第二批国防解密专利536项，开展“军民融合民参军项目奖”评审活动并向军工部门和企业择优推荐；项目转化应用性强，佛山首个诺贝尔获得者实验室等多个项目落户，签约启动金额3750万元；媒体高度关注，展会吸引中央和省市媒体报道，累计报道340多次，其中中央电视台、中国国际电视台和《人民日报》均做详细报道。

（李　思）

佛山市社会科学界联合会

【组织概况】 佛山市社会科学界联合会（简称“佛山市社科联”）成立于1985年，是佛山市社会科学界学术性社会团体的联合组织，是佛山市委领导下的人民团体，是党和政府联系广大社会科学工作者的桥梁和纽带，是市委、市政府领导社会科学工作的助手和参谋，是广东省社会科学界联合会的团体会员。历任主席有赵放、苏明实、马梓能、商学兵、邓翔。2018年，佛山市社科联内设机构有学会工作部、科研规划部。有团体会员44个，其中市级社团43个、民办社科研究机构1个。有省级社科普及基地2个、市级社科普及示范基地17个。与佛山市委党校联合主办《佛山研究》刊物。

【社会组织调研】 2018年4月25日至5月31日，佛山市社科联围绕“提升社会组织自身建设能力和业务能力，促进社会组织规范化发展”这一主题，分别对市孔子学说研究会、市老年学学会、市农村经济学会、市民办教育协会、市财务管理协会等8个社会组织开展实地调研。调研主要通过实地考察、召开座谈会和收集相关资料等方式进行。调研活动为加强与各社会组织之间的交流和沟通，不断提高社科类社会组织自身建设能力和业务能力，促进社会组织规范化发展打下扎实基础。调研后形成调研报告1个。

【社科类社会组织扶持资助】 2018年，佛山市社科联对社科类社会组织活动进行资助。经社会组织的申报和专家评审，择优确定8个活动项目作为2018年度社会组织活动资助项目，合计资助金额20万元。

对社会组织建设进行资助。在上半年对市孔子学说研究会、市老年学学会等社会组织进行实地调研的基础上，确定对市农村经济学会、市外语学会、市老年学学会、市民办教育协会、市酒文化研究会等5个社会组织进行建设资助，促进社会组织发展和社科队伍壮大，合计资助金额10万元。

组织2019年度市级（政府财政直接扶持）社科类社会组织发展专项扶持资金的申报工作。经专家对11个申报单位的材料进行评审和公示，最终确定市农村经济学会、市老年学学会、市演讲与口才学会、市家庭教育研究会和市警察协会等5个申报单位作为2019年度社科类项目扶持对象。

完成2018年度市级社科类社会组织发展专项扶持资金绩效考核工作，其中市农村经济学会“第三届中国（佛

2018年9月13日，第十届国际发明展览会暨第三届世界发明创新论坛在佛山市广东（潭州）国际会展中心举行　（市科协供图）

山）农村改革南庄论坛”、市老年学学会“关于佛山民办养老机构发展研究”、市语言艺术研究会“2018年世界读书日经典诗文朗诵会”、市财务管理协会“佛山高新技术企业规范财务核算体系建立与税收优惠享受”、市孔子学说研究会“为一代名臣，岭南理学大师，学问家庞嵩（弼唐）先生树碑立传，为佛山名人榜增英名，为历史文化名城添异彩”等5个项目获评优等。

【参与社会组织社科活动】 2018年，佛山市社科联指导并参与所属社科类社会组织开展的各类社科活动。1月19日，市老年学学会举行第六届三次全体会员大会暨《健康老龄化新锐问题研究》文集首发式；3月28日，市财务管理协会召开二届四次会员大会暨2018年“牵手·共赢”春茗联谊会；市演讲与口才学会举办的“宣传党的十九大精神，红色宣讲团进基层”活动，深入机关、企业、学校、社区和乡镇，以“落实十九大精神、歌颂佛山红色历史文化”为主题，共举办20场宣讲活动；市民办教育协会举办的“我眼中的春天”幼儿绘画大赛活动；市孔子学说研究会举办的“永新社学适龄入学儿童开笔礼”活动；等等。

【佛山传媒智库】 2018年4月，由佛山市社科联和佛山日报社联合发起的“佛山传媒智库”正式挂牌成立。年内，该智库与之前成立的“大数据与佛山经济运行研究中心”（经济类，市社科联与广东财经大学共建）和“佛山文化发展智库”（文化类，市社科联与佛山科学技术学院共建）共同围绕佛山经济、社会和文化等方面的一些重大焦点问题进行深入的调查研究，完成《佛山十大制造业2017年度发展研究报告》《佛山在粤港澳大湾区世界级城市群建设中的发展定位、面临的机遇与挑战》《佛山市干部队伍作风建设研究》《佛山市金融、科技、产业融合模式与同类型城市的比较研究》《佛山市文化产业发展研究白皮书》等10个高质量的研究成果。其中6份汇编成册，并在《佛山日报》等媒体上进行宣传报道，供市领导和相关部门、企业施政和决策参考，推动研究成果的转化应用。

【社科知识普及竞赛】 2018年4—5月，佛山市社科联举办社科知识普及竞赛活动。活动设置电脑和手机客户端2个答题页面，并通过佛山新闻网、“佛山新闻网”微信公众号，以及“佛山社科”官方微信公众号进行多平台推广。活动期间，共在佛山新闻网、“佛山社科”微信公众号等平台发送推文12条。截至活动结束，有近5.8万人次参与答题，获奖人数2552人。除佛山本地市民网友外，还有不少市外网友参与该次社科知识普及竞赛答题活动。

【第三批社科普及示范基地评选】 2018年3—6月，佛山市社科联在在全市范围内开展第三批“佛山市社会科学普及示范基地”评选活动。评选活动共收到市直和各区等41个单位的申报材料。5月，市社科联组织专家组赴各申报单位进行实地调研、考察，后经专家组综合评审、独立评分，同时结合全市实际，遴选出候选基地7个，并在佛山市社科理论网上进行公示。最后，经市委宣传部和市社科联研究同意，正式认定顺德图书馆、顺德区清晖园博物馆、佛山开放大学、广东大观博物馆、美的·鹭湖森林度假区、高明区博物馆、南海血站等7个单位为佛山市第三批“佛山市社会科学普及示范基地”。6月，市社科联在美的·鹭湖森林度假区举行第三批“佛山市社会科学普及示范基地”挂牌仪式。至2018年，佛山市已累计评选认定3批共17个“佛山市社会科学普及示范基地”。

【社科联送书下乡活动】 2018年，佛山市社科联开展送书下乡活动。根据基层单位对图书的实际需求，购置基层党建、新兴产业、金融IT、经济管理、卫生健康、养生保健、文学艺术、家庭教育、历史等方面图书1700余册，送到南海区罗湖社区幸福院等，丰富佛山市农家书屋出版物数量。

【社科知识进校园活动】 2018年，佛山市社科联以《珠江青少年》杂志社为宣传平台，以“社科知识普及竞赛”为契机，开展社科知识进校园活动，普及人文知识、传播人文思想、弘扬人文精神、倡导科学方法等，活动相继在南海区樵北中学、里水镇展旗学校和三水区西南第七小学、三水区白坭第二小学举行，普及学生人数近1000人。在《珠江青少年》杂志连续刊登社科知识普及竞赛相关信息和动态，促进青少年学生关注社科知识，直接覆盖读者8万余人。

2018年佛山市社会科学普及示范基地名录

2018年佛山市社会科学普及示范基地名录
佛山岭南文化研究院
禅城区图书馆
南海区博物馆
顺德区博物馆
广东盈香生态园
佛山大讲堂·三江讲坛
佛山市图书馆
广东石湾陶瓷博物馆
三谭革命事迹展览馆
三水区博物馆
顺德图书馆
顺德区清晖园博物馆
佛山开放大学
广东大观博物馆
美的鹭湖森林度假区
高明区博物馆
南海血站

【“社科普及周”活动】 2018年9月，佛山市社科联在禅城区东方广场举行2018年佛山市社会科学普及周启动仪式暨扫黑除恶现场咨询活动。活动现场除组织各社科类社会组织、社科普及示范基地进行社科知识普及介绍外，还组织市图书馆、市新华书店在现场开展办证借书服务和优秀社科读物展销等活动，以及由市委政法委、市卫计局、市食药监局、市摄影家协会等单位现场举办平安建设、防范邪教、法治建设、公民健康、食品安全、历史文艺等主题展览。“社科普及周”期间，佛山市社科系统还通过上下联动形式，调动顺德、三水等五区宣传部（社科联）、各社科类社会组织和有关高校等，以讲座、咨询、展览等形式在全市范围内开展社科普及活动，扩大社会参与面，提高“社

科普及周”的社会影响力。

【社科成果数据库更新与维护】 2018年，佛山市社科联持续推进社科成果收集整理、数据库系统维护等工作。年内，在原有数据库资源的基础上，新增社科规划项目成果118个、改革开放40年专项课题17个、广佛同城论文17份、相关书籍22本等，数据库得到充实完善。该数据库成果查询项目分为社科规划项目成果查询以及佛山市内社科研究成果查询，按成果类型、成果名称、成果形式、作者、出版单位等多个关键词进行检索，并提供预览和下载的功能服务，所收集的成果均转化为电子文档。

【社科普及市民体验活动】 2018年9月15日，佛山市社科联携手佛山电台、佛山日报社和部分市社科普及示范基地举办“佛山社科普及示范基地市民体验团”活动。100多名市民体验团分2组，分“顺德图书馆—文筑书店—顺德区清晖园博物馆 ”以及“高明区博物馆— 美的·鹭湖森林度假区”2条路线进行社科普及示范基地现场体验。市民通过现场体验活动，感受社会科学为城市发展带来的新文化、新变化的同时，促进社科知识普及。活动过程中，新闻媒体对现场活动进行直播，有效扩大活动的影响范围和增强社科知识普及效果。

（淦述卫）

佛山市文学艺术界联合会

【组织概况】 佛山市文学艺术界联合会（简称“佛山市文联”）成立于1951年，1983年独立建制。1994年机构改革，挂靠市文化局。2002年市文联重新独立建制。历任负责人（主席）有：（重新独立建制前）曾刚、林振勇、陈智华；（重新独立建制后）冯少行、商学兵、杨凡周。2018年，佛山市文联内设有：组联部、办公室。下属文艺家协会有：佛山市作家协会、佛山市戏剧家协会、佛山市音乐家协会、佛山市美术家协会、佛山市曲艺家协会、佛山市摄影家协会、佛山市书法家协会、佛山市舞蹈家协会、佛山市民间艺术家协会、佛山市杂技艺术家协会、佛山市文艺评论家协会。全市市、区、镇（街）文联系统有文艺协会339个。全市5个区均有文联组织，但没有独立建制。全市5区32个镇（街）中，有25个镇（街）成立文联组织。市文联所属文艺家协会共有市级会员4340人，省级会员1820人，国家级会员459人。

【文学创作】 2018年，佛山市文学艺术界继续坚持文学精品创作。其中，洪永争小说《浮家》获首届“小十月文学奖”金奖、梁贻明小说《羊儿在云朵里跑》获首届“接力杯曹文轩儿童小说奖”铜奖、张况获第二届“河洛桂冠诗人奖”、荀文彬报告文学《菠萝志愿者》获共青团中央青春志愿行·共筑中国梦“志愿文学”征文活动报告文学类一等奖、韩英等作家5篇作品上榜省“改革开放40年最具影响力的小小说”评选活动。

2018年9—11月，佛山市文联公开征集“佛山市文联2017—2018年重点文学创作项目”，面向佛山市作家协会会员、佛山市戏剧家协会会员征集完成定稿或初稿的长篇小说（含长篇纪实文学）、电视连续剧剧本、长诗等文学作品（不包括文学作品集），并组织专家评选，计划2019年进行生产扶持。佛山市文艺工作者深入生活，潜心创作，取得较好成绩。广东佛山粤剧传习所排演的话剧《康有为与梁启超》获第十届广东省鲁迅文学艺术奖（艺术类）。尹洪波编剧的采茶戏《春来南粤》开排、粤剧《十三行》召开阐述会、历史剧《七巧环》首演、现代京剧《鹤舞云天》公演。裴小明《战冀州》、陈志超《钟馗嫁妹》、李江林《沧州道上》获省第九届中青年戏剧演艺大赛（粤剧赛区）金奖。黄丽君歌曲《飞跃梦想》被评为第27届金鸡百花电影节主题曲。蒋陆安《浪花的心愿》获第九届中国魅力校园合唱比赛一等奖。在广东省中小学生地方戏曲展演评比活动中，佛山2个少儿粤剧节目获一等奖。在广东省第九届少儿戏曲小梅花荟萃活动中，佛山获1个金花奖、2个银花奖及多个入围奖。在第四届广东省中老年舞蹈展演中，佛山舞蹈节目《年画禅城春》获铜奖，市舞协获优秀组织奖。年内，市曲协获省曲协年度先进集体、南海区获省曲协年度曲艺之乡标兵单位、林毅敏被评为省“先进戏剧工作者”。

【艺术展示】 2018年，佛山市文联继续组织开展艺术展示活动，提升城市文化形象。

艺术展示活动举办　市内艺术展示方面，举办“广东省优秀中青年篆刻家二十人精品展”、“古禅雅韵——五君子书法展”、“兼容并蓄·广州美术学院水彩硕士研究生作品展”、“2018佛山市美术家协会精品邀请展”、“画笔下的瓦脊公仔——封伟民”、毕惠华专题画展、秋色歌会暨《盛世秋色》首唱发布会等艺术展示活动。市外艺术展示方面，“妙手神韵：2018潘柏林中国美术馆陶塑作品展”在北京举行、“古韵芳华——邹莉作品巡展”在湛江开展、“澄怀味象——梁根祥、周炳基艺术展”在澳门举行、“得意忘年——陈永锵、梁建华中国画联展”在东莞举行等。

艺术展示成绩　王志敏入选中国书协“中国精神·中国梦——社会主义核心价值观书法作品主题创作暨全国基层巡展”活动。赖智豪入选中国书协第三届“文质兼美”优秀基层书法家。黄显霖入展全国第三届“书法册页展”。杨焰光的系列摄影作品《谁作的景观》获第十届广东省鲁迅文学艺术奖（艺术类）。符世明入展全国第二届大字书法艺术展。黄志伟获授“中国工艺美术大师”称号。赵月汉油画作品《早春》入选中国美协“2018年全国油画作品展”。潘柏林获第二届“佛山·大城工匠”。佛山市4件作品入选中国第17届国际摄影艺术展。汤东涛获第十届广东省“新世纪之星”称号。范安琪的陶塑作品《戏曲人物》获第十三届中国民间文艺山花奖金奖。关宏编著的《佛山彩灯》获“广东省第八届民间文艺学术著作奖”一等奖。在省第六届“南雅奖”书法篆刻展中，佛山获1金1铜11入展11提名。在第八届广东新人新作书法展中，佛山17人获优秀奖。在第二届广东省泥人节中，佛山获1金1银2铜5优秀。中央电视台《探索·发现》栏目播出《石湾陶塑》《香云纱情》记录潘柏林、梁珠的手艺人生。陈永才、黎伟、杨玉榕参加省庆祝改革开放40周年文艺晚会演出。

【文艺志愿者服务】 截至2018年底，由佛山市文联统筹的文艺志愿服务组织共63个。除佛山市文艺志愿者服务团外，11个市级文艺家协会、51个区级文艺家协会（禅城区8个、高明区10个、南海区8个、三水区10个、顺德区15个）共建有文艺志愿者服务队62个。全年市文联系统共开展文艺志愿服务活动超100场次。

2018年初，市文联成立“佛山市文艺轻骑兵”队伍并迅速组建起11支文艺家轻骑兵小分队，先后走进南海颐景园、石景宜艺术馆、乐从花市、张槎西华里、铂顿城、南庄镇吉利村、桂城美术馆挥春送福；走进更合镇白石村惠民演出；到顺德区国道服务站给春运返乡农民工摄影；到清远市石马镇、江西省龙南县武当镇杨屋村、新疆塔什库尔干等地送摄影下乡。

在第五个中国文艺志愿服务日前后，市文联组织书画艺术家分赴湛江、凉山贫困地区开展“文艺扶贫”主题活动，市杂协走进启聪学校开展文艺培训、走进南海福利中心慰问演出，等等。

是年，市文联系统开展佛山文艺大讲堂进基层活动共30场，艺术家走进学校、企业、村镇等开展专题讲座27场次。

【佛山市文联参与承办第27届中国金鸡百花电影节】 2018年，佛山市文联参与承办于11月7—10日在佛山市举行的第27届中国金鸡百花电影节。主要参与承办中国电影高峰论坛等七大学术论坛活动以及“金鸡百花杯”学生影评大赛等2项活动。11月7日下午，中国电影文学论坛在中欧中心蓝芙蓉厅举办，来自国内文学和电影界的“大咖”刘恒、何冀平、东西、叶弥与佛山本土作家、编剧尹洪波，诗人张况，青年作家盛慧，粤剧编剧梁郁南和编剧兼导演吴家多展开对话，聚焦电影剧本，探讨如何用电影讲好中国故事。11月10日，第27届中国金鸡百花电影节“金鸡百花杯”学生影评大赛颁奖仪式在中欧中心举行，108篇学生影评获奖。“金鸡百花杯”学生影评大赛是第27届中国金鸡百花电影节的子活动之一，主办方在全市11家影院组织观影活动32场，吸引超3000名大中小学生观影，同时在各区组织过万名学生集中观影，收到投稿接近33万篇。最终，评出特等奖12个、一等奖24个、二等奖36个和三等奖36个。另外，20个单位获得优秀组织奖。

【文艺人才培养】 2018年，佛山市文联继续加强文艺人才培养。举办系列培训、讲座，包括举办第三届佛山中青年当代陶艺培训班、第四届佛山市中青年美术骨干中国画提高班、2018佛山市青年戏剧才艺展演、第十三届全国美术作品展览创作培训班等。为卢卫、贾博鸿、梁建华、陈志平、梁国荣、封伟民、毕惠华、钟雪梅、潘超安、杜炜、翚书宽、任流等30多名艺术家举办个展、联展或作品演唱会。支持艺术家走出去，如潘柏林到中国美术馆举办陶塑展，梁根祥、周炳基到澳门举办艺术展，邹莉到湛江举办作品巡展，梁根祥、罗小颜到珠海举办绘画联展，等等。还请进黄小舟、陈金章等外地籍艺术家到佛山举办个展，促进艺术交流。

建立文艺孵化基地，搭建支持和服务平台。市民间文艺家协会在市白燕小学成立陶艺·剪纸传承基地，推广非遗文化。市书法家协会分别在禅城区霍藻棉小学、南海区旗峰小学共建“佛山市书法家协会兰亭学校”，推广书法教育。

【文艺家协会换届完成】 2018年11月至12月，佛山市文联所属的10个文艺家协会分别组织召开会员大会（或会员代表大会）进行换届，选举产生新一届协会领导班子。佛山市作家协会选举张况为主席，选举包悦等9人为副主席，选举冯雪颜等10人为主席团成员，聘任郑启谦为名誉主席，聘任林振勇等11人为顾问，委任包悦为秘书长。佛山市戏剧家协会选举李淑勤为主席，选举莫增平等8人为副主席，聘任任流、彭炽权、林星云为名誉主席，委任林毅敏为秘书长。佛山市音乐家协会选举袁新荣为主席，选举沈小丽等8人为副主席，选举孙高莉等7人为主席团成员，聘任廖之春为名誉主席，委任沈小丽为常务副主席，委任潘湘惠兼任秘书长，委任孙高莉、叶莉为副秘书长。佛山市美术家协会选举钟汝荣为主席，选举简锡昭等10人为副主席，选举贺显亮等10人为主席团成员，聘任卢卫、梁国荣为名誉主席，聘任叶其嘉、杨锐华为顾问，委任薛芝恋为秘书长。佛山市曲艺家协会选举郑艳芬为主席，选举李汉铨等9人为副主席（李汉铨为常务副主席），选举苏燕云等9人为主席团成员，聘任黄白龙、廖宇光为名誉主席，聘任吴炯坚等5人为顾问，委任苏隽为秘书长，委任汤少娟等5人为副秘书长。佛山市摄影家协会选举汤东涛为主席，选

2018年11月7日，中国电影文学论坛在佛山新城中欧中心举行

（市文联供图）

举梁学文等9人为副主席，选举李振新为主席团成员，黄灼雄、邱炎楷为名誉主席，聘任谭炳权等4人为顾问，委任梁学文为秘书长，委任刘朝军等5人为副秘书长。佛山市书法家协会选举王志敏为主席，选举何志斌等5人为副主席（何志斌为常务副主席），选举李美征等9人为主席团成员，委任郭文钊为秘书长，委任温秀德等3人为副秘书长。佛山市舞蹈家协会选举李红为主席，选举莫锦玲等6人为副主席，选举曹智斌等3人为主席团成员候选人，聘任刘火成等4人为名誉主席，委任曹智斌为秘书长，委任蔡守红为副秘书长。佛山市杂技艺术家协会选举黄小广为主席，选举黄伟文等4人为副主席，委任黄伟文为秘书长。佛山市民间文艺家协会选举关宏为主席，刘家炽等5人为副主席，选举黄图为主席团成员，聘任梁诗裕为名誉主席，聘任叶志强等4人为顾问，委任黄图为秘书长，委任周慧红等5人为副秘书长。

【“石湾陶艺现代转型”系列展览暨研讨】 2018年，佛山市开展“石湾陶艺现代转型”系列展览暨研讨活动，推动石湾陶艺文化创造性转化、创新性发展，助力“陶艺之都”建设。举办封伟民、张微微女性题材陶塑作品展暨研讨会，封伟民、陈冬阳、潘超安中国文化名人形象陶塑作品展暨研讨会，佛山瓦脊陶塑作品展暨学术研讨会，赵松青山水陶塑展暨研讨会等陶塑展览暨研讨活动8场，展览暨研讨包括石湾乡土题材、佛教题材、武将武侠题材、动物陶塑等陶塑题材。展览暨研讨相关的研究论文获中国工艺美术学会主办的《雕塑》、中国艺术研究院主办的《中华文化画报》等权威刊物刊载。体现研讨成果的《当代石湾陶艺论稿》成稿，计划2019年由岭南美术出版社正式出版。佛山陶艺界通过创作、展览与研讨相结合的方式，推动石湾陶艺进行创造性转化、创新性发展的举措获中国文联主办的《中国艺术报》报道推广。

【红色题材文艺创作】 2018年4月，佛山市举行佛山红色革命遗址文艺采风创作活动，精选采风创作的优秀作品以及近年来佛山市艺术家创作的优秀革命历史题材美术作品，于8月举办佛山革命历史题材文艺作品展，并把参展作品和优秀文学作品结集编辑《佛山艺术》特刊《不忘初心 牢记使命——佛山革命历史题材文艺作品集》。10月，举办“传承红色基因·奏响时代强音——第八届岭南诗会”，由省市优秀朗诵艺术家深情演绎佛山本土作家、诗人创作的革命历史题材文学作品 。该活动将红色题材与朗诵艺术巧妙结合，再现罗登贤、陈铁军、吴勤等革命英雄的英勇事迹。

是年，佛山市文艺界红色题材剧本创作成果丰富，戏剧剧本有《千里独轮》《许包野》《渡江第一船》《“善道”挂牌记》《甄聪明扶贫》，电视剧剧本有《盛典前夜》，电影剧本有《浴血龙须山》等。

【纪念康有为诞辰160周年全国书法名家学术展暨座谈会】 2018年7月28日，“广艺舟——纪念康有为诞辰160周年全国书法名家学术展”在佛山市石景宜刘紫英文化艺术馆开幕。该次书法展邀请全国各地和省内的书法名家参展，共展出包俊宜、张桂光等24名书法家的作品96件。其中，佛山本地有李小如、庞国钟、王志敏、何志斌、梁炳伦、郭亚明等6名书法家参展。展览作品的书体包括篆、隶、楷、行、草，书法作品内容多取经典诗文，其中还包括康有为论魏碑、康有为诗文联句。展览开幕当天，还举行纪念康有为诞辰160周年全国书法名家学术座谈会。来自全国各地近20名书法家就康有为书法对当代书法的促进作用及参展书法家的作品，进行讨论和深入交流，共同探讨当代书法发展新前景。展览至8月7日结束。

【佛山木版年画展和佛山版画学术提名展在中国版画博物馆开展】 2018年10月27日，“佛山木版年画展”和“佛山版画学术提名展”同时亮相中国版画艺术的最高殿堂中国版画博物馆。这是佛山版画首次进驻中国版画“国字号”展馆，同时也是佛山版画成功“走出去”，展现传统与现代美相结合的成功案例。佛山木版年画展共分为门神画和门画、神像画、观赏画、新年画和佛山木版年画的传承及工艺五大篇章共70多件佛山木版年画作品，均为佛山市博物馆馆藏的清末至民初的雕版，为20世纪90年代由佛山木版年画传承人冯炳堂翻印。佛山版画学术提名展共展出佛山10名版画家共70幅版画作品。作品风格各异，集结佛山版画界年轻一代的优秀力量。展览开幕当天，还举行由程宜主讲的“佛山木版年画的样式、用途及民俗内涵”为主题的讲座。讲座结合佛山版画历史的发展轨迹，讲解佛山木版年画各异样式及具体用途。此外，程宜还分别从人与自然、人与神、人与人的关系详细阐述佛山版画的民俗内涵，包括节令民俗、信仰民俗、人生礼仪。展览至11月20日结束。

（霍锦莹）

佛山市归国华侨联合会

【组织概况】 佛山市归国华侨联谊会是佛山市归国华侨联合会的前身，于1951年12月5日正式成立，1957年3月1日，为与全国和广东省侨联的组织名衔统一，佛山市归国华侨联谊会更名为“广东省佛山市归国华侨联合会”（简称“佛山市侨联”）沿用至今。1984年1月，佛山市（含佛山市城区、石湾区、中山市、南海县、顺德县、三水县、高明县）召开第一次侨代会，选举产生第一届侨联委员会。1994年3月，佛山市直机关实施机构改革，市侨联于同年挂靠在市人民政府侨务办公室（简称“佛山市侨办”），实行一套人马，两个牌子。2001年8月，佛山市侨联单独设置，设1名主席、1名副主席，设办公室和宣传联络部2个科室。历任侨联主席有邝豪忠、房法、吴英杰、黄泽熙、林振辉、李忠。2018年，佛山市侨联有基层侨联组织181个，其中地（市）级4个、县（区）级10个、乡镇（街道）级29个、村（社区）级138个。

【侨胞联络联谊】 2018年，佛山市侨联和南海区侨联联合举办2018北美青年夏令营，市侨联组织侨商代表参加广东国际华商会“创业中华—海内外华商八桂行”和“一带一路国际华商交流会”等活动。9月，市侨联与市贸促会联合组织经贸代表团，出访“一带一路”沿线国家柬埔寨、马来西亚和印度尼西亚，推介佛山投资营商环境、佛山企业和产品，加强与当地华人华侨社团和重点侨领、企业和商会的联系，助力“一带一路”建设。12月，市侨联邀请全市留学生组织的60名骨干代表参加座谈会，听取他们对侨联的工作建议和意见。

同年，佛山市各区侨联以恳亲会、联谊会为平台，开展海外联络联谊工作。是年5月，顺德区世界顺联第十一届恳亲大会在加拿大温哥华举行，来自世界五大洲13个国家和地区、68个顺德社团及当地友好社团近1000名乡亲参加。10月，南海区举办世界南海联谊总会全体会董会议暨南海海外联谊会2018年年会，海外乡贤等代表共聚南海，畅谈发挥乡贤力量推动家乡发展良策。11月，首届全球高明恳亲大会在高明区美的·鹭湖举行，来自海内外13个社团、近600名高明籍乡亲齐聚一堂，共谋发展。

【侨界群众工作】 2018年，佛山市侨联开展侨界群众工作，参与社会建设。

“党建带侨建” 11月，市侨联组织全体在职党员干部到顺德区乐从镇路州村开展宪法、侨法宣传暨“党建带侨建”党员服务日活动。邀请市侨联法顾委律师等专业人士，为侨界群众提供法律、政策咨询，向村民宣传宪法、侨法。活动还邀请佛山爱尔眼科医院到现场免费为村民们检查眼睛，筛查白内障等有关眼部疾病。同年5月，禅城区侨联全体党员组织专业医生在沙塘侨界人文社区举办免费健康讲座，为社区居民普及健康知识。通过“党建带侨建”、党员服务日活动，强化服务基层侨界群众工作，促进基层社区侨联工作落到实处。

“侨胞之家”阵地建设 市侨联继续加强“侨胞之家”阵地建设，至2018年底，全市各级“侨胞之家”累计达5个，其中区级1个、镇（街）级2个、村（社区）级2个。通过借助“侨胞之家”活动平台开展的各项活动，侨联组织真正活跃起来，实现代表党委、政府对侨界群众的服务全面覆盖和政治引领、示范带动。

关爱归侨侨眷 春节、中秋节前，市侨联拨出专款慰问70岁以上老归侨和归侨特困户，完成对近600名长者归侨、100余户重点和困难归侨家庭的节日慰问工作。9月，市侨联举办2018年佛山市归侨侨眷贺中秋迎国庆茶话会，市有关部门领导以及市机关侨联、教工侨联、佛大侨联归侨侨眷代表约250人出席活动。同年1月26日，广东省侨联、省侨界仁爱基金会、佛山市侨联、三水区南山镇党委等各级领导，在南山镇政府大会堂举行“澳大利亚魏基成慈善列车捐赠冬衣活动”发放仪式，向迳口华侨农场老归侨、困难归侨、残疾归侨、伤病归侨代表派送冬衣和春节慰问金，为归侨侨眷送去温暖。

2018年9月8日，佛山市举行归侨、侨眷贺中秋迎国庆茶话会

（市侨联供图）

活动中，澳大利亚华侨魏基成捐赠给广东省侨界仁爱基金会的慈善物品，全部用于慰问三水区迳口华侨农场困难归侨侨眷，其中捐赠的冬衣共60件。

【侨界文化交流】 2018年，佛山市各级侨联开展文化交流活动，推广岭南优秀传统文化走向海外。市侨联连续第七年邀请海外乡亲参加佛山秋色欢乐节系列活动，“秋色欢乐节——佛山文化之旅”活动成为有影响力的佛山侨联工作品牌。2018年“佛山秋色文化之旅”活动期间，市侨联向南非开普敦华星艺术团、英国华埠商会各赠送4只夜光狮头。是年4月，市侨联联合市石景宜刘紫英伉俪文化艺术馆作为指导单位，支持邱健彬、李华林、蔡庆洪、薛芝恋等4名佛山市青年画家赴澳大利亚墨尔本举行“登堂入奥——澳大利亚艺术交流作品展”，促进两地文化交流。6月底至7月初，市侨联主办“中国广东佛山文化之旅·海外华人华侨舞龙舞狮教练集训营”，12名来自英国、南非等国家的华人和外国友人教练参加为期12天的传统岭南龙狮技艺专业培训，这是全国首次由地级市主办的国际龙狮海外教练集训。同年，禅城区侨联通过农历正月十五“行通济”年俗活动，邀请禅城籍海外侨胞和留学生代表回乡参与，促进海内外文化交流；顺德区侨联在2月与8月，先后组织顺德名厨分别赴巴拿马、美国、墨西哥、哥斯达黎加、洪都拉斯等国，开展“春节送年饭”活动及“中餐繁荣”活动，宣传推介优秀中华餐饮文化。

【归侨、侨眷和海外侨胞权益保护】 2018年，佛山各级侨联接待涉侨来信、来电、来访100多件（次），涉及暖侨助困、户籍查询、身份确认、海外寻亲、土地权益、侨房产权以及农村股份等方面问题。11月，市侨联与市中级人民法院沟通对接涉侨纠纷多元化解工作，双方就涉侨纠纷调解组织建立、调解员队伍建设、日常经费保障、涉侨纠纷识别以及涉侨纠纷多元化解工作的分工协作进行广泛商议并达成初步共识。

【侨界参政议政】 2018年，佛山市侨联在佛山市第十五届人民代表大会第三次会议，推荐3名本市户籍的侨界人员旁听人大会议，扩大侨界群众参政议政层面，畅通侨界群众反映呼声渠道。7月，市侨联协助市政协邀请海外华侨华人列席政协会议工作，邀请2名海外华侨华人列席佛山市政协十二届三次会议。

【佛山侨联系统在第十次全国侨代会表彰中获多项荣誉】 2018年8月29日至9月1日，第十次全国归侨侨眷代表大会在北京召开。佛山有李忠、丁幸媚、钟玉清、李荣兴等4名侨界代表参加会议。会议表彰环节宣读有关表彰文件，并为获奖单位和个人颁奖。其中，佛山市顺德区大良侨联获“全国侨联系统先进组织”称号；南海区侨联主席丁幸媚获“全国侨联系统先进个人”称号；高明区中医院党总支专职副书记、侨眷邓文均，顺德凤岭老年大学校长、侨眷佘炜，三水区南山镇漫江社区党委委员、副主任、侨眷冼连兴等3人获“全国归侨侨眷先进个人”称号。

【侨联改革】 2018年，佛山市侨联在2017年成立深化改革领导小组，按照中央对群团改革强“三性”去“四化”的要求，推进全市侨联系统改革的基础上，继续推进全市侨联系统改革工作。3月，市侨联完成《佛山侨联改革重点任务分工方案》（草案）制订，报佛山市委审定。5月，佛山市委办公室正式印发《佛山市侨联改革重点任务分工方案》。至2018年底，市侨联系统改革工作有序推进。市侨联常委会基层委员比例达60%以上，领导机关任务重心下移、工作下沉，强化面向基层，面向海外；提升服务能力，壮大基层工作力量，加强“侨胞之家”阵地建设；拓展海外工作、新侨工作，联络工作覆盖面不断扩大，将“秋色欢乐节——文化之旅”活动打造成有影响力的佛山侨联工作品牌。

【舞龙舞狮海外教练集训营】 2018年6月24日至7月4日，佛山市侨联在南海中联黄飞鸿龙狮（武术）训练基地主办“中国广东佛山文化之旅·海外华人华侨舞龙舞狮教练集训营”。12名来自英国、南非等国家的华人华侨和外国友人龙狮教练参加集训，接受为期12天的传统岭南龙狮技艺专业培训，主要学习舞龙舞狮基本要领、群狮套路编排方法与技巧、传统南狮自选套路、舞龙舞狮鼓乐敲打方法等。这是全国首次由地级市主办的国际龙狮海外教练集训。

【登堂入奥——澳大利亚艺术交流作品展】 2018年4月，佛山市侨联联合市石景宜刘紫英伉俪文化艺术馆作为指导单位，支持邱健彬、李华林、蔡庆洪、薛芝恋等4名佛山市青年画家赴澳大利亚墨尔本举行“登堂入奥——澳大利亚艺术交流作品展”。4名艺术家以传统中国画为表现形式，用“佛山八景”等素材为表达对象，将80多幅中国画作品在墨尔本展出。活动得到澳大利亚中华文化基金会、澳大利亚中国美术家协会、澳大利亚书法协会等单位支持。画展在墨尔本维多利亚艺术家协会展览厅举行开幕仪式，维多利亚州议会上议院议长布鲁斯·阿特金森（Hon.Bruce Atkinson MLC）、澳大利亚中华文化基金会会长梁国霖等嘉宾参加开幕式并致辞，澳大利亚中华文化基金会主席宿陲婴颁发聘书，聘请邱健彬、李华林、蔡庆洪、薛芝恋为澳大利亚中华文化基金会艺术顾问。

（石越男）

佛山市残疾人联合会

【组织概况】 佛山市残疾人联合会于1989年12月正式成立，是全市性残疾人事业团体，具有“代表、服务、管理”的职能：代表残疾人的共同利益，维护残疾人的合法权益；团结教育残疾人，为残疾人服务；履行政府委托的部分行政职能，管理和发展残疾人事业。历任主要负责人为游秋明、张玉昆、吴嘉丽。2018年，佛山市残疾人联合会机关内设办公室和综合业务科2个科室，直属事业单位有：市残疾人综合服务中心、市重度残疾儿童少年康复教养学校、市新希望康复门诊部、市听觉语言康复中心、市残疾人用品用具供应服务站。据第二次全国残疾人抽样调查推算，佛山市残疾人约22.36万人，占全市总人口5.8%。截至2018年底，佛山市核发残疾人证66588个，发证率28.73%。

【佛山市残联第六次代表大会】 于2018年3月29—30日召开。大会听取和审议第五届主席团工作报告，确定残疾人事业发展战略、工作方针和主要任务，选举产生第六届主席团、执行理事会、专门协会，选举产生出席省残联第七次代表大会代表邓灿荣、吴嘉丽、周群英、招彬、范劲松、聂巍巍、林福荣、麦联法、蔡文明、吴思远、吴雪娟、黄月欢、霍瑞贞、欧洁莹、张毅东、刘学斌、赵赣湘，推荐出任省残联第七届主席团委员人选吴嘉丽、周群英、范劲松、黄月欢、吴思远等。

【残疾人康复服务】 2018年，佛山市残联印发《关于成立佛山市残疾人精准康复服务行动专家技术指导组的通知》《关于转发广东省残疾人基本型辅助器具适配补贴实施办法的通知》《转发广东省推进残疾人家庭医生签约服务实施方案的通知》，征求意见并拟以市政府名义印发《佛山市残疾儿童康复救助实施办法》，通过出台一系列政策措施，确保全市残疾人康复服务工作的顺利开展。

精准康复服务　举办全市残疾人康复救助定点服务机构管理人员培训班，培训约120人。组织召开全市残疾人精准康复工作会议，对工作进行总结部署。由市级统筹，通过公开招标向社会购买低视力儿童、助视器装配等8个康复项目的残疾人康复服务，确定定点机构51个。截至11月，开展康复救助11批，救助1604人。举办2期自闭症儿童康复机构师资培训班，培训270多人。

社区康复服务　建立社区残疾人康复档案，为5207人安排康复医疗、居家康复服务等；配合卫计部门开展残疾人家庭医生签约工作，签约22491人。逐步完善社区康园中心功能建设，全市32个镇街建有社区康园中心40个，均投入使用，服务残疾人1040人。利用康园中心开展精神障碍患者社区康复，为9111人发放精神类药物。8月，省人大副主任罗娟带领视察组到禅城区祖庙街道永安康园中心，实地考察了工疗庇护工场、农疗工场、家政训练区等场所。

残疾人家庭无障碍改造　截至11月，全市残疾人家庭无障碍改造396户，满意度100%，超额完成省的任务。年内，开展康复救助定点机构专项审计。聘请第三方审计单位对佛山市新希望康复门诊部等5个机构开展康复救助专项审计，进一步落实监督与管理。

严重精神障碍患者救治救助　赴高明区开展专项督导，落实监护责任。以康园中心为基础完善社区康复工疗站建设，服务精神障碍患者367人。指导社区康复服务平台建设，实现康复进社区，服务到家庭。

【残疾人教育服务】 2018年，佛山市残联与市教育局等7个部门联合印发《佛山市第二期特殊教育提升计划的通知》，全面提升全市特殊教育质量和水平。

重度残疾儿童少年康复教养学校建设　佛山市重度残疾儿童少年康复教养学校于9月开学，招收学生34人。年内，市重度残疾儿童少年康复教养学校与广东第二师范学院、南京特殊教育师范学院等合作，建立“实践教学基地”和“实习基地”。打造专业化团队，邀请14名专家来校培训，教职员工参加专业培训70人次，派出跟岗学习20人次。建设感统训练室等现代化教育及康复设施设备。创建智能平安校园，配置监控、门禁系统。建设校园文化体系，提炼办学理念，确定校训，设计创意校园形象识别体系。

适龄残疾儿童少年教育服务　做好未入学适龄残疾儿童少年调查登记及入学安置，登记240人，安置率98.82%。协助9名中考残疾考生申请考试合理。协调做好2017年全市普通高考残疾学生申请登记和录取工作，参加高考残疾考生35人，达本科线13人，大专线22人。为残疾学生申办“南粤扶残助学工程”助学金。为38名残疾大学生网上办理申办手续，并为2016、2017年录取入学的7名残疾大学生补办手续。

残疾青壮年文盲扫盲行动　根据《广东省残联转发〈2018年残疾青壮年文盲扫盲行动实施方案〉的通知》精神要求，开展扫盲工作，五区均完成摸底调查与建档阶段工作，全年合计建档352人。

【残疾人宣传文体】 2018年，佛山市启动寻找佛山“最美助残人”宣传，发布20人的“最美助残人”名单，推出助残人专稿20篇，受到《人民日报》、中国文明网的关注和转发。利用市残联微信公众号、官网及佛山电视台、《佛山日报》等媒体宣传残疾人工作动态，相关报道200篇以上。在电视台、电台播放公益宣传广告，传播助残扶残公益理念。围绕全国助残日、爱耳日、爱眼日、关爱自闭症日，以及市残联代表大会、寻找佛山“最美助残人”等活动开展宣传活动，1篇新闻获得省评选的2017年度“好新闻”。坚持在电视台每周播放3期手语节目。选送13项艺术作品参加全省比赛，获二等奖2个；组织4个节目参加全省声乐器乐大赛，获得组织奖及银奖1个、铜奖2个。12月4日，省第八届残疾人文化节在佛山闭幕。是年，市残联发挥佛山市残疾人成才成长基金效能，为6名有艺术才能的残疾人提供资助。

是年，在全省、全国各项比赛中，佛山市残疾人运动员共夺得44枚金牌、39枚银牌、28枚铜牌。共有8名运动员参加全国残疾人游泳、田径、羽毛球、乒乓球锦标赛等全国性比赛，共获6枚金牌、7枚银牌、2枚铜牌、3项第四、2项第五。7月，成功举办佛山市2018年残疾人乒乓球、羽毛球锦标赛，全市90多名运动员参赛，决出金牌24枚。8月，省第八届残疾人运动会在肇庆举行，佛山代表团共120人（运动员90人）参加田径、游泳、聋人篮球等9大项和特奥组田径、乒乓球2个大项的比赛，获33金、27银、24铜，并以总分875分位列团体第四。10月，在印度尼西亚雅加达举行亚残运会上，佛山市自行车运动员赖善章、乒乓球运动员潘嘉敏代表国家参赛，取得金、银、铜牌各2枚的优异成绩。

2018年5月18日，佛山市第28次全国助残日系列活动启动。图为市政府副秘书长邓灿荣（右四）、市残联理事长吴嘉丽（右五）及相关活动主办单位代表出席启动仪式

（市残联供图）

【残疾人就业】 2018年，佛山市就业年龄段残疾人2.95万人（其中一级、二级1.1万多人，三级、四级1.8万人），已就业1.1万人，新增就业746人；培训1514人次，新增培训479人。历年累计培训5481人。超额完成省残联下达任务。

精准推进残疾人就业　落实《广东省残疾人就业保障金征收使用管理实施办法》，推进分散按比例安排残疾人就业年审。全年5034个用人单位办理年审（其中406个单位通过残疾人就业年审电子政务系统进行网上办理）。为25个单位办理免缴审批手续。加强实名制系统管理应用，签订2018年就业和培训任务目标责任书，建立季度通报制度。组织用人单位举办残疾人专场招聘会12场，搭建“五位一体”（政府、学校、家庭、企业、社区）就业帮扶平台，建设残疾人就业体验基地，委托社工机构对近三年残疾高校毕业生就业状况摸底调查建档立卡。多方为残疾人开发岗位，提供就业机会。佛山首家（全省第二家）肯德基“天使餐厅”正式挂牌1年，运作良好，颇受好评。餐厅给予残疾人人性化考虑，不断完善培养制度，提供实践、就业及晋升机会。

残疾人职业技能培训　对市启聪学校474人（次）残疾学生开展中式面点、中式烹饪等培训，部分学生考取办公室软件应用等项目中级职业资格证。开展订单式岗前培训，与用人单位合作，开发适合残疾人的岗位，并进行针对性培训；为在岗残疾员工开展晋升培训，实现残疾人稳定就业。组织20人参加第六届广东省残疾人职业技能竞赛，获陶艺师项目第一名，海报设计、建筑CAD（计算机辅助设计）制图等6个项目第二名，并获团体总分第三。组织盲人参加保健按摩培训、医疗按摩继续教育等，协助做好2018年全国盲人医疗按摩人员考试职称评审，配合完成盲人从事医疗按摩资格证的申领、发放及年审等工作。

残疾人职业能力评估　为特教学生开展针对性评估服务，针对中一新生开展社会独立生活技能测试，针对中三学生进行职业能力评估。全年共为128名残疾人提供评估服务。对现有16套评估工具5套仿真评估方案等进行优化和整理，优化人职匹配；增加心理咨询师、人力资源师、康复治疗师介入评估，提高建议可行性。依托残联微信公众号，通过“接地气”的漫画形式，定期发布残疾人职业能力评估内容，结合典型案例，提高认知度普及度。加强各区联动，定期收集测试数据，及时更新进行协助和督导。结合社区需求，为庇护工场学员制定评估方案，分组训练，链接社会企业，设置适合的岗位。实现将评估贯穿社区残疾人就业工作中的筛选、实训、上岗全过程。

【残疾人信息数据录入】　2018年，佛山市残联组织各区参加广东省核发新版第二代残疾人证培训，筹备开展核发工作。做好残疾人证电子证照工作，提高办证效率，核发残疾人证66588个，发证率28.73%。做好残疾人基本服务状况和需求信息数据动态更新工作。9月完成数据录入和核查，分配残疾人66566人，完成登记表64583份，占比97.02%（入户调查62813人，电话调查1770人，入户率97.26%）。其中，五种异常状态人员占比2.98%（查无此人53人、已搬迁150人、空挂户166人、外出217人、死亡注销1397人）。推广移动端数据采集，全市移动客户端（APP）采集比例达92%，其中南海区高达99.63%。编写第三方评估分析报告，会同有关部门开展“大数据”调研。

【残疾人机构转制】　2018年，佛山市残联以“确保人员思想稳定，确保服务残疾人工作标准不降低、保障不间断，确保工作能自转、矛盾能自解、安全能自保”的原则，有序推进市残疾人用品用具供应服务站、市新希望康复门诊部、市听觉语言康复中心等3个下属公益三类事业单位转制工作。转制后，三家机构成为民营性质的单位。

【川粤残联系统扶贫协作】　2018年，佛山市残联与四川凉山州、甘孜州残联对接联系，深入当地调研，并与凉山州普格县、普格县、昭觉县、布拖县、甘洛县、赵西县、喜德县、美姑县、金阳县、雷波县、木里县、盐源县，甘孜州乡城县、得荣县等13个县签订扶贫协作协议。

（吴新来）

中国国际贸易促进委员会佛山市委员会

【组织概况】　中国国际贸易促进委员会佛山市委员会成立于1986年8月。1988年，根据中国贸促会的通知，经市政府同意，佛山市贸促会同时使用佛山国际商会名称，实行一个机构两个牌子。1993年12月20日，“中国国际贸易促进委员会佛山市委员会、中国国际商会佛山商会会员大会”在华侨大厦召开，选举产生第一届委员会。历任负责人有甄劲之、盘碧霜、杨乃可、周婉芬、罗悦棠、邹国祥、张建辉、谢伟雄、马湘雨。2018年，佛山市贸促会内设（机构）有办公室、展览信息部、商事法律事务部（出证认证部）。有区级贸促分支机构3个。

【对外贸易投资交流活动】　2018年，佛山市贸促会先后3次组团出访“一带一路”沿线9个国家共40人（次），在境外期间共组织9场大型企业对接洽谈会，700多名中外企业家参加活动。其中：6月，分别组织2个团组赴俄罗斯、德国、英国和埃塞俄比亚、加纳、肯尼亚开展系列贸易交流活动；9月，组织企业赴柬埔寨、印度尼西亚、马来西亚开展系列商务活动。通过拜访当地工商机构，调研当地市场，组织佛山推介会、企业配对交流洽谈会等，加强佛山城市形象及产业优势的宣传，为企业开拓市场、寻觅商机搭建平台。出访活动促成7个企业通过事后跟进达成9笔实际交易，还有1家企业在加纳设立企业代表处、1家企业计划在印度尼西亚投资设立生产线。里斯本卡素瑞市政府、英国广东总商会、肯尼亚广东总商会先后组团回访佛山市，开展各项经贸交流合作活动。

【经贸促进联络与交往】　2018年，佛山市贸促会广泛开展国内外经贸促进联络与交往，搭建国际国内交往平台，共接待国内外经贸访问团组7批次。在境外代表团到访佛山期间，市贸促会与相关机构合共组织企业对接洽谈活动4场，双边与会人数达180人次。11月，组织12人的企业观展团参加首届中国进口博览会。

【出证认证业务】　2018年，佛山市贸促会在国际贸易形势不容乐观的大环境下，通过进一步改进服务方式和服务态度，做好出证认证工作。如开通刷卡和微信转账功能、根据企业需要适时延长服务时间，定期开展对原产地证书的数据分析工作，理清工作状况并为企业开拓国际市场提供数据参考等，保持出证认证业务稳定。是年，全市出证认证业务总量106956份。其中：一般原产地证81112份（比上年减少2.13%）、离岸价（FOB）货值630457万美元；优惠原产地证6424份（增长3.06%）。签证量前五位的目的国依次为印度、阿联酋、俄罗斯、沙特、孟加拉。涉及产品前五类为陶瓷、卫浴产品、铝钢建材、家具及家居用品。受惠产品前三类为陶瓷、铝钢建材、家具及家居用品，受惠货物总值约1065万美元。同时，办理商事证明书和代办领事认证19242份，主要发往韩国、埃及，以及中东地区。

【代言工商】 2018年，佛山市贸促会开展专题调研，宣传弘扬企业家精神，向上级政府部门反映外贸企业遇到的普遍性问题。

年初，市贸促会收到多家外贸企业反映，一些不法公司利用电子通关、无纸化、电子化办事工作的技术漏洞，擅自盗用佛山市优质企业名称、资质办理通关手续非法获利，严重伤害外贸企业的正常经营。收到反映后，市贸促会争取省贸促会（省国际商会）的支持，向省、市政府、广东海关、外汇、税务管理等部门反映有关情况，建议协调海关总署保留涉事外贸企业资质，改进电子通关系统的程序设计，协调公安部门对擅自使用他人企业名称的行为予以立案侦查，协调海关出具原始的报关单证。至年底，相关问题均得到妥善解决。

为有效应对中美贸易摩擦升级对国内经贸产生的影响，4—8月，市贸促会先后3次组织召开各相关企业参与中美贸易摩擦调研座谈会，分别邀请中国贸促会研究院国际贸易研究部、广东省贸促会等领导出席会议，向上反映企业情况。

为致敬改革开放40周年，8—10月，佛山市贸促会与佛山电台携手合作策划“勇立潮头，看佛山传奇”系列宣传报道，推荐10名优秀企业家展示开拓国际市场的奋斗历程、在新时代布局全球放眼世界的胸怀以及在新时代的新作为，从现实角度诠释佛山企业“走出去”的生动故事。

为纪念改革开放40周年，9—12月，佛山市贸促会采取无记名方式向近500家企业发出问卷进行调研，撰写《佛山企业家走向“一带一路”足迹调研报告》，由广东省社情研究院进行数据分析，剖析佛山外向型中小企业发展的特点和历史轨迹，并提出有针对性的对策建议，以供政府及相关部门决策参考，同时也为佛山中小企业开展对外贸易提供方案支持。

【涉外商事法律服务】 2018年，佛山市贸促会举办4期国际商事大讲堂，邀请市内外相关专家分别就“‘一带一路’倡议下中国企业的法律服务需求”“新形势下中国企业‘走出去’的金融服务需求”“高速发展的印尼经济带来的出口商机及如何有效海外参展”“互联网下营销新思维”和“中美贸易及北美零售业风险剖析与应对”等进行专题讲座。7—11月，为普及国际商事法律知识，引导企业合规经营，佛山市贸促会、佛山国际商会和佛山电台联合推出《国际商事22条军规》节目，由佛山市贸促会、佛山国际商会涉外商事法律服务志愿团成员为企业解析珠三角企业“走出去”中的外贸案例，进一步帮助企业掌握国际贸易游戏规则，有效防范和化解涉外法律风险。节目以每天播出4次的频率连续播出88期，为期5个月。市贸促会与信保广东分公司签署合作协议，为出口企业提供海外买家调查报告。9月20日，佛山市贸促会与中国信保广东分公司签署战略合作协议，充分发挥自身职能作用，打造双方合作共赢平台，推进佛山市出口信用风险防范体系建设。11月12—16日，佛山市贸促会联合中国信保佛山营业部向全市中小微出口企业免费送出153份政策性出口信用保险保单、160份海外买家资信报告，合计为企业节省成本超过100万元。先后有13家企业通过海外买家资信报告，辨别筛选买家，达成了生意往来。

【国际国内会展论坛平台促进对外贸易与交流】 2018年，佛山市贸促会利用机构优势，借助国际国内会展、论坛平台为广大企业“走出去”搭建平台。4月13日，联合市采购协会等商协会共同举办“印度龙城项目推介暨采购合作说明会”，有灯具、电器、卫浴、五金等七大行业近120名企业家参会，多家企业与印度龙城项目方达成采购意向。4月21日，与省不锈钢协会合作主办2018年第12届华南不锈钢、金属材料展览会，展览会邀请近100家行业知名和成长性强的品牌厂家参展，展览面积5500平方米，6670余人次专业观众、采购商到会参观洽谈。10月24—27日，由广东省贸促会主办，佛山市贸促会与中德工业服务区承办的第四届中国（广东）“互联网+”博览会在佛山举行。市贸促会促成英国皇室迈克尔·肯特王子亲率15家英国展商赴佛山参加博览会，并在潭州国际会展中心二号馆国际

2018年10月24—27日，第四届中国（广东）“互联网+”博览会在佛山市举行，英国皇室迈克尔·肯特王子率英国展商赴佛山参会并设立英国展团专区。图为迈克尔·肯特王子在现场接受媒体采访

（市贸促会供图）

展区设立英国展团专区。博览会开幕式当日，佛山市贸促会与英国展团合作主办的“智慧科技应用与产业融合高峰论坛”在潭州会议中心召开，近300名政府及企业家代表参加该论坛。

【经贸信息服务】 2018年，佛山市贸促会网站总点击量102460次，比上年增长92.7%；总独立访客93872人，增长425.6%；累计发布文章和信息共673篇，增长417.7%。市贸促会与中国贸促会和广东省驻境外代表处建立互通联系，将境外更多优质的项目刊登到市贸促会网站“投资贸易机会”栏目让企业自行匹配对接，全年累计刊登24条。通过微信公众号持续传递最新最热的政策及外贸信息，全年微信公众号推文发布量为832篇。拓宽信息获取渠道，在网站及微信公众号新增“使领馆讯”专题栏目，为佛山企业转载来自英国、美国、德国、法国等各国驻华领事馆的科技、经济等资讯。按季度出版《国际贸易投资动态》，让企业有效掌握市场舆情动态，积累更多国际经贸信息。是年，市贸促会通过政务短信平台发布经贸和预警信息53条。

（刘泽团）

佛山市红十字会

【组织概况】 佛山市红十字会（救伤会）成立于1909年，2007年3月单独设置。市红十字会下辖禅城、南海、顺德、高明、三水等5个区红十字会。红十字会有九大核心业务，包括“三救”（紧急救援、备灾救灾、应急救护）、“三献”（无偿献血、遗体器官组织捐献、造血干细胞捐献）、国际人道援助、志愿服务、红十字青少年，其他还有依法开展募捐、兴办社会福利事业等。市红十字会在实际工作分为办公室和综合业务室运作。

【应急救护】 2018年，佛山市红十字会制定《佛山市红十字会关于规范应急救护培训工作的实施细则》，进一步规范全市应急救护培训工作，解决工作中出现的考核标准不统一、发证不规范等问题，统一教学、技术、考核和发证标准，强化监督管理。是年，全市各级红十字会根据《关于加强2016—2018年群众性应急救护培训工作方案》的要求继续开展普及培训和救护员培训。全年共举办应急救护培训公益讲座768期，普及86552人次；举办应急救护培训班478期，19723人考取红十字救护员证；举办应急救护师资培训班13期，培养572名师资力量投入应急救护培训工作。

【社会救助】 2018年，佛山市红十字会系统通过元旦、春节的“博爱送万家活动”共为681户困难家庭送上温暖和节日慰问品，合计价值26.12万元。通过“广东（佛山）扶贫济困日活动”、博爱医院学校、养老服务、人道救助资金等项目向社会各界募捐，共接收社会各界捐款278.28万元。通过小天使基金等各种帮扶渠道，帮助困难群众188人次。

【备灾救灾】 2018年，佛山市红十字会备灾救灾中心通过与大型超市、饮用水供应商、粮油供应商等签订合作协议，确保在台风“山竹”等灾害事件发生时能第一时间调动各方资源，动员社会力量参与灾后救援和慰问工作。市红十字会备灾救灾中心工作人员及志愿者参加扶贫慰问活动500多人次，慰问困难家庭366户，共发放慰问金和物资价值19.52万元。款项主要用于“红十字博爱送万家”活动和节日慰问。通过与市防灾减灾协会合作，参与开展12场防灾避险知识“进学校、进社区”宣教活动。

【造血干细胞捐献·无偿献血·器官捐献】 2018年，佛山市红十字会跟进造血干细胞捐献志愿者初筛102例，22例高分，15例体检，成功捐献6例，历年累计捐献29例。无偿献血100%满足临床用血需求。捐献器官组织16例（眼角膜9例、心脏2例、肝脏13例、肾脏30例）。是年，佛山市红十字会获“2018年度造血干细胞捐献工作先进工作站”称号。

【红十字志愿服务】 2018年，佛山市红十字会采用政府购买服务的方式，推动红十字志愿服务工作在更宽广的领域发展。志愿者们在造血干细胞捐献、水上项目保障、灾后慰问、社区探访慰问、贫困先心病儿童救助活动、防灾减灾宣传、应急救护培训、世界献血者日活动、红十字博爱送万家等活动发挥积极作用，全年累计参加志愿服务1426人次，服务超过5477小时，更好地诠释和平时期红十字运动精神。

【红十字青少年服务】 2018年，佛山市红十字会在同济小学、下朗小学和南庄中学挂牌成立学校红十字会，通过与所在社区组成“学校+社区”健康教育单元，从中小学生入手，开展“小手拉大手，安全一起走”安全健康教育活动，

2018年9月8日，佛山市举行红十字会“交通安全‘救’在身边”世界急救日主题宣传活动

（市红十字会供图）

包括消防和地震应急演练3期4922人、学校安全教育与体验活动9场次、亲子讲座6期3052人以及主题宣传活动6场次。在校园内宣传、普及红十字运动知识，推动红十字事业全面发展，动员和组织广大青少年参加具有红十字特色的实践活动，在青少年中弘扬“人道、博爱、奉献”的红十字精神。

【红十字会医院学校教学与服务】 2018年，佛山市红十字会医院学校有8所分校10个校区，免费为义务阶段教育患病住院的学生提供语文、数学、英语和心理辅导。全年服务住院学生1220人，累计服务学生9886人。是年，市红十字会医院学校作为佛山市红十字会，乃至广东省红十字系统的品牌项目，分别接待中国红十字会总会、省人大和天津市人大等调研组的到访考察。

【红十字养老服务】 2018年5月，佛山市红十字会以购买服务的方式与佛山市千禧乐善敬老协会签订《佛山市红十字会养老服务项目合作协议书》，成立佛山市红十字会养老服务中心，并聘请13名相关行业专家作为顾问，针对养老服务人员进行知识技能培训、建立红十字会养老志愿服务队伍、开展困难老人人道救助、在社区参与养老服务工作等四个方面开展具体工作。

是年，养老服务中心开展应急救护知识技能培训8场次，受训人员210人，学员均考取红十字救护员证。组织技能培训宣传活动21场、心理健康讲座6场、志愿者培训6场、法律讲座6场。培育6支志愿者服务队（应急救护志愿者队、居家安全志愿者服务队、幸福留言志愿服务队、耆老绿丝带志愿服务队、佛山市正骨骨科医院义诊队和护理员志愿者服务队）共350人。6支志愿者服务队共参加服务5000人次，2600多小时。养老服务中心还通过“走访——评估——改造——回访”方式，逐渐建立适老化改造的流程，对社区内存在安全隐患的老年人家居环境进行安全改造。至年底，改造困难老年人“安全小屋”20户，改造资金20万元。

【红十字生命安全健康教育项目】 2018年，佛山市红十字会成功申报中国红十字会总会“红十字生命安全健康教育项目”，在3所学校、多个社区和多个单位共计开展活动和培训64场，包括举办37期救护培训班，1848人考取红十字救护员证；分别在佛山市食品药品监督管理局、佛山市财政局和佛山市委老干局，举办应急救护培训公益讲座3场，普及人数430人次；亲子讲座6期3052人次；消防和地震应急演练3期4922人；学校安全教育与体验活动9场次以及主题宣传活动6场次，参与总人数近2万人次。

【红十字公益宣传活动】 2018年，佛山市各级红十字会以“世界红十字日”“防灾减灾日”“世界急救日”“世界献血者日”“世界艾滋病日”“世界防治麻风病日”等活动为契机，开展各类形式多样的公益宣传活动。分别为：联合FM94.6频道对红会工作进行全方位的策划和包装，录制宣传声带每日定时播放；组织200余人方阵参加“温爱佛山——元宵慈善文化人人行”活动；围绕“人道——为了你的微笑”的主题，在红十字博爱周开展系列活动；围绕“为他人着想、捐献热血、分享生命”的主题，联合市卫生和计划生育局主办的“为他人着想，捐献热血，分享生命——佛山市2018年世界献血者日主题活动”；围绕“交通安全‘救’在身边”的主题，在佛山市图书馆举行纪念活动；为宣传红十字精神，带动社会力量为贫困家庭先天性心脏病儿童筹款，协助开展“众筹救心万里骑——2018博爱穿粤行”活动；等等。

【红十字对口扶贫项目】 2018年，佛山市红十字会根据《佛山—凉山全面深化扶贫协作协议》文件要求，重点对四川省凉山州开展帮扶工作，援助凉山州盐源县红十字会6万元用于建设盐源县艾滋病确证实验室；援助凉山州木里县红十字会10万元用于木里县建档立卡贫困人口个人医疗费用兜底结算；援助凉山州红十字会7.26万元用于开展一期应急救护师资培训班，为当地培养30名应急救护师资。

（梁恒镖）

2018年3月2日，佛山市红十字会“温爱佛山——元宵慈善文化人人行”方阵大合照　（市红十字会供图）

外事·侨务·台港澳事务

外　事

【概况】 2018 年，佛山市接待外宾 75 批 1242 人次，其中副部级以上外宾 19 批 301 人次、“一带一路”沿线国家重要团组 69 批 1212 人次。高规格接待包括德国联邦总统弗兰克－瓦尔特·施泰因迈尔，英国肯特王子，多哥共和国总统福雷·纳辛，瓦努阿图总理夏洛特·萨尔维，越南政治局委员、中央书记处书记、中组部部长范明政（副国级）等在内的 18 批高级访问团组。全年全市办理外国人来华邀请确认函（邀请核实单）送审 304 份 463 人次。

【对外交流合作】 2018 年，佛山市立足建设宜居宜业宜创新的高品质现代化国际化大城市的战略定位，持续深入参与“一带一路”建设，重点加强与“一带一路”沿线国家重要节点城市合作，拓展、盘活、整合优势资源，提升对外交流合作水平。

发挥国际友好城市、驻华使馆、驻穗领馆等资源优势，重点开展与“一带一路”沿线国家交往。5 月，佛山市政府与以色列库克曼投资集团、Catalyst 投资基金主办第 19 届“Go for Israel” 2018 中国—以色列跨境投资大会，超 100 家以方企业与中国投资机构和制造企业代表开展 800 多场一对一洽谈会，为吸引以色列优势资源落户佛山提供交流平台。6 月，法国驻穗总领馆商务处在南海桂城保利洲际酒店举办系列氢能产业对接会，增进法国业界和佛山业界的相互了解，寻求双方合作机会。3 月，佛山市外事部门与日本驻广州总领事馆合作举办日本茶道交流会；5 月，日本驻广州总领事馆在石景宜艺术馆举办日本书法展，通过举办形式多样的文化交流活动，增进友好感情。

开展对瓦努阿图的交流合作。组派文艺演出团赴瓦努阿图演出，有包括瓦努阿图总理萨尔维、中国驻瓦努阿图大使馆代办唐银龙参赞、瓦努阿图政府部门代表及瓦各界民众 1000 余人观看演出。

开展民间交流活动。市外事部门组织 45 名国际友人方阵参加“美丽佛山一路向前——佛山 50 公里徒步”活动，活动得到中央电视台《新闻联播》等国内重要媒体的聚焦报道，展现佛山市经济发展、社会进步的良好形象；组派佛山市代表团以及高桩狮队、广东点心师赴毛里求斯展示佛山舞狮和美食文化，丰富民间对外交往内涵。

开展预防性领事保护工作。市外事部门与公安、旅游部门共同建立全市海外旅游安全联动机制，做好海外旅游安全知识宣传教育和海外旅游安全事件应急处置工作。6 月，市外事部门举办第一届“佛山市预防性领事保护知识竞赛”活动。市三中（含初中部）、市外国语学校、惠景中学、市四中等师生共计 300 余人参加，提升暑假出国游学师生的海外安全意识。6 月，市外事部门举办“领事保护记心上、安全文明游四

佛山市及各区缔结友好国际城市关系一览表

中　国	外　国		缔结时间
	友城名称	国家 / 地区	
佛山市	伊丹市	日本	1985-05-08
	路易港市	毛里求斯	1989-01-27
	斯托克顿市	美国	1994-03-04
	波塞雄市	留尼汪（法属）	1997-04-11
	汤斯维尔市	澳大利亚	2006-07-28
	圣乔治市	格林纳达	2010-04-23
	因戈尔施塔特市	德国	2014-01-22
	斯达洛加勒德市	波兰	2014-06-10
	纳罗福明斯克区	俄罗斯	2017-02-27
	维拉港市	瓦努阿图	2017-06-12
禅城区	梅德韦市	英国	2010-03-02
	福遍郡	美国	2012-11-28
南海区	雷诺市	美国	1994-07-18
	沃尔夫斯堡市	德国	2016-08-27
顺德区	高嘉华市	澳大利亚	2012-12-11

（市外事局）

方”佛山市预防性领事保护系列培训，邀请省外办，佛山市、区外事和旅游部门相关负责人、相关旅行社出境游负责人、旅游行业协会负责人等约 120 人参加，提升旅游从业人员的风险意识和应急处置能力；11 月，举办佛山市“一带一路”走出去企业海外安全培训（顺德站）暨海外安全图片展，顺德区 100 多名“走出去”企业的代表参加，提高企业代表海外安全意识，引导企业建立健全海外安保机制。

【国际友好城市交流合作】 2018 年，佛山市优化国际友城布局，发挥友城资源优势，创新开展各类友好交流活动，在文化、教育、经贸、园林设计等领域的合作成效显著。

加强佛德务实合作。4 月，佛山市市长朱伟率佛山市政府代表团赴德国因戈尔施塔特市进行友好访问，与德国因戈尔施塔特市签署《中国佛山市与德国因戈尔施塔特市关于加强交流合作备忘录》，在青少年足球培训、巴伐利亚 2020 园林展等项目达成合作共识；拜访德国亚琛工业大学，探讨佛山市与德国亚琛市合作共建大学的相关议题，为佛山市成立广东省一流理工科大学做好相关筹备工作。

友城“朋友圈”逐步扩大。1 月，佛山市与吉尔吉斯斯坦奥什市缔结友城关系获全国友协批准。推动佛山市与乌拉圭合作交流，签订《佛山市·萨尔托市关于加强友好交流与合作的意向书》；不断加强与澳大利亚阿德莱德、美国阿斯托利等国际友好联系城市友谊，为缔结新的友城关系涵养国际资源。至年底，佛山与 11 个国家的 15 个城市结为友好城市关系。

搭建青少年友好交流平台。德国因戈尔施塔特市、日本伊丹市师生代表团分别访问佛山，与佛山学校师生开展友好交流活动；因戈尔施塔特市足球俱乐部代表到访，协商两市青少年足球合作事宜；佛山市外事部门承办 2018 广东青少年国际交流周佛山站活动，为来自美国、加拿大、日本、澳大利亚等多个国际友好省州的共计 138 名外国青少年精心安排非遗特色参观活动，通过交流见闻，分享心得，增进友谊，扩大“朋友圈”。

【APEC 商务旅行卡推介办理】 2018 年，佛山市外事部门推进网上管理系统投入使用，与市进出口商会、市侨商会共建 APEC（亚洲太平洋经济合作组织）商务旅行卡服务点，让更多企业在“走出去”享受便利，更好地拓展海外市场。是年，佛山市共受理 APEC 卡申请 120 人次，总办卡量居全省前列。

【德国总统到访佛山】 2018 年 12 月，德国总统弗兰克－瓦尔特·施泰因迈尔在中国驻德国大使史明德的陪同下到访佛山，参观佛山机器人学院并出席数字化与经济圆桌会议。佛山市市长朱伟和市领导郭文海、刘俊文等陪同德国总统一行。

到访佛山期间，施泰因迈尔出席在佛山机器人学院举行的数字化与经济圆桌会议，详细了解中国数字化经济发展情况及对经济、社会产生的影响。参观佛山机器人学院展厅中的“可录音 U 盘的工业 4.0 之旅”智能制造示范线和美的库卡展台。佛山机器人学院是全国首个机器人学院，也是德国汉诺威机器人学院唯一的品牌海外授权使用机构，有 20 余家国际顶尖以及本地优秀机器人生产、集成和应用企业作为项目合作伙伴。

2018 年 12 月 6 日，德国联邦总统弗兰克－瓦尔特·施泰因迈尔（前右一）在佛山市市长朱伟（前左三）等领导陪同下考察佛山机器人学院　（市档案馆供图）

【佛山获“国际友好城市交流合作奖”】 2018 年 11 月 16 日，佛山市在“2018 年中国国际友好城市大会”上获“国际友好城市交流合作奖”。该奖项为国际友城交流工作的最高奖项，也是佛山继 2014 年后，第二次获此荣誉。在大会上，佛山市友城德国因戈尔施塔特市凭借与佛山的务实交流合作，获“对华友好城市交流合作奖”。

（周倩云）

侨　务

【概况】 2018 年，祖籍佛山的海外华侨华人约 80 万人，分布在世界 70 多个国家和地区。佛山市归侨人数约 2800 人，以越南、印度尼西亚、马来西亚、印度、新加坡等国的归侨为主。其中：五区散居归侨人数约 1200 人，主要分布在禅城区、南海区、顺德区；聚居归侨约 1600 人，以越南归侨为主，聚居地在三水区南山镇迳口华侨农场。

佛山市侨务工作充分发挥侨务资源和侨务工作的独特优势，以引资引智为重要抓手，服务全市经济社会发展。“拓侨资”方面，完成全年 1000 万美元以上招商引资任务目标。“汇侨力”方面，推动成立英国、南非、柬埔寨佛山总商会。“引侨智”方面，启动 5 个佛山市引进海外高层次人才工作站。“聚侨心”方面，全年接待来访华侨华人 77 批次 1859 人次，邀请侨领列席佛山市人大会议，密切联谊交流，助力佛山建设。“育侨菁”方面，通过组织研习班、夏令营等形式邀请青年海外侨胞体验岭南文化，全年参与海外侨胞134人次。“惠侨益”方面，开展暖侨心送温暖活动，贯彻落实《广东省华侨权益保护条例》。

【招商引资】 2018年，佛山市侨务部门充分利用侨务工作优势，在招商引资发挥桥梁作用。协调引入美国维讯股份有限公司高端金融服务项目、马来西亚佶帝集团大健康产业项目，注册资本超4000万美元，超额完成招商引资任务目标。1月，维讯股份有限公司在广东金融高新区注册成立全资子公司。8月，“佶帝大健康投资佛山大健康产业”项目签约仪式在禅城区举行，佛山市外事侨务局与马来西亚佶帝集团签订合作协议，协助佶帝大健康项目在佛山落户投产。至年底，澳大利亚、柬埔寨、荷兰项目跟进中。是年，佛山市侨务部门与市相关部门联合马来西亚佛山总商会举办6场“中马企业共同成长之路”佛山巡回分享说明会，协助马来西亚佛山总商会与佛山市8大商协会500多家会员企业进行对接交流，引导企业开拓东盟市场。推动成立英国、南非、柬埔寨佛山总商会，涵养和拓展海外侨务资源，推动佛山企业抱团“走出去”。

【“佛山市引进海外高层次人才工作站”启动】 2018年，佛山市为适应人才发展新趋势，发挥海外华侨华人在人才流动过程中重要的桥梁和催化作用，依托驻海外侨团、商会等机构，根据海外人才分布特点，首批在美国、英国、澳大利亚、南非和新加坡等5个国家成立“佛山市引进海外高层次人才工作站”，形成基本覆盖重点发达国家的引才网络，使海外引才引智工作更趋稳定和常态化。落实跟进引才意向项目，与旅比（比利时）华人专业人士协会探讨人才项目合作计划，接待“智汇广东——美国曹祥东博士科技团队”到访佛山。

【侨胞联谊】 2018年，佛山市接待来访华侨华人77批次1859人次，支持市、区涉侨出访团组15批次。通过加强与海外侨胞的交流联谊，凝聚侨心，助力佛山建设。搭建“主场”交流平台汇聚侨心。邀请华侨华人代表列席2018年佛山人大会议，听取“一府两院”工作报告。举办“创享秋色·才聚佛山”2018佛山秋色城市展示活动，邀请48位来自美国、英国、澳大利亚、马来西亚、新加坡等世界各地的海外华商代表、侨团代表出席，推介佛山的发展成果和未来计划，吸引投资项目和促进对外合作。组团参加世界顺德联谊总会第十一届恳亲大会，协助举办“发现顺德”全球路演、世界顺商年度大会。参加美国三藩市（旧金山）顺德行安堂160周年庆典活动，推广百年侨团发展经验。以顺德职业技术学院获颁国务院侨办“中餐繁荣基地”称号为契机，跟进“中餐繁荣团”出访海外传播中华美食文化事宜。培育海外侨力资源。通过组织青年侨领研习班、海外华裔夏令营，邀请青年海外侨胞体验岭南文化，增进海外侨团骨干、华裔新生代对佛山乃至祖国发展的认识，强化他们对祖（籍）国“根”的情结，促进侨务工作可持续发展。全年举办“菁彩佛山”系列活动4批次，参加人数达134人次，邀请青年侨领、华裔青少年深刻体验岭南文化，全面了解佛山人文风貌和发展现状。捐献南非中华牌楼琉璃瓦、英国中文教学用品、法国节日巡游粤剧设备、葡萄牙春节巡游岭南演出服装、三藩市（旧金山）社团160周年庆典刊物等，助力海外社团持续发展。推动成立三水区留学生协会，为广大留学生搭建交流经验、互通信息的协作平台。

【爱侨护侨】 2018年，佛山市侨务部门开展暖侨心送温暖活动，分赴南海、顺德、三水区进行基层侨务工作者和困难侨眷探访慰问4次共计50人次。发放2018年度省级扶持贫困归侨专项资金13.7万元，用于帮助困难低保归侨7人，困难归侨子女助学2人，临时救助29人。举办《广东省华侨权益保护条例》学习讲座及进社区活动，配合市人大开展佛山市《广东省华侨权益保护条例》实施情况执法检查，汇报佛山市贯彻落实《广东省华侨权益保护条例》的情况，实地调研广东景兴健康护理事业股份有限公司等侨资企业，提高依法依规为侨服务能力和水平。引导基层侨务工作以“全国为侨服务示范单位”乐从鹭洲村为榜样，推动佛山市为侨公共服务体系建设。

（周嘉雯）

台湾事务

【中央对台方针政策和省委市委对台工作的贯彻落实】 2018年，佛山市贯彻中央“惠台31条”等对台政策，联合市发改局等部门，制定《进一步深化佛台经济文化交流合作的若干措施》（简称佛山“惠台72条”），为台商台胞在佛山生活工作提供同等待遇。向台商、台胞和台湾民众宣传习近平新时代中国特色社会主义思想和党的十九大精神；组织台商台胞深入学习习近平总书记在参加十三届全国人大一次会议广东代表团审议时的重要讲话精神和视察广东的重要讲话精神，市委常委李政华为台商上学习辅导课。利用微信群、公众号等媒体，鼓励和引导台商台胞分享学习体会，促进融合，提振信心。做好惠台政策措施宣传和落实工作。中央“惠台31条”和省“惠台48条”等惠台政策措施出台后，佛山市利用微信群、公众号等媒体阵地，广泛进行宣传。举办台商座谈会，激发台商、台企在佛山投资发展的积极性。落实台湾居民居住证政策。宣传发动台商台胞申领台湾居民居住证。截至年底，全市受理台商台胞申请居住证500多个，处于全省较好水平。

【佛台交流】 2018年，佛山市利用佛台两地文化相通、民俗相近、交通便利等优势，突出佛山特色，强化民间交流，促进两岸关系发展，开展文化、艺术、教育交流。是年，全市公职和非公职赴台人数共126批725人次，到佛山参访交流的台湾人士共22批354人次。举办第二届“中华翰墨情”佛港澳台中小学生书法展，近1000名台湾学生参赛。在石景宜刘紫英伉俪文化艺术馆举办海峡两岸女书画家作品展、海峡两岸港澳台书画名家作品邀请展等系列文化交流活动，近50名台湾书法界人士参访。做好台湾电影界组团来佛山市参加第27届金鸡百花电影节工作，促进两岸影视交流。以高等院校为载体，加强教育合作交流。推动佛职院赴台与台湾高校洽谈教育合作，签署教育交流协议。规范佛山市赴台人员交流管理，指导各区加强对赴台团组及其人员的管理和辅导。加强赴台学历生的教育和管理工作。

以佛山青年台商会为平台，开展培训、教育和引导工作，青年台商工作走在全省前列。指导佛山青年台商会换届，推选新一任会长及理监事，举办“菁英汇聚·智创佛山”佛山青年台商会成立四周年庆典暨第三届理监事就职典礼。在顺德旺创空间成立全市第一个两岸青年创业就业基地，为两岸青年在佛山学习、实习、就业、生活提供新的平台。持续落实“十年名校”培训计划，在西安交通大学举办第八期佛山青年台商研修班，市委常委李政华专门赴西安与学员座谈，听取台湾青年意见建议和学习心得分享，增强青年台商发展信心。邀请岛内的国际青年商会台湾总商会近30名台湾青年企业家到佛山参访，举办两岸青年佛山座谈会及佛山实地考察活动，加深台湾青年对佛山、对大陆的认识和理解。接待澳门台湾高校校友会粤港澳大湾区考察团、澳台大学生澳粤行交流营、香港两岸汇智“流浪到中环”访问团到佛山市考察。在澳门举办“南港澳台”青年创智营系列活动，促进两岸青年的交流融合。

【服务台企】 2018年，佛山市开展企业暖春行动。市委领导主持召开佛山市重点台商新春座谈会，详细听取重点台商对佛山市营商环境的建议，鼓励台商台胞增强发展信心。开展“深调研”工作，深入台资企业和台商台胞中，了解掌握台资企业经营发展情况，协助解决台企转型发展遇到的问题及困难。赴福建厦门、泉州，江苏昆山，广东东莞等地学习考察。邀请市政协委员视察佛山市台资企业，为台资企业高质量发展建言献策。完成市政协委员关于台资企业转型升级发展的提案意见答复，提案委员对答复表示满意。维护台商台胞合法权益。市人大代表到佛山市台资企业开展《台湾同胞投资保护法》贯彻落实情况调研，为台商台胞排忧解难。截至年底，全市受理涉台权益保护、涉台案件152件，结案145件，结案率达94.7%。针对个别

2018年8月5日，第二届“中华翰墨情”佛港澳台中小学生书法大赛桃园赛区开幕式及领奖典礼在台湾桃园市举行，佛山市政协主席熊志翔，市委统战部副部长、市委台港澳办主任香秀杏出席活动 （市委台港澳办供图）

台资企业反映的关联交易税收问题得到妥善解决，得到台商肯定。妥善处置太鼎置业违约金纠纷、陈村台商涉嫌走私日本黑松案等重大案件。

【台协工作】 2018年，佛山市台商协会推选产生新一届组织管理机构，推荐青年台商进入理监事会，做好新老传承。举行新一届理监事就职典礼，并组织举办主题为“不忘初心，协力同行”的庆典活动，特别邀请历任市台协会长到会，重点回顾市台协和佛山台商的发展历程，凝聚佛山台商台胞的发展共识。举办羽毛球、篮球、钓鱼等比赛活动，凝聚台商，活跃会务。热心公益慈善，佛山台商为贫困学校、学生及儿童捐款捐物超过50万元。顺德台商协会设立小天使慈善基金，筹措近100万元善款，对困难新生儿家庭一对一捐助帮扶。及时组织佛山市台商为花莲地震捐款捐物。

（市委台港澳办）

港澳事务

【概况】 2018年，佛山市港澳工作以“大港澳——深化佛港佛澳合作”为工作主线，贯彻落实中央、省对港澳的各项方针政策，推动佛港澳多领域交流与合作。佛山市南海区依托广东金融高新区、三山新城两大平台建设，全面加快“粤港澳合作高端服务示范区”建设步伐。截至2018年底，广东金融高新区核心区总投资规模近930亿元，三山新城累计完成投资额超过165亿元。是年，佛港澳高层实现多次互访，澳门特区行政长官崔世安率领澳门特区政府代表团到访佛山；佛山市围绕国情教育、港澳青创、传承文化等主题共组织交流活动52场次，参与其中的香港青少年2562人次、澳门青少年502人次，佛港澳青少年交流近6000人次；在香港举办第三届香港·佛山节，期间举办投资环境推介会及恳谈会、美食推介会、美食旅游及非遗文化主题展等。

【佛港澳高层互访】 2018年，佛山市接待港澳官方、半官方团组17批441人次，其中包括澳门行政长官、香港财政司司长、澳门行政法务司司长等在内的高级别团组6批134人次。4月21—22日，香港特区立法会粤港澳大湾区联席事务委员会考察团一行40人访问佛山，先后参观岭南天地、三山新城粤港澳科技展示交流中心、广东金融高新区。接访过程中，佛山与香港各专业界别议员、政府官员就业务开展与对接进行广泛交流。7月9日，澳门特区行政长官崔世安率领澳门特区政府代表团到访佛山，实地考察广东金融高新区，佛山市委书记鲁毅、市长朱伟会见客人一行，就人才交流和培养方面加强合作、协助佛山企业走进葡语系国家或东盟国家等国际化市场等方面进行交流。10月12—14日，市外事侨务局局长张兵陪同市委常委、副市长刘俊文出席“共建粤港澳大湾区青年论坛”，

为大湾区青年交流搭建新平台，共同探讨青年领域合作，推动青年参与粤港澳大湾区建设。

【佛港澳青少年交流】 2018年，佛山市围绕国情教育、港澳青创、传承文化等主题共组织交流活动52场次，参与活动的香港青少年2562人次、澳门青少年502人次，佛港澳青少年交流近6000人次。

5月29日，启动“2018年粤港澳大湾区香港青年实习计划”，安排来自香港的93名“准大学生”分别到佛山各金融机构、知名企业进行为期6周的实习，同时组织“岭南文化周末体验营”活动，安排香港学生参观佛山大型企业和岭南文化古迹，体验武术、陶艺、剪纸、狮头、藤编等非物质文化遗产，让香港学生全方位了解佛山的经济社会发展和岭南文化魅力，增进其对内地的了解和认同。

8月8—11日，佛山市主办“2018年粤港澳大湾区佛港青少年功夫夏令营”，有来自香港的40名青少年参加，活动内容包括现场交流、武术表演、参观考察等。

依托姊妹学校平台，扩大教育交流规模。截至年底，佛山与香港结对姊妹学校72对，与澳门结对姊妹学校4对，其中2018年新增佛港姊妹学校8对。香港圣公会陈融中学、基慈小学、廖润琛纪念学校、凤溪第一小学交流、明爱马鞍山中学、崇真学校、梁銶琚中学等10余所中小学先后到访佛山结对学校，开展参观考察、节目汇演、随堂观课等活动。同时，佛山市港澳事务部门配合澳门特别行政区教育暨青年局，向在全广东省21个城市就读的澳门学生提供学费津贴，全年有1500名澳门学生符合条件取得学费津贴，学费津贴全部发放到位。

依托社团组织，探索开展各类主题交流活动。组织“同心同根万里行”活动，共有14个青少年制服团队约250人参加，参加活动的香港青少年通过参观粤桂黔三地知名企业、传统文化、高新科技，加深对国家历史、经济、文化、科技各方面的认识，增强对国家的认同感。组织香港百人学生“一带一路”研习交流活动，4所香港中学近160名师生同佛山市第一中学的全体师生近3200人在佛山市第一中学校内参与升旗仪式，感受升国旗的庄严感和仪式感，此外还组织参加交流活动的香港师生参观佛山科学技术学院、一汽－大众、国艺影视城等地，让参加交流活动的香港师生全方位了解佛山的经济发展和岭南文化。组织30名佛港澳青年赴甘肃、青海，开展“一带一路”、非遗文化、红色教育等三大主题交流活动，增强港澳青年对“丝绸之路经济带”的认识，了解“一带一路”倡议和投资机遇，推动港澳青年创新创业和融入国家发展大局。

【佛港澳社团联谊】 2018年，佛山市坚持“以联谊增进感情、以服务加强联系、以文化提升认同、以机遇促进事业、以活动带动互动”的工作方针，加强与重点港澳社团和重点人物的联谊交往。1月11—12日，接待出席佛科院校董会的香港中华总商会会长霍震寰；4月17日，接待全国政协常委、澳门佛山联谊会会长梁华一行约60人；5月4日，接待澳门三水青年协进会访问团；5月12日，接待出席佛科院冠名大楼捐赠仪式的梁爱诗、邓祐才等重点乡亲；6月8日，接待香港大中华中小企商会考察团。

多次策划组织市领导赴港澳出席春茗活动和各大社团庆典。3月27日，佛山市市长朱伟赴港出席“广东省2018年迎春宴会”，与全国政协副主席董建华、香港特区行政长官林郑月娥、香港中联办主任王志民、广东省省长马兴瑞等共谋粤港新合作；3月19日，市相关领导赴港出席“南海区人民政府新春联谊晚宴”，与出席活动的香港行政会议非官守成员、香港立法会议成员叶刘淑仪、林健锋、李慧琼等交流联谊、共商发展。

【第三届香港·佛山节】 2018年12月13—16日，由香港佛山社团总会、佛山海外联谊会联合主办的第三届香港·佛山节（2018）在香港举行。香港中联办副主任何靖，外交部驻港特派员公署副特派员赵建凯，香港民政事务总署署长谢小华，佛山市领导熊志翔、蔡家华、刘俊文、邓建伟、谭萍等出席香港·佛山节开幕式等相关活动。该届香港·佛山节以“佛山制造中国功夫”为主题，举行包括开幕式、佛山（香港）美食推介会、佛山美食旅游主题展、佛山非遗文化互动展、佛山武术表演、佛山（香港）投资环境恳谈会等多项主题活动，集中展示佛山制造和美食、功夫、非遗等特色元素，推介佛山的产业发展和投资环境，促进佛港之间的文化交流，实践“香港+佛山”的倡议，宣传推广佛山宜居、宜业、宜游的城市形象和环境，充分展现佛山经济社会文化繁荣发展成果。

（市委台港澳办）

2018年7月6日，佛山市举行粤港澳大湾区香港青年实习计划（佛山）总结分享会

（市委台港澳办供图）

法治

地方立法

【概况】 2018年，佛山市第十五届人民代表大会常务委员会第十八次主任会议通过年度立法工作计划安排正式项目3个。其中，“审议项目”2个，分别为《佛山市排水管理条例》和《佛山市住宅物业管理条例》；“提案项目”1个，即《佛山市城乡规划条例》。年度立法工作计划安排“预备项目”4个，分别是《佛山市流动人口居住登记条例》《佛山市消防条例》《佛山市河涌水环境保护条例》《佛山市违法建设查处条例》。佛山市第十五届人民代表大会常务委员会第二十五次主任会议审议通过《关于对〈佛山市人大常委会2018年立法工作计划〉有关项目调整的论证报告》，根据主任会议意见，将《佛山市城乡规划条例》调整出年度立法工作计划。年度立法工作计划安排正式项目中，《佛山市排水管理条例》于2018年11月29日佛山市第十五届人民代表大会常务委员会第十六次会议通过，并获省人大常委会批准；《佛山市住宅物业管理条例（草案）》于2018年10月19日佛山市第十五届人民代表大会常务委员会第十五次会议进行第一次审议。

另外，2016年7月1日起施行的《佛山市机动车和非道路移动机械排气污染防治条例》于2018年12月24日佛山市第十五届人民代表大会常务委员会第十七次会议修正，并获省人大常委会批准。

【立法后评估】 2018年5月10日，佛山市人大常委会召开立法后评估工作部署会，对已经或即将颁布实施满2年的《佛山市历史文化街区和历史建筑保护条例》《佛山市机动车和非道路移动机械排气污染防治条例》进行立法后评估，对条例的落实情况、存在问题作出客观分析，并有针对性地提出解决问题的对策建议，评估工作持续至10月底。

《佛山市历史文化街区和历史建筑保护条例》与国家部委和省政府的规章、上级部门的规范性文件的有关规定没有冲突，有关规定也符合《广东省人民政府办公厅印发关于加强历史建筑保护意见的通知 》的规定，与其也保持高度一致性；条例确定的部门职责清晰、监管定位准确，处罚主体适格、处罚程序明确，处罚内容设置符合《行政处罚法》的有关规定；公众对条例的知晓率比较高，根据第三方评估机构提供的数据，绝大多数的受访群众知道或了解该条例的有关内容；九成多的受访群众对该条例的实施情况表示满意或基本满意。《佛山市历史文化街区和历史建筑保护条例》的颁布实施为佛山市历史文化街区和历史建筑的保护工作提供更为准确细致的法律保证，为行政主管部门依法行政提供了更为标准的管理依据，为提升佛山市作为国家历史文化名城的外在形象，保护现有的岭南特色的城市传统风貌，提供了重要的法律支撑和依法行政的重要依据。

《佛山市机动车和非道路移动机械排气污染防治条例》与国家部委和省政府的规章、上级部门的规范性文件的有关规定没有冲突，有关规定也符合《广东省人民政府办公厅关于印发广东省大气污染防治强化措施及分工方案的通知》的规定，具有一定的前瞻性；条例确定的部门职责清晰、监管定位准确，处罚主体适格、处罚程序明确，处罚内容设置符合《行政处罚法》的有关规定；公众对条例的知晓率比较高，根据第三方评估机构提供的数据，绝大多数的受访群众知道或了解条例的有关内容；八成多的受访群众对条例的实施情

2018年11月29日，佛山市第十五届人大常委会第十六次会议召开。图为会议表决通过《佛山市排水管理条例》 （徐丽清摄）

况表示满意或基本满意。《佛山市机动车和非道路移动机械排气污染防治条例》的颁布实施明确将排放黑烟等可视污染物的机动车列为管理对象，规定市政府可以划定对其限制行驶的区域，真正实现机动车环保管理与公安高效执法相结合，为处罚黑烟车上路行为提供了强有力的法律依据。填补了佛山市非道路移动机械排气污染防治的空白，对非道路移动机械排气污染的严格执法，使工地非道路移动机械冒黑烟行为得到一定改善，有效保护和改善大气环境，促进社会经济可持续发展，保障广大人民群众的健康。

【立法智库建设】 2018年，佛山市人大常委会办公室与中共佛山市委党校、佛山科学技术学院、佛山市律师协会、佛山市城市规划设计研究院等4个单位签订市人大常委会立法基地续约合作协议，并新增禅城区祖庙街道北江社区居委会、南海区西樵镇松塘村、顺德区环境科学学会、高明区荷城街道办、佛山市律师协会三水区工作委员会等5个基层立法联系点。注重发挥立法专家、地方立法研究基地、基层立法联系点的智力支撑和桥梁纽带作用，使法规更科学、更合理、更符合人民群众所需。

【规范性文件备案审查】 2018年，佛山市人大常委会落实规范性文件备案审查工作报告审议和定期报告制度；开展备案审查工作，实现有件必备，落实有备必审，践行有错必纠；强化人大常委会备案审查工作机制，全程配合广东省人大常委会规范性文件备案审查的各项制度建设，并协助省人大常委会开展“广东省人大常委会规范性文件备案审查信息平台”建设试用工作。是年，市人大常委会共收到市政府规范性文件备案36份。

【立法建议案办理情况】 2018年，佛山市人大常委会办理立法建议案1件，为《关于制定〈佛山市中小学、幼儿园规划建设条例〉的议案》（20180014号立法建议议案）。办理过程中，市人大常委会广泛征求政府相关职能部门意见，专门召开教育界、法律界、规划界专业人士的座谈会，并听取专家学者意见建议。在各界人士未能对立法建议形成比较统一的意见，市人大常委会经研究分析，提出一方面要积极推进相关政府规章的颁布实施，另一方面要稳妥推进立法，在相关政府规章施行后进一步调研是否进行人大立法的办理意见。

【立法意见建议征集】 2018年，佛山市人大常委会继续推进“开门立法”。通过发布公告公开征求社会公众立法工作意见，发布公告5次，收到反馈意见1200多条；向市各有关部门和单位以及在佛山市工作或者生活的全国人大代表、省人大代表和市人大代表分别征集2018年、2019年立法项目建议，收到意见建议25条；委托基层立法联系点征集立法项目建议15条；全年深入五区基层开展立法工作调研35次，召开立法座谈会120场次。

【“大智立法”佛山市立法三周年展览】 2018年7月4日至8月3日，由佛山市人大常委会、市法制局联合举办的“大智立法”佛山市立法三周年图片展览在禅城区祖庙街道兆祥法治公园举行。该展览分为领导关怀、交流协助、各方反响、法规解读等4个主题，展示佛山市2016年获得地方立法权以来的人大立法和政府立法各项成果，为推动佛山市地方立法工作发展，并促进法规正确有效实施营造良好社会氛围。

2016—2018年，佛山市共立地方性法规6部、制定政府规章4部，在广东省新取得地方立法权的17个城市中，法规立法数量排第一名，规章立法数量排第二名。

（谢巍诗）

政法工作

【扫黑除恶专项斗争】 2018年，佛山市打掉涉黑恶团伙319个，抓获团伙犯罪嫌疑人3468人，自首230人，查封、冻结、扣押涉案资产3.38亿元，追缴集体资产1.6亿元。纪检监察机关共摸排涉黑涉恶腐败和“保护伞”问题线索423条，立案查处120人，给予党纪政务处分61人。全市检察机关起诉涉黑涉恶案件136件749人，全市审判机关依法审理涉黑恶案件70件344人。

【社会治安防控体制建设】 2018年，佛山市以打造“最安全稳定、最公平公正、法治环境最好”城市之一为目标，织密织牢防控网络，推进平安佛山、法治佛山建设，提升人民群众安全感。全年全市刑事警情下降26.9%，治安警情下降16.8%，社会治安持续好转。推进全国禁毒示范城市创建工作，在国内建立首个市场化运作的毒情监测中心，通过“污水验毒”全面监测毒情。加强特殊人群服务管理，特别是加大严重精神障碍患者救治救助工作力度，严重精神

2018年12月28日，佛山市人大常委会举行立法基地续约、基层立法联系点授牌暨工作座谈会。图为市人大常委会副主任叶良（左一）、秘书长钟美侍（右一）给新增的第二批基层立法联系点授牌

（徐丽清摄）

障碍患者检出率、在册管理率、规范管理率、服药率等指标均达到省标准。推进“中心+网格化+信息化”建设，探索实行“全科网格”“全要素网格”，探索市社会综合治理云平台建设，综治视联网建设，实现市区镇村纵向联通，打造立体化、信息化、智能化社会治安防控体系，提升风险预测预警处置水平。

【司法体制改革】 2018年，佛山市政法部门进一步推进司法体制改革，营造共建共治共享社会治理格局。市委政法委联合6部门印发《佛山市构建群众诉求服务体系，完善矛盾纠纷多元化解机制的工作方案》，创新基层矛盾纠纷多元化解机制，方便群众反映问题和职能部门快速处置各类诉求。市公安局深化“放管服”改革，着力打造“六个一”民生警务服务模式，构建便捷服务体系。市中院在全省首试“法院+工会”劳动争议诉调对接新模式，得到最高人民法院肯定。市司法局会同有关部门，在全省率先出台《关于进一步加强人民调解工作打造新时代佛山“枫桥经验”的实施意见》，全年受理人民纠纷15580次，调处8739件，成功率高达97%，得到司法部肯定。禅城区探索建立“区块链+社区矫正”工作平台，得到最高检、司法部肯定。南海区继续紧抓信用联合奖惩机制建设，有效破解执行难工作获得最高人民法院肯定。

【法治建设成效显著】 2018年，佛山市各级各部门深入组织学习宣传贯彻实施宪法，市、区两级把第一责任人履法情况纳入综合绩效考评内容。12月29日，市委书记鲁毅作为全省两个地市代表之一向省委作述法报告。创新开展环境生态领域联动执法，全面推进检察公益诉讼，助力打好“三大攻坚战”。司法体制综合配套改革不断深化，市中院制定司法改革两年规划；市检察院围绕以审判为中心的刑事诉讼制度改革，稳步推进出庭一体化平台、审查报告流程再造、精确行使不起诉裁量权等一系列公诉创新改革试点工作。是年，审判机关共受理案件249356件，办结214002件，同比分别增长16.3%和17.4%；检察机关依法批准逮捕13039人，提起公诉17938人。司法行政机关完善市、区镇、村四级公共法律平台，构建起“线上30秒、线下30分”公共法律服务圈，完善媒体公益普法宣传制度，发展涉外法律服务业，为粤港澳大湾区发展提供法治保障。

【政法队伍建设】 2018年，佛山市政法机关把队伍政治建设摆在首位，不断加强对政法干警的科学理论武装，进一步强化“四个意识”，坚定“四个自信”，做到“两个维护”，涌现出一批先进典型，南海区检察院被最高检记集体一等功，顺德区北滘司法所被评为“全国模范司法所”。在全省率先开展公检法领导干部轮岗交流工作，全市公安机关交流轮岗民警2635人、法院系统交流轮岗干部25人、检察机关交流轮岗干部22人，逐步形成政法机关领导干部轮岗交流规范化、制度化，得到中央督导组和省扫黑办肯定。开展“纯洁政法队伍，建功扫黑除恶”主题警示教育活动，相关做法得到省委政法委肯定。落实从严管理，市中院列明法院工作人员“八小时内外”不可为边界清单，市司法局制定“一把手”权力清单和负面清单。狠抓能力培训，公安机关开展常态化岗位大练兵工作，轮训民警近2万人次。

（王　伟）

全面依法治市

【概况】 2018年，佛山市委常委会会议共9次传达学习中央和省委重要党内法规精神、部署党内法规工作，4次听取和研究法治建设重大事项。制定《佛山市深入学习宣传贯彻实施宪法的通知》，推进宪法学习宣传和贯彻实施。聚焦佛山法治建设热点难点，形成《法治佛山建设调研报告》。

全面推进法治城市、法治区、法治镇（街）、民主法治村（社区）创建活动，全市5个区和32个镇（街）向省申报继续达标，向省申报达标村（社区）763个，达标率98%，超额完成省90%的创建目标。推进“一镇（街）一品牌”法治文化阵地创建活动，全市建成法治文化公园（广场、长廊）55个，青少年法治教育实践基地13个。深入推进依法治校工作，全市54所学校被评为“广东省依法治校示范校”。深入开展法治文化示范企业创建活动，全市有58家企业被评为省“法治文化建设示范企业”。开展扫黑除恶专项斗争。重点打击10类黑恶势力及其“保护伞”，维护社会公平正义，提高人民群众获得感、幸福感、安全感。办理“307”专案、“东平一号”专案等一批重大涉黑恶案件。全面实施“七五”普法规划，严格落实“谁执法谁普法”责任制，完善媒体公益普法制度，突出领导干部、青少年、外来务工人员普法重点，探索“互联网+法治”普法新模式，全面加强普法阵地建设，多渠道多形式推动全社会尊法学法守法用法。

【法治建设组织领导】 2018年，佛山市坚持用习近平新时代中国特色社会主义思想统领法治佛山建设。组织各级各部门认真学习习近平新时代中国特色社会主义思想，学习总书记关于宪法重要讲话、全面依法治国委员会第一次会议重要讲话、视察广东重要讲话等系列重要讲话精神。全市各级党委坚持把法治建设纳入年度重点工作，纳入绩效考核，定期听取工作汇报，研究解决重大问题，建立健全考评体系。全市各级普遍开展形式多样的“宪法宣传周”系列活动式，全面推进宪法学习宣传实施，弘扬宪法精神，树立宪法权威。聚焦佛山法治建设热点难点，深入开展深调研活动，推进实施法治建设实践创新项目。明确六大方面46个整改项目及责任单位，建立整改任务清单和台账，推动各级各部门认真整改、补齐短板。

【依法执政】 2018年，佛山市坚持从严依规治党，提高依法执政水平。

强化党政主要负责人履行推进法治建设第一责任人职责。建立党政主要负责人述法制度，首次组织五区和市直单位主要负责人向市委全面依法治市工作领导小组进行书面述法。市、区均把第一责任人工作纳入年度法治建设考评内容。继续深化村（社区）“两委”负责人履行推进法治建设第一责任人职责书面承诺工作，强化村（社区）“两委”负责人法治建设责任。

健全党委议事决策机制。建立党委

常委会会议议题预安排等机制，修改完善《市委书记专题会工作规范》。严格落实党内规范性文件前置审核，制定《关于进一步做好市委文件审核工作意见》。推行法律顾问和公职律师公司律师制度，市四套班子联合聘任18名法学专家和律师作为首届佛山市法律顾问团成员，制定《佛山市法律顾问团管理规定》。

加强党内法规制度建设。市委全年印制44份党内规范性文件，报备率、及时率、合法合规率均达100%。加大备案审查力度，对各区各部门向市委报备的党内规范性文件严格审查把关。全面铺开镇（街）备案工作，明确工作标准，完善工作手册，推动全市备案审查工作全覆盖。

【地方立法实施】 2018年，佛山市推进科学立法、民主立法、依法立法，提高地方立法水平。

加强党对立法工作的领导。紧密围绕市委中心工作，立法主动适应改革和经济社会发展需要，努力实现立法和改革发展决策相衔接。贯彻落实市人大常委会、市政府党组向市委请示报告制度，在立法过程中凸显党委的统筹协调，确保立法正确政治方向。

科学编制年度立法计划。贯彻落实中央关于“加大生态系统保护力度”和“打造共建共享社会治理格局”精神，坚持以市委、市政府中心工作为导向，以保障和改善民生为重点，科学编制年度立法计划。深入开展养犬管理专题调研，为佛山市下一步加强养犬管理的决策和立法提供参考。

强化立法计划执行力度。审议通过《佛山市排水管理条例》。按照全国人大和省人大的部署，积极开展生态环境保护地方性法规全面清理工作，完成《佛山市人民代表大会常务委员会关于修改〈佛山市机动车和非道路移动机械排气污染防治条例〉的决定》。将年度立法工作计划的执行情况与绩效指标考评相挂钩，提升起草部门积极性。

探索开展立法后评估工作。市人大常委会、市政府分别组织对实施满2年的《佛山市历史文化街区和历史建筑保护条例》《佛山市机动车和非道路移动机械排气污染防治条例》《佛山市城市市容和环境卫生管理规定》开展立法后评估。

落实规范性文件合法性审查制度。全年对出台的42份市政府规范性文件、88份部门规范性文件出具合法性审查意见，完成83件各区政府规范性文件备案审查，对27件党内规范性文件出具法律意见。共收到8件由公民提出的规范性文件审查建议，均及时把处理结果答复建议人。

加强基层立法联系点建设。加强对首批5个基层立法联系点的机构建设和业务指导，协助各区人大常委会法制工作机构筹建立法联系点组织实体和完善工作制度，并新增5个以镇（街）、协会等为主体的基层立法联系点。

【法治政府建设】 2018年，佛山市深入推进“放管服”改革。推进强市放权改革，取消和调整218项权责事项。推进权责清单动态管理。共通过系统调整权责清单通用目录达3216项；在全国率先探索建立权责清单履职评级指标体系。推进减证便民。在全省率先复制“证照分离”改革试点经验；在佛山高新区开展“证照分离”改革试点；推动照后减证，取消、改备案、告知承诺等事项共计126项；开展“减证便民”事项清理工作，制定《佛山市市本级取消的证明事项目录》，取消证明事项132项。

开展市场准入负面清单制度改革试点工作。开展地方性准入事项梳理，全面梳理全市实施的单纯依据地方性法规、省政府规章和民族自治地区立法权设定的禁止和限制市场准入事项及市场准入负面清单地方实施性措施。

完善重大行政决策程序。公布2018年重大行政决策目录和听证目录，并实行动态管理；聘请第二批重大行政决策咨询论证专家，新增专家库成员22人；开展规范性文件动态清理和专项清理工作，对不符合经济社会发展要求，与上位法不一致的规范性文件及时提出废止、修改等清理意见。

加强对行政权力监督制约。深化行政机关负责人出庭应诉工作。印发《关于进一步加强全市行政应诉工作的通知》，细化工作规程，加大监督力度；11月5日，副市长乔羽作为市政府负责人代表佛山市政府出庭应诉；强化行政审判引导作用，发布2017年度佛山法院行政诉讼十大典型案件、佛山市行政案件司法审查白皮书；加强信息沟通，市中院每月向市相关部门反馈行政机关不答辩、不出庭应诉、败诉等情况。以市司法局和南海区里水镇为试点，率先在全国建立“一把手”权力清单和负面清单制度。健全“两法衔接”工作机制。利用信息共享平台推进“两法衔接”工作。佛山市行政执法单位向公安机关移送案件的各项数据均居全省第一。强化严格规范公正文明执法，进一步提升全市执法司法部门特别是基层执法部门的执法能力和水平。

【阳光政务建设】 2018年，佛山市全面推进阳光政务建设。加快数字政府建设。至2018年底，佛山市市、区两级共7897项事项100%接入网厅，3412项（占比43.2%）可实现全流程网上办理，基本实现进一个网厅可以办理所有审批服务事项。打造“12345”政民互动平台，统一整合市、区两级150多条热线电话，开通网站、微信、微博、移动终端、自助终端、短信等多种服务受理渠道。深化重点领域信息公开。深化财政决预算、公共资源配置、重大建设项目批准与实施、社会公益事业建设等重点领域信息公开，细化信息发布的主体、内容、形式、时间、频率及程序。加强重要文件政策解读。全市在发布规范性文件的同时，同步进行政策解读。

【司法体制改革】 2018年，佛山市深化司法体制改革，提升司法公信力，依法独立公正行使审判权和检察权。

进一步加强司法机关内部人员过问案件信息登记和核查工作。强化质效评查，同步实施常规、重点和专项三种评查机制。制定《全链条廉政风险防控工作实施办法》，建立全链条廉政风险防控机制。

深化司法体制综合配套改革。推动内设机构改革和新型办案组织建设。法院系统按照“法官+助理+书记员”基本模式，组建专业型、速裁型、快执型办案团队438个。落实重大监督事项案件化试点、诉讼式审查逮捕试点工作，建立完成证据标准机制。全面推进检察公益诉讼工作。初步建立起公益诉讼线索的移送、案件协查、结果反馈等工作机制。

推进诉讼制度改革。繁简分流办案机制成效显著。市中院速裁案件平均审理周期为24.6天，较改革前大幅缩短三分之二。推进以审判为中心的刑事诉讼制度改革。市中院探索建立刑事审判中证人出庭、侦查人员出庭、庭前会议等制度。市检察院开展“出庭一体化平台”的试点工作。全面决胜基本解决执行难。佛山市基本解决执行难工作得到最高人民院院长周强的肯定。

加强对司法活动监督。加强人大监督司法工作的制度建设，市人大常委会多次对法院落实司法责任制工作、检察机关推进“两法衔接”工作、民事行政检察等工作进行专题调研，听取情况汇报。强化检察机关对诉讼活动的法律监督，及时纠正执法、司法活动中违反法律规定的行为，确保法律统一正确实施，规范司法行为，维护社会公平正义。

【法治化营商环境】 2018年，佛山市推动商事制度改革，优化法治化营商环境。

搭建“佛山市商事主体一门式受理审批平台”。实现市、区、镇（街）三级登记服务“七统一”（一个标准、一个规范、一键取号、一站导办、一窗受理、一网通办、一次办结），企业工商登记信息与各部门信息推送同步、审批同步、证照发放同步。

加强社会信用体系建设，形成“1 + 1 + N”的信用制度体系。推动佛山市成为全省6个联合奖惩试点城市之一，首批73个联合奖惩重点事项完成市“一门式一网式”政务服务系统、全市政府扶持企业资金综合服务平台等7个系统嵌入工作，信用核查覆盖全市各级行政审批事项13285项，联合奖惩覆盖473项“容缺受理”事项，38个专项资金的申报审批业务。

强化产权司法保护，制定《佛山市完善产权保护制度依法保护产权实施方案》，出台《关于依法保护民营企业家人身和财产安全若干意见》等政策文件，推动产权保护法治化；评选“佛山市十大产权保护典型案例”。

推进中国（佛山）知识产权保护中心和广州知识产权法院佛山巡回法庭建设。加强企业知识产权贯标工作，推动知识产权数量和质量双提升。出台《佛山商标品牌战略发展三年行动计划》，编纂《企业商标国际注册实用手册和维权手册》。强化司法保护，依法保障创新主体活力和收益，南海区检察院专门设立金融与知识产权检察室，探索构建“打防治一体化”工作机制。

加快发展涉外、涉港澳台法律服务，制定出台《关于发展我市涉外法律服务业的实施意见》。市司法局和市律师协会成立由62名党员律师组成的涉外商事法律服务志愿团，并开通涉外商事法律服务热线。

【法治社会建设】 2018年，佛山市加强和创新基层社会治理。制定《关于进一步加强基层治理工作的意见》《关于实施“党建统领·三治融合”农村基层治理工程的行动方案》，建立健全党建统领，自治、法治、德治相结合的农村基层治理体系。率先在全国制定印发《关于进一步加强人民调解工作，打造新时代佛山“枫桥经验”的实施意见》。按照国家标准加强“中心+网格化+信息化”建设，推进市、区、镇（街）、村（社区）四级综治中心升级改造并实行规范化管理，提高基层社会治理精细化水平。深入推进“一镇（街）一品牌”法治文化阵地创建活动，全市建成法治文化公园（广场、长廊）55个，青少年法治教育实践基地13个。深入推进依法治校工作，全市54所学校被评为“广东省依法治校示范校”。深入开展法治文化示范企业创建活动，全市有58家企业被评为省“法治文化建设示范企业”。完善提升四级公共法律平台，全市共有公共法律服务平台801个（其中市级1个、区级5个、镇街32个、村居763个），形成覆盖城乡、功能完备、便捷高效的佛山特色公共法律服务网络。市公共法律服务中心于2018年11月挂牌成立。推进一村（社区）一法律顾问工作，设立专门工作经费专款专用。率先于2018年6月挂牌成立全国首家备案制公证处“佛山市岭南公证处”，为全国公证体制改革探路。

（王　松）

法治政府建设

【概况】 2018年，佛山市法治政府建设工作高标准推进。完成《佛山市测绘地理信息管理办法》等5部政府规章送审稿的审查，征集年度地方性法规和地方政府规章立法建议项目建议1000多项；办理政府及部门重大涉法事务323件，标的额约4457亿元；严格规范公正文明执法，推行“行政执法公示”“行政执法全过程记录”“行政执法重大决定法制审核”等三项制度；制定《佛山市行政复议委员会关于进一步加强行政复议工作规范化建设的指导意见》，提升行政复议工作规范化水平，全年受理行政复议案件313件。在中国政法大学法治政府研究院组织的法治政府评估（2018）中，佛山在全国排名第十六位，在广东省参评城市中位列第三，法治政府建设品牌有效提升。在2017年度的省依法行政考评中，佛山获优秀等次。佛山市“‘一门式一网式’政府服务模式改革实践”项目成功申报并首获第五届“中国法治政府奖”。

【政府立法的统筹规划】 2018年，佛山市法制局加强政府立法审查、指导、监督和和综合协调，完成《佛山市测绘地理信息管理办法》等5部政府规章送审稿的审查 工作，编制完成2019年度立法工作计划。

在全省率先探索规章立法后评估，开展对首部政府规章《佛山市城市市容和环境卫生管理规定》的立法质量、实施效果等进行跟踪调查、综合研判，并提出评估意见。

加强政府立法宣传，全年组织立法座谈会3次，开展立法直通车活动3次，举办立法三周年图片展览，向公民、法人和其他组织征集年度地方性法规和地方政府规章立法建议项目的建议1000多项。

年内，市法制局牵头开展佛山养犬管理调研，先后赴南京、徐州、杭州、广州、深圳、珠海学习调研养犬管理经验，走访禅城、南海、顺德3个区了解佛山市养犬管理工作现状。委托佛山社情民意研究中心开展全市养犬情况摸底工作。在调研基础上，形成《佛山市法

2018 年佛山市人民政府重大行政决策听证目录

序号	事项名称	承办单位
1	制定《佛山市规范发展互联网租赁自行车的指导意见》	市交通运输局
2	佛山市饮用水水源保护区优化调整	市环境保护局

2018 年佛山市人民政府重大行政决策目录

序号	事项名称	承办单位
1	制定《佛山市放心消费城市创建专项资金扶持办法》	市工商局
2	制定《佛山市人民政府关于深入推进城市更新（“三旧”改造）工作加强城市治理能力的实施意见》	市国土规划局
3	制定《佛山市规范发展互联网租赁自行车的指导意见》	市交通运输局
4	制订《佛山市推动机器人应用及产业发展扶持方案（2018—2020 年）》	市经济和信息化局
5	制订《佛山市气瓶安全监管改革实施方案》	市质监局
6	制定《佛山市推广装配式建筑实施细则》	市住建管理局
7	制订《佛山市城乡生活垃圾分流分类减量工作方案》	市住建管理局
8	制定《佛山市危险化学品安全管理办法》	市安全监管局
9	修订《佛山市国有建设用地使用权网上交易规则》	市发展和改革局
10	佛山市饮用水水源保护区优化调整	市环境保护局
11	划定佛山市高排放非道路移动机械禁止使用区域	市环境保护局

2018 年佛山市人民政府部门重大行政决策事项调整目录

序号	事项名称	承办单位
1	制定《佛山市基本医疗保险门诊慢性、门诊特定病种药品目录（2018 年版）》	市人力资源和社会保障局
2	制定《佛山市住宅专项维修资金管理办法》	市住房和城乡建设管理局
3	制定《佛山市城镇独生子女父母计划生育奖励办法》	市卫生计生局
4	制定《佛山市水生态文明城市建设规划》	市水务局
5	开展“智能制造、本质安全”先进技术推广应用工作	市安全监管局
6	修订《佛山市国资委选聘社会中介机构开展企业国有资产评估审计等相关业务暂行办法》	市国资委
7	制定《佛山市单位食堂食品安全监督管理办法》	市食品药品监督管理局
8	制定《关于推进“博物馆之城”建设的实施意见》	市文化广电新闻出版局
9	制定《佛山市市级住院医师规范化培训补助经费管理办法（试行）》	市财政局
10	开展放心消费旅游景区创建工作	市旅游局

制局关于养犬管理工作调研情况的报告》上报市政府。

【规范性文件管理】 2018 年，佛山市法制局推进规范性文件审查、清理、备案工作。抓实规范性文件审查，全年对 148 份（次）市政府规范性文件、130 份（次）市政府部门规范性文件、27 份党内规范性文件提供法律审查意见。开展规范性文件清理工作，全年清理规范性文件共 168 件，最终对 78 份市政府规范性文件和 90 份市部门规范性文件提出废止、保留、修改以及退出管理的清理意见。强化对规范性文件的整体指导和监督工作，全年共接收各区备案规范性文件 83 件，代市政府分别向省政府和市人大常务会备案规范性文件 35 份。

【政府依法民主科学决策】 2018 年，佛山市编制形成政府决策目录（草案）、政府听证目录（草案）、部门决策目录及部门听证目录等 4 个重大行政决策目录。年内，共出台《佛山市推广装配式建筑实施办法》等 9 个重大行政决策。10 月 15 日，按照《广东省重大行政决策听证规定》要求，佛山市交通运输局就《佛山市关于鼓励和规范互联网租赁自行车发展的指导意见》召开听证会，其中，听证参加人共 9 人（含人大政协、交通专家代表 5 人）。加强重大行政决策咨询论证专家库管理，确定向德平等 22 名来自文物保护、财政金融等领域的专家作为佛山第二批重大行政决策咨询论证专家候选人上报市政府，促进政府依法民主科学决策。

【行政执法规范化制度建设】 2018 年，佛山市印发实施《佛山市实施〈广东省行政执法公示办法（试行）〉、〈广东省行政执法全过程记录办法（试行）〉、〈广东省行政执法重大决定法制审核办法（试行）〉工作方案》。同时，还出台《佛山市实施行政执法三项制度有关问题说明》，对实施行政执法三项制度的具体问题和难点进行解释，并制定《佛山市行政执法音像记录清单》《重大行政执法决定法制审核目录清单》的参考样式和参考范本，为全市执法部门顺利实施三项制度提供指导意见。市、区、

2018 年新增佛山市政府部门重大行政决策事项表

序号	事项名称	职能部门
1	制定《佛山市单位食堂食品安全监督管理办法》	市食品药品监督管理局
2	制定《关于推进“博物馆之城”建设的实施意见》	市文化广电新闻出版局
3	制定《佛山市市级住院医师规范化培训补助经费管理办法（试行）》	市财政局
4	开展放心消费旅游景区创建工作	市旅游局

2018 年调出佛山市政府部门重大行政决策事项表

序号	事项名称	职能部门
1	修订佛山市国资委行政审批及监管事项权限改革目录清单	市国资委

镇各执法单位分别贯彻执行。根据信息公示制度、全过程记录制度、重大执法决定法制审核制度的不同特点。分类提出各项工作要求、制定各项工作措施，落实各项工作任务。

11 月，佛山市法制局组织对全市开展三项制度的情况进行专项考核评估，指导督促各级行政机关贯彻执行三项制度，促进行政执法规范有序。

【行政复议】 2018 年，佛山市人民政府行政复议委员会推进行政复议规范化，化解社会矛盾纠纷。全年新收行政复议案件 397 件，受理 315 件，审结案件 329 件，行政复议综合纠错率为 22.5%。制发《佛山市行政复议委员会关于进一步加强行政复议工作规范化建设的指导意见》，开发并试运行行政复议工作管理信息系统，提升行政复议工作规范化水平。

行政复议体制改革作为省试点。2018 年，佛山市法制局以市政府名义形成《佛山市行政复议体制改革情况汇报》上报省依法行政工作领导小组办公室，获省充分肯定，并将佛山市行政复议体制改革作为全省试点工作推进。

【行政应诉】 2018 年，佛山市法制局做好行政应诉工作，全年共办理 168 个行政诉讼案件（其中一审共 90 件、二审共 68 件、再审 10 件），参与庭审 112 次，办结 151 件，归档 72 个。

推进佛山市行政机关负责人出庭应诉工作。11 月 5 日，在原告梁广浩诉市政府行政确权纠纷一案中，副市长乔羽作为市政府负责人代表市政府出庭应诉，发挥示范表率作用。全年佛山市行政机关作为被告的行政诉讼案件共 1491 宗，实际开庭 981 件。其中，行政机关负责人法院通知出庭应诉率为 99.5%。

【依法行政工作会议召开】 2018 年 9 月 11 日，佛山市人民政府在机关大院小礼堂召开佛山市依法行政工作会议，通报 2017 年度考评工作成绩，总结全市法治政府建设、依法行政工作，部署下一阶段工作重点。同时，市委常委、常务副市长蔡家华为顺德区人民政府、市食品药品监管局、市农业局、市质监局、市环境保护局、市交通运输局、市卫生计生局等单位颁发依法行政考评优秀单位牌匾。

【全省首设市四套班子法律顾问团】 2018 年，佛山推进全市法律顾问统筹管理，制发《佛山市法律顾问团管理规定》（下称《规定》），聘任 18 名市四套班子法律顾问团成员，在全省率先设立全市党委、政府、人大、政协四套班子统一的法律顾问团。根据《规定》，法律顾问团主要为市四套班子提供法律咨询和服务。年内，法律顾问团开展佛山地区金融风险专题调研，形成《佛山地区金融风险的法律化解调研报告》，有效发挥法律顾问团作用。

【《佛山市法治政府建设工作蓝皮书（2017）》发布】 2018 年 9 月 11 日，由佛山市法制局牵头编制的《佛山市法治政府建设工作蓝皮书（2017）》（以下称“蓝皮书”）正式对外公布，是佛市首次发布法治政府建设工作蓝皮书。蓝皮书系统梳理了 2011 — 2017 年佛山依法行政、法治政府建设进程，集中阐述

2018 年 9 月 11 日，佛山市依法行政工作会议上，市委常委、常务副市长蔡家华（右五）为市依法行政考评优秀单位颁发牌匾 （市司法局供图）

佛山2017年度推进依法行政、加快法治政府建设工作情况。深化"放管服"改革、科学民主立法、完善重大行政决策机制等，成为2017年佛山法治政府建设的几大亮点。

蓝皮书指出：截至2017年底，市政府印发三批中介服务清理目录共104项；全市行政许可事项网上全流程办理率97.95%，上网办理率达100%，网上办结率达91.94%，85%的公共服务许可事项和98%的业务均下沉到基层办理；全市55个部门1834个依申请类的行政许可和公共服务事项均纳入市行政服务中心统一实行标准化管理；在立法过程中，70%的公众意见予以采纳或部分采纳；全市共建立三级公共法律服务平台791家；全市738个村居实现一村（社区）一法律顾问100%全覆盖；等等。

（王　松）

公　安

【概况】 至2018年底，佛山市设市级公安局1个、区级公安分局5个，公安派出所52个。

2018年，佛山市公安机关坚持"稳定压倒一切"的方针，维护政治大局稳定，圆满完成全国"两会"、国庆、港珠澳大桥开通、世界警察手枪比赛、第四届"珠洽会"等重要时间节点安保维稳工作。纵深推进扫黑除恶专项斗争，强力开展"飓风2018"、破"小案"、护航金融"利剑"等专项行动，健全完善公共安全管理机制，强力整治消防、道路交通安全隐患，各类突出犯罪高发态势得到有效遏制，社会公共安全风险得到有效防范化解。全市刑事警情比上年下降26.9%、治安警情下降16.8%，群众关注强烈的"两抢""两入""两车"警情分别下降46.0%、48.0%、43.8%。火灾事故死亡人数比上年下降90.9%。交通事故死亡人数下降20.63%，道路交通安全形势保持平稳。围绕粤港澳大湾区建设，以实施智慧新警务战略为契机，不断深化"放管服"改革，创新推出一批服务经济社会发展的新举措。52项佛山公安事项上线"粤省事"微信小程序，有序推进出入境"智慧办证大厅"建设和自助服务进社区工作。持续开展"暖企"行动，建立警企合作协议，为企业发展壮大保驾护航。进一步健全失踪人员查找工作机制，规范失踪警情处置，完善查找工作指引，紧紧抓住"信息采集""预警研判""落地查找"等关键环节，扎实开展失踪人口清查专项行动，全年全市失踪人员找回率达96.6%。围绕专项打击、道路交通和消防安全、禁毒、平安校园等主题，多方借力宣传发声，努力构建警媒、警民互动共建共治共享社会治理格局新气象。年内，组织召开新闻发布会（通报会）、记者随警采访120余场，在中央电视台播出新闻（含专题）98条、央级媒体刊发稿件362篇次，人民公安报、人民公安杂志等高端媒体对全市禁毒工作成效作"全景式"报道。成功举办"维护宪法权威、提升守法意识"宪法主题宣传活动及2018年佛山市"千人千场"反诈骗主题宣传日活动1340场次、禁毒宣传活动2.5万场次。

是年，全市公安机关荣立集体二等功10个、集体三等功83个、集体嘉奖215个；个人一等功3人，个人二等功33人，个人三等功425人，个人嘉奖1293人次。刑警支队林伟光被授予"全国公安系统一级英雄模范"称号。

【刑事犯罪侦查】 2018年，佛山市公安机关刑侦部门开展"飓风2018"专项行动，聚焦影响群众安全感的突出犯罪，坚持快破大案、多破小案，完善信息战、合成战、集群战等打击机制，专案攻坚能力持续提升。

扫黑除恶专项斗争　纵深推进扫黑除恶专项斗争，聚集十类打击重点，按照最高站位、最高规格、最高标准的要求，严格落实"线索必录、线索必研、专案必督、财伞必挖"的工作原则，全方位、纵深推进扫黑除恶专项斗争。全年侦破涉黑恶团伙案件332件，打掉涉黑恶团伙319个，查冻、扣押涉案资产3.4亿元。

"飓风2018"专项行动　高位部署、精心组织、抢抓先机、强势攻坚，先后发起或参与"飓风2号""飓风6号""飓风12号""飓风16号"等14起"飓风"专案，抓获各类犯罪嫌疑人1700多人，破案2500余件，有效营造出打击突出刑事犯罪的"飓风"效应，获得省公安厅通报嘉奖和市委、市政府的肯定。全市立刑事案件同比下降8.9%，破案同比上升6.3%。在全省公安机关打击突出刑事犯罪"飓风2018"专项行动考评中，佛山公安机关综合得分99.80分，获评定为优秀等级。其中，打击涉枪违法犯罪专项、"治爆"专项、打击电信网络诈骗犯罪专项、打击"两抢一盗"犯罪专项、打击黄赌违法犯罪专项、打击食药环违法犯罪专项、"一长四必"和"三大会战"专项、监管"零拒收"和"第二战场"专项、信息报送等多个专项名列第一。

命案侦办　坚持"命案必破"原则，牢固树立"命案可打、可防、可控"的理念，至年底，现行命案破案率100%。侦破命案积案17件，为历年之最。

打击涉盗抢骗犯罪　发起侦破"飓风16号"、"飓风38号"、圆通快递诈骗案等一系列重特大诈骗案件。健全省、市、区三级反诈中心快速反馈机制，提升市反诈中心研判预警拦截能力，加快区反诈中心和辖区派出所的上门劝阻速度。建立反诈专业队深入开展进学校、进厂企、进社区宣传活动，取得良好效果。全年全市共破获电信网络诈骗案1600余起，成功拦截劝阻事主2.7万人次，挽回群众经济损失3.5亿元；开展户外宣传1000余场次，室内防范讲座5000余场次，网络宣传防范推广168批次，公益广告投放200批次，反诈微视频、歌曲等创作16项。同时，立涉盗抢案件比上年下降21.8%，共逮捕涉盗抢犯罪嫌疑人15923人。

智慧侦查　成立智慧新侦查"推进办"，着力打造具有侦查、研判、指挥"三合一"功能的"一网式"侦研平台，将刑侦、技侦、网安等警种数据融合，实现一表通办、一网通查。主导的"油鼠克星"实战模型被评为全省智慧新警务大数据建模大赛20个经典模型之一。依托民航、银联、高速卡口等信息化手段和互联网数据，24小时为基层办案部门提供情报支撑。推进动态人脸识别技术应用，全市应用各类人脸比对系统抓获犯罪嫌疑人1386人。

刑事技术　主动适应以审判为中心

的诉讼制度改革，充分利用刑事技术证据和手段的“双剑合璧”作用，推动“一长四必”新机制建设，重点推广现场微量物证 DNA（脱氧核糖核酸）发现提取检验比对技术，共勘查现场 4.4 万个，利用 DNA 和指掌纹信息对比抓获盗抢骗类犯罪嫌疑人 1600 多人。加强刑事技术基础建设，市公安局刑事技术鉴定中心顺利通过国家实验室认可复评审，“19 + 20Y” DNA 检测二合一工程项目获广东省直单位第六届工作技能大赛暨市县机关工作技能邀请赛第一名。

【治安管理】 2018 年，佛山市公安机关治安部门以全省“飓风 2018”专项打击和治安防控“铸盾”行动为主线，从顶层设计、业务支撑、检查督导等方面推进全市治安行政管理业务。年内，全市治安大局持续稳定，“飓风”黄赌专项、治爆专项以及治安防控“铸盾”等重点工作考评成绩稳居全省前列。

治安防控体系建设　以“智慧新警务”建设为契机，运用“大数据”开展业务督导，加强人防、物防、技防、信息防、制度防“五防”措施，推进立体化社会治安防控体系再升级。依托智慧巡防勤务系统，科学调整优化“护城河”警务执勤点、交巡警及派出所等八类勤务力量部署，通过建设毒品检查站，发挥“过滤器”“拦截网”作用。自主研发集大数据、太阳能充电、“互联网+”等现代技术为一体的“易微卡”查缉系统，为路面设卡查缉再添“利器”。

治安突出问题整治　转变思路，跳出“为打而打”局限，整治黄赌等社会治安突出问题，全年全市侦破涉黄赌刑事案件 1014 件、查处涉黄赌行政案件 6835 件，刑事拘留 4367 人、行政拘留 25902 人、逮捕 1924 人。全面推进涉枪爆安全监管工作，共立案侦查非法制贩、持有等涉枪涉爆案件 51 件，抓获违法犯罪嫌疑人 140 余人，收缴烟花爆竹、易制爆、易制毒化学品等危爆物品 139.3 吨，以及管制刀具、仿真枪、弓弩等违禁物品一大批。爆炸犯罪继续保持零发案。

治安防控效能　继续推进大型活动安全主体责任，推动成立市保安行业协会，通过行业协会章程，进一步规范提升和整合全市社会面零散保安员力量；加快推进佛山流动人口居住登记立法进度，全市共登记列管出租屋 43.0 万间（栋、套），登记列管流动人口 515.3 万人，全市流动人口倒查登记率达 83.33%。按照省公安厅社会治安防控“铸盾”行动方案部署，推进社会治安防控“铸盾”行动七大项目建设工作，年内全面完成旅馆业治安管理信息系统升级改造等各项基础建设，防控绩效考评成绩居全省前列。

治安风险排查管控　组织针对个人极端暴力、严重精神障碍等重点人实施常态化排查，及时排查化解 3 起个人极端暴力倾向风险，未发生危害社会治安、造成人员伤亡、社会影响恶劣的犯罪案件。严格执行大型活动申报许可、安全分险评估、制定方案、统一指挥、警力布局、总结考核 6 个标准化工作流程，年内全市举办大型活动共 710 场次，其中万人以上 107 场次，投入安保力量 9.3 万人次，完成各项安保任务，确保 645 万人次参与活动群众的安全。

【户政管理】 2018 年底（根据公安部办公厅《关于下发新修订的人口统计报表的通知》，从 2016 年起，年度人口统计时点为 11 月 30 日 24 时），佛山市有户籍人口 131.29 万户 436.98 万人。全年办理居民身份证 47.02 万个（其中佛山市内 39.67 万个、省内其他城市 2.27 万个、外省市 5.08 万个），办理港澳台居民居住证 7826 个。全市登记在册的外来人口 515.18 万人，比上年减少 14.44%。

【道路交通管理】 2018 年，佛山市公安机关交警部门严把事故源头关，深入开展“遏事故　保安全”“清患伏虎”“百日行动”等专项整治，强化重点对象“三色预警”管理。全市发生一般程序以上交通事故、死亡、受伤、财产损失，比上年分别下降 0.1%、20.6%、2.3%、20.2%；发生较大交通事故 1 起，同比持平；道路交通安全专项整治暨“夏季攻势”专项考核获全省第二名。

道路交通治理　坚持高位推动，建立完善全市道路交通安全工作联席会议制度，市、各区和 32 个镇（街）成立联席会议，乡镇交管站纳入镇街联席会议统一管理。参与省公安厅畅通大数据服务基层“滴灌行动”试点获全国一等奖，智慧交管建设向纵深推进。推进“警邮”“警企”“警医”等合作模式，探索警社合作、警企共治新路子。开展“清患伏虎”“夏季攻势”专项行动，以事故风险大排查、安全隐患大清零、交通违法大整治为抓手，全面开展道路交通安全隐患大排查、大整治活动。完善“三色预警”重点对象动态监管平台，建立重点车辆、人员快速核查比对机制。健全隐患排查治理机制，确保早发现早治理。排查各类道路隐患 928 处，完成治理 841 处；确定市级督办隐患路段 13 处，已全部完成治理。

交通管理改革　树立服务永无止境的理念，落实交管“放管服”改革新措施 20 项，新建车管工作站 4 个，新增机动车登记服务站 10 个，开通“邮政车管所”11 个。佛山市公安局交警支队车管所获 2018 佛山口碑榜“互联网+服务最佳口碑单位”；顺德区、三水区车管所被评为全国一等县级车管所（其中三水车管所连续五届获评全国一等县级车管所），佛山优秀县级车管所数占全省优秀县级车管所总数的 50%。

交通安保工作　全市交警连续奋战，完成世界警察射击比赛、中国金鸡百花电影节等 128 场次重大活动安保，以及 515 宗次专项交通保卫工作任务，成功抗击超强台风“山竹”，打造“最平安”春运、国庆，确保重要节假日交通安全有序畅通。

打击涉酒驾驶　联合治安部门、派出所开展“拒绝酒驾”大劝导活动，组织涉酒场所工作人员担任“拒绝酒驾”劝导员，从源头上防控酒驾违法行为。组织开展跨区联合整治，开展查处摩托车、电动自行车“百日行动”等专项行动，查处交通违法 571.8 万宗，其中涉酒驾驶 14067 宗。

【经济犯罪侦查】 2018 年，佛山市公安机关经侦部门围绕护航金融“利剑”行动、“红通”猎狐境外追逃工作目标，严厉打击非法集资、网络传销、地下钱庄、银行卡、虚开骗税等突出金融犯罪，先后侦破“利剑 1 号”非法经营地下钱庄系列案、“利剑 4 号”系列涉税专案大案要案，防范经济风险。坚持

“追逃在境外，基础在境内”理念，综合运用情报研判、教育劝返、政策攻心、合成作战等措施，成功缉捕或劝返在逃境外经济犯罪嫌疑人14人。年内，全市经济案件立案比上年下降1.2%、破案上升15.4%。市公安机关经侦部门全年获公安部贺电表彰3次，省公安厅嘉奖令1次、贺电表彰2次，省市领导和省公安厅领导批示肯定7次。

打击经济犯罪　护航金融“利剑行动”打击网络金融犯罪绩效全省排名并列第一；“猎狐”专项行动完成缉获境外在逃经济犯罪嫌疑人任务率140%。

经侦执法规范化　制定《办理非法集资类案件工作指引》《办理恶意透支型信用卡诈骗案件工作指引》等规范性文件，为办案部门提供执法指导和经验借鉴，助力全市经侦部门执法规范化建设。具有佛山特色的“捆绑实战、监督服务、阳光执法有机结合”的新型经侦执法监督机制在2018年全省经侦工作会议上作经验介绍。

【公安禁毒】 2018年，佛山市公安机关禁毒部门以创建全国禁毒示范城市为目标，推进社区戒毒社区康复“8·31”工程和青少年毒品预防教育“6·27”工程建设，深入开展禁毒“两打两控”专项整治行动和全民禁毒工程，全面铺开毛发检测技术应用。截至2018年底，全市32个镇（街）全部建成社区戒毒社区康复工作站，建成戒毒康复人员就业安置基地52个，高标准打造省级毒品预防示范学校50所、市级毒品预防示范学校50所。2018年，佛山市政府引进的环境分子诊断和毒情监测中心（简称“毒情监测中心”）正式投入运作，成为国内首个市场化运作的毒情监测中心。2018年，佛山市公安机关禁毒部门共破获毒品刑事案件1076件，缴获毒品473千克。

【出入境管理】 2018年，佛山市公安机关出入境管理部门在外国人管理服务、引智引资引才、深化“放管服”和建设高素质出入境管理队伍等方面取得新成效。年内，共受理各类出入境证件申请277万人次，比上年上升22.7%；签发各类出入境证件418万个，上升21.7%；查处“三非”外国人（“三非”外国人指在中国非法就业、非法入境和非法居留的外国人统称）1470人，办理偷越国（边）境案件54件222人。

打击“三非”外国人犯罪　依托“五个一+大数据”外管模式（“五个一”指每所一专班、每日一巡查、每周一研判、每月一通报、每季一评比），精准开展堵截查处非法入境非法就业外国人专项行动和“三非”外国人专项治理工作，实现对涉外违法犯罪活动的全方位打击和有效管控。全年破获容留、藏匿非法入境、非法居留的外国人和非法聘用外国人案件253件、行政拘留56人，累计罚款342万元，遣送“三非”外国人1019人，起获疑似毒品2000多克、毒资1万余元。

出入境服务　出台新的办证便利措施，打造便民、智慧、高效的出入境服务，建成24小时自助服务区43个，出入境证件受理点23个。推出多项便民措施，创立佛山公安出入境品牌。启用“12345”出入境服务专席，全面更新出入境办证指南，推出省内通办和全国范围内异地换（补）发等便利措施，落实办理护照等出入境证件“只跑一次”工作部署，推出暑期高峰办证应对举措，持续推进24小时自助办证区和镇街前移点建设，一系列措施均受到群众好评。联合市人社、外办、教育等职能部门，精简办证材料、优化审批流程，为外籍高层次人才提供便捷高效的出入境服务。主动走访涉外企业，为全市外籍高层次人才提供上门办证服务，办理各类外国人签证证件5929个（枚）。

【公安执法规范化】 2018年，佛山市出台《关于我市深化公安执法规范化建设的实施方案》，为全市未来三年推进公安执法规范化建设指明方向。完善受立案制度和推进“两统一”工作机制（刑事案件法制部门“统一审核、统一出口”工作机制），加强公安机关内部刑事执法办案监督管理，规范与人民检察院、人民法院等机关的对口衔接配合，从源头上防止冤假错案发生。建立健全办案民警旁听庭审机制，全年全市1300余名民警参加旁听庭审，有效促进民警规范执法的习惯养成，不断提升公安执法水平和执法公信力。

【网络安全监管】 2018年，佛山市公安机关网安部门围绕“安网2018”专项行动、“飓风2018”专项行动和“智慧新警务”战略，维护网上政治安全和稳定。年内，市公安机关网安部门参与侦破各类案件2771件，抓获犯罪嫌疑人6366人；发现、处置、流转各类互联网违法信息2万余条，关闭网站865个；查处网络谣言案件110件，处理涉事人员110人；留转异地网络相约自杀、网络直播自杀、怂恿他人自杀等线索21条，处置市内网络自杀案件5件，成功挽救自杀者15人；在全省率先建成“网络安全罩”平台，保障关键信息基础设施安全稳定运行。

【消防安全管理】 2018年，佛山市消防部门推进消防工作和队伍建设提档升级、创新发展。年内，共排查单位2.8万个，发现并整改火灾隐患2.3万处，下发临时查封决定书291份，责令“三停”（停止施工、停止使用或者停产停业）238家，行政拘留6916人。

消防基础　深入开展“打通生命通道”、高层建筑综合治理“回头看”、电气火灾综合治理、“六类场所、十项必查”等专项治理行动，消防安全形势为历年最好。加强城市消防远程监控和消防“四化”（网格化、信息化、规范化、常态化）巡查系统的应用，建立消防工作“大数据”应用平台，将全部火灾高危单位纳入城市远程监控系统。

消防救援　强化值班值守、指挥调度、战勤保障和社会联动，在佛山地铁2号线一期施工工地“2·7”隧道透水坍塌事故处置及抗击台风“艾云尼”“山竹”的抢险救援中，消防官兵不惧艰险、连续作战的战斗精神得到各级领导肯定。

【粤X、粤Y车牌暂停发放】 2018年2月1日起，佛山市调整机动车号牌发放和使用规则，机动车选号正式统一使用粤E号牌，暂停新发粤X、粤Y号牌。此举为推动落实粤港澳大湾区一体化建设，促进各区深度融合互通。规则调整后，全年全市发放粤E号牌43.3万副。

【佛山首条“潮汐车道”启用】 2018年9月12日，佛山首条“潮汐车道”正式启用，该车道设在海五路（南一路—南海大道段）东往西最南侧车道西往东方向，全长约400米，运行时间为工作日早高峰7—9时。运行时，该路段每小时可多通过约300辆车，道路整体通行效率提升15%，有效缓解了交通拥堵状况。

【香港永久居民免试换领内地驾驶证】2018年12月起，佛山市交警部门与香港特别行政区运输署通过驾驶证核查工作模式，缩短持香港驾驶证的香港居民免试申领内地驾驶证的办理时限，经香港特别行政区运输署核查通过并函复后，即可免试申领内地驾驶证业务，缩短业务办理时间。年内，有70多名香港籍驾驶人办理免试换领内地驾驶证业务。

【粤港澳警察保安体育交流会在佛山举行】2018年9月4—6日，由广东省公安厅主办，佛山市公安局承办的第十八届粤港澳警察保安体育交流会在佛山举行。本届交流会设手枪射击、足球、篮球、网球、游泳5个比赛项目和官员羽毛球、网球、乒乓球、游泳等友谊赛，粤港澳三地警方保安官员及运动员300多人参加活动，各代表团运动员以体育运动为纽带，以竞技赛场为舞台，充分展示出良好的精神风貌和精湛的体育竞技水平，共同谱写"和谐、友谊、交流"新篇章。

【佛山建立国内首个市场化运作的毒情监测中心】2018年6月25日，佛山市政府引进的环境分子诊断和毒情监测中心正式投入运行。通过科技孵化平台引进科研团队，并配置人才引进资金，同时通过政府采购服务方式支付运行经费，实现市场化运作。该中心立足佛山、服务广东、面向全国，为各地提供毒情监测和毒品分析等大数据服务，每天最多可以处理并分析约100个污水样品，能够满足华南地区需要。

【第二届世界警察手枪射击比赛在佛山举办】2018年11月14—19日，第二届世界警察手枪射击比赛在佛山举办，这是中国第一次举办此项国际赛事。来自73个国家和地区的250多名选手参加比赛，中国一队、白俄罗斯、匈牙利分获团体总分前三名，中国一队、捷克、白俄罗斯分获男子团体前三名，中国一队、匈牙利、阿联酋分获女子团体前三名。中国一队的房刚、高梦旎分获男女个人第一名。

【佛山公安"四项建设"蝉联全省第一】2018年，佛山市公安局全面提升基础信息化、警务实战化、执法规范化、队伍正规化"四项建设"，"四项建设"考核总体成绩排名全省第一，连续三年蝉联全省第一。佛山市公安局强化平台建设、加强警务创新、优化执法服务、深化工程创建，深入推进智慧新警务战略、情指联动服务实战能力建设、"刑事案件两统一机制"改革、派驻法制员制度、案管中心建设、队伍建设"八大工程"创建等工作，实现"四项建设"工作"每年有进步，三年大提升"的总体目标。

（林　浩）

2018年9月4—6日，第十八届粤港澳警察保安体育交流会在佛山举行。图为交流会开幕式（市公安局供图）

检　察

【概况】至2018年底，佛山市共有市、区两级检察院6个，其中市级检察院1个、区级检察院5个。全市检察人员共683人，其中员额内检察官301人。2018年，全市检察机关批准和决定逮捕各类刑事犯罪嫌疑人13039人；共对各类刑事犯罪嫌疑人提起公诉17940人；依法批捕涉黑涉恶犯罪635人、起诉736人；共立案公益诉讼案件384件；共审查减刑、假释案件3987件；共受理刑事申诉案件104件；共对民事行政裁判监督申请立案289件；共受理未成年人各类案件1446件；制发检察建议596份。

【审查逮捕】2018年，佛山市检察机关批准和决定逮捕各类刑事犯罪嫌疑人13039人。其中，严重暴力、黄赌毒等犯罪嫌疑人3175人，涉黑涉恶犯罪嫌疑人635人，危害食品药品安全、破坏环境资源犯罪嫌疑人283人，涉众经济犯罪嫌疑人231人。办理韩某某等13人贩卖、运输毒品案，该案地域横跨广东、广西两省，涉案冰毒重103.61千克，是近几年佛山市破获冰毒数量最大的案件之一。办理涉案单位12个、偷逃税款6500多万元的"806"走私系列案。全力支持公安机关开展"飓风2018"专项打击行动，重点打击电信网络诈骗、盗抢骗等犯罪，维护公民财产安全，共批捕电信网络犯罪344人、起诉233人。

【审查起诉】2018年，佛山市检察机关依法坚决惩治各类刑事犯罪，共对各类刑事犯罪嫌疑人提起公诉17940人。其中，严重暴力、黄赌毒等犯罪嫌疑人3218人，涉黑涉恶犯罪嫌疑人736人，危害食品药品安全、破坏环境资源犯罪嫌疑人 429 人，涉众经济犯罪嫌疑人 204 人，受理监察委移送职务犯罪案件 70 人，破坏市场经济秩序犯罪 1183 人。办理对广东省环境保护构成严重威胁的徐某某等 3 人涉嫌走私 1080 余吨固体废物案。办理涉案金额达 14 亿元、被害人超过 9000 人的善林金融公司非法吸收公众存款系列案，以及受害人 1500 多人的成某某组织领导传销活动案。

【刑事诉讼活动监督】 2018 年，佛山市检察机关依法行使刑事诉讼监督职能，与侦查机关、审判机关配合推进公正司法。对不构成犯罪或证据不足的，依法不捕 1573 人、不诉 537 人，对刑事判决提出抗诉 17 件。强化刑事立案和侦查活动监督，共监督侦查机关刑事立案 34 件、监督撤案 82 件，纠正漏捕 181 人、追诉漏罪 192 人、追诉漏犯 74 人，向侦查机关发出《纠正违法通知书》153 份。发挥“两法衔接”机制作用，建议行政执法机关移送涉罪案件线索 390 件，公安机关立案 282 件。

【刑罚执行和监管活动监督】 2018 年，佛山市检察机关对刑罚执行、刑事强制措施执行、社区矫正等刑事执行活动开展全面监督，审查监督减刑、假释案件 3987 件，出席庭审 693 次，提出纠正意见 59 人；受理服刑人员控告申诉 1358 件；立案羁押必要性审查案件 879 件，建议变更强制措施 743 人，2 件羁押必要性审查案件被评为全国精品案件。持续推进监督维护在押人员合法权益、财产刑执行及判处实刑罪犯未执行刑罚检察监督等三个专项活动。创新社区矫正法律监督工作，在禅城区委、区政府支持下，依托该区社会综合治理云平台区块链技术优势，推行“区块链+社区矫正”检察监督新模式。是年，佛山市人民检察院探索共建共治共享社会治理新格局的实践得到最高检察院肯定。

【民事行政诉讼监督】 2018 年，佛山市检察机关履行民事行政检察职能，全年对法院民事、行政裁判监督申请立案 289 件，提请和提出抗诉 20 件，发出再审检察建议 9 件。其中，佛山市人民检察院办理的吴某与钟某、罗某虚假股权交易纠纷案件，通过抗诉得到省高级法院改判。对法院民事行政执行案件监督申请立案 48 件，发出执行检察建议 14 件。其中，顺德区人民检察院办理的梁某与陈某民间借贷纠纷申请执行监督案，法院接受检察机关建议依法撤销了执行裁定。充分发挥专家学者等“外脑”作用，组建专家委员会对拟监督的案件评议 5 件。对依法不予支持的监督申请，做好接访、答复和释法说理工作，说服申请人息诉罢访，化解社会矛盾。

【控告申诉检察】 2018 年，佛山市检察机关共接待群众来访 3131 批 4195 人，受理来信来电 1731 件。受理刑事申诉案件 104 件，受理国家赔偿案件 65 件，赔偿金额 374 万余元。受理司法救助 20 件，把因案致贫的家庭融入精准脱贫攻坚战，救助金额 122 万余元。建设“12309”检察服务中心，提供“一站式”检察服务。佛山市人民检察院与市司法局、市律师协会研究制定《关于开展律师参与佛山市人民检察院涉法涉诉信访工作的实施意见》，深化律师参与化解和代理涉法涉诉信访案件工作。

【未成年人司法保护】 2018 年，佛山市检察机关共受理各类涉未成年人案件 1446 件，对 109 件未成年人与成年人共同犯罪案件实行分案起诉，为涉案未成年人提供法律援助 381 人次，封存 473 名未成年人的犯罪记录材料。对涉罪未成年人坚持“少捕慎诉”司法理念，共不捕 78 人、不诉 83 人。推进“岭南春雨”多元化涉罪未成年人观护帮教机制建设，设立万和领航关爱基地、李伟强职业技术学校等 14 个企业型和学校型观护基地。加强未成年人法治教育，市区两级检察院检察长、副检察长共 12 人担任中小学校的法治副校长，法治进校园、检察开放日等普法宣传活动全年开展 60 次、受众 32980 人。

【扫黑除恶专项斗争】 2018 年，佛山市检察机关严把案件质量关，依法批捕涉黑涉恶犯罪案件 635 人、起诉 736 人，发现并及时移送涉黑涉恶线索 94 条，主办“307”“东平一号”等公安部、省督办的特大涉黑涉恶案件。专题调研“套路贷”等新型犯罪案件，提出具体工作意见，并由省扫黑除恶办全文转发，指导相关办案工作。

【公益诉讼】 2018 年，佛山市检察机关立案公益诉讼案件 384 件、提出检察建议和发布公告等诉前程序 318 件、起诉 49 件。通过诉前程序促使行政机关履职 89 次，关停和整治造成环境污染的企业 28 家。制止和惩处破坏生态环境行为，佛山市人民检察院对佛山市金业金属制品有限公司提起的民事公益诉讼一审胜诉。保护人民群众食品药品安全，向法院提起食药类刑事附带民事公益诉讼 45 件。

【“三大攻坚战”工作】 2018 年，佛山市检察机关发挥职能作用，配合开展防范化解重大风险、精准脱贫、污染防治三大攻坚战。依法严厉惩处危害金融安全犯罪，全年批捕 307 人、起诉 127 人，办理善林金融公司非法吸收公众存款案、云联惠传销案。以零容忍态度坚决打击污染环境犯罪，批捕 248 人、起诉 298 人，办理徐某某等 3 人走私 1080 余吨固体废物案。持续开展破坏环境资源犯罪专项立案监督活动，监督行政执法机关移送涉嫌犯罪人员 113 人。

【检察监督机制创新】 2018 年，佛山市检察机关依法进一步健全检察机关行使监督权的机制和程序，共向行政机关、司法机关等发出检察建议 596 份。在侦查机关、审判机关的配合下，在全市推开听证式审查逮捕试点工作，稳步推进重大监督事项案件化办理模式、出庭一体化平台、审查报告流程再造、精确行使不起诉裁量权等一系列公诉创新改革试点工作。

【检察司法救助】 2018 年，佛山市检察机关“深入推进国家司法救助工作”专项活动，救助 37 人，发放救助金 122 万元。筛查人身伤害案件救助线索，主动救助谭某某等 6 个贫困户，实现“司法救助+精准扶贫”的综合效果。市检察院与市民政局联合建立司法救助协调工作机制，在办理张某某司法求助案中，依法发放司法救助金14.5万元，并在教育部门、民政部门的支持下，解决被害人2名子女的异地就学和五保户建档立卡问题。

【阳光检务】 2018年，佛山市检察机关做好人大代表和政协委员联络工作，邀请人大代表、政协委员等调研、视察检察工作214人次，办理代表、委员提案建议9件。扩大监督覆盖面，邀请人民监督员、特约检察员对20件刑事申诉案件进行公开审查。推动案件信息公开工作规范化、制度化、常态化发展，共公开程序性案件信息21940条，发布重要案件信息1133条，公开法律文书14479份。坚持新闻发布常态化，举办“12309”检察服务等专题新闻发布会、检察开放日，通过“两微一端”等新媒体发布检察信息13390条。

【检察官办公室正式挂牌】 2018年4月17日，佛山市人民检察院举行检察官办公室挂牌仪式，检察长黄黎明、副检察长皮文井为公诉科科长“李红艳检察官办公室”揭牌。佛山市人民检察院在全省首推命名型检察官办公室，一方面将先锋模范建设与司法责任相融合，通过铭牌“命名”，突出检察官办案主体地位，激励检察官攻坚克难、勇于担当，发挥业务带头人的引领作用；一方面将队伍专业化建设与团队办案优势相结合，通过组建专业化办案团队，增强干警的集体荣誉感，促使干警以主动姿态参与到办案工作中，在类案办理中不断积累办案经验、提升办案能力，持续加强人才队伍专业能力建设。

【律师挂牌到院值班接访制度正式实行】 2018年7月16日，佛山市人民检察院正式实行律师到院挂牌接访制度，在“12309”接访大厅设“律师接访岗”，由市律师协会派驻律师每周定期（暂定每周一的上午上班时间）到佛山市人民检察院参与接访。此外，还专门设立“律师接访室”，方便律师独立开展接访时的释法说理工作，为来访者的咨询、委托代理创造了轻松舒适的环境。是年6月，佛山市人民检察院与佛山市司法局、佛山市律师协会，共同签定《律师参与检察院涉法涉诉信访工作的实施意见（试行）》文件。此文件是三方在互相尊重、目标一致的基础上经共同磋商形成的，明确律师接访的工作模式、工作原则、工作内容，规定了工作机制。律师挂牌接访制度的实行，充分发挥了律师在化解涉法涉诉信访矛盾纠纷中的积极作用，有效地促进了社会矛盾的化解，依法维护了人民群众的合法权益和社会稳定。

【顺德区人民检察院“12309”检察服务中心揭牌】 2018年10月23日，顺德区人民检察院“12309”检察服务中心揭牌成立。全国人大代表杨珍、省人大代表孔令涌和佛山市人民检察院检察长黄黎明、顺德区人民检察院检察长徐彪共同为顺德区人民检察院“12309”检察服务中心揭牌。“12309”检察服务中心包括网络平台和实体大厅两部分。主要功能是公开重要案件信息、法律文书，受理人民群众控告、申诉事项，受理案件程序性信息查询、辩护与代理预约、国家赔偿、国家司法救助等事项，收集、反馈人民群众意见建议，提供法律咨询服务。

【佛山市首例环境污染公益诉讼案开庭审理】 2016年10月26日，佛山市某金属制品有限公司被发现在从事铝制品生产、加工过程中，该公司5个车间的生产污水预排放口的镍、总铬存在不同程度超标，废水处理设施排放口排入外环境的生产废水中，镍、总铬亦存在超标。另经现场调查发现，该公司部分生产废水未经处理直接通过3个偷排口排出至厂界外的集水池，并通过该公司私设的一条PVC管，将集水池内的废水外排至城市生活污水管道，并最终汇入汾江河，对外环境造成重大污染。2017年8月9日，经南海区人民检察院提起刑事公诉，南海区人民法院判决确认该公司及相关责任人构成污染环境罪，判处相应刑罚。根据民事公益诉讼的管辖规定，南海区人民检察院将案件线索移送佛山市人民检察院处理。佛山市人民检察院依法立案调查。2017年11月27日，佛山市人民检察院就佛山市某金属制品有限公司水污染责任纠纷一案，依照相关法律规定，经依法履行诉前程序后，以公益诉讼起诉人的身份向具有该案件管辖权的广州市中级人民法院提起民事公益诉讼。

2018年5月25日，广州市中级人民法院按照巡回审判的相关规定，在佛山市中级人民法院对本案开庭审理，并进行庭审直播。这也是广州市中级人民法院首次巡回审判跨行政区划环境污染的民事公益诉讼案件。佛山市人民检察院向法院提出该公司应当依法停止侵害环境、向公众赔礼道歉以及承担环境修复费用、生态环境功能损失费用、损害鉴定评估费用共计737万余元的五个诉讼请求。经过庭审，该公司认识到偷排含重金属的工作废水，对水体环境造成污染的社会危害性，对自己危害公共利益的行为进行道歉。最终，广州市中级人民法院在本案的一审判决中，对公益诉讼起诉人佛山市人民检察院提出的全部诉讼请求予以支持。10多名佛山市人大代表、政协委员和检察机关人民监督员、特约检察员受邀观摩庭审，环保部门工作人员、群众代表等60余人到庭旁听。

（刘　杰）

法　院

【概况】 2018年，佛山有市、区两级法院6个，其中，市级法院1个、区级法院5个。全市基层人民法院派出人民法庭30个。全市法院受理各类案件249356件，审结214002件，分别比上年增长16.3%和17.4%，法官人均结案332件。其中，佛山市中级人民法院受理各类案件28897件，审结26876件，分别比上年增长6.8%和7.8%。

【刑事审判】 2018年，佛山法院依法履行刑事审判职责。审结各类刑事案件14195件，判处罪犯19513人。深入开展扫黑除恶专项斗争，组建专业审判团队，依法审理社会影响恶劣的刘某某等33人恶势力团伙犯罪等涉黑恶案件70件344人。深入推进反腐败斗争，审结职务犯罪案件194件259人。维护公共安全和群众生命财产安全，严惩涉枪涉爆、故意杀人、故意伤害、抢劫等严重暴力犯罪案件1304件1653人。配合全国禁毒示范城市创建工作，审结赖某某等 27 人走私、运输、制造毒品 841 千克等毒品犯罪案件 1057 件 1343 人。维护市场经济秩序，审结“120”特大走私案以及非法吸收公众存款、集资诈骗、制售假冒伪劣产品等涉众型经济犯罪案件 453 件 915 人。严厉打击环境资源犯罪，审结污染环境、非法捕捞等案件 136 件 271 人。深化以审判为中心的刑事诉讼制度改革，落实庭前会议、非法证据排除等机制，依法保障律师执业权利，推进刑事案件律师辩护全覆盖。

【民商事审判】 2018 年，佛山法院依法履行民商事审判职责。审结各类民商事案件 104647 件，比上年增长 23.8%。加强涉民生案件审判，审结涉人身损害、医疗、住房等案件 12379 件。防范化解金融风险，强化专业金融审判庭建设，审结金融案件 17241 件，比上年增长 67.6%，标的额 128.9 亿元。坚持劳资权益保障并重，审结劳动争议案件 6623 件，调撤率 38.2%，与劳动仲裁和社会保障部门建立衔接机制，保障破产企业职工劳动权益。促进“平安家庭”建设，推进家事审判改革，联合市妇联建立家事纠纷调查员制度，妥善审理家事纠纷案件 5327 件，发出人身安全保护令 14 份。

【行政审判】 2018 年，佛山法院依法履行行政审判职责。审结各类行政案件 2720 件。监督和支持行政机关依法行政，判决撤销或变更不当行政行为 172 个。保障城市质量提升，妥善处理涉及土地资源、城建规划和征地拆迁案件 274 件。深入推进行政机关负责人出庭应诉，定期向市法制局反馈应诉情况。发布行政案件司法审查白皮书、行政诉讼十大典型案例，选派法官到行政机关进行法律讲座 28 场次，促进行政机关依法行政。

【案件“执行难”有效破解】 2018 年，佛山法院受理执行案件 94169 件，结案 77993 件，执行到位金额 157.5 亿元，比上年分别增长 13.9%、16.1% 和 36.9%。司法网拍年成交金额 93.8 亿元，溢价率 52.7%。8 个项目入选广东法院执行创新案例，佛山中院“全力打造破解‘执行难’的‘佛山样板’”在省直机关第六届工作技能大赛暨市县机关工作技能邀请赛决赛中获奖。不断完善被执行人信息共享、联合惩戒失信行为等联动机制，基层综治网格员作用不断凸显，共协助执行 3406 件次。不断推进佛山财产查控网对主要财产形式全覆盖，发起查控请求 536.7 万次，涉及存款金额 305.9 亿元。发布执行悬赏公告 2344 个。开展执行专项行动 265 场，发布失信被执行人名单 36956 例，限制高消费 100267 人次，限制出境 172 人次，罚款 100 人次 582.1 万元，拘留 537 人次，判处刑罚 31 人，迫使 4103 人自动履行债务 8.3 亿元。实体化运行执行指挥中心，自主开发运用财产流转、物联互通、执行可视化等信息化平台，对财产处置、执行款退付等 25 个重点环节进行全程留痕动态监控。

【扫黑除恶专项斗争】 2018 年，佛山法院深入开展扫黑除恶专项斗争。全市法院均成立以党组书记、院长为组长，各相关部门负责人为成员的扫黑除恶专项斗争领导小组，并选派政治过硬、业务精通、作风优良的党员骨干力量组成办案团队，确保上级决策部署落实到位。佛山中院加强业务指导，编印《扫黑除恶相关规范性文件汇编》等工具书 3 册，组织开展业务培训 10 余次，一审公开开庭率、辩护覆盖率均达到 100%，

链接

典型案例：因救人被保险拒赔纠纷案

2016 年 4 月 12 日，梁某某驾驶机动车发生交通事故并致刘某某严重受伤，梁某某立即将刘某某送往医院救治。保险公司以保险合同约定“事故发生后，在未依法采取措施的情况下驾驶被保险机动车或遗弃被保险机动车离开事故现场，保险人不负责赔偿”为由不予赔偿。佛山中院二审认为，在任何情况下应首要尊重并保护人的生命和健康，梁某某离开现场的原因是急于送医，该过错既不构成肇事逃逸的故意，也不构成重大过失，仅属于轻微过失。若在本案中判令保险公司免责，则可能导致驾驶人为保护现场而延误伤者紧急救治，甚至造成漠视他人生命健康的危险社会导向，遂判令保险公司承担赔偿责任。该判决获得媒体、法律界和群众的广泛好评，被称为“有温度、暖心”的判决。

典型案例：乐得士公司破产重整案

2016 年 7 月 1 日，佛山中院裁定受理了佛山市高明区乐得士换热设备有限公司因不能清偿到期债务、明显缺乏清偿能力而申请的破产清算案。乐得士公司负债总额超过 1.4 亿元，资产主要包括执行法院移交的执行变现款约 263 万元，以及一宗工业用地的土地使用权及该地块的地上建筑物，且均设定了抵押。

为避免重整失败导致宣告破产的不可逆后果，佛山中院决定在本案破产清算程序中进行预重整，指导管理人辅助推进重整，组织各方利益主体就重整计划达成一致，再申请法院裁定受理重整并批准重整计划。最终，管理人通过网络拍卖的方式，以 1.41 亿元的价格确定了新投资人，抵押债权、职工债权、税收债权获 100% 清偿，普通债权清偿率高达 91.4%，为佛山地区历年破产案件普通债权清偿率最高的一次。

该案有别于一般意义上的预重整，并非在裁定受理破产清算之前，而是在破产清算程序正常开展中，在法院的监督下，同步进行预重整。即使重整计划草案没有通过，也不影响正在进行中的清算程序，不会因制定重整计划而额外增加时间成本，同时还避免了重整失败导致宣告破产的不可逆后果。

确保案件办理质量。全年法院共受理涉黑恶势力犯罪案件97件502人，办结54件220人，其中，对138人判处有期徒刑以上刑罚，对122人判处财产刑，有力维护社会安全稳定。全市法院利用门户网站、微博、微信公众号、电子屏幕等方式广泛宣传，组织开展“模拟法庭”“法官进课堂”等法律宣讲35场次，向同级党委和上级法院报送专项工作简报110期，推动形成扫黑除恶的浓厚氛围。

【司法公开】 2018年，佛山法院加大司法公开力度。推进阳光司法，向当事人推送案件节点信息160.5万条，公布裁判文书123275份，“12368”诉讼服务热线提供咨询16.5万人次。现场直播重大执行行动20场次，顺德法院对被执行人保险箱集中开箱行动单次直播点击量超1500万人次。开展“法院开放日”活动，邀请社会公众参观法院、旁听庭审等86场2561人次。召开执行、行政审判等工作新闻发布会，通过各类媒体推送法治报道5811条，其中省级以上媒体发布439条，公开司法举措和成效，不断满足群众多元需求。

【司法责任制改革】 2018年，佛山法院落实落细司法责任制，召开专业法官会议714次，集中讨论疑难案件3911件，以专业法官会议实质化规范化运行提高审判质量。深化“速裁快执”办案机制改革，配套推进要素式庭审、裁判文书简化、简易文书智能生成等改革，74095件案件适用小额诉讼和简易程序审理，以团队多元化和程序差别化提升审判效能。制定《减刑假释办案规程》等各类规范15个，建立婚姻家庭、劳动争议等民事类案裁判文书标准化说理文库9个，印发裁判指引14篇，不断加强案件质量管理。完善双向监督，细化院庭长依法履职监督和办案法官主动提请监督的适用情形，提高监督针对性和可操作性。将管理监督履职情况纳入审判绩效考核，增强监管实效。建立案件质量评查专家库机制，评查案件2369件。创新发改案件预瑕疵评定处理机制，明确瑕疵案件认定标准和处理程序，确保法官对审判案件负责。“完善审判监督管理和廉政风险防控链条，全面落实司法责任制”改革工作经验入选最高人民法院第三批全国法院司法改革案例。

【涉外及涉台港澳审判工作】 2018年，佛山中院全面提升涉外及涉台港澳审判工作水平。优化涉外及涉台港澳审判诉讼流程，开展涉港澳民商事诉讼简化改革试点，对司法文书送达、港澳法律查明与适用等诉讼环节进行简化改造，进一步降低诉讼成本、提升审判效率。发布涉外及涉台港澳民商事案件专用送达地址确认书等文书样式。聘任首批5名在商业领域具有较大影响力、综合能力突出、责任心强的港澳籍特邀调解员，充分发挥港澳籍调解员的专业知识与文化背景优势，参与民商事案件的诉前、诉中调解，妥善化解涉港澳矛盾纠纷。在全省率先制定涉外及涉台港澳审判绩效考核办法，以科学化、精细化考核推动提升审判质效。参考港澳地区涉外法庭设置，完成佛山中院涉外及涉台港澳法庭升级改造。法庭席位设置由原被告双方面对面改为双方直面法官，增设证人、翻译人员、鉴定人专用席，有效增强涉外当事人内心认同感，促进当事人与法官充分进行庭审交流。建立涉外及涉台港澳案件审判智慧平台，审判长、法官、法官助理及书记员均可在同一场景下对同一份开庭笔录进行实时编辑、修正和提醒。此外，该平台可实现佛山两级法院涉外及涉台港澳当事人信息共享及裁判文书共享功能，为综合研判审判形势、统一裁判标准、防止当事人恶意逃避审判等提供数据支撑。

【家事调查员制度建立】 2018年4月，佛山中院与佛山市妇联联合发布《关于建立家事调查员制度的意见》，首批聘任114名熟悉基层情况、为人公道正派、善做群众工作的家事调查员。家事调查员接受法院委托对婚姻家事案件的特定事项，如当事人婚姻家庭状况、未成年人抚养状况、家庭财产情况等，通过走访邻居、亲属、社区、工作单位等方式进行调查，全面客观收集信息并出具家事调查报告，为案件裁判或促成和解提供参考。家事调查员制度能有效发挥妇联组织在家庭和社区的工作优势和人才优势，有助于法官更充分查明纠纷事实，维护当事人合法权益。

【司法体制综合配套改革体系构建】 2018年，佛山中院深化司法体制综合配套改革全面落实司法责任制，构建“6大体系+5大机制+4大项目”改革体系。印发《佛山法院深化司法体制综合配套改革全面落实司法责任制工作规划（2019—2020年）》，明确健全监督管理、类案同判、新型团队办案、绩效考核、责任追究、职业保障等6大体系，全面落实司法责任制。通过完善破解“案多人少”、司法职权配置、专业化审判、司法服务、改革协同等5大工

2018年10月31日，佛山中院举行港澳籍商事调解员聘任仪式。港澳籍商事调解员参与佛山中院涉港澳民商事案件的诉前、诉中调解，助力妥善化解矛盾纠纷

（市法院供图）

作机制，深化司法体制综合配套改革。以创新党建工作机制、健全人才培养机制、推进法院文化建设和智慧法院建设4大项目为特色，促进工作整体发展。

【破产审判府院协调机制建立】 2018年6月5日，佛山中院与佛山市地方税务局、中国人民银行佛山市中心支行分别签署备忘录，解决企业信用修复和税务处理相关问题，深化破产审判府院协调机制，全面推进破产审判工作。佛山中院与佛山市地方税务局签署的《关于破产审判税费征缴和税收保障备忘录》首次归集并明确佛山市地税局支持企业破产重整和破产清算的税收优惠政策，创新性地提出破产企业处置不动产和股权时不预征企业所得税、通过“核销死欠”通道办理税务注销或出具清税证明、建立重整企业税务信用修复制度等多项创新举措，此外还通过加强破产案件及破产财产处置信息共享合作，明晰实践操作规程，为顺畅破产程序税务处置问题消除了重大障碍，畅通破产程序的税务处理通道。佛山中院与中国人民银行佛山市中心支行签署的《关于破产审判信用修复和金融债权保护备忘录》则重在解决重整企业的信用修复问题，创新性地提出在征信系统中对重整企业偿还债务信息变更以修复原企业失信记录的举措，为重整企业的继续经营消除信用障碍。

【道路交通事故纠纷一体化处理工作机制全覆盖】 2018年，佛山全市五区法院相继挂牌成立道路交通事故纠纷一体化处理中心，在全省范围内率先实现道路交通事故纠纷一体化处理工作机制全覆盖。全年共联合公安机关、调解组织、保险机构等在线一体化调解道路交通事故纠纷案件1804件，涉及金额1.59亿元，全市法院受理交通事故案件比上年下降21.5%。

【《2017年佛山法院知识产权司法保护状况》(白皮书)发布】 2018年，佛山中院连续第8年发布《2017年佛山法院知识产权司法保护状况》(白皮书)，通报2017年佛山两级法院知识产权审判工作整体情况，对外传递佛山法院的知识产权保护理念和裁判标准。该份白皮书全面总结2017年佛山两级法院受理的知识产权案件情况，并在此基础上对各类案件情况进行比对、分析。此外，白皮书还详细介绍佛山两级法院为提升知识产权审判质效所采取的多项有效措施、各类知识产权案件审判工作的亮点等。通过向社会全面展示佛山两级法院在提升知识产权司法保护水平方面所作的努力和取得的成绩，提升佛山知识产权司法保护的透明度和公信力，增强社会公众对佛山两级法院知识产权司法保护的信心。

(易可欣)

司法行政

【概况】 2018年，佛山市有地市级司法局1个，区级司法局5个，镇(街道)司法所32个，监狱1个(佛山监狱)、强制隔离戒毒所1个(佛山市强制隔离戒毒所)。全市有律师执业机构328个。其中，社会律师所312个(包括合伙律师所184个、个人律师所111个、分所16个、代表处1个)，公职律师所、法律援助机构各6个，公司律师机构4个。全市有公证处7个、司法鉴定机构15个、各类人民调解组织1381个、基层法律服务所25个。全市司法行政机关工作人员1300余人。全市共有律师3102人，其中社会执业律师2686人、公职律师350人、法援律师55人、公司律师11人。全市有公证员64人、司法鉴定人130人、人民调解员13309人、基层法律服务工作者75人。

【公共法律服务体系构建】 2018年，佛山市有公共法律服务平台801个(市级1个、区级5个、镇街32个、村居763个)，建成覆盖城乡、功能完备、便捷高效的四级公共法律服务网络。

是年，围绕人民群众日益增长的法律服务需求，构建全市公共法律服务体系，搭建服务平台、下沉法律资源，打通法律服务“最后一公里”，按质按时完成市政府《工作报告》的部署任务。成立市公共法律服务中心，为市民群众提供法律援助申请、律师代拟法律文书等130多项法律服务。全年接待群众来电来访来信17万多人次，提供各类法律服务15万件次。全市361名律师进驻村(社区)，服务对象6万多人次，提供法律咨询、参与完善村规民约等服务达2万多件次。制定律师参与镇街公共法律服务工作站值班办法和村(社区)法律顾问非现场服务折抵现场服务办法。会同市检察院联合印发律师参与涉法涉诉信访案件实施意见。

【重点人群管控】 2018年，佛山市新接收社区服刑人员2605人，核查预刑满释放人员458人，撤销缓刑8人。

是年，强化监狱戒毒、社区矫正和安置帮教等职能，全力维护公共安全。建立完善一人一档，做好重点人员必接必送，开展远程会见317次；建立安置帮教基地32个，解决两类人员(刑满释放人员和社区服刑人员)的过渡安置、就业等问题。开展刑满释放人员重新犯罪率的社会调查，受到省领导批示肯定。加强对安置帮教人员和社区服刑

2018年11月5日，佛山市公共法律服务中心正式挂牌 (市司法局供图)

人员中存在的精神病人的排查力度，建立危险性评估体系和突发事件应急处置机制，消除不稳定因素。市强戒所坚持应收尽收，全年新收病残戒毒人员156人，占25%；落实“规范管理到位、教育关怀到位、医疗保障到位”，加强对病残戒毒人员关心关爱，确保场所安全稳定。全市近2600名社区矫正人员均无脱管、漏管等现象。

【人民调解】 2018年，佛山市开展矛盾纠纷排查20318次、调处11740多件，调处成功率达97.5%，实现65%以上纠纷在村一级得到解决。

是年，佛山市推动落实省民生实事，健全完善社会矛盾纠纷化解机制，将“枫桥经验”与“平安佛山”“法治佛山”建设有机结合，着重发挥人民调解优势作用，较好地完成各项工作任务。人民调解工作实践在7月全省会议上作经验介绍。率先在全省出台《关于进一步加强人民调解工作 打造新时代佛山“枫桥经验”的实施意见》，从网络、队伍、机制、经费、保障五个方面进一步加强人民调解工作，受到省司法厅和司法部的充分肯定。会同市财政局制定人民调解员“以案定补”指导意见，对调结的案件发放专项补贴280多万元。

【基层法律服务机构年度检查及人员执业证注册注销】 2018年，佛山市完成基层法律服务所年度检查30个和基层法律服务工作者执业证年度注册工作86名（其中顺德区30名），办理南海4名法律服务工作者和三水区5个基层法律服务所、13名基层法律服务工作者的执业证注销手续。

【律师服务】 2018年，佛山发挥律师在法律咨询（顾问）、法律服务（调解）、法治宣传教育方面的专业作用。全市律师所313个、执业律师3102人，为3912家企业担任法律顾问；以拓展“1 + N + X”党务联建平台为依托，组织法律服务进园区，开展系列“以法兴企”活动，举办法律讲座1000多场次；抢抓“一带一路”和粤港澳大湾区建设先机，充分发挥中小微企业律师法律服务团和涉外商事法律服务志愿团职能作用；建立“商事调解+诉讼”和“商事调解+仲裁”的商事纠纷解决机制，116名律师担任调解员，化解企业间的矛盾纠纷。发挥律师在保障依法决策、化解矛盾方面的参谋助手作用，为政府依法行政当好顾问参谋，为地方立法提供智力支持，为政府应急处置、规范市场行为提供法治保障。全市7名律师担任市长法律顾问；7名律师担任市政府重大行政决策咨询论证专家和政府立法咨询专家；52名“两代表一委员”律师提交提案、议案或建议215件；158名律师参与市、区、镇（街道）三级政府法律顾问工作；346名公职律师为64个政府部门提供合同审核、诉讼代理等法律服务3000多件次。

【法律援助】 2018年，佛山市法律援助机构接待来电来访法律咨询19510人次，受理承办法律援助案件11828件，受援人总数11951人次。

是年，落实刑事案件律师辩护全覆盖，扩大法律援助覆盖面。全市法援机构做到应援尽援，提供多元化、精准化的法援服务，全面推进刑事案件律师辩护全覆盖试点工作，建立辩护律师名录库，受理刑事辩护全覆盖试点案件1913件。会同市公安局联合印发工作意见，从工作职责、会商机制、经费保障等方面规范看守所（拘留所）法援工作站和律协投诉联络点设置，各级法援机构在各看守所、各级法院设立法援工作站11个。建立法援案件“六统一”制度，及时开展案件回访，切实保障案件质量。

【普法宣传】 2018年，佛山市深化“七五”普法，开展形式多样的系列宣传教育活动。广泛开展宪法宣誓活动，大力开展宪法宣传进机关、进单位、进校园、进企业、进村居、进网络活动，使宪法学习宣传教育向基层延伸；开展微信宪法学考，210多万人次参与；开展多层次、多形式的“宪法宣传周”系列活动，营造浓厚的法治氛围。进一步落实“谁执法谁普法”机制，推动以市委办、市府办名义印发《关于实行国家机关“谁执法谁普法”普法责任制的实施意见》，并纳入绩效考核；对市住建管理局、市交通运输局等部门开展履职评议活动。加强重点对象普法工作，推动全市各级党政机关落实党委（党组）中心组学法、法治讲座、学法培训、学法考试制度；发挥市青少年法治教育云平台功能，实现课内外法治教育无缝对接，确保140多万学生群体全覆盖。推进阵地平台建设，打造南海区里水法治文化公园等10个“佛山市法治文化示范基地”，建成法治文化公园（广场长廊）120多个，普法微信矩阵粉丝400余万人，电视、电台、报刊普法栏目110个等；全市58家企业获评省“法治文化建设示范企业”，549个村（社区）获评广东省民主法治村（社区）创建单位。9月，省“七五”普法中期检查组充分肯定了佛山市普法工作的举措和成效。

【公证服务】 2018年，佛山市全年办结各类公证案件118352件。注重发挥公证服务经济发展的独特作用。构建公证直通车，开辟企业绿色通道，推出债权公证等服务，满足企业发展的多样化需求；参与企业知识产权保护，开展网页公证、购买过程公证等新型公证业务，为企业维权提供有效证据支持。全市7个公证机构为企业办理公证案件91732件，其中涉及企业知识产权等各项公证案件3570件、占比3.9%。公证机构先后为市政府公共租赁住房保障项目等政府重大工程、重大活动提供证据保全和现场监督公证300多件次。市岭南公证处实现对身份证、委托购房、终止商品房买卖合同协议等20类案件“即时出证”；三水区新增乐平、大塘、白坭3个公证服务点，实现公证服务前移延伸。

【法律职业资格考试】 2018年9月22日和10月20日，佛山市按照司法部的统一部署，组织首次国家统一法律职业资格佛山考区客观题、主观题考试。佛山考区客观题计算机化考试有3040人报名，设广东轻工职业技术学院（南海校区）和佛山市南海技师学院2个考点、56个考场；主观题纸笔考试有999人报名，设荣山中学1个考点、35个考场。佛山考区严格按照“六个百分之百”要求，做好考生报名、信息核查和集中申报工作，精心制定考试方案，对考场布置、人员接送、食宿出行、安全保障、新闻宣传、材料印制等作出细致安排。考前，针对考场保障、安全保障，特别是计算机技术和网络保障要求高、难度大的问题，为确保万无一失，多次与保密、公安、信息、教育、卫生、住建管理、供电以及考点学校单位协调沟通，商讨工作推进事宜，做好网络、用电和技术保障、考点附近交通管理、治安、噪音监控、医疗等保障工作；所有考场落实配备监控设备、保电设施、考试机防窥条，开通考务安全管理系统；组织人员多次到计算机考场和考务工作室等地，检查计算机软硬件配备、视频监控系统运行、网络和电力保障等情况，加班加点对56个考场3000多台计算机逐台进行多轮测试；组织开展岗前培训，明确考务流程、实施细则、考务巡视、安全保密、试卷移交与回收、应急预案等事项。考中，严防考试作弊，开通运行“人脸识别”安防通道，充分运用手机屏蔽仪、金属探测仪等安防设备，严格查验考生信息，全力维护考场秩序；提前网上发布考点地址和交通指南，为应试人员提供引导服务；组织在官网、微信、短信等渠道及时发布温馨提示，提醒应试人员注意事项；在考点设置准考证打印点、考生休息室、紧急医疗点等，确保应试人员顺利参考。考后，组织试卷清点、封存、护送等工作，确保各项工作紧密衔接、有条不紊。实现考务工作“零差错”、安全保密“零事故”、服务考生“零投诉”的“三零”目标。

【司法鉴定机构管理】 2018年，佛山市省、市联动开展“双随机一公开”活动，对全市13家司法鉴定机构统一进行“飞行检查”。筹备成立市司法鉴定协会，通过协会章程和选举产生协会第一届领导班子。制定《关于加强司法鉴定管理的意见》，从内部管理、资格准入等6方面规范司法鉴定行业管理，率先在全省对鉴定机构实施分级管理，受到省司法厅的肯定推广。

【监狱管理】 2018年，佛山监狱收押新犯1970人、释放2065人，办理5批减刑假释，提请1448人减刑、27人假释，连续22年实现生产安全、20年实现监管安全。

是年，坚持治本安全，抓好罪犯改造管理。加强服刑人员心理辅导和职业技能教育，促进刑释人员有效融入社会。开展“废改立”工作，建立健全各项执法证据收集和保全机制；启用新的减刑假释办案系统，提请1448人减刑、27人假释，5宗监外执行案件；聘请6名执法监督员，强化外部监督。投入40多万元建成监狱指挥中心，坚持每月召开监狱狱情分析会，开展28次监管（生产）安全检查活动；引进第三方机构提供专业安全生产技术咨询服务；加强“四防一体化”建设和模拟演练。统筹推进以政治改造为统领的五大改造新格局，探索短刑犯、老病残犯监管改造新机制，深入开展打击牢头狱霸等违规违纪行为专项活动，强化心理干预矫治，实施危机干预9人次；重点加强新入监罪犯、顽危犯的法治教育，增强服刑人员法纪意识和改造积极性。

【强制隔离戒毒管理】 2018年，佛山市强制隔离戒毒所新收强戒人员615人，解除强戒928人。

是年，落实无缝对接，创新强制戒毒模式。注重引入多方力量参与戒毒工作，切实提高收戒收治率。与南海区禁毒办构建戒毒人员解戒的无缝对接机制，由社工每月到所对即将解戒的戒毒人员开展帮教。探索具有佛山特色的“文化戒治+心理戒治+医疗戒治”为主题的戒治模式；投入110多万元购买体能康复训练设备，夯实戒毒康复训练基础工作。加强场所规范化建设，全面推行质量管理活动，3个生产课题获省戒毒局表彰；开展场所安全综合治理、安全生产月等专项活动，坚持每月开展一次安全生产研判、检查和消防应急演练；投入370万元经费用于迁移配电房，场所连续25年实现生产安全无事故。

【全省首家备案制公证处在佛山成立】 2018年6月29日，广东省佛山市岭南公证处在佛山挂牌成立，成为全省首家备案制公证处。

岭南公证处是经司法部同意，广东省司法厅、佛山市人民政府批准设立的法定证明机构。是佛山市司法局、佛山市公证协会共同组建（举办），由佛山市司法局直属管理，不以营利为目的，依法独立行使公证职能、独立承担民事责任的证明机构，是全国公证体制改革试点公证处之一。

与传统的行政体制公证处不同，岭南公证处是利用社会团体（市公证协会）资产登记设立的国家证明机构，人员编制不纳入政府编制管理，财务管理不纳入政府预算管理。岭南公证处的成立不仅能为人民群众提供更多选择，还探索公证新机制，拓展公证新服务，为全市的公证体制改革试水探路。岭南公证处将重点推出“即时出证”服务，通过优化办证流程、实施繁简分流，对符合条件的声明书、委托书、终止商品房买卖合同协议等20类案件实施即时出证。

（王　松）

2018年6月29日，广东省佛山市岭南公证处在佛山市行政服务中心挂牌成立，成为全省首家备案制公证处

（市司法局供图）

仲 裁

·劳动人事争议仲裁·

【概况】 2018年，佛山市各级劳动人事争议仲裁机构立案受理劳动人事争议案件11926件，比2017年增加17.58%，涉及劳动者人数20760人。其中10人以上劳动争议案件310件。所有劳动人事争议案件中，当期结案11576件，年度累计结案率92.27%，一裁终局率为43.22%。此外，佛山市劳动人事争议调解共受理劳动争议案件13931件，涉及劳动者人数34732人，当期调解方式结案11596件，劳动人事争议调解成功率为66.49%。

【劳动人事争议案件数量分析】 2018年，佛山市共处理劳动人事争议案件25857件，比2017年增加16%。其中，立案受理数比2017年上升17.58%，调解受理数比2017年上升14.70%。主要是由于劳动者维权意识的普遍提高和维权门槛大幅降低。部分基层仲裁庭反映当地劳动监察案件大幅度减少，部分本应通过劳动监察处理的案件被引导到劳动仲裁程序中也导致仲裁案件增加。从区域来看，佛山市禅城区、南海区和三水区案件增长幅度大。禅城区立案受理案件2026件，比2017年增长42.28%，占当期总数的16.99%。南海区立案受理案件4136件，比2017年增长22.77%，占当期总数的34.68%。顺德区立案受理案件4126件，比2017年增长12.08%，占当期总数的34.6%。三水区和高明区案件数量变化不大，与2017年基本持平。

【劳动人事争议案件类型分析】 2018年，佛山市主要争议类型依然是劳动报酬、解除或终止劳动合同、社会保险争议等问题。其中，劳动报酬争议4510件，占当期受理案件的37.88%；解除或终止劳动合同争议2940件，占当期受理案件的24.65%。上述2类案件占受理总数的62.53%。多是因企业经营困难或管理不规范，引发劳动报酬及解除或终止劳动合同争议。是年，确认劳动关系争议1432件，较2017年上升54.31%。主要是受社会保险政策调整及社会保险征缴、住房公积金管理部门影响，为补缴社会保险或住房公积金而申请确认劳动关系。

【劳动人事争议调解】 2018年，佛山市当期审结劳动人事争议案件11576件，其中以调解方式结案5241件。此外佛山市劳动争议调解组织或单位当期调解结案13471件，其中达成调解协议及和解的案件数10165件。以调解方式解决的案件共15406件，调解成功率达66.49%，调解比例比往年有所提高，调解仍是佛山市处理劳动人事争议的主要方式。佛山市坚持“案前调解、庭前调解、庭后调解”，争取为双方当事人减少维权时间，降低维权成本。

【仲裁结果】 2018年，佛山市劳动人事争议案件立案结案中，劳动者胜诉2942件，占结案总数的25.41%；双方部分胜诉5332件，占结案总数的46.06%；用人单位胜诉1295件，占结案总数的11.19%。与2017年同期相比，各比例基本持平。用人单位在用工管理方面仍然存在不规范、不合法现象，部分劳动者在申请仲裁过程中对仲裁结果期望值过高，部分不合理诉求被驳回。

【劳动争议调解服务标准化试点启动】 2018年6月，佛山松高劳动保障咨询服务中心与佛山市质量和标准化研究院合作，启动劳动争议调解服务标准化试点工作。试点工作对基层调解组织提供调解服务的准入门槛、工作流程、规章制度、档案管理等方面的标准进行制订。佛山市制定的劳动争议调解服务标准开创了基层调解标准的先河，在国内也是首创。该标准的出台促进基层调解工作的规范化。

【劳动人事争议巡回仲裁庭设立】 2019年8月1日，佛山市劳动人事争议巡回仲裁庭在三水西南街道举行揭牌仪式并正式运行。巡回仲裁庭主要承担巡回审理、诉前调解、裁审衔接和法制教育宣传等工作职能，受案范围主要为重大或具有一定社会影响力的案件。巡回仲裁庭采取固定方式和流动方式相结合的办案模式，首批选定7个镇（街）设立固定巡回仲裁庭，并根据实际办案需要在企业、基层工会、工业园区、村居等地开展巡回仲裁工作。巡回仲裁庭将方便劳动者和用人单位依法维权，实现调解仲裁工作关口前移、重心下沉，优化基层调解仲裁组织机构建设，减轻当事人诉累。

【裁审对接工作】 2018年9月26—27日，佛山市仲裁院与佛山市中级法院召开裁审对接工作会议，对案件裁审过程中出现的具有新颖性、典型性、指导性的案例及裁审标准和理念的法律问题进行讨论，研究讨论《关于审理劳动争议案件若干问题的座谈会纪要》。11月10日，佛山市仲裁院和佛山市中级法院民五庭签署《关于破产审判职工劳动权益保障备忘录》，共同解决破产案件职工劳动权益保护问题。

【劳动人事仲裁专递】 2018年，佛山市仲裁院推行邮政仲裁专递，解决邮寄送达过程中因收件人地址不准确、送达内容不明确、送达过程不严格、寄件回执不及时返回等导致的送达难问题。佛山市仲裁院与中国邮政速递物流股份有限公司佛山市分公司签订专项合同，明确劳动人事争议仲裁文书送达事项。各区、镇街也相继与当地邮政公司签订合同，有效解决送达难。2018年全市通过邮政仲裁专递方式寄送仲裁文书8704件，其中 南海3116件，顺德4355件，禅城821件，三水181件，高明231件。

【劳动人事争议仲裁庭达标及星级评定】 2018年，佛山市仲裁院依据广东省仲裁院《关于做好全省达标及星级仲裁庭验收确认工作的通知》的要求，按照仲裁庭达标（星级）验收标准和程序，对各区申报的仲裁庭进行考核验收并报广东省仲裁院核准，除2017年评定的17个星级仲裁庭外，2018年新增南庄仲裁庭为五星级仲裁庭。

（徐振珂）

·商事仲裁·

【概况】 截至2018年底，佛山仲裁委

员会有仲裁员队伍394人，仲裁办案秘书人员13人。2018年，佛山仲裁委员会受理案件940件，案件标的额44.6亿元，涉及50多种案件类型。其中，银行借款合同案件262件、民间借贷合同案件151件、买卖合同（含商品房买卖合同）案件216件、物业服务合同案件59件、建设工程合同案件61件、担保服务合同案件15件、租赁合同案件23件、其他类型案件153件。全年全市受理涉香港案件24件、涉澳门案件1件、涉美国籍当事人的案件1件、涉加拿大国籍当事人的案件1件、涉澳大利亚籍当事人的案件1件。全年协助当事人办理财产保全185件。全年结案889件，其中裁决结案652件、调解结案81件、当事人达成和解后撤诉149件。驳回仲裁申请6件。调解和撤诉率为26%。

【首个镇街商事仲裁服务窗口挂牌】 2018年11月29日，佛山仲裁委员会首个镇街仲裁服务窗口在顺德区北滘镇企业服务中心大楼的佛山市顺德区融资租赁服务中心正式挂牌。仲裁服务窗口的设立，更好地推动商事仲裁服务顺德区实体经济，实现商事仲裁服务贴近镇街、商事仲裁推广落地到镇街，为北滘镇的广大商事主体提供专业、高效的商事仲裁服务。

【仲裁多元化纠纷解决机制】 2018年，佛山仲裁委员会与佛山市保险行业协会共同完善《仲调对接工作方案》，指定专人作为联络代表，保持定期沟通与协商，以便及时有效地解决保险纠纷的调裁对接相关操作程序、法律文书等问题。是年，佛山仲裁委员会共受理保险行业协会调解转仲裁确认的保险合同纠纷案件21件，争议标的额达13.5万元。7月26日，佛山仲裁委员会与佛山市电力行业协会签订战略合作框架协议，正式搭建双方交流的合作平台。该协议内容涵盖多种合作方式，契合电力行业企业的纠纷解决需求，为电力行业企业提高解决相关纠纷的效率、降低解决纠纷的成本奠定坚实基础。

【"企业面临的机遇和挑战及商事仲裁"论坛活动】 2018年6月19日，佛山仲裁委员会与佛山市顺德区金融业联合促进会联合举办"粤港澳大湾区合作论坛：企业面临的机遇和挑战及商事仲裁"论坛活动，邀请美国乔治华盛顿大学金融学博士、广东省粤港澳合作促进会金融专业委员会副主任郑德理，中山大学岭南学院教授、博士生导师、中山大学港澳珠江三角洲研究中心副主任林江，澳门法律论坛发起人、澳门科技大学法学院副教授、博士生导师沈云樵，佛山仲裁办主任胡宗仁作为主讲嘉宾，深入探讨如何推动佛山更好地融入粤港澳大湾区建设，进一步发挥商事仲裁在解决粤港澳跨境经济贸易及投资纠纷中的作用，为佛山打造良好的法治环境和营商环境提供优质高效的仲裁服务和坚强的法治保障。

（梁咏童）

链接

典型案例：合作协议纠纷仲裁案件

2018年5月15日和2018年6月8日，申请人A企业管理咨询有限公司与被申请人B房地产代理有限公司分别签订了两份《电话销售合作协议》（以下简称《合作协议》）。双方约定，合作期限分别从2018年5月15日和2018年6月5日起算，未约定截止时间，由申请人向被申请人提供电话销售的兼职人员，为被申请人提供电话销售服务，被申请人以人民币（下同）150元/人/天的标准向申请人支付费用，每满2周结算一次薪资，薪资缓和期（宽限期）为三日，被申请人应按协议规定及时全额支付给申请人费用。

合同签订后，申请人按照约定分批向被申请人提供了约30名兼职销售人员，为被申请人提供了电话销售服务，每人服务天数不等。申请人称，双方合作期间，被申请人多次迟延支付薪资，双方于2018年7月13日结束合作。此时，被申请人尚欠申请人服务费39070元，申请人多次向被申请人催要该款项，被申请人均不予支付。为维护自身合法权益，申请人于2018年8月9日提起仲裁申请。此后，被申请人于2018年8月14日向申请人支付了拖欠的39070元服务费。申请人认为，被申请人于申请人向仲裁委员会申请仲裁之后即2018年8月14日才支付该笔服务费，已经构成违约，应承担违约责任，向申请人支付违约金。2018年9月5日，被申请人直接向申请人提供28名销售人员支付劳务报酬共计31000元，被申请人自称是帮申请人代垫劳动报酬。

本案依法组成独任仲裁庭，由一名法学教授担任独任仲裁员。仲裁庭认为，本案《合作协议》的性质为劳务外包服务合同，而非被申请人所称的劳务派遣合同，应适用《中华人民共和国合同法》（以下简称《合同法》）的相关规定处理。通观本案两份《合作协议》，没有任何"劳务派遣"的字样，也无劳务派遣的实质内容，相反，从《合作协议》的内容和双方的意思表示来看，该《合作协议》明显是一种劳务外包服务合同，属于民事合同的性质。关于本案违约金的仲裁请求，被申请人于2018年8月14日向申请人支付了最后的39070元服务费，至此，服务费已经付清。但是，被申请人是在申请人提起仲裁以后才支付39070元服务费的，显然已经构成违约，依法依约应承担相应的违约责任。

最后，仲裁庭作出如下裁决：（一）被申请人于裁决书送达之日起十日内向申请人支付违约金人民币20000元；（二）被申请人于裁决书送达之日起十日内向申请人偿付律师费人民币1800元；（三）驳回申请人提出的其他仲裁请求；（四）本案仲裁费人民币5002元，由被申请人承担人民币1000元，由申请人承担人民币4002元。

军 事

中国人民解放军佛山军分区

【概况】 2018年，佛山军分区聚焦练兵备战、深化军民融合、推进调整改革、持续正风肃纪。思想政治建设以习近平新时代中国特色社会主义思想和强军思想为重点，组织党委中心组4个专题理论学习，开展“微视频”学习，抓好“传承红色基因、担当强军重任”主题教育，团以上领导授课15人次，邀请地方专家教授辅导4次，组织参观见学4次。军事斗争准备方面，贯彻习主席关于备战打仗的指示精神，开展“聚力深入纠治和平积弊”活动，把备战打仗作为第一要务，坚持党委议训抓训、班子带头参训，掀起大抓训练热潮。

【军委主席负责制的贯彻落实】 2018年，佛山军分区抓好《关于全面深入贯彻军委主席负责制的意见》和《军委主席负责制学习读本》的学习贯彻，在全区开展专题辅导，做到主官亲自讲、常委先行学、考勤不落人。组成军分区督导组，逐个单位检查贯彻落实情况，确保分区部队坚决做到“两个维护”和贯彻军委主席负责制。

【国防教育活动】 2018年，佛山军分区联合佛山市委宣传部、市国防教育委员会，推进全市国防教育工作。8月，开通“佛山市国防教育”微信公众号，拓展全市国防教育平台。利用佛山干休所“老红军、老解放、老革命”宝贵红色资源，通过讲述红色故事，摄制《致·英雄》10集专题纪录片，在佛山电视台和“佛山市国防教育”微信公众号同步推出，网上点击229.5万次、点赞18.7万次，收到观后征文6508篇。

【军队作风纪律建设】 2018年，佛山军分区压紧压实“两个责任”，强化中央“八项规定”和军委“十项规定”的落实。开展“十二个重大是非问题”讨论辨析，从严抓好“五个必须、五个决不允许”等学习贯彻。召开纪检工作形势分析会，学习上级政策法规，研究制定工作措施。开展反面教材专题教育，全面肃清郭、徐、房、张流毒影响。坚持预防为主、持续传导压力、从严督察检查，核查信访线索。推进停偿和住房清理整治，军分区和驻禅部队所有停偿项目全部完成，有效整治和清退超面积经济适用住房、超面积公寓住房和违规公寓住房。

【军事战备工作】 2018年上半年，佛山军分区高标准完成“应急、专业、特殊”三类新型基干民兵队伍组建和全市普通民兵、基干民兵编组。重视加强应急应战训练，组织现役官兵、专武干部、民兵营连长、民兵应急分队等各类集训20余批次，并开展战备拉动、军事训练考核、手榴弹实投等实战化训练。

【抢险救灾】 2018年，佛山军分区市、区两级累计出动民兵参加防汛应急演练，并且参与抗击“艾云尼”“山竹”台风和扑救山火等抢险救灾，协助维护社会秩序。佛山军分区抢险救灾的经验在《中国国防报》《中国民兵》《南部战区》等军地媒体进行广泛报道。禅城区、南海区民兵应急分队参加佛山西站春运执勤，受到社会好评；高明区民兵轻舟分队千里驰援汕头抗洪抢险，因组织有力、救险成果突出，受到军地领导充分肯定；三水区保障部队跨区机动，筹划早、准备细，救援效果好。

【国防动员】 2018年，佛山军分区开展国防潜力数据调查，完成全市大型民用车、船舶等潜力数据统计，为战区演练提供支撑。高标准完成“粤动-2018”演习，组织军地相关人员参演，完成数个指挥所作业课题和实兵课题演练，受到广东省军区领导肯定。顺德区抓基层武装部规范化建设工作，取得良好成效。

【兵员征集】 2018年，佛山军分区在征集兵员上，调查研究早、协调推动早、总结分析早、宣传发动早、规范标准早，广泛动员、严格把关，组织征兵体检站规范化设置、征兵宣传发动和欢送新兵仪式，完成该年的征兵任务。应征入伍的新兵中，大学生兵员质量有新提升。佛山市征兵办被评为全省征兵工作先进单位。南海区出台《提升后备兵员质量十年规划》，新增大学生入伍一次性奖励金，激发高素质青年报名参军的热情。三水区借力“全民免费体检，同步摸清兵员质量”的做法，在《国防报》头版刊发推广。

【双拥共建】 2018年，佛山军分区会同市民政局在佛山西站开通“军人依法优先”绿色通道。协调军转安置、随军家属就业和军人子女入学入托等工作 。三水区开展“森城大爱，聚力强军——寻找好军人、好军属”活动，社会各界反响强烈。

【部队正规化建设】 2018年，佛山军分区开展“贯彻落实新条令，塑造军队好样子”“四法四治”活动，广泛开展新条令知识考核和队列会操，强化法规意识。狠抓安全制度落实，阶段性召开安全形势分析会，开展“安全大检查”“安全月”和“百日安全”活动，落实常态化自查自纠，在军委国防动员部和省军区安全大检查中得到肯定。狠抓民兵武器装备仓库整治，以市中心库为重点，调整配强看管队伍，完善制度措施，整改5类19个问题。安全顺利完成全市报废弹药调运销毁。平稳推进干休所调整改革，建立完善制度机制，实现平稳过渡、有序运行。

（曾玉勇）

武警佛山支队

【概况】 2018年，武警佛山支队坚持以习近平强军思想为统领，强力推进“两学一做”学习教育常态化制度化，肃清郭徐流毒影响，严肃党内政治生活，规范党日活动，严格落实领导干部过双重组织生活制度。是年，武警佛山支队结合纪念建党97周年组织主题党日活动，5个基层党组织、14名优秀共产党员和党务工作者受总队、支队党委表彰。持续抓每季度首长机关集中训练、“魔鬼周”极限训练、特勤排（应急班）训练、“巅峰”比武、勤训轮换和教练员集训，部队实战能力得到磨砺提升。是年，武警佛山支队被总部表彰为“密码工作先进单位”（连续15年获该称号），4个单位被评为基层建设先进单位，所属执勤一中队获评“标兵”（连续4年获该称号），13名干部被评为先进基层干部，2人被评为个人标兵，1人荣立个人二等功，1人被总队评为优秀共产党员。

【武警部队思想政治建设】 2018年，武警佛山支队紧跟习主席思想步伐，从增强把关定向的清醒和定力出发，始终把创新理论武装作为第一要务。以“两项重大教育”“党委中心组理论学习”为抓手，抓实理论武装，官兵“不忘初心、知责奋进”的政治自觉更加坚定。连续4年开展“平凡岗位铸忠诚”强军典型评选。结合纪念改革开放40周年、“五红五铸”活动，开展“学强军思想、讲强军故事、干强军事业”主题实践活动和“迎七一、赞初心”先进事迹报告会，规范提升营区政治文化建设档次。结合“传承红色基因、担当强军重任”主题教育，广泛开展理论宣讲小分队下基层宣讲、邀请老红军讲红色故事发扬优良传统、缅怀革命先烈赓续红色血脉等主题实践系列配合活动，强化官兵守土有责的使命意识，着眼打赢意识形态领域斗争主动仗，让官兵在耳濡目染中赓续红色血脉、争做强军先锋。

【实战化训练】 2018年，武警佛山支队深入贯彻习主席练兵备战重大战略思想，把备战打仗作为党委第一要务抓紧抓实、抓出成效。加强党委对中心工作的领导，严格落实党委议战议训制度，紧贴战斗力建设统筹资源力量，投入资金推进训练场地建设，对15名训练尖子给予记功嘉奖。开展“和平积弊大起底大扫除”活动，自上而下查摆纠治各类问题，构建以战斗力标准为核心的考核评价、选人用人、奖惩激励等机制。开展各类集训比武活动12场次，营造浓厚训练氛围。支队特战排参加第二季度魔鬼周极限训练获片区第一名，1名干部被总队表彰为“优秀教练员”。是年，出动8000多人次完成临时警卫、春运执勤、“行通济”安保、武装押解、武装巡逻、烈士公祭等临时勤务156起。

【城市武装巡逻、设卡】 2018年春节、国庆等重要时间节点期间，武警佛山支队出动兵力，协助市公安局完成年度城市武装巡逻及临时设卡勤务。巡逻过程中严格落实干部带车，注重提高枪弹管理安全系数；结合任务实际随机对巡逻小组模拟情况，提升警惕性；随时随地对执勤官兵进行军容风纪检查。支队执勤官兵支队执勤官兵牢记使命，文明执勤，体现高度的责任心、使命感，发扬“特别能吃苦、特别能忍耐、特别能战斗”的优良作风，始终坚守一线，坚持把依法执勤、依法处置作为执勤任务第一准绳，既维护社会面稳定，增强人民群众安全感，营造和谐稳定的社会环境，以实际行动向社会展示武警部队“威武之师、文明之师”的良好形象。

【双拥工作】 2018年，武警佛山支队把拥政爱民教育纳入年度政治教育计划，注重经常性的宣传教育引导，打牢官兵拥政爱民的思想根基。着眼维稳大局，服务驻地经济建设，为地方党委、政府和人民群众做好事、办实事、解难事。参加植树造林、义务献血、警营开放、地方公祭、便民服务等各项活动，密切军地融合创新发展联系。

【“春运”执勤】 2018年1月15—27日，武警佛山支队派出官兵进驻佛山火车站和佛山西站，担负春运执勤任务。支队党委召开专题会议、进行任务部署，联合各站点现地勘察，制订方案，确保各项工作部署到位、对接及时、管控到位。按照“新老搭配、强弱搭配、依岗配备”的原则，进行勤务编组，落实“上哨前有要求、到位后有报告、上勤时有组织、执勤时有检查、下哨后有讲评”的要求。一线执勤官兵始终贯彻“依法、理性、平和、文明、规范”的执勤理念，充分发扬英勇善战、吃苦耐劳的战斗精神，忠实履行职责使命，严守执勤纪律。支队执勤官兵以饱满的热情、严整的军容和务实的作风战斗在执勤一线。先后协助火车站工作人员疏导旅客100万余人，化解旅客危机21次；协助公安机关抓获盗抢人员3人，收缴违禁物品16件，救助旅客200余人次。

【首长住地一级警卫勤务】 2018年12月7—9日，武警佛山支队出动官兵加强首长住地周边警卫勤务。支队党委高度重视，召开任务部署会议，科学统筹力量，明确责任分工，严密组织勤务实施。搞好任务对接，按照“全面部署、重点加强、周密防范、留足机动”原则要求，研究勤务部署、确定兵力配置、明确警戒区域与责任。支队执勤官兵始终保持高度警惕，认真履职尽责，以过硬素质和良好形象，确保该次警卫任务圆满完成，受到地方政府的高度赞誉。

【“行通济”安全保卫】 2018年3月2日16时00分至3日凌晨1时00分，武警佛山支队派出兵力维护佛山市一年一度的元宵节“行通济”民俗活动交通秩序，圆满完成任务。支队党委提出“精心谋划、严密组织、科学用兵、树好形象、确保安全”的具体要求。支队执勤官兵牢记职责、紧紧把住安全底线、发扬顽强的战斗作风，在岗位上连续奋战9个小时，疏导客流量超过60万人次，协同公安干警以及工作人员维护通济桥周边各主要路段交通秩序任务，做到依法执勤，文明执勤，获得佛山市委、市政府和人民群众一致好评。

【“魔鬼周”极限反恐集训】 2018年，武警佛山支队提升部队实战化军事训练水平，组织特战、反恐人员开展复杂环境下、特殊气候下、特殊时间下的全季度“魔鬼周”极限训练。通过在乡村路、盘山路、土路等各种条件下行军，以及高强度、高难度、高负荷的极限训练，培育“一不怕苦、二不怕死”的战斗精神，塑造一支英勇顽强、视死如归、血战到底的人民军队。支队特战排参加第二季度魔鬼周极限训练获片区第一名。

（谭世泉）

人民防空

【概况】 2018年，佛山市对早期人防工事进行整治，对防空警报建设与气象等进行预警融合。人防工程挂牌管理工作深化拓展，全市五区完成9个已竣工人防工程的挂牌管理工作。人防工程报建审批质量和建设质量得到省防办的肯定。全年累计出动检查执法人员1378人次，对相关企业和场所进行人防工作大检查。制订《2018年佛山市人民防空训练工作计划》和《市、区两级人防机动指挥所异地训练方案》。

【早期人防工事整治】 2018年，佛山市人防办聘请具有资质公司针对祖庙路、人民路等路段早期人防工事出现的风险隐患进行勘测和评估，并进行专题调研，形成《佛山市早期人防工事整治工程方案设计》《佛山市早期人防工事整治项目建议书》等材料上报市政府。截至年底，成立全市早期人防工事整治联席会议小组，项目概算、立项等前期准备工作加紧进行。

【综合管廊兼顾人防需求工作】 2018年，佛山市人防办抓住佛山市地下综合管廊建设的有利契机，深入调研，综合相关经验和做法，编制佛山市地下综合管廊防空需求设计指引，征求相关单位意见后，于11月与市住建局联合印发《关于印发地下综合管廊人民防空设计指引意见的通知》。该《指引》从建筑布局、结构、通风、给排水、电气、管线防护和平战转换等方面对地下综合管廊的设计给予人民防空方面的指导，深化人民防空与经济社会融合发展，提升城市基础设施综合防护能力。

【防空警报接入突发事件预警信息发布平台】 2018年，佛山市将市、区两级人防统一接入突发事件预警信息发布平台，并联合市气象局率先在全省制定《人防突发事件预警信息发布管理规定》，明确预警信息发布的目的、应用范围、流程审批等工作内容，规范突发事件预警信息的发布，促进部门之间相互协调配合，提高预警信息发布效率。在台风“山竹”来袭期间，顺德区人防办在全省率先使用防空警报器播报防台风信息，声音覆盖效果良好。

【人防工程挂牌管理】 2018年，佛山市发挥人防工程就在身边的有利因素，以禅城区为试点，将3种防空警报信号、逃生技能和各自楼层的逃生路线制定成“逃生指南”牌，悬挂在小区地下室出入口、电梯门口等显眼位置，形成稳定性的宣传效应。召开人防工程挂牌管理工作现场会议，印发《关于深化拓展人防工程挂牌管理的通知》，在全市范围内开展人防工程挂牌管理，将挂牌要求纳入人防工程报建审批环节，并纳入绩效考核。至年底，全市五区完成9个已竣工人防工程的挂牌管理工作。

【人防工程质量监督】 2018年，佛山市人防工作坚持“科技+制度”和“管理+服务”的监督模式，并购置质监器材，进一步提高自我质监水平，促进全市人防工程报建审批质量和建设质量，在省人防办的综合性检查中得到肯定。1—9月，全市共审核发出人防工程质监通知书151项、整改通知书72项，完成隐蔽验收132次、竣工验收83次。

【人防系统安全生产工作】 2018年，佛山市人防办成立专责领导小组，制订《佛山市人民防空办公室党政领导班子及职能部门安全生产工作职责》《佛山市人民防空办公室安全生产工作方案》，建立全办上下齐抓共管的安全生产工作机制。召开佛山市人防系统2018年节后复产安全培训教育暨安全生产“百日会战”行动动员大会，开展消防安全知识专题讲座、节后复工“三个全覆盖”等活动，累计开展现场宣传和普法宣传30次，印发宣传资料3000份，在报刊杂志网站设置专栏3个。加强风险排查，对人防企业、人防物业、在建人防工程、早期人防工事等开展“零容忍、全覆盖”的大检查，累计出动检查执法人员1378人次，检查企业和场所821家次，发现生产安全事故隐患283项，落实整改隐患204项，下达整改指令87份。针对设备设施老化或过期等风险情况，投入资金14万元用于修缮或更新。建立人防物业安全生产巡查微信群和租户微信群，实时监测人防工程安全生产落实情况。

【人防信息化建设】 2018年，佛山市人防办完成会议音响系统、移动中央控制站、通风系统等6项指挥通信车升级改造工程及车载卫星通信系统改造项目前期设计工作。完成通信机房精密空调运维服务外包、主控室线路改造，完成通信铁塔安全检测及综合布线系统改造的前期工作。推进大屏可视化平台建设，优化设计效果。完善档案管理，按标准归档整理信息化建设项目资料。

【人防训练演练】 2018年，佛山市人防办调整市人民防空训练领导小组成员，加强市、区两级人民防空训练领导。制订《2018年佛山市人民防空训练工作计划》和《市、区两级人防机动指挥所异地训练方案》，明确训练目的、任务和重点；按时按质完成省人防常规科目训练任务，牵头组织好全省人防数字集群通信训练。做好每月市、区两级的视频会议、警报控制和短波通信日常训练以及机动指挥所的野外拉练。其中，市、区两级分别牵头在清远、禅城、从化、江门四地开展机动指挥所通信训练，共训练50余人次。同时，坚持做好办机关人员短波电台使用的培训工作，不断提高操作技能。

【人防宣传教育】 2018年，佛山市人防办制订警报试鸣宣传方案，于8月起，在佛山电台推出为期1个月的《人防知识知多点》宣传栏目，累计收听人数30多万人次。在“9·18”防空警报试鸣活动期间，在佛山电视台、佛山电台、佛山在线APP，以及有关网站、微博、公众号广泛发布相关信息。其中佛山在线APP开机页《9·18佛山防空警报试鸣》阅读量26万多人次。此外，开展一系列人防知识宣传和应急疏散演练活动。

围绕“行动起来，减轻身边的灾害风险”主题，结合党员志愿者活动，市、区上下联动，开展社区防空地下室防洪防涝模拟演练、人防地下室平战转换演练等富有创新性和特色性的人防宣传周活动，全市共组织社区或学校人防宣传教育暨疏散演练活动16次，累计参加活动2万多人，发放宣传资料2万多份。同时，在微信公众号设立人防知识有奖问答赛，普及人防知识。至年底，全市人防宣传进入25个社区。

落实人防知识进“党校”工作机制，在2018年度军转干部培训班上开设“人民防空为人民”人防知识讲座。

全年累计编辑人防信息10期、人防简报1期、相关动态信息70多条。

（郑　铭）

国防教育

【“国防教育日”系列活动】 2018年“国防教育日”前后，佛山市国防教育办联合有关部门组织举办“国防教育日”系列活动。邀请海军陆战队训练基地主任马滨强教授，为顺德职业技术学院6000多名学生作国防专题报告，从“我国周边安全环境特征”“我国周边环境的分析”，从不同的国防角度看中国的安全环境，结合国际国内形势，深刻分析国际形势与中国周边环境，剖析了中国周边环境相关的热点问题。邀请老干部在“国防教育日”前后到五区开展国防教育进校园活动，为中小学生进行国防教育知识专题授课，帮助青少年学生树立国防观念，激发爱国热情，增强社会责任感，推动国防教育进学校、进课堂、进教案、进学生头脑的“四进”工作，促进青少年德智体美全面发展，活动累计授课4场次，2000多名中小学生到场听课。

9月30日，佛山市、禅城区烈士公祭活动暨向陈铁军烈士纪念碑敬献花篮仪式在禅城区铁军公园举行，市委书记鲁毅、市长朱伟等市几套班子领导、市直及禅城区机关干部代表以及来自社会各界的代表参加该次活动。现场瞻仰陈铁军烈士雕像，悼念烈士英灵，追忆革命历史，共同汲取奋勇向前、续写辉煌的精神力量。

【国防教育专题活动】 2018年8月，佛山市国防教育办组织市直单位800多名党员干部集中观看党史教育电影《大会师》，通过回顾党的光辉历程，缅怀革命先烈，传承红色基因，不忘初心、牢记使命，坚定理想信念，以更强的使命意识、更大的责任担当、更加奋发有为的精神状态投身到佛山新时代改革发展各项事业中。10月18日，佛山市委宣传部、市国防教育办、市教育局、佛山军分区政治工作处，以“传承红色基因、汇聚强军力量”为主题，在禅城区外国语学校，举办广东省第六届“南粤长城杯”演讲比赛佛山赛区选拔活动，选拔推荐获得全市前三名的学生参加全省决赛。在11月举行的全省决赛中，佛山参赛选手获中学组特等奖1名、三等奖1名，大学组二等奖1名，中共佛山市委宣传部获优秀组织奖。

【未成年人国防教育普及】 2018年清明节前后，佛山市国防教育办联合有关部门，结合“我们的节日·清明”，在全市中小学校组织开展佛山市“网上祭英烈”活动。活动以清明节为契机，通过网上签名寄语等形式，引导未成年人学习历史、传承文化、缅怀先辈、展望未来，唱响共筑中国梦的时代主旋律，共建“大爱佛山”，全市约15300名学生参与活动。9月28日，佛山市委宣传部、市文明办、市国防教育办、市教育局等部门，在三水乐平镇中心小学，联合举办佛山市“向国旗敬礼”活动，引导广大青少年抒发热爱祖国、祝福祖国的情感，培育和践行社会主义核心价值观，激发报国志向，树立为实现中国梦努力学习、全面发展的远大志向。

【国防教育知识宣传】 2018年，佛山市国防教育办组织佛山电台、佛山电视台、佛山新闻网、《佛山日报》《珠江时报》《珠江商报》等媒体，广泛宣传《广东省国防教育条例》（下称《条例》），累计刊登版面1.5个，电视播出3次，电台播出2次。制作专题宣传展板5块，在各中小学及各类活动现场展出30多次。利用70多块社区橱窗及公告栏等，刊登《条例》内容宣传。制作刊登公益广告，在全市主干道显著位置的LED屏幕上滚动播放近1000次。集中向市民发放《条例》读本。

8月27日，佛山军分区、佛山市委宣传部、佛山市国防教育办在佛山电视台举行“佛山市国防教育”微信公众号发布暨《致·英雄》专题片开拍仪式。“佛山市国防教育”微信公众号由佛山军分区、佛山市委宣传部、佛山市国防教育办联合创办，委托佛山电视台运营，主要面向广大市民、驻军官兵和民兵预备役人员，实时发布国防和军队建设有关重大消息、佛山市国防建设动态新闻，全面提供国防法规政策信息查询，全年推送各类信息240条。年内，拍摄《致·英雄》10集。

【“迎接军民融合发展的新时代”专题学习会】 2018年11月29日，佛山市国防教育办邀请中国人民解放军军事科学院教授、研究生导师于川信为市委理论中心组和市国防教育委员会委员，作题为“迎接军民融合发展的新时代”专题学习会，300多名党员干部参加学习。专题学习会旨在增强领导干部的国家忧患意识，增强关心国防、支持国防的思想自觉和行动自觉。

（何伟军）

经济监督管理

经济体制改革

【制造业转型升级综合改革】2018 年，佛山市深化国家制造业转型升级综合改革试点取得新突破。

试点政策体系　抓好制造业转型升级综合改革的制度建设，印发实施《2018 年佛山市国家制造业转型升级综合改革试点工作要点》，推动制造业质量变革、效率变革、动力变革。争取改革试点上级政策授权，佛山市获批开展市场采购贸易方式试点，实现政策上的重大突破。

智能制造　从优化提升产业结构入手，创建智能制造转型升级引领区，实施"百企智能制造提升工程"，引领全市超过 20% 规上制造业企业开展智能化改造。举办第四届珠江西岸先进装备制造业投资贸易洽谈会，全年先进装备制造业完成规上企业增加值 919.77 亿元，比上年增长 10.3%。促进互联网、大数据、人工智能和制造业融合发展，举办第四届中国（广东）国际"互联网+"博览会，新增 3 家国家级、26 家省级两化融合管理体系贯标试点企业。助力传统产业转型升级，出台实施《佛山市工业企业技术改造三年行动计划（2018 — 2020 年）》，全年全市完成工业技术改造投资 577.37 亿元，比上年增长 8.5%。

战略性新兴产业培育　新产业新动能加速成长，初步形成机器人、电子信息、生物医药、新能源汽车、军民融合五大新兴产业。创建军民融合创新示范区，启动建设佛山军民融合创新示范区核心区，张槎街道获批创建全省首个军民融合科技产业创新试点镇。主动对接大型央企、军事院所、军工集团等战略资源，引入计划投资 150 亿元的航天军民融合协同创新智慧城项目等一批重大项目。

金融更好服务实体经济　完善金融服务体系，搭建中小微企业信用信息与融资对接平台，平台全年达成融资 6355 笔 781.06 亿元。打造珠西创投中心和融资租赁中心，千灯湖创投小镇注册基金类机构累计 347 个，募集资金规模超过 523 亿元。设立 40 亿元上市企业通济基金，纾解上市公司流动性风险。支持企业债券融资，全年全市在全国性债券市场发行各类债券 232 期，融资金额 1024.78 亿元。促进社会投资健康发展、企业债券发行、债券品种创新与风险防范等工作获国务院通报奖励，企业债券申请可实行"直通车"机制。

【供给侧结构性改革从"三去一降一补"向"破、立、降"转变】2018 年，佛山市供给侧结构性改革将改革的重点从"三去一降一补"转为"破、立、降"，印发实施《佛山市深化供给侧结构性改革 2018 年工作方案》，深化要素市场化配置改革，培育引进新兴产业，降低实体经济成本，全面发力，重点突破，推动佛山经济迈向高质量发展打开新局面。

在"破"方面，加快深化要素市场化配置改革，破除低端无效产能。狠抓村级工业园综合提升，印发实施《佛山市村级工业园整治提升实施方案（2018—2020 年）》，全年完成 100 个村居的 6027 家企业的环境整治，为新动能腾出发展空间；强化金融服务实体经济创新，全年新增境内外上市企业 5 家，全市上市企业数量达 58 家，累计融资超 1000 亿元，金融服务实体经济效率持续提升；深化人才发展管理体制改革，印发实施《佛山市人才发展体制机制改革实施意见》，配套制定多项实施细则和工作方案，全年新引进市级创新创业团队项目 48 个、新引进国家级和省级领军人才 54 人，人才创新创造活力进一步激发；开展财政管理体制改革，印发实施《佛山市进一步加强市级财政统筹工作方案的通知》，清理规范市级财政出资政策性基金，上线运行佛山市政府扶持企业资金综合服务平台，财政资金使用效率不断提高；深化国资国企改革，全年全市国有"僵尸企业"累计完成出清 60 户，超额完成年度出清任务 36.36%。

在"立"方面，坚持存量优化与增量优质并重，培育新产业壮大新动能。推进全市工业企业实施新一轮技术改造，申报成为 2017 年工业稳增长和转型升级成效明显市（州），获国务院通报表扬；加快布局新兴产业，印发实施《佛山市氢能源产业发展规划（2018 — 2030 年）》，加大新能源汽车推广力度，全年建成充电站 45 个、分散式充电桩 1352 个；制定实施《佛山市推动机器人应用及产业发展扶持方案（2018 — 2020 年）》，开展智能化改造示范企业 32 家，新增应用机器人 3014 台，利迅达、嘉腾、新鹏、泰格威、凯硕精密 5 家企业入围省机器人骨干（培育）企业；实施千亿产值项目工程，全市引进投资额超 10 亿元的重大签约项目 65 个，计划投资总额 1927.8 亿元。

在"降"方面，政府帮扶引导和企业内部挖潜降负双向发力，降低实体经济成本。贯彻落实新"粤十条"，出台《佛山市降低制造业企业成本支持实体经济发展若干政策措施》（2018 年修订），全年共为全市企业减负 426.02 亿元，成为广东省贯彻落实国家重大政策措施5个正面典型之一；以“众陶联”为样本，推广企业内部市场化降成本模式，引导其他优势传统行业先后成立“众塑联”“众衣联”和“众铝联”等平台，并拟筹备成立“众涂联”。

【商事制度改革】 2018年，佛山市进一步深化商事制度改革，提高企业办事效率，促进经济社会发展。

企业开办时间压减　推行365天全天24小时不打烊商事登记模式，企业开办时间压缩至3个工作日内。实行企业名称自主申报和设立登记业务一次性办理，商事登记压减至1个环节。全面实行“审核合一”制度，企业设立登记当天办结。将企业申领发票环节纳入“一窗办理”，实现企业登记数据与公章刻制备案信息共享，推行银行开户申请和核准同步办理，企业开办审批环节更加精简。

“证照分离”改革推进　推进实施“证照联办”改革，形成各部门联审联办机制，打造企业登记许可“一窗受理、内部流转、联合审批、同步发证”新模式。全面推进企业经营许可主题式服务，全年共梳理推行准营类服务主题126个，审批时间压减率41.28%，准入不准营壁垒有效破解。推进“照后减证”取得实质性进展，全年市级取消和调整218项审批事项、取消132项证明事项。

行政审批标准化建设　推进审批事项标准化建设，完成编制16项设定标准，10项实施标准，确保统一审批事项在不同层级不同区域内名称、类型、设定依据、审查裁量标准等要素高度一致。持续开展“减证便民”改革行动，取消企业法人身份证复印件等3类涉企办事证明。

商事登记全程电子化改革　全面实施“一门式一网式”政务服务改革，行政审批服务事项全面实现受审分离、“一窗”受理，“一门式一网式”政府服务模式改革实践获第五届“中国法治政府奖”。大力推行“互联网+政务服务”，实行网上申办、受理、审批一网式办理。推进全程电子化商事登记（第一期）试点工作，推行具有金融功能的电子营业执照，发出全省首张金融功能电子营业执照。

纳税程序精简优化　印发实施《进一步优化税收营商环境试点行动方案（2018—2020年）》，实现主税和附加税费合并申报。打造智能办税服务厅，纳税人通过系统可办理9大类600余项业务。全市11个办税服务厅进驻行政服务中心，全部涉税（费）事项均可办理。

不动产登记便利度提升　推行不动产登记制度改革，在各区行政服务中心统一设置不动产登记综合服务窗口，实现不动产抵押登记3个工作日内、其他登记类型5个工作日内办结。建设全市不动产登记网上申办系统，实现部分主要业务掌上预约、网上预审、网上查档、网上告知。推行不动产登记自助服务，“市民之窗”自助终端可实现不动产自助打证、发证、查询等功能。

【产权保护制度改革】 2018年，佛山市产权保护制度改革有序推进。

产权保护顶层设计　建立产权保护工作联席会议制度，制定实施《佛山市完善产权保护制度依法保护产权的实施方案》，召开全市产权保护工作会议。

农村集体经济产权制度改革　南海区全面建成“集体资产管理交易”“集体经济财务监管”“集体经济组织股权（股份）管理交易”三个平台，实现资产管理交易阳光化、财务管理透明化、股权管理交易规范化。

民营经济产权保护制度　印发实施《关于依法保护民营企业家人身和财产安全的若干意见》，建立破产审判府院协调工作机制备忘录，确保破产企业资产顺利处置，保护企业家合法权益。

知识产权保护　中国（佛山）知识产权保护中心挂牌并投入使用运行，国家知识产权服务业集聚发展示范区获批建设，广州知识产权法院佛山巡回法庭建设稳步推进。培育重点产业专利联盟，医疗智能科技等6个知识产权联盟获准在国家知识产权局备案，知识产权联盟备案数量位列广东省第一。建立知识产权质押融资需求项目库，全年入库企业累计213家，向139家科技型企业发放知识产权质押融资金额7.86亿元。

【土地管理体制改革】 2018年，佛山市土地管理体制进一步完善。

工业用地保护　设立全国首个“产业发展保护区”，划定352个产业发展保护区，保障产业用地规模不少于350平方千米。顺德区获批建设广东省高质量发展体制机制改革创新实验区，推动村级工业园改造整治提升。实施土地出让价格优惠，实行弹性出让和先租后让方式供地，降低企业用地初始取得成本。探索“地券”制度改革，优化用地布局，拓展实体经济发展空间。

土地制度改革　农村土地承包经营权确权工作有序推进，农村土地承包经营权确权登记颁证基本完成。南海区中央农村土地制度改革三项试点取得阶段性成果，率先全面完成农村土地承包经营权确权市级检查验收工作、县级数据库汇交任务和市级数据库建库工作，南海区入市地块111宗，土地面积187.4公顷（2811亩），成交金额86.4亿元；协商征地项目11个，土地面积171公顷（2565亩）。顺德区在全面开展清产核资、加强集体资金资产资源管理的基础上，理顺集体经济组织登记管理、成员资格界定、集体资产交易等关键环节，全国农村集体产权改革试点通过验收。

低效产业用地整治　高明区推进低效产业用地整治提升，出台《佛山市高明区低效产业用地整治提升三年行动计划》，全年全区共盘活低效产业用地97宗，约43902公顷（6588亩）；利用盘活用地新上马和改造提升项目101个，合同投资总额约125亿元。

【科技创新体制改革】 2018年，佛山市科技创新体制改革深入推进，获批建设国家创新型城市、国家知识产权服务业集聚发展示范区。

科技创新体制机制改革　出台《关于加强和改进财政科技资金使用管理的实施意见》《关于印发佛山市重大科技项目招标投标管理办法的通知》等政策性文件，探索利用市场手段对科技资源实行竞争性、公平配置，对科技资金分配、科技项目监管、科技服务方式等进行改革。

高端创新平台和载体建设　出台《佛山市一环创新圈战略规划》《佛山三龙湾高端创新集聚区综合规划》，打造具有国际影响力的科技创新圈。启动建设季华实验室，引进新加坡半导体仪器等研发团队，全市省级企业重点实验室累计达26家。清华大学佛山先进制造研究院揭牌，中科院苏州纳米所佛山研究院、佛山（华南）新材料研究院、清华大学城市安全研究中心、省科学院佛山产业技术研究院等新型研发机构落户。佛山军民融合创新示范区核心区启动建设，禅城区张槎街道获批创建全省首个军民融合科技产业创新试点镇。

企业自主创新　新增国家高新技术企业1402家，累计3949家，认定规模以上标杆高新技术企业50家。推进企业研发机构建设全覆盖，截至2018年底，规模以上工业企业研发机构建有率达51%。

金融与科技产业深度融合　建设全国首个股权交易中心科技板。加大对企业创新的财政支持力度，推动财政资金使用从单一无偿向多元结合、从分散支持向集中使用、从注重项目资助向支持平台建设转变，全年各级财政科技投入54.65亿元，预计研发经费支出占地区生产总值比重2.42%。

【开放型经济体制改革】 2018年，佛山市深化推进对外开放，构建全方位高水平的对外开放新格局。

粤港澳大湾区建设推进　成立佛山市推进粤港澳大湾区建设领导小组，建立健全推进粤港澳大湾区统筹协调机制。深化与广深港澳合作创新，制定实施《佛山市推进“香港+佛山”合作发展实施方案》等与大湾区城市合作文件，主动对接珠海、东莞，携手参与粤港澳大湾区建设。粤港澳高端服务业示范区建设加快，“香港+佛山”7大领域11个合作项目建设进展顺利，截至年底，在佛山直接投资的香港企业合同外资约288亿美元，澳门企业合同外资16.4亿美元。

广佛同城化　与广州签订《深化广佛同城化战略合作框架协议》，编制实施广佛同城化建设2018年度重点工作计划，召开2018年度广佛同城化党政联席会议，与广州、肇庆、清远、云浮、韶关五市共同编制《广佛肇清云韶经济圈发展规划》，顺德区与南沙区签署共建广佛同城化合作示范区框架协议。广佛地铁全线通车，广佛环线佛山西站至广州南站段、广州地铁7号线西延顺德段、广佛肇高速二期、沉香大桥等加快建设。与广州签署两市深化创新驱动发展战略合作框架协议，共建广佛科技创新产业示范区。

贸易便利化　优化利用外资环境，制定《佛山市进一步扩大对外开放实现利用外资高质量发展若干政策措施》。在全国范围内率先实施“互联网+易通关”和国际贸易“单一窗口”。全面取消出口退（免）税预申报，简化出口退（免）税手续。出口退（免）税无纸化管理进一步完善，全市符合条件的出口企业基本实现无纸化申报管理，无纸化申报税额占98.78%。

（李思韵）

2018年7月20日，广州市人大常委会主任陈建华（前右二）一行到佛山调研广佛同城工作进展情况。中共佛山市委书记、市人大常委会主任鲁毅（前右三）陪同调研。图为调研组在海华大桥佛山段了解建设情况　（市档案馆供图）

发展规划管理

【《关于佛山市在构建推动经济高质量发展的体制机制上走在全省前列的行动方案》的编制与实施】 2018年，佛山市发展和改革局牵头制订《关于佛山市在构建推动经济高质量发展的体制机制上走在全省前列的行动方案》，11月15日，以市委办、市府办名义印发实施。该方案提出以新发展理念引领发展新方向，在深化供给侧结构性改革、创新驱动发展、区域协调发展、绿色安全发展、开放型经济新体制、共享发展等六方面体制机制上取得突破；到2020年，基本实现在全省率先建成推动经济高质量发展的体制机制以及制度框架和政策体系；到2022年，推动经济高质量发展的体制机制更加成熟高效，发展方式更加科学、产业结构更加合理、增长动力更加强劲，市场机制有效、微观主体有活力、宏观调控有度的经济体制全面构建，经济社会在高质量发展进程中迈出重要步伐，为全省发展大局作出佛山更大贡献。

【《关于贯彻落实“六稳”工作要求促进经济平稳健康发展的若干举措》的编制与实施】 2018年，佛山市发展和改革局牵头制订《关于贯彻落实“六稳”工作要求促进经济平稳健康发展的若干举措》，经征求省、市有关部门及各区意见，多次修改完善，于12月3日，以市委办、市府办名义印发实施，共提出稳就业，深入实施就业优先战略；稳金融，增强服务实体经济能力；稳外贸，力促外贸增长趋稳回升；稳外资，大力提升利用外资的规模和水平；稳投资，千方百计扩大有效投资；稳预期，合理引导各界预期提信心；加强组织保障，狠抓任务落实等7方面26项政策措施，全力以赴抓好稳就业、稳金融、稳外贸、稳外资、稳投资、稳预期各项工作，促进佛山经济平稳健康发展。

【国民经济社会发展年度计划的制定与实施】 2018年1月和7月，佛山市发展和改革局分别起草《佛山市2017年国民经济和社会发展计划执行情况与2018年计划草案的报告》和《佛山市2018年上半年国民经济和社会发展计划执行情况的报告》，并分别提交市十五届人大三次会议、市十五届人大常委会十三次会议审议通过。《佛山市2017年国民经济和社会发展计划执行情况与2018年计划草案的报告》包括2017年国民经济和社会发展计划执行情况、2018年国民经济和社会发展计划安排意见2部分。总结2017年经济社会发展主要指标完成情况和经济建设、城市建设、深化改革、开放合作、生态保护、民生保障等领域重点工作任务完成情况，对2018年国民经济和社会发展计划提出安排意见。

【《佛山市国民经济和社会发展第十三个五年规划纲要》实施情况中期评估】 2018年，佛山市发展和改革局牵头开展《佛山市国民经济和社会发展第十三个五年规划纲要》实施情况中期评估工作，全面总结规划实施成效，剖析存在问题，提出下一步对策建议，并根据上级工作要求科学调整部分指标预期目标值、补充部分规划内容，中期评估报告于8月经市第十五届人民代表大会常务委员会第十四次会议审议通过。从中期评估情况看，《佛山市国民经济和社会发展第十三个五年规划纲要》实施进展总体顺利，主要指标完成情况良好，达到“时间过半、任务过半”要求，为高质量完成“十三五”发展目标奠定坚实基础。

【投资计划的制定与实施】 2018年，佛山市发展和改革局起草并以市府办名义印发《佛山市2018年扩大有效投资优化供给结构工作方案》，全市固定资产投资增长5.6%。鼓励和引导民间投资发展，全市民间投资总量居全省第二位，增长18%，占固定资产投资比重达75.1%，经验做法获国家发改委肯定，在12月召开的部分省市民间投资工作座谈会上被点赞。

【重点建设项目计划的制定与实施】 2018年，佛山市安排省、市重点建设项目共264个，总投资6897.46亿元，年度计划投资815.78亿元，其中，省重点建设项目和市重点建设项目分别计划投资444.7亿元和371.08亿元。至年底，全市重点项目全年共完成投资891.24亿元，占年度计划投资的109.25%，超额完成全年建设任务。其中：省重点项目完成投资450.84亿元，占年度计划投资的101.38%；市重点项目完成投资440.41亿元，占年度计划投资的118.68%。

【供给侧结构性改革年度工作方案的制定与实施】 2018年，佛山市发展和改革局牵头制订《佛山市深化供给侧结构性改革2018年工作方案》，6月28日以市政府名义印发实施，提出5方面17大深化举措，统筹推动改革向“破立降”纵深深化。建立月跟进、季总结的工作督办机制，按月收集各区、各有关部门工作中的亮点信息，每季度就工作开展情况进行督办，推动主要目标任务落到实处。“破”方面，协调各区各有关部门大力推进全市村级工业园综合提升，为新动能腾出发展空间，2018年完成100个村居的6027家企业环境整治。“立”方面，坚持存量优化与增量优质并重，新签约投资超亿元内资项目400个，计划投资2950亿元；开展智能化改造示范企业32家，利迅达等5家企业入围省机器人骨干（培育）企业。“降”方面，全面落实新“省十条”，协调修订“佛十条”，为全市企业减负426.02亿元。系统总结提炼和复制推广众陶联经验模式，推动成立“众塑联”“众衣联”“众铝联”等系列“众”字产业平台。

【国家制造业转型升级综合改革试点年度工作要点的制定与实施】 2018年，佛山市发展和改革局制定实施《2018年佛山市国家制造业转型升级综合改革试点工作要点》，狠抓7方面25项重点任务实施。是年，实现获批开展市场采购贸易方式试点的重大突破。与国家发改委产业经济和技术经济研究所合作开展综合改革试点跟踪研究，改革经验获得新华社内参、《瞭望》杂志等高端媒体聚焦报道。

【完善产权保护制度依法保护产权实施方案的制定与实施】 2018年，佛山市发展和改革局牵头制订《佛山市完善产权保护制度依法保护产权的实施方案》，于10月16日以市委办、市府办名义印发实施。方案坚持平等保护、全面保护、依法保护、共同参与、标本兼治的原则，提出8大领域22项具体任务，推动完善产权保护制度，实现产权有效激励，深化经济体制改革。是年，该局组织召开全市产权保护协调工作会议和全市产权保护工作会议，组织开展涉产权政府规章、规范性文件清理工作，及时清理违反中央产权保护意见的政策文件。

【社会信用体系建设相关实施方案的制定与实施】 2018年，佛山市不断完善信用制度，市发展改革局制订并实施《佛山市建立完善守信联合激励和失信联合惩戒制度实施方案》《佛山市加强政务诚信系统建设实施方案》等，推动佛山成为全省6个联合奖惩试点城市之一，搭建联合奖惩子系统，实现联合奖惩备忘录发起、响应、反馈等全业务流程流转，实现联合奖惩部门全覆盖。发布首批试点应用事项清单，在政府扶持企业资金、招投标、政府采购等领域开展信用查询和联合奖惩，深化信用惠民便企应用。夯实公共信用信息平台，市公共信用信息平台成为全省首个与省信用平台实现“互联互通互查”的地市平台。启动市公共信用信息管理系统（二期）终验，截至2018年底，共归集3.26亿条数据，基本覆盖全市市场主体和常住人口。

【《佛山市贯彻落实〈粤港澳大湾区发展规划纲要〉实施方案》等的制订】 2018年，佛山市举全市之力推进粤港澳大湾区建设，市发展改革局推动成立市推进粤港澳大湾区建设领导小组并制定相关工作规则，牵头制订《佛山市贯彻落实〈粤港澳大湾区发展规划纲要〉实施方案》等系列文件，初步构建起佛山推进大湾区建设的制度体系。研究深化佛山与深圳两市协同发展，承接深圳溢出效应。制定实施《佛山市推进“香港+佛山”合作发展实施方案》，推进“香港+佛山”7大领域11个合作项目加快建设。加快探索佛澳合作模式，强化两地金融科技、经贸文化、人才培养、创新创业领域合作。全面加强同其他周边城市互动合作，与珠海合作制定《携手参与粤港澳大湾区建设合作方案》，与东莞对接起草合作框架协议。

【广佛同城化建设年度重点工作计划的制定与实施】 2018年，佛山市加快推进广佛同城迈向广佛同心，市发展改革局牵头制定并实施《广佛同城化建设2018年度重点工作计划》，组织召开2018年广佛同城化党政联席会议，推动两市签订《深化广佛同城化战略合作框架协议》，全面加强与广州在科技创新、产业协同发展、交通网络、生态环境及民生项目等领域务实合作，携手打造珠三角世界级城市群核心区。深化广佛科技合作，与广州签署两市深化创新驱动发展战略合作框架协议，推动两地创新链深度融合。南海、顺德、三水等区深化推进广佛交界区域合作，推动广佛同城化进入新热潮。南海区高起点规划三山—东沙粤港澳高端服务产业合作区获专家评审通过，与广州市荔湾区、白云区、花都区政务跨城通办事项增至780个；顺德区加快推进番禺与顺德中心城区轨道衔接，更好串联顺德北部片区，顺德、南沙两地共签合作框架协议，全面深化各领域互利合作；三水区积极深化同花都合作，推动共签花都、三水跨城政务通办合作示范试点框架协议等。

【粤桂黔高铁经济带合作试验区（广东园）发展总体规划落实】 2018年，佛山市落实《粤桂黔高铁经济带合作试验区（广东园）发展总体规划（2015—2030年）实施方案》，7月5—6日，在南海区召开泛珠区域高铁经济带建设工作现场会暨第四届粤桂黔高铁经济带合作联席会议，以乡村振兴为主题，以高铁经济带为纽带，加速沿线要素双向流动，共同落实乡村振兴战略。粤桂黔高铁经济带13市（州）共同签署《粤桂黔高铁经济带乡村振兴共同行动倡议》。成立粤桂黔高铁经济带环保产业联盟，跨区域合作产业联盟达8个，搭建起粤桂黔高铁经济带民间合作的桥梁。

【培育发展先进制造业集群的意见编制】 2018年，佛山市发展和改革局牵头启动《佛山市关于加快培育发展先进制造业集群的意见》编制工作，推动传统产业高级化、新兴产业高端化，力争到2020年培育形成装备制造、家居2个超万亿产业集群，到2025年再培育形成汽车及新能源、军民融合及电子信息2个超5000亿元产业集群，智能制造装备及机器人、新材料、食品饮料、生物医药及大健康4个超3000亿元产业集群。全年全市规模以上先进制造业增加值增长7.4%，占规模以上工业比重达49%。

【氢能源产业发展规划的编制与实施】 2018年11月23日，由佛山市发展和改革局牵头编制的《佛山市氢能源产业发展规划（2018—2030）》以市政府名义印发实施。规划文本共8章，包括发展基础和发展环境、总体要求和发展目标、重点领域、主要任务、优化空间布局、近期行动计划、支撑体系建设、规划实施保障等。规划提出氢能源发展规模“251”总目标：到2020年，氢能源及相关产业累计产值达到200亿元；到2025年，氢能源及相关产业累计产值达到500亿元；到2030年，建成氢能源产业集群，实现氢能源及相关产业累计产值1000亿元。提出“示范应用——市场化初级—市场扩张——氢经济社会”四大阶段的发展路径，研究布局技术突破工程、产业成链工程、示范推广工程、设施配套工程、开放协同工程、科普教育工程6大主要任务，力争将氢能源产业培育成为佛山新兴产业的重要支柱，将佛山建设成为全国领先的氢能源产业示范城市和集聚高地。截至2018年底，全市五区有37家主要氢燃料电池汽车产业相关企业及机构，其中上、中、下游企业占比分别为43%、33%和24%，氢能产业链布局完整、发展均衡。同时，推进加氢站建设、氢能汽车推广及全国首条氢能有轨电车示范项目，氢能应用推广走在全国前列。截至年底，全市完成4座加氢站建设，累计推广氢燃料电池汽车187辆（其中：公交车125辆，物流车59辆，其它客车3辆）。

【乡村振兴战略规划的编制】 2018年，佛山市全面落实乡村振兴战略，市发展改革局组织编制《佛山市乡村振兴战略规划（2018—2022年）》，按照“产业兴旺、生态宜居、乡风文明、治理有效、生活富裕”的总要求，提出佛山市乡村在经济建设、政治建设、文化建设、社会建设、生态文明建设等方面的重点任务和政策措施，指引乡村振兴战略落实，确保“三年见成效、五年大提升、十年根本改变农村面貌”。

【特色小镇规划和建设】 2018年，佛山市发展和改革局统筹推进特色小镇建设，组织召开全市特色小镇建设工作现场会，印发《佛山市特色小镇创建导则》《2018年度佛山市特色小镇创建工作考核办法》和《佛山市特色小镇建设进度监测制度》等文件。组织小镇建立重点项目库，以项目化形式推进小镇建设。首批市级特色小镇共有重点项目256个，总投资820.03亿元，其中2018年计划投资197.10亿元。截至2018年底，首批市级特色小镇已开工192个，累计完成投资271.35亿元。组织和统筹各区申报国家、省级特色小镇创建示范点。继北滘入选国家首批特色小镇后，西樵和乐从双双进入第二批国家级特色小镇名单。禅城的石湾和南庄，南海桂城的千灯湖创投小镇以及顺德的陈村、龙江、北滘、乐从成功入选首批省级特色小镇创建对象。截至2018年底，全市共有12个省级特色小镇创建对象，数量居全省首位，其中，陶谷小镇被确定为全省3个特色小镇典型案例之一上报国家发改委。

（王　英）

国有资产监督管理

【概况】 2018年，佛山市国有经济保持稳定快速发展态势。截至年底，全市纳入监管的国有企业557家，其中市属企业330家，区属企业227家。全市国有企业资产总额3743.98亿元，比上年增长7.00%；所有者权益总额1710.92亿元，增长18.00%；营业收入348.62亿元，增长42.60%；利润总额44.16亿元，增长 63.30%。

【国资固定资产投资】 2018 年，佛山市国资系统完成固定资产投资额 146.78 亿元，比上年增长 12.66%。其中，佛山一环高速化改造年内完成投资 30.3 亿元，实现主线贯通通车；地铁 2 号线一期、地铁 3 号线主体工程和一环西拓等重点基础设施项目建设顺利推进；公用事业建设方面，第二水源工程项目完成总工程量的 100%、西江水厂扩建项目工程全面投产运行、三水西南水都工业园供热项目主干网工程蒸汽管道全新贯通并基本具备调试条件。

【国企改革】 2018 年，佛山市国有企业改革取得明显成效。

资产证券化　市国资委推动国企上市，提升资产证券化水平。市金融投资控股有限公司（简称“市金控公司”）完成股权并购，成为香港上市公司中盈盛达的第一大股东。至此，市属国企上市公司新增 1 家，达 2 家。市水务集团股份股改上市项目引入战略投资者香港中华煤气有限公司，已通过商务部的外资投资安全审查，并按上市时间表推进相关工作；市公用事业控股有限公司（简称“市公控公司”）并购上市公司智慧松德完成第一批股权交割手续。

信用评级工作　市国资委支持企业提升信用评级，拓宽融资渠道。市公控公司主体长期信用等级由 AA +调整为 AAA，达到中国信用评级最高级别，成为全市第三家、国企首家主体长期信用等级为 AAA 企业。佛山市建设开发投资有限公司（简称“市建投公司”）主体信用评级达到 AA +。市金控公司主体长期信用等级为 AA 级。

混合所有制改革　截至 2018 年底，佛山市属国企累计发展混合所有制企业 72 家，其中 2018 年新增发展混合所有制企业 15 家。肇庆新亚铝铝业有限公司、粤构新型建材公司、广佛里投资公司、广东福电数据科技公司、银果新能源公司等一批混合所有制项目逐步落地，加快装配式建筑、新能源和大数据等新产业布局，提升佛山国有企业的运营效率和核心竞争力。

招商引资　全年佛山市国资系统完成超亿元的招商引资项目 6 个，分别为国际水都饮料食品基地集中供热管网项目、广佛里智慧慢城特色小镇项目、佛山市融合产业投资有限公司项目、广东粤构新型建材有限公司项目、广东科筑建筑工业化有限公司项目、佛水股份增资扩股项目。

处僵治困　市国资委、市中级人民法院、市工商局、市国税局等四部门联合印发《关于市属“僵尸企业”出清重组的指导意见》，推动“僵尸企业”出清重组工作。全年市属国有企业完成“僵尸企业”出清 60 家，任务完成率 136.36%。在全省“僵尸企业”处置工作会议上，佛山作为 4 个先进地市代表之一在会上作交流发言。

“三供一业”分离移交　是年，驻佛山市的央企、省企“三供一业”（供水、供电、供热和物业管理）完成分离移交或签订正式移交协议总体达 7741 家，任务完成率 121.81%，所涉项目均完成管理职能移交、资产划拨等关键步骤，绝大部分项目完成维修改造。

科技创新　是年，市公控公司筹建公控创新研究院，16 家子公司完成高新技术企业认定申报，公司全年新增专利 471 项。佛山市路桥建设有限公司（简称“市路桥公司”）成立创新研发中心，下属企业市公路桥梁工程监测站通过国家高新技术企业认定。同年，市路桥公司着手筹建省级重点实验室，并加快产学研合作项目落地实施及知识产权管理申报。

【国资监管】 2018 年，佛山市国资委印发《市国资委关于下放、取消和授权管理一批行政审批及监管事项权限的通知》，明确下放、取消、授权、保留权限目录清单 34 项，进一步规范和加强权责清单管理，确保国资监管规则统一、权责明确、分层分类，提升国资监管能力和实效。完成市属国企五年战略发展规划编制和评审工作，明确各企业的发展方向和业务定位，做到专业分工、突出主业、有的放矢，增强企业综合实力。完成 2 批共 12 名监事会成员的招聘及派驻工作，实现从外派财务总监到派出监事会的监管方式转变。出台《市国资委机关改革工作方案》，优化调整市国资委机关内部机构设置及职能定位，完善基础管理，改进监管方式。

【国资系统信访维稳】 2018 年，佛山市国资委推进市属国资系统信访维稳工作。做好市国资委领导包案的 5 宗重点

2018 年 10 月 17 日，佛山市交通运输综合服务中心（原市公路局）与市路桥公司举行“广三高速公路原市公路局股权移交签约仪式”，佛山市交通运输综合服务中心（原市公路局）持有的广三高速公路股权划拨给佛山市路桥建设有限公司

（市路桥公司供图）

信访积案化解、逐步推进历史遗留问题解决，妥善安置企业退休人员。全年全市国资系统实行退休人员安置量化34人，移交社区管理的退休人员103人，移交社区管理的孤寡退休人员档案涉及125人。全年市国资系统共接待来访群众121批次501人，接听来电95人次，处理信访件共104宗，均按要求规范受理、及时回复，完成率100%。

【国企安全生产】 2018年，佛山市国资系统有序推进安全生产、应急管理和平安创建工作。全年组织安全生产检查组1453个15983人次，其中市国资委领导和企业领导带队检查473次。全年检查企业和场所6314家（个），排查隐患数1237个，整改1237个，隐患整改率达100%。

（王　娟）

【佛山市公用事业控股有限公司】 2018年，佛山市公用事业控股有限公司（以下简称“公控公司”）拥有水业集团、电建集团、燃气集团、国通公司、国贸公司、海外公司、新金叶公司、电子政务公司等95家下属企业，持有智慧松德、金控等多家公司股权。公司主营业务有水务环保、电力生产、燃气供应、大数据和电子政务、现代服务业、新兴产业等，拥有高新技术企业21家，专利581项，5个省、市级重点工程中心。全年该公司实现营业收入123亿元，利润总额8.25亿元，净资产110亿元，资产总市值620亿元。

新增项目　所属子公司水业集团中标乐昌市村镇污水处理设施建设PPP项目、高明区城镇排水设施建设施工及试运营项目、江苏南通如东县乡镇污水处理厂及农村水环境综合治理二期工程政府和社会资本合作（PPP）项目。所属子公司燃气集团设立恩平市佛燃天然气有限公司（占股80%），并获得恩平市管道天然气特许经营权。所属子公司电子政务公司佛山民生百事通应用程序（APP）开发项目完成水费、燃气费缴费和兴业银行定向支付接口调试。

资本运作　成功收购上市公司松德智慧装备股份有限公司26.28%的股权，成为第一大股东，实现对其实际控制。水业集团下属佛水环保成功引入战略投资者，收购佛山威立雅垃圾填埋处理有限公司100%股权。燃气集团出资组建佛山市华兆能投资有限公司，正式涉足汽车充电领域。

信用等级提升　实现主体长期信用等级由AA+调整为AAA，达到中国信用评级的最高级别。正式成为佛山市企业第三家、国企首家主体长期信用等级为AAA的企业。

人才工作　全年引进博士10人，博士后工作站进站博士3人。制定公司高层次人才津贴管理办法，与佛科院签订《人才复用合作框架协议》，与西安市4所重点高校建立长期合作关系。是年，公控公司获省人社厅批准为2018年广东省博士工作站设站单位，省、市财政给予50万元建站补贴。

（艾晓晖）

【佛山市公盈投资控股有限公司】 2018年，佛山市公盈投资控股有限公司（以下简称“公盈公司”）以打造“城市综合运营商”为目标，管理全资及控股的在运营企业24家，其中包括新投公司、教育公司、佛陶集团、骏承公司、恒汇盈公司、口岸发展公司、电子口岸公司、大健康公司等二级平台8家。是年，公盈公司营业收入比上年增加10.11%，比上年同期减亏0.78亿元，资产总额80.54亿元。

探索解决历史遗留问题　全面探索解决历史遗留问题的新路径，分步解决集资本息、征地带人、不良资产潜积、债权债务、处僵治困、停产遣散、退休量化等历史遗留问题。是年，启动解决佛陶职工集资问题并完成阶段性工作；稳步解决“征地出城”人员补偿问题；超额完成2018年出清工作任务，全年出清“僵尸企业”13家，关停企业4家，完成企业公司制改制1家，实现老产业项目的优进劣退，改革化解低端无效产能。

新项目发展　大力开拓主业，加快新经济、教育、健康等产业新项目落地。是年，公盈公司新增投资项目10个，引进社会资本成立项目公司3家。抢抓粤港澳大湾区发展的重大历史机遇，成立合资公司投资建设粤港澳大湾区高端服务业总部基地；组建佛山市新经济投资发展有限公司，发展新经济项目；推进佛山“互联网+”创新产业园一期、二期提升建设，引进优质影视产业、陶瓷产业落地园区；教育产业并购项目顺利完成，扩张业务布局；跨境电子商务物流园实现盈利，清关过货量稳步增长；佛山市跨境电商公共服务平台完成升级改造并通过验收；中国（广东）国际贸易单一窗口佛山分平台全市覆盖率为100%；混改项目佛山市骏鑫汽车服务有限公司项目投入运营。

（潘云飞）

【佛山市路桥建设有限公司】 2018年，佛山市路桥建设有限公司（以下简称“路桥公司”）下辖佛山市中策高速公路投资管理有限公司、佛山市交通发展有限公司、佛山市高速公路营运管理有限公司、佛山路桥资源开发有限公司、佛山市建盈发展有限公司等5家二级企业（原有的5个区公司已申请注销），佛山市中策广明高速公路有限公司等12家三级企业，以及佛山路桥预制构件有限公司、佛山市中油路桥能源有限公司等6家三级控股企业。是年，路桥公司以高速公路建设及一环高速化改造为重点，着力服务“一环创新圈”“一环生态圈”发展；以一环西拓及其他市级统筹项目为突破口，推进构建覆盖全市域、通达粤港澳大湾区的高快速公路网。

高速公路建设及一环高速化改造　是年，该公司承担广明、佛江、佛清从、广佛肇、佛江北等5条高速的建设任务。截至2018年底，累计完成投资189.93亿元（含广明一期51.94亿元），年度完成47.87亿元。其中，广明高速一期建成通车，二期完成年度投资7亿元；佛江高速佛山段完成年度投资4.33亿元；佛清从高速一期完成年度投资4.9亿元，二期完成年度投资7.2亿元；广佛肇高速完成年度投资10.23亿元；佛江北高速完成年度投资14.01亿元，一环主线改造接近完工。

佛山一环西拓项目建设　截至2018年底，佛山一环西拓项目累计完成27.67亿元，完成总投资比例45.65%。年度完成投资16.81亿元，其中北环段完成投资8.11亿元，征地完成90%；南环段完成投资8.7亿元，征地完成

88.3%。

其他市级项目建设　番海大桥于2018年12月29日动工；禅西大道南延线（樵乐路至佛山一环段）工程获批复，完成初步设计并通过评审；金石大道西延线建议书获批复；其他10余个项目处于立项批复阶段。

高速公路收费管理　一环高速化改造通车收费的站点申报相关请示文件获省交通厅上报省政府，其中广佛肇高速、佛江高速均获批。一环高速化改造按规划全线设置51个收费站，144个出入口。截至年底，有57个收费广场进场施工，完成收费岛浇筑163条，完成计重车道基础施工56条。结合2009年通车的广明高速收费运营经验，推广鱼骨式车道无人自助缴费、手机移动支付和主线ETC自由流、货车自助缴费，以及互联网+收费（无感支付）等收费创新技术。其中鱼骨式车道无人自助缴费技术入围2018年交通部举办的“平安交通”成就展，于5月28日在北京参展。2018年10月，无偿接收原市公路局（其原下属单位佛山市龙成公路投资有限公司）持有的广三高速公路30.77%股权，并承担广三高速公路相应的运营管理责任。

（邹靓涛）

2018年12月11日，佛山市副市长赵海（前左二）视察一环高速化改造项目

（市路桥公司供图）

【佛山市铁路投资建设集团有限公司】2018年，佛山市铁路投资建设集团有限公司（以下简称“铁投集团”）以铁路、城际轨道交通、城市轨道交通及现代有轨电车项目投资、建设、经营和管理为主营业务，拥有佛山市佛铁出租汽车有限公司、佛山铁投轨道交通培训有限公司、佛山市佛铁投资发展有限公司等3家子公司，佛山市城市轨道交通三号线发展有限公司、佛山市联达出租车电召服务公司等2家控股公司，佛山轨道交通设计院有限公司等参股企业11家。是年，铁投集团资产总额359.13亿元，比上年增长24.8%；所有者权益总额145.45亿元，比上年增长70.96%。

地铁3号线工程　完成年度投资46.44亿元，完成省发改委要求投资51亿元的91.07%。截至2018年底，实现29个车站段场主体全围蔽或者部分围蔽；大墩站一期、美旗站、水口站、狮山站主体结构已封顶；大墩站—东平站区间双线洞通；东湾区间盾构掘进完成2654环；美旗—北滘区间盾构掘进完成961环；美旗—水口区间左线盾构掘进527环；狮山—太平区间左线洞通。

地铁2号线一期工程　2号线一期项目完成年度投资32.32亿元，为年度投资计划的91%；全线17个车站中12个车站主体结构基本完工，8个盾构区间双洞通，3个区间单线贯通，1个高架区间架设贯通，盾构累计掘进38.8千米；控制中心以及石湾、花卉主所已封顶；11个站装修进场施工，6个站机电专业进场施工。

广佛全线实现全线开通、全年安全运行　12月28日，广佛线后通段（燕岗—沥滘段）开通，标志着历经16年规划、设计、建设，分4段开通的广佛线实现全线运营。是年，广佛线全年列车正点率99.98%，未发生行车安全事故、乘客人身伤亡事故、治安及消防事故。截至2018年底，广佛线实现累计安全运营2981天、开行列车15.06万列、安全运送旅客1.20亿人次，实现日均客运量32.91万人次。

相关产业投资　谋划轨道沿线资源开发发展，其中3号线北滘停车场、4号线大塱山停车场上盖开发与各区达成合作意向。所属子公司佛铁出租车公司扭亏为盈，实现多元发展，全年实现经营收入2852.33万元，净利润21.95万元。参股公司轨道交通设计研究院公司持续拓展佛山市场，成功申请四项乙级资质，获评广东省高新技术企业。参股公司中车基地超额完成年度经营任务，全年实现销售2.86亿元。参股公司佛山市高明现代轨道交通建设投资有限公司负责高明区现代有轨电车示范线项目首期工程，项目总投资7.6亿元（不含加氢站），规划线路全长17.4千米（高明汽车站—科教园站），设车站20座。截至年底，高明区现代有轨电车示范线项目累计完成投资5.153亿元，占总投资额的67.8%。

新增轨道交通运营业务　按照佛山市统一运营要求，南海区新型交通系统和高明区有轨电车项目委托铁投集团运营筹备及未来的运营管理。12月1日，南海新交通156名员工正式加入运营事业总部，总部正式履行运营筹备职责。

（严丽琴）

【佛山市金融投资控股有限公司】2018年，佛山市金融投资控股有限公司（以下简称“金控公司”）坚持金融服务实体经济的基调，立足佛山市综合金融平台的定位，发展普惠金融，在服务实体经济、支持创业创新和新动能培育上发挥作用。拥有佛山火炬创新创业园有限公司、佛山市禅本德资产管理有限公司、佛金香港有限公司、佛山市富思德基础设施投资有限公司、佛山市创新创业投资有限公司5家子公司；佛山市科技风险投资有限公司1家控股公司。是年，金控公司资产总额102.57亿元，比上年增长51.78%；实现经营收入5.76亿元，增长165.46%；年度利润总额3.37亿元，增长395.19%。6月，金控公司获得2018年首届广东金融百优奖之“十优金融产业融合发展奖”荣誉称号。12月26日，金控公司迁入广东金融高新区。

经营业绩　发挥国有资本的力量和国企品牌优势，推动并购项目如期进行，经营业绩创历史最好水平。增资入股广东中盈盛达融资担保投资股份有限公司，成为该公司第一大股东。协助佛山农村商业银行股份有限公司推动合并重组工作。中标韶关高新区创服中心孵化器运营项目，实现首次对外输出品牌管理服务。所属子公司佛山火炬创新创业园有限公司园区出租面积突破10万平方米，出租率63.74%，增长44.98%。

服务实体经济　通过管理的11支政府基金（实际到位财政资金22.3亿元，累计撬动金融机构和社会资本153亿元），扶持企业918家，其中一家企业获扶持后成功挂牌创业板。是年，佛山市设立总规模100亿元的佛山市上市企业通济基金体系，金控公司成为市级通济基金母基金管理人，代表市政府负责遴选优秀的子基金管理机构。

发挥综合性金融平台作用　发起设立广东耀达商业保理有限公司，以解决佛山本地企业应收账款问题。下属企业广东耀达融资租赁有限公司向实体经济投放28.7亿元，为50家制造业企业提供融资租赁服务。下属企业佛山市科技小额贷款有限公司为120户中小企业发放4.7亿元贷款，并获“全国优秀小额贷款公司”称号。

（张晓云）

【佛山市建设开发投资有限公司】　2018年，佛山市建设开发投资有限公司（以下简称“建投公司”）定位为城市建设平台，着眼于佛山城市升级，聚焦城市建设，打造具有全产业链能力的城市建设平台。建投公司下属4家二级平台分别是佛山建投城市建设有限公司、佛山建投房地产开发有限公司、佛山建投置地有限公司、佛山建投置业有限公司。全年累计实现营业收入71.44亿元，增长162%；利润总额7.03亿元，增长68%；净利润4.94亿元，增长46%。

获得AA+主体信用评级　12月，上海新世纪资信评估投资服务有限公司信用评审委员会确定建投公司的主体评级结果，主体信用评级为AA+级（AA+仅次于最高评级），评级展望为“稳定”。获得AA+主体信用评级，为建投公司显著降低融资成本、大幅增强资金实力、获得社会普遍认可提供关键依托。

传统业务链条有序延展　至2018年底，持有租赁住房房源4714套，包括富力广场和越秀岭南隽庭518套、“双示范小区”乐从葛岸村项目约3800套、大良雅居乐项目396套。广佛里智慧慢城特色小镇项目于2018年完成启动区土地确权，进入土地出让程序。是年，建投公司竞得东亚西区土地，完成佛山市电炉厂解债和公司化改制，跟踪储备项目5个，可持续发展态势良好。璀璨天城、花曼丽舍项目取得可观收益。建投公司在湛江与民营企业合作开发恒俪湾项目，实现即开工和销售。

新业务迅速起步　获建设佛山市城市安全监控中心任务，并与清华大学下属企业合作成立项目公司推进相关工作。下属企业佛山建装建筑科技有限公司的佛山建装装配式绿色建筑基地于12月正式投产，安装2条生产线，具备连续量产能力，年产能4万立方米。是年，建投公司在建材领域战略布局新亚铝项目。新亚铝公司于3月成立，至年底，资产15.7亿元、营业收入39.8亿元、利润总额3.76亿元。

（刘宝龙）

【佛山市中力经营管理有限公司】　2018年，佛山市中力经营管理有限公司（以下简称“中力公司”）以提供档案管理、破产清算服务为主营业务，承担处置市属国资系统不良资产、解决历史遗留问题、“僵尸企业”清理退出等职能任务。是年，中力公司营业收入比上年增长，亏损比上年减少，负债比上年下降，保持稳中向好的发展态势。

发挥属下档案公司与国资系统企业路桥工程技术公司的专业技术优势，投资成立佛山市唯一一家全国资的档案信息科技公司，打造档案信息全链条业务平台。投资成立资产托管中心有限公司，成为关停企业批量化处置和企业资产股权托管服务平台，为高明区、阳江市等国资企业、部门提供“僵尸企业”出清重组工作专业意见，开展不良资产处置等合作业务。

做好市属“僵尸企业”出清工作，全年完成市属“僵尸企业”重组出清20家，累计完成102家，其中关停企业95家、特困企业7家，改善企业资产质量，优化企业资产负债结构。

妥善处理信访和群众来访，全年化解重点信访积案2宗，处理信访件46宗，有序推进企业退休人员移交社区92人。安全生产管理实现制度化、规范化、培训常态化、监督检查标准化和应急管理实战化，全年生产安全责任事故为零。

面向社会提供档案查阅利用服务1281人次，办理工龄确认等业务401宗。以“互联网+”概念搭建“退管服务”网上平台，提升退休人员管理服务水平和质量。属下至顺公司、天启公司通过由省高院组织开展的破产管理人入册资格考试并进入评审程序，成为佛山唯一入围“破产案件管理人资格”评审的国资破产清算服务企业。

（卢焕妍）

【佛山市储备粮管理总公司】　2018年，佛山市储备粮管理总公司（以下简称“储粮公司”）有下属企业5家，分别是广东佛山国家粮食储备库、佛山直属粮食储备库、佛山市粮油物业有限公司、佛山市粮油食品有限公司、广东省佛山市面粉厂。主营业务为粮食储备、粮食及食品加工和粮食贸易。全年实现营业收入7.29亿元，比上年增长76.10%；实现利润总额0.07亿元，增长22.50%，经营贸易效益呈现稳中有进态势。是年，储粮公司被国家粮食局和中国农业发展银行评为重点支持粮油产业化龙头企业。

年度粮食储备任务落实　科学制定全年的轮换计划，调整储备粮品种结构，均衡、有序地开展轮换，实现存储品种多样化，确保顺利完成轮换任务，保障地方储备粮常储常新。全年轮换原粮完成率100%。

粮食购销业务　打通粮食贸易上、中、下游环节，实现贸易全渠道管理。改进生产技术，优化面粉厂的掺粉工艺，研发出苦荞麦粉含量较高的重筋苦荞麦面。拓宽产品购销辐射范围，成功与云南、广西、贵州等地建立购销合作关系。

公司制改制　推进公司改制工商登记变更手续，按照市场监督管理局的要求及市国资委的反馈意见，对新章程进行多次修订并作补充说明，完成名称预核准申报、新章程修订以及职权范围内全部准备工作，待上级下达董事、监事等任免文件便可完成工商登记变更。加强对下属企业改制推进工作，完成佛山市粮油物业有限公司、佛山市粮油食品有限公司2家企业的公司制改制工作。

新粮库建设　12月24日，历时近3年建设期的佛山市粮食储备库（以下简称“新粮库”）举行入粮启用仪式。新粮库入粮启动，为新粮库试运营工作奠定基础。

（朱志锋）

2018年12月24日，佛山市常务副市长蔡家华视察新启用的佛山市粮食储备库

（市发改局供图）

统　计

·国家统计·

【概况】 2018年，佛山居民消费价格（CPI）呈现温和上涨态势，全年上涨2.0%。其中，食品烟酒价格上涨2.4%，非食品烟酒价格上涨1.8%，消费品价格上涨2.0%，工业品价格上涨1.7%，服务项目价格上涨1.9%。全年平均涨幅分别比全国、全省低0.1和0.2个百分点，在珠三角九市涨幅位居第五，位列中游。受中美贸易摩擦、金属石油价格往复波动等因素影响，佛山市工业生产者出厂价格（PPI）上涨1.9%。其中，轻工业出厂价格上涨0.8%，重工业出厂价格上涨2.8%。是年，佛山市全体居民收支平稳增长。全体居民人均可支配收入49630元，比上年增长8.3%，扣除物价因素影响实际增长6.2%；全体居民人均生活消费支出34053元，增长4.3%，扣除物价因素影响实际增长2.3%。

【统计调查】 2018年，国家统计局佛山调查队规范开展新接手的月度劳动力调查及其他常规调查业务、样本管理维护、调查手段信息化应用等，强化统计调查基础建设和提升统计调查数据质量。

月度劳动力调查　做好新接手的月度劳动力调查开篇布局，到各区和部分镇街开展调研座谈，深入一线了解现场调查的各个环节，走访覆盖全市近九成调查样本点，摸清全市工作现状。建立市、区、镇、村四级联动工作机制，明确各级工作职责，将工作要求条目化、制度化，提高层级执行效能；建立正、负面清单管理机制，为调查员提供规范调查的对照标准和基本遵循；建立现场督导工作机制，加大数据即时审核力度，报表期间由市、区工作人员联合组成督导组直接到点跟访入户，保障报表数据质量；制定全市指导员和调查员补贴标准，全面更新调查设备，提供调查保障；完成样本摸底调查工作。

其他常规调查业务　修订完善《佛山城乡一体化住户调查规范化建设实施方案》，做好一体化住户调查、农民工监测调查和低收入居民家庭收支调查等多项调查的采集、审核及上报工作；严格执行“三定”（定人、定点、定时）采价原则，加强对调查规格品、工程项目的核定及调整，做好居民消费价格、工业生产者价格和固定资产投资价格调查，推进固定资产投资价格统计制度改革试点工作；加强与样本企业和调查点的沟通联系，及时查询、反馈、修正企业报表错误，保证按时准确上报报表，完成主要畜禽监测、农民工监测调查、农产量遥感测量、采购经理调查、新设立小微企业跟踪调查及时间利用专项调查、国有企业全面从严治党民意调查等多项调查工作。各专业在调查中加强对数据的审核管理，执行数据修正登记等痕迹化管理手段，杜绝“踩红线”和纠正不规范问题。

调查样本管理维护　发挥好市、区、镇、村四级联动作用，通过电话核实、实地走访、平台查询等多种方式，做好调查样本框摸底清查和调查样本核实工作，提高样本的有效性。抓好住户调查选点固户工作，通过执行C问卷调查，提高高收入户的开户率和巩固率，对配合程度低或样本代表性不足的城乡住户进行替换，按规定按程序换户60户。全年高质量完成月度劳动力调查、主要畜禽监测调查样本轮换清查摸底工作，对全市22个劳动力调查村（社区）共5394个建筑物清单地址开展摸查，形成14.05万条住户地址记录，并对全市共193户养殖户进行清查确认；及时评估居民消费价格（CPI）报价点代表性，全年合理更换代表性下降的样本92个。

调查手段信息化应用　在网上直

报、手机采价的基础上，拓展手持掌上电脑（PDA）调查、电子记账、遥感测量在各项调查中应用。适时做好自建网上直报平台的维护，方便企业统计员足不出户完成数据报送，联网直报调查企业直报率维持100%。月度劳动力调查、农民工市民化进程监测调查等专业实现100%使用掌上电脑（PDA）入户；住户调查电子记账全面推进，通过摸底动员，不断扩大覆盖面，年末全市电子记账率超过84%；在农作物面积遥感测量中，建立以佛山队执飞、三水队对图像数据拼图解译的工作机制，全年出动无人机进行航拍36次，对样本村12个地块2800多个影像图片进行拼图和解译，大幅提升工作效率和准确率。佛山队与三水队联合组队参加全省国家调查队系统青年遥感技能大赛获得三等奖。

【统计服务】 2018年，国家统计局佛山调查队以经济民生热点快速调研、统计调查资料编印等工作为着力点，做好统计调查服务国民经济建设工作。

经济民生快速调研　组织完成学前教育发展情况、制造业企业应用人工智能情况、中美贸易摩擦对企业的影响情况等约稿调研，开展求职人员就业意向、医改一周年成效情况、低保政策落实情况等快速调查，结合党建工作组织农村留守老人生活现状、乡村振兴专题调研活动，等等。完成《粤港澳大湾区城市群创新能力评价与合作路径研究》《佛山对接广深创新科技走廊的路径研究》《佛山居民生活质量不平衡现状分析》《佛山新设立小微企业生存与发展探析》《示范村与落后村的共性与差异》等课题和分析报告。挖掘数据资源，组织撰写“改革开放40周年”系列分析、《“十三五”以来佛山民生发展水平不断提高》《基于生命周期理论对佛山新设立小微企业成长阶段判定》等一批专题研究报告。全年共撰写统计调查信息62篇，累计被中央两办、国家统计局、广东调查总队、省两办、市两办采用56篇次，获国家统计局领导、省领导、市领导批示4篇。

统计资料编发服务　多种渠道推进统计调查信息成果及时共享和广泛运用。编印《2017年佛山市社会经济调查报告》《佛山调查与监测》和各专业宣传小册子等资料；联合市统计局发布《2017年佛山市国民经济和社会发展统计公报》《佛山统计年鉴》等资料。面向社会主动发布并及时更新居民收支数据、价格数据及解读等。定期对外发布主要调查数据及解读，宣传重大调查及主题活动，在新闻媒体发布新闻稿近60篇次。

【统计法治】 2018年，国家统计局佛山调查队印发《2018年佛山调查队统计法治与设计管理工作要点》，统筹全年统计法治工作。

统计执法　制定《2018年“双随机”统计执法检查工作计划》和检查工作实施方案，及时更新“双随机样本库和人员库”。通过标准化执法准备、现场检查、现场询问、常见问题答疑、文书及相关证据登记等流程，规范统计执法行为，明确统计执法检查责任，确保统计执法检查规范统一、公正高效。全年共检查26个调查对象。其中，“双随机”抽查调查对象11个，占执法检查总数的42.3%。检查结束后做好《统计执法检查工作台账》，召开案件讨论专题会议；对数据差错率较大的2家企业进行立案，并作出给予警告的行政处罚。围绕样本轮换和企业统计人员变动情况累计增发补发《统计法律事务告知书》171份。通过多种方式开展数据质量检查和走访，全年共检查4429次。其中，实地走访、检查845家（户），电话检查1704次，收取调查对象记账册检查1815本，收取企业会计资料检查65家。

统计普法　利用统计执法专题培训交流会、年报会、专业培训会等契机，通过动漫教学、案例分析和有奖竞答等形式，全年累计培训人员1570人次。联合顺德调查队开展第九届中国统计开放日活动，通过知识竞赛、互动游戏、线上问答等形式宣传统计调查工作。承办广东调查总队在佛山举办的“12·8”统计普法宣传专题演出活动，通过普法情景剧、统计文艺节目、互动法治知识问答等形式开展面对面普法。围绕各调查专业尤其是新增的月度劳动力调查，利用各类培训会议、数据质量检查、走访慰问、主题宣传活动等机会，对基层统计人员、辅助调查员、调查对象和社会公众等进行统计普法宣传。

【地方统计局与国家调查队业务分工调整】 2018年，国家统计局佛山调查队按照国家统计局和国家统计局广东调查总队关于地方统计局与国家调查队业务分工调整工作的统一部署，联合市统计局成立工作领导小组，完善工作机制，通过召开地方统计局与国家调查队

2018年9月18日，国家统计局佛山调查队联合顺德队开展第九届中国统计开放日活动暨“改革开放四十年　统计调查在身边”统计调查知识竞赛

（国家统计局佛山调查队供图）

业务分工调整优化工作协调会议，制定规范统一的业务交接计划。业务分工调整中，国家统计局佛山调查队向佛山市统计局移交规下工业抽样调查、小微企业固定资产投资统计、规下服务业抽样调查、规模以下企业创新调查、广东以全国为总体的限额以下批发零售住宿餐饮行业抽样与问卷调查等5项统计调查业务；佛山市统计局向国家统计局佛山调查队移交月度劳动力调查等1项统计调查业务。业务分工调整后，国家统计局佛山调查队对移交出去的专业做好资料移交和跟踪指导，对新接手专业主动进行学习研究和流程梳理，确保工作不断、资料不丢、业务不乱。

（蒋灵彬）

·地方统计·

【概况】 2018年，佛山市国内地区生产总值9935.88亿元，比上年增长6.3%。其中，第一产业增加值144.45亿元，增长5.8%；第二产业增加值5614.00亿元，增长6.1%；第三产业增加值4177.43亿元，增长6.6%。人均地区生产总值127691元，比上年增长6.6%。规模以上工业增加值4590.05亿元，比上年增长6.3%。其中，轻工业增长7.9%，重工业增长4.9%。固定资产投资总额比上年增长5.6%。社会消费品零售总额3287.54亿元，比上年增长8.9%。

是年，佛山市统计局承接国家统计局佛山调查队部分工作职能。根据国家和省统计局有关要求，原来由国家统计局佛山调查队担负的佛山“四下”企业调查工作任务，调整为佛山市统计局负责。

【经济运行监测】 2018年，佛山市统计局建立规模以上工业增加值、固定资产投资、商品房销售面积等重点指标的日报制度，建立地区生产总值核算基础指标数据统筹制度。调动与国内生产总值（GDP）核算有关的22项基础性指标相关部门的积极性、主动性，促进全市经济增长目标的完成。年内，市统计局组织召开全市月度经济运行监测分析会7次，协办季度经济运行分析会以及多次书记专题会、市长碰头会3次。

【统计数据分析】 2018年，佛山市统计局适应市委、市政府对标先进、支撑全省、放眼全国及推进佛山经济高质量发展的新要求，在统计数据分析中将佛山放在全国发展的大视野、粤港澳大湾区的大格局中进行对比分析，注重从党的十八大以来、改革开放40年以来等时间跨度来审视佛山的发展路径和趋势。选取六大领域33项统计指标探索建立佛山市高质量发展综合绩效评价体系框架和评分办法，并从相关市直部门收集整理数据，形成《佛山市高质量发展研究分析报告》。在全市经济运行分析方面，将统计数据指标细分到行业及行业营收50强企业，形成数据翔实、内容全面、措施具体的深度统计分析。

在整理发布《佛山市国民经济和社会发展统计公报》、编辑印制《2018佛山统计年鉴》以及编辑印制统计月报（小册子）的基础上，结合全市经济运行月监测机制汇编佛山市主要经济指标完成情况白皮书（月度）。整理1978年以来佛山市主要经济指标，完成佛山市改革开放40年国民经济和社会发展主要指标成果汇编。

【统计基层基础建设】 2018年，佛山市统计局全面夯实统计基层基础建设。到南海西樵、顺德大良、禅城南庄、高明荷城等镇街推进统计基层基础建设，开展“大学习、深调研、真落实”活动。督促各镇（街道）、企事业单位按《统计法》的规定配备与任务相适应的专兼职统计人员，做到有机构、有人员、有制度、有设备、有台账。探索完善基层统计网络体系，发挥基层社区综治管理员在统计工作尤其是经济普查中的作用。南海区西樵镇统计中心配备15名专职统计工作人员和7名企业服务巡视专员，专门负责联系企业，了解企业经营情况。

【统计名录库建设】 2018年，佛山市统计局将统计名录库建设作为重点工程来抓。推进市、区、镇三级联动的综合审批及市、区两级专业联审模式，加强对上沟通协调和对下业务指导，定期通报入库进度。落实省统计局“两防”工作要求，加强与税务部门的数据比对，开展“四上”企业核查，提高在库“四上”企业数据质量。年内，实现“四上”企业新增入库1522家，全市“四上”企业数量继续保持大幅增加。联合经信、财政部门落实入库奖励政策，对2017年2807家新增入库“四上”企业进行核实，涉及用于“四上”企业入库奖励的市、区、镇（街道）各级资金近4亿元。

【统计业务培训】 2018年，佛山市统计局通过邀请省统计局专家授课，与浙江大学、武汉大学、华中科技大学等高校合作举办统计素质能力提升班，选派干部参加国家统计局、省统计局组织的培训项目等形式，把依法依规统计的理念融入、落实到具体的统计工作实践中，提升统计系统干部应对新时代统计工作的能力。全市统计系统组织开展全市商贸、月度劳动力调查、农业普查、科技、能源、投资、文化产业、服务业、“四上”企业入库、经济普查等专业业务培训，实现市、区、镇（街）三级统计机构工作人员培训全覆盖，累计参训超3000人。开展统计执法证资格业务培训，全市选派17人参加培训，9人通过考试，7人获得统计执法证。开展统计职称考试工作，全市共118人审核通过考试资格。

【统计法治建设】 2018年，佛山市统计局制定《佛山市统计局统计执法“双随机”抽查办法》《佛山市统计局办理统计违法举报工作规程》等制度，健全“双随机”统计执法工作机制。组织市级统计执法检查组，对南海区狮山镇、三水区芦苞镇共30家“四上”企业和固定资产投资项目开展防范和惩治统计造假弄虚作假“双随机”统计执法检查。开展“以数谋私、数字腐败”全面排查和专项整治工作。修订完善市统计局权责清单，并及时向社会公布。开展统计信用建设和涉企信息归集工作。建立完善统计信用制度，加强维护佛山市统计“失信企业”公示栏，推进实施严重统计失信企业公示和联合惩戒制。组织开展“12·4”“12·8”统计法治宣传教育活动。

【统计改革】 2018年，佛山市统计局推动统计方法制度改革和统计管理体制改革，推进建立新时代统计调查体系。认真贯彻落实《广东省生态文明建设目标评价考核实施办法》《广东省绿色发展指标体系》文件精神，初步建立佛山市绿色发展指标体系。

统计管理体制改革　贯彻落实中共中央办公厅、国务院办公厅《防范和惩治统计造假、弄虚作假督察工作规定》和省委、省政府《关于深化统计管理体制改革提高统计数据真实性的实施意见》，结合佛山实际，研究全市贯彻落实的具体举措，协调推进各区恢复独立设置统计机构。加强与市编制、机构改革办的沟通，推动市政府常务会议审议通过各区独立设置统计机构的决定，将恢复各区统计机构独立设置纳入新一轮机构改革。

投资统计改革　按照国家投资统计改革"压实总量、稳住速度"和"分类施策，稳步推进"的总体思路，对计划投资 500 万 ~5000 万元的项目统计方法进行改革。为适应方法制度改革，在收集各区 2017 年 4 季度和 2018 年 1、2、3 季度核查情况的基础上，充分考虑各行业、各组成部分之间的平衡关系，完成基期数据的调整修订工作，确保科学和真实反映当前固定资产投资的总量和增速情况。

【地区生产总值核算基础指标统筹制度建立】 2018 年，佛山市统计局从与全市经济增长相关联的 12 个市直（垂管）部门的 22 个基础指标着手，建立"地区生产总值核算基础指标统筹制度"，厘清统计部门和部门统计工作职责，完善部门统计工作机制，落实部门统计工作"谁主管谁负责、谁分管谁负责"原则；强化综合统筹职能，整合全市统计资源，加强对部门统计工作的指导、管理和监督，推动形成分工合理、管理规范、优势互补、信息共享的政府统计体系。

【第四次全国经济普查】 2018 年 6 月，佛山市第四次全国经济普查领导小组成立，对全市经济普查工作实行统一领导。按照第四次全国经济普查工作方案，组织召开全市经普动员大会，市长朱伟与各区政府、各部门主要负责人签订经济普查责任书。后续又成立由 36 个部门组成的领导小组办公室，负责对全市经济普查工作的组织实施。市经普办以市统计局的人员为基础，设立 10 个工作组，各司其职，高效运转。全市 5 个区 32 个镇（街道）先后参照市的组织架构成立经普领导机构，形成纵向到镇、横向到部门的全市经济普查机构网络。市、区、镇（街道）三级落实第四次全国经济普查经费 3198.03 万元，比第三次全国经济普查多 1100 多万元。全市购置掌上电脑（PDA）设备 5232 台，分发单位清查物资 900 多箱（件）。全市选聘普查员 5542 人，普查指导员 1716 人。全市统计系统在 32 个镇（街）、791 个社区村（居）委会开展"无底册"地毯式的单位清查。全市共查找单位 25.63 万个，单位查找率 77.9%，高于全省（59.2%）18.7 个百分点，排珠三角各市第二位；在底册单位中正常填表单位 24.29 万个，正常填表率 73.9%，高于全省（55.6%）18.3 个百分点，排珠三角各市第一位；清查个体户 34.11 万户，其中有证照个体 24.49 万户，有证照清查率 98.6%，高于全省（96.0%）2.6 个百分点，排珠三角各市第五位。全市清查单位数比第三次全国经济普查增长 129.1%。

（文丽娜）

2018 年 12 月 28 日，"全面弘扬宪法精神　奋力推进依法治统"统计普法宣传演出活动在佛山市图书馆举办

（国家统计局佛山调查队供图）

审　计

【概况】 2018 年，佛山市审计机关开展审计和专项审计调查项目 106 个，查出违规金额 8.64 亿元，损失浪费金额 4.71 亿元，管理不规范金额 185.49 亿元。为国家增收节支 7.79 亿元，其中上缴财政金额 4224.51 万元、减少财政拨款或补贴 39.82 万元、归还原渠道资金 7.36 亿元。出具审计报告和专项审计调查报告 134 篇，提交专题、综合性报告及信息简报 140 篇。向被审计单位或有关单位提出审计建议 357 条，推动被审计单位健全规章制度 68 项。向社会发布审计结果公告 10 篇。1 个镇（街）经济责任审计项目被评为审计署表彰审计项目。

【重大政策措施落实情况跟踪审计】 2018 年，佛山市审计局组织全市审计机关开展重大政策措施落实情况跟踪审计。重点对全市基础设施供给侧结构性改革推进情况、高新技术企业培育情况、扩大对外开放促进外贸增长若干政策措施落实情况、减税降费政策措施落实情况、创新型企业培育政策落实情况、利用外资若干政策措施落实情况、降低制造业企业成本支持实体经济发展若干政策措施落实情况、"放管服"改革推进情况，以及去产能、补短板行动计划落实情况等 9 个方面政策措施落实情况进行跟踪审计，共抽查单位 217

个，向市政府提交专题审计报告9份。对“放管服”改革推进中存在的问题通过调研报告向市政府提出16条改进建议，报告得到市领导的高度重视和批示。重大政策跟踪审计报告反映降低制造业企业成本的经验做法被国家审计署采用并向社会公布。

2018年12月18日，佛山市审计局审计人员在被审计单位开展审计工作

（市审计局供图）

【财政审计】 2018年，佛山市审计机关对48个单位进行预算执行和决算审计，延伸审计单位136个。审计发现未有效盘活财政沉淀资金2.84亿元、未及时清理上级专项转移支付结转结余资金1.26亿元、高明区欠缴2017年市级税收分成2.88亿元、禅城区应收未收土地出让金6458.51万元，以及市产业发展股权投资基金2亿元截至2018年3月未实际进行项目投资等问题。通过审计，盘活促进使用财政沉淀资金2.84亿元。对市直12个部门单位预算执行情况审计，发现1个单位及其下属单位未将上年结转结余的23个项目867.58万元纳入预算；发现2个单位未严格实行“收支两条线”管理，涉及金额474.01万元；发现5个部门单位部分费用报销附件不齐全、不合规，涉及金额152万元；发现3个单位往来款长期挂账未清理，涉及金额331.71万元；等等。市审计局围绕市委市政府推进财政体制改革的重大部署，向市政府上报关于现行市对区财政体制运行情况的调研报告，得到市领导高度重视。

【经济责任审计】 2018年，佛山市审计机关全面强化对权力运行的制约和监督，将具有执法权、管理权、审批权的领导干部作为审计监督重点，实现对镇街党政主要领导干部有深度、有质量的审计监督全覆盖，推进对市直部门领导干部有重点的审计监督全覆盖。共对22个单位领导干部进行经济责任审计，查出违规金额7.83亿元、管理不规范金额36.12亿元。市审计局组织全市审计机关对6个镇（街）党政领导干部进行任期经济责任审计，查出违规金额8.13亿元，追回财政资金1063.76万元。1个镇（街）经济责任审计项目获得审计署表彰，佛山市审计局负责组织开展的主要领导干部经济责任异地同步审计项目质量考核获得广东省审计厅的通报表扬。

【政府重大投资项目审计】 2018年，佛山市审计机关对高速公路、粮食储备库、妇女儿童医院、佛山市第二水源后续工程项目等19个重点建设项目开展审计。重点关注项目落地、资金管理使用、工程建设管理、绩效等情况，审计发现多支付变更费用、未按设计合同约定收取违约金、工程分包给不具备实施分包工程资质的单位等问题。出具审计意见单14份，对招标、资金管理、隐蔽工程、变更签证、进度、质量等方面提出114项审计建议，及时揭示风险隐患，促进加强工程项目建设和资金管理。对征地拆迁存在问题进行专题调研，形成专报上报市领导，为领导决策提供参考依据。

【广佛跨界河流域审计调查】 2018年4月，佛山市审计局完成从2017年10月开始的对佛山市广佛跨界河流域的审计调查。

佛山市广佛跨界河流域3个区12个镇（街）258个行政村，流域面积1366平方千米。为促进落实《南粤水更清行动计划》，实现新时期的水环境治理目标，2017年10月至2018年4月，佛山市审计局统筹安排市、区、镇（街）三级审计人员，借助佛山市环保主管部门和社会中介的专家力量，组织开展广佛跨界河流域水环境治理情况专项审计调查。重点关注跨界河流域整治措施落实、水环境治理工程建设、水环境治理资金使用效益以及配套污水管网建设、污水收集处理、打击偷排水力度、水环境治理工程项目和资金使用效益等。审计人员对广佛跨界河流域涉及的12个镇（街）258个行政村的水环境保护措施落实情况进行现场检查和现场抽样检查水质。对综合水环境治理审计发现的问题，向市委提交审计专报，市委书记鲁毅特别批示要求分管市领导组织各区和相关职能部门召开通报会，由市审计局通报审计发现问题，各相关责任单位逐一认领问题和限期落实整改。

4月，佛山市政府召开广佛跨界河流域水环境治理审计情况通报会议，逐项部署落实审计发现问题整改，并通过《市政府工作会议纪要的形式》，提出四大项整改措施：落实责任，制订明确的整治计划；加强污水的收集和管网维护；加快推进分散式污水处理设施建设；加大执法力度和监管力度。通过审计和限期落实审计整改，促进市环保局、区环保部门完善联合行动机制，出台《禅城—南海跨界区域环境污染防控合作协议》《禅城区环境保护联动执法工作方案》等重要制度和文件。

【审计整改监督】 2018年，佛山市审计局建立76个项目811个问题的审计整改台账，对审计发现问题按项逐条跟踪检查整改情况。实地查询检查5个区、8个镇（街）、20个单位，重点对3个区政府、6个镇（街）、10多个市直部门单位等整改责任主体进行实地督查。8月，市委书记鲁毅主持召开市委书记专题会议，会议要求各区、各单位要以全面从严治党的政治站位，加强对审计整改工作的组织领导，做好审计整改工作。截至2018年底，通过上缴各级财政、归还原渠道资金、规范账务核算等方式整改问题金额31.53亿元，完善管理制度37个，处理相关责任人2人，完成整改问题91项，整改完成率80%。督促市本级印发《佛山市本级政府投资基金管理实施办法》，规范政府投资基金管理；督促陈村、九江、龙江等镇出台公有资本经营预算和公有资产管理制度，加强公有物业管理。审计整改工作有力地促进国家和省重大政策措施贯彻落实，推动依法行政和反腐倡廉建设，推进深化改革和规范管理。

【审计质量控制】 2018年，佛山市审计局实行“现场指导、提前审理、二次审定”质量控制模式，加强审计业务质量控制，促进全市审计机关审计业务质量提升。审理人员到各镇街的包括异地经济责任审计等9个审计项目审计现场，提前介入审理工作，在出具审计报告征求意见稿之前，提出审理意见和建议50多条。组织开展对各区级审计机关审计工作报告的审定工作，提出审定意见和建议62条。

【审计管理体制改革】 2018年，佛山市委组建审计委员会，办公室设在佛山市审计局。市发改局、市财政局、市国资委相关职责划转市审计局。佛山市审计局推进审计体制改革，完善审计工作机制，强化上级审计机关对下级审计机关的领导，统筹管理各区审计机关工作。是年，佛山市审计局废止制度46项、修订制度26项、新建制度4项、保留制度70项，涉及党风廉政建设、档案管理、保密安全、人事管理、财务管理、后勤保障、业务规范建设等内容，提高审计机关规范化管理水平。

【数字化审计平台投入试运行】 2018年10月19日，佛山市审计局完成“佛山市数字化审计平台一期”项目建设，数字化审计平台投入试运行。7月，佛山市审计局启动“佛山市数字化审计平台一期”项目建设，构建大数据审计工作模式，推进大数据审计工作。佛山市数字化审计平台（一期）信息化项目投入近180万元。该平台（一期）信息化项目导入2016—2018年财政、部门预算和工商数据，将20多个成熟有效的审计经验方法固化为审计分析模型融入系统，信息化智能化管理审计计划编制、组织管理、质量控制、审计取证、审计文书、成果利用等审计全过程。

（沈淑珍）

物价管理

【重要价格改革】 2018年，佛山市深入贯彻落实国家、省、市关于推进价格机制改革意见，梳理各区和相关单位价格改革目标任务，建立和完善工作台账，确保改革工作落实到位。研究巡游出租车运价改革，优化调整运价及结构，建立运价动态调整机制，形成巡游出租车运价改革听证方案，并召开运价听证会。出台地下管廊有偿使用收费指引，为管廊建设运营单位与入廊管线单位商定入廊费提供参考。制定佛山市公立医院六岁以下儿童部分医疗服务项目和价格，从2018年2月1日起，全市公立医院对六岁以下儿童334项基本医疗服务执行新的价格。放开殡葬选择性服务收费，放开部分殡葬用品价格，合理制定公墓服务收费，加强殡葬服务价格监管。规范教育收费行为，要求义务教育阶段民办学校收费标准原则上保持3年相对稳定；对民办高中教育收费要求统一执行省规定的收费项目，严格落实收费公开公示制度，接受社会各界监督；加强对民办幼儿园的收费管理，草拟规范幼儿园收费的管理办法。探索建立全市非居民用水超定额累进加价制度。加大农业水价综合改革力度，印发2018年佛山市农业水价综合改革实施计划，推进深步水、罗塘陂灌区的用水计量设施建设，完成刘寨灌区、大塘灌区取水许可证发放等重点工作任务。按照省统一部署，开展管道燃气价格定价机制改革，按照“准许成本加合理收益”的原则制定佛山市非居民配气价格和销售价格。

【价费管理】 2018年，佛山市贯彻落实省的相关收费政策，废止排污费，调整公证服务收费，放开林业中介服务收费，降低部分无线电频率占用费，调整会计专业技术（初级、中级）、中级卫

2018年12月12日，佛山市举行巡游出租汽车运价改革听证会

（市发改局供图）

生专业技术、医师资格等考试收费。根据国家和省新出台的政策，梳理现行的收费文件，共清理废止不符合政策要求的收费文件共75份。加强行政事业性收费事中事后监管，进一步巩固清理规范涉企收费工作成果，在全市开展2017年行政事业性收费报告工作。及时更新完善收费目录清单，做到收费事项“底数清、情况明”。完善物业服务收费管理，制定《佛山市物业服务收费管理调整方案（征求意见稿）》，向社会征求意见和建议。完善停车收费政策，禅城区出台路内差异化停车收费政策、南海区制定佛山西站阶梯式停车收费政策。规范养老服务收费管理工作，清理公办养老机构养老服务收费文件。贯彻落实国家发展改革委关于完善国有景区门票价格形成机制、降低重点国有景区门票价格的要求，推动西樵山景区门票由70元降低至55元，取消南国桃园景区门票收费。规范生猪屠宰服务价格行为，制定《佛山市生猪屠宰加工服务费调整方案（征求意见稿）》。贯彻落实国家成品油价格政策，2018年先后22次调整成品油价格。落实国家粮食最低收购价政策，稻谷早籼稻较2017年分别有所下调。降低工商业用气价格，佛山市管道天然气工商业用气最高限价由4.05元/立方米降低为3.95元/立方米，实现2016年以来五连降，保持佛山市工商业用气价格处于全省较低水平。贯彻落实省电价政策。三次下调一般工商业电价，合计每千瓦时降低8.19分，全市工商业企业年可减轻用电负担7.73亿元；清理规范转供电环节收费，将降价红利传导给广大中小微企业用户；扩大差别电价政策执行范围，对余热、余压、余气自备电厂暂免收取政策性交叉补贴和系统备用费，促进节能减排和产业结构升级；改进可再生能源发电项目上网电价管理方式，对光伏发电等可再生能源发电项目上网电价管理由“事前核定”转变为“事中、事后监管”。

（梁　思）

自然资源管理

【土地规划】 2018年5月10日，佛山市公布《佛山市“十三五”城市近期建设规划（2016—2020年）》。按规划，佛山划定361.66平方千米中心城区，近期划定9处重点开发建设地区、4处重点更新改善地区和3类重点生态保育地区。规划所指中心城区，包括禅城区行政辖区、南海区桂城街道和狮山镇罗村社会管理处（原罗村街道）行政辖区、顺德区乐从镇行政辖区，总面积361.66平方千米。规划提出，到2020年，佛山市人口规模控制为910万人，中心城区人口规模控制为220万人。

11月21日，发布《佛山市中心城区“三规合一”规划》。按规划，佛山市361.66平方千米的中心城区，规划区的战略定位为全国重要的制造业基地、国家历史文化名城、珠三角地区西翼经贸中心和综合交通枢纽。

【耕地保护】 2018年，佛山市印发《关于加强建设用地计划指标分类管理使用的通知》，严格控制农村只转不征用地，既保护耕地红线，又保障发展用地。加大基本农田保护力度，南海区率先将基本农田和耕地保护补贴标准提升近50%。是年，省下达佛山市建设用地计划奖励指标432.73公顷，重点项目预支指标3.33公顷，至年底全部用完。省下达（有偿）复垦周转指标398公顷（有偿）跨省增减挂指标100公顷、土规规模20公顷。完成禅西大道南延线、一环西拓、沧江水利等天然气、输变电站、道路、水利共15个项目的用地预审，苗村填埋场、兴联污水处理厂、陈大滘旧改等10个项目的规划修改（置换规模），较好地保障大唐热电、碧桂园机器人谷和库卡、三水新能源汽车等重点项目用地需求。是年，佛山市耕地保护考核获得省政府三等奖，全市各区2016年度1426.67公顷高标田建设均获得省政府通报表扬。

【地籍管理】 2018年，佛山市各级推进第三次全国国土调查工作。市本级落实工作经费预算225万元，各区落实经费预算5437.03万元。佛山市及各区均印发《城镇村内部调查工作方案》和第三次全国土地调查工作实施方案。

根据《广东省国土资源厅转发国土资源部关于开展2017年度全国土地变更调查与遥感监测工作的通知》要求，完成2017年土地变更调查汇总表格及数据库更新工作并通过省厅验收。

【不动产统一登记】 2018年，佛山市印发《佛山市全面实施不动产登记能力和作风建设“双提升”行动工作实施方案（2018—2019年）》，优化流程，减少审批程序，精简申请材料，压缩登记办理时限，压缩率最多达80%。推行“互联网+不动产登记”，选择南海区作为不动产网上申请系统试点，实现“互联网+登记”模式，大力推进“实体窗口”与“虚拟窗口”并行模式，建设“24小时不打烊”的网上办事大厅，开展掌上预约、网上预审、网上审批以及在保障信息安全的前提下的登记结果网上公开等服务。至年底系统开发已完成，并适时向全市推开。网上办事大厅建设包含银行、开发商批量申请入口、网上预申请、人脸识别等功能。开展自助查询和“四区通查，进一步提升便民服务水平，使申请人查询不动产登记信息从原来的“跑遍四区”缩减为“只跑一遍”。截至2018年底，全市累计颁发不动产权证书134.08万本、不动产权证明114.15万份。

【土地利用】 2018年，佛山市国土资源和城乡规划局联合市农业局印发《佛山市国土资源和城乡规划局 佛山市农业局关于进一步完善设施农用地管理支持设施农业健康发展的通知》，完善和规范全市设施农业用地的使用和管理。佛山市印发《佛山市人民政府办公室关于改革留用地安置实施方式的通知》，将留用地安置实现方式逐步转为折算货币补偿或物业安置的形式，确保实现征地安置目的，避免留用地欠账增多，保障被征地农民的合法权益。

根据广东省土地市场动态监测与监管系统统计数据显示，截至2018年底，佛山市（含顺德区）2013年至2017年共获批准建设用地面积9538.79公顷，批而未供土地面积3516.49公顷，整体供地率63.13%。

【土地市场】 2018年，佛山市国有建设用地使用权共计成交170宗，成交面积793.60公顷，成交价款894.86亿元。与2017年相比，成交面积减少15.24%，成交价款下降4.39%。截至年底，佛山市出让金总额在全国主要城市出让排名中居第十四位，在珠三角城市中居第二位。是年9月6日，国有和集体建设用地使用权转让、出租、抵押二级市场试点二级试点顺利通过自然资源部验收。

【矿产管理】 2018年，佛山市持有采矿许可证的矿山合计10个，以开发利用建筑用花岗石、砖瓦用页岩、岩盐、矿泉水和地热为主，开发秩序良好。组织开展和完成11个矿业权人勘查开采信息填报和公示工作，促进矿业权人诚信自律，强化信用约束，提高政府监管效能，扩大社会监督。现场核查3家矿山，组织180人次检查矿山，加强日常监管。佛山市国土资源和城乡规划局会同市财政局、环保局联合制定印发《关于落实和加快我市绿色矿山建设工作的通知》。推动绿色矿山建设工作，高明区碧露矿泉水和高明区三千尺矿泉水被省自然资源厅批准授予绿色矿山称号。

【地灾防治】 2018年，佛山市登记在册地质灾害隐患共197处，全年完成工程治理31处，减轻地质灾害威胁。9月15—17日，第22号超强台风“山竹”对佛山造成重大影响，其间，市国土资源和城乡规划局高度重视，加强防范，全市各级国土部门共出动1898人次，撤离受威胁群众3903人。截至年底，全市地质灾害防治实现连续12年“零伤亡”。

【国土测绘管理】 2018年，佛山市国土资源和城乡规划局贯彻落实《佛山市人民政府办公室关于印发佛山高新技术产业开发区开展“证照分离”改革试点方案的通知》文件要求，结合佛山市实际，优化测绘资质核准准营管理服务，制定《佛山市测绘资质核准优化准营管理实施方案》并在全市范围内实施。统筹全市测绘地理信息管理应用，建立从测绘立法、统一数据标准、全市一个数据库、数据更新和共享应用体系。制定《佛山市测绘地理信息市场监管制度》《佛山市测绘地理信息成果共享目录》和《佛山市测绘地理信息成果共享利用及更新技术规定》。

实现一市五区空间坐标基准统一采用2000坐标系，按照制定的统一基础地理信息数据标准收集五区空间地理数据进行整理整合，生产了部分地名地址数据及最新的影像数据。初步建成起作为全市数字政府建设五大核心基础库之一的佛山市自然资源和空间地理基础信息库，包含1：500基础地形数据、电子地图、兴趣点、历年遥感影像数据、土地利用总体规划、城市总体规划、控制性详细规划、交通等各类数据，共计10大类73小类。该数据库通过动态更新的机制开展数据的动态更新，保障数据的时效性。

【国土资源执法监察】 2018年，佛山市对核实的513宗违法用地案件全部进行查处整改。其中：非立案处理63宗全部整改到位；应立案450宗，已立案450宗，已结案450宗。2017年度土地卫片查处中，共处罚款1751万元；依法决定拆除违法建（构）筑物28.5万平方米；依法决定没收建筑物7.3平方米，没收违法所得0.16万元；直接拆除复耕复绿土地17.75万平方米。

【土地储备开发】 2018年，佛山市新增储备入库土地1宗，面积为12050平方米；供应储备土地1宗，面积为25200.8平方米。至年底，市级储备存量土地共55宗，面积合共127.08万平方米。加强储备土地整理，保障政府土地供应，协调有关主管部门对禅城区绿景路北侧、澜石大涌西侧地块地下管线进行迁移，确保土地顺利交地；完成石湾工业陶瓷厂位于禅城区东风路15号地块剩余补偿、管线探测、土壤污染调查及不动产登记工作，该土地具备出让条件；配合协助市国资委开展南海区里水镇和顺幸福大道地块土地收储平整及不动产登记等工作，推进该地块收储及供应。

【义务植树】 2018年，佛山市结合“大湾区高品质森林城市建设”主题，丰富植树活动的载体、形式及内容，开展形式多样的义务植树活动。全市32个镇（街）组织机关干部、部队官兵、企事业单位、社会团体等社会各界在各绿化点开展义务植树活动，全市组织义务植树活动超40场，共种植苗木1.3万株、完成绿化面积达22公顷。截至2018年底，全市共组织参加义务植树活动293.88万人次，种植各类树木折算数量399.67万株。

【森林资源保护管理】 2018年，佛山市开展森林督查工作，重点指导高明区做好国家局广州专员办对该区森林资源发展和保护目标责任制及森林督查的迎检和整改工作。截至2018年底，全市完成山上造林935.87公顷，完成省下达的任务，中幼龄林抚育2119.07公顷。深化国有林场改革，开展国有林场自然资产统计，摸清国有自然资产家底。野生动植物保护和管理力度加大，核查人工繁育国家重点保护野生动物情况，摸清全市人工繁育国家重点保护野生动物基本情况。

【森林防火】 2018年，佛山市森林防火工作扎实有效。《佛山市森林防火规划（2019—2025年）》通过专家评审。开展森林防火培训，9月，市防火办组织举办森林防火业务培训班一期，对佛山各区、镇（街）近50名防火骨干人员进行培训，提高各区、镇（街）指挥和扑救人员应急扑救能力。

【岛长制】 2018年，佛山市各区基于市级工作方案和工作指引，编制印发及实施区级工作方案和岛长制，明确区、镇（街）两级岛长，落实各区级部门责任分工，建立会议协商、日常巡查机制和信息报送制度，其中，禅城区、南海区、高明区将河心岛生态修复纳入镇街绩效考核，顺德区纳入城市治理考核。完成河心岛公示牌立牌工作，岛长制拓展了线上线下多种公众参与渠道，公众可对河心岛生态管控修复效果进行监督和评价。佛山市岛长制的制度创新明确了管理职责，提高了项目的执行力，因岛施策（“一岛一策”）接地气，河心岛生态修复工作能够按照预定的目标完成任务，为全省、全国其他类似地区生态修复提供实践经验和参考模式。

（郭　庆）

市场监督管理

·工商行政管理·

【概况】2018年，佛山市新登记各类市场主体15.72万户，比上年增长30.91%，平均每个工作日诞生677户，其中新登记民营商事主体占比超过95%。全市各类市场主体总数达72.03万户。佛山市拥有注册商标总量30万件，比上年增长34.64%。其中，集体商标和地理标志证明商标97件，居全省地市首位；中国驰名商标160件，居全国地级市首位；马德里体系国际注册商标754件，排广东省地级市第三名。

是年，广东省“守合同重信用”企业公示活动中，佛山市有2890家企业榜上有名，比上年增长27.09%。市工商行政管理部门加强流通领域重点商品质量监管，开展红盾质量维权行动，抽检流通领域相关商品185款，立案查办流通领域不合格商品案件6件。依法调解消费纠纷，保护消费者合法权益，全年全市工商和市场监管部门接收市民投诉举报72899件，比上年增长79.6%，为消费者挽回经济损失4345.37万元，增长22.9%。

【商事登记制度改革】2018年，佛山市工商行政管理局在全国率先创新打造开办企业全流程3环节（商事登记、刻制公章、申领发票）3天内办结、营业执照自助办理5分钟完成的“3+5”商事登记模式（该商事登记模式被誉为商事登记制度改革“佛山模式”）。在此基础上，将银行开户环节纳入开办企业全流程中，实现开办企业4个环节5天内办结，为全省乃至全国提供可复制、可推广的改革样本。在全国率先推行365天全天24小时不打烊商事登记模式，并自主创新研发佛山市商事主体24小时智能商事登记系统及自助终端机，实现工商审批秒核、营业执照自助办理5分钟完成。该改革做法，经省政府上报国务院办公厅，形成专报转全国各省。11月，该改革模式获评第四届中国“互联网+政务”优秀实践案例50强。

是年，佛山市被国家市场监督管理总局确定为开展“企业开办全程网上办”改革试点城市。试点工作中，全面推广使用移动版24小时智能商事登记系统，市民可通过微信公众号登录24小时智能商事登记系统，实现开办企业“零见面、零跑动”；推动自助办照服务范围全覆盖，创新开展24小时智能商事登记系统“五进”（进社区、园区、专业市场、商业中心、银行网点）工作，70台自助终端机覆盖市、区、镇（街）行政服务中心及部分工商登记注册大厅。全年通过佛山市24小时智能商事登记系统申办开业的市场主体数量超过15000户，至年底，全市通过24小时智能商事登记系统办理设立登记的个体户业务量占总个体户业务量50%以上。

是年，市工商行政管理局试点推行准入即准营的“证照联办”创新模式。在禅城区、南海区开展试点工作，将营业执照与工商登记后置审批项目、关联服务项目纳入综合窗口统一受理，将工商和市场监管部门与各主管部门间的串、并联审批相结合，打造全市各部门涉企审批证与照“一窗受理、联合审批、同步发证”的全国创新模式，形成“共享互认资料、优化业务流程、精简申请材料、服务高效便捷”联审联办机制，从而打破部门壁垒，倒逼审批效率进一步提升，方便企业和创业者办事，解决“准入不准营”问题。

【新型市场监管体系构建】2018年，佛山市工商行政管理局完善以信息归集共享为基础、以信息公示为手段、以信用监管为核心的新型监管制度，以创新开发的全省首个覆盖市、区、镇（街）“市场监管服务信息化平台”为载体，推进实现大数据科学监管服务。是年，该平台已归集市、区、镇（街）90个市场监管部门的监管数据7391.3万条，建成全覆盖式“一户一档”，实现对市场主体的全生命周期监管。依托上述平台，助力佛山海关完成进出口企业报关注册“无纸化”改革，将相关信息审核时间从几个小时缩短到10秒以内；建成佛山市企业信用信息公示系统，打造具有佛山特色的1+X主题信息一站式查询公共服务；在全省率先创新研发的“列严小助手”应用（“列严”指列入严重违法失信企业），实现“列严”工作高效管理。是年，佛山市2017年度企业年报率94.54%，排全省各地市第二名。

推进佛山市“双随机一公开”工作，建成全市统一、普适、可复制的“双随机”抽查系统，在全省率先完成对区级各部门“双随机一公开”工作考核，首创“双随机”抽查全流程同步录屏工作模式。是年，平台“双随机”抽

2018年7月9日，佛山市召开打造365天全天24小时不打烊商事登记模式暨开办企业便利度再提升再改革新闻发布会　（市市场监管局供图）

查系统已归集全市93.1万个对象的监管对象总库和2576名监管执法人员的执法人员总库，系统上建有市、区各部门“双随机”抽查计划达1027个，完成抽查近6万户次。

【大商标战略】 2018年，佛山市工商行政管理局制定全国首个区域商标规范管理指引文件《佛山市工商行政管理局区域商标规范管理指导意见》，出台《佛山市商标品牌战略发展三年行动计划》，召开佛山市商标知识产权保护观摩交流会和佛山企业海外知识产权保护研讨会，建立海外商标注册培育库和区域商标培育库，助推商标品牌经济发展，提升区域品牌竞争力。开展打击商标侵权“溯源”行动和“净化”行动，向上级有关部门报送驰名商标企业在全国范围的100多条侵权线索。开展“双打”行动，严厉打击商标侵权假冒行为，全年查处商标违法案件79宗。做细做实商标预警工作，发出《商标使用策略提示》《商标续展预警提示》等各类商标预警通知书21000多份，其中发出抢注预警293份。高质量发布《佛山地区商标报告》，开展商标品牌战略宣传语征集活动，组织企业参加中国商标品牌节。是年，佛山市拥有注册商标总量30万件，比上年增长34.64%。集体商标增加53件，增长143%，地理标志证明商标比上年增加2件，增长40%。集体商标和地理标志证明商标总数达97件，位居全省地级市首位。各类注册商标中，中国驰名商标160件，位居全国地级市首位，增长0.62%；马德里体系国际注册商标754件，名列广东省第三位。

【放心消费创建试点城市建设】 2018年，佛山市工商行政管理局围绕百姓消费升级趋势和消费热点，以创建放心消费城市为契机，完善消费维权和社会监督体系建设，消费环境等指标测评两次获全省第一。其中，1月25日中国消费者协会在京首次发布的《2017年城市消费者满意度测评报告》（50个大中城市作为该次测评城市）显示，佛山市得分全国排名第四、广东排名第一；5月10日广东省政府新闻办发布的《2018年广东省消费环境评价报告》显示，佛山市总得分排名广东省第一。是年，佛山市打造宜居宜业宜消费城市新名片的经验做法，被《中国工商行政管理》杂志和《中国消费者报》报道并向全国推广。

实施放心消费“10 + 10 + 100”创建工程，深化5个商标品牌聚集区放心消费示范点和5个旅游景区放心消费示范点创建，指导10个行业协会开展放心消费示范点创建，推进100个消费维权服务站放心消费示范点创建。在全国率先启动“消费维权服务站联盟标准体系”建设，是市场监管流通领域首个社会管理和公共服务标准化项目。以南海区为试点，建成广东省首个消费投诉公示平台。作为广东省工商局开展消费投诉信息公示试点城市之一，在佛山市企业信用公示系统中开设“佛山市消费投诉信息公示门户”，逐步建立常态化消费投诉公示制度机制，完善企业信用监管体制，全面推进消费维权社会共治，为省消费投诉信息公示提供可复制经验。

【放心消费示范单位“诚信码”启用】 2018年，佛山市推动放心消费试点创建工作，发挥放心消费单位（点）的示范引领作用，率先开设“放心消费创建诚信码”。至年底，全市有272个放心消费示范单位（示范点）持码上线，方便市民了解企业信息、企业诚信和投诉举报，形成封闭性全链条的诚信监督管理。

【消费维权】 2018年，佛山市工商行政管理局加强流通领域重点商品质量监管，开展红盾质量维权行动，组织开展抽检流通领域相关商品185款，立案查办流通领域不合格商品案件6件。依法调解消费纠纷，保护消费者合法权益。全年全市工商和市场监管部门接收市民投诉举报7.29万件，比上年增长79.6%；为消费者挽回经济损失4345.37万元，增长22.9%。

佛山市消委会依法履行公益性职责，促国际车企召回问题车辆1.79万辆；融入粤港澳大湾区建设，与港澳消费者委员会签署工作备忘录，建立三地消费纠纷处理合作机制；开展家用洗碗机、家用智能门锁等比较试验工作；开展“向消费者承诺诚信经营”活动，全市208家企业公开向社会承诺诚信经营，引导企业加强诚信自律、依法经营；启动“和解与投诉平台”手机端，有500多家企业加入和解投诉平台，促进消费投诉便捷度优化升级；开展年度“最美消费维权人物”评选，发挥先进人物的引领作用。市消委会连续三届获全国消协组织消费维权先进集体。是年，佛山市处理消费纠纷5.76万件，为消费者挽回经济损失4759.31万元。其中市、区消委会秘书处处理投诉804件，通过佛山市消委会网络平台和解途径解决消费纠纷63件，行政部门处理投诉案件5.44万件，通过仲裁解决消费纠纷869件，通过诉讼途径解决1406件。

【佛山市消费维权服务站联盟标准体系发布】 2018年，佛山市推进消费维权服务站规范化创建，在全国率先启动“消费维权服务站联盟标准体系建设”，填补消费维权网络领域标准建设的空白；发布全国首个市场监管领域的社会管理和公共服务标准化体系——佛山市消费维权服务站联盟标准体系。消费维权服务站系列联盟标准主要包括消费维权服务站基础设施建设、规范维权服务站受理服务章程以及消费维权服务站的考核测评等内容。

【工商监管执法】 2018年，佛山市工商和市场监管部门办结经济违法案件4340件，比上年增长20.96%。查办不正当竞争案件成效显著，办结反不正当竞争案件89件。其中，查处新《反不正当竞争法》全省第一案，受到原国家工商总局和省工商局的高度关注；查办某公用企业限制竞争案件，办案人员获评全国工商和市场监管部门公用企业专项整治工作表现突出个人；查办的上海某家居品牌管理有限公司佛山禅城分公司不正当有奖销售案被国家市场监管总局评为中国反垄断与反不正当竞争行政执法十大典型案件。开展“老人免费体验店”违法经营行为专项整治，立案和结案数均名列全省第一。打击传销工作保持高压态势，开展“云联惠”收网行动及维稳工作，组织开展整治以直销名义和股权激励、资金盘、投资分红等形式实施传销违法行为专项行动。截至10月底，全市工商和市场监管部门共办结传销案件4件，罚没金额213.75万元。反走私综合治理工作有效开展，组织开展“国门利剑2018”联合行动专项行动、打击整治“洋垃圾”走私“蓝天2018”专项行动等，全市工商和市场监管部门共查处销售无合法来源商品案件14件，查获成品油323.1吨，向公安部门移送涉嫌走私红油案件1件。

开展全市无证无照经营查处专项行动。截至10月底，全市工商和市场监管部门查办无照经营案件856件。开展“红盾护农”、流通环节“限塑”专项整治、成品油市场整治、禽流感防控、家禽“集中屠宰、冷链配送、生鲜上市”等工作。强化广告监管职能，实现广告业年报统计率连续三年100%，虚假违法广告综治考评连续三年排全省第一名，全市工商和市场监管部门查处违法广告案件640件，增长64.1%。

【工商市场领域扫黑除恶】 2018年，佛山市工商行政管理局建立扫黑除恶专项斗争工作责任制等15项工作机制，通过监管或联合执法深挖涉黑涉恶线索，采取举报奖励方式鼓励市民群众积极举报线索，在“佛山市企业监管服务信息化平台”上创新设计扫黑除恶专项斗争线索归集功能模块，开展滚动拉网式涉黑涉恶线索排查。全年全市工商和市场监管部门共摸排涉黑涉恶涉乱线索209条。其中，涉黑涉恶线索166条（有效线索118条）、涉乱线索43条。全年向公安机关移送涉黑涉恶涉乱线索18条。

是年，全市工商和市场监管部门针对市场主体发送宣传短信143万余条次，组织专题宣传活动181场次，编发工作简报22期，悬挂横幅2875条，张贴宣传海报4.6万张，发布动态播放宣传标语的LED显示屏数2308个次，发放宣传单张、手册、公开信20.7万份。在省工商和市场监管系统公布的广东省工商和市场监管部门扫黑除恶20个典型案例中，佛山市工商和市场监管部门有7宗案例入选，占案例总量1/3；扫黑除恶工作经验被《中国工商报》刊登推广。

【市场规范管理】 2018年，佛山市各级工商和市场监管部门加强对市场活禽销售行为监管，落实市场开办单位责任，落实活禽经营市场“一月一休市”制度。加强休市期间全市农贸市场的巡查监管，重点检查是否有落实休市、是否在显眼位置张贴休市公告、清洁消毒是否彻底，以及“1110”防控工作台账记录是否齐全。落实市场联防联控措施，与食药监、农业、卫计、住建等部门协同管理，配合和参与市食安办牵头组织的休市前后联合执法检查行动，结合自身职责，检查活禽经营市场是否严格落实“1110”防控工作、市场周边是否有违规售卖活禽行为。有重点地在全市活禽经营批发（零售）市场开展巡查督导工作，针对流感防控“常规期”个别市场少数经营户防控意识有所松懈，没有执行休市规定的情况，全市工商和市场监管部门严厉打击。是年，出动执法人员2693人次，检查活禽经营市场1683个次、活禽经营户5786户次，开展联合执法68次，立案查处休市期间从事活禽经营的案件6件。

履行市场监管职责，配合相关主管部门做好市场非洲猪瘟等动物疫病防控工作，共出动执法检查人员1841人次，其中会同农业等部门联合执法113人次，检查各类市场984个次，检查经营户3962户次，暂时关闭生猪集中交易市场（交易点）3个，责令市场开办者整改16个次，向农业部门通报疑似疫病线索1条，向农业部门通报市场监管情况4条。

开展流通环节“限塑”专项整治，共责令整改686户次，查处无照经营1户，查获不合格塑料购物袋389.7千克，立案查处市场经营者“限塑”案件29件，办结24件，案值3.68万元，罚没金额0.95万元。

落实开展涉油大气污染防治及成品油市场综合整治工作，全市工商和市场监管部门依照相关职责分工，加大对成品油市场监管执法力度，加强流通领域成品油质量抽检，依法查处无照经营、销售不合格和走私成品油经营行为。全年全市工商和市场监管部门共出动人员885人次，出动车辆365辆次，检查相关加油站（含水上加油站）、用油企业514户次，在流通领域抽检成品油120批次、抽查加油机48台次、加油枪255支次、查处无照经营加油站点3个、查获移动非法加油点1个。

【守合同重信用企业公示】 2018年1月起，佛山市工商行政管理局开展2017年度广东省“守合同重信用”企业公示活动，并启用新版“守合同重信用”企业公示系统。截至3月30日申请日，“守合同重信用”企业公示申请企业突破3000家，达3225家，比上年同期2336家增加接近四成。经过层层把关，截至6月1日全省公示日，佛山符合公示条件的企业2890家，比上年增加616家，数量仅次于广州，居全省第二位。

是年，在2017年度广东省“守合同重信用”企业公示活动中，市工商局统一开展全市的部门征信工作，共向人社、环保、住建、交通运输、质监、安监、食药、国税、地税、海关、人行、仲裁委等12个部门就3225家申请企业信用和守法经营情况进行征信，征信部门的数量和征信企业的数量均为历年之最。征信过程中，凡有违法经营行为或有不良信用记录的企业，经查证属实一律一票否决。

【工商市场领域网络监管】 2018年，佛山市工商行政管理局加强工商市场领域网络安全监管。在广东省率先建立市、区两级的网络市场监管部门联席会议制度。与杭州市市场监管局签署网络交易监管跨区域协作协议，依托“红盾云桥”智能平台，在网络案件协查、案件线索移送、网络打假维权等方面进行深度合作。分别与阿里巴巴、美团点评集团签署开展电子商务领域社会共治合作备忘录，促进双方在数据信息共享、网络监管协作、网络消费维权、服务电商发展等方面进行深度合作，通过政企合作的形式共同促进互联网行业健康规范发展。开展“网剑行动”，围绕重点领域，抓住关键环节，严厉查处网络虚假违法广告、刷单炒信、商标侵权、假冒伪劣等侵害群众利益的违法行为。全年全市工商和市场监管部门共办结网络违法案件471件。

（卢泰山）

·质量技术监督·

【概况】 2018年，佛山市质量技术监督局开展细分行业龙头企业认定工作，新认定216家细分行业龙头企业，累计认定细分行业龙头企业370家；截至2018年底，佛山市拥有广东省名牌产品总数580个，占全省总数的26.1%，连续多年居全省第一位；有11家企业累计18个产品获得“广东优质”品牌认证，数量位居全省第一；佛山市有4家企业获“中国质量奖提名奖”、11家企业获“省政府质量奖”，数量均位居全省前列；累计获批创建“全国知名品牌示范区”13个，获批数量居全国地级市第一位。全年全市新增发布实施联盟标准38个，累计实施联盟标准227个；新推动全市企事业单位参与制修订国际标准1项、国家标准130项、行业标准22项、地方标准3项；推动89个工业产品通过采用国际和国外先进标准认可。佛山市工业产品在2018年国家、省、市产品质量抽检综合合格率94.6%，比上年提高1.1%。

【质量强市创建】 2018年，佛山市“全国质量强市示范城市”创建工作进展顺利。制定实施《佛山市加快推进“全国质量强市示范城市”示范点培育建设工作方案》，在产品质量、工程质量、服务质量、城市辖区等4个领域选取10个示范点，按照建设标准完成验收准备工作。邀请国家市场监管总局的专家到佛山市指导，对验收材料进行再完善，提炼出“一个理念、两个保障、三个支撑”的“佛山制造”发展模式。完成《佛山市创建全国质量强市示范城市宣传片脚本》初片制作工作。制定印发《佛山市2017—2018年度区人民政府质量工作考核实施方案》，完成市对区政府质量工作考核。开展2018年度市民质量满意度测评，编发12期《佛山市创建全国质量强市示范城市工作简报》，开展18期中小学质量教育实践活动，有1800余名中小学生参加活动。

【以质取胜战略】 2018年，佛山市质量技术监督局组织开展细分行业龙头企业认定工作，按程序认定216家细分行业龙头企业，2107—2018年累计认定细分行业龙头企业370家。制定印发《佛山市产品质量提升工作指引（试行）》，指导佛山市各区开展产品质量提升工作，完成智能马桶盖、家用燃气具、电饭锅3类产品质量比对研究提升，启动铝合金建筑门窗等5类产品的质量比对研究提升工作。组织开展2018年市级产品质量监督抽查，全市工业产品质量监督抽查综合合格率达94.6%，比上年提高1.1%。对全市重点工业品的质量状况和区域工业产品质量状况进行分析研判，印发专题报告4份，梳理出产品质量风险信息165条，对78家质量状况不稳定企业进行约谈。召开6期产品质量分析会，对360家企业的400多名质量管理人员进行培训，对200家重点企业开展质量义诊；举办4期企业质量管理者提升培训班，全市300家企业的375名管理人员参加学习；推广建立健全质量管理体系，提高企业产品质量管理和控制水平，截至年底，全市有1525家企业新获得质量管理体系认证证书，全市企业累计获得质量管理体系认证证书7575张。

佛山市细分行业龙头企业数量汇总情况

区　域	第一批（家）	第二批（家）	合计（家）
禅城区	27	19	46
南海区	52	72	124
顺德区	40	74	114
高明区	18	15	33
三水区	17	36	53
合计	154	216	370

【技术标准战略】 2018年，佛山市新建标准联盟14个、新增联盟标准38个，全市累计拥有标准联盟94个、制定实施联盟标准227个。

是年，佛山市质量技术监督局修订《佛山市关于推进标准化战略的实施意见》《佛山市标准化战略资金管理办法》，发挥标准化对促进技术创新、提升产业核心竞争力的重要作用。新推动企事业单位参与制定156个国际、国家、行业、地方标准，抢占行业“话语权”，全市累计制修订各类标准1814个。鼓励企业将科技创新成果转化形成技术标准，引导扶持企业将科研创新成果转化为技术标准15个，累计制定342个先进标准。指导广东邦普承担的国家级“废旧电池回收利用循环经济标准化试点”，以及顺德长鹿环保度假农庄、广东工业设计城、南海区行政服务中心等4个省级服务业标准化试点单位顺利通过专家验收。推进企业标准管理制度改革，新推动1356家企业自我声明公开4317份企业产品和服务标准。6月，佛山市被国家标准委确定为第一批参与“百城千业万企对标达标提升专项行动”的城市。年内，佛山市蒙娜丽莎、联邦家私获批创建第一批国家级消费品标准化试点，佛山科学技术学院获批筹建国家技术标准创新基地（氢能）。

【佛山成为首批“百城千业万企对标达标提升专项行动”城市】 2018年6月5日，根据《国家标准委办公室关于下达第一批参与“百城千业万企对标达标提升专项行动”城市名单的通知》（标委办服务〔2018〕86号），佛山市被国家标准委列为第一批参与百城千业万企对标达标专项行动城市。目的是鼓励和引导企业瞄准国际标准提高水平，加快转化先进适用的国际标准，提升企业标准与国内外标准一致性程度，推动我国优势、特色技术标准成为国际标准，以标准引领质量提升，促进区域质量水平整体跃升。

为深入开展对标达标提升专项行动，佛山市选取陶瓷、家电、铝型材、机械装备、内衣等优势产业为重点领域，制定重点产品对标达标实施方案，鼓励企业对标国际标准，查找重点产品对标差距和标准提升空间，开展比对分析、技术验证、比较试验和产品创新等工作，组织10个业态100家以上企业参与专项对比，主动制定、实施先进标准，以先进标准引领企业产品和服务质量提升，制定联盟标准、团体标准30项以上，促进形成一批标准水平领先、特色鲜明的优势产业和企业。

2018年佛山市新增联盟标准名录

序号	标准号	标准名称	发布时间
1	FSLB/SJ 1-2018	陶瓷喷墨打印液体色料	2018/4/12
2	FSLB/SJ 2-2018	摆臂式冲压上下料机器人	2018/4/27
3	FSLB/SJ 3-2018	工业机器人可靠性评定	2018/4/27
4	FSLB/SJ 4-2018	工业机器人故障诊断规范	2018/4/27
5	FSLB/SJ 5-2018	工业机器人健康状态评估	2018/4/27
6	FSLB/SJ 06-2018	红外煨汤煲	2018/4/20
7	FSLB/SJ 07-2018	空气炸锅	2018/4/20
8	FSLB/SJ 08-2018	电炖锅能效限定值及能效等级	2018/4/20
9	FSLB/SJ 09-2018	洗碗机保管功能的评价与分级	2018/4/20
10	FSLB/SJ 10-2018	室内照明LED筒灯	2018/6/4
11	FSLB/SJ 11-2018	办公场所LED照明设计规范	2018/6/4
12	FSLB/SJ 12-2018	凹面电磁灶	2018/5/30
13	FSLB/SJ 13-2018	禽畜产品及水产品中喹诺酮类药物残留的快速检测方法	2018/6/8
14	FSLB/SJ 14-2018	食用农产品快速检测实验室规范	2018/6/8
15	FSLB/SJ 15-2018	佛山市食品安全“两图两档两公开”管理规范	2018/9/10
16	FSLB/SJ 16-2018	佛山市食品从业人员培训规范	2018/9/10
17	FSLB/NH 1-2018	全铝家具 厨柜	2018/6/28
18	FSLB/NH 2-2018	全铝家具 酒柜	2018/6/28
19	FSLB/NH 3-2018	全铝家具 浴室柜	2018/6/28
20	LB/QCLM 1-2018	机动车维修服务规范	2018/8/22
21	FSLB/SS 01-2018	宗祠聚餐管理规范	2018/7/18
22	LB/GMSL 001-2018	聚氯乙烯（PVC）薄膜用钡锌复合热稳定剂	2018/6/26
23	LB/GMLHJ 01-2018	铝合金模板型	2018/6/27
24	Q/SDJC 02-2018	素面成型胶合板	2018/2/6
25	Q/SDJC 03-2018	家具用纺织品	2018/2/6
26	Q/SDJC 04-2018	家具用软质聚氨酯泡沫塑料	2018/2/6
27	Q/CD 01-2018	葡式蛋挞	2018/4/9
28	Q/TSC 01-2018	香芒牛柳	2018/4/9
29	Q/CPTG 01-2018	“秘制碌鹅”菜品提供服务规范	2018/4/9
30	Q/CPTG 02-2018	“生炒水鱼”菜品提供服务规范	2018/4/9
31	Q/GDJD 04-2018	家用电器用电蒸汽发生器	2018/4/10
32	Q/GDJD 05-2018	嵌装式电烤箱	2018/4/10
33	Q/GDJD 06-2018	嵌装式微波炉	2018/4/10
34	Q/GDJD 07-2018	厚膜即热式饮水机	2018/4/10
35	Q/GDJD 08-2018	家用和类似用途自动炒菜机	2018/4/10
36	Q/JCD 01-2018	微波炉磁控管用钼元件	2018/5/1
37	Q/SDJS 003-2018	家用和类似用途即热式饮水机	2018/6/12
38	FSLB/SD 56-2018	校园防爆防恐应急处置演练服务规范	2018/10/8

【品牌带动战略】 截至2018年底，佛山市有4家企业获得“中国质量奖提名奖”、11家企业获得“省政府质量奖”，各项数据均居全省前列。2018年3月，南海区西樵梭织面料、高明区人造石英石产业、三水区饮料产业、三水区通信天线产业等4个示范区获批创建“全国知名品牌示范区”，佛山市获批创建的全国知名品牌示范区共13个，位居全国地级市首位。选取“禅城电源”“张槎针织”2个品牌作试点，进行区域品牌运营，探索品牌维护和运营经验。

2018年佛山市获批创建全国知名品牌示范区情况

序号	示范区名称	示范区域
1	全国梭织面料产业知名品牌创建示范区	南海区
2	全国功能性饮料产业知名品牌创建示范区	三水区
3	全国通信天线产业知名品牌创建示范区	三水区
4	全国人造石英石产业知名品牌创建示范区	高明区

【计量监管】 2018年，佛山市质量技术监督局组织开展强检计量器具免费检定工作，对佛山市574个集贸市场、451个基层医疗卫生单位的4.7万台（件）计量器具开展强检计量器具免费检定，免收检定费用272.1万元。加强民用“三表”监管，截至2018年底，佛山市288万个民用电能表和83万个民用煤气表，均全部实施首检和到期轮换，137万个水表实施首检，占在用水表数61.9%。以建设广东省铝型材产业计量测试中心为契机，制定实施《2018年计量助推铝型材产业质量提升工作方案》，全年对12家企业深入调研，围绕企业存在的突出计量难点问题及企业计量技术需求，通过宣传、引导、培训和技术帮扶等方式，帮助企业加强计量管理意识，推动企业合理分析、利用计量数据，开展节能技术改造，提高产品合格率。推广先进计量管理理念，全市新推动建立市级社会公用计量标准31项，累计共654项；新获测量管理体系认证企业35家，累计61家；新获得计量保证体系确认企业94家，累计281家。

【特种设备安全监管】 2018年，佛山市在册特种设备22.6万台套，另有压力管道693千米，气瓶380多万只，特种设备数量位居广东省地级市之首，“人机比”失衡严重，安全监管任务繁重。是年，佛山市质量技术监督局针对高风险特种设备和易发生事故的特种设备重点环节开展监督抽查检验工作，排查治理存在安全隐患的特种设备1201台、工业管道46.87千米，处理热效率不达标的锅炉2台，并监督抽查检验15家气站30批次样品的液化石油气质量，检验结果均合格。加强特种设备城市风险点危险源管控，对全市特种设备生产、使用、检验、检测活动实施安全监督管理中发现的严重事故隐患进行跟踪落实，登记建档严重事故隐患404台次，整改404台次。开展特种设备安全生产“百日会战”行动、叉车专项整治等26项整治行动，排除安全隐患7808处，发出特种设备安全监察指令书2884份。确认使用管理人的电梯7.4万台，占全市在用电梯的99%以上，新投入使用电梯的确认率100%；购买责任保险的电梯6.1万台，占在用电梯比例80.0%以上。

【质监行政审批】 2018年，佛山市质量技术监督局优化政务服务，推进互联网+政务服务，11个审批事项全部实行网上申办；推行行政审批中介服务清理整顿工作，所有审批服务事项“零收费”；取消提交身份证明复印件及遗失声明等无谓证明，并以内部信息查询代替提交“未受到行政处罚证明”；落实“证照分离”要求对压力锅产品实行承诺许可；承接广东省质量技术监督局下放特种设备作业人员考核工作；完成484项政务服务事项实施清单“十统一”标准化工作；牵头完成市质量技术监督局的34个中介服务事项梳理和进驻工作。

【质监行政执法与举报投诉】 2018年，佛山市质监系统出动执法人员7641人次，检查生产、使用单位2874个次，立案查处案件550件，移送公安机关案件3件。推进“两法衔接”，将165件案件信息按时录入“两法衔接”信息共享平台。全年全市质监系统共受理群众产品质量举报投诉案件1095件，处理市“12345”行政服务热线转办工单

佛山市国家级产品质量监督检验机构名录（截至2018年）

序号	机构名称
1	国家燃气用具产品质量监督检验中心（佛山）
2	国家陶瓷及水暖卫浴产品质量监督检验中心
3	国家汽车质量监督检验中心（广东）
4	国家家具产品质量监督检验中心（广东）
5	国家涂料产品质量监督检验中心（广东）
6	国家食品质量监督检验中心（广东）
7	国家机械产品安全质量监督检验中心
8	国家太阳能光伏产品质量监督检验中心（广东）
9	国家电梯质量监督检验中心（广东）
10	国家低温容器质量监督检验中心（广东）
11	国家工业锅炉质量监督检验中心（广东）
12	国家铝型材及门窗制品质量监督检验中心（广东）
13	国家工业机器人质量监督检验中心（广东）

2018 年佛山市新增最高社会公用计量标准

序号	建标单位名称	计量标准名称
1	佛山市质量计量监督检测中心	钢筋保护层、楼板厚度测量仪校准装置
2	佛山市质量计量监督检测中心	厚度表校准装置
3	佛山市质量计量监督检测中心	生物显微镜校准装置
4	佛山市质量计量监督检测中心	垂准仪校准装置
5	佛山市质量计量监督检测中心	丝网张力计校准装置
6	佛山市质量计量监督检测中心	E2 等级公斤组砝码标准装置
7	佛山市质量计量监督检测中心	过程仪表校验仪校准装置
8	佛山市质量计量监督检测中心	0.02 级数字压力计标准装置
9	佛山市质量计量监督检测中心	镜向光泽度标准装置
10	佛山市质量计量监督检测中心	微粒检测仪校准装置
11	佛山市质量计量监督检测中心	手持糖量计及手持折射仪检定装置
12	佛山市质量计量监督检测中心	渗透压摩尔浓度测定仪检定装置
13	佛山市质量计量监督检测中心	开口 / 闭口闪点测定仪校准装置
14	佛山市质量计量监督检测中心	木材含水率测量仪检定装置
15	佛山市质量计量监督检测中心	医用诊断全景牙科 X 射线辐射源检定装置
16	佛山市质量计量监督检测中心	音频分析仪校准装置
17	佛山市质量计量监督检测中心	高电压耐电压测试仪检定装置
18	佛山市质量计量监督检测中心	在线绕组温升测试仪校准装置
19	佛山市质量计量监督检测中心	直流高压分压器检定装置
20	佛山市质量计量监督检测中心	工频高压分压器检定装置
21	佛山市质量计量监督检测中心	数字式交流电参数测量仪校准装置
22	佛山市质量计量监督检测中心	函数信号发生器检定装置
23	佛山市质量计量监督检测中心	0.05 级数字压力计标准装置
24	佛山市质量计量监督检测中心	携带式布氏硬度计校准装置
25	佛山市南海区质量技术监督检测所	辐射温度计检定装置
26	佛山市南海区质量技术监督检测所	数字温湿度计检定装置
27	佛山市顺德区质量技术监督检测所	一氧化碳检测报警器检定装置
28	佛山市顺德区质量技术监督检测所	停车场电子计时收费装置检定装置
29	佛山市顺德区质量技术监督检测所	心脏除颤器校准装置
30	佛山市顺德区质量技术监督检测所	医用多参数监护仪检定装置
31	佛山市高明区质量技术监督检测所	直流低电阻表检定装置

4939 件，各类工单均做到及时、准确答复和反馈。

【检验检测平台建设】 2018 年，佛山市质量技术监督局推动检验检测平台建设。国家铝型材及门窗制品质量监督检验中心（广东）正式成立，广东省质量监督高分子材料及制品检验站（佛山）、广东省质量监督工业机器人检验站（顺德）通过省级授权质检机构验收，广东省质量监督家用空调器检验站（顺德）、广东省质量监督特种设备节能产品检验站获批筹建。全市形成以 13 个国家质检中心为龙头，15 个省质检站为骨干的质量检测技术服务支撑体系，国家质检中心数及省质检站数连续多年居全省前列。

【佛山市蒙娜丽莎、联邦家私获批创建第一批国家级消费品标准化试点】 2018 年 8 月 2 日，国家标准化管理委员会发布《标准委关于下达第一批国家级消费品标准化试点项目的通知》（国标委工二〔2018〕55 号），佛山市蒙娜丽莎和联邦家私分别成为陶瓷、家具行业内唯一获批建设国家消费品标准化创新试点的项目单位；推动在消费品新型标准体系建设、标准实施应用、标准国际化以及标准服务模式创新等方面探索新思路、新做法、新模式。

【蒙娜丽莎公司获第三届中国质量奖提名奖】 2018 年 11 月 2 日，在第三届中国质量颁奖大会上佛山市蒙娜丽莎集团股份有限公司获颁提名奖。

蒙娜丽莎公司是一家集研发、生产、营销于一体的上市公司，年产陶瓷薄板、陶瓷砖、瓷板艺术 3500 多万平方米。该公司是国内首家研制大规格陶瓷薄板的全国陶瓷产业知名品牌示范区骨干企业，代表中国主导起草《陶瓷薄板》国际标准。该公司运用基于“美第奇效应”——陶瓷与艺术、绿色、智能融合的微笑模式，将艺术、绿色、智能元素通过跨界方式，深化质量概念内涵，拓展质量概念的外延，实现建陶行业的有效高品位质量供给，并据此获得第三届中国质量奖提名奖，成为全国陶瓷行业首个获此殊荣的企业。

（黎　苏）

·食品药品监督管理·

【概况】 2018年，佛山市有获证食品药品生产经营单位12.03万家（个），其中食品生产企业1123家、食品加工小作坊342个、食品（含保健食品）销售经营主体5.62万个、食品餐饮服务单位5.15万个（含单位食堂4230个）、农贸市场521个（含10个食用农产品批发市场）、药品生产企业51家（含6个厂外车间）、药品批发连锁企业86家、零售药店4267个、保健食品生产企业7家、化妆品生产企业99家、医疗器械生产企业322家、医疗器械经营企业5725家。全市累计建成“明厨亮灶”餐饮单位3.25万个、餐饮服务食品安全A级单位1056个、食品（食用农产品）快速检测点1442个、食品安全示范点（店）1172个，市级示范药店1539个。

【国家食品安全示范城市创建】 2018年，在广东省食安办组织开展的示范创建中期绩效评估中，佛山市被评定为A级，创建国家食品安全示范城市取得阶段性成果。年内，佛山市出台《佛山市食品安全“党政同责、一岗双责”责任体系工作实施细则》，细化政府部门和群团组织等单位职责。印发《佛山市食品安全“党政同责、一岗双责”主动征集群众意见工作方案》，要求各级党委政府结合直接联系群众工作征集群众意见，解决当地群众普遍关心的食品安全突出问题。开展食品安全跨部门“双随机一公开”联合检查，检查范围覆盖全市5区32个镇（街）的227个企业单位，及时发现并通报机关单位内部、下属单位及监管（管理）对象存在的食品安全隐患，并纳入年度绩效考核，督促各级、各部门落实“党政同责、一岗双责”责任。印发《2018年佛山市创建国家食品安全示范城市评估提升工作方案》，委托第三方专业机构对全市32个镇（街）落实食品安全属地管理责任进行全面评估，实地调查各区、镇（街）监管企业单位的食品安全保障情况。

【食品药品经营办事时限压减】 2018年，佛山市将食品药品全部承诺办理事项的时限最大限度地压减至332个工作日，压减率达51%，其中7个事项实现即时办结。在全市推行小餐饮申请人承诺制的基础上，南海区实施无证食品经营单位备案登记，将由于客观原因导致暂时无法取得食品经营许可的小餐饮、小食杂店纳入规范监管。

【医药产业发展促进】 2018年，佛山市起草《佛山市生物医药产业扶持办法（送审稿）》，对全市企业自主研发新药、通过仿制药一致性评价以及引进重要医药创新平台和高层次人才等给予资金扶持，为推动生物医药产业高质量发展提供优质的政策环境。推动药品上市持有人和仿制药质量和疗效一致性工作，搭建佛山市药品生产企业与上级审批部门的交流平台，指导企业解决实施过程中遇到的共性问题，完成2个品种（盐酸雷尼替丁胶囊和对乙酰氨基酚片）BE试验等一致性研究工作并递交申报资料。

【食品“三小”问题治理】 2018年，佛山市推行“两有两建两集中”（有生产经营许可证、有营业执照或登记卡，建立制度、建立标准，集中生产经营、集中监督管理）模式，开展小餐饮、小摊贩、小食品店“三小”无证经营专项整治，关停一批无证经营食品“三小”场所。推进食品小作坊集中加工，重新修订佛山市食品小作坊加工负面清单，全市共建成食品小作坊集中加工中心14个，入驻小作坊288个，占全市食品加工小作坊总数的93.8%。实施小餐饮集中经营管理，对成功创建小餐饮集中经营提升区给予扶持补贴，全市共建成小餐饮集聚区33个。推进食品小摊贩登记管理和集中经营，实现“两划定、四不影响、六统一”（即划定经营时间相对统一、经营区域相对固定的摆卖点；不影响交通秩序、不影响居民生活、不影响城市形象、不影响摊贩生意；统一标识、统一公示信息、统一着装、统一餐具、统一垃圾处理、统一查验记录）的规范化管理。

【食品药品行业行规行约及联盟标准制定】 2018年，佛山市食品药品监管局与第三方共同制定《网络订餐管理规范》《网络订餐服务规范》《网络订餐诚信经营管理评价规范》《佛山市饮品生产工艺用水》《水产品和禽畜产品中喹诺酮的快速检测》《佛山市食用农产品快检实验室规范》《鲜活水产品冷链物流技术规范》《佛山市食品安全“两图两档案两公开”管理规范》《食品从业人员培训规范》等9个团体标准或联盟标准，在全国团体标准信息平台上发布。

【食品药品监管网络化】 2018年，佛山市打造线上“阳光餐饮”。运用“互联网视频云”技术，将后厨视频数据

2018年3月1日，佛山市食品药品监督管理局开展学校周边食品“三小”清查行动
（市市场监管局供图）

推送到“阳光餐饮”平台，监管部门和消费者使用手机应用程序（APP）或微信公众号，可查看实时视频并查阅相关信息。推行“一店一码”。通过赋予每家食品药品经营单位电子二维码，食品经营单位和监管人员可以通过扫码、上传照片等操作，将经营者信息、监管记录等集成在系统平台上并进行公示，实现小程序搭建大平台，小系统搜罗大数据，小功能实现大运用。实施“食安E+”。在佛山市南海区里水镇试点实施“食安E+”项目，推出智能协管、智慧监管、智联商家三大模块，实现行业企业动态实时监管和全覆盖检查。监管部门通过手机应用程序（APP）将监管任务发送到智能协管实证调研平台，由村居协管员“抢单”，协管员抢到“单”后对食品经营单位进行检查并实时上传检查情况，奖励金直接发送给协管员，缓解基层监管部门人手不足的状况。

【农村集体聚餐风险管控】 2018年，佛山市食药监局起草《佛山市非经营性场所集体聚餐食品安全管理办法（试行）（送审稿）》，推动农村集体聚餐厨房升级改造，鼓励各村（居）利用公共服务中心、会堂、祠堂等现有场所建设规范化的农村集体聚餐厨房，并给予相应的奖励。对流动餐厅经营者、乡村厨师、各村（居）食品安全协管员及村（居）委负责人员开展食品安全知识培训，全年开展培训145场，培训人数3920人次。是年，佛山市食药监部门备案农村集体聚餐4062场。

【网络订餐经营行为监管】 2018年，佛山市食药监管部门开展网络订餐经营入网单位整治行动。全年检查入网经营餐饮服务单位4083个，抽检食品189批次，立案查处31宗。加强对送餐员进行食品安全法律法规及知识培训，聘用413名“骑士”为义务协管员，协助对在线商户加工经营场所的食品安全监督。

【药品流通企业示范】 2018年，佛山市食品药品监督管理部门推进药品零售“十企千店”示范工程。截至2018年底，佛山市有10家药品零售连锁企业被拟定为示范企业，1540个拟定示范药店完成改造提升工作，其中993个已获“佛山市示范药店”认定，另547个拟定示范药店进入认定公示程序。

【药品保健品和医疗器械质量安全监管】 2018年，佛山市推行药品质量受权人制度、上市许可持有人制度和推进仿制药质量和疗效一致性工作，根据《药品生产质量受权人不称职记分管理制度（试行）》规定，对在药品生产企业质量受权人存在不称职行为的发出记分告知书。推进药品经营质量管理规范（GSP）跟踪检查工作，完成上级委托现场检查事项25项，对1家存在严重的证照、人员、硬件等问题的药品连锁企业，立即向广东省食品药品监督管理局递交该企业的经营情况的报告，促使该企业主动提出撤销药品经营许可证。加强对中药饮片违规行为的打击力度，共查处案件98件，撤销药品GSP证书21个。开展食品保健食品欺诈和虚假宣传专项整治，共检查生产经营主体5.56万个次、责令整改1000个、立案查处违法违规案件2518件（涉案货值1765万元）、责令停产停业9个、吊销证照3个。全面实施医疗器械生产经营质量管理规范，共检查医疗器械经营和使用单位3568个次、责令停业整改企业3家、责令限期整改医疗器械使用机构112个。

【食品药品抽检】 2018年，佛山市完成食品抽检4.56万批次、药品（含化妆品、医疗器械）抽检1345批次，合格率分别达96.4%和96.9%。食品抽检合格率和数量与上年基本持平，药品抽检数量和合格率比上年分别提高10.5%和5.6%，中药质量安全有明显提升，中成药合格率提高2.7%、中药材（饮片）合格率提高24%。

是年，佛山市各级食品药品监管系统食品抽检财政投入经费共计6182.88万元，抽检活动覆盖大中小食品生产经营企业及农贸市场、学校食堂、食品小作坊等场所。在全市各级食品药品监管部门安排的食品抽检中，生产环节抽样5305批次（覆盖全市所有的在产食品生产企业）、流通环节抽样3.02万批次（覆盖率50.2%）、餐饮环节抽样1.30万批次（覆盖率30.1%）。

是年，佛山市完成食品安全监督抽检达6.3批次/千人（按2017年底常住人口765.67万人计），其中食用农产品抽检数量达2.4批次。食品安全监督抽检和食用农产品抽检数量分别为规定要求的157.5%和120%（根据《广东省人民政府办公厅关于印发2018年广东省食品安全重点工作安排的通知》和《2018年佛山市食品安全重点工作安排》，2018年佛山市食品安全监督抽检应达到4批次/千人、食用农产品抽检应达到2批次/千人）。

【食品药品稽查打假】 2018年，佛山市开展食品药品安全风险隐患大排查大整改。召开全市食品药品安全风险大排查专题会议，要求结合年初统一部署的全市“1+3+6”（“1”即每月开展一次清查行动；“3”即重点清查打击无证小食杂店、无餐饮服务许可的集体饭堂及无证网络订餐供餐单位三类无证经营行为；“6”即全年开展酒类、假劣食用油，食品非法添加，药品非法生产经营，“清网行动”，保健食品“非法声称”欺诈和虚假宣传以及医疗器械非法经营使用六大专项打击行动）重点专项整治行动开展对全市食品药品生产经营单位的大排查，“三个重点”（重点区域、重点品种、重点问题）排查100%到位、排查隐患100%整改、违法行为100%查处。全年全市各级共排查企业6.05万家次，发现存在隐患3274个，发出整改意见2595份；全市食品药品违法案件立案3446件，移送司法机关案件136件，刑事立案88件，刑事判决案件2件；全市食品药品违法案件涉案货值2499.50万元，罚款金额3085.26万元，责令停产停业8家，吊销许可证2个。开展食品药品安全百日行动（已连续五年开展该活动），并首次联合市农业局和市卫计局开展食品药品全链条打击行动，以平时打击和集中打击相结合，取得显著效果。全市百日行动共查办案件总数2518件（其中查处无证餐饮904件、重大案件81件），涉案货值1329.21万元，罚款655.64万元，刑事立案71宗，抓获犯罪嫌疑人78人。建立食品药品“两法衔接”制度体系，落实每周召开一次信息研判会、每月举行一次联席会议的制度。

【食品药品检测检验能力建设】2018年，佛山市食品药品检测检验机构中心组织实施广东省资质认定（CMA）扩项评审工作，共新增食品药品、化妆品检测资质3540项、334项。至此，佛山市食品药品检验检测中心已具备4225项各品类检验检测资质，常规检验项目能力参数食品覆盖率86.50%、药品覆盖率102.68%，在全省地市级食品药品检验机构中处于领先地位。是年，市食品药品检测检验机构中心向佛山市科技局申报“药品质量与安全探索性研究工程技术研究中心”科研项目，与原力生命科学技术有限公司联合建立孙勇奎院士实验室，持续推进科研工作。是年，市食药监局和高明区食药监局建成食品快检便民服务站，接受市民免费送检。

【药械化妆品不良反应监测】2018年，佛山市药品不良反应报告共上报3764例，其中所有严重的报告占报告总数的19.95%、新的/严重的报告占报告总数的46.04%；医疗器械不良事件共上报1389例，其中严重报告占报告总数的21.09%；化妆品不良反应共上报249例；药品定期安全性更新报告（PSUR）共审核121份。

【食品药品安全应急处置】2018年，佛山市食药监部门推行“小应急、大练兵”方针，强化非工作时间应急处置工作，建立执法（应急）小分队，由全体执法人员分组轮流实施24小时值班待命，处理在非工作时间的投诉举报、舆情调查、食品药品安全事件应急处置工作。全年全市共接收各类投诉举报信息6028件，受理投诉举报6013件，投诉举报均按时进行办结。加强重大节日食品安全保障，对全市五区食品药品安全工作进行检查，对发现的问题要求立即整改，限期完成，确保节日期间食品药品安全。

【食品药品安全社会共建共治】2018年，佛山市食药监管部门协助市人大常委会开展食品安全法执法检查，分别对

2018年11月28日，佛山市食品药品监督管理局在禅城区澜石小学举办食品安全科普进校园活动

（市市场监管局供图）

市、区两级政府落实食品安全法的情况进行全面检查。协助市政协开展食品安全“两法衔接”视察工作。组织办理市人大、市政协的议案提案，回应代表委员们关切的问题。开展食品行业自律诚信体系建设。制定食品行业的诚信公约、消费提醒以及佛山市团餐行业、农贸市场、超市、网络订餐行业、小餐饮行业、农村集体聚餐行业等6个行业规范，组织社会组织和第三方开展宣传教育活动，覆盖全市食品生产、农贸市场、超市和1万多家餐饮企业。拓宽社会监督渠道。加大对投诉举报的奖励力度，对其中一起举报案件奖励14.2万元，创全省食品药品举报奖励单笔金额最高纪录。每月召开一次新闻发布会或通气会，通报重点工作推进情况，保障消费者知情权。开展丰富的宣传活动。投放以创建国家食品安全示范城市为主题的公交车身广告120辆，公交车和出租车尾贴广告各100辆，户外LED广告1065个、户外固定广告牌2139个。举办中国古代饮食器皿文物展，将中华传统饮食文化和现代科普知识相结合，增强食品安全宣传效果。与佛山市青少宫举办“大手牵小手食安齐护守”系列宣传活动，在佛山市青少宫和北滘青少宫举办针对青少年儿童的科普展览和进校园活动，提升青少年儿童的食品安全意识，带动家长们关心和支持食品安全工作。

（朿　蓉）

海关·口岸管理

·海　关·

【概况】2018年，佛山海关共监管进出口货物2050万吨，货值3002亿元，征收税款152.5亿元。海关缉私立各类案件807件，案值43.4亿元，涉税额6.1亿元，罚没收入4379万元。检验检疫出入境货物18.37万批，107.7亿美元，截获植物疫情疫病7066种次，检出各类传染病139例，签发原产地证书16.03万份金额61.88亿美元。

是年，佛山海关面对中美贸易摩擦等不利因素，强化外贸监测预警，佛山海关及其属下5个办事处共报送外贸分析逾100篇，其中20篇次获得地方党政领导批示。

【海关助推佛山地区外贸稳定增长】2018年，佛山海关培育新的增长点，弥补受固体废物政策影响导致进口下降11%的缺口。支持口岸转型开展跨境电商业务，全年佛山跨境电商进出口33.8亿元，增加3.7倍。启动顺德“亚洲国际家具材料交易中心”市场采购试点，全年市场采购出口755.6亿元，增长5.3倍。多管齐下促进“佛货回流”，推动铝材、家具、陶瓷、家电等佛山优势产业出口，分别增长18%、14.7%、8.2%、7.4%。响应国家号召扩

大进口规模，推进佛山“制造业转型升级综合改革试点城市”建设，铜、初级形状塑料、纺织纱线、棉花等生产要素分别录得98%、25.5%、25%、23%的进口增速，乳品、医药品、水海产品等消费品进口分别增长41.9倍、2.6倍、1倍。是年，佛山外贸逐月回稳向好，全年进出口总值4599.3亿元，增长5.5%，高出全省增幅0.4个百分点。

【通关提效降费】 2018年，佛山海关通过提效和降费改革，优化佛山营商环境。在提效方面，通过先行先试整合申报、合规压缩申报前时间、推广关税保证保险试点、“一对一”研究异常和超长报关单等，多管齐下压缩整体通关时长，并针对荔枝、蔬菜等蔬果开通“绿色通道”，提供24小时预约通关服务，最大限度保障产品新鲜度，助力地方特色农产品顺利“走出去”。12月，佛山关区进口整体通关时间23.3小时（较2017年的90.5小时压缩74.3%），出口整体通关时间2.7小时（较2017年的10.6小时压缩74.6%），进、出口整体通关时间均快于广州海关平均水平。

在降费方面，佛山海关深入各口岸调查研究，摸清收费底数，对内推动业务融合改革，优化作业流程，对外协调地方政府将查验配套服务费改革的免除范围覆盖检验检疫作业。深入开展原产地签证业务改革，推出签证敏感清单，在降低风险的同时，最大程度简化原产地签证流程，完善价格承诺原产地证相关制度和做法，维护价格承诺原产地证的权威和信誉，健全签证管理，挖掘原产地证破除贸易壁垒功能。全年签发原产地证书16.04万份，签证金额70.95亿美元，助企业获得国外关税优惠5.5亿美元。

【海关机构和业务改革】 2018年4月20日，佛山出入境检验检疫管理职责和队伍正式划入海关。

推进“通关一体化”“互联网+易通关”“单一窗口”“口岸查验配套服务费”等改革，坚持项目叠加打“组合拳”，促进业务深度融合，统一申报全面实现，风险联合防控、企业管理整合顺利推进，“查检合一”“多查合一”全面铺开。其中推广应用“单一窗口”标准版，全年企业通过标准版报关68万票，检验检疫电子台账6.1万份，报关覆盖率100%，舱单覆盖率超70%，顺德办率先走通特殊监管区域及保税物流申报模块全国第一票。开展跨境商品监管模式改革，上线顺德全球质量溯源系统，形成以标准、质量为核心内容的全链条、闭环式大质量管理机制，以溯源码为介质，实现商品价值的真实传递，构建覆盖跨境商品生产、物流、仓储、消费各环节的全链条监管体系。

【技术性贸易措施研究】 2018年，佛山海关发挥“国家建筑卫生陶瓷检测重点实验室”和“国家陶瓷实验室联盟”等实验室作用，使本土企业足不出户就能享受检测、认证“一站式”服务，在技术检测、信息共享、技贸措施应对等方面，助力佛山企业“走出去”。深化国家级出口家电、种苗花卉质量安全示范区及省级出口木制品、家具质量安全示范区建设，提升特色产业质量水平。开展技贸专项研究，输美半导体制冷酒柜专项课题评议，并形成贸易关注上报WTO/TBT国家通报咨询中心。为万和等多家龙头企业提供技术性贸易措施信息定制服务，帮助企业更有效地了解和应对国外技术性贸易措施，服务“佛山制造”出口。是年，佛山海关牵头汇总编写广东家电类别技术性贸易措施专项报告、参与编写《主要贸易伙伴技术性贸易措施研究报告（2018年）》等各类报告近10篇。

【进口固体废物监管】 2018年，佛山海关落实进口固体废物“三个100%”查验制度，严格执行现场开箱、掏箱规定和查验标准，加强堆场机动巡查、视频在线实时监控和录像回放，严防夹藏、瞒报等走私违法行为。组织开展固体废物监管后续稽查，建立固体废物企业档案，走访环保部门了解企业相关情况，摸清辖区固废企业底数，共建立36家企业档案。强化对辖区企业巡查，对进口七类废五金、废塑料的企业实施“地毯式”巡查，实地核查是否存在违规加工生产、违法进口固体废物等问题情况。贯彻国家绿色发展理念，开展“蓝天2018”专项行动，查获固体废物案件17件403.9吨，退运固体废物45票1543吨。

（何　铮）

·口岸管理·

【概况】 至2018年底，佛山市经国务院批准对外开放的一类口岸4个，分别是佛山铁路客运口岸、南海港口岸、顺德港客运口岸、高明港客运口岸。经省政府批准对外开放的二类货运口岸12个，分别是：禅城区的新港、澜石、滘口口岸，南海区的九江、平洲、北村口岸，顺德区的容奇、北滘、勒流口岸，高明区的珠江口岸（含食出码头作业区），三水区的三水港、西南口岸。全年全市口岸进出境人员59.36万人次，其中入境29.55万人次、出境29.81万人次。全年佛山市口岸监管进出口货运量1141.1万吨，其中出口553.8万吨、进口587.3万吨。

【口岸收费目录清理管理】 2018年10月28日，佛山按照省口岸办要求梳理完成本地区口岸收费目录清单的公示工作。市商务局联合市财政局、市发展改革局、市交通运输局、市工商局、佛山海关、佛山海事局制定《佛山市清理口岸收费工作具体实施方案》，并成立清理口岸收费工作小组。市、区开展口岸收费公示专项检查，要求口岸经营单位、报关企业、货代、船代等有关企业在经营服务场所醒目位置公示收费清单，清单之外一律不得收费。截至12月28日，全市135家企业在中国（广东）国际贸易“单一窗口”中公示收费目录清单。

【通关时效评估系统对接】 2018年，佛山市商务局对接省口岸通关时效评估系统，为提高通关效率提供支撑。通过开展口岸码头生产业务系统功能的摸底调研、协调口岸码头生产业务系统进行适应性改造、系统对接联调测试等工作，按照省口岸办要求进度，完成全市符合条件的14个货运口岸码头全覆盖。

（黄海欣）

财政·税务

手机扫码阅读

财　政

【概况】 2018 年，佛山市地方一般公共预算收入完成 703.14 亿元，为年初各级人大通过预算的 99.15%，比上年增收 41.78 亿元，比上年增长 6.32%。其中，全市税收地方收入完成 518.17 亿元，比上年增长 10.83%，税收收入占一般公共预算收入的比重达 73.69%，比上年提高 3 个百分点。佛山市地方一般公共预算支出完成 806.91 亿元，为年初各级人大通过预算的 106%，比上年增长 3.99%。其中，与地区生产总值（GDP）核算相关的财政八项支出累计完成 705.41 亿元，实现同比增长 7.95%。佛山市财政收支运行总体平稳。

【财政收入管理】 2018 年，佛山市财政部门密切关注宏观经济和财税政策变化，加强税源分析和财税变动因素分析监测，评估、完善现行的财源建设政策，做好财政运行监测工作。坚持依法征收、应收尽收，严格收入目标管理，细化预算收入预期，落实收入定期通报制度，做好收入监控和督导。加强非税收入征管，清理规范非税收入项目，严格政府性基金收入征缴管理，以信息化平台推进实现非税收缴业务“一窗式”办理，确保非税收入及时足额入库。全市地方一般公共预算收入总量突破 700 亿元大关，达 703.14 亿元，是继 2016 年突破 600 亿元大关后，时隔一年再次跨越新的百亿元大关，收入总量连续多年居全省各城市第三位，继续肩负起对全省经济发展的支撑作用。

【财政支出管理】 2018 年，佛山市财政支出结构持续优化。全市各级财政部门狠抓支出进度，及时清理执行进度较慢的项目资金，压减结转金额；保障重点项目和民生支出，民生支出完成 612.64 亿元，占一般公共预算支出的 75.92%，保障各项民生需求；挖掘财政八项支出增长潜力，全年累计完成八项支出 705.41 亿元，占一般公共预算支出的 87.42%，比上年增长 7.95%；加强财政库款管理，提高财政支出均衡性和时效性；落实中央八项规定精神，制止和杜绝铺张浪费，控制“三公”经费和一般行政运行支出。

【财政促进经济高质量发展】 2018 年，佛山市落实积极财政政策，经济高质量发展动力增强。

市财政局牵头推进全市降成本行动，贯彻落实“粤十条”（《广东省降低制造业企业成本支持实体经济发展若干政策措施》）“佛十条”（《佛山市降低制造业企业成本支持实体经济发展若干政策措施》），严格执行国家和省出台的税收优惠和涉企收费减免政策，为全市企业减负 426.02 亿元。推进简政放权、放管结合、优化服务，加快佛山市政府扶持企业资金综合服务平台建设和应用推广，逐步将市、区、镇（街道）出台的扶持政策及扶持资金纳入平台统一发布、统一申报，为全市企业提供政策信息和资金申报的全方位、一站式综合服务，打造良好的营商环境。

贯彻落实创新驱动发展战略，全市科技支出 54.65 亿元，支持前沿和核心关键技术攻关、科技成果转化，重点保障季华实验室等一批科技创新平台的建设，推动先进装备制造业发展，加快高新技术企业培育。

成立总规模 100 亿元的佛山市上市企业市级通济基金，帮助企业纾解流动性风险，促进经济持续稳健发展。

2018 年 12 月 7 日，佛山市上市公司通济基金首支子基金战略合作协议举行签约仪式。中共佛山市委常委、副市长蔡家华，佛山市财政局局长江启强，广东省粤科金融集团有限公司副总经理麦延厚等出席签约仪式　（市财政局供图）

保障重点交通工程项目建设，全市重点交通工程项目建设方面支出137.99亿元，用于支持广佛线二期（即广佛地铁南延线）、佛山地铁2号线和3号线、“一环西拓”等重点工程建设。

支持乡村振兴，市级财政安排1亿元，重点支持乡村补短板、强弱项，加快振兴。支持农业供给侧结构性改革和综合性改革试点试验工作，扶持现代农业园区、“五好”新村居等项目建设。

推动开放型经济发展，安排外贸稳增长专项资金约7000万元，争取中央、省财政资金，加大对外贸企业的扶持力度，推动外贸企业转型升级和创新发展。安排专项资金，支持招商引资和外经贸发展，支持中德工业服务区等一批开放平台建设。

【财政保障民生事业】 2018年，佛山市财政抓住人民群众关心关注的民生问题，突出问题导向，加大薄弱环节投入，补齐民生短板，兜住民生底线，持续提高和改善民生水平。民生支出完成612.64亿元，占一般公共预算支出比重的75.92%。

推动教育事业发展 全市教育支出148.23亿元。重点支持建设以普惠园为主的学前教育体系，保障城乡免费义务教育财政拨款标准，增加学位供给，优化教育资源配置；加快推进高等教育发展，推动佛山科学技术学院建设高水平理工科大学；支持深化教育综合改革，完善教育经费保障机制，促进各阶段教育均衡、综合发展，努力让每个孩子都能享有公平、有质量的教育。

加大社会保障力度 全市社会保障和就业方面支出86.44亿元。进一步提高城乡居民基础养老金发放标准、居民医疗保险补助标准、最低生活保障标准等多项民生指标，兜牢底线民生保障；实施促进创业就业税收优惠和创业小额担保贷款贴息政策，支持开展职业技能培训，支持高校毕业生等重点群体和特殊群体加快创业步伐，推动实现更高质量和更充分就业。

贯彻落实健康佛山战略 全市卫生健康方面支出88.56亿元。支持深化医药卫生体制改革，推进全市综合医院与专科医院、公立医院与基层医疗机构的平衡发展；保障公立医院重点项目建设资金需求，加快市妇女儿童医院、市第三人民医院心理卫生大楼等项目建设。同年，市财政局加强公立医院财务与预算管理，进一步完善财政补助与公立医院绩效考核结果挂钩机制。

支持公共文化事业发展 全市文化体育与传媒方面支出23.11亿元。落实金鸡百花电影节等重大文化项目财政资金安排，培育扶持佛山新城文化中心等十大重点创新工程和“文化佛山”示范项目建设，打造“世界美食之都”“世界功夫之城”“陶艺之都”等文化品牌，推动佛山创建国家公共文化服务体系示范区。

支持精准脱贫 全市对外扶贫援建方面支出23.77亿元。推动佛山市与双鸭山市对口合作，对口支援西藏自治区墨脱县、新疆维吾尔自治区伽师县和新疆生产建设兵团第三师41团，对口联系甘孜藏族自治州乡城县、得荣县，东西部扶贫协作帮扶凉山彝族自治州11个贫困县，省内精准扶贫湛江、云浮市和共建云浮市工业园区等取得新进展。通过扶贫援建，补齐受援地安居工程、学校、医院、道路建设等民生短板。

支持污染防治和节能环保 全市节能环保方面支出18.31亿元。争取并及时下达上级专项资金，支持打好打赢蓝天保卫战；贯彻落实水污染防治攻坚战三年行动计划，保障水环境整治财政资金投入；支持开展土壤污染状况调查，推进土壤和固体废物污染防治；研究制订相关财政资金补助办法，加快建设大湾区高品质森林城市。

【财政监管】 2018年，佛山市财政部门立足财政监督职责，在重点领域进一步强化监管力度，确保财政安全运行。

统筹开展财政监督检查工作，对全市35个单位开展会计信息质量检查，组织3568个单位开展“小金库”专项治理自查自纠和重点检查。同时，推进财政政务信息公开，开展公开情况检查，指导督促各区各部门按规定做好预决算公开。

配合市人大推进财政数据联网监督，定期更新全市收支数据等资料，增强人大对预算监督的实效性。禅城区探索建立镇（街）资金实时在线监控机制，对镇（街）大额资金变动进行实时跟踪监控，保障镇（街）资金安全。

完善政府和社会资本合作（PPP）管理，从完整性、合规性、可行性等方面严格项目入库审查，夯实PPP可持续发展基础，截至年底，全市纳入省财政厅PPP项目库的项目6个，其中已签约落地项目6个，落地率100%。

加强基建评审管理，完成审核工程概、预、结算项目1172个，完成审核金额516.95亿元，核减不合理工程费用23.31亿元。

2018年8月30日，佛山市财政局召开2019年市级财政预算编制培训班，并在会上宣传、部署市级预算编制执行监督管理改革工作 （市财政局供图）

对重点财政投资项目进行专项监控，建立项目财务管理制度，提高全过程监督能力。向政府融资的第十二届省运会场馆建设中心派驻单位财务总监，并对24个行政事业单位共34个500万元以上的财政投资项目派驻财务总监进行专项监控。

【财政改革】2018年，佛山市各级财政部门持续深化改革创新，财政管理体制机制进一步健全。

加强市级财政统筹能力　围绕全市统筹协调发展大局，市财政局牵头组织专题调研，研究制定相关改革方案。坚持财力与事权相匹配原则，科学合理划分市区事权，相应从各区筹集适当的资金用于保障新增市级统筹事项的顺利推进。制订市级财政统筹工作方案，推动全市统筹协调发展。

预算管理改革　推进预算项目库建设，加强年度预算与全市性重大决策部署衔接，保障重点项目建设。加快预算编制标准化建设，从编报2019年度预算起按"综合定额+专项定额"标准编制市级行政事业单位公用经费预算。

政府投资基金管理规范化　出台市级政府投资基金管理实施办法及基金清理规范的实施意见，将市级既有及拟成立的19项基金分为三类进行清理规范，理顺基金管理秩序，规范政府投资基金管理体系，为有效提高基金的引导和放大作用做好顶层设计。

预算绩效评价改革　深化绩效管理运用，实现市级部门、预算单位绩效自评全覆盖。探索性开展政策性评价，客观反映政策成效，提出绩效优化建议。出台市级预算项目绩效目标管理办法，明确项目绩效目标与项目预算编制同步申报、同步审核、同步批复、同步公开，把绩效目标作为绩效跟踪管理、绩效评价和财政监督的重要依据。

（上官蔚云）

税　务

【概况】2018年，佛山市税务系统完成税收收入1627.62亿元，比上年增长7.9%，增收118.61亿元。剔除海关代征税收后，组织国内税收收入1499.97亿元，比上年增长9.8%，增收133.62亿元。其中：中央级收入670.97亿元，增长6.9%；省级收入310.69亿元，增长14.4%；市区级收入518.31亿元，增长10.9%。

【税收特点】2018年，佛山市税收增速稳中趋缓，国内税收和市区级税收分别比上年增长9.8%和10.9%。从全省排名来看：国内税收收入增幅在全省排第九名，高于全省平均增幅2.2个百分点；市、区级收入增幅在全省排第十一名，高于全省平均增幅1.3个百分点。

所得税、土地增值税支撑有力　2018年，佛山市国内增值税完成收入648.22亿元，受深化增值税改革三项措施落地影响，同比小幅增长4.9%。企业所得税完成收入326.31亿元，受汇算清缴增长提速拉动，比上年增长10.2%。个人所得税完成收入129.98亿元，增长17.2%。其中，工资薪金项目受个人所得税改革效应影响，增速较前三季度回落9.8个百分点。土地增值税受清算收入增长拉动，比上年增长66.7%，增收43.8亿元。国内增值税、企业所得税、个人所得税和土地增值税等四大税种合计增收123.0亿元，占国内税收增量的92.1%。房产税、城镇土地使用税受征收期提前影响，分别比上年增长48.5%和36.2%；车辆购置税受2018年税率提高影响，增长15.5%；契税因征收期延后，增势明显减弱，下降15.4%；环保税首个征收年度实现4485万元；其余税种合计下降4.8%。

各级次收入均实现预期目标　2018年，佛山市各级次税收收入均完成广东省税务局和佛山市委、市政府下达的收入预期目标。其中：受土地增值税清算税收增长拉动，省级收入增速显著提升，在各级次税收收入中最高，比上年增长14.4%；市区级收入在房产税和城镇土地使用税增长拉动下，增长10.9%；国内中央级收入受消费税与增值税增长放缓影响，增长6.9%，增速不及省级和市区级收入。

第三产业税收增收贡献突出　2018年，佛山市第二、第三产业国内税收结构由上年的46.3∶53.4调整为42.5∶57.4。第二产业实现国内税收637.73亿元，比上年增长0.8%。其中，佛山税收支柱行业制造业累计实现国内税收551.91亿元，占佛山市税收比重的36.8%，比上年小幅下降0.1%，减收0.41亿元。第三产业实现国内税收860.83亿元，比上年增长18.1%，增收131.70亿元。其中：作为第三产业税收主力的房地产行业实现税收461.69亿元，增长23.8%，增收88.61亿元，占佛山市国内税收总量的30.8%，贡献66.3%的国内税收增量；批发零售业实现国内税收139.77亿元，增长13.4%，增收16.47亿元，占国内税收增量的12.3%，是国内税收第二增收动力，仅次于房地产行业。此外，科学研究和技术服务业受大额土地交易契税入库影响，比上年增长54.4%；文化、体育和娱乐业受2017年入库大额土地增值税清算税款推高基数影响，下降57.5%。

五区税收均实现稳定增长　佛山市五区各级次税收均实现正增长。国家税务总局佛山市禅城区税务局通过开展汇算清缴个性化辅导，推动企业所得税汇算清缴比上年增长57.5%；国家税务总局佛山市南海区税务局集中攻克土地增值税清算难题，全年入库土地增值税57.64亿元，占佛山市比重高达52.6%；国家税务总局佛山市顺德区税务局细化高收入高净值人员和大企业管理，全年所得税增收27.99亿元，对佛山市所得税增量贡献超过56%；国家税务总局佛山市高明区税务局紧抓空港经济预期带来的大宗资产物业市场活跃利好，助推市区级税收增长20.2%，增速列佛山市首位；国家税务总局佛山市三水区税务局显著提升房地产业税收征管质效，国内税收、市区级税收均实现12%以上的快速增长。

【税收增长因素】2018年，佛山经济基本面稳固，助推企业利润增长、员工薪酬增加。是年，佛山市企业所得税、个人所得税分别比上年增长10.2%、17.2%，合计增收49.16亿元，其中上年度企业所得税汇算清缴入库增长43.2%、增收23.81亿元。

土地增值税清算拉动税收增收　2018年，佛山市土地增值税比上年增长66.7%，增收43.86亿元。其中，土地使用权转让交易以及符合清算条件的高溢价房产项目数量增加，推动佛山市土地增值税清算收入大幅增长2.8倍，增收43.77亿元。

征收期限提前形成入库时间差促进增收　由于2018年度从价计征房产税和城镇土地使用税征收期统一由次年调整至当年年末，2018年第四季度迎来两税申报高峰，较上年同期形成入库时间差，带来两税全年合计增收21.5亿元。

2018年10月12日，佛山市税务局举办个人所得税改革政策宣讲和网络直播会
（市税务局供图）

【税务机构改革】 2018年，佛山市税务系统按照国家税务总局部署，稳妥推进税务机构改革工作。7月5日，国家税务总局佛山市税务局挂牌成立，标志着原佛山市国家税务局、原佛山市地方税务局正式合并；7月20日，5个区税务局及各镇街税务分局挂牌成立，标志着区级和镇街级分别完成国地税部门合并。市、区税务局，以及镇街税务分局挂牌成立后，正式以国家税务总局佛山市税务局名义统一对外执法和服务。佛山各级税务机构挂牌成立后，相关机构改革后续工作继续有序推进。佛山市税务系统结合佛山实际研究落实机构设置、干部安排等问题，着力破解跨区稽查整合、人员编制划转等难题，10月底顺利完成“三定”（定职能、定机构、定编制）落地，做到机构整合有序、人员到岗到位、干部状态良好。

【税制改革】 2018年，佛山市税务系统深化落实系列重大税制改革，推动中央改革部署落地见效。环保税改革方面：与环保部门紧密合作，做好环保税征收工作，为绿色发展注入新动力。增值税改革方面：克服时间紧、业户多、工作量大等难题，5月起实施深化增值税改革三项措施，助推实体经济发展。个人所得税改革方面：建立市、区、镇（街）三级联动、同向发力的统筹管理和信息共享机制，集中力量做好数据清理、系统调试、宣传推广、舆情监控等工作；探索建立自然人现代化税收服务管理新体系。

【征收管理改革】 2018年，佛山市税务系统因应税务机构改革实际，抓实工作衔接运转，增强税费治理能力。落实新机构设置，统筹完成办公场地配置、更新及搬迁工作。及早推进转变征管方式试点，形成基层征管融合建议、统一税收征管方式意见、纳税人分类分级管理办法等系列成果。12月底在省内率先统一征管方式，各部门基本完成定岗定责定员，为业务深度融合打牢基础。市、区两级加快梳理整合内部管理制度322项，及时厘清党建等“三定”（定职能、定机构、定编制）尚未明确的部门职责。逐步搭建风险管理、数据管理、税收分析等横向联动工作机制10余项，建立健全稽查协查、风险任务等纵向衔接机制，确保各项工作开展有章可循。

【全省首家“云交互”新型智能办税厅在佛山建成】 2018年12月20日，全省首个“云交互”智能办税服务厅在佛山市禅城区魁奇路行政服务中心启用。该厅成功链接多地税务部门的涉税资源，通过远距离的智能协同，高效率的交互协作和可视化的纳税辅导，打造无地域限制、全智能通办、可复制推广的智慧办税综合体，成为全省乃至全国“互联网+税务”的新样板。该厅的核心区域为“智能办税区”，设置智能导税、智能受理、智能取号、智能柜台及智能存取等版块，共同构筑起完整的交互式办税链条。该办税链条融合各个征管系统的涉税数据，纳税人可一厅办理662项涉税业务，且申报、受理、审核、办理、办结、反馈、存档等各环节均可无纸化、无障碍流转。同时，纳税人还可通过手机端、PC端享受多种线上服务。“远程办税”是智能办税服务厅最受关注的亮点，它是依托税务部门自主开发的智能柜台实现的。据悉，智能柜台搭载的远程交互系统突破了传统办税的地域限制，纳税人进一个大厅，通过一个智能柜台，便能连通多方税务后台、流转共享涉税资料，即时办结需跨部门、跨岗位、跨区域办理的涉税业务，既省时省力，又高效环保。

【“问需求、优服务”纳税人座谈会】 2018年11月1日，佛山市税务局市、区同步开展“问需求、优服务”纳税人座谈活动，87家企业参加。在佛山市税务局活动现场，市局党委书记、局长朱毅与来自不同行业的16家企业纳税人代表共同为优化佛山税收营商环境建言献策，助力构建税企互动共赢、凝聚发展动能的新格局。日丰企业集团有限公司、伊戈尔电气股份有限公司、顺德区新德业第一幼儿园、海天（高明）调味食品有限公司、翼卡车联网服务有限公司等企业代表发言，围绕改革和各项税收优惠政策给企业带来的红利，佛山税务部门改进税收工作、提升服务质效所带来的便利，以及在国税地税征管体制改革过程中企业遇到的问题和对未来的展望，与税务局人员进行深入交流。该次座谈会拉开新机构“问需求、优服务”活动序幕，佛山税企合力打造“最优营商环境”。

（周　鹏）

金　融

综　述

【概况】 2018年，佛山市实现金融业增加值439.22亿元，比上年增长3.6%，占地区生产总值比重4.4%，比上年增长0.1个百分点。金融总量依然稳居全省第三位，约占全省的10%。形成银行、保险、证券期货等传统金融机构和融资性担保公司、小额贷款公司、融资租赁、股权投资基金等泛金融机构相结合的较为完备的金融体系，机构总数超过800个。其中，银行机构47个、保险机构72个、证券期货机构138个、融资性担保公司（法人机构）19家、小额贷款公司37家、融资租赁公司25家、股权投资基金公司486家。截至年底，佛山市金融机构本外币各项存款余额为15372.81亿元，比上年增长9.47%，增速高于全省及珠三角平均水平，在珠三角各地市中排名第五位，其中境内住户存款余额为7577.5亿元，比上年增长7.95%。各项贷款余额为10457.65亿元，比上年增长11.52%，是全省唯一各项贷款余额突破万亿元的地级市。全市保费收入457.52亿元（占全省13%），比上年增长5.47%。其中：财产险公司保费收入127.20亿元，比上年增长14.83%；人身险公司保费收入330.31亿元，比上年增长2.26%；赔付支出共121.17亿元，增长26.67%。全市证券交易成交总额（不含权证）31189亿元，比上年下降19%，占全省总成交份额11.3%，在全省（含深圳）排第三位。全市期货成交金额8170亿元，比上年下降4.88%，占全省（除深圳市）的9.8%。

【多层次资本市场】 2018年，佛山市贯彻落实《佛山市促进企业上市三年行动计划（2016—2018年）》《佛山市促进企业上市扶持办法》《佛山市上市后备企业管理暂行办法》《佛山市促进企业上市工作实施方案（2016—2018年）》，加大对企业上市的支持力度。4月，修订完善《佛山市促进企业上市延伸计划实施方案（2018—2020年）》，结合政策动态及实际情况对企业上市目标进行调整，促进各区积极推动企业上市工作。是年，全市新增5家上市公司，科顺防水、文灿股份先后在深圳证券交易所、上海证券交易所上市，美的置业、碧桂园服务登陆香港证券交易所，云米科技登陆美国纳斯达克。至此，佛山市上市公司总数达58家，累计融资超1700亿元；新增完成股改企业超60家，累计完成股改企业超340家，形成上百家规模、错位发展的拟上市企业梯队。同时，上市公司利用资本市场进行产业链上下游及跨行业并购重组。年内，佛山市境内9家上市企业开展并购11笔，涉及金额190亿元。为维护资本市场的稳定发展，11月，佛山市出台《佛山市上市企业市级通济基金组建方案》，根据资本市场二级情况，及时设立规模100亿元的上市公司通济基金。

新三板　截至2018年，佛山市有92家新三板挂牌企业，其中广东绿之彩印刷科技股份有限公司、佛山市碧沃丰生物科技股份有限公司2家企业入围创新层。2018年新增6家新三板挂牌企业，其中1家由外地迁入（广东瑞兴医药股份有限公司），另外5家分别是广东影众文化传媒股份有限公司、广东天雄新材料科技股份有限公司、佛山市博浚宏科技股份有限公司、广东江顺新材料科技股份有限公司、广东广联检测技术股份有限公司。

债券市场　2018年，佛山企业在全国性债券市场发行各类债券231期，融资金额1014.78亿元，分别比上年同期（302期，1215.9亿元）下降23.5%和16.54%；佛山非金融企业在全国性债券市场共发行各类债券21期，融资金额178.88亿元，分别与上年同期（21期，182.5亿元）持平和下降1.98%。此外，《佛山市债券融资风险缓释基金设立方案》印发，截至年底，债券融资风险缓释基金到位资金1.25亿元（初始规模1.25亿元）。

股权投资行业　2018年，佛山市新增股权投资基金100只，新增注册及募集资本126亿元。截至年底，全市股权投资基金总数达486只，注册及募资资本超过628亿元。其中，广东金融高新区私募创投项目和管理公司347家，募集与投资资金规模超523亿元。在推进打造珠江西岸创投中心的工作中，佛山依托广东金融高新区的产业金融优势，在广东金融高新区核心区内重点建设打造以私募股权基金为主，私募证券基金、公募基金共同发展的“千灯湖创投小镇”升级成为省级唯一涉及各类基金业态的特色小镇。截至年底，在创投小镇规划范围内注册成立的基金类机构累计235个，募集资金总额超224亿元。广东股交中心金融高新区分公司累计挂牌展示企业13593家（含摘牌），其中累计挂牌企业3472家、注册展示企业10121家，融资额1113.61亿元。

【企业境外上市专题培训会】 2018年4月24日，佛山市金融工作局联合科技局组织召开企业境外上市专题培训会。培训主要围绕企业如何在香港上市展开，从上市政策、上市模式、财税问题以及案例分析等多个方面对香港上市进行解读。佛山市意向香港上市企业、高新技术企业和行业龙头等200余人参加培训。

【第四届广金·千灯湖金融峰会】 2018年11月24日，由广东金融学院主办，中国金融学会提供业务指导，中国人民银行金融研究所和广东省地方金融监督管理局提供业务支持，广东金融高新区、华南创新金融研究院和广东卫视承办的第四届广金·千灯湖金融峰会于广东金融高新区举行。该届峰会的主题为“金融开放与金融安全——助力粤港澳大湾区金融经济崛起”。中国人民银行原副行长郭庆平、国务院国有重点大型企业监事会原主席季晓南等来自政府、学界、社会、行业的代表1400多人出席活动，共同围绕金融开放与金融安全等问题进行探讨，为粤港澳大湾区金融经济发展建言献策。

【2018中国股权投资高峰论坛暨第二届中国股权投资金牛奖颁奖典礼】 2018年11月17日在佛山市南海区广东金融高新区举行。原广东省人民政府副省长陈云贤作《弯道超车 金融发展》演讲。该次论坛吸引来自全国各地的投资机构名家、中介服务机构代表等500多人参加颁出金牛早期投资成功人士、金牛私募股权投资精英等多个奖项。

【广东金融高新区资本市场发展大会】 2018年5月9日，2018广东金融高新区资本市场发展大会在广东金融高新区举行。上海证券交易所、深圳证券交易所、香港交易所、全国中小企业股份转让系统以及中国证券投资基金协会等专家，广东省政府、佛山市政府等各级政府相关领导，知名金融机构代表及企业代表等500人出席大会。会议发挥广东金融高新区金融资本集聚优势，通过加强与各大证券交易所互动合作，打造资本市场信息共享交流的高端平台，强化资本市场服务实体经济。

【广东金融高新区启动“区块链+”金融科技产业建设】 2018年5月17日，广东金融高新区“区块链+”金融科技产业启动发布会在千灯湖举行，广东金融高新区“区块链+”金融科技产业集聚基地及孵化中心正式启动，南海区创新创业投资引导基金二期同步发布。该活动有政府、金融机构、投资机构，区块链金融科技企业、行业协会、场景应用企业代表，媒体代表等近400人出席，营造良好产业氛围，提高广东金融高新区在金融科技产业领域的知名度及影响力。

【佛山成立100亿元上市公司通济基金】 2018年12月7日，佛山市上市公司通济基金正式成立，总规模100亿元。该基金旨在通过多种形式帮助佛山市有可能陷入流动性风险的优质上市企业，发挥政府在市场经济中“有形之手”的作用，帮助纾解佛山市上市公司和主要股东流动性风险，以实际行动支持民营企业健康发展。

（徐轶奕）

2018年10月11日，美的置业（3990.HK）在香港股票交易所上市，登陆香港资本市场

（市金融局供图）

金融监督管理

【货币信贷管理】 2018年，中国人民银行佛山市中心支行继续加强货币信贷管理，促进佛山银行业健康发展。

及时调整存款准备金率 按照人民银行总行部署，对辖区非县域农村商业银行开展定向降准动态考核，下调4家农村商业银行的存款准备金率，辖区法人金融机构执行的存款准备金率7%至12%不等，引导法人金融机构进一步优化信贷结构。

持续推动利率市场化发展 指导辖区金融机构将利率市场化改革推向深入。辖区企业人民币贷款加权平均利率为5.99%，比上年降低38个基点，信贷市场融资成本的增长低于金融市场融资成本的增长。

支小再贷款投放 向金融机构发放支小再贷款23.5亿元，比上年增长95.8%。金融机构将支小再贷款资金全部用于发放小微企业贷款，共惠及小微企业276家，贷款加权平均利率6.65%，比辖区同期小微企业人民币贷款（含个体工商户、小微企业主经营性贷款）加权平均利率低58个基点，缓解小微企业“融资难、融资贵”问题。

再贴现 累计办理再贴现23.4亿元。其中：小微企业票据再贴现23.4亿元，惠及小微企业277家；涉农企业票据再贴现1.46亿元，惠及涉农企业4家。截至2018年末，再贴现余额10.6亿元，余额同比增长55.9%。再贴现的持续发放，有效支持小微及涉农企业发展。

住房信贷政策贯彻落实 结合地方政府出台的房地产调控政策，指导辖区金融机构贯彻落实好差别化住房信贷政策，辖区个别区域的过热现象受到控制。年末，佛山房地产贷款余额4824.3亿元，比上年增长15.7%，增速较上年末下降5.6个百分点；佛山市个人购房贷款余额3766.04元，增长14.6%，增速较上年末下降3.5个百分点。

银行机构宏观审慎管理 完善辖区

法人金融机构宏观审慎评估，将表外理财正式纳入广义信贷范围，引导金融机构优化货币信贷总量和投放节奏，有效提升经营的审慎性。辖区法人金融机构宏观审慎评估情况总体良好。

金融支持创新驱动发展　推进产融合作试点，强化战略性新兴产业等重点领域的金融支持。年末，辖区战略性新兴产业贷款余额177.46亿元，比上年增长13.58%；知识产权质押贷款、股权质押贷款和供应链融资余额合计174.88亿元，增长40.12%。

（沈婷婷）

【银行业金融风险防控】 2018年，佛山市银行业监管部门督导银行机构31个次，对19个银行机构开展现场检查，发出监管提示函15份，督促银行机构落实整改工作要求，深入整治银行业市场乱象，同时大力培育合规文化经营机制。针对个人消费贷款业务存在违规问题的银行机构罚款100余万元，严厉打击挪用个人消费贷款等违规行为；密切关注房地产贷款风险，约谈房地产贷款增长过快的银行机构13个，督促银行机构合理有序把控房地产贷款投放规模和节奏，防控风险；与佛山市金融局一起成立网贷风险应对领导小组，加强互联网金融点对点借款平台（P2P）金融风险防范，同时做好核查等工作，为规范对网络借贷管理打下良好基础。

【银行业改革发展】 2018年，佛山市银行业监管部门推动佛山农商行、高明农商行及三水联社的吸收合并工作，协同推进顺德农商行、南海农商行的上市工作，支持港澳银行来佛山设立分支机构。推动佛山首家澳资银行（澳门国际银行佛山支行）获批开业，成为澳门国际银行在内地设立的首家异地支行。指导顺德农商行设立全国唯一注册地在县域的资金营运中心，完成交通银行顺德分行升格及中国建设银行顺德分行并入佛山分行相关工作。

【银行业服务实体经济】 2018年，佛山市银行业监管部门引导辖内各银行服务全市的实体经济。支持粤港澳大湾区建设。引导辖内银行机构支持粤港澳大湾区内互联、互通、互补，支持高速公路、铁路、城市轨道等基建项目68个，贷款余额超过200亿元，助力实体经济高质量发展。引导辖内银行业进一步加大信贷投放力度，更好满足企业融资需求，辖内银行业各项贷款余额首次突破万亿元大关，成为广东省第三个银行业贷款余额突破万亿元的城市。提升小微企业金融服务水平，支持民营、小微企业发展。强化政策引领，采取差异化监管措施，引导辖内银行机构加大支持力度，至年末，辖内小微企业贷款余额超2700亿元，占各项贷款比重超过四分之一，辖内法人银行普惠型小微企业贷款实现“两增两控”目标（“两增”即单户授信总额1000万元及以下小微企业贷款同比增速不低于各项贷款同比增速，贷款户数不低于上年同期水平；“两控”即合理控制小微企业贷款资产质量水平和贷款综合成本）。

【佛山银保监分局挂牌成立】 2018年12月26日，佛山银保监分局挂牌成立。根据广东银保监局《关于中国银行保险监督管理委员会佛山监管分局职能配置、内设机构、人员编制和县市监管组设置的批复》，佛山银保监分局主要职责是根据银保监会和广东银保监局的授权和统一领导，依法依规独立对佛山辖内银行业和保险业实行统一的监督管理。

（刘添豪）

【金融市场稳定】 2018年，佛山市推进地方金融风险监测防控平台建设，强化金融监管力量，加强对金融风险的监测预警和应急处置。严厉打击非法集资，整顿规范互联网金融，坚决守住不发生区域性系统性金融风险底线。全市10个法人金融机构的杠杆率均高于4%的监管要求，具有较高的安全边界。开展涉众金融领域矛盾纠纷排查摸底活动，防范和打击非法集资等违法金融活动，处置善林金融、E租宝、泛亚、金德公司等跨市、跨省案件，风险总体可控。市金融工作局制定《佛山市2018年涉众金融领域不稳定问题专项治理工作方案》，组织各区、市有关单位开展治理工作，落实工作责任；加大排查整治力度，滚动排查各高风险领域，每月更新台账；开展“百日攻坚”行动，重点针对P2P网贷平台非法集资问题，加快案件处置进度，做好信访维稳工作，落实应急值守制度，确保及时发现和处置风险。是年，全市公安机关共立非法集资类案件57件、破案54件、涉案金额121.8亿元，未发生重大群体性事件与重大不稳定事件，风险情况总体可控。市金融工作局组织开展全市互联网金融风险整治工作，加强排查整治和打击力度，截至年底，佛山市运营网贷机构8个，总体业务规模3.03亿元，实现机构数量与机构规模的大幅“双降”。市金融工作局组织协调、督促市相关区处置好个别互联网金融信息有限公司资金兑付风险隐患工作，未出现重大风险问题。同时，金融监管部门联合推动建设金融诚信体系，引导辖区金融机构优化信贷结构，稳定金融市场，创建金融生态示范市。

【地方类金融机构监督管理】

融资性担保行业监管　2018年，佛山落实国务院印发的《关于促进融资担保行业加快发展的意见》的“减量增质”精神，市、区金融监管部门对1年内没有开展业务的公司进行劝退。众利、鼎盛、协丰3家融资性担保公司经公示后退出融资担保市场。日常监管工作中，佛山市金融工作局按照佛山市融资性担保行业监管联席会议制度，多次组织召开监管工作会议，传达上级主要精神；开展现场检查，2次组织到辖区内各融资担保公司进行现场检查督导；不定期与高管团队进行面谈，要求公司建立严密规范的内部业务管理、财务管理和风险监控制度；发挥行业协会的自律作用，支持市信用担保协会进一步完善组织架构，并通过市信用担保协会加强对担保公司相关信息的掌握，防范违法违规行为发生；加强行业正面宣传，在《佛山日报》等媒体对融资担保行业对促进中小微企业发展的贡献、政府扶持政策以及佛山特色融资担保行业规范发展情况等方面进行正面报道。

小额贷款行业监管　2018年，佛山市金融工作局贯彻落实《佛山市小额贷款公司监督管理细则（试行）》和《佛山市小额贷款公司分类管理办法（试行）》。通过现场检查、非现场监管等多种手段相结合，对全市小额贷款机构实施全方位监管。组织各区金融办会同相关监管部门和第三方机构，开展全市小额贷款公司风险排查2次，并对美的、欧浦2家开展互联网小贷业务的小额贷款公司进行整改验收。3月，针对辖区（顺德区除外）小额贷款公司启动2017年度评级，评出A类3家、B类9家、C类7家、D类8家。日常监管工作中，市、区金融监管部门通过小额贷款公司非现场监管系统及经营月报，及时指出公司在经营过程中的风险隐患。同时，金融监管部门和行业协会通过电话、网站等多种渠道，及时处理有关投诉。

【佛山市金融工作局与广东省地方金融风险监测防控中心签订合作协议】 2018年7月，佛山市金融工作局与广东省地方金融风险监测防控中心签订合作协议，建设地方金融风险监测防控平台，加强金融风险预警处置。该平台利用国际先进的大数据、云计算及人工智能等技术，具备非法金融活动主动识别、非法金融活动监测预警、网络舆情监测、非现场监管、金融广告监测、非法集资数据报送、金融风险处置管理、第三方电子合同存证、资金监管等功能。由此，佛山成为省内第一批与省防控中心对接的地级市之一。

【佛山获全省小额贷款公司和融资担保机构监管履职评价第三】 2018年10月，凭借在监管机制建设与执行、监管工作成效、风险防范与处置等方面的工作成效，佛山在全省小额贷款公司和融资担保机构监管履职评价中获90.18分，在全省地级市中排第三名，反映佛山市在建立健全监管体制基础上，完成省布置的重点工作。

（徐轶奕）

金融服务管理

【概况】 2018年，佛山市出台《佛山市金融促进民营经济高质量发展若干政策措施》，提升金融服务实体经济发展的重要作用，缓解民营企业融资难、融资贵问题，助力佛山加快建设面向全球的国家制造业创新中心，促进民营实体经济高质量发展。推进政策性小额贷款保证保险工作，印发《关于加强政策性小额贷款保证保险工作的通知》，落实保费补贴、提高贷款额度等，降低企业融资成本。开展政策性小额贷款保证保险工作，累计贷款9.82亿元。修订《佛山市商业银行科技支行认定及管理暂行办法》，在科技支行认定条件、扶持政策、复审等方面进行调整，新认定8家科技支行，科技支行达12家。

是年，佛山市支持企业融资专项资金全年转贷180.43亿元（资金年度周转倍数为15.29倍），共1803笔、惠及976家企业。佛山市支持企业融资专项资金自2015年设立起至2018年底，累计转贷460.95亿元，共4648笔、惠及2598家企业，为缓解中小企业融资难融资贵尤其是企业“借新还旧”的临时性资金周转难题发挥重要作用。科技型中小企业信贷风险补偿基金规模达1.9亿元，截至2018年底，累计授信企业355户，帮助佛山科技型企业获得贷款授信31.81亿元。优质技改创新项目贷款风险补偿基金，截至2018年底，累计授信企业56户共63个项目，累计授信3.93亿元。佛山市创新创业产业引导基金，三批11家子基金完成设立，总规模105.37亿元。

（徐轶奕）

【民营和小微企业金融服务】 2018年，中国人民银行佛山市中心支行印发《关于进一步深化佛山民营企业和小微企业金融服务的实施意见》，推动金融支持民营和小微企业健康发展。组织召开“金融支持佛山实体经济发展创新大赛总结暨深化民营和小微企业融资服务对接会”，18个金融机构分别与市工商联签订战略合作框架协议。是年，佛山市民营企业贷款余额比年初增加235亿元，占企业新增贷款的71.1%。

【移动支付推广】 2018年，中国人民银行佛山市中心支行加强支付基础设施建设，推广移动支付“智慧公交”“智慧缴费”“智慧校园”等项目。是年，佛山市7000多辆公交车、市内所有公共事业网点缴费窗口、57家中小学和幼儿园、500多个菜市场和商场超市餐饮店支持移动支付。

【佛山市首届少儿财商大赛】 2018年，人民银行佛山市中心支行联合市教育局、市金融局、佛山日报社、消保协会举办“未来金融家”——2018佛山首届小学生金融知识竞赛暨第三届少儿财商大赛决赛。浙商银行佛山分行代表队获第一名。大赛创新推出了财商知识线上游戏，吸引14175人参与答题。在赛事进行期间，同步举办少儿财商大课堂，邀请专业机构和知名导师为孩子和家长传授财商知识，100余家庭参与少儿财商大课堂活动。

【佛山市首个“金融书屋”启用】 2018年9月19日，中国人民银行佛山市中心支行、金融消费者权益保护协会等单位联合佛山开放大学建设的全市首个“金融书屋”启用，面向广大中老年群体普及金融知识，不断提高中老年群体的风险防范意识，同时，结合金融讲座、读书分享、开放阅读，向市民普及金融知识。“金融书屋”约100平方米，布置温馨明亮，书架上摆满各种金融书籍。佛山金融书屋的落成启用，是“金融教育进社区”项目的深化和延伸，既为社区居民提供汲取金融知识、提高金融素养的“阅读驿站”，也为经常性地开展金融知识普及活动创造便利条件。

【广东省“普及金融知识，守住‘钱袋子’”活动启动仪式在佛山举行】 2018年6月8日，由中国人民银行广州分行主办、中国人民银行佛山市中心支行承办的广东省2018年“普及金融知识，守住‘钱袋子’”活动启动仪式在佛山市举行。中国人民银行总行金融消费权益保护局局长余文建，广州分行副行长覃道爱，广州分行营业管理部副主任张劲，佛山中支行长谢端纯，顺德支行行长杨钧以及佛山市金融工作局、佛山银监分局、佛山地区金融机构负责人，广东丰明电子科技有限公司负责人及部分员工代表200多人参加活动。活动旨在帮助金融消费者运用正当途径守护好自身的“钱袋子”，增强农民、务工人员等特殊人群的金融知识和技能、风险识别与防范能力。

【合作共建研究生专业实践基地签约】 2018年12月13日，中国人民银行佛山市中心支行联合工商银行佛山分行等7个银行业金融机构与广东财经大学举行合作共建研究生专业实践基地的签约仪式。中国人民银行佛山市中心支行党委书记、行长谢端纯与广东财经大学校长于海峰出席签约仪式并致辞。根据协议内容，中国人民银行佛山市中心支行携手7个金融机构与广东财经大学合作共建研究生专业实践基地，将在研究生人才培养、课程开发、案例开发、课题研究、实习实践、各类调查、职业技能培训、专业人才双向锻炼等方面加强合作，建立金融管理部门、金融运行部门和高校研究团队的金融理论与实践联合研究机制。该次合作进一步加强佛山金融研究和实践能力建设，也为广东财经大学的研究生提供理论联系实际、提高理论研究与实践能力的舞台。

2018年12月14日，中国人民银行佛山市中心支行联合佛山银监分局、市经信局、市金融局、市工商联等单位，举行金融支持佛山实体经济发展创新大赛总结暨深化民营和小微企业融资服务对接会 （人民银行佛山市中心支行供图）

【民营和小微企业融资对接会】 2018年12月14日，中国人民银行佛山市中心支行联合佛山银监分局、市经信局、市金融局、市工商联等单位，在南海区举行金融支持佛山实体经济发展创新大赛总结暨深化民营和小微企业融资服务对接会。中国人民银行佛山市中心支行党委书记、行长谢端纯从货币政策及工具运用、信贷政策、支付结算政策、外汇政策、征信及信用体系政策等5个方面，向现场代表进行宣讲。组委会对金融支持佛山实体经济发展创新大赛的获奖单位进行颁奖，18个金融机构分别与佛山市工商联签订战略合作框架协议，3年内意向合作金额接近6500亿元。

【佛山市首个惠民新支付体验馆开馆】 2018年4月3日，以“便民新支付，助力新生活”为主题的移动支付便民工程推进活动暨佛山市银联移动支付“智慧公交”项目签约仪式在佛山市南海区举行。佛山市银联移动支付“智慧公交”项目和惠民新支付体验馆的推广应用，对促进移动支付助力普惠金融发展，推动移动支付在公共服务领域的全面应用具有重要的意义，是为民惠民的民心工程和德政工程。活动现场，佛山市34个银行机构与广佛通电子收费营运有限公司签订《广佛通银联移动支付应用合作协议》，并举行佛山市首个惠民新支付体验馆开馆仪式。

（沈婷婷）

银行业

【概况】 截至2018年底，佛山市有银行业金融机构42个，其中政策性银行1家、国有大型银行5家（包括邮储在内）、股份制银行11家、城商行5家、外资银行9家、农村金融9家、非银机构2个。银行业机构网点数1858个，银行业从业人员数31660人。

存款稳定增长　2018年末，佛山市金融机构本外币各项存款余额15373亿元，居省内地级市第一位；新增存款1330亿元，占全省的10%，排在全省地级市第二位，较东莞少328亿元；各项存款余额比上年增长9.5%，分别比全省和珠三角平均增速快2.6个、2.8个百分点。与东莞市、惠州市的差距缩小至3.8个、3.0个百分点，反超珠海市0.6个百分点，上升至珠三角九市第四位。

贷款突破万亿元　1—7月经济运行数据显示，佛山市金融机构本外币贷款余额10018.08亿元，比上年同期增长9.72%。这是佛山金融机构本外币贷款余额首次突破万亿元，在全省地级市中排第一名。金融业贷款持续发力，为佛山的经济发展提供动力。

【佛山农商行吸收合并高明农商行、三水农信社】 2018年10月31日，佛山农商业银行吸收合并高明农村商业银行、三水农村信用合作社一事获广东银保监局（筹）出具的同意吸收合并的初审意见，并于2018年11月1日正式向银保监会提出申请。合并完成后，高明农商行、三水农信社将解散，新组建的佛山农商行资产将超1000亿元。这次合并也是广东省资产规模最大、唯一以吸收合并方式进行的机构合并案例。截至年底，佛山农商行总资产为890.25亿元，全年实现净利润、营业收入22.91亿元、8.90亿元，比2017年均增长；不良贷款持续“双降”，不良率为1.06%，拨备覆盖率提升至374.35%。

【兴业银行佛山分行获评“2018年度最具口碑银行”】 2018年12月，在“价值与责任”2018年佛山金融传媒大奖行业评选中，兴业银行佛山分行获评“2018年度最具口碑银行”。2018年是金融行业的“强监管年”，兴业银行佛山分行多措并举完善内部控制制度，持续强化风险防范；通过搭建渠道、减免服务费等方式输血实体经济，有力支持地方实体经济的发展。“佛山金融传媒大奖”主要针对传媒口碑、科技金融创新、公共服务、社会公益等方面对各家参选单位进行多维度评价和展示，彰显优秀的佛山金融机构的责任与担当。

【澳门国际银行佛山支行开业】 2018年11月19日，澳门国际银行股份有限公司佛山支行开业，进驻广东省佛山市南海区友邦金融中心。开业揭牌仪式当天，广东省地方金融监督管理局、中央人民政府驻澳门特别行政区联络办公室、澳门金融管理局、中国人民银行佛山市中心支行等单位相关负责人出席揭牌仪式。

【工商银行佛山分行推出支持民营企业发展“三项承诺、九条措施”】 2018年11月14日，中国工商银行佛山分行与50家骨干民营企业签订战略合作协议，为企业发展提供全方位支持，率先在全市金融机构中推出支持民营企业发展“三项承诺、九条措施”。中国工商银行佛山分行承诺：未来三年为民营企业提供不低于1000亿元的表内外融资支持，对民营企业信贷投放增速明显高于各项贷款增速，对小微企业信贷投放增速明显高于各项贷款增速。在作出“三项承诺”的同时，该行还制定支持民营企业发展的“九条措施”，这是该行贯彻落实习近平总书记在民营企业座谈会上的重要讲话精神的重大举措。该行将通过促进银企合作，实现各项业务健康可持续发展。

【“中银个企达”助力个体工商户转型升级】 2018年8月29日，中国银行佛山分行、顺德分行举行“中银个企达”产品发布会，首次推出“中银个企达”，支持个体工商户转型升级，加大力度扶持中小微企业发展。“中银个企达”是中国银行广东省分行因应“个转企”改革背景而推出，涵盖商事注册登记、便捷支付结算、增值理财融资、跨境综合经营等一站式、全流程、线上化的综合金融服务，能够满足个体工商户、中小微企业客户群体在商事登记、初创经营、稳步发展、规模扩张等各阶段金融服务需要。

【平安银行佛山分行开展SAS业务】 2018年，平安银行佛山分行开展供应收账款服务平台（SAS）业务，中小微企业可以凭借其在供应链中形成的债权来获得融资，金融机构也在满足风险控制需要的同时，支持实体经济发展。供应链应收账款服务平台是平安银行针对特定核心企业供应链内上游民营、中小微企业，提供的线上应收账款转让及管理服务平台。平台各类用户可以尊享交易鉴证、转让确权、债权登记、监测预警、账款清分、贸易背景核验、资产流转、应收账款管理等综合金融服务。

【浦发银行在线财务平台在辖内推广运营】 2018年，浦发银行在佛山地区推广在线财务平台“e企行”，至年底41家企业在“e企行”平台注册并使用。“e企行”秉承“开放、共享、便捷、友好”的理念，包含日常会计记账全部功能，并提供在线代理记账、报税和咨询等配套服务，可以通过移动端实现在线记账、查账，提供集在线会计、在线进销存、在线订单、在线融资和专线服务等一整套云端在线综合解决方案。该业务有效降低了中小微企业的财务成本、提高财务管理效率。

【顺德农商行新总部大楼开建】 2018年8月9日，顺德农商行举行桂畔海产融生态小镇启动暨顺德农商行总部大楼动工仪式。该大楼设计高度230米，坐落于顺德新城德胜商务区，位于新城中轴线西侧，与东侧的保利国际金融中心以双塔式呈现，南侧为高尚商住区，西侧为德胜学校，北侧为大型商业综合体。

【高明顺银村镇银行创新开办“光伏贷”业务】 2018年4月，高明顺银村镇银行创新开办“成长光伏贷”业务，成为高明区内投放光伏贷款的主要银行。光伏贷款为购置光伏设备的乡镇个人或企业提供融资帮助，协助客户实现电源的自给自足并通过电力公司的回购产生利润，符合节能环保的理念及经济效益。

【农行佛山分行各项贷款突破500亿元大关】 2018年，中国农业银行佛山分行以“稳增长、促改革、调结构、惠民生、防风险”为主线，围绕“三旧改造”、基础设施等重点领域发力，助推城镇化建设和城市升级；为中小企业创新金融产品、度身设计融资方案，优化业务流程，破解民营企业和小微企业融资难题；充分发挥农行网络、产品和服务优势，多举措服务“乡村振兴”战略，把支持地方经济发展与促进自身业务增长有机结合起来，实现“共赢”局面。截至7月26日，农行佛山分行各项贷款余额501.6亿元，突破500亿元大关。

（沈婷婷）

保险业

【概况】 2018年，佛山市新增寿险公司3家，全市保险机构达73个，其中产险公司30家、寿险公司43家。至年底，全市共有572个保险服务网点，覆盖五区，其中产险公司网点339个、寿险公司网点233个。全市保险行业完成保费收入457.52亿元（占全省13%），比上年增长5.47%，在全省地级市中排第二名。其中，财产险保费收入127.20亿元，增长14.83%；人身险保费收入330.31亿元，比上年增长2.26%。产、寿险公司合计赔给付121.17亿元，比上年增长26.67%。其中，财产险公司赔付支出67.27亿元，增长29.60%；人身险公司赔付支出53.90亿元，增长23.21%。是年，佛山市保险深度（地区保费收入占该地区生产总值的比重）为4.6%；保险密度（人均保费收入）为5787元/人。有保险从业人员约8万人，比上年增长10%。

【保险业服务大局】 2018年，佛山市保险业在参与社会管理、服务“三农”、缓解企业融资难、融资贵问题等方面有新突破。全年全市保险业承担责任类保险风险保障13586亿元、比上年增长66.97%。农业保险共为农业生产提供风险保障3.62亿元，累计赔款248万元。

【安全生产责任险】 截至2018年底，佛山安全生产责任险累计为社会提供风险保障金额规模超574亿元，全市参保安全生产责任险企业8811家、覆盖保障36.17万人、开展保险预防性服务7094家次、累计赔付金额超3256万元。另外，安全生产责任险承保机构举办各类应急演练、安全培训及各类宣传300多场。全市危化类高危行业企业实现安全生产责任险全覆盖。

【政策性农业保险发展】 2018年，佛山市政策性育肥猪保险承保300头，承担风险24万元；政策性肉鸡保险承保36.6万羽，承担风险439.2万元；政策性水稻保险承保面积2441.171公顷（36617.57亩），承担风险35434.09万元；能繁母猪保险承保3142头，承担风险314.2万元；政策性农房保险承保39.39万户，承担风险超78.77亿元。各类农业险累计赔款248万元。

【政策性小额贷款保证保险】 2018年，佛山市政策性小额贷款保证保险项目服务中小微企业382家，比上年（74家）增长4.8倍；为企业发放低息贷款417笔，合共8.25亿元，比上年（1.37亿元）增长6倍。政策性普惠金融实现贷款门槛和融资成本“双降”。

【大病保险】 2018年，佛山保险业继续参与社保体系建设，发挥保险业风险管理技术和网点人员等优势，为政府和人民群众提供大病保险经办服务。佛山市大病保险项目经办服务覆盖5个区65家驻院医管办140家定点医院，提供政策咨询、基本医疗保险及大病保险医疗巡查、医疗审核等报销服务，保障达10.29万人，赔款总额7580万元，理赔4.23万人次，缓解“因病返贫、因病致贫”问题。

【“事故e处理”快处快赔服务】 2018年，佛山市保险机构和交警部门共同推行交通事故处理和保险理赔的“事故e处理”快处快赔模式，通过快处快赔处理案件22.00万件，达成事故责任协议8.10万个。是年，佛山市有1个“事故e处理”服务中心和15个服务网点。通过快捷、高效的轻微道路交通事故线上线下2种处理模式，使因道路交通事故导致的交通拥堵时间明显减少，事故处理和保险理赔效率进一步提高，化解因道路交通事故引发的矛盾纠纷，提升保险客户体验和满意度。

【全省首创“线上无责直赔”绿色理赔便民措施】 2018年1月下旬起，佛山交警、佛山市保险行业协会联合推出佛山轻微道路交通事故“线上无责直赔”绿色理赔便民措施，为全省首创。该措施为：当道路上发生双方或者多方交通事故时，通过线上快处快赔服务，在满足一定条件后，办理线上无责直赔授权，全责方保险公司可直接向无责方车主支付赔款，旨在减少轻微道路交通事故涉事双方递交理赔资料的繁琐步骤，并减少因责任方不配合所产生维修垫付等理赔纠纷。至年底，全市办理“线上无责直赔”业务3.19万宗。

【道路交通事故损害赔偿纠纷一体化处理中心成立】 2018年5月23日至6月1日，由佛山市司法、公安、保险等部门联合分别在南海区、禅城区、三水区、高明区设立道路交通事故损害赔偿纠纷一体化处理中心（以下简称“一体化中心”），正式开展道路交通事故损害赔偿纠纷一体化处理工作。各区一体化中心成立后，市民在遇到交通事故责任纠纷案件时，可直接到交警大队事故处理中队，找到一体化中心“人民调解”窗口，通过多部门专业人员联动调解，提高解决纠纷效率。至年底，禅城、南海、三水、高明4个一体化中心接受道路交通事故纠纷咨询2312件，有效受理1563件，调解成功708件，成功率为60%；收到群众赠送锦旗12面，感谢函18份。

（市保险行业协会）

证券期货业

【概况】 2018年，佛山市辖区内注销混沌天成期货股份有限公司佛山南海营业部、金瑞期货有限公司佛山营业部2个期货营业部。截至2018年末，佛山市证券营业部125个，其中地区分公司12家、省级分公司1家、综合类证券营业部58个、轻型营业部54个，以及期货营业部14个。

证券交易量　2018年，佛山市证券交易成交总额（不含权证）为31189亿元，比上年下降19.1%。佛山市证券成交总额占全省比重为11.3%，占比比上年回落0.5个百分点，在省内排第三名。是年，佛山市各区证券交易成交情况为：南海区证券交易总成交金额7268亿元，比上年下降14.5，占佛山市场总成交金额的23.3%；禅城区证券交易总成交金额10223亿元，下降28%，占佛山市场总成交金额的32.8%；顺德区证券交易总成交金额12159亿元，下降11%，占佛山市场总成交金额的39%；高明区证券交易总成交金额465亿元，下降51%，占佛山市场总成交金额的1.5%；三水区证券交易总成交金额1072亿元，下降11%，占佛山市场总成交金额的3.4%。

证券机构手续费收入　截至2018年末，佛山市证券业会员手续费收入9.5亿元，比上年下降28%。佛山市证券业会员手续费收入占全省（除深圳市）的13.4%，占比比上年回落0.5个百分点。

期货交易量　2018年，佛山市期货成交金额8170亿元，占全省（除深圳市）的9.8%。

【期货机构座谈会】 2018年7月4日，佛山市证券期货协会组织辖区全体期货机构召开座谈会，增进行业交流，探讨行业发展趋势及共性问题，分析辖区期货营业部发展现状。围绕“加强自律管理、防范金融风险、合规诚信经营”主题，展开交流。会议指出行业面临人才难觅、资管新规后业务缩水、手续费下滑等共性问题。会议认为在严监管背景下，业务发展压力前所未有。座谈会上，行业代表表示要坚守合规底线，高度重视反洗钱工作，将反洗钱工作落实到日常工作中，同时机构间增强业内信息共享，通过业务亮点、痛点增加互动交流。

【拟上市企业赴上海调研学习】 2018年10月17—21日，佛山市禅城区金融办、佛山市禅城区金融产业促进会、佛山市证券期货协会组织优质拟上市企业代表一行15人赴上海证券交易所、上海期货交易所、光大证券上海总部、中国金融期货交易所调研学习，推动辖区优质企业上市，加快产业资本和金融资本融合发展，助力产业转型升级。同时，让企业了解如何利用期货金融衍生工具套期保值、规避原材料价格波动带来的经营压力与风险。上海期货交易所就企业套期保值、原油期货进行专家讲解，并就中国期货市场的创新发展进行回顾与分析。光大证券股份有限公司上海总部特邀 IPO（首次公开募股）项目负责人结合最新案例，就 IPO 审核最新变化和关注重点进行深入交流，尤其是针对审核逻辑、重点及应对办法的注意事项进行深入剖析，并就企业家关心的问题进行指导。中国金融期货交易所重点介绍国债期货、股指期货市场运行及功能、现状、及金融期货对证券市场的对冲风险作用和机制。调研团队一行共同走进标杆上市公司——风语筑展览股份有限公司，现场体验科技创新成果。

【企业上市工作促进会召开】 2018 年 1 月 12 日，“创新驱动，资本引领”佛山市企业上市工作促进会召开，会议总结 2017 年佛山市资本市场情况。佛山市市长朱伟出席会议并讲话。会议要求佛山市推动更多企业投身资本市场，不断提高直接融资水平，助推企业做优做强做大。会上，新上市的蒙娜丽莎集团股份有限公司、佛山燃气集团股份有限公司作企业上市经验介绍，顺德区作推进企业上市经验介绍。截至该次会议召开为止，佛山上市公司 54 家，累计融资 950 亿元。

（张晶晶）

佛山市上市公司名单（截至 2018 年末）

企业名称	股票代码	上市日期	所属行业	所属区域	上市地
中国中药有限公司（原盈天医药）	HK.00570	1993/4/7	生物医药	禅城区	香港主板
美的集团股份有限公司	000527	1993/11/12	电气机械	顺德区	深圳主板
佛山电器照明股份有限公司	000541（B200541）	1993/11/23	电气机械	禅城区	深圳主板
威灵控股有限公司	HK.00382	1993/12/20	白色家电	顺德区	香港主板
广东万家乐股份有限公司	000533	1994/1/3	白色家电	顺德区	深圳主板
海信科龙电器股份有限公司	000921	1999/7/13	橡胶和塑料制品	顺德区	深圳主板
佛山佛塑科技集团股份有限公司	000973	2000/5/25	白色家电	禅城区	深圳主板
佛山华新包装股份有限公司	B200986	2000/7/6	造纸和纸制品业	禅城区	深圳主板
瀚蓝环境股份有限公司	600323	2000/12/25	燃气水务	南海区	上海主板
中国兴业控股有限公司	HK.00132	2001/9/28	酒店、餐饮	南海区	香港主板
广东科达洁能股份有限公司	600499	2002/10/10	专用设备制造业	顺德区	上海主板
南方包装集团有限公司	SouthernPkg（T77）	2004/11/12	工业设计	南海区	新加坡
广东德美精细化工股份有限公司	002054	2006/7/25	化学原料和化学制品制造	顺德区	深圳中小板
广东雪莱特光电科技股份有限公司	002076	2006/10/25	电气机械	南海区	深圳中小板
碧桂园控股有限公司	HK.02007	2007/4/20	房地产	顺德区	香港主板
兴发铝业控股有限公司	HK.00098	2008/3/31	金属	禅城区	香港主板

（续表）

企业名称	股票代码	上市日期	所属行业	所属区域	上市地
德奥通用航空股份有限公司	002260	2008/7/16	白色家电	南海区	深圳中小板
志高控股有限公司	HK.00449	2009/7/13	白色家电	南海区	香港主板
星期六股份有限公司	002291	2009/9/3	纺织服装	南海区	深圳中小板
广东精艺金属股份有限公司	002295	2009/9/29	有色金属冶炼	顺德区	深圳中小板
南方风机股份有限公司	300004	2009/10/30	专用设备制造业	南海区	深圳创业板
德宝地产开发有限公司	K2M	2010/4/12	房地产	南海区	新加坡
中国联塑集团控股有限公司	HK.02128	2010/6/23	建筑材料	顺德区	香港主板
广东盛路通信科技股份有限公司	002446	2010/7/13	通信设备制造业	三水区	深圳中小板
佛山市国星光电股份有限公司	002449	2010/7/16	光学光电子	禅城区	深圳中小板
开易控股有限公司	HK.02011	2011/1/12	服饰配件	南海区	香港主板
广东万和新电气股份有限公司	002543	2011/1/28	白色家电	顺德区	深圳中小板
大自然地板控股有限公司	HK.02083	2011/5/26	建筑材料	顺德区	香港主板
广东东方精工科技股份有限公司	002611	2011/8/30	专用设备制造业	南海区	深圳中小板
广东德联集团股份有限公司	002666	2012/3/27	化学原料和化学制品制造	南海区	深圳中小板
广东国盛金控集团股份有限公司	002670	2012/4/16	电气机械	顺德区	深圳中小板
广东顺威精密塑料股份有限公司	002676	2012/5/25	橡胶和塑料制品	顺德区	深圳中小板
中国集成金融集团控股有限公司	HK.03623	2013/11/13	金融	禅城区	香港主板
广东新宝电器股份有限公司	002705	2014/1/21	白色家电	顺德区	深圳中小板
欧浦智网股份有限公司	002711	2014/1/27	仓储物流	顺德区	深圳中小板
佛山市海天调味食品股份有限公司	603288	2014/2/11	食品制造业	禅城区	上海主板
广东伊之密精密机械股份有限公司	300415	2015/1/23	专用设备制造业	顺德区	深圳创业板
佛山市南华仪器股份有限公司	300417	2015/1/23	仪器仪表制造业	南海区	深圳创业板

（续表）

企业名称	股票代码	上市日期	所属行业	所属区域	上市地
广东星徽精密制造股份有限公司	300464	2015/6/5	金属制品业	顺德区	深圳创业板
中国顺客隆控股有限公司	HK.00974	2015/9/10	商业零售	顺德区	香港主板
中盈盛达融资担保投资股份有限公司	HK.01543	2015/12/23	金融	禅城区	香港主板
节能元件有限公司（广东普福斯节能元件有限公司）	HK.08231	2016/10/7	半导体	顺德区	香港创业板
煜荣集团控股有限公司（佛山市顺德区莱利达工程设备有限公司）	HK.01536	2017/1/11	专用设备制造业	顺德区	香港主板
广东雄塑科技集团股份有限公司	300599	2017/1/23	橡胶和塑料制品	南海区	深圳创业板
佛山市金银河智能装备股份有限公司	300619	2017/3/1	专用设备制造业	三水区	深圳创业板
广东新劲刚新材料股份有限公司	300629	2017/3/24	金属制品业	南海区	深圳创业板
博实乐教育集团（广东碧桂园教育投资管理有限公司）	BEDU	2017/5/18	教育服务	顺德区	美国纽交所
佛山市顺德区万成金属包装有限公司	HK.08291	2017/7/18	建筑建材	顺德区	香港创业板
广东天安新材料科技股份有限公司	603725	2017/9/6	橡胶和塑料制品	禅城区	上海主板
广东海川智能机器股份有限公司	300720	2017/11/6	仪器仪表制造业	顺德区	深圳创业板
佛山市燃气集团股份有限公司	002911	2017/11/22	燃气生产和供应业	禅城区	深圳中小板
蒙娜丽莎集团股份有限公司	002918	2017-12-19	非金属矿物制品业	南海区	深圳中小板
广东伊戈尔电气股份有限公司	002922	2017-12-29	电气机械和器材制造业	南海区	深圳中小板
美的置业集团有限公司	HK.03990	2018-10-11	房地产	顺德区	香港主板
科顺防水科技股份有限公司	300737	2018-1-25	非金属矿物制品业	顺德区	深圳创业板
广东文灿压铸股份有限公司	603348	2018-3-14	通用设备制造业	南海区	上海主板
碧桂园服务控股有限公司	HK.06098	2018-6-18	物业服务业	顺德区	香港主板
佛山市云米电器科技有限公司	VIOT	2018-9-25	互联网零售	顺德区	美国纳斯达克

（市金融局）

城乡建设

手机扫码阅读

城乡规划

【概况】 2018年，佛山市坚持规划引领，强化规划统筹。推进生态文明建设。完善自然生态文明建设项目库，"一岛一策"覆盖率不断提高，全市335个项目中2018年计划开工项目212个，完成114个，累计完成投资额32亿元。开展空间规划编制，加大城市空间管制力度，科学合理平衡城市发展与生态建设。促进新型城镇化，推进"三规合一"（将国民经济和社会发展规划、城市总体规划、土地利用规划中涉及到的相同内容统一起来，并落实到一个共同的规划平台上，各规划的其他内容按相关要求各自补充完成）工作。

【城乡规划编制】 2018年，佛山市编制《佛山市产业发展保护区划定》，划定352个产业发展保护区，保障产业用地规模不少于350平方千米。加强城市设计，开展《佛山市城市设计导则》《佛山市街道设计导则》编制。围绕市委、市政府的工作部署，推进高水平战略规划工作，《佛山市"一环创新圈"战略规划》《三龙湾（禅南顺）高端创新集聚区综合规划》通过规委会评审。推进控规改革与创新，《佛山市控制性详细规划改革与创新》实施，审批流程加快推进，控规全覆盖工作有效推进。完成轨道站点周边以公共交通为导向的开发（TOD开发模式）控规项目中期成果，制定《佛山市轨道交通建设项目国土规划审批优化办法》，助力佛山市轨道建设。印发《佛山市海绵城市规划要点和审查细则》，推进海绵城市建设规划管理。

【城镇村庄规划】 2018年，佛山市结合"五好"（规划建设好、绿化美化好、空气水质好、公共服务好和社会风尚好）新村居、美丽文明村居、镇村发展现代化等建设要求，组织开展全市各区村庄规划编制。《佛山市村庄规划编制指引》《佛山市乡村建设规划许可管理办法》和《佛山市历史文化街区和历史建筑保护条例实施细则》报市政府审批。印发《历史建筑保护修缮技术指引》，组织制订《佛山市城镇新建住宅区配建教育设施管理办法》并报市政府审批。

【《佛山市产业发展保护区划定》发布】 2018年8月20日，《佛山市产业发展保护区划定》经市政府同意印发实施。为加强产业用地保护，确保佛山市产业用地总规模，保障制造业用地供给，有序引导产业转型升级，佛山市国土和城乡规划局开展产业发展保护区划定。按照"保大保优、集中连片、分类分级、提高效益"的原则，确定全市352个产业发展保护区，保障产业用地规模不少于350平方千米。其中：一级控制线164处，总规模39210.14公顷，线内产业用地规模28185.99公顷；二级控制线188处，总规模8853.26公顷，线内产业用地规模6764.77公顷。

（郭　庆）

城市建设

【城市园林绿化】 2018年，佛山市构建城乡一体化绿地系统，开展增绿建设、绿道升级优化，加快推进大型公园绿地、社区公园、村级公园建设，促进公园绿地资源均等化。完成绿化面

佛山市禅城区季华路商业街区　（辉绍摄）

积 449.31 公顷，其中公园绿地 318.70 公顷（新增 169.12 公顷，改造提升 149.58 公顷）、道路绿化 26.97 公顷、水系绿化 27.11 公顷、立体绿化 2.2 公顷、其他绿化 74.33 公顷。新增城市绿道 29 千米，改造提升省立绿道 6 千米。新建社区（体育）公园 12 个，面积 13.92 公顷；改造提升 43 个，面积 27.95 公顷。新建、改造村（社区）公园 101 个，62.2 公顷。建成区绿化覆盖率 44.25%，建成区绿地率 41.68%，城市人均公园绿地 17.25 平方米。完成国家园林城市复查省级普查工作，完成第一批古树名木后备资源普查、建档和挂牌。

（黄丽英）

【地下综合管廊建设】 2018 年，佛山市实际建设综合管廊长度 11.24 千米，任务完成率 112.4%。至年底，“十三五”期间累计建成综合管廊 32.49 千米。佛山市第一部关于综合管廊的政府规范性文件——《佛山市地下综合管廊管理试行办法》，于 7 月由市府办公室印发，9 月 1 日起实施。对综合管廊专项规划先行、强制入廊、有偿使用、投融资体制、运营维护要求等方面作出具体规定。市发展和改革局会同市住建管理局编制《佛山市城市地下综合管廊有偿使用收费指引》，引导入廊管线单位向地下综合管廊建设运营单位交纳入廊费和日常维护费。

（吴燕婷）

【环卫设施建设】 2018 年，佛山市推进生活垃圾处理处置设施建设。顺德区顺控环投热电项目 4 炉 2 机按期点火调试，顺利投产运营。南海区生活垃圾焚烧发电厂（三厂）按计划推进，计划 2019 年年底试运行。加快禅城、顺德区餐厨垃圾处理厂等终端处理设施项目建设，探索建立分散式餐厨垃圾处理设施，确保餐厨垃圾得到有效处理。推进“厕所革命”工作向纵深发展，完成新建公厕 88 座，提升改造公厕 234 座。

【市容保洁】 2018 年，佛山市推行市场化“大保洁”“大市政”模式，升级改造垃圾收集点、垃圾桶、垃圾收运车辆等设施设备，健全村级环卫管理体系，全面提升农村生活垃圾治理水平，实现区、镇、村（社区）三级环卫保洁全覆盖。推进党政机关等公共机构生活垃圾强制分类，启动首批 50 个机关事业单位垃圾强制分类试点，开展“生活垃圾强制分类，机关事业单位先行”主题宣传培训会，开发垃圾分类小游戏，线上线下相结合，加强宣传生活垃圾分类知识，指导试点单位正确分类。

【生活垃圾处理】 2018 年，佛山市不断完善“一镇一站、一村一点”生活垃圾收运体系，形成“村收——镇运——市、区处理”模式，提高生活垃圾处理处置水平。全年处理生活垃圾 407.11 万吨，平均日处理量 1.12 万吨，全市生活垃圾无害化处理率保持 100%，村庄保洁覆盖面保持 100%，农村生活垃圾有效处理率 100%。

（何启松）

【城市轨道交通建设】 2018 年，佛山市在建轨道交通项目包括佛山地铁 2 号线一期工程、佛山地铁 3 号线工程、广州地铁 7 号线西延顺德段工程、南海区新型公共交通系统试验段工程、高明现代有轨电车示范线工程。累计完成轨道交通建设项目投资 96.76 亿元。

地铁 2 号线一期工程　佛山地铁 2 号线一期自南庄至广州南站，线路全长 32.0 千米，设站 17 座。2018 年完成林岳片区征拆工作，解决制约地铁 2 号线一期工程能否如期通车试运行的关键性因素。至年底，17 个车站中 12 个车站主体结构完工，其中 9 个车站进行装修施工；盾构区间工程完成率 87%，14 个盾构区间中 8 个盾构区间实现双洞通。10 月 11 日，国内最大地铁控制中心（湾华控制中心）顺利封顶。

地铁 3 号线工程　佛山地铁 3 号线起自顺德客运港站，止于科技学院站，全长 69.5 千米，设站 37 座。2018 年，项目实现 29 个车站段场主体全围蔽或者部分围蔽，22 个车站正常施工。

南海区新型公共交通系统试验段工程　2018 年，南海区新型公共交通系统试验段工程地下盾构区间、明挖区间全线贯通。佛平五路高架段、东平水道特大桥、橹尾橇大桥等主体结构完成，车辆段主体结构完成封顶。全线 13 座车站中 11 座车站主体结构完成封顶。桥梁及地面区间除玉器街、胜利东路、林岳村、跨广珠西高速段落外，其余段落主体基本完成。

高明区现代有轨电车示范线　全长 6.5 千米，设站 10 座。2018 年，项目完成相关前期工作进入全面施工阶段。至年底，项目累计完成投资额 5.56 亿元，占项目总投资的 66%。该项目计划 2019 年底前建成。

（洪健海）

【城镇生活污水处理】 2018 年，佛山投入建设资金约 18 亿元，建设污水管网 305.7 千米，其中禅城区 60 千米、南海区 137.4 千米、顺德区 46 千米、高明区 31.6 千米、三水区 30.7 千米。推进污水处理厂提标改造，截至年底，45 座污水处理厂（未计城北厂）提标改造工程除逢沙污水处理厂因征地问题滞后外，其余项目全部完工。其中，广佛跨界提标改造污水处理厂 22 座（禅城 3 座、南海 14 座、三水 5 座）全部完工。截至年底，全市正式投入运营的污水处理厂 55 座，设计污水处理总规模为 256.1 万吨 / 日，配套管网 3211 千米。是年，全市污水年处理总量 7.4 亿吨，城镇污水处理率超 95%；污水处理厂产生污泥 22.2 万吨，采用填埋、堆肥、制砖、焚烧等方法实现无害化处理处置。

（罗惠栅）

村镇建设

【中心镇建设】 2018 年，佛山市有中心镇 10 个，分别是：南海区里水、西樵镇，顺德区北滘、乐从、龙江镇，高明区明城、更合、杨和镇，三水区乐平、芦苞镇。中心镇镇域总面积 1653.83 平方千米，镇域总人口 220.54 万人，镇域暂住人口 124.06 万人；建成区面积 125.94 平方千米，建成区户籍人口 32.32 万人，建成区暂住人口 47.42 万人。村镇建设管理人员 512 人，其中专职人员 342 人。

【城镇村庄建设】 2018 年，佛山市设建制镇 21 个、行政村 369 个。有编制村庄规划的行政村 242 个，占全部行政村比例 68.75%。建制镇镇域面积 23.39 万公顷，镇域户籍人口 215.16 万人，常住人口 403.82 万人；建成区面积 2.32 万公顷，建成区户籍人口 74.02 万人，常住人口 157.66 万人。村镇建设管理人员 821 人，专职人员 585 人。

（伍佩龄　张　弋）

【宜居城乡建设】 2018 年，佛山市 21 个村庄和 56 个社区申报创建市宜居村庄和宜居社区，21 个村庄、49 个社区获得佛山市“宜居城镇”“宜居村庄”“宜居社区”称号；85 个村庄申报佛山市“绿色村庄”，75 个村庄获得通过。

截至 2018 年底，佛山市有 11 个城镇、78 个村庄、225 个社区获得广东省“宜居示范城镇”“宜居示范村庄”“宜居社区”称号，1 个项目获得中国人居环境范例奖，18 个项目获得广东省宜居环境范例奖；19 个城镇、304 个村庄（含村改居的社区）和 341 个社区获得佛山市“宜居城镇”“宜居村庄”“宜居社区”称号。

（潘兆能）

【古村活化升级】 2018 年，佛山市古村活化升级工作被列入市委工作要点，被列入市政府 2018 年部署的重点任务、十件民生实事。佛山市遵循“规划先行、环境再造、文化引领、村居营造”路径，以提升村居品质作为实施乡村振兴战略的突破点，推进第三批 10 个古村落（禅城区张槎街道张槎村、石湾镇街道黎冲村，南海区狮山镇璜溪村、丹灶镇沙水村、桂城街道茶基村，顺德区北滘镇桃村、勒流街道黄连村，高明区荷城街道上湾村、阮西坊，三水区白坭镇岗头村）活化升级工作。建设项目 195 个，合计总投资 28948.27 万元。出台《佛山市第三批特色古村落“一村一品”活化升级策划指引》，发挥规划示范引领作用。

12 月 10 — 14 日，住房和城乡建设部网站公示，南海区丹灶镇仙岗村等 10 个村落被列入第五批中国传统村落名录。

（伍佩龄）

【“2018 佛山十大醉美古村评选”暨“古村旅游文化活动月”活动】 2018 年 11 — 12 月，佛山市住建管理局联合市文化广电新闻出版局、体育局、旅游局，以及各区住建、文化、旅游部门，共同组织举办“2018 佛山十大醉美古村评选”暨“古村旅游文化活动月”活动。古村评选通过线上海选投票、专家和市民团线下走访打分的方式，从 30 个候选古村中评选出 10 个市民喜爱程度高、活化建设效果突出，同时能展现岭南乡村风貌的古村落。

12 月 28 日，“佛山十大醉美古村”评选颁奖仪式在南海区九江镇烟桥村举行，广东省住房和城乡建设厅总经济师潘伟堂、市住建管理局局长林国荣，以及市、区、镇（街）相关工作部门，30 个古村有关工作负责人约 150 人参加颁奖仪式。最终，结合网络投票及专家、市民团的线下走访打分，南庄镇罗南隆庆村、西樵镇上金瓯松塘村、九江镇烟南烟桥村、丹灶镇仙岗村、杏坛镇逢简村、北滘镇碧江社区、北滘镇林头社区、荷城街道阮埇村、芦苞镇长岐村、乐平镇大旗头村获“佛山十大醉美古村”称号。活动还评出 10 个“醉·活力古村”、10 个“‘筑巢’示范古村”等奖项。

（伍佩龄）

2018 年 12 月 24 日，禅城区石湾镇街道塘头村举行祠堂入伙盛会

（市委宣传部供图）

城市更新

【概况】 2018 年，佛山市着手村级工业园改造专项规划的制订，开展村级工业园改造的制度设计，下达 3 年（2018 — 2020 年）的改造任务（总面积 23.06 平方千米），要求限时、限量、限地块完成。首创产业用地“城市棕线”概念，象保护绿地一样将工业用地保护起来，总面积 350 平方千米。重点围绕城市升级和环境再造、拓展发展空间、促进土地资源的集约利用和产业结构的优化提升、重塑城市形象。推进“三旧”改造工作，年度实际新增实施改造 1058.13 公顷、完成改造 701.07 公顷。是年，佛山市“三旧”改造工作获得全省“三旧”改造工作一等奖，南海区继续作为全省新一轮深化“三旧”改造综合试点地区探索经验。

【城市更新政策保障】 2018 年，佛山市出台《佛山市人民政府办公室关于深入推进城市更新（“三旧”改造）工作的实施意见（试行）》、印发《关于做好我市“三旧”改造地块标图建库动态调整的通知》、组织建设“佛山市三旧改造项目管理系统”等，搭建起全市推进城市更新工作的基本框架。以此为基础，各区也相继出台配套政策。

禅城区方面：研究制订《佛山市禅城区关于进一步推进旧村庄改造的实施意见》及配套文件，以市场需求为导向，重点优化商住面积配比，规范市场主体公开选取方式，建立市场主体公开退出机制，深化旧村庄改造扶持政策；研究制订《佛山市禅城区深入推进城市更新（“三旧”改造）工作的实施办法》和操作细则，形成“1+14+33”政策体系的初步成果，成为禅城区开展城市更新以来最系统的管理文件，也是项目改造最全面的操作指南。

南海区方面：研究制定《关于印发佛山市南海区关于进一步推进城市更新（“三旧”改造）工作的实施意见第十五条的补充意见的通知》《关于三旧改造项目认定管理有关问题的处理方案的通知》《关于国有工改商服类项目无偿提供公益性用地按简易程序收储的通知》等文件，并在年底初步完成城市更新主政策文件即《佛山市南海区城市更新（“三旧”改造）实施办法》制订。

顺德区方面：研究制订《顺德区村级工业园升级改造实施意见》《顺德区村级工业区升级改造商品厂房指引》《顺德区村级工业园升级改造土地整理开发操作指引》《顺德区功能改变类城市更新（“三旧”改造）项目实施细则》《顺德区村级工业园厂房搬迁补偿工作指引有关规定》《村级工业园升级改造涉及土地利用总体规划修改操作指引》《顺德区用地报批业务指引（2018年）》《佛山市顺德区村级工业园“工改工”升级改造项目产权分割操作指引（试行）》《顺德区村级工业园升级改造项目用地供应管理操作指引（试行）》，并在年底初步完成城市更新主文件即《顺德区人民政府深入推进城市更新（“三旧”改造）工作实施细则》制订。

高明区方面：研究制订《佛山市高明区城市更新（“三旧”改造）拆除重建类项目改造实施主体确认办法（试行）》，在鼓励自行、连片改造及市场资源介入的同时，规范和明晰改造实施主体的确认流程，完善高明区政策体系。

三水区方面：研究制订《佛山市三水区旧村庄改造实施试行办法》《佛山市三水区旧厂房改造实施办法》《佛山市三水区旧城镇改造实施办法》等城市更新主文件。

【“三旧”改造】 截至2018年12月底，佛山市纳入省国土资源厅的“三旧”改造地块总用地38400公顷（57.60万亩），约占全市建设用地的26%。累计共启动项目1622个，总用地8993.33公顷（13.49万亩），占全部应改造面积的23.42%，项目改造预算投入资金3179.73亿元。其中：改造中项目714个，占地5346.67公顷（8.02万亩）；竣工项目854个，占地3346.67公顷（5.02万亩）；完成前期筹备改造项目54个，占地300公顷（0.45万亩）。2018年，省下达佛山市的新增实施改造任务933.33公顷（14000亩），完成改造任务646.67公顷（9700亩）；实际新增实施改造1058.13公顷（15872亩），完成改造701.07公顷（10516亩），任务完成率分别为113.37%和108.41%。

禅城区方面：全年认定“三旧”改造项目19个，面积156.33公顷（2345亩）；审核完善历史用地手续改造方案5宗，面积9.53公顷（143亩）；开展标图建库调整9宗，涉及面积78.87公顷（1183亩）。年底仍在开展的“三旧”改造项目中，纳入土地储备8宗，占地34.47公顷（517亩）；完成土地交易8宗，面积40.93公顷（614亩），成交金额85亿元；取得规划许可证48宗，总建筑面积224万平方米；取得竣工许可证16宗，总建筑面积79万平方米，实现固定资产投资67亿元。

南海区方面：截至年底，认定60个村级工业园改造提升试点项目，面积1600公顷（2.4万亩），其中7个项目取得成效；6个项目进入动工建设和报建阶段；39个项目在开展土地整理工作；8个项目在与村集体商谈。新一轮城市更新十大示范片区面积1760.2公顷（26403亩），片区内共涉及52个村级工业园改造项目，面积684.33公顷（10265亩），有2个项目准备进入招拍挂流程，其余都在土地整理之中。省市批准的集体建设用地转为国有建设用地2宗，面积14.07公顷（211亩）；完成“三旧改造涉及完善集体建设用地手续”23宗，面积24.48公顷（367.27亩）；利用集体建设用地入市政策确权1宗（里水华特气体上市项目），面积0.73公顷（11亩）。

顺德区方面：全年完成拆迁面积（用地面积）154.4公顷（2316亩），达成协议待拆面积62.07公顷（931亩），整治发展保留区（整治提升区）221.73公顷（3326亩），建设承接园区116万平方米（建筑面积）；新增认定城市更新项目56个，面积367.814公顷（5517.21亩），其中容桂街道高黎工业区郭柏强地块等13个项目54.47公顷（817.01亩）计划通过“二改二”进行工业提升改造、杏坛北河综合小区宝迪鞋业有限公司地块等12个项目39.41公顷（591.19亩）计划实施“二改商服”改造、勒流街道滨水生态区启动区改造项目（一期）等10个项目85.26公顷（1278.83亩）计划通过“二改三”进行商住功能改造、容桂街道细滘社区居委会合德路1号改造项目等6个项目6.89公顷（面积103.23亩）计划通过“三改三”实施改造、均安沙头旧村庄改造项目等15个项目181.80公顷（面积2726.95亩）计划通过综合整治进行改造提升。全年完成改造项目34个，面积222.77公顷（3341.6亩），其中完成综合整理类项目19个191.89公顷（面积2878.36亩）

高明区方面：三洲旧区改造已累计完成征收居民住宅119户并启动10家旧厂房的意向征收谈判工作；沿江路以东旧区改造全面进入收尾阶段，其中居民住宅户累计完成237户（仅余2户暂未落实）、旧厂房累计完成征收50家（剩余3家）；荷城街道大成路片区“三旧”改造工作启动，改造63.95公顷（959.2亩）。

三水区方面：全年认定城市更新项目3个，以旧厂房改造为主，拟改造的土地用途以商服、商住用地为主，其中开展土地征收的项目1个、完成出让土地的项目1个、开展前期准备工作的项目1个；开展标图建库调整地块25宗131.73公顷（1976亩），包含“城中村”微改造项目3个。

（郭　庆）

水务工程建设

【概况】 2018年，佛山市投入62.04亿元建设315项民生水务工程，完成各项水务工程建设任务。其中，纳入2018年市政府重点工作任务的18项重点民生水务工程如期完成建设，里水河综合整治工程、第二水源后续工程、桂畔海水系综合整治工程、三洲北泵站新建工程等一批重点项目按期完工。在全省水利建设质量考核中获得全省第一名，质量评价等级A级，并被省水利厅推荐成为水利部质量考核的三个地市之一。是年，西樵镇山根水利枢纽工程（承建单位：佛山市佛利建设工程有限公司）、林广电排站重建工程（承建单位：佛山市兴利工程建设有限公司）分别获得2018年度广东优质水利工程奖一等奖、二等奖。

【水利工程建设管理】 2018年，佛山市推进水利建设市场信用秩序的建立，提高水利建设诚信经营氛围。51个招标代理机构、40个勘察单位、44个设计单位、43个监理单位、511个施工单位、42个重要设备供应商及全部11315名从业人员，均在水利工程建设管理系统上办理登记备案，形成完善的水利建设市场主体信用信息基础数据库。市、区两级水务主管部门执行《佛山市水利建设管理巡查制度（试行）》，会同水利工程质量监督部门、项目法人、行业协会等有关部门采取“工程项目随机、巡查专家随机，巡查结果公开”的方式，对佛山市水利工程开展建设管理巡查，按照市每季、区每月、项目法人每周一次的频率，对全市小（二）型以上水利工程进行了随机抽查，并对巡查发现的不良行为一一记录并通报扣信用分，形成诚信经营市场氛围，提升佛山市水利工程建设项目质量水平。

【城区内涝治理】 2018年，佛山各级水务部门开展易涝点整治和汛期排水应急处置，确保排涝安全。全市统计的19处主要低洼易涝点中，完成长效整治12处，未完成长效整治的7处（禅城区1处、顺德区1处、三水区3处、高明区2处）均采取临时治理措施。全年全市投资6476.6万元，完成管网探测排查329.3千米、完成管网改造或清疏720.9千米、完成雨污混接点和河涌连接点改造109个。是年汛期，除“艾云尼”暴雨期间和部分地段因施工堵塞排水管导致水浸外，未发生特别严重内涝灾害。

【海绵城市建设】 2018年，佛山结合城市升级、项目实施、排涝建设、河湖治理、水体修复、景观打造等工作，综合采取“渗、滞、蓄、净、用、排”等海绵措施，以“5+2”（即禅城区绿岛湖片区、南海区三山新城、顺德区中心城区、高明区西江新城、三水区云东海片区，以及佛山新城核心区和佛山科学技术学院新校区）重点区域海绵城市建设来带动全市海绵城市工作的整体推进。印发《佛山市海绵城市规划要点和审查细则》，理顺规划部门海绵城市规划管控流程，明确管控内容，提升海绵城市规划管控水平。推动相关职能部门制订《佛山市街道设计导则》《交通类线性工程改革事项审批流程图及事项目录》等相关技术管理文件时纳入海绵城市建设要求，从源头开始融入海绵城市理念。是年，佛山各区均落实海绵城市建设技术服务单位，为区级海绵城市建设工作提供技术支撑。禅城区、南海区、顺德区还相继成立海绵城市建设技术审查中心，在规划、建设、管控等环节全流程协助区海绵城市建设办开展项目技术审查工作，为项目落实海绵城市建设理念保驾护航。至年底，全市重点区域及建成区完成海绵城市项目314个，建成海绵城市面积约54平方千米，超额完成市政府下达的2018年度45平方千米的建设任务。

【河长制湖长制推行】 2018年，佛山市在全面建立河长制的基础上全面建立湖长制，实施《佛山市河长制湖长制考核办法》，在146座湖库设立313名湖长，构建市、区、镇（街）、村四级河长制、湖长制组织体系。在河长制、湖长制推行过程中，佛山创新“自选动作”，制定《佛山市河长制工作督办制度（试行）》等4个制度。印发总河长令《关于在全市江河湖库全面开展“5+2”专项行动的动员令》，并修改完善全市所有河湖“一河（湖）一策”实施方案，逐步建立“一河（湖）一档”。是年，佛山市河长制信息管理系统和河长巡河移动应用小程序（APP）正式上线运行。

全市1306名河长和313名湖长巡河9.17万次。全市1306名河长中1280名河长实现使用河长制移动应用小程序（APP）巡河，巡河记录超5万条。

开展水面漂浮物清理专项行动2次，清理河流4576千米、清理水域85平方千米、清理水面漂浮物14000立方米（约6000吨）。开展主干河涌入河排污口调查与清理行动，初步排查并登入系统的入河排污口3125个，其中已初步明确设置单位信息的排污口1486个、

2018年5月28日，佛山市水务局工作人员到市内易涝点渍水区域检查D700沙井安全防坠网加装情况

（市水利局供图）

已测算或估算监测数据的排污口1295个。开展打击非法采运砂等水事违法行为专项行动，年内查处河道非法采、运砂案件22件，其他水事违法行为57起。开展河湖乱占、乱采、乱堆、乱建等“四乱”问题排查，建立问题清单，全市共发现问题127个，完成清理销号28个，其余99个清理工作已启动。12个省考核河流断面除西南涌和顺大桥断面外，其余11个均达到省考核要求。

先后发出138份督办函或督办通知，针对个别河长履职不到位的问题进行督办问责，要求落实整改措施，确保河长制、湖长制推行落地。

【《佛山市水生态文明城市建设规划》出台】 2018年12月，佛山市水务局印发实施《佛山市水生态文明城市建设规划》(以下简称《规划》)。《规划》以国家生态文明建设总体战略和新时代水利工作方针和治水新思路为指导，以建设“两脉一环四带串五区，四片百园千涌映名城”水生态空间格局为指引，通过水生态文明建设，重塑“城镇——乡村共兴，自然——人工复合”的新时代岭南水乡风貌，实现“水美佛山，品质之都”的滨水高品质现代化国际化大城市的美好愿景。主要任务是打造优美和谐的水生态体系，构建持续改善的水环境体系，形成集约高效的水节体系，构建有效保障的水安全体系，构建先进严密的水监管体系，弘扬岭南风貌的水文化体系。《规划》预期到2025年，水生态环境状况明显改善，河湖健康逐步实现良性循环；全民水患意识及水资源节约保护意识增强；区域水资源优化配置能力将得到进一步提高，区域防洪排涝格局进一步完善，地区社会经济得到可持续发展，同时通过优化产业结构，提高水资源的利用效率，提高产品品质和质量，促进服务业、商贸业和旅游业的迅速健康发展，扩展和增强佛山市未来发展潜力和总体发展前景，形成巨大的潜在经济效益。

【《佛山市节约用水管理办法》印发实施】 2018年8月，佛山市政府印发实施《佛山市节约用水管理办法》，同时印发具体实施文件《佛山市非居民用水累进加价实施方案》。《佛山市节约用水管理办法》是佛山市节约用水工作的统领性文件，主要是确定节约用水的基本原则、职责分工、分类管理；从阶梯水价和节水义务等方面规定居民用水户节水管理内容；从计划用水适用范围、用水计量管理、水平衡测试要求、用水计划建议申报及核定、以及超计划（超定额）用水实行累进加价管理等方面，明确了非居民用水户实行计划用水管理的内容；规定相关管理责任、施行日期等。《佛山市节约用水管理办法》利用精细化计划用水分类管理手段，倡导和推动全社会科学用水、高效用水。

【《佛山市违法采砂运砂行为举报奖励办法》实施】 2018年5月22日，佛山市政府印发实施《佛山市违法采砂运砂行为举报奖励办法》。《办法》对2011年起实施的《佛山市公众举报违法采砂行为奖励暂行办法》进行修订，理顺违法采砂运砂行为的举报处理、奖励条件、奖励标准、奖励程序、监督管理等内容，扩展奖励范围，优化奖励申报流程，还增加措施保护举报人，是佛山市打击违法采砂运砂行为的重要依据。

（罗惠栅）

供水·供电·供气

【供水】 2018年，佛山市有城乡水厂24间，总设计供水规模约490万立方米/日，管径75毫米以上供水管道10942千米，全年供水量13.9亿立方米，城市自来水普及率100%。有供水龙头企业3家。其中，佛山市水业集团有限公司主要负责禅城、高明和三水区等3个区域的供水服务，瀚蓝环境股份有限公司主要负责南海区的供水服务，广东顺控发展股份有限公司主要负责顺德区的供水服务。有1个采用“活性炭+浸没式超滤膜”深度水处理工艺的优质水厂（佛山新城优质水厂，规模为0.5万立方米/日），其余城乡自来水厂均采用常规净水工艺。有国家级水质监测站1个、省级监测站2个，均具备《生活饮用水卫生标准》(GB 5749—2006）出厂水106项指标的检测能力，并通过计量认证。另外，区级供水企业均具备超过42项指标的检测能力。是年，佛山市水务部门对17个主要水厂的出厂水和管网水的45项水质指标进行检测，并实行月度公布45项、年度公布106项水质检测数据。实施水质月度公告监测的水厂监测指标合格率100%。

（罗惠栅）

【供电】 2018年，佛山电网运行正常，全年放开用电，电力供应基本充裕。供电量647.09亿千瓦时，比上年增长4.1%；售电量630.08亿千瓦时，比上年增长4.82%；第三方客户满意度达90分；综合线损率2.63%；未发生事故和有责任事件，连续安全运行2557天。在佛山全社会用电量中，第一产业32.92亿千瓦时，第二产业452.93亿千瓦时，第三产业117.41亿千瓦时，第一、第二、第三产业分别比上年增长5.77%、0.32%、6.12%，第一、第二、第三产业所占总电量比重分别为4.77%、65.56%、16.99%。居民用电量87.59亿千瓦时，比上年增长8.74%。全口径客户平均停电时间1.58小时，比上年下降28.5%。是年，佛山市供电部门发布优化营商环境电力服务十项新举措，提高电力服务水平。精简用电报装流程至2~3个环节，中压业扩报装平均用时从108天降至58天。完成粤港澳大湾区首宗200千伏安及以下小微企业低压供电业务。中、低压业扩投资界面延伸比例99.99%，为客户节约投资10.65亿元。全面推行网格化服务模式，设置516名网格化客户经理，开展“客户经理进万家”活动。全年新增投运充电桩606个，建成高速公路服务区充电站4对。新增并网光伏3870户、发电量3.19亿千瓦时，光伏并网容量规模连续三年位列全省首位。在南方能源监管局开展的珠三角工商业用户“获得电力”满意度调查中，佛山供电局得分排名广东电网地区第一。在广东省省情调查研究中心发布的“2018年广东省地方政府公共服务公众评价”大型民意调研报告中，佛山供电局供电服务满意度以84.89的得分，位列佛山市政府公共服务满意榜榜首（已连续十年位列该榜首位置）。

（赵　岚）

【供气】 2018年，佛山市天然气供气总量16.97亿立方米，天然气供气范围覆盖各区。供应主要来源为：大鹏合同气、海油气电、中石油西气、零担气。

管道天然气 新增天然气管网191.16千米，累计建有4400千米。运行储配站4座、调压站11座、门站4座。储气能力4440万立方米，天然气存气量可供天数14天。天然气通气居民用户84.8万户，比上年增加10万户，城镇居民天然气化率39.22%。

瓶装液化石油气 瓶装液化石油气企业23家，液化石油气储配站24座，瓶装液化石油气供应站268座。液化石油供气量46万吨。

汽车加气站 有汽车加气站27座，其中禅城区10座、南海区7座、顺德区5座、高明区2座、三水区3座。

（伦泳霞）

城市管理和综合执法

【概况】 2018年，佛山市住建管理部门加强城市管理各类违法行为治理，通过教育纠正和行政处罚相结合，以实现精细化管理为目标，提升城市管理水平。城管执法系统受（处）理案件55.13万件，其中教育纠正53.49万件，立案1.64万件，罚款7562万元。

（杨新霞）

【市容市貌整治】 2018年，佛山市住建管理部门组织各区开展规范设置各类建设空置地、工地围蔽及房地产楼盘广告专项整治、工地文明施工专项整治和垃圾收集站点专项整治等专项活动。配合"国家卫生城市"复检开展市容和环境卫生管理专项检查，检查主次干道29条、小街小巷36条、公厕29座，重点针对背街小巷、农贸市场及周边、公共场所、公共厕所及垃圾中转站等区域，及时召集各区召开座谈会指出检查发现的问题并督促各区整改。同时结合重点问题督查督办，先后针对环卫、市容秩序等影响较大问题发出专项督办函12份，督促各区加大整改力度，提升城市环境。

【建筑废弃物排放运输秩序整治】2018年，佛山市开展扬尘污染防治，对全市32个镇街进行全覆盖暗检，重点关注扬尘防治、道路污染、车辆冲洗等关键环节，适时开展专项整治行动。在第三季度工地文明施工专项整治期间，出动执法人员3.1万人次，执法车辆1.08万车次，巡查工地1.6万次，发出各类法律文书900份，处罚431.69万元。

【户外广告牌整治】 2018年，佛山市住建管理部门开展全市规范设置各类建设空置地、工地围蔽及房地产楼盘广告专项整治。通过近半年时间整治，全市有1600余处各类建设空置地、工地围墙、围挡广告公益宣传内容不足，各类楼盘违规设置布幔、横幅、广告彩旗等空（地）飘物和气球、拱门等充气物广告，以及举牌游行、派发传单等一系列违规宣传得到有效整治。通过城市管理考评"预扣分"机制，督促各区对部分不易灭失的、可以有效整改的考评项目实行预扣分，全市下派预扣分案件340件，265件得到整改，较上年的整改率提升11个百分点。

（荣　荣）

【城市建成区违法建设专项治理工作三年行动】 2018年，佛山市出台《佛山市违法建设专项治理三年行动实施方案》，推进佛山市违法建设治理工作。至年底，治理违法建设1303.95万平方米，超额完成省下达的目标任务。推进违法图斑查处工作。各区住建管部门严厉查处违法建设行为，拆除违法图斑4宗、面积7.35万平方米。

【扬尘污染防治】 自2018年1月起，佛山市住建管理局牵头各职能部门，出动138233人次、47703车次，检查工地78524个次，其中对350个违规工地进行处罚，罚款466.3万元，并对176个工地施工企业进行诚信扣分；处罚运输企业36家，罚款总数28万元；检查渣土运输车辆28749辆次，其中对1378辆违规撒漏车辆进行处罚，罚款485.21万元。

（杨新霞）

【数字城管建设】 2018年，佛山市数字城管系统受理案件213万件，日均处置案件5836件，按期结案率97%，其中受理公众投诉案件和咨询12万件，按期结案率97%。完善数字城管考评办法，开展全市数字化城市管理考评，以考促干，推进数字化城市管理工作不断提升。完善数字城管制度建设，建立数字城管轻微违法案件信息采集劝导机制，劝导机制从9月21日开始实施，截至年底办理2231件轻微违法案件。加强"12319"城市管理服务热线队伍建设，举办佛山市数字城管坐席员话务培训、佛山市数字城管知识竞赛活动，提升坐席员的整体素质和业务技能。推

2018年4月25日，佛山市住建管理局组织召开2018年第二季度全市住建管理系统扬尘污染防治工作现场会。图为与会人员实地考察南海区城市道路保洁及洒水降尘情况

（市城管执法局供图）

进建筑垃圾智能管理信息系统建设和运行，制定信息系统平台网关数据交换协议以及新型建筑垃圾运输车辆车载终端检验操作指引，开展建筑垃圾运输车辆车载终端数据对接测试，7月1日《佛山市城市建筑垃圾管理办法》实施，建筑垃圾智能管理信息系统同日同步试运行。推进环卫车辆作业精细化和智能化管理，将环卫车辆智能管理信息系统应用纳入城市管理考评，按照“中心区先行、分步推进、全面覆盖”的思路，推进全市32个镇（街）信息系统上线应用，纳入监控车辆1369辆，监控路段2070条，监控总里程2901千米。

（蔡广炎）

农村经营管理

【概况】 2018年，佛山市农村集体资产901亿元（不含土地作价），集体经济总收入184亿元，人均分红4740元。

【土地承包经营权确权登记颁证】 2018年，佛山市开展农村土地承包经营权确权扫尾攻坚工作。截至年底，全市各区应确权集体经济组织3354个，完成确权3267个，完成率97.4%；应确权农户502063户，完成确权基础工作499636户，完成率99.52%；印制承包经营权证书497734本，完成率99.1%；颁发到户证书474952本，完成率94.6%。全市各区全部完成确权数据库建设，农户资料归档完成率92%。

【涉农领域扫黑除恶专项斗争】2018年，佛山市农业部门推进全市涉农领域扫黑除恶专项斗争。摸排收集线索86条，办理中央督导组交办线索42条、省督导组交办线索7条、市扫黑办移交线索16条。追缴拖欠农村集体租金超1亿元，打掉电鱼销赃涉恶团伙2个。其中，顺德“8·22电鱼销赃团伙涉黑涉恶案件”中，顺德渔政大队与顺德公安采取联合行动，出动近70人分水陆两路在中山、顺德、江门三地展开抓捕违法电鱼团伙行动。抓捕行动共控制电拖网船4艘、作案车辆2辆，查获渔获物100多千克，抓获犯罪嫌疑人9人并全部移交公安刑事拘留。南海“12·22”案件中，由南海渔政大队联合其他4个渔政大队，共出动执法人员、公安干警80余人，捣毁一个以家族宗亲为主体的电鱼团伙，共抓获涉案人员17人（其中3名为注册渔民），缴获涉案车辆2辆、船艇17艘以及大批作案工具和渔获物。

【集体产权制度改革和集体经济转型升级】 2018年，中共佛山市委农办、市农业局印发《佛山市关于实施农村集体经济转型发展工程的行动方案》（该文件为佛山市委、市政府实施乡村振兴战略“1+7”政策体系文件之一），对集体产权制度改革和经济经济转型发展工作作出总体部署。完成集体资产清产核资工作，全市涉及清产核资工作的集体经济组织5057个，清产核资工作完成率100%。推进改革试点，顺德区承担的全国集体产权制度改革试点工作完成，高明区集体经营性资产股份合作制改革全面实施，三水区选定云东海街道作为试点镇街开展农村股权相对固化的改革试点。

【农村“三资”管理和“两个平台”建设】 2018年，佛山市针对农村基层部分资产无法顺利进入平台交易的问题，将集体资产进入平台交易情况纳入2018年乡村振兴绩效评价指标体系，并由市委牵头完成专题调研，研究起草《关于进一步推进农村集体资产“应上必上”平台公开交易管理的意见》。在南海区丹灶镇、顺德区乐从镇、三水区大塘镇试点探索依托资产交易平台创建电子合同。截至年底，进入农村集体资产交易平台交易的资产26.7万宗，合同标的总额2214亿元，平均增值率超15%。是年，禅城区推进“数字乡村”试点探索取得初步成果，率先全面完成“农村集体经济数据云图”系统和手机村务“一门通”建设。

【新型农业经营主体培育】 2018年，佛山市新增农民合作社37个，农民合作社达252个。全市共认定市级示范社56个。市农业部门抓好农民合作社财政扶持，评审落实扶持项目9个，扶持资金110万元。按省要求组织开展省级示范社财政资金项目申报，落实扶持项目4个，扶持省级资金160万元。出台《佛山市农业局家庭农场认定管理办法》，5月1日起正式实施。截至年底，全市登记家庭农场67个。

【村级公益事业建设“一事一议”财政奖补】 2018年，佛山市批复村级公益事业“一事一议”财政奖补项目117个，工程投资总额7566.71万元，涉及19个镇（街）、109个村（社区），申请省级以上财政奖补资金1008.89万元，市级配套奖补资金756万元。

（何懿子）

2018年10月9—10日，中央组织部组织二局副巡视员谢玉峰（前左）一行到佛山市督查集体产权制度改革工作

（市农业农村局供图）

区域合作·扶贫开发

佛台港澳经贸合作

【概况】 2018年，佛山市落实粤港、粤澳合作框架协议，推进粤港澳合作高端服务示范区建设，加强与香港和澳门地区的经贸合作。承接香港的离岸服务外包执行金额4.14亿美元，占全市服务外包离岸执行金额的30.6%；承接澳门的离岸服务外包执行金额0.03亿美元，占全市服务外包离岸执行金额的0.21%。依托广东金融高新区和三山新城加快“粤港澳合作高端服务示范区”建设，香港科技大学南海创新中心在香港揭牌，佛港澳在金融、服务、科技、专业服务等领域的合作取得成果。新增台资企业项目44个。

【佛港澳贸易与投资】 2018年，佛山市对香港进出口总额496.8亿元，占全市进出口总额的10.8%，其中出口449.4亿元（比上年增长9.6%）；对澳门进出口总额3.84亿元，占全市进出口总额的0.83%，其中出口3.82亿元。有428个香港直接投资项目，涉及投资总额118303.94万美元，合同外资80601.60万美元；有23个澳门直接投资项目，涉及投资总额2230.73万美元，合同外资1547.64万美元。新增赴香港投资企业（含机构）17家（个），新增佛山方面协议投资额6079.40万美元。

【佛港澳合作高端服务示范区建设】 2018年，佛山市南海区继续依托广东金融高新区、三山新城两大平台，以“一区双核”的模式加快“粤港澳合作高端服务示范区”建设。至11月底，落户广东金融高新区核心区的金融机构及知名企业488家（个），总投资近930亿元，资产管理规模超7500亿元，金融白领人才超5万人。友邦保险、汇丰银行、毕马威等多个项目稳步发展并不断扩大业务范围。友邦金融中心二期投入使用。汇丰环球运营中心从业人员4000人，汇丰银行佛山支行升级为佛山分行；毕马威共享服务中心业务扩张，从业人员增至1000人，同时毕马威佛山分所、科技公司也落户金融高新区。粤港资源对接方面，进驻广东金融高新区的汇丰、东亚、恒生、大新等4家港资银行，以及友邦保险集团亚太区后援中心、毕马威共享服务中心、汇丰环球运营中心、欧时集团商业服务中心等金融后台及服务外包机构，还有毕马威会计师事务所佛山分所、盈科律师事务所、万宝盛华等金融中介及人力资源中介机构，形成现代金融服务业粤港“前店后厂”的模式。至11月底，三山新城共引进项目53个，合计投资267亿元，累计完成投资额超过165亿元。佛罗伦萨小镇、美伦国际学校、南海外国语学校等项目已建成运营，粤港澳科技展示交流中心完成运营单位组建，“香港中文大学PI—CENTRE佛山南海三山新城创新创业中心”挂牌，自媒体创客小镇定期举办特色创客活动，南海外国语学校二期完成主体装修、唯璞酒店装修、保利皇冠假日酒店封顶，创新创业配套日趋完善。7大科创项目用地于8月公开挂牌出让，引进3D打印、生物科技、智能装备研发、电子产品等科创企业及产业集群，作为配合季华实验室进驻和产业化应用的先发项目，为打造三龙湾高端创新集聚区提供支撑。

【佛港澳合作成果】 2018年，佛山、香港、澳门在金融、服务、科技等领域进行多方位合作，推动三地间的经贸发展。

科技合作　3月，南海区政府与香港科技大学共建的香港科技大学南海创新中心在香港揭牌。该中心落户港科大，是继佛山市香港科技大学LED—FPD工程技术研究中心落户南海后的一项升级成果，探索建立“离岸孵化”新模式。是年起，南海区政府将连续三年每年设立1000万元的香港科技大学合作专项（以下简称“科大专项”）和100万元创业大赛奖金，支持香港科技大学科技合作或人才团队项目。深化和推动南海区与香港科技园的战略合作，完善“创享蓝海”粤港联合孵化器进驻手续，有19家孵化企业和2个中介机构进驻。是年，佛山市修订科技创新团队资助管理办法，大幅提高对团队的资助额度，由原来的最高资助800万元提升到最高资助2000万元，并要求区等额配套。至2018年，佛山市引进并支持来自港澳的创新团队3个，其中包括香港中文大学机械与自动化工程系终身教授、长江学者特聘教授刘云辉带头的“视觉导航移动机器人”港澳人才团队。

金融合作　截至2018年底，佛山市跨境双向人民币资金池企业累计52家，结算金额累计867.04亿元。其中，2018年新增跨境双向人民币资金池企业1家，新增结算金额197.78亿元。截至2018年底，佛山跨境人民币结算累计发生13015.51亿元，占全省（不含深圳）13.87%，其中2018年新增1065.71亿元。碧桂园服务控股有限公司与美的置业控股有限公司分别于6月19日和10月11日在香港上市。截至2018年12月底，佛山市上市企业58家，其中香港上市企业17家。有恒生银行等8家港资银行在佛山市设立11

个分支机构，其中分行2个、支行9个。

专业服务合作 2018年，佛山市律师协会先后派员参加第五届香港法律服务论坛、第二届香港“一带一路”法律论坛、2018年两岸四地青年律师论坛、粤港澳大湾区律师协会首次联席会议等活动，共同探讨在粤港澳大湾区法治建设中，发挥引领和协调作用，集合粤港澳三地律师共同智慧和专业力量，共同推动粤港澳三地律师业发展和经济社会发展。

【佛台经贸合作】 2018年，佛山市新增台资企业项目44个。台湾建准电子在南海区投资建设建准微型超精密高端制造项目，投资额约10亿元。富惟汽配项目落户禅城区，投资额超1亿元。大鸿制釉、佑隆纺织等增资项目稳步推进。

开展企业暖春行动。市委领导主持召开重点台商新春座谈会，详细听取重点台商对佛山市营商环境的建议，鼓励台商台胞增强发展信心。开展“深调研”工作。深入台资企业和台商台胞中，了解掌握台资企业经营发展情况，协助解决台企转型发展遇到的问题困难。赴福建厦门、泉州，江苏昆山，广东东莞等地学习考察。邀请市政协委员视察台资企业，为台资企业高质量发展建言献策。完成市政协委员关于台资企业转型升级发展的提案意见答复。维护台商台胞合法权益。市人大代表到台资企业开展《台湾同胞投资保护法》贯彻落实情况调研，为台商台胞排忧解难。

（市委台港澳办）

2018年10月19日，佛山青年台商会两岸青年创业就业基地项目正式启动

（市委台港澳办供图）

珠三角区域合作

【广佛同城化创新发展】 2018年，佛山市和广州市共同签订《深化创新驱动发展战略合作框架协议》，加快在基础领域核心技术攻关、发展新型研发机构、做强做优做大高新技术企业、打造世界级先进制造业集群、加强知识产权保护、加快科技成果转化、推动科技资源开放共享等重点领域开展合作，打造广佛科技创新产业示范区。共同推进产学研合作，联手加强关键共性技术攻关。截至年底，佛山市与广州市内的高校或科研机构共建研究院6家，合作创新载体建设5个，引进广州市区域内的科技创新团队11个。佛山市100个核心技术攻关项目、58个产学研专项资金项目、187个院市合作项目（科技创新项目）中分别就有19、27和65个项目有广州市的高校或科研院所作为合作单位参与其中，通过利用广州市的创新资源解决制约佛山市企业（行业）发展的关键、核心技术难题。

【广佛同城化战略合作】 2018年，佛山市和广州市共同签订《深化广佛同城化战略合作框架协议》，推动广佛创新同城合作，打造广佛科技创新产业示范区，共建国际科技创新中心。聚焦先进装备制造、汽车、新一代信息技术、生物医药与健康等产业，共同打造若干个万亿元级产业集群，推动产业协同发展全面上新水平。共建共享国际空港海港枢纽，构建一体化轨道交通对接网络，完善高快速路及市政路主骨架路网，以及提供便利化公共交通服务。探索共建广佛合作试验区，共建广佛同城化合作示范区。联手强化水环境联合保护，协同开展大气污染治理，统筹处置固体废弃物，协同推进生态文明建设。推动广佛实现更广领域、更高水平、更深层次、更具内涵的同城化发展。

【交通基础设施互联互通】 2018年，连接佛山和广州的广佛地铁（广佛地铁全长32.16千米，工程项目总投资146.74亿元）。2018年燕岗到沥滘段正式通车。广州地铁7号线西延顺德段起于美的大道站，经北滘新城站、林头站、南涌站、陈村新城站、陈村站以及广州境内的韦涌站，接入广州地铁7号线一期工程的起点广州南站，线路全长13.64千米，项目全面开工建设。广佛环线广州南站至佛山西站，属于珠三角城际网规划线路，由佛山西站引出，终于广州南站，线路全长34.97千米，投资170亿元，计划2019年底正式通车。番海大桥（项目起于佛山市南海区三山港口南路与魁奇路东延线交汇处，往东延伸跨过陈村水道，与广州市番禺区南大路衔接）正式动工，海华大桥（连接番禺区石壁街与顺德区陈村镇）计划2019年底完工。

【区域生态环境改善】 2018年，佛山市珠江水域日常保洁机制不断完善，保洁工作社会化稳步推进。佛山市和广州市跨界河涌治理取得阶段性成果，佛山水道、西南涌、水口水道、西南涌等广佛跨界河涌基本消除劣V类水体，水质进一步改善，两市城市建成区6条黑臭水体整治提前2年实现整治目标。基本解决广州市和佛山市西江饮用水源保护区内企业搬迁历史遗留问题，保护区范围内企业建筑物、设施设备拆除工作完成70%。同步制订空气污染综合整治实施方案，统一标准、统一步伐，协同推进区域空气环境治理。共同加快燃煤电厂超洁净排放改造，推动高污染行业向外转移。

【社会民生共建共享】截至2018年底，广州市和佛山市两市可跨城通办事项1426个，其中佛山市南海区与广州市荔湾区、白云区、花都区可跨城通办事项780个，佛山市顺德区与广州市番禺区、南沙区可跨城通办事项167个，佛山市三水区与广州市花都区、白云区可跨城通办事项479件。两市交界8区设1253台自助服务终端机，在广州可办理70个佛山事项，在佛山可办理广州34个事项。以人民群众获得感、幸福感为出发点，推动教育、医疗卫生、人事人才、体育资源、共同打击“三非”外国人等多领域加强合作并取得实效，推动广佛同城迈向广佛同心。

【广佛肇清云韶经济圈建设】2018年，佛山市贯彻落实《广佛同城化“十三五”发展规划》《广清一体化“十三五”发展规划》《广佛肇经济圈发展规划》。开展《广佛肇清云韶经济圈发展规划》编制并完成初稿。推动交通基础设施互联互通，广佛肇高速二期完成年度投资任务，完成项目总投资的44.3%；佛清从高速南段一期工程项目建成通车；佛清从高速北段计划于2019年底建成通车。推进产业共建。佛山（云浮）产业转移工业园思劳片区路网全面贯通，新增腰古片区360公顷土地并进行综合开发。云浮循环经济工业园协同创新研究院挂牌成立，实验设备完成安装调试，中试车间厂房基本建成。顺德（新兴新成）转移工业园基本完成园区主干道路及配套设施的建设和项目用地的“七通一平”（道路通、给水通、电通、排水通、热力通、电信通、燃气通及土地平整）。云浮市“两园六片区”新引进签约、在建、投产项目共97个，计划总投资396.65亿元；在建项目38个，计划总投资100.08亿元；投产项目6个，计划总投资23.06亿元。

【粤港澳大湾区极点带动作用发挥】2018年，佛山市推进广佛同城化合作示范区建设，广州南沙区和佛山顺德区签署《广州市南沙区与佛山市顺德区共建广佛同城化合作示范区框架协议》。落实“香港+佛山”合作机制，建立健全“澳门+佛山”合作机制，规划建设粤港澳合作高端服务示范区，打造粤港澳服务贸易自由化示范基地。截至年底，示范区有488个（家）金融机构及知名企业落户，总投资规模近930亿元，资产管理规模超7500亿元，吸引金融白领人才超5万人。有汇丰、东亚、恒生、大新等4家港资银行，以及友邦保险集团亚太区后援中心、毕马威共享服务中心、汇丰环球运营中心、欧时集团商业服务中心等金融后台及服务外包机构。佛山以千灯湖创投小镇、粤港澳合作高端服务示范区、伦教珠宝名镇、广东工业设计城“粤港澳设计走廊”、珠西粤港合作示范区等载体为抓手，打造优质的产业创新生态圈和品质生活服务区，加强软硬件配置，促进龙头企业集聚，吸引高端人才聚居创业，提升对香港、澳门地区招商引资力度，打造服务珠三角、链接港澳的产业中心。

（潘海雯）

粤桂黔高铁经济带合作

【概况】2018年，佛山市承办泛珠区域高铁经济带建设工作现场会暨第四届粤桂黔高铁经济带合作联系会议，成立粤桂黔高铁经济带高新区协同创新联盟，初始联盟成员由佛山、肇庆、南宁、柳州、桂林、贵阳等市的6个国家高新区组成。并出台《粤桂黔高铁经济带乡村振兴共同倡议》，推动高铁沿线13个地市（州）达成160多个合作项目，投资总额2500多亿元，地区生产总值从40043.52亿元增长到51653.19亿元，增长率29%。

【泛珠区域高铁经济带建设工作现场会暨第四届粤桂黔高铁经济带合作联席会议】于2018年7月5—6日在佛山市举行，同期还举办粤桂黔高铁经济带民间投资与文旅展、“高铁助推乡村振兴”研讨会和行业对接等多个活动。广东省省长马兴瑞会见泛珠三角区域合作省（区）代表、粤桂黔高铁经济带沿线市（州）代表，并参观粤桂黔高铁经济带民间投资与文旅展。广东省副省长黄宁生、广西壮族自治区副主席费志荣、贵州省副省长魏国楠出席了工作现场会并致辞。粤桂黔高铁经济带沿线13个市（州）领导签署了《粤桂黔高铁经济带乡村振兴共同行动倡议》。18个泛珠三角区域合作项目现场签约，涵盖精准扶贫、基础建设、农业合作、旅游服务等多个领域。

会议期间，环保产业、家具木材生产采购、农产品（食品）生产采购、智能装备与大数据产业、泛珠区域“粤桂黔川滇”花卉产业合作平台、建材生产采购等6场对接会超300家行业商协会、企业现场对接并签订一系列产业合作备忘录。

【粤桂黔名优农产品食品展示博览会】于2018年7月5—8日在佛山市南海区狮山镇南信广场举行。展会总面积2.1万平方米，粤桂黔高铁经济带沿线13市（州），以及佛山市对口帮扶四川省凉山彝族自治州、黑龙江省双鸭山市等地的300多家企业1000多种名优农产品食品参展。展会总客流21.9万人次，其中为期3天的公众展客流量总人数达21.6万人次、日均7.2万人次。展会交易总额2950万元。

【粤桂黔高铁经济带高新区协同创新联盟成立】2018年12月5日，粤桂黔高铁经济带高新区协同创新联盟在佛山市高新技术产业开发区成立，初始联盟成员由佛山市、肇庆市、南宁市、柳州市、桂林市、贵阳市6个市的国家高新区组成。联盟建立秘书处，作为日常管理执行机构；建立联盟联席会议制度，每年举办1次，第一年在佛山高新区召开，之后轮流在联盟各成员高新区召开。同时，建立工作简报机制，编制联盟工作简报（电子刊），建立微信公众号。联盟成立目的和作用是发挥粤桂黔高铁经济带高新区的政府引导作用，搭建人才、资本、技术和产业合作交流高端平台，多方位链接中关村等高端创新资源，推动联盟成员间的产业资源、创新资源整合和共享，实现粤桂黔高铁经济带高新区协同联动发展。联盟的主要任务为建立联盟人才合作交流机制、开展联盟内外部创新交流、组织联盟各类活动、探索产业和技术协同创新发展模式。

【粤桂黔高铁经济带建设摄影作品展】于2018年7月3—30日在佛山西站展出。摄影展由南海区文化体育局、南海区公资办、佛山西站建设管理局、狮山镇人民政府联合南海区文学艺术界联合会、南海区摄影家协会联合举办，以"携手合作推动乡村振兴"为主题，展出120幅反映广东省、广西壮族自治区、贵州省三省（自治区）13个城市社会、经济、政治、人文等方面变化的优秀摄影作品。

（佛山高新区）

2018年7月5日，第四届粤桂黔高铁经济带合作联席会议在南海区召开

（陈天颢摄）

对口支援及对口合作

【对口支援西藏墨脱县】 2018年6月3—4日，中共佛山市委书记鲁毅随广东省党政代表团到西藏自治区林芝市考察对接援藏工作，看望慰问援藏干部。9月3—8日，佛山市委常委、南海区党委书记黄志豪率领南海区党政代表团一行6人到林芝市及墨脱县，为做好对口支援墨脱县工作进行考察对接。是年，佛山市派出25名柔性援建干部先后赴墨脱县开展对口支援工作，财政承担对口支援西藏资金6550万元，其中任务内支援西藏资金4800万元、任务外追加支援西藏资金1750万元。

项目建设　是年，佛山市在对口支援墨脱县工作中严格执行计划项目资金面向民生和基层领域都超过80%的要求，计划内资金1.6亿元规划为十大类24个项目（建设时间为2017—2019年，其中2018年投资计划为5312万元）。计划外资金建设项目4个，总投资1.32亿元。至年末，计划内援藏项目竣工13个，4个小康示范村和达木乡卫生院完成建设并通过验收，其他项目均完成主体结构，进入装饰装修阶段，完成投资1.39亿元，提前7个月完成计划投资目标（2017、2018年计划投资1.02亿元）。计划外资金1.32亿元建设的4个项目中，广东省支持1.02亿元建设的3个边境小康村项目，完成招投标程序并进场施工。佛山市追加3000万元支持的3个深度贫困且地质灾害隐患严重村易地搬迁扶贫项目，完成全部房屋装饰装修总工程量的83%，计划2019年春节前交付使用。

民生事业　是年，佛山派出8名医疗专家赴墨脱县开展一对一的带教帮扶，下乡义诊30次，惠及1500人次，免费发放药物价值36万元。开展各类医疗培训120场次，培训医务人员1200人次，安排7名墨脱县医护人员到佛山跟班学习，帮助墨脱县开展实施新技术20余项，并申请西藏自治区科技厅课题《墨脱门珞民族幽门螺杆菌流行病学调查及抗Hp方案疗效评价》。截至年底，投资300万元的德兴乡中心小学综合楼项目和筹资10万元建设的德兴中心小学篮球场均建成投入使用。

产业发展　是年，佛山市助推墨脱县实施精准扶贫产业项目33个，总投资1.70亿元，至年底完工项目25个，完成投资4132.95万元。全年申报扶贫产业项目22个，计划总投资7407.14万元，项目均处于开工准备阶段。截至年底，墨脱县建成茶园32个，面积582.56公顷（8738.36亩），可采摘面积253.2公顷（3798亩）。全年墨脱县全县采摘茶青31.21吨，为农牧民实现增收257.03万元。3月28日，协助墨脱县参加林芝市第十六届桃花旅游文化节招商推介会。4月22—29日，协助墨脱县代表团赴广东进行商务系统工作对接，前往第121届中国进出口商品交易会考察。7月23日至8月1日，协助墨脱县参加林芝市赴广东省"雪域江南·走进广东"招商推介活动。8月2日，在佛山市南海区千灯湖酒店举办"秘境墨脱·牵手佛山"主题招商推介活动。9月6日协助墨脱县组织参加第四届藏博会林芝分会场暨2018雅鲁藏布生态文化旅游节第十四届林芝市投资贸易洽谈会（林洽会）。9月8日协助墨脱县组织参加在拉萨市举行的2018招商引资项目集中签约仪式，同时参加第四届中国西藏旅游文化国际博览会暨特色产品展销活动。

【对口支援新疆伽师县】 2018年6月25—27日，佛山市委书记鲁毅随广东省党政代表团前往新疆维吾尔自治区喀什地区考察对口支援工作。6月25日，鲁毅主持召开佛山援疆工作座谈会，与驻喀什地区伽师县草湖镇的佛山援疆干部座谈。是年，佛山筹集支援伽师县资金1.90亿元，省统筹后共安排支援伽师县项目资金5.67亿元。

项目建设　是年，佛山市经省统筹后安排对口支援伽师县援疆资金以"交支票"形式实施七大类15个项目。至年底，6个基建类项目竣工（或完成年度计划内容），执行单位分别提交竣工验收报告（或年度计划完成说明），完成率100%。9个非基建类项目全部实施完毕，分别提供项目实施方案和实施情况报告说明。援疆计划资金100%拨付到位，计划项目100%完成。

产业发展　是年，安排产业就业援疆计划项目3个，共计投入援疆资金7560万元。产业带动就业对建档立卡贫困人口实现2395户2854人稳定就业。3月，伽师县兴业中小企业孵化基地三期启动建设，新建10座共计5万平方米标准厂房，签约引进中小企业7家，可新增就业岗位约3000个。8月，2018广东佛山对口支援新疆伽师县产业招商推介洽谈会在佛山新城中欧中心举行，近200家来自广州、深圳、佛山、东莞等地企业参会，涵盖电子元器件组装、手表配件、纺织服装、生物科技等产业的8个项目现场签约落户伽师县，计划总投资5.58亿元，项目全部达产后，可为伽师县提供就业岗位1.6万个。

民生事业　是年，实施教育援疆项目3个，计划内安排援疆资金1.02亿元。选派129名援疆教师及54名柔性援疆教师与伽师县教育局开展教育教学研讨活动，为伽师县教育系统培训骨干教师3000余人。安排伽师教师22人次到佛山市跟岗学习培训，提升骨干教师的普通话理论水平和专业技能。援疆健康扶贫项目安排100万元，至年底，资金全部到位并使用完毕。8月，选派5名经验丰富的医疗专业人才接替到期队员。开展5个医疗科研项目，提升伽师县医生理论水平、服务理念、科研意识。开展新技术新项目15项，其中骨科申报新技术7项、普外科4项、耳鼻喉科2项、产科2项。医疗援疆帮助指导接诊门诊病人11081人次，收治住院7729人次，主刀和指导手术2196台，施行免费白内障手术292人次。援疆医疗队到3个乡镇开展义诊活动，免费向患者提供药物。建设安居房18275户，投入援疆资金2.30亿元（年度计划内项目资金安排1亿元）。截至年末，竣工18275户，竣工率100%；入住17345户，入住率94.9%。

【对口支援新疆生产建设兵团第三师41团】 2018年，佛山市驻新疆生产建设兵团第三师41团工作队共组织行业协会及企业前往草湖镇对接考察8次，参加的行业协会及企业110个（家）。举办招商推介会6次。3月31日，在佛山中德工业服务区管委会召开草湖投资环境推介会，44名纺织服装行业代表参会，期间41团与佛山立华铸机、创美业等公司达成初步投资意向。11月5日，在佛山举办草湖·佛山招商推介会，300多家佛山纺织服装、电子信息、机械制造、家电家具企业代表参会。佛山驻41团工作队还先后到河北、河南、山东、天津、福建等省开展针对性招商。截至年底，经过佛山市3名挂职干部与东莞市、中山市、省国资委挂职干部的共同努力，有4家企业落户草湖镇。另外，佛山市有20家企业或行业协会表示有意向投资草湖，其中有12家提交投资计划或者签订框架协议。

是年6月，中共佛山市委书记鲁毅赴新疆生产建设兵团草湖产业园考察对口支援工作。11月4—6日，兵团第三师图木舒克市党委常委、副政委安尼瓦尔·加帕尔率领产业文化交流团到佛山考察交流。

【对口支援四川省甘孜州】 2018年，佛山市向省财政上解对口支援四川省甘孜州乡城县、得荣县资金各3000万元，另计划外支持每个县资金1000万元用于民生项目建设。4月，由佛山市发展和改革局牵头，会同市经信、人社、卫计、旅游等部门到乡城县、得荣县对接对口支援工作。5月，中共甘孜州委书记刘成鸣率队到佛山市对接交流对口支援工作。7月，中共佛山市委常委、市纪委书记、市监察委主任梅河清随广东省调研工作组到乡城县、得荣县，就“增强帮扶地区和被帮扶地区两个积极性，提升脱贫攻坚内生动力”主题进行专题调研。9月，佛山市政协副主席朱华仙率部分市政协委员及佛山政协书画院书画家，到得荣县开展捐赠及调研考察活动。10月，中共得荣县委常委、纪委书记、监委主任陈建兵一行到佛山考察对接对口支援及纪检监察工作。10月，佛山市交通运输局就农村道路建设、智能交通等问题到乡城县进行专题考察对接。12月，中共乡城县委书记曹建奎率党政代表团到佛山对接考察对口支援工作，并召开对口支援工作座谈会。12月，佛山市农业局组织农牧专家以及农牧品牌企业负责人，赴乡城县、得荣县开展专题农牧技术培训和农牧产品品牌建设专题辅导。

项目建设　是年，广东省统筹后安排乡城县、得荣县计划援建项目建设资金各887万元。其中，乡城县建设项目3个、得荣县建设项目3个。下半年，计划外安排乡城资金1360万元，建设项目4个。是年4月，佛山市发展和改革局组织经信、农业、人社、卫计、旅游等部门赴乡城县、得荣县对接对口支援工作。年底，佛山市计划外拨付给乡城县和得荣县各1000万元，分别用于支持乡城县青德镇热宫村、豆改村、下坝村新农村建设（730万元）和购置健康体检巡回医疗车（270万元）2个项目；得荣县佛山得荣扶贫援建连心路（滨河步行绿道，372万元）、城北人行绿道

2018年5月30日，佛山市援藏工作小组在墨脱县农户实地调研蔬菜种植技术
（市发改局供图）

建设（278万元）、松麦镇松麦村乡村建设（350万元）3个项目。

民生事业　是年，广东（佛山）支援乡城县、得荣县项目建设均安排农牧民住房及村容村貌整治项目。其中，乡城县香巴拉镇登仲村基础设施建设及村貌改造项目总投资900万元（建设周期为2018年至2020年）；得荣县农牧民住房及村容村貌整治项目总投资1900万元（项目建设周期为2017年至2020年，在2017年投入450万元的基础上，2018年再投入450万元，已完成因都坝125户住房验收和公共设施建设）。是年，佛山市选派的2名处级干部于5月赴乡城县、得荣县挂任县党政领导班子成员，推动佛山对口支援甘孜州乡城县、得荣县工作；先后接收两县4名医疗专业技术人才和7名教师到佛山市相关医院、学校跟班学习。

对口支援甘孜县公安局工作　是年，佛山市安排援助甘孜县公安局经费500多万元。派出5批40人赴甘孜开展警务交流及项目考察，甘孜县公安局安排2批60名民警和辅警代表到佛山市开展警务考察交流。

【佛山市与双鸭山市对口合作】2018年，佛山市、双鸭山市主要领导开展互访对接。5月8—11日，中共双鸭山市委书记宋宏伟率党政考察团到佛山对接对口合作工作；6月14—16日，佛山市市长朱伟率政府代表团赴双鸭山市对接考察对口合作工作；10月16—18日，双鸭山市市长郑大光率政府代表团到佛山对接考察。是年，两市签署《双鸭山市与佛山市对口合作框架协议》，并联合印发《双鸭山市与佛山市对口合作工作方案（2017—2020年）》。佛山市还印发《2018年佛山市与双鸭山市对口合作工作计划》。佛山市建立高效的信息共享机制，加强对各有关部门合作进展信息的了解与掌握。

干部人才交流培训　是年3月24日、7月19日，佛山市先后接收2批共18名双鸭山市选派的处级领导干部，到佛山市各区、相关部门进行为期4个月的挂职交流。年内，佛山市举办3期对口合作专题培训班，139名双鸭山市党政干部、企业家参加培训。佛山市和双鸭山组织开展“龙江行”“广东行”专题考察交流活动，19名机关干部参加。

支持双鸭山市民生及基础设施项目建设　是年，佛山市按计划拨付2018年支持双鸭山市民生及基础设施项目建设资金1.1亿元（按计划，佛山市将于2018—2020年3年共计支持双鸭山市3.3亿元）。双山全民健身中心项目于10月15日开工建设，四方台区南环路、连接路两个项目于12月24日开工建设，双鸭山市城市科技馆、紫云岭公益性公园、设施农业示范园区、污水处理厂提标改造等4个项目年内达到开工建设条件。

粮食产销合作　是年4月，佛山和双鸭山两市粮食部门在佛山举办“黑龙江省双鸭山市好粮油进佛山”专题活动，启动两地粮食主产品市场化营销合作。年内，广东碧泉食品科技有限公司与双鸭山市方面签订供应大豆原料意向协议，截至年底，该公司购销双鸭山大豆600吨。双鸭山市富久宏和永军2家米业公司在佛山设立的直营店9家，年销售优质大米5.6万吨以上。佛山市南海区玉豪米业加工厂与双鸭山市签订1.15万吨大米购销合同，合同金额约5000万元。

旅游合作　是年3月，佛山市邀请双鸭山市旅游部门参加2018年广州国际旅游展览会；4月，邀请双鸭山方面参加“最岭南之佛山过大年”“最岭南之佛山乡村游”系列旅游活动的同时，在佛山市举办2018“中国黑土湿地之都·双鸭山”旅游推介会，现场完成3个旅游对口合作项目的签约，并开通中俄界江乌苏里江畅爽之旅等6条春夏精品旅游线路；7月，在双鸭山市举办“寒来暑往，南来北往”广东佛山、东莞旅游推介会；12月，邀请双鸭山市参加2018香港·佛山节系列活动，向香港市民宣传推介双鸭山。佛山市全年向双鸭山市输送游客206人。

（韩　毅）

扶贫开发

【新时期精准扶贫对口帮扶湛江、云浮市】2018年，佛山市继续开展新时期精准扶贫对口帮扶湛江市、云浮市工作〔按照省委、省政府部署，新时期精准扶贫从2016年开始，到2020年与全国同步进入小康社会，佛山市对口帮扶湛江、云浮所属12个县（市、区）的254个相对贫困村、2.69万户8.88万个相对贫困人口〕。对口帮扶湛江市、云浮市投入财政专项资金7.48亿元，其中省定专项资金5.22亿元、佛山市另行安排的资金2.16亿元、党政代表团访问交流捐赠0.1亿元。对口帮扶两市254个相对贫困村，脱贫72378人，脱贫率88.66%。有劳动能力的脱贫户人均可支配收入12441.91元。帮扶的254个相对贫困村均达到全省农村居民可支配收入60%（10131元）以上。

党委政府重视　8月28—29日，中共佛山市委书记鲁毅率佛山市党政代表团赴湛江市对接调研。9月14日，鲁毅和佛山市市长朱伟率党政代表团赴云浮市对接调研工作。12月28—29日，朱伟率队赴湛江调研对口帮扶工作。年内，市委、市政府11次研究部署对口帮扶工作，其中市委常委会9次研究，市政府常务会议2次研究扶贫开发工作。同年3月15日召开市委书记专题会、7月27日召开全市打赢精准脱贫攻坚战工作推进会专题研究扶贫开发工作。

就业扶贫　佛山市各级人社部门联合当地人社部门前后组织15场招聘会，377家企业参加，提供就业岗位11304个。15场招聘会共组织应聘人员54668人参加，现场报名人数2886人，1460人被现场录用。截至年底，佛山市帮扶两市254个相对贫困村转移劳动力就业24696人，转移就业率75.89%。其中吸纳贫困人口到珠三角地区就业9706人。开发公益岗位640个，吸纳447个贫困户劳动力就近就业；开办扶贫车间30个，吸纳138个贫困户劳动力就近就业。组织培训贫困户劳动力7755人，就业培训率31.4%。稳定务工6个月以上人数为13621人，稳定就业率55.15%。

保障扶贫　佛山市协助当地全面落实五保、低保、孤儿、残疾人补助政策，确保应保尽保。全面帮扶贫困户购买城乡居民医保、养老保险，贫困户城乡居民医疗保险、养老保险参保率均达100%。对长期居住危房且危房为唯一住所的建档立卡贫困户，在帮扶期限内实施危房改造的，在省和当地配套每户补助4万元的基础上，给予每户2万元以下补助，并先行给付资金，解决启动资金不足难题。全年完成危房改造1347户。以村为单位，每村投入10万元启动资金，并通过爱心企业、热心人士和乡贤募捐，帮扶每村成立助医助学互助金，专项用于村内助医及慈善救助，构建长效化救扶机制。是年，新成立助医助学互助资金试点25个，建立助医助学互助资金试点的对口帮扶村累计135个。

【对口四川凉山州东西部扶贫协作】2018年，佛山市按照组织领导、产业合作、劳务协作、人才支援、资金支持、携手奔小康等六大方面重点推进东西部扶贫协作工作，扶贫协作四川省凉山彝族自治州11个国家重点贫困县。在2018年度国家考核验收中，佛山市获得最高等次“好”的成绩，在东部13个地级市中排名首位。

组织领导　7月14日，佛山市市长朱伟带队赴凉山召开两地党政联席会议，研究全面深化对口扶贫协作工作。年内，佛山市委常委会、市政府常务会议、书记专题会、市扶贫领导小组会议先后18次专题研究扶贫协作工作。

人才支援　佛山市派驻在凉山开展扶贫协作的干部达33人，完成协议数的113.8%。派出172名医生、老师、农技、建设等专业技术人才到凉山开展支医、支教、技术援助，完成协议数的390.90%。此外，佛山还组织195名教师、医生和规划建设人才到凉山开展短期技术帮扶指导交流活动。投入230多万元，举办17期党政干部培训班，培训凉山州各级党政干部752人。投入1720万元，培训凉山州老师、医生、辅导员等专业技术人员8529人。

资金支持　佛山市对口凉山扶贫协作年度财政援助资金达到6.85亿元，比上年增长461.48%，占佛山市一般公共预算收入比例为1.04%。全年动员佛山企业、社会组织和个人向凉山州无偿捐助310笔共5772.44万元，其中捐款5079.28万元、捐物价值693.16万元。社会帮扶资金比上年增长227.06%。

产业合作　佛山市共引导256家企业到凉山考察洽谈。经深入对接，有19家佛山企业在凉山投资，共注册企业24家。在凉山注册落地的24家企业年内的实际投资额合计逾14亿元。此外，利用广东（佛山）对口凉山扶贫协作财政援助资金1.31亿元支持11个贫困县共发展产业项目53个。企业带动贫困人口脱贫21285人。其中，企业吸纳就业脱贫199人，通过“百企帮百村”行动等建立利益链接机制带动脱贫21086人。此外，利用财政援助资金支持的产业项目带动贫困人口脱贫7093人。通过各类渠道帮助凉山销售农特产品1.1亿元，带动贫困人口脱贫797人。同时在佛山开设凉山农特产品展销店和专柜30个、凉山畜牧产品批发档口和销售点10个。

劳务协作　佛山市帮助凉山籍贫困人口到佛山市就业7329人，完成协议数的222.09%；帮助凉山籍贫困人口到广东省就业并工作3个月以上的3839人。通过注册落地企业和佛山援建项目提供就业、公益岗位以及开展培训等方式帮助凉山贫困人口实现就近就业1647人，完成协议数的823.50%。全年安排广东（佛山）对口凉山财政援助资金5000万元用于凉山州新型农民素质提升工程劳动技能培训，培训贫困人口37941人。通过培训帮助贫困人口到广东省、四川省以外其他地区就业人数1778人。

结对帮扶　佛山市各区区委书记均到对口凉山的全部结对县开展携手奔小康工作调研对接，并分别与结对县召开区县党政联席会议。佛凉两地新增结对的乡镇11对村居8对，村企112对，另安排佛山15家医院与凉山11家医院开展结对、佛山28所学校与凉山27所学校结对。全年佛山为凉山举办19期创业致富带头人培训班，培训1238人，其中创业成功19人，带动贫困人口参与934人。

（赖永逸）

【教育帮扶与合作】2018年，佛山市教育局做好对云浮市、清远市的教育精准扶贫工作，选派29名中小学骨干教师到云浮支教，26名教师赴清远支教。开展对郁南县平台村的精准扶贫工作，筹措扶贫资金606.72万元，帮助92户275人实现脱贫。先后派出三批共44名教师赴凉山彝族自治州支教，招收148名凉山州学生到佛山市中职学校入学，佛山市27所学校与凉山州27所学校开展结对帮扶。市教育局作为团长单位率领8个地级市共120人的佛山支教团（其中佛山教师25名）赴新疆维吾尔自治区伽师县支教，佛山市10所职业院校帮扶伽师中职学校9个专业普及普通话教育。佛山市13所学校与西藏自治区墨脱县19所学校开展结对帮扶，投资310万元用于墨脱县德兴乡中心小学建设，6名干部和教师参加援藏支教。全年接收51名黑龙江省双鸭山市校长和教师挂职跟岗学习，佛山、双鸭山两市各6所中小学结成对子。佛山市与延安市各10所学校拟结为友好合作学校。

（林建娜）

2018年9月14日，中共佛山市委书记鲁毅、市长朱伟率佛山市党政代表团赴云浮市对接新时期精准扶贫对口帮扶工作，并召开佛山对口帮扶云浮第七次联席会议

（市农业农村局供图）

开放型经济

综　述

【对外开放政策的出台】　2018年，佛山市出台多项政策，谋划对外开放。印发《佛山市关于在形成全面开放新格局上走在全省前列的行动方案》，把新时代中国对外开放新格局的深刻内涵与佛山经济社会特点相结合，明确深度融入粤港澳大湾区和“一带一路”建设，统筹有利因素和资源促进规划佛山对外开放路径。制定《佛山市进一步扩大对外开放实现利用外资高质量发展若干政策措施》（佛山外资十条），优化升级对外招商引资政策措施，加大对优质项目扶持力度，优化佛山国际化营商环境。

【外贸新业态发展】　2018年，佛山市建成电子商务综合服务平台并成功上线，制定《佛山市电子商务企业诚信认证体系评价标准》（试行），提升行业统筹管理能力。佛山市场采购贸易方式试点成功获批，于12月20日启动实施。试点聚焦于专业市场出口，以“内贸”方式开展“外贸”出口，在关（检）、税、汇等多方面享受特殊政策及贸易便利化措施，帮助广大中小微企业及个体商户更便捷参与外贸，以充分释放专业市场出口潜力，激发市场主体活力、扩大市场规模、推动外贸增长、促进经济社会发展。培育外贸综合服务平台，引进市外大型外贸综合服务平台企业进驻，鼓励现有外贸综合服务企业和外贸供应链管理公司通过兼并重组、参股合作等方式，形成辐射华南地区、在全省乃至全国具有较大影响力的区域龙头企业。

【外经贸转型升级制度保障】　2018年，佛山市新增2个外贸转型升级基地，包括佛山市顺德区国家外贸转型升级基地（家电）和佛山市顺德区国家外贸转型升级基地（家具）。至年底，佛山国家级外贸转型升级基地达4个。推动高明沧江工业园区申报国家级经济技术开发区，并获省政府初步同意。推进申报中国服务外包示范城市、申请设立佛山综合保税区等。服务外包业发展迅猛，全年承接服务外包合同执行金额14.91亿美元，比上年增长105.7%。

2018年12月20日，佛山亚洲国际家居材料交易中心市场举行国际市场采购贸易方式试点启动仪式　（市商务局供图）

【构建开放型经济行动方案】　2018年，佛山市商务局制订《佛山市关于在形成全面开放新格局上走在全省前列的行动方案》，由市委办、市府办联合印发。该方案明确佛山加快形成全面开放新格局的六大重点任务：深度参与“一带一路”建设、积极参与粤港澳大湾区建设、打造法治化国际化便利化营商环境、推进贸易强市建设、促进高水平双向投资、优化区域开放布局。

（肖浩鸣　曾垂勇　史　阳）

对外贸易

【概况】　2018年，佛山市外贸进出口总值4599.3亿元，比上年增长5.5%。其中，出口3527.4亿元、增长11.9%，进口1071.9亿元、下降11%。佛山市外贸进出口总值在珠三角九市中排第四名（仅次于深圳市、广州市和东莞市），出口增幅列第二位。是年，佛山市优势产业的外贸业绩突出。机电产品出口1905.1亿元，比上年增长9.4%，占同期佛山外贸出口总值的54%。其中：家电出口411.9亿元，增长7.4%；灯具126.2亿元，增长30%。美的制冷公司、新宝电器公司等22家佛企入围2018年中国电子家电出口百强企业。家具及其零件、纺织纱线织物、鞋类、塑料制品、玩具和箱包等6类劳动密集型产品均实现2位数增长。此外，出口陶瓷产品172.4亿元，比上年增长8.2%；铝材85.7亿元，增长18%。

【佛山泛家居品牌产品海外展示体验馆建设】　2018年，佛山市推进佛山泛家居品牌产品海外展示体验馆建设三年行动计划（2016—2019年），在美国（2018年6月）、南非（2018年12月）、坦桑尼亚（2018年12月）建设体验馆，重点开拓“一带一路”沿线国家新兴市场。

美国馆建筑面积1210平方米，设有形象展示、品牌展位及特色展位三大展示区，结合佛山市产业特点，有针对性地打造成为适合陶瓷、家具、家电、卫浴、五金、家纺等佛山企业泛家居产品展示和体验的长期性场馆，参展企业包括日丰企业集团有限公司、广东宏宇陶瓷有限公司等。南非馆内设立佛山泛家居整体品牌形象展示区以及40余个标准展位，格兰仕公司、志高公司等50余家佛山品牌企业参加展示。坦桑尼亚馆建筑面积1500平方米，馆内设立佛山泛家居整体品牌形象展示区以及40余个标准展位，格兰仕公司、志高公司等40余家佛山品牌企业参加展示。

2018年12月10日，佛山泛家居品牌产品（南非）展示体验馆开馆

（市商务局供图）

【进口贸易发展】 2018年，佛山市利用政策资金支持进口先进设备、水果、锯材、塑料及其他生活消费品和生产资料，促进进口规模扩大；培育本地国际招标机构及机械进口企业，为进口用户提供从国际招标到进口通关一条龙服务；通过进口中间品、引进先进产品、技术及标准，促进佛山市传统企业转型升级。11月，首届中国国际进口博览会举行期间，市商务局联合佛山市进出口商会、佛山市电子信息行业协会、佛山市外贸网商协会等多家行业协（商）会，组织发动包括佛山市志高空调有限公司、佛山市国星光电股份有限公司等公司代表在内的300多名佛山企业家观展。是年，佛山市进口贸易总额1071.9亿元，进口主要商品有机电产品（包括本目录已具体列名的机电产品）、高新技术产品、钻石、废金属、液晶显示板、初级形状的塑料。

【佛山企业参加第124届广交会】 2018年10月15日，第124届中国进出口商品交易会（广交会）在广州开幕。该届广交会包含16个展品大类，展览规模118.5万平方米。佛山共组织480家企业参展，展位数1497个，其中品牌展位496个。企业参展规模位于广东省各地市前列。

第124届广交会分三期，第一期时间为10月15—19日，主要展出电子及家电、照明、车辆及配件、机械、五金工具、建材、化工产品、能源类产品；第二期时间为10月23—27日，主要展出日用消费品、礼品、家居装饰品类产品；第三期时间为10月31日至11月4日，主要展出纺织服装、鞋、办公箱包及休闲用品、医药及医疗保健、食品类产品。佛山传统优势产品家电、建材、家具、照明、日用轻工等产品有较强竞争力，受国外客商欢迎。美的、格兰仕、志高、新宝、万和、宏陶、鹰牌、东鹏等佛山企业通过此平台展示最新产品，开拓国际市场。

（史　阳）

利用外资

【概况】 2018年，佛山市外商直接投资项目751个，比上年增长138.41%；合同外资86.75亿元，增长78.54%；实际使用外资45.73亿元，增长1.41%。至2018年末，佛山市累计有60个世界500强企业投资的项目116个，涉及投资总额95.4亿美元，合同外资39.11亿美元。有超千万美元外资项目39个，涉及投资总额24.58亿美元，合同外资11.29亿美元。其中，新批项目19个，涉及投资总额12.02亿美元，合同外资7.31亿美元；增资项目20个，涉及投资总额12.56亿美元，合同外资3.98亿美元。投资行业主要涉及电光源制造、窗帘、布艺类产品制造、服装批发、棉织造加工、化学药品制剂制造、房地产开发经营等。

【美的库卡智能制造产业基地项目（一期）动工】 2018年3月28日，美的库卡智能制造产业基地项目（一期）动工。项目用地28.87公顷（433亩），固定资产投资18.7亿元。基地包括机器人本体制造中心、研究中心、应用示范中心和华南区域总部四大业务板块，主要布局机器人产业孵化基地、驱动及控制系统、伺服电机等配套的核心零部件项目，以及机器人系统集成及应用推广、机器人检测认证等产业，形成产销研一体化的产业模式。项目建成预计年产值136亿元。

（谢晓加　杨　正）

对外投资

【概况】 2018年，佛山市新增对外直接投资企业（含机构）49家（个），比上年增长32.43%；新增中方协议投资总额2.78亿美元，比上年下降93.84%。

签订对外并购项目7个，新增中方协议投资额7056.81万美元。

佛山市企业对外投资中，新增中方协议投资额超千万美元项目8个，合计中方协议投资2.2亿美元，占中方协议投资总额的73.14%。其中：新中源建材有限公司投资7631万美元在乌兹别克斯坦设立新中源陶瓷有限公司（首家建陶生产企业在境外设立的陶瓷生产企业）；广东科达洁能股份有限公司与广州特福陶瓷有限公司合资3700万美元在塞内加尔设立陶瓷生产企业；广东科达洁能股份有限公司投资2000万美元并购意大利唯高股份有限公司60%股权；广东品珍电子商务有限公司投资1250万美元在文莱并购联丰投资公司从事海洋水产养殖；佛山市南海新爱迪鞋业有限公司投资1000万美元在柬埔寨设立新爱迪鞋业（柬埔寨）有限公司；广东顺域机电工程有限公司投资1000万美元在越南设立MD越南消费电器有限公司。

【对外投资促进】 2018年7月22—31日，佛山市商务局组织进出口贸易、建筑建材、机电、工程设计等行业企业赴阿拉伯联合酋长国、尼日利亚、摩洛哥等国进行实地对接考察，拜会中国在当地投资的企业和商会，考察当地华人投资的自贸区及工业园区，为佛山市企业赴中东、非洲开展进一步的投资贸易合作奠定基础。

【中德商务交流】 2018年10月23日，德国北威州索林根市经济促进局局长Balkonhol、索林根国际商务中心IBCS合作伙伴Klinkau和北威州投资促进署广州办事处主任梁杰到佛山市商务局进行交流，德国客人介绍索林根国际商务中心的情况，并重点介绍德国3D技术发展现状，期望双方在3D技术合作方面进行广泛的交流和合作。

【中墨商务交流】 2018年10月25日，佛山市商务局邀请墨西哥工业园区开发商公司VYNMSA到佛山举办“佛山企业在墨西哥的商机”推介活动。VYNMSA公司介绍墨西哥商务投资环境、国际贸易状态、外商投资情况、政府对外来投资的优惠政策等，帮助佛山企业了解墨西哥市场，并就如何应对中美贸易摩擦风险问题与佛山企业互动。

【三级财政资金扶持“走出去”企业】 2018年，佛山市商务局组织和指导佛山市企业申报中央和省的各项扶持资金。3家企业获中央财政外经贸发展专项资金（对外承包工程和境外投资项目）405.93万元，7家企业获广东省财政促进经济发展专项资金（“走出去”）1173.54万元，69家企业获广东省财政促进经济发展专项资金（招商引资）150.22万元。组织企业申报2018年佛山市促进对外经济合作专项资金，扶持开展对外投资与承包工程企业12家（次），专项扶持资金（对外投资合作部分）765.69万元；扶持参加佛山市商务局组织的经贸活动的行业协会和企业13个（家），专项扶持资金（经贸活动部分）39.2万元。

（吴晓荧）

对外贸易促进

【概况】 2018年，佛山市贸促会开展对外联络，搭建国际国内交往平台，先后3次共组40人次访问“一带一路”沿线9个国家，在境外组织9场大型企业对接洽谈会，700多名中外企业家参加活动。接待包括来自英国、印度、韩国，以及非洲等的7批次经贸团组到访。在境外代表团到访佛山期间，组织企业对接洽谈活动4场，双边与会180人次。是年，佛山市完成外贸进口总额1071.90亿元，外贸出口总额3527.40亿元。

【佛山政企代表团赴欧洲开展经贸科技交流】 2018年6月7—16日，由佛山市贸促会牵头，市科技局、市工商联及市投促中心协助组织的佛山政企经济促进代表团赴俄罗斯、德国、英国开展为期10天的经贸交流系列活动。出访期间，市贸促会分别在俄罗斯莫斯科、德国汉诺威、英国利物浦及伦敦4个城市分别举办佛山整体营商环境及“互联网+”推介会暨双边企业对接洽谈会。在莫斯科的推介会上，近50名中外企业家就智能制造、互联网金融等多个产业及项目进行交流。会上，佛山环保企业家成功与莫斯科工商会进行初步对接，工商会表示将引荐当地最大的水域公司与其就污水处理技术进行交流。同时，代表团与莫斯科工商会对如何实行海内外投资的法律保护进行探讨。在德国汉诺威举办的“互联网+”博览会海外发布会上，近100位中外媒体参加，

2018年10月23日，德国北威州索林根市经济促进局局长Balkonhol（右三）等一行到访佛山市商务局，就佛山与德国北威州索林根市的经贸交流合作进行友好交流

（市商务局供图）

佛山市投促中心项目中心和汉诺威展览公司分别就佛山城市发展情况、整体营商环境及即将举办的第四届中国（广东）国际“互联网+”博览会向与会媒体作重点宣传推介，邀请世界各地客商到佛山参展和观展。佛山政企经济促进代表团还受邀参与英国利物浦商务节。佛山企业代表在展会上与各相关行业参展商开展讨论，并对佛山的营商环境及第四届广东“互联网+”博览会进行宣传推介。此外，在英国伦敦的佛山整体营商环境及“互联网+”推介会暨双边企业对接洽谈会上，中国驻英国大使馆公使衔参赞金旭出席活动，参会的英国科技企业代表表示计划到中国尤其是华南地区进行投资发展。同期，围绕对外推广第四届中国（广东）国际“互联网+”博览会，代表团拜访英国王室成员迈克尔·肯特王子及多家英国本土科技企业，邀请其参加10月份在佛山举行的“互联网+”博览会并得到肯定回复。出访期间，代表团还会见利物浦副市长Gary Millar、北爱尔兰里斯本卡素瑞市发展委员会主席、参议员Aldeman William Leathem，并到莫斯科工商会和广东省驻英国经贸代表处等多个机构访问。

【佛山贸易促进代表团赴非洲开展经贸活动】 2018年6月7—16日，佛山市贸促会组织贸易促进代表团赴埃塞俄比亚、加纳、肯尼亚等3个国家发掘非洲市场商机。代表团由建陶卫浴、灯具照明、家具、不锈钢、五金工具及金属制品、海水淡化设备等多个行业的企业家组成。代表团在当地举办3场佛山营商推介及对接洽谈活动，拜访当地经贸部门及商协会，调研当地专业市场、埃塞东方工业园及其园区企业，参加肯尼亚中国贸易周等活动，得到加纳商业发展部部长Ibrahim Mohammed Awal的接见。在各经贸对接洽谈会上，代表团分别介绍了佛山的优越营商环境及产业优势，并重点推介佛山市装备制造以及泛家居等传统行业及其优质产品。在埃塞俄比亚首都亚的斯亚贝巴，70多人参加经贸对接洽谈会。在加纳首都阿克拉，市贸促会与加纳全国工商总会签订合作备忘录，参加经贸对接洽谈会人数120多人。在肯尼亚首都内罗毕，经贸对接洽谈会首次采取佛山市贸促会与广州贸促会合作举办广州&佛山—内罗毕经贸交流会的方式进行，佛山市组织参展肯尼亚中国贸易周的近60名佛山企业代表参加会议，整体参会规模超250人，肯尼亚工业部部长Adan Mohamed、肯尼亚央行总裁Patrick Njoroge、肯尼亚工商联CEO George Kiondo及中国驻肯大使馆参赞郭策等嘉宾出席活动并致辞。通过该次非洲3国经贸活动，佛山市绝大部分出访企业都与5家以上对口意向合作商家及大批潜在买家建立联系，其中唐立新工具、能强陶瓷、弘富贸易、恒升水晶马赛克、德恺印铁制罐等5家企业通过洽谈和事后跟进达成6笔实际交易，运泰龙公司还在加纳设立企业代表处。

【佛山贸易促进代表团赴东南亚开展经贸交流】 2018年9月4—13日，佛山市贸易促进代表团对“一带一路”沿线国家柬埔寨、马来西亚和印度尼西亚进行为期10天的友好访问交流活动。在柬埔寨期间，代表团拜访柬埔寨（中国）广东商会暨广东省驻柬埔寨经贸代表处，听取商会企业家对柬埔寨市场的情况介绍，并组织两地企业对接，两地企业家对感兴趣的话题交换了意见。代表团还走访柬埔寨最大的建材市场金边德发国际装饰建材市场，代表团随团企业与德发建材城多家采购商达成合作意向，并后续赴佛山进行具体产品考察采购。在马来西亚期间，代表团参加马来西亚广东投资促进总商会10周年专题论坛，出席马来西亚—广东双边企业家理事会。代表团还调研佛山泛家居品牌产品（马来西亚）体验馆，拜访马来西亚—佛山总商会，该会会长拿督斯里叶绍全接待代表团一行，陪同贸促团考察汝来宏愿城等项目。在印度尼西亚期间，代表团调研华夏幸福卡拉旺产业新城，拜访华夏幸福国际印尼事业部总部，考察雅加达最集中的建材市场和婴童用品市场，寻找进入当地市场的最合适产品。在印尼首都雅加达，代表团拜访印尼广东总商会，成功举办印度尼西亚—佛山投资营商环境推介会暨企业对接会。对接会得到印尼当地企业家的高度重视，印尼熊氏集团董事长熊氏集团主席、印尼工商会馆中国委员会执行主席、著名爱国侨领熊德龙参加对接会，当地最大华人报纸第二天就对接会进行整版报道。

【佛山市首届国际贸易年度人物评选活动】 2018年，由佛山市商务局和市贸促会指导，佛山国际商会开展佛山市改革开放以来首届“佛山国际贸易年度人物”评选活动。通过评选，表彰李金波、杨颂文、何乾等10名有闯劲、有担当的国际贸易企业人士。

（刘泽团）

2018年12月21日，佛山市举行首届佛山国际贸易年度人物颁奖典礼

（市贸促会供图）

民营经济

手机扫码阅读

综　述

【概况】 2018年，佛山市民营经济主体实现较快增长。全市私营企业28.2万家，比上年增加18%，户均注册资本313.9万元；个体工商户40.7万户，比上年增加16%，户均注册资金2.9万元。全市民营经济增加值6209.95亿元，占全市国内生产总值的62.5%。规模以上民营工业增加值增长7.1%，对全市工业增长贡献率80.1%。实现民间投资增长18%，比固定资产投资增速高12.4个百分点，占固定资产投资比重75.1%。重点民营企业队伍不断扩大，认定“专精特新”企业（指具有“专业化、精细化、特色化、新颖化”特征的工业中小企业）306家；培育发展“四上”企业（指规模以上工业、有资质的建筑业和全部房地产开发经营业、限额以上批发零售业和住宿餐饮业、规模以上服务业法人单位）净增1500家，总数1.36万家；新增主营业务收入超100亿元企业2家、累计达20家，14家企业入选省百强民营企业；新增上市企业5家，累计达58家；新增“新三板”挂牌企业6家，累计达92家；新增私募股权投资基金公司100家，累计达486家。

【企业暖春行动】 2018年2月，佛山市由市领导带领15个工作组，全面开展“企业暖春行动”，宣讲习近平总书记对广东工作的重要讲话精神和省委书记李希到佛山市调研的重要讲话精神，深入了解企业生产经营情况，倾听企业诉求和建议，宣传企业适用扶持政策。11月，再次由市领导带队，分6个组在全市范围内深入民营企业开展调研，重点宣贯习近平总书记在民营企业座谈会上的重要讲话精神，了解企业经营情况，破解企业发展难题。同年，制定《佛山市2018—2019年市领导班子挂点联系大型骨干企业工作方案》，通过定期走访调研、加强指导帮扶力度、加大政策宣传、集中研究解决重大问题等措施，引导支持企业做优做强做大。

2018年12月12日，佛山市举行民营企业家大会　（市工业和信息化局供图）

【全市民营企业家大会】 2018年12月12日，佛山市民营企业家大会在市机关大礼堂召开。佛山市委书记鲁毅出席会议并讲话，强调全市上下要坚持以习近平新时代中国特色社会主义思想为指导，深入学习贯彻习近平总书记视察广东重要讲话精神和关于民营经济发展的重要论述，聚焦民营企业所思所想、所急所盼，采取更有力度、更有温度的政策措施，让广大民营企业获得更多真金白银、货真价实、贴心暖心的政策支持、政务服务和法治保障。会上，佛山市委常委、市纪委书记、市监委主任梅河清解读《关于依法保护民营企业家人身和财产安全的若干意见（送审稿）》，副市长谭萍解读《佛山市关于促进民营经济高质量发展的若干意见（送审稿）》《佛山市降低制造业企业成本支持实体经济发展若干政策措施（2018年修订）》《佛山市金融促进民营经济高质量发展若干政策措施》，广东新明珠陶瓷集团有限公司董事长兼总裁叶德林和科顺防水科技股份有限公司董事长陈伟忠等2名民营企业家代表分别结合企业实际作发言。

会议由佛山市长朱伟主持。佛山市几套班子领导，各区党委和政府主要负责人、分管负责人，各有关单位主要负责人，各镇（街）党（工）委书记、镇长（办事处主任），全市700多名民营企业家代表、各行业协会和商会代表等参加会议。

【促进民营经济高质量发展“1＋3”政策体系出台】 2018年，佛山市出台促进民营经济高质量发展“1＋3”政策体系。“1”是总纲，即《佛山市关于促进民营经济高质量发展的若干意见》；“3”是配套政策，分别为《佛山市降低制造业企业成本支持实体经济发展若干政策措施（2018年修订）》《佛山市金融促进民营经济高质量发展若干政策措施》《关于依法保护民营企业家人身和财产安全的若干意见》。其中：《佛山市关于促进民营经济高质量发展的若干意见》，从“准营准入、解决痛点、优化服务、保驾护航”四方面，全方位支持民营经济高质量发展；《佛山市降低制造业企业成本支持实体经济发展若干政策措施（2018年修订）》，重点围绕解决企业税负、用地、社保、用能、融资等成本难题进行细化和创新；《佛山市金融促进民营经济高质量发展若干政策措施》，从支持企业直接融资、帮助企业间接融资、支持上市公司纾困、营造良好的金融生态环境等四个方面，帮助企业攀越“融资的高山”；《关于依法保护民营企业家人身和财产安全的若干意见》，从坚持“一个原则”、做到“两个尊重”、严格“三个区分”、把握“四个慎重”、继续“五个严打”、区分“六个界限”等6个方面，加强对民营企业的保护。

【广东省大型骨干企业与中小企业合作对接活动在佛山市举行】 2018年9月5日，由广东省经济和信息化委主办、广东省制造业协会承办的2018年首场广东省大型骨干企业与中小企业合作对接活动在佛山市举行。省经信委党组成员、省中小企业局局长姚德洪，省经信委规划与产业政策处副处长王俊，制造业与互联网融合发展处副处长易贤辉，佛山市经济和信息化局总工程师马力等出席对接活动，美的集团、万宝集团、群志光电、碧桂园集团、白云电气、一汽－大众、中国联通、海王集团、广晟资产等10多家大型骨干企业及中小微企业代表以及新闻媒体代表300多人参加活动。对接活动促使包括碧桂园集团、万宝集团、群志光电、美的集团、中国联通、广晟资产等10多家大型骨干企业与中小企业间达成上下游意向合作，推动几十家中小企业融入大型骨干企业上下游产业链。

（陈　枫）

【工商政策服务民营经济】 2018年，佛山市工商行政管理局试点启动“一窗受理、联合审批、同步发证”的“证照联办”创新模式。以佛山高新技术产业开发区为试点，打造主题式联办服务，将营业执照与工商登记后置审批项目、关联服务项目纳入综合窗口统一受理，工商和市场监管部门与各主管部门间的串、并联审批相结合，打造全市各部门涉企审批证与照“一窗受理、联合审批、同步发证”的全国创新模式，形成“共享互认资料、优化业务流程、精简申请材料、服务高效便捷”联审联办机制，打破部门壁垒，致力解决“准入不准营”问题。

是年，佛山市办理动产抵押登记份数908份，抵押登记金额285.66亿元，位居全省前列，为中小微企业提供动产抵押融资便利条件，为服务地方经济发展补充新鲜血液提供了畅通的渠道。全市共有2890家企业符合公示条件被公示为“2017年度广东省守合同重信用企业”，数量比2016年的2274家增加616家和27.09%，继续保持逐年上升趋势，数量位居广东省地级市第一、全省第二，有效促进企业合同信用建设工作，为佛山市社会诚信体系建设添砖加瓦。

是年，佛山市工商部门牵头做好2018年“企业暖春行动”第五工作组工作，收集企业反映问题8个，均已办结并获得100%的满意率。

（卢泰山）

民营骨干企业发展

【市领导班子挂点联系大型骨干企业】 2018年，佛山市出台《佛山市2018—2019年市领导班子挂点联系大型骨干企业工作方案》，建立市领导班子挂点联系大型骨干企业制度，经常性到挂点企业开展调研和服务，引导并支持民营骨干企业落实做优做强做大目标，协调解决企业生产经营中存在的困难和问题。12月26日，市政协副主席、市国土规划局局长杨小晶深入挂点联系的顺德农村商业银行走访调研并座谈，了解企业的经营管理、业务发展情况以及经营过程中存在的困难，并听取企业的意见和建议。座谈会上，与会人员围绕习近平总书记视察广东重要讲话精神和在民营企业座谈会上的重要讲话精神谈学习体会。顺德农村商业银行作为地方性金融机构和服务民营企业的专属银行，服务地方实体经济发展，并出台支持民营企业发展的“三年投融资计划”及“十二条举措”。

【大型骨干企业发展】 2018年，佛山市大型骨干企业发展态势稳中有进。美的集团领衔智能化步伐，通过库卡集团迈向工业4.0，实现自动化工艺的互联。11月，库卡机器人首次在中国进出口贸易博览会上展示智能工厂的场景，使协作机器人、移动型及经典工业机器人、AGV以及瑞仕格仓储管理系统SynQ等软件解决方案在生产中的互动成为可能。此外，美的集团投资12亿元在印度投资建立美的科技园，加快全球化产业布局，进一步扩大空调、冰箱、洗衣机和其他家用电器在印度的本地化拓展范围。碧桂园集团“提质控速”，在投资策略上作出调整，聚焦原有的存量项目，调整拿地策略更加精准、慎重，改变整体的开发节奏，强化内部管理体制，稳中有进。9月，碧桂园集团全资子公司——博智林机器人公司选址顺德区，计划5年内在机器人领域投入至少800亿元，打造集科研、实验、生产、文化、生活、教育于一体的机器人谷。格兰仕集团致力于打造“中国芯”，从内部管理方面发力，引进多条先进生产线改进生产管理，研发家电产品芯片的核心技术，包括磁控管、变压器、压缩机、电路板、电机等都能自主生产，形成强大的核心配套能力，从核心元件根源上具备引领产品升级换代的条件，同时降低企业的采购成本，提升产品的核心竞争力。万和集团2月宣布与河北华油资产、任丘采暖设备共同成立合资公司，以产业链组合形式合作投资10亿元，加快推进壁挂炉产业平台的战略布局。联塑集团一方面持续推进家居建材五金全球销售连锁平台——领尚环球之家，该项目预计投资100亿元，到2020年在全球建成20个商城项目；另一方面开拓新的业务增长点，投资环保产业，涵盖水处理、固体废弃物处置、废气治理、土壤修复、技术咨询及环境检测、科研服务等。年内，联塑集团赢得多个大型项目，涉及市政污水、河涌治理、土壤修复、地下综合管廊、海绵城市、一体化净水设备等项目。

【美的集团与碧桂园集团入选 2018 年《财富》世界 500 强】 2018 年 7 月 19 日，2018《财富》世界 500 强排行榜发布，中国上榜公司数量达 120 家，佛山市两大龙头企业上榜。美的集团股份有限公司排第三百二十三位，较 2017 年上升 127 位。碧桂园控股有限公司排第三百五十三位，较 2017 年上升 114 位。

【美的集团与碧桂园集团入选 2018 年"中国企业 500 强"】 2018 年 9 月 2 日，在 2018 中国 500 强企业高峰论坛上，中国企业联合会、中国企业家协会发布"中国企业 500 强"榜单。佛山市企业有美的集团股份有限公司和碧桂园控股有限公司上榜，分别居第七十三位和第八十位，分别比 2017 年上升 28 位和 27 位。

（陈　枫）

2018 年 3 月 28 日，广东省智能制造创新示范园、中德智能制造国际合作示范区启动仪式在美的库卡智能制造产业基地举行，广东省副省长陈良贤（右七）、中共佛山市委书记鲁毅（右六）等领导出席启动仪式　（市档案馆供图）

中小微企业发展

【概况】 截至 2018 年底，佛山市有企业超 31 万户，其中 95% 以上是中小微企业。根据佛山市 319 家中小企业 12 月向"中国中小企业生产经营运行监测平台"报送的生产经营监测数据，佛山市中小企业 2018 年全年运行情况总体向好：工业总产值 293.9 亿元，比上年上升 10.3%；企业用电量 11.2 亿千瓦时，增长 5.9%；从业人数 59770 人，增长 17.2%，增长较快。但企业出口和利润总额持续放缓，企业效益呈现下降趋势：出口交货值 28 亿元，比上年下降 0.5%；企业实现利润总额 18.7 亿元，下降 24.7%。

【中小企业提质增效】 2018 年，佛山市抓好"四上"企业（指规模以上工业、有资质的建筑业和全部房地产开发经营业、限额以上批发零售业和住宿餐饮业、规模以上服务业法人单位）培育入库工作。对后备企业进行全面摸查，加强后备企业的精准培育和动态管理；编印市、区"四上"企业扶持政策宣传单，并通过各区、协会（商会）、服务机构全面派发。同时，对 2017 年符合条件的新增"四上"企业进行奖励，奖励资金近 2 亿元。推动企业向"专精特新"方向发展。在前期大量的调研和摸查工作基础上，编制《佛山市"专精特新"和隐形冠军中小企业入库指南》，启动"专精特新"和隐形冠军中小企业入库工作，确认第一批企业名单（306 家）。鼓励企业借助资本市场发展壮大。组织企业申报 2017 年省级工业和信息化专项资金（促进民营经济发展）项目，支持民营企业上市、到"新三板"挂牌、到区域性股权市场融资，扶持资金近 3000 万元。

【"佛山政企通"平台建设与运行】 2018 年，佛山市通过整合政府、企业和第三方机构的数据资源和服务资源搭建完善"佛山政企通"平台。企业能够通过同名网站、应用程序（APP）、微信公众号、小程序应用等多种方式登录平台，获取政策信息、项目申报资讯、企业服务、企业地图、产品展示、金融资讯、专题培训、服务对接等服务。截至 2018 年底，"佛山政企通"平台进驻企业 12936 家、专家 116 人、服务机构 243 个，发布政策资讯 7342 条、服务项目 699 个、培训事项 933 项，在线办事 587 次。

【中小企业服务体系建设】 2018 年，佛山市鼓励服务机构更加积极地服务中小企业。组织开展 2018 年佛山市中小企业服务机构政策宣贯及能力提升专题活动，提升佛山市服务机构业务水平。制定《佛山市中小微企业服务券实施操作指南》《佛山市中小微企业合作服务机构入库指南》，通过发放服务券的形式对涉企服务活动进行补贴，发放金额超 1200 万元，受惠企业 668 家。

【佛山市新增 4 家省级中小企业公共服务示范平台】 2018 年，佛山市顺德家协家具产业创业创新服务平台等 4 个平台获得"广东省中小企业公共服务示范平台"称号。其中，顺德家协家具产业创业创新服务平台响应政府关于传统产业转型升级的号召，推进"整合、提升、做强"工作，服务覆盖佛山市顺德区、南海区、高明区、禅城区和东莞市、江门市等地企业。佛山市顺德区信息化与工业化融合创新中心中小企业智能制造市场服务平台是顺德区落实和推进工信部《信息化和工业化深度融合专项行动计划（2013—2018 年）》的重要抓手，建成覆盖水平测度（含企业自评估、行业评估和区域评估）、咨询与培训、贯标与认定等全流程服务的信息系统，全面支撑开展"两化融合"管理体系标准建设和推广行动、"两化"深度融合示范推广行动、工业云创新行动等工作。佛山市海科知识产权一体化法律服务平台以国家、省、市及区级政府有关知识产权产业化工程为导向，以企业知识产权资产管理为核心，提供知识产权交易、评估、代理、法务等服务。广东省半导体照明产业联合创新中心中小企业管理咨询服务平台主要面向产业链各个环节的创新需求，系统集成有效创新资源，完善创新服务功能，营造创新环境，建成广东 LED（发光二极管）产业发展战略智库、信息交互枢纽、检测认证基地、技术创新桥梁、金融服务尖兵、人才培养高地、成果展示舞台。

【创新创业竞赛活动促进中小企业发展】 2018 年，佛山市工业和信息化部门通过组织一系列创新创业竞赛活动，推动中小企业发展。6 月 1 日，举办 2018 年“创客广东”佛山市创新创业大赛决赛，成为 2018“创客广东”大赛的首场区域分赛。该赛事吸引 100 多支创新创业团队报名参赛，经过项目路演培训及专家严格评选，从 60 个优秀项目中选出企业组、创客组各 10 个项目最终决战路演舞台。最终，创客组一等奖获奖项目为“生活垃圾低温热解处理技术及应用”，企业组一等奖获奖项目为“化妆品最新保鲜技术产业化”8 月 24 日，市工业和信息化部门与南海区人民政府、省中小企业发展促进会共同承办 2018 年“创客中国”广东省创新创业大赛暨第二届“创客广东”大赛决赛。最终，佛山企业“基于多元感知的双旋工业机器人”“高性能 3D 打印金属粉末制备关键技术”等项目获得优胜奖。

【第十五届中国国际中小企业博览会专业展在佛山举行】 2018 年 7 月 9—12 日和 8 月 23—26 日，作为第十五届中国国际中小企业博览会专业展的“智慧家居与建材展”和“智能家电展”先后在广东（潭州）国际会展中心举行。第十五届中国国际中小企业博览会以“智能、智慧、智造、节能”为主题，设置主题展和“智慧家居与建材展”“智能家电展”2 期专业展。其中，“智慧家居与建材展”展位数 2905 个，参展企业 291 家，现场成交 3269 笔，订单总金额近 4 亿元。“智能家电展”展位数 1140 个，参展企业 670 家，现场成交近万笔，各类订单总金额（含意向成交）近 12 亿元，超过 5.1 万人次专业买家、专业观众和设计专业人士到场参观采购。同时，佛山市与广东省工业和信息化厅签订《广东省经济和信息化委佛山市人民政府共同推进中国国际中小企业博览会改革发展战略合作协议》，共同推进博览会向专业化、市场化、国际化方向改革发展。

（陈　枫）

个体私营经济

【个体经济】 2018 年，佛山市有个体工商户 40.70 万户，比上年增长 15.86%。行业分布：农、林、牧、渔业 2056 户，制造业 50942 户，建筑业 2201 户，批发零售业 236549 户，交通运输、仓储和邮政业 4100 户，住宿餐饮业 57934 户，信息传输、软件和信息技术服务业 1683 户，房地产业 1917 户，租赁和商务服务业 9380 户，科学研究和技术服务业 2371 户，居民服务、修理和其他服务业 33619 户，教育 1015 户，文化、体育和娱乐业 2294 户，其他 793 户。

【私营经济】 2018 年，佛山市有私营企业 28.21 万户，比上年增长 17.97%，注册资本（金）8853.15 亿元，增长 45.36%。行业分布：农、林、牧、渔业 1432 户，制造业 75694 户，建筑业 11536 户，批发零售业 103118 户，交通运输、仓储和邮政业 6446 户，住宿餐饮业 5573 户，信息传输、软件和信息技术服务业 8078 户，金融业 1569 户，房地产业 7653 户，租赁和商务服务业 26944 户，科学研究和技术服务业 19909 户，水利、环境和公共设施管理业 854 户，居民服务、修理和其他服务业 6856 户，教育 792 户，文化、体育和娱乐业 4749 户，其他 867 户。

（卢泰山）

“2018 中国民营企业 500 强”佛山企业

【概况】 2018 年 8 月 29 日，2018 中国民营企业 500 强榜单发布，榜单以企业 2017 年营业收入为评选指标，入围门槛达 156.84 亿元，佛山有 6 家企业上榜。上榜的佛山企业中，有 2 家企业进入前 100 名，美的集团股份有限公司

2018 年 2 月 27 日，佛山市市长朱伟（前右二）带领“企业暖春行动”第二工作组实地调研广东伊之密精密机械股份有限公司　　（市工业和信息化局供图）

排总榜单第十三名、碧桂园控股有限公司排第十四名。此外，佛山市兴海铜铝业有限公司排第三百五十三名、广东联塑科技实业有限公司排第三百六十九名、广东格兰仕集团有限公司排第三百七十五名、利泰集团有限公司排第三百七十六名。

【美的集团股份有限公司】 美的集团股份有限公司成立于1968年，总部位于佛山市顺德区，是一家经营消费电器、暖通空调、机器人与自动化系统、智能供应链（物流）的科技集团，提供多元化的产品种类与服务。主营业务包括以厨房家电、冰箱、洗衣机、及各类小家电为核心的消费电器业务；以家用空调、中央空调、供暖及通风系统为核心的暖通空调业务；以库卡集团、美的机器人公司等为核心的机器人及自动化系统业务；以安得智联为集成解决方案服务平台的智能供应链业务。

2016年，美的集团股份有限公司首登《财富》世界500强，成为中国家电行业首个跻身世界500强的品牌。美的集团股份有限公司供给侧结构性改革成效显著，通过“产品领先、效率驱动以及全球经营”三大战略主轴，稳步推进“三去一降一补”，生产效率和供给质量显著提升。同时，以合作并购培育发展新增长点，与产业巨头开展合资合作，拓展业务成长空间。2016年，美的集团股份有限公司收购日本“东芝”白色家电80.1%股权，获得“东芝”品牌40年的全球授权，超过5000项白色家电相关专利，以及“东芝”白色家电在日本、中国、东南亚的市场、渠道和制造基地。进军机器人产业领域，与日本安川电机合资设立工业、服务机器人公司，跨国并购全球四大机器人公司之一德国库卡（持有94.55%股权），持有国内工业机器人领域领先企业安徽埃夫特公司17.8%股权。美的集团股份有限公司在2017《财富》世界500强排名中排第四百五十名，利润排第二百零八名。

2018年，美的集团股份有限公司列“2018中国民营企业500强”榜单第十三名，列“中国企业500强”榜单第七十三名。入围《财富》世界500强榜单（连续三年入榜），排第三百二十三名，较2017年上升127位。2018年财报显示，美的集团股份有限公司营业总收入为2618.20亿元。

【碧桂园控股有限公司】 碧桂园控股有限公司总部位于佛山市顺德区，成立于1992年，是一家以房地产为主营业务，涵盖建筑、装修、物业管理、酒店开发及管理、教育等行业的综合性企业集团，中国房地产十强企业。下辖国家一级资质建筑公司、国家一级资质物业管理公司、甲级资质设计院等专业公司。20年来，碧桂园直接提供就业岗位5万多个，间接创造就业岗位逾20万个。

碧桂园控股有限公司于2007年4月20日在香港联交所主板上市。2007年9月1日成为摩根士丹利资本国际环球标准指数成份股，2007年9月10日晋身成为恒生综合指数、恒生中国内地综合指数及恒生中国内地流通指数成份股（恒生中国内地100）。2015年8月，碧桂园控股有限公司入围《中国房地产业联合会》主办的“2015年中国房地产业综合实力100强”榜单，排第6名。2016年营收1530亿元。2017年7月20日，美国《财富》杂志发布2017年世界500强排行榜，碧桂园控股有限公司以230.4亿美元的营业收入首次上榜，排467名。

2018年，碧桂园控股有限公司排“2018中国民营企业500强”榜单第14名，排“中国企业500强”榜单第80名。继续入围《财富》世界500强榜单，排第353名，较2017年上升114名。2018年3月19日，碧桂园集团发布公告，建议分拆碧桂园服务控股有限公司于香港主板独立上市，联交所确认可进行建议分拆，碧桂园集团向联交所递交上市申请。2018年财报显示，碧桂园控股有限公司营业收入3790.8亿元，同比增长67.1%。

【广东联塑科技实业有限公司】 广东联塑科技实业有限公司创建于1986年，是中国最大的塑胶管道及塑料挤出生产设备的制造企业之一。公司国内总部位于佛山市顺德区龙洲路联塑工业村，集团员工3800人。拥有广东顺德塑胶、湖北武汉塑胶、广东鹤山塑胶、贵州贵阳塑胶、东北大庆塑胶、河北任丘塑胶、江苏南京塑胶、越南河内塑胶及广东顺德机械、郁南机械十大生产基地。厂房面积达80万平方米，拥有国际领先水平的管材挤出生产线及注塑机600多台。年塑料加工生产能力25万吨，塑料机械生产能力150多台套。作为一家集团化、现代化的高新技术企业，该公司的主要产品为塑胶管道、塑料机械和建筑电器，还从事化工材料的贸易及国际投资等。公司业务遍及中国各大城市和世界20多个国家和地区。

【广东格兰仕集团有限公司】 广东格兰仕集团有限公司是一家综合性白色家电品牌企业，是中国家电业具有强大影响力的龙头企业之一。该公司自1978年9月28日创立以来，从轻纺明星企业，到微波炉“黄金品牌”，再到综合性白色家电集团，一直是中国制造在国际市场上的一张名片。产品畅销全球近200个国家和地区，创造G+智慧家居解决方案，满足世界各地不断变化的消费升级需求。

【利泰集团有限公司】 利泰集团有限公司成立于1998年，总部位于佛山市，是一家涵盖汽车和金融两大业务板块、拥有进出口经营权的综合性企业集团。该公司汽车板块业务以“您的汽车专家”为企业定位，以汽车销售、售后服务、汽车零部件制造、汽车模具制造为主，汽车快修、二手车经营、汽车租赁、汽车零部件和汽车养护品销售、汽车驾驶培训等相关经营为辅。经营范围涵盖广东、湖北、江西、安徽、云南5个省23个地区。

（陈　枫）

农业

手机扫码阅读

综述

【概况】2018年，佛山市有农业用地面积7.73万公顷、林业用地面积6.8万公顷，占市域面积的38.4%。第一产业劳动力26.5万人。花卉种植、水产养殖是佛山市农业的优势产业，市场占有量在全省乃至全国具备影响力。其中：蝴蝶兰产量达1.2亿株/年，出口量占全省90%以上；百合花年产量2000万株以上，产量占全省60%以上；加州鲈、桂花鱼、甲鱼、鳗鱼等产量均居全省前列。佛山市还是广东省重要的农产品流通基地，农产品流通销售（交易）额超过1000亿元，每天超过300吨淡水鱼经佛山市销往全国各地。全年全市第一产业增加值144.45亿元，比上年增长5.8%；农业总产值289.89亿元，比上年增加7.2%；全市种植业、畜牧业、渔业产值比重为31∶7∶46；农地产出率（农业总产值/农业用地面积）38.7万元/公顷，保持全省最高。

【农业产业发展】截至2018年底，佛山市市级农业龙头企业120家（其中国家级2家、省级26家），农民专业合作社255个，市级示范社56个，家庭农场67个。建有市级现代农业园区50个（五星级园区13个，四星级园区37个），佛山农业公园30个。全市渔业养殖面积34886.67公顷，其中鱼塘养殖面积为34206.67公顷，优质鱼养殖面积13526.67公顷。农业品牌日益壮大，“三品一标一名牌”（“三品”指无公害农产品、绿色食品、有机农产品，“一标”指地理标志农产品，“一名牌”指名牌农产品）认证产品251个，省级名牌农产品达76个。率先与省农科院合作建立农业科技创新孵化平台，推动25个院市合作项目落地；深化与省农科院合作，签约共建广东省农业科技示范市；全市农作物良种覆盖率达98%。农业社会化服务体系逐步完善。新型职业农民培训基地达43个，累计培训农户近20万人次；“政银保”合作农业贷款全面推广，政策性农业保险覆盖面不断拓宽，逐步增加生猪、家禽、水果等险种。

建成市级“菜篮子”基地63个，省级“菜篮子”基地18个，“菜篮子”基地直销点亮标经营和产品质量安全监测信息系统实现全覆盖。

2018年4月29日，中共佛山市委宣传部、市农业农村局、南海区公安局等部门联合举行扫黑除恶会议。图为销毁“家族式”电鱼涉乱团伙案中的作案工具

（市农业农村局供图）

【农业综合执法】2018年，佛山市农业综合执法（含渔政）开展各类执法784次、出动执法人员16768人次，开展执法巡航673次，检查农业生产经营企业5719家次，检查农药店铺943家次，检查农药标签1433个，检查涉木涉苗企业（个人）260多家（人），组织踏查行动557次，踏查农业用地8121.73公顷、林业用地11741.13公顷，检查果园90个次、大棚887个次、林场23个次；立案查处农资和农产品质量安全案件55件、办结55件、移送公安机关6件；查处非法涉渔各类案件111件，其中非法电鱼案19件（移送公安5件）、违反禁渔期规定非法捕捞案50件、无证捕捞案件12件、使用违禁渔具捕捞案件15件，非法购买、利用国家重点保护野生动物案2件（均移交公安部门）、水产品案件13件（已移交公安部

门 9 件），罚没款 30.347 万元。

推进渔业资源领域扫黑除恶专项斗争。2018 年，全市开展渔业资源领域扫黑除恶专项执法 126 次，收缴电鱼船 46 艘，办理涉黑恶案件 11 件，打掉跨佛山市顺德区、江门市、中山市的电鱼团伙 2 个，此 2 件案件被省海洋与渔业厅作为典型案例报送至省扫黑办。佛山渔政支队获得“2017 年度全省海洋与渔业执法系统先进集体”“2018 年全国渔业执法先进集体”的称号。

【农业产业结构优化】 截至 2018 年底，佛山市先后关停、清理禁养区内 8389 个畜禽养殖场，完成 359 个规模场的治污设施建设（占全市规模场个数的 85%），畜禽养殖污染存量明显减少。全市水产生态健康养殖小区全面进入试水养殖阶段。农业新业态蓬勃发展。推动“农业+旅游”发展，全市累计认定市级农业公园 20 个。创办“农业+旅游”文化节暨农村一二三产业融合产销博览会，开发出农业休闲观光旅游项目专线，深受市民欢迎。在全省率先建立首个农业旅游社会组织——佛山市农业旅游协会，为加快全市农业旅游发展注入强劲动力。

【农业安全生产】 2018 年，佛山市开展农机安全生产大检查、农药安全监督抽查、农业转基因安全监管、渔业安全生产季度联合大检查等多项安全生产检查，出动安全执法人员 871 人次。组织开展农机事故演练、渔业安全生产应急演练 6 次，有近 1000 名农业执法人员、消防人员、医护人员、农民、渔民参加应急演练。组织开展各类农机安全培训班、农林植物检疫宣传培训班、渔民船员安全培训班、农机事故应急救援知识培训班等 24 期，培训 2000 余人次。

是年，佛山市船舶更新改造工作完成标准船型图纸审核；南海区试点投入财政资金 89 万元，为全区 493 艘渔船安装船舶自动识别系统（AIS）终端自动识别设备，并建设小型船舶自动识别系统（AIS）信号接收基站 2 个。同年，佛山市全面清除网箱渔排 17.5 万平方米，并于年内组织清理整治“回头看”工作，防止其“死灰复燃”；加强广佛交界水域渔政执法，出动执法人员 127 人次、执法船艇 27 艘次、驱赶捕捞红虫“三无”（无船名船号、无船舶证书、无船籍港）船舶 106 艘次。

【农业环保与生态修复】 2018 年，佛山市严格执行 2017 年印发的《佛山市畜禽禁养区监督巡查工作制度》，建立起“市级每季度、区级每月、镇级每两周、村级每周”巡查 1 次的禁养区督查巡查工作机制。南海、三水两区全年清理畜禽养殖场约 5200 个；高明区全面清理高明河两岸 500 米范围内的 410 个养殖场。

将 55 个省级农产品产地土壤重金属长期监测点升级为国家级长期监测点，并通过省农业厅的审核。同时，在南海区狮山镇开展重金属污染耕地综合治理与修复示范，选择 60 多个佛山市主要种植的水稻、蔬菜品种，按当地种植习惯，采用原位钝化修复方式，通过修复试验筛选出重金属低吸附品种，并通过品种筛选和修复试验结果制订适应佛山市耕地重金属污染状况的农作物安全生产品种清单及修复模式。该综合治理与修复示范工作计划到 2019 年完成。

配合开展第二次全国污染源普查，对佛山市种植业源 95 个典型地块、畜禽养殖业源 108 户养殖户进行调查。至年底，进入最后质量控制阶段工作。

开展耕地质量保护与提升示范工作，在高明区明城镇崇北村选取 13.33 公顷耕地作为典型耕地质量保护与提升示范点，针对佛山市耕地土壤酸化严重的情况，通过施用土壤调理剂、增施有机肥和喷施叶面肥等土壤调酸改良技术，对改善土壤理化性状、提高土壤 pH 值、解决土壤酸化问题、降低农产品重金属污染风险等进行研究示范，从而形成针对佛山市的易推广、成本低、效果好的适用技术。

开展林业公路管养，将 2018 年省林业厅下拨 20.24 万元养护经费，分配给西岸林场、大南山林场、云勇林场和高明区林科所用于林业公路养护。

执行珠江禁渔制度（2018 年是珠江禁渔制度实施的第八年），在 3 月 1 日 0 时至 6 月 30 日 24 时禁渔期间，佛山市渔政部门加强禁渔期执法监管，对佛山市禁渔水域进行水陆撒网式执法巡查。其间，出动宣传车、船 60 辆（艘）次、发放禁渔宣传资料 4000 余份、张贴禁渔标语 150 张、制挂横幅 245 幅、设置不锈钢和塑钢固定宣传牌 52 块、发送短信息 9755 条；各电台、电视台、报刊、网络报道 100 余次。其间，市渔政部门联合公安机关和检察院，查获电毒炸案件 13 件，通过“两法衔接”（指行政执法与刑事司法衔接）移送公安 4 人，拘留入刑 4 人，收缴、扣押渔船 12 艘，收缴放生渔获物 650 千克。是年，全市向渔民发放禁渔期补贴 1270.31 万元

2018 年是佛山市连续向珠江水域实施增殖放流工作的第三十六年，全年全市编列放流资金 141.5 万元（市直部门 39 万元、禅城区 10 万元、南海区 28.5 万元、顺德区 30 万元、高明区 17 万元，三水 17 万元），其中省下达 2017 年农业资源及生态保护（渔业资源保护）中央补助资金 45 万元、各级地方财政资金 96.5 万元；全年全市向江河投放各类鱼种鱼苗 1500 多万尾。同年，佛山各区结合母亲节、“‘6·6’全国放鱼日”等时间节点，开展慈善义卖、为定点扶贫地四川省凉山彝族自治州捐物捐资等各种活动，创新渔业资源保护宣传方式，提高市民特别是青少年参与水生野生动物资源保护活动积极性，增强群众对水生野生动物资源和水资源生态环境的保护意识。

【农业行政许可】 2018 年，佛山市各区发出非限制使用农药经营许可证 359 张、经省农厅核发的限制使用农药经营许可证 21 张。年内，全市有 100 个店铺退出农药经营，至年底，全市持证经营的农药店铺 380 个。同年，佛山市各区办理农药广告审查 2 宗；办理复混肥、精制有机肥的登记审批 6 宗；审批水生野生动物人工繁育许可证 167 个、经营利用证 55 个。

【农产品质量监管】 2018 年，佛山市在农产品质量监督抽查中，采用双随机抽查机制抽检农药产品 67 个；在转基因生物监管工作中，抽取番木瓜样品 28 个进行转基因成分检测，检测发现 6 个样品是非“华农一号”的转基因番木

瓜，调查后将种苗来源、种植规模、销售情况等记录和相关证据一并上报省农业厅科教处；在农作物种子市场检查中，抽取种子样品20份。同年，国家、省、市三级农产品质量监督部门在佛山市组织44次水产品养殖企业和养殖户监督检查，检查养殖企业和养殖户241家（户）、抽取样品315个。根据监督检查结果，全市向公安部门移交涉水产品案件7件，其中2件案件获司法机关立案，实现水产品案件“两法衔接”零突破。

【品牌农业建设】 2018年，佛山市出台《佛山市农业品牌培育推广补助办法》，对“三品一标”、举办展会活动、企业参展等进行“后补助”，组织召开政策宣讲会等政策宣传和组织资金申报工作。完成两批次品牌补助资金申报核发，惠及企业88家、资金394.7万元；其中第一批补助资金涉及企业72家、产品164个，资金355.2万元；第二批补助申报主体16个，补助资金39.5万元。全市新增绿色食品6个，新增广东省名牌产品（农业类）14个、通过复审20个，顺德国兰、陈村年桔、顺德鳗鱼等3个产品获得农业农村部农产品地理标志登记。至年底，全市有品牌农产品262个，其中无公害农产品148个（含到期换证产品）、绿色食品12个、有机产品20个、农产品地理标志6个、名牌产品76个。

【首届中国农民丰收节活动暨第二届农业嘉年华】 2018年9月23日，农历二十四节气中的秋分，佛山市举办庆祝首届中国农民丰收节活动暨第二届农业嘉年华。活动采取“1＋4＋N”的模式，除设在三水区佛山农科所的主会场外，还在南海区的广东何氏水产流通基地、顺德区的新地农场、高明区的鹏鹄农业公园和丽堂蔬菜基地分别设置4个分会场。

活动采用“演播室＋线下活动＋现场访谈”2小时电视大直播的方式开展，以农民为主角，设置直播室嘉宾访谈、农业技能大赛、农村民俗表演、农户访谈、“农民笑脸墙”等一系列农民和市民参与的活动。活动当天覆盖7个直播点，2小时大直播在佛山电视台公共频道以及“中央新闻＋”、新华网、腾讯新闻、“南方＋”等20多家新媒体平台同步播出。活动现场（线下）参与人数1500多人，电视直播关注度达56.9万人次，互联网平台直播关注度超过200万人次。丰收节当天，佛山市委、市政府发布《关于首届中国农民丰收节的慰问信》。

佛山庆祝首届中国农民丰收节活动暨第二届农业嘉年华也是广东庆祝首届中国农民丰收节活动的全省8个分会场之一。

（杜山川）

三水黑皮冬瓜　（市农业农村局供图）

种植业

【概况】 2018年，佛山市农作物总播种面积60293.33公顷（90.44万亩），实现种植业产值88.60亿元（现价），比上年增长8.7%。

是年，佛山全市粮食作物播种面积8280公顷（12.42万亩）、比上年增长1226.67公顷（1.84万亩），总产量4.28万吨、增加0.56万吨。其中水稻种植面积5700公顷（8.55万亩），比上年减少播种面积306.67公顷（0.46万亩）；总产量3.13万吨，比上年减少0.15万吨。另外，佛山全市蔬菜（含菜用瓜）播种面积32560公顷（48.84万亩），比上年增加1806.67公顷（2.71万亩）；油料作物播种面积773.33公顷（1.16万亩），减少66.67公顷（0.10万亩）；水果种植面积2066.67公顷（3.10万亩），减少26.67公顷（0.04万亩）；花卉种植面积（4780公顷）7.17万亩，比上年减少2793.33公顷（4.19万亩）。

是年，佛山市发放耕地地力保护补贴4215.83万元，全市水稻投保覆盖率100%，参保农户11950户，投缴保险费金额73.82万元，由财政全额负担。深入推进“菜篮子”基地建设，截至2018年底，市级“菜篮子”基地达63个（其中新认定9个），“菜篮子”基地直销点亮标经营和产品监测信息系统建设不断完善。超额完成2018年省下达佛山市的8886.67公顷（13.33万亩）的粮食生产功能区划定任务，实际完成粮食生产功能区划定9000公顷（13.5万亩）。

【粮食作物种植】 2018年，佛山市主要粮食作物是水稻、玉米与薯类。水稻分布面积：高明区5287.47公顷（79312亩），产量29075吨；三水区289.4公顷（4341亩），产量1597吨；南海区124.93公顷（1874亩），产量655吨。豆类分布：高明区63.2公顷（948亩），产量194吨；三水区74.47公顷（1117亩），产量242吨；顺德区1.67公顷（25亩），产量10吨。薯类分布：高明区889.8公顷（13347亩），产量17886吨；三水区367.2公顷（5508亩），产量7863吨；南海区249.6公顷（3744亩），产量4713吨；顺德区18.8公顷（282亩），产量340吨。

【蔬菜（含菜用瓜）种植】 2018年，禅城区蔬菜种植面积180.67公顷（2710亩），产量3306吨；南海区蔬菜种植面积11954.87公顷（179323亩），产量300459吨；顺德区蔬菜种植面积5577公顷（83655亩），产量98361吨；三水区蔬菜种植面积7501.2公顷（112518亩），产量263769吨；高明区蔬菜种植面积7346.73（110201亩），产量166292吨。推广应用水肥一体化、滴喷灌技术。自2013年实施“菜篮子”工程起，截至2018年底，市级“菜篮子”基地达63个，“菜篮子”基地直销点亮标经营和产品监测信息系统建设不断完善。

【油料作物种植】 2018年，佛山市油料作物是花生，区域分布及种植面积分别为：三水区256.93公顷（3854亩），产量772吨；高明区511.8公顷（7677亩），产量1670吨。

【水果种植】 2018年，佛山市水果品种主要有香（大）蕉、龙眼、荔枝、火龙果等。种植分布：南海区水果面积142.93公顷（2144亩）、产量2038吨，其中香（大）蕉面积45.27公顷（679亩）、产量722吨；顺德区水果面积219.27公顷（3289亩）、产量8059吨，其中香（大）蕉面积208.73公顷（3131亩）、产量7922吨；三水区水果面积（875.6公顷）13134亩、产量20338吨，其中香（大）蕉面积471.93公顷（7079亩）、产量17593吨，龙眼面积289.07公顷（4336亩）、产量804吨；高明区水果面积827.53公顷（12413亩）、产量12243吨，其中香（大）蕉面积167.47公顷（2512亩）、产量4168吨，龙眼面积181.33公顷（2720亩）、产量304吨。

【花卉种植】 2018年，佛山市花卉种植面积6820公顷（102300亩），品种主要是现代月季（玫瑰）、百合、菊花、兰花类、观叶芋类。种植分布：南海区现代月季（玫瑰）135.47公顷（2032亩）、百合133.33公顷（2000亩）、菊花300公顷（4500亩）、观叶芋类173.33公顷（2600亩）；顺德区兰花类340公顷（5100亩）、菊花211公顷（3165亩）、盆桔450公顷（6750亩）；三水区菊花107公顷（1605亩）、绿萝226.53公顷（3398亩）；高明区凤梨类16公顷（240亩）。

佛山市花卉种植政策：花卉种植向专业化、设施化、大棚种植及一二三产业融合方向发展。南海花卉博览园项目以花卉生产、科技示范、观光旅游为主导产业，通过三产融合，推动农业和旅游业融合，发展“农游合一”的新业态，打造佛山市重点互联农业示范区。其中以平洲盆景、里水百合花为代表，为加快推进现代农业的发展，重点打造万顷洋百合花品牌，引入高值苗木、高档花卉种植项目，建成蝴蝶兰职能温室、香水百合大棚约90公顷（1350亩）。里水镇每年农历十二月十二日均举办大型的百合花文化节，提升品牌在行业中影响力并拓展市场。培育花卉产业农业龙头企业，花卉产业是全市三大特色产业之一，鼓励符合条件的花卉企业积极申报市级农业龙头企业，采用以奖代补、代款贴息等方式扶持花卉企业发展。

【“顺德国兰”获农业农村部农产品地理标志登记】 2018年7月3日，农业农村部第40号公告显示，“顺德国兰”经过初审、专家评审和公示，符合农产品地理标志登记程序和条件，准予登记。“顺德国兰”的地理标志保护区域范围为佛山市顺德区所辖大良街道、容桂街道、伦教街道、勒流街道、北滘镇、陈村镇、杏坛镇、乐从镇、均安镇、龙江镇共10个镇（街道）。地理坐标为东经113° 00′~113° 23′，北纬22° 40′~23° 01′。属于2018年第二批农产品地理标志登记产品。“顺德国兰”既可观叶又可观花，植株挺拔刚健，株型匀称，叶色墨绿，带蜡质光泽，花莛出架，花香幽玄温和，清而不浊。

【“陈村年桔”获农业农村部农产品地理标志登记】 2018年9月5日，农业农村部第62号公告显示，“陈村年桔”经过初审、专家评审和公示，符合农产品地理标志登记程序和条件，准予登记。“陈村年桔”的地理标志保护区域范围为佛山市顺德区所辖大良街道、伦教街道、容桂街道、勒流街道、陈村镇、龙江镇、北滘镇、均安镇、乐从镇、杏坛镇共10个镇（街道）。地理坐标为东经113° 00′~113° 23′，北纬22° 40′~23° 01′。属于2018年第三批农产品地理标志登记产品。“陈村年桔”观赏期在春节前后，树形端正，树叶青绿悦目，果形完好、大小均匀、分布丰满，成熟度整齐，果色金黄或朱砂红色。

【“顺德鳗鱼”获农业农村部农产品地理标志登记】 2018年9月5日，农业农村部第62号公告显示，“顺德鳗鱼”经过初审、专家评审和公示，符合农产品地理标志登记程序和条件，准予登记。“顺德鳗鱼”的地理标志保护区域范围为佛山市顺德区所辖大良街道、伦教街道、容桂街道、勒流街道、陈村镇、龙江镇、北滘镇、均安镇、乐从镇、杏坛镇共10个镇（街道）。地理坐标为东经113° 00′~113° 23′，北纬22° 40′~23° 01′，属于2018年第三批农产品地理标志登记产品。“顺德鳗鱼”肉质鲜美嫩滑，无泥腥味，味道清香独特，地域特色鲜明；营养丰富，含有大量人体必须的矿物质、必需氨基酸、不饱和脂肪酸和维生素，经检测，蛋白质含量17%左右，不饱和脂肪酸含量2301毫克/100克肉，维生素A含量达17.9毫克/千克。

（范中武）

林 业

【概况】 截至2018年底，佛山市有林业用地面积64754.13公顷，森林覆盖率20.87%，森林蓄积465.93万立方米。

全市建有广东西樵山国家森林公园、广东云勇森林公园、广东海景森林公园及佛山九道山森林公园等县级以上森林公园40个，云东海国家湿地公园（试点）、南海金沙岛国家湿地公园（试点）等县级以上湿地公园20个，高明区合水杪椤自然保护区（县级）1个。

【高品质森林城市建设】 2018年，是佛山市建设大湾区高品质森林城市的开局年。全市围绕大湾区高品质森林城市的目标，谋划推进各项任务落实工作。成立由市委书记鲁毅、市长朱伟出任“双组长”的佛山市建设高品质森林城市工作领导小组。为保障各项任务落到实地，制订出台《佛山市建设大湾区高品质森林城市目标责任考核办法》《佛山市建设大湾区高品质森林城市补助资金管理办法》《佛山市建设大湾区高品质森林城市工作市域森林覆盖率统计折算指引》，并由市级财政每年安排不少于1亿元的补助资金用于推动高品质森林城市建设。2018年，全市完成新增绿化面积2180公顷（3.27万亩）、完成村（社区）绿化项目399个，探索实施立体绿化13.29公顷。建成区绿化覆盖率达到44.26%、人均公园绿地面积达到17.26平方米。推动南海区西樵镇获评为2018年广东森林小镇。

【控桉限桉措施】 2018年，佛山市将纯桉树林改造作为优化森林树种结构重中之重，制订和出台一系列限桉减桉政策。尤其是高明区委、区政府高度重视，专门抽调人员成立桉改办，将控桉限桉任务纳入镇街2018年攻坚克难考核项目，并出台《佛山市高明区进一步优化森林树种结构实施细则（试行）》，强有力推进控桉限桉工作。三水区出台《佛山市三水区桉树林改造三年（2018—2020年）行动方案》，落实资金奖励政策。全市完成桉树砍伐2533.33公顷（3.8万亩），其中作为重点清桉区域的主要交通干线两侧1千米范围已砍伐面积超过1333.33公顷（2万亩），超额完成当年任务。

【义务植树活动】 2018年，佛山市结合大湾区高品质森林城市建设主题，丰富植树活动的载体、形式及内容，开展形式多样的义务植树活动。市几套领导班子连续第12年带领市直机关干部和部队官兵开展新春植树活动。仅在植树节当天，全市32个镇（街）在各镇（街）绿化点通过组织机关干部、部队官兵、企事业单位、社会团体等社会各界开展义务植树活动，全市组织超40场义务植树活动，种植苗木1.3万株、完成绿化面积达22公顷（330亩）。全年全市组织295.89万人次参加义务植树活动，种植各类树木折算数量409.78万株。

【林业改革】 2018年，佛山市开展国有林场自然资产统计，摸清国有自然资产家底。完成国有林场改革省级验收，编制完成国有林场森林经营方案的编制工作。出台专项工作方案，探索实施重点生态区位商品林赎买、租赁等改革，推进实施市属云勇林场扩面工作。开展乡镇林场改革发展的专题调研和基础数据调查摸底，起草《佛山市乡镇林场改革的实施意见（送审稿）》。

【森林资源保护管理】 2018年，佛山市部署开展森林督查工作，国家林业和草原局驻广州专员办对高明区森林资源发展和保护目标责任制及森林督查检查和整改工作。加强自然保护地建设管理，完成自然保护地大检查，并举办全市自然保护地建设管理培训班，强化自然保护地建设管理。森林防火工作扎实有效，编制《佛山市森林防火规划（2019—2025年）》经市人民政府同意后印发，落实森林防火责任制，加强森林防火培训、演练及检查，全年未发生重大森林火灾。开展严厉打击涉林违法犯罪活专项行动，立涉林案件117件，其中刑事立案42件、行政立案75件，处理各类涉林违法人员93人、罚款金额197万元，收缴野生动物800多头（只）、林木1994.67立方米，涉案价值394.50万元。

（刘　杰）

畜牧业

【概况】 2018年，佛山市生猪饲养量174.32万头、比上年下降11.2%，存栏量57.60万头、下降13.9%，出栏116.73万头、下降9.9%；家禽饲养量7506.71万只、增长0.3%，出栏量5911.63万只、增长0.8%，存栏量1595.08万只、下降1.6%。

【畜禽养殖废弃物资源化利用】 2018年，佛山市人民政府办公室印发《佛山市畜禽养殖废弃物资源化利用工作方案》，成立由副市长乔羽任组长，市农业局局长唐棣邦任副组长，各区人民政府及市各有关单位分管领导担任组员的市推进畜禽养殖业转型升级领导小组。市农业局会同市环境保护局联合印发《佛山市畜禽养殖废弃物资源化利用工作考核办法（试行）》，明确对各区人民政府2017年至2020年畜禽养殖废弃物资源化利用工作开展年度考核和终期考核，并提出具体考核指标和评分细则。乔羽在全市畜禽养殖废弃物资源化利用工作推进会上代表市政府，与各区人民政府签署《佛山市畜禽养殖废弃物资源化利用工作目标责任书》。全市基本形成有政策、有领导、有分工、有协作，一级抓一级，层层抓落实的畜禽养殖废弃物资源化利用工作推进机制。在广东省对佛山市2017年度畜禽养殖废弃物资源化利用工作的考核中，佛山市畜禽粪污处理设施配套率和资源化利用率分别为82.8%和65.6%，达到广东省考核要求。2018年，佛山市在现代农业发展扶持资金中安排“畜禽养殖废弃物资源化利用”建设项目市级补助资金372万元，用于扶持建设第三方畜禽养殖废弃物收集处理中心、畜禽养殖场改造畜禽栏舍及畜禽养殖场对粪便或沼液进行堆肥发酵处理项目。

【非洲猪瘟防控】 2018年8月，国内首次发生非洲猪瘟疫情。为有效应对疫情，年内，佛山市成立以副市长乔羽为总指挥的佛山市防控非洲猪瘟等重大动物疫病应急指挥部，并督促和指导各区成立相应的组织架构。市农业局成立应急指挥中心，统筹协调全面工作。随着疫情的不断深入发展，为进一步加强组织领导，市、区两防控指挥部总指挥分别调整为由市长、区长担任。市长朱伟连续2次主持召开防控工作会议部署工作并督导检查，副市长赵海、邓建伟、乔羽、谭萍等频密到各区各有关环节进行防控工作督导。至年底，全市召开指挥部防控会议7次。

提高应急处置能力　市农业局依托佛山科学技术学院专家和各区兽医成立市级防控专家组，按照农业农村部《非洲猪瘟疫情应急预案》和《非洲猪瘟防治技术规范（试行）》要求，做好突发疫情处置准备工作。同时，各区也成立有关专家组。市、区两级应急指挥部多次组织召开专家组会议，研讨防控形势和工作措施。市、区、镇分别落实应急防疫物资储备、人员应急值守、无害化处理场所等应急准备工作；做好人员24小时应急值守，明确值班领导和值班人员，节日期间安排工作人员在单位全天坐班，随时接收疫情报告和安排人员及时处置。各区分别补充大动物扑杀器、防护服、消毒药物等动物防疫应急物资，保证物资储备充足，以镇为单位的无害化处理有关选点全部落实。

落实非洲猪瘟防控措施　全市共排查生猪养殖场、生猪屠宰场、生猪批发市场、无害化处理场1.86万次，排查生猪481.18万头，并向重点防疫单位派发特效消毒药物18.62吨。按照广东省防控重大动物疫病应急指挥部《冷库冻猪肉非洲猪瘟排查方案》，组织各区对辖区冷库冻猪肉开展全面排查；严格执行农业农村部第79号公告，完成生猪运输车辆备案380台；按照农业农村部《养殖场（户）非洲猪瘟预警告知书》要求，加强餐厨剩余物（泔水）管理，排查泔水养殖场（户）1064个（户），取缔泔水养殖的场（户）82个（户），转为饲料养殖的场（户）972（户）；严格按照农业农村部《关于切实加强生猪及其产品调运监管工作的通知》，强化检疫和调运监管。年内，市、区两级开展非洲猪瘟防控技术培训10期，培训630余人，并派发《屠宰企业防控非洲猪瘟5落实》、《非洲猪瘟防控知识手册》、《重大外来动物疫病防控知识挂图—非洲猪瘟》、告知书等宣传资料。

用好财政政策保障非洲猪瘟防控　市农业局会同市财政局联合印发《佛山市动物疫病防控中央、省和市财政支持政策实施方案》，还下发专门针对非洲猪瘟强制扑杀政策的通知，进一步对非洲猪瘟强制扑杀补助经费预算测算方法、市级和区级承担比例、经费下拨和使用等规定进行细化，为各区做好非洲猪瘟防控工作提供政策保障。

联防联控工作　防控非洲猪瘟各成员单位通力合作，市农业局先后与佛山海关、市发展改革局、市商务局、市卫计局进行沟通，就做好联防联控以及保障肉品供应等问题进行沟通交流，探讨有关应对措施，建立反馈渠道。各有关部门根据上级有关部署，按照各自职责抓好落实。市交通运输局强化道路运输监管，督促辖区内相关运输企业，至疫情解除封锁前，暂停疫情发生省份及疫情发生省相邻省的生猪及生猪产品运输业务，并加强水路运输领域防控工作及货运车辆通行监管；佛山海关加强供港澳活猪养殖场管理，及强化疫区国家（地区）的进境寄递物和旅客携带物、运输工具的查验；市商务局加强农产品市场运行监测，密切关注猪肉销售市场供应、需求、价格走势，制定临时性猪肉市场供应应急预案，并做好应急储备工作；市食药监局迅速组织开展辖区内生产、流通、餐饮环节生猪及生猪肉品的监管排查，加强对辖区内餐饮服务单位的餐厨废弃物管理，组织开展冷藏冷冻食品经营监管专项检查。

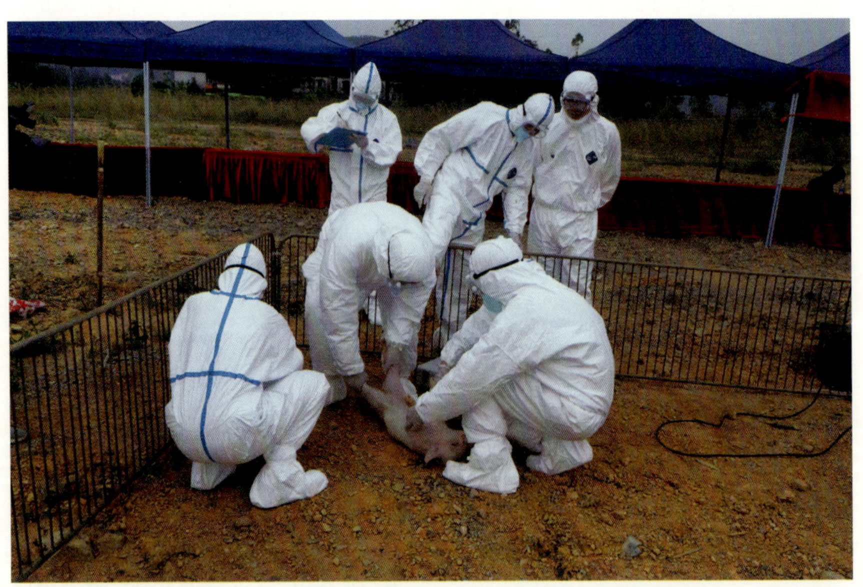

2018年11月15日，佛山市高明区举行防控非洲猪瘟应急演练

（市农业农村局供图）

【饲料生产管理】 2018年2月28日起，佛山市农业局根据《广东省人民政府关于将一批省级行政职权事项调整由各地级以上市实施的决定》精神，负责佛山市辖区饲料生产许可证核发（单一饲料、浓缩饲料、配合饲料、精料补充料）和饲料添加剂、添加剂预混合饲料产品批准文号核准的受理及审批工作。为做好相关行政许可工作，年内，市农业局举办全市饲料管理及安全生产工作培训班，组织开展企业饲料生产批准文号核准需求调查摸底，制定《佛山市饲料生产许可核发和饲料添加剂、添加剂预混合饲料产品批准文号核准办事指南（试行）》。至年底，办理批准文号共713件，生产许可证核发20件。同时，市农业局会同农业农村部、省畜牧兽医局工作组赴各区开展饲料质量安全监管，监督抽检饲料生产企业48家144批次。

【兽药生产经营监管】 2018年，佛山市有兽药生产企业9家、兽药经营企业413家。市农业局严格执行兽药生产质量管理规范（GMP），严厉查处兽药生产环节违法违规问题，严格执行兽药经营质量管理规范（GSP）。做好兽药二维码追溯管理工作，全市413家兽药经营企业实现100%系统注册入网，216家企业上传兽药产品出入库信息，占入网企业总数63.2%。

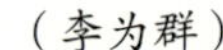

（李为群）

水产养殖业

【概况】 2018年，佛山市水产养殖面积34888.48公顷，其中鱼塘养殖面积34209.14公顷。优质鱼养殖面积13773.30公顷，占鱼塘面积的41.3%。按区划分，顺德区水产养殖面积10318公顷，南海区养殖面积9441.56公顷，三水区养殖面积9994.27公顷，高明区养殖面积4842公顷，禅城区养殖面积292.65公顷。水产品总产量67.51万吨，比上年增长4.88%；水产品总产值131.92亿元，增长4.7%，增加值8.18亿元，增长2.90%。是年，水产市场价格高开低走，但年均价格处于较高水平。据南海环球水产批发市场统计，2018年塘鱼市场平均批发价11.37元/千克，比上年同期上升0.4%。较高水产市场价格促进水产养殖利润回升，并一定程度上带动佛山市水产养殖放养积极性。

【水产品质量安全监管】 2018年，佛山市完成水产品样品抽样检测1408个，合格率98.65%。其中，协助国家和省完成水产品样品抽样694个，合格率97.69%；市级完成水产品样品抽样714个，合格率99.58%。按监测任务类型划分，国家、省、市三级监督抽查任务抽取水产品样品263个，合格率96.19%；风险监测任务抽取水产品样品1114个，合格率99.11%。按抽检样品类型划分，国家、省、市三级共抽取水产苗种样品102个，合格率95.1%；抽取成品鱼1306个，合格率98.92%。按抽取样品的环节划分，国家、省、市三级在流通环节共抽取水产品样品68个，合格率95.59%，在生产环节共抽取水产品样品1340个，合格率98.81%。

强化监督检查，深入推行“双随机”抽查，并加强对水产养殖企业进行巡查，截至年底，全市出动检查和执法人员4888人次，检查养殖企业（户）1661（家）户，立案21件，移交公安部门4件。完善养殖企业（户）名录库，至年底，建立水产苗种场随机抽查对象名录库，入库的苗种场183个，入库的养殖企业（户）43718家（户）。

淡水鱼养殖 （市农业农村局供图）

【水域滩涂养殖“三区”划定方案出台】 2018年12月11日，《佛山市人民政府办公室关于佛山市养殖水域滩涂水产养殖禁止养殖区、限制养殖区划定和加强相关区域养殖规范管理的意见》印发，明确养殖水域滩涂水产养殖禁止养殖区、限制养殖区、养殖区，细化水产养殖管理的具体要求和部门职责分工。

禁养区范围包括：饮用水源一级保护区、自然保护区核心区和缓冲区、国家级水产种质资源保护区核心区等重点生态功能区；港口、河道堤防安全保护区；水体中有毒有害物质超过规定标准的区域；全民所有的江河水域、航道，主要包括佛山市境内的主要河道和主干内河涌的水域、航道；法律、法规规定的其他禁止从事水产养殖的区域（禁养区的范围实行动态管理，饮用水源一级保护区等范围应根据重点生态功能区的优化调整，依各级政府批准的名录和范围进行调整）。

限养区范围包括：饮用水源二级保护区和准保护区、自然保护区实验区和外围保护地带、国家级水产种质资源保护区实验区、风景名胜区及其周边水域等生态功能区；河道管理范围，包括湖泊、人工水道、行洪区、蓄洪区、滞洪区、河心岛等（限养区的范围实行动态管理，饮用水源二级保护区、准保护区等范围应根据重点生态功能区的优化调整，依各级政府批准的名录和范围进行调整）。

养殖区范围是除禁养区、限养区之外的养殖水域滩涂。

【水产良种体系建设】 截至2018年底，佛山市有注册种苗企业183家，2018年生产各类种苗3337亿尾，除能满足佛山市养殖生产需求外，还大量销往其他省市。2018年，佛山市三水白金水产有限公司通过省级水产良种场验收成为省级鲫鱼良种场，佛山市三水顺华源水产有限公司经省海洋与渔业厅批准开展省级鳜鱼水产良种场创建工作。至2018年底，全市建立起省级良种场2个、市级水产良种场23个、区级良种场31个；中华刺鳅、苏丹鱼、匙吻鲟等新品种突破人工繁育技术难关，成功繁育出批量鱼苗。在水产良种选育和新品种人工孵化等方面取得较大突破，获得国家水产原种和良种审定委员会评定的新品种有“优鲈1号”“白金丰产鲫”“长珠杂交鳜”“优鲈3号”。

【水产品产地标识管理】 2018年12月，《佛山市淡水鲜活食用水产品试点品种产地证明（标识）管理办法》印发，继续对鳜鱼（桂花鱼）、乌鳢（生鱼）、黄颡鱼（黄骨鱼）、鳖（甲鱼、水鱼）、大口黑鲈（加州鲈）和长吻鮠（吻鱼）等6个淡水鲜活食用水产试点品种实行淡水鲜活食用水产品产地证明管理。2018年，全市登记发放淡水鲜活食用水产品产地证明31026份，全年可溯源水产品总交易量 11.61 万吨。佛山市特有“持身份证，会睡觉的鱼”（水产品产地证明 + 低温暂养纯氧的半休眠运送模式）帮助佛山市水产品打开省外市场，通过水产物流配送辐射全国大中城市，实现真正意义上“南鱼北运”。

【水产生态健康养殖】 2018 年，佛山市开展水产养殖环境改善提升工作，市、区、镇（街）配套安排资金 920 万元，用于鱼塘标准化改造、水产生态健康养殖小区建设以及水产养殖环境水质改良示范点建设，计划完成 266.67 公顷的改造建设任务，项目计划于 2019 年验收 。水产养殖环境改善提升对于提高和巩固养殖基础设施水平，推进水产养殖业生产向资源节约型、环境友好型、绿色优质型方向转变具有重要意义。至 2018 年底，全市累计创建农业部水产健康养殖示范场 12 个、省级水产养殖质量安全示范点 35 个、市级水产品质量安全示范点 14 个。

【鲜活水产品产销对接】 2018 年，佛山市开展安全鲜活水产品产销对接示范单位创建，建立以安全鲜活水产品“产销对接”为突破口的质量安全监管工作机制，并最终确定广东勇记水产有限公司、广东何氏水产有限公司为 2018 年佛山市安全鲜活水产品产销对接创建示范单位。6 月 22 日，市农业局率市内 5 家水产品销售企业参加在北京市举行的北京冬奥会食品安全“ 区域协作 基地保障 全程监控”动员部署大会。其间，5 家企业分别与北京市食安委签订水产品产销对接协议，推动佛山安全鲜活水产品品牌走出去，提高佛山水产品的全国市场竞争力和占有率。

【广东青岐现代渔业产业园建设】 2018 年，佛山市安排市级财政补助资金 1000 万元，市级和区、街道两级按 1∶1 配套资金，用于广东青岐现代渔业产业园区开展首期建设。首期项目包括农耕文化展览馆建设、鱼塘标准化改造、渔业小镇文化广场和鱼塘用水河涌提升改造等。广东青岐现代渔业园区由三水区西南街道于 2017 年规划建设，园区占地面积 26.5 平方千米，投资规模 5.65 亿元，园内鱼塘面积 866.67 公顷。该渔业产业园区旨在推动渔业“生产、生活、生态”融合，打造现代化渔业示范园区。

【水产养殖水质环境评估调研项目结题】 2018 年 12 月 13 日，佛山市农业局组织专家，对中国水产科学研究院珠江水产所承担的“水产养殖水质环境调研、评估及减排技术策略”项目进行验收。

项目对佛山全市 48 个采样点的 13 种典型养殖模式进行水质采样，监测水温、pH、溶解氧（DO）、化学需氧量（CODCr）、氨氮（NH_4+-N）、总氮（TN）、总磷（TP）、重金属（砷、汞、镉、铅）、水体微生物、浮游生物等理化、生物指标。结果表明，佛山市各养殖池塘内主要水质符合《渔业水质标准》（GB11607-89），池塘尾水理化指标略高于受纳水体，但差异不显著，属减排技术可控范围；分析各养殖模式的浮游生物及微生物的优势种（类）和指示种（类）；获得各养殖模式的氮、磷产排放系数，测算佛山市水产养殖对水环境总氮、总磷贡献率。结合监测结果，项目组提出推广智能化养殖设施设备等 7 个渔业技术管理方案，以及布局合理化等 10 项具体管理措施。提出 4 个主产区的产业布局、推进池塘标准化建设等三大工程，提出水产良种生产等四大体系目标。

该项目通过专家组结题验收，并上报佛山市人民政府。

（彭慕莹）

农业科技

【概况】 2018 年，佛山市有涉农省级工程技术研究中心 33 个，涉农高新技术企业 28 家。开展产研主攻项目 10 个、技术指导服务项目 11 个，确定合作储备项目 10 个。各级农业部门开展新型职业农民认定培训 1500 多人，开展农业科技、经营管理培训 1.5 万人次；全年获省农业技术推广奖二等奖 1 个、三等奖 4 个。

【新型职业农民培育】 2018 年，佛山市农业局制定《佛山市 2018 年新型职业农民培训实施方案》，部署培训工作目标任务。督导各区加强中央新型职业农民培育项目组织实施，及时开展培训认定工作。全市 4 个项目投入培训资金 110 万元，按省级规定落实学员培训和认定 378 人；各区完成农民农业科技、经营管理培训 1.5 万人次。加强新型职业农民培训基地认定，新增市级培训基地 7 个、淘汰 10 个。至年底，全市有市级新型职业农民培训基地 40 个；广东省新型职业农民培育示范基地综合类 7 个、实训类 4 个、创业孵化类 2 个；广东省巾帼创业示范基地 1 个；全国新型职业农民培育示范基地 1 个。加强新型职业农民培训讲师团专家动态管理，经遴选和审查，讲师团专家数量增至 114 人。

2018 年 9 月 23 日，佛山市农业科技服务专家团成立，省农科院党委书记廖森泰（前右）、佛山市副市长乔羽（前左）出席成立仪式 （市农业农村局供图）

【农业科技示范市建设】 2018年，佛山市农业科技示范市建设顺利推进。健全省农科院佛山分院组织架构，探索建立市院合作、产研直联的创新管理机制，创新引入理事会制度，共同成立佛山分院理事会和学术委员会，调整优化学科团队，由理事会聘请团队学科带头人。推动出台《共建广东农业科技示范市行动计划》《农业科技示范市资金管理办法》《市级现代农业研究中心认定标准》《广东省农业科学院佛山分院理事会章程》《广东省农科院佛山分院执行委员会权责清单》等一系列政策和制度。搜集梳理并启动产研主攻项目10个、技术指导服务项目11个，确定合作储备项目10个；以储备项目为基础，组织申报2019年市院农业科技合作主攻项目11个（待评审）；组建农业科技专家服务团队，团队由来自高校、科研院所150名专家组成。推进产研直联工程，首批有11家企业加入产研直联工程，并有一批产研直联项目落地实施；第二批征集60家涉农企业117个农业技术需求服务课题，将由专家服务团队进行对接。是年，市林科所“金花茶林下栽培技术推广示范”获2017年度广东省农业技术推广奖二等奖，市农科所“优质高产新品种绿源1号、2号丝瓜及高产栽培技术的推广应用”等4个项目获2017年度广东省农业技术推广奖三等奖。

【“信息进村入户工程”实施】 2018年，佛山市印发《佛山市推进信息进村入户工程实施方案》，同时成立由分管农业的市领导任组长，各有关部门负责人为成员的市级信息进村入户工作领导小组。推进信息进村入户工程县级运营中心建设，评选出益农信息社县级运营中心2个，并通过县级运营中心向辖区内益农信息社提供业务指导、技术支持和品牌形象宣传指导。推进村级益农信息社建设，利用原有设施和条件，按照有场所、有人员、有设备、有宽带、有网页、有持续运营能力的“六有标准”，对村级益农信息社进行分类建设。至2018年底，获推荐的信息进村入户益农信息社服务点164个，覆盖全市40%以上行政村。

【第十二届佛山市农业良种良法展示推广月活动】 2018年12月5日至12月31日，在广东省农科院佛山分院（市农科所）举行。该次活动主展区总面积10万平方米（150亩），设置“希望的田野”“春秋”“年代的画卷”“美丽乡村”“情怀农业”“桃源秘境”等8个主题的创意农业展示区，集中展示辣椒、茄子、番茄、甘蓝、叶菜、瓜类、玉米、观赏性花卉等优质新品种500多个。现场还展示农业氢水灌溉技术、农业面源污染防控技术、重金属治理技术、利用胡蜂防治害虫技术、熊蜂辅助授粉技术等12项农业新技术。为期1个月的活动接待市民和同行超过10万人次。

【金花茶林下栽培技术推广示范】 截至2018年底，高明区明城镇泰康山营建金花茶林下栽培示范基地46.87公顷，编制印刷《金花茶林下栽培技术》手册1万份，组织举办金花茶栽培技术培训班8期，培训林业技术人员和林农344人（次），开展9次科技下乡服务，向技术人员和农户讲解金花茶种植方法并发放相关技术资料1006份。通过培训、示范，项目带动林农开展金花茶种植，佛山、四会、中山等地7家苗木公司和花场利用项目提供的繁育技术、种植技术繁育种植金花茶苗木75万株，在广东四会市和浙江金华市建立金花茶林下种植基地32公顷，带动农民就业412人（次）。项目的实施有效推广金花茶的种植利用，在促进提高林地利用率、增加林农经济收入方面贡献突出，获得2017年度广东省农业技术推广奖二等奖。

“金花茶林下栽培技术推广示范”项目是由佛山市林业科学研究所独立承担的中央财政林业科技推广示范项目，主要开展金花茶苗木繁育技术及林下栽培种植技术推广示范。

（李　典）

农业水利

【概况】 2018年，佛山市纳入统计的河流3207条、湖库146座、水利枢纽站6座、泵站566座、水闸477座。是年，佛山市农业用水量6.97亿立方米，农田有效灌溉面积3.27万公顷（49.10万亩），农田灌溉亩均用水量630立方米。

【冬春农田水利基本建设】 2017—2018年，佛山市实施冬春农田水利基本建设项目32个，其中河涌及护岸整治项目12个、泵站（水闸）更新改造工程6宗、水库除险加固工程8宗、抗旱站及清淤衬砌工程6宗，项目建设完成后新增（改善）除涝面积3.45万亩，治理水土流失面积0.41平方千米，新增供水受益人口67.42万人。截至2018年底，工程建设投入机械台班2.31万个，投入工日9.52万个，共新修干支渠道2.33千米，渠系建筑物加固（改造）5处，疏浚河道4.45千米，清淤沟渠6.31千米，水库除险加固6处，完成冬春农田水利基本建设项目投资1.54亿元。其中，禅城区河涌清疏工程、南海区前进水库加固工程、高明区抗旱站及清淤衬砌工程年内完工，其他工程按照计划加紧推进中。

【农业水价综合改革】 2018年，佛山市水务部门与发改、财政、农业等有关部门形成合力，共同推进农业水价综合改革工作。佛山市高明、三水区灌区作为改革试点区域，逐步完善供水计量设施，高明区完成农业水价示范点明丽蔬菜基地的流量计设备安装，并在深步水、罗塘陂灌区取水口安装在线监测设施，三水区大塘、刘寨灌区取水口在线监测设施落实安装实施计划。建立农业水权制度，三水区刘寨灌区、大塘灌区完成取用水评估报告编制工作并召开专家评审会，下一步将落实取水许可发证对象。探索终端水管理模式，全面提升基层水利组织服务水平，高明区成立深步水灌区、歌乐陂灌区、福山灌区、罗塘陂灌区、西坑水库灌区的农民用水组织并备案，三水区刘寨灌区、大塘灌区、长坑水库灌区的农民用水户协会完成区民政局现场核名，进入社会团体成立网上登记阶段。

（罗惠栅）

工　业

综　述

【概况】 2018年，佛山市完成规模以上工业总产值21591.09亿元，比上年增长6.2%；实现规模以上工业增加值4590.05亿元，增长6.3%。工业总量位居全国大中城市第六位，仅次于苏州、上海、天津、深圳和重庆市。

民营工业发展壮大　2018年，佛山市民营工业增加值3291.44亿元，比上年增长7.1%，占全市工业比重达71.7%。大型骨干企业发展迅速，新增主营业务收入超100亿元企业2家、累计达20家，14家企业入选省百强民营企业，美的、碧桂园、兴海、联塑、格兰仕、利泰等6家佛山市民营企业入围“2018中国民营企业500强”，美的集团、碧桂园集团入围“中国企业500强”、《财富》“世界500强”、福布斯“世界企业500强”。

工业经济效益明显趋好　2018年，佛山市工业经济效益综合指数311.87%，比上年提高14.4个百分点，比全省（257.63%）高54.24个百分点，企业效益持续改善。

工业发展质量提升　2018年，佛山市工业产品质量监督抽查综合合格率94.6%，比2017年提高1.1个百分点。佛山市主导或参与制修订国际、国家、行业、地方标准1758项，通过采用国际标准产品数达2718个，在高端装备制造、智能制造、战略性新兴产业等领域推动专利转化标准342项，数量均居全省地级市第一位。全市拥有广东省名牌产品580个，居全省第一位；中国驰名商标160件，居全国地级市首位。率先开展并坚持以“质量比对”瞄准国外最先进的标准和技术，推动产品质量提升。其中，在成功进行智能马桶盖与国际先进产品进行质量比对、攻关解决关键技术的基础上，又对电饭锅、燃气灶具等7类产品开展质量比对研究提升工作。佛山市生产智能马桶盖的乐华、生产电饭锅的美的集团等企业，通过质量对标研究找出产品与国外先进产品的差距并提出改进措施，推动企业产品质量和经济效益“双提升”。是年6月，佛山市被国家标准委确定为第一批参与“百城千业万企对标达标提升专项行动”的城市。

重点行业发展势头良好　2018年，佛山市装备制造业工业增加值1426亿元，占全市工业增加值的31.1%，占珠江西岸产业带装备工业增加值的51%。其中，新引进装备制造业超亿元项目80个、新开工装备制造业超亿元项目58个、新投产超亿元装备制造业项目36个。是年，全市先进装备制造业实现增加值919.77亿元，占全市装备制造业的64.5%。

2018年佛山市各区工业总产值情况

类　别	工业总产值（亿元）	比上年增长（%）	占全市工业生产总值比例（%）
禅城区	2106.97	1.5	9.76
南海区	6227.85	6.9	28.84
顺德区	7003.59	8.2	32.44
高明区	2989.39	3.8	13.85
三水区	3263.28	6.2	15.11

【产业结构调整】 2018年，佛山市完成先进制造业工业增加值2250.58亿元，比上年增长7.4%。高技术制造业工业增加值276.49亿元，比上年增长1.7%。轻工业完成工业增加值2106.14亿元，比上年增长7.9%；重工业完成工业增加值2483.91亿元，增长4.9%。单位GDP能耗下降5.2%，完成省下达的年度节能目标任务。

“生产产品”向“生产装备”转变　引进碧桂园机器人谷等投资超100亿元项目、美的库卡智能制造科技园等投资超10亿元项目，装备制造业产业规模稳步壮大，全市装备制造业实现增加值1426.01亿元，占全市规模以上工业增加值31.07%。出台机器人应用及产业发展等一系列扶持政策，引导企业广泛应用机器人及智能装备、开展机器人本体制造及系统集成，智能制造快速发展。全市规模以上智能装备制造企业有300多家（含100家机器人研发生产企业），智能装备总产值突破800亿元。以节能降耗倒逼企业转型升级，全年单位GDP能耗下降5.2%，完成省下达的年度节能目标任务（4.2%）。全年有8种绿色设计产品、4家绿色工厂、1个绿色供应链管理企业入选国家级绿色制造示范名单，1个项目入选国家级绿色制造系统集成项目，入选企业与项目数量位于全省前列。继续实施““互联网+”行动计划”和落实“促进云计算物联网创新发展培育信息产业新业态实施方案”，印发《佛山市深化“互联网+先进制造”发展工业互联网的实施方案》，推动投资56亿元的普创天信产业园项目等项目落户三佛山，电子信息产业规模逐渐壮大，全市规模以上电子信息制造业增加值近180亿元。新增3家国家级、26家省级“两化融合”（指工业化和信息化尝试融合）管理体系贯标试点企业。溢达纺织公司获批2018年工信部制造业与互联网融合发展试点示范项目，美的集团获批2018年工信部人工智能与实体经济深度融合创新项目。东箭汽车公司获批2018年制造业“双创”（大众创业、万众创新）平台试点示范项目。一汽－大众佛山分公司等6家企业项目入选广东省工业互联网产业联盟2018年广东省工业互联网应用标杆培育项目。

新能源汽车产业链条逐步完善　实施汽车产业中长期发展战略规划，按照“汽配供应——整车生产——新能源整车生产——汽车产业集群”思路，通过引进一批有影响力的汽车产业重大龙头项目，带动新能源汽车电池关键零配件、整车产能加快发展，不断补强新能源汽车产业链条。是年，佛山市印发加快新能源汽车产业发展及推广应用若干政策措施，奖励新引进新能源汽车整车项目和关键零部件项目、提高新能源汽车产品核心竞争力、鼓励推广使用新能源汽车等，新能源汽车产业链条不断补强。投资30亿元的爱德曼广东氢燃料电池生产项目落户南海区丹灶镇。

2018年，广东溢达纺织有限公司获“国家知识产权优势企业”称号。图为该公司生产车间

（高明区供图）

【工业技术创新与成果转化】

工业企业技术改造　2018年，佛山市印发实施《佛山市工业企业技术改造三年行动计划（2018—2020年）》。建立重点工业项目跟踪服务联动工作机制，对全市526个重点工业项目进行跟踪服务，促进工业技术改造投资持续稳定增长。放宽技术改造事后奖补政策享受范围（由规模以上工业企业放宽到年主营业务收入1000万元以上工业企业），调动企业技术改造的积极性。是年，全市开展技术改造企业1224家，工业技术改造投资比上年增长8.5%，工业技改投资额继续保持全省领先。全市工业投资1008.14亿元，佛山市是全省唯一工业投资超千亿元的城市。抓好企业技术中心建设。全年新增省级企业技术中心30个，累计208个；新增市级企业技术中心46个，累计207个。支持企业打造省级制造业创新中心，广工大数控装备协同创新研究院获批组建广东省半导体智能装备和系统集成创新中心，美的集团获批筹建广东省工业云制造创新中心。

创新载体建设　2018年，佛山市加速创新载体建设，重点领域创新中心引领行业提质增效。至年底，佛山市拥有国家级企业技术中心16个、省级企业技术中心208个、市级企业技术中心207个。拥有省级工程中心627个、省级重点实验室26个、省级中央研究院8家、市级工程技术研究中心1016个、市级企业研究院38家。打造三龙湾高端创新集聚区，至2018年底，集聚上市企业9家、高新技术企业38家以及省工程中心13个。地处三龙湾的季华实验室于2018年底动工，引进新加坡半导体仪器等研发团队。至2018年，佛山市主营业务收入5亿元以上工业企业实现企业研发机构全覆盖。

科技成果转化　2018年，佛山市登记技术合同342份，合同成交金额7.46亿元，比上年增长179%，其中技术交易额7.01亿元，增长187%。合同成交额、技术交易额两者同比增长率均居珠三角第二位。至2018年底，佛山市建有中国技术交易所粤港澳大湾区制造业创新中心、中国发明成果转化研究院、广东高校科技成果转化中心、佛山国防科技工业技术成果产业化应用推广中心、佛山全球创新技术应用转化中心等专业性成果转移转化平台。

【企业公共服务平台建设】　截至2018年底，佛山市在检验检测、认证认可、信息对接等领域建成国家陶瓷产品质量监督检验中心、国家级建筑卫生陶瓷检测重点实验室、佛山赛宝工业技术研究院、“中国在线制造”云服务平台等公共服务平台。佛山市孵化器多立足本土特色产业，致力于推动创业与产业创新有效结合。全市总孵化面积达240万平方米，在孵企业2710家，2018年毕业企业达263家。其中，国家级孵化器和众创空间分别有18家、20家，另有省级孵化器30家、省级众创空间31家，佛山市实现五区国家级孵化器全覆盖。

【《佛山市工业企业技术改造三年行动计划（2018—2020年）》印发实施】

2018年7月25日，佛山市经济和信息化局印发《佛山市工业企业技术改造三年行动计划（2018—2020年）》，力争在2018—2020年，开展技术改造的工业企业超过3600家，工业技术改造投资年均增长22%以上，全员劳动生产率年均提高1万元/人。支持企业提质增效，推进智能化改造，推动设备更新，引导企业绿色化发展。

【清华大学佛山先进制造研究院成立】

2018年5月21日，佛山市市长朱伟带领五区及相关市直部门负责人走进清华大学，代表佛山市政府与清华大学签约，并为清华大学佛山先进制造研究院揭牌。该研究院将利用清华大学的创新资源优势，结合佛山市良好的产业发展优势，在智能装备、智能制造、机械装备、新材料、节能环保领域与佛山开展合作。为支撑相关合作，研究院设立创新专项资金，首期为五年，每年不低于5000万元，总额不低于3亿元。佛山市和清华大学合作历史悠久，至该研究院成立止，有23个项目在对接合作。

【2018佛山工业“互联网+先进制造”促进大会】 2018年6月25日，2018佛山工业“互联网+先进制造”促进大会在中欧中心召开，会议由佛山联通分公司主办，佛山市云计算大数据协会协办，打开佛山制造业“上云用云”的局面。大会以“万企上云工业智联”为主题，吸引全市300余家家电、机械装备、纺织、陶瓷制造等制造、大数据信息产业企业及研究机构参与。省、市相关领导、行业专家和企业家出席会议，共同探讨佛山市“互联网+先进制造”发展及“上云上平台”的实操指引和发展模式。佛山联通分公司与志高、万家乐、一汽-大众等20家区域制造业规模企业现场签署战略合作协议，共同推动“上云上平台”，进一步强化企业信息技术基础设施和业务系统，并围绕企业生产管理关键环节，将云服务与生产制造进行深度融合。

【2018佛山工业互联网促进大会】 2018年7月3日，由佛山市经济和信息化局指导，广东省工业互联网产业联盟、佛山市信息协会主办的“2018佛山工业互联网峰会”在佛山市举行。佛山市政府部门相关领导、各区信息化主管部门领导，以及各镇街信息化主管部门相关领导、佛山市工业互联网产业联盟发起单位以及制造业企业代表约300人与会。会上，佛山市工业互联网产业联盟成立。该联盟由基础运营商、工业互联网平台服务商、解决方案商、咨询服务商，高等院校、科研院所、行业商协会、智库院所、相关投资机构、咨询机构等30多家单位发起，以工业企业需求为导向，以“落地”为目标。搭建企业与政府、企业与企业间的宣讲、对接、推进、合作互动平台，推进各工业互联网平台服务商、解决方案商等与企业建立有效对接，推动佛山市企业“上云上平台”政策贯彻落实，助力制造企业“上云用云”，推动制造企业依托平台实施数字化改造，打通“企业上云”最后一公里。

（陈　枫）

机械装备制造业

【概况】 2018年，佛山市装备制造业实现增加值1426.01亿元，比上年增长6.4%，全市装备制造业增加值占全市规模以上工业增加值（4590.05亿元）的31.07%。全市通用设备制造业实现工业增加值278.92亿元，比上年增长11.4%；专用设备制造业实现工业增加值196.46亿元，增长6.3%。全市“工作母机”增加值350.38亿元，增长7.2%。全市装备制造业增加值占珠西先进装备制造业产业带（2797.7亿元）的51%。

开展“推进珠西产业带建设赴百家企业上门招商到千家企业上门服务”专项行动，准确掌握项目和企业诉求，促进项目加快建设，引进碧桂园机器人谷、航天军民融合协同创新智慧城等投资超100亿元项目，美的库卡智能制造科技园、普创天信产业园等投资超10亿元项目。

【专用设备制造业】 截至2018年底，佛山市拥有科达洁能（陶瓷机械）、仕诚塑料（塑料机械）、威德力机械（木工机械）、亿海自动化设备（玻璃机械）、东方精工（印刷包装机械）、金银河智能装备（化工机械）、广东丰凯（纺织机械）等专用设备骨干代表企业。2018年，佛山市专业机械装备制造业产品继续在国内占有重大份额。其中，陶瓷机械、木工机械约占全国市场的85%和50%，塑料机械、压力机械约占广东市场的30%和40%，陶瓷机械、塑料机械、金属成形机械等一批装备制造业细分行业逐步占领行业中高端。顺德区伦教街道是国内木工机械行业最大的制造基地，至2018年底，有150多家木工机械制造企业，其产销量占广东60%、全国国内市场份额的40%。

【第十四届中国（佛山）机械展】 2018年10月17—20日，由中国机械工业联合会主办的第十四届中国（佛山）机械展在顺德区陈村·顺联国际博览中心举行。展出面积25000平方米以上，1000多个国际标准展位，分3个主题展区，邀请近400家国内知名机械装备企业参展。其中，佛山本土参展企业比例高达47%、市外省内企业参展比例上升至31%、省外国内企业占18%、国际品牌占4%。展会展出包括数控机床、加工中心、车床、铣床、镗床、钻床、冲床、制齿/螺纹加工机床、插、拉、刨、锯床、电火花机、线切割机

2018年10月24日，佛山市顺德区天键包装材料机械公司产品在第四届中国（广东）国际“互联网+”博览会上展示　（陈志辉摄）

床、管材加工设备、激光/火焰切割机床等金属加工领域的机械产品，以及自动化设备、模具五金、工具/量具/刃具、零附件及耗材等产品，展品几乎涵盖机床上下游全产业链产品。该届展会上，3D打印和工业机器人展示面积比往届展会扩大。展会吸引广佛和粤西地区制造业领域的专业人士、行业协会、企业代表以及与装备制造业产业链息息相关的行业群体前来参观、交流和寻找合作机会。

【第四届珠江西岸先进装备制造业投资贸易洽谈会】 于2018年12月17—19日在广东（潭洲）国际会展中心举行。该届展会由佛山市人民政府和广东省工业和信息化厅主办。开幕式由广东省副省长陈良贤主持，省长马兴瑞、工业和信息化部总经济师王新哲、佛山市委书记鲁毅分别致辞。广东省委书记李希和国家有关部委领导出席开幕式并见证签约。珠三角其他八市主要领导、分管副市长及16个省直部门主要负责人出席开幕式。

该届展会以“珠西智造、装备未来”为主题，设3个展馆，面积约3万平方米，以地市为单位设置分展区，以产品实物为主，集中展示2014年以来珠江西岸先进装备制造产业带招商引资和项目建设成果、研发创新成果和推动制造业智能化改造提升的成果。该届展会有220家企业804件装备参展，共组织项目245个，总投资额2428.3亿元。其中，佛山市组织项目40个，总投资额623.9亿元。

（陈　枫）

2018年12月17-19日，2018第四届珠江西岸先进装备制造业投资贸易洽谈会在广东（潭洲）国际会展中心举行。图为佛山展区　（市档案馆供图）

智能装备及机器人产业

【概况】 2018年，佛山市出台《佛山市推动机器人应用及产业发展扶持方案（2018—2020年）》等一系列扶持政策，引导企业应用机器人及智能装备、开展机器人本体制造及系统集成。全市规模以上智能装备制造企业有300多家（含100家机器人研发生产企业），智能装备总产值突破800亿元。全市有8家企业被认定为智能制造领域广东省战略性新兴产业骨干（培育）企业、7家企业获评广东省机器人骨干（培育）企业。是年，美的、万和、格兰仕等一批传统企业继续与国际一流智能装备企业合作，发展机器人等高端智能制造装备。投资20亿元的美的库卡智能制造科技园项目一期28.87公顷（433亩）启动建设；投资1500亿元的碧桂园机器人谷项目首期将规划建设24公顷（360亩）的顺德机器人科技城示范区；利迅达机器人的打磨机器人系统和焊接机器人系统被评为“广东省高新技术产品”；嘉腾机器人公司成为国内AGV搬运机器人的领先企业。2015年至2018年，全市累计开展“机器换人”规模以上工业企业545家，工业企业应用机器人近1万台，众多行业企业通过“机器换人”实现生产制造环节的智能化改造。至2018年，佛山市初步形成智能测控设备、关键智能基础装备、重大智能制造成套设备等为主导的智能制造装备产业基地，陶瓷压机、床具机械、注塑机等产品的技术水平处于国内甚至国际领先。

【2018中国·佛山人工智能与智能制造国际大会】 于2018年10月29—31日在佛山市举行，由科技部、中国工程院指导，中国发明协会、工业和信息化部人才交流中心、中国工程院国际合作局、广东省科学技术厅、广东省人民政府外事办公室、中国人工智能产业发展联盟、佛山市人民政府联合主办，由佛山高新区管委会和中国发明成果转化研究院联合承办，旨在打造成为国内人工智能与智能制造领域权威性的交流平台，推进佛山市智能制造产业转型升级。大会主题为“新智能新制造”，来自中、美、德、英、韩等5个国家的众多人工智能与智能制造领域的院士、专家参会。与会的院士、专家针对人工智能与智能制造领域的不同课题分别发表主题演讲。会上，英国东北企业合作署与广东省科学技术厅、佛山市政府三方签署中英《合作备忘录》，广东省生产力促进中心与中国发明成果转化研究院签署战略合作协议。会上，下一代互联网IPv6应用建设项目、中国科学院半导体研究院所合作项目、佛山人工智能创新服务平台项目等13个平台和项目落地佛山高新区。

【《佛山市推动机器人应用及产业发展扶持方案（2018—2020年）》出台】 2018年，佛山市发布《佛山市推动机器人应用及产业发展扶持方案（2018—2020年）》，明确在2018—2020年，每年安排1.3亿元市级财政专项扶持资金，用于推动佛山市企业应用机器人、机器人应用示范企业建设、机器人本体制造和系统集成企业发展以及机器人和智能制造公共服务平台搭建。扶持对象主要为机器人应用企业、机器人本体制造企业（含关键零部件制造企业）、机器人系统集成企业以及机器人产业发展相关企业（机构），且须为佛山市注册的独立法人。扶持项目主要有5个，分别是机器人应用补助项目、机器人应用示范企业扶持项目、骨干机器人本体制造企业和系统集成企业扶持项目、机器人本体制造培育企业和机器人系统集成培育企业扶持项目以及机器人产业及智能制造公共服务平台扶持项目。

【中德（佛山）智能制造合作大会】于2018年10月23日在佛山机器人学院举行，230多名中德嘉宾出席活动。大会由德国电气与电子工业协会（ZVEI）和佛山中德工业服务区管理委员会、中德工业城市联盟共同举办。来自德国企业的多位代表介绍了各自的发展经验，并与佛山市顺德区的企业代表围绕智能制造等话题展开讨论。

【智能制造产业学院揭牌成立】2018年6月13日，由佛山职业技术学院与华南智能机器人创新研究院合作成立的智能制造产业学院揭牌成立。产业学院计划进行现代学徒制人才培养、科研项目和技术攻关课题研究等，以服务佛山市特色产业转型升级为目标，深化职业教育改革。

（陈　枫）

汽车及零部件制造业

【概况】截至2018年底，佛山市有从事汽车及零部件制造规模以上企业173家，形成整车生产为主导，汽车关键零配件、汽车市场服务以及其他相关行业兼备的完整汽车产业链条。拥有一汽－大众、北汽福田等9家整车生产企业以及本田变速箱、丰田工机以及中南铝车轮公司等一批汽配企业。其中，一汽－大众汽车有限公司佛山分公司是大众集团全球范围内自动化率最高的整车厂。佛山汽车及零部件制造业中，新能源汽车产业表现突出，佛山新能源汽车锂离子动力电池产业基地、科力远混合动力汽车示范项目、华南新能源汽车集成创新产业园、燃料电池及氢源技术国家工程研究中心华南中心等平台项目促进产业集聚发展。佛山市汽车制造产业规模排全省第三名，是广东省第三大汽车生产基地。

2018年，高斯汽车集团首期入驻顺德新能源汽车小镇创新中心，整车产能达30万辆；投资30亿元的爱德曼广东氢燃料电池生产项目落户南海区丹灶镇。是年，佛山市汽车制造业实现工业增加值216.77亿元，比上年增长14.1%。

【科力远CHS佛山基地投产】2018年6月27日，位于佛山市禅城区南庄岭南动力小镇核心区域的科力远CHS佛山基地投产。该基地总规划年产100万台（套），此次投产产能为10万台（套）。科力远CHS佛山基地的投产意味着中国混动事业真正拥有核心技术和关键零部件规模化制造能力，CHS项目将成为支撑佛山市“一环创新圈”“西南智造环”的有力一臂，开启佛山市新能源汽车发展和应用的新格局，助力佛山市建设面向全球的国家制造业创新中心。该基地的投产，将带动国内自主混动汽车从原材料、电池、动力系统到整车实现全产业链条生产，在中国新能源汽车行业具里程碑意义。

【2018佛山混合动力汽车产业发展峰会】于2018年6月27日在佛山市禅城区举行。峰会由佛山市人民政府、中国汽车工程研究院共同主办，以“混合动力产业化”为主题，邀请参会嘉宾对行业政策进行最新的解读，共同探讨混合动力在节能与新能源汽车领域的作用与贡献，畅想构建中国自主知识产权的混合动力产业链，加速自主品牌混合动力产业化，推进国际竞争力的提升。不同于以往的技术型论坛，这是国内举办的第一次混合动力汽车产业发展峰会，在整个行业内都属于首创。

【粤港澳大湾区新能源汽车产业发展论坛】于2018年10月27日在佛山市顺德区举行，论坛发起成立“中国新能源智慧产业联盟”并挂牌。论坛以“国内新能源汽车产业的发展”为主题，与会嘉宾就广东省佛山市顺德区打造汽车产业“智造”高地、顺德新能源汽车小镇（产业）的发展优势以及背后的产业“基因”进行深入探讨。论坛举办当天，由碧桂园集团投资兴建的顺德新能源汽车小镇开园。汽车小镇创新中心启动区位于顺德区中心城区的南方智谷，总建筑面积53万平方米，将打造为TOD模式（公共交通为导向的开发模式）分层立体建筑。

【顺德新能源汽车小镇建设】2018年1月18日，顺德新能源汽车小镇举行启动仪式。现场，20余家汽车创新领域龙头企业签署入驻协议，包括中国沃特玛新能源汽车产业创新联盟总部基地、海康威视车联网联合实验室、Auto Space汽车智能网联创新中心。新能源汽车小镇是由顺德区政府支持和引导，碧桂园集团负责投资开发建设运

2018年1月18日，顺德新能源汽车小镇奠基仪式在顺德区大良街道举行

（顺德区供图）

营，联合中国沃特玛新能源汽车产业创新联盟打造的，以新能源汽车为核心的新型现代智能科技产业园区。按规划，小镇将形成“一镇双中心”战略格局。其中：创新中心位于顺德大良核心区，占地 66.67 公顷，将先行破土动工，主要发展高端研发、前沿示范、创业孵化、大数据业务运营、总部经济等产业，打造汽车创新生态圈；智造中心位于顺德区龙江镇朝阳片区，占地 133.33 公顷，将发展新能源整车、改装车、电池电机电控等核心零部件产业，构建高端智能制造产业集群。

8 月 29 日，顺德新能源汽车小镇举行新闻发布会，首次发布产业规划、产业服务体系及建筑理念。未来小镇将聚焦汽车创新产业，围绕新能源化和智能网联化两大方向，发展新能源整车、核心零部件、车联网、无人驾驶，以及与之关联的云计算、大数据、电子信息、人工智能等科技产业和生产服务业，打造集新能源汽车“高端研发、创新运营、前沿示范、创新孵化”于一体的汽车产业创新生态圈。

【2018 新能源汽车技术（燃料电池）创新拉力赛】 2018 年 11 月 7 日，由国家新能源汽车技术创新中心主办的 2018NEVTIR — FC 新能源汽车技术（燃料电池）创新拉力赛在广东省佛山市南海区举行。该次拉力赛邀请来自国家相关机构、高校和科研机构专家，以及北汽、长安、吉利、长城、福田、宇通等主流车企代表出席。拉力赛旨在通过聚集技术专家、主流车企、产业资本、优势项目和顶尖人才，梳理产业痛点、提出解决方案、遴选优秀项目，最终加入加速计划实现产业落地。

活动中，通过在近 300 家创新企业中层层筛选，选出 20 个高质量、高创新、高技术的行业水准的潜在项目，最终有 6 ~ 10 个团队进入为期 6 个月的孵化加速计划，并获得 20 万 ~ 200 万元的资金支持。

【2018 绿色生产与消费交流会暨第二届氢能周系列活动】 2018 年 11 月 2 — 8 日，第二届氢能周于佛山市南海区举行。该届氢能周围绕“绿色发展氢创未来”这一主题，包括第三届氢能与燃料电池产业发展交流会、新能源汽车技术（燃料电池）创新拉力赛、第一届中国（佛山）绿色技术及产品推介会暨第二届中国（佛山）国际氢能与燃料电池技术及产品推介会、“五城联动氢行中华”联合国开发计划署项目示范城市氢燃料电池汽车巡展等多场高端主题活动。活动中，交流会参会人数 1500 人、推介会专业观众超 6000 人、参加展会企业和机构 200 余家，涵盖中国、美国、加拿大、德国、法国、日本等 20 多个国家和地区。开幕式上，佛山市发布《佛山市氢能源产业发展规划（2018 — 2030 年）》；南海区政府与国内氢能龙头企业、科研机构、知名高校等单位签订 6 个氢能项目协议，包括北京海德利森科技有限公司的加氢设备及核心部件国产化项目、北京蓝图工程设计有限公司的加氢站设计施工总承包项目、新能源汽车技术创新中心的氢能技术创新项目、中国标准化研究院的氢能与燃料电池创新中心项目、浙江大学的氢产研平台项目、北京理工新源信息科技有限公司的新能源汽车监管平台项目。此外，位于南海区丹灶镇的“仙湖氢谷”启动。

【佛山市加氢站联合动工】 2018 年 8 月 29 日，2018 年佛山市加氢站联合动工仪式在禅城区举行，动工的 8 个加氢站分布于禅城区、南海区、顺德区以及高明区，其投资预算从 1250 万元到 2985 万元不等。在此之前，佛山市有 2 座加氢站建成投入运营，分别位于南海区和三水区。此次佛山市的 8 个加氢站项目联合动工，有三大方面的创新与突破：在行政审批上，先行先试，由住建部门牵头负责，一改此前加氢站建设没有主管部门的空白；在运营模式上，除一个是新建站点外，其余全是加油站、加气站等改建而成，未来还将实现加油、加氢、充电“三合一”的模式；投资多元化，为项目建成提供资金保障。

（陈　枫）

家用电器制造业

【概况】 截至 2018 年，佛山市有家用电器制造规模以上工业企业 292 家。美的、海信科龙、格兰仕、万和、志高空调等一批主营业务收入超百亿元企业，是佛山市家用电器制造的龙头骨干企业。在“2017 — 2018 年度中国家用电器行业品牌评价活动”中，佛山家电企业产品在 10 个品类中有 16 个品牌上榜，占全部上榜品牌（70 个）的 23%。

2018 年，佛山市家用电器制造业实现工业增加值 590.14 亿元，比上年增长 8.5%，占全市规模以上工业增加值（4590.05 亿元）的 12.86%。据统计，佛山市顺德区家电产业规模占广东省比例超过 30%，家电制造业的产值占全国家电产值的 15% 以上。全球占 25% 的电饭煲、33% 的抽油烟机、43% 的热水器、48% 的微波炉从佛山市出口到全球 210 个国家和地区。

2017 — 2018 年度中国家用电器行业品牌评价活动佛山市家电企业上榜情况

品类	上榜品牌
冰箱	美的、容声、海信
洗衣机	美的、海信
空调	美的、科龙、志高
电热水器	美的、万和、万家乐、惠而浦、威博
净水器	美的
空气净化器	–
电饭煲	美的
智能坐便器	–
洗碗机	美的
扫地机器人	–

【2018 中国（顺德）家电博览会】 于 2018 年 3 月 24 — 26 日在广东（潭洲）国际会展中心举行，展示面积达 40 万平方米，设有品牌形象馆、生活小家电馆、精品厨卫馆、机械设备配套及工业设计服务综合馆 4 大展馆，吸引万和、万家乐、志高、海信科龙、康佳集团等 1200 多家企业参展，展示近 10 万款产品。展品中，洗碗机、集成灶、智能厨房电器、移动空调等潮流新品和被经销商列入采购清单的产品尤为突出。展会上，佛山企业慧聪云商（佛山）网络科

技有限公司与中关村在线“牵手”，签约共建服务家电产业发展的“慧买卖”等互联网平台项目。

（陈　枫）

建筑材料业

【概况】 2018年，佛山市建筑材料行业实现工业增加值422.76亿元，比上年增长6.8%。其中非金属矿物制品业实现工业增加值310.8亿元，增长4.8%；建筑、安全用金属制品制造实现工业增加值110.79亿元，增长13.2%。

【第三届陶瓷科技创新发展大会暨中国硅酸盐学会陶瓷分会2018学术年会】 于2018年11月21日在佛山市禅城区南庄镇召开。会议表彰58名“中国硅酸盐学会陶瓷分会陶瓷技术创新人才”并进行颁奖。与会嘉宾分别作“中国建筑卫生陶瓷的现状与发展”“陶瓷机械装备十年发展回顾及未来趋势分析”“工业陶瓷创新与未来发展”等主题报告。会议期间，还举行建筑陶瓷行业科技创新发展成果推荐暨项目洽谈会等6场成果推荐及项目洽谈会。中国硅酸盐学会陶瓷分会古陶瓷专业委员会与佛山市禅城区东方琳琅艺术馆签订战略合作协议、中国硅酸盐学会陶瓷分会窑炉热工专业委员会则与南庄镇陶瓷产业促进会签订战略合作协议、中国硅酸盐学会陶瓷分会建筑卫生陶瓷与专业委员会与华夏建筑陶瓷研究开发中心有限公司签订战略合作协议。通过缔结战略合作关系，共同探索陶瓷产业发展新模式，并在建陶生产工艺智能化、人才数据库等方面为佛山市提供支持。

【2018中国（佛山）国际陶瓷装备与材料展览会】 于2018年5月30日至6月2日在广东（潭洲）国际会展中心举行。展览会以“新装备·新材料·新技术”为主题。展馆面积达5万平方米，其中展览面积达4.8万平方米、会议论坛活动面积2000多平方米。展会聚集世界500强企业SIEMENS（西门子）、TOSHIBA（东芝）、SYSTEM（西斯特姆）、SACMI（LAIES）萨克米（莱斯）、ITACA（意达加）等行业知名企业。展会期间，还举行相关主题推广活动，如西斯特姆“发现大板技术新奥秘”主题分享会、西门子“数字化解决方案助力中国智能制造技术交流会”、科技直通车——2018中国（广东）先进陶瓷材料技术创新及行业应用对接会、2018建陶喷墨装备与墨水发展趋势高层论坛等。

【第31届中国（佛山）国际陶瓷及卫浴博览交易会】 于2018年4月18—21日在佛山市国际会议展览中心、中国陶瓷城、中国陶瓷总部展馆同时举行。展会有马拉齐、加德尼亚等20多个国际知名品牌参展，有马可波罗、东鹏、诺贝尔等730多家国内主流品牌参展。设置马赛克手工砖专区、五金水件专区、卫浴品牌专区、特色软装专区、TCT瓷砖粘贴剂专区等展区。组委会还针对不同的客户需求，举办经销商大会、资本论坛、国际采购节、设计师峰会等特色活动。

【2018中国（佛山）国际陶瓷与卫浴产品展览会】 于2018年4月19—22日在广东（潭洲）国际会展中心举行。展会使用面积5万多平方米，其中展览面积达4万平方米、会议论坛活动面积1万多平方米。有西班牙ELIAS、西班牙INALCO、冠珠等300多个国内外陶瓷卫浴知名品牌参加展览会。展会期间，举办“中国陶瓷梦之夜”2018中国（佛山）国际陶瓷与卫浴产品展览会答谢晚宴暨中国陶瓷金尊奖（CKA）颁奖典礼、2018首届中国房地产与建筑卫生陶瓷供需合作峰会等20多场论坛和高峰会活动，还举办包括“欧美专场采购会”“一带一路采购对接会”等4场大型国际专场“一对一”采购会。

（陈　枫）

纺织服装业

【概况】 至2018年底，佛山市有纺织服装业规模以上企业数量754家。佛山市布产量约占广东省总产量的25%。佛山市有多个纺织服装业广东省特色产业专业镇，其中禅城区张槎街道是广东省针织业专业镇、禅城区祖庙街道是广东省童装专业镇、南海区西樵镇是广东省纺织服装专业镇、南海区大沥镇是广东省内衣制造专业镇、南海区里水镇是广东省袜业专业镇、顺德区均安镇是广东省牛仔服装专业镇。2018年，佛山市纺织服装业实现工业增加值295.06亿元，比上年增长7%。

【2018中国·张槎纺织原料纱线面料大会暨展会】 于2018年5月4—5日在佛山市禅城区张槎街道举行。该活

2018年10月24日，第四届中国（广东）国际“互联网+”博览会在佛山市广东（潭洲）国际会展中心开幕。图为参展企业——佛山众陶联供应链服务有限公司展位

（市商务局供图）

动由中国棉纺织行业协会、中国针织工业协会、广东省纺织协会联合主办。设置200多个纱线和针织面料展位。参展企业中，棉纺企业有山东如意、天虹、利泰、百隆等知名企业，面料企业有泰森、嘉谦、东成、健业、汇年丰等知名企业。另外，河南省纺织协会组团参展。

（陈　枫）

食品饮料业

【概况】 2018年，佛山市食品饮料业保持持续稳中增长的态势，实现工业增加值191.12亿元，比上年增长8.4%，占全市规模以上工业增加值（4590.05亿元）的4.16%，规模以上企业有163家。

佛山市是"中国豉香型白酒产业基地"，拥有三大著名酒厂——九江酒厂、石湾酒厂和顺德酒厂。三水区及其西南街道分别拥有"中国饮料之都"和"广东省饮料食品技术创新专业镇"称号。百威英博（佛山）啤酒公司是全球领先的啤酒酿造商。2018年，海天调味公司主营业务收入超百亿元，入围《福布斯》2018年度亚洲最佳上市公司50强，成为榜单上唯一的调味品企业。

【联东U谷·佛山三水双创园项目动工】 2018年4月26日，联东U谷·佛山三水双创园项目在三水区西南街道动工。联东U谷·佛山三水双创园位于水都基地东部生产核心区，是联东U谷·三水水都产业综合体的一期项目，总占地面积7.8公顷（117亩），总投资约10亿元，规划建筑面积近10万平方米。该园区计划引入食品饮料及其上下游优质企业，目标是打造国际高端、国内领先的食品饮料产业聚集地，成为聚合生产制造、研发设计基地、上下游配套、产品展示中心和生产性服务业的高端食品产业集聚地，成为三水区乃至广东省食品饮料行业转型升级的标杆园区。

【巴克斯酒业（佛山）有限公司鸡尾酒生产项目动工】 2018年4月26日，巴克斯酒业（佛山）有限公司鸡尾酒生产项目在三水区西南街道动工。巴克斯酒业（佛山）有限公司鸡尾酒生产项目总投资6.5亿元，主要生产销售RIO（锐澳）鸡尾酒等瓶装、罐装及餐饮装预调酒，年产能为20万~30万吨。该项目计划2019年10月建成投产。

（陈　枫）

生物医药业

【概况】 至2018年，佛山市有医药制造业规模以上企业40家。顺德区乐从镇是市内生物医药行业主要集聚区，拥有搭建国际创新转化生物产业孵化中心、顺德生命科技产业园、广东省创新转化生物产业园等产业平台。

2018年，佛山市医药制造业实现工业增加值43.89亿元，比上年增长20.1%，佛山医药制造业增加值占全市规模以上工业增加值（4590.05亿元）的0.96%，占全市规模以上高技术制造业增加值（276.49亿元）的15.87%。全市生物医药及高性能医疗器械产业有规上企业51家，主要分布在南海区。全市生物医药规上企业40家，医疗器械规上企业36家。在产业载体方面，市内有广东生物医药产业基地（南海区）、暨南大学生物医药产业园（顺德区乐从镇）、广州医科大学科技园佛山安捷园区、广东省健康医疗大数据产业园（佛山）等一批产业园区。

2018年，全市生物医药及高性能医疗器械实现增加值50.0亿元，比上年增长18.4%，增速高于全市规模以上工业增加值增速13.1个百分点。2018年，佛山市医药制造业实现产值141.2亿元。新建产业投资项目方面，由千山医疗器械投资6.7亿元的智能健康监护手表和智能动态血压计佛山产业基地项目加快推进。禅城区南庄镇的海晟国际健康产业小镇，投资规模约50亿元，计划打造集"医、教、研、养、护、居"为一体的高端健康医疗服务综合体。

【国内首个核医学分子影像产业链项目落户南海】 2018年12月14日，北京大学医学部分子影像论坛暨核医学分子影像产业链项目启动仪式在北京举办，标志着佛山市南海区与北京大学医学部携手打造的国内首个核医学分子影像产业链项目落户南海区。北大常务副校长詹启敏、佛山市市长朱伟出席启动仪式。该项目落户南海区，有望极大提升中国乃至全世界相关恶性肿瘤早期诊断和精准诊疗的技术水平。北京大学医学部是中国最重要的医学创新研究基地和高级医药卫生人才的培养基地，拥有诸多在全国处于顶尖水平的医疗技术和完善的科研体系。2012年，北京大学医学部同位素研究中心主任王凡教授带领的同位素中心团队与佛山市建立合作关系，在南海区推进国内首个自主创新核医学肿瘤分子影像示踪药物的产业转化。2018年5月，这种新型示踪药物取得临床试验批件，进入产品上市的最后冲刺阶段，技术水平与产业转化进度均领先于其他同类项目，有望成为国内第一个用于肿瘤显像的一类放射性药物。

（陈　枫）

家具制造业

【概况】 2018年，佛山市家具制造业实现工业增加值133.64亿元，比上年增长10.2%。

【中国（佛山）国际家具博览会】 于2018年3月17—20日在广东（潭洲）国际会展中心举行。博览会由佛山市工商业联合会、佛山市家具协会联合中国家具协会、中国建材流通协会、全国工商联家具装饰商会、广东省家具协会等众多商协会联合举办。600多家家具企业参展。展会总面积10万平米，展览面积8万平米。按不同的家具风格、设计、材质等分为五个展馆，全面展示中国家具业在文化、艺术、设计、功能等方面的潮流和未来家具产业的发展方向。展会期间举办"粤港澳大湾区家装文化节、中国（佛山）家具产业发展论坛、中国（佛山）家具原创设计作品展"等系列主题活动。

【"智·创未来"2018乐从家居创新设计系列活动】 于2018年11月16—17日在佛山市顺德区乐从镇举行。

活动由顺德区政府、中央美术学院城市设计院联合主办。活动上，中国轻工业联合会、中国家具协会共同授予乐从镇“中国家居商贸与创新之都”称号，全国高校艺术教育专家联盟、藤王府品牌等机构现场与“乐从·国际家居创新城”签约开展深度合作。“天鹤·承艺造物”创新设计作品成果汇报、家居创新设计项目路演、“60%鹭洲公共艺术节”等系列活动也将同步举行。

【第36届国际龙家具展览会和第26届亚洲国际家具材料博览会】 于2018年8月12—15日，分别在顺德区龙江镇前进汇展中心和亚洲国际家具材料交易中心举行。第36届国际龙家具展览会汇聚广东、江西、四川、山东等国内主要家具生产基地430家坚持原创的品牌企业。第26届亚洲国际家具材料博览会在主展馆区域有近200家展商同期展出，展现家具行业材料应用的范例，展品包括家具五金及配饰、家具专用化工材料、新材料及新技术等10个领域。

（陈 枫）

石化及精细化工业

【概况】 2018年，佛山市石油化工产业实现增加值200.8亿元，比上年增长4.5%，增速低于全市规模以上工业增加值增速1.8个百分点。全市石油化工产业实现产值近1100亿元。其中：化学原料和化学制品制造业实现产值968.8亿元，占全市石油化工产业产值比重89%；精炼石油产品制造实现产值120.2亿元。

【石化企业分布与发展】 2018年底，佛山市有石油化工行业规上企业346家。全市化学原料和化学制品制造业主要集中在三大领域，涂料、油墨、颜料及类似产品制造（产值349.8亿元），合成材料制造（产值228.1亿元），以及专用化学产品制造（产值251.2亿元）。化工产业主要集中在产业下游，产品主要以沥青、涂料（内外墙建筑涂料，木器漆）、纺织印染助剂、变性淀粉、胶粘剂等为主，全省市场占有率较高。佛山市天安塑料有限公司聚合物新材料创新产业化基地是广东省民营企业（中小企业）创新产业化示范基地。佛山市瑞丰石化燃料有限公司是珠三角地区最大的非国营石油企业之一，也是广东地区最大的炼油企业之一。广东德美精细化工集团股份有限公司市广东省高新技术企业、国家火炬计划重点高新技术企业，企业技术中心被认定为“国家认定企业技术中心”，产品销量一直居于同行业前列。

（陈 枫）

顺德区乐从镇罗浮宫国际家具中心 （辉绍摄）

新材料制造业

【概况】 2018年，佛山市新材料制造业实现工业增加值301.33亿元，比上年增长3.8%，占全市先进制造业工业增加值的13.39%。在产业载体方面，市内有南海区新材料产业基地、高明区新材料产业基地、顺德区新型建材产业基地等3个省市共建战略性新兴产业基地。在创新平台方面，佛山市高明区（中国科学院）新材料产业研究院，重点开展无机类新材料、金属新材料和有机类新材料的研发项目。

新建产业投资项目方面，投资7.52亿元德方纳米科技四期扩建项目加快推进，计划增设30条生产线，年产纳米磷酸铁锂1.5万吨。投资7.56亿元的邦普循环科技电池正极材料制造项目在三水区投产，产能可达每年电池材料1.5万吨。投资10亿元的广东精达里亚特种漆包线新材料增资扩产项目落地，预期年产值提升至45亿元。

【清华大学佛山先进制造研究院高效能材料研究中心揭牌】 2018年9月17日，佛山与清华大学在清华大学校园签订联合成立“清华大学—佛山先进制造研究院高效能材料研究中心”以及“清华大学—佛山先进制造研究院城市安全研究中心”合作协议书，并为清华大学佛山先进制造研究院高效能材料研究中心揭牌。按规划，该材料研究中心将在新能源材料、生物医用材料、节能环保材料、电子信息材料、智能制造等领域，利用清华大学（材料学院）的技术优势和研发平台优势，结合佛山市在高端装备制造、半导体照明、节能环保、新能源汽车等领域在制造和销售上的产业优势，展开相关研究。

（陈 枫）

建筑业·房地产业

手机扫码阅读

建筑业

【勘察设计质量管理】 2018年，佛山市住建部门完成高明区福利中心、人民医院医养结合大楼项目等84项大中型建设工程初步设计审查，办理云东海碧桂广场9号楼等31项超限高层建筑工程抗震设防审批。出台《佛山市住房和城乡建设管理局关于房屋建筑和市政基础设施工程施工图设计文件审查管理的实施意见》，结合佛山市开放施工图审查市场管理要求，将市外施工图审查机构纳入佛山市诚信管理，该规范性文件于12月6日印发，从2019年1月1日起实施。修改完成部门规范性文件《关于实行房屋建筑和市政基础设施工程勘察文件前置审查制度的通知》，4月份市住建管理局与市交通运输局、水务局联合印发实施。开展2018年勘察设计行业专家库推荐入库工作，确定267名专家列入佛山市勘察设计行业专家库。

（吴燕婷）

【建设工程造价管理】 2018年，佛山市住建部门完成《广东省园林绿化工程综合定额（2018）》及《全国园林绿化养护概算定额（2018）》《广东省房屋建筑与装饰工程综合定额（2018）》等任务。组织佛山市2018广东省计价依据各专业定额的学习、宣贯、培训工作，配套2018定额作相应调整，调整佛山市补充定额及补充子目。依据2018新定额材料库进一步梳理调整综合价格数据工作，组建造价信息评审专家库，加强对人工、装配式材料、人防工程材料、绿色工程材料的收集和发布，逐步形成综合价格测算过程数据库。依据《佛山市建设工程材料设备询价采购管理办法》开发“互联网+”询价采购网络服务平台，集中在平台进行询价采购活动，为各方提供“快捷、安全、高效”的服务，确保“交易公开透明，交易数据有迹可循”。

市工程合同与造价监管信息平台完成设计概算价备案259项、招标控制价285项、合同价60项、结算价11项，业绩备案152项，施工合同备案1200项，补录合同129项，新注册备案企业共1101家。

（张婉丽）

【建筑市场管理】 2018年，佛山市新报建项目1721项，面积4116.96万平方米，工程造价888.04亿元。强化市场主体信用监管，促进行业规范有序发展。全市建筑行业诚信平台登记通过1656家次，诚信注销通过95家次。落实“双随机一公开”要求，加强对建筑市场各方责任主体市场行为的动态检查。加大对违规失信企业的诚信扣分力度，全市建筑行业被扣分企业2203家次；12月31日，16家企业被列入诚信黑名单，225家红名单。坚持“宽进严管”结合，强化事中事后动态监管。严格建筑行业企业资质核准，核准建筑业企业资质853家次，办理企业资质变更295家次，资质注销59家。开展资质核查，整治“弄虚作假”“挂证”的市场乱象，7月17日，市住建管理部门会同水利部门共同开展查处，对广东某水利工程有限公司申请水利水电工程施工总承包三级资质造假作出行政处罚决定；印发《关于开展2018年建筑业企业资质动态核查工作的通知》，市住建管理部门以随机抽查的方式确定13家建筑业企业，经现场核查，其中合格的3家，不合格的10家；印发《关于开展2018年建筑业企业资质动态核查工作的通知》，组织各区住建部门对全市579家具有房建、市政总承包三级资质的建筑业企业，以及19家具有相关设计资质的企业开展核查行动；印发《2018年佛山市建材打假专项行动工作实施方案》，全市出动8544人次抽检建筑材料5083批次。督促各区加强施工许可监管，依法查处未报先建、边报边建等违法违规行为。查处未报建先施工行为82宗，涉及企业119家，涉及个人96人，罚款978.79万元。按照“双随机一公开”工作要求开展随机抽查加强市场行为动态监管，市住建管理部门抽查18个在建项目工地，涉及72家企业，现场发出整改告知书7份，诚信扣分通知书6份，通报批评4家企业，对8家施工、监理企业的不规范行为实施诚信动态扣分。加强工程招投标行业监管工作，依法查处招投标违法违规行为。与市发展改革局联合发文，对取消工程建设项目招标代理机构资格认定事中事后的行业监管工作，规范招标代理机构市场行为管理；加强对房屋建筑评标专家的入库审查，审核专家4批共259人次，严把专家入库审核关；协调处理佛科院新校区（北院）建设工程项目房建三标、粤剧文化园等市重点项目的标投诉处理工作，协调推进项目建设实施。

【建筑业“放管服”改革】 2018年，佛山市住建部门对建筑行业进行“放管服”深化改革，促进建筑业持续健康发展。印发《关于贯彻执行建筑工程施工许可核发与质量安全监督手续合并办理的通知》，实现工程施工许可办理与质量安全报监手续并联办理，3个工作日办结。配合市行政服务中心开展工程建设项目审批改革工作，牵头负责施工许可阶段审批流程的优化，分类制定施工许可办理指南、事项清单及材料清单，建立相关的工作指引及事中事后监管措施。推进全过程工程咨询试点工作。根据住建部、省住建厅的工作部署和《佛山市推进全过程工程咨询试点工作实施方案》，分两批次将45家企列入佛山市全过程工程咨询第一批试点企业，8个项目列入佛山市全过程工程咨询第一批试点项目，并配合相关单位推进全过程咨询项目实施工作。

（区 灿）

【建筑工程质量安全管理】 截至2018年底，佛山市在建房屋建筑工程4213项，总面积8579.52万平方米。全市住建系统出动31700余人次，检查11234项房屋建筑工程，发出5072份质量安全整改通知书，对检查发现的违法违规企业处以行政处罚155份，罚款1880万元；违法违规个人处以行政处罚96份，罚款48.63万元。住宅工程质量验收合格率达100%，其他工程一次验收合格率达100%，建筑安全生产总体稳定，质量稳步提升，获得省、市房屋市政工程安全生产文明施工示范工地称号的项目分别有13个和41个，全市建筑行业获得广东省建设工程优质结构奖3项、广东省建设工程优质奖7项、广东省优秀建筑装饰工程奖8项、金匠奖1项、省绿色施工示范工程1项。

【建筑工程质量日常检查】 2018年，佛山市住房和城乡建设行政主管部门加强对建筑工程质量的日常检查，对工程质量常见问题进行专项治理，结合质量强市工作，改进质量管理薄弱环节。严格按照相关规范和要求开展建设工程质量检测机构行政审批事项，通过“服务前移”的方式，加强对检测机构的业务指导，提高行政审批效率。在9月举办“质量月”活动期间，组织全市各施工企业、监理单位负责人、项目经理、质量管理人员等200多人，参加省住建厅举办的现场学习观摩；组织开展房屋建筑工程质量常见问题研讨会；邀请专家举行《建筑设备安装质量通病治理及创优策划》讲座，在顺德区中建三局第一建设工程有限责任公司承建的海骏达广场项目举办“质量月”（机电专场）现场观摩交流活动。

【房屋建筑工程安全生产】 2018年，佛山市住房和城乡建设行政主管部门层层压实安全生产监管责任，进一步完善安全生产“一岗双责”工作机制，印发《佛山市房屋建筑施工安全专项治理行动实施方案》《佛山市房屋建筑工程安全生产“百日会战”行动方案》《2018年安全生产领域风险点危险源排查管控工作方案》等重点整治方案。开展房屋建筑工程安全生产“百日会战”行动、房屋建筑工程施工安全专项治理行动、岁末年初特别防护期建筑施工安全生产百日攻坚治理行动、房屋建筑工程安全生产风险点危险源排查等专项整治工作。承办广东省2018年建筑施工“安全生产月”和“安全生产万里行”活动启动仪式暨现场观摩会及“生命至上、安全发展”专题演讲比赛活动。

（卢兆华）

【建筑工程质量监督执法】 2018年，佛山市住建部门采取专项检查、巡查和督查的方式，组织开展房屋建筑工程质量监督执法检查、建设工程质量检测机构专项检查、混凝土搅拌站专项检查等工作，确保佛山市建筑工程质量态势总体平稳。8月2日，召开“全市预拌混凝土企业监管工作会议”，传达省住建厅开展治理违规使用海砂专项行动的工作要求，分析佛山市预拌混凝土生产质量管理存在问题以及提出下一步改进措施。是年，佛山市有6家预拌混凝土企业试验室通过省“优良”等级的复评。

（劳毅燕）

【绿色建筑推广】 2018年，佛山市推广节能减排和墙材革新等绿色建筑。全市绿色建筑工作任务1000万平方米，实际完成新建绿色建筑项目1098.34万平方米，完成年度任务109.8%。其中取得运行标识项目1项，面积13万平方米。施行《关于加快全面推广绿色建筑的意见》，扩大绿色建筑推广实施范围并要求新建保障性住房项目、政府投资公益性建筑、大型公共建筑项目须取得绿色建筑评价标识二星级以上。推行绿色建筑第三方评价工作方式，由具有评价能力和独立法人资格的第三方机构实施评价，确定绿色建筑性能等级。通过公开招投标方式，确定广东省建筑节能协会等3个单位为佛山市承接第三方评价工作机构。组织开展新型墙体材料和建筑节能材料管理，完成11项新型墙体材料、4项建筑节能材料的新增目录登记工作。

2018年1月11日，由佛山市住房和城乡建设管理局指导，广东省建筑节能协会和佛山市建筑节能协会共同举办的“绿色建筑技术交流之装配式建筑引领未来”论坛在佛山市召开

（市住房城乡建设局供图）

【建筑业新技术推广应用】 2018年，佛山市推广应用建筑业新技术。顺德区云溪别院等2个项目成功申报2018年度省建筑业新技术应用示范工程（立项），佛山科学技术学院新校区（北院）建设工程项目房建二标等3个项目通过省住建厅组织的新技术应用示范工程专项验收。8月，万科美的西江悦花园二期项目10栋、12栋高层住宅完成主体结构封顶，标志着佛山市首个装配式建筑示范项目完工。

【建筑产业现代化】 2018年，佛山市印发实施《关于“装配式建筑项目”商品房预售扶持措施》《关于新建装配式建筑项目容积率扶持措施》部门规范性文件。《佛山市推广装配式建筑实施办法》列入2018年市政府重大行政决策目录，年内完成征求意见、社会风险评估、专家评审等工作并报送市政府审查。装配式建筑产业基地中民筑友科技（佛山）有限公司、佛山建装建筑科技有限公司、广东科筑住宅集成科技有限公司等相继投产，美的联城住工科技落户顺德容桂。万科心域花园等3个住宅项目和1个工业物流项目（合约37万平方米）获评“佛山市装配式建筑示范项目”。10月份省住建厅在三水区万科心域花园工地召开全省装配式建筑现场观摩会。

（吴燕婷）

【散装水泥推广】 2018年，佛山市散装水泥供应量620.82万吨，预拌混凝土使用量1009.80万立方米，预拌砂浆（普通）使用量141万吨，完成省住建厅下达的目标任务。

（劳毅燕）

房地产业

【概况】 截至2018年底，佛山市领取开发资质的房地产开发企业1331家。中房网《2018中国房地产上市公司综合实力榜》前20名企业有19家入驻佛山市市场，开展投资开发建设活动，推出多元房地产产品。2018年，佛山市房地产开发投资增长38.9%。

【房地产市场】

新建商品房销量 2018年，佛山市新建商品房累计新上市面积1969.09万平方米，比上年下降2.56%。其中，新建商品住房累计新上市面积1546.47万平方米，增长12.53%。新建商品房销售面积1874.77万平方米，比上年增长3.49%。其中，新建商品住房销售面积1474.09万平方米，增长21.80%。销量居全省第一位。

新建商品住房价格 2018年，佛山市新建商品住房成交均价保持稳中略升的趋势，全年成交均价10762.94元/平方米，比上年上升6.97%，销售价格均价连续26个月基本稳定在2016年10月份的水平，低于广东省和珠三角平均价格水平，完成稳控房价的目标任务，总体呈量价小幅增长的态势。

房地产市场乱象整治 2018年，佛山市作为全国“打击侵害群众利益违法违规行为治理房地产市场乱象专项行动”先行试点的30个城市之一，将房地产市场乱象整治与扫黑除恶专项斗争相结合，重点整治投机炒房行为、房地产“黑中介”违法违规行为、房地产开发企业违法违规行为和虚假房地产广告等侵害群众利益违法违规行为。在全市开展治理房地产市场乱象专项行动，全市各区累计出动3000余人次开展专项检查。各区立案查处涉房地产领域案件9件，罚没54.33万元；建立重点监控3829个项目，发出10份警示函、162份责令限期改正通知书，对58家房地产开发企业和房地产中介机构进行诚信扣分，向市工商、发改、规划等部门移送企业涉嫌违法违规线索34条。

行业管理 在佛山市住房和城乡建设管理局指导下，佛山市房地产业协会在佛山电台FM94.6频道举办“佛山市房地产中介行业首批红名单发布仪式”，对外公布并共同解读由市房协制定的《佛山市房地产中介行业红黑名单管理制度》以及首批被评为佛山市房地产中介行业红名单企业。经过层层筛选及公示，首批“行业红名单”企业4家，分别为：佛山市合富置业房地产顾问有限公司、佛山云房数据信息技术有限公司、广东链家房地产经纪有限公司佛山分公司、佛山市乐有家房产经纪有限公司。

（孔竞兰）

【房屋租赁管理】 2018年，佛山市推进住房租赁市场发展。出台5份住房租赁管理配套文件，推广使用2份合同示范文本。国有土地出让中有8宗地块配建租赁住房。顺德区乐从镇葛岸村租赁住房示范小区项目，将建设租赁住房超3000套，配建幼儿园、小学，设社区服务中心、商业街铺等生活配套设施。3月3日，佛山市房屋租赁交易监管服务平台——“阳光·美好家园”上线。

（陈翠婷）

【房屋征收管理】 2018年，佛山市国有土地上房屋征收工作严格按照《国有土地上房屋征收与补偿条例》规定依法依规有序开展。各区发出征收决定12宗，涉及征收面积25.69万平方米，征收户数653户。办理拆迁许可证延期5宗。同时佛山市住房和城乡建设管理局和各区局完善网站关于征收拆迁信息的公开，并及时做好房屋征收、拆迁信访的咨询、解释和回复工作。

（冯铭坚）

【物业管理】 2018年，佛山市出台《关于规范和指导我市物业管理区域内业主共同决策有关工作的通知》，对业主共同决策的全流程进行细致的规定，《佛山市住宅物业管理条例》通过市人大第一轮审议，推动佛山市物业管理行业监管体系的构建。

年末，佛山市实行物业管理项目2007个。其中，住宅项目1666个、非住宅341个。物业管理项目面积21434万平方米，其中住宅项目面积17766万平方米、非住宅项目面积3668万平方米。全市商品住宅专项维修资金年末归147.91亿元，年末使用1.12亿元，年末增值15.63亿元，年末账面余额162.42亿元。

（杨志荣）

交通运输业·邮政业

交通运输综述

【概况】 2018年，佛山市进入新一轮交通基础设施大建设时期。全年完成交通基础设施投资256.99亿元。是年，佛山一环高速化改造主线99.2千米贯通进入到收尾阶段。佛江高速公路佛山段全线建成通车，佛清从高速公路南段部分建成通车，一环西拓等项目加快建设，佛山市新打通21条“断头路”，珠三角新干线机场前期工作有序开展。

截至2018年底，佛山市境内公路通车总里程5415.57千米，每百平方千米公路密度142.6千米。其中，高速公路497.89千米、一级公路1591.85千米。城市道路总长6988千米，中心城区路网密度5.76千米/平方千米。港口货物年吞吐量8973万吨。全年公路水路运输生产总体平稳增长，完成公路水路客运量5057万人，客运周转量65.18亿人千米；全年完成公路水路货运量3.22亿吨，货运周转量323.76亿吨千米。

是年，佛山市率先实施公共交通共同体（TC）模式的改革举措，被评选为改革开放40周年广东省城市公共交通行业“十大最具影响力事件”。推进“四好农村路”（“四好”指把农村路建好、管好、护好、运营好）建设，三水区被评选为“四好农村路”全国示范县，是广东省4个全国示范县之一。

【综合交通运输体系规划】 2018年，佛山市交通运输局统筹编制11项重点综合交通运输体系规划及公路、水路、港口等发展战略、专项规划，发挥重大交通规划对引领行业发展和深化行业改革的作用。完成《佛山市交通发展“十三五”规划》中期评估，并根据发展形势与机遇，调整优化“十三五”后半期发展目标与策略。完成《珠三角新干线机场综合交通枢纽集疏运体系规划》战略规划阶段成果，并实际运用于促进加快项目前期相关工作，同时协同机场规划选址进度等情况进一步深化研究。推进《粤港澳大湾区背景下佛山与周边城市交通一体化规划研究》前期相关工作，主动全面融入“粤港澳大湾区”国家发展战略。是年，佛山市出台《佛山市“四好农村路”建设规划编制指导意见》，作为各区编制“四好农村路”建设规划编制的指导性文件，并启动《佛山市农村公路发展规划（2020—2027年）》编制工作。

【粤港澳大湾区背景下的交通基础设施互联互通】 2018年，佛山市交通基础设施建设对接珠江东岸城市，推进广佛同城，打造广佛肇经济圈、佛中江的珠西城市群，为佛山市建设粤港澳大湾区西部枢纽城市当好先行。

组织开展《粤港澳大湾区背景下佛山与周边城市交通一体化规划研究》前期研究相关工作，提前谋划有利于佛山市未来整体发展的交通发展方位，并以规划为引领加强与周边城市高速公路、铁路、城际轨道互联互通、快速衔接，更加主动的融入粤港澳大湾区建设。

将交通基础设施建设作为《广佛同城化建设2018年度重点工作计划》的重点内容，定期与广州市建委、广州市交委等对接项目情况，推动解决重点项目建设过程中存在的困难问题。与肇庆市交通运输局就肇明高速及机场周边交通规划衔接等进行研究商议，协助肇庆市推进佛肇高速（佛山段）路线方案的选线工作；与江门市交通运输局重点就协调两市路网对接等问题进行沟通，并对江门市新台高速北延线的选线工作给予协助；与中山市交通、规划、国土等相关部门就中山市、顺德区两地路网对接事宜进行对接沟通，重点推动中山加六线（“中山加六线”是中山市的干线公路，起自黄圃镇大岑与容桂华口交接，经黄圃、阜沙、东升、港口、石岐区，终点接于中山北外环快速路）接容桂外环线规划建设。

【智能交通系统建设】 2018年，佛山市以智能公交建设为主线，深化行业智能化应用服务。按照《佛山市2018年公交提升计划》的工作要求，从提升公交信息服务水平、推进公交多元化方式支付、保障公交专用道路权、强化公交、网约车行业管理智能应用着手，推进公交智能化各项工作。完成公交专用道公交车载移动监控抓拍设备（二期）项目建设，新增100套公交移动抓拍设备的安装启用工作，完成《2017年公交提升计划》要求的“骨干线网车辆100%安装移动抓拍设备”的指标任务。完成全市74个公交站场146路视频监控系统建设，视频数据统一接入市视频联网监控平台，实现对公交途径站点的客流及安全的实时监控。三水区582辆公交车全部使用智能公交平台进行调度管理，TC公司利用智能公交平台进行成本核算，准确率达98.8%。“佛山车来了”用户量突破719.9万人，日活量54.2万人次。是年9月，佛山微信乘车支付实现100%公交全覆盖，9—12月日均微信支付9.9万单；11月，全市公交车辆支持金融IC卡、信用卡、银联移动支付，全国交通一卡通在佛山公交和广佛地铁实现互联互通。

是年，省公安厅通报全省重点车辆

汽车行驶记录仪路检安装合格率情况，佛山实现100%规范安装、100%规范使用，规范安装使用合格率位居全省第一位。

是年，佛山市构建全市统一治超平台并与公安系统互联互通。5月16日，“高明合和大道”作为全市首个科技治超点正式开始处罚。2018年底，全市首批16个普通干线公路科技治超监测点完成建设，并经省计量科学研究院检定合格。

【交通运输领域扫黑除恶专项斗争】 2018年，佛山市在交通运输工作领域宣传扫黑除恶知识、公布举报电话。组织发动参建各单位和有关人员，对强揽工程、垄断工程材料供应，以及征拆过程中抢建抢种及阻工等现象提供线索。市交通运输主管部门指导督促各区交通运输部门开展扫黑除恶专项斗争，联同政法、公安等职能部门摸查线索，形成打击合力。组织市路桥公司对2018年市直路桥工程招标项目开展围标串标排查，共排查施工标19个、服务标11个。全年开展明察暗访85次，出动工作人员305人次，访查企业（场所）95家（处），摸排行业乱象问题34条。

【交通运输安全生产】 2018年，佛山市交通运输主管部门开展道路交通、轨道交通施工等覆盖全行业的18项安全整治行动，推进风险分级管控和隐患排查治理，全市交通运输行业排查出风险点危险源1088处，落实差异化动态管控措施。通过安全生产月等活动，开展安全教育培训150期，培训企业6278家次，参训人员2.34万人，派发学习资料6.4万份。修订行业突发事件总体应急预案，牵头开展2018年佛山市公路桥梁突发事件应急处置演练和2018年佛山市公路工程北江大桥水上施工应急演练，持续提升交通应急保障能力。应对强台风“山竹”等极端恶劣天气和自然灾害，及时启动道路桥梁安全应急预案，快速响应实时调度监控公交客运车辆停运和应急服务，确保全市道路桥梁和运输服务安全有序。

【交通运输工作改革】 2018年，佛山市开展重大交通基础设施建设事权和支出责任划分研究，将市重点道路建设、公共服务管理、综合交通枢纽建设、城市轨道交通纳入市级财政统筹。创建“公交都市”，推进高明区公共交通共同体（TC）模式改革，促进佛山市公交TC五区全覆盖。佛山市率先实施公交TC管理模式，被评选为改革开放40周年广东省城市公共交通行业十大最具影响力事件。开展道路客运改革试点和市际包车经营权许可承接工作，引导道路客运转型发展。

【信用交通建设】 2018年，佛山市交通运输局制定《加快佛山市交通运输行业信用体系建设工作实施方案》，组建局信用体系建设领导小组，推动持续提升信用建设标准及规范化水平。2018年，佛山市交通运输局组织对部分重点公路工程项目进行检查。检查在建公路项目32个，包括监理单位37家、施工单位52家、工地试验室24家；检查城市道路项目3个，包括监理单位3家、施工单位3家。检查发现问题407项，对存在失信行为的106家（次）企业进行“信用扣分”。

【交通环保治理】 2018年，佛山市交通运输部门出动检查执法人员14121人次检查交通工地扬尘情况，检查各类交通工程项目843个，约谈或督办项目68个，跟踪完成整改项目165个，整改完成率为100%。同时，进一步提升道路管养的洒水保洁水平，洒水保洁道路9.70万千米，出动洒水8814车次。及时办理完中央环保督察“回头看”交办案件20件。

（邹四海　洪健海）

公路基础设施

【概况】 2018年，佛山市交通基础设施计划总投资242.36亿元。佛山市统筹实施的高速公路项目6个，市级推进的多个“断头路”项目前期工作顺利。截至年底，金石大道西延线项目由市发改局批复项目建议书。禅西大道南延线工程（樵乐路至佛山一环段）项目工程可行性报告由佛山市发改局批复，完成初步设计工作。碧桂路北延线项目、西二环高速公路桃园路互通立交工程、一环西拓项目立交节点之间旧路改造、塘西大道三期及南延线等完成项目建议书编制。12月29日，番海大桥项目动工。季华路西延线项目确定采用盾构隧道方案穿越南庄码头和顺德水道。

【重点路桥工程】 2018年，佛山市市级统筹推进实施的重点路桥项目，包括续建的“一环”西拓工程，新开工番海大桥工程，启动并开展前期工作的禅西大道南延线、金石大道西延线工程、碧桂

2018年9月27日，佛山市副市长赵海（右一）到佛山西站和佛山清从高速路工地检查国庆前安全生产工作

（市交通运输局供图）

路北延线工程、季华路西延线工程。

“一环”西拓工程分北环段和南环段。北环段包括佛山市桂花岛至仙湖段改造工程，国道G321线三水区云东海跨线桥工程，塘西大道跨线桥、水都路跨线桥及白金线改造工程，佛山市金港路至桂丹路公路工程，三水二桥至进港大道匝道工程5个项目；南环段包括高明大桥至富龙大桥公路、龙翔大桥及引道工程、富龙西江特大桥工程3个项目，总投资133.09亿元。至2018年底，“一环”西拓北环段涉及的5个项目全部开工建设；南环段3个项目中，佛山市高明大桥至富龙大桥公路工程于2017年开工建设。

番海大桥工程于2018年12月开工建设，项目位于佛山市南海区三山新城南侧，呈东西走向，起于魁奇路与港口路交叉口，跨越陈村水道，止于广州市番禺区钟三路，与广州市南大干线相接，全长1.284千米，总投资5.1亿元。

是年，全市共计打通紫洞西三路、南海三山新城林荫大道市政道路工程（顺兴路至港口路段）、裕和路东延线工程、苗迳至谭朗公路工程、南山大道南段扩建工程等“断头路”20条。

【高速公路建设】 2018年，佛山市高速公路建设项目共8个。其中：省负责实施项目为广中江高速公路三期工程、高恩高速公路工程；市负责实施项目为佛江高速佛山段、佛清从高速公路南段一期、广佛肇高速公路佛山段和佛江高速和顺至陈村段，及计划开工的佛清从高速公路南段二期、广明高速公路陈村至西樵段二期。

至2018年底，省负责实施的广中江高速佛山段主体工程基本完工，高恩高速佛山段基本建成。佛山市负责实施的6个项目为“一环”高速化改造项目，预计新增投资266.85亿元（含广明一期51.94亿元）。至2018年底，佛江高速佛山段新建段和佛清从高速公路南段一期新建的起点至三水高新区互通段6.055千米建成，“一环”高速化改造主线99.2千米计划于2019年1月全线贯通。

【公路养护】 2018年，佛山市有31处道路交通安全隐患路段列为当年市、县督办治理路段，其中市级督办路段1处（位于顺德区）、县级督办路段30处（涉及禅城区1处、顺德区1处、高明区25处和三水区3处）。至年底，31处隐患路段全部完成整治。另外，交通运输主管部门联合公安交警部门排查出13处市级隐患路段，年底全部完成整治。

【城市道路桥梁建设】 2018年，佛山市投资建设城市道路项目68个，年度计划完成投资31.55亿元，至年底累计完成投资31.35亿元，基本完成年初制定的投资增长目标。是年，全市“断头路”项目中重点城市道路12个，累计完成投资45725万元，全部实现主路通车。

【桥长制】 2018年8月，佛山市府办印发实施《佛山市推进桥长制工作方案》，建立健全责任明确、协调有序、监管严格、保护有力的，具有佛山特色的桥梁管理机制，为保障桥梁运行安全提供制度保障。桥梁管理推行行政技术双线共管，在交通行业原有桥梁养护工程师制度基础上推行行政桥长制，以行政统筹协调，以技术夯实管养工作，各司其职，各负其责，行政桥长负责协调统筹，综合配置行政资源，桥梁养护工程师负责具体落实执行，齐抓共管；实行桥梁分级管理、因桥施策，预防为主，分类处置，重点覆盖，分批推进，确保桥梁安全运行。是年，佛山市成立市、区（单位）两级桥长制协调工作办公室；明确推行桥长制路径和责任，组织编制桥长制实施方案，确保到2020年基本完善全市“桥长+桥梁养护工程师”管养体系；加强社会监督和宣传引导工作，制作并安装首批66座重点桥梁桥长现场信息公示牌，并在佛山市交通运输局官方微信“佛山交通”互动交流版块增设“桥梁反馈”栏目开展“我为佛山桥梁养护管理献一言”活动，为公众提供桥梁安全事件和管养建议上报渠道。

【沙贝互通立交治堵】 2018年，佛山市发布《关于S15沈海高速广州支线（广佛段）雅瑶至横沙路段限制货车通行的通告》。推进佛江高速通道和顺至陈村段、广明高速公路陈村至西樵段二期、佛清从高速、广佛肇高速—华快高速三期等4条高速公路以及珠江大桥放射线接广佛新干线、魁奇路东延线接南大干线等2条城市快速路的建设，从区域高速公路网络疏解途经沙贝立交的过境交通流量，减少节点拥堵。

【东平隧道工程入围ITA年度杰出工程】 2018年8月，2018国际隧道与地下空间协会（ITA）年度大奖入围名单揭晓，共计35项国内外工程和人士入围8项大奖。佛山市首条过江隧道东平隧道工程（汾江路南延线沉管隧道工程）入围年度杰出工程，与港珠澳大桥拱北隧道工程等并列入围同一奖项。

东平隧道是佛山市首条过江隧道，下穿东平河连接禅城区和顺德区，是截至2018年止国内断面最大的“公铁合建”沉管隧道。东平隧道由4节沉管组成，每节沉管重达4.2万吨，相当于一艘小型航母的重量。该项目是亚洲首座在通航繁忙、高流速的河道中游S形弯道处修建的沉管隧道，沉管隧道的浮运、沉放和对接均体现了世界一流施工水平。

（邹四海）

城市公共交通

【概况】 2018年6月，佛山市交通运输局发布《佛山市2018年公交提升计划》，推进城市公交各项工作，提升公交服务水平。至年底，全市共有常规公交线路641条，公交车辆6819辆，日均客运量156.34万人次。佛山公交智能查询应用程序（APP）注册用户700多万户，在全国地级市排第一位。市民对公交服务的满意度较高，在省市第三方机构调查中位居前列。《佛山市建设人民满意政府指数（2018）报告》显示，2018年公共交通服务供给指数为83.86。

【“公交都市”创建】 2018年，佛山市交通运输部门推动佛山“公交都市”建设工作，在颁布《佛山市创建国家公交都市示范城市实施方案》的基础上，进一步深化研究、明确阶段目标、细化工作措施，编制佛山市公交都市建设深化实施方案。组织开展中心城区轨道站点配套公交站场近期实施方案研究，进一步研究明确中心城区轨道站点及其周边公交站场的层级与功能定位，制定轨道站点周边公交衔接的规划方案和公交站场设施的控制规划方案。是年，佛山市政府办公室印发实施《关于加强公交专用道管理的实施意见》，对公交专用道的规划、建设、管理、维护、使用等各方面进行明确规范。开展佛山市公共交通发展年度报告（2017年）编制工作，对佛山市“公交都市”建设和公共交通发展的主要成就及问题、公交发展趋势与挑战进行全面分析，并衔接“公交都市”建设各项目标体系，针对性提出改进加强策略与措施。

【新能源公交推广】 2018年，佛山市印发实施《佛山市2018—2019年加快氢能公交车和纯电动公交车推广应用工作方案》。全市新购置新能源公交车1647辆，其中纯电动车1526辆、氢能公交车121辆。全市完成柴油公交车淘汰更新，新能源和清洁能源公交车比例达100%。至2018年底，佛山市累计建成28个公交充电站，3个公交加氢站，完善新能源公交运营基础设施。

【公交路权优先】 2018年，佛山市政府办公室印发实施《关于加强公交专用道管理的实施意见》，新增公交专用道12.3千米和100辆公交车移动监控终端，岭南大道季华路口试点全时段公交专用道和公交专用信号灯，中心城区公交专用道路网的通勤日平均运行速度达23.93千米/小时，同比中心城区公交路网（18.06千米/小时）提速32.5%，公交路权优先作用明显。是年，禅城区新增4条公交专用道，分别是江湾路、汾江南路、汾江北路、桂澜路公交专用道。

【公交站场基础设施】 2018年，佛山市新建镇安公交枢纽站等公交场站9个、公交站亭93个，公交安全警示隔离桩5500支。

镇安公交停保场充电站位于同济东路，站场占地2.8万平方米，第一期建设15个充电桩（总功率为2880千瓦），第二期建设10个充电桩（总功率为1080千瓦），至年底完成建设并投入使用。编制完成《中心城区轨道站点配套公交站场近期实施方案》等公交场站规划项目，明确公交场站建设计划。

【辅助公交】 2018年，佛山市辅助公交平台公众号关注人数从年初的8000多人增加到年底的3.5万人，增幅达437.5%。开通石门中学、佛山一中、城北中学、惠景中学、佛职院等辅助公交校园线路11条，疏运师生44118人次，弥补常规公交不足，缓解校园周边拥堵问题。春运开通佛山西站高铁快线18条，疏运乘客10152人次，为深夜凌晨到站旅客提供一个有效的疏散保障方式。佛山“50公里徒步”活动当天组织开通9条辅助公交线路，疏运乘客3323人次，上座率达80.15%，为抵达终点的徒步参与者提供专座直达的辅助公交服务。

链接

辅助公交

辅助公交，是处于常规公交与出租车之间的，可采用固定、非固定、固定与非固定相结合的站点、线路和时刻表，可根据客流需求灵活组织或量身定制的一种交通服务方式。

【智能公交建设】 2018年9月起，佛山全市公交车100%支持微信乘车码（简称“刷码”）新型支付方式。9月至12月，日均刷码量达9.9万人次，占总客流量的6.33%。“车来了”公交应用程序（APP）累计用户量超700万人次，平均日活量超54.2万人次。智能公交平台功能不断完善，“车来了”公交应用程序（APP）应用持续优化，提供更准确的公交车辆运行信息，方便市民合理安排出行时间和方式。

【“五纵八横”骨干公交线路】 2018年，佛山市在禅城区新开通G11（同济路）、G15（绿景路）2条骨干公交，并调整配套132路等7条支撑线路，构建起“五纵八横”的中心城区公交骨干线网，提升常规公交运营效率和服务品质。五纵：指G6、G8、G10、G12、G14共5条骨干公交线路；八横：指G1、G3、G5、G7、G9、G11、G13、G15共8条骨干公交线路。

【网约车、出租车服务管理】 2018年，佛山市辖区内经营的网约车、出租车企业23家，其中网约车企业7家、出租车企业16家。

是年，市交通运输局、市发展和改革局联合出台《佛山市巡游出租汽车运价改革方案》，推动传统巡游出租汽车运价改革，建立巡游车运价调整制度，优化运价结构、体现差异化需求，试行重大节假日、重点交通枢纽附加费。

2018年9月28日，佛山市首个集公交充电站、公交枢纽站、公交停保场“三位一体”的绿色新能源公交综合枢纽——镇安公交综合枢纽启用

（市交通运输局供图）

佛山市“五纵八横”骨干公交线路

	线路	首末站	主要途经道路
五纵	G6	新三中公交枢纽站/中海锦城总站	岭南大道、魁奇路、桂澜路、桂澜中路、桂澜北路、中央大街、融通路
	G8	万科金域中央北/碧桂花城	佛陈路、深华路、湖景路、南海大道北、海五路、灯湖东路、海七路、海八东路
	G10	星晖园/保利东湾北	文华北路、文华中路、绿景二路、岭南大道北、岭南大道南、裕和路、华康道、天虹路
	G12	岭南大道枢纽站/佛山西站	岭南大道北、同济路、普澜一路、卫国路、祖庙路、亲仁路、汾江中路、汾江北路、文昌西路、佛山大道北、桂丹路
	G14	银苑市场/火车站	汾江南路、汾江中路、汾江北路、文昌西路
八横	G1	佛山西站/地铁金融高新区	罗村大道北、桂丹路、海八西路、海八东路、灯湖西路、海七路
	G3	火车站/平洲美食广场	文昌西路、文庆路、文华北路、海三路、南海大道北、海五路、灯湖西路、灯湖东路、海五路、南港路
	G5	南海公交总站/佛山西站	佛平二路、佛平路、福禄路、莲花路、亲仁路、佛山大道北、塱沙路、罗村大道南、罗村大道中、罗村大道北、环站东路
	G7	张槎村头/聚龙村总站	张槎一路、轻工一路、轻工三路、人民西路、燎原路、南桂路、桂平西路、平西大道
	G9	岭南酒文化博物馆（南风古灶）/平洲江滨公园	和平路、江湾路、汾江西路、建新路、兆祥路、南新三路、桂澜中路、桂平西路、桂平路、永安路
	G11	欧洲工业园/镇安公交首末站	塱宝西路、古大路、江湾二路、江湾一路、祖庙路、体育路、同济路
	G13	紫南商贸城/丽日广场	季华东路、季华七路、季华一路、季华西路
	G15	奇槎公交枢纽站/智慧新城公交枢纽站	绿景东路、绿景三路、绿景一路、榴苑路、江湾三路、忠信路、华宝南路

是年，佛山全市许可网约车平台公司7家（神州专车、斑马快跑、曹操专车、万顺叫车、易到出行、滴滴出行、呼我出行）；发放网络预约出租汽车驾驶员证8119张；发放网络预约出租汽车运输证971张。是年，启动修编《佛山市网络预约出租汽车经营服务管理暂行办法》。

【TC公交改革】 2018年，佛山市开展TC公交成本规制、绩效考评、服务合同范本等研究项目，推动佛山公交TC改革向纵深和精细化发展，禅城区、南海区、高明区、三水区TC公司继续完善各项体制机制，推进高明区公交TC改革，实现佛山市TC公交五区全覆盖。

9月，在广东省公共交通协会举办的改革开放40周年广东省城市交通行业最具影响力事件及广东省交通模式创新项目评选会上，“佛山市率先实施公交TC管理模式”（佛山市于2008年开始推行公交TC管理模式改革），被选为改革开放40周年广东省城市公共交通行业“十大最具影响力事件”。

链接

TC公交

TC（transport community）即公共交通共同体模式，核心是实行“票运分离”，即由政府统一收取票款，对公交网络进行规划，对运营商提出服务质量要求，通过成本核算以政府购买服务的形式向企业购买公交服务。

（邹四海）

公路运输管理与服务

【省市际客运和包车客运】 2018年，佛山市有客运线路371条，平均日发车2085班次。其中：跨省线路93条，平均日发车105班次；跨地（市）客运线路278条，平均日发班次1980班次，客运班线和包车全年客运量4989万人次。完成2018年县际包车经营权续期工作，对不予续期的县际包车指标予以注销。指导客运企业有序地将省市际班线指标转化为市际包车指标，进一步灵活客运企业的客运经营。科学合理分配佛山市2018年市际包车经营权指标，满足佛山市部分经营规范、安全生产主体责任充分落实的包车企业的拓展业务需求，同时确保佛山市际包车市场运行安全、平稳、有序。

【客货运输量】 2018年，佛山市道路运输客运量完成4989万人次，较上年同期减少4.15%；旅客周转量完成64.4亿人·千米，较上年同期减少2.26%；道路货运量完成27487万吨，较上年同期增长3.89%；货物周转量完成222.71亿吨千米，较上年同期增长6.64%。

【2018年春运情况】 2018年春运期间，佛山市累计发送旅客1411.77（含地铁）万人次，日均35.29万人次，同比增长9.7%。其中，公路客运累计发送309.35万人次；水路累计发送8.04万人

次，同比增长9.1%。佛山火车站累计发送13.21万人次，同比下降35.5%。佛山西站总客流量为96.76万人次，累计发送45.44万人次，累计达51.31万人次。

【客货运站场】 2018年，佛山市有经营性客、货运站场28个，其中货运站场2个、等级客运站场23个、简易站及招呼站3个，平均日发车3467班次。

【营运车辆保有量】 2018年，佛山市在册营运货车4.2万辆，42.8万吨位。在册营运客车2054辆，9.1万客位。其中：客运班车624辆，2.7万客位；包车客车1430辆，6.4万客位。城市公交车辆6819辆，公交线路646条，运营线路总长度1.64万千米，年客运量56994万人次；出租汽车3753辆，年客运量5439万人次。

【道路运输经营业户及从业人员】 2018年，佛山市在册经营道路客运业户53户，从业人员0.95万人；道路货运业户1.51万户，从业人员4.39万人；道路运输相关业务经营业户7085户，从业人员3.76万人。道路运输相关业务经营业户中，机动车维修业户6758户，其中汽车维修业户5272户（一类113户、二类619户、三类4540户）、摩托车维修业户1486户。

【"三检合一"改革】 2018年，佛山市推进落实普通道路货运车辆综合性检测、车辆安全技术检验和排放检验"三检合一"改革。制定《佛山市加快推进道路货运车辆检验检测改革工作方案》，确定道路货运车辆（不含危货运输车辆）在"三检合一"检测机构检测只需1次上线检测，就可以同时出具综检、安检、环检3份报告，实现"一次上线、一次检测、一次收费"，避免重复检验，为道路货运经营者提供优质服务，减轻负担。是年，共3个检测机构获得"三检合一"计量认证，3个检测机构分别为佛山市顺德区安程机动车检测有限公司、佛山市畅誉机动车监测站有限公司、佛山市顺德区龙江镇顺又快汽车检测有限公司。

【驾驶培训行业管理】 截至2018年底，佛山市有驾驶员培训机构62个，其中一级驾驶员培训机构12个、二级驾驶员培训机构22个、三级驾驶员培训机构28个；教练车6891辆；教练员8403人；训练场191个，训练场总面积238.73万平方米。2018年完成招收培训学员25.27万人，与2017年同比减少7.1%。2018年，在禅城区、南海区、三水区、高明区试点"先培训、后付费"的按学时收费培训模式，建立机动车驾驶教学互联网自助预约培训系统，方便群众通过互联网自助选择符合自己需求的自助培训，试点新模式驾驶员培训机构累计达10个。

2018年2月11日，佛山市副市长赵海（右一）到高明客运港检查，详细了解客运港春节客流及客船运行情况 （市交通运输局供图）

【汽车维修电子健康档案系统建设】 2018年，佛山市交通运输局按照"政府指导、市场主导、合作共建、服务行业、持续发展"的原则，开展佛山市汽车维修电子健康档案系统建设。组织开发市级平台接收各汽车维修企业上传的汽车维修档案电子数据并实现与省、部级平台互联互通。组织运营企业根据市场需求，开发汽车维修服务平台，为公众提供汽车市场有关服务。维修企业按照"接口规范"上传电子档案数据至市级交通运输部门管理平台。

【汽车综合性能检测站及检测量】 2018年，佛山市有汽车综合性能检测站9个，年完成检测量共4.11万辆次，其中维修竣工检测195辆次、等级评定检测4.09万辆次。

（邹四海）

水路运输

【概况】 2018年，佛山市有生产用码头泊位285个，码头泊位长度19150米，泊位年通过能力1.2亿吨。市辖内河航道通航里程1075千米。是年，佛山市水路完成货运量4678万吨，比上年增长3.04%；货运周转量101.06亿吨千米，增长11.8%。水路客运量完成67.62万人次，增长7.61%；客运周转量7793万人千米，减少0.44%。

【水路运输及其辅助业核查】 2018年，佛山市各区交通运输管理部门结合《国内水路运输管理规定》和《国内水路运输辅助业管理规定》实施情况，对水路运输企业开展实地核查，重点检查经营人的经营资质保持情况和企业安全规章制度、台帐，查看经营人及其船舶经营管理责任落实情况。参加核查水路运输企业43家，全部通过核查；参加核查水路运输辅助企业6家，全部通过核查。通过核查的营运船舶365艘，368052总吨，1454客位，核查通过率99.45%。是年，佛山市有水路运输个体工商户1家，因经营资质条件不达标，未通过核查。

【船舶保有量】 2018年，佛山市拥有水路运输机动船舶348艘，总载重量54.14万吨位，功率16.92万千瓦。其中：客船5艘，载客量793客位；货船334艘，总载重量54.13万吨（包括集装箱船34艘、总载重量7.46万吨位、5971个国际标准集装箱位）。

【港口吞吐量】 2018年，佛山港完成货物吞吐量8973.08万吨，比上年增长12.62%。进出港货物主要为矿建材料、钢铁、煤炭、油品。外贸货物吞吐量2349.58万吨。其中，出口主要货物为陶瓷、机械电器设备，进口主要货物为工业原材料、木材等。集装箱吞吐量399.49万标准集装箱（TEU），比上年增长2.4%。港口旅客吞吐量56.82万人次，比上年减少1.5%。

【港口岸电建设】 2018年，佛山市将港口岸电建设纳入《佛山市建设人民满意政府100项环保民生实事（2018年）》内容中，制定岸电设施建设年度建设目标、建设计划、下达任务指标，推进港口岸电建设。全年全市新建或改造港口岸电设施91套，集装箱公用码头基本具备向船舶供应岸电的能力，提前完成省厅制定的有关工作目标任务（50%的集装箱码头）。

【水运史料编撰】 2018年，佛山市交通运输部门全面梳理和反映新中国成立至“十二五”期末，佛山市水路交通主要领域的发展历程、建设成就、重大事件和历史经验，配合做好交通运输部组织的《中国水运史（1949—2015年）》和《中国水运工程建设实录（1978—2015年）》的编纂工作。市交通运输局成立以副局长马永华为组长的“一史一录”编纂工作领导小组及工作小组，负责编纂工作的统筹、协调及审核定稿工作。

【港航管理】 2018年，佛山市引导水运企业规模化发展，鼓励水运企业新增江海直达、大型船舶，全市新增船舶运力1.12万载重吨。推广内河船型标准化工作，鼓励企业进行船舶改造升级。内河船型标准化工作开展后，全市有44艘单壳油船申请改造为双壳油船，35艘船舶申请拆解，113艘船舶申请生活污水处理装置改造。是年，佛山市印发实施《佛山市港口和船舶污染物接收转运及处置设施建设方案》和《佛山市船舶与港口污染物防治工作实施方案》，从加强港口污染物处置设施的建设、推行政府购买服务提高船舶含油污水接收服务能力、鼓励船舶开展生活污水处理系统改造、加强联合执法检查等方面，全面提升佛山市船舶与港口污染物防治能力。加强港口行业的安全监管，水路航道执法工作持续加强。

（邹四海）

铁路运输

【铁路建设】 截至2018年底，佛山市开通运营的铁路线路有广茂铁路，设佛山站、三水站；广珠铁路，设丹灶站、官窑站、西樵站；武广铁路，未设站；贵广、南广高铁；设佛山西站、三水南站；广珠城际，设碧江站、北滘站、顺德站、顺德学院站、容桂站；广佛肇城际，设佛山西站、狮山站、狮山北站、三水北站、云东海站。

【广佛环线（佛山西站至广州南站段）建设】 2018年，佛山市加快推进广佛环线（佛山西站至广州南站段）建设。截至年底，项目征地拆迁工作基本完成，项目站前工程进行剩余无砟轨道及附属结构施工，站后房屋及四电工程正按计划推进。

广佛环线是珠三角城际轨道交通网“三环八射”中内环的重要组成部分，也是珠三角轨道交通东部线网与西部线网之间重要的连接通道，预计2019年建成通车。届时将成为联系广州南站和佛山西站两个重要枢纽最快捷的通道，也是中心城区与两大枢纽快速联系的重要通道。

【城市轨道交通建设】 截至2018年底，佛山市已开通运营的地铁线路1条（佛山1号线），即地铁广佛线佛山段。地铁广佛线线路东起广州沥滘站、西至佛山新城东站，全长32.16千米。其中，佛山段21.5千米，设站15座，分别为金融高新区站、千灯湖站、虫雷岗站、南桂路站、桂城站、朝安站、普君北路站、祖庙站、同济路站、季华园站、魁奇路站、澜石站、世纪莲站、东平站、新城东站。其中，沥滘、沙园、西塱是广佛地铁客运量较高的车站，佛山境内祖庙站客运量最高。

2018年，佛山市在建的地铁线路有2号线一期工程、3号线工程、南海区新型公共交通系统试验段工程、南海区新型公共交通系统试验段工程。此外，南海区开展里水有轨电车示范段工程前期研究论证工作。该项目始于里湖新城规划中轴线，经环镇北路、工业路、里广路，止于里横路站，将串联里水新城区及广州金峰洲片区，并衔接广佛两市地铁。该项目线路全长9.9千米，均为地面敷设，拟设车站14座，其中与地铁换乘站3座。

【城市轨道交通网络体系的完善和优化】 2018年，佛山市轨道交通建设管理部门继续开展《佛山地区区域铁路运输组织研究》，并对省发展改革委组织编制的《粤港澳湾区大湾区城际铁路建设规划》进行梳理，进一步完善和优化佛山市城市轨道交通网络体系，契合珠三角一体化发展趋势。

优化广州、佛山两市轨道交通衔接，根据《广佛两市轨道交通衔接规划》，确定广佛“9 + 2”共11条城市轨道衔接通道。在此基础上，基于广佛同心，共建超级城市的发展背景，两市规划部门进一步深化研究广佛轨道交通一体化规划衔接方案，两市地铁公司共同编制《广佛轨道交通互联互通白皮书专题研究》，构筑相互贯通的广佛城市轨道交通，并确立广佛轨道交通“一张网、一张票、一座城”战略目标。

（邹四海　洪健海）

民航运输

【佛山机场恢复运行】 2018年，佛山机场完成硬件升级，恢复运行。陆续恢复北京南苑、上海浦东、石家庄、合肥、东营、信阳、汉中、连城、武当山等地航线，全年保障进出港航班820架次，旅客总吞吐量10.99万人次，保障进出港货物135吨。

【佛山新机场规划】 2018年，佛山市完成《珠三角新干线机场综合交通枢纽集疏运体系规划》战略阶段成果，规划研究主要包括珠三角新干线机场交通发展战略规划和珠三角新干线机场综合交通体系与设施详细布局规划两部分，加强与发改部门就机场选址报告、机场总体规划等其他机场相关规划的衔接，支撑机场落户佛山，协调区域重大交通设施接入机场。

（邹四海）

邮政业

【概况】 2018年，佛山市邮政行业业务总量完成102.61亿元，比上年增长21.74%；业务收入（不包括邮政储蓄银行直接营业收入）累计完成76.96亿元，增长28.90%。其中：快递业务总量4.77亿件，比上年增长22.15%；业务收入累计完成64.29亿元，增长28.98%。佛山市快递业务量和业务收入分别位列全国重点城市第23名和第18名。邮政业在经济社会发展中的基础性、先导性作用不断增强，为深化供给侧改革、推动经济转型升级发挥积极支撑作用，较好地服务佛山市民生和社会经济发展。

【邮政行业监管】 2018年，佛山市邮政管理部门加强邮政快递行业监督管理，推动行业党委政府中心工作和更好地服务民生。

邮政快递放心消费工程　全年共处理邮政快递行业消费者申诉9730票。其中，判定企业责任的852票，挽回经济损失547293.3元，消费者满意率为98.80%。完善行业信用体系建设，按要求完成全市市场主体名录库的录入和审查工作。参与消委会和解与投诉平台建设，创建行业放心消费示范点，市快递行业协会被评为“佛山市放心消费示范单位”并获得市财政10万元专项经费支持，EMS、顺丰等10家快递企业获“佛山市放心消费示范点”称号。推荐19家快递企业参评“广东省守合同重信用企业”公示活动，18家通过公示。发挥社会监督员作用，反馈报告284份，反馈问题8个，提出工作建议8条。

群众用邮安全　推动实名收寄落实到位，实名率保持在99.5%。加强安全监管力度，推动“收寄验视+实名收寄+过机安检”三项制度落实，确保行业安全发展。开展“扫黄打非”工作，落实企业主体责任，与企业签订安全承诺书，加强监督检查力度，加强专项检查。

行业绿色发展　开展邮政行业包装治理工作专题调研，推进快递业绿色包装工作。制定《关于推进我市邮政业绿色发展专项工作方案》，制定下发《关于贯彻落实关于全面加强生态环境保护坚决打好污染防治攻坚战的实施意见的通知》，加强绿色邮政建设。

行业从业人员保障　推进邮政快递员关爱工程，组织企业参加市总工会的新业态新模式新领域工会专题调研，鼓励企业通过成立企业工会、改善工作环境、落实“五险一金”等福利政策，推动寄递企业规范内部管理。组织开展快递工程专业技术人才职称认定，至年底，全市有250名从业人员参加初级职称认定。

【邮政普遍服务】 2018年，佛山市邮政普遍服务保持稳定水平，全市有邮政营业场所185个，436个建制村保持100%直接通邮。佛山市邮政管理局推进信报箱验收工作。实地核查住宅项目146个，检查住宅76501户，新建住宅楼信报箱安装率达100%。

邮政快递服务“乡村振兴战略”　开展巩固建制村直接通邮成果检查，全年实地核查50个建制村通邮情况，保持全市436个建制村直接通邮率100%。鼓励邮政企业加快农村电商发展，鼓励支持快递企业下乡镇，对快递企业的乡镇网点进行财政专项资金补贴，做好全市“一市一品”农特产品进城项目，助力农产品进城，累计建设邮乐购网点412个，发生的批销业务交易额约400万元。

邮政快递末端投递服务　开展快递末端备案工作，全年办理末端网点备案499个。规范快递网点标准化建设，全市主要品牌城区自营网点均按照《邮政业安全生产设备配置规范》有关要求配备硬件设备，并按照“三不”（指邮件快件“不着地、不抛件、不摆地摊”）方案要求配备离地设施。

邮政业供给侧改革　鼓励普遍服务业务创新，重点推进“便民信包箱、信报箱群、自提点各解决一点”的“三个一点”系统工程。加快推进邮政综合服务平台建设，探索“快邮”合作模式，鼓励邮政公司代投或代运发往偏远乡镇

2018年“双十一”期间，某快递企业佛山分拣中心工作人员在忙碌工作中

（市邮政局供图）

的快件；佛山邮政部门与市交警部门联合打造“警邮便民服务平台”，邮政网点可代办交管业务。推广邮政智能信包箱应用，市邮政公司自主研发的智能包裹柜在省内多市批量使用，全省合计布放1005台、13425格口，累计投递邮件274万件。

普遍服务监管　开展普遍服务满意度与时限监测，全面掌握寄递服务质量情况；加强邮政专用标志车辆管理，严格邮政机要通信监督管理，彻落实全覆盖高频次检查；规范邮政机要通信监督管理档案，在上半年机要通信监督管理档案集中评审中获得全国第六名、全省第一名。开展邮政普遍服务各项监督检查，累计检查邮政营业场所145处，开展法定业务专项检查294人次，信报箱检查292人次，扫黄打非、网点安全、收寄验视、机要通信、邮票发行等其他普服业务监督检查764人次，下发通报7份，责令整改通知书4份，约谈1次。

【快递市场】2018年，佛山市有独立许可快递企业192家，分支机构573个，快递末端网点499个。佛山市邮政管理局严格市场准入，全年完成73家快递许可申请的现场协查，完成62家企业增设分支机构的网上审批，完成分支机构变更54个、撤销分支22个、许可注销6个，完成年度报告142个。

强化市场监管力度，推动“收寄验视+实名收寄+过机安检”三项制度落实。全年出动检查执法人员497人次，检查企业和场所222家次，发现生产安全隐患数139项，落实整改隐患数139项，下达责令改正通知书13份，口头责令改正75次，办理行政处罚案件3件，罚款3万元。

（邓　雯）

【佛山邮政公司业务发展】2018年，中国邮政集团公司佛山市分公司（以下简称“佛山邮政公司”）的邮政、邮储、速递物流三大板块合计实现业务收入21.47亿元，同比增长16.9%。是年，推进寄递翼改革，于9月21日成立中国邮政集团公司佛山市寄递事业部（保留“中国邮政速递物流股份有限公司佛山市分公司”牌子）。佛山邮政公司获评“广东省厂务公开民主管理工作突出单位”“广东省安康杯竞赛优胜单位”“佛山市职工劳动竞赛优秀组织单位”。

邮政基础能力　截至2018年底，全市有邮政普遍服务网点83个，邮储网点（含一类网点31个、代理金融网点72个）103个，邮政代办所102个，邮政服务亭（报刊亭）238个。寄递事业部设揽投部（站）92个，投递道段1425条，投递道段日均里程3.79万千米/天。全市开办市趟邮路523条，邮路日均里程8645千米/天。全市安装信报箱群6.15万个（格口111.06万个），全市城区信报箱平均覆盖率达90.2%。全市投放便民信包箱193个。

邮政网络运行及投递能力　佛山邮政公司通过调整邮件处理中心采用总包经传的封发作业模式，提升全市出口邮件处理效率。年内新增3条省内邮路，分别是南海—中山1条、顺德—中山2条，省内邮件次日递率达到90%以上。对市内南国、北滘、同济揽投部进行拆分，进一步提高重点区域揽投响应速度。加强对人工自提点的发展和管控，全年发展人工自提点2万多个，人工自提点对邮件投递的替代率超10%，“三个一点工程”（即邮件投递“信报箱群解决一点、自助信报箱解决一点、自提点解决一点”）投递邮件543万件，便民信包箱投件8.2万件，全市快递包裹非面交自提率达23%。

邮务类业务　全年函件量4747.93万件。其中：国内函件1057.69万件、国际函件3690.24万件；国内包裹1734.7万件；盲人读物及义务兵信件81件；机要件3.56万件。全市有集邮预订户1.22万户，全市集邮协会会员2.32万人；全市有青少年集邮组织10个、青少年邮局10家、全国青少年集邮示范基地4个；有报刊预订户12.28万户。

邮政金融业务　中国邮政储蓄银行佛山市分行持续深化金融服务实体经济，从资源倾斜、产品创新、降低企业融资成本等方面多措并举支持以小微企业为主体的民营经济发展。2018年，小微企业贷款增速比各项贷款增速高0.47个百分点，贷款户数实现正增长，综合成本较上年大幅下降，资产质量保持良好水平。同时，服务粤港澳大湾区建设，为地铁3号线提供建设资金1.6亿元，发放11.51亿元贷款支持南方航空租赁公司购买飞机，为大湾区实现基础设施互联互通贡献力量。还重点支持省级以上龙头企业，推进与政府、担保公司等平台合作，形成“1+N+X”农业产业链金融合作模式，进一步支持乡村振兴战略。乡村振兴特色产业贷款余额7331.55万元。对“两高一剩”（指高污染、高能耗和过能过剩）行业实行限额管理，执行环境和社会表现“一票否决制”，助力绿色信贷发展。绿色信贷余额增速比同期法人贷款平均增速高6.37个百分点。在防范化解重大风险方面，健全风险内控体系，加强安全保卫管理，开展市场乱象整治，狠抓不良压降，实现无风险事件、无资金案件、无安全责任事故的目标，信贷资产不良率为0.4%，优于佛山市同业平均水平。

寄递业务　是年，佛山邮政公司完成寄递事业部机构及业务整合工作，全市设二级经营单位7个，包括顺德区、南海区、禅城区、三水区、高明区寄递事业部及国际业务分公司、物流业务分公司。全年为近5000家企业提供专业的寄递服务，全年业务收入超过9.49亿元，出口业务量超过1329万件。年内，在出入境、交管、税务、工商、人社教育等方面与各级政府部门积极开展便民服务合作，全年累计服务群众达328万人次，助力政府实现群众办事“跑一次”、“零跑腿”的目标；继续发挥企业在佛山市跨境电商领域中的推动作用，助力实体企业转型向出口业务发展。

（顾丽冰）

信息业

手机扫码阅读

信息化建设

【概况】2018 年，佛山市印发《佛山市信息基础设施三年建设实施方案（2018 — 2020 年）》，实施新一轮信息基础设施建设三年行动。全市新增光纤接入用户 39.6 万户，累计超 270 万户，光纤入户率达 105.2%，高于广州市、深圳市和东莞市。新增 100M 以上宽带接入用户 47.4 万户，累计超 200 万户，仅次于广州市、深圳市。新建 4G 基站 2900 座，累计超 2.6 万座，基本实现 4G 信号全覆盖。移动物联网（NB — IoT）基站累计超 4000 座，位居全省前列。

【两化融合】2018 年，佛山市新增 4 家国家级“两化融合”（信息化和工业化深度融合）管理体系贯标试点企业，累计达 25 家；新增 26 家省级“两化融合”管理体系贯标试点企业，累计达 138 家。“两化融合”管理体系贯标试点企业既覆盖家电、陶瓷、纺织服装、金属制品、食品饮料等传统优势行业，也涵盖新材料、节能环保等战略性新兴产业。出台《佛山市深化“互联网+先进制造”发展工业互联网实施方案（2018 — 2020 年）》，深化工业互联网应用，6 个项目入选 2018 年广东省工业互联网应用标杆培育项目、2 个项目获批 2018 年工信部工业互联网试点示范项目、7 家企业入选广东省工业互联网产业生态供给资源池。建设工业大数据，培育“数据驱动”的制造新模式。截至 2018 年底，佛山市有 5 个项目获批广东省大数据应用示范项目、2 个项目获批广东省工业大数据应用示范项目，佛山市海天（高明）调味食品有限公司“数字化工厂”项目成为全省 5 个数字工厂示范项目之一。发展工业电子商务，促进制造业服务化转型。2018 年，佛山市有 3 家企业入选广东省工业和信息化领域电子商务第一批示范单位、19 家企业获批广东省工业和信息化领域电子商务试点。

【智能制造】2018 年，佛山市出台《佛山市推动机器人应用及产业发展扶持方案（2018 — 2020 年）》，通过落实技术改造事后奖补政策，鼓励和引导企业应用机器人和数字化装备，发展智能制造。新增智能化改造示范企业 32 家，新增应用机器人 3014 台。佛山市新鹏机器人技术有限公司等 2 家企业获评第三批广东省机器人骨干企业。28 个项目获批 2018 年广东省智能制造试点示范项目。广东申菱环境系统股份有限公司、广东兴发铝业有限公司成为 2018 年国家技术创新示范企业，占广东省入选企业数量的一半。

【第四届中国（广东）国际“互联网+”博览会】2018 年 10 月 24 — 27 日，第四届中国（广东）国际“互联网+”博览会在广东（潭洲）国际会展中心开幕。中国工程院院士、中国工程院原院长周济，工信部信息化和软件服务业司司长谢少锋，省直相关部门负责人，以及英国王子迈克尔·肯特、前民主德国总理洛塔尔·德梅齐埃等外宾出席开幕式并参观展馆。该届“互联网+”博览会以“数字浪潮，智创互联”为主题，吸引 731 家国内外知名企业参展，展示 IT、数字化及工业领域的最新高科技产品及技术，展出面积达 5 万平方米，12 个重点项目签约、总投资金额达 90.17 亿元。博览会同期举办 24 场高水平专题活动，包括中德（佛山）智能制造合作大会、智慧科技应用与产业融合高峰论坛、2018 首届中国“AI +”创新创业大赛暨第二十届中国机器人及人工智能大赛等。

（陈　枫）

“智慧菜市场”——“翼支付”手机支付便利生活　（中国电信公司供图）

网络与信息安全

【第五届佛山市网络安全宣传周活动】 2018年9月14—23日，佛山市组织开展第五届佛山市网络安全宣传周系列活动。创新开展讲述身边的网络安全故事、网络安全亲子寻宝活动，吸引过万人次参加，策划网络安全知识展板内容，并在市图书馆、市科学馆和市青少宫科普展览。同时，创新新媒体传播方式，策划推出“网络安全H5互动游戏”及“网络安全知多D H5”，通过政务新媒体集群推广。截至年底，有10余万网友通过第五届佛山市网络安全宣传周H5、网络安全亲子寻宝活动等成为“网络安全卫士”。此外，活动还邀请新华社现场云、网易新闻客户端、今日头条客户端、《珠江时报》微博等媒体参与启动仪式直播。

【网络举报平台推广】 截至2018年底，“佛山市互联网违法和不良信息举报中心”入口设置到全市50余个有影响力的社会网站论坛和微信公众号，覆盖近100个政府部门和媒体官网、500余个政府官方微信公众号。

自2017年下半年，佛山市委网信办互联网违法和不良信息举报中心初步上线运行，要求市各相关部门、佛山传媒集团、各区委宣传部、各有关网站，在官方网站首页显眼位置加挂“佛山互联网违法和不良信息举报中心”入口的宣传图标、官方微信公众号及其他新媒体平台菜单栏功能开设“网络信息举报”栏目并链接至举报中心页面，凭借网络阵地平台全面推广网络举报平台。

【共青团佛山市互联网行业工作委员会及市网络安全和信息化协会成立】 2018年，佛山市成立共青团佛山市互联网行业工作委员会，由团佛山市委和市委网信办双重领导，负责牵头佛山互联网行业共青团和青年相关工作，提升网上网下“同心圆”集聚能力。重组市网络文化协会为市网络安全和信息化协会（有63个单位会员和8位会员），吸纳网络自媒体、网络安全企业、关键信息基础企业、地方龙头企业、知名电商代表企业作为单位会员，通过开展策划、咨询等服务，搭建平等互利、优势互补、资源共享、合作共赢的网络社会组织平台。

（李慧需）

通信业

【概况】 2018年，佛山市电信运营企业新增光纤接入用户39万户，累计超270万户，光纤入户率超100%。新增100M以上宽带接入用户约48万户，累计超180万户，百兆宽带用户占比位居全省前列。新建4G基站5922座，累计超2万座，基本实现4G信号城乡全覆盖。

【佛山市政府与中国铁塔广东分公司签订战略合作框架协议】 2018年9月17日，佛山市政府与中国铁塔股份有限公司广东省分公司签订战略合作框架协议。根据协议约定，双方将共同致力于推进佛山移动通信网络基础设施共建共享、集约建设，探索开展“一杆多用”改造，推动佛山信息通信基础设施建设水平迈入全省先进行列。签订该协议也是佛山市落实《广东省信息基础设施建设三年行动计划》和“网络强省”战略部署重要举措。

（陈　枫）

【中国电信佛山分公司】 中国电信股份有限公司广东有限公司佛山分公司主要经营基础电信业务、增值电信业务、交互式网络电视（IPTV）传输服务，以及与通信及信息业务相关的综合信息业务，拥有佛山市规模最大的宽带互联网络和技术领先的移动通信网络，具备为客户提供跨地域、全业务的综合信息服务能力和客户服务渠道体系。截至2018年底，拥有各类服务网点超3500个，4G用户超200万户，光纤宽带用户超150万户，年业务收入达53亿元。

信息基础设施建设　2018年，贯彻落实《佛山市信息基础设施三年建设实施方案（2018—2020年）》要求，加强全市城区和乡村信息基础设施建设，新增光纤线路1.04万皮长千米，累计达到12.22万千米，光端口覆盖用户能力提升至522万户，4G基站数达3.9万座。

“升光退铜”工程　2018年，部署开展全面“升光退铜”（指网络投入用光纤代替铜缆）工程，聚焦客户感知，以网络提升、网络简化为主线，推动全光网城市建设。截至2018年底，全市建成39个全光网镇（街）。同时，贯彻落实乡村信息基础设施振兴要求，截至2018年底，累计完成4817个自然村的光网覆盖工作，覆盖率达到99.26%。

便民服务　2018年，秉承“便民、高效、智慧”服务理念，建设400间智慧社区服务厅，实现佛山市中国电信服务无缝全覆盖。智慧社区服务厅为市民提供基础通信、家政生活、智能家居产品体验、智慧家庭一站式解决方案四大类服务。同时，在原有装维48小时服务标准基础上，主动提升服务标准，推出“当日装、当日修、慢必赔”服务，如超出服务时限，主动以话费补偿方式向用户进行赔付。

“智慧菜市场”“翼支付”便民示范工程　2018年，在全市范围内对160个传统菜市场进行手机支付智慧改造，引入信息化技术手段，提升菜市场管理和服务水平，使传统菜市场成为具备手机支付、肉菜来源追溯、检测结果查询等便民惠民服务功能的“翼支付”智慧菜市场，实现消费者、商户和市场管理者多方共赢。

（郑少佳）

【中国移动佛山分公司】 中国移动通信集团广东有限公司佛山分公司（简称“中国移动佛山分公司”）于1999年1月注册成立。2018年，中国移动佛山分公司通信客户数超过800万户，4G用户数650万户，宽带预覆盖数352万户，宽带用户数102万户。全年收入超过68亿元。

信息基础设施建设　全年完成信息基础设施投资12.1亿元，新增4G载波2.6万个，开通基站1.75万个，新建NB-IoT站点1861个，实现主要城区和乡镇NB-IoT网络连片覆盖；新增传输机房192个、光缆5300皮长千米、管道346管程千米，为5G网络建设储备充足的传输资源。宽带端口提升至216万个，覆盖率达95%，宽带用户50M以上占比72%，100M以上占比45%。

参与政府百村、村级工业园网络改造，完成全网互联网协议第6版（IPv6）升级，为政府部门开通互联网协议第6版（IPv6）互联网专线业务。推进中国移动公司三水数据中心扩容，服务器（IDC）互联出口扩容至2460 G，服务器（IDC）机架2126个，增强佛山市信息通信产业凝聚力。

客户服务 贯彻落实国家政策要求，降低平均资费水平。全年手机上网流量单价较上一年下降超54%，4G户均流量达5.8 G，累计流量增幅137.5%，超过800万个用户享受佛山移动分公司提速降费带来的实惠。同时，大幅降低传统专线和企业宽带平均资费水平，为中小企业精准减负。在服务品质方面，实现业务受理单24小时及时率从9%提升至98%。业务受理单48小时解决率从24%提升至87%。人工效能从4单/小时提升至8单/小时，大幅提高用户问题的解决效率。并于2018年10月加入“佛山市消费维权行业自律大联盟”，建立6个消费维权服务站，严格遵守维权联盟公约。

重大通信保障 3月2日，75万名市民“行通济”欢度元宵，活动区域移动通信（GSM）话务量较平时增长14.38%，4G上行流量增长253.12%，4G下行流量增长46.41%。面对如此迅速的高增长，佛山移动分公司提前部署，投入46名维护人员、8套应急微站、2套分布式皮飞站、2部应急通信车参与保障，元宵“行通济”保障工作圆满完成。9月16日，超强台风“山竹”过境，佛山移动分公司按照市委、市政府、三防办统一部署，启动一级通信保障工作。组织人 员进行24小时网络保障值守；配合市三防办向市民发送台风预警短信近800万条，向受台风影响区域手机用户提供免停机、紧急开机服务，保障用户的正常通信。出动保障人员403人、抢险车辆133辆、通信车3辆、发电机127台、卫星电话3部。累计恢复退服基站1400多个，期间整体网络稳定，完成一级通信应急保障工作。11月6—10日，第二十七届中国金鸡百花电影节在佛山市举办。佛山移动分公司启动重大政治经济活动四级响应，安排16人进行现场值守保障，15人在后台支撑，同时安排专人对主覆盖小区进行指标监控，及时优化调整。活动期间，移动通信话务量1052.69爱尔兰（Erl），总流量6.8GB，相比平时分别增长30.80%、67.4%，总体指标良好，无拥塞情况，现场通话感知良好；4G数据总流量3.48TB，峰值在线用户21845个，比平时增长271%。

5G应用 7月19日，佛山移动分公司与碧桂园集团签署战略合作协议，携手共建佛山市首个“5G新能源汽车小镇”，双方将共同推动第五代通信技术（5G）在佛山市落地及产业创新。5G小镇项目建设包括：优先运用5G技术，提供互联网光纤、无线局域网（Wi-Fi）、办公电路等通信产品，确保进驻企业用上优质通信网络；为进驻企业量身打造“互联网+”综合应用服务方案，提升各行业信息化应用管理水平；提供优质智能项目合作应用方案，包括视频监控、停车场管理、可视化对讲、定位系统和监控中心等，促进化园区智能管理。至年底，成功展示首个符合第三代伙伴计划协议（3GPP）独立组网标准的异厂商5G新空口，为5G小镇的打造提供网络支撑。

（邱 傲）

【中国联通佛山市分公司】 中国联合网络通信有限公司佛山市分公司（以下简称“佛山联通分公司”）作为中国联通在佛山地区设立的唯一分支机构，是中国联通重点地市分公司，广东联通一类分公司，拥有覆盖全省、结构合理、技术先进、功能强大的现代通信网络，主要经营移动通信业务，国内、国际固定电话网络与设施（含本地无线环路），语音、数据、图像及多媒体通信与信息服务，电信增值业务，网络电话业务等国家批准的其他业务，以及与通信及信息业务相关的系统集成等业务。截至2018年底，佛山联通分公司有75个营业厅，渠道网点超过3000个，服务用户总数超250万户，服务企业约3万家。

2018年，佛山联通分公司4G超高清移动视频网络、千兆光网宽带全面覆盖全市，云计算、大数据、物联网等新型信息化能力基地初具规模。聚焦“强政、兴业、惠民”三大领域，佛山联通分公司投入巨资实施智慧城市基础设施建设，率先推出多项“互联网+”行动计划举措：实施市区两级移动政务办公、城管网格化管理、消防网格化管理、建筑工地在线监控、环保在线监控等一批项目；智能交通、智能公交、手机挂号等应用惠及民生；智慧销售管理、智慧信息园区等应用为企业提供转型升级的新动力等，为佛山市各行各业提供基础资源、优质网络、云计算和大数据等开放平台和服务保障，巩固佛山市作为信息产业大市的地位。同时，佛山联通分公司计划于2019年1月9日开通第一个5G试验网基站。

（李悦款 梁达贞）

电子信息产业

【概况】 2018年，佛山市电子信息产业发展平稳，全市规模以上电子信息制造业工业增加值179.77亿元，软件和信息服务业业务收入约80亿元。从产业发展载体上看，佛山市电子信息产业的园区经济发展特征十分明显，全市总体上形成以三水区的电子信息研发制造现代园区和“禅城+南海”软件信息服务业现代园区为引领的新一代电子信息产业空间分布格局。全市电子信息产业相关园区及载体超过20个。群志光电、国星光电、盛路通信、美的集团等本土电子信息制造业龙头企业引领发展。围绕佛山市制造业数字化、网络化、智能化的发展需求，华为、阿里云、腾讯、甲骨文等软件和信息服务业龙头企业抢滩入驻，物联网、大数据、云计算等产业初具规模。

【新型显示】 截至2018年，佛山市规模以上新型显示（含电视机整机制造企业）企业数量超过20家，产值规模约300亿元，主要集中在液晶显示模组、液晶显示屏、触摸屏、电视整机及配件等领域，且处在液晶平板显示的价值链中低端环节。其中，佛山群志光电公司是全球TFT—LCD（薄膜晶体管液晶显示器）领导厂商，成为全球前三大液晶电视面板模组供货商，产品横跨各式TFT—LCD液晶面板模块与终端液晶显示器，2018年实现主营业务收入超140亿元，纳税超1亿元。新型显示技术研发及产业化领域，国星光电公司突破MiniLED（单个LED芯片尺寸在100微米—200微米之间）集成封装技术，解决墨色一致性、光色一致性、拼接缝、漏光、维修等问题，并有效降低制造成本，有望在中小尺寸显示屏领域得到率先应用。根据权威机构IHSMarkit统计，2018年，在全球封装领域，国星光电公司营业收入排名全球第八。

【LED照明】 截至2018年，佛山市拥有规模以上LED（发光二级管）照明企业超过25家，产值规模超过100亿元，拥有佛山照明、国星光电、伊戈尔、雪莱特、欧司朗、蓝箭等一系列龙头和重点企业。从区域竞争力上看，佛山市百强企业数量名列全国前茅，在"2017中国LED照明灯饰行业100强"中，广东企业占据一半席位（49家）。其中：佛山有8家企业入围，百强企业数量在广东地区仅次于深圳市（17家），与中山市持平；上市企业（含"新三板"）数量众多，在全国40家LED上市（A股）企业中，佛山市企业（4家）占据10%，并拥有力美照明、科谷电源等3家"新三板"企业；产业地位以及产业基础深厚，拥有佛山照明（1958年）、国星光电（1969年）、蓝箭电子（1969年）等一批资深企业，企业发展质量及效益较好。从企业竞争力上看，企业规模领先，佛山市最大的照明企业佛山照明公司2018年实现营业收入38亿元；企业产品应用市场广泛，佛山市LED照明除应用在传统照明领域，还应用到户外、车灯、景观、紫外等多个领域。

（陈　枫）

软件和信息服务业

【大数据产业】 截至2018年底，佛山市有5家大数据核心龙头企业，涉及大数据服务、产品制造和应用的企业超过100家。广东奥博信息产业股份有限公司等3家企业入选广东省大数据培育企业。同时，禅城区广东福能大数据产业园、南海区大数据产业园和顺德区广东省健康医疗大数据产业园相继获批省级大数据产业园，入园企业超1600家，园区总产值超900亿元。全市有企业数据中心约20个。其中，大型数据中心—中国电信开普勒（佛山）数据中心开工建设，总投资近10亿元，分2期建设，设计机架数超6000个。一期于2018年建成交付运营，投产机架数超3000个，面向全省、港澳台乃至全国和东南亚地区，为公众、政府、企业提供全方位的数据服务。

【嵌入式软件】 2018年，佛山市嵌入式系统软件收入超过20亿元，主要应用于智能装备、智能家电、汽车电子和智能交通、智能控制等领域。在工业4.0和制造强国战略推进下，与制造业相关的嵌入式软件迎来重大发展机遇，截至年底，形成以通信设备、家电产品、工业控制、消费电子、汽车电子、智能电表、智能卫浴等为代表的嵌入式系统软件集群，其中科达洁能公司进入全省嵌入式系统软件企业50强。

2018年6月8日，国星光电Mini-LED全球发布会　（市工信局供图）

【物联网产业】 2018年，佛山物联网产业规模较小，产业链尚未完善，企业主要集中在感知层，产品为传感器及相关电子元器件，分布区域主要在顺德区。其中，广东物联天下物联网信息产业园是由广东省工业和信息化厅（原广东省经济和信息化委）授予的"广东省物联网应用产业基地"，截至2018年底，约有100家国际、国内企业机构入驻，主要涉及物联网应用系统技术、智能卡应用平台开发、智慧电梯等领域。此外，禅城区借助软件产业基础，以应用推动物联网产业集聚，有安讯智能、伊贝尔、智邦、健博通、金怡制卡等一批企业从事RFID（射频识别系统）产业研发和生产，是省内重要的RFID产业基地。

【4K电视网络建设及应用】 2018年，广东省广播电视网络股份有限公司佛山分公司开展4K电视网络及应用工作。2017年12月，佛山市发布全国第一个商用支持IPv6的广电4K电视智能终端"U点家庭服务器"后，2018年就有超过1000家用户抢先试用。与佛山传媒集团等制播单位开展4K媒体运营合作，制作4K特色节目。截至2018年底，佛山有线电视网络播出6套符合国家新闻出版广电总局超高清电视标准的真4K直播电视节目。

【佛山广电网络首批新数字家庭4K应用示范小区】 2018年12月18日，佛山广电网络首批新数字家庭4K应用示范小区在南海区揭幕，标志着广电4K网络应用开始规模化融入到市民百姓生活家居、智慧安防、在线教育、旅游等各个方面。截至2018年底，佛山市建成支持4K播出的数字电视直播平台与点播平台，网络双向覆盖率高达94.26%，具备全网4K电视节目直播传输能力，可支持上百套4K节目同时传输，且不受用户规模限制。首批以4K超高清为标志的新数字家庭示范区，包括南海区大沥镇海琴轩小区和丹灶镇汇尚华庭小区。

（陈　枫）

商贸服务业

手机扫码阅读

批发零售业

【概况】2018年，佛山市实现社会消费品零售总额3287.54亿元，比上年增长8.9%。增速高于全省平均增速0.1个百分点，在广州市、深圳市、东莞市、佛山市四个消费体量较大的城市中排名第一、在珠三角九市中排名第四。按地域消费分，佛山市城镇消费品零售额2612.59亿元，比上年增长9.0%；乡村消费品零售额674.95亿元，增长8.7%。按消费类型分，实现商品零售额2935.21亿元，比上年增长9.0%；餐饮收入352.33亿元，增长8.3%。从限额以上批发零售业商品零售分类看，2018年汽车类零售额488.72亿元，比上年增长1.1%；石油及制品类零售额157.92亿元，增长14.5%；粮油、食品类零售额40.29亿元，增长5.4%；家用电器和音像制品类零售额80.75亿元，增长5.4%。

【商贸流通业创新发展政策】2018年，佛山市商务局印发《佛山市扶持商贸流通业创新发展专项资金使用方案（试行）》，拟安排2000万元/年的专项资金扶持商贸流通业创新发展。该专项资金的使用采用以奖代补和项目竞争性分配相结合的方法，原则上集中支持商贸流通业创新发展的项目建设。主要包括支持大型商贸流通企业（商城）多业态发展；支持商贸流通企业开展经营模式创新；鼓励引入商贸流通企业总部（区域总部）进驻；支持商贸流通企业做大做强；支持商贸流通行业连锁经营发展；支持实体商贸流通企业线上线下融合发展；支持举办促消费活动等。该专项资金共分支持引进总部企业发展，支持连锁企业发展，支持老字号商贸流通企业发展，支持“政府+商会+企业”共治共管的商圈管理模式发展，支持商品交易市场信息直报，支持商务部统计监测系统信息报送，支持批发、零售、餐饮企业做大做强，支持商贸流通企业升级改造，支持开展各类促消费活动，支持商品交易市场转型升级等专题。2018年，有156家企业获得该专项资金的扶持。

【扩内需促消费活动】2018年，佛山市商务局制定并印发《佛山市2018年扩内需促消费工作方案》，有计划、有步骤组织企业参加各类展会和经贸活动，并组织开展跨区域、跨部门、跨行业的扩内需促消费活动。其中，组织企业参加2018中国家电博览会、2018中国国际陶瓷与卫浴产品展览会、2018广东机床展、中国国际家具博览会等品牌展销活动，推介各类佛山特色、品牌产品，扩大佛山产品的市场影响力。通过政行企联动，创新发展，开展“2018创新佛山，共享品质生活——佛山市夏季扩内需促消费启动仪式”、“2018年广东省促消费（夏季）暨‘家·520’佛山分会场启动仪式”，以及“2018佛山市秋季促消费活动启动仪式暨连锁企业品牌100发布盛典活动”等，通过省、市、区三级联动，结合季节特点，发动各商（协）会、企业积极开展各类促消费活动。

（余　炯）

拍卖业

【概况】2018年底，佛山市有拍卖企业及分公司55家，企业员工332人。2018年，佛山市拍卖成交额9.83亿元，比上年下降62.13%；拍卖场次268场，下降24.93%。从拍卖标的分类来看，其他类拍卖成交额最高、占比最多，成交额7.28亿元、占总成交额74.03%；从拍卖委托部门来分，其他机构委托拍卖成为拍卖业务的主要来源，成交额8.49亿元，占总成交额86.33%；从拍卖场次来看，其他机构委托、个人委托、政府部门委托（包括土地、海关、公安、工商、税务、检察等）居占部门委托拍卖的前三位，分别为111场次、73场次、43场次。

【法院委托拍卖】2018年，佛山市的拍卖业受司法拍卖政策影响，法院委托拍卖标的主要为房地产和其他，占比分别为83.33%、16.67%。其中，广东省拍卖行有限公司佛山分公司是佛山市首家承接佛山市两级法院司法辅助工作的拍卖企业。

【机构委托、个人委托拍卖】2018年，佛山市拍卖行接受其他机构委托的拍卖成交额、场次分别为8.49亿元、111场，双双位居第一；个人委托的拍卖场次73场，排名第二。其他机构委托拍卖标的主要为房地产、机动车、债权股权、无形资产和其他，分别占比13.51%、25.23%、1.80%、5.41%、54.05%；个人委托拍卖标的主要为房地产类、机动车、债权股权、文化艺术品和其他，分别占比39.73%、9.59%、36.98%、2.74%、10.96%。其中，债权、股权拍卖的最大单项标的名称是佛山市易盛强汽车零配件有限公司的100%股权，来自其他机构委托，成交额2750万元。

【房地产拍卖】 2018年，佛山市房地产的拍卖场次为65场，成交额分别为2.06亿元，拍卖场次、成交额均下降，且拍卖场次下降明显，2018年拍卖场次仅为2016年的10.71%。其中，房地产拍卖的最大单项标的名称是肇庆市广宁县南街镇百盈大道百盈花园166套商铺及1间会所（整体拍卖），来自其他机构委托，成交额5657.95万元。此外，单项标的名称是高明金穗大楼的房地产拍卖，来自金融资产机构委托（包括银行、资产管理公司等），成交额2436.67万元。

【农副产品拍卖】 2018年，佛山市拍卖行接受1场政府部门委托的农副产品拍卖，成交额188万元，是佛山市拍卖市场的首个农副产品拍卖，打破连续多年没有农副产品拍卖的现象。佛山市顺德拍卖行有限公司根据海关的委托，对拍卖标的开心果一批举行（网络）拍卖会，通过在报纸上刊登拍卖公告，对拍卖标的进行展示，以及运用简易程序拍卖，并最终以公开竞价的方式成交该批拍卖物，成交价188万元。

（余　炯）

会展业

【概况】 2018年，佛山市有广东（潭洲）国际会展中心、佛山国际会议展览中心、中国陶瓷城等会展场所36个。2018年，佛山市举办超30个专业展会，展览面积145万平方米，比上年分别增长5.8%和85%，包括举办2018年第四届中国（广东）国际“互联网+”博览会、第32届中国（佛山）国际陶瓷暨卫浴博览交易会等知名展会，以及承接第十届国际发明展览会暨第三届世界发明创新论坛等新型展览会。

【中国（佛山）国际陶瓷及卫浴博览交易会】 2018年10月18—21日，第32届中国（佛山）国际陶瓷及卫浴博览交易会（以下简称“佛山陶博会”）举行，该届陶博会有800家国内外参展商在三大展馆参展。截至2018年底，历届佛山陶博会累计超2000家陶瓷品牌参展，超60万名来自162个国家和地区的专业卖家、设计师、经销商交流互动和商贸合作，成为佛山市的名片，是中国陶瓷链接世界，走向世界的平台和窗口。

（何道哲）

现代物流业

【概况】 2018年，佛山市交通运输、仓储和邮政业增长5.1%。货运量32165万吨，比上年增长3.77%。货运量中，公路货运量占85%、水路货运量占比15%，货运周转量323.76亿吨千米、增长8.2%。货运周转量中，公路货运周转量占比69%、水路货运周转量占比31%。

【物流信息化】 2018年，佛山市物流企业内部管理和业务管理信息化投入加大，全球定位（GPS）和射频识别（RFID）技术得到推广和应用。欧浦智网、南储仓储、佛航物流集团、广东何氏水产、国通物流城、吉宝物流等一批开展电子商务物流、跨境物流、物流金融、冷链物流、现代仓储、物流信息平台交易管理等新业态的现代第三方物流企业，利用互联网、物联网创新经营模式和优化管理流程得到较快发展。

【国家物流标准化试点城市建设】 2018年，佛山市国家物流标准化试点城市建设的3批31个试点项目通过验收。试点项目中，建立社会化的托盘共用体系项目17个，推动物流设施设备标准化建设和应用项目9个，加强物流标准化信息服务平台建设项目3个，完善相关标准和服务规范项目2个。围绕物流标准化建设，试点项目新增投资总额约4亿元，为国家财政扶持资金的7.9倍。投资资金主要用于物流标准化建设、开展技术改造和提升标准化、信息化管理水平等领域。通过物流标准化建设企业提高物流效率，降低物流成本，佛山市区域托盘循环共用体系初步形成。

【物流龙头企业培育】 截至2018年底，佛山市有A级物流企业16家，其中AAAAA级1家、AAAA级7家、AAA级7家、AA级1家。佛山市于2011年出台《智慧物流腾飞计划方案》，至2018年底，评定6批共31家智慧物流腾飞试点企业，分别与各试点企业建立起市、区两级部门联动机制，帮扶物流企业发展。同时，每年拨出专项资金对试点企业中符合“智慧物流腾飞计划”的新建项目进行奖励扶持，2018年全市奖励扶持物流企业9家共计360.05万元。

【冷链物流发展】 2018年，佛山市有符合冷库建设施工及生产运营应采用国家标准GB 28009-2011的冷库超过50个。年运输量上万吨的企业超过20家，以广东何氏水产有限公司、广东勇记水产有限公司等企业为代表，其中广东何氏水产有限公司属于商务部认定的“农产品冷链流通标准化试点企业”。

广东何氏水产有限公司创建于1995年，注册资本1100万元，是集淡水鱼养殖、收购、暂养、加工、物流配送为一体的综合性企业。年交易总量超3万吨，产值超13亿元，销售网络遍及北京、上海、福州、成都、南京、郑州、西安等国内50多个大中型城市，是中国市场辐射最广、规模最大的淡水活鱼产销一体化企业。截至2018年底，是国家高新技术企业、国家农产品冷链流通标准化示范企业、AAAA物流企业、广东省重点农业龙头企业等。公司2018年交易总量超6万吨，产值超10亿元，截至2018年底，是中国市场辐射最广、规模最大的优质水产品冷链物流企业。

【佛山3家企业入选供应链创新与应用试点企业】 2018年9月，商务部市场建设司发布关于全国供应链创新与应用试点城市和企业评审结果，确定将在北京等55个城市和269家企业开展供应链创新与应用试点工作。其中，佛山众陶联供应链服务有限公司、广东美的制冷设备有限公司、佛山市海天调味食品股份有限公司等3家佛山企业为供应链创新与应用试点企业。

（何道哲）

电子商务

【概况】 2018年，佛山市电子商务交易额 8827.05 亿元，比上年增长 25.47%，其中第一季度 1736.05 亿元、第二季度 2059.27 亿元、第三季度 2375.9 亿元、第四季度约 2655.83 亿元。电子商务交易中，企业对企业（B2B）交易额 6259.05 亿元、占总交易额的 70.91%，网络零售市场交易额 2406.1 亿元、占总交易额 27.26%。顺德区电子商务交易总额 3156.74 亿元，占全市电子商务交易总额 35.76%；南海区 2429.88 亿元，占全市 27.53%；禅城区 2322.61 亿元，占全市 26.31%；三水区 529.71 亿元，占全市 6%；高明区 388.11 亿元，占全市 4.4%。

【跨境电商】 2018 年，佛山市跨境电商企业对客户（BC）进出口量 7391.17 万件，跨境进出口金额 100.66 亿元。其中：跨境出口业务量 6744.96 万件，出口额度 79.74 亿元；跨境进口量 646.21 万件，进口额度 20.92 亿元。

是年，市商务局组织、参与系列促进佛山市电子商务发展的活动。9 月 29 日，市工信局到市商务局开展关于佛山市中小企业服务情况及产业高端人才情况的调研，全市多家重点电商企业的代表参加调研会。10 月 24 日，第四届中国（广东）“互联网+”博览会在广东（潭州）国际会展中心开幕。广东省商务厅电子商务处副处长张菊清、佛山市商务局电子商务科相关工作人员出席开幕式。作为“互联网+”的重要发展方向之一，电商企业也备受市民关注，众陶联、众塑联、新安怀、小农丁等一批佛山市知名电商企业聚集亮相，共同展示佛山市电子商务快速发展的良好态势。12 月 10 — 12 日，市商务局副局长李竟滦带领该局电子商务科等业务科室工作人员，到佛山市五区调研电商发展情况，通过对五区实地走访和召开企业座谈会，摸清佛山市电商发展现状，明确发展思路目标，推动全市电商快速健康发展。

【网络零售】 2018 年，佛山市网络零售市场规模继续稳步扩大，网络零售交易额不断增加，在全省居于前列。全年网络零售市场交易额 2406.1 亿元，占总交易额 27.26%。2018 年“双 11”期间，佛山市“电商军团”表现突出，林氏木业公司 27 秒销售额突破 1 亿元大关（连续六年稳居“双 11”天猫家具销售第一位）、美的公司 20 分钟全网总销售额破 10 亿元、格兰仕公司生活电器 29 分钟销售突破 1 亿元。

（游雅静）

粮油流通

【概况】 2018 年，佛山市粮食总供给量 747.3 万吨，粮食总需求量 765.9 万吨，全年粮食消费较 2017 年增长 11.8%。全年全市粮油市场总体平稳，粮源充足，没有出现过断供断档、抢购粮食的现象。在广东省开展的 2017 年度粮食安全责任考核中，佛山市成绩排名全省第二（连续两年获评全省优秀等次）。

【佛山市粮食储备库入粮启用】 2018 年 12 月 24 日，佛山市粮食储备库入粮启用。佛山市粮食储备库于 2014 年 3 月立项，2016 年 1 月动工建设，2017 年 12 月主体建设完成，是广东省重点项目之一，以国内一流、省内第一的标准设计，占地面积 3891.15 公顷，总投资 4.5 亿元。新粮库作为一项惠民工程，投入使用后，将进一步完善佛山市粮食仓储、物流及应急加工体系，推进粮食产业发展。

【粮食安全监管】 2018 年，佛山市以加强地方储备粮管理体系建设为重点，修订实施《佛山市市级储备粮油管理办法》，完善佛山市地方储备粮管理体系。健全安全生产监管方式，以政府购买服务形式，委托第三方专业机构对全市地方储备粮储粮企业和库点进行随机现场监督检查，重点检查企业安全生产和储粮安全等工作落实情况。全市有 72 家粮食企业接受第三方委托检查，做到全覆盖。另外，还利用“佛山市市场监管服务信息化平台”，以“双随机”方式抽取被检查对象和检查执法人员，开展 2 批次“双随机”现场检查，排查安全储粮和安全生产领域各种隐患。

【粮食应急保障】 2018 年，佛山市围绕优化整合粮食应急供应网点布局，建立“招之即来、来之能战”的应急保障队伍，提升粮食应急保供能力。至 2018 年底，全市粮食应急保障网点有 187 个，其中应急供应网 127 个、加工企业 23 家、配送中心 4 个、储运企业 4 家、检测点 29 个，全面覆盖全市、区及镇（街）。推进“应急体系建设+实践”模式，从加工、配送中心、运输以及供应网点进行全方位演练。尤其在 2018 年台风“山竹”影响佛山市期间，随机应急供应得到迅速响应落实。

【粮库智能化升级改造】 2018 年，佛山市粮库智能化升级改造工作进展顺利。2017 年起，顺德区、高明区和三水区 3 个粮库智能化项目纳入 2017 年全省首批“粮安工程”粮库智能化升级改造项目计划，计划投资 1172.5 万元。2018 年 12 月初，顺德区智能化项目率先通过验收。高明区、三水区的智能化升级改造项目，2018 年 11 月底均完工，进入内部调试阶段，计划 2019 年与广东省平台实施对接并申请验收。

【粮食产销合作】 2018 年，佛山市粮食系统围绕与黑龙江省双鸭山市对口合作框架协议，构建两地粮食对口合作平台，增强佛山市粮源安全保障能力。产业合作项目方面，广东九江酒厂、碧桂园、广东碧泉、国通物流等一批企业与双鸭山市有关涉粮企业达成合作共识，并推进各项目落实。粮食展销合作平台搭建方面，是年 4 月，两市在禅城区嘉惠粮油超市举办“黑龙江省双鸭山市好粮油进佛山”专题活动，标志两地粮食主产品市场化营销合作开启、两地粮食展销合作平台实现搭建。粮食贸易合作方面，南海区玉豪米业加工厂继续推进在双鸭山市的大米购销工作。2017 — 2018 年，南海区玉豪米业加工厂在双鸭山市签订 1.15 万吨大米购销合同，合同金额约 5000 万元。

（梁汝钰）

旅游业

手机扫码阅读

综　述

【概况】 2018年，佛山市拥有AAA级以上旅游景区23个，其中AAAAA级旅游景区2个、AAAA级旅游景区15个、AAA级旅游景区6个。旅游星级饭店42家，其中五星级旅游饭店10家、四星级旅游饭店15家。旅行社120家，其中出境游组团社37家。持证导游员4441人，其中中级导游147人、高级导游16人。是年，全市接待国内外游客5424万人次，比上年增长10.04%；接待国内外过夜游客1695万人次，增长13.19%；景区接待国内外游客4571万人次，增长6.80%；旅游总收入809.12亿元，增长14.02%。

是年，佛山市没有发生旅游安全生产责任事故，旅游市场秩序保持良好。

【旅游形象提升】 2018年，佛山市旅游业形象在业界和政府均获得认可。在中国旅行社协会五届二次会员代表大会暨2018中国旅行社行业发展论坛“首届中国旅行社协会行业榜单”发布仪式上，佛山市获“2018年度受游客欢迎的优秀旅游目的地”称号。在“新时代·文旅融合国际峰会”暨2018“锦绣中国榜”发布盛典及授牌表彰仪式上，佛山市被评为“新时代·中国最佳文化旅游名城”和“年度最受游客满意的中国旅游目的地”。在佛山政务新媒体联盟升级行动暨星级命名仪式上，佛山市旅游局被评为“佛山政务新媒体五星单位”，“佛山旅游”微信公众号上榜2018年度佛山市十佳市直政务微信号，《佛山“饭”本》系列获得佛山政务新媒体作品创新优秀案例。

【黄金周旅游】 2018年春节假期，佛山市接待游客425.19万人次，比上年增长11.26%，其中过夜游客14.46万人次、增长12.35%，一日游游客410.73万人次、增长11.22%。全市旅游收入22.4亿元，比上年增长11.34%。全市各景区接待401.27万人次，比上年增长13.11%。春节黄金周期间，祈福游、美食游异常火爆，自驾游、亲子游、民俗游成为主流，行花街、拜祖庙、品美食、泡温泉、看功夫、赏民俗等休闲旅游深受游客青睐。

2018年国庆期间，佛山市旅游市场供应充分，需求旺盛，假日旅游市场火爆。全市接待游客537.56万人次，按可比口径比上年增长16.79%。其中：过夜游客72.23万人次，按可比口径比上年增长12.09%；实现旅游收入27.47亿元，按可比口径比上年增长15.37%。国庆假期佛山未发生旅游安全事故，无旅游服务质量投诉情况。全市开展旅游市场检查51次，出动检查人员155人次，检查旅游企业54家，检查团队导游12人次。整个“十一”假期，全市旅游行业安全有序、疏导有力，执业规范、经营良好，旅游市场保持安全、稳定、有序态势。

【“十大醉美古村”评选】 2018年11月12日—12月14日，佛山市住建局联合市旅游局开展“佛山十大醉美古村”评选。围绕第一批活化升级的30个古村，评选出“十大醉美古村”（整体示范“谋发展”古村）：南庄镇罗南隆庆村、西樵镇上金瓯松塘村、九江镇烟南烟桥村、丹灶镇仙岗村、杏坛镇逢简村、北滘镇碧江社区、北滘镇林头社区、荷城街道阮埇村、芦苞镇长岐村、乐平镇大旗头村。活动还评出10个“醉·活力古村”（成功招商“引凤”古村）：张槎街道莲塘村、南庄镇紫南村村头村、里水镇赤山村、桂城街道叠南社区江头村、西樵镇简村、均安镇鹤峰社区、杏坛镇马东村、勒流街道龙眼村、荷城街道榴村陆家、明城镇罗稳行政村深水村；10个“示范‘筑巢’古村”：石湾镇街道湾华村（醉·粤韵）、里水镇汤村汤南村（醉·私塾）、里水镇宏岗村（醉·绿韵）、桂城街道平东社区（醉·产业）、西樵镇百西村头村（醉·古街）、乐从镇沙滘社区（醉·古祠）、均安镇沙头社区（醉·文

2018年佛山市旅游经济发展情况

类别	接待过夜旅游者（万人次）	旅游总收入（亿元）	旅游外汇收入（万美元）	一日游人数（万人次）	旅游从业人员（人）
全市合计	1695.31	809.12	161095.8	3729	62513
禅城区	492.18	275.10	64438.32	954	4437
南海区	446.71	219.46	22553.41	839	32150
顺德区	454.49	214.36	66049.28	1034	10561
高明区	70.24	49.58	3221.92	485	1802
三水区	231.69	50.62	4832.87	417	13563

化记忆）、更合镇新圩社区朗锦村（醉·乡土美食）、白坭镇富景社区祠巷村（醉·宗族文化）、芦苞镇独树岗村（醉·村史展示）。活动期间，还开展佛山市“醉美古村”摄影（视频）大赛。

（饶锦涛）

旅游市场开拓

【概况】 2018年，佛山市旅游市场围绕“旅游+文化”“旅游+民俗”“旅游+美食”“旅游+乡村”等新业态，推出一系列旅游活动。开展“最岭南之佛山过大年”旅游活动，推出以逛花街、赏年花、拜祖庙、赏龙狮、泡温泉、品盆菜、“行通济”等为主的民俗旅游文化活动60多项。开展“最岭南之佛山乡村游”旅游活动，举办徒步乡村游、小记者古村文化体验、狮山生菜宴等活动近50项。开展“最岭南之佛山美食游”旅游活动，推出第十三届顺德私房菜大赛、“南海十大最美旅徒线路”评选、千人笋宴暨张槎十大名菜颁奖仪式、海天酱油旅游文化节、顺德美食节、“佛山美食·好味到镇”活动、美食宣传口号和美食摄影征集及宣传、电视美食栏目制作、美食歌曲录制、佛山美食短视频（抖音）拍摄等活动40多项。举办“第二届佛山·禅城旅游文化周暨高铁经济带旅游博览会”，推出高铁城市展销会、城市形象展馆展、云上旅博会等活动。举行粤桂黔高铁经济带文旅展，粤桂黔3省（区）13市（州）文旅合作促进旅游市场发展。以“佛山制造 中国功夫”为主题举办第三届香港·佛山节，通过开幕式、现场启动仪式、佛山（香港）美食推介会和主题展等活动，推广弘扬佛山旅游城市品牌形象。在香港中心区域开设佛山旅游专线宣传巴士，选择旅游观光敞蓬巴士做全车车身广告，专题推广佛山美食、武术旅游。以广佛肇旅游联盟名义在“北京西—三亚”的列车上发布铁路列车广告，联合推广三地旅游资源。

【粤港澳大湾区城市旅游联合会第一次成员大会】 于2018年4月20日在广州市召开。广州、香港、澳门、佛山等11个会员城市旅游部门相关负责人，

恬静幽雅的顺德区杏坛镇逢简村　（市文广旅体局供图）

就如何完善粤港澳大湾区旅游合作和发展展开研讨。大会主题为“旅游新时代·美丽大湾区”，旨在全面贯彻落实习近平总书记在参加十三届全国人大一次会议广东代表团审议时的重要讲话精神，抓住建设粤港澳大湾区重大历史机遇，秉承“合作发展、品牌共创、市场共享”的理念，完善“9＋2城市”旅游一体化合作机制，推动粤港澳大湾区旅游新时代扬帆出海，向世界展现“美丽幸福大湾区”旅游形象，携手打造世界级旅游目的地。大会同时宣布推出粤港澳大湾区10条精品旅游线路，其中“休闲美食游”线路为“香港—广州—佛山（顺德）—珠海—澳门”、“寻根问祖游”线路为“香港—惠州—广州—佛山—韶关（南雄）—珠海—澳门”。

【“多彩广佛肇，岭南真味道”旅游推介会】 2018年4月，广州、佛山、肇庆三市联手，以区域联盟形式组团赴北京市、天津市举办“多彩广佛肇，岭南真味道”旅游推介会，展示“粤语粤菜粤剧粤风情”。佛山市参与举办该推介会旨在向北京市、天津市的同行展示佛山市旅游形象和特色旅游资源，同时也为“五一”假期旅游产品进行宣传，吸引北京市及华北地区游客来佛山市欢度假期，体验佛山岭南文化。佛山市区旅游局、西樵山旅游风景区、梦里水乡景区等派相关负责人参加推介会，并与北京市、天津市的旅游同行进行交流。广佛肇三市对口合作的黑龙江省齐齐哈尔市、双鸭山市、鸡西市三个城市也参加旅游推介会，分别通过播放宣传片、幻灯片演讲等方式展示北国风情及边境跨境游等产品。该次推介会，广佛肇三市致力于加强与京、津、冀以及东北旅游界的互动与合作，增进相互的交流与合作，推动南北差异体验的独特魅力。

【第二届佛山·禅城旅游文化周暨高铁经济带旅游博览会】 于2018年4月27日—5月2日在佛山市禅城区举行，其中开幕式在佛山市祖庙万福台举行。该次活动以“高铁创游 湾区营地”为主题，以高铁线路为依托，以旅游文化创意为切入点，除开幕式外，还举办旅游业态趋势暨全域旅游研讨会外、“岭南印象”主题文艺晚会、高铁城市特色文化体验营、城市形象展览、参展城市文旅商品展销会、南风古灶分会场系列活动、TeamLab水晶烟花华南首展、水舞声光秀等多项活动。是全国首个高铁主题旅游博览会。活动中，还对《粤桂黔旅游手册》《粤桂黔旅游地图》进行修订。活动有包括粤港澳大湾区核心城市和粤桂黔高铁经济带高铁沿线22个城市和地区参加。活动期间接待游客102.5万人次，旅游收入4.53亿元。

【海外旅游交流】 2018年，佛山市旅游局先后接待美国、葡萄牙、希腊、马来西亚、泰国、印度尼西亚等国旅游业界代表到佛山市考察，并组织佛山中旅、

佛山国旅、禅之旅等出境游旅行社与其开展业务对接；协助市外事侨务局接待美国、澳大利亚、加拿大等国际厨师团到佛山市开展美食文化交流；组织佛山市厨师、点心师赴澳大利亚、毛里求斯等地开展交流学习，为双方合作交流提供平台、牵线搭桥。

应澳大利亚汤斯维尔市的邀请，由佛山市旅游局副局长郭明远率领，由顺德区旅游局副局长欧伟中、佛山市外事侨务局英语翻译谌融、顺德区厨师协会常务副会长马澄根和佛山皇冠假日酒店高级行政总厨陈文生组成的代表团一行5人，于5月15—19日出访澳大利亚汤斯维尔市，开展美食文化交流活动。

3月26日至4月1日，澳大利亚Chef Outta Water厨师协会西蒙·米尔克一行8人对佛山市进行友好访问，参观杏坛镇逢简水乡、旺阁渔村、高明农场，与中方厨师进行厨艺切磋交流，并参与"50公里徒步"和慈善义卖等活动，加强与佛山市美食文化的交流。

【佛港澳旅游交流】 2018年，佛山市共接待港澳地区旅游人数113.64万人次，接待粤港澳大湾区旅游酒店及餐饮业联盟考察团、香港旅游业议会考察团、澳门社会文化司司长考察团、香港入境旅游接待协会考察团等到佛山市考察交流，就合作方向、内容及方式进行交流和探讨，并就共同开拓旅游线路、互推旅游资源、互送旅游客源等达成初步协议，推动共建休闲湾区旅游目的地。

7月26—28日，香港旅游业议会组织香港旅游事务署、香港旅游发展局、香港重点景区以及旅行社代表约130人赴广州市、佛山市、东莞市开展考察交流活动。7月27日，考察团走进佛山市，实地体验佛山市景区独具特色的旅游资源和岭南民俗风情，并在当晚举行香港·佛山旅游推介会暨交流晚宴，推介双方旅游资源，促进粤港澳大湾区城市间的旅游互动合作。香港旅游业议会领导、香港旅游发展局领导、香港景区代表及旅游社代表和佛山市旅游局领导、五区旅游局领导、市旅行社协会、市旅游协会、市饮食同业商会、顺德区旅游协会代表、罗浮宫国际家具博览中心代表及佛山市旅游业界代表200多人出席活动。

10月20日，香港入境旅游接待协会会长林和忠率香港旅行世界有限公司、天福旅运经伟国际旅运有限公司、盛世旅行社有限公司、亚洲观光（香港）有限公司、致诚旅游、旅行易有限公司、特乐旅运有限公司等18家香港旅游企业的董事、总经理，乘坐广深港高铁赴佛山开展主题为"高铁新感受——佛山一天游"的参观考察。

【乡村旅游推广】 2018年，佛山市旅游部门结合佛山市特色古村落宜居示范和活化升级工作，推出一批乡村旅游线路，建设一批特色文化旅游乡村。市旅游局联合市住房和城乡建设管理局、市文化广电新闻出版局开展"佛山十大醉美古村"评选，从第一批活化升级的30个古村中，评选出"十大醉美古村"，10个"醉·活力古村"和10个单项示范古村。

从9月开始，先后在禅城区、高明区、顺德区、三水区、南海区举行"佛山美食·好味到镇"活动。市旅游局官方微信公众号对活动推送125篇，微信推送总阅读量约30万人次，活动整体参与人数达1.3万人次，宣传佛山市美食，吸引大量游客游佛山品美食。

年内，市旅游局、市住房和城乡建设管理局、市教育局联合主办"文旅佛山·美丽古村——2018青少年古村落征文及摄影展示活动"。收到征文作品2036份、摄影作品1146份。经过专业评委评审，产生优秀组织奖15个，优秀指导老师14人，征文及摄影各组别一等奖24个、二等奖29个、三等奖36个、优秀奖45个。

【美食旅游媒体宣传】 2018年，佛山市旅游部门通过网红直播、抖音短视频、微信朋友圈广告等方式，推出系列作品"跟着《佛山饭本》寻美食"，向全国新媒体用户宣传佛山美食旅游。单个短视频阅读量约50万人次，20个短视频累积阅读量500多万人次。围绕佛山市美食宣传，推出顺德区私房菜大赛、佛山市美食歌曲征集、佛山市美食口号征集、佛山市美食摄影作品大赛、佛山市美食"锦鲤"抽取、佛山市美食使者招募等活动，用为年轻人所喜爱的方式，扩大佛山市美食旅游影响力。联合佛山电台打造"佛山美食·好味到镇"精品节目，通过线上传播、线下推广、活动到镇的形式，撬动乡村旅游市场，带动美食消费。

【"南来北往、寒来暑往"旅游推介会】 2018年7月5日，由广东省旅游局主办，佛山市旅游局、东莞市旅游局承办的"寒来暑往 南来北往"广东佛山市、东莞市旅游推介会在黑龙江省双鸭山市举行。该次推介会是贯彻落实党中央、国务院关于东北地区与东部地区部分省市对口合作的总体部署，落实《黑龙江省与广东省对口合作框架协议（2017—2020年）》的一项工作内容，旨在加强与结对城市的旅游交流合作，提升广东省旅游在东北地区的知名度和美誉度，打造"寒来暑往南来北往"旅游季品牌。为了办好该次推介会，7月3日，佛山市、东莞市旅游管理部门组成30多人的推介团队，到牡丹江市和佛山市开展联合推介促销活动。佛山市展出包括佛山对狮、《佛山情书》、祖庙钥匙扣等文创特产，以及广式月饼、盲公饼、双皮奶、鸡仔饼等独具岭南特色的各类食品。

佛山市和双鸭山市是对口合作城市，2018年5月1日开始，佛山市针对双鸭山市设立旅游营销推广专项资金，用于鼓励佛山市旅行社等旅游企业自发设计双鸭山市精品旅游线路，组织佛山市游客通过自组团、包机、专列、自驾车队（含落地自驾车）、房车车队等形式，赴双鸭山市开展深度体验之旅。5月1日至12月31日，佛山市旅行社组织184人前往双鸭山市旅游。

【佛山市组团参加2018广东国际旅游产业博览会】 2018年9月7—9日，2018广东国际旅游产业博览会在广州琶洲展馆举行。佛山市在中华全域旅游馆设置一个60平方米的展位，由市旅游局携盈香生态园、佛山公特产店等17个企事业单位，以及狮头扎染等非遗项目传承人组团参展。佛山市展位展出佛山旅游宣传资料、佛山市传统手工艺品、文创纪念品等，并准备佛山市特色食品供观展游客品尝，而且还特设"互动式狮头彩扎体验+表演"环节，由国家非物质文化遗产项目彩扎（佛山狮头）代表性传承人黎伟、黎佳现场展示狮头扎作技艺。

【佛山市美食旅游推介会在上海市举行】2018年10月27日，佛山市美食旅游推介会在上海市举行。推介会现场除进行佛山武术功夫表演、播放佛山美食“武林秘笈”宣传片和进行厨艺展示外，还对佛山盲公饼、大良蝴蚾、《佛山情书》、《佛山“饭”本》、佛山旅游交通地图等佛山市特产和文创产品进行展示推介。同日，佛山市南海区、顺德区的10名资深大厨组成2支队伍参加同在上海市举行的第十二届亚洲名厨精英荟比赛。最终，南海区餐饮业协会代表队摘得3金2银，并获团体最具文化特色奖；顺德区厨师协会摘得3金2银，获团体最佳搭配奖。

【佛山市组团参加2018广东旅游推介会】2018年9月26日，由广东省旅游局组织的“南北极的奇妙穿越”——2018广东旅游推介会在哈尔滨市举行，广东省旅游局和12个地市旅游部门、旅行社代表及黑龙江省旅发委和13个地市旅游部门、旅行社与媒体代表参加推介会。佛山市旅游局按照省旅游局的统一部署和要求，组成由市旅游局、禅之旅国际旅行社有限公司、中旅国际旅行社有限公司派出的5人代表团参加推介会，推介佛山市旅游业发展成果和旅游文化精髓。推介会上，佛山市通过现场歌舞原创改编、大屏幕精致呈现等形式，多层次将祖庙、西樵山等佛山市著名景点向黑龙江省市民作推介。推介会上，广东省推出6条各具风情的精品游路线，涵盖亲子、文化、民俗、滨海等多个主题。其中，佛山市成为“都市亲子游”线路重要目的地城市，线路具体为“广州—东莞—深圳—珠海—中山—佛山”。

【佛山市全域旅游工作现场会】2018年11月1日，佛山市全域旅游工作现场会在高明区召开。市委副书记、市长朱伟出席会议并发表讲话，市委常委、副市长刘俊文传达全省全域旅游工作现场会精神，市旅游局代表对《佛山市发展全域旅游促进投资和消费实施方案》进行解读说明，禅城区代表、南海区代表和美的·鹭湖负责人介绍全域旅游工作经验。市直相关单位负责人，各区区长及分管领导，重点旅游企业负责人，旅游院校负责人，新闻媒体等100多人参加会议。会议为全市全域旅游发展明确主攻方向和实施路径，全域旅游全面提速。

【第三届香港·佛山节】2018年12月12—16日，以“佛山制造 中国功夫”为主题的第三届香港·佛山节（2018）在香港沙田源禾路游乐场举行。通过举办开幕式、现场启动仪式、佛山（香港）美食推介会和主题展等活动，吸引数万香港市民和中外游客到现场品佛山美食、看佛山武术、赏佛山工艺，数十家境内外媒体参与报道，推广佛山美食、旅游文化资源和弘扬“佛山制造 中国功夫”的城市品牌形象。加强与香港特区政府、商会协会团体以及旅游业界的沟通联系，调动政府、协会、企业多方积极性，丰富“香港+佛山”文旅合作内涵，推动粤港澳大湾区文旅互动交流，助力佛山市打造成大湾区高品质休闲旅游胜地。

（饶锦涛）

旅游开发建设

【旅游招商】2018年，佛山市建立旅游招商项目库，制作《佛山旅游招商指南》，利用佛山市旅游网、微信、微博以及旅游展等各种国际国内知名展会进行旅游招商宣传推介。筛选听音湖片区酒店、南海古村游、缤纷花世界、金谷塱花园等10个旅游招商项目在2018广东旅游产业投融资对接会、广东国际旅游展、广东旅游官方微信等重大展会平台进行推介招商。第一季度引入荷花奇境项目，其中首期投资2亿元打造的紫莲花区——魔法空间于1月开业、蓝莲花区——水天地乐园于5月19日开园。3月28日，于2017年引入的总投资16.8亿的宋城·西樵山岭南千古情项目动工，计划2020年3月开业。

【重点旅游项目建设】2018年，佛山市有梁园及周边环境改造提升工程、西樵岭南文化旅游项目、顺德长鹿农庄乡村休闲度假旅游项目部分工程、顺德华侨城欢乐海岸主题公园、佛山高明盈香生态园二期增资项目、美的·鹭湖森林度假区配套项目等6个项目列入年度重点旅游项目。

梁园及周边环境改造提升工程项目，被确定为省、市、区重点工程，工程建设投入2.6亿元，由市、区各承担50%，总建筑面积3.89万平方米。其中2018年工程支出3111.73万元。

西樵岭南文化旅游项目中的西樵岭南文旅小镇项目通过由佛山市发改局组织的首批市级特色小镇创建规划方案审查。樵山文化中心和飞鸿馆封顶并启动室内装修工程，观心小镇部分试营业。

顺德长鹿农庄乡村休闲度假旅游项目部分工程2018年投资1.2亿元。更换自旋滑车、空中飞人、神舟冲浪、森林狩猎、激情跳跃、激情摇摆、长颈鹿Party、毛毛虫、音乐喷泉、坦克车、翼龙等项目，计划引进冰雪世界、科技馆、恐龙乐园等新项目。矿洞海洋馆、潜水池、游泳池等项目相继投入使用。长鹿特色主题酒店推出休闲娱乐配套服务。同时，木偶剧场全面升级，推出“长鹿马戏·幻秀传奇”舞台表演。

顺德华侨城欢乐海岸主题公园累计完成投资额2.27亿元。截至年底，完成建筑单体、景观设计方案，完成建筑单体、设备桩基图施工图招标图，建筑单体施工图出图。土方工程完成90%，软基处理完成95%。完成所有设备的合同签订。

佛山高明盈香生态园二期增资项目计划投资额10亿元，累计完成投资额5.73亿元。广东盈香生态园始建于2000年，位于高明区凌云山麓。是集休闲农业、旅游观光、科普教育、生态餐饮、企业拓展培训、家庭亲子游、中小学春秋游等功能于一身的国家AAAA级旅游景区、全国休闲农业与乡村旅游示范点。

美的·鹭湖森林度假区配套项目计划投资2.5亿元，累计投资2.26亿元。投资2000万元的鹭湖中心停车场竣工，投资4538万元的鹭湖宴会厅对外试运营，投资1.6亿元的鹭湖水世界开工建设。

【《佛山饭本》首发】2018年9月26日，佛山市旅游局在市图书馆举办《佛山饭本》发布会。《佛山饭本》是与知名漫画家林帝浣合作编写创作的美食文创书籍，以佛山市美食为主题，用生动的文字搭配漫画家林帝浣近50幅手绘漫画，加上佛山市五区手绘美食地图和5条美食线路，向读者宣传佛山市美食旅游。

【《佛山市发展全域旅游促进投资和消费实施方案》出台】 2018年10月，《佛山市发展全域旅游促进投资和消费实施方案》出台。该实施方案提出到2020年，旅游产业总收入突破1000亿元、年接待游客超过6000万人次等目标，并提出“五个加快”（加快城旅融合、文旅融合、农旅融合、商旅融合和创新融合）、“七个支持”（加强资金支持、加强旅游用地支持、支持利用林场资源发展旅游、支持扩大旅游消费、深化旅游“放管服”改革、加强旅游人才队伍建设、强化大数据支持）、“四个加强”（加强组织领导、规划引导、宣传推广以及督促检查）。

【旅游厕所建设】 2018年，佛山市旅游部门根据《佛山市旅游厕所建设管理三年行动计划实施方案的通知》，新改建旅游厕所57座，其中新建36座、改建21座，超额完成计划任务。其中：禅城区7座，新建4座、改建3座；南海区8座，新建6座、改建2座；顺德区11座，新建4座、改建7座；高明区22座，新建15座、改建7座；三水区9座，新建7座、改建2座。开展旅游厕所建设奖励资金申报评审，经评审专家组评定和社会公示，对符合奖励条件的旅游厕所给予奖励。

【民宿经济发展】 2018年，佛山市旅游局制定民宿发展全年工作计划，对全市五区民宿发展情况进行调研，并邀请和组织深圳市大鹏新区民宿协会等机构、企业和专家进行资源考察；组建专家团队，编制《佛山市民宿发展规划报告》。12月18日，市旅游局在南海区丹灶镇举办佛山市民宿产业发展大会，大会以“推动民宿发展，促进乡村振兴”为主题，向全国民宿品牌机构和投资人展示佛山市全域旅游发展蓝图，推介佛山市民宿资源，宣传佛山市民宿开发相关政策，吸引社会各界投资，推动民宿成为佛山市乡村振兴和提升城市品牌的一张“金名片”。12月29日，出台《佛山市民宿管理暂行办法》，拟定《佛山市民宿发展资金扶持办法（试行）》。

（饶锦涛）

2018年12月18日，佛山市旅游局在南海区丹灶镇举办佛山市民宿产业发展大会。图为副市长刘俊文（左三）、市旅游局局长蒋庆（左四）在了解民宿发展情况

（市文广旅体局供图）

旅游行业管理

【导游人员服务技能专题培训】 2018年，佛山市旅游局在全市旅游行业持续开展主题为“讲好佛山故事”的导游全员培训。举办“2018年佛山市导游岗前培训班”，为学员准备《佛山情书》等学习资料，并以《佛山情书》为蓝本，为新导游量身定做“佛山概况”“佛山民俗”“民间传说”等课程，有173名新导游参加培训。举办“讲好佛山故事”专题培训，组织参训学员173人到广州市与广州市精英导游进行友好交流与座谈。举办佛山市“金牌导游”培训班，采取专题讲座、主题研讨、案例分析等方式，培训导游（讲解员）从业规则、基础礼仪、沟通技巧、应急能力、心理调适等内容，有30名“金牌导游”参加培训。是年，佛山市旅游局还承办预防性领事保护知识培训讲座、“全国旅游监管服务平台”操作使用业务培训、“现场应急救护”导游员培训、地接导游带团技巧培训班等活动。全年培训旅行社导游和地接导游1618人，其中旅行社导游1393人、地接导游225人。

【旅游行政审批制度改革】 2018年，佛山市旅游局推进“一门式、一网式政务服务改革”，做好行政审批标准化和公共服务事项标准编制工作，在“佛山市政府职能综合管理平台”上，完善和修改佛山市旅游局权责清单的事项名称、事项类型、设定依据等内容。佛山市旅游局列入“证照分离”改革事项目录分别是“经营国内和入境旅游业务旅行社设立审批”和“外商投资旅行社业务许可”2项。从4月1日开始，全面使用新系统进行业务办理，重新配置审批事项环节及审批人员信息。9月1日起，所有旅游行政审批事项承诺办理时限全部压缩至5个工作日（个别即到即办），并且不再接收纸质申请材料，审批结果均可邮寄送达。在这些行政审批事项中，办理时限最大压缩4/5，实现“零跑动”“零提交”目标。

【2018百名广东旅游大使（佛山）选拔活动】 2018年11月19日，佛山市旅游局举办2018百名广东旅游大使（佛山）选拔活动，邀请广州市导游协会秘书长、国家高级导游沈莉莉，广东省旅游协会导游分会名誉会长江澜和广东省旅行社行业协会秘书长郑文丽为评委。市内13家旅行社的导游及社会导游共21名选手参加选拔活动，围绕“讲好

佛山故事”主题进行讲解和演绎。经过角逐，贾锐、杨兴湖、区赞英、徐春辉、邓蔚莹、黄晓茵、黄方、姜君、刘炳旭、郑肖薇等10名选手获推荐代表佛山市参加省文化和旅游厅、省旅游协会将于2019年3月举办的“花城杯”百名广东旅游推广大使评选活动。

（饶锦涛）

旅游市场监管

【概况】2018年，佛山市市、区两级旅游行政管理部门受理各类旅游投诉304件，法定期限结案率100%，为消费者挽回经济损失25万多元。在全市范围内开展“利剑行动-1”、“利剑行动-2”、旅游行业乱象整治、节假日前夕旅游市场专项督导等一系列旅游市场秩序专项整治行动，打击“不合理低价游”“非法港澳游”和非法经营旅行社业务等突出问题，规范导游（领队）执业行为，打击在旅游市场欺行霸市、强买强卖、收保护费的行霸、市霸等黑恶势力，以及“黑车、黑导、黑社、黑店”、“不合理低价游”、“非法港澳游一日游”、欺骗和强制购物、虚假宣传、无证无照经营等违法违规行为。全市各级旅游部门作出行政处罚6起，没收违法所得和罚款7万余元。全市各级旅游行政管理部门联合相关部门全年出动检查组508个次，出动检查人员3048人次，检查旅游企业812家次。

【旅游安全工作部署】2018年初，佛山市旅游局召开全市旅游工作会议，研究部署2018年旅游安全工作。年内，市旅游局建立健全旅游安全生产工作协调机制，通过联席会议协调机制，及时协调、解决安全生产监督管理中存在的重大问题。明确各区旅游主管部门在职责范围内对辖区内旅游行业的安全生产工作实施监督管理。印发《佛山市2018年春节前后旅游安全和市场秩序工作集中检查活动实施方案》《佛山市旅游安全生产“百日会战”行动方案》《佛山市旅游行业2018年安全生产宣传工作方案》《佛山市旅游行业2018年节后复产安全培训教育行动工作方案》《2018年佛山市旅游行业“安全生产月”和“安全生产万行”活动方案》《佛山市旅游道路交通安全专项治理工作方案》《2018年佛山市旅游春夏火灾防控工作方案》《2018年佛山市旅游行业“平安细胞”工作实施方案》《佛山市旅游行业全面落实旅游企业安全生产主体责任行动方案》《2018年佛山市旅游行业今冬明春火灾防控工作方案》等旅游安全相关工作方案，并在全行业贯彻落实。

【旅游安全、旅游市场规范和文明旅游宣传】2018年，佛山市旅游局与佛山日报社合作，推出26期《旅游消费安全攻略话你知》专栏，刊出旅游行业安全知识、应急知识、消费维权等知识，做好旅游安全、理性消费提示和宣传工作。5月19日和6月25日，市旅游局联合各区旅游局、旅游行业协会、相关旅游企业分别在佛山市高明区荷城广场、禅城区铂顿城举办“文明旅游、安全出行”主题宣传活动，结合2018年旅游行业“安全生产月”活动，聚焦文明旅游、安全出行、扫黑除恶、消防安全、食品安全等内容开展系列宣传教育。9月22—23日，由市旅游局指导、佛山日报社主办的“全域旅游，美好生活——2018佛山金秋旅游博览会”在禅城区东方广场举行。会上颁布《放心消费旅游景区评定规范》团体标准、联盟标准，派发文明旅游、安全出行、扫黑除恶宣传单张和宣传品，展示放心消费旅游景区景点。此外，开展2018年全市旅游包车客运安全管理培训、2018年旅游安全工作会议暨业务技能培训班，还多次组织旅游从业人员参加省旅游局举办的安全视频培训。同时，按照市安全生产委员会要求，将安全生产警示教育片《生命至上》发放至全市A级景区、星级饭店、旅行社等旅游企业，并组织辖区旅游企业人员接受警示教育。

【旅游行业扫黑除恶】2018年，佛山市旅游局通过实地摸排、群众举报、区局上报等途径接收以旅游市场行业乱象为主涉黑涉恶线索23条。市旅游局扫黑除恶领导小组对所有线索进行初步甄别研判后，向省旅游局、市扫黑办双向移交“第六类”线索4条。所有线索均按照职能范围自行处理、移交相关职能部门联合处理等方式办结。是年，佛山市旅游系统联合相关职能部门查处涉嫌欺诈购物的旅游购物店6家，退款170余宗，为游客挽回经济损失308万元；打击和处罚一批利用微信公众号非法经营旅游业务的企业和个人；破获西樵山景区非法营运“摩的”司机和香烛店勾结的诈骗团伙1个。是年，市旅游局撰写的《市旅游局让扫黑除恶与日常监管有机融合》《创建放心旅游城市打造放心消费景区》入选市《典型引路：扫黑除恶专项斗争经验“佛山样本”》。

【旅游市场监管体系建设】2018年，佛山市召开全市旅游工作会议，市旅游局与各区旅游局分别签订《2018年度全市旅游安全工作目标责任书》，要求各区旅游局全面落实旅游行业安全责任。在安全特别保护期、暑期和重大节假日期间，市旅游局联合相关部门或者区旅游局开展全市旅游行业安全生产大检查。全市各级旅游行政管理部门联合相关部门全年出动检查组508个次，出动检查人员3048人次，检查旅游企业812家次，发现安全隐患534处，一一跟踪落实整改并完成相应的管控措施。

印发《佛山市2018年旅游行业安全生产风险点危险源排查管控工作方案》，制定市旅游局2018年风险点危险源安全监管计划，并聘请专家完善危险源、风险点的排查，编著《佛山市A级旅游景区风险点危险源风险等级评估指南》，与专业技术人员共同开展风险点危险源再排查、再识别。

制定2018年旅游安全工作要点，细化市、区旅游局安全工作领导小组职责分工。创新行业监管联动机制，把旅游安全管理工作与市场监管及打造优质旅游密切结合，在全省率先开展放心消费景区创建工作。启动佛山市放心消费旅游景区创建试点，确定首批10个参与标准（试行）试点旅游景区。制定《佛山市旅游行业2018年应急演练全覆盖工作方案》，要求各区旅游局加强督导检查，推动演练深入开展。7月3日，市旅游局联合南海区旅游局在南海区中央电视台南海影视城举办2018年佛山市旅游行业防台风（暴雨）应急演练活动，市、区旅游局相关领导及工作人员、狮山镇宣传文体办、狮山旅游协会、佛山市五区旅游景区安全生产责任人以及媒体代表80余人参加演练活动。

【旅游安全培训】 2018年2月6日，佛山市旅游局举办全市旅游包车客运安全管理培训。6月12日，在禅城区佳宁娜大酒店举行2018年旅游安全工作会议暨业务技能培训班。7月6日，组织全市旅行社参加“全国旅游监管服务平台”操作使用业务培训暨旅游法规及安全管理培训。9月25日，组织各区旅游局分管安全领导、相关科室负责人以及A级旅游景区负责人参加全省旅游系统视频培训。

【佛山市旅游质量监督管理所获“全省旅游工作先进集体”称号】 2018年1月19日，2018年全省旅游工作会议在广州市从化区召开。会上，佛山市旅游质量监督管理所获“全省旅游工作先进集体”称号。“广东省旅游工作先进集体”是广东省人力资源社会保障厅、广东省旅游局联合表彰，有39个集体获表彰，佛山市旅游质量监督管理所是广东省各地市质监所中唯一受表彰的集体。

【旅游诚信经营制度建设】 2018年，佛山市开展“旅行社公开承诺诚信经营”活动。至年底，全市有41家旅行社签订《旅行社诚信经营承诺书》。

全面推行电子团队名单表，实现网上填报、联网查验。通过全国旅游监管平台实现导游基本数据查询、信息推送发布、信息实时更新统计等，完成对全市导游的日常执法监管、服务质量监督、诚信信息披露等。抓紧好信用信息的政务公开和“双公示”工作，增大企业的透明度和社会监控力度。

2018年5月8日，佛山市放心消费旅游景区创建试点启动仪式在南海区博物馆举行

（市文广旅体局供图）

【旅游消费维权机制】 2018年初，佛山市旅游局印发《佛山市旅游行业2018年放心消费创建工作方案》，在全市开展放心消费A级景区、放心消费星级饭店、放心消费旅行社创建。2018年，全市旅游行政管理部门受理各类旅游投诉248件，法定期限结案率100%，为消费者挽回经济损失23万元。

市旅游局与佛山日报社合作，通过《旅游消费安全攻略话你知》专栏，每周定期刊出旅游行业安全、应急、消费维权等知识。年内，市旅游局联合各区旅游局、旅游行业协会、相关旅游企业举办“文明旅游、安全出行”主题宣传活动2场。

【放心消费景区创建】 2018年5月8日，佛山市放心消费旅游景区创建试点启动仪式在南海区博物馆举行。市、区旅游局组织发动全市旅游景区参与放心消费景区创建工作，经景区自愿报名和市、区旅游局遴选，确定祖庙、南风古灶、西樵山、九江双蒸博物馆、长鹿旅游休博园、清晖园、盈香生态园、美的鹭湖森林度假区、三水森林公园、南丹山景区等首批10个参与标准（试行）试点的旅游景区。9月22日，在“全域旅游，美好生活——2018佛山金秋旅游博览会”上，市旅游局和10个放心消费创建试点单位发布实施团体标准《放心消费旅游景区评定规范》，标志着佛山市放心消费旅游景区的创建将有法可依，有章可循。至年底，上述10个景区完成放心消费示范旅游景区建设。

（梁　艺）

2018年佛山市AAA级以上景区

序号	景区名称	等级	地址	等级公布时间
1	佛山市西樵山风景名胜区	AAAAA	佛山市南海区西樵镇登山大道附近	2013年1月3日
2	佛山市长鹿旅游休博园	AAAAA	佛山市顺德区伦教街道三洲建设东路8号	2014年11月28日
3	佛山市祖庙博物馆	AAAA	佛山市禅城区祖庙路21号	2012年11月19日
4	佛山市南风古灶旅游区	AAAA	佛山市石湾镇街道高庙路6号	2009年12月1日
5	佛山市南海湾（西岸）森林生态园	AAAA	佛山市南海区西樵镇西岸	2011年12月1日

（续表）

序号	景区名称	等级	地址	等级公布时间
6	平洲玉器街	AAAA	佛山市南海区桂城街道永安路	2014年4月29日
7	中央电视台南海影视城	AAAA	佛山市南海区狮山镇松岗影视城大道	2016年8月10日
8	佛山市南海梦里水乡景区	AAAA	佛山市南海区里水镇滨江东路艺术河畔游客中心	2018年2月9日
9	佛山市清晖园	AAAA	佛山市顺德区大良街道清晖路23号清晖园管理处	2007年11月27日
10	佛山市（顺德区）陈村花卉世界	AAAA	佛山市顺德区陈村花卉世界牡丹路28号	2012年1月9日
11	佛山市顺德罗浮宫国际家具艺术博览中心景区	AAAA	佛山市顺德区121省道乐从路段罗浮宫国际家具博览中心景区	2012年8月14日
12	佛山市乐从国际会展中心景区	AAAA	佛山市顺德区乐从镇乐从大道路南1—2号	2014年4月29日
13	史努比缤纷世界	AAAA	佛山市顺德区大良街道龙盘西路1号	2018年9月14日
14	佛山市皂幕山旅游风景区	AAAA	佛山市高明区杨和镇杨梅井头（皂幕山景区游客接待中心）	2012年11月19日
15	佛山市广东盈香生态园	AAAA	佛山市高明区荷城街道西安冼村	2014年4月29日
16	佛山市三水荷花世界	AAAA	佛山市三水区西南街道南丰大道荷花世界	2005年12月
17	佛山市三水森林公园	AAAA	佛山市三水区云东海大道森林公园发展公司	2006年10月23日
18	佛山市禅城区柏林艺术馆	AAA	佛山市禅城区跃进路11号	2016年4月14日
19	佛山市九江双蒸博物馆	AAA	佛山市南海区惠民路12号	2017年
20	佛山市顺德区南国丝都丝绸博物馆	AAA	佛山市顺德区观绿路3号	2016年
21	佛山市顺德区杏坛逢简水乡	AAA	佛山市顺德区杏坛镇逢简村	2015年
22	佛山市顺德区周大福珠宝文化中心	AAA	佛山市顺德区伦教镇伦福路1-3号	2014年11月1日
23	碧江金楼	AAA	佛山市顺德区北滘镇碧江泰宁路6号	2018年2月23日

2018年佛山市星级旅游饭店

序号	饭店名称	星级	地址
1	佛山宾馆（佛山皇冠假日酒店）	五星	佛山市禅城区汾江中路118号
2	恒安瑞士大酒店	五星	佛山市禅城区城门头西路一号
3	保利洲际酒店	五星	佛山市南海区灯湖东路20号
4	哥顿酒店	五星	佛山市顺德区容桂大道中38号
5	财神酒店	五星	佛山市顺德区乐从镇乐从大道东82号
6	华美达酒店	五星	佛山市顺德区北滘镇林上路2号
7	金太阳酒店	五星	佛山市三水区西南广海大道东6号
8	三水花园酒店	五星	佛山市三水区广海大道中39号
9	高明碧桂园凤凰酒店	五星	佛山市高明区碧桂大道三洲碧桂园

（续表）

序号	饭店名称	星级	地址
10	绿湖温泉度假酒店	五星	佛山市三水区森林公园内绿湖山庄2号
11	金城大酒店	四星	佛山市禅城区汾江中路125号
12	佳宁娜大酒店	四星	佛山市禅城区祖庙路14号
13	中恒金都酒店	四星	佛山市南海区佛山机场路口
14	新世界酒店	四星	佛山市顺德区大良街道清晖路150号
15	仙泉酒店	四星	佛山市顺德区大良街道顺峰山路段
16	碧桂园渡假村	四星	佛山市顺德区北滘镇碧江大桥侧
17	碧桂花城大酒店	四星	佛山市顺德区陈村镇佛陈大桥侧碧桂花城内
18	福盈酒店	四星	佛山市顺德区大良街道环市北路38号
19	新君悦酒店	四星	佛山市顺德区陈村镇佛陈路口
20	鹿茵酒店	四星	佛山市顺德区容桂街道桂洲大道中1号
21	君莱酒店	四星	佛山市顺德区大良街道鉴海南路14号
22	君豪酒店	四星	佛山市顺德区容桂街道容奇大道中24号
23	骏景酒店	四星	佛山市顺德区均安镇翠湖路2号
24	皇帝酒店	四星	佛山市顺德区大良街道锦龙路118号
25	凯迪威酒店	四星	佛山市三水区乐平镇乐平大道35号
26	石湾宾馆	三星	佛山市禅城区汾江西路15号
27	鸿运酒店	三星	佛山市禅城区汾江中路6号
28	金银酒店	三星	佛山市禅城区汾江西路4号
29	登喜来大酒店	三星	佛山市禅城区文华北路77号
30	西樵山大酒店	三星	佛山市南海区西樵山白云洞风景区内商铺壹座
31	南海迎宾馆	三星	佛山市南海区政府大院内
32	君悦大酒店	三星	佛山市南海区九江镇儒林东路1号
33	百盛达商务酒店	三星	佛山市南海区桂城街道海六路4号
34	容莲宾馆	三星	佛山市顺德区容桂街道江南大道23号
35	长鹿渡假酒店	三星	佛山市顺德区伦教街道三洲建设东路8号
36	中旅华厦酒店（原三水华侨大厦）	三星	佛山市三水区西南街道新华北路54号
37	恒福星际酒店	三星	佛山市三水区新华路23号
38	三水阳光假日酒店	三星	佛山市三水区西南街道三达路16号
39	恒威大酒店	三星	佛山市高明区河江工业区泰华路238号
40	世纪星酒店	三星	佛山市高明区文华路455号
41	明苑迎宾馆	三星	佛山市高明区荷城街道文汇路9号
42	联昌大酒店	二星	佛山市高明区荷城街道沧江路89号

（市文广旅体局）

教　育

手机扫码阅读

综　述

【概况】2018年，佛山市各级各类学校1647所，其中普通高校（含市属高校，省属驻佛山高校、校区，民办高校）13所、成人高校6所、中职学校（含技工学校）45所、普通高中59所、初中144所、小学413所、幼儿园960所、特殊教育学校7所。各级各类学校在校生约144万人，其中基础教育（包括幼儿园、中小学、中职学校，下同）在校生约130万人，占全市在校生总数的90%。在基础教育学校中，有民办学校717所，其中幼儿园605所、小学45所、初中43所、普通高中15所、中职9所，民办学校在校学生40万人，约占基础教育学生总数的31%。各级各类学校教职工约12万人，其中基础教育教职工11万余人，专任教师8万余人。全年教育经费总投入255亿元，比上年增加23亿元，增长9.9%，其中国家财政性教育投入168亿元，国家财政性教育经费占教育总投入比例高达66%。

【教育发展成效】2018年，佛山教育系统先后出台学前教育第三期行动计划（2018—2020年）、推进义务教育优质均衡发展行动方案、第二期特殊教育提升计划、中小学心理健康教育三年行动计划等系列政策文件，全市教育事业呈现统筹综合、协调推进、同向发力、质效并举的良好态势。是年，佛山市教育经费总投入255亿元，其中国家财政性教育投入168亿元，为教育改革发展提供保障。各级各类教育协调发展。学前教育公益普惠发展加快推进，全市公益普惠性学前教育覆盖率76%，省规范化幼儿园占比96.32%，高于珠三角平均水平。城乡义务教育一体化发展深入实施，新增义务教育优质学位4.2万个，义务教育标准化学校达100%，教育基本公共服务均等化水平全省领先。高中阶段教育向多元化、特色化发展迈进，国家示范性普通高中和省一级高中占比84.7%，普通高中优质学位达100%。职业教育、民办教育、终身教育等各类教育体系日益完善，高水平学习型城市初步建成。集中力量办实事好事，实施大规模的“建校建园行动”，全年新建、改（扩）建义务教育阶段学校41所，幼儿园43所；新市民随迁子女入读公办学校人数达29.4万人，占比超69%，综合成效居全省领先水平；特殊教育实现“零拒绝”“全接纳”，视力、听力、智力残障“三残”儿童义务教育阶段入学率达100%，义务教育阶段适龄残疾少儿入学率98.82%，居全省首位；教育扶贫实现从学前教育到高等教育全覆盖，各类学校受助学生4.2万人，资助金额8473万元。南方高等教育名城建设成效初显，成立佛山理工大学筹建工作领导小组和建设办公室，佛山科学技术学院创建高水平理工科大学和强特色建设进展良好。推进北京科技大学顺德研究生院、北京外国语大学佛山研究生院建设，两校研究生院2018年秋季正式招生。举办全省高校科技创新暨高等教育“冲一流、补短板、强特色”提升计划工作推进会，推动科研成果在佛山落地转化。

【青少儿心灵和体质健康教育】2018年，佛山市教育局开展“坚定文化自信 共筑中国梦想”“佛山小当家”、品德故事比赛、我们的节日、美德少年、文明礼仪教育养成等系列主题活动，推进德育品牌项目、书香校园、心理健康教育特色学校、文明校园等的创建评选活动，形成学校、家庭、社会互相配合的德育体

2018年12月14日，2018年佛山市中小学生冬季长跑启动仪式暨阳光大课间展示活动在北外附校三水外国语学校举行（市教育局供图）

系，健全全员全过程全方位育人的体制机制。创建全国规范化家长学校实验区，覆盖全部中小学和幼儿园，启动中高职规范化家长学校验收工作，全国规范化家长学校实验区年内顺利通过国家验收，全市1592所中小学幼儿园被授予“全国规范化家长学校实践基地”称号，占全国获奖学校总数的九成以上。出台《佛山市中小学心理健康教育三年行动计划（2018—2020年）》及实施方案，开展心理健康教育月和“八个一”活动，完善学生心理危机预防和监控体系，构建起心理健康教育常态化制度化工作机制。多措并举抓好体育、美育和卫生工作。落实校园阳光一小时体育锻炼和大课间体育活动制度。落实《佛山市青少年校园足球工作实施意见》，全市有国家级青少年校园足球特色学校85所，居全省首位。加强教体结合，普及田径、游泳、球类、武术、体操等基础性体育项目和校园群众性体育活动。加强美育教学，坚持“以美育人”，通过创建艺术教育特色学校、优秀传统文化艺术传承学校等活动，全面提高学生审美水平与人文素养。开展“师生健康中国健康”主题教育活动，强化学校卫生健康教育。

2018年5月5日，在第三届全国基础信息化应用展示交流活动中，教育部基础教育司装备与信息化处处长张权（右三）参观佛山展区作品并给予充分肯定

（市教育局供图）

【教师队伍建设】2018年，佛山市出台基础教育高层次人才引进、认定评定和管理办法、基础教育“大城名师”选拔认定细则等政策举措，落实基础教育“强师工程”三年行动计划（2017—2020年），提升教师综合素质、专业化水平和创新能力。启动“百千万人才培养计划”，培养特级教师、正高级教师和省级名校长、名教师。是年，55名佛山教师获评“南粤优秀教师”。开展以“弘扬高尚师德，潜心立德树人”为主题的师德建设主题教育月活动，命名一批“2018最美幼教人”和幼儿园“师德师风建设先进集体”，举办“弘扬高尚师德，潜心立德树人”教书育人典型事迹五区巡回报告会，开展师德征文及微视频征集，宣传展示教育工作者爱岗敬业的感人事迹，营造浓郁的教书育人氛围。加强教师队伍统筹管理，推进“区管校聘”管理体制改革。推进义务教育学校校长教师交流轮岗，全年安排交流轮岗教师1523人、校长146人，超过省定标准，形成义务教育学校教师、校长轮岗工作制度化、规范化长效机制。推进市、区教师发展中心建设，建成顺德、高明区教师发展中心，市及禅城、南海、三水区教师发展中心抓紧建设。建立统一的中小学教师职称体系，构建能上能下的用人机制和正常退出教师队伍机制。制定临聘教师管理办法，提高临聘教师水平。完善绩效工资制度，确保教师平均工资水平不低于或高于当地公务员平均工资水平。

【校园安全】2018年，佛山市教育局发挥校园安全、高校政治安全、信访工作和网络安全工作小组作用，加强学校国家安全、意识形态领域斗争和信访维稳工作。推进法制校长、禁毒校长、交通校长、消防校长、安监校长“五校长”工作。推进“警家校”联动管理体系，组建200多支家校护畅队伍和3100名“专业型家长”校园安全管理队伍。落实《佛山市全民禁毒工程实施方案（2017—2018年）》，联合市禁毒办召开全市“6·27”工程暨毒品预防教育示范学校推进会，确保到2019年底如期完成省、市、区共300所毒品预防教育示范学校创建工作。加强对学生的心理健康和安全教育，引导学生树立正确的生命观，使学生善待生命、健康成长。在安全教育中有针对性增加反欺凌、反暴力、反恐怖行为、防范针对未成年人犯罪行为等内容，提高学生安全意识和自我防范能力。是年，全市学校、幼儿园没有发生安全责任事故、群死群伤事故和恶性案件。

【教育科研】2018年，佛山市教育局制定《新高考方案下佛山市普通高中教学指导意见》，指导实施新课程方案和课程标准，加强对学生发展指导与核心素养的培养。开展“课堂革命”，深化课程教学改革与创新。推进互联网背景下的教学教研，创新教育教学方法，形成区域教学特色，打造课堂教学品牌。开展基础课题和重大课题研究，党的十九大精神专项课题立项数12个，名列全省地级市第一位。获评“广东省基础教育研究实验基地学校”27所，名列全省第一位。国家级科研课题立项和成果数量保持全省领先。

【教育信息化】2018年，佛山市教育局推进“互联网+教育”行动计划，推动信息技术与教育教学深度融合，全市100%中小学校实现“校校通”，100%教室配备多媒体教学平台，100%学校与教育城域网连接，100%学校实现“宽带网络校校通”“优质资源班班通”。提升师生信息技术应用创新能力。举办第十七届全国大学生机器人大赛（南部赛区）、第十九届广东省中小学电脑制作活动。与清华大学签订合作意向书，借助高校科研实力和人才资源，支持佛山市开展人工智能教育教学。

【创客教育】 2018年5月5日，佛山市创新创客教育案例成果亮相第三届全国基础教育信息化应用展示交流活动，佛山市《"学科融合、非遗传承、佛山智造"——基于STEAM理念的岭南文化主题创新创客教育案例》作为唯一城市案例代表作综合展示交流，并发布创新创客教育的佛山模式，即"政教产学研企"全链条协同创新、全学科培养、全学段探索的青少年创客培养的综合育人模式，相关成果登上人民网、新华网、中国政府网等央媒网站。开展佛山市教育创客培养计划和教育创客导师申报培养工作，召开2018年佛山市创新创客教育工作推进现场会。在全省中小学生（含中职）创客大赛中，佛山市获特等奖2个、一等奖8个，高等级奖项总数位居全省前列。选送15件作品参加广东省幼儿园优秀自制玩教具大赛，获一等奖7个，居全省首位。

【依法治教】 2018年，佛山市教育局成立市教育督导委员会，健全督政、督学和质量监测三位一体的教育督导体系，对各级政府和教育部门开展履行教育职责的督导，开展幼儿园办园行为督导、春秋季开学检查、规范化和等级幼儿园督导等专项督查。是年，佛山市作为全省六个试点市之一，完成省政府对佛山市及五区教育履行评价工作，受到省督导组高度评价。通过政务微博、微信等新媒体和公开栏、教育局网站、报纸、电台、电视台以及编印简报等形式实行政务公开，推进规范化服务型政府建设，形成广覆盖的正面舆论主阵地。处理教育系统信访、投诉178件，承办"12345"热线咨询工单267单，回复网络发言人平台咨询3078单，信访、咨询件办结率100%。承办人大建议42件、政协提案33件，办结满意度100%。是年，佛山市教育局获行政服务最佳口碑单位，连续五年获此殊荣。《阳光招生便民利民，促进教育资源公平共享》获最佳口碑服务案例。市教育局党务政务服务公开综合评价量化得分为100分，在48个被评市级单位中排名第一。全市153所学校被评为"佛山市依法治校示范校"，67所学校被评为"广东省依法治校示范校"，全市100%中小学校实现"一校一章程"和"一校一法律顾问"，学校依法依章程实施治理，总体上形成"政府依法行政、学校依法办学、社会依法参与、学生依法受教"的教育法治局面。

【教育财政投入】 2018年，佛山市教育经费总投入255亿元，比上年增加23亿元，增长9.9%，其中国家财政性教育经费投入168亿元，比上年增加13亿元，增长8.4%。实施学前教育补贴制度，全年佛山本市户籍在园幼儿15.15万人享受补助，全市落实学前教育保教费补助经费5142.69万元。落实公益普惠性幼儿园生均公用经费财政拨款制度，每生每年1000元，全市投入经费1.94亿元。实施免费义务教育全覆盖政策，按照小学每生每年1370元，初中2276元核拨免费义务教育财政拨款资金，全市义务教育在校学生受惠，核拨资金总额12.5亿元。全市资助各级各类家庭经济困难学生4.2万人次，资助金额8473万元。

（林建娜）

基础教育

【学前教育】 2018年，佛山市有幼儿园960所，招生11.29万人，学龄儿童毛入园率139.28%，在园幼儿30.40万人。是年，佛山市教育局加大财政投入，对公益普惠性幼儿园给予生均公用经费财政拨款达到每名幼儿1000元/年。实施公益普惠性幼儿园教职工从教津贴制度，补助标准每人每月700元，全市落实学前教育教职工从教津贴1.2亿元。全市普惠性幼儿园占76%。是年，全市新建、改建、扩建幼儿园43所，增加学位1.7万个。出台《佛山市发展学前教育第三期行动计划》《佛山市加快幼儿园建设发展实施方案》《佛山市星级普惠幼儿园认定、扶持和管理办法》，加快构建"1＋N"学前教育发展整体规划、实施和推进体系。召开全市学前教育工作推进会暨第一次联席会议，坚持政府主导，落实各级政府在学前教育规划、投入、教师队伍建设、监管等方面的责任，完善各有关部门分工负责、齐抓共管的工作机制。

【义务教育】 2018年，佛山市有初中144所，招生7.83万人，在校学生22.40万人，初中毕业升学率99.20%；小学413所，招生11.39万人，在校学生58.01万人，小学毕业升学率100%；是年，佛山市教育局出台《佛山市推进义务教育优质均衡发展行动方案》，推进佛山市义务教育城乡一体化发展。全年消除义务教育大班额78个、超大班额13个，基本消除大班额现象，全面消除超大班额现象。实施义务教育阶段学校基础设施五年提升计划（2016—2020年），全年完成新建、改建、扩建学校41所，新增学位4.2万个。全市摸排校外培训机构1036个，对存在问题的机构限期整改，完成整改率100%。将规范办学和减负纳入督导重要内容。丰富名师微课资源，减少学生参加课外辅导需求，营造健康绿色教育生态。做好义务教育招生工作，加大义务教育招生工作的改革统筹力度。秋季学期佛山市公办小学起始年级招收学生8.7万人，其中新市民子女3.2万人；公办初中起始年级招收学生近5.8万人，其中新市民子女3万人。2018学年义务教育阶段随迁子女在校生42.5万人，比上年增加1.2万人，其中入读公办学校29.4万人，占随迁子女在校学生总数69%，综合成效居全省领先水平。

【普通高中教育】 2018年，佛山市有普通高中59所，招生4.09万人，在校学生11.85万人，普通高中毕业升学率97.95%。是年，佛山市落实《佛山市普通高中优质多样特色发展实施方案》，推动新高考政策下普通高中分类改革，以创建卓越高中、精品高中、特色高中、品牌民办高中和新优质高中为抓手，建设高品质高中发展集群。全年有4批48所普通高中申请参与分类创建改革工作，其中卓越高中创建学校3所、精品高中创建学校11所、特色高中创建19所，新优质高中创建学校15所。岭南传统文化、艺术、科技、武术等特色学科逐步建立。推进新高考背景下课程教学改革，推进教学研究，培养学生核心素养，打造品牌学科。普通高考本科录取再创佳绩，高分层考生人数在全省中所占比例提高。有5名考生普通高考成绩被屏蔽，比2017年增加2人。佛山普通高考人数约占全省的6%，高分优先投档线上录取8346人，占全省高分优先投档录取人数的11%。佛山市普通类本科以上录取27693人，比2017年增加1424人，本科录取率为66.3%，比2018年全省本科录取率高出25.5个百分点。是年，佛山全市高考总录取39895人，总录取率95.52%。

【特殊教育】 2018年，佛山市教育局出台《佛山市第二期特殊教育提升计划》，加快建设国家特殊教育改革实验区。成立省名校长名教师工作室，完善名师专业成长平台，培养特殊教育名师队伍。截至年底，佛山市有市属特殊教育学校2所、区属特殊教育学校实现每区1所。在普通学校附设12个特教班，在298所义务教育阶段学校开展特殊儿童随班就读工作，建立随班就读基地学校34所，资源教室53个。特殊教育学校在校生1141人，随班就读学生1184人。对526名重度残疾儿童实施送教上门服务。全市以“一人一案”的方式对残联部门提供的所有适龄残疾儿童提供教育服务，“三残”儿童少年义务教育阶段入学率100%，义务教育阶段适龄残疾儿童少年入学率98.82%，居全省首位，基本实现义务教育阶段适龄残疾儿童少年“零拒绝”“全接纳”。

【民办教育】 2018年，佛山市教育局举办学习《广东省人民政府关于鼓励社会力量兴办教育促进民办教育健康发展的实施意见》专题培训班，把握上级对民办教育工作的新部署和新要求。召开全市民办教育工作会议，修订民办学校审批条件，出台《佛山市民办学校义务教育阶段初中招生工作意见》，加大对民办学校监管力度，规范民办学校办学行为，促进民办教育健康发展，满足人民群众日益增长的多样化优质化教育需求。规范整治校外培训机构乱象问题，完成摸排校外培训机构1036所，其中存在问题的机构670所，完成整改机构670所，完成率100%。

【民族教育】 2018年，佛山市有佛山一中、南海艺术高中、佛山市实验中学、顺德区江义初级中学等4所学校开办内地西藏班，在校藏族学生440人。开展内地民族班检查调研，加强内地民族班混班混宿、民族团结教育、安全工作和意识形态等工作，强化日常教育教学管理，协助省教育厅开展内地西藏高中班教学质量监测，指导学校完成教学质量监测工作。9月，开展“民族历史文化”为主题的民族团结进步宣传月活动，促进汉族和少数民族学生交往交流交融。

【职业教育和成人教育】 2018年，佛山市教育局出台职业教育现代学徒制试点管理办法等政策文件，改革现代学徒制人才培养模式，通过教育部现代学徒制第一批试点验收。在全省实施“三二分段中高职衔接”基础上，开展“中高职贯通人才培养”改革试点，建立“中职—高职—应用型本科”贯通衔接的学历教育序列，搭建人才培养“立交桥”。提升校企精准对接、精准育人水平，促进人才培养的供给侧和产业发展的需求侧结构要素全方位融合。组织2018年职业教育活动周和全民终身学习活动周系列活动，展现佛山市职业教育和终身教育风貌。利用佛山社区大学资源优势，开展第三年龄（老年）教育培训，并首次采用佛山市市民终身学习平台直播“佛山市2018年老年教育成果汇报展演”活动，在线观看人数1.62万人。

【佛山市优秀传统文化艺术传承学校评比】 2018年10月，佛山市评出第二批优秀传统文化艺术传承学校，至此，包括2017年评出的第一批优秀传统文化艺术传承学校，全市有88所中小学被认定为优秀传统文化艺术传承学校。各校引进的传统文化艺术包含剪纸、陶艺、儿童版画、国画、书法、古筝、扎染等多个种类。根据优秀文化艺术传承学校认定标准，优秀文化艺术传承学校需重视艺术教育工作，校级领导有专人分管艺术教育，学校有专门的特色创建场地、作品制作（排练）场地或作品展示场地，专业艺术教师满足教学需要，确保每个学生至少掌握一项艺术特长，学校在本地区能发挥辐射与引领作用。

（林建娜）

佛山市第一批优秀传统文化艺术传承学校名单

区属	序号	学校名称	特色项目	区属	序号	学校名称	特色项目
禅城区	1	佛山市第十中学	剪纸	南海区	11	南海区桂城街道叠滘小学	茶基十番（国家级非物质文化遗产）
	2	佛山市第十四中学	陶艺		12	南海区罗村实验小学	陶艺剪纸特色
	3	佛山市铁军小学	狮头艺术		13	南海区里水和顺中心小学	书法
	4	禅城区张槎中心小学	儿童版画		14	南海区狮山石门高级中学	风筝
	5	禅城区霍藻棉小学	书法		15	南海区西樵民乐小学	狮头扎作，大头佛扎作
	6	禅城区东鄱小学	书法		16	南海区里水镇旗峰小学	书法
	7	禅城区石湾第一小学	陶艺		17	南海区南海执信中学	书法
	8	佛山市第二十五小学	剪纸		18	南海区大沥镇盐步中心小学	书法
	9	佛山市同济小学	扎染		19	南海区西樵镇第三小学	书法
	10	禅城区澜石中学	书法		20	南海区丹灶镇中心小学	书法

（续表）

区属	序号	学校名称	特色项目	区属	序号	学校名称	特色项目
顺德区	21	顺德区杏坛中心小学	剪纸艺术	顺德区	34	顺德区龙江锦屏初级中学	古筝
	22	顺德区容桂泰安小学	少儿版画		35	顺德区容桂城西小学	少儿水乡画(水墨画)
	23	顺德区伦教江贤小学（初中）	国画		36	顺德区容桂城西小学	书法
	24	顺德区乐从小学	水墨画		37	顺德区容桂容里小学	书法
	25	顺德区沙滘初级中学	慧雅沙中漆彩书画		38	顺德区乐从镇东平小学	广绣
	26	顺德区桂凤初级中学	版画	高明区	39	高明区西安实验小学	国画
	27	顺德区大墩初级中学	陶瓷篆刻		40	高明区富湾中学	手工剪纸
	28	顺德区乐从红棉小学	佛山市木版年画传承教育创作基地	三水区	41	三水区实验小学	剪纸
	29	顺德区容山中学	版画		42	三水区西南街道中心小学	版画
	30	顺德区龙江城区中心小学	书法特色		43	三水区西南街道第八小学	雅品国画
	31	顺德区西山小学	书法		44	三水中学附属初中	陶艺
	32	顺德区北滘镇碧江中学	篆刻（中国印）		45	三水区华侨中学	书法
	33	顺德区德胜小学	书法	市直	46	佛山市华英学校	书法

佛山市第二批优秀传统文化艺术传承学校名单

区属	序号	学校名称	特色项目	区属	序号	学校名称	特色项目
禅城区	1	禅城区环湖小学	微秋色传统文化艺术、中国画	顺德区	22	顺德区勒流梁季彝纪念学校	书法
	2	禅城区南庄镇吉利小学	书法		23	顺德区勒流上江小学	书法
南海区	3	南海区西樵镇第二小学	版画与篆刻		24	顺德区勒流江义初级中学	书法
	4	南海区罗村实验小学	陶艺		25	顺德区龙江叶霖佳小学	灯谜
	5	南海区大沥镇城区小学	中华传统文化艺术（鼓乐）		26	顺德区龙江实验学校	书法
	6	南海区西樵镇第四小学	非遗（竹织雨帽、松塘出色、香云纱等）		27	顺德区龙江官田小学	版画
	7	南海区狮山镇桃园小学	扎染		28	顺德区北滘马龙小学	剪纸
顺德区	8	顺德区顺德德胜小学	版画		29	顺德区陈村吴维泰纪念小学	国画
	9	顺德区大良环城小学	曲艺		30	顺德区陈村弼教小学	书法
	10	顺德区大良凤翔小学	咸水歌		31	顺德区陈村初级中学	版画
	11	顺德大良顺峰小学	陶艺		32	顺德区陈惠南纪念中学	剪纸、篆刻
	12	顺德区容桂容边小学	水彩画		33	顺德区水藤小学	水墨画
	13	顺德区容桂小黄圃小学	中华吟诵		34	顺德区均安富教小学	书法
	14	顺德区伦教三洲学校	陶艺		35	顺德区杏坛昌教小学	版画
	15	顺德区伦教羊额何显朝纪念小学	书法		36	顺德区杏坛光华小学	剪纸
	16	顺德区伦教培教小学	书法		37	顺德区杏坛麦村小学	龙舟说唱
	17	顺德区勒流育贤实验学校	水乡画		38	顺德区杏坛梁銶琚初级中学	八音锣鼓
	18	顺德区勒流冲鹤小学	书法、诗歌		39	顺德区杏坛林文恩初级中学	水墨画
	19	顺德区勒流大晚小学	灯谜	三水区	40	三水区西南中学	绘画
	20	顺德区勒流江义小学	剪纸	高明区	41	高明区更合中学	衍纸
	21	顺德区勒流勒北小学	书法		42	高明区荷城街道第三小学	剪纸

高等教育

【概况】 2018年，佛山市有普通高等学校（含市属高校，省属驻佛山高校、校区，民办高校）13所，其中本科高校6所，高职高专院校7所；成人高校6所。全年普通高校招生4.48万人，在校学生12.42万人；成人高校招生0.8万人，在校学生2.6万人。

佛山市普通高等学校名录（含市内非市管高校和分校）

1	佛山科学技术学院
2	广东东软学院
3	佛山职业技术学院
4	顺德职业技术学院
5	广东职业技术学院
6	广东环境保护工程职业学院
7	南方医科大学顺德校区
8	广东财经大学佛山三水校区
9	华南师范大学南海校区
10	广州工商学院三水校区
11	广东轻工职业技术学院南海校区
12	广东舞蹈戏剧职业学院
13	广东理工职业学院南海校区

【高等学校建设】 2018年，佛山市教育局贯彻落实市委、市政府《关于加快高等教育发展实施意见》，加快高等教育跨越发展。借鉴德国亚琛工业大学的办学理念和办学模式，做好佛山理工大学筹建申报工作；成立佛山理工大学筹建工作领导小组和建设办，建设办首批20名抽调人员到位并开展前期工作。是年，佛山科学技术学院创建高水平理工科大学和强特色建设进展良好，年内实现本科理科专业第一志愿报考100%覆盖，招收硕士研究生297人，比2017年增长87.9%；学校省级重点学科增加4个，广东省工程中心总数增加30个，获国家自然科学基金立项40个，立项金额1371.6万元，位列广东省内高校排名第13名；在软科发布的2018“中国最好大学排名”中，佛山科学技术学院排名较2017年提升39位，位居第381位。推进南方医科大学、广东财经大学全学段校区基础设施项目立项建设，广东财经大学全学段研究生4个专业首次招生，实现本科生到研究生全学段培养。加快北京科技大学顺德研究生院、北京外国语大学佛山研究生院建设工作，两校研究生院2018年秋季正式招生。推进东北大学在佛山市设立研究生院。出台引进高水平高等教育资源、促进高校科技成果转移转化、高校高层次人才培育引进三大扶持政策，设立3个专项资金，为高校院所建设发展提供经费、用地、人才、税费优惠等保障。

【高校科研】 2018年，落户佛山的广东高校科技成果转化中心完成机构注册登记、团队组建、场地建设等实体化运作，并开展科技成果转化。其中包括整合众创空间、孵化器、中试平台等第三方服务单位9个，跟进服务的高校科技成果转化项目39个（涵盖佛山六大产业），走访收集企业技术需求517项，考察确认高校科技成果809项等。

11月23—24日，由省教育厅、省科技厅、佛山市政府共同举办的全省高校科技创新暨高等教育“冲一流、补短板、强特色”提升计划工作推进会，围绕“教育是国之大计、党之大计”及“创新是引领发展的第一动力”两个主题开展系列产学研合作主题活动，发布推动高校科技成果转化的政策，展示最新高校科研成果，汇聚创新资源。全省151所高校、超100个科研团队，全市1000多家企业和各研发机构、科技园区代表参会，同步开展项目路演，高峰对话、高校建设成效和产学研成果系列活动，推动科研成果落地转化。

【第十七届全国大学生机器人大赛 RoboMaster2018（南部赛区）活动】 2018年5月10—13日，第十七届全国大学生机器人大赛RoboMaster2018（南部赛区）在佛山举办。大赛由共青团中央、全国学联联合主办，佛山市政府和深圳大疆创新科技联合承办。大赛以“RM机甲大师赛”机器人对抗射击为主题。参赛队伍主要由来自广东、福建、重庆、湖南、广西等10个省（区）32所高校的近1000名大学生和青年工程师组成，通过多轮比赛产生晋级全球总决赛的6个名额和3个复活名额。比赛实况通过现场直播、嘉宾评论、网络直播等多种方式同步进行。最终电子科技大学获南部赛区冠军，华南理工大学和佛山科学技术学院分别获亚军和季军。

活动闭幕式上举办青年工程师大会，邀请多位重量级专家举行专题学术讲座；赛后安排各参赛高校大学生选手

2018年5月10日，第十七届全国大学生机器人大赛RoboMaster2018（南部赛区）开幕仪式在佛山岭南明珠体育馆启动

（市教育局供图）

分三条线路参观禅城区、南海区、顺德区的多家智能制造业代表企业，了解佛山产业特点，体验当地传统文化。

全国大学生机器人大赛是大学生科技创新的国家级比赛，历经17年发展，已成为全国影响力最大、关注度最高的大学生机器人科技竞赛平台。RoboMaster是全国大学生机器人大赛下属的赛事之一。

（林建娜）

【佛山科学技术学院】 佛山科学技术学院是一所具有60多年办学历史、拥有硕士学位授予权的广东省高水平理工科大学。学校起源于1958年创办的佛山师范学院和华南农学院佛山分院，其后佛山师范学院更名为佛山师范专科学校；1986年2月，在佛山师范专科学校基础上创建佛山大学，华南农学院佛山分院也先后更名为佛山兽医专科学校和佛山农牧高等专科学校。1995年3月，佛山大学和佛山农牧高等专科学校合并组建佛山科学技术学院，升格为本科。2005年2月，佛山职工医学院和佛山教育学院并入佛山科学技术学院。在2002年教育部本科教学工作合格评价、2007年教育部本科教学工作水平评估中都获得优异成绩。2013年经国务院学位委员会批准为硕士学位授予单位，2015年列入广东省高水平理工科大学建设单位，2016年成为广东省第六批博士后创新实践基地，2017年经广东省学位委员会批准为博士学位授予立项建设单位。2018年全日制在校本科生17489人，硕士研究生497人，联招博士19人，成人学历教育学生5081人，留学生18人。

2018年，学校通过院士工作站引进院士团队1个，引进和培育高水平工程技术创新团队10个，获省珠江学者岗位3个；诺贝尔奖获得者乔治·斯穆特、吕克·蒙塔尼，菲尔兹奖获得者沃恩·琼斯先后到访并受聘为学校名誉教授。是年，学校与行业企业共建“产业学院”，开设“产业特色班”，教改项目《地方本科高校“双学院制”工科人才共育模式的构建与实践》获国家级教学成果奖二等奖和广东省第八届高等教育教学成果一等奖，取得历史性突破。

是年，学校成为广东省率先通过IEET工程教育认证的地方高校，土木工程、光电信息科学与工程、材料化学专业通过认证。生源质量大幅提升，文理类高分优先投档出档780人。2018届毕业生初次就业率为97.39%，总体就业率为99.84%，自主创业比率为1.15%，高于全省0.39%的平均水平。2018届研究生毕业生申请专利241件，发表学术论文154篇，初次就业率达100%，全省排名第一。

2018年9月12日，美国加州大学伯克利分校物理学教授，天体物理学家、宇宙学家，诺贝尔物理奖得主乔治·斯穆特博士应邀到访佛山科学技术学院，受聘为名誉教授。图为其与学生交流

（佛山科学技术学院供图）

2018年，学校光学工程、环境科学与工程、畜牧学3个学科入选广东省“冲一流、补短板、强特色”提升计划重点建设学科。土木工程学科入选广东省优势重点学科。数据科学与大数据技术本科专业教育教学综合实力进入全国高校A类，全国排名第37位。光学工程学科在软科中国最好学科排名中排名第47位。

是年，学校自然科学各级纵向项目获批立项108个，立项资助经费为2913.6万元。国家社科基金项目后期资助项目获批立项1个，教育部人文社科研究项目获批立项6个。打造“高校+高端研究院所+龙头企业”产学研协同创新模式，建设17个高端研究院；创建全球创新技术应用转化中心，成立11个分中心。佛山科学技术学院国家技术标准创新基地（氢能）获批筹建，为全国氢能产业领域唯一一个国家级技术标准创新项目。广东省氢能技术重点实验室、广东省动物分子设计与精准育种重点实验室获批为省部级重点实验室。与其他高校、研究所、医院、企业共建产学研基地、联合实验室等各类合作基地平台20个。

（张　琳）

【佛山职业技术学院】 佛山职业技术学院（下称“佛职院”）于2000年6月挂牌成立，是一所全日制公办普通高等职业技术院校，为广东省示范性高等职业院校建设单位、广东省一流高职院校建设单位。2018年，佛职院有6个二级学院，35个专业，2个优势专业群（智能制造、光电技术），2个特色专业群（汽车技术、信息技术），5个省级重点专业（机械设计与制造、光伏工程技术、汽车检测与维修技术、物流管理、数控技术），还有电气自动化技术、工业机器人技术、物联网应用技术、电子信息工程技术、光伏工程技术、汽车整形技术、国际贸易（跨境电商）等7个省级品牌专业。新能源类国家级专业教学资源库、智能控制技术专业教学资源库是佛职院主持的2个国家级专业教学资源库项目。专业布局重点面向智能制造、先进制造业、战略性新兴产业、高新技术产业、现代服务业，形成以工为主，文、管、经、艺术协调发展的专业布局。2018年，佛职院有教师533人，其中专任教师372人；有在校学生8175人，其中新招收学生3000人，毕业2726人，学生就业率97.54%。

至2018年，佛职院通过建设园区校企协同育人联盟、佛山市职业教育校企合作联盟和广东省协同育人平台——佛山市机械装备业政校企行协同育人基地，基本形成依托一汽－大众、青岛海尔、长安福特等龙头企业协同培养学生，依托佛山科勒、三水合成等骨干企业协同开展培训、科技服务等，依托诺尔贝机器人、南海增材制造加速器等中小微企业协同创新研发新产品的产教融合、校企合作模式。2018年，学校面向企业、社会开展继续教育和培训工作，年社会培训等指标大幅度增长，社会培训达11.61万人天，比2016年增长57.67%，实现由“学校找企业合作”到“企业主动上门寻求合作”的良性循环。

2018年，佛职院组织教师参加广东省职业院校信息化教学大赛，获教学设计项目组一等奖1个、二等奖2个、三等奖3个，课堂教学项目三等奖1个，实训教学项目三等奖1个，实现学校省级信息化教学大赛一等奖的突破，陈廷艳老师在决赛闭幕式上代表全省理工科获奖作品向大会做作品展示；推荐3项获省教育教学成果奖（职业教育）一等奖的优秀教学成果申报2018年职业教育国家级教学成果奖，并获国家级二等奖1项；举办广东省级师资培训项目，其中“工业产品造型设计与快速成型项目”“KUKA工业机器人操作与应用培训项目”“旅游管理专业骨干教师高端培训”等3个项目被确定为2018年度高职院校教师省级培训项目并顺利进行。

截至2018年，佛职院学生参加全国职业院校技能大赛获国家级奖项22项、省级奖项200余项；国（境）外技能大赛获奖4项；科技学术类大赛省级获奖46项；以学生为第一发明人的专利授权3项。全国大学生数学建模竞赛专科组一等奖1项；2016届毕业生张展耀获团中央学校部、全国学联秘书处颁发的“2017年大学生创业英雄十强”。2018年在全国职业院校技能大赛高职组比赛中，佛职院获奖总数位列全国30位。

（佛山职业技术学院）

【顺德职业技术学院】 顺德职业技术学院成立于1999年3月，是经国家教育部批准成立、广东省人民政府领导管理，省市共建、顺德政府投资兴建的地方高职院校，是国家骨干高等职业院校。

2018年，顺德职院设有10个二级学院，招生专业49个，全日制在校学生14793人。设有继续教育学院和创业培训学院，成人学历教育在读学员2620人、非学历培训41365多人次。有教职工921人，其中专任教师722人、副高以上职称257人。有国家级教学团队1个、国家级教学名师2人、广东省高等学校教学名师5人、广东省“特支计划”教学名师4人。

是年，顺德职院获2018年亚太职业院校影响力50强。获全国高职院思想政治工作创新示范案例50强。获2018年国家级教学成果奖二等奖2项、省级教学成果一等奖4项，家具专业资源库项目获教育部职业教育专业教学资源库建设立项，学校入选教育部现代学徒制人才培养试点单位。

举办中德首次工业4.0培训会。参与德国亚琛“发现顺德，全球路演”，与德国亚琛工业大学就“广东—亚琛工业4.0应用研究中心”（以下简称“中心”）工程项目合作签约。与德国亚琛工大团队就落于学校的中心大楼共同研定并落实建设安排。与美的集团公司签署“广东－亚琛工业4.0应用研究中心示范工厂建设”项目合作协议。

6月22日，成立顺德厨师学院，落实“粤菜师傅工程”部署。开办“精准扶贫中高职协同培养定向班”“精准扶贫定向班”等，赴凉山州进行招生宣传，组织师生服务顺德美食节、“乡村旅游文化节”等，把厨师培训与助力精准扶贫、乡村振兴工作结合起来。12月15日，学校当选“全国职业院校乡村振兴协作联盟”副理事长单位，经验材料入选全国职业教育服务乡村振兴典型案例（全国仅7所院校入选并作大会展示）。12月20日，顺德厨师学院作为先进典型登上央视新闻直播间。

10月12日，进行教学机构调整与专业整合，成立智能制造学院、能源与汽车工程学院、轻化与材料学院、商学院、外语外贸学院、人文学院等。

2018年的普通高考录取工作中，学校理科生源分数线36%超过本科线，文科生源分数77%超本科线，其中顺德区外文科生源分数100%超本科线，投档线超出本科线省线18分。

与美的集团共建的美的中央空调用户服务培训实训基地暨资源库制冷产品学习体验中心，2018年上半年为来自“一带一路”沿线20多个国家的200多名技术人员提供培训。获颁国侨办“中餐繁荣基地”称号，并依托平台多次为侨乡组织活动，持续擦亮顺德世界美食之都名片。被中央电化教育馆确定为职业院校数字校园建设实验校项目优秀组织单位，广东唯一、全国仅2所高职院校获此殊荣。是年，顺德职院还与雷州市政府成为“校地共建 实践育人”计划首批结对单位。

（李伟春）

【佛山开放大学】 佛山开放大学前身为佛山广播电视大学，2017年7月，更名为佛山开放大学。佛山开放大学是由佛山市政府举办的、以现代信息技术为支撑的、服务全民终身学习的新型高等学校，下辖南海、顺德、高明、三水四所区级开放大学。坚持学历教育与非学历教育协调发展，构建开放教育、网络教育、社区教育、第三年龄教育（老年教育）、职业培训“五位一体、协调发展”办学新格局。2018年，佛山开放大学校园占地面积1.87万平方米，教职工85人，其中教授和副教授共15人、硕士研究生32人。学校共开设28个专业，注册在读学生4000多人。截至2018年底，累计培养本、专科毕业生3万余人。

学历教育专业建设　2018年，佛山开放大学重点打造室内设计、电子商务、英语3个特色专业。室内设计专业作为特色专业，以“专业带头人（负责人）+专业教师团队+导修教师”模式进行教学管理。电子商务专业以学生职业能力提升为导向，以职业发展为主线，逐渐构建独具特色的校企合作人才培养模式。年内，选派专职教师下企业实践锻炼2人。

本专科教育教学　2018年，在校学生2475人，师生比为1∶29.11，毕业学历教育学生783人，涵盖会计、工商管理、行政管理、电子商务、英语、广告、数字媒体设计与制作、室内设计、物业管理、信息安全、市场营销、法学、文化产业管理等十多个专业。是年，学校被评为国家开放大学示范性考点。学校教师获17个教学奖项。1人被评为国家开放大学首届优秀青年教师培养对象。2018年，加强教研活动，探索“线下+线上”教学模式改革，9位老师的11门课在2019春进行“线下+线上”改革试点，拟建立多间直播室，将课堂面授移至线上面授，帮助解决学生工学矛盾。学校结合教学实际，提出“以推进六网融通为抓手，开展人才培养模式改革”的工作思路。2018年，学校市厅级课题立项7项，7项科研成果在省开、国开评比中获奖。

社区教育　2018年，佛山开放大学“4·30课堂”全年开展活动149天，服务6105人次；“爱心学堂”全年开展服务课程43天，服务1836人次；健康大讲坛举办场数比上年增长50%，全年各类公益性讲座服务6934人次；“活力社区 羽动全城”羽毛球公益培训全年开设培训点18个，服务3.17万人次；“金融书屋”启用，成为佛山首家依托大学设立的“金融书屋”。是年，佛山开放大学协助举办佛山市民终身学习活动周，活动中，佛山市周华被评为“全国百姓学习之星”；开展新市民融入教育，组织禅城区流动管理服务工作人员和新市民近400人外出参观学习；探索社区共治共建共享机制，与兰桂社区合作组织开展“党建引领 多彩社区 融城生活——兰桂社区新市民探寻岭南文化活动”、亲子传统文化手工坊活动等；调整《佛山社区教育简报》栏目设置，编辑出刊电子版和纸质版《佛山社区教育简报》4期；完成佛山市民学习地图网站设计和手机微信小程序设计等前期工作。是年，佛山开放大学“光大创始精神 提升生活品质”公益摄影讲座获评佛山市和全国“百姓喜爱终身学习品牌”；学校公益培训学员获佛山市首个羽毛球比赛“全国冠军”；学校公益培训学员在广东省第八届残疾人运动会田径比赛和羽毛球比赛中获奖牌4金1银和2银1铜。是年，佛山开放大学被评为“佛山市2018年社区教育先进集体”“2018年度佛山市志愿服务事业贡献单位”，成为广东省成人教育协会副会长单位，并有2名教职工分别获2018年广东省“成人教育先进工作者”称号和2018年佛山市“社区教育先进工作者”称号。是年，广东省摄影家协会教育委员会实践与创作基地挂牌落户佛山开放大学。

第三年龄教育（老年教育）　2018年，佛山开放大学开展第二期第三年龄（老年）教育学习班活动，举办班次由第一期的5个班增加到53个班，在校学员由第一期178人次增加到1284人次。举办佛山市2018年老年教育成果汇报展演，采用佛山市民终身学习平台直播功能进行现场直播，近400名老年教育学员参加活动。是年，佛山市首个人口老龄化社科普及示范基地落户佛山开放大学。是年，佛山开放大学获市社科联授予“佛山市社会科学普及示范基地”牌匾和证书。

职业培训　2018年，佛山开放大学增设低压电工（新证）培训班、PS图形图像编辑培训班、高级办公软件培训班等培训班，完成AOPO无人机证书培训班的合作协议签署，加强针对企业一线职工的技能培训。全年独立办班或合作办班12个（期），学员600多人，学员人数比上年增长20%。全年为政府机关单位培训学员2185人，比上年增长9.4%。全年承接社会考试27场次，考生总数55131人。

合作办学　2018年，佛山开放大学各类学历教育招生1368人。学校与桂城技工学校、高明光明培训学校洽谈签订合作办学协议。配合团市委开展圆梦计划招生工作。与桂城技工学校合作开展中职大专接轨教育。制定《佛山开放大学标准化工程专业人才培养方案》，与佛山市质量和标准化研究院签订校企战略合作协议，实现协同育人目标，推动校企合作、产教融合。同年，学校成为南海区高新技术产业标准联盟成员单位。

（刘春水）

佛山开放大学校园照　（陈一平摄）

科学技术

综　述

【概况】 2018年，佛山市深入实施创新驱动战略，主动对标省珠三角国家自主创新示范区创建工作部署，推动佛山融入全省创新发展大格局。全市财政科技投入54.65亿元，地方财政科技投入占本级财政支出6.77%，全社会研发投入达2.56%。全市新增国家高新技术企业1402家，累计3949家，比上年增长55.05%，数量排全省第四；高新技术企业实现主营业务收入7929.12亿元，实现进出口总额1515.54亿元；上市高新技术企业29家。全市企业研发机构建设数量保持全省第一，主营业务收入5亿元以上的大型工业企业实现企业研发机构建设全覆盖，总量排全省第一，规模以上工业企业研发机构建有率51.37%。新引进省领军人才3人、市级创新创业团队48个。新增省（企业）重点实验室5个、省级工程中心83个。全市省级以上创新平台737个、各类孵化器95家、众创空间65家。累计设立12家科技支行，市科技型中小企业信贷风险补偿资金累计为355户科技型中小企业授信31.82亿元。全市技术合同成交额7.46亿元，是2017年的2.8倍。全市获省科学技术奖7项，其中一等奖1项、二等奖5项、科技合作奖1项；获第二十届中国专利奖52项，数量创历史新高，其中外观设计银奖1项。

【佛山获批建设国家创新型城市】 2018年4月，佛山市获科技部和国家发改委正式批准建设国家创新型城市。2018年，佛山市财政科技投入54.65亿元，其中市本级财政科技投入约9亿元，带

2018年度佛山市获广东省科学技术奖名单

序号	获奖项目	奖次	获奖单位	区属
1	高性能厚壁高密度聚乙烯（HDPE）管材管件的研发及产业化	一等奖	广东联塑科技实业有限公司	顺德
2	含果糖基天然益生元功效分析、生产关键技术研究及产业化应用	二等奖	佛山科学技术学院	禅城
3	全天候高效可靠宽频多联机系统关键技术的研究及产业化	二等奖	广东美的暖通设备有限公司	顺德
4	定向晶化瓷质砖的多尺度协同绿色制造与表面光功能化改性技术	二等奖	蒙娜丽莎集团股份有限公司	南海
5	铝合金型材无铬表面钝化技术开发及产业化	二等奖	广东兴发铝业有限公司	禅城
6	多层控膜缓释技术及微丸包衣技术在缓释类药品中的应用	二等奖	国药集团广东环球制药有限公司	顺德

2018年佛山市国家级孵化器名单

序号	孵化器名称	运营机构名称	级别	区属
1	佛山创意产业园	佛山创意产业园投资管理有限公司	国家级	禅城
2	佛山国家火炬创新创业园	佛山火炬创新创业园有限公司	国家级	禅城
3	佛山新媒体产业园国家级科技企业孵化器	广东新媒体产业园发展股份有限公司	国家级	禅城
4	广东省（佛山）软件产业园	佛山市盈赛投资发展有限公司	国家级	禅城
5	佛山天安科技企业孵化器	佛山天安科技企业孵化器有限公司	国家级	南海
6	南海瀚天科技企业孵化器	佛山市创智汇投资发展有限公司	国家级	南海
7	广东省半导体照明产业创新孵化器（芯光源）	佛山市南海光明智汇新光源投资发展有限公司	国家级	南海
8	广工大数控装备孵化器	佛山市南海区广工大数控装备协同创新研究院	国家级	南海

（续表）

序号	孵化器名称	运营机构名称	级别	区属
9	中国科学院南海生物医药科技产业中心	佛山市南海中国科学院中医药生物科技产业中心	国家级	南海
10	力合创智孵化器	广东力合创智科技有限公司	国家级	南海
11	东软华南 IT 创业园	广东睿道共创科技有限公司	国家级	南海
12	广东物联天下科技企业孵化器	广东物联天下产业园有限公司	国家级	顺德
13	SKG +硅谷孵化园	广东艾诗凯奇智能科技有限公司	国家级	顺德
14	德美新材料专业孵化器	广东德运创业投资有限公司	国家级	顺德
15	顺德创意产业园	广东顺博创意产业孵化器有限公司	国家级	顺德
16	广东工业设计城	广东同天投资管理有限公司	国家级	顺德
17	佛山市高明区科技创新创业中心	佛山市高明区科技创新创业中心	国家级	高明
18	佛山市三水高新创业中心	佛山市三水高新创业中心有限公司	国家级	三水

2018 年佛山市国家级众创空间名单

序号	级别	众创空间	运营机构
1	国家级	工匠创客汇	佛山市南海区广工大数控装备协同创新研究院
2	国家级	广东 3D 打印应用技术创新中心众创空间	佛山市中科高新增材制造产业创新中心
3	国家级	力合创智 U + inno 创业中心	广东力合创智科技有限公司
4	国家级	创业 18mall	广东东软学院
5	国家级	纳米空间	佛山市高明沧江工业园科技企业创业中心
6	国家级	智造佳众创空间	广东广佛智城商业地产投资有限公司
7	国家级	广东创业工场南海站	广东南海创业工场企业孵化器有限公司
8	国家级	T + SPACE 创客大本营	佛山天安科技企业孵化器有限公司
9	国家级	乐孵众创空间	佛山创意产业园投资管理有限公司
10	国家级	佛山极客社区	广东新媒体产业园发展股份有限公司
11	国家级	IT 共创空间	广东睿道共创科技有限公司
12	国家级	英诺创新空间	佛山市厚德众创科技有限公司
13	国家级	易客工场	佛山市易客商业投资管理有限公司
14	国家级	顺德创客汇	广东物联天下产业园有限公司
15	国家级	广东工业设计城・创客空间	广东同天投资管理有限公司
16	国家级	广东创业工场	广东顺德创业工场信息技术有限公司
17	国家级	顺德创客中心	佛山市聚客家园投资有限公司
18	国家级	德美众创邦	广东德运创业投资有限公司
19	国家级	Medical-X 众创空间	广东顺德南方医大科技园有限公司
20	国家级	创意文化艺术街	广东顺博创意产业孵化器有限公司

链接

佛山市建设国家创新型城市背景资料

2012年11月，佛山市委、市政府提出全面实施创新驱动发展战略、积极创建国家创新型城市的战略规划和总体目标。按照国家相关部委要求，2013年，佛山市就出台了《佛山市建设国家创新型城市总体规划》《佛山市建设国家创新型城市实施方案》，从创新资源、创新机构、创新机制、创新环境等方面推动佛山高质量建设创新型城市。经过5年的艰苦奋斗和不懈努力，佛山市创新工作终于得到国家层面的认可。2012年起，佛山市不断加大财政科技投入，全市财政科技投入从2012年16.3亿元增至2018年54.65亿元，其中市本级财政科技投入从每年3420万元增加至2018年的9亿元，带动全社会创新投入稳步增长，从2012年不足150亿元增至2018年约240亿元；全市企业创新能力稳步提升，高新技术企业数量从2012年544家增至2018年3949家，国家级科技企业孵化器在2013年实现零的突破，至2018年底累计18家，全市各类孵化器95家、众创空间65家，市级创新创业团队培育工作自2013年开展，至2018年底累计引进和培育124个，为全市科技创新工作提供了有力的智力支撑。

动全社会创新投入约240亿元；全市高新技术企业3949家，国家级科学技术企业孵化器18家，各类孵化器合计95家，创新空间65家，市级创新创业团队124个。

【珠三角国家自主创新示范区建设】2018年，佛山市推动珠三角国家自主创新示范区、面向全球的国家制造业创新中心建设，参与粤港澳大湾区国际科技创新中心建设，制定印发《佛山市建设珠三角国家自主创新示范区2018年工作要点》，构建更加开放的创新格局，促进创新资源集聚，优化创新创业环境，全市科技综合实力和自主创新能力稳步提升。

推进企业技术改造工作，提升智能制造水平。制定《佛山市工业企业技术改造三年行动计划（2018—2020年）》《佛山市推动机器人应用及产业发展扶持方案（2018—2020年）》《佛山市推进珠江西岸先进装备制造产业带聚焦攻坚三年行动计划（2018—2020年）》等政策措施，支持企业进行增资扩产、核心技术应用、机器人应用与智能化改造，建立重点工业项目跟踪服务联动工作机制，对全市526个重点项目进行跟踪服务，促进工业投资、技术改造投资持续稳定增长。全市完成工业投资872.38亿元，其中完成工业技术改造投资577.37亿元，工业投资和工业技术改造投资总量全省第一；全市开展技术改造规模以上企业1224家；新增智能化技改示范企业32家，新增机器人应用3014台，拥有国家级企业技术中心16个、省级企业技术中心208个（数量居全省第二）、市级企业技术中心207个。

推进佛山科学技术学院高水平理工科大学建设，在学科专业调整、人才引进、服务地方、新校园建设等方面取得阶段性成果。通过二级学院、学科、专业调整优化，佛山科学技术学院工科二级学院由原来的5个扩展到12个，理工科专业占比66%，省级重点学科由2个增加到6个。佛山科学技术学院获国家自然科学基金立项40项，立项金额1371.6万元，排广东省内高校第十三名。推进广东财经大学佛山校区、南方医科大学顺德校区建设成为具有完整教学科研功能的全学段校区。筹建佛山理工大学，设立佛山理工大学建设办公室，与亚琛工业大学签署技术服务协议，启动办学方案调研起草工作。推动高校科技成果转化，承办全省高校科技创新暨高等教育“冲一流、补短板、强特色”提升计划工作推进会，发布系列推动高校科技成果转化政策，展示最新高校科研成果。

【开放创新格局构建】2018年，佛山市主动对接广深科技创新走廊。以“1+5+N”创新平台体系（以三龙湾高端创新集聚区为创新极核，以南三产业合作区、广东金融高新区、国家军民融合创新示范区、青年湖电子信息产业园和临空经济区为五大创新平台，同时，培育周边具有潜力的多个创新节点，形成“一核五平台多节点”创新平台体系）支撑构建“一环创新圈”，高起点规划、高标准建设三龙湾高端创新集聚区，推动佛山市国家高新区改革，加快建设佛山军民融合创新示范区、广东金融高新区、南（海）三（水）产业合作区、青年湖电子信息产业园、空港经济区五大创新平台。

深化与香港在贸易、金融、科技创新合作、产业载体建设等方面合作。在2018佛山（香港）投资环境推介会上，签署6个合作项目，投资总额超397亿元，项目覆盖机器人、航天通讯、军民融合、智慧家居、智能供应链、汽车零部件、绿色智能制造、新型智能医疗机械等多个行业。广东金融高新区承接香港金融后台和服务外包转移，引进东亚、恒生、大新等4家港资银行以及多家港资金融后台及服务外包机构；重点打造粤港澳合作高端服务示范区，以“香港城”为抓手，投入使用丰树国际创智园和三山科创中心两大产业载体，推出“香港城创业十条”政策包，累计引入重点项目40多个，计划投资总额超230亿元，累计完成投资150多亿元。

【科技创新投入】2018年，佛山市科技创新投入再创新高，全市财政科技投入54.65亿元、地方财政科技投入占本级财政支出6.77%，其中市本级财政投入在每年递增情况下额外追加4亿元，总经费6.81亿元。财政资金持续投入带动全社会创新投入高涨，全社会研发经费投入254.77亿元，实验室、研究院等重大创新平台和创新基础设施获得重大投入，全年新增投入超3.5亿元。享受普惠性创新政策的企业数量和资金数额均有较大幅度增长，全年2947家企业申请研发费加计扣除金额62.49亿元，548家企业获省级财政补助资金3.07亿元，446家科技型中小微企业获1232.95万元创新券补助。

【科技创新政策体系完善】2018年，佛山市重新修订出台《佛山市科技创新团队资助办法》，起草《佛山市财政科技创新资金管理办法》《佛山市科技创新

2018年6月1日，2018“创客广东”佛山市创新创业大赛决赛在佛山举行

（市工业和信息化局供图）

项目管理办法》《佛山市推进大院大所合作三年行动计划》《佛山市促进科技成果转移转化实施意见》等政策文件，细化措施完善创新政策体系，为科技创新工作保驾护航。其中，《佛山市财政科技创新资金管理办法》重点对市科技领域财政资金的分配、管理和使用进行规定，优化财政资金使用方式，加大财政资金使用领域“放管服”改革，赋予科研人员更大的人财物自主支配权、技术路线决策权，释放创新主体的潜能和活力。《佛山市科技创新项目管理办法》重点对科技计划项目从指南发布、申报评审、立项决策、监督管理、验收结题等全过程管理进行详细规定，细化流程管理和把控，明晰项目管理和承担单位的权利与责任，推动财政科技资源分配的公平公正和合法合规。《佛山市科技创新团队资助办法》增加对高层次团队支持力度，单个团队资助额度由原来的每个100万元~800万元提升至每个200万元~2000万元；对诺贝尔奖团队和院士团队开辟“常年申报，单独评审”的评审渠道；增加对省团队的支持力度，由以往以区配套支持为主变为市配套省资助金额的50%，各区配套不低于50%。《佛山市推进大院大所合作三年行动计划》从集中资源，布局和支撑重点发展领域，加强市、区和各部门联动，完善“一院一所一策”评估，考核机制等方面着手，提出实现大创新发展的工作目标和支持政策，引进国内外顶级名校、大院大所的优质创新资源。围绕研究开发、信息共享、成果转移、科技金融、检测认证、技术咨询、人才引进等服务环节需求，要求至2020年，全市组建各类科研创新载体100个，推动佛山经济社会高质量发展。

【金融科技产业深度融合】 2018年，佛山市发挥财政资金引导作用，有创新创业产业引导基金子基金10只，设立总规模达99.57亿元，投资30.24亿元。新增5家境内外上市企业，境内外上市企业总数达58家。其中新增上市高新技术企业3家，累计29家。运作好基金规模为1.9亿元的市科技型中小企业风险补偿基金，累计授信企业355户，帮助佛山科技型企业获得贷款授信31.82亿元。推进国家专利保险试点工作，推广禅城区专利保险示范先进经验，推动佛山市投保模式创新。省市联动投入不少于3000万元用于孵化器内科技企业信贷和创业投资风险补偿。至年底，千灯湖创投小镇（广东省首批特色小镇创建工作示范点）规划范围内累计注册成立的基金类机构84个，募集资金总额超102亿元，创投基金呈现集聚发展态势。

（何国华）

企业创新能力

【高新技术企业】 2018年，佛山市推动一批规模以上工业企业通过加强研发投入和技术改造，升级成为高新技术企业；推动一批规模以下高新技术企业提高发展速度和发展质量，壮大成为规模以上高新技术企业。全市新增高新技术企业1402家，高新技术企业数量累计3949家，较上年增长55.05%。全市高新技术企业实现主营业务收入7929.12亿元，实现进出口总额1515.54亿元，实际上缴税费总额334.38亿元，授权专利22359件，其中发明专利4386件。是年，佛山市销售收入1000万元以上2000万元以下的高新技术企业512家，占比12.97%。规模以上高新技术企业2102家，占比53.23%。规模以上高新技术企业中，销售收入2000万元以上1亿元以下的高新技术企业1273家，占规模以上高新技术企业60.56%；销售收入1亿元以上5亿以下的高新技术企业626家，占规模以上高新技术企业29.78%。是年，佛山市推动高新技术企业“树标提质”，搭建佛山市高新技术企业人才综合服务平台，为高企人力资源供需对接开辟绿色通道；打造高新技术企业创新联盟，加强资源整合和技术协作，联合突破重大共性技术难题，促进技术集成创新和抱团发展。加强“规上预备役”高企辅导，通过科技金融、知识产权、研发设计、挂牌上市等进行培育，促进规模以下高企发展壮大，把高企数量优势转化为质量优势。推动国家高新技术企业与资本市场良性互动，引导更多高企通过多层次资本市场实现快速壮大，成为转型升级和高质量发展的主力军。

【佛山首批标杆高新技术企业遴选】 2018年10月，佛山市出台《佛山市高新技术企业树标提质行动计划（2018—2020年）》，提出19项政策措施，建立多部门共同推动高企发展的协同机制，完善高企培育发展体系，深入挖掘培育科技型企业。启动首批标杆高新技术企业遴选工作，评选对象为佛山市内注册且截至2017年底仍在有效期内的高新技术企业，在综合考虑高新技

2018年佛山市标杆高新技术企业50强名单

序号	企业名称	数量	所在区	技术领域
1	广东睿江云计算股份有限公司	7	禅城区	电子信息
2	佛山电器照明股份有限公司			电子信息
3	佛山市国星光电股份有限公司			新材料
4	广东兴发铝业有限公司			新材料
5	佛山佛塑科技集团股份有限公司			新材料
6	广东天安新材料股份有限公司			新材料
7	科力远混合动力技术有限公司			先进制造与自动化
8	广东泓胜科技股份有限公司	14	南海区	电子信息
9	广东一方制药有限公司			生物与新医药
10	广东百合医疗科技股份有限公司			新材料
11	广东雅洁五金有限公司			新材料
12	广东伟业铝厂集团有限公司			新材料
13	广东昱升个人护理用品股份有限公司			新材料
14	广东精迅里亚特种线材有限公司			新材料
15	蒙娜丽莎集团股份有限公司			新材料
16	广东志高空调有限公司			新能源与节能
17	佛山维尚家具制造有限公司			先进制造与自动化
18	广东泰格威机器人科技有限公司			先进制造与自动化
19	佛山华数机器人有限公司			先进制造与自动化
20	菱王电梯股份有限公司			先进制造与自动化
21	广东东方精工科技股份有限公司			先进制造与自动化
22	广东瑞德智能科技股份有限公司	11	顺德区	电子信息
23	广东威特真空电子制造有限公司			电子信息
24	广东昇辉电子控股有限公司			电子信息
25	广东德美精细化工集团股份有限公司			新材料
26	科顺防水科技股份有限公司			新材料
27	广东伊之密精密机械股份有限公司			新材料
28	广东华润涂料有限公司			新材料
29	广东美的制冷设备有限公司			新能源与节能
30	广东万和新电气股份有限公司			新能源与节能
31	广东申菱环境系统股份有限公司			新能源与节能
32	佛山市云米电器科技有限公司			资源与环境

（续表）

序号	企业名称	数量	所在区	技术领域
33	广东新宝电器股份有限公司	6	顺德区	先进制造与自动化
34	广东科达洁能股份有限公司			先进制造与自动化
35	佛山市宏石激光技术有限公司			先进制造与自动化
36	广东富华机械装备制造有限公司			先进制造与自动化
37	广东东泰五金精密制造有限公司			先进制造与自动化
38	广东松下环境系统有限公司			先进制造与自动化
39	佛山市法恩洁具有限公司	5	高明区	电子信息
40	佛山市海天（高明）调味食品有限公司			生物与新医药
41	广东溢达纺织有限公司			新材料
42	佛山市德方纳米科技有限公司			新能源与节能
43	广东万和电气有限公司			新能源与节能
44	佛山市正典生物技术有限公司	7	三水区	生物与新医药
45	佛山欧神诺陶瓷有限公司			新材料
46	广东澳美铝业有限公司			新材料
47	广东爱旭科技股份有限公司			新能源与节能
48	广东星星制冷设备有限公司			新能源与节能
49	佛山市全银河智能装备股份有限公司			先进制造与自动化
50	广东新昇电业科技股份有限公司			先进制造与自动化

术企业营业收入规模、税收贡献、创新投入、创新产出、成长性、专业领域创新性水平等基础上，通过第三方进行数据测评、汇总、排序，在征求各区政府及市税务、财政、环保、安全监管、市场监管等相关管理部门意见之后，评出佛山市2018年标杆高新技术企业50强企业。通过遴选，带动更多高新技术企业做优做强，推动高新技术企业量质齐升，为培育和挖掘行业单打冠军、瞪羚企业、独角兽企业打下良好基础。

【企业研发机构】 2018年，佛山市鼓励企业自建或协同高校及科研院所共建研发中心、检测中心、设计中心、中试基地等各类研发机构，对企业自建研发机构实行备案登记制度，经市科技局备案登记的企业研发机构，优先享受市级财政科技创新券后补助和研发准备金等优惠政策。是年，佛山全市规模以上工业企业研发机构建有率51.37%，主营业务收入5亿元以上工业企业研发机构保持全覆盖，建有研发机构企业数量居全省第一；全年新增省（企业）重点实验室5个、省重点实验室1个，省级重点实验室数量27个，新增省级工程中心233个、累计达628个，省级工程中心新增数和总数均居全省第二。支持行业龙头骨干企业创建国家级企业研发机构，重点打造集技术研发、人才集聚、成果转化、创业孵化为一体的综合性平台。支持创新型领军企业设立海外研发机构，就地消化吸收国际先进技术，主动参与制定国际技术标准，努力提高行业"话语权"。支持中介机构为企业研发机构建设提供培训、指导和辅导服务，帮助企业提升和完善研发机构建设。

【重大科技专项】 2018年，佛山市17家企事业单位申报17项省重点领域研发计划，首批获立项项目3个，获省财政经费支持8000万元。开展2018年佛山市军民融合和可持续发展专项，加快军工和民用技术的相互转换和融合创新，推动创新成果服务和渗透民生领域，全面实现经济的可持续发展，经专家评审立项支持10个项目，市财政扶持经费1900万元。加强企业技术需求摸查，7月23—27日，由清华大学机械学院机械系教授、博士生导师林峰带队的11人课题组深入佛山市各区调研先进制造业情况，形成企业创新和运营情况报告。

（何国华）

季华实验室

【概况】 2018年12月28日，季华实验室动工仪式在佛山市三龙湾高端创新集聚区三山片区举行，季华实验室步入实际性建设阶段。季华实验室位于三龙湾高端创新聚集区核心区域，是省委、省政府启动的首批4家广东省实验室之一，由佛山市委、市政府计划五年投入55亿元建设，规划建设总面积66.67公顷（1000亩），其中首期建设用地15.9公顷（238.5亩）、远期规划产业化基地48公顷（720亩）。首期工程计划建设7栋建筑，包含综合检测区、加工实验区、电子学实验区、集成电路实验区、高精度实验室、行政办公区、科研辅助楼等，计划2020年6月30日前完成。季华实验室地块临近文翰湖畔、广州南站交通枢纽，周边生活配套完善，山水林田湖文资源丰富，自然环境优美。季华实验室的宗旨是以培育国家实验室为目标，建设成为面向世界科技前沿、面向经济主战场、围绕国家和广东省重大需求，集聚、整合国内外优势创新资源，打造先进制造科学与技术领域国内一流、国际高端的战略科技创新平台。

【季华实验室基础设施建设】 2018年，佛山市实行季华实验室基础设施建设联席会议制度，统筹协调市、区两级科技、发改、财政、国土、住建、环保、消防等部门，共同推进季华实验室规划建设工作，其中一期建设内容包括研究中心、分析检测中心、生活配套中心等14.67公顷（220亩），远期规划产业化基地超过46.67公顷（700亩）。市主要领导多次到现场督办，通过倒排工期、挂图作战，实行事权下放、并联审批、现场决策等措施，在确保合法合规的前提下，全速推进实验室基建工作，缩减基建前置审批串行流程时间，于2018年12月开工并获相应产权证书，年内拨付基建资金4.65亿元。

【季华实验室科研攻关】 2018年，季华实验室坚持“成熟一批，启动一批”的工作方式，以佛山市产业发展需求为基础，先后论证启动2批8个科研项目、入库储备3个项目，既有面向产业重大需求、解决制造业“卡脖子”问题的半导体制造工艺关键装备、光刻机物镜传感器等项目，也有面向广东经济主战场，解决国计民生或产业共性技术难题的智能制衣、制鞋、酱油酿造、采茶、汽车线束、增材制造等项目。参与国家重大科技专项，到科技部相关司局办、中国疾病预防控制中心等进行交流，寻求参与中医药产业现代化等国家有关重大科研任务。承接和参与省重大科技专项，牵头申报并获省重点领域研发计划项目“星地一体量子保密通信网络及关键技术”立项，立项获当年最高扶持力度4800万元资金支持，项目在“墨子号”和“京沪干线”的基础上，依托国家广域量子保密通信骨干网络和卫星量子密钥网络两大重点工程，在广东省率先开展星地量子网络的对接融合、智能调度、仿真模拟等关键技术研发。

【季华实验室对外交流和招才引智】 2018年，佛山市季华实验室与美国橡树岭国家实验室、剑桥大学、清华大学、复旦大学等国内外科研机构和高等学校的60余个高端团队深入洽谈，同时加强与广东省科学院、深圳第三代半导体研究院等的交流合作。引进落地新加坡半导体关键零部件研发、日本大面积微纳加工研发等团队2个，其中新加坡半导体关键零部件研发团队在佛山开展样机试制，计划在2019年下半年推出第一批带有“季华”名字的装备产品。参加2018年国际电气和电子工程师协会机电一体化/自动化会议、第五届中国机器人峰会、第三代半导体光电产业创新发展大会、第二十届中国国际光电博览会等学术会议并作发言、推介。加快与智能制造及机器人研发团队、电磁制造技术团队等的洽谈进度。在全国28所“985”高校开展巡回招聘，吸引200多名博士和博士后应聘，遴选聘任20名优秀博士毕业生充实到实验室科研人才队伍。

（何国华）

产学研合作

【概况】 2018年，佛山市与中国科学院、中国工程院、清华大学、北京理工大学、中山大学、中国空间技术研究院等科研院校，以及美国、以色列相关科技协会等机构的合作不断深化。举办清华大学佛山先进制造研究院揭牌仪式、第十届国际发明展览会暨第三届世界发明论坛、第二届佛山企业走进清华、2018“清华专家教授佛山行”等活动。引导本地企业与清华大学、中国科学院和佛山智能装备技术研究院开展核心技术攻关，将国内外科研优质资源持续导入佛山市。全年全市通过产学研合作建有省级新型研发机构24个，省级新型研发机构孵化企业298家，成果转化和技术服务收入超过8.7亿元。

【重大创新平台建设】 2018年5月22日，清华大学校内首个校地合作研究院——清华大学佛山先进制造研究院揭

广东工业设计城 （佛山日报社供图）

牌成立，佛山市市长朱伟带领五区及相关市直部门负责人走进清华大学，代表佛山市政府与清华大学签约，并为清华大学佛山先进制造研究院揭牌。该院将利用清华大学的创新资源优势，结合佛山市良好的产业发展优势，在智能装备、智能制造、机械装备、新材料、节能环保领域开展合作。为支撑相关合作，研究院设立创新专项资金，首期为5年，每年不低于5000万元，总额不低于3亿元。

12月10日，佛山市政府与清华大学材料学院签约共建佛山（华南）新材料研究院，该研究院落户南海区三山新城，是粤港澳大湾区华南设计产业研究院的实体，是涵盖新能源、生物医用、节能环保、电子信息、智能制造五大产业集群的材料类专业实验室。

11月18日，中国科学院与广东省人民政府共同推进粤港澳大湾区国际科技创新中心建设合作协议签署活动在广州举行。活动期间，中科院苏州纳米所、佛山市政府、佛山市南海区政府签署中国科学院苏州纳米技术与纳米仿生研究所广东（佛山）研究院合作框架协议，中科院苏州纳米所党委书记、副所长陈光，佛山市委副书记、市长朱伟代表各方签署合作协议。根据协议，中科院苏州纳米所广东（佛山）研究院以提升粤港澳大湾区纳米技术、半导体等产业的自主创新能力为目标，采用“纳米加工平台+研究中心+育成中心”的运营模式，致力于产业技术领域核心关键技术突破、共性技术研发、技术系统集成、工程化示范应用和产业化，建设成为纳米技术、半导体等领域的公共技术支撑与服务平台、高端人才培养与集聚平台、科技项目引进及落地平台、高技术企业引进及孵化平台。

是年，佛山市与广东省科学院合作共建省科学院佛山产业技术研究院，这是省科学院与地市共建第一个以企业法人形式运作的产业技术研究院。采用“省科学院主导+市场化运作+政府资助+科技金融结合”的运营模式，重点聚焦智能制造、电子信息、新材料、生物健康四大领域。

此外，广工大数控装备协同创新研究院、佛山智能装备技术研究院等提高研发、孵化和服务能力，利用市场化运作模式实现快速发展。

【产学研对接】 2018年9月，佛山市举办第二届佛山企业走进清华活动，50多名佛山政企代表到清华大学，与清华有关团队围绕创新发展、产学研项目合作等开展务实交流。活动上，11家佛山企业与15名清华大学教授达成高新技术项目初步合作意向。

是年，清华大学的教授、博士生、硕士生到佛山市，开展走访调研、项目路演和为企业诊断技术困难等多项活动，丰富佛山企业与清华大学的合作内涵，加强佛山企业与清华的沟通交流。清华大学12个成果项目到佛山进行路演，达成合作项目5个。

（何国华）

创新人才团队

【概况】 2018年，佛山市引进博士143人、硕士1890人、高级职称专业技术人才91人、“双聘”院士8人。以佛山科学技术学院高水平理工科大学建设为载体，引进26名高层次人才、1个省级优质创业人才团队、1名省级领军人才。发挥产业园区、科研机构聚集人才功能，拓展人才发展空间，广东工业设计城聚集设计研发人才8120人，中国发明成果转化研究院落户佛山高新区。共引进技术人才团队48个，立项资助金额3.28亿元，其中集中申报团队立项32个，资助金额1.78亿元。引进高层次人才人191人，其中院士（含外籍院士）6人、国家“973”首席1人、国家科技进步奖获得者2人。

【创新人才团队引进方式】 2018年，佛山市出台《佛山市人才发展体制机制改革实施意见》、修订印发《佛山市科技创新团队资助办法》，加大对高层次人才、高端创新团队的引进力度。为提高对高端人才的吸引力，提高对优质科研项目的服务能力，及时引进顶尖科技创新团队，在新修订的《佛山市科技创新团队资助办法》中，增加对诺贝尔奖团队和院士团队的“常年申报，单独评审”的评审服务。创新人才引进模式和管理机制，依托中科院产业技术研究院等创新平台，发挥其熟悉地方产业发展需求、熟悉国内外科研院所创新资源的“桥梁”作用，安排专用经费支持平台自主引进产业化创新团队。

【创新人才载体建设】 2018年，佛山市推进佛科院建设高水平理工大学，新增6个硕士学位授予点；与南方医科大学、广东财经大学共建全学段佛山校区；创建广东顺德创新设计研究院、佛山市南海区广工大数控装备协同创新研究院2个研究生联合培养国家示范基地。是年，北京科技大学佛山研究生院、北京外国语大学佛山研究生院落成，并于9月开始招生。

【广东院士团队创新创业佛山驿站揭牌】 2018年3月29日，广东院士团队创新创业（佛山）驿站揭牌。该驿站由在广东工作和广东籍的院士自主发起，由院士自愿组成的全省性的、学术性的、非营利性的科技社团——广东院士联合会和佛山市政府合作成立，是佛山企事业单位与院士专家合作对接的桥梁。该驿站发挥其扎根佛山、贴近产业、贴近企业的优势，建立佛山高端科技人才、技术、项目的需求库，以需求为导向，实施靶向性的招才引智，组织佛山企业、事业单位与院士专家开展对接，为院士专家团队的重大科技成果转化落地佛山服务。同时，该驿站发挥院士专长，为佛山的科学发展提供更多、更高水平的战略研究报告和咨询意见。

（何国华）

科技服务与成果奖励

【概况】 2018年，佛山市工商注册从事科技成果转化和技术转移服务的机构214个，形成专业平台主导、社会力量广泛参与、线上线下相结合的成果转化和技术转移服务体系。全市技术合同成交额7.46亿元，实现技术交易额7.01亿元，均为上年的2.8倍以上。

【科技成果转化】 2018年，中国技术交易所佛山工作中心、中国技术交易所粤港澳大湾区制造业创新服务中心线上

平台 链接“国有科技成果挂牌交易及公示系统”，在广东省内实现技术交易额6.8亿元，国有企业产权交易额140亿元。中国发明成果转化研究院4月成立，年内引进科技成果项目近20个。广东高校科技成果转化中心自2017年在佛山成立后，至2018年底，跟进服务高校科技成果转化项目近百个。

美的集团全球创新中心、碧桂园机器人谷、东鹏集团等企业，加强科技成果转化力度。

【创新载体建设】 2018年，佛山市印发《佛山市科技创新载体后补助试行办法》，鼓励龙头骨干企业围绕主营业务方向建设孵化器、众创空间，引导新型研发机构、科研院所、高等院校围绕优势专业领域建设孵化器、众创空间。截至年底，佛山市各级科技企业孵化器95家、众创空间65家，实现五区孵化器全覆盖。其中：国家级孵化器18家，国家级众创空间20家；省级孵化器30家，省级众创空间31家。全市总孵化面积240万平方米，在孵企业2935家、年内毕业企业324家。

【创新创业活动开展】 2018年，佛山市举办第四届中国（广东）国际“互联网+”博览会，吸引海内外731家企业参展，同期举办24场专题活动，16.8万人次参会参观。第七届中国创新创业大赛（广东·佛山赛区），吸引160家企业报名参赛、40家企业进入复赛，19家企业晋级省赛、4家企业晋级国赛，其中佛山林至高分子材料科技有限公司、广东金帆智鹏科技有限公司分获成长组和初创组一等奖。第七届中国创新创业大赛港澳台赛，吸引港澳台参赛企业283家，获奖项目中最终有10个项目签约落地佛山高新区，包括台湾项目6个、香港项目3个、澳门项目1个，大赛成为推动粤港澳台创新资源互联互通的重要平台。

（何国华）

专利与知识产权

【概况】 2018年，佛山全市专利申请总量为8.94万件，比上年增长20.88%；授权量为5.10万件，增长38.74%；专利合作协定（PCT）为857件，增长18.04%。各类专利申请中，发明专利申请量2.97万件，增长14.71%；发明专利授权量5058件，增长3.2%。是年，佛山市有有效发明专利1.95万件，增长29.55%。佛山市高价值专利获得第二十届中国专利奖52项，数量创历史新高，其中1项外观设计银奖（该届全国仅有15项）；获省级专利奖16项，其中金奖2项，金奖数量有新突破；全年新增26家企业被认定为国家知识产权示范、优势企业，数量为历年之最。至年底，佛山市国家、省级知识产权示范优势企业199家，通过国家知识产权贯标认证企业402家。

【知识产权保护法治化】 2018年，佛山市加大知识产权保护力度，推进知识产权严保护、大保护、快保护、同保护各项工作。禅城区人民法院新城知识产权法庭成立三周年，广州知识产权法院佛山巡回法庭筹建工作启动，知识产权司法保护机构逐步完善。

市知识产权局开展专利行政执法专项行动7次，出动执法人员100余人次，检查商品3000多件；处理各类专利案件296件，其中处理专利侵权纠纷案件51件、电商案件202件、展会案件30件、假冒专利案件13件。

中国（佛山）知识产权保护中心开设快速预审通道，缩短审查授权时间。完成364个企事业单位的备案工作，受理专利快速预审申请69件，发出预审合格通知书31件，其中21件申请获得国家知识产权局授权。提供知识产权维权援助13项，协助执法22次，处理专利侵权纠纷14件，进驻展会处理展会专利纠纷77件、提供专利侵权判定42件。

【知识产权金融支撑产业发展】 2018年，佛山市专利权质押融资登记114件，融资金额12.56亿元。打造知识产权质押融资服务平台，建立知识产权质押融资服务联盟，为企业提供多方位的融资对接和一站式服务。开展知识产权质押融资工作，佛山市知识产权质押融资风险补偿资金池规模超1亿元，合作银行13家，全市115家企业228个项目进入知

2018年佛山市专利申请、授权统计表

单位：件

各区	申请				授权				有效发明专利	PCT国际专利申请
	发明	实用新型	外观设计	合计	发明	实用新型	外观设计	合计		
禅城	7216	3774	1651	12641	542	2634	1287	4463	2687	65
南海	6302	14032	6760	27094	1013	9913	5419	16345	4262	132
顺德	9637	18419	9559	37615	2636	14415	8109	25160	9719	628
高明	2396	1802	308	4506	467	1399	278	2144	1363	8
三水	4158	2690	684	7532	400	1776	722	2898	1466	24
合计	29709	40717	18962	89388	5058	30137	15815	51010	19497	857

识产权质押融资风险补偿扶持企业库，提出融资需求超15亿元。截至年底，知识产权质押融资风险补偿资金池运作扶持企业150家（专利1005项），发放知识产权质押融资金额8.76亿元，平均每个企业获得融资贷款约600万元。

【知识产权服务业发展】 2018年，佛山市围绕知识产权运营核心区、服务机构核心区、人才集聚区建设，推动知识产权服务业规模扩大、水平提升。推进国家知识产权服务业集聚发展示范区建设，至年底，禅城、南海、顺德三大服务业集聚园区面积达5万平方米，超过50个知识产权服务机构进驻，如佛山市海科知识产权交易有限公司、佛山圣理华知识产权代理有限公司、北京清亦华知识产权代理事务所（普通合伙）佛山分所等。重点开展知识产权运营服务，加强国家专利运营试点企业建设，推进专利运营、深化知识产权质押融资等，全年服务企业80多家，完成知识产权质押融资评估超10亿元。顺德园推进知识产权运营交易平台建设，“淘专利”“淘商标”交易小程序上线运营，5000余个专利、商标可供交易。是年，全市拥有专利代理机构69个，其他知识产权服务机构超200个。是年，佛山市深入实施“英才计划”，成立广东知识产权创新学院、佛山知识产权人才学院，建设知识产权管理产学研合作示范基地，全市累计培育各类知识产权人才超1万人。

【知识产权业务培训与宣传】 2018年，佛山市开设知识产权“创课讲堂”，举办知识产权培训30场，培训5000人次。举办“4·26”知识产权宣传周系列活动、中国佛山知识产权运营国际峰会、全国发明展览会暨第二届世界发明创新论坛等活动，并于6月21日举办主题为“知识产权保护和运用——助力大湾区创新发展”的2018粤港知识产权与中小企业发展研讨会。利用第十二届中国专利周，围绕“培育高价值专利 促进高质量发展”主题，开展高价值专利培育和布局培训班、2018广东省知识产权服务地市行暨中国（广东）知识产权投融资对接会、佛山市陶瓷装备产业专利导航项目成果发布会、佛山市先进装备制造业专利主题交流活动、有效运用工业品外观设计国际注册海牙协定国际研讨会等各项活动，专利周累计参加活动4810人次。是年，国家中小微企业知识产权培训（南海）基地举办培训活动44场，培训7700人次，并在粤东西北地区开展培训宣传活动，向全省推广人才培育特色经验。

【《佛山市知识产权海外维权手册》发布】 2018年10月19日，《佛山市知识产权海外维权手册》在佛山市企业海外知识产权保护专题研讨会暨真假品牌辨别会上首次对外发布。手册内容主要包括商标权、专利权等知识产权基础概念的介绍，维权应对技巧，并附大量真实案例供企业借鉴参考。截至2018年9月，佛山市马德里国际商标达到693件，位居全国第十二位。

【中国（佛山）知识产权保护中心成立】 2018年6月26日，中国（佛山）知识产权保护中心在禅城区绿岛湖国家知识产权服务业集聚发展试验区挂牌成立。国家知识产权局副局长贺化、副司长赵梅生，广东省知识产权局局长马宪民、副巡视员黄光华，佛山市人民政府市长朱伟等出席挂牌活动，并实地考察保护中心的建设情况。贺华现场宣读《国家知识产权局办公室关于同意中国（佛山）知识产权保护中心通过验收的函》。

7月17日，中国（佛山）知识产权保护中心授章仪式在禅城区绿岛湖国家知识产权服务业集聚发展示范区举行。国家知识产权局专利局审查业务部副部长雷春海代表国家知识产权局向佛山保护中心授予业务用章。佛山市委常委、常务副市长蔡家华代表佛山保护中心接受授章。审查业务部韩小非及相关业务处室同时为佛山保护中心开通业务系统。

【第十届国际发明展览会暨第三届世界发明创新论坛在佛山市举行】 2018年9月13—15日，第十届国际发明展览会暨第三届世界发明创新论坛在佛山市广东（潭洲）国际会展中心举行。展会由中国发明协会主办、佛山市人民政府承办。展会主题为“发明实现梦想、创新引领未来”。展会推进实施创新驱动发展战略、军民融合战略、知识产权强国战略和“一带一路”建设，促进发明成果转化和产业化实施。展会设置国际展区、军民融合展区、全国发明创新展区、粤港澳大湾区展区、青少年发明创新展区等，集中展示中国科技、发明创新取得的重大成果。2006年诺贝尔物理学奖获得者乔治·斯穆特教授、2008年诺贝尔生理学或医学奖获得者吕克·蒙塔尼教授，以及多位中国科学院院士、中国工程院院士出席论坛。活动期间，主办方还组织地方政府部门及企业用户与国际及国内发明人进

2018年6月26日，中国（佛山）知识产权保护中心挂牌　（市市场监管局供图）

行国内项目洽谈对接和国际间发明创新项目对接等活动，为促进发明成果转化搭建平台。

（袁乐英）

气　象

【概况】2018年，佛山市气象局加快推进新时代气象现代化建设，获评广东省气象局2018年度重大气象服务先进集体和第五批广东省气象现代化新型台站，“佛山天气”微信获评“2017年度佛山十大政务微信号”。全年发布《重大气象信息快报》55期、《天气报告》24期各类《气象服务专报》81期，发布气象预警短信223条。全市气象部门发布预警信号823次。市气象台6月8日提前58分钟成功发布南海大沥龙卷预警，为国内首次发布龙卷预警。9月17日再次提前37分钟成功发布三水白坭龙卷预警。是年，市气象局联合市三防启动重大气象灾害应急响应共7次、联合国土部门发布地质灾害气象风险预警11次、联合环保部门启动大气污染防治分级管控7次、联合教育部门启动停课机制2次。

是年，市气象局联合三水区政府举办重大气象灾害应急演练，并在演练中首次使用直升机演练“空中救援”。完成2017—2018年佛山市逐日气象要素实况和空气质量档案整理，联合市环境监测站制作空气质量预报月报。开展气象科普工作，全年对外气象科普讲座100场，对首批260名教师开展气象科普培训，为8万多名中小学生开设气象灾害防御科普第二课堂。进行“追击风王‘山竹’”等气象事件直播5次，累计观看111.7万人次。注重科研，发表论文40篇，其中以第一作者发表在核心期刊的有6篇，全年开展学术报告23期，报告45次。新建微压计5台，其中禅城区4台、高明区1台。规范龙卷灾情调查业务流程，印发龙卷与雷暴大风灾情调查技术手册，赴广西柳州、吉林松原、广州南沙等地参与龙卷灾情调查16次。完成广东省气象局立项课题3项，佛山市气象局课题12项；“局地回流指数计算软件”获发明专利。优化全网短信的发布流程，发送全网短信7条，受众9800万人次。完善铁皮屋和工棚防灾服务“一张图”数据建设，更新铁皮屋和工棚信息5198条，信息同步更新至市三防风险防控管理地理信息平台、广东省POI数据管理系统。开发“佛山市雷达产品实时监控系统”，实现雷达地图底图精确到村（社区），并可在同一桌面显示S波段雷达和X波段雷达等多种产品数据。

【气候特征】2018年，佛山市总体天气气候特征是：入汛异常偏晚，旱涝急转；降雨偏多，暴雨强度强；初台偏早，台风影响大；气温偏高、高温天数多。

全市平均气温23.2℃，比常年偏高0.6℃；年内高温日数37.3天，比常年偏多16.5天；年极端最高气温37.3℃（南海·7月11日），年极端最低气温2.5℃（三水·2月6日）。全年降雨量2017.5毫米，比常年偏多2成。年内降雨分布不均匀，其中1月降雨量比常年异常偏多近2倍，龙舟水期间累计降雨量比常年异常偏多8成。

极端天气气候事件频发。开年寒潮遇上冬季暴雨，5月持续高温少雨，刷新多项历史极值；6月8日南海区大沥镇发生龙卷，9月17日三水区白坭镇发生龙卷；前汛期台风“艾云尼”“格美”进入佛山市防区，后汛期有5个台风（“山神”“贝碧嘉”“山竹”“百里嘉”“玉兔”）进入佛山市防区，其中“艾云尼”“贝碧嘉”“山竹”造成明显影响；最暖冬至，全市平均气温22.6℃。

【主要天气气候事件】抗击强台风“山竹”　2018年第22号台风“山竹”具有台风块头大强度强、大风范围广持续长、特大暴雨点多面广的特点，给佛山带来35年来最强风。高明更合、明城录得13级阵风（其中更合镇歌乐村委站录得40.1米/秒），南海、顺德区有4个镇街录得12级阵风，禅城和三水区录得11级阵风。阵风12级以上持续时间6个小时（13—19时）。台风红色预警信号持续13个小时。降雨方面，16日08时至17日20时全市平均雨量112.2毫米，高明区杨和镇石水村委站录得最大累积雨量349.8毫米（特大暴雨）。9月16日08时佛山市启动防台风Ⅰ级应急响应，全市范围内“五停”。

最暖冬至　2018年冬至（12月22日），全市平均气温22.6℃，为有气象记录以来冬至当日最高平均气温。其中，顺德国家气象观测站录得当日最高气温27.5℃，接近全市冬至日历史最高气温27.7℃（1976年顺德录得），为有气象记录以来第三高。

“跨年”寒潮　2018年12月27日至2019年1月2日，受寒潮影响，佛山市气温持续下降，过程降温幅度13.2℃，12月31日三水国家气象观测站录得过程最低气温4.6℃。

台风“艾云尼”抢先登陆　2018年第4号台风“艾云尼”是年内首个登陆广东省的台风，具有登陆偏早、移动缓慢、三次登陆、生命史长、暴雨猛烈的特点。受“艾云尼”和强盛西南季风共同影响，6月5日到9日佛山市出现连续性的强降水，台风影响最严重的时段为7日20时到8日20时，6月8日凌晨全市各区先后发布暴雨红色预警信号，各相关部门联动协作紧密，确保“停课不停考”有序进行。

佛山2次成功发出龙卷预警　2018年6月8日台风“艾云尼”影响期间，南海区大沥镇发生龙卷风，在佛山市龙卷风研究中心的技术支持下，市气象台提前58分钟明确发布龙卷警报并取得成功，这是广东省在全国首次成功的龙卷预警，开创中国龙卷成功预警的先河。9月17日台风“山竹”影响期间，三水区白坭发生龙卷，市气象台提前37分钟发布龙卷警报并取得成功，也是第二次成功尝试。

夏季偏长，高温天数偏多　2018年的夏季从4月10日到11月15日，长达220天，比常年偏多32天；另外2018年高温日数为37.3天，与常年相比偏多了16.5天。

开年寒潮遇上冬季暴雨　2018年1月6日8时至7日8时，佛山市普降暴雨；8日起寒潮影响佛山市，气温骤降，24小时降温幅度10℃左右，9日早晨三水国家气象观测站录得过程最低气温5.2℃。冬季暴雨实属罕见，紧接着寒潮携雨加重湿冷天气。

5月持续高温少雨刷新多项历史极值　2018年5月中下旬佛山市持续高

温少雨，5月全市平均气温28.4℃，比常年偏高2.4℃，为历史同期最高值；5月全市高温日数13.0天，常年0.3天，破历史同期记录；5月中下旬（5月11日至31日）佛山市累积降雨量32.2毫米，比常年异常偏少82%，为有气象记录以来最低值。

台风“贝碧嘉”路径曲折，佛山晴雨交替　2018年第16号台风“贝碧嘉”路径复杂多变，生命史长，先后在海南省琼海市，广东省阳江市、湛江市、雷州市三次登陆。8月10日和11日在“贝碧嘉”靠近和登陆广东期间，佛山市中南部连续2天出现暴雨；13日“贝碧嘉”路径南落，受其外围下沉气流影响出现高温天气；14日再次受“贝碧嘉”外围东风影响，午后转有雷阵雨。

冷空气频繁入侵，短暂入冬　2018年1月26日至2月6日，佛山市频繁受冷空气影响，过程降温幅度达13.4℃，30日到31日高明皂幕山、三水大南山出现冰挂和雾凇；2月6日早晨三水国家气象观测站录得过程最低气温2.5℃，是2018年佛山市最低气温。冷空气频繁入侵，1月29日佛山市成功入冬，持续到2月6日，历时9天。

（吴　斌）

防震减灾

【概况】 2018年，佛山市地震科普展馆经升级改造后重新开馆，接待人次超过5000人，在全市五区开展防震减灾知识宣传活动接近100场。市地震局开展“双随机一公开”检查工作，对建设工程的抗震设防要求执行情况和建设工程地震安全性评价实施情况进行监督，对佛山市地震灾害风险点危险源进行排查，有针对性地制定安全监管计划，包括执法检查计划、培训教育计划、应急演练计划。是年，市地震局被评为2018年全国地市级防震减灾工作先进单位、2018年广东省市县防震减灾工作先进单位。

【地震监测预报和台网建设】 2018年，佛山市地震局推进佛山市地震深井综合观测站建设项目。该项目是省市共建项目，也是广东省第一个地震深井综合观测系统。项目建成后，将填补佛山市深井观测空白，提升佛山市地震监测能力。

全年投入47.5万元，建设35个地震监测台站和1个台网中心数据通讯备份链路，实现主备双链路自动切换、无缝连接，保证地震业务和数据传输不间断、连续运转。

通过投入97.4万元购买社会服务，委托第三方专业公司对全市74个地震监测站点和台网中心开展日常维护和季度巡检工作，保证地震监测台网安全高效运行。

【防震减灾科普基地升级改造】 2018年5月11日，佛山市地震科普展馆经升级改造后开馆，展馆创造性引入裸眼3D大屏技术，是佛山市机关事业单位中采用裸眼3D大屏技术进行科普宣传的创新尝试。根据场地条件和展示内容，展馆划分出入门形象墙、裸眼3D电影厅、地震前兆展板、流体监测区电磁波展示区、佛山监测点分布、大展厅地震带分布图和震例墙、地震震动体验、地震监测仪和地震监测设备、地震监测中心和地震知识小游戏区等10个不同功能分区。展馆每周三、六、日免费开放，配备2名讲解员，自恢复开放至年底接待参观学生、市民5000余人次，发挥佛山市防震减灾科普宣传教育主阵地作用。

【防震减灾文化宣传】 2018年，佛山市地震局推进防震减灾文化宣传纳入全社会科普活动，以“5·12”汶川大地震纪念日、“7·28”唐山大地震纪念日、安全教育月、国家宪法日、“全国科普日”、文化、科技、卫生“三下乡”等重要时间节点为契机，组织防震减灾知识“七进”活动33场，进学校、进机关、进企业、进社区、进乡村、进家庭、进公共场所免费派发地震宣传小册子3万册、地震宣传页5万份。通过地震应急疏散演练、科普大篷车、模拟体验、宣传讲座等形式，普及防震、避震、自救、互救等地震应急知识。全年开展防震减灾文化宣传活动70场。创新搭建地震科普宣传平台。制造具有佛山地方特色的“黄飞鸿”形象系列地震避险自救知识宣传动画小视频，投放于广佛地铁。在3月至7月由中国地震局主办的“全国防震减灾知识大赛”中，惠景中学队作为佛山市代表队以100%的答题正确率，以总分全国第三名的优秀表现获全国防震减灾知识大赛二等奖。

【地震应急救援队伍建设】 2018年，佛山市地震局深化与佛山市社会力量防灾减灾救灾联盟、与防震减灾志愿者队伍的联动协调，支持引导社会力量有序有效参与应急救援行动。组织佛山社会力量防灾减灾救灾联盟部分成员和防灾减灾志愿者到四川省，由具有地震救灾实战经验的教官带队进行灾后搜索与营救模拟演习训练。邀请市地震专业救援队伍参加市地震局举办的全市地震突发事件应急管理培训班，并通过组织突发事件桌面演练，引导专业救援队伍有序参与地震灾害救援。

【地震应急】 2018年3月29日下午3时40分左右，佛山市地震局监测中心陆续接到市民与单位电话，反映感觉到有震动。市地震局立即启动应急程序，经查证，禅城测震台3时40分28秒监测到一个震动事件，市内其余测震台同时间未监测到该事件。市地震局随即与广东省地震局会商，初步判定该震动事件为爆破事件，非天然地震事件。

11月26日上午7时57分，据中国地震台网测定，台湾海峡发生6.2级地震，对佛山市造成地震烈度2度左右的影响，佛山市部分市民轻微有感。地震发生后，市地震局立即启动《佛山市地震局地震应急反应预案》，全局工作人员迅速开展地震应急工作，向社会发布震情信息，通报给市应急办、“110”指挥中心、佛山电台、“12345”民生热线等相关部门单位，答复群众咨询。该次地震震中距离佛山市较远，没有对佛山市造成破坏，群众生活、生产秩序正常。

（陈　喆）

科学技术普及

【概况】 2018年，佛山市新增佛山市岭南酒文化博物馆、广东小镰刀创客空间科普基地、源田睡眠文化博物馆、广东（大沥）3D打印协同创新平台、佛山市博通光电天文科普教育基地、佛山市机器人科普教育基地等6个“佛山市科普教育基地”（2018—2022年），全市科普教育基地达49个。是年，佛山科学馆接待游客约85万人次。

【佛山科学馆运营】 2018年，佛山科学馆接待游客约85万人次，其中接待团队110个约5万人次、散客80万人次，全年馆内日均接待量超3000人次。立体影院和动感影院全年播放1100余场次，接待团体专场约50场次，接待游客9万多人。是年，佛山科学馆通过加设临时展览和特色主题展区开展形式多样的科普教育活动，让科学融入生活，向公众普及日常科学知识和科技创新知识，直观地体验新时代科技发展成果，吸引韶关、烟台、温州等市和新疆维吾尔自治区，以及沙特阿拉伯等国内外中小学校、幼儿园师生及社会团体参观。是年，佛山科学馆获“2018年度广东省青少年科技教育基地”称号。

是年，佛山市科学馆举办多次大型公益展览和科普进校园活动。5月26日至6月18日，举办“梦想与创造”多媒体互动主题科普展，采用声、光、电等高科技手段和多媒体交互体验等现代信息技术，展示信息时代科技创新的前沿技术和创新成就，展览占地面积超2000平方米，展出15个大型展项，吸引各类参观团体20多个、游客4.5万人次。5月31日，受邀参加同济小学少工委成立仪式暨“庆六一”欢乐嘉年华活动，携带10个移动展项参加活动，让学生感受科学魅力。9月25日至27日，到对口帮扶的云浮市郁南县桂圩镇平全小学和平台镇中村小学开展科普下乡活动。10月27日，举办2018年度佛山科学大讲堂之“青少年生长发育与运动健康”科普讲座，讲座以青少年骨骼发育、游泳健康为主题，100人参加。11月30日，承办国家宪法日暨人防法宣传活动，100多名学生参加。12月5日，参加佛山实验学校2018—2019学年运动会暨科技节嘉年华活动，在活动中提供23个移动展项供学生参观体验。12月12—14日，参加由广东省科技馆研究会组织的欢乐科普行惠州站活动，为惠州市第五中学和惠州市第十一小学2000多名师生带去彩色食品打印机、智能跳舞机器人以及飞机航模等展项。

（何国华）

【科协科普】 2018年，佛山市科学技术协会发挥职能，推进科学技术普及，促进全民科学素质提高。

公众科普活动　在5月中旬至6月中旬“广东省科技进步活动月”期间，联合市直有关单位及各区科协举办3场次送科技到基层活动。组织各行各业100多名专家，深入社区、乡村一线开展科普活动，免费发放科普书本、宣传折页等30多种2万多本（份）。9月，联合五区举行全国科普日主题活动——“2018佛山科普游”，组织200余个家庭走进佛山科普教育基地，并首次以视频形式发布“佛山科普教育基地地图”。

青少年科普工作　举办“大手拉小手——科普报告希望行”活动，邀请中科院老科学家科普演讲团8位科学家，在80所大、中、小学，举办科普报告会84场，受益人数超3.56万人。发挥佛山科普演讲团作用，开展科普报告进校园活动，全年累计完成科普宣讲报告会40多场次。举办“佛山市科技辅导员创新沙龙”5期。与市教育局联合主办2018年佛山市科技教育教师培训班，150多名科技教师参加培训。组织佛山市青少年科技教师和青少年科技活动组织工作者参加全省、全国性培训与交流，累计30人次。举办第三十四届佛山市青少年科技创新大赛暨第十一届佛山市青少年动漫赛，全市600多所学校5000多个项目参加基层选拔，各区选送的市赛项目1800多项，近1000名师生参加。组织参加第三十三届全国、广东省青少年科技创新大赛获得优异成绩。联合教育局举办首届佛山市中小学生机人竞赛暨人工智能专家讲座活动，全市160支队伍320名中小学生参与。组织参加广东省青少年机器人（实体和虚拟）竞赛，获得一等奖11项、二等奖9项、三等奖10项、专项奖10项；参加第十八届中国青少年机器人竞赛，佛山市获一等奖2个、二等奖1个。联合举办“2018年佛山市青少年航空模型、航海模型、车辆模型和建筑模型”4项科技体育竞赛活动。组织17支代表队参加第六届广东省青少年科技创新能力实践赛，取得二等奖6项、三等奖11项。组织55名师生参加中国科协、教育部主办的2018年全国青少年高校科学营活动。组织学生参加2019年广东省英才计划，6位学子加入由中国科协举办的英才计划培养项目。

科普基础设施建设　新增省级科普教育基地2个、市级科普教育基地6个。

2018年5月11日，佛山市地震科普展馆开馆仪式及“汶川大地震十周年”纪念日活动

（市地震局供图）

科普信息化　利用科协系统“科普中国”“岭南科普”“佛山科普”“科普随手拍”等网络资源，推动佛山市“互联网+科普”行动。佛山地震科普馆等8个单位入选广东省科普信息化应用落地试点单位。对各区科协的信息化落地工作进行指导、帮扶。为基层单位订购科普读物4000本，刻录《科普大篷车电视栏目》DVD光盘60套1904张，免费发放到各区镇街、学校、社区、市级科普教育基地等单位。

（李　思）

佛山市市级以上科普教育基地名录

序号	基地名称	市级命名年度	命名层级			备注
1	佛山科学馆	–	–	省级	全国	
2	佛山市林业科学研究所	2017—2021	市级	省级	全国	
3	广东邦普循环科技有限公司环保科普教育基地	2017—2021	市级	省级	全国	
4	盈香生态园	2017—2021	市级	省级	全国	
5	佛山市海天（高明）调味食品有限公司	2017—2021	市级	省级	全国	
6	佛山地震台地震科普展馆	2017—2021	市级	省级		
7	佛山电力体验馆	2017—2021	市级	省级		
8	佛山市南海丝厂有限公司	2017—2021	市级	省级		
9	南国丝都丝绸博物馆	2017—2021	市级	省级		
10	陈村花卉世界	2017—2021	市级	省级		
11	霭雯教育农庄	2017—2021	市级	省级		
12	三水荷花世界	2017—2021	市级	省级		
13	侨鑫生态园	2017—2021	市级	省级		
14	佛山市气象台（气象监测预警中心）	2017—2021	市级			
15	佛山市禅城区全龙动物园	2017—2021	市级			
16	广东石湾陶瓷博物馆	2016—2020	市级			
17	佛山市南海区联合广东新光源产业创新中心	2016—2020	市级			
18	南海固废处理环保产业园	2016—2020	市级			
19	佛山市南海区广工大数控装备协同创新研究院	2018—2022	市级	省级		新增省级
20	狮山镇健康体验馆	2016—2020	市级			
21	九江双蒸博物馆	2016—2020	市级			
22	广东长鹿旅游休博园	2016—2020	市级			
23	广东智能制造示范中心	2016—2020	市级			
24	佛山市高明泰康山生态旅游度假区	2016—2020	市级			

（续表）

序号	基地名称	市级命名年度	命名层级			备注
25	佛山三水供电局电力节能展厅	2016—2020	市级			
26	广东（佛山）现代农业科技园	2016—2020	市级			
27	南丹山森林王国	2016—2020	市级			
28	小农街	2016—2020	市级			
29	佛山市劲农农业科技有限公司	2016—2020	市级			
30	佛山市公安消防支队特勤大队一中队	2017—2021	市级			
31	北大青少年创客教育中心	2017—2021	市级			
32	佛山市禅城区知隐博物馆	2017—2021	市级			
33	祖庙街道消防体验中心	2017—2021	市级			
34	南庄镇城市运行安全综合体验馆	2017—2021	市级			
35	广东万顷园艺世界	2017—2021	市级			
36	梦里水乡百花园	2017—2021	市级			
37	里水消防科普公园	2018—2022	市级	省级		新增省级
38	乐 8 小城美的店	2017—2021	市级			
39	顺德区容桂街道消防安全教育体验中心	2017—2021	市级			
40	鹏鹄蘑菇产业园	2017—2021	市级			
41	高明区杨和镇消防体验馆	2017—2021	市级			
42	利达隆农业科普教育基地	2017—2021	市级			
43	兆利丰鲜摘果园	2017—2021	市级			
44	宝芭农场	2017—2021	市级			
45	佛山市岭南酒文化博物馆	2018—2022	市级			新增市级
46	广东小镰刀创客空间	2018—2022	市级			新增市级
47	源田睡眠文化博物馆	2018-2022	市级			新增市级
48	广东（大沥）3D 打印协同创新平台	2018—2022	市级			新增市级
49	佛山市博通光电天文科普教育基地	2018—2022	市级			新增市级
50	佛山市机器人科普教育基地	2018—2022	市级			新增市级

（市科协）

社会科学

手机扫码阅读

政策咨询和发展研究

【佛山市金融、科技、产业融合模式研究】2018年，佛山市社科联依托与佛山日报社共建的佛山传媒智库，成立“佛山市金融、科技、产业融合模式研究”课题组，进行课题研究，形成《佛山市金融、科技、产业融合模式研究及同类城市启迪》报告。课题组通过对全球金融业的发展趋势，金融、科技、产业融合模式的功能和地位，以及其发展趋势，阐述佛山市金融、科技、产业融合模式具备的优势条件、劣势条件、发展机遇和外部挑战。在坚持金融、科技、产业融合发展，坚持金融创新与风险控制相结合，坚持招商引资与优惠政策相结合，坚持产业集聚和产业升级相结合，坚持人才引进与专业团队培养相结合等原则基础上，提出佛山市战略定位：亚太地区金融产业后援服务基地、全国“互联网+”众创金融示范区、全国社会信用体系改革示范区、珠三角金融改革先行区、广东产业金融中心。主要任务与发展重点是建设金融产业集群创新发展的空间布局，加快打造辐射亚太地区的高层次金融后援服务基地，建设具有国际先进水平的产业金融中心，打造“互联网+”众创金融示范区，加强社会信用体系建设，打造良好金融生态环境，提高金融风险抵御能力，防范系统性风险。

【佛山市特色小镇文化研究】2018年，佛山市社科联依托与佛山科学技术学院共建的佛山文化产业发展智库，成立“佛山市特色小镇文化研究与实践”课题组进行课题研究，形成《佛山市特色小镇文化研究与实践》报告。该课题旨在通过对佛山特色小镇实践情况的调研，深度挖掘岭南文化特色，为佛山特色小镇文化产业建设把脉，利用“岭南文化+”佛山特色小镇来破除佛山特色小镇文化瓶颈，为佛山特色小镇的文化建设建言献策。课题组从特色小镇的起源与发展，特色小镇的概念及特点，特色小镇建设现状入手，分析佛山特色小镇发展现状和佛山特色小镇的文化。以佛山岭南文化特色小镇、顺德区北滘镇佛山智造小镇、南海区桂城街道千灯湖创投小镇、南海区西樵岭南文旅小镇、禅城区石湾镇街道陶谷小镇等为例，阐述佛山特色小镇的文化实践。最后提出建设佛山特色小镇文化的建议及举措：要以市场为导向、以企业为主体；要坚持规划先行、挖掘文化内涵；要与产业相结合、注重行业交叉；要坚持开拓视野、强化文化功能意识；要保护非遗文化资源，提供公共文化服务；要打造文化艺术品牌，促进文化旅游融合；要支持文化产业发展，提升文化创意水平。

【佛山市制造业（十大行业）发展研究】2018年，佛山市社科联依托与广东财经大学共建的大数据与佛山经济运行研究中心，成立“佛山市制造业发展研究”课题组进行课题研究，形成《佛

全国特色小镇——北滘镇 （顺德区供图）

山市制造业（十大行业）发展研究蓝皮书 2018》。该课题研究内容分佛山市制造业（十大行业）发展主题报告和十大行业（装备制造业、金属材料及制品、家电行业、纺织服装、塑料制品、家具、生物医药、电子信息、陶瓷建材和新兴行业）报告。主题报告中，阐述佛山制造业发展总体概况，分析佛山制造业（十大行业）发展短板：企业创新能力制约制造业转型升级，制造业科研投入力度有待提高，高层次人才和高技能人才短缺，人才发展激励机制尚不完善，金融对实体经济尤其是科创型企业支持还不够充分，协同创新水平亟待提升，佛山制造业产业集群遭遇瓶颈等。提出基本发展策略路径：以智能制造为主攻方向，推动制造业智能化高端化发展，以工匠精神为坚挺脊梁，坚持走“以质取胜、标准引领、品牌带动”的发展路径，以宜居宜业宜创新为目标，走“城、产、人”融合的发展路径。课题组对推进佛山制造业（十大行业）发展提出对策建议：实施创新驱动发展战略，着力打造国家制造业创新中心；推动佛山制造业“硬件”和“软件”融合，大力发展现代生产性服务业；打造都市型制造业产业集群，聚集都市轻工业+生产性服务业延展产业链；“互联网+制造业”打造强势佛山智能制造；全面提升城市价值，着力健全制造业创新生态链；创新人才发展理念，构筑创新人才支撑体系；把握“香港+佛山”机遇，融入粤港澳大湾区建设；抓住军民融合契机实现佛山传统制造业转型升级；建立现代化经济体系，推动佛山制造业高质量发展。十大行业的每一个分报告均阐述该行业的发展概况、成功案例分析及发展启示。

【佛山文化产业发展研究】 2018 年，佛山市社科联依托与佛山科学技术学院共建的佛山文化产业发展智库，成立“佛山文化产业发展”课题组进行课题研究，形成《佛山文化产业发展研究报告》（白皮书）。该课题通过对佛山文化历史与发展历程、佛山文化产业发展现状、佛山文化资源丰富和文化产业发展不均衡等主要特征入手，分析佛山文化产业发展主要主观和客观驱动因素。通过对日本、韩国、美国、澳大利亚以及欧盟地区等文化产业发展政策的比较分析，结合佛山现有文化产业发展政策，提出佛山文化发展政策存在的不足和改进建议：强化组织领导，制定完善政策支撑体系，创新招商引资工作机制，加强统计工作和督查督办。课题着重分析佛山文化产业重点领域应用的优势项目，包括旅游文化产业、陶艺文化产业、武术文化产业、饮食文化产业、创意文化产业、民俗文化产业等；可发展项目包括民间艺术产业、粤剧文化产业、影视文化产业、休闲体育产业、文化服务产业、动漫文化产业等。课题提出理论指导与建议：坚持指导思想、基本原则，明确发展要求和目标；推动文化立法与扶持政策实施，完善发展保障体系；深化文化体制机制改革，完善文化产业市场体系；推进“文化+”“互联网+”，促进结构优化升级；重视培养文化产业创新人才；完善文化产业公共服务平台；做好文化遗产保护工作，呈现多元公共文化活动等。对每个区提出具体指导措施和建议：禅城区要从陶艺、旅游、民俗、民艺等入手；南海区要从旅游、影视、创意文化产业入手；顺德区要从旅游、饮食入手；三水区要从历史悠久的古建筑及诸多天然原生态景点入手；高明区要充分整合农业旅游示范区，将其绿化程度高、农林牧副渔皆宜的优点充分展示出来等。

【佛山镇街竞争力研究报告】 2018 年，佛山市社科联依托与佛山日报社共建的佛山传媒智库，成立“佛山镇街竞争力研究”课题组进行课题研究并形成《佛山镇街竞争力研究报告》。该课题报告分为六部分。第一部分分析佛山镇街 40 年的脉络与走势、镇域经济全国领先和镇街“明星”狮山的逆袭。第二部分分析镇街的主要指标和镇街发展态势，指出狮山总量冠军，白坭人均最高，祖庙地均第一；固定资产投资狮山、荷城、石湾位居前三甲，一般公共预算收入南海镇街最有钱，三水镇街多靠后；禅城 3 个街道人口密度最高。第三部分以容桂和北滘为例分析专业镇发展路径，剖析传统特色产业的生死抉择，如环市童服朝阳产业的逆势陨落，佛山陶瓷的凤凰涅槃和浴火重生。第四部分以张槎、西樵为例，探索新增长动能。第五部分提出佛山专业镇转型探出四种路径：一是集合利用内外部资源，推动制造业微笑曲线攀升；二是大力发展现代生产性服务业，推动产业链延伸升级；三是产业转移与升级并进，实现功能升级；四是大力发展战略性新兴产业，实现发展方式转变。第六部分提出新时代镇街竞争力提升策略：协同构建强市活区实镇共同体，加快构建镇街开放型创新体系。

（淦述卫）

社科研究

【概况】 2018 年，佛山市社科规划项目申报收到市内外 28 个单位的申报材料 444 份，比上年增长 11%。经过资格审核、专家网络盲评、公示、市社科规划领导小组审议和市社科联党组研究同意，《强化顶层设计规划 统筹全市系统布局》等 5 个项目以“重大项目”进行立项，《壮大实体经济 推动新时代佛山高质量发展》等 14 个项目以“重点项目”进行立项，《佛山非物质文化遗产创意产业发展研究——以传统体育、游艺与杂技类项目为例》等 22 个项目以“青年项目”进行立项，《佛山从“功能城市”走向“文化城市”的发展路径研究》等 101 个项目以“共建项目”进行立项，共立项 142 个，比上年增长 18.33%。所有项目均围绕市委、市政府中心工作和基础理论研究方向，项目内容涉及学科包括哲学、经济学、法学、教育学、文学、历史学、管理学、艺术学等学科门类。至 12 月，完成结项 142 项，结项率 100%。经专家评审按“优秀”“良好”“合格”和“不合格”进行等级评定，项目优良数共计 70 份，占比 49.3%。

【华南师范大学在线职业教育研究与开发中心成立】 于 2018 年 6 月，华南师范大学在线职业教育研究与开发中心成立。该中心旨在解决在线职业教育的理论危机、在线职业教育的实施难题以及在线职业教育行业的发展瓶颈，将根据国家职业教育发展和信息化建设总体部署，结合在线职业教育发展态势和该校

2018 年佛山市社科专著一览表

序号	著作名称	第一作者	出版单位	出版时间
1	田汉的戏剧译介与艺术实践	王　林	西南师范大学出版社	2018-12-18
2	重估大数据与治理创新	刁生富	电子工业出版社	2018-12-15
3	品城：街巷背后	杨俭波	中国社会科学出版社	2018-11-30
4	机构投资者参与公司治理的理论与实证研究	李　静	经济科学出版社	2018-11-30
5	佛山与中国电影	姚朝文	中国电影出版社	2018-11-05
6	源流、传播与传承——佛山粤剧发展史	曾令霞	中山大学出版社	2018-10-01
7	佛山文苑人物传辑注	李自国	中山大学出版社	2018-09-01
8	陶瓷外贸英语	邹一戈	对外贸易大学出版社	2018-08-12
9	社会转型与社区精神文明构建	廖年忠	沈阳出版社	2018-08-03
10	湛若水的治国之道	唐雄山	广州出版社	2018-07-29
11	佛山制造业供给质量与全要素生产率提升研究	刁生富	电子工业出版社	2018-06-15
12	重估大数据与人的生存	刁生富	电子工业出版社	2018-06-15
13	最初的情诗	王　东	上海文艺出版社	2018-05-15
14	低碳旅游产业发展模式研究	汪清蓉	科学出版社	2018-05-05
15	《中国音像数字出版年鉴 2017》索引	衡中青	国家图书馆出版社	2018-04-30
16	集成化视角下钢铁物流流程再造与应用	邹安全	中国财富出版社	2018-02-20
17	中外粤籍文学批评史	古远清	广东人民出版社	2018-01-01

教育学、心理学、计算机科学学科优势，在科学研究、人才培养、社会服务等功能方面，在在线高等职业教育、在线中等职业教育、在线教育培训等细分领域，打造专业、高效的在线职业教育研究与开发平台，定期发布不同区域、不同领域在线职业教育行业发展报告，形成在线职业教育的科学研究高地、人才培养基地、社会服务重地，为国家和地方在线职业教育发展提供智力支持。该中心有成员 13 人，其中教授 2 人、副教授 4 人、副研究员 2 人、讲师 5 人。全年公开发表论文 1 篇。

【社科学报的编辑与出版】

《佛山科学技术学院学报（社会科学版）》2018 年出刊 6 期，载文 67 篇。主要栏目有“哲学研究”“经济学研究”“法学研究”“历史学研究”“政治学研究”“社会学研究”“文学研究”“语言文字研究”“教育研究”“广府文化研究”及“图书与档案研究”等。该刊是全国人文社科学报中文核心期刊、历届全国优秀社科学报、全国地方学报十佳学报、全国期刊网全文收录期刊、中国学术期刊综合评价数据库来源期刊、中国核心期刊（遴选）数据库来源期刊，中国知网、万方数据、维普资讯等全文收录。《佛山科学技术学院学报（社会科学版）》创刊于 1983 年，是由佛山科学技术学院主管、主办，中国国内外公开发行的社会科学学术期刊。编辑委员会有编委 13 人、编委秘书 1 人，编辑部有编辑 1 人。截至 2018 年底，《佛山科学技术学院学报（社会科学版）》共出版文献 3600 余篇、总下载 53.25 万次、总被引 7900 余次，2018 版复合影响因子为 0.178、综合影响因子为 0.102。

《顺德职业技术学院学报》2018 年刊发稿件 68 篇。该刊坚持正确的舆论导向和“百花齐放、百家争鸣”的方针，实事求是、务实创新、传播文化、弘扬改革，反映本校科研和教学成果，促进和开展国内外的学术交流。该刊入选“万方数据—数字化期刊群全文收录期刊”“CNKI 中国期刊全文数据库收录期刊”“中国核心期刊（遴选）数据库收录期刊”和“中文科技期刊数据库（全文版）收录期刊”“中国期刊网、中国学术期刊（光盘版）全文收录期刊”“中国科技论文在线收录期刊”等。《顺德职业技术学院学报》是综合性学术期刊季刊，每期约90页。主要栏目有：“科技与应用”“经济与管理”“高职教育研究”“英语园地”“文·史·哲研究”及“珠三角研究”等。每年收阅、处理来稿约800篇，出版4期，全年刊发稿件80篇左右，学报采稿率为9%～15%。

【《中外粤籍文学批评史》出版】 2018年1月，佛山科学技术学院二级岭南讲座教授古远清独著的《中外粤籍文学批评史》由广东人民出版社出版。该书32万字，着重论述粤籍文学评论家在海内外的批评实践。这是首部从省籍角度切入的华文文学批评史，也是岭南文学史之一种。作者通过对叶维廉、刘绍铭、梁丽芳、方修、王润华、唐文标、钟玲、陈慧桦、林曼叔、黄维樑、梁秉钧、卢玮銮，以及“京沪开花”的杨义、陈思和、张江等评论家，还有“扎根岭南”的萧殷、饶芃子、陈剑晖等评论家论著的评述，剖析出粤籍文学评论家在建构世界华文文学理论体系所作出的贡献与局限，并为“粤派评论”（或称“粤派批评”）走向世界提供新的参照系。

【华南师范大学（中国）文化艺术产业研究院成立】 2018年11月10日，由华南师范大学南海校区城市文化学院与广州岭南书画院、广州岭南印社联合筹建的华南师范大学（中国）文化艺术产业研究院举行揭牌仪式。该研究院旨在为粤港澳大湾区及国家文创经济转型提供系统化理论支持，并为大学毕业生及社会青年提供就业培训和指引，是非盈利性的文创经济学术研究组织和学术平台。研究院的专家团队由岭南书画院、岭南印社和华南师范大学城市文化学院自身教师、专家及聘请全国各地相关行业的专家构成。文创产业研究院由双方共建共管，承办双方各自特色项目，如“岭南大讲堂”“创意文化节”及珠江文化艺术研究中心论坛项目等。双方在项目活动、艺术交流、人才培养、师资合作等方面，相互尊重，各取所需，共同发展。

（淦述卫）

2018年11月10日，华南师范大学（中国）文化艺术产业研究院举行揭牌

（市社科联供图）

社科学术活动

【佛山影视文化产业发展战略研讨会】 2018年12月29日，由佛山文化产业研究院主办，中企悦商会俱乐部承办的佛山影视文化产业发展战略研讨会召开。国务院参事室、广东省政府参事室、广东省文史学会、佛山市电影行业协会、广东亚视演艺职业学院、佛山市卓艺学院、碧桂园控股集团（碧+文化产业园）、北京铜牛电影产业园、亚太经济领袖联合会、佛山市九五影业及来自影视传媒业界的30多位代表参加研讨。研讨会围绕“改革开放40年与佛山影视产业文化传播、新时代影视产业文化风向标”展开讨论，由佛山文化产业研究院院长、佛山市产学研合作促进会会长王向东教授主持。会上，佛山文化产业研究院与广东道和麦田传媒有限公司、佛山市中晟影视文化传播有限公司签订共建协议，并为6位副院长颁发聘书。会议讨论佛山文化产业智库课题《佛山影视文化产业规划与发展战略研究》，并对佛山影视产业园规划、佛山国际电影展方案、《红唇霓裳·旗袍战咏春》电影先行片等项目进行展示。

【“优化专业布局，深化人才培养模式改革，支撑佛山产业发展”专题研讨会】 2018年8月3日，佛山职业技术学院召开“优化专业布局，深化人才培养模式改革，支撑佛山产业发展”专题研讨会。会议围绕2018级专业人才培养方案和2019年拟新增专业建设的议题进行研讨。各二级学院教学副院长就本学院专业人才培养方案学分制改革的思路、操作情况进行发言，并从本学院专业布局出发，汇报拟新增专业的前景、建设现状以及存在的问题、拟解决办法等。

（淦述卫）

文化艺术

公共文化服务体系

【概况】 2018年，佛山市有区级以上公共图书馆6个、区级以上文化馆6个，均为国家一级馆。全市32个镇（街）均建有镇（街）文化站，全部为省特级站。全市建有村（社区）综合性文化服务中心733个，村（社区）覆盖率达100%。全市联合图书馆成员馆发展至322家，其中顺德图书馆集群整体加入实现服务体系一体化。市、区、镇（街）、村（社区）四级公共文化设施总面积193.34万平方米，每万人均公共文化设施建筑面积达2525.11平方米，处于全省地级市前列。

【国家公共文化服务体系示范区创建通过终期验收】 2018年，佛山市及各区在课题研究和制度设计、考核督查、满意度调查、舆论宣传、台账梳理等方面通力合作，推动示范区终期验收前各项工作高质量完成。期间，完成7万字的课题研究成果，报送创建简报99期，佛山市公共文化建设成果在《人民日报》《中国文化报》等中央媒体报道130余次、省级媒体报道160余次、市级媒体报道560余次。7月18日，佛山市在创建示范区的制度设计课题研究评审环节以89.71分位列东部第二名。8月9—11日，国家创建办第三验收组到佛山市实地检查验收，验收组通过听取汇报、实地检查、查阅资料等多种方式检查佛山市创建工作，相关指标均评定为优秀档次。9月18日，佛山市赴北京参加示范区终期验收集中评审，国家创建办专家组高度认可佛山示范区创建工作成效和经验，佛山市以东部地级市第一名的成绩通过示范区创建终期验收。

【公共文化服务质量提升】 2018年，佛山市完成733个村（社区）基层综合文化服务中心建设全覆盖及中心内无线网络全覆盖，全市32个镇街文化站全部获评为省特级站，构建起城乡“十分钟文化圈”。启动基层综合性文化服务中心效能提升工作，开展基层综合文化服务中心示范点评选工作，评选出35个示范点，并对35个示范点实施分级分类指导。落实图书馆总分馆制和文化馆总分馆制建设，制定《佛山市区级文化馆图书馆总分馆建设验收指导标准》，为抓好文化馆、图书馆总分馆制建设打下坚实基础。开展群众参与性强的公共文化活动和服务，4月启动的“邻里图书馆”，盘活市民家庭藏书，推动社区融合。至年底，有超400个家庭加入邻里图书馆，服务人群超4700人。

【公共文化服务创新实践】 2018年，佛山市制定出台“智能文化家+”总体建设方案、建设运营标准。三水白坭、中国陶谷、佛山高新区、北滘文化中心和顺德区碧桂园等5个智能文化家示范点完成建设并对外开放。到年底，全市建成智能文化家示范点9个，初步形成集群效应。打造“佛山文化云”，近200个文化单位联动，实现全市公共文化场地预约、服务内容与市民需求的无缝对接。市文化部门组织开展产业工人公共文化服务供给调研，制定《关于加强产业工人公共文化服务的指导意见》，为补齐园区公共文化服务短板打下基础。是年，佛山市图书馆“来自社会，服务社会——佛山文化志愿者·市民馆长”项目获中国图书馆协会公共图书馆分会主办的首届公共图书馆创新创意征集推广活动“最佳创新奖”。

【佛山大剧院开业】 2018年10月12日，佛山大剧院正式开业，并于当晚首演，演出意大利歌剧《图兰朵》。

佛山大剧院位于佛山新城文化中心，拥有一个1122坐位的大剧场和一个38坐位的小剧场，是一个高起点、高层次的文化综合体，其建声效果达到建筑声学和舞台设备功能配置的国内顶尖水准，硬件条件能满足不同类型演出的使用要求。

（陈　颖）

文化名城建设和文化遗产保护

【概况】 截至2018年，佛山市有中国历史文化名镇1个、省级历史文化名镇2个，中国历史文化名村3个、省历史文化名村7个，省历史文化街区1个；全国重点文物保护单位7处、省级文物保护单位50处、市级文物保护单位286处，公布不可移动文物1378处、可移动文物3.02万件（套）；国家非物质文化遗产（简称“非遗”）项目14个、省级非遗项目48项、市级非遗项目101项，国家级非遗代表性传承人15位、省级非遗代表性传承人55位、市级非遗代表性传承人163位，国家级非遗生产性保护示范基地1个，省级非遗生产性保护示范基地7个、省级非遗传承基地8个、省非遗研究基地1个，市级非遗传承基地74个、市级非物质文化遗产传习所6个。是年，佛山市全面推动文化导向型城市建设，在“文化佛山”三年行动计划、博物馆之城建设、传承弘扬城市文脉、留住传统手艺、强化文化传播能力建设等方面取得成果。

【"文化佛山"建设】 2018年，佛山市推进"文化佛山"三年行动计划（2017—2019年）项目建设。开展2次"文化佛山"专项督查，确保项目建设按时推进。全年完成投资116.34亿元，累计完成投资额278.9亿元；75个项目全部启动，其中14个项目提前完成三年目标任务（占19%），其余项目基本完成2018年度目标任务。贯彻落实乡村振兴战略，推进张槎村等10个古村升级，至年底完善各村升级策划指引，编制完成活化项目库；开展佛山"十大醉美古村"评选，扩大古村活化影响力，推动全域旅游发展。结合古村落升级，组织开展丰富多彩的民俗文化活动，推动古村落传统文化复兴。三月三北帝诞、华光诞、塔坡公诞、大仙诞、官窑生菜会、跳火光、水乡民俗文化节等一大批传统民俗活动精彩多样，提升传统非遗在现代生活中的影响力。结合乡村振兴战略贯彻实施，完成一批村史馆和古村落传统历史文化资料的整理。南海区九江烟桥古村亮相中央电视台大型纪录片《记住乡愁》，在全国范围内传播佛山文化。三水区成立历史文化资源保护工作小组，组建三水区历史文化研究专家库，开展历史文化研究。开展特色文化街建设，完成全市特色文化街导视系统设计，开展第一批特色文化街验收工作。高明区依托谭平山故居，配套建设谭平山纪念馆等设施，打造"三谭"（谭平山、谭植棠、谭天度）红色革命文化街；三水区整理完成红色资源点23处，编印《三水区红色基地开发利用规划研究》。

【博物馆之城建设】 2018年，佛山市印发《佛山市人民政府关于推进"博物馆之城"建设的实施意见》《佛山市文化广电新闻出版局博物馆之城建设专项资金管理办法》，全面推动博物馆之城建设。年内，投入博物馆建设政府扶持资金834万元，带动民间投入近3300万元参与博物馆建设。截至年底，博物馆之城建设66个重点项目中启动57个，占比88%；9个项目完成目标任务，35个项目完成2018年度任务。推动佛山市博物馆新馆、佛山粤剧文化园、梁园及周边环境改造提升、康园一期工程、谭平山纪念馆建设，改造提升一批原有场馆，为博物馆之城建设提供硬件资源。引导民间资本参与博物馆之城建设，民营场馆如广东大观博物馆、佛山市岭南金融博物馆、南海区九江侨乡博物馆、南海区汤南私塾博物馆等4家非国有博物馆顺利建成，智城西洋艺术馆、秀工莨作香云纱文化艺术馆等8个非国有美术馆投入使用。推进一批文物保护单位如康有为故居、大旗头古建筑群等的保护规划的编制，以及推进祖庙、东华里古建筑群的修缮工作。推动工业遗址保护利用，顺德糖厂入选国家工业遗产保护名录，广三铁路西南三水站旧址开展"百年火车站"活化工程，华天宝药业旧址活化首期工程（村史馆）基本完成。

【传统工艺振兴】 2018年，佛山市举办2018广东（佛山）非物质文化遗产（简称"非遗"）周暨佛山秋色巡游活动，组织泛珠三角区域9省（自治区）非遗项目、粤港澳大湾区城市非遗项目，以及佛山对口帮扶合作的7市共43个非遗项目参加活态展和佛山秋色巡游活动。其间，500多名海内外嘉宾、超42万人次中外游客和群众参与活动，84.6万人观看网络直播。结合传统民俗活动及文化遗产宣传保护月、广东非遗周等活动，推动开展"非遗新时代"对话活动及非遗项目进校园、"走出去"，焕发非遗传承活力。如：组织17个非遗项目、18个基地（学校）、600多学生参与"小手拉大手 大城小工匠"秋色赛会；参与14个省市18家媒体举办的"博物馆奇妙夜"活动；确定22所粤剧特色学校创建名单并举办首届少儿粤剧艺术节。加强非遗研究，完成《中国石湾窑》终审校对，出版《佛山金箔锻造技艺》《粤语说唱》《2017佛山非遗年刊》，完成《香花山大贺寿》数字化工作。年内，"妙手神韵——2018潘柏林陶塑作品展"在中国美术馆展出。

【文化传播能力建设】 2018年11月7—10日，佛山市承办第27届中国金鸡百花电影节，提升佛山在国际国内的文化影响力。借助南方影视中心建设，参与举办"2018振兴广东影视产业发展大会""2018广东电影年会暨粤港澳大湾区电影产业峰会""中国电影产业投资影响力论坛"等，提升佛山文化在经济领域的参与度。组织一系列国内外文化交流活动，如"中阿丝绸之路文化之旅"访问活动、赴瓦努阿图文化交流活动、庆香港回归祖国21周年"粤港澳大湾区主题展览及龙狮汇演嘉年华"活动、"2018香港·佛山节"，以及"荷颜粤色"中荷（佛山）艺术创作交流活动、石景宜刘紫英伉俪文化艺术馆"建馆二十周年之艺雅景宜——海峡两岸暨港澳书画名家作品邀请展"活动、"山山情"佛山·凉山艺术创作交流及联展等，加大城市形象的塑造和宣传推介力度。开通"佛山文化"脸

大观博物馆 （市文广旅体局供图）

书（FACEBOOK）账号，出版《佛山韵律文学艺术丛书》（2018年度）和4期《佛山韵律 文化生活》地图。结合各类阅读季、艺术季、戏曲季、文学周以及示范区创建、遗产保护、产业发展等工作，强化媒体对文化工作的宣传与报道，全年发布微信公众号327期，图文总阅读次数超130万，网站微博各发文600余条，在中央、省、市各类媒体上刊发新闻数450多条，在中央级媒体刊发新闻52条。

【佛山新增5个省级非遗项目】 2018年，广东省公布的第七批省级非遗代表性项目名录（39项）和省级非遗代表性项目名录扩展项目名录（35项），佛山有鹰爪拳、洪拳、奶制品制作技艺（双皮奶）、中医正骨疗法和三水胥江祖庙庙会5个项目入选。其中，佛山市申报的“鹰爪拳（佛山鹰爪拳）”入选“传统体育、游艺与杂技”类非遗代表性项目名录，佛山市顺德区和广州市番禺区联合申报的“奶制品制作技艺（沙湾水牛奶传统小食制作技艺、双皮奶制作技艺）”入选“传统技艺”类非遗代表性项目名录，佛山市顺德区和广州市海珠区联合申报的“洪拳（黄飞鸿派、顺德洪拳）”入选“传统体育、游艺与杂技”类非遗代表性项目名录扩展项目名录，佛山市申报的“中医正骨疗法（佛山伤科正骨）”入选“传统医药”类非遗代表性项目名录扩展项目名录，佛山市三水区和阳江市阳春市、江门市蓬江区、珠海市万山海洋开发试验区、东莞市麻涌镇联合申报的“庙会（梁镇南将军府炮会、洪圣庙会、胥江祖庙庙会、大万山岛天后诞、大步巡游）”入选“民俗”类非遗代表性项目名录扩展项目名录。

（彭　岚　黄卓群）

2018年佛山市全国重点文物保护单位名录（7处）

序号	名称	地址	文物形成或建造时间	类别
1	佛山祖庙	禅城区祖庙街道恩光社区居委祖庙路21号	明朝、清朝	古建筑
2	南风古灶、高灶陶窑	禅城区石湾镇街道办事处忠信社区居委会高庙路6号	明朝	其它
3	东华里古建筑群	禅城区祖庙街道福贤社区居委会福贤路	清朝—民国时期	古建筑
4	康有为故居	南海区丹灶镇银河村委会苏村敦仁里	清咸丰八年（1858年）	近现代重要史迹及代表性建筑
5	古椰贝丘遗址	高明区荷城古椰村鲤鱼岗侧	新石器时代	古遗址
6	清晖园	顺德区大良清晖路23号	清朝	古建筑
7	顺德糖厂	广东省佛山市顺德区大良街道顺峰居委沙头村广东顺德糖厂有限公司内	1935年投产	近现代重要史迹及代表性建筑

2018年佛山市省级文物保护单位名录（55处）

序号	名称	地址	文物形成或建造时间	类型	备注
1	河宕贝丘遗址	禅城区石湾镇街道办事处河宕村民委员会雾岗路	新石器时代	古遗址	
2	梁园	禅城区祖庙街道培德社区居委先锋古道93号	清朝	古建筑	
3	简氏别墅	禅城区祖庙街道恩光社区居委会臣总理17号	清朝—民国时期	近现代重要史迹及代表性建筑	
4	兆祥黄公祠	禅城区塔坡社区居委会福宁路95号兆祥公园内	民国时期	近现代重要史迹及代表性建筑	
5	林家厅及古民居群	禅城区石湾镇街道办事处忠信社区居委会高庙路6号	清朝	古建筑	
6	霍氏古祠建筑群	禅城区石湾镇街道办事处石头西便村东街三巷13号南侧	明朝—清朝	古建筑	
7	文会里嫁娶屋	禅城区祖庙街道兰桂社区居委会祖庙大街文会里36、38、40号	清朝	古建筑	
8	西樵山遗址	南海区西樵镇西樵山	新石器时代	古遗址	

（续表）

序号	名称	地址	文物形成或建造时间	类型	备注
9	北涌亭	南海区里水镇新联村委会沿江公园东	明弘治十八年（1505年）	古建筑	
10	鱿鱼岗遗址	南海区西樵镇百西村委会水边村鱿鱼岗	新石器时代	古遗址	
11	崔氏大宗祠	南海区九江镇万安社区民康路3号对面	明嘉靖四十四年（1616年）	古建筑	
12	石燕岩采石遗址	南海区西樵镇西樵山碧云村石燕岩	明朝—清朝	古遗址	
13	绮亭陈公祠	南海区西樵镇简村村委会幼儿园东侧	清光绪十三年（1887年）	古建筑	
14	曹氏大宗祠	南海区大沥镇曹边村委会滘北村一巷6号	明崇祯九年（1636年）	古建筑	
15	慈悲宫牌坊	南海区九江镇下西村委会翘南村新龙路探花公园旁	明万历年间	古建筑	
16	良二千石牌坊	南海区九江镇下西村委会大稔村北边	明万历二十六年（1598年）	古建筑	
17	云泉仙馆	南海区西樵镇樵园居委会西樵山白云洞风景区白云峰西北麓	清乾隆四十二年（1777年）	古建筑	
18	平地黄氏大宗祠	南海区大沥镇平地村委会平地村新市大街三号	清乾隆二十年（1755年）迁建	古建筑	
19	象林塔	南海区西樵镇樵园居委会西樵山白云洞风景区	清康熙五年（1666年）	古建筑	
20	九江吴家大院	九江镇儒林社区人民路40号	清光绪十三年（1887年）至1927年	近现代重要史迹及代表性建筑	
21	方献夫墓	南海区丹灶镇良登村委会孔边村孔边岗	明朝	古墓葬	
22	钟边村钟氏大宗祠	南海区大沥镇钟边村委会钟边村钟边大道11号侧	清朝	古建筑	
23	西华寺遗址	南海区里水镇草场社区石门山南麓西华村西华街13号	五代至清朝	古遗址	
24	四峰书院遗址	佛山市南海区西樵镇西樵山寺边村	明朝	古遗址	本体为崇礼堂遗址、霍韬夫人区氏墓、宝峰胜处石刻（第九批省保）
25	仙迹丹泉	佛山市南海区丹灶镇仙岗社区	明朝—清朝	古建筑	本体为水井2口、碑刻2通（第九批省保）
26	烟桥何氏大宗祠	佛山市南海区九江镇烟南村	清朝	古建筑	含旌表节孝牌坊（第九批省保）
27	金楼及古建筑群	顺德区北滘镇碧江居委泰宁路6号	明朝—清朝	古建筑	
28	右滩黄氏大宗祠	顺德区杏坛镇右滩村新村社五巷1号	始建于明朝，清朝咸丰和同治年间、1931年、2005年重修	古建筑	
29	明远桥	顺德区杏坛镇逢简村潭头坊	宋朝	古建筑	
30	尢列故居	顺德区杏坛镇北水村新基大街2号	清道光十七年（1837年）	近现代重要史迹及代表性建筑	

（续表）

序号	名称	地址	文物形成或建造时间	类型	备注
31	沙滘陈氏大宗祠	顺德区乐从镇沙滘南村沙滘小学旁	清光绪二十一年（1895年）	古建筑	
32	沙边何氏大宗祠	顺德区乐从镇沙边村沙边大街28号	清康熙四十九年（1710年）	古建筑	
33	西山庙	顺德区大良街道文秀居委文秀路西山山麓	始建于明嘉靖二十年（1541年），清光绪二十一年（1895年）、1985年重修	古建筑	
34	青云塔	顺德区大良街道苏岗居委神步岗上	始建于明万历三十年（1602年），清道光十一年（1831年）、光绪十四年（1888年）重修	古建筑	
35	贞女桥	顺德区龙江镇世埠居委会长路村	南宋嘉定四年至八年（1211—1215年）建桥，明嘉靖二十八年（1549年）建牌坊	古建筑	
36	尊明苏公祠	顺德区北滘镇碧江村泰兴大街	始建于明嘉靖年间，清朝重修	古建筑	
37	报功祠	顺德区北滘镇桃村桃源大道22号	始建于宋末，明天顺四年（1460年）、清康熙四十年（1701年）、道光十九年（1839年）、光绪八年（1882年）仲夏、1947年冬季重修	古建筑	
38	冯氏贞节坊	顺德区北滘镇林头居委始平巷牌坊街7号前	清康熙三十七年（1698年）	古建筑	
39	逢简刘氏大宗祠	顺德区杏坛镇逢简村根大街9号	始建于明永乐十三年（1415年），明天启年间、清嘉庆年间、2002年重修	古建筑	
40	七乡蟠龙水闸	顺德区乐从镇良村村河涌口的河道上	清道光二十八年（1848年）	古建筑	
41	真武庙	顺德区容桂街道红星居委狮山东路大神庙街6号	明万历九年（1581年）重建，清乾隆十四年（1749年）重修	古建筑	
42	聚奎阁	顺德区容桂街道振华居委文塔公园内	清乾隆五十九年（1794年）	古建筑	
43	梅庄欧阳公祠	顺德区均安镇仓门村华庙街	清光绪八年（1882年）重建	古建筑	
44	冰玉堂	顺德区均安镇沙头村鹤岭大街29-2	1950—1951年	近现代重要史迹及代表性建筑	

（续表）

序号	名称	地址	文物形成或建造时间	类型	备注
45	察院陈公祠	顺德区龙江镇新华西村北华村华楼路	清朝	古建筑	
46	大街苏氏大宗祠（杏坛苏氏大宗祠）	顺德区杏坛镇杏坛居委大街24号右侧	明朝	古建筑	
47	千里驹故居	佛山市顺德区伦教街道三洲社区	民国时期	近现代重要史迹及代表性建筑	（第九批）
48	胥江祖庙	三水区芦苞镇	始建于南宋嘉定年间，历经元、明、清各朝多次修葺	古建筑	
49	白坭银洲贝丘遗址	三水区白坭镇银洲村	新石器晚期	古文化遗址	
50	大旗头村古建筑群	三水区乐平镇大旗头村	清光绪年间	古建筑（群）	
51	梁士诒墓	三水区白坭镇岗头村九亩墩	1933年	近现代重要史迹及代表性建筑	
52	魁岗文塔	三水区河口魁岗村	明万历三十年（1602年）	古建筑（塔）	
53	大岗山窑址	高明区荷城街道沿江路283号	唐朝	古遗址	
54	谭平山故居	佛山市高明区明城镇明阳村	清光绪十二年（1886年）	近现代重要史迹及代表性建筑	（第九批）
55	灵龟塔	高明区荷城街道沿江路283号	明朝	古建筑	

2018年佛山市市级文物保护单位名录（280处）

序号	名称	地址	文物形成或建造时间	类别
1	祖庙大街店铺	禅城区祖庙街道恩光社区居委会祖庙大街麒麟社1号之二	清朝	古建筑
2	龙塘诗社	禅城区祖庙街道恩光社区居委会文明里68号	清朝	古建筑
3	孔庙	禅城区祖庙街道恩光社区居委会祖庙路21号	清朝	古建筑
4	花王庙	禅城区祖庙街道福贤社区居委会燎原路弼头街38号	清朝	古建筑
5	忠诚当铺	禅城区祖庙街道福贤社区居委会福贤路禄丰大街53号	民国时期	近现代重要史迹及代表性建筑
6	仁寿寺塔	禅城区祖庙街道沙塘社区居委会祖庙路5号	民国时期	近现代重要史迹及代表性建筑
7	李可琼故居	禅城区祖庙街道沙塘社区居委会莲华巷15号	清朝	古建筑
8	莲花巷土府	禅城区祖庙街道沙塘社区居委会莲花巷4号	明朝	古建筑
9	基督教赉恩堂	禅城区祖庙街道沙塘社区居委会莲花路27号	民国时期	近现代重要史迹及代表性建筑
10	李众胜堂祖铺	禅城区祖庙街道恩光社区居委会祖庙大街18号	清朝	古建筑
11	隔塘霍氏家庙建筑群	禅城区祖庙街道恩光社区居委会隔塘大街85、86号	清朝	古建筑
12	傅氏家庙	禅城区祖庙街道恩光社区居委会隔塘大街28号	清朝	古建筑

（续表）

序号	名称	地址	文物形成或建造时间	类别
13	黄祥华如意油祖铺	禅城区祖庙街道恩光社区居委会祖庙大街文明里 77 号	清朝	古建筑
14	简照南佛堂	禅城区祖庙街道兰桂社区居委会祖庙大街文会里 51 号	民国时期	近现代重要史迹及代表性建筑
15	陈铁军故居	禅城区祖庙街道恩光社区居委会福贤路善庆坊 6 号	清朝	古建筑
16	蕺园	禅城区祖庙街道纪纲社区居委会福贤路居仁里 139 号、福贤路 131 号	民国时期	近现代重要史迹及代表性建筑
17	居仁里土府	禅城区祖庙街道福贤社区居委会居仁里 38 号	明朝	古建筑
18	蓝田冯公祠	禅城区祖庙街道纪纲社区居委会六村正街 29 号	明朝	古建筑
19	区家庄	禅城区祖庙街道纪纲社区居委会福贤路居仁里区巷 1-20 号	清朝	古建筑
20	石路巷古民居群	禅城区祖庙街道纪纲社区居委会福贤路纪纲街石路巷 1-16 号	明朝—清朝	古建筑
21	季华女子小学旧址（铁军小学）	禅城区祖庙街道沙塘社区居委会田心里 17 号	民国时期	近现代重要史迹及代表性建筑
22	泰和当铺	禅城区祖庙街道福贤社区居委会福贤路石巷 37、39 号	民国时期	近现代重要史迹及代表性建筑
23	适安里古建筑群	禅城区祖庙街道培德社区居委会松风路适安里 19、22、24、26 号	清朝—民国时期	古建筑
24	培德里古建筑群	禅城区祖庙街道培德社区居委会松风路培德里 40-50 号	清朝—民国时期	古建筑
25	高庙	禅城区石湾镇街道办事处忠信社区居委会忠信巷 10 号	清朝	古建筑
26	叶家庄	禅城区祖庙街道永安社区居委会市东上路宝善坊 6-20 号	清朝	古建筑
27	任围	禅城区祖庙街道燎原社区居委会乐安里 23-48 号、任映坊 1-17 号	清朝	古建筑
28	国公庙	禅城区祖庙街道莺岗社区居委会福宁路新安街 46 号	清朝	古建筑
29	太上庙	禅城区祖庙街道塔坡社区居委会福宁路祥安街 15 号	明朝—清朝	古建筑
30	塔坡庙和井	禅城区祖庙街道福宁路塔坡社区居委会京果街 2 号	唐朝—清朝	其他
31	中山公园（含中山公园牌坊、亦乐亭、李氏牌坊）	禅城区祖庙街道升平社区居委会中山路 12 号	民国时期	近现代重要史迹及代表性建筑
32	佛山精武体育会会址	禅城区祖庙街道升平社区居委会中山路 12 号	民国时期	近现代重要史迹及代表性建筑
33	华英中学旧址	禅城区祖庙街道文沙北社区居委会文沙路 25 号市一中内	民国时期	近现代重要史迹及代表性建筑
34	青云街当楼	禅城区祖庙街道快子社区居委会筷子路向前街 3 号	民国时期	近现代重要史迹及代表性建筑
35	李大夫家庙	禅城区祖庙街道普君南居委新风路 33 号	清朝	古建筑
36	秀岩傅公祠	禅城区祖庙街道莺岗社区居委会卫国路 86 号第三中学内	民国时期	近现代重要史迹及代表性建筑
37	经堂古寺	禅城区祖庙街道普君南社区居委会新风路 49 号市委党校内	清朝	古建筑
38	苏氏私塾	禅城区祖庙街道普南社区居委会庆源坊 69 号	清朝	古建筑

（续表）

序号	名称	地址	文物形成或建造时间	类别
39	吴勤烈士陵园	禅城区祖庙街道普西社区居委会岭南大道北57号	1951年	近现代重要史迹及代表性建筑
40	沙岗张氏大宗祠	禅城区石湾镇街道办事处沙岗村民委员会镇中路沙岗文化中心西侧	清朝	古建筑
41	丰宁寺	禅城区石湾镇街道办事处莲峰社区居委会镇中二路北侧	清朝	古建筑
42	莲峰书院	禅城区石湾镇街道办事处莲峰社区居委会镇中二路北侧	清朝	古建筑
43	大雾岗遗址	禅城区石湾镇街道办事处莲峰社区居民委员会大雾岗	唐朝	古遗址
44	海口庞氏大宗祠	禅城区张槎街道办事处海口村民委员会南新村1号侧	明朝—清朝	古建筑
45	谭仙观	禅城区张槎街道办事处大富村民委员会小布东街16巷1号侧	清朝	古建筑
46	绿瓦亭	禅城区石湾镇街道办事处黎冲村民委员会黎冲上村绿瓦亭公园内	民国时期	近现代重要史迹及代表性建筑
47	状元井	禅城区石湾镇街道办事处黎冲村民委员会黎涌上村排坊三巷3号北侧	南汉	其他
48	黎涌陈氏大宗祠	禅城区石湾镇街道办事处黎冲村民委员会藜涌下村大宗公园内	清朝	古建筑
49	邓群岗遗址	禅城区南庄镇吉利村民委员会邓群村邓群岗	新石器晚期	古遗址
50	陈盛故居	禅城区祖庙街道莺岗社区居委会衔旁街39号	清末	近现代重要史迹及代表性建筑
51	鸿胜祖馆	禅城区祖庙街道莺岗社区居委会衔旁街15号	清末	近现代重要史迹及代表性建筑
52	酒行会馆	禅城区祖庙街道恩光社区居委会祖庙大街22号	清朝	古建筑
53	李广海医馆	禅城区祖庙街道朝东村民委员会忠义路平政桥侧	清末	近现代重要史迹及代表性建筑
54	集贤坊古民居群	禅城区祖庙街道同安社区居委会红风大街3、5、7、9、21号，勤俭街21、23、25、27号	清朝—民国时期	古建筑
55	隆庆陈氏宗祠及古官道	禅城区南庄镇罗南村民委员会隆庆村隆新大街七巷口	清朝	古建筑
56	三华罗氏大宗祠	禅城区南庄镇紫洞村民委员会三华村	明朝—清朝	古建筑
57	廖家围	禅城区石湾镇街道办事处和平社区居民委员会建国路建国二巷1、2、4号	清朝	古建筑
58	康宁聂公祠	禅城区石湾镇街道办事处深村村民委员会东升村大街3号	明朝—清朝	古建筑
59	平兰陈公祠	禅城区石湾镇街道办事处湾华村民委员会西华村大忠村2号	清朝	古建筑
60	石梁梁氏家庙	禅城区石湾镇街道办事处石梁村民委员会石梁二街1号	明朝—清朝	古建筑
61	永新社学	禅城区张槎街道办事处弼唐村民委员会西便村13号侧	清朝	古建筑
62	张槎仙槎书院古建筑群	禅城区张槎街道办事处张槎村民委员会	清朝	古建筑
63	张槎东岳庙	禅城区张槎街道办事处张槎村民委员会上南村大街张槎中学北侧	清朝	古建筑
64	大江罗氏宗祠	禅城区张槎街道办事处大江村民委员会罗联村	明朝—清朝	古建筑

（续表）

序号	名称	地址	文物形成或建造时间	类别
65	大沙杨氏大宗祠	禅城区张槎街道办事处大沙村民委员会弘农大道3号内	清朝	古建筑
66	叶生生堂	禅城区祖庙街道快子社区居委会快子路12号	清末至民国初期	近现代重要史迹及代表性建筑
67	众义国术体育馆旧址	禅城区祖庙街道办事处快子社区居委会筷子路44号	民国时期	近现代重要史迹及代表性建筑
68	探花桥	南海区九江镇下西村委会翘南村新龙路探花公园旁	始建于明万历四十七年（1619年），清朝重修	古建筑
69	魁星塔	南海区九江镇下北村委会铁滘村东南方	清嘉庆五年（1800年）	古建筑
70	冯氏家族墓	南海区九江镇水南村委会迎安大道东边	宋朝	古墓葬
71	玉廪峰、大科峰、金鼠塱摩崖石刻组	南海区西樵镇西樵山	明朝—清朝	石窟寺及石刻
72	大石桥	南海区里水镇洲村村委会里横路东侧	清道光二十八年（1848年）	古建筑
73	中共南三花工委旧址	南海区里水镇北沙村委会沈村村沈五五巷	1945—1949年	近现代重要史迹及代表性建筑
74	蔡道可、蔡子华墓	南海区里水镇逢涌村委会文头岭西麓	宋朝	古墓葬
75	文头岭窑址	南海区里水镇逢涌村委会文头岭南麓	唐朝—宋朝	古遗址
76	李子长墓	南海区西樵镇西樵山云路村云路峰下	明嘉靖五年（1526年）	古墓葬
77	翠岩摩崖石刻	南海区西樵镇西樵山碧云村翠岩景区	清朝	石窟寺及石刻
78	泗源郑公祠	南海区里水镇贤僚村委会西一村文明一街13号	清光绪年间重修	古建筑
79	逋叟江公祠和江头江氏宗祠	南海区桂城街道叠南村委会江头村	清朝	古建筑
80	黄少强故居	南海区狮山镇群岗村委会小江二村九巷	清光绪二十七年（1901年）至1942年	近现代重要史迹及代表性建筑
81	古岗桥	南海区狮山镇永安村委会古岗村	明朝	古建筑
82	七甫陈氏宗祠	南海区狮山镇七甫村委会铁网坊南侧	明弘治十二年（1499年）	古建筑
83	福星桥	南海区狮山镇大榄村委会大榄涌上	清宣统元年（1909年）重修	古建筑
84	中共南海县委旧址	南海区狮山镇显纲村委会显纲村中和里234号	1927年	近现代重要史迹及代表性建筑
85	通窿岩采石遗址	南海区狮山镇石泉村委会南国桃园平顶岗通窿岩	明朝—清朝	古遗址
86	珠江纵队独立第三大队队部旧址	南海区狮山镇黄洞村委会东一区一号	1945年1月至1945年9月	近现代重要史迹及代表性建筑
87	伦文叙墓	南海区罗村街道芦塘村委会长安墓园棋子岭西南麓	明朝	古墓葬
88	义民纪念碑	南海区狮山镇狮中村委会陈洞村旧村东南方	1947年	近现代重要史迹及代表性建筑
89	树本善堂	南海区狮山镇狮北村委会银岗狮山一小旁	清光绪十四年（1888年）	近现代重要史迹及代表性建筑
90	奇石窑址	南海区狮山镇新境村委会奇石村、西门村	唐朝—宋朝	古遗址

（续表）

序号	名称	地址	文物形成或建造时间	类别
91	华平李氏大宗祠	南海区狮山镇狮西村委会华平村	清嘉庆年间	古建筑
92	邹特夫墓	南海区大沥镇泌冲村委会后海村长青墓园内	清同治八年（1869年）	古墓葬
93	叶正简夫人墓	南海区狮山镇黎岗村委会豸下村后山	宋朝	古墓葬
94	陈宁墓	南海区狮山镇黎岗村委会豸下村梅花地	北宋	古墓葬
95	骆秉章墓	南海区罗村街道芦塘村委会雅三村东面山岗	清同治六年（1867年）	古墓葬
96	联星江氏宗祠	南海区罗村街道联星村委会上三村吉祥巷1号北侧	清光绪三十年（1904年）重建	古建筑
97	三山三眼桥	南海区桂城街道东区村委会禾仰村	清嘉庆二年（1797年）	古建筑
98	奎光楼	南海区西樵镇樵园居委会西樵山白云洞风景区	明万历年间	古建筑
99	白云古寺	南海区西樵镇樵园居委会西樵山白云洞风景区	明正德二年（1507年）	古建筑
100	字祖庙	南海区西樵镇樵园居委会西樵山白云洞风景区	清乾隆四十二年（1777年）	古建筑
101	第弌洞天牌坊	南海区西樵镇樵园居委会西樵山白云洞风景区	清乾隆年间	古建筑
102	湖山胜迹门楼	南海区西樵镇樵园居委会西樵山白云洞风景区	清咸丰三年（1853年）	古建筑
103	小云亭	南海区西樵镇樵园居委会西樵山白云洞风景区	清咸丰八年（1858年）	古建筑
104	光分亭	南海区西樵镇樵园居委会西樵山白云洞风景区	清道光二十八年（1848年）	古建筑
105	枕流亭	南海区西樵镇樵园居委会西樵山白云洞风景区应潮湖旁边	清乾隆三十年（1765年）	古建筑
106	白云洞摩崖石刻	南海区西樵镇樵园居委会西樵山白云洞风景区	明朝至中华人民共和国	石窟寺及石刻
107	龙母庙	南海区西樵镇樵园居委会西樵山蟠龙洞内	1938年	近现代重要史迹及代表性建筑
108	吉水窦	南海区西樵镇西樵村委会吉水大道牌坊前	清光绪二十年（1894年）重建	古建筑
109	泮阳李公祠门楼	南海区罗村街道罗村村委会寨边村村前街八巷1号	明朝	古建筑
110	张浚家族墓	南海区狮山镇大榄村委会大榄林场大旗岭	宋朝	古墓葬
111	娥媚坑竹西岗汉墓群	南海区桂城街道林岳村委会娥媚坑竹西岗	汉朝	古墓葬
112	叶正简墓	南海区大沥镇颜峰村委会人和村葫芦岗	宋朝	古墓葬
113	方道隆墓	南海区丹灶镇良登村委会孔边村孔边岗	元朝	古墓葬
114	通心岗遗址	南海区丹灶镇良登村委会良登村	新石器时代	古遗址
115	三元桥	南海区九江镇儒林社区船栏街侧	清道光年间	古建筑
116	朱子襄墓	南海区九江镇下西村委会太平村龟岗西南麓	清光绪八年（1882年）	古墓葬

（续表）

序号	名称	地址	文物形成或建造时间	类别
117	李卓峰墓	南海区九江镇南方村委会忠良岗	1926年	近现代重要史迹及代表性建筑
118	破排角遗址	南海区九江镇沙口居委会文昌路沙口社区卫生站对面	南宋	古遗址
119	凤池曹氏大宗祠	南海区大沥镇凤池村委会凤西村凤西公园旁	清朝	古建筑
120	大沥“二.七”革命纪念碑	南海区大沥镇沥苑居委会沥园路大沥文化公园内	1958年	近现代重要史迹及代表性建筑
121	吴氏八世祖祠	南海区大沥镇沥东村委会荔庄村东区一巷1号	清朝	古建筑
122	阴鹭井	南海区丹灶镇仙岗村委会苏坑村村尾	宋朝	古建筑
123	贞烈牌坊	南海区丹灶镇仙岗村委会苏坑村村口	清康熙年间	古建筑
124	颜氏大宗祠	南海区大沥镇河西村委会颜边村新街76号	清道光十三年（1833年）重修	古建筑
125	傅氏山庄	南海区西樵镇西樵山碧云村	1932年	近现代重要史迹及代表性建筑
126	朝议世家邝公祠	南海区大沥镇大镇村委会四中村	明朝—清朝	古建筑
127	邝氏始祖墓	南海区大沥镇大镇村委会四中村北侧	宋朝	古墓葬
128	铁屎墩冶炼遗址	南海区西樵镇百西村委会大地村	清朝	古遗址
129	三眼桥	南海区大沥镇河东村委会穗盐路	明朝	古建筑
130	杜氏大宗祠	南海区大沥镇白沙村委会白沙村中心路涌边1巷12号侧	清乾隆五十九年（1794年）	古建筑
131	激表李氏宗祠	南海区大沥镇黄岐村委会激表村环村东路	清代始建，1921年重建	古建筑
132	黄岐梁氏大宗祠	南海区大沥镇黄岐村委会岐南村岐西大街65号侧	清朝	古建筑
133	冯夏威墓	南海区西樵镇樵园居委会蟠龙洞洞口	清光绪三十一年（1905年）	近现代重要史迹及代表性建筑
134	九龙岩摩崖石刻	南海区西樵镇西樵山寺边村九龙岩景区	明正德十二年（1517年）	石窟寺及石刻
135	霍韬夫人墓	南海区西樵镇西樵山寺边村	明朝	古墓葬
136	西樵山抗日阵亡将士暨死难同胞纪念碑	南海区西樵镇东碧社区碧玉洞内	1947年	近现代重要史迹及代表性建筑
137	松塘东山祖祠	西樵镇上金瓯松塘村文昌圩22号侧	清朝	古建筑
138	松塘甘井	西樵镇上金瓯桂阳坊42号侧	宋朝	古建筑
139	松塘汇川家塾	西樵镇上金瓯松塘村桂香坊13号	清朝	古建筑
140	松塘见五大夫祠	西樵镇上金瓯桂香坊	清光绪七年（1881年）	古建筑
141	松塘六世祖祠	西樵镇上金瓯松塘村桂香坊	清朝	古建筑
142	松塘培元书舍	西樵镇上金瓯松塘村忠心坊4号B侧	清朝	古建筑

（续表）

序号	名称	地址	文物形成或建造时间	类别
143	松塘翘秀园	西樵镇上金瓯松塘村华宁坊 1 号	清朝	古建筑
144	松塘区氏宗祠	西樵镇上金瓯松塘村桂香坊	明朝	古建筑
145	松塘世大夫家庙	西樵镇上金瓯松塘村文昌圩 22 号侧	清朝	古建筑
146	松塘司马第	西樵镇上金瓯松塘村桂香坊 126 号	晚清	古建筑
147	松塘太史第	西樵镇上金瓯松塘村华宁坊 59 号侧	清光绪三十二年（1906 年）	古建筑
148	松塘塘西六世祖祠	西樵镇上金瓯松塘塘西坊 61 号侧	清光绪二十一年（1895 年）	古建筑
149	西樵山百步云梯	西樵山石牌村金钗峰北麓	明正德十二年（1517 年）	古建筑
150	西樵山无叶井	西樵镇西樵山碧云村村口	明朝—清朝	古建筑
151	西樵山紫姑井、仙姑亭	西樵镇西樵山寺边村九龙岩景区	清朝	古建筑
152	西樵山蟹眼泉	西樵镇西樵山碧云村翠岩风景区	清朝	古建筑
153	百西潘氏大宗祠	西樵镇百西社区幼儿园侧	清乾隆二十六年（1761 年）	古建筑
154	禄舟万寿堂	西樵镇岭西村委会禄舟村 20 号	清乾隆四十九年（1784 年）	古建筑
155	信存何公祠	桂城叠北东胜坊东约	清道光年间	古建筑
156	东联吴氏大宗祠	丹灶镇东联社区水口村村前街西二十巷 1 号侧	清朝	古建筑
157	南沙陈氏宗祠	丹灶镇南沙社区新村街十四巷 1 号	清朝	古建筑
158	恒德徐公祠	丹灶镇西联社区五甲村五巷 1 号	清光绪八年（1882 年）	古建筑
159	沙水翰林步头	丹灶镇劳边村居会沙水村西街坊南乔公祠前	明朝	古建筑
160	荔庄泰岭书舍	大沥镇沥东社区荔庄村东区一巷 1 号	清朝	古建筑
161	区梦觉故居	西樵镇上金瓯华宁坊 69 号	清光绪三十二年（1906 年）	近现代重要史迹及代表性建筑
162	上东岑局楼	九江镇上东村委会上东沙村红旗 421-422 号	1932 年	近现代重要史迹及代表性建筑
163	冼光墓	顺德区乐从镇大罗村北万松原	明朝	古墓葬
164	何彦墓	顺德区杏坛镇西登村小金山北端	明朝	古墓葬
165	陈岩野墓	顺德区大良街道北区居委观光市场内	清道光和咸丰年间、1933 年、1987 年冬重修	古墓葬
166	连氏始祖古墓群	顺德区勒流街道富裕村沙富岗山麓沙富环山路旁	清道光十八年（1838 年）	古墓葬
167	北街古村落	顺德区杏坛镇桑麻村北街	清朝	古建筑
168	黎氏家庙及民居群	顺德区杏坛镇昌教村昌教小学右侧	清朝	古建筑

（续表）

序号	名称	地址	文物形成或建造时间	类别
169	南村牧伯里民居群	顺德区乐从镇沙滘居委南村牧伯里	清朝	古建筑
170	西村低地民居群	顺德区乐从镇沙滘居委西村低地中街	清朝	近现代重要史迹及代表性建筑
171	龙江石龙里民居	顺德区龙江镇龙江居委石龙里	清朝	古建筑
172	克勤堂古民居群	顺德区龙江镇仙塘村朝阳农场朝阳大街	清朝	古建筑
173	碧江泰兴大街祠堂群	顺德区北滘镇碧江居委泰兴大街	清朝	古建筑
174	碧江村心祠堂群	顺德区北滘镇碧江居委村心大街	清朝	古建筑
175	莘村曾氏大宗祠	顺德区北滘镇莘村武城街七号	明朝、清光绪十五年（1889 年）	古建筑
176	莘村梁大夫祠	顺德区北滘镇莘村义学街 2 号、3 号	清朝	古建筑
177	桃村袁氏大宗祠	顺德区北滘镇桃村怡谋街 3 号	清朝	古建筑
178	林头郑氏大宗祠	顺德区北滘镇林头居委粮站街 42 号前	清康熙五十九年（1720 年）	古建筑
179	广教杨氏大宗祠	顺德区北滘镇广教居委林港路西	清朝	古建筑
180	宋参政李公祠	顺德区杏坛镇逢简村名园塘头街 1 号	清朝	古建筑
181	漖南伍公祠	顺德区杏坛镇古朗村世祖巷 1 号	明朝—清朝	古建筑
182	北水尤氏大宗祠	顺德区杏坛镇北水村北昌东	清雍正三年（1725 年）	古建筑
183	杏坛梁氏大宗祠	顺德区杏坛镇光华村德彦大道牌坊边	清朝	古建筑
184	豸浦胡公家庙	顺德区均安镇鹤峰居委豸浦玉堂街 54 号	清乾隆年间	古建筑
185	上村李氏宗祠	顺德区均安镇鹤峰居委上村大街	清光绪五年（1879 年）	古建筑
186	星槎何氏大宗祠	顺德区均安镇星槎村兴隆小组天市街	清同治三年（1864 年）	古建筑
187	南浦李氏家祠	顺德区均安镇南浦村天期路	清光绪年间	古建筑
188	良教祠堂群	顺德区乐从镇良教村	清朝	古建筑
189	路州黎氏大宗祠	顺德区乐从镇路州村东头坊	始建于明崇祯十三年（1640 年），清同治六年（1867 年）和宣统元年（1909 年）重修	古建筑
190	路州周氏大宗祠	顺德区乐从镇路州村塘边大街 4 号	清光绪十三年（1887 年）	古建筑
191	大墩梁氏家庙	顺德区乐从镇大墩村玉堂北便街 5 号	清朝	古建筑
192	梅氏大宗祠与陈氏宗祠	顺德区龙江镇陈涌居委小陈涌路 2 号	清朝	古建筑
193	张氏九世祠	顺德区龙江镇坦西居委坦田大街	清同治、光绪年间	古建筑
194	大良罗氏大宗祠	顺德区大良街道文秀居委蓬莱路本原幼儿园内	清朝	古建筑

（续表）

序号	名称	地址	文物形成或建造时间	类别
195	月池何公祠	顺德区伦教街道羊额村连州街	清朝初年	古建筑
196	松庄仇公祠	顺德区陈村镇石洲村隔基坊路	始建于清康熙四十年（1701年），清光绪九年（1883年）重建。	古建筑
197	桃村报功祠古建筑群（含金紫名宗、黎氏三世祠）	顺德区北滘镇桃村上街6号	始建于明朝，清乾隆四十三年（1778年）重修	古建筑
198	冯氏六世祖祠	顺德区容桂街道马冈村江佩直街41号	清道光九年（1829年）	古建筑
199	扶闾廖氏宗祠	顺德区勒流街道扶闾村社祥街	清光绪三年（1877年）	古建筑
200	锦岩庙	顺德区大良街道北区居委锦岩公园内	明朝—清朝	古建筑
201	绿榕古庙	顺德区容桂街道容里居委华容三路六巷51号	清光绪二十一年（1895年）	古建筑
202	众涌天后庙（天后宫）	顺德区勒流街道众涌村高巷大街2号	清朝	古建筑
203	福善堂	顺德区乐从镇腾冲村海边坊海边大街5号	清光绪三十年（1904年）重修	古建筑
204	龙母庙（孝通殿）和五龙庙	顺德区杏坛镇龙潭村圩庙前大街5号	始建于宋咸淳元年（1265年），明嘉靖年间，清乾隆四十四年（1779年）和道光五年（1825年）重修	古建筑
205	巨济桥	顺德区杏坛镇逢简村逢简圩入口处	1919年重建	近现代重要史迹及代表性建筑
206	金鳌桥	顺德区杏坛镇逢简村根小组大地街	清康熙三十六年（1697年）	古建筑
207	爱日桥	顺德区杏坛镇龙潭村古粉牌坊前200米	明朝	古建筑
208	跃龙桥	顺德区杏坛镇上地村前街	清朝	古建筑
209	洛阳桥	顺德区容桂街道四基居委大市沿河路旁	宋朝、明朝、清朝	古建筑
210	广孝桥	顺德区勒流街道黄连居委基尾	明弘治四年（1491年）	古建筑
211	见龙桥	顺德区勒流街道西华村见龙门牌坊旁	清康熙年间	古建筑
212	德云桥	顺德区北滘镇碧江居委民乐公园	清朝	古建筑
213	垂虹桥	顺德区陈村镇旧圩居委水流基路段	清咸丰元年（1851年）重修	古建筑
214	御波桥	顺德区伦教街道三洲居委文明东路	始建于清咸丰年间，清光绪十一年（1885年）重修	古建筑

（续表）

序号	名称	地址	文物形成或建造时间	类别
215	百岁坊	顺德区杏坛镇古朗村天市街卫生站侧	清乾隆十七年（1752 年）	古建筑
216	节孝坊	顺德区杏坛镇古朗村排牙坊	清嘉庆三年（1798 年）	古建筑
217	昇平人瑞坊	顺德区杏坛镇上地村石狮巷 4 号左前方	清同治六年（1867 年）	古建筑
218	简竹居牌坊、六角亭	顺德区北滘镇北滘居委简岸路北侧	1934 年	近现代重要史迹及代表性建筑
219	马姓回甦井	顺德区乐从镇水藤村先扬马巷	元朝	古建筑
220	漱玉泉	顺德区龙江镇沙富村长流大街	明朝—清朝	古建筑
221	周鉴井	顺德区大良街道苏岗居委太平山麓	明朝	古建筑
222	麦孟华、麦仲华故居	顺德区杏坛镇吉祐村爱日名关二巷 4 号	民国时期	近现代重要史迹及代表性建筑
223	伍宪子故居	顺德区杏坛镇古朗村竹林二巷 2 号	民国时期	近现代重要史迹及代表性建筑
224	李小龙祖居	顺德区均安镇鹤峰居委上村大街小龙巷 12 号	民国时期	近现代重要史迹及代表性建筑
225	罗家树民宅	顺德区均安镇沙浦村海珠巷 1 号右侧	民国时期	近现代重要史迹及代表性建筑
226	梁廷枏故居	顺德区伦教街道常教居委藤花巷聚星里 4 号	清朝	古建筑
227	鸣石花园	顺德区伦教街道羊额村丰埠坊	民国时期	近现代重要史迹及代表性建筑
228	刘氏宅第	顺德区乐从镇腾冲村掘涌大街 25 号	1933 年	近现代重要史迹及代表性建筑
229	冯立夫祖宅	顺德区龙江镇旺岗村大树里 6 号	民国初年	近现代重要史迹及代表性建筑
230	钟楼	顺德区大良街道文秀居委钟楼公园内	始建于明嘉靖三年（1524 年），清代重修	古建筑
231	更楼	顺德区乐从镇葛岸村教德坊	1925 年	近现代重要史迹及代表性建筑
232	昌教乡塾	顺德区杏坛镇昌教村昌教村委会旁	始建于清同治五年（1866 年），光绪二十四年（1898 年）重建	古建筑
233	合兴当铺	顺德区杏坛镇龙潭村委会内	清朝	古建筑
234	西海抗日烈士陵园	顺德区北滘镇西海村	1980 年	近现代重要史迹及代表性建筑
235	四基天主教堂	顺德区容桂街道四基居委新圩路清波直街 9 号	清朝—民国时期	近现代重要史迹及代表性建筑
236	大光明碾米厂	顺德区龙江镇龙江居委隔海桥旁海边街 3 号	民国时期	近现代重要史迹及代表性建筑
237	人民礼堂	顺德区大良街道文秀居委文秀路梯云岗上	1958 年	近现代重要史迹及代表性建筑
238	龙潭水闸	顺德区杏坛镇龙潭村齐杏联围顺德支流涌口	清道光二十年（1840 年）	古建筑

（续表）

序号	名称	地址	文物形成或建造时间	类别
239	北水水闸	顺德区杏坛镇北水村齐杏联围顺德支流北水涌口	清道光二十一年（1841 年）	古建筑
240	龙江新闸	顺德区龙江镇龙江居委东海河道上	民国时期	近现代重要史迹及代表性建筑
241	太平塔	顺德区大良街道苏岗居委太平山上	始建于明朝，清道光十一年（1831 年）、光绪十四年（1888 年）重修	古建筑
242	七层文塔	顺德区勒流街道勒北村	始建于清乾隆二十九年（1764 年），清道光二十四年（1844 年）重修	古建筑
243	傅氏墓碑	顺德区勒流街道黄连居委基尾石龟一巷	明弘治四年（1491 年）、明正德元年（1506 年）	古建筑
244	朗锦祠堂群	高明区更合镇朗锦村	明朝—清朝	古建筑
245	深水古民居群	高明区明城镇深水村	清朝	古建筑
246	艺能严氏宗祠	高明区荷城街道塘肚村	明朝	古建筑
247	文昌塔	高明区明城镇明七路	清朝	古建筑
248	梁发故居	高明区荷城街道西梁村	清朝	古建筑
249	西梁梁氏宗祠	高明区荷城街道西梁村	清朝	古建筑
250	高明县立三小旧址	高明区更合镇北水桥头	民国时期	近现代重要史迹及代表性建筑
251	陈汝棠故居	高明区更合镇高村	清朝	近现代重要史迹及代表性建筑
252	谭天度故居	高明区明城镇岗头村委会七社村	清朝	近现代重要史迹及代表性建筑
253	海口塔	高明区荷城街道海口村	民国时期	近现代重要史迹及代表性建筑
254	文选楼	高明区更合镇小洞乡塘角村	清朝	近现代重要史迹及代表性建筑
255	把门岗贝丘遗址	三水区白坭镇周村管理区莘村	新石器晚期	古文化遗址
256	郑绍忠墓葬	三水区乐平镇大旗头村老虎岗	清光绪二十二年（1896 年）	古墓葬
257	何维柏墓	三水区金本镇芹坑村罗盘岗西北坡	明万历十五年（1587 年）	古墓葬
258	梁鹤鸣墓	三水区白坭镇龙池乡的东村	明万历十六年（1588 年）	古墓葬
259	范湖邝氏大宗祠	三水区乐平镇范湖片赤东村	清光绪二十年（1894 年）	古建筑
260	绿堂	三水区芦苞镇大宜岗村	清光绪年间	古建筑

（续表）

序号	名称	地址	文物形成或建造时间	类别
261	洪圣庙	三水区芦苞镇独树岗村	始建于明万历四十五年（1617年），清嘉庆五年（1800年）重修	古建筑
262	居德林公祠	三水区大塘镇六和深坑村委会蒲坑村民小组	清光绪年间	古建筑（近现代重要史迹）
263	奉正大夫家庙	三水区大旗头村古建筑群的南面	清光绪年间	古建筑
264	裕仁郑公祠	三水区乐平镇大旗头村南一区	清光绪年间	古建筑
265	郑大夫家庙	三水区乐平镇大旗头村北一区	清光绪二十二年（1896年）	古建筑
266	西南武庙	三水区西南镇岭海路	清嘉庆十三年（1808年）	古建筑
267	南边宝月堂（又称六祖庙）	三水区南边镇宝月圩	始建于唐龙朔元年（661年）以前，历代重修	古建筑
268	昆都山五显古庙	三水区金本昆都山脚	清道光十九年（1839年）重建	古建筑
269	芦苞关夫子庙（关帝庙）	三水区芦苞范街，现刘寨管理区南侧	始建于清嘉庆初年，清光绪二十一年（1895年）、民国初年两次重修	古建筑
270	西村陈氏大宗祠	三水区西南镇西村	清朝	古建筑
271	陈金釭起义旧址	三水区乐平镇范湖圩	清咸丰二年（1852年）	近现代重要史迹及代表性建筑
272	邓培故居	三水区西南镇石湖洲邓关村	清同治年间	近现代重要史迹及代表性建筑
273	三水烈士陵园	三水区西南森林公园纪元塔右后侧	20世纪50年代	近现代重要史迹及代表性建筑
274	海天书屋（梁士诒生祠）	三水区白坭镇岗头村	民国初年	近现代重要史迹及代表性建筑
275	横涌村头厅农民协会旧址	三水区西南镇上横涌村的榕荫厅供销合作社	—	近现代重要史迹及代表性建筑
276	半江桥	三水区西南镇河口片北岸	1936年	近现代重要史迹及代表性建筑
277	杜之英母墓（李氏）	三水区白坭镇周村	1931年	近现代重要史迹（墓葬）
278	芦苞水闸旧址	三水区北江下游左岸芦苞涌口	1921年动工，1923年完成	近现代重要史迹及代表性建筑
279	广三铁路三水站	三水区西南镇河口内	清光绪二十九年（1903年）	近现代重要史迹及代表性建筑
280	三水旧海关大楼	三水区河口街北江边	清宣统元年（1909年）	近现代重要史迹及代表性建筑

（市文广旅体局）

2018 年佛山市市级以上非物质文化遗产项目名录

级别	批次	项目名称
国家级（四批共 14 项）	第一批（6 项）	粤剧、剪纸（广东剪纸）、佛山木版年画、石湾陶塑技艺、狮舞（广东醒狮）、龙舟说唱
	第二批（7 项）	彩扎（佛山狮头）、香云纱染整技艺、庙会（佛山祖庙庙会）、十番音乐（佛山十番）、龙舞（人龙舞）、灯彩（佛山彩灯）、中秋节（佛山秋色）
	第三批（无）	
	第四批（1 项）	锣鼓艺术（八音锣鼓）
省级（七批共 48 项）	第一批（8 项）	粤剧、剪纸（广东剪纸）、佛山木版年画、石湾陶塑技艺、狮舞（广东醒狮）、龙舟说唱、中秋节（佛山秋色）、庙会（佛山祖庙庙会）
	第二批（11 项）	十番音乐（佛山十番）、龙舞（人龙舞）、灯彩（佛山彩灯）、彩扎（佛山狮头）、香云纱染整技艺、八音锣鼓、粤曲星腔、佛山木雕、佛山春节习俗、行通济、乐安花灯会
	第三批（4 项）	石湾玉冰烧酒酿制技艺、九江双蒸酒酿制技艺、官窑生菜会、陈村花会
	第四批（11 项）	高明花鼓调、藤编（大沥、里水）、石湾龙窑营造与烧制技艺、金箔锻造技艺、中医养生（源吉林甘和茶）、蔡李佛拳、咏春拳、赛龙舟（九江传统龙舟）、中医传统制剂方法（冯了性风湿跌打药酒）、端午节（盐步老龙礼俗）、粤绣（广绣）
	第五批（4 项）	粤曲（市直）、庙会（大仙诞庙会）、真步堂天文历算、民间信俗（观音信俗）
	第六批（5 项）	粤曲（南海、顺德）、糕点制作技艺（九江煎堆制作技艺）、民间信俗（关帝侯王出游）、端午节（龙眼点睛习俗）
	第七批（5 项）	鹰爪拳（佛山鹰爪拳）、奶制品制作技艺（双皮奶制作技艺）、洪拳（顺德洪拳）、中医正骨疗法（佛山伤科正骨）、庙会（胥江祖庙庙会）
市级（六批共 101 项）	第一批（29 项）	木鱼书、三字经、广东音乐、佛山十番、八音锣鼓柜、岗雕乐（高明花鼓调）、广东醒狮、人龙舞、粤剧、龙舟说唱、南音、粤讴、粤曲星腔、赛龙舟、佛山木版年画、佛山剪纸、石湾陶塑技艺、佛山木雕、佛山狮头、佛山彩灯、佛山海天酱料制作技艺、刺绣、佛山铸造技艺、香云纱、佛山秋色、行通济、祖庙北帝诞、官窑生菜会、乐安花灯会
	第二批（18 项）	佛山水乡农谚、花鼓调、大头佛、蔡李佛拳、龙形拳、白眉拳、南海灰塑、石湾玉冰烧酒酿制技艺、佛山盲公饼制作技艺、九江双蒸酒酿制技艺、民间竹编、冯了性风湿跌打药酒、源吉林甘和茶、佛山春节习俗、大仙诞庙会、陈村花卉习俗、高明濑粉节、龙舟说唱（南海、扩展项目）
	第三批（13 项）	三山咸水歌、岭南古琴艺术、咏春拳、九江传统龙舟、石湾龙窑技艺、佛山饼印、九江煎堆制作技艺、南海藤编、西樵传统缫丝技艺、金箔锻造技艺、上元舞火龙习俗、盐步老龙礼俗、广东醒狮（禅城、扩展项目）
	第四批（9 项）	麦边舞龙、粤曲、南海竹编、三水龙舟制作、三水玉雕、蔡李佛鸿胜功夫推拿、华光诞、胥江祖庙庙会、广东醒狮（市直、扩展项目）
	第五批（10 项）	佛山少临南家拳、佛山鹰爪拳、佛山酝扎猪蹄制作技艺、佛山砖雕、香云纱（坯纱）织造技艺、西樵大饼制作技艺、佛山伤科正骨、佛山伤科制药技艺、佛山祖庙春秋谕祭、大江龙舟习俗
	第六批（22 项）	九江灯谜、丹灶葛洪炼丹传说、佛山十番（同乐堂十番）、龙形拳、熊氏少林大易筋经、华岳心意六合八法拳、叠滘弯道赛龙船、岭南盆景（佛山）、高明花灯、高明扎狮、石湾琉璃瓦制作技艺、龙舟制作技艺（三水洲边）、佛山酱料制作技艺（西南抽油）、石湾艺术釉（三水南山五彩）、佛山红模铸造工艺（高明）、扒草艇（湖涌）、祠堂祭祖（平地黄氏冬祭）、黄岐龙母诞、北村生菜会、烧番塔（松塘）、烧番塔（仙岗）、赤山跳火光习俗

注：1. 至 2018 年 11 月，国家级、省级、市级项目分别为四批、七批、六批。
2. 顺德区共有 7 个省级项目未列入市级项目。

2018 年佛山市市级以上非物质文化遗产项目代表性传承人名录

级别	批次	项目名称	传承人
国家级（四批共 15 人）	第一批（2 人）	佛山木版年画	冯炳棠
		石湾陶塑技艺	刘泽棉
	第二批（2 人）	龙舟说唱	伍于筹
		龙舟说唱	尤学尧
	第三批（4 人）	剪纸（广东剪纸）	陈永才
		灯彩（佛山彩灯）	邓　辉
		彩扎（佛山狮头）	黎　伟
		香云纱染整技艺	梁　珠
	第四批（3 人）	石湾陶塑技艺	黄松坚
		石湾陶塑技艺	廖洪标
		灯彩（佛山彩灯）	杨玉榕
	第五批（4 人）	佛山十番	何汉沛
		龙舟说唱	陈振球
		广东醒狮	黄钦添
		佛山秋色	何　信
省　级（五批共 55 人）	第一批（21 人）	十番音乐（佛山十番）	何汉然
		狮舞（广东醒狮）	关润雄
		八音锣鼓	梁兆帝
		龙舞（人龙舞）	苏求应
		龙舟说唱	伍于筹
		龙舟说唱	尤学尧
		剪纸（广东剪纸）	陈永才
		佛山木版年画	冯炳棠
		佛山木雕	何耀辉
		灯彩（佛山彩灯）	邓　辉
		灯彩（佛山彩灯）	陈棣桢
		灯彩（佛山彩灯）	杨玉榕
		石湾陶塑技艺	刘泽棉
		石湾陶塑技艺	黄松坚
		石湾陶塑技艺	廖洪标
		香云纱染整技艺	梁　珠
		香云纱染整技艺	黄田胜
		彩扎（佛山狮头）	黎　伟
		彩扎（佛山狮头）	黎婉珍
		中秋节（佛山秋色）	何　信
		粤曲星腔	李月友

（续表）

级别	批次	项目名称	传承人
省级（五批共55人）	第二批（6人）	狮舞（广东醒狮）	黄钦添
省级（五批共55人）	第二批（6人）	龙舞（人龙舞）	林普宣
省级（五批共55人）	第二批（6人）	剪纸（广东剪纸）	何　燕
省级（五批共55人）	第二批（6人）	石湾陶塑技艺	梅文鼎
省级（五批共55人）	第二批（6人）	石湾陶塑技艺	钟汝荣
省级（五批共55人）	第二批（6人）	中秋节（佛山秋色）	何洁桦
省级（五批共55人）	第三批（8人）	十番音乐（佛山十番）	何汉沛
省级（五批共55人）	第三批（8人）	龙舟说唱	陈振球
省级（五批共55人）	第三批（8人）	蔡李佛拳	黄镇江
省级（五批共55人）	第三批（8人）	灯彩（佛山彩灯）	梁达光
省级（五批共55人）	第三批（8人）	酿造酒传统酿造技艺（九江双蒸酒酿制技艺）	何松贵
省级（五批共55人）	第三批（8人）	酿造酒传统酿造技艺（石湾玉冰烧酒酿制技艺）	郭　波
省级（五批共55人）	第三批（8人）	石湾陶塑技艺	潘柏林
省级（五批共55人）	第三批（8人）	中医传统制剂方法（源吉林甘和茶）	陈云鹄
省级（五批共55人）	第四批（12人）	咏春拳（叶问宗支）	叶　准
省级（五批共55人）	第四批（12人）	蔡李佛拳（佛山）	梁伟永
省级（五批共55人）	第四批（12人）	赛龙舟（九江传统龙舟）	朱石明
省级（五批共55人）	第四批（12人）	剪纸（广东剪纸）	饶宝莲
省级（五批共55人）	第四批（12人）	佛山木版年画	冯锦强
省级（五批共55人）	第四批（12人）	藤编（大沥）	梁灿尧
省级（五批共55人）	第四批（12人）	石湾陶塑技艺	刘国祥
省级（五批共55人）	第四批（12人）	石湾龙窑营造与烧制技艺	蒙文德
省级（五批共55人）	第四批（12人）	金箔锻造技艺	吴深龙
省级（五批共55人）	第四批（12人）	端午节（盐步老龙礼俗）	邵钜熙
省级（五批共55人）	第四批（12人）	粤绣（广绣）	阮贤娥
省级（五批共55人）	第四批（12人）	真步堂天文历算	蔡伯励
省级（五批共55人）	第五批（8人）	锣鼓艺术（八音锣鼓）	黄干洪
省级（五批共55人）	第五批（8人）	龙舞（人龙舞）	林惠宣
省级（五批共55人）	第五批（8人）	狮舞（广东醒狮）	何狄强
省级（五批共55人）	第五批（8人）	粤剧	李淑勤
省级（五批共55人）	第五批（8人）	粤曲	沈曼梨
省级（五批共55人）	第五批（8人）	石湾陶塑技艺	刘　炳
省级（五批共55人）	第五批（8人）	中医传统制剂方法（冯了性风湿跌打药酒传统组方及工艺）	谭　珍
省级（五批共55人）	第五批（8人）	中医传统制剂方法（源吉林甘和茶）	杨雄辉

（续表）

级别	批次	项目名称	传承人
市　级（五批共163人）	第一批（61人）	佛山十番	何汉然　何汉耀　何汉沛　何汉镐　何庆良　马达明
		八音锣鼓	梁兆帝　麦牛冠　周途科
		广东醒狮	关润雄　黄桂平　黎念忠　张志华　黄钦添　吴向荣　陈幼民　夏志成　易孝安　何狄强　梁伟永　刘汉庭　梁泰豪
		人龙舞	苏求应　林普宣
		粤　剧	李淑勤
		龙舟说唱	伍于筹　尤学尧　梁桂芬　陈振球
		粤曲星腔	李月友
		佛山木版年画	冯炳棠　冯锦强
		佛山剪纸	陈永才　何　燕
		佛山木雕	何耀辉
		佛山狮头	黎　伟　黎婉珍
		石湾陶塑技艺	刘泽棉　廖洪标　黄松坚　梅文鼎　钟汝荣　潘柏林　黄志伟　梅晓山　刘雪玲　刘健芬　刘国祥　冼艳芬
		佛山彩灯	邓　辉　陈棣桢　杨玉榕　林润深　唐洁容　辛丽贤　梁达光　杨小燕
		香云纱染整技艺	梁　珠　黄田胜　陈伟明
		佛山秋色	何　信　何洁桦
	第二批（21人）	大头佛	邓波棠　邓炽棠　关辉洪
		蔡李佛拳	黄镇江　梁伟永
		佛山剪纸	吴子洲　邓春红
		佛山彩灯	陈荣昌　林燕华　黄宏宇
		南海联表灰塑	关劲莊
		广绣	招惠珠
		石湾陶塑技艺	刘　炳　霍家荣　潘振辉　杨锐华
		石湾玉冰烧酒酿制技艺	郭　波　谢　敏
		九江双蒸酒酿制技艺	何松贵　崔汉彬
		源吉林甘和茶（第二批开始不含顺德区）	陈云鹄
	第三批（29名）	岭南古琴艺术	梁　球
		广东醒狮	陈汝安
		粤　剧	梁智理
		咏春拳	郭伟湛　叶　准
		蔡李佛拳	黄文佳　梁旭勇
		龙形拳	马国辉
		白眉拳	黄新健

（续表）

级别	批次	项目名称	传承人
市 级（五批共163人）	第三批（29名）	九江传统龙舟	刘永成　朱石明
		佛山剪纸	茹新梅　饶宝莲　赵丽达
		石湾陶塑技艺	庞文忠
		石湾龙窑技艺	苏乃灌　陈　钊　蒙文德
		佛山饼印	杨海成
		民间竹编	曹健荣
		传统缫丝技艺	黎雪芬
		南海藤编（里水）	何日成
		南海藤编（大沥）	梁灿尧
		金箔锻造技艺	吴深龙
		九江煎堆制作技艺	邹珍珠
		源吉林甘和茶	钱碧坤
		冯了性风湿跌打药酒	邬威尧
		大仙诞庙会	冯腾飞
		盐步老龙礼俗	邵钜熙
	第四批（21人）	广东醒狮	朱绍英　梁启钊　庞兆升
		麦边舞龙	张志华
		粤　剧	莫增平
		曲　艺	沈曼梨
		咏春拳	梁伟志　姚忠强
		蔡李佛拳	何焯华　吴伯泉
		九江传统龙舟	朱贤勤
		佛山彩灯	罗志环
		佛山剪纸	陈嘉彦
		佛山木版年画	郑太昌
		南海藤编（里水）	何丽容
		刺　绣	劳惠然
		南海竹编	甘惠玲
		三水玉雕	钱贵根
		源吉林甘和茶	杨雄辉
		冯了性风湿跌打药酒	谭　珍
		盐步老龙礼俗	邵灿贤

（续表）

级别	批次	项目名称	传承人
市　级（五批共163人）	第五批（31人）	广东醒狮	邓伟杰　叶仲铭　谢伯森
		蔡李佛拳	李伟峰　潘成光
		咏春拳	梁湛声　麦耀明　钟伟华
		佛山少临南家拳	梁伟焯
		佛山鹰爪拳	曾　坤　陈健志
		剪　纸（广东剪纸）	邓燕平
		灯　彩（佛山彩灯）	吴光钜　李文涛　陈志棠
		佛山木雕	罗荣操　黄卓浩
		佛山木版年画	刘钟萍
		南海藤编	陆凯文
		佛山铸造技艺	庞耀勇
		石湾玉冰烧酒酿制技艺	何国良
		刺　绣（广绣）	陈新妹
		佛山砖雕	张汉泉
		石湾陶塑技艺	霍然均
		金箔锻造技艺	吴炜全
		西樵大饼制作技艺	陈柱卫
		九江煎堆制作技艺	胡伯伦
		香云纱（坯纱）织造技艺	张绍锦　张绍景
		三水龙舟制作（新沙）	关群苏
		中秋节（佛山秋色）	梁凤英

（市文广旅体局）

文化活动和艺术创作

【概况】 截至2018年，佛山市有国办专业文艺团体1个，专业文艺创作单位1个。是年，佛山市艺术创作院有70件（幅）美术作品参加国内外44个省级以上美术展览，在省级以上报刊公开发表文学作品、学术论文、文艺评论数十篇；佛山粤剧传习所创作排练粤剧3台并演出（创排《金陵第一钗》，复排《小周后》，修改提升《大国灯匠》）。2个专业艺术单位开展活动223场。

【文艺创作水平提升】 2018年，佛山市艺术创作院落实原创文艺作品扶持办法，组织原创文艺作品扶持申报工作，对《大城工匠》等10部作品给予扶持，激发文艺工作者的创作热情。编制《重点文艺创作规划（2018—2021年）》，提出在五年内推出一批戏剧、文学、曲艺、美术、音乐、舞蹈等门类的优秀作品，获得国家级重要奖项并在全国产生一定影响。开展“深入生活、扎根人民”活动，组织和动员文艺工作者深入基层，到企业和工业园区、红色革命基地、古村落、社区体验生活，获取创作灵感。

【文化和文艺精品】 2018年，佛山市艺术创作院70件（幅）作品入选国内外44个省级以上美术展览或获奖。出版理论研究专著《石湾陶艺》《香云纱》《剪纸》《“鲁迅风”杂文作家的创作及命运》等专著。散文《南方葬礼》《屋溪河以北》入选《当代中国广东文学译丛·日文卷》和《当代中国广东文学译丛·匈牙利文卷》；40集广播剧《闯广东》在广东新闻广播播出，电视剧《闯广东》纳入拍摄。粤剧《大国灯匠》、音乐剧《香云纱》、小剧场话剧《最美的遇见》完成创作并成功首演；大型话剧《穷孩子富孩子》获推荐申报文化和旅游部“改革开放40年来全国现实题材创作课题研究”，完成12场全国巡演；汇聚南海区100位文艺工作者作品的《百物风咏》完成出版。

【文艺精品惠民活动】 2018年，佛山琼花大剧院举办各类演出及活动116场，观众近13万人，其中佛山韵律——时代中国·2018佛山音乐季演出5场、“佛山韵律·琼花焕彩”2018佛山戏剧季演出23场。佛山大剧院开业后，引进高雅精品演出14个项目共28场，歌剧《图兰朵》《托斯卡》和百老汇原版音乐剧《芝加哥》、挪威天团神秘园音乐会等受到市民欢迎。艺术创作院开展“创艺时光”系列活动33场；粤剧传习所开展粤剧“周末大戏台”活动近100场。南海区全年举办惠民性高雅艺术演出24场，公益性文化课堂80场。顺德区整合区镇活动和资源，打造“文明顺德”基层文体嘉年华品牌，全年开展活动100多个。

【佛山市艺术文化创新协会成立】 2018年6月29日，佛山市艺术文化创新协会在佛山皇冠假日酒店举行成立大会。该协会为非营利性社会团体，由佛山市人民政府支持，佛山市文化广电新闻出版局主管，佛山各类企事业单位、各类公益、民间艺术场馆、各类媒体、社会团体及从事艺术文化研究的机构和个人，本着平等、自愿的原则自发组织、自愿参加。广东省非物质文化遗产促进会副会长、原佛山市文化广电新闻出版局副局长、调研员、佛山市文联副主席廖之春任创始会长；中国禾茂集团副总裁、万商俱乐部广东分部副会长林文彬任执行会长；佛山新城投资发展有限公司、佛山新城智能制造产业发展有限公司执行董事、总经理赖志梁任秘书长；设名誉会长4名，常务副会长单位11个，副会长单位16个，理事单位9个，会员单位96个；顾问4名、艺术顾问8名、联络服务委员会主任1名，艺术家专业委员会主任2名，企业家专业委员会主任2名，战略合作伙伴36家，分支机构委员会有手工艺产业委员会、艺术产业发展委员会、企业文化委员会、影视产业委员会、武术体育委员会、艺术策展委员会、艺术教育委员会、文化交流委员会、活动策划委员会和艺术品鉴赏委员会等10个。

（胡亦明）

2018年11月2—3日，“粤港澳大湾区非遗周暨佛山秋色巡游活动”连续两晚在禅城区祖庙历史文化街区举行。图为秋色巡游表演（市档案馆供图）

文化产业发展

【概况】 截至2018年底，佛山市入库“三上”（规模以上文化制造业、限额以上文化批发零售业、规模以上文化服务业）文化企业430家，全市影视相关企业1037家，影院银幕809块，电视频道高清化建设和超高清视频（4k）产业发展有序推进。是年，佛山市推动以影视产业为重点的文化产业发展进步，形成文化产业发展的良好态势，产业竞争力不断提高。

【存量企业提质增效】 2018年，佛山市文化部门贯彻《佛山市人民政府关于加快文化产业融合发展的实施意见》，印发《关于加快文化产业融合发展任务分解表》；立足简单、管用、有亮点，修改完善《关于加快文化产业发展的若干政策》，构建促进文化产业发展长效机制。各区文化产业政策相继制定，为区级文化产业发展打下坚实基础。市文广新局召开文化产业园区工作会议，指导符合条件的园区加强公共服务配套，推动园区结合自身特色走专业化发展道路。“中国陶谷”（石湾）加快创建国家级文化产业示范园区步伐，平洲玉器文化园成功获得省级文化产业示范园区创建资格。组织开展全市文化产业统计培训班，明确文化产业统计工作的重点和难点，使基层工作人员在开展文化产业统计时对文化企业的把握更为准确。

【新型文化业态培育】 2018年，佛山市禅城区举办“高铁创游、湾区营地”——2018年第二届佛山·禅城旅游文化周暨高铁经济带旅游博览会，期间接待游客102.5万人次，旅游收入4.53亿元；举办2018佛山（禅城）陶艺·建陶设计周暨陶瓷艺术周活动，策划“三大高端活动、五大设计赛事，六大展览和一个收藏嘉年华”等15项活动，有国内外600多名专家学者和设计师出席活动，参与活动市民游客超8万人次。南海区依托洛客、国际设计协会、瀚海等平台举办“2018想象力盛典”活动、国际设计大会（简称“10D”）国际产业峰会、“醒狮杯”国际工业设计大赛等。市文广新局开展“2018展翅——佛山初创文创企业扶持行动”，对佛山市优咔优咔文化传播有限公司等10家优秀路演企业给予每家5万元资金扶持。是年，佛山市开展版权专题培训9场，共450人次参加；资助2017年度版权登记作品4372件，金额达109.3万元，惠及399个企业单位和238人；设立佛山陶博会维权工作站，处理展会版权投诉2件；全年版权登记总量突破5000件；佛山新媒体产业园设立“佛山大家居创意设计版权交易中心”。

【文化产业招商】 2018年，佛山市完成1亿元的文化产业招商任务。全年接待橙天嘉禾、华夏幸福、腾讯影业、博纳影业等10余家知名企业考察。借助北京国际电影节、金鸡·百花电影节等平台，举办南方影视中心推介会，开展政策宣讲。全年在佛山拍摄取景的剧组超80个。加强影视产业综合服务，为到佛山的影视剧组提供拍摄协调、交通、饮食、住宿、道具器材租赁等一条龙服务，形成完善的影视产业服务链。

【影视产业发展】 2018年，佛山市通过资金扶持、政策推介、全产业链服务平台搭建、推动成立佛山市电影行业协会等工作，推动影视产业发展。截至12月31日，全市有影视相关企业1037家，其中影视制作企业467家。影视制作企业数与南方影视中心建设前的65家相比，累计增加388家，增长618.46%。到佛山拍摄取景剧组数从南方影视中心建设前的60个增长到是年的200多个，增长率233%。是年，佛山市影院132个，比上年增长10%，影院银幕数809块；全市电影票房6.92亿元，比上年增长5.66%；电影放映场次148.89万场，比上年增长17.54%；观影人数2107.2万人次，比上年增长4.74%。电视频道高清化建设和超高清视频（4k）产业发展有序推进，完成《佛山电视台高清化建设与融媒体发展规划方案》制订，提出分2个阶段推动落实、在2020年前实现更高水平的全媒体融合生产发布能力。

（谭建明）

文化行业监管

【文化行业“放管服”改革】 2018年，佛山市文广新局调整涉职能综合管理系统目录36项，修订审批事项264项；按照简政放权、放管结合、优化服务的要求，取消文化市场审批1项、实行告知承诺制6项、优化准营管理5项。开展娱乐场所、网吧、印刷企业设立等“主题审批”。2018年审批娱乐场所设立55家、注销37家，审批互联网上网服务企业设立9家、注销19家，审批印刷企业设立8家，审批演出经纪机构设立16家、注销3家，演出审批（含增加演出地、演出场次备案）4763场，其中市级审批58场、顺德区审批2261场、南海区审批2261场、禅城区审批296场。

【文化市场综合执法】 2018年，佛山市成立全市文化系统“扫黑除恶”专项斗争领导小组及办公室，印发“扫黑除恶”专项斗争工作方案，建立健全线索排查和报送机制。结合执法工作日常巡查、专项检查、“双随机”抽查，排查涉黑涉恶线索10条，发现并及时报送文化市场涉黑涉恶线索36条，排查行业乱象线索69条，摸排线索总数105条。制定印发佛山市“扫黄打非”清源、固边、净网、护苗、秋风等五个行动方案，明确工作目标、具体工作任务和要求，开展整治行动10次，下发8批次170余本查堵目录。结合净化网络环境专项整治、“剑网2018”、暑期文化市场专项整治、校园周边专项整治、无证无照专项整治等工作强化执法，维护市场良好环境与秩序。全年全市出动执法人员22351人次，检查文化和版权经营场所8656家（个）次，受理各类举报投诉118宗，取缔游商地摊34个，打掉黑网吧27个，收缴各类非法出版物1.3万份（张、册），立案查处118宗，移送公安机关1宗，处罚金额35万余元。印发《佛山市文化市场综合执法人员培训管理制度》《佛山市文化市场综合执法大队投诉举报处理规范》等制度，参加省综合执法局组织的4次以案代训活动，组织1次全市以案代训活动，开展全市文化市场执法“岗位练兵技能竞赛活动”、全市文化市场综合执法案卷评查，与肇庆、云浮、海口等市文化市场执法部门开展对口交流等。

【文化市场监督管理】 2018年，佛山市市级随机抽查文化场所102个，全部录入双随机网络监管平台进行公示。深化对演出活动的监管，全年出动演出市场义务监督员518人次；监督演出223场次；发现涉嫌违法违规演出线索37条；立案3宗。开展文化市场经营主体信用评价，推进文化经营单位信用分类分级管理，至年底，南海区全部实现信用分级管理在文化市场领域的全覆盖，禅城、顺德、高明、三水区文化经营单位信用分类分级管理稳步推进。建立新闻出版行业全覆盖监管机制，出动各级管理人员4154人次，检查印刷发行单位1752个次，发现问题304个，移交执法部门查处6个。开展文化经营场所安全生产大检查，全年出动执法人员2510人次，发放宣传资料4580份，签订“安全生产承诺书”1363份、“消防安全承诺书”65份，检查文化经营单位1428家次。发现隐患32处，督促消除隐患32处。加强禁毒工作培训，提高文化市场管理、执法人员与文化经营场所业主、从业人员的禁毒意识，对全市343个歌舞娱乐场所8462名从业人员完成至少1次的禁毒培训。推进软件正版化工作，组织全部市级机关单位对使用软件情况进行自查。对全市60多家一二级国企的使用软件情况进行全面检查。

【广播电视播出安全】 2018年，佛山市加强元旦、春节、“两会”、博鳌亚洲论坛、“五一”、国庆、国际进口博览会等重要保障期和重点时段的安全播出监管工作，确保广播电视安全播出零事故。市文广新局广播影视科全年组织12次安全生产大检查，针对佛山电台、佛山电视台、省广播电视网络公司佛山分公司的消防安全、设施设备安全、建筑安全、网络安全和安全播出中存在的隐患问题进行排查并整改。6月，广播影视科开展全市安全播出工作专题调研，就佛山电台、佛山电视台、省广播电视网络公司佛山分公司当前安全播出工作现状、短板弱项、面临的难点进行调研，并就“智慧广电”战略背景下进行有效管理的新抓手、新举措、新模式以及以往工作中的成功经验和好的做法进行了总结，提出应对措施和解决思路，为确保安全播出工作指明方向和路径；11月20日，广播影视科组织省网佛山分公司联合禅城供电局开展突发市电中断应急演练。

（吕志辉）

图书·博物·档案·地方志

手机扫码阅读

图 书

【佛山市图书馆】 2018年，佛山市图书馆有主馆和分馆2个馆舍，总建筑面积5.3万平方米，拥有近300万册图书，近3000种中外报刊，200万册电子图书，多个大型数据库以及3001个阅览座位，358台读者使用终端，无线网络覆盖范围100%，为市民提供智能化、数字化、网络化的多维阅读体验。

全年进馆读者238万人次，比上年增长13.59%；年文献流通量314万册次；新增办证4.1万个，累计办证47万个；新增文献30万册，累计馆藏286万册次。其中，祖庙路分馆进馆读者83万人次，新增办证量8020个，文献流通量43.5万册次。全年接待同行交流、读者团体参观94批次5149人次，比上年分别增长62%、60%。

资源建设　全年采购纸质图书23万册、期刊1699种，报纸187种、电子期刊3000种、电子报纸200种、音像制品2395盒、各类型数据库25个。举办“先睹为快”“数字尝鲜”“惠民直通车”等数字资源推广活动94场。佛山市联合图书馆数字资源共建共享平台拥有38个商业数据库、59个试用数据库、12个自建数据库，资源容量高达260TB，年访问量37万余人次。建成市支中心1个、区支中心5个、基层服务点1130个，首次实现市、区、镇街、村居网络100%全覆盖。开展下基层服务17次，服务5230人次。举办“空中大课堂”培训11次，培训614人次。成立“地方文献馆”，启动馆藏族谱、木鱼书、古籍地方文献的目录编制。拟定2019年《佛山历史文献丛书》出版计划。完成《广东省佛山市图书馆古籍普查登记目录》。通过“博古通今”微信专栏与实体活动相结合宣传推广佛山特色文化。

阅读推广　开发创新性阅读推广项目，如邻里图书馆、佛图公开课、玩具陪伴阅读、认识图书馆、音乐集结号等。全年开展各类阅读推广活动2702场，参与读者超过130万。其中“千家万户”阅暖工程——邻里图书馆有454个家庭加入，社会效益显著。此外，佛山阅读联盟成员发展至72个，打造“佛山阅读联盟公益创投项目”。

参考咨询　提供信息刊物及信息推送29项431期，比上年分别增长12%、187%，提供定题、课题及专题信息服务达153次（期），增长115%，回复读者各类咨询22.6万人次。

技术升级　推动应用软件系统20多个子系统的开发，微信平台、SOA（面向服务的架构）系统、统一身份认证系统上线，手机小程序应用平台、公共数据中心、大数据决策分析系统、客流量系统等于年底上线使用；“佛山文化云”平台总注册用户数11724人，用户累计参与次数74362人次，网站点击量20.39万次。

服务体系建设　配合完成佛山市创建国家公共文化服务体系示范区工作，带动佛山市“图书馆建设五项指标”达到优秀标准；联合图书馆标准化建设、法人治理结构改革、项目立馆、导师制、佛山阅读联盟、市民馆长、佛山领读者、邻里图书馆等一系列创新举措入选《佛山市公共文化服务创新案例》，获验收组专家点赞；佛山市联合图书馆成员馆312家，其中普通成员馆77家、智能图书馆232家、馆外新书借阅点3家。图书流通量达1098万册次，比上年增长28%；新增办证量15万个，累计办证120.7万个，累计馆藏1029万册次。智能图书馆体系发展迅速，服务效能显著，新增智能图书馆57家，新增办证量超4.5万个，累计办证量15.4万个，流通量超271万册次。

2018年6月6日，佛山市图书馆第一届理事会及监事会成立　（市图书馆供图）

移动智能图书馆外出行程1.8万千米，为偏远地区、乡镇社区、企业员工村、医院、学校等固定及流动服务点上门服务335次。新增服务点19个，开展文化下基层活动69场；9月完成联合图书馆自动化管理系统切换；佛山首部公共图书馆标准体系《佛山市联合图书馆标准体系》发布实施，标志联合图书馆制度建设与规范化管理进入新时期。

文化志愿服务　佛山市图书馆文化志愿者服务队结合服务与活动，建立“市民馆长”团队、“蜂蜂家族”讲故事团队、公共教育团队、书法团队、朗诵团队、服务视障读者的“佛图朗读者”等特色志愿者团队。新增志愿者762人，累计志愿者人数2590人，开展活动次数474场，参加活动的志愿者数量2739人次。

法人治理结构改革　是年6月，佛山市图书馆第一届理事会成立。第一届理事会15名成员由党代表、学科专家代表、企业界代表、读者代表以及图书馆代表等组成。佛山市图书馆理事会的建立是佛山市文化事业单位推进法人治理结构改革的第一个试点。

（柯　静）

【佛山市新华书店】 2018年，佛山市新华图书发行有限公司（增挂：佛山市新华书店）有图书销售门店3个，分别为惠景书城、石湾书店、报刊发行部。图书销售门店总面积为8700平方米。经营图书种类有人文社科、经济、管理、法律、文化教育、文学、艺术、少儿读物、科学技术、综合性图书、进口书、学习考试用书、古籍书、音像图书等。全年销售出版物327.09万册。其中：一般图书、音像102.63万册；教材教辅194.64万册；期刊杂志29.83万册。获评“广东省守合同重信用企业”，被广东省书报刊发行业协会评为2018年度“全民阅读示范书店”，被佛山市禅城区文化产业协会授予2018年度“文明诚信经营单位”。

文件文献政治读物发行　在惠景书城和石湾书店辟出专架设置专题陈列做重点推介，以微信订阅号、微博、网站等宣传平台开展宣传、推荐、征订，扩大政治读物的影响。重点政治读物征订中，《习近平谈治国理政》（第2卷）发行2.27万册，《习近平新时代中国特色社会主义思想三十讲》发行2.86万册，新修订的《中国共产党章程》发行1.35万册。政治类图书销售发行15.78万册，比上年增长53%。

重点主题出版物发行　把中宣部、文化广电总局公布的重点主题出版物和其他重点出版物纳入销售必备目录，在书店突出位置设立专柜、专架陈列推介。先后设立纪念周恩来总理诞辰120周年、纪念马克思诞辰200周年、习近平新时代中国特色社会主义思想、庆祝改革开放40周年、新时代新阅读庆“七一”党建读物等主题图书展销专柜，推介《中国共产党纪律处分条例》（2018新修订）、《中国共产党支部工作条例（试行）》、《佛山历史文化丛书》（第三辑）等时政热点图书。

优秀大众读物发行　在日常营销中注重树立精品意识，做好导向正确、内容健康、格调高雅的优秀大众读物发行工作。这类读物销量居前十位的分别是：《习近平的七年知青岁月》2602册、《红星照耀中国》1510册、《经典名著大家名译》（朝花夕拾）761册、《梁家河》621册、《时间简史》（插图本）406册、《三体》392册、《动物小说大王沈石溪品藏书系》（狼王梦）386册、《无障碍阅读》（西游记）377册、《百年百种》（红岩）344册、《人性的弱点》335册。

中小学教科书发行　坚持免费送书上门，保证“课前到书，人手一册”。全年为禅城区内10所高中、26所初中、79所小学，共计115所中小学校征订、配送教材、教学辅导用书277.9万册。出动汽车329车次、电动单车6车次，快递8批，出动人力842人次。配合学校做好教材余缺调剂，及时解决学校因学生增减而产生的课本余缺，保证学校正常教学不受影响。

网络推送发行　通过网站、微博、微信等多个平台推动网上发行业务发展。佛山市新华书店订阅号粉丝到2018年底有8900人（2017年7400人，2016年5700人），全年发布微信440篇，发出361次，全年阅读量7万人次，每篇的阅读量178人次。佛山市新华书店微商城服务号粉丝至2018年底有3040人，全年发布微信86条。各门店中，惠景书城全年通过微商、网站销售图书4532个品种6062册。

文化惠民活动　全年组织主题图书展销促销活动69次、有代表性的公益讲座活动8场。举办暑期“我读一本好书”征文活动（已连续13年举办该活动），该活动为2018年度“崇文佛山”全民阅读系列活动之一，收到征文作品1.38万份，比上一届增加34%，投稿人数创历届新高，参与的学校103所，覆盖禅城区中小学校。此外，在惠景书城与市图书馆合作开设新书免费借阅点，读者2018年通过该借阅点借阅

2018年，佛山市新华书店惠景书城专门为读者提供的阅读空间　（梁金旺摄）

图书 15.54 万册、音像 1.28 万盒。

（梁金旺）

博　物

【概况】 2018 年，佛山市有博物馆 22 家，其中国有博物馆 9 家、非国有博物馆 13 家。新备案登记非国有博物馆 4 家，分别是广东大观博物馆、佛山市岭南金融博物馆、南海区九江侨乡博物馆、南海区汤南私塾博物馆。其中，经广东省文物鉴定委员会鉴定，广东大观博物馆的 150 件藏品被定为珍贵文物一级、33 件藏品被定为珍贵文物二级、18 件藏品被定为珍贵文物三级，一级文物数量居全省非国有博物馆首位。

为落实博物馆之城建设，出台《佛山市人民政府关于推进“博物馆之城”建设的实施意见》《佛山市文化广电新闻出版局博物馆之城建设专项资金管理办法》。

年内，多家博物馆“升级”。根据中国博物馆协会公布第三批国家二级、三级博物馆定级评估结果，顺德区博物馆被评为国家二级博物馆，市祖庙博物馆、南海区博物馆被评为国家三级博物馆。广东大观博物馆被确定为全省非国有博物馆法人治理改革试点单位。

加强文物及博物馆安全巡查监督，全市文物及博物馆安全形势良好，未发生消防事故或安全生产事故。

（钟伟松）

【佛山市博物馆】 佛山市博物馆成立于 1959 年，原与佛山祖庙为一体，2008 年市博物馆与佛山祖庙机构分设。2018 年，佛山市博物馆藏品以地方文物为主，有瓷器、陶瓷、玉器、字画、木雕、端砚、钱币，以及佛山地方民俗文物等 3.5 万件，其中珍贵文物 1 万余件（套）。

博物馆新馆建设　2018 年，市博物馆把新馆建设作为全年中心工作，新馆主体建筑于 2018 年 1 月封顶，进入室内管道铺设和基本装修阶段。新馆陈列方案以“名镇 · 大聚的荣光——佛山古代历史文化陈列”及专题展览“石湾是个美陶湾”“风物最岭南——佛山非物质文化遗产陈列”“画史寻踪——馆藏历代绘画精品展”等内容为定稿。

文物保管　2018 年，市博物馆加强文物保护措施和入库文物整理入账，全年整理烟卡 8524 件（套），整理近年征集及接受捐赠的陶瓷、民间工艺品、地方文献、书画等藏品资料 219 件（套），为馆藏文物的研究与利用夯实基础。开展藏品修复工作，全年修复馆藏书画 409 件。

文物藏品征集　全年征集文物 8 批次 153 件（套），包括清代民国时期石湾陶塑作品、当代石湾陶塑大师原作、清代铁钟和铜凿剪纸、清代到建国初广东籍书画作品以及海外回流的清代至民国牙雕、银器、广彩、木雕、刺绣等。在非遗优秀作品征集方面，征集盐步老龙礼俗全套配饰、广东音乐项目代表性乐器、18 米佛山彩龙、佛山彩灯代表作等，完成顺德最古老八音锣鼓柜复制、石湾制陶工艺流程大型组塑制作等工作。接受 14 批次个人和机构捐赠 181 件（套）藏品，包括书法、陶瓷、火花、剪纸、唱片、石湾陶塑、金箔半成品、香云纱染整工序布块等。

文博精品展览　2018 年，市博物馆举办年度大展“白云双甲故乡情——黄君璧黄湘詅父女作品联展”，是佛山近年来规格最高的展览，1 个月内吸引 3 万多名省内外观众参观。“佛山木版年画精品展”在四川省凉山、浙江省舟山、黑龙江省双鸭山、广东省深圳等地展出多幅馆藏木版年画精品，并配套举办讲座、宣教活动。9 月，“石湾是个美陶湾”展览在上海历史博物馆展出，是该展览全国巡展第八站，展出明、清、民国及现代石湾窑精品 85 件，其中有 49 件为国家二、三级文物，展览开展 2 个月吸引观众超 22 万人次。

非遗调研和保护　2018 年，市博物馆协助开展第三批市级非遗传承基地申报工作，评选出 29 个传承基地和 1 个传习所，新增国家级传承人 4 位，鹰爪拳等 5 个非遗项目列入省级非遗名录。至 2018 年底，佛山市有国家级非遗项目 14 项、省级非遗项目 48 项、市级非遗项目 101 项；国家级传承人 15 人、省级传承人 55 人、市级传承人 163 人；国家级非遗生产性保护示范基地 1 个，省级生产性保护示范基地 7 个、研究基地 1 个，市级非遗传承基地（含传习所）80 个。是年，市博物馆协助开展市级非遗保护资金申报、评审工作，佛山市高明区博物馆等 16 个非遗项目保护单位、佛山市南海区九江儒林灯谜协会等 10 个传承基地、何信等 2 个传习所以及市级传承人获得资金补助 105 万。是年，市博物馆继续开展 2016 年启动的戏曲剧种普查工作，并于年内形成《佛山市地方戏曲剧种普查工作报告》。至此，佛山市首次建立全市地方戏曲剧种名录。启动以“非遗新时代”

2018 年 9 月 19 日，“石湾是个美陶湾”展览在上海历史博物馆展出

（市博物馆供图）

为主题的“佛山非遗传承人对话系列活动”，举办“佛山彩扎（彩灯·狮头）”等5场活动。举办“中国非物质文化遗产传承人群研培计划——石湾陶塑技艺培训班”，提高石湾陶艺传承人群的专业技术能力和可持续发展能力。

学术研究　《中国石湾窑》书稿完成终审校对，该书是由北京艺术博物馆主编的《中国古瓷窑大系》的分卷，收录北京故宫博物院、广东省博物馆等机构收藏的石湾窑精品图片，以及十几位海内外专家学者对石湾窑研究的最新成果，是研究石湾窑最权威的著作。佛山非遗丛书之《佛山金箔锻造技艺》《粤语说唱》正式出版，该系列丛书累计出版11册。《佛山市非物质文化遗产图录二》基本校对修改完毕，收录省级以上非遗项目稿件31篇。

文博品牌活动　“小手拉大手、大城小工匠”2018佛山秋色赛会新增佛山伤科制药技艺和香云纱（坯纱）织造技艺2项特色课程，整个活动开展学习160余课时。其中，学校课程有近350名学生参与，传承基地课程有近300个亲子家庭参与。“乐享中国节”结合春节、端午、中秋、重阳等传统节日，开展做生肖陶塑、包粽子、龙舟说唱、做月饼等5场节庆活动，有近2万人参与。“成长体验营”全年开展5期，邀请中小学生参观博物馆，了解地方历史文化，100多个家庭参与。“传统文化进校园”在2所学校举办展览以及非遗展演活动，让学生零距离接触传统文化。送展下基层巡展工作持续开展，将“佛山市非物质文化遗产图片展”“守望祥和家园——佛山木版年画图片展”“佛山古村落展”送到2个乡村和2所学校。

（邝倩华）

【佛山市祖庙博物馆】佛山市祖庙博物馆辖区包括祖庙古建筑群、佛山祖庙历史文化陈列展览馆、孔庙、黄飞鸿纪念馆、叶问堂等。其中祖庙供奉道教真武玄天上帝，始建于北宋元丰年间（1078—1085年），是全国重点文物保护单位，于1958年正式对外开放。馆藏文物以道教文物及佛山地方民俗文物为主。基本陈列展示佛山祖庙历史文化、道教文化、武术文化、佛山民间工艺等，并有春节祈福、佛山祖庙庙会（“三月三”北帝诞）、春秋谕祭、乡饮酒礼等影响深远的民俗文化品牌活动。2018年，佛山市祖庙博物馆推进文物保护、文化遗产传承、文化产业和公共文化服务等各项工作，被中国博物馆协会评为第三批“国家三级博物馆”。全年参观人数226万人次，其中购票人数133.5万人次，接待讲解1000多批次。全年为市民游客免费提供武术、醒狮、粤剧等演出1200多场。“佛山祖庙文魁阁、三元亭揭幕”和“佛山祖庙春秋谕祭祭器全套再现”分别入选佛山文博十件大事和佛山非遗十件大事。是年，市祖庙博物馆为强化本土特色文化展示，对黄飞鸿纪念馆和叶问堂两个区域的陈列进行展陈空间和展陈手段的提升改造，“天地—飞鸿——黄飞鸿生平与影响陈列”和“叶问·咏春——叶问与咏春文化陈列”通过竣工验收并向公众开放；完成孔庙片区景观提升工程。

文物保护　佛山祖庙直击雷防护工程项目委托广东省文物考古研究所对现有建筑遗址进行考古调查和勘探，并完成《佛山祖庙直击雷防护工程建设用地范围文物考古调查勘探工作报告》，确保施工时土方开挖不对建筑遗址造成破坏，是年8月完工并通过佛山市气象局验收。根据国家文物局印发的《古建筑保养维护规程》，佛山市祖庙博物馆成立古建筑保养维护工作小组，做好佛山祖庙古建筑群的日常修缮、保养、维护、监测及建档工作。

文物征集和修复　新入藏藏品5700多件（套）。参照国家相关标准制订出竹木雕、家具、书法绘画三类可移动文物修复方案和修复档案的制作流程和细则，承接广东省博物馆、江门市博物馆、佛山市顺德区博物馆等多家博物馆馆藏文物保护修复方案的编写及项目实施。完成国家文物局“十三五规划文保项目”“赤心忠良铁面蛮雷王元帅神像”等馆藏文物的保护修复验收工作。

祖庙特色文化活动　组织策划“三月三”北帝诞（即祖庙庙会。该庙会2008年入选国家级非物质文化遗产名录，多年来在内容和形式上形成“祈福肃拜、北帝出巡、酬神唱戏和非遗展演”四大板块）、“春秋谕祭”、“孔诞”等大型民俗文化活动。是年北帝巡游路线为：祖庙双龙壁前—祖庙正门—祖庙路—莲花路—福贤路—人民路—天地路—建新路—祖庙路—祖庙正门，游行表演队伍为10个方阵约800人。秋祭活动为“粤港澳大湾区非遗周暨佛山市秋色巡游活动”的开场大戏，其中乡饮酒礼则融入弘扬社会公德、宣扬尊老敬贤等时代内涵，邀请出席嘉宾有海外友人及港澳乡亲、佛山友好城市代表、对口援建代表、帮扶城市领导嘉宾、非遗项目文化交流城市嘉宾、耆老贤达等社会各阶层人士。是年9月28日，祖庙博物馆为纪念孔子诞辰2569周年，举行隆重的“释奠礼”仪式，仪式按照就位、献祭、上香、敬爵、读祝、行礼、撤馔、礼毕的祭孔礼制祭祀孔子，身穿传统汉服的学生们，在古乐演奏下，登台展示各部儒家经典，倡导仁礼古籍，复兴传统文化，珠三角孔氏各房后人代表参加祭礼。

“智慧祖庙”新媒体建设　佛山市祖庙博物馆上线新版官方网站及官方微信公众号，新公众号集参观服务、宣传推广、互动体验于一体。与佛山电台合作开发的“声音祈福”和祖庙故事导赏系统投入使用。根据“5·18国际博物馆日”主题，举办“世界零距离——请打开与祖庙的超级连接”直播活动，网络浏览量超过10万次。

祖庙特色文创产品开发利用　围绕佛山文化元素设计开发出多元化的文创产品，在广东省文化厅和旅游厅举办的“2018广东（珠海）文化创意设计大赛”评选活动中，投69件文创产品设计稿，其中“麒麟Q版行李牌”获地域特色文化旅游创意产品设计三等奖、“醒狮摇头娃娃”和“孔子手机支架”获优秀奖。在祖庙景区开设第二家“佛山有礼”文创品牌商店，在博物馆微信公众号开办“佛山有礼”网上微店，为“佛山有礼”品牌和自主设计的产品申请版权，部分文创产品投放至顺德清晖园博物馆以及广州白云机场航站楼销售。

（邹文平）

档　案

【概况】2018年，佛山市有档案行政管理部门6个，其中市级1个、区级5个；

国家综合档案馆6个，其中市级1个、区级5个。一市五区综合档案馆总馆藏184万卷、172万件，照片档案14.2万张，数码照片23.20TB，底图8197张。是年，佛山市各级档案部门接收档案23.4万卷、21.7万件；接待档案利用者20313人次；全年举办档案展览8个。

【档案馆库建设】 2018年，佛山市档案局加快市档案馆后续项目建设，至2018年12月市档案馆主要建设项目基本完成，新馆功能日趋完善。新建成库房面积3850平方米，档案接收能力提升；推进档案馆专业展览、珍藏库、方志成果展示厅布展工作，2019年初可建成并对外开放，将更好地发挥档案馆、方志馆爱国主义教育基地功能及了解佛山地情、宣传佛山窗口作用；信息化建设项目（一期）进入实施阶段。

是年，佛山市档案局对一市五区国家综合档案馆开展年度评估核查和档案安全检查。对照省档案局的评估标准，市档案馆、南海区档案馆、禅城区档案馆在馆库面积或功能配置方面均达标；全市6个综合档案馆业务工作均为优秀等级。高明区档案馆新馆建设新方案初步形成。

【馆藏档案资源建设】 2018年，佛山市档案局（馆）开展馆藏档案资源普查，建立馆藏档案资源目录和统计台账，编制和完善档案馆指南。在摸清家底的基础上，落实“增量重民生”的指导方针，做好档案接收进馆工作。市档案馆全年接收进馆档案185963卷又47866件，比上年增长49%。加大专业民生档案接收力度，接收市妇幼保健院病历档案约3万卷、市交警支队车辆管理所驾驶员执照档案约12万卷、佛陶人事档案1.5万卷。做好市直国有改制企业档案整理，整理各类档案16169卷又38360份。多渠道征集实物、声像档案2900件（份）。开展“口述历史”采集工作，采访20多位亲历及见证佛山解放的老战士，制作《佛山解放》纪录片。完成重大政务活动摄影520项、照片6.29万张。开展以“奋进新时代 筑梦新征程”为主题的图片影像征集活动，377张（组）获奖并收录进馆藏。

【档案综合利用与服务】 2018年，佛山市档案馆做好档案查询利用服务。全年接待查档人员2722人次，提供档案利用11888卷次又11460件次，复印档案14457页。

是年，佛山市档案局（馆）开展佛山市数字档案室建设项目，选取10个市直单位作为试点，完善试点单位有关数字档案室制度10多项。开展电子档案数据在线接收工作，全年接收35个市直单位文书类电子档案目录数据24778条、原文数据7484份、专业档案卷内目录数据46374条。全年完成数字化处理纸质档案33865卷又42450件，合计2603030页，馆藏档案数字化率达54%。探索开展人名索引数据著录工作，全年新增著录人名8万多条，新增人名索引信息16万多条。

2018年9月21日，佛山市委常委、副市长刘俊文（左）到佛山市档案局（馆）调研，佛山市档案局（馆）局（馆）长孙少娜（右）介绍口述历史档案室情况

（市档案馆供图）

【档案治理能力建设】 2018年，佛山市档案局开展《佛山市档案事业发展“十三五”规划》中期评估。评估佛山市档案事业“十三五”规划实施情况并提出调整建议，评估报告发送市发改局、各区档案局和市规划城建档案馆。

做好2018年度163个市直单位档案年检工作。加强对市直立档单位档案资源建设的督导，确保文件材料“应收尽收”“应归尽归”。分别到市编办、市委政法委、市直属机关工委等单位进行业务指导和培训。

佛山市档案局学习贯彻落实《宪法》《档案法》，举办《宪法修正案与依宪治国》主题宣讲会；组织开展档案业务培训班，培训学员近2000人；执行特聘法律顾问制度，完善法律风险防控体系，提高依法行政、依法治档水平。

是年，佛山市档案局开展出清国有“僵尸企业”档案工作调研，加强档案接收，更好地保存国有改制企业档案、维护企业职工利益和国有企业发展历史，为供给侧结构性改革服务。赴佛陶集团开展职工人事档案管理工作调研；与市流动人口管理办公室赴禅城、南海区调研流动人口居住证办理档案及出租屋登记备案业务档案管理工作，起草佛山市出租屋档案、居住证积分入户档案管理办法。

【佛山地铁2号线重大事故档案工作】 2018年2月7日，中交二航局佛山地铁2号线一期工程发生透水坍塌重大事故，广东省政府紧急成立省“2·7”重大事故调查组。佛山市档案局作为调查组成员单位，立即安排3名业务骨干协助调查，做好对地铁2号线发生事故地段的建设、施工、监理、设计、勘察及市、区两级等47个单位的5262卷（件）文件资料的催交、接收、整理、查阅、利用工作，提供档案查阅800多人次、复印5000多页。

【全市重大建设项目档案工作】2018年，佛山市档案局在全市开展“重大建设项目档案建设年”活动，重点抓好包括珠三角新干线机场、轨道交通工程等在内的建设项目档案工作。举办“重大建设项目管理”“全市地铁工程项目档案管理”“道路桥梁工程项目档案管理专题”等3期培训班，培训学员360多人次。联合住建、交通等部门对禅城区海五西路（佛山大道至佛山水道）工程、高明区现代有轨电车示范线项目等8个重点建设项目进行巡查。

【第27届金鸡百花电影节档案收集管理】2018年，佛山市档案局做好第27届金鸡百花电影节档案收集管理工作。制订档案工作方案、文件材料收集工作培训指引、文件材料归档范围等规范性文件。培训市委宣传部、市委接待办、佛山传媒集团、市公安局、市商务局、市文广新局、市外事侨务局（港澳事务局）、市法制局、市工商联、市文联等各工作组和承办单位。确保电影节各个阶段、各个门类、各种载体文件材料齐全完整归档。金鸡百花电影节落幕后，收到文件材料236份、电子照片1465张、实物298份。在档案年检中重点检查参与单位关于电影节相关文件材料归档情况。

【档案安全】2018年，佛山市档案局（馆）建立健全集“人防、物防、技防”于一体的档案安全体系，严格执行档案管理规章制度，确保档案实体和档案信息安全。做好电子数据备份，将备份数据分别送浙江省绍兴市档案馆、广西壮族自治区桂林市档案馆异地保管。做好互联网信息保密安全日常检查，对“佛山市数字档案馆系统”和“佛山档案与方志”2个信息系统进行安全环境升级，并通过安全等级保护验收测评工作。成立档案安全领导小组，签订档案安全责任书，压实档案安全责任。

【档案文化宣传】2018年1月，佛山市档案馆创建“广东省中小学档案教育社会实践基地”成功。依托实践基地，市档案局（馆）联合市小记者协会、市青少年文化宫《小主人报》小记者站、佛山市科学馆，以及全市各中小学校开展教育实践活动20场，接待1000多人次。“佛山档案”微信公众号推送信息107条，“佛山档案与方志”官网上挂政务动态62条，向《中国档案》《中国档案报》《广东档案》投稿并被采用19篇。

（刘绮平）

地方志

【《广东省地方志工作条例》学习宣传】2018年，佛山市地方志办制定《佛山市人民政府地方志办公室学习宣传贯彻〈广东省地方志工作条例〉工作方案》，下发《关于做好〈广东省地方志工作条例〉宣传贯彻工作的通知》。统一印制3000多本宣传小册子，分发至各区、各镇街、各有关单位。利用地情网、微博、微信转发条例有关内容，开展《条例》宣传活动。结合“12·4”全国法制宣传日契机，策划主题为“展示档案方志魅力，宣传普及法律知识”的普法竞赛活动。

南海区与区普法办联合举办“依法管档　依法治志”学法大赛，寓教于乐，设计网络闯关游戏，融入相关法律法规以及地情知识，引起广泛关注，累计111万人次参与。在传统媒体及新媒体推出系列宣传报道，其中《珠江时报》《生活与法》栏目7期、社区报《以案说法》7期、佛山电台“飞跃92.4”《听法识法》栏目10期；在“南海普法”“南海档案史志”平台推出微文10期。

【方志馆建设】2018年，佛山市地方志办推进方志馆建设。市方志馆功能区总面积约3600平方米，其中地情展厅1500平方米，地方志成果展厅300平方米，图书阅览室300平方米，库房1000平方米，办公区（包括方志办公室、会议室、编辑室、年报资料室、年鉴编辑室、修史编志室）500平方米。是年，市地方志办重点推进地情展厅“佛山足印”主题展览项目、地方志成果展、方志阅览室的功能完善。

截至年底，禅城区有展厅面积180平方米、南海区展览面积约200平方米、顺德区方志馆约2000平方米，高明区做好方志馆项目选址和投资估算，三水区完成《三水人文展展陈大纲》的编写工作。

【自然村落历史人文普查】2018年，佛山市推进并于年底前全面完成自然村落历史人文普查工作（起始于2016年6月）。4月4日，为加强对全市自然村落历史人文普查工作的督导力度，市政府专门召开普查工作推进会。至10月底完成各项既定任务。

佛山市纳入普查的自然村落有

2018年5月19日，佛山市档案小记者采访团走进市档案馆开展“梦想寄存”活动并合照留念

（市档案馆供图）

3366个，形成近600万字2万多张图片的《全粤村情——广东省自然村落历史人文调查》（佛山市部分）〔简称《全粤村情》（佛山）〕。《全粤村情》（佛山）分5卷12册，其中禅城区卷1册、南海区卷4册、顺德区卷2册、高明区卷2册、三水区卷3册。8月完成《全粤村情》（佛山）终审验收工作；10月底，全部送省出版。

10月，市地方志办启动佛山市自然村落历史人文普查成果展布展项目，编印普查成果展画册、设计网上展厅，线上、线下同步宣传推广。编辑出版《佛山史志》自然村落普查专刊。

【资政材料编研】 2018年，佛山市地方志办与南方日报社合作，围绕市委、市政府中心工作，编印《资政参考》6期。围绕自然村落普查资源，撰写《关于以村规民约助力基层治理的几点建议》《关于深度开发利用佛山市自然村落历史人文普查成果的几点建议》2篇资政报告。其中，《关于以村规民约助力基层治理的几点建议》被市委办主办的《信息与交流》内参采纳。

南海区撰写的《弘扬南海院士精神 打造科学工匠人文品牌》，引起区领导和有关部门重视，狮山镇根据批示形成建设何国钟院士成就陈列馆的可行性报告。顺德区围绕改革发展大局和顺德经济社会重点，编写《顺德档案资政参考》4期。三水区与佛山市职业技术学院合作，撰写《三水区自然村落中的红色文化保护传承调研报告》。

【地方志资源开发利用】 2018年，佛山市申报广东省地方志资源开发利用项目结项3项，其中南海区2项、顺德区1项，分别是《顺商人物辑录》《北京南海会馆文献考》《中国近代第一家民族工业企业再考证》。

创新地方志资源开发利用方式。市地方志办制作《多彩乡村》微视频4期，制作《江山千古》《航拍佛山》2个视频短片，录制与佛山历史有关的语音故事9个。禅城区拍摄美丽乡村微视频5个、采访退休区领导4人，形成访谈录4份共计4万字、录音资料5小时。南海区与南海频道制作《岭南印记》栏目29期。高明区与高明频道制作《美丽高明百村行》《美丽高明风俗大观》电视栏目。

收集地情资料，编辑出版地情书籍。市地方志办编辑出版《庞国钟名人资料专集（第二版）》。顺德区对官网“兰台悦读”栏目创办以来的主要篇目进行汇编整理，出版书籍《兰台悦读》；汇编杨赞民捐赠的照片档案，出版《顺德赞》；协助农业局编写《顺德革命老区发展史》。高明区收集《西黎村黎氏族谱》等家谱资料25套55本，编辑出版《美丽高明 军人风采》。

2018年12月26日，佛山市地方志办公室举办的“多彩乡村，情系故里”佛山乡村微视频征集活动，历经一个多月后评出一批优秀作品。图为优秀微视频获奖者接收颁奖（市地方志办供图）

【年鉴编纂与出版】 2018年，佛山市地方志办做好全市综合年鉴编纂管理工作，确保全市年鉴工作实现“一年一鉴”。组织一市五区年鉴质量评价活动，推荐3部优秀年鉴参加全省地方志优秀成果（年鉴类）评选。其中，《顺德年鉴2017》《南海年鉴2017》获省一等奖，《佛山年鉴2017》获省二等奖。

是年，《佛山年鉴》实现全文二维码阅读链接和年鉴栏目二维码阅读链接，视频、音频年鉴二维码链接也进入试运行阶段。推出“书签年鉴”，将手机阅读二维码置入书签随书发行。12月底，佛山年鉴社在佛山市老年干部大学举办“知鉴·用鉴——《佛山年鉴》走进基层”年鉴展示活动。

【地方志信息化】 2018年，为使集约化后的佛山市地情网正常运行，市地方志办制订《佛山市地情网站运行维护工作方案》，成立地情网工作组，明确相关职责和要求，制定地情网相关规章制度。配合省地方志办开展地情网栏目试点共建工作，撰写关于产品、产业的稿件40篇，其中地理标志性产物6篇、产业园区5篇、特色专业镇29篇。顺德区完成方志资源库系统建设，为修志、年鉴、年报等工作开展提供技术支撑，实现在线动态管理资料收集进度。

【地方志文化宣传推介】 2018年，佛山市地方志办策划组织佛山乡村微视频征集活动，联合佛山电视台《小强热线》栏目面向全社会征集乡村微视频。活动收集视频作品63件，在为期5天的网络投票活动中，有超过20万的点击量，投票2.7万次。

利用微信、微博平台，宣传佛山优秀传统文化。佛山档案方志、南海档案史志、顺德档案史志3个微信公众号，合计编发地情类宣传文章150余篇。佛山档案方志粉丝量1.2万人，南海档案史志粉丝量3000多人，顺德档案史志粉丝量1000多人。全年编辑出版《佛山史志》杂志2期。

（王丽娃）

传播媒体

新闻出版与版权

【概况】 2018年，佛山市有报刊13家、网络出版单位2个、音像出版单位1个、报刊社记者站8个，新闻记者882人。有印刷企业2092家，工业总产值343.4亿元，工业增加值79.1亿元。有出版物发行单位577个，出版物销售总额7.17亿元。

全年核发连续性内部资料准印证64个，一次性内部资料性出版物准印证504个。资助版权登记4372件，居全省第三，惠及全市399个企业单位和238个自然人。完成一般作品版权登记6121件，比上年增长46%。

【新闻出版行业监管】 2018年，佛山市清理整顿新闻出版行业不符合条件、存在违法情况的经营单位或个人。全年完成882名新闻记者年度核验，注销73名离职或转岗新闻记者证之证件，对5名记者暂缓核验。对43家连续性内部资料进行换证，注销准印证3家，责令整改11家。完成13家报刊、8个新闻单位驻佛山机构的年度核验工作。完成2017年度全市2334家印刷单位的年报及《印刷经营许可证》换证工作，退回不符合条件的印刷企业年报资料，暂缓换证15家。完成578家发行单位的年度核验，对4家不符合从业条件的发行单位暂缓年检。

是年，佛山市建立健全新闻出版行业监管工作机制。完善重大节日节点安全防范机制，各部门各单位落实主体责任和属地监管责任，做好春节、“五一”、中秋、国庆等重要节日前后的安全防范工作，守法依规经营，确保安全生产。实施全市新闻出版行业全覆盖监管，量化市、区、镇年度监管任务，并建立新闻出版经营单位联络员制度，将监管协调工作责任落实到市、区、镇（街）的管理部门和管理人员。全年全市新闻出版管理部门出动4254人次，检查印刷发行单位1752家次，发现问题304个，其中涉嫌违规经营并移交执法部门查处的6个。对208种出版物进行鉴定，为8件涉嫌违规印刷发行案件的查处提供执法参考。修订完善《出版物审读办法》，全年编写审读报告28篇、审读简报2份，向各出版单位提出关于内容选取、版面编辑、广告投放、图片配置等方面问题和建议。完善接受境外捐赠出版物有关管理规定，杜绝境外非法出版物流入公共图书馆、教科研机构等。

【软件正版化】 2018年，佛山市推进软件正版化工作，在法治广东建设版权保护考评小组督查中，佛山市版权保护工作获满分。组织全部市级机关单位对使用软件情况进行自查。以场地授权的方式完成全市党政机关金山2016版WPS OFFICE专业版使用权的采购工作。推动二级国有企业软件正版化，聘请第三方机构对全市60多家一级、二级国企进行全面检查，督促完成正版化任务。

【版权保护】 2018年，佛山市资助2017年度版权登记作品4372件，金额达109.3万元，惠及399个企业单位和238个自然人。市版权代办机构完成作品版权登记6121件，比上年增长46%。完成优秀版权作品认定资助，《穷孩子 富孩子》《飞鸿猫》《印萌自助打印系统》等3件作品被认定为佛山市优秀版权作品。针对重点行业重点机构，举办文学艺术、影视产业、玉器行业、国企软件正版化等专题版权知识培训，开设佛山市华财职业技术学校设计专业版权知识课程。全年开展版权专题培训9场，450人次参加。设立佛山陶博会维权工作站，处理展会版权投诉2件。开展北京2022年冬奥会会徽和冬残奥会会徽版权专项保护和“剑网”2018专项行动。全市立案查处涉及陶瓷、软件、装饰等侵权案件4件，依法移交公安机关1件。开展版权纠纷人民调解22件，涉及金额347万元，达成和解金额191万元。

【版权贸易】 2018年，佛山市推动版权贸易。编印《佛山2018版权年度报告》，对近年版权登记、维权、贸易、政策落实情况以及典型案例进行汇总分析研判。根据《佛山2018版权年度报告》数据，2017年全市登记的各类版权直接创造产值18.73亿元，实现版权贸易额0.7亿元。一般作品2034件，其中922件直接创造产值8.73亿元，366件实现版权贸易额0.23亿元。软件著作权1418件，其中982件直接创造产值10亿元；334件实现版权贸易额0.47亿元。在佛山新媒体产业园建立佛山大家居创意设计版权交易中心，依托佛山市家具、陶瓷、室内装饰等行业优势，打造大家居设计的版权确权、授权、维权应用全链条，以点带面，以版权创意设计带动整行业的转型升级。

（雷郎才）

传媒集团经营管理

【概况】 2018年，佛山传媒集团旗下有《佛山日报》《珠江时报》《珠江商报》《佛山广播电视周报》《广佛都市报》《珠江青少年》《佛山文艺》等报纸、杂志；有佛山电视台及所属分台共5个电视频道，佛山电台及所属分台共6个广播频率；有佛山新闻网、各媒体网站、“两微一端”等新媒体矩阵资源。是年，集团在职员工2700多人。其中：35岁及以下1455人，有大学本科以上学历2027人，取得专业技术资格人员1053人。集团资产规模21.79亿元，较2005年增长94.9%，年均增长5.3%；集团汇总合并营业收入总额为9.16亿元，比上年增长6.5%。

是年，佛山传媒集团新媒体矩阵平台超120个，粉丝总数近2000万。集团所属各媒体应用程序（APP）、微博微信账号200多个，覆盖时政、旅游、汽车、置业、微购、教育、健康、公益等领域，佛山传媒集团各电脑端浏览量300万次、移动端阅读量日均580万次、“两微”粉丝数合计超过400万人。

是年，佛山传媒集团策划“全国两会”“大学习大讨论”“村级工业园”“乡村振兴战略”“大城工匠”“一环创新圈”“企业家精神”，以及“庆祝改革开放40年”“聚焦基层党建”“脱贫攻坚 大爱佛山”人物报道等重大主题宣传。

【报刊出版】 2018年，佛山传媒集团主要有《佛山日报》《珠江时报》《珠江商报》等3种党媒党报及《珠江青少年》和《佛山文艺》等期刊。3种党报均为日报，《佛山日报》日均开本24版；《珠江时报》日均开本24版；《珠江商报》日均16版；《珠江青少年》全年出版36期，《佛山文艺》全年出版发行12期、增刊1期。是年，佛山日报社全年总收入1.72亿元，广告收入7628万元；珠江时报社全年总收入7321万元，广告收入5043万元；珠江商报社全年总收入6219万元，广告收入3123万元；印务与发行公司全年总收入6073万元。

【全国“两会”全媒体融合报道】 2018年3月，佛山传媒集团开展第十二次全国“两会”专题报道，派出包括报纸、电台、电视台、网站等多类媒体骨干组成的全媒体融合报道团队共26人。团队前后方联动，根据佛山城市发展的实际，围绕市民关注的热点话题，紧扣会场热点，展开专题采编报道。开设《学习贯彻落实习近平总书记重要讲话精神》《总书记殷切嘱托 我们在奋斗》《2018全国两会特别报道》《全民议案》《风向》《春之声》《新时代奋斗者》《声音》《代表日记》《两会快闻》《佛山进行时》等多个专栏。利用传统媒体与新媒体融合报道手段，在保证准确、安全的基础上，创新传播形式，采取图文、动漫、视频、评论等多种手段，让全国“两会”主题报道得到广泛传播。全国“两会”期间，集团旗下的《佛山日报》《珠江时报》《珠江商报》3家纸媒推出版面近200个；佛山电视台发稿超250篇；佛山电台播出新闻动态报道1000多条次；佛山新闻网发布稿件近2000篇，新媒体产品的点击阅读总量超1600万次。集团通过中国佛山英文网发布全国“两会”相关英文报道62期，在包括美国、英国、爱尔兰、南非、印度和新加坡等19个国家和地区获得阅读总量超11万次。

【媒体融合工作】 2018年，佛山传媒集团各单位顺应移动化、终端化趋势，发挥自身特长、优势，推进新媒体平台建设。佛山电台通过“花生FM”等项目创新深化媒体融合，依托传统广播用户积淀，进行有针对的客户端服务设计，结合电台举办的线下品牌活动，如跨年玩唱会等，以“摇一摇”等方式嵌入活动场景，扩大“花生FM”品牌影响及覆盖面，下载量突破300万。佛山电视台推出首档融媒体时评节目《观点佛山》，加快“看佛山APP”融媒发展战略项目，打造佛山第一视频品牌和自主可控移动客户端。至2018年10月，佛山传媒集团新媒体矩阵平台超120个，用户粉丝总数近2000万人。是年，在佛山防御强台风“山竹”期间，传媒集团启动全媒体应急宣传机制，统筹集团内各媒体平台，实现全平台全媒体步调一致，完成防御强台风相关宣传报道。

【媒体报道传播社会正能量】 2018年，佛山传媒集团开展形式多样的活动，组织下属各媒体开设正能量报道专栏专题。其中：佛山日报开设《文明佛山》《中国梦的南海故事》《高明好故事之“最美高明人”》《光荣的追寻》《云东海红色先锋》《文明三水发现身边正能量》《高明好故事之“我在高明创业”》《爱家爱森城》《友善三水 大爱之城》《公益正能量 乐善花开时》《孝德家庭 温暖佛山》《友善三水 醉美村居》等专栏，全年刊登采访报道751篇，报道正能量人物及事迹760人次；佛山电台2018年推出《读诗过节》《画说名人家风》《名师领读古诗词》三大新媒体专栏90多期，向佛山未成年人传播中华传统节日、中华好家风和中华优秀古典诗词文化，网络传播量超过160万。推出短音频栏目《听佛山 听文明》，传播佛山正能量，包括《最美佛山人》《佛山家训》

2018年12月28日，佛山电视台庆祝改革开放40周年“幸福号专列”主题系列报道，首次运用3D全景式虚拟互动场景制作（佛山电视台供图）

《德馨佛山》《新时代的空中文明传习所》等多个系列，报道正能量人物事迹62篇；佛山电视台通过《六点半新闻》《小强热线》等栏目播出“最美佛山人”等报道300余条；珠江时报开设《佛山正能量》栏目，刊登采访报道 44篇，报道正能量人物及事迹56人次，《城管队员勇救落水女子后离开》等正能量报道在社会引起极大反响；珠江商报开设《文明佛山·好人好事》《文明佛山·德耀中华》《好人365》《最美顺德人》栏目，刊登采访报道57篇，报道正能量人物及事迹57人次，南方医科大学顺德医院附属杏坛医院的外科主任何海荣高铁上挺身救人的事迹在网络刷屏；佛山新闻网开设《暖新闻》栏目，刊登采访报道362篇，报道正能量人物及事迹超300人次，《风掠过，见证一座城的坚强和温情。佛山，我爱你！》一文，在“佛山发布”微信公众号上获10万以上的阅读量，引起台风后传播正能量“爆款”刷屏现象。

【意识形态工作】 2018年，佛山传媒集团牢牢掌握意识形态主导权、话语权，确保舆论导向正确。集团党委和编委会定期召开意识形态安全研判和部署会研究部署重大宣传工作，对存在的意识形态风险进行研判。加强网络意识形态平台管理，完善新媒体使用及网络意识形态安全等方面的制度。严格采编发流程管理，实现所有传播平台“三审”制度覆盖，在重要节点严格按照要求执行零报告制度，形成安全刊播的有效机制和环境。

【传媒集团母子公司制改革】 2018年，佛山传媒集团推进以母子公司制为基本架构的治理体系改革，释放经营活力。以集团公司为母公司，在各媒体成立主营业务平台子公司，承接原各媒体事业部对应的媒体主营业务，实现“一媒体一平台”；各媒体单位根据自身业务发展需要，成立相应的项目子公司、分公司或参股公司。佛山电台率先成立平台子公司，佛山日报社、珠江时报社、珠江商报社、佛山电视台平台子公司在年内注册成立。其中，由佛山日报社、珠江时报社、珠江商报社合资成立的佛山珠江传媒大数据科技有限公司，于是年1月31日注册成立并投入运营；佛山电台下属佛山市演出公司参股广东省省情调查研究中心，成立佛山四维方略市场信息咨询有限公司。此外，集团推进下属物业资产全面调研摸底，并引入第三方评估物业价值及出租价格，进行精细化管理。

（丁学成）

报　刊

【《佛山日报》】 前身为《珠江人民报》，创刊于1949年11月29日，是中共佛山市委机关报，佛山传媒集团的主报。2018年，《佛山日报》日均24版，主要栏目有《封面导读》《要闻》《国内国际》《理论》《经济》《民生》《五区观察》《百姓楼市》《教育在线》《健康生活》《文苑》等。

宣传报道　2018年，佛山日报社牢记党报使命，完成各项宣传报道，如学习贯彻落实习近平总书记重要讲话精神宣传报道，推进改革开放40周年宣传报道，全国、省、市“两会”报道，企业家精神、金鸡百花电影节系列报道等。落实采编相对分离，通过编辑中心，以统一的标准和价值取向对稿件进行审核编辑，在更大平台上统一安排稿件流向和版面布局，使多数主任、副主任从会议与夜班中解放出来充实一线力量。通过协同指挥中心进行内外信息沟通整合，提升采编效率，推动总编、副总编参加和主持编前会，在重大报道期间发挥作用。报社严格落实“三审”责任制，从采前报题到交稿见报实施全流程监控，配以制度和信息技术手段的升级，确保稿件从来源、修改、出版整个环节的报道及意识形态安全。年内，佛山日报社与市委政研室、市委宣传部理论科、市委党校合作，把《评论》版改造成《理论》版，集中刊发全市各级各部门党政领导干部学习党的十九大精神、领会习近平总书记重要讲话精神、推进佛山走在前列等的思考。推出《深度》《观察》《参考》版面，全面适应新时代党对新闻舆论工作的新要求，努力成为各级党委政府的“决策参考，施政助手”。是年，《佛山日报》获2017年度广东新闻奖作品7件，其中二等奖2件、三等奖5件；在2017年度中国城市党报新闻奖评选中，《佛山日报》6件作品获奖。

“佛山+融媒平台”建立　2018年，由佛山日报社、珠江时报社、珠江商报社共同出资创办佛山珠江传媒大数据科技有限公司，简称“佛山+融媒平台”。佛山+融媒平台整合3家传媒单位优势与资源，结合五区资源，共同建设佛山最强大的市、区、镇、社区、家庭五级融媒平台，承担视频直播、网络传播等新媒体业务，做好舆情监控工作，与中央及全国性媒体平台对接传播佛山。

佛山传媒智库成立　2018年，在佛山市委政策研究室、市委宣传部理论科、市社科联支持下，佛山日报社成立佛山传媒智库。年内，智库团队核心成员策划推出《中国需要佛山模式》系列文章及独家专访，全网传播过亿次；为佛山撰写城市外宣口号“佛山制造，中国功夫；中国制造，佛山功夫”；与市委宣传部联系出版《佛山传播影响力》和《学习》专刊等。

（唐岭梅）

【《珠江时报》】 创刊于2004年5月12日。2018年，《珠江时报》日均24版，每天以《今日南海》《今日禅城》《城市新闻》等三大板块的形式推出新闻报道，围绕“品质传播”战略，推进快速传播、价值传播和创意传播，完成经营收入7321.22万元，完成利润306.28万元，经营收入创近三年来新高。是年，《珠江时报》获“2018传媒中国·融合创新十大品牌影响力区域报”“2018传媒中国·融合创新十大品牌（移动）传播力区域报”等荣誉。

宣传报道　年内，围绕全面学习贯彻习近平总书记系列重要讲话精神和党的十九大精神，推出“沿着总书记指引的道路奋勇前进”“大学习大讨论”“新时代、新作为、新篇章”“新发展理念”等专栏报道。

围绕庆祝改革开放40周年，开设“壮阔东方潮 奋进新时代”“图闻南海”等专题专栏，从2018年7月开始推出连续报道，刊发40多篇。携手“阿里巴巴天天正能量”，开设专栏《天天正能量》，全年推出160多期，寻找正能量故事并推荐给阿里巴巴公益平台，把佛山正能量传播到全国。为让习近平新时代中国特色社会主义思想在南海落地生根结出丰硕成果，7月1日起推出《新时代南海家书》月刊，每月一期，每期12个版，每期发行65万份。落实“品质传播”战略，5月，珠江时报社组建南海、禅城2个深度报道团队，常态化推出深度报道周刊《深度观察》。

强化经济报道，策划《创新南海》杂志，开设《创新企业》《企业家精神》《大城工匠》《南商周刊》《南海好产品》等产经专栏。

融媒体发展　重构融媒采编发体系，重点打造包括一网（即南海新闻网PC版和手机版）、一端（佛山+ APP南海频道）和一程序（“南海家”微信小程序）在内的即时发布平台。推进融媒转型，投入近300万元采购先进的NEWTEK TC1直播系统和4G背包。升级人民网舆情监控系统。珠江时报社的图文视频直播成为南海区A级宣传项目标配。微博矩阵、微信矩阵以及入驻的客户端矩阵总粉丝量超500万人，新媒体平台原创内容在互联网分发总阅读量破亿量级。进行南海“两会”、佛山“50公里徒步”、叠滘龙船漂移等直播61场。珠江时报社与佛山日报社联合进行网络视频直播“行通济”盛事，在《人民日报》客户端、新华社现场云、央广新闻客户端、网易新闻客户端等平台总点阅量破200万次。其中：主持的微博话题“温爱佛山2018行通济”1天阅读量过200万次，当天在微博公益类话题榜中排名第一；推送的视频直播被人民日报元宵专题封面重点推介。2018年5月26日，南海民警全程护送幼时被拐的林珍妹回离别30年的贵州老家，珠江时报社联手六盘水日报社跨省视频直播，全国200万网民见证认亲之旅。珠江时报社原创视频微信公众号全年推出《好家长互助会》40期、《丈量》48期，制作各类宣传片、专题片30多条。

《珠江时报》狮山全媒体新闻中心　2018年3月，珠江时报社在南海区狮山镇建设《珠江时报》狮山全媒体新闻中心，是全市首个镇级全媒体新闻中心。

（林星泉）

【《珠江商报》】　前身为《顺德报》，创刊于2004年7月29日。2018年，《珠江商报》（国内统一刊号CN44—0148）日均16版，是顺德区域主流媒体。主要栏目有：《今日顺德》《顺德文体》《周末得闲》《顺德家居》《旅游美食》《工业设计》等。

宣传报道　2018年全国“两会”期间，《珠江商报》用37.5个版面进行全面报道，并多次打破惯例，拿出报纸的导读版做成正常新闻版面，保证对“两会”的强势宣传态势。习近平总书记在参加广东团审议时发表重要讲话，鼓励广东“四个走在全国前列”。《珠江商报》第一时间组织采访顺德社会各界对习总书记重要讲话的反响，连续2天刊登2个整版的报道。组织记者深入习总书记曾经在顺德视察过的北滘工业设计城和黄龙村进行实地采访，展现两地落实习总书记指示发生的变化，体现总书记重要思想在顺德的落地生根。10月底，习近平总书记再次考察广东，并提出深化改革开放、推动高质量发展、提高发展平衡性和协调性、加强党的领导和党的建设等四方面要求。《珠江商报》开设“沿着总书记指引的道路前进”专栏，报道区、镇街，以及各级各部门的学习情况。10月，顺德成为省高质量发展机制体制实验区，珠江商报社分别与区社科联、区工商联以及各镇街合作，邀请社科学者、企业家及其他社会各界人士，开展9场不同侧重点的座谈，并撰写调研报告，送交区委、区政府和区工商联。开设“高质量发展 顺德再出发”栏目，报道各行各业为顺德高质量发展献计献策的情况。做好“进一步解放思想　改革再深化——大学习、大讨论”栏目的报道，聚焦区委区政府、区直各部门和10个镇街大学习大讨论的情况。在庆祝改革开放40周年的报道中，运用好“壮阔东方潮 奋进新时代——纪念改革开放40年”这一栏目，采用新华社的稿件，报道国家、广东省等改革开放40年来在各行各业取得的成就。开设栏目，报道佛山市和顺德区在改革开放中，城市、经济、民生所发生的变化。

融媒体发展　珠江商报社利用互联网创新传播手段，提高新闻报道传播力和影响力。逢重大新闻策划，珠江商报社多个新媒体平台一起发力，推出多角度、多平台、多形式立体式报道。是年，《珠江商报》推出“医患互换体验大型报道”，配套组织线下活动，角色互换，让市民深入医疗系统一线岗位实地体验，同时通过网络直播、视频拍摄、微信等多个渠道进行宣传。全年举办活动12场，累计点击超100万人次，体现主流媒体的影响力。以官微和网络直播为抓手，带动新媒体矩阵发展。其中：官微粉丝增长至近20万人，微信总点击量超350万次；网易直播超50

2018年8月5日，《珠江时报·新时代南海家书》面市，65万份“家书”通过邮递员、志愿者、社区工作者之手送进南海千家万户。图为广东省中西医结合医院（原南海中医院）的医护人员在阅读“家书”　（珠江时报社供图）

场，在线观看总人数超400万人次，被网易总部评为最佳品牌营销奖。是年，珠江商报社结合全媒体平台各自特点，制作发布学习贯彻党的十九大专栏、专题页面、动态图片（GIF）海报等。其中，顺德新闻网开设《在习近平新时代中国特色社会主义思想指引下——新时代新气象新作为》专栏，制作专题页面，在网站首页置顶发布。

（黄　晨）

【《佛山文艺》】创刊于1972年，由当时佛山地区文化局群艺馆一份内部刊物改为公开出版物而正式创刊。历经从杂志变为小报，再由小报改为期刊的波折。1989年起，《佛山文艺》每月定期以杂志的形式出版。是佛山传媒集团属下的文学期刊。2018年，《佛山文艺》出版发行12期，增刊1期。有“生为女子”“特别推荐”“两性空间”“非常人家”“流行读本”“新乡土小说”“武侠连载”等品牌栏目。全年发表小说112篇，散文49篇，诗歌53首。全年发行量约24万册，经营额72万元。是年，《佛山文艺》获评第五届“广东省优秀期刊”（连续五届获该称号）。

是年，《佛山文艺》作为改革开放40年“广东经验”的书写者、见证者，梳理出版《四十年文艺精品选辑——广东小说卷》。该书收录优秀中短篇小说作品40篇，以及佛山市作者专辑的小小说10篇。是年，《佛山文艺》第8期刊登徐军军旅小小说《高原志愿兵》入选《2018中国微型小说精选》；佛山市作者何百源的《国王第二次寻找继承人》、朱文彬的《我是一头蛇》，入选“改革开放40年最具影响力的小小说”。

（廖　琪）

广播·电视·电影

【广播】2018年，佛山人民广播电台坚持党管媒体、党管意识形态原则不动摇，开展理论学习21次，组织专题教育培训15场（次），培训人员1000多人次。

频率发展各具特色　2018年是佛山人民广播电台成立30周年。30年来，佛山人民广播电台由原来的一个频率，发展到拥有6个频率，实现全天24小时播音，实现地铁覆盖。2018年，佛山人民广播电台拥有FM94.6、FM98.5、FM92.4、FM90.1、FM90.6、FM88.3等6套调频广播频率。其中，FM94.6是新闻综合频率，由民生直通车节目打造形成的佛山政民互动平台，成为佛山市广大市民群众与政府部门联系沟通的桥梁，拥有《946民生直通车》《今日舆论场》等品牌节目；FM98.5以音乐及时尚生活为特色，为广大听众朋友推介普及音乐知识，拥有《城市俏佳人》《今夜情为证》等品牌节目；FM92.4以交通服务为主调，为广大市民群众和全市250多万车主的出行提供交通信息服务，拥有《同车时代》《系咪松D先》等节目；FM90.1以都市美食生活为主，为广大市民听众推介佛山特色美食、旅游休闲的好去处，有《政风行风热线——民生零距离》《粤食粤精彩》等节目；FM90.6以健康品质生活为主，着重向市民听众介绍医疗和健康保健方面的知识，知名节目有《早晨新一天》《健康抓FIT人》；FM88.3以教育、交友为主，拥有《883早晨》《潮动玩家》等节目。

重大时政报道　2018年，佛山人民广播电台探索运用全媒体传播手段，用广大市民喜闻乐见的方式做好宣传报道工作。在学习贯彻党的十九大精神、习近平总书记在广东代表团以及视察广东等系列重要讲话精神、改革开放40周年、广东扫黑除恶专项斗争、中央环保督查“回头看”、全国及省市“两会”、党代会、互联网博览会、2018金鸡百花电影节、佛山“两会”市长微访谈等重大时政报道中，落实各项宣传任务，多采用融媒报道方式，从民生话题角度切入报道，运用大型图文直播、视频直播、H5互动呈现等形式多样的融媒报道手法，把严肃的时政活动“做活”“做实”。在2018年金鸡百花电影节的报道中，佛山人民广播电台联动大型互联网平台，推出两个传播量过千万的现象级新媒体网络策划：“金鸡百花声音创意大赛”活动和“金鸡百花我在现场”抖音话题，传播量分别超1300万和2800万。在组织策划改革开放40周年报道过程中，佛山人民广播电台参与中央广播电视总台组织制作的大型专题报道《我们一起走过的日子》。

内外联动讲好佛山故事　2018年，佛山人民广播电台加大与中央广播电视总台、新华社以及上海、山东等同行的联动合作力度，向外传播佛山好声音。中央广播电视总台采纳佛山人民广播电台供稿20篇。佛山人民广播电台连续第7年推荐佛山村镇参评“中国最美乡村”评选活动，所推荐的禅城区罗南村获“中国最美村镇·治理有效奖”；佛山对口帮扶的四川凉山州谷莫村获评“中国最美乡村·精准扶贫典范奖”。

融合媒体平台发展　2018年，佛山人民广播电台在宣传业务上坚持“移动

2018年6月20日，广东省委常委、宣传部部长傅华（中）视察佛山人民广播电台

（佛山电台供图）

优先”战略，推进花生FM、畅驾、花生宝贝等重点融媒项目建设，三大融合媒体主平台的粉丝数（下载量）合计超过430万，舆论主阵地得到壮大。其中，粤语音频第一平台“花生FM”客户端用户量由年初的100万，到年底实现下载用户量突破300万，各项指标在佛山乃至全省地市级媒体类移动客户端均名列前茅，实现跨越式发展。佛山亲子服务第一平台“花生宝贝”微信公众号粉丝数量达58万，全年阅读量超过1000万，在新媒体权威榜单中，长期位列广东教育榜前三、佛山教育亲子榜第一。佛山车主第一服务平台“畅驾”客户端下载量达58万，“畅驾”佛山头条号单篇阅读数最高达137.1万，单篇文章评论最高破5000条，在2018年获“全国广电融媒创新项目20佳”称号。

精品生产创佳绩　2018年，佛山人民广播电台获2017年度广东省广播影视奖一等奖作品2件，二等奖作品11件；获2017年度广东新闻奖三等奖作品3件；获第十届全国优秀广播广告作品二等奖1件，三等奖1件。新媒体节目《花生宝贝》获评国家新闻出版广电总局颁发的2017年度少儿节目精品发展专项资金扶持项目。在2018年中国广播电视媒体融合发展年会上，佛山人民广播电台入围2017—2018年度融合创新十大品牌影响力城市广播、融合创新广播微传播影响力TOP20；《有事都嚟好事》入围融合创新十大品牌影响力城市广播栏目；《喜势围威喂》入围融合创新十大品牌创新力城市广播栏目；“花生FM”APP入围全国广播电视融合创新发展实战案例20佳。此外，在2018中国声音大会上，佛山人民广播电台融媒项目“佛山市社情民意研究中心”入选2018中国广播创新融合优秀案例。

（钟　毅）

【电视】 佛山电视台成立于1987年。2018年，佛山电视台有综合频道、公共频道、影视频道、南海频道、顺德频道5套频道。其中，综合频道是重要的时政宣传平台，承担中央广播电视总台《新闻联播》和其他重要节目的转播任务，以及地方台主打新闻栏目的多维覆盖，同时打造生活服务特色的传播平台；公共频道是佛山本地新闻及资讯的传播平台，新闻资讯权威发布，新闻热点深度剖析，岭南文化传承弘扬，打造成本地新闻资讯和岭南文化特色的电视频道；影视频道是包括电视剧、微电影等内容的专业频道；综合频道、公共频道、影视频道立体编排播出《六点半新闻》《观点佛山》《今晚报道》《小强热线》《经历》《佛山商道》《法治佛山》《体坛123》《美食搜通街》等节目。南海频道、顺德频道是区县级区域频道，立足本土，打造品牌，成为当地主流媒体。其中，南海频道拥有《南海新闻》《有话直说》《点行善》等知名节目，顺德频道拥有《顺视新闻》《顺商传奇》《顺德公话你知》等知名节目。

5套频道全年播出时长3.3万小时；佛山在网落地频道中，佛山电视台频道整体收视份额和到达率排行前列。另外，佛山电视台拥有市、区、镇三级电视机构，属下有南海、顺德、高明、三水4个分台及全市22个镇（街）广播电视站，范围遍及佛山各区。

主题主线新闻策划报道　2018年，佛山电视台以主题主线新闻策划核心引领，强化深度报道和融合传播，推出“在习近平新时代中国特色社会主义思想指引下——新时代 新作为 新篇章”“学习贯彻落实习近平总书记讲话精神”“进一步解放思想 改革再深化——大学习 大讨论”等专栏、系列报道，全媒体、立体式、持续化展开宣传，聚焦新时代主题、唱响学习实践新思想的主旋律。围绕庆祝改革开放40周年重大主题，推出“壮阔东方潮 奋进新时代”主题报道，包括“我与改革开放”主题征集行动和“佛山印记”“幸福号专列”主题系列报道。其中，10集“幸福号专列”特别报道，首次运用3D全景式虚拟互动场景，穿越时光隧道，结合历史资料和亲历者的回忆讲述，从衣食住行等方面回顾改革开放40年以来，人民生活从物资短缺走向充裕、从贫困走向小康的历程。全国“两会”期间，佛山电视台在北京设立全媒体演播室，搭建电视频道和“两微一站一端”全媒体平台，开设“中国风向标——聚焦2018全国两会”专栏，通过电视新闻海采、微信互动、问卷投票等方式，推出“全民议案——说出你对美好生活的向往”“全民议案——总书记殷切嘱托 我们在奋斗”等报道，让总书记重要讲话精神传达到佛山各行各业、千家万户；推出《观点佛山》全国“两会”特别报道，在北京专访多名代表委员和专家，并连线粤港澳大湾区广电同行，报道模式实现创新突破。融媒体深度时事评论节目《观点佛山》营造有声势、接地气、入人心的主流舆论强势，与市政协联合打造“十大明星名嘴委员”系列新闻评论节目；组建成立全国电视评论员团队，融合高端媒体资源和思维智库，增强电视专业时评的深度和广度。

融媒体生态转型升级　2018年，佛山电视台实现融媒体生态转型升级，形成“APP＋微信公众号＋微博＋官网”的融媒生态，推进佛山电视台“看佛山”融媒发展战略项目，打造佛山第一视频品牌和融合平台。全网布局形成融媒矩阵，传播优质内容，入驻央视新闻＋、新华社现场云、南方＋、触电新闻、腾讯新闻、一点资讯等权威新媒体平台，以及与涵盖国内50家省级和地市级党媒的“全国党媒新媒体视听内容融合矩阵”合作，提升传播力和影响力。其中，获颁央视新闻移动网“2017年度移动融媒体优秀新闻奖”之“优秀合作账号”和“优秀直播奖”。在防御台风“山竹”的全媒体报道中，推出网络新媒体全天候直播，启动“视频＋图文”直播模式，并与央视新闻移动网联动进行网络直播，由佛山电视台提供实时视频信号，在央视新闻移动网的平台发布，“无线佛山”移动客户端因此进入“央视新闻移动王矩阵号—周新闻突出表现榜”。

上送央视、省台用稿量继续居全省地级电视台之首　2018年，佛山电视台上送中央电视台并被采用稿件121条次，其中，《新闻联播》采用5条；连续6年获央视颁发“中国电视新闻协作网十佳优秀通联集体”称号。上送广东电视台并被采用稿件1372条次，其中《广东新闻联播》采用112条。

电视节目和服务获肯定　在2018年3月23日结束的2017年度广东省广播影视奖评选中，佛山电视台28件作品获奖，其中一等奖3件、二等奖11

件、三等奖 14 件。在第八届中国电视满意度博雅榜发布会上，佛山电视台再度入选城市电视台满意度十强榜。

（丁红兵）

【电影】 2018 年，佛山市电影产业取得良好发展。影视相关企业增至 1037 家，其中影视制作企业从南方影视中心建设前（南方影视中心 2016 年落户佛山）的 65 家增长到 467 家，增长 618.46%；来佛山拍摄取景的剧组从 60 个增长到 200 多个，增长 233%。全市拥有影院 132 个，比上年增长 10%，影院银幕数 809 块；全市电影票房 6.92 亿元，比上年增长 5.66%；电影放映场次 148.89 万场次，比上年增长 17.54%；观影人数 2107.2 万人次，比上年增长 4.74%。是年，佛山市首次发放影视产业专项资金，经过申报、审核等程序，2017 年度有 5 家企业 5 个项目符合申报条件，涉及专项资金 248.85 万元，2018 年 8 月首次发放扶持资金。启动 2018 年度影视产业专项资金申报工作。

开展影视产业政策推介　借助 2018 振兴广东影视产业发展大会、2018 广东电影年会暨粤港澳大湾区电影产业峰会、北京电影节等活动，开展 10 场佛山影视产业政策宣讲活动，推介佛山发展影视产业的优势和优惠政策。4 月 19 日，佛山市在北京国际电影节举办南方影视中心推介会，宣传南方影视中心，解读佛山影视产业扶持政策，来自全国各地的 400 多名影视企业负责人出席推介会。南方影视中心设立功夫主题、香港街等展示区域，展示佛山城市魅力。

完善影视产业服务　完善影视全产业链服务平台，加强影视产业综合服务工作。佛山影视产业服务中心为影视企业提供政策讲解、招商引资、企业落户等服务，为来佛山的影视剧组提供拍摄协调、交通、饮食、住宿、道具器材租赁等服务。组织开展影视产业版权培训，邀请专家学者讲授影视版权纠纷案例及版权交易经验。编制《佛山影视拍摄指南》，包含佛山影视拍摄环境条件、拍摄取景地、影视企业落户园区、影视产业配套机构、影视服务平台、影视交流交易平台、影视产业扶持政策、影视摄制审批事项等 8 类 40 个咨询服务项目。成立佛山市电影行业协会，集合全市影视制作发行放映企业、影视产业园区、影视专业人才、学术界等人士加入协会，由冼国林、钱嘉乐任协会名誉会长，由冼耀广任协会会长。协会围绕整合行业资源、互通信息渠道、交流影视技术、培养行业人才、规范经营行为等内容，举办影视项目创投会、南方影视中心 · 321 开机网综合服务平台启动仪式、电影产业发展交流会等活动，推动佛山影视产业健康发展。

2018 年，《佛山市南方影视中心影视产业发展规划（2018—2015 年）》及《佛山影视拍摄指南（2018 年版）》正式发布

（市委宣传部供图）

开展影视产业规划　是年，佛山市与中国新闻出版传媒集团、中汇新视等专业机构合作开展影视产业规划。深入美国环球影城、派拉蒙影视基地、索尼片场、中影怀柔基地、华夏幸福大厂影视创意港、青岛东方影都、无锡影都、上影车墩基地等国内外影视基地开展调研，与佛山、广州等地的影视企业座谈交流。影视产业规划经过多次修改和征求意见，并邀请中广电广播电影电视设计研究院电影所副所长康玉清、暨南大学艺术学院院长李学武、广东省电影行业协会会长陈长兵等专家学者进行论证。形成《佛山南方影视中心影视产业发展规划（2018—2025 年）》并在第 27 届中国金鸡百花电影节期间发布。《发展规划》按照“3 + 5 + X + 1”的总体布局推进南方影视中心的建设，其中“3”为三大类综合影视基地，“5”为五个特色影视产业聚集区（影视内容与版权区、职业培训区、影视文旅区、影视科技研发区和衍生品产业区），“X”为围绕影视制作基地和产业聚集区，市场自发形成的若干影视特色衍生产业群。“1”为打造一条全域黄金旅游线路。各区根据产业发展特色，选择不同的重点产业门类错位发展，一区一重点，实现影动禅城、影服南海、影研顺德、影游三水 / 高明的产业发展格局，最终实现到 2025 年，把佛山建设成为真正的南方影视中心。

完善电影公共文化服务　推进农村公益电影放映工程，促进公共文化服务均等化。结合改革开放 40 周年等重要节点，组织开展爱国主题电影展映活动。全年完成全市农村公益电影放映 4430 场次，观影人数为 91.38 万人次。

（雷郎才）

网络媒体

【概况】 2018 年，佛山市有网民逾 600 万人，有备案网站 4.5 万个。是年，“佛山微家书系列活动”获评省“十佳网络公益项目”；佛山市委网信办指导佛山新闻网获全国网站平台知识技能竞赛广东省第一名。

【"四个走在全国前列"主题网宣 H5】2018 年，佛山市创新推出"新时代佛山打 CALL 达人测试"——"四个走在全国前列"主题网宣 H5［H5 即 HTML5。万维网的核心语言、标准通用标记语言下的一个应用超文本标记语言（HTML）的第五次重大修改］。结合"一环创新圈"等创新发展理念，聚焦"四个走在全国前列"在佛山的实践，推出"四个走在全国前列"主题网络宣传活动——新时代佛山打 CALL 达人测试，梳理佛山市党委政府近年来约 40 项重大工作项目新成效，以及"一环创新圈"发展新理念相关核心概念，以网络 H5 游戏的形式，通过朋友圈向广大市民集中展示和介绍，吸引近 50 万网友参与活动。

2018 年 11 月 21 日，珠江时报社新媒体中心视频团队（左）在南海区工业互联网工作推进会现场直播　（珠江时报社供图）

"新时代佛山打 CALL 达人测试"——"四个走在全国前列"主题网宣 H5 宣传海报　（市委宣传部供图）

【"微家书"网络公益活动】2018 年，佛山市委网信办联合市委宣传部等多个部门开展"传家教、扬家风、暖家庭"微家书系列活动，收到微家书 40 余万封，获点赞数量 400 余万次、浏览量 2000 余万次。活动在 2018 年广东网络公益宣传推广活动中获评"十佳网络公益项目"，并被省推荐申报中央网信办网络公益年度优秀传播项目。

【全国网站平台知识技能竞赛广东选拔赛】2018 年 7 月 30 日，佛山市委网信办组织指导佛山新闻网参加全国网站平台知识技能竞赛广东选拔赛，佛山新闻网代表队以 424 分胜出，获全省竞赛第一名。佛山市委网信办获优秀组织奖，佛山新闻网获优秀团队奖，佛山新闻网李琳获优秀个人奖。

【网络主题采访活动】2018 年，佛山市配合省委网信办筹备"粤兴粤盛·勇立潮头创辉煌"——庆祝改革开放 40 周年大型网络主题采访活动之佛山站活动。11 月中旬，由中央及省属媒体成员、商业网站等 50 余人组成的采访团抵达佛山广东金融高新区、广东工业设计城、广东格兰仕集团有限公司进行采访。该次活动受到新华网、人民网、中国经济网、中国报道网、南方网、凤凰网等 50 多家网站持续关注。

【网络新闻媒体资质权限提升】2018 年，佛山市委网信办开展网络新闻媒体有关资质权限提升工作，经向省委网信办申请，佛山传媒集团下属媒体等微信发布平台单日发布权限得到提升，具体为由单日发布次数 1 次增加到 3 次。组织市内新闻单位申报互联网新闻信息服务许可，颁发许可证 2 份、累计发证数 2 份。

【佛山网络舆情监控指挥平台上线运行】2018 年 1 月，佛山市委网信办上线运行佛山网络舆情监控指挥平台，并在当年 4 月份实现全市 86 个单位网络意识形态责任制考核的全覆盖。市委网信办通过市网络舆情应急响应绩效评估系统，结合网络意识形态责任制，对市委、市政府各部门单位及各区委、区政府在舆情应对过程中的应急响应、行动措施、舆情引导以及应对成效等进行评估。是年，佛山网络舆情监控指挥平台派发舆情事件 491 件，办结率 100%。通过值班 QQ、微信等方式交办苗头性、细微性舆情 2466 次，化解多起重大网络舆情事件。

（李慧霈）

卫生健康

手机扫码阅读

综　述

【概况】 2018年底，佛山市有医疗卫生机构1932个，其中医院120家、基层医疗卫生机构1755个、专业公共卫生机构48个、其他卫生机构9个。按医院等级划分，有三级医院和妇幼保健院18家（包含15家医院、3家妇幼保健院），二级医院和妇幼保健院41家（包含39家医院、1家妇幼保健院、1家专业疾病防治院）。医疗卫生机构在岗职工64931人（其中执业、助理医师20001人），每千常住人口执业（助理）医师2.53人；注册护士25444人，每千常住人口注册护士3.22人；医疗卫生机构拥有病床37227张，每千常住人口床位4.71张。医疗卫生机构总诊疗人次8233.67万人次，入院128.77万人次。医疗机构总收入309.14亿元。孕产妇死亡率8.44/10万，婴儿死亡率2.04‰。常住人口出生12万人，自然增长率11.26‰。

【城市公立医院综合改革】 2018年，佛山市开展城市公立医院综合改革。加强医改政策市级统筹，市政府印发《佛山市深化医药卫生体制综合改革实施方案》《佛山市建立现代医院管理制度实施方案》。全市15家医院开展制定章程试点。落实公立医院总会计师制度和全面预算管理制度。探索公立医院薪酬制度改革。被确定为2018年全省5个公立医院薪酬制度改革试点城市之一。出台《佛山市公立医院薪酬制度改革试点工作实施方案》及《佛山市公立医院薪酬制度改革试点工作实施方案实施细则（试行）》，规范公立医院收入分配，实施公立医院薪酬总量核定和规范院长薪酬。出台《佛山市公立医院绩效评价办法（试行）》，完善公立医院绩效评价制度，全面开展医疗服务第三方评价，首次提出将评价结果与医院绩效工资、医院院长薪酬水平、医保基金支付、医院财政项目补助资金、医院等级评审评价、医院领导职务任用选聘6个方面挂钩。

【社会办医】 2018年，佛山市医疗机构、医师、医疗广告等行政审批事项全部开通网上受理，完善权责清单、办事指南、标准化流程和各类审批文书。实施医疗机构“两证合一”政策。支持指导社会资本投资举办消毒供应中心等新业态。新注册登记社会办医疗机构249个，新增床位649张、牙椅432张。至年底，全市社会办医疗机构1186个，床位7992张。

【卫生监督】 2018年，佛山市健全权责清单管理机制，完成编制卫生计生部门权责清单359项，实行权责事项动态化管理，向社会公布，接受社会监督。承接省卫生和计划生育委员会、省中医药局委托下放事项14项。开展网上中介服务超市建设工作，推进市高新技术产业开发区“证照分离”改革，对涉及卫生计生部门的“公共场所卫生许可”“医疗机构设置审批”和“执业许可和消毒产品生产企业（一次性使用医疗用品的生产企业除外）卫生许可”3个事项分别实行告知承诺制和优化准营管理，向市高新区授权委托“饮用水供水单位新、改、扩建供水工程项目选址和设计卫生审查”等6项行政许可事项。编制梳理卫生计生部门行政审批和公共服务通用事项目录60项，全部进驻行政审批标准管理系统，全流程在线办理，按时办结率100%。推行“双随机一公开”监督检查，加强事中事后监管，查处卫生计生行政处罚案件1527件，罚没款金额204万元。做好依法考评和执法全过

2018年10月12日，佛山市卫生计生局局长王政、澳门科技大学副校长姜志宏代表双方在澳门科技大学签订战略合作备忘录 （市卫生健康局供图）

程记录。推进民营医疗机构信用评价、医疗机构不良执业行为记分管理，通过“佛山市医疗服务信息平台”实时公示记分等信息，记分超过24分的医疗机构被纳入“黑榜”并推送至“信用佛山网”公示，震慑医疗机构不良执业行为。

【卫生健康宣传教育】 2018年，佛山市卫生和计划生育局围绕卫生健康重大宣传主题，开展健康教育宣传活动。强化新闻媒体宣传，在《佛山日报》、佛山电台、佛山电视台开设卫生健康专栏，策划“首届中国医师节”、医药卫生体制改革、H7N9流感、登革热等主题媒体宣传。开展健康教育与健康促进工作，举办吸引32万名市民参与的健康素养知识竞赛，组织1000多名中小学生到佛山市健康教育基地进行参观体验，宣传普及健康素养和卫生保健知识。组队参加全省健康素养知识竞赛，获“团队二等奖”。向群众普及急救技能知识，强化群众参与现场救护的意识和能力，举办“急救技能培训班”25期。

围绕卫生计生节日、纪念日的宣传主题，制作宣传折页、小册子10种，健康教育宣传资料12万份；举办大型宣传活动13场，参与8250人次。省级健康促进示范单位达291个、省级健康家庭达1025个，新创建省级健康促进医院18家、省戒烟门诊13个。城乡居民健康素养水平为20.9%，高于省下达的19%目标水平；15~69岁人群吸烟率24.7%。

【2018年第三届佛山市“最美天使”命名大会】 于2018年5月16日在佛山新城中欧中心举行，苏敏谊等20名护士获评“最美天使”，罗银秋等5名护士获评“最具网络人气奖”。第三届寻找“最美天使”活动过程中，经基层在全市23403名护理人员中推荐产生的193人进入初选，初选选出50名扎根护理一线工作的护士作为候选人，再由全市职工通过网络投票，产生第三届佛山市“最美天使”20人，“最具网络人气奖”5人，评出第三届佛山市寻找“最美天使”活动“优秀组织单位”3个。

（何敏宏）

公共卫生

【基本公共卫生服务】 2018年，佛山市通过政府购买服务的形式，由基层医疗卫生机构为全市常住居民免费提供14项基本公共卫生服务。举办基本公共卫生培训班，邀请广东省基本公卫项目办教授郝爱华进行组织管理和绩效评估专题授课。在广东省国家基层公共卫生服务项目绩效评估中获第三名。至年底，全市建立电子健康档案687万份，建档率92.15%。高血压和2型糖尿病患者规范管理率均在76%以上，严重精神障碍患者规范管理率89.29%，肺结核患者管理率98.25%。

【重点传染病防控】 2018年，佛山市各级疾控中心A类设备配备率、A类检测项目开展率均达到国家要求。市卫生和计划生育局加强对登革热、禽流感、手足口病、诺如病毒等重点传染病的防控，每月组织开展重点流行性传染病监测及风险评估。登革热、禽流感、手足口病报告病例数（以发病日期、病例现住址统计）分别为：登革热268例，禽流感0例，手足口病31204例。各类传染病疫情总体平稳。承接省下放的戒毒药物维持治疗机构审批工作，会同市公安局、市食品药品监督管理局完成对顺德区伍仲佩纪念医院戒毒药物维持治疗门诊延伸点的审批。完成“十三五”结核病防治规划中期评估，主要规划指标提前实现。组织实施中学生结核病防治干预项目，为全市高一新生免费开展X线胸片筛查，筛查范围包括全市普通高中、职业高中及技工院校共96所学校所有高一年级新生60002人。抓好学校结核病防控，实现学校结核病筛查关口前移，减少学校结核病疫情发生风险。

【慢性非传染性疾病防控】 2018年，佛山市在全市范围内开展全人群死因监测、肿瘤随访登记、心脑血管事件监测、高血压糖尿病患者管理，以监测点形式开展顺德区成人慢性病与营养监测、高明区伤害监测。人口死亡登记工作在全省各地市人口死亡登记报告质量评价排名第一。开展全民健康生活方式行动第二阶段工作，在广东省全民健康生活方式行动特色案例评比活动中获团体一等奖。

做好慢性非传染性疾病、职业病、地方病防控工作，加强严重精神障碍患者救治管理，全市未发生在管患者肇事肇祸事件。推进免疫规划工作，市卫生和计划生育局会同市教育局、市流动人口管理办公室印发《佛山市流动儿童免疫规划管理工作方案》，完善流动儿童免疫规划管理制度。做好广东省实施预防接种异常反应补偿从财政补偿向保险补偿工作的落实，以及佛山市预防接种异常反应补偿保险实施工作业务培训。在广东省预防接种管理督导中综合得分排第一。开展2018年全市儿童青少年

2018年5月16日，2018第三届佛山市“最美天使”命名大会在佛山新城中欧中心举行

（市卫生健康局供图）

近视调查工作，抽取禅城、高明区16所学校和托幼机构4780名学生开展近视调查，并开展入校近视防控宣传教育工作。做好食品安全风险监测，全年计划监测食品样品总量3775份，实际完成监测样品总量3833份。承接并启动食品安全企业标准备案工作，完成397份企业食品安全标准的备案受理，未发生超时备案和企业投诉事件。

【卫生应急】 2018年，佛山市推进卫生应急工作发展。防控H7N9等传染病疫情，全市无H7N9禽流感病例报告。完善《佛山市突发公共卫生事件和突发事件医疗卫生救援信息报告制度》，调整佛山市突发公共卫生事件应急处理指挥部成员，做好地铁2号线隧道透水坍塌事故医疗救援。制定《佛山市卫生和计划生育局卫生应急物资储备管理制度》，修订市级药品储备目录，增加抗疟疾药品46个。举办卫生应急现场指挥官培训班，50人参加培训。完成“春运”、秋色巡游、第二十七届中国金鸡百花电影节、“50公里徒步”及2019年国际篮球世界杯中国队预选赛等25项重大活动医疗卫生保障任务。推进市第一人民医院负压病房改造和市第四人民医院传染病集中隔离留验场所建设，开展留验场所的卫生应急演练。

（何敏宏）

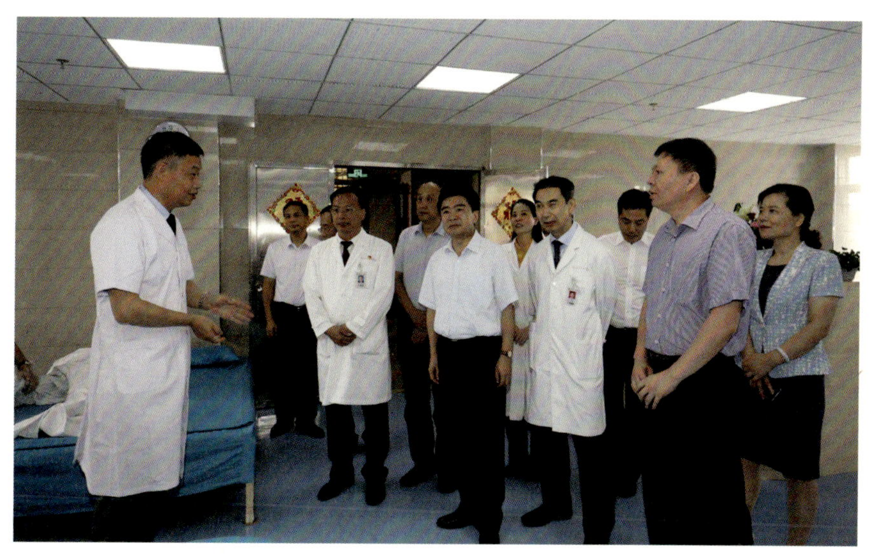

2018年6月25日，广东省政协主席王荣（前右三）视察佛山市第一人民医院康复医院

（市卫生健康局供图）

基层医疗卫生

【基层医疗卫生能力建设】 2018年，佛山市有社区卫生服务中心39个，社区卫生服务站341个。全市社区卫生服务机构在岗职工5466人，其中执业（助理）医师2087人、注册护士1981人。佛山市推进社区卫生服务能力提升工程，推进社区卫生服务机构标准化建设，新建、改建社区卫生服务机构6个，全市镇（街）社区卫生服务中心规范化建设100%达标。加大基层卫生技术人员培训力度，培养298名全科医师。依托佛山市基层卫生人才培训中心，组织开展3批共107名基层医务人员培训，每批培训3个月。

【分级诊疗】 2018年，佛山市所有公立三级医院均牵头成立医疗集团或专科联盟，按行政区域网格化布局医疗集团18个，覆盖全市32个镇（街）。市直医院牵头成立口腔健康、心理卫生、康复医学、胸痛中心等专科联盟。市第一人民医院、市中医院、南方医科大学顺德医院医联体建设成效明显。高明区启动“罗湖模式”医疗集团试点工作，实地考察和探讨罗湖先进经验，研究制定紧密型医联体实施方案，提升区内医疗资源配置，深化与市第一人民医院合作，联手加强区人民医院学科水平建设，优化人员交流、患者转诊流程，加快推进高明区人民医院创“三甲”。全市100%社区卫生服务中心（镇街卫生院）与二级及以上综合医院建立稳定的业务协作关系。印发《佛山市加强康复医疗服务体系建设实施方案（2018—2020年）》，以慢性病为重点，构建“预防保健——治疗——康复——长期护理”全程健康服务模式。启动“脑卒中病例一体化管理”项目，推动建立脑卒中急慢分治全程管理模式。建设双向转诊信息系统，推动转诊病人信息网络化管理。6月，广东省政协主席王荣到佛山市调研，肯定佛山市医联体建设。

【家庭医生签约服务】 2018年，佛山市印发《佛山市2018—2020年家庭医生服务团队培训实施方案》，加强家庭医生业务培训，采取“滚雪球”的培训方法，提高家庭医生团队服务能力，完成15名市级骨干师资培训。出台《佛山市家庭医生签约服务督导评价实施方案（试行）》，建立健全督导评价机制。至年底，佛山市有家庭医生团队1095个，209万多居民签定服务协议，家庭医生签约覆盖率49.93%，重点人群签约覆盖率73.05%，累计设立家庭病床7927张次。

（何敏宏）

人口家庭发展

【概况】 2018年，佛山市稳妥实施一对夫妇可生育两个孩子政策，实行生育登记服务制度，推行网上办事，优化办事流程，简化办理手续，进一步简政便民。加强对国家卫生统计信息网络直报系统和广东全员人口信息系统日常监测和动态监测，提升数据报表整体质量，定期编制统计决策分析报告，发挥决策辅助作用。提高卫生健康数据报送质量，佛山市向省全员人口信息报送的全员人口数据质量居全省第二。是年，佛山市和禅城区、南海区、顺德区被广东省人民政府评为2017年度计划生育目标管理责任制考评“优秀”等次。

【计生利益导向】 2018年，佛山市贯彻落实各项奖励扶助制度，按时足额发放各项奖励扶助金，向9.7万人发放各项计生奖励扶助金1.78亿元。制定新的《佛山市城镇独生子女父母计划生育奖励办法》，将之前已享受加发退休金或一次性奖励的独生子女父母纳入按月发放奖励范围，并将奖励标准提高到人均每月200元。开展“爱相随”“爱延续”“白玉兰”计划等项目，为计划生育特殊家庭提供家庭医生、免费体检、购买保险、慰问救助、养老照料、精神慰藉、再生育指导等服务，探索构建计生特殊家庭的社会支持体系。

【流动人口服务管理】 2018年，佛山市流动人口523.6万人，其中已婚育龄妇女121.4万人，流动人口出生69733人。开展流动人口卫生计生关怀关爱专项行动和集中服务管理专项活动，全市投入专项活动经费981.3万元，清查出租屋等重点处所49.1万个；新建信息卡20.3万个，清理无效、重复人口信息档案16万人次；处理各类信息交互8.5万条；集中开展流动人口宣传活动966场次，发放宣传资料29.9万份；新建健康档案5.5万份，新增孕产妇健康管理1.5万人，儿童预防接种34.1万人次，计划生育技术服务7.5万人次；为流动人口提供各类办证服务5514人次；各级卫生计生部门组建志愿者队伍，成员达4905人，开展各类健康需求调研或座谈191次。推进流动人口卫生计生基本公共服务均等化示范区创建，禅城区、南海区、顺德区被评定为省级流动人口卫生计生基本公共服务均等化示范区（南海区还进而被评定为国家级示范区），14个镇（街）被评定为流动人口卫生计生基本公共服务均等化市级示范镇（街）。开展流动人口动态监测，25个镇（街）、86个村（社区）被列为流动人口动态监测样本点，6月全部完成国家规定的监测调查任务。市卫生计生局、五个区卫生计生局以及16名卫生计生工作人员分别被国家卫生健康委评为流动人口动态监测工作优秀单位和优秀个人。

【家庭发展】 2018年，佛山市推进“创建幸福家庭”、新家庭计划、科学育儿、青春健康教育等项目，开展家庭发展促进月和各类型宣传服务活动、培训讲座。推进健康老龄化和医养结合工作，至年底，全市有医养结合机构16个，与医疗卫生机构建立合作关系的养老机构29个，22家二级以上医院开设老年医学相关专科。开展集中整治“两非”（指非医学需要的胎儿性别鉴定和选择性别的人工终止妊娠）专项行动，抓好“两非”案件信息管理系统的应用。市、区、镇（街）出动执法人员1932人次和车辆181车次，依法取缔非法行医点16个，没收非法药品、器械1批，对6名违法当事人作出行政处罚，罚款43.53万元，没收非法所得16.38万元，注销1个医疗机构的执业许可证，将1名涉嫌犯罪人员移送公安机关。

（何敏宏）

中医药事业

【概况】 2018年，佛山市共有中医（中西医结合）医院12家（其中公立5家）、床位5364张（其中公立4368张）。综合医院（妇幼保健院）中医床位数478张，每千常住人口公立中医类医院床位数0.55张。全市中医类别执业（助理）医师3027人，占全市执业（助理）医师总数15.13%，每千常住人口中医（中西医结合）执业（助理）医师数0.38人。全市98%的综合医院和专科医院设有中医科。100%的社区卫生服务中心和乡镇卫生院、91%的社区卫生服务站能够按标准要求提供中医药服务。全市社会办中医（中西医结合）医疗机构168个，占佛山市医疗机构总数8.7%。全市中医总诊疗人数1230.98万人次、出院人数17.99万人次，分别占全市总量的14.95%、13.99%。

【中医药人才培养】 2018年，佛山市开展佛山片区广东省名中医师承结业考核，首批24名继承人和12名导师全部通过省名中医师承结业考核。开展中医住院医师规范化培训和中医类别全科医生转岗培训。组织开展传统医学确有专长人员考核，14人考核合格并取得《传统医学医术确有专长证书》。获批全国基层名老中医药专家传承工作室建设项目1个、广东省名中医传承工作室建设项目5个。

【基层中医药事业建设】 2018年，佛山市启动创建全国基层中医药工作先进单位。全市有43个镇（街）卫生院和社区卫生服务中心建成“中医馆”。全市中医馆建成率90%，其中南海区和顺德区建成率100%。全市乡镇卫生院和社区卫生服务中心均配备中医类别医师和中医诊疗设备，能运用中药饮片、电针、推拿等10余种中医药技术方法，开展常见病多发病基本医疗和预防保健服务。全市各区均拥有基层常见病多发病适宜技术推广基地，并加入广东省第二中医院中医药适宜技术推广视频网络平台，承担区域内中医人才培养的功能。

【中医药文化建设】 2018年，佛山市加强中医药文化建设，开展中医中药中国行（佛山）系列活动。7月，在禅城区东方广场开展“中医中药中国行”启动仪式，组织5名省名中医为群众义诊，各区配套开展主题活动。启动中医护理技能竞赛，技能竞赛分团体赛和个人赛，38个单位参加团体赛，91人报名个人赛。9月12日，在佛山电视台举行中医护理“状元争霸赛”和颁奖仪式，并剪辑成节目在佛山电视台播出。推动佛山李广海医馆升级改造为中医药文化宣传教育基地。

（何敏宏）

医政管理

【医疗质量管理】 2018年，佛山市发挥各级医疗质量控制中心的指导评价作用，每半年组织专科医疗质量检查。强化规范诊疗行为和质量指标监控。组织全市临床路径管理和病案首页填报质量管理培训，实行每季度分析并全市通报。建立医疗机构重点药品监控制度，确定70种重点监控药品，重点开展处方点评。印发《佛山市医疗机构发热门诊设置规范（试行）》和《佛山市医疗机构肠道门诊设置规范（试行）》。推动二级以上医院建设胸痛、卒中、创伤、重症孕产妇以及危重儿童和新生儿救治中心，全市有5个胸痛中心通过国家级认证、6个通过省级认证。加大康复、精神病等紧缺专科服务能力建设。举办康复医师培训班2期、康复治疗师培训班2期、康复护士培训班3期，培训康复专业卫生技术人员250人。加强临床用血安全管理，印发《佛山市五区血站血液互调方案（试行）》。实施新一轮改善医疗服务行动，完善预约挂号、临床路径管理、检验检查结果互认、医务社工、远程医疗等制度建设，运用信息网络技术提供便民惠民措施。加强优质护理服务，市卫生计生局、市总工会联合举办手术室安全护理技术技能竞赛。在全省急救技能竞赛中，佛山市代表队获2个团体二等奖、多项个人奖。开展医疗卫生对口帮扶，提升受帮扶地区医疗技术水平，助力脱贫攻坚行动。

【妇幼卫生健康】 2018年，佛山市出台《佛山市加强儿童医疗卫生服务改革与发展实施方案》，推动增加儿童医疗服务资源，提升服务水平。落实市政府十项民生实事——佛山市免费新生儿疾病筛查项目，为11.9万名新生儿提供4种常见遗传代谢性疾病免费筛查。印发《佛山市孕产妇死亡评审规范》和《佛山市新生儿死亡评审规范》，启动孕产妇、新生儿死亡病例现场评审工作，提高病案单位的医疗质量。对全市新上岗的280多名产科医生和护士进行助产技术岗前培训，把好助产准入关。举办“新生儿复苏”“妊娠合并症及孕产妇危急重症救治”“托幼机构保健员培训”“孕妇学校健康教育”和“预防艾滋病梅毒乙肝母婴传播项目”等专题培训班，1000多名基层医护人员接受培训。推进妇幼重大公共卫生服务项目，开展乙肝病毒携带产妇母婴传播状况基线调查，实施免费孕前优生健康检查、地中海贫血防治及产前诊断、产前筛查等出生缺陷综合防治。全年5.9万名待孕夫妇参加免费孕前优生健康检查项目，目标人群覆盖率100%。为11万名孕妇提供地贫血常规初筛。

【平安医疗建设】 2018年，佛山市印发《佛山市2018年深化平安医院创建实施方案》，促进形成部门参与、预防在先、法治保障的“平安医院”综合治理格局。制订《佛山市卫生和计划生育局关于进一步加强行业乱象治理的工作方案》《佛山市防范和打击“医托”活动工作方案》。发挥平安医院建设的牵头作用，形成边打、边建、边治的行业扫黑除恶治乱新格局。开展医疗机构安全检查1543次，整改安全隐患132次，开展安保培训及演练118次，协助排查医患纠纷148起。

（何敏宏）

卫生健康科技与教育

【医学科研】 2018年，佛山市获国家级医学科研立项9个，资助经费325.5万元；获省部级医学科研立项12个，资助经费103万元；获市厅级医学科研立项436个，资助经费916.45万元。市卫生和计划生育局课题立项445个。印发《佛山市医学科技创新平台建设方案（2017—2020年）》，由市财政给予每个平台一次性支持经费50万元。佛山市中医院“电针促进脑梗死神经再生与调控Nogo-A抑制信号传导通路的研究”项目，获省级科技进步奖三等奖，获奖励10万元。

【医学专科建设】 2018年，佛山市组织开展医学科技创新平台入库项目申报，评出33个入库项目。组织评估验收省“十二五”中医特色专科建设项目3个，第二批市高水平医学重点专科37个。下达2018年市级医学重点专科培育项目扶持资金898.8万元。

【卫生人才队伍建设】 2018年，佛山市出台《关于改革完善全科医生培养与使用激励机制工作方案》。在全市评出10名医学领军人才、100名杰出青年医学人才和156名医学骨干人才，作为全市高层次医学人才培养对象。出台《佛山名医扶持工程实施细则》，明确对获认定的佛山名医给予30万元经费扶持。印发《佛山市市级住院医师规范化培训补助经费管理办法》，明确市级财政的补助标准。依托市“十三五”医学重点专科和特色专科，设立市医学技术指导和专科技术人才培训机构，免费承担市内本专科的医学技术指导和人才培训工作。

【2018年国际胎儿医学进展研讨会】 2018年10月12—14日，由佛山市妇幼保健院主办的“2018年国际胎儿医学进展研讨会”在佛山市举行。国内外200余名学者参会。美国费城儿童医院及国内外胎儿医学知名专家就产前诊断及遗传咨询、胎儿宫内治疗技术、胎儿超声、产科及胎儿手术麻醉、胎儿及新生儿外科等话题展开交流和专题讨论。佛山市妇幼保健院小儿外科在肺囊腺瘤、畸胎瘤等先天性疾病诊治方面有丰富经验，麻醉科在胎儿及小儿麻醉方面技术成熟。

【广东省首例同种异体胰岛移植治疗1型糖尿病病例】 2018年12月29日，广东省首例同种异体胰岛移植治疗1型糖尿病病例在佛山市第一人民医院获得成功，至移植后6个月，患者状态良好。采用口服降糖药及每日1次基础胰岛素治疗，血糖水平稳定正常，胰岛素使用量较移植前减少80%，这是该院自2017年12月成功实施广东省首例自体胰岛移植后，胰岛移植治疗技术的又一大突破。该院与美国宾夕法尼亚大学人胰岛移植实验室紧密合作，建立国际一流的胰岛移植临床实验室，组建了多学科胰岛移植技术团队。

（何敏宏）

卫生健康信息化

【“互联网+医疗”信息化】 2018年，佛山市启动区域卫生健康信息化标准体系规范建设，开展全民健康信息化三年项目规划，强化市级公共卫生信息化统筹，推进“互联网+医疗”信息化项目，实现区域就医在线全流程、医保在线支付、区域化医疗数据可视化监控管理。禅城健康服务平台在5家公立医院及社区卫生服务中心实现无卡就医、门诊缴费、报告查询等服务。南海区建设“互联网+”中药区域配送平台，覆盖区内10个社区卫生服务中心和131个社区卫生服务站，打通社区卫生服务中心和药企的信息系统，让群众享受便捷、优质的中医药诊疗服务。顺德区做好区域平台数据质量分析，把数据质量列入医院领导班子绩效考核。三水区实施全民健康体检信息平台及社区移动互联网健康服务平台等2卫生信息化惠民工程，为群众提供优质、方便健康服务。

【市级“互联网+医疗”创新平台建设】 2018年，佛山市推进“互联网+”医疗创新平台建设。组织开展市级智慧（网络）医院、智能化护理医院评审认定，评定市第一人民医院、南方医科大学顺德医院、市中医院、市第二人民医院4家医院为市级智慧（网络）医院，佛山市第一人民医院、佛山市禅城区中心医院、佛山市妇幼保健院、广东医科大学顺德妇女儿童医院4家医院为市级智能化护理示范医院。以评审示范带动医院信息服务流程再造，促进全市二级以上公立医院开展分时段预约诊疗、导医分诊、候诊提醒、检验检查结果查询、移动支付。全市三级公立医院除伍仲佩纪念医院外，均实现网络预约诊疗、检验检查结果查询、移动支付。二级医院实现网络预约诊疗86%、检验检查结果查询93%、移动支付97%。市卫生监督所依托信息化开展“双随机”监督抽检、信息报告等方面走在全省前列，获年度省卫生健康监督信息报告工作先进单位。市医疗服务信息平台2017—2018年访问量累计20万人次，95%以上的群众提交满意的评分。市卫监系统100%进驻省政务服务网、100%开通网上在线申办功能、100%使用“一门式、一网式”系统、100%纳入电子监察，网上申请率为100%，按时办结率100%。市疾控中心实现查验预防接种证明由卫生健康部门出具、教育部门被动接受，向学校托幼机构等教育机构主动查验、跟进补种转变，实现“让信息多跑腿，群众少跑腿”。开展“互联网+预防接种”新模式的探索与推广应用，推进接种门诊数字化建设。市中心血站建设“佛山市血液云系统”，实现全市5个血站之间数据互通共享，以及对5个家血站的血液采集、检测、临床供应、库存等信息进行汇总分析。

是年，佛山市完善全市社区卫生服务信息系统，促进基本医疗与基本公共卫生信息联动。启动佛山市学生健康监护系统（二期）建设，实现疾病症状监测预警、体检管理、体质监测、风险评估、地理信息系统（GIS）应用、移动互联网等应用功能建设。强化网络意识形态管理，加强网站集约化和互联网内容建设，规范局政务信息发布，推进国产密码应用。实施云防护，做好网络信息安全等级保护。开展全国“两会”、广州全球财富论坛、青岛上合组织峰会等重大会议活动期间全市卫生计生系统网络信息安全特别防护，未发生不良网络安全事件。

（何敏宏）

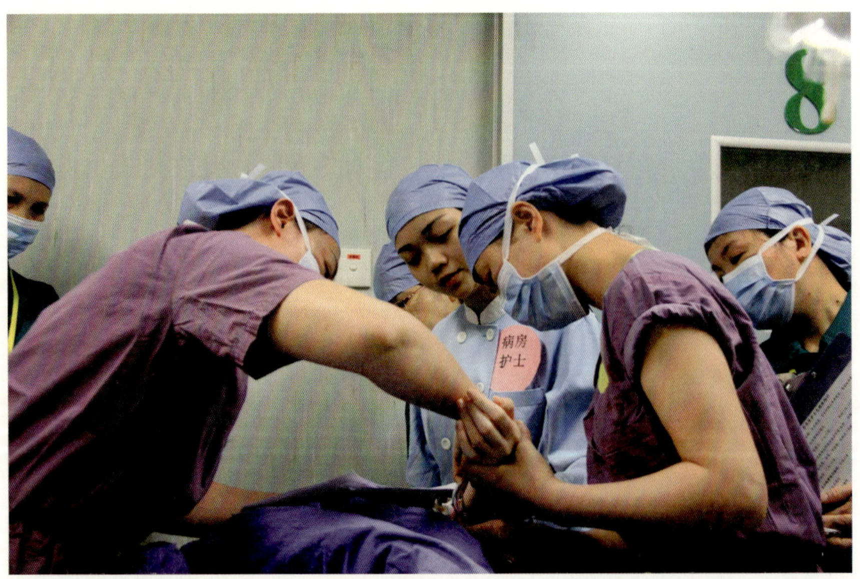

2018年4月20—21日，佛山市举办“2018年佛山市职工手术安全护理技术技能竞赛”。图为竞赛中医护理人员核查病人情况 （市卫生健康局供图）

爱国卫生运动

【国家卫生城市复审】 2018年，佛山市出台《佛山市2018年迎接国家卫生城市复审工作方案》，建立市迎接国家卫生城市复审工作联席会议制度。加强督导检查，定期组织开展综合督导与暗访，及时反馈督导与暗访工作情况，督促各区、有关部门及单位落实整改措施，推进迎复审各项工作，开展市级督导、暗访检查10余次。加大宣传力度，制作一批宣传视频、海报（图片）及标语、宣传用品等，在佛山电台开展专题宣讲、播放公益广告和短片，在《佛山日报》开设专刊、专栏，在佛山“50公里徒步”活动期间组织志愿者宣传方阵开展专题宣传等。建立迎复审信息报送制度、迎检复审问题整改周报制度，巩固国家卫生城市工作成效。4月、7月分别通过国家卫生城市现场复查和暗访，通过“国家卫生城市”复审并获得重新命名。

2007年起，佛山市五区同创“国家卫生城市”并获得命名，随后在2011年和2015年分别通过复审和命名。

【爱国卫生行动】 2018年，佛山市卫生计生系统分别组织开展春、夏、秋季爱国卫生运动和第三十个“爱国卫生月”活动。开展城乡环境卫生整治，以及以防蚊灭鼠为主的病媒生物防治活动，激发各单位和市民群众参与爱国卫生工作热情，形成人人参与的良好氛围。推动病媒生物防制体系建设和登革热防控，建成以蚊媒为主的病媒生物密度监测网络，覆盖全部镇（街）、“健康村（居）”和“省卫生村”，重点强化监测和防治结合，部署市级蚊媒密度第三方监测，对全市各区中心城区和19个重点镇街的居民区、公园、市场以及医院等重点区域，尤其是卫生黑点及孳生地集中地区开展监测，监测点340个次，处于高风险水平的有101个、中风险水平的有120个、低风险水平以下的有84个、安全范围内的35个。针对蚊媒中、高密度监测点，要求全面蚊媒孳生地清理及成蚊消杀工作，降低蚊媒密度。报告登革热本地病例268例，全市各级政府和相关单位按照“政府领导，部门合作，全民参与”的模式全力开展防控，落实各项防控措施，疫情均得到有效处置。

【卫生镇卫生村创建】 2018年，佛山市加强卫生镇卫生村创建。13个国家卫生镇通过国家卫生镇复审省级评审（南海区大沥、西樵、九江、丹灶、里水，顺德区北滘、陈村、龙江、容桂、乐从、均安、杏坛、伦教）。市爱卫办承接省下放的省卫生镇、村评审工作，印发《佛山市省卫生镇村评审工作方案（试行）》，组织工作组对三水区大塘镇省卫生镇创建工作进行暗访及技术评估，明察暗访对高明区、三水区申报的83个“省卫生村”。经评审，三水区大塘镇通过省卫生镇创建工作暗访及技术评估，高明区和三水区的82个村通过了“省卫生村”评审。至年底，佛山市有国家卫生镇19个、省卫生镇5个、省卫生村1360个。

【健康城市建设】 2018年，佛山市推进省级健康城市健康村镇试点建设。开展健康城市基线调查及项目规划，推进健康乡村试点建设，完成健康村建设阶段评价项目。451个单位和2682个家庭成功创建为佛山市健康“细胞”，其中健康村（居）47个、健康社区53个、健康医院32家、健康学校231所、健康机关88个。禅城区南庄镇紫南村获广东省第一个“健康乡村建设示范村”称号。

（何敏宏）

2018年佛山市新增广东“省卫生村”名单

区	镇（街）	村
高明区	城街道	照明社区甲介村、南洲村（行政村）开庄村民二组、竹园社区苏棠村、江湾社区上陈村、江湾社区刘家村
	杨和镇	石水村（行政村）大田村、豸岗村（行政村）塘口村、清泰村（行政村）清泰村七组、沙水村（行政村）大布二队、沙水村（行政村）草塘村、沙水村（行政村）大坑村
	明城镇	明东村（行政村）冲尾村、罗稔村（行政村）新村、明城社区洞心村、明北村（行政村）新罗里村、明北村（行政村）大塘美村、明阳村（行政村）海园村
	更合镇	界村村（行政村）万屋村、良村村（行政村）鹤咀村、大幕村（行政村）云春村、小洞村（行政村）小洞新村、小洞村（行政村）盘石村、小洞村（行政村）悦塘村、巨泉村（行政村）田村、巨泉村（行政村）康泰村
三水区	云东海街道	杨梅村（行政村）邓局村、杨梅村（行政村）福田村、杨梅村（行政村）岗北村、杨梅村（行政村）李塘村、杨梅村（行政村）深巷村、杨梅村（行政村）巷口村、杨梅村（行政村）新西村、杨梅村（行政村）徐局村、杨梅村（行政村）竹旧村、杨梅村（行政村）竹新村、缉罗村（行政村）下南村、缉罗村（行政村）下西村、缉罗村（行政村）樟山村、伏户村（行政村）龙窝村、伏户村（行政村）钱边村、鲁村村（行政村）下岸村
	乐平镇	乐平村（行政村）暨塘村、华坾村（行政村）米布坾村、范湖村（行政村）新建村、南联村（行政村）陈庄村、南联村（行政村）上黄村邱组、黄塘村（行政村）海丰村南向小组、黄塘村（行政村）海丰村牛布小组、黄塘村（行政村）海丰村农会小组、黄塘村（行政村）卡寮村上卡小组、黄塘村（行政村）社滘村胡家小组、黄塘村（行政村）社滘村钱家小组、黄塘村（行政村）梁家村
	大塘镇	大塘村（行政村）镇郊村、永平村（行政村）土塘村、永平村（行政村）沙巷村、永丰村（行政村）岗仔村、永丰村（行政村）大岗南村、永丰村（行政村）凤溪村、连滘村（行政村）连滘村
	南山镇	择善社区新寨村、择善社区朝阳村、择善社区大索村、择善社区地塘村、择善社区畔田村、择善社区下湖村、择善社区红星村、择善社区围仔村、东和社区曹寨村、东和社区横岗咀村、东和社区黄坎新村、六和社区余屋村、六和社区凤塘村、六和社区马桥村、六和社区中心村、六和社区龙塘村、六和社区五一村、六和社区六景村、六和社区连坑村、六和社区大二村、六和社区农场村、六和社区邓边上下屋村

体 育

综 述

【概况】 2018年，佛山市（含区、镇街）组织群众体育赛事活动210多项次，直接参与55万人次。体育人口420万人。新建社区体育公园8个（2014—2018年全市共建设社区体育公园245个），新成立体育社团5个。主要体育场馆免费开放115天。人均体育场地面积2.18平方米。

佛山运动员参加世界大赛获第一名6个、第二名7个、第三名3个；参加全国赛共获第一名29个、第二名36个、第三名24个。佛山龙舟组队代表中国参加第三届国际龙舟联合会世界杯获4金1银，参加印度尼西亚雅加达亚运会获2金2银；参加第十三届亚洲龙舟锦标赛获9金3银。佛山代表队参加广东省第六届少数民族传统体育运动会获总分770分，获团体二等奖。

承办欧洲高尔夫挑战巡回赛佛山公开赛、2019年国际篮联篮球世界杯亚洲区预选赛（中国—黎巴嫩）、中国足球协会国际女足锦标赛、亚洲龙舟锦标赛等20多项国际、全国体育赛事。销售体育彩票17.46亿元。

【青少年体育】 2018年，佛山市加强全市各级各类体校建设，推进4个国家高水平后备人才基地、20个省高水平单项后备人才重点基地（重点班）建设。开展青少年体育竞赛，组织17项全市性青少年锦标赛和6项小学生体育比赛，参赛人数超5400人次。加强青少年体育俱乐部建设，提高全市27家省级青少年体育俱乐部的建设质量。加强体教融合，加强学校课余训练和服务指导，提高全市91所传统校网点校训练质量。加强青少年体育工作从业队伍和裁判队伍建设，选派管理干部9人和教练（教师）117人次参加国家和省的各类业务培训；选派9个项目63人参加省级以上新规则学习班和裁判员晋升班；举办佛山足球骨干裁判培训班和乒乓球项目晋升二级裁判员培训班，64人获批为二级裁判员。加强足球试点城市建设，26所学校被评为全国青少年校园足球特色学校，55所学校成为省级校园足球推广学校，推进与德国因戈尔施塔特市青少年足球合作项目。加强和规范体育赛事管理工作，拓展体育后备人才选材和输送渠道，引进优秀体育后备人才，弥补部分项目高水平后备人才不足，提高各运动训练单位培养和输送优秀体育后备人才积极性，制定并印发《佛山市体育赛事管理办法（试行）》和《佛山市引进优秀体育后备人才扶持资金办法（试行）》等规范性文件。

【第十六届全国青少年体育舞蹈锦标赛】 2018年7月14—16日，佛山市联合广东省青少年舞蹈协会承办的“禅城杯”第十六届全国青少年体育舞蹈锦标赛在佛山市禅城区举行。77支代表队近3000人参赛，上万名游客到佛山观赛、旅游、观光，是一场融合文化、体育、旅游、商业的体育盛事、文化盛典。该赛事共设131个比赛项目，佛山8支队伍182人参赛，取得19个冠军的历史最好成绩。在该次赛事开幕式上，具有浓厚佛山特色的《咏春》传统节目表演获观众好评。赛事期间，禅城区酒店入住率平均增长20%，金马国旅、佛山中旅、禅之旅、南湖国旅在赛事期间推出15条具有佛山特色和岭南文化底蕴的市内及周边旅游路线。除参赛相关人员及赛事观众外，还间接带动舞蹈爱好者、游客4.26万人次，其中过夜游客1.27万人次，实现旅游收入5112万元。

2018年12月13—16日，第三届“香港·佛山节”（2018）武术展演在香港沙田源禾路游乐场举行 （市文广旅体局供图）

【佛山评出十大功夫少年】 2018年8月9日，由佛山市体育局、市教育局主办的佛山市第二批武术进校园颁牌典礼暨佛山十大功夫少年决赛在佛山新城中欧中心举行。主办方为全市五区结对开展武术进校园活动的23个武术社团和44所学校颁发牌匾，鼓励推进武术团体与学校结对开展武术进校园活动，普及推广传统武术运动、宣传传统武术文化，培养佛山武术运动的后备人才。在随后进行的佛山十大功夫少年决赛中，王馨雨等10位选手获“佛山十大功夫少年”称号。

（方斌武）

群众体育

【全民健身环境建设】 2018年，佛山市新建设社区体育公园8个，总面积约5640平方米，总投资约2100万元。新建标准篮球场7个、羽毛球场6个、乒乓球台23张、健身路径10条、健身广场852平方米。推进政府购买体育场馆免费开放服务，实现春节、元旦、五一、十一以及周日等节假日主要场馆免费向市民开放，全年市内主要体育场馆免费开放115天。推进学校体育设施向公众开放，贯彻落实《关于进一步推进学校体育设施向公众开放的实施意见（试行）》，有208所学校体育设施向社会开放，实现学校体育场地资源共享。

【全民健身活动】 2018年，佛山全市（含区、镇街）组织群众体育赛事活动210多项次，直接参与人数55万多人次，全市体育人口420万人。组织“50公里徒步”、全民健身日系列活动、佛山市镇（街）男篮超级联赛、佛山市村（社区）男子篮球赛、佛山市羽毛球公开赛、佛山市乒乓球公开赛、佛山市陶瓷行业男子篮球赛、粤港澳狮王争霸赛暨佛山市南狮锦标赛、佛山市传统狮锦标赛、佛山市第四届足球联赛等赛事及活动。佛山“50公里徒步”活动，全市五区联动，30.8万人参与，向公众展示佛山城市升级和治理成果，获中央电视台等多家主流媒体报道。佛山市镇（街）男篮超级联赛有31个镇（街）参加，镇（街）参赛率96.8%，成为佛山市群众性篮球赛事标杆。佛山市村（社区）男子篮球赛参赛队伍650多支，村（社区）参赛率90%以上，参赛人数6000多人，观众超100万人次。

是年，佛山市组队参加广东省足球联赛、广东省篮球联赛、广州市国际龙舟邀请赛等赛事和活动。

【社会体育组织发展】 2018年，佛山市新成立佛山市健身健美协会、市围棋协会、市定向运动协会、市木兰拳协会、市青少年体育联合会等5个体育社团。至年底，全市市级体育社团61个，区级、镇（街）级体育社团356个；全市32个镇（街）全部拥有5个以上晨晚练习体育活动点。是年，市体育局制定《佛山市体育局市级体育社团管理工作制度》，规范办事流程，提高社团制度建设水平。开展社团工作培训1次，参加人数103人。推进佛山市射击协会、市羽毛球协会、市户外登山协会、市健身气功协会、市老年人体育协会、市毽球协会按规章换届。按照《佛山市级体育类社会组织发展专项扶持资金评审细则》，通过竞争性分配方式投入50万元资金扶持体育社会发展，支持市级体育社团组织各类比赛和活动60多项，直接参与人数5万多人次。

【体育公共服务】 2018年，佛山市组建全民健身宣传推广团，到村、学校、社区、机关、企事业单位开展全民健身大讲堂20多场次，听课人数2万多人次，派发《佛山市全民健身指引手册》2万多册。开展国民体质监测工作，监测5445人，撰写学术报告8篇。开展社会体育指导员培训，全年培训二级社会体育指导员152人。推进“广佛群体通”全民健身公共服务平台建设，推动广佛体育信息化服务融合发展，“佛山群体通”上线体育场馆75个，应用程序（APP）新增用户4000人，“群体通”微信用户新增5928人。

【“世界功夫之城”建设】 2018年，佛山市体育局为促进“世界功夫之城”建设工作有计划、有步骤实施，组织编写《佛山市打造世界功夫之城工作方案》，并报市政府备案。开展武术进校园活动，联合市教育局组织开展第二批武术进校园活动，批准第二批33个武术社团和44所学校结对子开展武术进校园工作。至年底，全市开展武术进校园的学校累计81所，全市习武学生约30万人，完成《佛山市武术文化三年行动计划（2016—2018年）》武术进校园目标任务。推进全市五区“佛山功夫角”建设，在中山公园、听音湖、顺峰山公园、荷城公园商业广场开展“佛山功夫角”活动。是年，佛山市举办国际武术联合会咏春拳大赛、世界太极拳健康大会、“百姓英雄”武术搏击擂台赛、珠三角港澳青少年蔡李佛功夫赛暨蔡李佛

2018年3月31日，佛山“50公里徒步”活动举行。图为禅城线起点大批市民整装待发

（市文广旅体局供图）

功夫佛山锦标赛、广东省武术精英大赛、广东省武术套路（传统项目）锦标赛等武术赛事和活动。

（方斌武）

竞技体育

【概况】 2018 年，佛山市达到一级运动员水平 78 人，达到二级运动员水平 287 人；输送省体工队、省体校集训队员 22 人；输送省体工队 4 人，被省体校吸收 11 人。佛山运动员参加世界大赛共获第一名 6 个、第二名 7 个、第三名 3 个、第四名 5 个、第五名 1 个、第六名 1 个、第七名 3 个。参加全国赛共获第一名 29 个、第二名 36 个、第三名 24 个。陈清晨参加第十八届亚运会羽毛球比赛获女子双打第一名、团体第二名的优异成绩，马健良参加世界北美杯雪车大赛获双人雪车第四名、四人雪车第七名，实现佛山市冬季项目“零”的突破。

【佛山代表团参加第十五届广东省运动会】 2018 年 8 月，第十五届广东省运动会在肇庆市举行，佛山市体育代表团派出 1142 名运动员（竞技体育组 891 人、学校体育组 251 人）参加竞技体育组 24 个大项 478 个小项和学校体育组 9 个大项 156 小项比赛，共获 38 枚金牌、47 枚银牌、55 枚铜牌，总分 6977 分，获省运团体总分奖第五名。其中，竞技体育组获 18 枚金牌、34 枚银牌、36 枚铜牌，总分 4528.9 分（排全省第五名）。佛山市获地市级体育突出贡献奖（第三名），顺德区、南海区分别获县（区）级体育突出贡献奖第二名、第十一名，佛山代表团获代表团体育道德风尚奖。

【2019 年国际篮联篮球世界杯筹备工作】 2018 年，佛山市按照 2019 年国际篮联篮球世界杯组委会架构，成立 2019 年国际篮联篮球世界杯佛山赛区组委会。佛山赛区的比赛主场馆——佛山国际体育文化演艺馆顺利落成，并于 12 月 2 日举行启动仪式，同时举行亚洲区预选赛中国队与黎巴嫩队的比赛。佛山市举行倒计时一周年倒计时钟揭幕，举办国际篮联 U16 亚洲男篮锦标赛、国青女篮国际邀请赛、MINI 世界杯（佛山赛区）、佛山赛区形象大使遴选等赛事和活动，以及承办 2019 年国际篮联篮球世界杯广东赛区技术统计、记录台技术官员培训班和第四次联合管理委员会会议和组委会会议。佛山市还对接、协调好国际篮联和组委会工作组对佛山市场馆保障、电视转播、信息技术、市场推广等方面考察工作，完成接待酒店的信息模板收集工作。

（黎　康）

2018 年 11 月 13—19 日，2018 年亚洲龙舟锦标赛在顺德区顺峰公园桂畔湖举行

（市文广旅体局供图）

链接

佛山参加 2018 年雅加达亚运会
运动员、项目、成绩

竞技组：

1. 羽毛球：女运动员：陈清晨　陈清晨 / 贾一凡：羽毛球女子双打冠军
　　女子团体第二名

2. 田径：女运动员：梁　诺　女子 4×400 米接力 3 分 33 秒 72 获第四名
　　男运动员：卢志权　男子 4×400 米接力 3 分 07 秒 16 获第六名

3. 水球：男运动员：梁念祥　第四名

4. 棒球：男运动员：邢　闯　第四名

5. 射击：女运动员：姚雨诗　女子 25 米手枪资格赛，578 环排名第十二名

6. 皮划艇静水：男运动员：郑鹏飞 男子单人划艇 1000 米决赛

群众项目：

7. 男子龙舟：1 金（200 米竞速）1 银（500 米竞速）1 个第四名（1000 米竞速）

8. 女子龙舟：1 金（200 米竞速）1 银（500 米竞速）

体育产业

【体育竞赛】 2018年，佛山市承办欧洲高尔夫挑战巡回赛佛山公开赛、2019年国际篮联篮球世界杯亚洲区预选赛（中国—黎巴嫩）、中国足球协会国际女足锦标赛、亚洲龙舟锦标赛等20多项国际、全国体育赛事，体育竞赛表演蓬勃发展，成为佛山体育产业的亮点。

2018年中国足球协会国际女子足球锦标赛1月19—23日在佛山世纪莲体育中心举行，中国、泰国、越南、哥伦比亚4支队伍参赛。中国女足4∶0胜越南女足、2∶1胜泰国女足、2∶0胜哥伦比亚女足，以三战全胜成绩蝉联冠军。

2018年欧洲高尔夫球挑战巡回赛佛山公开赛10月18—21日在佛山高尔夫球会举办。法国球员维克多·佩雷兹战胜苏格兰球员罗伯特·麦金太尔，以269杆的成绩获2018年佛山公开赛冠军，获8万美金冠军奖金。中国山东省球员罗学文在比赛中表现最佳，获“最佳球员奖”。

第十三届亚洲龙舟锦标赛11月13—19日在佛山市顺德区顺峰公园桂畔湖举行，来自澳大利亚、印度尼西亚、伊朗及中国等的10支代表队参赛。佛山龙舟代表中国出征取得9金3银的优异成绩。

2019年国际篮联篮球世界杯亚洲区预选赛（佛山赛区）中国队对黎巴嫩队的比赛2018年12月2日在佛山国际文化演艺馆举行。中国队以72比52胜黎巴嫩队。

佛山市岭南明珠体育馆航拍图 （陈志辉摄）

【“体育+”发展模式】 2018年，佛山市探索“体育+旅游”“体育+文化”“体育+科技”等发展模式。建设或推进一批富有特色的“体育+旅游”体育休闲基地，包括佛山新城滨河体育公园、西樵武术影视基地、千灯湖运动休闲中心、九江龙舟运动基地、中联黄飞鸿龙狮基地、顺德区美的体育公园、高明沧江水上综合运动基地、中国武术散打职业联赛比赛训练基地、东洲鹿鸣体育特色小镇、美的鹭湖森林度假区、南丹山体育旅游示范基地、三水云东海体育休闲区等。举办系列“体育+旅游”赛事活动，包括南粤古驿道“广府印象小镇”·2018世界定向排位赛暨亚洲定向杯（广东·三水乐平站）、南粤古驿道·2018年全国新年登高健身大会（广东主会场）暨广东名山（西樵山）登山大赛、世界华人狮王争霸赛、全国南北狮王争霸赛等。

【体育场馆运营多元化发展】 2018年，佛山市体育场馆坚持社会效益、经济效益协调发展。世纪莲游泳馆、世纪莲体育场、佛山市体育馆、全民健身中心等体育场馆由市体育场馆中心运营，岭南明珠体育馆、顺德体育中心、高明体育中心等大型综合性体育场馆与专业体育场馆运营单位合作运营。世纪莲游泳馆、世纪莲体育场、佛山体育馆、全民健身中心全年服务市民超100万人次；岭南明珠体育馆举办政府大型公益活动、大型体育赛事、文艺演出、会议展览、企事业文化活动等100多场次，服务市民超65万人次；顺德体育中心举办政府公益活动、大型赛事活动、企事业文化活动等80多场次，服务市民超50万人次；高明体育中心举办体育活动44场次，服务市民36万人次，高明区体育场馆中心举办体育活动37场次，服务市民15万人次。

【体育彩票销售】 2018年，佛山全市体育彩票销售网点955个，从业人员近2000人。全市销售体育彩票17.46亿元，比上年增加3.98亿元，增长30.33%，销售任务完成126.77%，销售额排全省第四。全市体育彩票销售额中，禅城区3.50亿元、南海区5.57亿元、顺德区6.30亿元、高明区1.30亿元、三水区0.79亿元。全市体育彩票销售筹集公益金4.07亿元（市本级2405.92万元），比上年增加7945.8万元，增长24.23%，公益金筹集任务完成121.97%。全年体育彩票销售代扣个人所得税3256万元。

（孔祥胜）

社会民生

重点人群

【妇女儿童】 2018年，佛山市各类教育均衡优质发展，全市适龄儿童全部免费接受义务教育。全市在园幼儿30.40万人。学龄儿童入园率100%；小学在校学生58.01万人，小学毕业升学率100%。至年底，佛山市有妇女儿童权益维护工作站38个，“妇女之家”812个（含镇街道、村社区和工业园区等其他领域的“妇女之家”），村、社区儿童活动园地769个。

（莫宏谦）

【青年】 根据广东省统计局2015年调查数据，佛山市青年常住人口数（14～28周岁）为179.58万人。截至2018年底，佛山共青团团建系统覆盖团员203665人。是年，线上“青年之声”与线下“青年之家”实现全面融合，“青年之声”平台注册用户数逾31万，其中学生团员100%注册“青年之声”，移动端绑定率75%，有效访问量超过100万，有效提问量超过10万。通过线上线下的融合，协调解决青年问题，完善全过程处置机制，解决青年诉求，推动团属互联网建设。佛山共青团面向党政机关、事业单位、大型企业、500强企业、基层一线单位等开发高质量实（见）习、实训、兼职、正式招聘等优质岗位，通过微信公众号、自媒体、微博、报纸等展开宣传，在企业基层网点、青年文明号集体、机关事业单位等投放宣传展架和宣传手册，征集岗位4414个，共5000多学生参与。各区团委结合本地特色人才工作项目品牌，如禅城区“青年123”、南海区“英才计划”等，挖掘优质岗位。面向青年之家、各镇（街道）、村（社区）开发基层岗位，实现各类基层岗位开发数近1000个。佛山共青团结合用人单位需求，针对职场PPT设计与应用、活动策划及创意设计、职场沟通与人际关系、美学与职场形象等方面，对拟上岗实习生进行岗前职场培训共15场。联合佛山市人社局，在“佛山市人才网”开通“展翅见习基地专区”，实现“三个服务”服务平台。

（王　曦）

【老年人】 至2018年底，佛山市60岁以上户籍老人76.99万人，占户籍人口17.6%；80周岁以上老年人104617人，占老年人口的13.6%。全市养老机构77个，收养性床位37007张。全市150平方米以上社区居家养老设施332个。是年，佛山市社区居家养老服务机构基本设施总投入3691.28万元，政府为老人购买服务投入2982.22万元。全市平均养老金每月每人3200元（2018年8月底前到位）、城乡居民基本养老保险待遇人均每月220元。全市发放高龄津贴2683834人次，发放总额1.91亿元。全市家庭医生签约服务老年人签约覆盖率75.5%。全市65岁及以上老年人健康管理人数30.8万人，健康管理率64.26%。全市法律援助机构为老年人提供法律援助235人。佛山市举办第二届老年文化节活动，其中老年人运动会吸引近5000名老年体育爱好者参加、各类公益讲座惠及老年人2000多人次。10—11月，佛山市80多名运动员参加在韶关举办的广东省老年人体育健身大会，参加其中的广场舞、门球等6项比赛，获8个优胜（团体5个、个人3个）、14个优秀（团体5个、个人9个）等成绩。

（黄国添）

【残疾人】 2018年，佛山市残疾人22.36

2018年5月10日至12月28日，佛山市举办第二届老年文化节。图为该活动期间举行的乒乓球团体赛参加人员合影

（市老龄办供图）

万人。至年底，全市持二代残疾人证的残疾人6.7万人，就业年龄段残疾人2.95万人（其中一、二级1.1万人，三、四级1.8万人），已就业1.1万人，新增就业746人；培训1514人次，新增培训479人。历年累计培训5481人。2018年度，佛山市有康复服务需求的残疾人7987人，得到康复服务残疾人7478人，残疾人基本康复服务覆盖率93.63%。

（吴新来）

民族·宗教

·民族事务·

【民族概况】（详见89页《民族》）

【佛山组团参加广东省第六届少数民族传统体育运动会】 2018年9月，佛山市组成来自21个少数民族的250多名运动员的代表团，参加在清远市连南瑶族自治县举行的广东省第六届少数民族传统体育运动会的12个竞赛项目和2个表演项目的比赛。夺得金牌7枚、团体总分二等奖（第四名）的成绩，并获“优秀组织奖”和“体育道德风尚奖”。

【民族团结进步创建活动】 2018年，佛山市通过以编印派发“团结一心、携手共进”宣传邮册为基本形式，以“民族历史文化”为主题，以举办“贺中秋、迎国庆”“民族团结一家亲，携手奋进新时代”“第二十七届中国金鸡百花电影节少数民族电影展”等活动为载体，开展民族团结进步宣传教育，促进各民族交流交往交融。是年，佛山市实验中学等3所学校成为全省民族团结进步创建活动进校园先进单位，在全省民族团结进步创建活动进学校经验交流会上作经验介绍。

·宗教事务·

【宗教概况】（详见89页《宗教》）

【宗教活动场所规范化管理】 2018年，佛山市宗教事务部门印发《佛山市宗教活动场所规范化管理实施办法（试行）》，促进宗教活动场所完善各项规章制度，提升宗教活动场所规范化管理水平。经报市政府批准，理顺仁寿寺改造提升工程建设管理体制，将工程建设指挥部的职能移交给仁寿寺。

【佛教道教商业化问题治理工作】 2018年，佛山市宗教事务部门贯彻落实国家宗教局、中央宣传部、中央统战部等12部委《关于进一步治理佛教道教商业化问题的若干意见》，调研佛教道教场所商业化情况，形成《佛山市佛教道教商业化问题调研报告》，向市委常委会作专题汇报。开展佛教道教商业化的治理工作，纠正商业资本介入宗教场所建设的行为，理顺南海西樵山宝峰寺、南海观音寺和顺德龙江紫云阁等佛教活动场所的管理体制，把管理权和使用权移交给佛教界管理；西樵山“南海观音文化苑”景区和“三水大佛”景区分别移交给宝峰寺和本焕寺管理。

【宗教事务行政管理事项的规范】 2018年，佛山市民族宗教局结合学习贯彻新修订《宗教事务条例》，根据《广东省行政许可监督管理条例》和《佛山市权责清单监督管理办法》，对8项行政许可类事项、5项依申请类事项、11项依职权类事项进行清理，优化和规范审批流程，并上网公示。加强行政执法能力建设，对行政执法文书格式、行政检查及行政处罚流程等进行规范。聘请公职律师担任局法律顾问，为依法管理民族宗教事务、保护民族宗教界合法权益提供法律服务。

【宗教团体建设】 2018年，佛山市宗教事务部门组织宗教界开展以“中华人民共和国国旗进场所、宪法和法律法规进场所、社会主义核心价值观进场所、中华传统优秀文化进场所”为主要内容的“四进”活动，推动宗教界继承和发扬爱国爱教的优良传统，自觉做引领宗教中国化方向的先行者、社会主义核心价值观的积极倡导者和传播者。举办培训班或讲座22场次，开展“我读宪法”活动9场次，通过讲经讲道宣传66场次。11月17日，佛山市天主教爱国会召开第二次代表会议，选举产生新一届班子成员。

【宗教界社会服务】 2018年，佛山市各级民族宗教部门支持宗教界发挥自身优势，开展公益慈善活动，帮助社会弱势群体改善生活，为促进社会和谐作出贡献。“630广东扶贫济困日”活动期间，全市宗教界捐赠金额100多万元、物资11万元。是年，仁寿寺全年捐送物资约45万元，开展慈善活动108场，共惠及人数4.3万人次。

（顾　楠）

人力资源

【概况】 2018年，佛山市各类人才总量149.4万人，其中专业技术人才49.9万人、技能人才78.5万人。佛山市设有博士后科研工作站61个，博士后科研工作站分站和博士后创新实践基地49个，设站总数在全国地级市中位居前列。全年招录公务员307人，成功报考佛山市公务员职位考试人数19969人，305名考生入围体检。公开招聘事业单位工作人员70人、事业单位雇员15人。佛山市妥善接收安置军转干部310人，比上年增长12%。

【公务员管理】 2018年，佛山市报考佛山公务员职位考试人数19969人，比上年减少2454人，报考人数为广东省各地级市中最多。经过公务员笔试后，1000名考生进资格审核、体能测试环节，866名考生进入公务员考录面试，305名考生入围体检。

公务员制度改革　市人社部门组织开展环保、劳监、盐业行政执法体制相关涉改人员的考试、培训和录用工作，确保改革工作有序推进。开展佛山市公安系统的警察职务序列改革的套改和首次晋升工作，与市公安局、市委组织部、市财政局等相关部门合作，遵循国家人民警察分类管理制度，按照综合管理、执法勤务以及警务技术的分类标准，对人民警察的职位类别和职务序列实行分类管理，合理确定警官、警员、警务技术职务层次，科学设置职务职数比例。

公务员任免　市人社部门全年提请人大审议任免6人次，办理政府部门领导任免49人次、科级任职155人次、调任转任136人次、公务员登记804人次。

公务员培训　市人社部门以佛山市行政学院为培训主阵地，将公务员培训计划纳入佛山市干部培训主体班次计划。举办初任培训班4期，培训新录用公务员295人；在职培训班4期，273人参加培训；举办科级任职3期培训班，参训人数共189人；举办军转干部培训班3期，265名军队转业干部参加；联同佛山市纪委和市委组织部共同组织佛山市新入职公务员分期分批前往市廉政教育培训中心进行廉政教育培训，学习党纪政纪条规和国家法律法规，开展现场警示教育和廉政文化活动等，全年协调组织12期培训班共468人次参加廉政教育培训。

【事业单位人事管理】 2018年，佛山市人社系统组织开展市直事业单位公开招聘1次，参加公开招聘的单位30个，招聘岗位76个，公开招聘事业单位工作人员70人。公开招聘事业单位雇员15人，报名3062人，应考1755人，到考1508人，到考率86%。调整事业单位岗位设置21个，办理事业单位岗位变动917人次。

事业单位管理简政放权　对接佛科院人才发展战略，落实高校用人自主权，为人才供给减负松绑，对佛科院急需引进的高层次、短缺专业人才，具有高级专业技术职务或博士学位的人员，给予采取直接考核方式招聘的政策待遇。同意佛科院在规定的人员总量内自主设置除专业技术高级岗以外的其他专技岗位比例，支持佛科院开展二次岗位聘任工作，协助佛科院加快推进岗位聘任工作的速度。优化服务，促进高校内涵式发展，配合佛科院加强宣传工作，扩大佛科院的影响力，提高招才引智的效果。协助佛科院扩大高层次紧缺人才招聘范围。

职称制度改革　指导佛山市市属高校落实高等教育等专业职称自主评审相关工作，指导和协调美的、海天、蒙娜丽莎等三家大型企业研究制订本单位主体系列专业职称自主评审办法和标准。

佛山市评委会评审组织工作　会同相关行业组织、行业主管部门组织开展职称申报政策宣讲会24场，参加培训专技人才超过3000人次。截至12月底，佛山市各级评委会评审工作基本完成。

职称服务管理　将市直专技人才继续教育学习情况审核工作服务前移，由市人力资源公共服务中心承接日常咨询及审核工作，设置佛山市市直非公组织专业技术人才职称申报受理点，以及其他职称业务窗口服务点，进一步方便专业技术人才职称申报及日常业务办理。配合佛高区设置专业技术人才职称服务管理绿色通道。

公立医院薪酬制度改革试点　制定《佛山市公立医院薪酬制度改革试点工作实施方案》《佛山市公立医院薪酬制度改革试点实施细则（试行）》，部署各区、各市直医院有序开展工作。

传媒系统事业单位薪酬制度改革　对传媒系统的薪酬水平、结构调研摸底，提高传媒行业对事业单位绩效工资制度的认识，引导制定薪酬方案。

【人事考试软硬件配套】 2018年，佛山市继续提升和完善人事考试定点考场的软硬件配套，加强人事考试工作人员纪律教育，提升人事考试工作人员业务水平，佛山市50%人事考试签约考点实现全程电子监控，尚未安装电子监控系统的签约考点也在按计划进行立项安装。在佛山开放大学、佛山市第三中学初中部等6间定点考场安装监控服务器。

【人才引进与交流】 2018年，佛山市人社系统贯彻落实《中共佛山市委关于印发〈佛山市人才发展体制机制改革实施意见〉的通知》，市人社局牵头起草并印发实施《佛山市新引进领军人才安家补贴工作实施细则》《佛山市新引进高级职称专业技术人才安家补贴工作实施细则》《佛山市新引进博士博士后、进站博士后和新建博士后载体扶持工作实施细则》《佛山市新引进中初级人才租房补贴工作实施细则》《佛山市人才举荐工作实施细则》，全年发放人才扶持资金约1300万元。佛山市各类人才总量达149.4万人，其中专业技术人才49.9万人、技能人才78.5万人。佛山市设有博士后科研工作站61个、博士后科研工作站分站和博士后创新实践基地49个，设站总数在全国地级市中位居前列。

人才激励　市人社局总结以往专家评选经验，重新修订评选方案，组建评审专家组，经过人选申报、人选考核、专家组量化评审、领导审核、公示等评选程序推荐候选人5人。最终3人入选"享受政府特殊津贴人员"。

国际人才引进　4月，以第十六届中国国际人才交流大会为契机，宣传佛山城市环境、人才政策、科技产业、人才载体、引智成果和城市发展规划，展示佛山优势，加快海外人才向佛山聚集。达成人才合作意向20项，与80多个人力资源机构建立长期合作关系，招募高端人才160余人。5月，白俄罗斯国立工业大学、白俄罗斯国立技术大学等8位专家一行访问佛山，达成离岸科技孵化器、高端实验室建设等合作50

2018年7月16—20日，佛山市举办"魅力佛山行"2018年全国部分高校师生体验营活动

（市人社局供图）

余项。9月，市人社系统协助季华实验室分别在东北四所高校举办四场招聘宣讲会，吸引300余名博士及博士后参加。12月，佛山市近150名代表参加2018中国海外人才交流大会暨第二十届中国留学人员广州科技交流会，宣传推介佛山人才发展环境，初步达成人才项目对接意向超100项。

海外人才驿站　在香港、巴黎、东京、多伦多、硅谷、华盛顿、马德里、纽约、汉诺威等地设立20余个海外留学及高层次人才联络引进工作站（含省共享的海外联络站）。精准推送招聘信息、定期发布政策文件、开展海外联谊会等多种形式主动联系和服务海外学子，牵线助推华侨华人科技团体与佛山市高等院校、企业合作建设产业开发研究院和人才引进点。

博士后工作　佛山市广工大数控装备协同创新研究院、广东万昌印刷包装股份有限公司获人社部批准设立博士后科研工作站，佛山市各建站单位博士后进站29人。至年底，在站博士后研究人员83人，从事博士后课题研究项目83个。

【外国人来华工作许可】 2018年，佛山市人社系统严格按照《关于全面实施外国人来华工作许可制度的通知》落实外国人来华工作政策。全年人社系统办证业务1694人次，其中外国人来华工作许可通知480人、外国人来华工作许可证144人、延期677人，有效推动外国人来粤工作管理服务体系建设。

【国内高校人才驿站建设】 2018年，佛山市在浙江大学、西安交通大学、华南理工大学分别设立东部、西部、南部人才驿站，至此，“东西南北中”5个国内高校人才驿站的建设目标完成（2017年佛山市已在武汉大学、吉林大学分别设立中部、北部人才驿站）。依托人才驿站辐射带动作用，推动与所在区域院校在毕业生就业、高层次人才交流、高新技术人才服务、创新创业、高校人才实习基地、学术研究交流等方面建立长期性的深度合作机制。已与全国约200家院校建立人才合作关系，提前完成佛山市人社品牌三年行动计划的目标任务。是年7月，是人社局承办“魅力佛山行”2018年全国部分高校师生体验营活动。其间，全国30所高校的师生代表150人到佛山，亲身体验佛山的产业发展、历史人文、城市形象、人才发展环境。

【高层次人才服务专区建设】 2018年7月，佛山市高层次人才专区投入使用，成为高层次人才的互动交流平台和“一站式”服务平台。10月10日，佛山市委常委、市委组织部部长杨朝晖到市高层次人才服务专区参观调研，了解专区运作情况。至年底，专区开展活动20余场，参与人员近2000人次。是年，佛山各区有序推进高层次人才服务专区建设。其中，高明、三水、禅城高层次人才服务专区基本完成选点，南海、顺德高层次人才服务专区投入使用。

【佛山市“互联网+”公共就业人才服务平台建设】 2018年1月8日，佛山市“互联网+”公共就业人才服务平台上线毕业生接收模块，实现足不出户网上办理接收手续。2月全面启用智能化人力资源市场，实现全程无纸化、智能化求职招聘。自2018年第一季度起试行通过招聘求职系统对全市的人力资源市场职业供求数据进行智能统计，实现“一键智能生成”一市五区的月报、季报、年报统计报表。7月1日上线毕业生报到全程网办模块。佛山市“互联网+”公共就业人才服务平台依托“佛山人才网”涵盖就业失业管理、智能化招聘求职、毕业生“足不出户”办报到、人事档案预约、职业技能培训鉴定、“升值D图”、大数据统计分析、人才引进扶持等公共就业人才服务功能版块以及高新技术企业人才综合服务、校企合作、对口劳务帮扶等系列延伸服务平台，形成具有创新性、先进性的“佛山模式”。其中“在线智能化招聘市场”项目获评2018年度全国副省级城市、省会城市、地市政府网站“十大”优秀创新案例，以及2018年广东省电子政务优秀案例。

【“百所高校金融创新人才走进千灯湖”活动】 2018年12月1—3日，由广东金融高新区（以下称金融高新区）和中国青年报社共同主办的“百所高校金融创新人才走进千灯湖”活动在佛山市南海区千灯湖举行。活动以“金融新时代青年创未来”为主题。北京大学、清华大学、中国人民大学、复旦大学等综合类高校和中央财经大学、对外经济贸易大学、西南财经大学、上海财经大学等国内各地的超100所高校的400多名师生参加活动。38家广东金融高新区内的知名企业参加专场招聘会，提供近200个岗位超1600个招聘需求，岗位涉及银行、保险、证券的前后台机构，以及服务外包企业等。来自国内各地的10个优秀创业项目在千灯湖创投小镇青创论坛登台路演，争夺5个直通第六届“灯湖论剑”广东金融高新区“区块链+”金融科技创投大赛总决赛名额。该活动是广东金融高新区首次举办的大规模人才交流活动。

【人事档案管理】 2018年，佛山市依托“佛山人才网”开通个人、机构人事档案服务在线预约功能，提供出具存档证明、复印档案材料、提取档案等业务线上预约服务，实现办事人员线上预约，工作人员后台处理，现场凭身份证即来即取的高效办事模式。全年共为单位和存档人员提供各类人事档案公共服务3万多人次，其中接收人事档案13682份、转出人事档案5328份、档案资料归档1216份、借档案125人次、借档案资料312人次、查阅档案2682人次、复印档案资料816人次、出具证明322份、接待各类咨询1万多人次。

【“智能化人力资源市场管理系统项目”上线】 2018年2月，佛山市依托信息惠民系统建设的“智能化人力资源市场管理系统项目”上线。求职者通过“佛山人才网”“自助简历一体机”“佛山人才网微服务”微信服务号完成注册，通过线上线下融合，打通数据渠道，求职者和用人单位均无需准备纸质材料，轻松参加招聘会；通过政务数据共享，实现企业、个人基础信息校验，保证数据时效性和真实性；运用身份证实名认证、进场门闸精准识别、桌面机回收招聘数据等手段，更科学地收集、统计实时供求情况数据，以动态图表形式，在服务大厅的液晶大屏实时更新。该项目入选2018年广东省电子政务优秀案例。

【标准化人社线下实体服务平台建设】 2018年1月，佛山人社局印发《佛山市人力资源和社会保障局关于加强人力资源市场智能化应用的通知》，从基础设施建设、硬件设备配置等方面加快推进本地区的智能化人力资源市场建设，尽快建成市、区标准一致、互连互通的智能化人力资源市场。各区就业公共服务部门到市人力资源公共服务中心参观考察，市中心就各区申报立项提供建设方案及技术支持。至年底，禅城区、三水区、顺德区、南海区确认建设方案并计划2019年底完成建设，高明区拟立项申报2019年度计划。

（徐振珂）

劳动就业

【概况】 2018年，佛山市城镇新增就业8.6万人，失业人员实现再就业3.5万人，就业困难人员实现再就业6768人，均超额完成省人社厅下达的指标任务；年末城镇登记失业率2.36%，与上年基本持平，控制在3%的目标以内，就业形势总体稳定；本市生源应届高校毕业生就业率94%以上，其中“双困”高校毕业生就业率100%；促进创业12941人，带动就业32377人；审核发放创业担保贷款790笔，发放金额1.62亿元，额度位居全省前列；稳岗补贴单位3890个，佛山市初核稳岗补贴金额为2.06亿元。是年，佛山市全部技工院校在校生14577人。

【就业监控】 2018年4月起，按照国家人社部、省人社厅关于加强就业形势监测工作的要求和部署，佛山人社系统对75家重点出口企业进行动态监测，按月汇总统计报表，为各级部门决策提供依据。佛山市牵头协调部、省专项调研5场次，并于8月形成《关于中美经贸摩擦对佛山市就业形势影响情况分析报告》。

【高校毕业生就业创业】 2018年，佛山市贯彻落实促进高校毕业生就业的各项政策措施，开展有针对性的就业政策宣传、就业形势分析、就业咨询等活动，促进生源应届高校毕业生的就业。全市高校生源毕业生38545人。其中：理科毕业生16992人，占比44%；文科毕业生21553人，占比56%。是年，佛山本市生源应届高校毕业生就业率95.1%，“双困生”就业率达100%。全市发放部省市属高校毕业生就业创业补贴73.55万元，惠及毕业生535人。其中：发放求职创业补贴60.15万元，惠及毕业生401人；发放创业培训补贴13.4万元，惠及毕业生134人。

【春季招聘与就业服务】 2018年“三春”行动（特指“春运期间组织异地务工人员有序流动工作”、“春风行动”及“南粤春暖”就业服务系列活动3项工作）期间，佛山市各级公共就业服务机构共举办公益性招聘会300多场，2.2万家企业参与招聘，提供就业岗位32万个次，进场应聘的人数近35万人次。全市设立270多个咨询服务点，派发春风卡、就业优惠政策、劳动法律法规等相关宣传资料累计超过16万份。全年市、区、镇（街）公共就业人才服务机构共举办招聘会809场，累计参会单位约5万个，提供招聘岗位约56.5万个次，招聘人数约66.2万人次，入场总人数57.84万人次。组织缺工企业赴省内外劳动力主要输出地开展多场劳务对接招聘活动，帮助企业解决用工问题。

【就业困难人员就业】 2018年1月，佛山市开展就业援助月活动，各级人社部门走访1038户就业困难人员家庭，未发现零就业家庭；登记认定的未就业困难人员263人，其中残疾就业困难人员117人；帮助350名就业困难人员实现就业，其中残疾就业困难人员190人；帮助1258名就业困难人员享受相关扶持政策，辖区内招用就业困难人员并享受扶持政策的企业112家。5月，在全国助残日期间，佛山市举办2018年“就业帮扶，助残圆梦”系列公益性招聘会，组织发动51个用人单位参与活动，为残疾人提供445个就业岗位，招聘会进场人数700多人次，初步达成就业意向的有84人。

【对口凉山州劳务协作】 2018年，佛山市筛选出700多家企业近6万个优质岗位信息向凉山州发布。佛山人社部门分别在凉山州昭觉、金阳、美姑、雷波、盐源、甘洛、喜得、越西、布拖等地组织面向贫困劳动力的招聘会23场，参与招聘企业达293家，现场提供招聘岗位32653个，其中初步达成就业意向3700人。是年，佛山市先后出台《关于进一步做好接收凉山籍务工人员工作的通知》《关于做好接收凉山籍务工人员激励措施具体细则的通知》等系列文件，并设立1200万元的“对口凉山州劳务输出扶贫协作专项资金”，重点用于劳务协作交通补贴、信息化平台建设和职业技能教育，开创了东西部劳务协作的“佛凉模式”。佛山接收凉山籍务工人员6758人，完成原定计划的

2018年2月26日，佛山市举办新春首场招聘会——“佛山市高新技术企业暨应届高校毕业生专场洽谈招聘会”

（市人社局供图）

122.9%（2018 年计划接收 5500 人，超额接收 1258 人）。就业满 3 个月以上的凉山籍务工人员共 1291 人，其中建档立卡户 937 人。市人社局结合佛山市与凉山州实际情况，依托信息惠民系统，建设“对口凉山劳务协作就业服务扶贫平台项目”。至年底，该平台完成软件部分采购流程，硬件部分也得到佛山市政府批复。

【创业带动就业】 2018 年，佛山市促进创业人数 12941 人，带动就业 32377 人，完成省下达指标 205.41%；发放创业担保贷款 790 笔，发放金额 1.62 亿元。广东省第二批省级区域性（特色性）创业孵化基地——佛山市创业孵化示范基地开园，提出“佛山 0757 赋能孵化平台”和“111 智慧孵化系统工程”的概念，引领建设“1 + 5 + N”（“1”是指以佛山创业孵化示范基地为核心，对佛山市内五区的创业孵化基地和创业孵化园起到示范、引领和带动的优良作用；“5”是指佛山五区分别建设一个产业优势明显、区位差异化定位、产业优势互补的区域重点示范基地；“N”是按照社会化力量为主，形式多样的众创空间，形成全程创新创业网络，形成新的创新创业活力区）创业孵化基地群，开启“创业佛山”大格局。评选新增市级示范性创业孵化基地 3 个。至年底，佛山市有由人社部门主导建设或认定的孵化基地 63 个，累计进驻企业 6517 家，累计带动就业超 5 万人。全国“双创周”期间，佛山人社系统开展佛山市第四届双创活动周系列活动，将“双创周”升级打造为“双创月”（为全省首创），举办联动园区、高校、企业的系列双创活动，实现双创工作“上接天线，下接地气”。“佛山市创业孵化示范基地总部”建设完成并开园，进驻率 70% 以上，引进一批高层次科研创新创业团队。全年选出佛山市优秀创业项目 25 个，并给予 5 万至 20 万不等的资助，合共发放 250 万元。举办广东省第 141 期创业培训师资班，培训 SYB 创业培训师 21 人，创业培训师资队伍在数量和质量上都取得较大的提升。

【职业技能竞赛】 2018 年，佛山人社局组织开展市级以上职业技能竞赛项目 19 个，涵盖焊工、汽车维修工、铣工等 19 个职业（工种）。其中，省级二类竞赛包括汽车维修工、陶瓷工艺师、高压线路带电检修工和清障车操作技能 4 个职业（工种），市级一类、市级二类竞赛项目 15 个。全年完成陶瓷工艺师、焊工、高压线路带电检修工等 19 项职业技能竞赛的协调组织实施工作，有超过 1000 名职工报名参赛。通过组织竞赛活动评选出 107 名优秀选手由佛山人社局授予“佛山市技术能手”称号。省级竞赛项目有 20 名优秀选手被省人社厅授予“广东省技术能手”称号。6 月，佛山市 30 名行业精英获评第二届“佛山·大城工匠”，市人力资源部门密切配合宣传工作并落实发放每人 2 万元工资外津贴。

【“粤菜师傅”工程】 2018 年，佛山市成立全省首家厨师学院——顺德厨师学院建设。顺德厨师学院独创“厨师精准扶贫定向班”“凉山州定向班”，至年底，已面向佛山市对口扶贫的凉山、雷州、徐闻、云浮等地招收学生共 66 人。12 月，佛山市出台《佛山市“粤菜师傅”工程实施方案》，启动实施“粤菜师傅”工程的相关工作，成立市内首家“粤菜师傅大师工作室”——黄炽华粤菜师傅大师工作室。年底，市人力资源和社会保障局举办“佛山市中式烹饪师职业技能竞赛暨首届粤港澳大湾区粤菜师傅”职业技能竞赛选拔赛，派出 3 名优秀选手参加首届粤港澳比赛。

【人力资源服务业】 至 2018 年底，佛山市人力资源服务企业和机构总数达 300 家。是年，佛山市人力资源服务产业园（西园、东园）引进国内外行业百强机构超过 3 个，为制造业、金融高新服务业等定制人力资源服务，创造产值超 2 亿元。市人社局牵头起草《佛山市关于加快发展人力资源服务业的实施意见》《佛山市人力资源服务产业发展专项资金管理办法》，推动佛山市人力资源服务业发展。

【随军家属就业安置】 2018 年，佛山市随军家属共需安置 35 人，其中随军前为在编在岗公务员家属 12 人（户籍地为禅城区 3 人、南海区 6 人、顺德区 1 人、高明区 2 人），随军前为事业单位在编人员家属 22 人（户籍地为禅城区 10 人、南海区 6 人、高明区 1 人、三水区 5 人），随军前是国企单位人员家属 1 人（南海区）。至年底，全部下达安置任务，完成具体安置工作。

【和谐劳动关系示范区创建活动】 2018 年，佛山市通过挑选劳动关系基础较好的工业园区、村（社区）作为创建单位，以 10 人以上的企业作为创建主体，开展和谐劳动关系示范区创建工作。全市参加该活动企业 20444 家，涉及职工 1145281 人，覆盖工业园 99 个、村（社区）344 个。创建活动中，制定包括规范用工流程图、员工入职申请表、广东省劳动合同范本、佛山市劳动合同范本、企业集体合同范本、企业规章制度范本等企业用工管理方面 12 个范本，涵盖从员工入职到离职的全部流程，推动企业规范用工管理。

【最低工资标准调整】 从 2018 年 7 月 1 日起，佛山市企业职工最低工资标准由 1510 元 / 月调整为 1720 元 / 月；非全日制职工小时最低工资标准由 14.4 元 / 小时调整为 16.4 元 / 小时，上调幅度为 13.9%。是年，佛山市完成人社部，省人社厅共 928 家薪酬调查样本企业的数据填报、审核工作，最终形成佛山市 2018 年人力资源市场指导价位。

【劳动监察】 2018 年，佛山市各级人社部门检查用人单位 18008 个；调解劳资纠纷案件 6153 件，结案 771 件，其中欠薪案件 611 件（占 79.1%）、订立和解除劳动合同案件 84 件，为 1.4 万名劳动者追发工资等待遇涉及金额 1.8 亿元。未发生 30 人以上群体性劳资纠纷事件。年度治欠保支工作目标基本完成，劳资关系整体平稳可控，全年没有发生欠薪引发的群体性事件和极端事件。

劳动保障监察预警分析系统建设 完成分析系统的软件开发和硬件建设，预警分析系统能够完善综合采集信息、定期隐患排查、分级分类预警、及时化解风险、定期分析研判的欠薪预警工作机制，实现信息化自动预警。实现对佛山市劳动保障监察的动态分析。

《佛山市政府投资建设工程农民工

工资支付管理暂行办法》出台 该暂行办法明确相关部门在政府投资建设工程领域欠薪治理工作职责；对政府投资建设工程投标资格和发包、承包作出规定；建立实名制管理系统加强用工管理；规定设立工资专用账户，分账管理的支付新要求；扩大保障工资支付人员范围。

【人社法规建设】 2018年，佛山市完成人社部门权责清单（2017版）更新工作。及时向市编办申请权责清单动态调整，新增事项7项、取消事项12项、调整事项4项，确保有关目录内容准确。市人社部门2017年版的权责清单通用目录按时发布，共涉及市、区人社部门职权事项310项。开展佛山市人社局规范性文件清理评估工作，对有效期届满的46份规范性文件评估清理。对《佛山市政务服务体系审批服务事项暨“一网通办”服务事项通用指导目录（2017年版）》相关事项的标准化数据进行调整，调整涉及44个事项的事项名称、事项依据等56项标准化要素。共处理网络发言人平台问题办件643件，其中问题比较集中的主要有社保经办问题229个、劳动关系问题97个、职称评审问题74个、医疗保险政策问题26个、养老科25个、人才服务问题22个、公务员招录问题19个、培训就业问题12个。

人社系统行政执法案卷评查 组织五区人社部门开展2018年行政执法案卷评查培训，规范人社系统行政执法案卷标准。促进全市人社系统行政执法水平整体提升，基本做到主体合法、程序合法、标准合法，文书书写基本规范、卷内材料排列有序，装订整齐。

人社业务“一门式”服务大厅建设 7月，市人社局、市社保局需要现场办理的审批服务全面进驻佛山市人社局一楼服务大厅。服务大厅参照“一号一窗一网”政务服务标准体系建设，设置自助服务区和等待区，为办事群众提供舒适便捷的政务服务环境。服务大厅全年服务1276人次，其中通过一窗办理的业务量为394人次，其余专窗业务量为882人次。全年大厅服务零投诉。

劳动法规宣传 在佛山市区各街道人流多的户外公交站投放劳动法普法宣传广告。组织普法宣讲会共12场，对佛山市内技工及职业学（院）校应届毕业生与职业培训机构参培人员进行普法宣讲，普及《中华人民共和国劳动法》《劳动合同法》等人力资源社会保障法律常识。

【佛山市技工教育集团正式成立】 2018年6月5日，由市人社局牵头，联合市财政局、市发改局、市经信局等9个市直机关和全市技工院校、行业、企业、科研院所等单位组建的佛山市技工教育集团正式成立。佛山市成为全省首个成立技工教育集团的地级市。市技工教育集团将实施技工教育“2357”工程，培养大批支撑佛山市产业发展的高技能人才。市技工教育集团是个跨地区、跨行业、多层次、综合性技工教育技能人才培养联合体。成立市技工教育集团，旨在通过集团化办学实践，创新技工教育办学体制和运行机制，提升技工院校人才培养能力，增强技工院校办学活力，进一步密切校企深度合作，为佛山市发展提供坚实的高技能人才支撑。集团首批成员包括7个行业组织、48家企业、21所技工（职业培训）院校和1家科研院所。

【佛山市首个国家级高技能公共培训基地】 2018年12月，佛山市南海技师学院被人力资源社会保障部和财政部备案为2018年国家级高技能人才培训基地，成为佛山市首个国家级高技能公共培训基地。2月，佛山市南海技师学院管理权限正式移交市直管理。学院由主校区和培训中心两部分组成，主校区位于佛山国家高新技术产业开发区，占地28.4万平方米，建筑面积17万平方米。学院有学生2564人。学院设有汽车工程系、装备制造系、智能生产系、应用设计系、现代服务系，涵盖了工业机器人应用维护、3D打印技术应用、数控加工、机电一体化、汽车维修、工业设计、室内设计、电子商务等20多个面向高端装备制造业、战略性新兴产业、高新技术产业、现代服务业的专业。学院拥有专职教师215人，其中高级专业技术职称教师70人，中级专业技术职称教师106人，技师、高级技师130人。教师中有1人获“全国五一劳动奖章”、1人获“广东省五一劳动奖章”、8人获“全国技术能手”称号、12人获“广东省技术能手”称号、1人获“南粤技术能手”称号、2人获“广东省人社系统金牌教练”称号、2人获“佛山·大城工匠”称号、4人获“佛山市技术能手”、11人被评为“佛山市突出贡献高技能人才”，其中，杨珍老师是第十三届全国人大代表，正高级讲师、广东省人社系统金牌教练及“佛山·大城工匠”。

【佛山市第四届双创周系列活动】 2018年10—11月，“创响佛山·创启未来”——佛山市第四届双创周系列活动举行。将“双创周”打造升级为“双创月”，共举办包括佛山市创业孵化示范基地开园仪式、“1+5+N”创业孵化基地群建设发布、创业孵化基地联盟建设启动仪式、双创产业赋能平台发布等18项活动。佛山市第四届双创周系列活动共包括各类社会团体、海外机构、企业代表、高校和技工院校代表等50多个机构2500人参与活动。其中佛山市创业孵化示范基地结合佛山产业发展规划，紧扣粤港澳大湾区的发展格局，坚持创业创新为主导，构筑佛山0757赋能孵化平台，导入111智慧孵化系统工程，制定“创新引领、引才聚力，产业赋能，辐射带动”战略，重点引进产业赋能型平台企业及多层次的金融机构，注重发挥基地的示范引领和辐射带动作用，引领佛山形成独具特色的“1+5+N”的双创孵化载体协同发展的格局。

【佛山市创业孵化示范基地开园】 2018年10月30日，佛山市第四届双创周系列活动暨佛山市创业孵化示范基地开园仪式在佛山市禅城区智慧新城举行。该基地定位为“示范引领 双创升级”和“辐射带动 产业赋能”，即通过“1+5+N”（“1”指佛山市创业孵化示范基地，“5”指佛山五个区，“N”指社会化力量）体系辐射区域产业集群。为把基地合力打造创业生态链条，加快建设“创业孵化”“智慧平台”“模拟实训”“创业辅导”“产学研合作”“创业融资”六大创业服务平台。基地开园仪式后还举行佛山市创业孵化示范基地与合作机构、入驻项目等的签约仪式。共有6个项目、

7个机构完成现场签约。

（徐振珂）

社会保障

·社会保险·

【概况】 2018年，佛山市社保部门围绕《打造惠民社保品牌 提升社保经办管理服务三年行动计划》中心工作，推进构建多层次社会保障体系，提高保障和改善民生水平，优化社保经办服务，强化基金管理。至年底，全市职工养老（含机关）、医疗、失业、工伤和生育保险参保人数分别达425.50万人、546.60万人、263.99万人、264.71万人、264.38万人，城乡居民养老参保人数（含全征地）54.41万人。各险种基金收入518.86亿元，比上年增长18.4%；支出403.27亿元，当期结余115.59亿元，累计结余877.38亿元、增长15.2%。

【养老保险】 至2018年底，佛山市参加基本养老保险479.91万人。其中，城镇职工基本养老保险（含离退休人员）参保人数425.50万人，较上年减少56.22万人；城乡居民养老保险参保人数54.41万人，减少2.22万人。全年职工基本养老保险基金收入339.13亿元，支出249.86亿元；全年城乡居民养老保险基金收入15.89亿元，支出16.03亿元。2月，佛山市社保部门完成近31万名城乡居保待遇享受人员基础养老金调升，人均增资40元，达220元/月。7月，佛山市社保部门完成近56万名企业退休人员的养老待遇调升，人均增资150元/月，达3200元/月。

【医疗保险】 至2018年底，佛山市基本医疗保险参保人数546.60万人，其中参加职工医疗保险324.65万人、居民医疗保险221.95万人。全年基本医疗保险基金总收入143.30亿元，支出113.32亿元。佛山市将恶性肿瘤（放疗）和恶性肿瘤（化疗、热疗）的门诊特定病种的基金支付限额标准（一年计）调整为8万元。从7月1日起，参保人患有恶性肿瘤疾病，在佛山市内指定定点医疗机构进行恶性肿瘤（放疗）、恶性肿瘤（化疗、热疗）门特病种治疗，需使用国家医保谈判药品目录中的15种药物，而就诊医疗机构出现药品短缺无法提供时，可选择在市内重特大疾病特殊药品补偿目录购药指定药店购买，发生的药品费用按照佛山基本医保的相关政策进行报销，从佛山基本医疗保险基金支出。

【失业保险】 至2018年底，佛山市参加失业保险人数263.99万人，比上年增长7.82%；全年失业保险基金收入6.62亿元，支出5.37亿元。年内两次调升失业保险金合计调升340元/月，达1548元/月，增幅达28%，增幅创历年之最。全年发放全市2016年度稳岗补贴7790万元，惠及企业3394家。

【工伤保险】 至2018年底，佛山市参加工伤保险人数264.71万人，比上年增长7.58%；全年工伤保险基金收入6.34亿元，支出5.28亿元。全年一次性工亡补助金调整到727920元、人均工伤伤残津贴调整到3216元，较上年分别调整增加55600元和210元。是年，佛山市继续实施工伤保险浮动费率征收，全年为企业减负2.2亿元。

【生育保险】 至2018年底，佛山市参加生育保险人数264.38万人，比上年增长7.78%；全年生育保险基金收入7.58亿元，支出13.43亿元。全市享受生育保险待遇14.04万人次，生育医疗费用5194.21元/人次、生育津贴14605元/人次，计划生育津贴2473.44元/人次。

【《打造惠民社保品牌 提升社保经办管理服务三年行动计划》印发和实施】 2018年3月，佛山市社保局印发《打造惠民社保品牌 提升社保经办管理服务三年行动计划》，提出推动26项重点任务，打造“惠民社保”“便民服务”“智能监管”“优质形象”“专业队伍”五大品牌，力争到2020年底建成全市统一规范、便民高效的社保公共服务新体系。佛山社保部门按行动计划，推进“打造惠民社保品牌 提升社保经办管理服务”行动取得成效。

惠民社保品牌 完成近90万名退休人员的养老待遇提升；继续实施工伤保险浮动费率征收以及发放失业保险待遇稳岗补贴，为企业减负近3亿元；从2018年1月1日起在全省率先实行住院基本医疗保险费用按病组分值付费改革；推进药品和医用耗材供应链改革，药品集中采购方面总体降价幅度为11.15%，医用耗材和检验试剂集中采购成交价格相对2016年集中采购的整

2018年9月27日，“社保伴民，无忧一生”——2018佛山惠民社保政策“五进”大型宣传活动暨启动仪式在顺德区万和新电气股份有限公司启动 （市社保局供图）

体产品价格平均降幅为21.77%，超额完成年初制定的产品价格降幅15%的目标；新增工伤协议医疗机构7家，辅助器具配置机构2家。

便民服务品牌　实施“解民忧 转作风”专项行动，确定160个依申请办理社保事项，其中，158项进驻广东省政务服务网实现网上办理，占比98.75%；网厅全流程办理事项（含全流程办理与原件核验，即零跑腿和1次跑腿）为140项，占比87.5%；精简材料312份，精简率28.16%；压缩时限1699工作日，压减率为48.1%。新增8个社保服务事项上线“I社保”APP,7项查询业务上线“粤省事”，实现办理社保事项“零跑腿”。数据共享进入“高速路”，实现横纵信息联通。市社保局印发《关于调整医疗、生育保险业务经办规定的通知》《关于进一步精简优化异地就医备案管理工作的通知》《关于调整工伤保险业务申办及经办有关规定的通知》等近10份简化、优化医疗、工伤、生育保险经办规程。禅城区社保局推行“九个办”（指一窗办、即时办、全城通办、跨部门办、上门办、手机上办、家门口办、自助办、网上办）改革创新举措，南海区社保局实施“窗口无否决权”（指窗口工作人员在接待办事群众咨询、服务对象申请诉求时，不能说“不行办不了”这样的话，必须作出有根有据、合情合理的解释，必要时由相关负责人向申请人作出答复解释，为申请人办成事提供帮助）便民服务改造升级。

智能监管品牌　加强信息监控技术，建立“制度+科技”风险防控模式，从完善制度建设、深化财务管理、加强内控监督、搭建智能监管平台、强化医保管理等方面，构建“五位一体”的社保大监管体系。建立社会保险新型金融网络综合服务平台、社会保险风险防控平台、全市定点医药机构管理系统；融合财务四大系统（社银、会计、报表、分析预测），打造社会保险基金智慧管理平台。

优质形象品牌　佛山市社保局在2017年度全市民生类市直单位绩效考核中排名第一，获2018年佛山口碑榜“市民满意服务单位”“互联网+服务最佳口碑单位”。“佛山社保”微信公众号被授评“佛山十大政务微信（服务号）”。

【“互联网+社保”应用】　2018年，佛山市社保局加快佛山社保有关应用程序（APP）建设力度。将跨省异地就医备案、跨区享受普通门诊待遇、居民医疗保险年度申报、失业资格待遇验证、相关社保业务办事指南等8个项目上线到“i社保”APP中；推进社保“粤省事”佛山专版上线，按照市“互联网+政务服务”及“一门式一网式”政府服务模式改革要求，包括社保缴费明细查询（五险）、医保个人账户划拨明细查询、养老保险待遇领取信息查询、失业保险待遇领取信息查询、工伤保险医疗费领取信息查询、生育医疗费结算信息查询、基本医疗费结算信息查询共7项查询业务上线“粤省事”微信小程序对外提供服务；深化人脸识别技术应用于养老待遇资格认证，通过手机APP、市民之窗进行刷脸认证8.6万人，占养老待遇资格认证总人数的11.92%，其中63563人通过刷脸认证，通过率达到73.82%。

【医保支付方式改革】　2018年，佛山市社保部门实施基本医疗保险住院医疗费用按病组分值付费的支付方式改革，实现病种全覆盖，覆盖的病种1.4万个；实现医院全覆盖，将全市104个有住院业务的医疗机构全部纳入按病组分值付费的管理体系；实现医保基金的有效付费，利用（疾病）诊断分类（DRGs）科学对住院病人按照疾病种类、严重程度、治疗手段等条件进行分组，从而达到精细化支付。

【药品和医用耗材供应链改革】　2018年，佛山市社保部门按照《佛山市公立医疗机构药品和医用耗材供应链改革方案》要求，配合做好药品和医用耗材供应链改革，推进药品和医用耗材“四统一”（统一管理、采购、结算、让利），搭建佛山市药品和医用耗材阳光集中采购管理服务平台，加强采购供应链全链条管理，降低采购成本。至年底，药品集中采购方面，2018年10月1日新标期开始执行，佛山市公立医疗机构采购额约12亿元，成交结果与上年佛山采购均值相比（低价药品与2018年全省成交均值相比），总体降价幅度为11.15%，其中议价谈判药品（含系统集中议价药品和面对面谈判药品）的平均降幅为18.45%。议价产品前50名，最高降幅92.35%，第50名降幅55.10%。医用耗材集中采购方面，9月按照新的成交结果进行交易，共120家医疗机构参与，该轮佛山市医用耗材和检验试剂集中采购成交价格相对2016年集中采购的整体产品价格平均降幅21.77%，超额完成2018年年初制定的产品价格降幅15%的目标。其中，重点关注医用耗材产品价格最高降幅60%，专机专用检验试剂产品价格最高降幅30%；在集中采购目录的19大类产品中，骨科材料类产品整体降幅为36%，人工关节类产品整体降幅为29%；在所有成交的324524个单品规产品中，有接近一半的产品是全国最低价。

【社保依法行政】　2018年，佛山市社保局对2017年权责清单的实施和监督管理情况进行全面的梳理，形成《2017年度权责清单实施和监督管理情况报告》；强化法制宣传，印发《普法责任清单》，及时组织各类法律知识学习；妥善处理信访，及时回应咨询，处理信访件31件，全市社保部门回复热线工单、网络发言人、书面信访等各类咨询近1.8万件；做好行政诉讼的应诉工作，处理2018年行政诉讼16宗。

【社保基金监管】　2018年，佛山市社保局制定《社会保险基金财务制度》，修订《统计岗位职责》《出纳岗位职责》《会计岗位职责》；禅城区社保局制定《社保业务经办风险管理制度（试行）》，基本建立起函证制度、第三方稽核、“五险一关”数据分析及定期内控检查在“事前、事中、事后”的风险防控体系框架；顺德区社保局编写《社保经办风险管理验收评估指标得分依据文件目录》，更新《业务风险防范手册》；高明区社保局编制《社会保险业务风险防控手册》，补充和完善《社会保险基金财务管理制度》《信息系统用户和权限管理制度》等8套管理制度。佛山市社保部门继续做好疑点数据核查、数据比对工作，完成人社部数据核查41309条、数据比对超过1万条；做好异地协查，以及到异地开展实地稽核工作；落实业务自查，全市共抽查业务档案资料超过18万份；落实专项监督检查，包括实施养老保险一次性补缴业务经办情况监督检查，配合做好工伤保险内部控制检查、省社保经办机构内控监督检查暨社会保险经办风险管理专项行动检查等。三水区社保局加强公安、法院合作，通过司法变卖欠款单位机器设备的方式，创新途径开展工伤先支付社保基金追偿工作。

【社保调研】 2018年，佛山市社保局印发《关于转变工作作风推动“深调研”真落实的指导意见》，建立常态化的调研工作机制。完成五大专题调研，形成《关于政务服务改革专题调研报告》《关于完善社保系统加强数据挖掘分析功能的调研报告》《关于“践行依法行政理念 树社保新作风新形象”专题调研报告》《破解难题补短板 着眼安全强功能——社会保险稽核工作专题调研报告》《病组分值促良性竞争，有效控费推支付改革——关于医保支付方式改革专题调研报告》专题报告。与社保领域权威机构广东省社会保险学会共同开展《立足新时代新起点，佛山社保如何走在全省前列》课题调研，形成《佛山市社会保险管理服务创新发展研究报告》。

（游剑波）

·社会救助·

【最低生活保障】 2018年，佛山市继续提高低保标准和补差水平。全市低保标准统一提高到每人980元/月，全市补差水平统一不低于每人560元/月。佛山市自2012年以来连续7年持续提高低保标准，增幅达128%。2018年12月，全市有低保对象7686户13134人，其中城镇低保对象2559户4383人、农村低保对象5127户8751人。全年发放低保救助金1.45亿元。

【特困人员供养】 2018年，佛山市提高特困人员供养标准。全市将农村五保供养、城镇“三无”人员救助等制度整合并完善为特困人员救助供养制度，特困人员供养标准按照不低于当地低保标准的1.6倍，且不低于各区现行特困人员供养标准来确定。是年，各区特困人员供养标准：禅城区每人2260元/月、南海区每人1924元/月、顺德区每人1995元/月、高明区和三水区每人1568元/月。2018年，全市有特困供养人员2613户2631人；全年共发放特困人员供养金6526.74万元。

【困难群众医疗救助】 2018年，佛山市将支出型贫困对象纳入医疗救助范围，提高低保对象、特困供养人员和低保临界对象住院二次医疗救助和市外就医的医疗救助报销比例，新增普通门诊医疗救助、门诊慢性病种医疗救助和支出型贫困医疗救助，完善医疗救助“一站式”结算系统服务，解决困难群众就医之忧。是年，全市救助74338人次，支付医疗救助金额5539.41万元。其中：门诊救助60826人次，支付救助金额792.07万元；住院医疗救助13512人次，支付救助金额4747.34万元。

【临时救助】 2018年，佛山市对遭遇突发事件、意外伤害、重大疾病或其他特殊原因导致基本生活陷入困境，其他社会救助制度暂时无法覆盖或救助之后基本生活暂时仍有困难的家庭和个人给予应急性、过渡性救助。并将救助对象扩大到持市内居住证的非本市户籍人员。全年共支出临时救助资金1228.94万元，救助4277人次。

【流浪乞讨人员救助】 2018年，佛山市依法依规抓好救助管理工作。4月，市民政局联合公安、城管部门制定《关于进一步加强我市城市流浪乞讨人员救助管理工作行动方案》并启动加强街面救助专项行动，各部门各尽其职，加强对流浪乞讨人员的救助管理，全市各部门派出工作人员上街巡查，巡查范围为各区主要街道、公园、车站、市场等区域，救助街面流浪人员。

流浪乞讨滞留人员安置保障 一是提升站内配套设施，加强安置配套服务。一方面，通过加装空调、排气扇，更换床单、被单、衣服等措施，全面提升站内硬件配套，改善通风、居住条件；另一方面，通过提高伙食标准、抽调医生定期巡查加强站内医疗保障，全面提升站内配套服务。二是强化站外安置机构的监督检查。安排专人定期对站外安置机构开展检查，确保各个机构运营资质到位，确保医疗护理服务到位，确保日常生活保障到位。

流浪乞讨滞留人员寻亲服务 1月，在全市范围内部署开展流浪乞讨滞留受助人员寻亲返乡专项行动，全市各级救助管理机构在确保100%向全国救助寻亲网推送滞留人员寻亲公告、100%书面报请公安机关提取滞留人员DNA信息的基础上，通过新闻APP、电视、报纸等方式发布寻亲公告，并主动协调公安机关开展指纹、掌纹、人像比对等科技寻亲服务，深挖细查寻亲线索。通过开展寻亲专项活动，全年成功送返333人。至年底，全市流浪乞讨滞留人员人数为642人。

开展“寒冬送温暖”专项救助行动 其间，各个救助单位均加强上街巡查的频率，加大救助的力度，建立区、镇（街道）、村（居）三级日常巡查制度和报告制度，对发现的流浪乞讨人员按照属地管理的原则实施救助并及时上报，确保流浪乞讨人员得到全方位而及时的救助。市救助管理站和各区民政部门联合公安、城管等职能部门开展街头巡查，将各辖区内的地下通道、繁华地段、车站、公园等地作为重点巡查区域，对发现的流浪乞讨人员给予劝导，引导他们到佛山市救助管理站接受救助，对确实不愿意进站的及时提供必要的御寒衣物和食物，帮助他们度过寒冬，防止出现冻死饿死现象。市受助人员托养中心项目于12月18日建成并投入使用。该中心拥有建筑面积1.38万平方米，床位450个的托养中心大楼。是年底，开始陆续接收新增救助对象入住。

【社会救助信息化建设】 2018年，佛山市社会救助信息平台正式上线运行，项目总投入约300万元。该平台打通社会救助部门之间，以及政府部门与社会组织之间的社会救助工作信息通道，形成市、区、镇（街）审批管理信息的无缝连接，实现社会救助工作信息化管理、多部门资源共享、大数据分析、辅助决策、主动发现救助、社会力量参与社会救助六大功能，提升多部门合力解决社会问题的效率和效能。建立移动工作平台及公众服务平台，方便基层民政工作人员采集困难群众家庭信息，在提升服务工作绩效的同时，为社会力量参与社会救助提供一个便捷权威的渠道，提升公众服务满意度。

【农村低保专项治理】2018年5月开始，佛山市民政局联合多部门开展全市农村低保工作中的腐败、作风和机制问题专项治理。由市民政局分管局领导和派驻民政局纪检监察组组长率领多部门组成的联合工作组，赴全市五个区开展2018年低保规范化建设督查暨农村低保专项治理工作。督查组到村（居）以不打招呼和随机抽取的方式，对辖区内的低保户进行入户访问，详细了解低保对象的生活状况以及基层民政工作人员落实政策情况、是否存在腐败问题、作风问题和存在“人情保、关系保、错保、漏保”等情况，查看低保证、发放救助金银行存折以及低保对象档案资料等。8月下旬，市民政局赴各区开展“回头看”督查，掌握各区存在问题整改落实情况，并继续了解各区低保政策开展情况及低保对象的生活现状。至年底，佛山市对在册城乡低保对象9516户16608人进行全面排查。其中：城镇低保对象2782户，4834人；农村低保对象6734户，11774人。佛山市暂未发现涉黑涉恶人员和“村霸”非法把持农村低保申请、民主评议等村级事务的问题；也未发现财政供养人员和村（居）委会干部、低保经办人员存在吃拿卡要、优亲厚友等违法违纪问题。

（陈　瑶）

·社会福利·

【老年人福利】2018年，佛山市起草《佛山市养老服务体系建设行动计划（2018—2020年）》，明确全市五个区的任务与分工，并多次召开市、区二级局长工作会议，就任务、分工进行研讨。力争到2020年，全面建成以居家为基础、社区为依托、机构为补充、医养相结合的社会养老服务体系。出台《佛山市养老服务对象评估工作实施办法》《关于印发公办养老机构入住评估轮候管理办法》，科学确定老年人服务需求类型、照料护理等级以及明确护理、养老服务等补贴领取资格等。对纳入重点评估的人群，免费给予评估、优先安排入住公办养老机构（市、区福利院）。

2018年7月16日，“感受佛山·快乐成长”职工子女夏令营活动在市工会职业技术学校和市工人文化宫举办　　（市总工会供图）

开展养老服务需求调研　在第一季度，市民政局委托佛山市春晖社会工作服务中心对全市61个村（居）、10个养老服务机构的老年人，发出3120份问卷开展养老服务需求调查。调查的主要范畴包括：个人基本资料、疾病及诊疗状况、身体功能、日常自理活动、日常生活活动、精神认知状态和社会功能、养老服务需求（仅社区居家老年人）等。在对数据进行对比分析（单变量相关分析、线性回归分析）后，形成《佛山市60岁及以上老年人服务需求调查报告》。

推进养老院服务质量建设　印发《关于印发佛山市养老院服务质量建设专项行动工作方案的通知》《关于全面开展敬老院专项检查整治工作的紧急通知》《关于印发2018年养老院服务质量建设专项行动实施方案的通知》《关于开展全市养老机构专项督查的通知》等文件。对全市所有养老机构进行交叉检查、跟踪检查、重点督查，做到一家不漏。并于10月底完成全国养老机构业务管理系统数据填报和更新工作。通过专项行动，全市养老机构服务质量得到明显改善，达到《全国养老院服务质量大检查指南》基础性指标合格率达到90%及以上的项目不少于50个的优秀标准。

养老床位建设　截至12月31日，佛山收养性床位数达到37007张（含日间照料床位），其中禅城区6750张、南海区12600张、顺德区11408张、高明区2545张、三水区3704张。每千名老人拥有床位数达47张，位居全省前列。

养老人才培养　9月11—13日，市民政局联合省社会福利服务中心举办1期继续教育培训（技能提高班）培训班，70名全市各机构的养老工作人员系统学习了养老机构院感控制、认知障碍的护理、老年常见伤害的现场急救、老年人安全护理目标、养老机构责任保险统保示范项目运行情况分析等业务知识。各区、各机构也结合自身实际开展有针对性的养老培训工作，培训重点为院区安全。11月25日，市民政局举办为期1个月的佛山市2018年养老服务人才培训班，为来自佛山市各区的民政干部、近80个养老服务机构约500名养老服务人员提供一线护理、机构管理等全方位的培训。

养老机构星级评定　是年，佛山市有12个评上星级养老机构（2017年申报参评的养老机构）。其中，南海1个五星，顺德1个五星、7个三星、2个二星，三水1个三星。是年，市民政局组织全市11个养老机构提出参评申请。

【儿童福利】2018年，佛山市落实孤儿最低生活养育标准的提标工作。佛山市孤儿2018年的养育标准提升到每人2000元/月。至年底，全市有孤儿516人，其中集中供养儿童389人，散居孤儿127人。全年全市发放孤儿基本生活保障金1473万元。建立事实无人抚养儿童生活保障制度。按照每人1000元/月以上的标准，向符合标准的儿童发放补贴。全市事实无人抚养儿童135人，全年全市发放事实无人抚养儿童生活保障金249万元。做好收养登记工作，全市办理收养登记16宗，解除收养登记2宗。加强儿童护理人员队伍建设。组织各福利机构派员参加二期省民政厅举办的孤残儿童护理员中级职业技能培训和鉴定班培训，通过培训和考试，加强儿童护理员的持证上岗工作。加强困境儿童关爱保护工作，印发《佛山市加强困境儿童保障工作实施方案》，维护佛山市困境儿童合法权益，促进困境儿童健康成长，深化完善困境儿童关爱服务机制，加强困境儿童关爱和帮扶力度，确保全市困境儿童得到有效保障。加强农村留守儿童关爱保护工作，印发《关于建立佛山市流浪未成年人救助及农村留守儿童关爱保护联席会议制度的通知》，建立联席会议制度；印发《关于印发加强农村留守儿童关爱保护工作实施方案的通知》和《关于印发佛山市加强困境儿童保障工作实施方案的通知》明确部门职责、制定工作要点。

【困难残疾人生活补贴和重度残疾人护理补贴标准提高】 2018年，佛山市为进一步完善残疾人福利制度，保障残疾人基本生活，提高全市底线民生保障水平，新标准如下：困难残疾人生活补贴标准2018年不低于每人200元/月，2019年不低于每人225元/月，2020年不低于每人250元/月；重度残疾人护理补贴标准2018年不低于每人250元/月，2019年不低于每人275元/月，2020年不低于每人300元/月；其他残疾人的补贴继续暂按原标准执行。

【福利彩票】 2018年，佛山市销售福利彩票21.56亿元，比上年增幅3.42%。其中，电脑型彩票销售19.06亿元，网点即开票“刮刮乐”销售1.81亿元，“中福在线”视频票销售6711万元。

公开征召设立投注站　是年，佛山市向社会公开征召设立60个投注站。佛山市福彩发行中心专门成立领导小组，主动征求市民政局机关监察室的意见，制定详细的方案与实施办法，经过向社会发布公示、资格审查、公开摇号、资格确认等程序，最终确定57个符合条件的名额，做到整个过程公开阳光，结果公正阳光。这是佛山市第三次采用公开征召的办法开设投注站。

投注站形象升级改造　是年，市福彩发行中心继续推行站点形象再升级改造工作，在“实用、耐用、好用”的原则上，改进站点的装修标准，使原有的站点装修更加合理规范。全年完成形象再升级站点128个，发放改造补助资金355.95万元。所有形象建设价格评估，全部按省中心要求引入有房地产造价评估资质的第三方评估公司对站点建设进行造价评估。

福彩安全防范体系建设　是年，市福彩中心成立中心福彩销售场所安全生产工作领导小组，要求福彩投注站点签署“安全责任书”，制定安全生产基本要求和应急预案，建立安全台账，每月检查并做好记录，发现问题及时通知站点限期整改。在抗击台风“山竹”过程中，市福彩中心通过迅速启动“防灾应急处置预案”和一系列相关防范举措，最终把投注站点灾害损失降到最低。

福彩信息化建设　是年，市福彩中心继续通过补贴的形式推进站点的信息化建设，主要涉及站点的“Wi-Fi”普及、LED显示屏联网等方面。构建“数据管理系统”，通过分析各区域站点的基本信息情况和各票种的销量情况，及时掌握站点的做法、彩民的购彩习惯和动态，做到精准营销，为营销决策和中心发展提供充分依据。

（陈　瑶）

·慈善事业·

【重大慈善活动】 2018年3月2日，佛山市民政局与市文明办及佛山传媒集团合作，举办“2017年度佛山公益慈善盛典”活动，设立佛山市“玫瑰”系列奖项，表彰优秀公益慈善人物与机构，建立慈善褒扬激励制度。通过阐述与弘扬佛山新时期公益慈善文化，以榜样的力量推动与传播佛山公益慈善事业，在行通济这一特殊节点充分展示与宣传佛山公益慈善事业最新成果，逐步塑造并对外推广佛山公益慈善全新品牌形象。

3月2日，元宵佳节，佛山市精心策划和组织2018年“温爱佛山—元宵慈善文化人人行”元宵“行通济”活动。市四套班子领导与各界先进代表组成第一方阵，带领由爱心公益组织、企业界、志愿者、异地务工人员等组成的巡游方阵队伍约2000人，依循传统行通济民俗，播撒公益慈善爱心种子，展现佛山“乐善之城”的大爱风采。

3月3日，佛山市五区同步举办第四届“美丽佛山 一路向前——2018佛山50公里徒步活动”。市民们分别沿着5条线路行走，一路见证佛山城市发展变化，并身体力行支持公益慈善。佛山市慈善会作为该次活动主办方之一，将“健康+公益”作为核心元素，将“乐善之城”理念融入活动全过程。

6月28日，佛山市举行“广东（佛山）扶贫济困日”活动启动仪式，爱心单位代表在现场踊跃举牌认捐，认捐金额达2.2亿元。市委副书记、市长朱伟出席活动并作动员讲话。启动仪式上还通报佛山市扶贫开发工作的总体情况。佛山市要帮扶湛江市、云浮市所属12个县（市、区）的254个相对贫困村、26943户88797人实现脱贫。全市累计投入财政专项资金15.79亿元，其中湛江10.8亿元，云浮4.99亿元。经过帮扶，共有58083人脱贫，脱贫比率为69.4%。全市2018年度扶贫济困日收到捐款3312.86万元。

【慈善公益创投】 2018年，佛山市为进一步推动募用分离，促进社会服务向专业化、精细化发展，举办“创益合伙人计划”的公益创投大赛，将市级公益服务类社会组织发展专项扶持资金并入“创益合伙人计划”，并开始投入慈善资金共同扶持社会组织开展公益服务。全年总投入资金1050万元。其中：市民政局公益服务类社会组织扶持资金出资150万元扶持15个项目，每个项目资助金额为10万元；市慈善会及其下设冠名基金定向捐赠项目资金共同出资900万元资助项目，主要分为一次性公益慈善项目、养老互助、医疗健康、教育创新及科技、文化、体育、环保和社区治理等5个类别，每个类别的总资助金额由150万元到250万元不等。招募第三方执行机构对项目进行全程跟进监督。各区、镇以及各级慈善会、基金会、爱心企业也加入公益创投实践，资助各类社会组织开展社会服务。逐步形成“政府主导、基金会支持、企业补充”的公益创投模式。是年，佛山市慈善会的“创益合伙人计划”、南海区的“社会服务洽谈会”和顺德区的“社会建设‘众创共善’计划”等品牌效应日趋显著。

【慈善交流活动】 2018年，佛山市慈善会分别与中国慈善联合会、广州慈善会、深圳慈善会、扬州慈善总会、江门新会区慈善会等开展交流活动。9月20—22日，市民政局、市慈善会联合佛山市千禧乐善敬老协会等12个公益机构组团参加在深圳市举行的第六届中国公益慈善项目交流展示会（下称“慈展会”），并在会场设置佛山馆，以形式多样的展出方式，向观展的深圳市民和公益慈善业内同行展示佛山乐善精神与公益成果。市慈善会获慈展会官方授予的“优秀参展机构”称号。

【“乐善之城”建设】 2018年是佛山市建设“乐善之城”的开局之年。2月28日，佛山市印发《佛山市建设“乐善之城”行动计划（2018—2020年）》，通过设立“标志性、特色性、关键性、基础性”四个方面10项指标，赋予“乐善之城”建设内涵，并以此引导、促进、评价全市慈善事业发展。《行动计划》通过提出四大方面具体工作任务，并明确责任单位，把政府部门、企事业单位、工青妇等群团组织、社会组织及社会各界的力量充分调动起来，以期形成慈善事业社会化、全民化、常态化、规范化的工作格局。

（陈　瑶）

·优抚安置·

【优抚“走访”“下访”“接访”】 2018年，佛山市开展各级领导、部门“走访”慰问活动。各级制定走访慰问方案，提出走访慰问名单，拿出资金为部分困难优抚对象解决实际问题，访重点、化难题、解难点，坚持广泛走访和重点慰问相结合，通过开展真情帮扶向优抚对象传递关怀温暖。开展各级领导“下访”活动。市、区分管领导分别带领民政、人社、卫生、住建等有关部门，到区、镇街开展优抚对象约访活动，了解和帮助解决优抚对象工作生活中存在的实际困难和问题，密切党委政府与优抚对象的联系。开展部门联合“接访”活动。由市、区民政部门牵头，对部分优抚对象诉求同时涉及生活、医疗、住房、就业、子女教育等问题的，事先明确诉求清单，商请同级住房和城乡建设、人力和社会保障、教育、卫生和计生等部门联合进行接访。

【优抚慰问帮扶】 2018年，佛山市市、区、镇（街）、村（居）四级分别组织开展慰问帮扶活动，结合“双拥在基层”“双百拥军行”“情满南粤关爱功臣帮扶特困优抚对象”活动，走访慰问和帮扶优抚对象，通过发放节日慰问金、组织上门慰问、开展“关爱功臣送医送药”活动、召开优抚对象座谈会、组织观看电影演出、发节日祝福短信、上门送慰问信等方式营造当兵光荣、关心优抚对象的良好氛围，还采取赠送困难救助金、临时帮扶、专项解困等多种形式切实帮助部分生活困难的优抚对象解决实际问题。

【抚恤补助标准调整提高】 2018年4月，佛山市印发《关于调整部分优抚对象等人员抚恤和生活补助标准的通知》对全市标准进行调整，从2017年10月起，对三属、残疾军人、在乡复员军人、带病回乡退伍军人、“五老”人员、两参人员、老年烈士子女等优抚对象抚恤补助标准进行调整，其中将人数占比最大的“两参”人员生活补助由每月800元提高至900元。

【退役士兵安置】 2018年，佛山市接收2017年退役士兵1201人、复员干部2人。其中，选择自主就业的退役士兵1181人，符合政府安排工作条件并经省民政厅下达安置计划的退役士兵20人。各区实施安置补助标准城乡一体化，共发放安置补助金7522万元。完成转业士官的安置工作20人。其中：安置到所在区（镇）政府雇员工作岗位18人；安置到国有企业1人；选择自谋职业，并领取一次性经济补助金1人。

【军转安置】 2018年，佛山市接收安置军队转业干部308人，其中计划分配军转干部297人、自主择业军转干部11人。全市接收的计划分配军转干部比上年增长11%，其中师职干部1人、团职干部41人（其中正团职13人、副团职28人）、技术9级以上77人、营职及技术10级以下178人，接收安置任务数达近10年峰值，安置数量及工作进度均排在全省前列。全面推进军转干部进高校培训工作，制定《佛山市探索开展军队转业干部进高等学校专项培训实施方案》，选派48名专业不对口军队转业干部到佛山科学技术学院参加为期一年融入式的带薪脱产专业培训，帮助军转干部丰富专业知识，提升岗位适应能力，实现军队人才向地方人才的转变。推行军转干部导师制活动，通过业务骨干一对一传帮带，缩短军转干部适应地方工作时间。加强自主择业军转干部的管理服务，有效落实自主择业军转干部安置政策。

【随军家属安置工作】 2018年，佛山市接收随军家属225人，其中：符合正团职领导和飞行员随军家属接收安置条件的共有38人、随军前身份为公务员的随军家属有12人、随军前是事业单位在编人员的随军家属有22人、随军前是国企在编人员的随军家属有1人、选择领取一次性安置补助金后自谋职业的有152人。接收的随军家属全部得到妥善安置。各区和各有关部门按照“先进后出、自然减员”的办法，抓好2018年度正团职领导和飞行员随军家属的接收安置工作。根据2015年出台的佛山市军人随军家属就业安置实施方案，做好随军前身份是公务员和事业单位在编人员的调动及招聘工作。根据佛山市自然增长机制，从2018年7月1日起，按照8.2%的增长幅度调整随军家属一次性安置补助金标准。调整后，全市随军家属一次性安置补助金标准由原来的100758元调整提高至109020元。

【复退军人服务】 2018年，佛山市建成“六有”（有专职人员、有专项工作经费、有专用办公场所、有专门工作制度、有规范牌子、有双拥宣传栏）复退军人服务组织803个。其中，市级1个、区级 5 个、镇级 32 个、村级 765 个。市优抚安置职能部门联合市教育局出台《关于佛山市复退军人子女参加高中阶段学校招生考试给予优先录取的实施意见（试行）》，应届参加佛山市中考的复退军人子女，在考生总分相同时，同等条件下可给予优先录取。

【“铭记·2018 清明祭英烈”宣传教育活动】 2018 年清明节期间，佛山市各地组织开展“铭记·2018 清明祭英烈”宣传教育活动，约 10 万人参加宣传教育活动。利用网络、电视、报纸、短信等传媒工具和办板报、出墙报、写标语等群众喜闻乐见的宣传形式，宣传革命先烈胸怀共产主义远大理想，坚持真理、坚贞不屈的革命精神，以“文明、生态、有序、节约”的祭扫形式，利用现有的烈士纪念设施、爱国主义教育基地、国防教育基地等红色资源和网络平台，创新组织起一系列形式多样的烈士祭扫活动。

【烈士公祭活动暨向陈铁军烈士纪念碑敬献花篮仪式】 2018 年 9 月 30 日，佛山市在禅城区铁军公园举行佛山市、禅城区烈士公祭活动暨向陈铁军烈士纪念碑敬献花篮仪式，市委书记鲁毅、市长朱伟等市领导及佛山军分区领导，禅城区几套班子领导，市各民主党派、工商联和无党派人士，机关干部代表，烈军属、复退军人和各界群众代表，公安警察、志愿者、学生代表以及驻佛山解放军和武警部队官兵代表，共约 800 人参加公祭活动。《佛山日报》、佛山电视台等市内多家新闻媒体对活动进行报道。

【吴勤烈士陵园被列为佛山市第二批党员教育基地】 2018 年 10 月 29 日，在第二批佛山市党员教育基地授牌暨揭牌仪式上，吴勤烈士陵园获授“佛山市党员教育基地”牌匾。吴勤烈士陵园座落在佛山市岭南大道北 57 号（原大福路南浦村）。是为纪念抗日战争期间遭伏击杀害的吴勤烈士而兴建的市级烈士纪念设施，也是市级爱国主义教育基地。2018 年投入 4 万元对吴勤烈士陵园进行修缮，补充种植部分苗木，针对园内植物进行除害和修剪养护，对陵园外墙防护网全部进行防锈处理，更换部分破损砖瓦，还对部分碑文题词进行修复，使陵园面貌为之一新。

（张建宏）

2018 年 9 月 30 日，佛山市举行“9·30”烈士公祭活动

（市退役军人事务管理局供图）

·双拥工作·

【双拥宣传教育】 2018 年，佛山市围绕党的十九届二中、三中全会胜利召开和建军 91 周年大庆，组织开展以“共筑强国强军梦、同心奋进新时代”为主题的系列宣传教育活动，利用各种主流媒体和手机短信、互联网络等平台进行立体宣传，使拥军优属、拥政爱民、当兵光荣等理念更加深入人心，进一步激发出全社会热心双拥、关心国防的热情。市双拥办在全市组织开展“双拥宣传月”活动，通过在市区主要路段和人流密集处 24 小时不间断投放灯箱广告和 LED 大屏户外广告等方式加大双拥宣传力度，还利用知名网络 APP《今日头条》为载体，结合 H5 等新媒体工具在线上举办“八一”建军节国防知识竞赛，广泛传播国防和双拥知识。

【双拥走访慰问活动】 2018 年春节、八一等节日期间，佛山市各级党委、政府先后组成走访慰问团，由主要领导率领有关部门负责人，到驻军营区，看望部队官兵，送上节日祝福，了解部队情况并帮助部队解决实际问题，期望军地双方携手继续擦亮佛山“全国双拥模范城”这一光荣称号。为了让驻地官兵们更好了解佛山历史文化，进一步增进军民之间的感情，市主要领导还亲自送文化进军营，慰问期间为驻军部队送上多套《佛山历史文化丛书》。参加迎接部队归建仪式，还向在外驻训凯旋的部队捐赠一批价值 4 万元的保温水杯。各区党委、政府也分别组成拥军慰问团，结合“双拥在基层”活动深入基层部队驻地进行慰问。

【“关爱困难优抚对象项目”的设立】 2018 年，佛山市有效帮扶解困在生活中遇到各种困难的退役军人等优抚对象，在市慈善会设立 100 万元专项资金，还动员社会力量捐赠，使特困或重病等生活困难的优抚对象得到重点帮扶。1 月 24 日，举行“祖国是你的坚强后盾”——佛山市退役士兵返乡欢迎暨关爱困难优抚对象项目启动仪式，共帮扶困难退役军人和优抚对象 9 人，提供救助金 21 万元。活动现场，爱心企业和社会组织共认捐 8.61 万元。

【军地青年联谊活动】 2018 年 8 月 21 日，佛山市总工会、市双拥办、佛山军分区政治工作处联合举办 2018 年佛山市职工联谊交友系列活动（军地青年专场），为 200 位军地未婚单身男女青年提供互动交流、成就美满姻缘的机会。通过该次活动，整合政府各部门、群团组织、部队和社会各界资源，为青年官兵、青年职工打造一个婚恋服务的联合平台。

【2018年军地篮球邀请赛】 2018年8月17日至9月7日，佛山市双拥工作领导小组办公室、佛山市民政局、佛山军分区政治工作处、中国电信股份有限公司佛山分公司联合主办，并由某部队及广东水木春华文化传播有限公司协办的“2018年军地篮球邀请赛”在某部队举办。共有7支驻军部队和3支地方篮球队参加比赛。

（张建宏）

·住房保障·

【危房改造】 2018年，佛山市完成新开工城市棚户区976套，完成率109.4%；棚户区改造基本建成835套，完成率176.2%，超额完成省政府下达佛山市新开工城市棚户区892套、棚户区改造基本建成474套的目标任务。

【保障性住房建设】 2018年，佛山市年度发放租赁补贴1129户，完成率119.5%，历年政府投资开工建设的公共租赁住房已分配19900套，分配率89.5%，超额完成省政府下达的各项目标任务。修订《佛山市保障性住房管理办法》，出台《佛山市保障性公共租赁住房管理办法》，将新市民纳入住房保障范围，扩大住房保障覆盖面。

（李永强）

【住房公积金管理运作】

住房公积金缴存人数　截至2018年底，佛山市建立住房公积金制度的职工累计182.32万人，实缴职工151.83万人，其中，各类企业职工占76.98%。是年，新增缴存职工23.43万人，减去退休注销等职工2.14万人、转移外地职工0.59万人，净增长20.70万人，净增长率15.78%。

住房公积金缴存　2018年，佛山市住房公积金缴存额136.85亿元，比上年增长11.29%；至年底，累计缴存总额934.54亿元，资金余额279.45亿元。

住房公积金提取　2018年，佛山市职工提取住房公积金102.42亿元，累计提取住房公积金655.10亿元。全年职工提取住房公积金购建住房新增3.58万套、面积411.39万平方米；至年底，职工提取住房公积金购建住房累计37.91万套、面积4323.32万平方米。

住房公积金贷款　2018年，佛山市发放住房公积金贷款0.91万笔、金额40.81亿元，比上年分别增长37.93%、45.30%；职工住房公积金贷款购建房面积92.87万平方米。至年底，累计发放住房公积金贷款13.86万笔、金额396.77亿元，贷款余额246.04亿元，职工住房公积金贷款购建房面积1435.66万平方米。住房公积金贷款依时收回，逾期率0.02%。发放异地职工贷款675笔（976名）3.38亿元。至年底，发放异地贷款总额31.99亿元，异地贷款余额16.55亿元。

住房公积金业务收支　2018年，佛山市住房公积金业务收入8.00亿元，业务支出6.15亿元，其中支付职工住房公积金利息3.33亿元、支付年结转后的职工住房公积金存款补贴2.49亿元。实现住房公积金增值收益1.85亿元；扣减贷款风险准备金和管理经费后，1.52亿元可作廉租住房建设补充资金；至年底，累计上划廉租房建设补充资金16.27亿元。

住房公积金行政执法　2018年，佛山市住房公积金管理中心依法开展行政执法工作。行政强制立案711件，涉及被欠缴少缴职工8.20万人。结案643件，其中单位补缴的453件、法院强制执行的38件、个人撤诉的150件、中止的2件。行政处罚责令整改的1049件，作出行政处罚的13件。妥善处理行政复议及行政诉讼，其中行政复议9件、行政诉讼（含一审、二审）60件，均为市住房公积金管理中心胜诉。

住房公积金业务运作效率　2018年，佛山市住房公积金资金使用率96.42%；存贷款比率88.04%。办结各项住房公积金业务266.29万件，其中，网上申办办结的114.43万件，占全部业务的42.97%。各项业务中，网上申办办结的占比为：职工开设个人明细占58.88%、缴存额年度调整占21%、个人明细封存占76.59%、个人明细转移占63.97%、提取占79.77%。

住房公积金业务承办银行考核情况　2018年，佛山市住房公积金业务承办银行服务质量、管理质量和网络管理质量三类15项的考核排序次序及年度“出错率”为：交通银行佛山分行0.00%、中国银行佛山分行0.06%、工商银行佛山分行0.28%、农业银行佛山分行0.32%、建设银行佛山市分行0.40%。年度总“出错率”0.21%。

住房公积金贷款业务办理时效　2018年，佛山市住房公积金个人购房抵押贷款业务办理平均用时36.54天，承办银行“受理办理申请”环节平均用时0.22天、市住房公积金管理中心“审核办理”环节平均用时3.31天、承办银行与借款人签订借款合同并办理抵押手续环节平均用时31.20天、市住房公积金管理中心“发出贷款支票”环节平均用时0.82天、承办银行“向开发商放款”环节平均用时0.99天。市住房公积金管理中心“审核办理”和“发出贷款支票”两个环节合计平均用时4.13天。

住房公积金为企业减负　2018年，佛山市住房公积金管理中心根据《关于改进住房公积金缴存机制、进一步降低企业成本的通知》要求，改进住房公积金缴存机制，对影响企业成本的住房公积金缴存，其计缴基数控制在市统计部门公布的在岗职工年（月）平均工资3倍以内。该项工作累计为企业减负1.55亿元。根据《住房公积金管理条例》第二十条规定，缴存住房公积金有困难并经单位职代会审议通过，经市住房公积金管理委员会审议同意降低缴存比例的企业，全年新增17家，加上2017年同意降低缴存比例并延续至2018年的企业，合计42家企业，涉及职工人数59291人。共为42家企业于2018年度减负2.14亿元。

住房公积金租赁提取　2018年，佛山市住房公积金管理中心响应国家“租购并举”精神，提取政策向租赁住房倾斜，全市租赁（含租房提取和无房提取）提取住房公积金标准大幅提高，提取人数从2017年的4.64万人增长为2018年的13.99万人，同比增长201.51%；提取金额从1.99亿元增长到7.49亿元，增长276.38%。

住房公积金存款补贴　2018年，佛山市住房公积金管理中心继续实施给予年结转后的职工住房公积金存款补贴，补贴率为 1.2% / 年。全年除根据国家和央行规定向个人住房公积金存款给予一年定期利率（1.5% / 年）计息 3.33 亿元外，另支付年结转后的职工住房公积金存款补贴 2.49 亿元。佛山市从 2015 年实施给予年结转后的职工住房公积金存款补贴，截至 2018 年底，累计给予职工补贴 6.64 亿元。

住房公积金信息化　2018 年，佛山市住房公积金中心加强信息化建设，提升服务质量和水平。通过改造网络系统、提升系统功能，加强与其他部门数据交换等工作，试行住房公积金业务“双零”服务，即职工申办业务“零跑动”“零提交辅助材料”。按照广东省“通用目录事项”住房公积金面向社会的业务 33 项，实现或基本实现 19 项住房公积金业务“双零”服务，另有 5 项“单零”服务。

（耿亚兰）

应急管理

·安全生产·

【概况】 2018 年，佛山市安全生产形势总体保持稳定。发生生产安全事故 610 起，比上年下降 3.79%；死亡 333 人，下降 12.14%；受伤 453 人，上升 8.37%；直接经济损失 1.06 亿元，上升 165.15%。

较大及以上事故情况　2018 年，佛山市发生较大以上事故 2 起，死亡 19 人，同比事故起数持平，死亡人数上升 111.11%。2 起较大以上事故分别是：中交二航局佛山地铁 2 号线“2·7”重大透水坍塌事故，死亡 12 人、受伤 8 人；高明区“3·22”较大道路交通事故，死亡 7 人、受伤 2 人。

【安全生产制度建设】 2018 年 1 月 29 日，佛山市安全生产监管部门印发《佛山市安全生产监督管理局关于〈生产安全事故应急预案管理办法〉的实施办法》，加强全市生产经营单位生产安全事故应急预案备案管理工作，迅速有效处置生产安全事故。4 月 10 日，市安全生产监管部门以市政府办公室名义印发《佛山市人民政府办公室关于做好职业病管理工作的指导意见（试行）》，建立全市职业健康监管部门联动协调机制，及时妥善处理职业病人矛盾纠纷，预防发生群体性职业病危害事件。10 月 24 日，市安全生产监管部门以市安全生产委员会的名义在全省率先出台安全生产约谈办法——《佛山市安全生产委员会安全生产约谈办法》，市安委会及市安委办对各区人民政府、市安委会各成员单位的安全生产工作出现规定的情况时将进行警示提醒、告诫指导或督促纠正的约见谈话。

【安全生产标准化建设】 2018 年，佛山市实施《佛山市工贸企业安全生产标准化评定办法》《关于印发佛山市冶金等企业安全生产标准化评定办法的通知》《佛山市工贸企业安全生产标准化基本规范评分细则》《佛山市微型工贸企业安全生产标准化基本规范评分细则》，努力实现企业标准化创建“全覆盖”目标，全年创建安全生产标准化一级达标企业 6 家、二级达标企业 115 家、三级达标企业 16132 家（其中禅城区 982 家、南海区 3240 家、顺德区 11087 家、高明区 256 家、三水区 567 家）。

【安全生产信用分类分级管理】 2018 年，佛山市安全生产监管部门根据《佛山市人民政府办公室关于印发佛山市安全生产信用分类分级管理办法的通知》的要求，安全生产信用等级采取扣分制与条件制相结合的方式进行评定，实行“红名单”“普通信用主体”“黑名单”3 个类别，每个类别分别实行 A、B、C 三级动态调整的“三等 9 级”制管理。截至 12 月 31 日，佛山市智能安监管理平台共评定出“红名单”11 家，普通信用企业 37452 家，其中 A 级 26312 家、B 级 11055 家、C 级 85 家。

【安全生产月活动】 2018 年 6 月，佛山市各级各部门落实安全生产活动月的各项要求，开展以“生命至上，安全发展”为主题的系列宣传教育活动。在安全生产月期间，全市开展宣讲活动 1164 场，组织各类安全宣讲培训班、座谈会 2781 场，参加人员 552993 人次；举办安全宣传咨询活动 55 场，全市参与的部门 445 个（次），参与企业 3722 家，参与活动群众 6 万余人；举办“安全微家书”活动，发动企业员工以“生命至上、安全发展”为主要内容撰写和传播微家书，收到 14333 个家庭撰写的家书；开展安全生产“七进”主题活动 863 场，发放《安全知识读本》20 余万册；开展安全生产公益宣传 4536 场次，覆盖近 226 万人次；结合安全社区和“特色小镇”建设，开展“百场安全电影下基层”和“送安全文化下基层”活动以及各项宣传活动。

【安全生产信息工作】 2018 年，佛山市安全生产信息发布数量比上年增长 45.03%，安全生产宣传工作部署次数增长 95.38%，大型活动开展数量增长 3.28%，公益广告制作、刊发量增长 20.86%，专题专栏数量增长 44.81%，

2018 年 6 月 1 日，佛山市安委会召开“安全生产月”启动大会

（市应急管理局供图）

新增活动项目和形式增长 42.86%，宣贯覆盖人数增长 18.69%。佛山市选送的安全微电影《坚守》被应急管理部、中央政法委评为第三届“平安中国”微电影视频比赛活动一等作品，佛山市安全生产监督管理局被评为“全国应急管理新闻宣传工作模范单位”。“佛山安监”微信运营力长期入选佛山政务新媒体牌行榜总榜前 20 位、长期位列全国安监微信影响力排行榜前列，并获得市委宣传部、市网信办、市安全信息化协会、人民网舆情数据中心、北京清博大数据科技有限公司联合评为 2018 年度佛山市十佳市直政务微信号、佛山政务新媒体四星单位、佛山政务新媒体作品创新优秀案例奖。

【百万职工岗位零事故行动】2018 年，佛山市开展“佛山市百万职工岗位零事故行动”，12164 家企业 160 万名员工参加活动，99.75% 的创建企业和班组实现全年零事故、零伤亡。在第一期“百万职工岗位零事故行动”验收行动中，通过实地验收的企业（班组）共 900 个，其中 105 个企业（班组）被评为“佛山市百万职工岗位零事故行动”优秀创建单元。12 月 14 日，佛山市安全生产委员会办公室组织召开佛山市优秀企业安全管理经验分享会，500 名企业家现场交流分享安全经验。在省委、省政府对市委、市政府的安全生产考核现场会上，岗位零事故行动受到考核组的充分肯定和高度评价。

【安全生产技术服务机构】2018 年，佛山市鼓励安全生产社会化服务，安全生产技术服务机构全面发展。截至 12 月 31 日，在佛山市进行信息登记的安全生产技术服务机构共有 201 个，注册地在佛山市的机构 116 个，注册地在外市的 85 个。全市安全生产技术服务机构中，安全评价机构 29 家、标准化评审和帮扶机构 91 个、安全培训机构 29 个、职业卫生技术服务机构 52 个。

【“智能制造、本质安全”示范企业创建】2018 年，佛山市在全省首创产业发展与安全发展融合推进的奖补模式，带动 5000 余家企业参与创建，撬动企业投入 11.5 亿元对生产设备及安全防护设施进行机械化、自动化升级，成功创建“智能制造、本质安全”示范企业 72 家。72 家“智能制造、本质安全”示范企业中，有 38 家获得市政府财政资金奖补，奖补总金额达 3500 万元。佛山市产业发展与安全发展融合推进奖补模式典型做法被广东省委《每日汇报》刊载。

【安全生产责任保险】2018 年，佛山市安全生产责任保险参保企业数量显著提升，安责险推进速度在全省乃至全国领先。截至 12 月 31 日，全市累计参保企业 8813 家，比上年增长 50.44%；覆盖参保人员 36.20 万人，增长 19.2%；累计保费 17842.29 万元，增长 31.53%；保障额度 1753.77 亿元，增长 52.4%；投入政府财政补贴 6651.81 万元；保险公司为 7134 家参保企业提供安全事故防范服务，增长 92.37%，完成赔付 3138 起，赔付金额 3254.52 万元。

【“智慧安全城市”建设】2018 年 5 月 11 日，佛山市政府常务会议研究决定，与清华大学在城市安全领域构建“产学研用”全方位长期合作机制，市院合作建设佛山智慧安全城市，打造“一中心、一平台、一工程”（即清华大学佛山城市安全研究中心、佛山市城市安全研究中心有限公司、佛山智慧安全城市项目），将城市安全风险防控与城市生命线安全运行监测有机结合起来，形成对佛山市城市运行安全的多方位、立体化的“点、线、面”综合监测和防控体系，培育佛山城市安全产业，创新城市安全管理和服务，解决佛山城市安全问题。9 月 10 日，市政府成立高规格的佛山智慧安全城市建设工作领导小组，负责统筹佛山智慧安全城市建设工作。10 月 11 日，市政府常务会议研究决定，市政府与清华大学联合成立清华大学—佛山先进制造研究院城市安全研究中心，研究中心实行管理委员会领导下的主任负责制，由清华大学副校长尤政和佛山市市长朱伟共同担任管委会主任。10 月 26 日，佛山市智慧安全城市建设领导小组暨城市安全研究中心管理委员会首次会议召开，标志着佛山市携手清华大学建设智慧安全城市工作全面启动。

【安全生产监管行动】2018 年，佛山市各级安全生产监管部门共监督检查企业 72851 家次，查处各类事故隐患 123773 项，实施经济处罚 2182 次，其中：佛山市安全生产监督管理局检查 523 家次，查处 2136 项，处罚 42 次；禅城区检查 20576 家次，查处 33744 项，处罚 191 次；南海区检查 23061 家次，查处 31118 项，处罚 708 次；顺德区检查 18381 家次，查处 31233 项，处罚 894 次；高明区检查 4286 家次，查处 11079 项，处罚 128 次；三水区检查 6024 家次，查处 14463 项，处罚 219 次。

【危险化学品安全生产许可企业监管】截至 2018 年 12 月 31 日，佛山市危险化学品安全生产许可企业 1673 家，其中危险化学品生产企业 195 家、危险化学品经营企业 1477 家、危险化学品使用企业 1 家。各级安全生产监管部门监督检查危险化学品安全生产许可企业 4983 家次，发现隐患 10491 项，上传图片 15354 张。其中：市安全生产监督管理局检查企业 105 家次，发现隐患 1354 项；禅城区检查企业 257 家次，发现隐患 416 项；南海区检查企业 1310 家次，发现隐患 2718 项；顺德区检查企业 2160 家次，发现隐患 2272 项；高明区检查企业 511 家次，发现隐患 2156 项；三水区检查企业 640 家次，发现隐患 1575 项。

【冶金等行业高风险企业监管】2018 年，佛山市共排查冶金等行业高风险企业 3124 家，排查企业数量比上年增长 18.42%。其中粉尘涉爆企业 1665 家，增长 1.03%；液氨使用企业 270 家，增长 16.88%；工业煤气企业 39 家，下降 4.88%；涉及有限空间作业企业 863 家，金属冶炼企业 287 家。各级安全生产监管部门监督检查冶金等行业高风险企业 19391 家次（比上年增长 453.4%），出动执法检查人员 52877 人次，发现隐患 44358 条（增长 170.7%），督促完成整改隐患 38527 条，发出整改指令 10844 份，停产整改 1210 家（增长 59.84%），立案处罚 758 宗（增长 187.12%），取缔关闭企业 6 家，永久停业或搬迁企业 424 家。

【安全生产基础培训监管】 2018年，佛山市各级安全生产监管部门共对45895家企业进行培训执法检查，比上年增长6.68%；查处违规或未持证上岗人员115人，下降71.03%。

【城市风险点危险源排查管控】2018年，佛山市安全生产监管部门依托佛山市安全生产风险管理地理信息系统，开展城市风险点危险源排查管控工作，在广东省率先实现“一张表、一张图、一个系统”目标，实现对全市风险点危险源分辖区、分类型、分行业领域、分风险等级的在线动态监管。截至2018年12月31日，佛山市安全生产领域城市风险点危险源共有4837处，相较上年底的5046处下降4.14%，其中红色24处、橙色288处、黄色1516处、蓝色3009处，分别下降51.02%、4.32%、0.46%、5.17%。对每个风险点危险源都建单独的风险管控档案，共上传现场图片14430张、应急预案9092份。五个区安全生产委员会办公室、市26个有关部门制定并上传管控工作方案、年度监管计划、工作总结、风险评估指南等共395份。

【生产安全事故隐患自查自报】 截至2018年12月31日，佛山市智能安监管理平台显示，期末应开展生产安全事故隐患自查自报的企业36973家，实际开展隐患自查自报的企业36649家（比上年末增长9.92%），期末覆盖率为99.12%。开展隐患自查自报的企业2018年全市生产经营单位共填报事故隐患788565条，平均每家企业年填报隐患21.33条，其中重大隐患79条。开展隐患自查自报的企业2018年全市生产经营单位共上传隐患图片1271513张，其中整改前图片633168张、整改后图片638345张。

【安全生产应急管理】 截至2018年12月31日，佛山市各级安全生产监管部门共建立专兼职安全生产应急救援队伍26支，有队员277人，分别比上年底增长23.81%和14.46%；有安全生产应急救援智能仓库68个、应急仓库6个，仓库总数增长39.62%；聘请安全生产专家476人，增长97.51%。各级安全生产监管部门组织应急演练51次，参演人数9017人次，投入演练资金174.56万元。佛山市智能安监管理平台内37464家重点监管企业中，有36716家企业开展应急演练57085次，演练开展率98.00%，平均每家企业开展演练1.52家次。6月26日，佛山市安全生产委员会在南海区狮山镇松夏工业园组织开展危险化学品事故综合应急演练，该次演练共计出动公安、消防、交警、卫计、安监、环保、气象、供电、供水、中国人保、华昊化工、南海燃气、创伟化工、菠萝救援等18支政府、企业和社会应急救援力量200余人。

【安全生产培训】 2018年，佛山市完成从业人员安全生产基础培训126.87万人次，比上年增长52.39%。其中禅城区20.59万人次、南海区27.09万人次、顺德区25.65万人次、高明区24.85万人次、三水区28.70万人次。

安全管理人员、企业负责人培训 全年全市参加安全管理人员和企业负责人安全生产培训考试112161人次（比上年增长34.32%），合格发证96598人次（增长19.65%），其中：安全管理人员参加考试63012人次，企业负责人参加考试49149人次。

特种作业人员培训 全年全市参加特种作业培训考试75006人次（比上年增长27.97%），合格发证37419人次（增长27.15%），其中：电工考试30636人次，焊工考试38065人次，登高作业考试6157人次，制冷作业考试148人次。

危险化学品、烟花爆竹及非煤矿山培训 全年全市危险化学品、烟花爆竹及非煤矿山企业安全管理人员和企业负责人共4958人次参加安全生产培训考试，合格发证4128人次（比上年增长10.43%），其中：危险化学品生产单位参加考试915人次，危险化学品经营单位参加考试3857人次，烟花爆竹经营单位参加考试163人次，非煤矿山参加考试23人次。

（周结华）

·自然灾害和减灾救灾·

【自然灾害】

汛情 2018年，佛山市汛期气候较为复杂，呈现“入汛偏晚、降水偏多、气温偏高、初台偏早”特征。雷雨大风强对流天气较常年弱，台风“艾云尼”“贝碧嘉”“山竹”等带来明显风雨影响。5月7日入汛，较常年（4月6日）异常偏晚31天。汛期期间降雨量1578.0毫米，较常年同期（1120.2毫米）偏多4成，经历12次较为明显的强对流、强降水天气过程，降雨强度大，降雨时空分布集中。6月上旬受西南季风及台风的共同影响，佛山市降雨量420.7毫米，较常年异常偏多3.1倍，为历史同期最大值。2018年江河来水量及龙舟水属偏旱年份，三水、马口站4—9月平均水位分别为0.87米、0.96米，与2017年同期平均水位相比分别偏低0.63米、0.57米。受台风“艾云尼”的强降雨影响，高明杨梅河杨和站出现洪峰水位6.34米；高明河尼教站出现洪峰水位6.64米；高明河明城段最高水位7.89米，超警戒水位1.89米。汾江河汾江站出现洪峰水位2.94米，超过预警水位0.94米。

灾情 2018年受台风暴雨影响，全市镇（街）受灾59个次、受灾人口34.51万人次、转移人口58.03万人次，受灾农作物面积7722.93公顷（11.58万亩）、水产养殖损失面积2035公顷（3.05万亩），全市直接经济损失6.61亿元，无人员伤亡。6月7—8日，受第4号台风“艾云尼”外围环流影响，全市各区均出现特大暴雨，该次强降雨具有影响时间长、范围广、降雨强度大的特点。全市水浸点共573处，车辆受浸843辆，农作物受浸面积5553.33公顷，超汛限水位中小型水库14宗，房屋受浸受损3765间、倒塌20间，树木倒伏或折断1427棵，广告牌受损84块，发生地质灾害55处，住建工地基坑局部塌方3处，道路塌方98处，供电线路中断22处，基站通讯中断98个，停电受影响用户7402户，受灾人口3.51万人，直接经济损失约4.98亿元，无人员伤亡。9月15—17日，第22号超强台风“山竹”严重影响佛山市，全市各类房屋倒塌26间，受浸211间，受损955间，车辆受损650辆，树木倒伏或折断2.1万棵，广告牌受损1433块，道路中断103处，供电线路中断315处，停电用户13.8万户，通讯线路中断 72 处、基站中断 247 个、影响用户数 1.4 万户，全市直接经济损失 1.61 亿元，无人员伤亡。

【三防风险管理】 2018 年，佛山市人民政府防汛防旱防风指挥部出台《佛山市三防风险评估技术指引》，明确佛山市江河洪（潮）水、暴雨、台风灾害性事件的三防风险等级评估，推进三防风险评估工作高效开展。完成佛山市三防风险防控管理地理信息平台内水务、交通运输、农业、住建、教育、安监、国土规划、海事、旅游、通信、铁塔公司等 11 个部门行业和 32 个镇（街）共 43 类 9980 个风险源数据更新，全市铁皮屋和工棚信息录入 42568 条，形成全市三防风险基础大数据、三防风险一张图和三防风险预评估等初步成果。组织开展山区风险排查工作，全市三防安全隐患点 273 处全部采取应急防控措施，排查发现的中小河流洪水和山洪灾害 30 处隐患点、157 处地质灾害隐患点、56 处削坡建房隐患和 26 处山区危房，并全部建立台账。是年，佛山市落实三防办实际在岗人数 138 人，落实基层预警人员 8188 人，成立村（居）三防工作组 754 个，增设三防联合值守区 12 个。至年底，全市各级三防标准化建设基本完成，各区、镇完成三防标准化建设考核验收工作。

【防灾减灾宣传】 2018年5月12日“全国防灾减灾日”前后，佛山市减灾委员会联合顺德区减灾委员会在顺德区乐从天佑城广场举办 2018 年佛山市防灾减灾宣传周启动仪式暨“全国防灾减灾日”主题宣传活动，并联合消防、科协、地震、红十字会、气象等部门在全市部署开展防灾减灾知识巡回宣传活动 50 场。10 月 13 日的“国际减灾日”前后，委托市防灾减灾协会在五区开展防灾减灾知识进基层巡回宣传活动 6 场。

【备灾工作】

救灾物资　2018 年，佛山市添置救灾物资价值 20.4 万元，其中帐篷 63 顶、军用棉被 250 张、军色大衣 176 件、简易床垫 315 张，该批物资统一存放在市救灾物资储备库。

汛前准备　2018 年汛前，佛山市 38 个三防指挥机构和北江大堤前线抗洪指挥分部得到及时调整，市、区、镇三级三防指挥机构指挥长 AB 角全部落实到位。落实 130 宗中小型水库、556 宗水闸、77 宗 333.33 公顷以上堤围的防汛行政责任人和技术责任人，全市签订防汛责任书 1277 份，落实三防责任人 14065 人，各级重要防洪工程的防汛行政责任人和技术责任人名单计划于汛前公布，接受社会监督。佛山市三防指挥部派出由水务、国土、民政、交通、农业、住建部门组成 5 个督查组对全市防汛准备工作进行督导抽查，全市共派出 1025 个工作组 4412 人对 929 项水利工程进行防汛安全检查。

【全国综合减灾示范社区创建】 2018 年，佛山市新报的 15 个全国综合减灾示范社区示范点通过国家应急管理部、国家减灾委员会审批，159 个社区获“全国综合减灾示范社区”称号。

【三防演练培训】 2018 年 4 月 10 日，佛山市人民政府防汛防旱防风指挥部组织全市三防行政责任人培训班，各级三防部门及时对新履职防汛责任人进行培训，落实培训 50 场次 4107 人，提高各级责任人的上岗履职能力。各级提前预置抢险力量，组建轻舟队、工程抢险队等各类三防应急队伍共 420 支 53349 人，组织防汛演练 27 次。禅城区成立首个三防义务抢险队，组织各类培训共 9 次 503 人，制作应急演练视频短片；南海区组织各镇（街道）举办三防知识和抢险技术培训班 14 场 1464 多人；顺德区组织 10 个镇街先后开展了覆盖辖区内村居、重点企业防汛责任人的年度责任人培训共 848 人，各镇（街）分别组织演练 11 场次共 950 人；高明区组织三防应急演练 18 次共 526 人；三水区举办 2018 年三防责任人培训班，区、镇、村相关人员共约 200 人参加培训。市交通运输、军分区、消防、公安、住建、民政、发改、安监、国土、农业、国资、海事、旅游、供电、电信、联通、移动 17 个部门组织本系统三防演练和培训共 97 场次，全市 3.2 万家企业开展应急演练 4.3 万次。

【抢险救灾】 2018 年 5 月和 8 月，佛山市先后遭遇暴雨和台风“艾云尼”“山竹”的袭击。全市出动抢险救灾 42901 人次、抢险设备 2799 台次，完成抢险救灾任务。全市开放应急避难场所 1822 个，发放大批应急物资，非回收物资折价达 187.5 万元，并在市级应急避难场所岭南明珠体育馆安置禅城区转移建筑工地工人和有需求的市民群众进行避险。市供电局先后出动 12 支应急队伍、3 台发电车、688 人；军分区组

2018 年 5 月 12 日，佛山市举行“全国防灾减灾日”宣传周启动仪式暨宣传活动
（市应急管理局供图）

织民兵预备役部队及其他各类抢险人员共500人，组织狮山镇大埔涌漫堤险情处置；高明区人武部、佛山武警支队派遣160人，组织高明河明城新市段河水漫顶倒灌险情处置；禅城、顺德区共出动8台大型泵水车和抽水泵参加三洲隧道强排水抢险。8月30日，佛山市省民兵轻舟机动一大队高明区民兵轻舟分队奉命奔赴汕头执行防汛抢险救援任务，转移受灾群众920多人。

【抗击台风“山竹”】 2018年9月15—17日，第22号超强台风“山竹”对佛山造成重大影响。佛山市各级三防指挥部各成员单位开展联合值守、密切配合，确保防风工作措施落实到位。公安部门出动警力3.8万人次，投入应急预备救援队伍130支2443人，消防出动消防官兵750人、消防应急车辆150辆。海事部门快速处置9宗船舶失控险情，协助地方政府紧急转移75位涉险人员。住建部门出动应急抢险人员8088人，落实应急抢险车辆1163台、应急抢险设备1236套。交运部门落实应急队伍26支480余人。安监部门出动653人检查402家企业，排查整改隐患803条，对未能够立即整改的隐患安排专人落实防控措施。供电部门累计出动抢修人员7591人次，车辆2965辆次。中国电信、移动、联通、铁塔等单位共出动通信保障人员782人、应急车辆262台次、发电油机85台套，保障通讯网络运行。传媒集团关于抗击“山竹”台风宣传报道，有4条次典型报道稿件被央视采用。高明区利用“村村响”应急广播2350个大喇叭向村民发布台风预警信息，顺德区通过118台人民防空电声警报的语音播报功能，引导公众主动避险。其间，全市转移安置14.89万人，启用庇护场所1718处，关停景区48处，关停工地2034处，回港渔船1866艘，渔排作业上岸765人。

（周结华）

·消防安全·

【概况】 2018年，佛山市发生火灾672起，死亡1人（2013年至2017年，全市火灾死亡人数分别为16人、12人、14人、8人和11人），受伤1人，直接财产损失1608.2万元，火灾起数同比下降24.1%，亡人数下降90.9%，受伤人数下降83.3%，直接财产损失下降61.4%。佛山市政府出台《佛山市春夏火灾防控方案》《佛山市电动车“正源清违”专项治理方案》《派出所消防工作手册》等相关消防文件。全市消防机构排查社会单位28239个，发现及整改火灾隐患23262处，下发责令整改通知书9213份，查封291个，“三停”238个，罚款966万元，行政拘留6916人，对363起火灾事故进行火灾调查。检查单位、整改隐患、罚款、行政拘留数分别比上年上升16%、17%、13%、5%（查封下降17%，“三停”数上升6%）。佛山市政府先后5次召开消防工作会议，专门设立1500万元的安全生产消防示范单位奖励金，市委书记鲁毅、市长朱伟先后7次对社会面消防工作进行检查督导，派驻5名副厅级领导连续三个月到各区全职全天候督导消防工作。

【重大消防任务】 2018年，佛山市消防支队完成各类重大任务。迎战超强台风“天鸽”“山竹”。成功处置“2·7”佛山城轨2号线隧道坍塌事故，佛山市人民政府为支队记集体二等功。完成金鸡百花电影节、世界警察射击大赛等一系列大型活动消防安保任务，做到无缝对接、滴水不漏。完成全省抗洪演练、水域救援、灭火救援课题研究、党的十九大精神知识竞赛、足球比赛、驾驶员培训等一系列重大任务。

【消防综合保障】 2018年，佛山市各级取得地方消防经费预算批复首次突破4亿元大关，同比增长21%，装备建设投入经费1.65亿元，增长25%，支队本级取得预算批复1.47亿元，创历史新高。支队新指挥中心主体建筑推进顺利。消防培训基地建设项目得到市政府批复。至年底，投入1400万元建成4个精品队站，1个大队新指挥中心、2个执勤站点新建成投入使用，2个队站在建。

【消防宣传培训】 2018年，佛山市消防支队在中央、省级媒体上稿151条，同比上升32%。地方媒体上稿1285条，上升26%。全省首创邀请6名全国人大代表为佛山消防公益宣传代言，联合20余家省市级媒体开展火灾防范宣传，每天在佛山电（视）台黄金时段播出消防安全公益广告不低于10分钟，联合省市主流媒体开设消防安全专栏7个。依托场馆开放传授消防技能，32个镇街消防体验馆年内累计接待群众67万余人。利用消防宣传车累计开展宣讲376场次。拓展消防新阵地，与美团、顺丰、饿了么等公司合作，发展佛山“外卖义务消防宣传员”万余名，建设“饿了么微型消防站”70余个。依托媒体曝光整治消防隐患，在主流媒体开设重大火灾隐患曝光专栏7个，对存在重大火灾隐患或隐患久拖不改的场所曝光及跟踪报道22次。

【消防部队改革转制完成】 2018年3月，党的十九届三中全会审议通过的《深化党和国家机构改革方案》指出，“公安消防部队不再列入武警序列，全部退出现役。公安消防部队转到地方后，现役编制全部转为行政编制，成建制划归应急管理部，承担灭火救援和其他应急救援工作，充分发挥应急救援主力军和国家队作用。”10月9日，公安消防部队集体转制，正式退出现役。11月9日，国家综合性消防救援队伍授旗仪式在人民大会堂隆重举行，习近平总书记向国家综合性消防救援队伍授旗并致训词。12月30日上午，全省消防救援队伍授旗授衔和换装仪式在广州举行。省委副书记、省长马兴瑞出席并讲话。全省各市、县（区）同步举行迎旗、授衔和换装仪式。

自公安消防部队改制转隶以来，佛山市消防支队党委和全体指战员坚决服从改革大局，坚决执行改革纪律，坚决落实改革任务，佛山市消防支队改革教育整训做法获总队专题推介3次，获评全省“改革转制教育整训先进支队”，2个基层单位获评全国消防部队改革转制教育整训先进单位。

（陈　智）

职业安全健康

【概况】 2018年，佛山市安全生产监管部门完成职业病危害项目申报企业

38660家，新增申报企业2988家；督促24092家企业累计完成职业健康检查394006人；对24092家企业进行监督检查，查处隐患38609条，立案处罚591宗，实施经济处罚1112.95万元。职业健康监管工作综合评价排名全省前列，全市未发生群体性职业病危害事件。

【职业健康管理】 2018年，市政府办公室印发《关于做好职业病管理工作的指导意见（试行）》，强化用人单位主体责任，厘清部门职责分工。依托信息平台，针对高风险企业的职业健康监管状况，建立3378家“一企一档、一隐患一对策”的监管台账。开展工业园区职业健康规范化管理试点工作。依托佛山市职业病防治所等单位对81家重点企业开展矽尘、噪声等重点职业病危害因素主动监测。举办《职业病防治法》宣传周活动启动仪式和系列活动，对佛山市评定的7家尘毒危害治理示范企业进行授牌。

【职业安全健康宣传】 2018年，佛山市通过开展职业安全健康进万企活动、职业健康安全巡回路演进企业、“弘扬安全文化保障职工权益”安全健康知识竞赛等系列公益活动，宣传职业安全健康知识。市安监、卫生健康、总工会、公安消防局联合举办百万职工安全生产暨消防技能比武大赛，增强企业职工安全生产意识。“安全生产月”期间，举办安全宣传咨询活动55场，参与的部门445个，参与企业3722家，吸引6万余名群众参与活动，派发安全宣传资料12万余份，各区、各部门结合行业特点和安全社区建设开展安全文化文艺演出94场次，网络直播9场，各类媒体宣传报道101篇。

【职业安全健康执法】 2018年，佛山市加大对职业安全健康的执法查处力度，相关部门联合对高危粉尘、高毒等职业危害企业开展专项治理“回头看”督查和集中执法。落实依法行政要求，及时曝光违法企业，综合运用行政处罚、“黑名单”管理、联合惩戒、刑事追责等制度措施，发挥警示教育作用，推动重点工作在基层监管部门和企业的落实。全市各级监管部门对24092家企业进行职业安全健康一体化执法，查处隐患38609条，立案处罚591宗，实施经济处罚1112.95万元。严查职业卫生技术服务质量，组织在全市开展业务的50多家职业卫生技术服务机构负责人、技术负责人共128人召开全市职业卫生技术服务机构工作会议，通报监督检查情况，对违规的11家服务机构负责人实行约谈、对3家机构挂黄牌警告，对2家机构进行立案处罚，共罚款1万元，进一步规范职业卫生技术服务工作。

（何敏宏）

社会事务

·基层民主与社区建设·

【概况】 2018年，佛山加强基层社会治理政策创制，深化村（居）务公开监督工作，加强基层治理机制创新，开展城乡社区协商示范经验推介活动，持续开展农村幸福社区建设试点工作，构建新型乡村治理体制机制，为推进新时代乡村振兴战略打下坚实基础。截至年底，佛山市有村委会326个，其中禅城区53个、南海区66个、顺德区108个、高明区51个、三水区48个；有社区居委会453个，其中禅城区92个、南海区220个、顺德区97个、高明区21个、三水区23个。

【基层社会治理政策创制】 2018年，佛山市加强基层治理机制体制创新调研，出台《佛山市关于进一步加强和完善城乡社区治理的实施方案》和《佛山市民政局关于贯彻落实乡村振兴战略的工作方案》等文件。研究起草“村（居）民委员会标准化建设指导意见”“村务监督委员标准化建设指导意见”和“非户籍常住居民融入城区治理的指导意见”等文件，为全市做好城乡社区治理提供政策保障。

【村（社区）居民自治实践】 2018年，佛山市民政局持续深化“民主选举、民主决策、民主管理、民主监督、民主协商”五个民主，加强村（居）委会自治组织建设、开展社区减负、社区协商、“三社联动”、村务公开、村级组织标准化建设研究等工作，建立健全村级重大事项决策运行机制。联合市委组织部、市农业局对村（社区）重要事权清单、基层党组织、自治组织、经济组织和村务监督委员会事权清单进行梳理。配合市委组织部推动出台《关于实施村（社区）重要事权清单管理强化党组织领导核心地位的意见（试行）》，进一步强化村（社区）党组织建设，在制度机制上保障村（社区）党组织对自治组织、集体经济组织等各类基层组织的领导核心地位。

扶持社会组织　向社区社会组织和社工专业队伍购买服务，让社区社会组织和社工进驻社区，为社区居民提供精准、专业的社区服务。打造各具特色的“三社联动”服务阵地，引导社区居民自我管理、自我教育、自我服务，激发社区内在活力。

开展城乡社区治理改革创新　南海区以及禅城区南庄镇龙津村入选全国首批农村幸福社区建设示范单位。是年，南海区“社区创熟”和顺德区“手机村务通项目”入选2016年度“广东省社区治理十大创新成果”。禅城区开展第二批全国街道服务管理创新实验区和第四批全国社区治理和服务创新试验区申报工作。顺德区创建全省创新城乡社区治理专项改革试点。佛山市有4个项目入选广东省城乡社区治理十大创新经验候选名单。

开展村民小组“五有”规范化建设　制定《关于推进村民小组“五有”规范化建设经验的工作方案》，以“有健全的班子、有可行的发展规划、有民主的决策程序、有规范的理财制度、有科学的管理机制”的目标，全面推进村民小组规范化建设试点。

开展村（社区）干部能力培训　加强基层群众自治组织建设。在新一届换届选举工作完成后，各区根据实际，有针对性的开展法律法规，维稳、国土、规划、环保等方面专业知识的培训力度，增强村（社区）干部专业化、规范化的管理服务能力和具体工作事务的处置能力。

【民政领域扫黑除恶专项工作】2018年，佛山市民政局成立由市民政局局长陈浩斌担任组长的市民政局扫黑除恶专项斗争工作领导小组和工作专班，建立“情况报送、摸排、移交、转办和督查”等工作制度。制定《关于扫黑除恶专项斗争工作实施方案》和《佛山市民政系统2018年扫黑除恶专项斗争重点工作》。并制定《关于中央扫黑除恶督导组交办案件线索办理工作应急预案》。该“预案”重点明确办理时限、人员组成、查办路径和压实责任。“应急预案”的制定，为及时、高效、妥善处理中央对省督导期间交办的线索，提高快速反应和应急处理能力建立查办应急机制。设立统筹协调组、督查工作组和“打击整治非法社会组织专项行动组”“农村低保专项治理行动组”“残疾人两项补贴专项治理、打击黑恶势力违法煽动不明真相群众阻挠福利院、老人院等民政养老设施建设行为行动组”“打击涉黑涉恶团伙操纵残疾人员、未成年人员及流浪乞讨人员行乞牟利违法行动组”“加强村级组织建设专项行动组”5个专项行动组，5个专项行动组根据自己的任务分工分别制定行动方案。开展专项督导，按照“有黑扫黑、有恶除恶、有乱治乱”的思路，把工作重心始终对准把持基层政权、操纵破坏基层换届选举、垄断农村资源、侵占集体资产、利用宗族势力横行乡里、称霸一方、欺压残害村民等方面，在集中整治全市民政领域行业乱象问题，扫除黑恶势力对民政领域影响的同时，边打边治边建，建立完善各项规范化长效管理机制。建立“社会救助部门间统筹协调机制”“困难群众主动发现机制”“社会救助工作监督检查机制”“救助信息共享机制”等，严把低保救助申请审核关口，坚决查处农村低保经办服务中的腐败和作风问题；与公安部门成立协作小组，建立宣传、教育、人社等部门参与的联合执法机制和日常监督机制，从根本上遏制非法社会组织萌发成长，减少社会组织违法行为的发生；建立民政、公安、城管等部门协调工作机制，成立全市流浪乞讨人员救助管理工作领导小组，确保流浪乞讨人员得到及时救助，非法行乞等行为得到及时打击；加强基层组织建设，打击和防范黑恶势力及宗族势力干扰破坏基层政权正常运作，从源头上遏制涉黑涉恶涉乱问题的滋生蔓延。截至年底，市民政局共收到中央扫黑除恶督导组交办线索20条（含重复线索）。其中，重点督办线索4条（市民政局牵头办理1条），督办线索16条（市民政局牵头办理7条），市民政局牵头办理的8件案件（含重复线索3件），全部已办结。通过工作摸排、群众举报、各区上报等途径摸排线索39条，办结并回复38条，办理中1条。

（陈　瑶）

·社会组织管理·

【概况】 2018年，佛山市社会组织登记管理工作在登记监管、扶持培育、打击整治非法社会组织专项行动、党组织建设和引导社会组织参与精准扶贫等方面，取得成效。至年底，全市有社会组织6833个，比上年增长7.9%，其中经民政部门登记在册的有4999个、备案的有1834个。社会组织中有社会团体4158个。其中：登记2422个、备案1736个；市级867个、禅城区668个、南海区1038个、顺德区864个、高明区277个，三水区444个。有民办非企业单位2656个。其中：登记2558个、备案98个；市级220个、禅城区319个、南海区845个、顺德区964个、高明区129个、三水区179个。有基金会19个，其中市级5个、顺德区14个。

【社会组织党建】 2018年，佛山市民政局继续把行业协会商会党建作为重点工作来抓紧抓好，各龙头社会组织（党组织）充分发挥引领带动作用，整合群组行业资源和党建资源，联合群组链成员、企事业单位、村社区开展多种形式的党建专题活动，推动1＋N群组链党建出成效。“探索构建社会组织登记管理和党的建设工作同步机制”项目被评为2018年全市“两新”组织党建“十大亮点项目”之一。

首次开发建设“佛山市1＋N群组链党建”微信公众号平台　5月17日正式上线运行。平台的上线进一步打破社会组织的地域界限，使党员干部和群众随时了解党建动态，进行互动交流。至年底，204个群组链成员单位均关注使用了该平台。

推进社会组织党的组织和工作有效覆盖　采取单独组建、联合组建等多种形式，加强组建工作力度。全年新组建党组织9个。至年底，共有直属社会组织党组织61个。其中：党委1个（支部5个）；党总支2个（科技社团党总支设支部3个、社工行业党总支设支部9个）；党支部41个。管理党员380人，其中在册党员142名、流动党员238名。单独建立党组织49个，联合组建党组织12个，基本实现有3名以上专职工作人员党员的社会组织100%组建党组织，党的组织覆盖率93%，党的工作覆盖率97%。

新增党建工作类项目　结合实践，根据《佛山市市级社会组织发展专项扶持资金管理办法》的要求，修订市级社会组织发展专项扶持资金管理办法，优化项目评审（绩效）程序，明确财政、民政部门及各主管指导部门的职责等。其中，新增党建工作类扶持资金项目，每年安排50万元，用于支持开展党建工作项目的市级社会组织（党组织）。

【社会组织体制改革】 2018年，佛山市重点培育发展社区社会组织，把社区社会组织培育发展作为营造共建共治共享社会治理格局的重要举措，南海区培育发展社区社会组织做法被省民政厅推荐作为民政部社会组织管理局“2018年度社区社会组织改革发展经验交流暨工作推进会”的介绍经验。出台《关于培育发展社区社会组织营造共建共治共享社会治理格局工作方案》。降低社区社会组织准入门槛、简化登记手续。明确“惠从党来”，强化党组织的政治引领作用，为社区社会组织提供政策指导、活动场地、活动经费、人才队伍等方面的支持。推动建设社区社会组织联合会。顺德区成立全市首个社区级社区社会组织联合会；禅城区在镇街一级筹备建立社区社会组织联合会外，还以“一社区一特色”为切入点，在每个镇街选取一个特色社区建设社区社会组织联合会。

健全佛山市加强社会组织综合监管联席会议制度　通过健全联席会议成员单位职责、明确联席会议运作规范等，真正构建科学、合理、有效的工作机制，对实现社会组织综合监管具有重要推动作用。

扩大社会组织等级评估范围　新制定普通类民办非企业单位等级评估评分

细则，允许普通类民办非企业单位申报评估等级。在2018年佛山市级社会组织等级评估工作中，经过参评组织自评、材料审核、抽查审计、现场评估、评委评分等环节，确定6个市级社会组织获得5A等级、7个市级社会组织获得4A等级、3个市级社会组织获得3A等级。

加强社会组织诚信自律和信用建设　在“佛山市社会组织信息网”增设“信用信息管理”模块。加强对“佛山市市级社会组织异常名录”的动态管理，及时将社会组织列入或移出活动异常名录，形成有进有出的动态管理局面。举办“2018年佛山市社会组织信用体系建设专题培训班”。顺利完成《2018年佛山市社会组织加强自律与诚信建设工作方案》有关任务。重点对佛山市企业征信建设促进会等8个社会组织进行信用建设工作进行抽查，及时发现和整改存在问题。规范行业协会商会收费管理。按照市民政局《关于进一步规范行业协会商会收费管理的通知》，要求会费公开透明，明确并公开收费标准，不得强制服务并收费。

【社会组织专项整治】 2018年，佛山市开展打击整治非法社会组织专项行动。由市民政局、公安局牵头，自4月1日至12月31日，在全市范围内联合开展打击整治非法社会组织专项行动，重点对利用“一带一路”建设、“军民融合”“精准扶贫”“粤港澳大湾区建设”等国家战略名义骗钱敛财和冠以“中国”“中华”“国际”“广东”“全省”等字样开展活动以及打着弘扬“传统文化”“养生修炼”等旗号传递社会负能量等非法社会组织予以打击整治。至年底，全市公布4批共15个涉嫌非法社会组织。

推进校外培训机构专项治理工作　重点对全市校外培训机构在面向中小学生实施与学校文化教育课程、升学或考试相关的补习辅导培训活动中存在的各类违法违规行为进行整治。为协同做好专项治理工作，市民政局及时采取有效措施，牵头对民政部门成立登记的培训机构开展超业务范围活动举办面向中小学生文化教育类培训业务进行清理整顿。

全市范围内开展了社会组织名称自查整改工作　对照《关于在社会组织登记管理工作中加强名称管理有关问题的通知》提及的八大方面的问题，重点整改存在名称中冠以“中国”“全国”“中华”“亚洲”“世界”等字样，名称中应该包含字号的但缺乏字号，名称中组织形式与类型不一致的等问题的社会组织。强化分类指导，市民政局组织召开全市社会组织名称自查整改专题工作会议，分别针对社会团体、民办非企业单位名称存在的问题进行筛选归类，并提出整改指导意见。

【社会组织专项扶持】 2018年，佛山市市级社会组织发展专项扶持资金共安排财政资金640万元，主要用于支持社会组织开展党建工作、生活关怀、医疗救助、助老助残、公益慈善、就业培训、创业扶持等方面的项目，并通过项目的示范带动作用，撬动更多社会资源共同参与佛山市经济社会建设，有效引导社会组织发挥作用。

【社会组织参与社会服务】 2018年，佛山市逐步实现社会组织参与社会治理常态化。6月，市社会组织党委举办“红色领航，共建美好社区”社会组织党员志愿服务活动，免费为社区居民提供家电维修、义诊、禁毒宣传等便民利民服务。各社会组织党组织联合群组链成员、企事业单位、村社区开展多种形式的党建专题活动。重点依托商会、行业协会等社会组织力量，推动社会治理重心向基层下移，更好地发挥社会组织在提供公益服务、化解社会矛盾、推进交流合作等方面发挥的重要作用。市政府在2018年7月召开佛山市社会组织参与社会治理座谈会，会议分享各商会在推进新市民融入、社会治理、会员权益保护、加强党建工作等方面的经验做法，并对如何建立政府和商会的沟通合作平台，更好发挥社会组织作用方面进行交流和动员。

引导社会组织参与精准扶贫工作　各社会组织参与“2018年广东（佛山）扶贫济困日活动”，特别是各基层党组织结合庆祝建党97周年系列活动，开展一系列的扶贫济困活动；全市16个社会组织参加全省百家社会组织走进留守儿童和困境儿童“牵手行动”，数量仅排在省本级和广州市之后；佛山市慈善会等多个社会组织参与对口帮扶四川凉山、黑龙江双鸭山扶贫协助工作。通过社会组织，带动更多社会力量积极参与，助力打造产业合作、劳务协作、人才支持、教育医疗、携手奔康、文化体育、社会帮扶等多领域的扶贫协作格局。

（陈　瑶）

·专业社会工作·

【概况】 至2018年底，佛山市注册登记民办社工机构182个，持证社工11364人，其中社会工作师1859人、助理社会工作师7049人、社工员2456人。每万人持证社工达14.8人，提前超额完成“到2020年每万人持证社工数达10人”的任务指标，社工持证人数及每万人持证社工数均位居全省前列。

【党建引领社工】 2018年3月20日，佛山市成立中共佛山市社会工作行业总支部委员会，建立以市社会工作协会为龙头的“1＋N”群组链党建监测点，日常联动38个社工机构党组织开展党员活动。通过发挥龙头社工行业的牵头作用，引领已成立党支部的社工机构带动群组内未成立党支部的社工机构共同发展党建工作，促进行业内交流。至年底，社工行业党总支部先后组织开展党课教育和社区服务活动60多场，服务群众5000多人次。

【社工人才培养】 2018年，佛山市组织参加全国社会工作者职业水平考试。4月，发动、鼓励市内符合条件的社会工作从业者报名参加2018年度全国社会工作者职业水平考试，4月下旬至6月，组织举办考前培训班，培训人数超过3100人次。全年全市报名参加全国社会工作者职业水平考试5748人，比上年增长4.3%；全市通过社会工作者职业水平考试的1865人，较往年大幅增加。

佛山市社会工作员考务　9—10月，全市五区分别组织举办社会工作员培训班，招收未通过国家社会工作者职业水平考试的社会工作相关职业人员

400余人参加培训，协助其掌握社会工作专业知识内容。11月，市社工员考试在五区分设考场同步进行，参考人数接近380人，最终考试通过人数为351人。

举办社工继续教育专项培训　6—8月，市民政局联合团市委、市教育局共同开展“亲青·益起来”——青少年事务社工培训活动，共培训80余名青少年事务社工；7—8月，联合市禁毒办对全市190多名禁毒社工进行继续教育专题培训。此外，各区立足本地实际，开展多方位、多领域、多层次的继续教育活动。

开展社工督导人才提升培养　市民政局组织开展社工督导培训提升项目，用6个月时间对15名社工督导进行培训提升；禅城区、南海区、顺德区分别开展社工督导培训班或社工督导深造班，致力提升辖区的社工督导能力和服务水平。至年底，市、区两级培育社工督导人才237人，在各领域的社会服务中解决专业复杂问题，带动社会工作服务人才成长，推动社会工作专业实务发展。

社工专业人才实训基地建设　在佛山市筛选出11个公益服务类事业单位和民办社会工作服务机构，经过审核认定，作为全市社会工作专业人才实训基地。

【社工宣传活动】 2018年，佛山市借助一年一度的盛事“行通济”民俗活动、“温爱佛山——慈善文化人人行”公益活动等平台，组织社工机构和志愿服务队组成“爱心公益组织”巡游方阵参加慈善巡游活动。以“岭南社工宣传周”为抓手，多点宣传。借助电视、报刊、杂志等传统媒体与微信、微博、视频等网络新兴媒体，在社工周期间开展专题宣传。以“青春体验营”为契机，深度宣传。7—8月，市民政局联合佛山日报社推出“青春正当时——社工暑期宣传活动月”系列活动，通过媒体宣传与体验活动相结合的方式，宣传佛山市“牵手计划”工作情况和社区、医务、禁毒、学校等领域的社会工作情况，促进群众对社会工作的了解和认知，增强社工专业人员的工作认同感和成就感。以“互联网+社工”为载体，科学宣传。

【社工义工并行】 2018年，佛山市深化“社工+义工”管理模式。以平台汇人才，发挥“i志愿”系统的优势，发动社工机构登记注册，依托平台开展志愿活动，登记服务时数，壮大社工机构中的志愿队伍。以培训强业务，市民政局参加由省文明办、省民政厅和团省委联合举办的《志愿服务条例》培训班以及由团市委组织开展的相关志愿者管理培训活动，提升对志愿服务工作的管理水平和能力。以活动强合作，定期互通“双工”阶段性活动内容，发动、鼓励、引导其参与到对方项目中，通过活动进一步强化双方的合作关系，强强联合共推“双工”模式顺利开展，推动佛山市构建和谐稳定的社会环境。

推动“牵手计划”有效落实　7月，到广西壮族自治区开展“牵手计划”工作调研；11月，参加“牵手计划”第二批启动仪式。全市共派出2批共10个社工机构对口支援广西贫困地区，以志愿服务方式，通过社工专业手法，提高贫困地区的民生保障和社会服务水平供给，推动社会工作专业力量在打赢脱贫攻坚战中发挥更大作用。

（陈　瑶）

·地名与区划界线管理·

【地名管理】 2018年，佛山市推进全市地名普查工作，开展界线管理，规范实施地名管理。全年审批建筑物、住宅区地名命名、更名共175宗，道路地名命名、更名共140条。

【地名普查】 2018年，佛山市按时保质完成地名普查成果整改完善工作。1月起，市普查办收到国家普查办对全市各区普查成果的整改意见及接边检查意见共5轮。根据国家普查办第五轮印发的《地名普查成果数据入库意见》，全市有3个区无需修改入库数据。至年底，全市整理上报省、国家验收普查地名33118个，其中禅城区3022个、南海区8959个、顺德区12003个、高明区3951个、三水区5183个。

2018年佛山市地名命名、更名情况表

行政归属	标准地名	汉语拼音	类别	位置	原名	备注
禅城区	扶西路	Fúxī Lù	道路名	北起货运站，南至货站东路，呈南北走向	无	命名
禅城区	景平路	Jǐngpíng Lù	道路名	北起绿景东路，南至魁奇东路，呈南北走向	无	命名
禅城区	前进四街	Qiánjìn 4 Jiē	街名	北起澜石二路，南起东平一路，呈南北走向	无	命名
禅城区	扶西横路	Fúxī Hénglù	道路名	西至36米规划路（货站路），东至扶西路，呈东西走向	无	命名
禅城区	敦裕路	Dūnyù Lù	道路名	北起规划海五路，南至文昌路，呈南北走向	无	命名
禅城区	曲水路	Qǔshuǐ Lù	道路名	南起东平三路，北至绿景东路，呈南北走向	无	命名
禅城区	通济南街	Tōngjì Nánjiē	街名	北起通济桥生菜池广场，向东南至金澜北路，再向东转折至通济街	无	命名
禅城区	金华北街	Jīnhuá Běijiē	街名	南起金华路，经佛山市第一人民医院停车场转折向西至岭南大道北（岭南公交枢纽站北侧）	无	命名

（续表）

行政归属	标准地名	汉语拼音	类别	位置	原名	备注
禅城区	深华南街	Shēnhuá Nánjiē	街名	南起华阳嘉园，北至深华路，呈南北走向	无	命名
禅城区	丝绸南一街	Sīchóu Nán 1 Jiē	街名	位于“华发四季花园”西侧，北起丝绸大街，南止亲仁路	无	命名
禅城区	丝绸南二街	Sīchóu Nán 2 Jiē	街名	位于“华发四季花园”东侧，北起丝绸大街，南止亲仁路	无	命名
禅城区	和阳路	Héyáng Lù	道路名	西起风林路（原槎湾路），东至仙槎路	无	命名
禅城区	绿荫路	Lǜyīn Lù	道路名	北起弘德路，南至金茂澜岸花园后，向东转折至堤江路（规划路）	无	命名
禅城区	怡水一路	Yíshuǐ 1 Lù	道路名	西起规划路，东止禅港西路	无	命名
禅城区	怡水三路	Yíshuǐ 3 Lù	道路名	西起规划路，东止规划路	无	命名
禅城区	清峰东一街	Qīngfēng Dōng 1 Jiē	街名	西起清峰路，东至东鄱南路	无	命名
南海区	领航路	Lǐngháng Lù	道路街巷名	起：九江大道；止：园区规划道路	无	命名
南海区	腾飞路	Téngfēi Lù	道路街巷名	起：园区规划道路；止：园区规划道路	无	命名
南海区	万乐路	Wànlè Lù	道路街巷名	起：万寿村路；止：乐只村路	无	命名
南海区	海五西路	Hǎiwǔ Xīlù	道路街巷名	西起：佛山水道大桥（叠北澳边段，在建）东止：南一路	无	命名
南海区	领航东一路	Lǐngháng Dōng 1 Lù	道路街巷名	起：九江大道；止：纬三路	无	命名
南海区	领航东二路	Lǐngháng Dōng 2 Lù	道路街巷名	起：九江大道；止：纬三路	无	命名
南海区	领航西一路	Lǐngháng Xīyī Lù	道路街巷名	起：九江大道；止：腾飞路	无	命名
南海区	领航西二路	Lǐngháng Xī 2 Lù	道路街巷名	起：九江大道；止：纬三路	无	命名
南海区	领航西三路	Lǐngháng Xī 3 Lù	道路街巷名	起：九江大道；止：纬三路	无	命名
南海区	河中路	Hézhōng Lù	道路街巷名	起：环镇东路；止：永青路	无	命名
南海区	城兴路	Chéngxìng Lù	道路街巷名	起：环镇东路；止：永青路	无	命名
南海区	学林路	Xuélín Lù	道路街巷名	起：万锦路；止：金虹路延长线	无	命名
南海区	通和路	Tōnghé Lù	道路街巷名	起：佛山一环道路辅道（棠溪村蚌口地段）止：道道通汽配交易中心 12 栋	无	命名
南海区	华科路	Huákē Lù	道路街巷名	起：富华路；止：广云路	无	命名
南海区	博兴路	Bóxìng Lù	道路街巷名	起：兴华路；止：兴华路	无	命名
南海区	博景路	Bójǐng Lù	道路街巷名	起：兴华路；止：兴华路	无	命名
南海区	兴平路	Xīngpíng Lù	道路街巷名	起：2 号路；止：富华路	无	命名
南海区	文溯路	Wénsù Lù	道路街巷名	起：博兴路；止：博华路	无	命名
南海区	博华路	Bóhuá Lù	道路街巷名	起：兴华路；止：博爱路	无	命名

（续表）

行政归属	标准地名	汉语拼音	类别	位置	原名	备注
南海区	莘庭路	Shēntíng Lù	道路街巷名	起：兴华路；止：博达路	无	命名
南海区	文濡路	Wénrú Lù	道路街巷名	起：莘庭路；止：博华路	无	命名
南海区	博达路	Bódá Lù	道路街巷名	起：莘庭路；止：博华路	无	命名
南海区	博盛路	Bóshèng Lù	道路街巷名	起：兴贤路；止：兴华路	无	命名
南海区	博贤路	Bóxián Lù	道路街巷名	起：广云路；止：兴华路	无	命名
南海区	奇贤路	Qíxián Lù	道路街巷名	起：镇水围；止：贵广（南广）铁路	无	销名
顺德区	观景路	Guānjǐng Lù	道路街巷名	南起新峰路，北至规划横八路	无	命名
顺德区	翡翠路	Fěicuì Lù	道路街巷名	西起规划中的辅龙路，东至伦教大涌	无	命名
顺德区	荔祥路	Lìxiáng Lù	道路街巷名	南至规划中的裕成南路，北至 105 国道	无	命名
顺德区	海赞路	Hǎizàn Lù	道路街巷名	南起海凌村新工业区，北止高赞龙腾高新区	无	命名
顺德区	华港街	Huágǎng Jiē	道路街巷名	南起延德路四街，北至南朝路	无	命名
顺德区	延德一街	Yándé 1 Jiē	道路街巷名	东起南朝路，西至兆年路	无	命名
顺德区	延德二街	Yándé 2 Jiē	道路街巷名	东起南朝路，西至兆年路	无	命名
顺德区	延德三街	Yándé 3 Jiē	道路街巷名	东起南朝路，西至兆年路	无	命名
顺德区	延德四街	Yándé 4 Jiē	道路街巷名	东起南朝路，西至兆年路	无	命名
顺德区	延德路	Yándé Lù	道路街巷名	东起南朝路，西至兆年路	无	命名
顺德区	藤通路	Téngtōng Lù	道路街巷名	起于 S121 省道，止于环镇西水藤路段，呈东西走向	无	命名
顺德区	德景街	Déjǐng Jiē	道路街巷名	东起杏坛镇中心区 N—XT—02—01—B—04 地块，西止杏坛中心北区 3—2—1 号地块	无	命名
顺德区	宝汇路	Bǎohuì Lù	道路街巷名	南起广扬路，北至世纪大道	无	命名
顺德区	珍珠路	Zhēnzhū Lù	道路街巷名	东起新龙大道，西至规划辅龙路	无	命名
顺德区	钻石路	Zuànshí Lù	道路街巷名	东起世龙大道，西至规划辅龙路	无	命名
顺德区	欢乐大道	Huānlè Dàdào	道路街巷名	南起德民东路，北止碧桂路	无	命名
顺德区	悦江路	Yuèjiāng Lù	道路街巷名	起于顺德区龙江镇顺番公路，止于西江河堤	无	命名
顺德区	鉴升路	Jiànshēng Lù	道路街巷名	北起鉴邑路，南止良勒路	无	命名
顺德区	朝乐路	Cháolè Lù	道路街巷名	东起书香东路，西止碧桂路	朝乐路	道路命名长度延长
顺德区	德慧路	Déhuì Lù	道路街巷名	东起二环路，西止德韵路	无	命名
顺德区	德慧一街	Déhuì 1 Jiē	道路街巷名	北起规划路，南止杏龙路	无	命名

（续表）

行政归属	标准地名	汉语拼音	类别	位置	原名	备注
顺德区	德慧二街	Déhuì 2 Jiē	道路街巷名	北起规划路，南止杏龙路	无	命名
顺德区	环福路	Huánfú Lù	道路街巷名	起于沙良河，止于商业三路	无	命名
顺德区	科发路	Kēfā Lù	道路街巷名	起于北围一环连接线，止于新桂路	无	命名
顺德区	乔岸路	Qiáoàn Lù	道路街巷名	东起南国东路，西止碧桂路	无	命名
顺德区	鉴荣路	Jiànróng Lù	道路街巷名	北起鉴红路，南止与红岗居委会交界规划路（未命名道路）	无	命名
顺德区	鉴赏路	Jiànshǎng Lù	道路街巷名	东起鉴荣路，西止城西路	无	命名
顺德区	鉴涛路	Jiàntāo Lù	道路街巷名	北起良勒路，南止城西路	无	命名
顺德区	鉴享路	Jiànxiǎng Lù	道路街巷名	北起大福路，南止良勒路	无	命名
顺德区	骏悦路	Jùnyuè Lù	道路街巷名	起于规划纵一路，止于现龙大道	无	命名
顺德区	德鸿路	Déhóng Lù	道路街巷名	南起杏龙路，北止德慧路	无	命名
高明区	小洞南一路	Xiǎodòng Nán 1 Lù	道路街巷名	位于小洞工业园南部，东起新高铜线，西至鸿泰路	无	命名
高明区	小洞南二路	Xiǎodòng Nán 2 Lù	道路街巷名	位于小洞工业园南部，东起规划路，西至环园南路	无	命名
高明区	鸿进路	Hóngjìn Lù	道路街巷名	位于小洞工业园南部，北起合和大道，南至小洞南二路	无	命名
高明区	鸿聚路	Hóngjù Lù	道路街巷名	位于小洞工业园南部，北起合和大道，南至小洞南一路	无	命名
高明区	鸿弘路	Hónghóng Lù	道路街巷名	位于小洞工业园南部，北起合和大道，南至小洞南二路	无	命名
高明区	悦新路	Yuèxīn Lù	道路街巷名	位于小洞工业园南部，北起合和大道，南至小新经济合作社	无	命名
三水区	茶亭路	Chátíng Lù	道路街巷名	云东海街道南起明海路，北至景文路	无	命名
三水区	葵逢路	Kuíféng Lù	道路街巷名	云东海街道东起丰海路，西至南丰大道	无	命名
三水区	兴云路	Xīngyǘn Lù	道路街巷名	云东海街道东起云东海大道，西至防汛路	无	命名
三水区	敦和路	Dūnhé Lù	道路街巷名	云东海街道东起映海路，西至南丰大道	景文路	更名
三水区	映丰路	Yìngfēng Lù	道路街巷名	云东海街道东起丰海路，西至映荷路，展现地理和人文特征	荷云路	更名
三水区	韵丰路	Yǜnfēng Lù	道路街巷名	云东海街道东起映海路有三江水韵公园，经过高丰村和南丰大道，展现地理和人文特征	映云路	更名
三水区	韵兴路	Yǜnxīng Lù	道路街巷名	云东海街道东起塘西线三期，西至南丰大道	创达路	更名
三水区	荷湖南路	Hēhú Nánlù	道路街巷名	云东海街道东起塘西线三期，西至映荷路	云海南路	更名
三水区	荷湖北路	Hēhǘ Běilù	道路街巷名	云东海街道东起塘西线三期，西至映荷路	云海北路	更名
三水区	智信大道	Zhìxìn Dàdào	道路街巷名	乐平镇东起齐力大道南（规划），西至西辅道（规划）	无	命名
三水区	和谐路	Hēxié Lù	道路街巷名	乐平镇东起乐盛大道，西至科勒大道	无	命名

（续表）

行政归属	标准地名	汉语拼音	类别	位置	原名	备注
三水区	温良路	Wēnliáng Lù	道路街巷名	乐平镇南起新南边幼儿园，北至南边大道	无	命名
三水区	恭俭路	Gōngjiǎn Lù	道路街巷名	乐平镇南起上善路，北至南边大道	无	命名
三水区	礼让路	Lǐràng Lù	道路街巷名	乐平镇南起罗边村路口，北至南边大道	无	命名
三水区	上善路	Shàngshàn Lù	道路街巷名	乐平镇东起温良路，西至礼让路	无	命名
三水区	民本路	Mínběn Lù	道路街巷名	乐平镇南起泰来路，北至南边大道	无	命名
三水区	泰来路	Tàilái Lù	道路街巷名	乐平镇东起陆坑中甲村，西至三水大道中	无	命名
三水区	拓业大道	Tuòyè Dàdào	道路街巷名	乐平镇东起乐信大道，西至齐力大道南	拓业大道	调整起止点
三水区	见贤路	Jiànxián Lù	道路街巷名	乐平镇东起三水大道北，西至 X495 大日头村路口	无	命名
三水区	拓业大道西	Tuòyè Dàdào Xī	道路街巷名	乐平镇东起乐新大道，西至明业路	无	命名
三水区	幸福村	Xìngfú Cūn	村名	南山镇鸡山村鱼塘以东、鸡山村鱼塘以南、漫水河以西、树头湖以北	无	命名
三水区	和谐村	Héxié Cūn	村名	南山镇四会迳口水库以东、六队鱼塘以南、漫江西排坑以西、四队鱼塘以北	无	命名
三水区	明华村	Mínghuá Cūn	村名	南山镇漫江东排坑以东、旧机耕队以南、漫水河堤以西、越侨路以北	无	命名
三水区	锦塘路	Jǐntáng Lù	道路街巷名	大塘镇北起永大路（S118）广四线，南至无名路	锦塘路	调整起止点
三水区	文博路	Wénbó Lù	道路街巷名	芦苞镇南起芦苞大道，北至无名路	无	命名
三水区	芦苞大道	Lúbāo Dàdào	道路街巷名	芦苞镇东起塘西大道，西至三水大道北	无	命名
三水区	学海南路	Xuéhǎi Nánlù	道路街巷名	云东海街道南起彩云路，北接三水大道	无	命名
三水区	学海北路	Xuéhǎi Běilù	道路街巷名	云东海街道南起白云路，北接红云路	无	命名
三水区	学海中路	Xuéhǎi Zhōnglù	道路街巷名	云东海街道南起三水大道（新 321 国道），北接白云路	无	命名
三水区	大学路	Dàxué Lù	道路街巷名	云东海街道东起云东海大道，西接防汛路	无	命名
三水区	白云路	Báiyǔn Lù	道路街巷名	云东海街道东起云东海大道，西接防汛路	无	命名
三水区	金泽路	Jīnzé Lù	道路街巷名	西南街道南起金森路，北至金都路	无	命名
三水区	金济路	Jīnjì Lù	道路街巷名	西南街道东起金森路，西至三水大道南	无	命名
三水区	文创大道	Wénchuàng Dàdào	道路街巷名	白坭镇北起白坭粮仓，西至白金三期	无	命名
三水区	翠景路	Cuìjǐng Lù	道路街巷名	白坭镇东起山水龙盘侧地块，西至规划科创路	无	命名
三水区	汇通路	Huìtōng Lù	道路街巷名	白坭镇东起南抱线，西至金白线	无	命名
三水区	汇盈路	Huìyíng Lù	道路街巷名	白坭镇北起规划汇通路，南至汇金路	无	命名

（续表）

行政归属	标准地名	汉语拼音	类别	位置	原名	备注
三水区	临江路	Línjiāng Lù	道路街巷名	白坭镇北起粤佳信电缆厂，南至一环西拓	无	命名
三水区	汇康路	Huìkāng Lù	道路街巷名	白坭镇东起南抱线，西至规划路	无	命名
三水区	美林路	Měilín Lù	道路街巷名	白坭镇北起规划路，南至上灶南村	无	命名
三水区	沿涌东路	Yánchōng Dōnglù	道路街巷名	南山镇南起林苑酒店，北至择善路	无	命名
三水区	云海路	Yǘnhǎi Lù	道路街巷名	云东海街道南起广三高速，北至新321国道	丰海路	更名
三水区	联信北路	Liánxìn Běilù	道路街巷名	云东海街道东起云海路，西止南丰大道	无	命名
三水区	科创路	Kēchuàng Lù	道路街巷名	云东海街道南起兴业二路，北止石湖洲南路	无	命名
三水区	联信南路	Liánxìn Nánlù	道路街巷名	云东海街道东起云海路，西止南丰大道	无	命名
三水区	思齐路	Sīqí Lù	道路街巷名	乐平镇南起西乐大道东，北至礼义大道（原新乐南路）	无	命名
三水区	职教路	Zhíjiào Lù	道路街巷名	乐平镇南起仁智大道，北至西乐大道东	职教路	调整起止点
三水区	丰海路	Fēnghǎi Lù	道路街巷名	云东海街道南起明海路，北至映丰路	无	命名
三水区	杏林路	Xìnglín Lù	道路街巷名	云东海街道东起塘西三期，西至仁学路	无	命名
三水区	韵华路	Yǜnhuá Lù	道路街巷名	云东海街道东起塘西三期，西至映海路	无	命名
三水区	桃李路	Táolǐ Lù	道路街巷名	云东海街道东起塘西三期，西至映海路	无	命名
三水区	仁学路	Rénxué Lù	道路街巷名	云东海街道南起桃李路，北至虹岭西路	无	命名

注：此表未含188宗建筑物、住宅区地名命名、更名。（市民政局）

统筹开展普查成果转化 8月15—16日，广州、佛山两市民政局联合举办第二次全国地名普查成果转化培训班。通过制定市级标准地名图录典志编纂工作方案、建设佛山市区划地名信息服务管理平台，推进地名普查成果转发工作。

地名普查档案整理和归档 3月，市民政局组织全市开展地名普查档案整理和验收工作，联合市档案局先后转发《关于做好第二次全国地名普查档案检查验收工作的通知》《关于进一步做好第二次全国地名普查档案工作的通知》，并根据佛山市普查档案整理现状对各区工作提出要求及制订具体时间表。

【区划界线管理】 2018年，佛山市民政局印发《关于做好第四轮行政区域界线及行政管辖范围分界线联合检查工作的通知》，部署各级界线联合检查工作。牵头与肇庆市民政局组织开展佛山—肇庆线的第四轮界线联检工作。2月，佛山市市、区民政部门分别签订行政区域界线签约委托管理协议书，明确各自界线管理责任。各区政府均将界线委托管理经费纳入了当年政府财政预算，由各区民政部门采取政府购买服务的形式，引入专业测量队伍，承担界线委托管理和界线联检测量工作。落实镇级行政区域界线档案数字化工作。开展平安边界创建工作，印发《佛山市2018年度“平安边界”创建工作方案》，制定佛山市创建“平安边界”考核及验收标准，明确各成员单位和各区工作职责任务和目标。

【地名文化建设】 2018年，佛山市为宣传佛山地名文化及其承载的优秀思想，促进社会提高对地名传统文化的保护意识，市普查办选取具有佛山历史风貌、人文特色的15个地名，以形象生动、通俗易懂的漫画表现形式制作成地名漫画宣传读品，在全市民政系统官方网站、微博、微信公众号和市政府《佛山发布》等微信公众号上向市民群众推送，并获得大众点评网、佛山电台微信公众号等知名媒体引用或转载。拍摄《佛山初地 塔坡庙》《东华里 佛山“第一街”的百年变迁》等地名文化故事短视频，在网络上展播宣传佛山市传统地名文化及佛山新面貌，并参加国务院第二次地名普查领导小组办公室举办的“美丽中国·地名寻梦”全国地名文化短视频征集与展播活动，其中《东华里 佛山“第一街”的百年变迁》短视频作品获全国优秀奖。

（陈　瑶）

·婚姻登记·

【概况】 2018年，佛山市办理结婚登记30403对（其中国内居民30145对，涉外、华侨、港澳台258对），离婚登记11268对（其中国内居民11191对，涉外、华侨、港澳台77对），补领结婚证7295对（其中国内居民7239对，涉外、华侨、港澳台56对），补领离婚证716宗（其中国内居民706宗，涉外、华侨、港澳台10宗）。

【婚姻登记管理】 2018年，佛山市建立政务公开、首问责任、限时办结、绩效考核、责任追究和档案管理等制度，保障依法行政的有效落实，婚姻登记机关登记合格率100%。推进婚姻家庭辅导工作，做好“和谐婚姻文化”宣传。对离婚率不断攀升的态势，各区通过政府购买服务开展婚姻家庭辅导工作，引进社工、婚姻心理辅导专家，为有需求的当事人免费提供法律咨询、情感辅导、危机处理、离婚辅导等服务，构建家庭的幸福和社会的和谐。各区婚姻登记机关建立“婚姻家庭辅导室”，通过政府购买服务的方式，聘请专业人士，针对各种不同对象和情况，为离婚服务对象提供心理疏导、法律咨询等服务。开展服务个案816人，共提供服务1805次，各种活动服务受惠人员5291人次。在离婚劝导和调解的个案中，暂缓离婚90%以上，收到良好的家庭辅导效果，获得广大市民的认可。

（陈　瑶）

·殡葬管理·

【概况】 2018年，佛山殡葬事业有序发展，巩固100%火化率和“无坟化”清坟成果，落实殡葬基本服务费用免除政策，规范殡葬服务单位建设和管理。全市妥善做好清明安保工作，全市各殡葬服务单位在清明节假日及周末期间共接待扫墓群众超过480万人次。继续开展骨灰植树活动，推进绿色生态殡葬，历年来被用于植树的骨灰超过1.1万份。开展殡葬领域突出专项整治行动及长期存放在殡仪馆无人认领遗体处理专项行动。全年免除殡葬基本服务费用1923万元。

【殡改宣传月及清明安保】 2018年清明期间，佛山市以“文明祭扫、低碳环保”为主题，以确保广大群众祭祀活动文明、安全、有序为目标，保障清明节期间群众祭扫活动安全和顺利进行。各级民政部门与相关部门密切配合，延长上下班时间，为祭祀群众出行提供便利。在清明节假日及周末期间，全市各殡葬服务单位共接待扫墓群众超过480万人次、各种不同类型车辆约153万辆次，未发生各种治安、交通安全事故。

【殡仪馆开放日活动】 2018年3月25日，佛山市殡仪馆及各区殡仪馆举办“殡仪馆开放日”活动，获广大市民和《佛山日报》《珠江时报》《南方都市报》《广州日报》《羊城晚报》及电台、电视台等媒体的关注。市殡仪馆通过市民说法、馆领导直面回应以及相关政策等剖析和纵深报道，营造殡葬服务行业透明服务、阳光殡葬的良好氛围，使社会各界了解殡葬行业，减少误解；南海区殡仪馆通过设置创意的话剧环节，用艺术方式提示生命意义，并邀请全国殡葬专业创始人王夫子教授作《殡葬那些事》专题讲座，让群众深入理解殡葬行业。顺德、高明、三水区等殡仪馆也通过向新闻单位提供宣传线索和素材，传递正能量，营造良好舆论宣传氛围。全市各殡仪馆开放日活动共投入40多万元，200多位市民参加。

【骨灰植树活动】 2018年4月21—22日，佛山市组织骨灰植树活动。共500多名群众携带463份先人骨灰在高明区更合镇“长青林”参加骨灰植树，群众把先人的骨灰放入挖好的树坑，再放上树苗填上土，放上鲜花默哀。这是佛山市连续第十四年开展此项活动，历年来被用于植树的骨灰超过1.1万份。

【殡葬基本服务费用免除政策实施】 2018年，佛山市继续实施殡葬基本服务费用免除政策，对佛山市户籍或在佛山办理居住证半年以上，在佛山市行政区域内死亡且遗体在区内殡仪馆实行火化的，免除遗体接运、遗体存放（不超过3天）、遗体火化、骨灰寄存（两年寄存）、小型告别厅、遗体消毒、骨灰盒（盅）（不超过100元），7个项目最高减免1320元。全市火化28403具遗体，为2.3万名群众免除殡葬基本服务费用1923万元。

（陈　瑶）

·老龄工作·

【养老服务体系建设】 2018年，佛山市出台《佛山市养老服务体系建设行动计划（2018—2020年）》，推进以居家为基础、社区为依托、机构为补充、医养相结合的社会养老服务体系建设。全年社区居家养老服务机构基本设施总投入3691.28万元，政府为老人购买服务投入2982.22万元。年内新增养老机构收养性床位3827个，新建建筑面积300平方米以上社区居家养老设施88个。至年底，全市养老机构77个（其中公办47个、民办30个），收养性床位37007个；150平方米以上社区居家养老设施332个，其中建筑面积大于150平方米小于300平方米的27个、建筑面积300平方米以上的305个。出台《佛山市养老服务对象评估工作实施办法》《佛山市民政局关于印发公办养老机构入住评估轮候管理办法》，确定老年人服务需求类型、照料护理等级以及明确护理、养老服务等补贴领取资格等，对纳入重点评估的人群，免费给予评估、优先安排入住公办养老机构（市、区福利院）。确保老龄事业经费投入保障机制稳定。推动对公益性养老机构建设免征有关行政事业性收费、对经营性养老机构建设减半征收有关行政事业性收费，全年全市对符合条件的民办养老机构共划拨扶持资金500.69万元。加快发展农村养老服务，加强城乡社区养老服务设施建设，整合养老服务信息，发展养老服务企业，繁荣老年用品市场。

【基本养老保障】 2018年8月，佛山市调整退休人员基本养老金到位，全市平均养老金达每月每人3200元。1月起，城乡居保基础养老金月标准提升40元，调升后城乡居保基础养老金月人均220

元。继续落实高龄老人津贴发放，全市发放高龄津贴2683834人次，发放总额1.91亿元。至2018年，佛山市各区均全面建立80岁以上户籍高龄老人津贴制度，发放水平不断提高，南海区、高明区和禅城区还将高龄津贴发放范围扩大到70周岁以上户籍老年人。

【老年人医疗服务】 2018年，佛山市推进基层医疗卫生机构标准化建设。开展优质服务示范社区卫生服务机构创建，以点带面，提高社区卫生服务水平。明确收付费标准，建立健全签约激励机制，以老年人、儿童、孕产妇等为重点人群，推进家庭医生签约服务。全市有家庭医生团队1095个，共有209多万名居民签定服务协议，居民签约覆盖率49.93%，重点人群签约覆盖率73.05%，其中老年人签约覆盖率75.5%。全市共有11家定点医疗机构开设家庭病床业务。继续落实为辖区常住老年人免费提供健康教育指导、健康体检、建立健康档案、高血压等慢性病健康管理、中医药健康管理等基本公共卫生服务项目。65岁及以上老年人健康管理人数为30.8万人，健康管理率64.26%；老年人中医药健康管理人数为27.2万人，中医药健康管理服务率56.74%以上。

【银龄安康行动】 2018年，佛山市老龄委与中国人寿佛山分公司签订《佛山市“银龄安康行动”三年合作计划》（简称《计划》），计划规定到2020年佛山市银龄安康项目自付费覆盖率达到40%，力争达到45%，继续保持佛山市“银龄安康行动”工作成绩排在全省前列。”《计划》实施前，全市五区继续全面实行户籍老人由政府出资统保，老年人如发生意外，可享受30元/天的住院津贴或3000元的伤残病故补助。是年，全市银龄安康行动保费达3693.92万元（其中政府出资516.25万元），理赔19142人次，赔付1798.37万元。

【老年人法律援助和普法宣传】2018年，佛山市老龄工作部门和法律援助机构加强对案件承办人员监管，对老年人的案件指派责任心强、工作经验丰富、热心老年人事业的律师办理。建立重大、疑难复杂案件会商机制，组织法律专业人员和法律援助工作者研究分析老年人维权案件，找准案件代理的突破口。对老年人法律援助案件实行全程跟踪，通过庭审旁听、卷宗检查、回访当事人和听取司法部门意见等方式，办好老年人援助案件。全市法律援助机构为235名老年人提供法律援助，其中刑事案件10件、民事案件217件、行政案件8件；为老年人提供法律咨询1484人次。结合九九重阳节等时间节点，到老年人活动聚集的社区、广场等地，有针对性地开展老年人权益保障法、继承法等法律法规宣传，营造全社会尊老、敬老、爱老、助老的良好氛围，不断增强老年人维权意识，全年全市开展针对老年人的普法活动14场。年内，市老龄委印发《佛山市老龄工作委员会关于开展佛山市人口老龄化国情省情市情教育的通知》，部署全市人口老龄化教育工作的开展，把老年政策法规纳入全民普法教育计划，把尊老敬老纳入全市精神文明建设规划。

【第二届老年文化节】 2018年5月10日至12月28日，佛山市举办第二届老年文化节。文化节活动包括老年人运动会、老年人公益讲座、老年人文艺汇演、老年人健身培训等，展现佛山市老年人风采。老年人运动会的门球、太极拳（剑）、棋牌、乒乓球、广场舞等比赛分别在高明、顺德、三水、南海、禅城区举行，活动共吸引近5000名老年体育爱好者参加。老年人公益讲座活动以各区开放大学为依托，在全市范围内举办以绘画、法律宣传、摄影等老年人朋友喜闻乐见的公益讲座，累计举办公益讲座活动30场，超过2000人次参加。

【老年人文体活动】 2018年，佛山市组织老年人文艺爱好者参加由广东省老龄工作委员会举办的省老年人春节联欢晚会海选，佛山市共推选两个节目参与竞逐，其中节目《梨园武影》获广州赛区一等奖。组织100多人次参加省老年体协组织的广场舞、柔力球、健身球操、持杖健步走、气排球、门球培训班，为佛山市培养省老年体育人才。10—11月，派出80多名运动员参加广东省老年人体育健身大会，在广场舞、门球、网球、健身球操、持杖健步走六项比赛，取得8个优胜（团体5个，个人3个），14个优秀（团体5个，个人9个）的佳绩，并被授予体育道德风尚奖。

（黄国添）

·关心下一代工作·

【关工组织建设】 2018年，佛山市关工委推进“党政领导担纲”的“双主任制”。全市五区关工委“双主任”建制全部由区委组织部任命，由区委常委组织部部长兼任主任。市直机关关工委、教育局关工委分别由党政副职领导

2018年5月10日至12月28日，佛山市举办第二届老年文化节。图为广场舞决赛现场

（市老龄办供图）

兼任主任，退休老领导任主任或执行主任。32个镇（街）关工委由分管党群副书记兼任主任。766个村（社区）关工委（组）也均由党委书记任主任。企业与学校关工委（组）同步完成党组织书记或行政领导兼任关工委主任。全市有224家企业、园区、集团、商会、协会、社团关工委实现“党建带关建”全覆盖。是年，佛山市各级关工委结合班子调整，全市开展各级关工委主任与“五老”（老干部、老战士、老专家、老教师、老模范）骨干培训班达698场次，培训骨干29504人。关工委班子成员中的宣讲团骨干带领并组织298个团队下镇（街）、村（社区）、进学校、企业宣讲达755场次。

【青少年学生假日活动组织】2018年，佛山市继续以“党委领导、社工支撑、义工参与、关工协同”三工联动工作机制开展“160工程”（党委、政府相关部门组织青少年学生在寒假、暑假、周末、公休假约160天假期中的活动），解决青少年校外教育“最近一公里”（社区、村居）问题。将“童心向党”“学雷锋见行动”“关爱明天普法先行”“扶困助学、十百千万工程”“实践养成”等主题教育与社区各类文化教育活动融入“160工程”。推进学校少年宫、乡村少年宫与社区村居假日学校、爱心学堂、430学堂为青少年学生提供“精准服务”。是年，三水区关工委与区总工会联手，将“小燕乐园”打造成为区、镇街、社区、工业园区四级连建的“160工程”关爱教育品牌。

【青少年教育基地建设】2018年，佛山市关工委协同各区关工委依托地方党建阵地，探索与社区联动、与企业联动建设青少年教育基地，打造高明区更合镇粤中纵队红色基因教育、三水区云东海邓培故居红色基因教育、三水区大塘镇小农街自然生态文明教育、禅城区南庄镇紫南村青少年教育、禅城同仁堂中医药文化科普教育、南海区中联龙狮中华文化传承教育、佛山市警察博物馆法制安全教育7个教育基地。至年底，全市各级各类青少年教育基地300多个。

【青少年帮扶帮教】至2018年，佛山全市建成各种类型的假日学堂、四点半学校437所，“五老”辅导员达707人，并有1200名“五老”参与青少年帮扶帮教工作，全市建有关爱之家、留守儿童之家311个，其中有202名“五老”成为代理家长。受帮扶帮教2704名青少年中成功转化1720人，在社会爱心团体与企业的支持下，资助贫困青少年5123人，助学资金达756.92万元。高明区“留守儿童”关爱基地与三水区关注特殊儿童工作等关爱项目有效实施。

【关工文化宣传】2018年，佛山市关心下一代宣传工作纳入到党政宣传工作大格局，关工新闻进入到党政新闻序列，实行全免费刊登、播放。5月，《珠江青少年》杂志开辟“学法守法 相伴成长”专栏和“佛山市美德少年”事迹系列报道专版。市关工委与珠江青少年杂志社合作，开通“佛山市关心下一代工作”微信公众号。通过基层工作评选与主流媒体宣传，推荐并评选出“中国好人”“广东好人”李永雄、“广东好人”与“最美佛山人”吴钟秀，“最美五老”李非逸等先进人物。让先进“五老”上文件、上讲坛、上报纸、上电视、上电台，通过大巡讲与互联网微信大平台、空中家教课堂宣传“五老”精神。

【青少年社会主义核心价值观教育】2018年，佛山市关心下一代工作结合纪念改革开放40周年，在全市开展“传承红色基因”教育活动。4月，在革命老区高明区中国人民解放军粤中纵队纪念馆“佛山市青少年传承红色基因教育基地”举行挂牌仪式与“传承红色基因，争做时代新人”主题教育启动仪式。在“传承红色基因”教育中，依托区域156个党史国史基地资源开展红色专题教育869场次。结合各类主题教育，全市开展各种形式的教育活动6000多场次，受教育人数124020人次。

【读书活动传播美德精神】2018年，佛山市关心下一代工作“朝阳读书”活动继续向民办学校和职业学校发展，并向幼儿园推进。结合佛山市美德少年推荐评选，开展“文明美德伴我行”活动，评选出的20名“佛山市美德少年”表彰活动与感人事迹，通过“佛山市关心下一代”公众微信平台向社会传播，“美德少年”成为全市中小学生“读书读人读社会”的学习榜样。结合佛山市“创文”活动开展全市中小学“微家书暖家庭”“微家书传家教”活动，收到微家书40多万封，浏览量2000多万次。

【佛山接受“全国规范化家长学校实验区”创建工作验收】2018年11月13日，佛山市教育局召开佛山市创建全国

2018年7月12日，佛山市关工委2018年“160工程”暨顺德区协会关工委品牌启动仪式在杏坛镇康乐中心举行

（市关工委供图）

规范化家长学校实验区验收自评报告会，接受验收专家组的评估验收。是全国首个接受“全国规范化家长学校实验区”创建工作验收的地级市。2015年5月，中国下一代教育基金会和中国关工委事业发展中心授予佛山全国首个创建“全国规范化家长学校实验区”称号。至2018年，佛山全市中小学幼儿园100%建立家长委员会、100%建有家长学校、100%通过规范化家长学校验收。全市中小学幼儿园有35所被评为“全国优秀家长学校”，5所流动人口子女学校被评为“全国优秀（示范）家长学校”，131所学校被评为“佛山市示范性家长学校”。佛山市1592所学校全部被命名为“全国规范化家长学校实践基地”，100%上榜。

（刘艾平）

物　价

【概况】 2018年，佛山市深化供给侧结构性改革，推进经济平稳健康发展，经济结构不断优化，发展质量稳步提升，全市经济由高速增长阶段逐步向高质量发展阶段转变，市场需求持续升温，居民消费价格（CPI）温和上涨2.0%。其中，食品烟酒价格上涨2.4%，非食品烟酒价格上涨1.8%，消费品价格上涨2.0%，工业品价格上涨1.7%，服务项目价格上涨1.9%。全年平均涨幅分别比全国、全省低0.1和0.2个百分点，在珠三角九市涨幅位居第五。

月环比涨跌互现　从CPI各月环比指数看，有涨有跌。1、2月分别上涨0.4%、1.8%，3、4、5月分别下降1.1%、0.3%、0.1%，6—9月分别上涨0.1%、0.7%、0.4%、0.7%，11月下降0.3%，10、12月均持平。

月同比运行平稳　从CPI各月同比指数看，运行平稳。各月涨幅中有6个月的涨幅超过2.0%。其中2月涨幅最高，上涨2.8%，3、9、10、11、12月涨幅分别为2.2%、2.2%、2.3%、2.4%、2.3%；4—8月涨幅在“1”区间运行，涨幅分别为1.6%、1.6%、1.8%、1.6%、1.9%；1月涨幅最低为0.6%。

八大类价格同比全面上涨　构成CPI的八大类商品和服务价格同比呈现全面上涨。其中，医疗保健类涨幅最大，达6.8%；交通和通信、食品烟酒、居住、教育文化和娱乐、生活用品及服务、衣着、其他用品和服务价格则分别上涨2.5%、2.4%、1.3%、0.8%、0.7%、0.6%、0.3%。

食品类价格重现涨势　佛山食品烟酒类价格比上年上涨2.4%，上升3.2个百分点，影响CPI上涨0.74个百分点。纳入调查的14类食品价格呈“十涨四降”态势。粮油及副食品类价格小幅波动。其中，粮食、食用油、薯类分别上涨0.4%、1.8%、3.3%；而奶类及调味品分别下降2.2%、0.7%。鲜菜、鲜瓜果价格双双走高。受台风频发、运输成本上涨以及上年低基数影响，鲜菜鲜瓜果价格全年涨幅较大，分别上涨5.2%和7.0%。蛋价创六年新高，水产品价格上涨明显。在上年低基期效应和高生产成本叠加作用下，鸡蛋价格对比与上年同期相比上涨10.5%，创近六年来最大涨幅。随着养殖成本及营运成本的上涨，水产品价格上涨4.6%。猪肉价格降幅收窄。在猪肉产能持续释放和消费不振的大环境下，猪肉价格延续上年降势，直至四季度因“非洲猪瘟”疫情影响，供应趋紧价格回升，全年跌幅有所收窄。猪肉价格全年同比下降3.8%，较上年同期（下降5.4%）收窄1.6个百分点。

服务价格持续上涨　服务价格延续上年上涨态势，上涨1.9%。调查的65种服务基本分类中，价格上涨的服务项目有54种，涨价面达83.1%。受2017年7月佛山医疗改革影响，医疗服务价格同比上涨10.5%。涨幅较为明显的服务价格有：家政服务上涨7.7%，装潢维修费上涨4.9%，小学初中教育上涨5.6%，课外教育上涨4.5%，学前教育上涨1.6%，养老服务上涨1.6%。

能源价格上涨显著　能源价格上涨

2018年佛山市八大类商品及服务项目价格累计同比涨跌幅度表

项目名称	价格（涨跌幅）	对总指数影响（百分点）
居民消费价格总指数（CPI）	102.0	—
一、食品烟酒	102.4	0.74
二、衣着	100.6	0.04
三、居住	101.3	0.29
四、生活用品及服务	100.7	0.05
五、交通和通信	102.5	0.29
六、教育文化和娱乐	100.8	0.09
七、医疗保健	106.8	0.44
八、其他用品和服务	100.3	0.01

2018年全国、广东省及佛山市CPI各月同比走势图

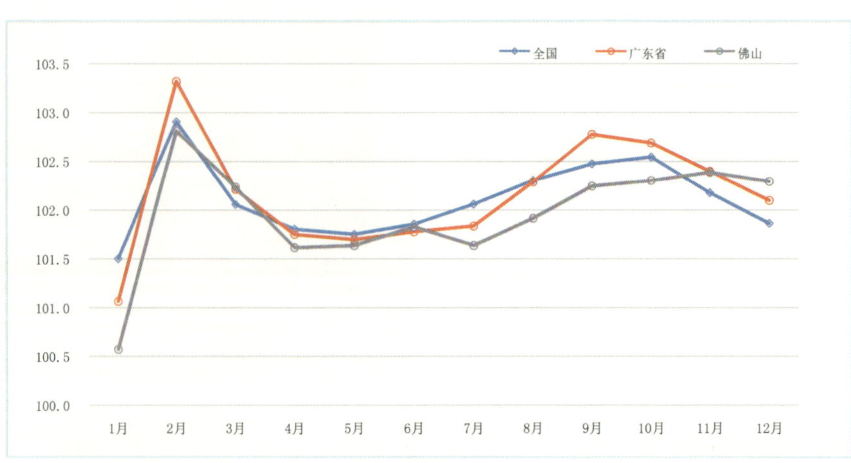

2018 年佛山市居民收入和支出数据表

	全体居民		城镇居民		农村居民	
	实绩（元）	比上年增长（%）	实绩（元）	比上年增长（%）	实绩（元）	比上年增长（%）
人均可支配收入	49630	8.3	50737	8.3	28765	9.0
一、工资性收入	31094	5.4	31774	5.0	18204	8.9
二、经营净收入	7226	12.0	7303	13.1	4827	9.2
三、财产净收入	8189	17.9	8451	18.2	3965	10.2
四、转移净收入	3121	7.2	3210	7.6	1770	7.0
人均消费支出	34053	4.3	34804	4.0	19906	9.0
一、食品烟酒	10904	2.6	11142	2.6	6609	8.9
二、衣着	1288	−1.8	1318	−2.5	717	2.1
三、居住	6979	4.1	7051	3.8	4298	7.0
四、生活用品及服务	1663	8.3	1673	8.5	1044	8.0
五、交通通信	6274	5.8	6422	5.3	3665	11.6
六、教育文化娱乐	4534	3.8	4722	5.2	2026	3.5
七、医疗保健	1690	20.7	1697	20.5	1126	29.7
八、其他用品和服务	720	−6.8	778	−14.1	421	5.7

2017—2018 年佛山市 7 种主要粮食月均价走势图

单位：元 /500 克

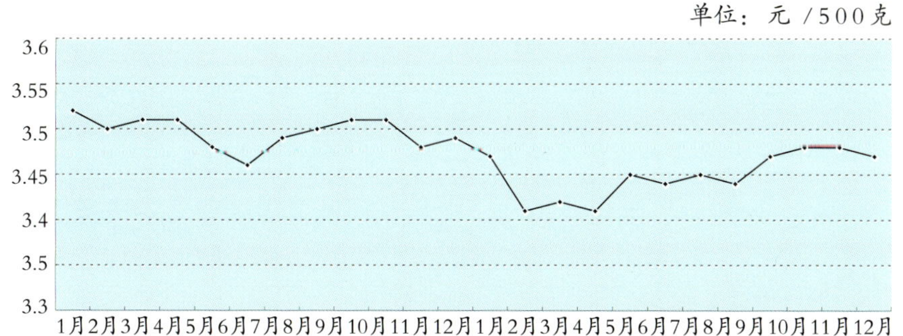

2017—2018 年佛山市 2 种食用油月均价走势图

单位：元 / 桶

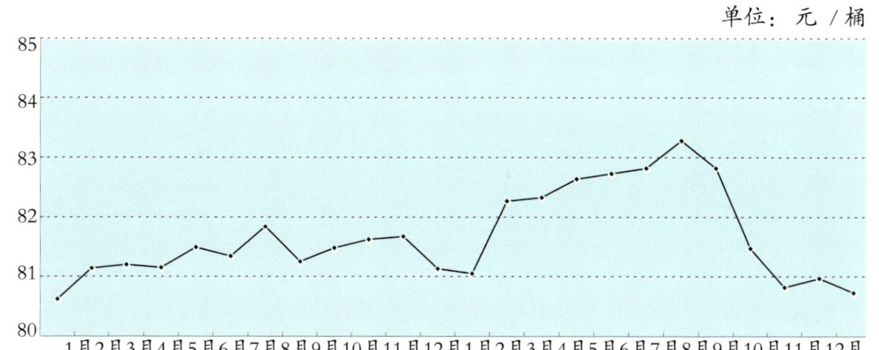

4.5%，影响 CPI 总水平上涨 0.37 个百分点。其中，液化石油气、柴油和汽油价格分别上涨 10.0%、12.8% 和 14.2%。

工业品价格稳中有升　工业品价格上涨 1.7%，拉动 CPI 总水平上升 0.53 个百分点。其中，住房装潢材料价格上涨 2.4%，家具价格上涨 2.1%，衣着价格上涨 0.6%。

【主要商品价格】

粮食价格　2018 年，佛山市粮食价格稳中有降。粮食零售均价 3.45 元 /500 克，比上年下降 1.43%。在全国粮食产量继续保持稳定、粮食储备充足和国际粮食价格弱势等背景下，全市粮食市场品种丰富、价格保持稳定。监测的 7 种粮食每 500 克零售均价在 3.41 元至 3.48 元之间微幅波动运行。

食用油价格　2018 年，佛山市食用油价格稳中微升，监测的 2 种食用油（5L 桶装，下同）均价 81.99 元 / 桶，比上年 81.33 元 / 桶微升 0.81%，月均价在 80.73 至 83.28 元 / 桶之间运行。全市食用油市场新品种和质量不断增加及提高，尤其是花生油和调和油品类丰富齐全，供应充足，不断满足居民的消费需求。

蔬菜价格　2018 年，佛山市的蔬菜价格波动运行，总体高于上年，监测的 30 种蔬菜市场均价为 3.99 元 /500 克，比上年 3.60 元 /500 克上升 10.83%。天气和季节因素是影响价格上涨的主因，特别是 8 月下旬寿光水灾和 9 月中旬超强台风“山竹”袭击广东省期间，短时间内本地叶菜供应大减，外地蔬菜调入量下降，叠加中秋国庆节日消费增加因素影响，导致 9 月菜均价涨至年内最高点。

生猪及猪肉价格　2018 年，佛山市猪肉市场各环节均呈先降后升走势。生猪出栏均价 6.88 元 /500 克，比上年 7.56 元 /500 克下降 9.00%；仔猪出栏均价 15.10 元 /500 克，比上年 21.9 元 /500 克下降 31.05%；母猪出栏均价 19.57 元 /500 克，比上年 20.45 元 /500 克下降 4.28%；白条猪肉批发均价 8.64 元 /500 克，比上年 9.82 元 /500 克下降 9.78%；猪肉（4 种）零售均价 16.55 元 /500 克，比上年 17.53 元 /500 克下降 5.59%。佛山市生猪市场总体呈宽松格局，但由于非洲猪瘟的负面因素影响，佛山市猪肉市场各环节均呈先降后升走势。生猪出栏和白条猪肉批发价格：2018年年初全国各地生猪价格持续下跌，佛山市生猪价格也从年初每500克7.54元跌至5月5.24元，创2012年以来的新低。下半年以来随着大猪阶段性的出清，标猪供应偏紧，加上8月3日国内出现首例非洲猪瘟疫情后，非洲猪瘟疫情由北向南蔓延，国内生猪跨省调运受阻，市场供应偏紧，造成佛山市生猪、白条猪肉价格出现回升，但受夏季消费疲软以及非洲猪瘟疫情的负面因素影响，价格回升力度不大。特别是进入12月，省内接连出现三例非洲猪瘟疫情后，养殖户出栏意愿增加，进一步带动生猪、白条猪肉价格的回落。仔猪价格：年内天气总体相对稳定，仔猪成活率较高，供应充足，但受上半年生猪（肉）市场价格的持续弱势以及下半年非洲猪瘟疫情的影响，养殖场（户）补栏积极性受挫，导致仔猪出栏价格大幅回落。猪肉零售价格：虽然生猪出栏和猪肉批发价格降幅均接近一成，但由于受零售环节、人力和租金等经营成本上升因素影响，猪肉零售价格仅下降5.59%，降幅小于批发和出栏等价格。

家禽类价格　2018年，佛山市监测的毛鸡批发均价为10.13元/500克，比上年上升12.80%；鸡肉（白条鸡）零售均价17.08元/500克，比上年15.71元/500克上升8.72%；白壳、红壳鸡蛋零售均价6.17元/500克、5.75元/500克，比上年分别上升7.49%、14.09%。全年佛山市没有发生大范围禽流感疫情，但逐年攀升的养殖、储存和运输成本，造成佛山市家禽类价格较大的升幅。

水产品价格　2018年，佛山市水产品均价23.96元/500克，比上年23.95元/500克微升0.04%，呈先升后回落走势。2018年年初的寒潮天气导致水产品养殖受损严重，产量锐减，叠加春节放假和需求旺盛因素的影响，导致2月佛山市水产品零售价格迅速走高，春节后随着供应恢复，价格逐步回落，与2017年相比总体微升。

饲料价格　2018年，佛山市饲料价格2.18元/千克，与上年持平，其

2017—2018年佛山市30种蔬菜月均价走势图

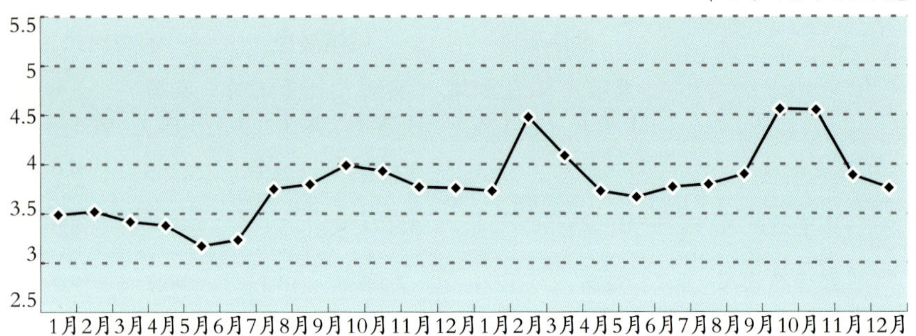

2017—2018年佛山市生猪出栏均价、白条猪肉批发均价、猪肉零售均价走势图

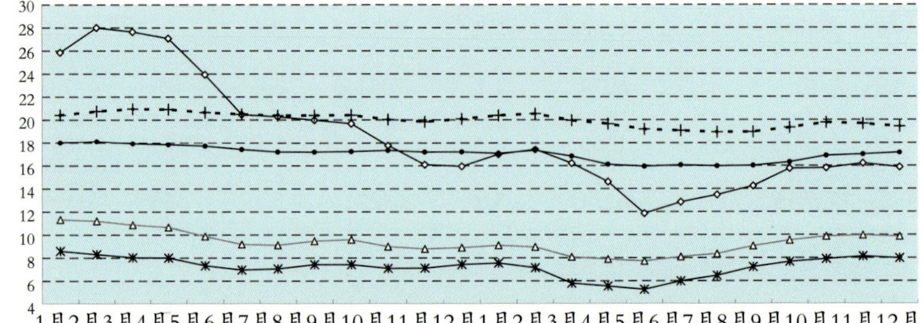

2017—2018年佛山市鸡蛋批发、零售月均价走势图

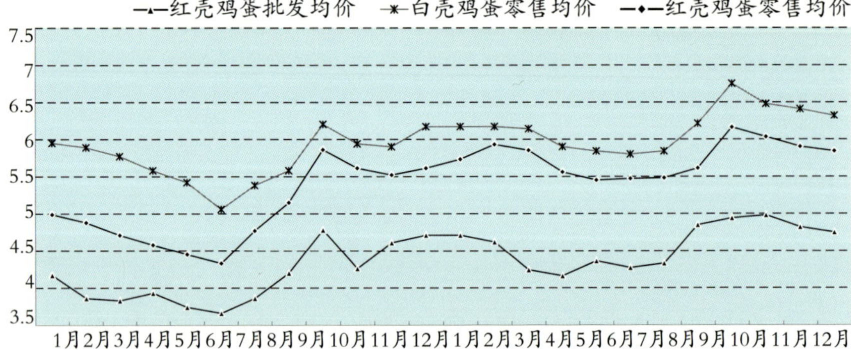

2017—2018年佛山市11种水产品月均价走势图

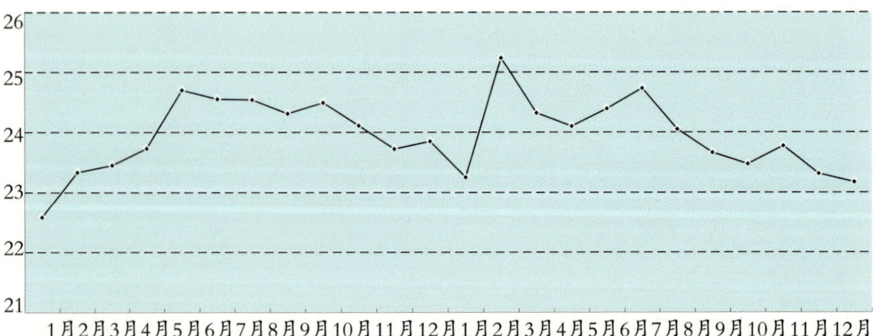

中，玉米、豆粕、米糠、麦皮价格比上年分别上升2.43%、上升3.49%、下降8.84%、下降0.98%。

食用盐批发零售价格　2018年，佛山市食用盐市场品种丰富，销售稳定，价格稳中有降，其中，批发均价5967元/吨，比上年下降4.88%；农贸市场零售均价3.01元/500克，下降8.51%；超市零售均价4.65元/500克，下降0.21%。

新建商品住宅价格　2018年1—12月，佛山市新建住宅成交均价为10660.79元/平方米，比上年均价上升5.83%，涨幅收窄0.65个百分点。监测的禅城区一类地段新建普通商品住宅2018年中位成交均价13596元/平方米，比上年下降4.6%，最低、最高价分别出现在9月（13174元/平方米）、3月（13948元/平方米）。2018年，在中央"房子是用来住的，不是用来炒的"以及"坚决遏制房价上涨"思想指导下，佛山市一直延续2017年下半年开始对禅城、桂城和顺德部分区域的新建、二手商品住房限购政，同时相继出台相关加强对房地产销售秩序的监督管理规定，一系列有力的调控措施有效引导市场预期逐步回归理性，房地产市场逐步降温，新建普通商品住宅价格涨幅收窄，房地产不断朝着平稳健康的方向发展。随着粤港澳大湾区发展规划纲要临近出台，佛山"三旧"改造和城市配套设施不断升级，加上受禅桂中心区的新房价格高位及货源较为紧缺等原因，不少购房者转向二手住房，拉动禅城区二手住宅价格快速上升，升幅超过两成。监测的禅城区一类地段二手普通商品住宅2018年中位成交均价14825元/平方米，比上年上涨21.2%，涨幅收窄9.6个百分点，最低、最高价分别出现在9月（14061元/平方米）、4月（15700元/平方米）。

瓶装液化气零售价　2018年，佛山市居民瓶装液化石油气（14.5千克，不含送气费）每瓶零售均价111.17元，比上年上升11.65%，价格主要受国际原油价格上涨的因素影响，10月价格上涨至2014年5月以来的高位，随后在国际原油价格高位急速大幅下跌影响下，价格小幅回调。

成品油价格　2018年，佛山市监

2017—2018年佛山市4种饲料原料、玉米月均价走势图

单位：元/千克

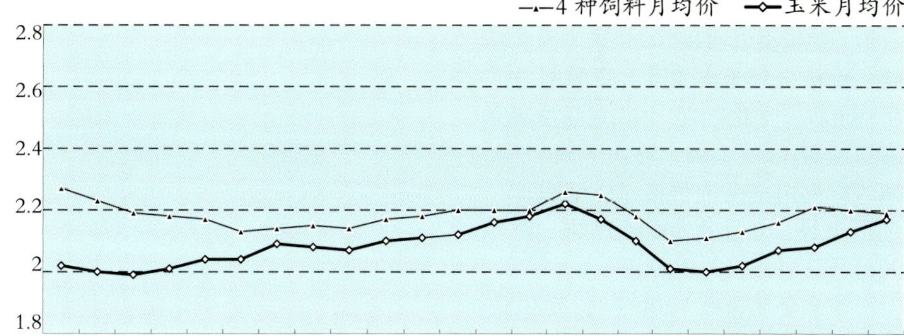

2017—2018年佛山市瓶装液化石油气零售月均价走势图

单位：元/瓶

2017—2018年佛山市3种成品油批发月均价走势图

单位：元/吨

2017—2018年佛山市有色金属月均价走势图

单位：元/吨

测的3种成品油批发均价为7608元/吨，比上年上升24.25%。国际原油受OPEC（石油输出国组织）减产、库存、地缘政治、美国页岩油和市场供求等因素影响，价格全年走出先升后降的倒“V”字型走势。受此影响，国内成品油调价窗口经历13次上调、12次下调、1次搁浅。佛山成品油价格同样呈倒“V”字形走势，10月达9000元/吨，创下2014年2月以来的新高。

有色金属价格 2018年，受国内经济保持稳中向好、世界经济回暖以及美国不断挑起全球贸易争端引发国际大宗商品价格震荡等因素影响，佛山市有色金属价格窄幅波动，总体小幅上升。监测的6种有色金属均价61832元/吨，比上年上升6.48%。

化工产品价格 2018年，佛山市监测的2种化工产品年均价5003元/吨，比上年4932元/吨上升1.43%。受国际原油市场价格先升后降走势和市场供需关系影响，年内佛山市化工产品价格呈下降—上升—回落走势，1—4月受春节下游生产企业放假以及节后需求恢复缓慢等因素影响，价格小幅向下，5—10月受国际原油价格持续走高的带动，价格小幅上升，11月以后，在国际原油价格大幅下跌的影响下，价格止升回落。

建材价格 2018年，受国内供给侧结构性改革和环保限产、环保督查以及佛山市一环高速化改造限制货车行驶致使水泥运输成本上涨等因素叠加影响，佛山市监测的水泥均价565.9元/吨，比上年上升17.05%；玻璃均价33.8元/平方米，比上年上升14.41%。

2017—2018年佛山市化工产品月均价走势图

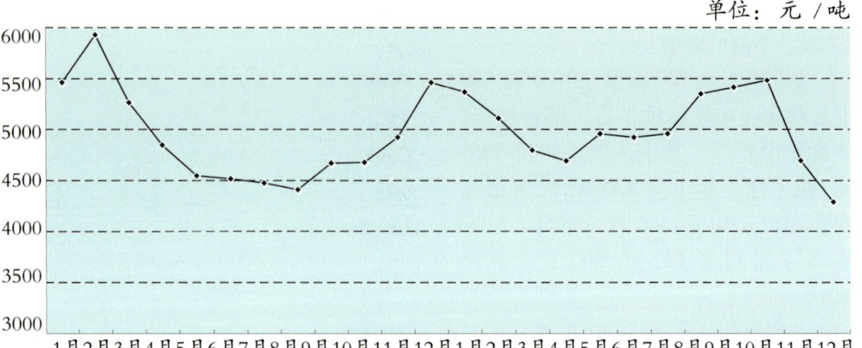

2017—2018年佛山市建材（水泥）月均价走势图

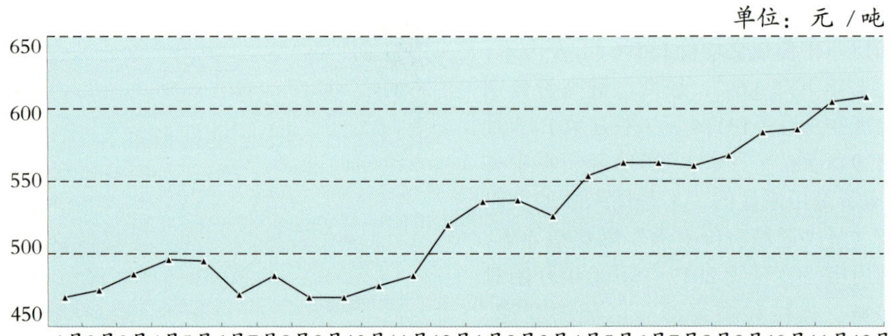

2017—2018年佛山市建材（玻璃）月均价走势图

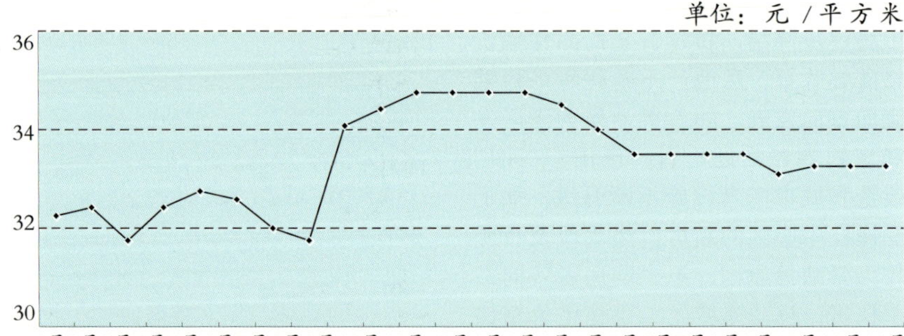

城市居民服务价格 2018年，佛山市城市居民服务价格总体稳中有升，价格均保持在合理价格区间运行。根据成本调查队统计，涨幅较为明显的服务价格有：医疗服务价格上涨10.5%，家政服务上涨7.7%，装潢维修费上涨4.9%，小学初中教育上涨5.6%，课外教育上涨4.5%，学前教育上涨1.6%，养老服务上涨1.6%。旅游住宿方面，贯彻落实国家发展改革委关于完善国有景区门票价格形成机制、降低重点国有景区门票价格的要求，推动西樵山景区门票由70元降低至55元，取消南国桃园景区门票收费；宾馆住宿（市区三星级标间）的价格在232至285元/间·日间，波动高于上年的238至278元/间·日；旅游包车（33座）的价格在1000至1250元/日区间浮动，高于上年1000至1150元/日。汽运票价及公路货运价格方面，受国际原油和国内成品油价格上涨的影响，加上目前输业多元化竞争，佛山市汽运票价及公路货运价格总体呈稳中偏强运行。具体如：道路班车客运票价（省内线路、中型高一级车）0.41至0.48元/人·千米区间浮动，高于2017年0.4至0.43元/人·千米；道路班车客运票价（跨省线路、大型高二级班车）0.24至0.3元/人·千米区间浮动，低于2017年0.23至0.38元/人·千米；公路货运（省内，定区不定线，零担）0.52至0.56元/吨·千米区间浮动，高于上年0.47至0.53元/吨·千米；公路货运（省际，定期定线，整车）0.44至0.48元/吨·千米区间浮动，高于上年0.42至0.48元/吨·千米；公路生鲜产品货运（整车）0.45至0.79元/吨·千米间浮动，高于上年0.4至0.47元/吨·千米。

（陈嘉文）

收入与消费

【全体居民人均可支配收入情况】 2018年，佛山市全体居民人均可支配收入49630元，比上年增长8.3%。从绝对值看，佛山全体居民人均可支配收入绝对值分别是全国、全省的1.76倍、1.39倍。从增速看，佛山全体居民收入增速略低于全国、全省0.4、0.2个百分点，但仍在较高基数情况下实现稳步增长，保持与经济发展基本同步。

城乡收入差距缩小　分城镇、农村看，2018年，佛山城镇居民人均可支配收入50737元，增长8.3%；农村居民人均可支配收入28765元，增长9.0%。农村居民收入增速比城镇居民快0.7个百分点，城乡居民收入倍差（以农村为1）由2017年的1.78缩小到2018年的1.76。

区域收入差距缩小　分区域看，2018年，禅城、南海、顺德、高明、三水区全体居民人均可支配收入分别增长8.2%、8.2%、8.3%、8.8%、10.4%，各区居民收入增长保持与经济发展基本同步。经济次发达的高明、三水区居民收入增速快于经济发达的禅城、南海、顺德区，区域差距缩小。

经营和财产净收入增长较快　从收入结构看，2018年，佛山全体居民人均工资性收入、经营净收入、财产净收入和转移净收入分别比上年增长5.4%、12.0%、17.9%、7.2%，达到31094元、7226元、8189元、3121元，占人均可支配收入的62.7%、14.6%、16.5%、6.3%。

2018年佛山市各区居民人均可支配收入对比表

	全体居民	
	绝对值（元）	名义增速（%）
佛山市	49630	8.3
#禅城区	48905	8.2
南海区	50753	8.2
顺德区	54038	8.3
高明区	34162	8.8
三水区	34937	10.4

2018年佛山市居民四大项收入构成情况

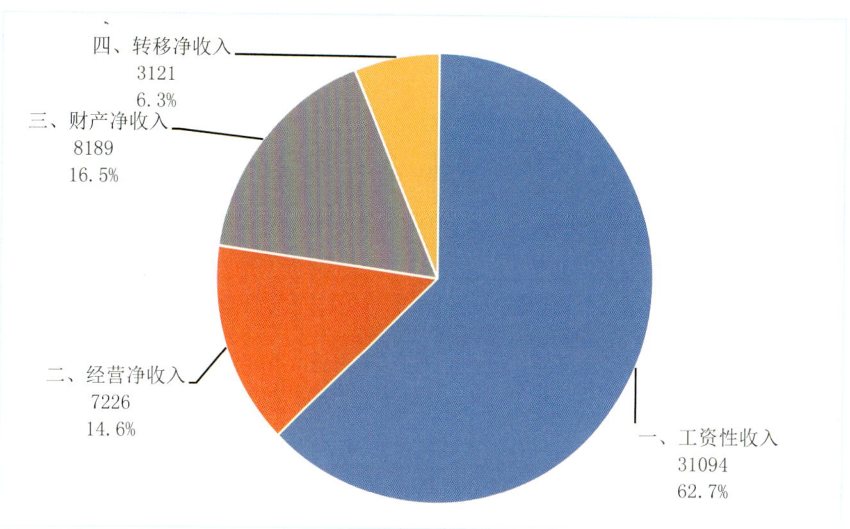

注：部分数据因四舍五入的原因，存在总计与分项合计不等的情况

2018年佛山市居民人均生活消费支出构成情况

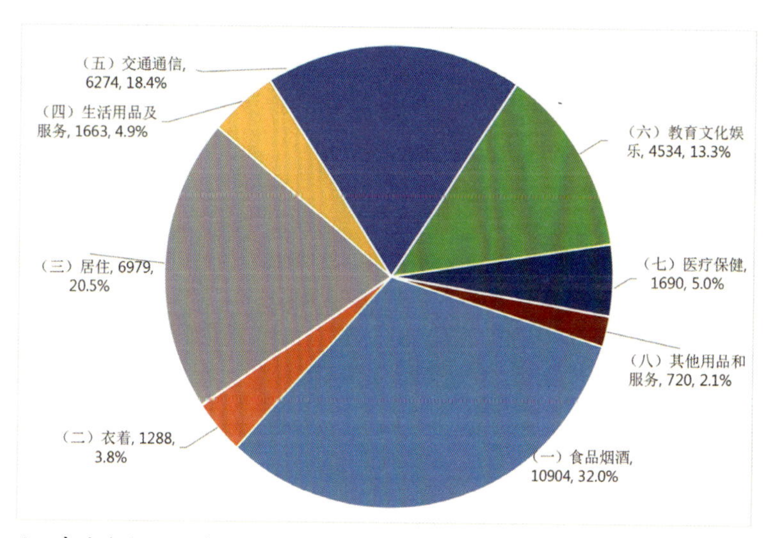

注：部分数据因四舍五入的原因，存在总计与分项合计不等的情况

【全体居民人均生活消费支出情况】 2018年，佛山全体居民人均生活消费支出34053元，比上年增长4.3%，其中城镇居民人均生活消费支出34804元，增长4.0%；农村居民人均生活消费支出19906元，增长9.0%。

主要消费类别增速平稳　在八大类消费支出中，人均食品烟酒、居住、交通通信、教育文化娱乐消费支出为10904元、6979元、6274元、4534元，分别占人均消费支出的32.0%、20.5%、18.4%、13.3%，是居民消费四个最主要类别，合计占居民消费支出的84%。其增速保持在2.6%~5.8%的平缓区间运行。

其他消费类别涨跌互现　人均医疗保健、生活用品及服务、衣着、其他用品和服务消费支出分别为1690元、1663元、1288元、720元，分别占人均消费支出的5.0%、4.9%、3.8%、2.1%，合计占居民消费支出的16%，同比有涨有跌，但对居民消费增长影响不大。

（国家统计局佛山调查队）

生态环境

综 述

【概况】 2018年，佛山市生态环境质量持续改善。

大气环境质量 二氧化硫（SO_2）、二氧化氮（NO_2）、可吸入颗粒物（PM_{10}）、细颗粒物（$PM_{2.5}$）年均浓度分别为11微克/立方米、41微克/立方米、60微克/立方米、35微克/立方米，一氧化碳（CO）浓度的第95百分位数为1.2毫克/立方米，臭氧（O_3）日最大8小时滑动平均浓度的第90百分位数为172微克/立方米，考核关键指标细颗粒物（$PM_{2.5}$）实现有监测数据以来历史性首次达标。与上年同期相比，细颗粒物（$PM_{2.5}$）、可吸入颗粒物（PM_{10}）、二氧化硫（SO_2）和二氧化氧（NO_2）年均浓度，以及全年臭氧（O_3）日最大8小时滑动平均浓度的第90百分位数降幅分别为12.5%、4.8%、15.4%、6.8%和1.1%。全年一氧化碳（CO）浓度的第95百分位数与上年同期持平。空气质量指数（AQI）优良天数293天，占有效天数80.3%，优良天数比例比上年同期上升0.8个百分点。影响空气质量的主要污染物为臭氧（O_3）和二氧化氮（NO_2）。全市降水pH值为5.15，比上年下降0.03个pH单位。全年酸雨频率41.7%，比上年下降7个百分点。酸雨污染较上年略有缓和。

水环境质量 佛山市集中式饮用水源地水质均达到《地表水环境质量标准》Ⅲ类水质标准，水质达标率100%，水质状况总体保持优良。主要江河水质状况总体优良，与上年相比水质保持稳定。容桂水道、西江干流水道、东平水道、顺德水道、东海水道符合《地表水环境质量标准》Ⅱ类水质，潭洲水道、平洲水道符合《地表水环境质量标准》Ⅲ类水质。桂畔海（逢沙桥断面）达Ⅳ类水质，高明河（沧江水闸断面）达Ⅲ类水质，佛山水道（横滘断面）达Ⅴ类水质，西南涌（和顺大桥断面）、大棉涌（大田花厂断面）、大良河（五坊桥断面）、水口水道（西航道入境处、泌冲大桥、黄岐断面均值）为劣Ⅴ类水质。桂畔海（逢沙桥断面）、佛山水道（横滘断面）和西南涌（和顺大桥断面）水质与上年比有所下降，高明河（沧江水闸断面）水质与上年比有所改善，其余3条内河水质与上年比无明显变化。影响内河涌水质的主要污染物为溶解氧、氨氮、总磷等。

声环境质量 声环境质量基本稳定，全市区域环境噪声昼间平均等效声级为58.3分贝（A），评价水平均为“一般”；区域环境噪声夜间平均等效声级为49.5分贝（A），评价水平均为“一般”；道路交通噪声昼间平均等效声级为69.2分贝（A），评价水平为“较好”，夜间平均等效声级为63.3分贝（A），评价水平为“较差”；功能区噪声昼间和夜间点次达标率分别为84.9%和54.4%。

辐射环境质量 全市核技术应用设备2528台，密封性放射源1588枚，其中Ⅰ类源142枚、Ⅱ类源1枚、Ⅲ类源12枚、Ⅳ类和Ⅴ类放射源1433枚；射线装置940台，其中Ⅱ类射线装置89台、Ⅲ类射线装置849台。核技术应用项目主要分布于金属压延、医疗卫生、饮料生产和光电照明等行业。全市放射性环境状况正常，无放射性污染事故发生，电磁辐射水平保持稳定。

【100项环保民生实事】 2018年初，佛山市推出新一轮100项环保民生实事，其中大气污染防治任务22项、水环境整治任务33项、固体废物管理任务11项、环境管理任务12项、日常监管22项。为推动100项环保民生实事，佛山市提升环境执法力度，出动环境监察人员14.95万人次，现场检查企业57171家次，查处违法违规企业立案2339件，罚款金额1.96亿元。至年底，100项环保民生实事中，完成84项、延期或暂缓实施10项、未完成6项。

【环境保护“一岗双责”】 2018年，佛山市出台《2018年佛山市环境保护“党政同责、一岗双责”责任制考核计分方法及操作细则》，以考核推动各级党委、政府及部门对环保工作齐抓共管。五个区党委及政府考核结果为：禅城区合格、南海区良好、顺德区良好、高明区优秀、三水区合格。9个重点考核单位中，市住房和城乡建设管理局、市交通运输局被评为“优秀”。32个一般考核单位中，市纪委、市委政法委员会、市公安局被评为“优秀”。

【排污权试点交易】 2018年，佛山市持续开展排污权有偿使用和交易业务，全市共受理、办理或办结397家企业的排污权交易有偿和交易业务，涉及交易总金额936.42万元。自2014年开展排污权有偿使用和交易试点工作至2018年底，佛山市陆续受理、办理、办结497家企业排污权有偿使用和交易业务，涉及交易金额5383.76万余元。

【排污许可证改革】 2018年，佛山市编制《2018年全市排污许可改革工作要点》。印发《佛山市屠宰及肉类加工工业、淀粉工业和陶瓷制品制造工业国家排污许可证核发工作方案》，组织相关行业、企业开展专题培训。全市新核发国家排污许可证458张、变更国家排污许可证50张。截至2018年底，全市累计核发国家排污许可证792张，核发数量全省第一。

【生态保护红线划定方案编报】2018年，佛山市建立生态保护红线联系人沟通制度，参与生态保护红线划定工作的16个部门均指定专人负责生态保护红线划定工作。经过3个多月的资料收集、边界校核、地块增补、沟通协调等工作，5月初，《佛山市生态保护红线划定方案》通过专家会论证并报广东省生态环境厅汇总。至年底，佛山市划定的生态保护红线范围面积270多平方千米，占佛山市行政辖区7%左右。红线保护的重点区域为森林公园、地质公园、饮用水水源地的一级保护区，以及林业Ⅰ级保护线、科学评估区域、水体岸线等。佛山市生态保护红线在广东省生态安全格局中属于珠三角外围生态屏障的重要组成部分。

2018年10月31日，佛山市市长朱伟督察饮用水源地保护区划定问题

（市生态环境局供图）

【生态环境督察】2018年5—8月，佛山市生态环境保护部门根据《2018年佛山市委市政府生态环境督察工作方案》，对全市集中开展为期3个月的首次生态环境督察专项行动，作为打好污染防治攻坚战的标志性“重大战役”，集中解决经济和环境“两本账”，解决基层环境管理乱象问题，以生态环境保护促进产业转型和经济高质量发展。

督察整体思路　在中央环境保护督察整体安排的基础上，精简程序，集中资源，突出解决重点问题，发挥督察结果运用，推动基层党委、政府和部门主动扛起生态文明建设和环境保护的政治责任。督察组充分发挥督政职能，前期梳理重点问题清单，中期固定问题关键证据，后期对相关人员及单位落实责任追究，做到“见事见人见责任”，发挥督察作用。通过环境督察解决一批群众反映强烈的突出环境问题，解决落实国家、省、市重大环境保护决策，以及改善大气、水等环境质量措施工作滞后问题。

督察工作安排　从谁来督、督察谁、督什么、怎么督、督多久、督察效果等六方面进行工作安排。督察主体即市委市政府生态环境督察领导小组和五个区现场督察组，领导小组设总督察长、总指导、组长、副组长、总联络人、成员。下设综合组、问责组、宣传组。领导小组下设现场督察组5个，分别同时对五个区开展督察，每个督查组10人左右，组长由市人大、政协任现职的厅级领导组成，执行副组长由市环境保护局副处级领导担任，其他副组长由市人大、政协、政法委等单位的处级领导担任。组员由市环保局和市委、市府办督查室人员，抽调市有关部门及区若干人员组成，集中办公。生态环境督察的对象是五个区党委和政府。督察重点是国家、省、市环境保护决策部署贯彻落实情况、突出环境问题及处理情况及环境保护责任落实情况。督察程序分为督察准备、督察实施、督察报告及反馈、督察整改及问责4个阶段。其中督察实施时间为期3个月，包括督察进驻15天、下沉督察50天及督察复核10天、督察总结15天。督察组主要以问题为导向，通过听取汇报、个别谈话、调阅资料、受理信访、走访问询、现场检查等方式开展督察。督察报告经市委、市政府批示后，由督察领导小组问责组开展责任追究工作。

督察开展情况　督察实施期间，驻各区市生态环境督察组（以下简称各督察组）以“察”出问题，“督”出实效为目标，调查区、镇两级政府及市各部门生态环境保护履职情况，督促各区各部门解决生态环保领域突出问题。此次督察完成区级层面督察和全市32个镇街下沉督察。共个别谈话197人，走访问询镇（街）、单位89个，重点问题、案件现场复核167件次，发出问题交办单66份，调阅资料52批次12429份，初步梳理线索201条。市生态环境督察组共交办五个区933件案件。督察期间，全市针对交办案件发出责令整改案件182件，立案处罚138件，拟处罚金额1395.47万元，查封扣押9宗，停业、关停、取缔企业75家，立案侦查10宗，刑事拘留17人。

（周欢年）

环境综合整治

【大气污染防治】2018年，佛山市大气环境整治工作从重点行业、移动污染源等难点重点入手，遏制污染。

重点行业大气污染整治　印发《佛山市大气环境质量达标规划》《佛山市2018年蓝天保卫战实施方案》，统筹全市大气污染防治工作，明确各项重点任务的责任分工及完成时间，并配套出台多个工业源、移动源、扬尘源的子方案，削减重点行业的大气污染物排放。完成禁燃区内114家企业205台高污染燃料设备的淘汰或清洁能源改造；完成70家挥发性有机物（VOCs）省控重点企业"一企一策"综合整治，完成严控区域内357家证照不齐全、环保手续不完善的家具制造生产企业清理取缔工作。

移动源污染防治　制定《佛山市2018年移动源污染防治工作方案》，明确任务分工，多元共治强化对机动车、非道路移动机械等移动污染源的管控。强化检验机构监督检查，严格机动车排气执法，加大非道路移动机械污染防治，加强柴油车污染防治，开展油品抽测，推进油气回收治理。全市对30个检验机构进行处罚；抓拍处罚闯限行"黑烟车"3019宗、"黄标车"7622宗；立案查处工地使用黑烟非道路移动机械违法行为为63宗。

扬尘防治　实施《佛山市扬尘污染有奖举报奖励办法》，督促跟进市相关部门制订出台扬尘污染防治细则和扬尘污染自由裁量权细则，建设全市扬尘源污染防治监管信息系统，依托第三方督查服务团队督查各区各部门落实扬尘污染防治监管工作情况。

大气环境专项督查　组织市相关部门对五个区大气污染防治预警期间督查工作。启动防范预警管控期间，市相关部门按照《佛山市大气污染防治分级管控方案》有关要求制订的大气污染防治分级管控方案开展督查工作，并在大气微信群及时报送工作开展情况。通过购买无人机巡查服务和第三方督查服务项目对全市五个区开展扬尘暗访督查，并把督查情况反馈给市相关部门抓落实整改。

生态环境优美的九江下东村鱼塘　（霍广良摄）

【水污染防治】 2018年，佛山市按照"保好水、治差水、强机制"的总体工作思路推进全市水环境整治。

保护饮用水源安全　实行管理体系流程化、监测预警科学化、划定建设标准化、巡查检查常态化、水质公开定期化"五化"管理。在全国地级城市集中式饮用水水源环境状况评估中获100分，为"优秀"等级。落实《佛山市供水系统专项规划修编（2014—2020年）》，推动供水系统整合；编制《佛山市饮用水水源保护区优化调整可行性研究》，推进饮用水水源保护区优化调整；排查、清理82项饮用水水源保护区违法建设项目。

改善水环境质量　全域治理生活污染源，全面控制工业污染源，严格整治农业污染源，削减内生污染源。推进污水管网建设和污水厂提标改造，市域推进农村分散式污水处理设施建设，推进污水管网排查、建设和维护工作。开展村级工业园区环境整治，对100个村（社区）开展整治，推进村级工业园区综合提升。在广佛跨界区域2017年新划定的禁养区内清理养殖场5200个，"以奖促清"资金累计投入8.47亿元。推进广佛跨界河流整治，以"挂图作战"推动任务落实，推进2018年160个项目。开展河道清淤和生态补水、排污口清理、交界河面常态化保洁工作。

"一河一策"及黑臭水体整治　对顺德区英雄河、高明区围拳涌、禅城区鄱阳环村涌、南海区三圣河及五胜涌、三水区大棉涌开展整治，实现"长治久清"；排查河流长度2千米及以上、跨2个及以上行政村、群众反映强烈的黑臭水体，分年度、分批次开展整治。

农村分散式污水处理设施建设　推进分散式生活污水处理设施建设，明确污水管网延伸不到、生活污水暂无法集中到污水处理厂的地区，建设分散式生活污水处理设施，实现生活污水不留死角，污水实现生态化处理并达标排放。截至2018年底，全市累计建成分散式生活污水处理设施370个。

健全水环境治理机制　严格落实环境保护"党政同责、一岗双责"责任制，将重点断面分解至各区党委政府进行考核，构建起权责一致的治水责任体系，以考核促进整治；建立"提醒函——督办——挂牌督办——市委书记、市长环保督查令"的四级督办体系，压实治水主体责任。全面推行河长制，佛山市委书记鲁毅、市长朱伟分别担任总河长和副总河长，确立覆盖市、区、镇、村四级的1306名河长。广佛跨界河流河长由市领导担任。把推行河长制列入市委、市政府重点督办事项，将水质改善和达标作为河长履职的首要标准。将全市划分为22个控制单元，设置46个市级考核断面及4个水质参照断面，科学设定水质目标。建立水质月报制度，紧盯国控、省控考核断面目标，建立月度水质研判及预警机制，分析存在问题，提出工作建议。坚持“挂图作战”，市、区、镇（街道）三级均制作广佛跨界河流污染整治“三图一表”（现状图、整治图、作战图和项目表），建立“工作项目化、项目目标化、目标责任化”的倒逼机制。

【土壤和固体废物污染防治】

土壤污染防治　2018年，佛山市成立落实土壤污染防治行动计划协调联络小组，印发《佛山市重点行业企业用地土壤污染状况调查实施方案》《佛山市重点行业企业用地调查质量保证和质量控制工作方案》，规范佛山市土壤污染状况调查工作，严格企业用地调查全过程的质量保证和质量控制，保障调查数据的科学性、准确性。完成1170家重点行业企业的基础信息调查。

固体废物处理处置　2018年，佛山市强化危险废物规范化管理，加强对危险废物产生企业的监督检查，开展打击固体废物非法转移倾倒专项行动。推进危险废物处理处置项目建设；探索陶瓷厂煤焦油和铝型材行业综合废水污泥解决出路。建成以广东碧海蓝天环保科技股份有限公司为示范的危险废物专业收集项目。落实省关于开展固体废物企业“三个一”（由分管领导和行业主管部门全面走访一次重点固废产生单位；由分管领导与重点固废危废产生单位的法人谈一次话；由固体废物相关企业向属地环境监督管理部门签一份承诺书）专项工作要求，完成129个固体废物相关单位走访谈话，要求固体废物重点企业签订承诺书926份。开展原有污泥焚烧项目提标改造，推进佛山市污泥焚烧处置项目建设。

【农村环境连片治理】　2018年，佛山市按照“清理淘汰一批、整治提升一批、强化监管一批”的原则，印发《2018年度佛山市村级工业区环境整治提升工作方案》，将100个村纳入整治范围，解决村级工业园区小散乱污企业数量大、违法行为突出的问题，规范村级工业区环境管理。至年底，各区按照工作方案完善“市抽查、区检查、镇（街）巡查、村（社区）具体负责、社会监督”的监管体系，对纳入2018年的村级工业园进行环境整治，对2018年之前已经开展环境整治的村级工业区也按照工作方案对村集体用地上排污企业情况进行动态更新。全年完成6027家企业整治。

（周欢年）

环境监督和管理

【环境保护督查】　2018年，佛山市出台《生态环境督察实施意见》《佛山市环境保护联动执法工作方案》《佛山市环境保护行政过错责任追究实施办法》等一系列文件，继续强化督办、挂牌督办、市委书记市长环保督查令三级督查督办工作体系。发出16份督办通知书，对6个重点环境问题进行挂牌督办，对1个问题发出市委书记、市长督查令。

【中央环保督察案件办理】　2018年，佛山市通过召开市委常委会、市政府常务会议以及市领导专题会议，研究部署中央环保督察反馈意见整改工作，建立健全工作机构及制定整改方案，对中央环保督察和“回头看”督察交办重点案件严格实施“一案三查”（查一件环保案件要查清楚企业是否存在违法犯罪行为及相关证据；要查清楚企业背后是否存在“保护伞”；要查清楚相关监管部门责任）。对包括漫水河问题在内的16个中央环保督察组交办案件进行问责，涉及相关监管部门人员108人。中央环保督察“回头看”期间共交办佛山市案件35批395件（扣除重复案件132件后为263件），至年底，所有案件全部办结。针对交办案件，全市发出责令整改案件182件，立案处罚138件，拟处罚金额超1634万元。

【省环保督察案件办理】　2018年，佛山市地方党委、政府配合省环境保护督查工作开展，对群众举报问题即知即改，解决一批突出环境问题。针对个案，调查属实后依法处理；针对村级工业区的片区投诉，加大排查、巡查力度，实施全面整治，短期无法完全整改到位的，列出计划表，督促跟进落实。统筹督察整改与民生效果，防止“一刀切”。在整改工作中制订方案，坚持依法依规，加强政策配套，注重统筹推进，严格禁止“一律关停”“先停再说”等敷衍应对做法，避免集中停工停业停产等简单粗暴行为。深化环保机制体制创新，构建党委领导、政府主管、企业主体、社会监督、市场推动的现代化生态环境治理体系。主动接受社会监督，全部交办

2018年10月25日，佛山市副市长赵海现场督导省环保督察重点案件

（市生态环境局供图）

件的受理情况、办理情况均在市人民政府网站和市环保局网站专栏公开。通过微信、报纸等宣传执法行动，鼓励公众监督举报环境违法行为，在全社会营造严惩重罚氛围。2018年，广东省环保督察期间共交办佛山市案件16批510件（扣除重复案件后为409件），至年底所有交办案件全部办结。针对交办案件，全市发出责令整改案件207件，立案处罚127件，拟处罚金额994万元。

【市级生态环境督察】 2018年，佛山市委、市政府按照走出一条工业城市生态文明新路径的部署，率先在全国地级市开展生态环境督察，从是年起，结合每届政府任期对全市五个区督察2次（中期开展届中评价督察，任期结束次年开展届末考核督察），每期督察时间原则上不超过3个月，并可不定期开展专项督察。市委、市政府在5月至8月对全市五个区集中开展为期3个月首次生态环境督察专项行动，集中解决经济和环境“两本帐”，解决基层环境管理乱象问题，以生态环境保护促进产业转型和经济高质量发展。至年底，所有交办案件全部办结。

【环境保护执法】 2018年，佛山市采取行政处罚、限制生产、停产整治、行政拘留等手段，推进“散乱污”综合整治工作，严厉打击偷排偷放、不正常使用污染治理设施等恶意环境违法行为。出动环境监察人员149520人次，现场检查企业57171家次，立案处理企业案件2339件。罚款金额1.96亿元，比上年增长26.3%，创历年新高。

【“网格化＋双随机”环境监管】 2018年，佛山市将“双随机”抽查机制与环境网格化监管工作相结合，采取网格内企业随机、人员随机的方式，限制权力自由裁量，明确监管责任，将投诉较多、红黄牌企业及大气重点监控对象纳入特殊监管对象，加大抽查比例，综合环保部门以及工商、税务、供电、供水等数据，提高数据库覆盖范围。开发佛山市环境监察分局双随机抽查系统，印发《佛山市环境保护局关于进一步完善污染源日常环境监管“双随机”抽查工作的通知》，通过提高数据库覆盖范围、对数据库的污染源分门别类，分级管理、污染源数据动态更新等措施完善污染源日常监管动态数据库建设，实现从普查式执法到精细化执法转变。

【环境信访和有奖举报】 2018年，佛山全市受理环境信访案件17300件，办结100%。制定《2018年佛山市涉环境问题矛盾纠纷专项治理工作方案》和《2018年涉环境保护领域矛盾纠纷专项治理工作实施方案》。每月梳理信访热点、重点信访区域、重复投诉多的案件等，发动群众通过电话、微信对环境污染行为进行有奖举报，全年实施“黑烟车”举报奖励51次。结合每月一次的领导接待日工作，严格查处群众反映强烈、环境污染严重、问题突出、反复上访的信访案件，防止一般环境污染问题变成社会矛盾纠纷。做好信访维稳动态上报工作，并在特殊时期安排值班人员在单位24小时值班，落实好省委督查期间信访24小时值班以及全年应急执法一线值班工作，确保第一时间到达现场。在全市范围内对涉环境问题矛盾纠纷和涉环保“邻避”项目进行排查。对排查出的问题，建立台账，并要求明确化解措施、化解时限和责任领导，做到每宗问题有人管、有人办、有跟进。

【环境风险防控】 2018年，佛山市推进449家重点风险企业开展突发环境事件应急预案编制、备案。增加企业环境安全标准化整治工作对象。以环境风险等级为“较大”“重大”的85家企业为对象，推动高风险企业实施环境安全标准化整治，及时发现和消除一批环境安全隐患。强化企业事业单位环境安全防控。开展“岁末年初”环境安全大检查、节后复产“百日会战”安全检查、汛期环境安全检查等专项行动，重点加强对涉危险化学品、涉危险废物、涉重金属企业及水源保护区周边污染源等工业企业开展环境安全隐患排查，通过组织部门联合执法、邀请行业专家“陪检”等方式，加大执法力度，提高执法效能，推进隐患排查治理，防范各类突发环境事件发生。推进区域环境风险评估工作。印发《佛山市区域环境风险评估工作实施方案（2018—2020年）》，推进市、区、镇三级政府开展区域环境风险评估及环境应急预案编制工作，了解各辖区环境风险分布情况和防控现状，为优化区域环境风险治理和管控提供有力技术支撑。落实突发环境事件应急工作制度。制定印发《佛山市环境监察分局突发环境事件应急操作手册》，细化突发环境事件信息接收与处理流程、应急响应流程。开展突发环境事件应急演练。在南海区九江镇开展“双盲”式突发环境事件应急演练，不提前告知演练具体时间、具体地点，考验各参演单位应急响应、现场处置、环境监测、信息报送等工作执行情况。

【顺德区获“国家生态文明建设示范区”称号】 2018年12月15日，生态环境部在南宁市举办中国生态文明论坛南宁年会及进行第二批国家生态文明建设示

顺德区伦教街道羊大河景观　（顺德区供图）

范市县、“绿水青山就是金山银山”实践创新基地命名表彰活动，佛山市顺德区获授“国家生态文明建设示范区”称号并获颁荣誉牌匾。

【环评审批】 2018年，佛山市环保工作配合省、市重点项目建设，强化重点项目环评审批服务，加强建设项目竣工环境保护企业自主验收工作指引，完成建设项目环境影响评价文件审批事项审批标准化，推进网上审批服务。通过实施不同区域差别化的环保准入要求，严守生态红线，严把项目准入关。市环境保护局审批建设项目23个、发放辐射安全许可证91个。

【企业环保信用监督】 2018年，佛山市环境保护局探索建立个人环保诚信记录制度；开展第三方环保服务机构“黑名单”评价工作，完成2017年省级信用评价初评和复核。经评定，纳入评价的企业118家，评为绿牌的11家、评为蓝牌的97家、评为黄牌的10家。完成2017年市级信用评价工作，将信用评价结果向社会公布。经评定，纳入评价的企业304家，评为绿牌的4家、评为蓝牌的236家、评为黄牌的48家、评为红牌的16家。出台《佛山市环境保护局关于将严重失信第三方环保服务机构列入黑名单向社会公布的通知》，通过环境监管和各类执法行动，加大对第三方环保服务机构的查处力度，督促第三方环保服务机构提升治理效率和专业化水平，提高监测报告、验收报告质量，确保数据真实有效。推进企业事业单位环境信息公开及环境信息标识牌工作。突出企业自主申报责任，利用征税基本信息用于精准执法。

【环境监测质量管理体系建设】 2018年，佛山市环境监测中心站完成广东省环境监测资质认定复查和扩项评审，2个领域7个类别471个参数的监测能力获广东省资质认定。开展监测人员持证上岗考核，38人398项次取得省环境监测上岗合格证，保证监测业务正常开展。完成培训41批次，参加培训467人次，提升站技术人员的整体素质和能力。开展大气细颗粒物（$PM_{2.5}$）在线源解析分析仪、大气挥发性有机物（VOCs）在线分析仪、大气有机碳和元素碳（EC/OC）在线分析仪等的维护与运行。

【环保宣传】 2018年，佛山市环保部门多次组织市内外媒体参与全市重要环保工作会议、行动等新闻采访，报道环保工作动态，宣传环保政策措施；定期或不定期召开新闻发布会或通气会等，向媒体发布重要环保工作信息；总结工作进展及阶段成果，为媒体供应报道素材；根据社会舆论热点及时回应媒体关注问题。加强政务微信平台建设，发挥“佛山环保”微信作用。完善佛山环保微信公众平台“环保服务”菜单栏目，增加环保曝光台栏目、增加排污权交易、排污许可证办理流程，推出“环保税开征”系列专栏，“佛山环保”政务微信公众号在由中国环境报社主办的中国环境网举办的2018年全国环境互联网会议上获中国环境政务新媒体市级最受欢迎公众号第四名、市级最具影响力公众号第六名、市级最受认同公众号第九名。在2018年度全国第八届“母亲河奖”评选活动中获绿色传媒奖。开展省级绿色创建活动，新增“广东省绿色社区”2个、“广东省环境教育基地”3个。

（周欢年）

2018年6月3日，广东省2018年“六·五”环境日宣传佛山分会场活动——“筑梦顺德生态水乡”启动现场 （市生态环境局供图）

节能减排

【概况】 2018年，佛山市严抓能源消费强度控制，单位GDP（国内生产总值）能耗下降5.20%、规模以上工业增加值能耗下降8.77%，完成省下达的年度节能目标任务。

【工业节能】 2018年，佛山市有8种绿色设计产品、4家绿色工厂、1个绿色供应链管理企业入选国家绿色制造示范名单，入选国家绿色制造系统集成项目1个。促进绿色清洁生产，市经济和信息化局会同市环境保护局公布佛山市2018年应实施清洁生产审核企业名单，342家企业通过清洁生产审核。推动园区循环化改造，禅城经济开发区和高明沧江工业园成功入选广东省循环化改造试点园区。加强重点用能企业监管，完成阶梯电价、能耗限额、能效提升等专项和日常监察148家。落实节能专项资金扶持政策，下达省级绿色循环经济发展方向专项资金926万元，安排市经济科技发展专项资金节能项目资金557万元。

（陈 枫）

市辖区

手机扫码阅读

禅城区

【概况】 禅城区位于珠江三角洲腹地，佛山市中部。辖区东、西、北面与南海区接壤，东南、南面与顺德区毗邻，南北长15千米，东西宽19千米，辖域面积154.09平方千米。禅城区是佛山市人民政府驻地，于2002年12月经国务院批准设立，行政区域由原佛山市城区、石湾区和原南海市南庄镇组成。2018年，下辖南庄镇、石湾镇街道、张槎街道、祖庙街道，有92个社区和54个行政村。年末户籍人口68.24万人，常住人口118.40万人，人口自然增长率10.75‰。

禅城区建设用地使用面积0.72万公顷，建成区绿化覆盖率41.3%，公园绿地面积1026.72万平方米，人均绿地面积11.56平方米。境内有东平水道、佛山水道、吉利水道、顺德水道4条水道。辖区河岸线95千米，码头9个，二类口岸港口2个（澜石港和佛山新港）。广佛、佛开高速公路和广湛铁路穿境而过，客运火车直通香港九龙，广佛地铁线贯穿市区。辖区拥有佛山市祖庙博物馆、南风古灶、梁园、广东粤剧博物馆、黄飞鸿博物馆、仁寿寺、佛山岭南天地、南庄绿岛湖、陈太吉酒庄等旅游景区。其中陶文化资源尤为丰富，以南风古灶片区、1506创意城、公仔街、广东石湾陶瓷博物馆、佛山陶都工艺美术馆、北纬23度艺术空间、新石湾美术陶瓷厂、岭南酒文化博物馆为节点的“陶醉文化街区”成为旅游热点。正月十六行通济、三月三北帝诞、佛山粤剧华光诞、佛山秋色欢乐节、中国（禅城）岭南年俗欢乐节等民俗节庆活动成为当地旅游品牌。禅城区土特产品丰富，有佛山盲公饼、酝扎猪蹄（佛山扎蹄）、佛山柱候鸡、石湾米酒、佛山应记云吞面、海天豉油、豉味玉冰烧等。特色旅游产品有石湾公仔。豉味玉冰烧和石湾公仔获国家地理标志。

禅城区是佛山市传统中心城区，是著名的陶瓷艺术之乡、民间艺术之乡、武术之乡、成药之乡和龙狮运动之乡。全区共有国家级文物保护单位3处、省级7处、市级67处，市级历史文化保护区1个，市级历史文化街区1个。全区列入非物质文化遗产名录共46项，其中十番音乐（佛山十番）（部分在禅城）、粤剧、佛山木版年画、剪纸（广东剪纸）、石湾陶塑技艺、彩扎（佛山狮头）、灯彩（佛山彩灯）、中秋节（佛山秋色）、庙会（佛山祖庙庙会）被列入国家级非物质文化遗产代表作名录。禅城区人文荟萃、人才辈出，有状元简文会、伦文叙，历史名臣霍韬、庞嵩、李待问，名医李广海、谭次仲，岭南书画名家招宝莲，粤剧名家罗品超，粤剧

2018年佛山市禅城区国民经济主要指标

指 标	单 位	绝对值	比上年增长（%）
地区生产总值	亿元	1855.06	6.3
第一产业增加值	亿元	0.27	−3.1
第二产业增加值	亿元	754.68	1.8
工业增加值	亿元	716.50	2.3
第三产业增加值	亿元	1100.11	9.9
人均地区生产总值	万元	15.82	4.0
规模以上工业总产值	亿元	2106.97	1.5
农林牧渔业总产值	亿元	0.52	−2.1
社会消费品零售总额	亿元	812.81	9.1
外贸进口总额	亿元	175.20	−2.5
外贸出口总额	亿元	751.00	9.9
实际利用外资	亿美元	1.4	−12.71
地方一般公共预算收入	亿元	89.30	7.2
地方一般公共预算支出	亿元	122.55	7.3
城镇常住居民人均可支配收入	元	48905	8.2

编曲名家江誉镠（艺名南海十三郎），革命烈士罗登贤、吴勤、陈铁军、廖锦涛，商业巨子简照南、简玉阶兄弟，陶艺大师陈渭岩等。

2018 年，禅城区实现地区生产总值 1855.06 亿元。社会用电量 84.08 亿千瓦·时。全年科学技术财政投入 9.5 亿元（科技三项费用），比上年增长 89.4%；教育事业财政投入 18.84 亿元，增长 0.1%；文化体育与传媒财政投入 2.42 亿元，增长 1.5%；医疗卫生与计划生育财政投入 14.8 亿元，增长 16.3%。年末城镇从业人员 63.27 万人，城镇登记失业人员总数为 0.50 万人，失业率 2.11%。全年接收社会化管理退休人员 410 名，在册管理的社会化退休人员有 3.9 万人。领取基本养老金退休人员 12.68 万人，享受失业保险待遇 3.9 万人次，享受生育保险待遇 14 万人次，享受工伤保险待遇 5700 人次。城镇生活污水集中处理率 98.02%，城镇生活垃圾无害化处理率 100%。

是年，禅城区位列全国综合实力百强区第十六名、全国科技创新百强区第八名、全国新型城镇化质量百强区第九名、全国绿色发展百强区第十一名，全国投资潜力百强区第十二名。禅城区获评“全国十佳精准扶贫创新区县”“全国法治县（市、区）创建活动先进单位”，是全省首个实现国库集中支付全流程电子化的县（区）。“共享社区”项目入选“第四届中国互联网+政务优秀实践案例 50 强”，获评“2018 年全国创新社会治理最佳案例”“改革开放 40 年地方改革创新 40 案例”；“区块链+社区矫正”项目得到最高人民检察院的肯定，“智信城市”项目成为广东省十大区块链应用优秀案例。辖区的中国陶谷小镇入选全国首批 15 个特色小镇典型案例之一。

中共禅城区委书记：刘东豪；区人大常委会主任：马志强；区长：孔海文；区政协主席：殷辉；区纪委书记：植伟生。

【产业发展】 2018 年，禅城区修订或出台《佛山市禅城区企业信息化建设扶持办法（试行）》《佛山市连锁经营行业发展促进办法（试行）》《佛山市禅城区工业设计产业发展扶持办法（试行）》等政策措施，助力企业创新发展。“暖企”行动落地见效，各类惠企政策降成本超 54 亿元。禅城区实现第一产业增加值 0.27 亿元，比上年下降 3.1%；第二产业增加值 754.68 亿元，增长 1.8%；第三产业增加值 1100.11 亿元，增长 9.9%。新增意向、签约、动工项目 91 个（含房地产项目），项目以智能、节能、生命健康、高端装备和现代服务业为主，投资总额 603.89 亿元。超亿元的内资项目 69 个，超 10 亿元的重点内资项目 8 个，超千万美元的外资项目 7 个。

工业稳中提质　全区实现工业总产值 2298.27 亿元，比上年增长 1.7%；规模以上工业增加值实现 452.90 亿元，增长 2.0%；工业投资下降 39.7%；完成技改投资 27.63 亿元，下降 42.2%；装备制造业投资下降 29.3%；装备制造业增加值下降 2%；工作母机类增加值增速 7.0%。是年，海天味业、兴发铝业等 4 家企业入围“2018 年广东制造业 100 强”，日丰集团等 46 家企业被认定为佛山市细分行业龙头企业。新兴产业加快集群，科力远 CHS 项目（一期）正式投产，开普勒数据中心试运营；航天柏克、复星健康蜂巢等项目落地；德国 FEV 虎威发动机技术公司、电动汽车投资运营等项目顺利引进。

商贸焕发新活力　社会消费品零售总额实现 812.81 亿元，比上年增长 9.1%，增速高于全市平均水平 0.2 个百分点，排名居全市首位。举办第二届佛山·禅城旅游文化周暨高铁经济带旅游博览会、2018 佛山（禅城）陶艺·建陶设计周暨陶瓷艺术周、第一届“‘佛山·禅城’杯粤港澳大湾区高校尖兵团科技+泛家居设计创新”活动等，推动“文化+设计+产业”融合发展。是年，全区商品零售实现 762.28 亿元，增长 9.1%，对社会消费品零售总额增长的贡献率 93.3%；餐饮收入实现 50.53 亿元，增长 9.7%。全区接待旅游人数（含星级酒店及其他住宿设施与一日游）1440.63 万人次，比上年增长 10.06%，其中接待境内外过夜游客 471.59 万人次，增长 8.26%；实现旅游收入 266.82 亿元，增长 10.89%。

2017—2018 年佛山市禅城区社会事业主要指标

指　标	单　位	2017 年	2018 年
中等职业学校和技工学校	所	2	1
中职和技校在校学生	万人	0.57	0.54
普通中学	所	26	24
普通中学在校学生	万人	4.40	3.86
小学	所	73	73
小学在校学生	万人	7.64	8.20
幼儿园	所	142	144
在园幼儿	万人	4.38	4.54
医院、卫生院	家	31	34
医院、卫生院床位	万张	1.02	1.09
群众艺术馆、文化馆	个	2	27
公共图书馆	个	2	1
博物馆	个	5	12
国家档案馆	个	1	1

现代服务业提速发展　出台《禅城区工业电子商务三年行动计划》，启动建设佛山市互联网知识产权保护中心、禅城区工业互联网科技服务中心、禅城区工业电商服务中心。全区电子商务交易总额约2322亿元，比上年增长26.15%。在册电子商务企业2.06万家，增长11.35%。电子商务企业直接从业人员3.58万人，间接带动就业人员10.52万人。金融产业支撑持续加强，金融机构存款余额3905.29亿元，比上年增长8.89%；贷款余额2892.94亿元，增长14.3%。全区集聚各类金融机构超过250家，累计境内外上市企业11家、“新三板”挂牌企业16家。全区纳税超500万元的金融机构有58个，合计纳税27.47亿元。金融业从业人员超5万人，中高级金融人才达2500人。

【全面深化改革】2018年，禅城区召开全面深化改革工作会议，部署“智信城市（禅城）”建设探索、“和谐共享社区”建设探索、社会综合治理改革试点工作等方面重大改革任务；审议通过《区委全面深化改革领导小组2018年改革工作安排》，全区改革重点项目25项，分为推动经济高质量发展、推进政府治理能力现代化、营造共建共治共享社会治理格局三大类。

推动经济高质量发展　出台《佛山市禅城区深化供给侧结构性改革2018年工作方案》，提出深化改革五大工程目标任务，推动产业结构调整，向设计、研发等前端发力，加快新旧动能转换。禅城区政企大数据服务平台建成运行，为企业提供政策精准服务、扶持资金申报服务、诉求互动服务等。出清重组“僵尸企业”2家，减少商品房库存79.1万平方米。传统产业再添动能，全区工业技改投资达27.63亿元，“两化融合”体系贯标试点企业累计25家，实施“机器换人”企业8家；通过“互联网+”“设计+”模式创新，加快专业市场转型，涌现出智布互联等一批新型企业。“设计助推智造”打造新优势，清美工业设计策略与原型创新研究所揭牌。全区拥有广东省驰名商标33件、名牌产品59个；获得质量管理体系认证的企业754家；推动企业参与国家、行业和联盟标准制（修）订14项。骨干企业做大做强，全区“四上”企业净增251家、总数达2726家，主营业务收入超100亿元企业累计4家，利泰集团等3家企业获评“2018广东省百强民营企业”，国星光电等36家企业纳入佛山市“专精特新”企业库。

推进政府治理能力现代化　印发《佛山市禅城区“数字政府”改革建设行动计划》，实施“141”工程（1个基础设施、4个应用领域、1批应用项目），推进政务服务、社会治理、政府监管、创新创业等领域重点大数据应用项目落地，探索“数字政府”改革建设。禅城区利用“一门式”数据沉淀，依托区块链技术，新推出“零跑腿”行政审批事项59项，累计达79项，涵盖人才报到、人才资格认定、城乡居民基本养老保险待遇领取资格认证等业务。分批推出“开办餐馆”“开办进出口贸易公司”“开办美容美发店”等行业商事经营主题办10个，申请人可一次办齐所有证照，审批时间节省一半以上。禅城区环境立体监控中心——城市移动式空气监测项目启用，实现对路面空气（可吸入颗粒PM_{10}）、（可吸入肺细粒$PM_{2.5}$）、氮氧化物和臭氧等污染物实时监测。建成广东省首个“云交互”智能办税服务厅，实现远程办税和可视化辅导，以及税收业务跨岗位、跨区域、跨部门办理。是年，“智信城市”项目成为广东省十大区块链应用优秀案例，禅城成为全省首个实现国库集中支付全流程电子化的县（区）。

营造共建共治共享社会治理格局　“一张图管理一座城”模式日趋完善，“大气重点污染源”“防内涝”等38张图叠加完成，智能人脸识别在立体治安防控、社会民生服务等领域发挥效能。禅城区探索“共享社区”党建项目，以社区党组织为核心、以城市小区为单位、以居民为中心，运用区块链、大数据等现代信息技术，重构社区信任机制，打造现代城市的熟人社区。上线运行全国首个“区块链+社区矫正”应用，打破公安、检察、法院、司法等部门之间的信息壁垒，实现数据共享。是年，“共享社区”项目获评“2018年全国创新社会治理最佳案例”，“区块链+社区矫正”项目得到最高人民检察院的肯定。

【创新驱动发展】2018年，禅城区名列全国科技创新百强区第八名、全国双创百强区第十七名，奇槎片区纳入佛山三龙湾高端创新集聚区。

双创示范基地建设　出台《佛山市禅城区推动省双创示范基地建设工作方案》，提出实施政务服务提升、双创平台、领军企业培育、科技金融助力、创新人才引培、知识产权推进等六大工程，打造绿巢智谷、乐怡海创·文华荟社区、国家知识产权服务业集聚发展试验区等重点项目12个。全区创新创业氛围浓厚，年内新增市级众创空间1个、市级孵化器立项3个，累计拥有各类众创空间19个、孵化器21个；四大“双创”园区（华南创谷、丰收街·菁创聚、中国陶谷、绿岛湖·智荟）和四大特色小镇（中国陶谷小镇、中国建陶小镇、绿能装备小镇、岭南文荟小镇）融合发展，集聚创新型企业超过1800家。新增各类人才2万人，全区人才总量达25.1万人，有6人被评为“佛山·大城工匠”，新增市级创新创业团队3个、总数达到9个。

高新企业和研发机构发展　出台《禅城区加快培育高新技术企业和推进企业研发机构建设行动方案》，扶持补助企业145家，共发放扶持资金4295万元。全区高新技术企业新增181家、总数达到401家，规模以上高新技术企业新增约30家、总数达到104家。168家企业共506个产品通过广东省高新技术产品认定，比上年增长27.14%，通过率达85.47%。全区3项科技成果获得2017年度省科学家技术奖，4项科技成果入库2018年省级以上科学技术奖培育库。新增市级工程技术研发中心3个、省级企业技术中心3个、市级企业技术中心3个，国家和省、市级实验室、工程技术研发中心、企业技术中心、新型研发机构达239个；5亿元以上工业企业研发机构实现全覆盖，规模以上工业企业研发机构建有率达51.36%。

知识产权工作取得新突破　中国（佛山）知识产权保护中心在禅城区建成并投入运营。2018年，全区发明专利申请量7216件，比上年增长12.79%；有效发明专利拥有量2687件，增长15.52%；专利申请量12641件，增长

14.56%；发明专利授权量542件；每万人发明专利拥有量为22.69件，增长13.28%；PCT国际专利申请量65件，增长51.16%。禅城区企业或个人专利获得第二十届中国专利奖共11项，主要涵盖调味食品、陶瓷卫浴、建材、照明、机械装备和摩托车等行业。

【民生事业发展】 2018年，禅城区民生支出73.8亿元，占一般公共预算支出的比重超60%。增强学前优质教育资源供给等十大民生实事逐项落实，教育、医疗、养老等公共服务持续提升。

十大民生实事　公益普惠性学前教育覆盖率保持在70%以上；在惠景中学、城北中学、佛山市第六中学试点定制公交服务；培训5000名紧缺技能人才，及时为其子女提供入学补贴；禅城区人民医院中医院启动建设，新建或改造标准化社区卫生服务机构20个；残疾儿童和持证残疾人的康复服务比例达到87.58%；企业社会工作服务基地新增3个；各镇街建成示范性青年之家；探索住房租赁市场培育试点工作，建设租赁住房8029套；打造亮点河涌8条；改造公共厕所25座。

公共服务提质升级　环湖小学东校区启用，佛山LEH国际学校启动建设，佛山市外国语学校（北校区）通过联合验收，澜石中学校园重建项目加速推进，新增学位4940个。区人民医院整合完毕，超36.6万名居民签约家庭医生服务。城乡居民基础养老金提高到每人每月220元，企业职工平均养老金提高到每人每月3200元，失业保险金提高到每人每月1548元，新增648个家庭入住政府公租房。

【城市治理提升】 2018年，禅城区推进城市治理提升然生态文明建设专项规划纳入城市治理的统筹范围内；出台《佛山市禅城区中心城区城市形态提升专项行动方案（2018—2020年）》，重点建设禅城区中心城区核心区域、滨水地段、道路门户、历史文化四类区域项目27个；印发《禅城区2018年蓝天保卫战实施方案》，以削减颗粒物、二氧化氮、臭氧排放为重点，针对工业污染源治理、移动源治理、面源治理实施具体措施25条；出台《佛山市禅城区建设大湾区高品质森林城市工作方案（2018—2022年）》，重点推进城市生态绿心群建设工程、交通干线生态廊道建设工程等六大重点生态工程。是年，全区城市治理提升完成投资约137亿元，累计完成投资773亿元，禅城名列全国新型城镇化质量百强区第九名。完成“三旧”改造127.55万平方米（1913.23亩），治理违法建设176万平方米，加快推进改造国瑞升平、梁园雅集等重要节点。完成大雾岗森林公园（一期），推进王借岗森林公园（二期）等一批项目，新增绿地面积117.53万平方米（1763亩）。治气治水投入18.5亿元，空气质量综合指数为4.61，42条主干内河涌水质达标率为60.5%；设立全市首个大气“立体式”监控中心；提标改造镇安、沙岗、东鄱污水厂，建成10个河涌在线自动水质监测站。完成季华北路北延主体建设，魁奇路快速化岭南大道节点南北向通车，加快打通禅港西路等4条“断头路”，推进季华二桥、岭南大道北延线建设，完成市政府周边等4个慢行系统示范区。

禅城区亚洲艺术公园　（王颖尧摄）

【乡村振兴战略实施】 2018年6月6日，禅城区在南庄镇紫南村召开全区乡村振兴工作现场会，对实施乡村振兴战略进行动员部署。公布《中共佛山市禅城区委 禅城区人民政府关于推进乡村振兴战略的实施意见》及八大工程行动方案，涉及农村基层党组织建设、乡村规划建设、农村集体经济高质量发展、村级工业园整治提升、“数字农村”建设、乡村生态环境提升、乡风文明建设、“三治”融合农村社会治理等方面，提出重点任务30项。10月25日，召开禅城区实施乡村振兴战略工作推进会议，强调城乡统筹发展破解农村问题、全域开展农村人居环境整治等，区委书记刘东豪、区长孔海文、各镇街和相关职能部门负责人参加会议。是年，禅城区创建第二批美丽文明村居示范点12个，完成古村落活化2个，打造“五好”（规划建设好、绿化美化好、空气水质好、公共服务好、社会风尚好）新村居14个；完善农村基础设施，新建污水管网超60千米，完成整治“黑臭水体”河涌4条；农村集体经济数字云图覆盖率100%，村务共治“一门通”建成率100%，95%以上的村（社区）达到省法治创建标准；村（居）综合性文化服务中心总数136个；村民小组党支部单独组建率77.44%，推进农村党组织“头雁”工程，选聘村后备干部79人。

【扫黑除恶专项斗争】 2018年，禅城区推进为期三年的扫黑除恶专项斗争，成立由区委书记担任组长的区扫黑除恶专项斗争工作领导小组。建立集中排查、滚动排查和明查暗访相结合的线索排查机制，深挖“套路贷”“裸贷”“楼霸”、校园周边安全、涉环保问题和农村宗族势力把持基层政权等问题。将扫黑除恶与乡村振兴、脱贫攻坚、农村正风反腐等工作结合，选派116名公安民警担任村（社区）党组织副书记，开展4轮16个单位党组织的常规巡查、2轮11个农村基层党组织涉黑涉恶涉腐问题专项巡察。发动群众检举揭发涉黑涉恶违法犯罪线索，印发宣传单张和小册83万份，张贴海报9万份，举办宣传活动约660场，利用媒体宣传报道1.1万次，群众知晓率96%。

截至2018年底，全区扫黑除恶办接收线索561条，办结406条。在全部线索中，涉垄断农村资源36条、涉横行乡里17条、涉行业黑恶势力3条、涉欺行霸市20条、涉黄赌毒违法犯罪146条、涉非法放贷讨债56条、涉黑恶腐败34条、涉“保护伞”13条。全区捣毁涉黑团伙2个、涉恶团伙62个，涉黑刑拘134人、逮捕86人，涉恶刑拘620人、逮捕345人，移送起诉356人，查封、冻结、扣押涉黑案件资产5191.2万元、涉恶资产260万元。区检察院公诉涉黑案件4件35人，涉恶案件7件23人。区法院判决涉黑恶案件10件56人（新增6件52人未生效）。

2018年11月6日，最高人民检察院监外执行（社区矫正）检察调研交流活动在佛山市禅城区举行。图为与会人员到禅城区社会综合治理指挥中心考察平台运行情况

（禅城区供稿）

【“共享社区”屡获“国字号”荣誉】 2018年，禅城区探索“共享社区”党建项目，以社区党组织为核心、以城市小区为单位、以居民为中心，发挥小区党员的“领头雁”作用，创新引入区块链技术和“爱心积分”机制，通过“线上”手机应用软件和“线下”共享小屋两大互助平台，实现时间、技能和物品共享，打造现代城市的熟人社区。7月2日，在祖庙街道党群服务中心举行“‘七一’共庆·筑共享家园”活动，全区铺开“共享社区”党建项目。截至年底，该项目覆盖社区88个，建成共享小屋物理空间89个；“共享社区”手机应用软件上线运行，注册人数超4万人，其中党员1.3万人；超5万人次参与社区共享活动，提供共享物品1.3万件，共享技能9大项约20种，受益群众超2.5万人次。是年，禅城区“共享社区”党建项目获评“2018年全国社会治理创新十佳案例”，入选“第四届中国互联网+政务优秀实践案例50强”“改革开放40年地方改革创新40案例”。

【禅城区上线全国首个“区块链+社区矫正”应用】 2018年5月11日，禅城区发布“区块链+社区矫正”项目建设应用前景，打造“区块链+社区矫正”信息化综合管理联动平台。11月5日，禅城区召开“区块链+社区矫正”项目上线新闻发布会，发布全国首个“区块链+社区矫正”应用。该应用以区块链技术、“区块链+社区矫正”信息化综合管理联动平台、“区块链+社区矫正”信用体系为核心支撑，打通公、检、法、司等部门的信息壁垒，破解社区服刑人员回归社会时“自证清白难”的困境，营造共建共治共享社会治理格局。是年，禅城区“区块链+社区矫正”应用被纳入广东省司法厅“智慧社区矫正”信息化体系，助力“智慧社区矫正”信息化体系获评全国“智慧司法十大创新案例”。在全国司法行政信息化工作推进会上，禅城“区块链+社区矫正”项目获现场展示和推介。

【禅城区创建“全国法治县（市、区）”】 2018年，禅城区完善公共法律服务体系，深化“一村居一律师”工程，全区33家律师事务所共82名律师进驻142个村居，全年提供各类法律服务4192件、接受法律咨询3308人次。打造法律援助“半小时便民服务圈”，成立全市首家企业信用纠纷人民调解委员会、专业人民调解中心，全区有各类人民调解组织255个，在册人民调解员1534人，全年开展矛盾纠纷排查和综治专项排查3007次、调处各类矛盾纠纷3790件，调解成功率99%。全区累计建成公共法律服务实体平台、网络平台、热线平台“三大平台”189个。114个村（社区）被确认为广东省“民主法治村（社区）”创建单位，13家企业申报省级“法治文化建设示范企业”；禅城区青少年法治教育基地在市十四中建成投入使用，南庄“一河两岸”吉利法治文化公园一期工程通过验收。是年，禅城区获评第四批“全国法治县（市、区）创建活动先进单位”称号。

【禅城区获评“全国十佳精准扶贫创新区县”】 2018年4月21日，2018区域协调发展与精准扶贫成果报告会在北京举行，禅城区被评为“中国扶贫榜样——十佳精准扶贫创新区县”，是广东省唯一获该称号的区县。2013—2018年，禅城先后承担西藏墨脱县、新疆伽师县、四川甘孜州和凉山州（昭觉县、普格县、布拖县）、广东云浮市罗定市，以及湛江市廉江市13

个镇46个贫困村的扶贫工作。2018年，禅城区对口帮扶罗定招商引资，引进超10亿元项目4个。精准扶贫廉江累计投入超过3亿元，帮助10186人脱贫；禅城区对口帮扶的廉江市石颈镇蒙村百香果种植示范基地、塘蓬镇那榔村百万荷花种植基地被评为“广东省十大产业扶贫项目”。在凉山州东西部扶贫协作中，禅城区以结对帮扶县住房及基础设施扶贫协作为重点，拓展农业、旅游、人才培养、教育卫生、劳务输出、科技创新、特色文化、社会帮扶等八方面合作；组织84家佛山企业到凉山州考察、投资（成功落地注册8家），28家禅城企业与昭觉县政府签订投资意向协议书10份（总金额达8180万元），18家禅城企业与昭觉县达成协议，佛凉（昭觉）智慧农业产业园加快建设；接收安置凉山州务工人员1942人。

【佛山（禅城）—北京产业对接联络处成立】 2018年5月24日，2018佛山（禅城）—北京招商引才推介活动在北京举办，重点邀请有项目技术对接需求的高新技术企业代表、海内外高层次人才团队、创投机构等参与洽谈。佛山（禅城）—北京产业对接联络处在活动现场正式启动，这是禅城继在深圳、广州设立产业对接联络处之后，布局“首都经济圈”招商引资和招才引智，推动人才服务和项目投资一体化发展。

【泛家居品牌产品展示体验馆美国开业】 2018年6月28日，广东佛山（禅城）泛家居品牌产品（美国）展示体验馆启动仪式在美国休斯顿举行，是佛山市政府和禅城区政府共同打造、在北美洲设立的首个泛家居品牌产品展示体验馆。中国领事馆代表、美国斯塔福德市市长、禅城区友好城市福遍郡郡长、斯塔福德市议员、部分参展企业代表等100多人参加启动仪式。该馆建筑面积1210平方米，设有形象展示、品牌展位及特色展位三大展示区，长期展示陶瓷、家具、家电、卫浴、五金、家纺等产品，展期2年。首批吸引鹰牌、金意陶、浪鲸、罗曼蒂克、索卡尔、高登等约50家佛山泛家居品牌及企业入驻。在启动仪式上，美国馆运营方广东金口岸供应链管理有限公司与金意陶、浪鲸、索卡尔3家企业签约；禅城区进出口企业商会与美国德州广东商会签署战略合作协议，共同推动泛家居、纺织服装、装备工业和电子信息行业等领域的合作。

【科力远投产及混合动力汽车产业发展峰会】 2018年6月27日，位于禅城区绿岛湖智能制造区的科力远中国混合动力及传动系统总成技术平台佛山工厂（一期）正式投产，总规划年产100万台（套），一期产能为10万台（套），带动国内自主混动汽车从原材料、电池、动力系统到整车实现全产业链条生产，佛山市市长朱伟、禅城区委书记刘东豪、区长孔海文等出席投产仪式。是日，2018佛山混合动力汽车产业发展峰会在禅城区举行，为国内首次举办混合动力汽车产业发展峰会。会议聚集政府、行业、企业等三方代表，包括来自丰田自动织机株式会社、长安新能源企业、云内动力集团等汽车企业高管和行业协会专家，共同探讨混合动力在节能与新能源汽车领域的作用与贡献。广东省副省长陈良贤出席峰会并致辞。

【中国·佛山信息化和工业化融合促进大会】 2018年1月17日，禅城区举行中国·佛山信息化和工业化融合促进大会。大会邀请国家级信息化行业专家杨学山、杨冰之进行主题演讲，为禅城企业信息化建设把脉。区经济和科技促进局与佛山联通禅城分公司签订推进禅城区两化融合、制造业升级改造的战略合作协议，联手推进制造业企业“千企上云”工程，为辖区制造业企业提供免费的云服务体验和试用，推进制造业向数字化、网络化、智能化发展。大会公布佛山首个实体产业信息化扶持办法——《佛山市禅城区企业信息化建设扶持办法》，用3年撬动禅城企业信息化投入超6亿元，培育禅城智慧企业和打造智能制造全生态链。

【三大电商服务中心启动】 2018年10月25日，佛山市互联网知识产权服务中心、禅城区工业互联网科技服务中心、禅城区工业电商服务中心启动仪式在张槎街道广东新媒体产业园举行。由区经济和科技促进局与佛山市知识产权保护中心共建的佛山市互联网知识产权保护中心，由区经济和科技促进局与广东省、佛山市电子商务协会共建的禅城区工业互联网创新服务中心暨禅城区工业电商共享服务中心，为禅城区乃至全市传统优势制造业与互联网深度融合方面构建工业互联网应用推广、服务、支撑体系。区经济和科技促进局在会上发布的《禅城区工业电子商务三年行动计划》，提出到2020年禅城区要实现重点行业骨干企业电子商务普及率达到80%，工业电子商务交易额年均增长30%。瓷海国际陶瓷交易中心有限公

2018年6月27日，科力远CHS混合动力总成系统项目（一期）投产仪式在禅城区举行，佛山市委副书记、市长朱伟（右六），禅城区委书记刘东豪（左四），区委副书记、区长孔海文（右二）等领导出席仪式　（王颖尧摄）

司、佛山市简一陶瓷有限公司等34家企业在会上获授“2018年禅城区电商认定的企业”牌匾。

【首届佛山（禅城）云吞面节】 2018年3月18日至4月20日，首届佛山（禅城）云吞面节在佛山创意产业园、普君新城、东方广场等商业体举行，以佛山美食文化为载体，探索文商旅融合发展，吸引餐饮企业39家、“美食达人”13人参赛，以及线上线下100万人次参与。比赛分传统组、创意组、达人组三个组别，以淘汰赛形式进行。其中达人组面向所有爱好云吞面料理的市民，鼓励全民参与。4月20日，首届佛山（禅城）云吞面节总决赛暨闭幕式在佛山创意产业园举行，经百名大众评审现场试吃和4位专业评委现场品评，佛山禅城烽记酒家饮食有限公司获传统组金奖，佛山市安乐茶饭餐饮有限公司获创意组金奖，盘修新获达人组金奖。

【首届泛家居科技·时尚创新创业设计大赛】 2018年6月5日，由禅城区举办的“设计创造美好生活”2018首届中国（佛山）泛家居科技·时尚创新创业设计大赛在深圳启动，覆盖陶瓷、灯饰、橱柜、卫浴、家具等设计范畴，向全国征集优秀作品。大赛联动企业近50家，吸引海内外设计机构、团队、设计师近300人参与，收到作品171份。10月17日，首届中国（佛山）泛家居科技·时尚创新创业设计大赛决赛在禅城区举行，来自华东、华南两个赛区的26强参赛，陈冠宏《区块屋——模块化房屋系统》、罗宏《青花瓷那兰提花》分获科技组、时尚组金奖。

【中国（佛山）知识产权保护中心在禅城挂牌】 2018年6月27日，中国（佛山）知识产权保护中心挂牌仪式在南庄镇绿岛湖举行，成为广东省第一个、全国第五家国家级知识产权保护中心。国家知识产权局副局长贺化、广东省知识产权局局长马宪民、佛山市市长朱伟、禅城区区长孔海文等出席挂牌活动。中国（佛山）知识产权保护中心位于绿岛湖都市产业区，通过“快速预先审查”方式，面向佛山本地的智能制造装备产业和建材产业开启专利申请“绿色通道”，审查周期可缩短50%；构建知识产权快速协同保护体系，实现专利快速预审、快速确权、快速维权、运营导航的协调联动。

【禅城打造广东首个保险创新发展示范区】 2018年，禅城区在全省率先建设保险产业创新发展示范区。印发《禅城区保险创新发展示范区建设工作方案》，提出在未来3年，力争引进和培育超200个保险机构和保险中介机构，保险行业纳税超过20亿元。出台《禅城区扶持保险行业发展办法》，对新设立或区外新迁入的管辖5个（含）以上地级市的保险机构省级分公司，给予开办补贴700万元。7月17日，禅城区政府在智慧新城举行禅城区保险创新发展示范区揭牌仪式，与广东省保险行业协会、广东省保险中介行业协会现场签订共建示范区框架协议，共同将禅城打造成为区域性保险服务中心；4个保险（中介）机构市级分支机构和5个保险创新项目在现场签约落地。是年，引进重点保险项目11个，达成合作意向项目32个。鼓励本土企业设立保险机构，推动利泰保险代理公司设立。联合中国人寿、人保财险、平安产险等大型保险机构，在民生服务领域推出保险便民服务站、民生综合保险等创新项目。在保险强监管、全市保费收入下降等情况下，全区保险业实现纳税11.62亿元，比上年增长5.73%。

【“博物馆之城”建设】 2018年，禅城区挖掘明清时期“四大名镇”“四大聚”文化积淀，加大专题博物馆群（艺术馆、纪念馆）建设，推动“博物馆之城”建设，传承岭南文脉。全区筹建博物馆、艺术馆、美术馆11个，包括佛山中医药博物馆、佛山铸造历史博物馆、禅城区知行古灯博物馆、禅城区东鹏陶瓷博物馆、禅城区金银民俗博物馆、中国陶瓷博物馆、佛山市工业遗址博物馆、禅城区雅艺文化艺术馆、禅城区名茶博物馆、禅城区静观艺术馆、禅城区创大地艺术馆。12月20日，位于禅城区东鄱小学的知行古灯博物馆正式开馆对外开放，为全市首家落户小学校园的博物馆。是年，全区博物馆（艺术馆、美术馆）总量由上年的29个增加到40个，增长率37.9%，固定资产投资额超20亿元。

【第二届高铁主题旅游博览会】 2018年4月27日至5月2日，禅城区人民政府、佛山市旅游局联合主办“高铁创游，湾区营地”——第二届佛山·禅城旅游文化周暨高铁经济带旅游博览会，举行开幕式、“当前旅游业态趋势暨全域旅游研讨会”、“岭南印象”主题文艺晚会、高铁城市特色文化体验营、城市形象展览、参展城市文旅商品展销会、南风古灶分会场系列活动、TeamLab水晶烟花华南首展、水舞声光秀等9项活动。参会城市从第一届的18个增加到22个，包括香港、澳门、广州等粤港澳大湾区核心城市，辐射粤桂黔高铁经济带、泛珠三角区域以及中原地区。全国首个高铁旅游主题线上博览会——“高铁经济带云上旅博会”在开幕式启动，设置会展漫游、漫游高铁、云游佛山三大板块，运用大数据、VR等科技手段，打造“永不落幕的旅游博览会”。活动期间，禅城为推进全域旅游发展，举办“当前旅游业态趋势暨全域旅游研讨会”，邀请250名行业专家学者展开研讨；联合各参会城市设立高铁经济带旅游行业协会联盟秘书处，成立粤港澳大湾区旅行社、酒店及餐饮业联盟佛山联络处，为高铁经济带、粤港澳大湾区搭建旅游合作与交流的平台。

【南庄镇】 位于禅城区西部，辖区总面积76.03平方千米。2018年辖5个社区、18个行政村。年末户籍人口约10万人，常住人口20.9万人。南庄历史悠久，开埠于宋朝，自古以“桑基鱼塘”著称，是典型的岭南水乡，孕育出革命烈士罗登贤、廖锦涛，著名学者罗汝楠、李应林，粤曲泰斗罗品超等杰出人物。南庄镇交通路网发达，区位优势突出，是禅西新城的发展核心，拥有佛山一环高速、佛开高速、广明高速、季华西路、南庄大道、魁奇路西延线、禅港西路、樵乐路等主干路网，在建的佛山地铁2号线在南庄设有绿岛湖、湖涌、南庄等3个站点。

南庄镇以陶瓷工业立镇，有“中国建陶第一镇”之称。辖区内有省级经济开发区——广东佛山禅城经济开发区。

2018年，南庄镇完成地区生产总值240.95亿元，比上年增长6.3%；工业总产值444.86亿元，增长3.2%；固定资产投资，增长20.0%。实现税收收入31.22亿元，增长20.0%；社会消费品零售总额89.32亿元，增长10.0%。产值超亿元企业123家，年纳税额超千万企业33家。是年，南庄镇在全国综合实力千强镇排名第129位。

2018年，南庄镇围绕陶瓷、新能源汽车和大数据三大产业，新增重点招商项目17个，投资总额145.38亿元。绿岛湖·智荟累计引入450多家创新型企业，公有物业出租率69.47%。5月，禅城陶谷小镇（南庄片区）被广东省发改委列为第一批省级特色小镇创建对象。6月，科力远CHS项目一期投产；中国（佛山）知识产权保护中心在南庄镇绿岛湖挂牌运营。新明珠陶瓷获评国家知识产权示范企业，兴发铝业入选国家技术创新示范企业。开展“机器换人”规上工业企业5家，新增机器人应用70台/套，机器人制造及相关智能装备制造总产值达2亿元。24家企业获“百企争先奖励”共4065万元，13家企业获批科技型企业信贷风险补偿基金贷款5200万元。

国家级知识产权保护中心在南庄揭牌　2018年6月26日，全省首个、全国第五个国家级知识产权保护中心——中国（佛山）知识产权保护中心（简称保护中心）在禅城区南庄镇绿岛湖国家知识产权服务业集聚发展试验区（禅城园）挂牌。保护中心引入聚晨集团、深圳市中兴达知识产权运营有限公司等一批知名知识产权中介服务机构。保护中心面向佛山本地的智能制造装备产业和建材产业开启专利申请“绿色通道”，专利授权时间大幅度缩短。截至2018年底，南庄镇首批可享受“绿色通道”全流程快速审查的企业达23家。

南庄举办建陶小镇项目资源对接推介会　2018年11月21日，南庄镇举办中国建陶特色小镇系列活动之项目资源对接推介会，吸引大批来自全国各地的知名专家、学者。中国硅酸盐学会陶瓷分会建筑卫生陶瓷与专业委员会、佛山市华夏建筑陶瓷研究开发中心缔结战略合作关系，共同探索陶瓷产业发展新模式；中国硅酸盐学会陶瓷分会窑炉热工专业委员会与南庄陶促会达成战略合作协议，围绕陶瓷窑炉智能管控云系统技术等项目开展合作。是日，日用陶瓷科技创新成果推介暨项目洽谈会、工业陶瓷核心技术研发成果推介暨项目洽谈会、陶瓷窑炉智能管控云系统成果推介暨项目洽谈会等6场项目推广及洽谈活动同步举行。

2018年6月26日，位于佛山市禅城区南庄镇绿岛湖都市产业区的中国（佛山）知识产权保护中心揭牌，国家知识产权局副局长贺化（左三），佛山市市长朱伟（右三）等领导参加揭牌仪式　（禅城区供图）

南庄镇A级旅游景区创建　2018年，南庄镇探索全域旅游规划，构建岭南田园文旅圈，串联绿岛湖、水乡湖涌、紫南文化园和紫南船说以及岭南特色民宿、罗南生态园及隆庆古村，形成一个长达数十公里的岭南田园文旅圈。举办紫南文化园首届旅游节，包含展览、美食、嘉年华等项目，推动紫南村创建国家A级旅游景区。策划打造特色鲜明，具较强影响力和美誉度的文化品牌和文旅线路，推动农村产业多元化发展。

南庄龙津村发布散体古训　2018年2月4日，南庄镇龙津村举行《龙津古训》首发暨首届龙津村“和美家庭”评选启动仪式。《龙津古训》是中国现存唯一的完整散体古训，倡导爱国尽孝、尊师重教、邻里和睦的家风，分简注插图和详注插图2个版本，约10万字，由龙津村聘请专家编译成册，免费派发给村民。

【石湾镇街道】 位于禅城区东南部，是禅城区委、区政府所在地，佛山市中心城区的重要组成部分。辖区面积28.32平方千米。2018年辖12个行政村、28个社区。年末户籍人口20.04万人，常住人口35.29万人。石湾交通发达，季华路、魁奇路、佛山大道、汾江路、文华路、南海大道等主干道贯境而过，在营、在建、规划中的地铁1号至6号线均覆盖石湾。辖区有三甲医院2家，环湖小学、城南小学、实验小学、华英中学、佛山市第二中学、佛山市第三中学（高中部）等优质学校，以及亚艺公园、文华公园、石湾公园、半月岛湿地公园等大型公园。

“石湾瓦，甲天下”，石湾有5000年的制陶史，是“中国十大魅力名镇”，享有“南国陶都”“中国陶瓷之都”“中国陶瓷历史文化名城”“中国陶瓷艺术之乡”“中国民间文化艺术（陶艺）之乡”等称号，石湾陶塑技艺被评为第一批国家级非物质文化遗产。辖区内有全国重点保护文物单位——五百年薪火不断的南风古灶，石湾陶瓷博物馆、莲峰书院、丰宁寺、公仔街，以及众多艺术馆、大师工作室等文化旅游资源。

石湾经济发达，是全国唯一的不锈钢名镇、全国最大的不锈钢制品和材料集散地，是“中国不锈钢商城”“品牌中国不锈钢（国际）产业示范基地”。2018年，石湾聚焦发展泛家居、陶文商旅、大数据、大健康、泛金融、大汽贸等六大产业。石湾实现地区生产总值496亿元，比上年增长6.2%；规模以上工业总产值533.13亿元，增长0.2%。税收总额58.25亿元，增长17.5%。固定资产投资增长11.8%。社会消费品零售总额253.96亿元，增长8.0%。

2018年，石湾培育新兴产业，推动经济高质量发展。引入重大项目14个，总投资149.97亿元。其中：陶文商旅产业引入卓越商业项目、嘉信商业项目、恒轩国际商业项目等文化旅游产业及商业综合体项目9个，总投资30亿元；泛金融产业引进南粤保险、兴业银行等企业9家，新认定磐石大厦、财富大厦为“禅城区金融发展示范载体”；大健康产业引入复星集团打造石湾大健康城，投资额21亿元。完善《中国·佛山石湾陶瓷创意谷产业集聚发展专项资金使用管理办法》，全年发放企业扶持资金7446万元。奇槎片区与达安创谷等达成合作意向，发展高端生命医药健康产业等，其中大健康产业项目计划投资70亿元。

清华美院柳冠中设计团队入驻石湾　2018年9月27日，佛山市清美工业设计策略与原型创新研究所在广东省（佛山）软件产业园揭牌，国内知名的工业设计研究团队——清华大学教授柳冠中设计研究团队正式入驻石湾西片区，为中国陶谷乃至佛山市“以工业设计服务广东制造、驱动转型升级”提供智力支撑。禅城区政府与清华大学美术学院签订“清华艺术·学术月——产业论坛”的备忘录；中国陶谷工作指挥部管理委员会办公室与清华大学设计战略与原型创新研究所签订“设计创新工作坊”合作战略协议；佛山市清美工业设计策略与原型创新研究所与佛山市盈赛投资发展有限公司签订“陶谷创新中心”合作战略协议，与佛山东鹏陶瓷集团、佛山市工业设计学会等企业（协会）签订设计战略协议。

中国陶谷“智能文化家”落成　2018年7月20日，中国陶谷“智能文化家”落成开放暨“广东省民间艺术之乡”颁牌仪式在石湾公园陶·创客会馆举行，石湾镇街道、西樵镇、杏坛镇获授“广东省民间文化艺术之乡”证书。中国陶谷“智能文化家”是禅城区首个面向产业工人的智能文化家，内藏书约3000册，配备自助借还书机、电子图书机、电子读报机、智能会议平板等设备，拥有展览厅、图书馆、多功能活动室等，可开展图书自助借阅、阅读沙龙、文艺培训、展览展示、文化志愿服务等文化活动和服务。

中国最大米罐彩绘建成亮灯　2018年3月1日，中国最大米罐彩绘——朱紫街大米罐彩绘亮灯仪式在广东石湾酒厂集团总部举行。3个彩绘大米罐高30米、直径10米，总体彩绘面积1500平方米，每个米罐可装1200吨大米。彩绘内容包含东平河景、传统酿酒场景等内容，重现旧时陈太吉酒庄生产场景。

中国陶瓷博物馆·汉陶专题馆开馆　2018年10月16日，位于石湾古镇文创园的中国陶瓷博物馆·汉陶专题馆正式开馆，上万件汉陶展品供市民免费参观。该馆由广东宏宇集团斥资3亿元打造，总面积3000平方米，馆内有上万件汉代藏品，题材包括衣食住行、舞乐百业、飞禽走兽、兵革军旅、日月星辰、宗教文化等。全馆按照千盛之国、神祇长生、太平盛世和飨宴乐舞4个篇章陈列，展示约2000年前汉人的生活、劳作、车马出行、歌舞宴饮、神祇祭祀等场景。

2018年10月16日，位于佛山市禅城区石湾古镇文创园的中国陶瓷博物馆·汉陶专题馆开馆
（王颖尧摄）

【张槎街道】　位于佛山市禅城区中西部，辖区总面积28.86平方千米。2018年下辖15个村委会和8个社区。年末常住人口29.3万人，户籍人口9.2万人。张槎处于珠江三角洲水网地带，西、北两侧被东平河和汾江水道半环抱，是典型的岭南水乡。辖区交通路网发达，佛开高速、佛山大道、季华路、禅西大道、广佛肇轻轨、佛山地铁2号线等重要交通干线穿越辖境，广佛环线在禅城的唯一站点设在张槎，规划与在建的佛山地铁2号线无缝换乘。张槎先后涌现出明代著名思想家庞嵩、清末“岭南第一美食家”江孔殷、粤剧大师“南海十三郎”江誉镠等历史人物，拥有杨氏大宗祠、太史第等超100座古建筑，醒狮、龙舟、剪纸、粤剧、饮食等传统优秀岭南文化得到保留和传承。

张槎产业基础雄厚，是“中国针织名镇”，是全国最大的针织面料产业基地、最大的丝光棉T恤产业基地、最大的纱线集散贸易地，获“中国针织行业时尚产业示范镇”“纺织产业集群创新发展示范地区”“全国丝光棉针织服装产业知名品牌示范区”等称号。2018年，张槎实现地方生产总值530.26亿元，比上年增长5.6%；规模以上工业总产值965.33亿元，增长1.6%；规模以上工业增加值196.91亿元，增长

1.7%。社会消费品零售总额85.58亿元，增长9.8%。税收总额47.81亿元，增长6.4%。

2018年，张槎加快推动高端装备制造、电子信息、大健康等新兴产业集聚发展。引进华南科技装备产业园、宝光新宇、微纳生物医药等优质项目24个，总投资达110.96亿元。举办“中国·张槎针织原料纱线面料大会”等高端产业盛会，加速主导产业向中高端迈进。广东福能大数据产业园A座、佛山电信开普勒数据中心首期投入运营。航天柏克等12家企业获“佛山市专精特新企业”称号，美嘉陶瓷等9家企业被认定为“佛山市细分行业龙头企业”，国星光电、广顺电器上榜“2018广东企业创新能力500强”。引进国家千人计划成员、中科院百人计划成员及金蝉卡高端人才等累计50人，年递增率8.69%。是年，张槎被中国纺织工业联合会评为“2017—2018年度纺织行业创新示范集群”。

张槎启动“织梦小镇”建设 2018年，张槎在塱沙路两侧区域规划打造6平方千米的“织梦小镇”，通过载体建设、业态培育、产业资源整合，建立集创意、研发、设计、展览、交易为一体的针织全产业链。9月27日，张槎“织梦小镇”规划暨2019中国张槎纺织原料纱线面料展会新闻发布会在2018PHVALUE中国国际针织（秋冬）博览会举行，提出以针织面料、丝光棉T恤衫、针织童装优势产业为基础打造中国时尚针织产业中心的产业发展定位，发展现代化、数字化、面向全球的针织纱线面料交易中心，规划建设针织品牌街区、中央商务区现代针织总部基地、智能仓储物流采购基地、针织产品展贸基地、针织时尚创意产业基地、功能性针织面料研发基地、针织智能制造产业基地。

产学研合作 2018年，张槎街道推动辖区产学研合作发展，促成佛山市嘉谦纺织有限公司和东华大学合作成立嘉谦纺织创新研发中心、东华大学纺织学院研究生工作站，清华大学—佛山先进制造研究院城市安全研究中心落户火炬园。1月24日，中国首个针织运动面料示范基地落户佛山市嘉谦纺织有限公司创新研发中心。是年，张槎辖区拥有各类研发机构98个，其中国家地方联合工程实验室1个、国家地方联合工程研究中心1个，省级工程实验室1个、省级工程中心27个，省级创新型企业研究院1个、省级新型研发机构3个。

中国（张槎）纺织原料纱线面料大会暨展会 2018年5月4—5日，“2018中国（张槎）纺织原料纱线面料大会暨展会”在禅城区张槎街道举行。中国纺织工业联合会、中国针织工业协会、中国棉纺织行业协会、广东省纺织协会相关负责人，佛山市委常委、副市长蔡家华等出席开幕式。其间，举办“中国棉纺织行业协会第五届六次常务理事会暨中国·张槎纺织原料纱线面料大会”“互联网论坛”“原料纱线面料论坛”“织梦青年创新交流会”等系列活动。展会聚集全国主要纱线生产商，设置纱线和针织面料的展位100多个，山东如意、天虹、利泰、百隆、泰森、嘉谦、东成等知名企业参展。

2018年4月27日，“高铁创游·湾区营地——2018第二届佛山·禅城旅游文化周暨高铁经济带旅游博览会”启动仪式在佛山市禅城区祖庙万福台举行

（禅城区供图）

【祖庙街道】 地处佛山市中心城区，位于禅城区的东北部，东至桂澜路、南沿季华路，西以佛山大道为界，北抵汾江河北岸，辖区面积20.88平方千米。2018年下辖9个行政村和51个社区。年末辖区户籍人口29.46万人，常住人口42.38万人。祖庙街道交通便利，广佛地铁横贯辖区。旅游景点有佛山祖庙（国家级文物保护单位）、东华里古建筑群（国家级文物保护单位）、梁园、仁寿寺、中山公园、岭南天地、广东省粤剧博物馆、精武馆等。辖区有祖庙商圈、东方广场商圈和季华商圈，商贸文化活动丰富。正月十六行通济、三月三北帝诞、粤剧华光诞、佛山秋色欢乐节等民俗节庆活动在辖区举行。

2018年，祖庙街道推进城北科创、中部文创、南部双创三大片区发展，提升企业服务水平，助推实体经济发展。全年实现地区生产总值592亿元，比上年增长6.8%。第三产业实现增加值447.04亿元，增长9.1%。规模以上工业总产值209.94亿元，增长1.8%；规模以上工业增加值为49.89亿元，增长2.2%。社会消费品零售总额383.96亿元，增长9.6%。辖区税收总额97.83亿元，减少0.46%；本级一般公共预算收入完成10.95亿元，增长6.5%（可比口径，下同）；本级一般公共预算支出完成12.52亿元，增长13.06%。全社会固定资产投资增长12.2%。

2018年6月20日，《祖庙街道推动经济高质量发展扶持办法（试行）》（简称“祖七条”）和《祖庙街道供应链金融服务平台风险补偿资金管理暂行办法》出台。10月31日，出台实施《祖庙街道全面打造科创、文创、双创三大片区加速融入“一环创新圈”建设三年行动方案（2018—2020年）》，以产链融合、融通一环、海纳英才、品质祖庙四大行动为支撑，推动建设重点项目60个，打造城北科创、中部文创、南部双创三大片区。是年，祖庙街道新增意向、签约重大项目12个，投资总额68.61亿元。拨付“祖七条”第一批奖励资金472万元，惠及企业49家、高管人才203人。辖区内年纳税额超1000万元的企业达97家。

祖庙街道率先探索“共享社区”建设　2018年2月，祖庙街道在全区率先探索“共享社区”建设，确定塔坡、北江、莺岗、培德、铁军、兰桂、新城等7个社区为试点单位。5月，在辖区内50个社区全面推进“共享社区”建设。线上应用“共享社区”移动客户端，利用互联网，实现“需求清单”“服务清单”的“智能”对接，以积分管理为激励，解决居民参与的持续动力；线下建立共享物理空间，开辟“物品、技能、活动”共享3条路径，让党员群众直接参与到“共享社区”建设之中，激活社区资源；7月2日，禅城区委在祖庙街道党群服务中心举行“‘七一’共庆·筑共享家园”活动，在祖庙街道试点“共享社区”建设的基础上，全区正式铺开“共享社区”党建项目。

丰收街·菁创聚精准招商　2018年，丰收街·菁创聚青年创新创业社区瞄准科技、金融、文创三大方向，开展精准招商工作。新进驻（签约）德国FEV、伊丽汇总部、万城万充等优质企业超250家，累计进驻（签约）企业超400家，创造产值超10亿元，税收超2500万元。北大数研航遥基地、中开院佛山孵化中心和乐怡海创·文华荟通过市级科技企业孵化器立项公示，实现辖区科技孵化器“零”的突破；全国首个美业创业孵化平台伊丽汇总部入驻丰收街·菁创聚，全年集团整体创税超过1000万元；广东连锁企业品牌100（佛山）双创中心启动，打造连锁企业总部集聚区；289米艇头park项目集聚一批文创、影视、教育等企业97家，打造佛山文创新地标；乐怡海创·文华荟引入丰晟供应链金融服务平台，集聚创新型企业超200家，被认定为“禅城区金融发展载体”。

佛山祖庙首届童装设计盛典活动　2018年5月31日至12月7日，祖庙街道举办“寻找你的设计师”首届佛山祖庙童装设计盛典活动。经过海选、名师面对面、专题展播、颁奖盛典等系列活动环节，佛山市卡尔菲特服饰有限公司、佛山市嘉年华服饰有限公司、佛山淘气贝贝服饰有限公司等10家企业获评“中国童装名镇2018十佳童装企业”，Mary Hu、马泰、王东伟等10人获评“中国童装名镇2018十佳童装设计师”。

岭南文荟小镇建设　2018年，岭南文荟小镇作为佛山老城片区，被纳入佛山市城市形态提升重点提升区域，岭南天地、国瑞升平、梁园雅集等关键旧改节点加快推进，佛山童服城整体改造完工。开展、筹备重点项目18项，其中列入城市治理三年行动计划项目3个、创新创业载体建设项目4个。11月，岭南文荟小镇被广东省发改委纳入省级特色小镇培育库（第二批）。

（蒋中平　张群群）

南海区

【概况】　南海区位于佛山市中东部，东连广州市白云区、荔湾区，与广州市番禺区隔江相望，西邻三水区、高明区，南接顺德区，与江门市蓬江区、鹤山市隔西江相望，北濒广州市花都区，中南部与禅城区接壤。1992年撤县设市，由佛山市代管。2002年，撤市设区。2018年辖桂城街道、九江镇、西樵镇、丹灶镇、狮山镇、大沥镇、里水镇等7个镇（街道），有220个社区、66个行政村，有1253个自然村，区政府驻地

2018年佛山市南海区国民经济主要指标

指　标	单　位	绝对值	比上年增长（%）
地区生产总值	亿元	2809.09	6.2
第一产业增加值	亿元	46.24	0.9
第二产业增加值	亿元	1544.38	6.6
工业增加值	亿元	1476.06	6.6
第三产业增加值	亿元	1218.47	5.8
人均地区生产总值	元	98694	–
规模以上工业增加值	亿元	1244.46	6.9
农林牧渔业总产值	亿元	85.18	–
社会消费品零售总额	亿元	1122.68	8.9
外贸进口总额	亿元	426.3	–23.5
外贸出口总额	亿元	966.8	19.0
实际利用外资	亿元	16.87	–
地方一般公共预算收入	亿元	239.03	6.3
地方一般公共预算支出	亿元	235.13	3.2
全体居民人均可支配收入	元	50753	8.2
城镇常住居民人均可支配收入	元	51295	8.2
农村常住居民人均可支配收入	元	33491	8.8

2017—2018年佛山市南海区社会事业主要指标

指　标	单　位	2017年	2018年
中等职业学校	所	9	9
中职在校学生	万人	3.33	2.87
普通中学	所	72	72
普通中学在校学生	万人	12.22	12.91
小学	所	131	133
小学在校学生	万人	20.45	22.36
幼儿园	所	348	372
在园人数	万人	11.62	12.32
医院	家	21	23
医院床位	张	8654	9174
群众艺术馆、文化馆	个	1	1
公共图书馆	个	149（含读书驿站）	189
博物馆	个	5	10
国家档案馆	个	1	1

为桂城街道。辖区总面积1073.82平方千米。年末户籍人口147.81万人，常住人口290.50万人。人口自然增长率13.3‰。

2018年，南海区有耕地面积1.2万公顷，粮食播种面积0.04万公顷，粮食产量0.21万吨。林地面积0.68万公顷，市域森林覆盖率19.13%，活立木蓄积量64.23万立方米。人均公园绿地面积21.95平方米。土特产有九江桂花鱼、盐步秋茄、松岗桃花、石碣西瓜、谭边大顶苦瓜、罗村竹笋等。传统特色食品有九江双蒸米酒、九江煎堆、西樵大饼、平洲福肉饼等。是中国淡水鱼苗之乡。主要旅游景点有国家AAAAA级景区西樵山风景名胜区，AAAA级景区南海湾森林生态园、平洲玉器街、中央电视台南海影视城、梦里水乡景区，还有南国桃园、康园、黄飞鸿狮艺武术馆等特色景点。主要传统民俗活动有醒狮会、扒龙舟、乐安花灯会、官窑生菜会等。其中：广东醒狮（南海）、茶基十番被列入国家级非物质文化遗产名录；乐安花灯会、官窑生菜会、九江传统龙舟、盐步老龙礼俗、西樵大仙诞庙会被列入广东省非物质文化遗产名录。

2018年，南海区经济社会保持平稳发展。全年实现地区生产总值2809.09亿元，比上年增长6.2%。社会用电量251.59亿千瓦·时。全年科学技术财政投入15.38亿元（科技三项费用），比上年增长18.27%；教育事业财政投入47.55亿元，增长7.71%；文化体育与传媒财政投入7.08亿元，增长15.55%；医疗卫生与计划生育财政投入27.17亿元，下降5.25%。年末城镇登记失业人员总数为5150人。全年领取企业职工养老金待遇退休人员18.15万人，享受医疗保险待遇1103.9万人次，享受生育保险待遇5.55万人次，享受工伤保险待遇0.5万人次。城镇生活污水集中处理率97.3%，城镇生活垃圾无害化处理率100%。

南海历史文化源远流长，是珠江文明的发祥地之一，也是岭南文化的典型代表。在5000多年前的新石器时期，就创造出以双肩石器为代表的西樵山文化，被考古学家誉为“珠江文明的灯塔”。自隋朝置县起，南海一直处于岭南的政治、经济、文化的中心地带，广府文化的核心区域，素有广东“首府首县”之称。南海自古文教之风昌盛。历代出文进士449人（其中状元3人），宰相、大学士、尚书10多人，翰林院编修50多人，有“南海衣冠”的美誉。近代以来，南海更是涌现出科学家、中国第一部摄影器研制者邹伯奇，清末大儒朱次琦，中国民族工业先驱陈澹浦、陈启沅，“中国铁路之父”詹天佑，岭南武林一代宗师黄飞鸿、叶问，维新运动领袖、思想家康有为，无产阶级革命家罗登贤，革命家、政治活动家何香凝，中国第一枚国际体育金牌获得者陈彦，“家鱼人工繁殖之父”钟麟，世界举重冠军何灼强等名人。南海籍的中国科学院、中国工程院院士多达16人。

中共南海区委书记：黄志豪；区人大常委会主任：赵崇剑；区长：顾耀辉；区政协主席：张辉明；区纪委书记：李伟成。

【产业发展】 2018年，南海区实现第一产业增加值46.24亿元，增长0.9%；第二产业增加值1544.38亿元，增长6.6%（工业增加值1476.06亿元，增长6.6%）；第三产业增加值1218.47亿元，增长5.8%。是年，南海区确立“两高四新”（“两高”为高技术制造业、高品质服务业，“四新”为新能源产业、新材料产业、新型生物医药产业、新一代电子信息产业）产业发展导向，向全球开展大招商，全年引入超亿元项目166个，计划投资总额1170亿元，比上年增长13%，现代产业体系加速成形。是年，南海区连续第五年位居全国中小城市百强区第二位，位列全国工业百强区第五位。

农业　2018年，南海区农林牧渔业生产总值85.18亿元，其中种植业产值42.31亿元，畜牧业产值4.02亿元，渔业产值32.64亿元，林业产值753万元，农林牧渔服务业产值6.13亿元。是年，南海区加强现代农业园区、农业公园等载体建设，推动一二三产业融合发展。是年新增西樵渔耕粤韵农业公园、飞象生态庄园、狮子山生态农业公园等3个市级农业公园。引导和扶持农业龙头企业转型升级，广东好来客食品有限公司被认定为省级农业龙头企业，佛山市南海银鹏米业有限公司等2家企业被认定为市级农业龙头企业，佛山市信豚生物科技有限公司等6家企业被认定为区级农业龙头企业。至年底，全区有农业龙头企业39家，其中国家级1家、省级11家、市级15家、区级12家。培育农业品牌，新增广东省名牌产品（农业类）5个、复审3个，全区有省名牌农产品25个。推进农业合作交流，举办粤桂黔名优农产品食品展示博览会、泛珠区域“粤桂黔川滇”花卉产业合作平台对接会、里水镇第七届百合花文化艺术节、九江镇首届中国农民丰收节活动暨“捉塘底”抢丰收大赛等影响较大的农业活动。

工业　是年，南海区有规模以上工业企业2499家，完成规模以上工业增加值1244.46亿元，比上年增长6.9%。其中，规模以上高技术制造业实现增加值90.56亿元，比上年增长2.1%；规模以上先进制造业实现增加值481.23亿元，增长7.2%；以金属制品业、纺织服装、家用电力器具制造业等为主导的优势传统产业实现增加值409.43亿元，增长12.6%。是年，南海区积极推动制造业转型发展。推动企业“机器换人”及智能化改造，新增开展“机器换人”规模以上企业46家。加快工业互联网建设，国家信息中心（佛山）数字仿真研究院揭牌，全国首个工业互联网标识二级（行业）节点平台投入运营，阿里云创新中心（佛山）落成，有310家企业“上云上平台”，东方精工、广亚铝业等7家制造业企业入选2018年广东省智能制造试点示范项目，鑫兴科技获批国家工信部2018年工业互联网试点示范项目。着力发展新型生物医药、新材料、新能源等新兴产业。引入同仁堂总部项目、中国中药健康产业园、北大核医学分子影像产业链等龙头项目。规划建设“仙湖氢谷”（氢能产业园），打造氢能源汽车产业链条，爱德曼、海德利森项目进驻，与长江汽车形成强烈的带动效应。全球新材料龙头日本东丽集团增资扩产，南新无纺布、必得福无纺布新线加快建设。实施品牌企业行动计划，选定206家品牌企业进行精准扶持，蒙娜丽莎公司获中国质量奖提名奖，文灿压铸作为南海第一家民营企业在上海主板成功上市。出台《佛山市南海区关于支持民营经济发展的实施意见》，为企业减负约96亿元，全年实现规模以上民营工业增加值844亿元，占规模以上工业增加值的67.8%。

第三产业　是年，南海区消费品零售总额1122.68亿元，比上年增长8.9%。其中，商品零售总额988.62亿元，比上年增长9.1%；餐饮收入总额134.06亿元，增长8%。金融服务业发展迅猛。是年，广东金融高新区新引进项目157个，比上年增长1.6倍，新增投资额316亿元。是年，广东金融高新区获评“中国服务外包特色园区”。电子商务市场规模不断扩大，相关服务业快速发展，并逐步向研发、生产、流通、消费等传统经济领域渗透。至年底，全区有网商总数2.31万家，其中B2B电子商务服务企业1.55万家。全年全区电子商务市场交易额约2370亿元，比上年增长25.8%。其中，B2B交易额1698亿元，增长18.43%；B2C与C2C网购交易额494亿元，增长46.69%；O2O、C2B、B2G等生活服务电商交易额178亿元，增长58.22%。发展全域旅游，深化南番顺旅游联盟、粤港澳大湾区区域合作，推动旅游业稳步发展。是年，全区实现旅游总收入148.01亿元，比上年增长8.38%。其中，旅游外汇收入2.03亿美元，增长6.76%；接待游客1501.53万人次，增长6.63%，其中接待过夜游客394.48万人次，增长7.02%。

【全面深化改革】 2018年，南海区坚持向改革要动力，注重破障碍、建机制，重点领域改革攻坚取得显著进展。

政务服务改革　深化政务服务改革，实现从“一门”到“无门”、从“审批”到“信用”的转变。首推“刷脸”微信办事，全年推出140个全流程网上办理事项和7个微信办理事项。深化一窗通办，全年实行全区通办事项476项和跨城通办事项780项。提速投资建设项目联审联验，大幅缩短审批时限。实施行政审批告知承诺制，审批时限平均缩短50%以上。落实“减证便民”，一次性取消137个证明事项。是年，南海区行政审批先进标准体系试点项目以高分通过验收。区、镇（街道）、村（社区）三级行服务中心进驻单位29个，可集中受理1111项（子项）业务，全年全区行政审批服务办件量739.81万件，群众满意度99.98%。“南海民声”服务热线电话及网络渠道受理群众咨询、诉求等23万多次，比上年增长10.31%；群众对热线服务满意率为98.43%。至是年底，南海区政务数据资源目录平台累计采集82个部门、12.64亿条数据记录。全年有46个部门申请涉及82个数源单位共享的2561张数据表、11.6亿条数据记录，数据表共享率97.8%，数据记录共享率91.5%。是年，“数据统筹助力南海‘放管服’改革”案例入选第四届中国“互联网+政务”50强创新案例。

“数字政府”改革　出台全市首个“数字政府”建设实施方案，明确“数字政府”建设目标、改革措施、运作机制和监管模式。成立国有独资的大数据投资建设有限公司，通过企业化运营方式，统筹建设、运维全区的电子政务项目和数据资产。同时启动并加快推进一批“数字政府”基础性、关键性项目的建设，包括“城市大脑”、新OA、南海通、智慧医疗、城市慧眼、大安全平台等，为实现政府决策科学化、社会治理精准化、公共服务高效化提供有力支撑。

农村土地制度改革试点工作　出台政策文件20份，推进农村土地制度改革试点工作。集体经营性建设用地入市方面，农村集体建设用地信息管理系统于9月20日启用。截至年底，入市地块112宗，土地面积187.87公顷，成交总金额86.6亿元，入市土地面积、成交金额均居全国试点地区前列；抵押融资地块51宗，抵押土地使用权面积67.22公顷，抵押价值33.1亿元。土地征收方面，至是年底，建立征地协议数据库和征地报批数据库，形成《国内典型地区农村土地征收制度改革调研报告》《南海区农村土地征收制度改革主体调研报告》等研究报告，为改革试点政策制定提供理论支撑。全区协商征地项目11个，土地面积171公顷；城市更新项目自愿申请“集转国”项目8个，土地面积64.47公顷。宅基地方面，是年出台12项宅基地管理新政策，完成由区级到镇级的宅基地审批事权委托下放事项，首批历史遗留宅基地完成确权发证。

社会治理网格化改革　制订《进一

步深化社会治理网格化工作实施方案》，建立三级网格，实施区部门、镇部门、专职网格员和社区四级巡查。是年，社会治理网格化平台巡查112万多次，累计派发工单470万件，上报问题35万多宗，问题事件办结率99.04%。其中公众通过“南海政务通”微信公众号等渠道上报社会治理网格化事件7302件。另外，对厂企、生产经营场所、重点建筑物等基底数据进行全面排查采集，完成216162个对象基底数据的采集。

【创新驱动发展】 2018年，南海区深入实施创新驱动战略，加快高端创新载体建设，推动孵化器提质增量，加大高新技术企业培育力度，强化政产学研协同创新，为高质量发展提供强大动能。

创新载体建设　加快建设一批高端创新载体。投资55亿元的全省四大实验室之一季华实验室动工建设，引领文翰湖科创小镇加快布局。佛山高新区综合实力跃升至全国第二十五名，获“中国十佳最具投资营商价值园区”称号。中国（广东）机器人集成创新中心建设加快，广工大数控装备研究院、佛山智能装备研究院等机器人研发服务平台作用凸显。千灯湖创投小镇和南海电子信息产业园建设提速。引入中山大学孙逸仙纪念医院、清华大学佛山新材料研究院、中科院苏州纳米所、佛山中国发明成果转化研究院等新型研发机构，广东高校科技成果转化中心、桂城国际双创园等创新载体开业运营。与香港科技大学共建南海创新中心探索离岸孵化模式。是年，全区新增国家级科技企业孵化器培育单位3个。至年底，全区有国家级科技企业孵化器7家、国家级科技企业孵化器培育单位11个、国家级众创空间9家、省级众创空间9家，建立起“孵化器—加速器—规模化生产”的孵化服务链。

人才引进和培育　出台7份人才新政策，优化调整人才政策体系。启动人才分类认定，截至年底，人才卡服务管理平台注册用户超3.4万人，完成10932名人才的认定工作，发放人才卡8000张。加大人才引进培育力度，参加第十六届中国（深圳）国际人才交流大会等全国性人才交流大会，举办高层次人才项目专场对接会，“蓝海人才计划”引进人才团队33个。开展“博士进企业”高校研究生科研实践，23名高校博士研究生为企业解决技术困难18项。扩容提质广东金融高新区股权交易中心“人才板”，促进人才、产业、资金的对接，“人才板”上板博士企业团队112个，占比81.2%；138家人才团队企业上板，融资额超3亿元。

企业科技创新　出台工业设计提升扶持办法，培育壮大工业设计服务平台（企业）。全年发放科技创新券2470万元，受惠企业308家（其中中小微企业159家，南海品牌企业149家）。新增高新技术企业682家、总数达1523家，数量居全市首位。新增省工程技术研究中心28个，市工程技术研究中心99个，区工程技术研究中心105个。5亿元以上工业企业研发机构建有率100%，规模以上工业企业研发机构建有率52%。是年，在佛山市公布的首批306家“专精特新”企业名单中，南海区占135家，数量居佛山各区第一名。是年，全区专利申请突破2.7万件，比上年增长34.47%；专利授权总量超过1.6万件，增长53.66%。有13家企业获中国专利奖优秀奖，1家企业获广东专利奖优秀奖，4家企业成为国家知识产权优势示范企业。蒙娜丽莎集团股份有限公司的“定向晶化瓷质砖的多尺度协同绿色制造与表面光功能化改性技术”项目获广东省科技进步奖二等奖。

【乡村振兴战略实施】 2018年，南海区全面落实乡村振兴战略的重大部署，着重从变革农村生产关系和改善农村人居环境入手，走出一条“城乡互动，融合并进”的协调发展之路，初步实现南海农村“产业兴旺、生态宜居、乡风文明、治理有效、生活富裕”的目标。研究出台乡村振兴“1＋6＋X”系列政策，为全区推进乡村振兴工作指明方向和路径。采取“试点先行、典型示范”的工作思路，在全区范围内选定九江镇下西社区、大沥镇大镇社区、里水镇赤山村等10个村（社区）为南海区乡村振兴第一批示范村，选取里水镇北部岭南农业大观园、里水镇南部梦里水乡风情游、丹灶镇有为水道3个连片示范区，聚全区资源重点建设。开展农村人居环境整治，推进生态宜居美丽乡村建设。以“厕所革命”“乡村风貌革命”为重点，推进百村升级行动计划和集体经济薄弱村（社区）扶持行动，推动省级新农村连片示范建设工程提档升级，发展乡村旅游，结合大湾区高品质森林城市建设，实施乡村绿化美化行动。以农村水环境治理、饮用水源保护、畜禽养殖污染防治、污水管网建设为主攻方向，加快污水处理设施和截污管网建设，提升农村人居环境。推进经济社党组织强基增能，精准整顿软弱涣散党组织，完善集体经济组织基本运行框架，1953个集体经济组织完成股权确权章程表决，完成率97.8%，基层治理基础不断夯实。

【南海区被认定为国家汽车产业集群区域品牌建设试点区】 2018年3月30日，全国工业和信息化系统科技工作座谈会在南海区召开，南海区汽车产业获批成为国家产业集群区域品牌建设试点。至是年底，南海区拥有一汽—大众、北汽福田、福迪汽车、粤海汽车、德联集团、文灿压铸、本田汽车零部件、爱信精机等规模以上整车及零部件生产企业逾140家、销售企业逾60家，从业人员超过11万人，初步形成涵盖整车制造、零部件生产和汽车销售服务的完善产业链。借助汽配产业发达和一汽—大众的基础，南海区布局新能源汽车和氢能产业，建成广东新能源汽车核心部件产业基地，引入长江新能源、爱德曼、海德利森等项目，在构筑氢燃料电池产业体系和氢能源汽车商业化运营等方面走在全国前列。

【“区块链＋”金融科技产业发展】 2018年，南海区出台《佛山市南海区人民政府关于推进“区块链＋”金融科技产业发展的实施意见》《佛山市南海区关于支持“区块链＋”金融科技产业集聚发展的扶持措施》，明确发展目标、原则与重点工作，并从进驻奖励、物业、平台、培育、应用、技术、融资、人才等方面给予支持，吸引“区块链＋”金融科技企业入驻发展。是年，广东金融高新区以“区块链”技术为切入点，发展金融科技产业，引进和培育一批区块链创新企业，与千灯湖创投小镇核心区共同形成核心业态、关联业态和衍生业态协同发展的产业生态圈。5月17日，广东金融高新区“区块链+”金融科技产业启动发布会举行，广东金融高新区“区块链+”金融科技产业集聚基地及孵化中心启动，首批8个项目签约进驻孵化中心。11月，举办第六届“灯湖论剑”广东金融高新区“区块链+”金融科技创投大赛，大赛从成都、杭州、广州、深圳四站城市赛到决赛历时超2个月，吸引国内众多“区块链+”金融科技团队参赛，11支团队进入决赛并决出前三名。“区块链+”金融科技创投大赛决赛上，由蚁米控股、磐丰投资、壹善投资、头狼资本、追梦者基金、黄飞红创投发起组建的广东金融高新区“区块链+”金融科技投资链盟成立。此外，广东金融高新区与中山大学、澳门科技大学、香港中文大学签署合作协议，粤港澳大湾区高校“区块链+”金融科技创新合作启动。

【佛山高新区“证照分离”改革】 2018年，佛山高新区作为全市唯一试点，开展“证照分离”改革工作。试点范围为佛山高新区核心园区（狮山镇），涉及126项行政许可事项。年内，佛山高新区重点推动实施“四个一批”改革事项，即直接取消审批一批，共5项；改为备案一批，共2项；实行告知承诺制一批，共21项；优化准营管理一批，共98项。同时，为确保改革试点顺利推进、落地生效，实施9项配套措施，包括深化商事制度改革、开展证照联办、争取充分授权、加强标准管理、促进数据共享、探索综合执法、明确监管职责、健全监管体系、强化监察问责等。至年底，佛山高新区受理“证照分离”事项业务8269件，其中改为备案88件、实行告知承诺制1330件、优化准营管理6851件；比上年同期相关改革事项办件数5152件增长60.5%，改革成效明显。

【泛珠区域高铁经济带建设工作现场会】 2018年7月5—6日，泛珠区域高铁经济带建设工作现场会暨第四届粤桂黔高铁经济带合作联席会议在南海区召开。广东省省长马兴瑞与出席会议的代表参观粤桂黔高铁经济带民间投资与文化旅游展。广东省副省长黄宁生、广西壮族自治区副主席费志荣、贵州省副省长魏国楠出席会议并致辞。此届粤桂黔高铁经济带合作联席会议主题为“携手合作推动乡村振兴”。会上，粤桂黔高铁经济带13个市（州）签署《粤桂黔高铁经济带乡村振兴共同行动倡议》。会议期间还召开粤桂黔高铁经济带共建生态宜居美丽乡村行动计划研讨会暨环保产业联盟成立大会，组织开展家具木材生产采购、农产品（食品）生产采购、智能装备与大数据产业、泛珠区域“粤桂黔川滇”花卉产业合作平台、建材生产采购等产业合作对接会，并签订18个泛珠区域合作重点项目，项目涵盖精准扶贫、农业合作、培训就业、环保合作、基础建设、智能制造、旅游服务等方面。

【2018中国安全产业大会】 2018年11月14—16日，中国安全产业大会在南海区举办。工业和信息化部副部长罗文、广东省副省长陈良贤、应急管理部总工程师吴鑫等出席开幕式。2500名国内外安全行业专家、学者及企业家参会。会上，工信部、应急管理部授予粤港澳大湾区（南海）智能安全产业园“国家安全产业示范园区创建单位”牌匾。中国信通院联合27个单位发起成立安全产业联盟。13个安全产业合作项目进行签约，签约金额70亿元，其中南海区签约项目11个，签约金额超60亿元。国家安全产业大数据平台华南节点上线，清华大学—佛山先进制造研究院城市安全研究中心和南海区公共安全技术研究院揭牌，为佛山安全产业发展提供技术支撑。会议期间还举办中国安全产业技术及产品推介会，来自全国各地的133家安全产业代表企业参展。

【季华实验室开工建设】 2018年12月28日，季华实验室（先进制造科学与技术广东省实验室）主体工程动工建设。该实验室是首批4个广东省实验室之一，将分两期建设，首期建设用地16公顷，远期规划产业化基地48公顷。首期工程计划建设7栋建筑，包含综合检测区、加工实验区、电子学实验区、集成电路实验区、高精度实验室、行政办公区、科研辅助楼等。是年，有2批共12个科研项目先后启动，包括星地光通信关键技术、半导体制造工艺关键装备、光刻机物镜传感器等。

【南海区推出“新时代南海家书”】 2018年，南海区推出“新时代南海家书”宣传平台，向基层传播政情声音，弘扬社会正能量。该平台把每月首个周日出版的《珠江时报》打造成为“新时代南海家书”，免费投放至全区各级党组织、家庭住户、外来人口和各行各业经营主体，单期发行量70万份，并配

2018年11月14日，在2018中国安全产业大会上，粤港澳大湾区（南海）智能安全产业园获授“国家安全产业示范园区创建单位”（麦炽辉摄）

套线上“南海家”微信小程序，依托南海政务新媒体矩阵同步推送。截至年底，全年派发6期共420万份，新媒体阅读点击量超1000万人次。据深圳市万人市场调查股份有限公司调查显示，“新时代南海家书”知晓率90.67%，发行到达率84.07%，读者满意度88.81%，表明该平台在全区群众中有较高的知晓度和收阅率。

【珠三角工匠精神展示馆开馆】 2018年4月26日，珠三角工匠精神展示馆建成开馆。该馆位于广东金融高新区金融公园，由南海区政府与南方报业传媒集团合作建设，通过大量珍贵的史料、实物和影像资料，重点呈现近百年来珠三角工业发展及工匠精神的发展历程，是省内规模最大的工业类展馆。该馆总建筑面积约2万平方米，包括主展区与佛山品牌制造文化街区，集展示、科普、体验、互动、招商洽谈等功能于一体。至年底，有志高空调、蒙娜丽莎陶瓷、坚美铝业、联邦家私、维尚家具、菱王电梯等10家企业入驻。全年接待团体预约参观超过500批次，接待参观人数超8万人次。

【桂城街道】 位于南海东部，是南海中心城区，东西两翼分别与广州市荔湾区、禅城区相连，南部接壤顺德区和广州市番禺区。2018年辖45个社区，有118个自然村。辖区总面积84.16平方千米。年末户籍人口31.1万人，常住人口69.98万人。是全国珠宝玉石首饰特色产业基地、广东机械装备专业镇、全国文明单位、广东省村务公开民主管理示范街道、全国规范化家长学校实验区和全国社区教育示范镇。支柱产业是金融服务业、都市型产业。特色产业有珠宝玉器业。2018年，桂城街道获“广东省安全社区”称号。

2018年，桂城街道规模以上工业增加值120.82亿元，农业总产值4.25亿元，社会消费品零售总额367亿元，实际利用外资3.99亿元。

桂城国际双创园开园 2018年7月，桂城国际双创园一期园区开园运营。该园是桂城街道办事处与中国科技产业化促进会的合作项目，通过导入北京中关村资源实施工业园改造提升，打造专业科技创新孵化器和服务平台聚集区。该项目也是桂城探索建设广东省“互联网+创新创业示范镇”的重要抓手。园区规划面积约4万平方米，分2期进行建设。其中一期利用珠江开关厂的旧厂房进行改造提升，改造建筑面积超1万平方米，建成孵化器大楼、路演广场、咖啡连廊、休闲广场等功能单元。国家级孵化器品牌创客邦、北方车辆研究所军民融合平台、英国阿斯顿大学中英科技成果转化平台、孵化加速社区DayDayUp等项目进驻。截至年底，进驻创业团队超40个，带动创新创业人才300人，入孵使用率60%，包括景业影视、文铭策划等文创团队，以及斯灵通科技、格绿能源、二加环保科技等明星科创企业。二期项目选址紧邻双创园一期，有8栋工业用旧厂房，面积2.4万平方米。

三山新城建设 2018年，三山片区抓住粤港澳大湾区战略和“香港+佛山”合作机遇，按照粤港澳合作高端服务示范区、佛山三龙湾高端创新集聚区核心区、全球创客新都市示范区的建设定位，高起点规划建设三山新城。基础设施方面，重点基础设施和环境配套建设全线提速，城市形态快速成型。全年续建工程项目17个，新开工工程项目6个，开展设计招标和预算等前期工作的工程项目10个，合计投入3.4亿元，完工项目14个。产业招商方面，广东省四大省级实验室之一的季华实验室落户三山文翰湖片区，加速带动周边产业升级和创新。截至年底，三山片区累计引进重点项目54个，计划投资总额近268亿元，累计完成投资额165亿多元，其中新引进12个，主要包括七大科技创新型产业项目、电子竞技产业园项目、“广佛上城碧+”文化产业园项目等。城市配套方面，推进主题特色商业和高端教育产业的建设。截至年底，建成运营的项目包括佛罗伦萨小镇Outlet、美第奇小镇、第壹时区、美伦国际学校、南海外国语学校等项目，瀚天禾仰广场1000套人才公寓投入使用，粤港澳科技展示交流中心建成开放。生态建设方面，围绕“两山一湖一岛”（“两山”为三山森林公园和林岳岗公园，“一湖”为文翰湖公园，“一岛”为对江沙生态花岛）的城市景观轴建设，将轨道、绿道、水道和道路有机融合起来。其中，三山森林公园、文翰湖公园双千亩公园加快建设，森林公园一期完工，林岳岗公园完成环山路修建及前期方案设计。

灯湖市政公园建成开放 2018年12月30日，千灯湖三期——灯湖市政公园对外开放。该项目于2011年启动，于2013年2月动工。该项目被列入佛山市城市升级三年行动计划。灯湖市政公园（原名为“南海迎宾广场”）南起海七路，北至佛山水道，以海八路为界，分为南区、北区。项目占地面积约25公顷，其中包括北区水船闸区域绿

桂城千灯湖　　（南海区供图）

化提升5公顷，北区新建面积8公顷，南区改造面积12公顷。工程总投资概算约4亿元。该项目的建设，延伸千灯湖景观轴线，提升南海的城市形象，实现千灯湖北延战略。

【九江镇】 位于南海区西南部，东邻顺德区，隔西江与江门市鹤山市、蓬江区以及高明区相望。2018年辖19个社区、7个行政村，有113个自然村。辖区总面积94.75平方千米。年末户籍人口11.16万人，常住人口22.72万人。是中国医卫用非织造产品示范基地、中国淡水鱼苗之乡、中国首个龙舟名镇、国家卫生镇、广东省传统龙舟特色镇、广东省教育强镇、佛山市应用电子商务提升传统产业试点镇、佛山市文明镇。支柱产业是大健康产业和先进装备制造业，特色产业有文化旅游业、水产养殖业。

2018年，九江镇规模以上工业增加值74.77亿元，农业总产值13.33亿元，社会消费品零售总额52.87亿元，实际利用外资2.94亿元。是年，在全国综合实力百强镇排名中位列第六十九位。

日本黑田新能源汽车零部件项目落户九江 2018年10月11日，日本黑田新能源汽车零部件项目落户九江镇临港国际产业社区。黑田公司计划建设占地面积1.47公顷的新能源汽车零部件产业基地，主要以生产新能源汽车零部件为主，并拓展至PHV、EV汽车发动机、自动驾驶、电子信息控制、智能空调等汽车关联产品。一期项目投资约6600万元，预计年销售收入8600万元，年税收将超过600万元。

新堤西路完成改造 2018年5月，九江镇新堤西路改造工程完工。改造后道路宽30米，设置双向4车道，新增3米中间绿化带，大大改善周边群众出行环境。新堤西路是连接洛浦路和璜矶大道的主要道路。工程主要对新堤西路儒林广场至誉江华府段进行旧路改造，全长2.161千米，总投资2790万元，包括对旧路沥青罩面铺设以及对现状人行道、交通和照明等工程进行升级改造。

美丽文明村居建设卓有成效 2017—2018年，九江镇按照“环境美、人文美、风尚美、服务优”的标准，撬动各级资源，投入5380万元，统筹推进烟南、水南、下东、海寿、璜矶等5个佛山市美丽文明村居示范点的建设，打造美丽文明村居精品村南海样板。立足村（社区）特点，以“正道烟桥”“和善水南”“和谐璜矶”“诗意海寿”“乐善下东”为主题，因地制宜，提升村（社区）道路、桥梁、公共文体活动设施，开展人居环境整治，绿化美化“三边”地等，建成社会主义核心价值观公园、村史馆等项目80个。通过举办道德模范评选、“秀家庭·扬家风·传家训”等主题活动，营造全民参与的浓厚氛围。

首届创新创业大赛举办 2018年9月6日，九江镇首届创新创业大赛启动，历时3个月。该次大赛也是第三届广佛国际创客节的重要组成部分，九江镇结合企业转型升级的需求和地方文化特色，设置创业组和创意组2个组别，吸引50支队伍报名参赛。经过初审、导师一对一项目培训、复赛等环节，“互联网+云管理智能保密柜”和“基于物联网及信息融合算法的云端智能家居盒子”2个项目分别获得创业组和创意组的第一名。

【西樵镇】 位于南海区西南部，毗邻高明区、三水区和江门市鹤山市，与禅城区一河之隔。2018年辖23个社区、9个行政村，有178个自然村。辖区总面积176.63平方千米。年末户籍人口17.04万人，常住人口32.77万人。是中国历史文化名镇、中国面料名镇、中国龙狮名镇、国家卫生镇、国家级生态乡镇、全国文明镇、广东省教育强镇、广东省宜居城市、岭南魅力名镇和广东省旅游名镇。支柱产业是文化旅游业、纺织业、陶瓷业，特色产业有卫生用品业。2018年获“广东省森林小镇”“中国民间文化艺术之乡”“广东省民间艺术之乡”称号。

2018年，西樵镇规模以上工业增加值78.54亿元，农业总产值17亿元，社会消费品零售总额96.38亿元，实际利用外资1416万元。是年，在全国综合实力百强镇排名中位列第二十六位。

新西樵镇行政服务中心投入使用 2018年1月2日，位于西樵镇樵高路65号的新行政服务中心开始投入使用。新中心对外服务区域有4层，设有8个专项服务厅，提供“一站式”集中办理服务。其中一楼是民生服务厅、公安服务厅、24小时自助服务厅，便民服务窗口等；二楼是税务服务厅、便民服务窗口等；三楼是城建服务厅、婚姻登记厅、公证厅等；四楼是企业服务厅、便民服务窗口等。此外，新中心每楼层均设置咨询服务区、茶水间、母婴室、自助网络区、群众休息区等，为办事群众和企业提供全方位优质服务。

国家中小企业公共服务示范平台揭牌 2018年2月2日，国家中小企业公共服务示范平台揭牌仪式在西樵镇南方技术创新中心举行。该平台致力于全面提升区域纺织产品质量，依托中国纺织工业联合会、中国纺织信息中心的专业指导，集聚一批纺织服装检测行业专家，为西樵及周边的纺织中小型企业提供共性研发和技术服务，是国内第一家开放性、社会化纺织综合技术服务平台，也是西樵镇推进纺织产业创新发展

西樵听音湖 （南海区供图）

的重要内容之一。

“联东U谷·西樵国际企业港”打造　2018年6月7日，西樵镇政府与北京联东集团就“联东U谷·西樵国际企业港”项目签署合作备忘录，双方计划在西樵引入创新产业形态，并就促进产业优化提升等方面达成合作意向。“联东U谷·西樵国际企业港”是联东集团在佛山布局的第三个项目，定位为高标准科技产业园区，以电子信息、智能装备、新材料、能源环保、精密机械等更新技术产业为招商方向，为西樵下阶段打造更丰富的产业链条、行业集群奠定基础。

“臻美西樵”香港南海西樵书画联展举办　2018年4月1—3日，为纪念西樵山风景名胜区成立30周年，由西樵、香港两地联合举办“臻美西樵”香港南海西樵书画联展活动在香港举办。该次书画联展邀请到20多个香港文化、教育、艺术团体和10多个省、市、区协会相关的50多名书画家参与，展出两地书画名家精选作品90幅，两地名家现场创作交流作品30多幅。活动吸引粤港两地市民近7000人次观展。

中央电视台《归去来兮》栏目在西樵简村拍摄　2018年5月20日，由广东省委省政府、中央电视台联合制作的纪录片《归去来兮》在西樵简村开机拍摄。该次拍摄由中央电视台纪录频道《归去来兮》栏目组承接，到简村重点拍摄陈启沅生平事迹、缫丝发展历程、现存古建筑以及西樵山、渔耕粤韵等内容，通过纪录反映中国第一位民族工业创始人陈启沅的缫丝奋斗史，展现陈启沅敢为人先的创业创新精神和爱国主义精神，并以点带面展示广东改革开放的巨大变化和发展成果。《归去来兮》栏目于11月在中央电视台纪录频道播出。

西樵镇获“广东省森林小镇”称号　2018年10月12日，广东省林业厅公布2018年广东省森林小镇认定名单，西樵镇上榜。自2017年国家林业局提出森林小镇是特色小镇项目以来，西樵镇出台《西樵镇创建森林小镇实施方案》，整合西樵山国家森林公园、西岸森林公园、听音湖湿地公园和西樵桑基鱼塘湿地公园等旅游资源，完善旅游配套服务设施，以“森林+人文旅游”的方式，推动森林旅游产业高端化、精品化和多元化发展，打造具有“樵山文化，桑基鱼塘，岭南风情”的特色森林小镇。2018年西樵镇森林覆盖率比森林小镇建设规划目标高3.4%；古树名木保护率100%；参加义务植树人数14.3万人，义务植树尽职率99%。

【丹灶镇】　位于南海区西部，与禅城区、三水区相邻。2018年辖22个社区、6个行政村，有148个自然村。辖区总面积143.5平方千米。年末户籍人口10.8万人，常住人口22.77万人。是中国日用五金之都、中国百强镇、全国文明镇、国家生态镇、国家卫生镇。支柱产业是电气机械器材制造业、汽配产业、金属制品业。特色产业有新能源汽车产业和智能安全产业。2018年，丹灶镇获“中国产学研合作创新示范镇”称号。

2018年，丹灶镇规模以上工业增加值68.06亿元，农业总产值10.8亿元，社会消费品零售总额46.49亿元，实际利用外资8.12亿元。是年，在全国综合实力百强镇排名中位列第六十三位。

“仙湖氢谷”启动建设　2018年11月6日，在2018绿色生产与消费交流会暨第二届氢能周系列活动开幕式上，“仙湖氢谷”项目启动。该项目规划面积47.3平方千米，以仙湖为核心，以氢能产业为方向，以人才和科技为动力，围绕氢燃料电池、核心部件、动力总成和氢动力汽车等氢能源汽车智造产业链条，打造以氢能技术研发、智能制造、展示交流、创新服务于一体的氢能源科技中心，形成以仙湖为核心、丹灶城区为配套和北部园区、中部园区、南部园区为基地的“一湖一城三园区”格局。截至年底，有广东长江汽车整车生产及氢动力研发中心项目、爱德曼氢燃料电池生产项目等重大项目进驻。

爱德曼广东氢燃料电池生产项目启动　2018年5月8日，南海区政府和爱德曼氢能源装备有限公司签订项目投资协议，氢燃料电池生产项目落户丹灶镇。该项目计划投资30亿元，将建成氢燃料电池及动力总成生产基地，年产能8万台氢燃料电池，分3期推进，其中首期年产能3000台氢燃料电池项目计划2019年投产。全部项目达产后，预计年产值200亿元以上。

粤港澳大湾区（南海）智能安全产业园获批为“国家安全产业示范园区创建单位”　2018年11月，粤港澳大湾区（南海）智能安全产业园获工业和信息化部与应急管理部批准为“国家安全产业示范园区创建单位”。该园核心区位于丹灶镇大金智地，建有南海区安全生产服务产业集聚区、南海区公共安全技术研究院、南海区有为安全产业联合创新中心、清华力合星空孵化器、联东U谷加速器，并配套建设53.33公顷商住社区、省级小学、133.33公顷翰林湖公园。园区重点发展信息、生产、消防、交通、建筑、治安六大类安全领域产业，重点开展应用技术研发、装备制造、科技服务、产品检测、人才培训等业务，形成集研发、产品、集成、工程、服务于一体的智能安全产业链。第一期12万平方米投入使用，引入57家高成长科技企业，涉及人脸识别、无人机、物联网、工业互联网等领域。

康园一期项目对外开放　2018年12月28日，康园一期（南海会馆、康有为博物馆）项目免费向公众开放。康园总规划控制面积26.67公顷，其中生态保育区16.67公顷，实际建设面积约10公顷。康园规划定位为市政公园，融合城市配套设施和文化旅游景区功能于一体。康园分三期建设，康园一期总占地面积约6700平方米，其中南海会馆占地约4300平方米，建筑面积约2200平方米，以北京南海会馆为蓝本仿建而成，坐西朝东，并列4组院落，再现北京南海会馆风貌；康有为博物馆占地面积约1600平方米，建筑面积约3200平方米，通过文物陈列、场景模拟、幻影成像、交互式媒体等多种方式，再现康有为的生平经历和毕生成就。康园二期为市政公园，占地面积8.154公顷，定位为市民休闲、历史宣传及廉政教育公园。主要由山体公园、客服中心、七桧园、万木草堂、大同湖、正气公园、有为阁等26个建筑单体组成，2018年基本完工。康园三期（文物保护区改造提升）占地面积1.19公顷，目标是改造提升为清末民初风格的岭南历史文化街区，重现清末的岭南生活场景。

【狮山镇】 位于南海区中部，毗邻广州花都区、禅城区、三水区，是佛山国家高新区的核心园区所在地、粤桂黔高铁经济带合作试验区（广东园）主体区所在地和珠三角国家自主创新示范区的重要组成部分。2018年辖47个社区、28个行政村，有374个自然村。辖区总面积330.6平方千米。年末户籍人口33.57万人，常住人口约87万人。是国家专用装备高新技术产业化基地、中国塑料中空包装产业基地、广东省新光源产业基地、广东省智能制造示范基地、珠江西岸装备制造产业创新基地、国家新型城镇化综合试点地区、国家卫生镇、国家社区教育示范镇、广东省文明镇、广东省食品安全示范镇。支柱产业是汽车整车及零部件制造业、高端装备制造业、生物医药和口腔医疗器械产业、有色金属业、新光源产业、智能家电业、光电显示产业。

2018年，狮山镇规模以上工业增加值711.86亿元，农业总产值19.24亿元，社会消费品零售总额205.09亿元，实际利用外资7527万元。是年，在全国综合实力百强镇排名中位列第二位。

中国—以色列跨境投资大会 2018年5月31日，第19届“Go for Israel”2018年中国—以色列跨境投资大会在狮山镇举行。大会由库克曼投资集团、Catalyst投资基金、佛山市人民政府联合主办，佛山高新区及力合科创集团承办。104家以色列科技创新企业参加会议，参会产业包括医疗设备技术、生物技术和医药、科技、媒体和通讯、绿色技术等，吸引广州、深圳、北京、上海等城市的800多名投资机构和企业代表参加。大会期间，举办主题演讲、圆桌论坛、并购论坛、电梯演说以及一对一投资对接会等活动。

中国·佛山人工智能与智能制造国际大会 于2018年12月29—31日在南海狮山举行。大会以“新智能新制造”为主题，由中国发明协会、中国工业和信息化部人才交流中心、中国工程院国际合作局、广东省科学技术厅、广东省政府外事办公室、佛山市政府、中国人工智能产业发展联盟主办，邀请来自中、英、美、德、韩5国人工智能和智能制造领域的院士、专家，共同探讨当下人工智能与智能制造的新趋势、机遇与挑战。大会达成多项战略合作及项目合作协议。战略协议包括英国东北企业合作署与广东省科学技术厅、佛山市政府三方签署的中英《合作备忘录》，广东省生产力促进中心与中国发明成果转化研究院签署战略合作协议。佛山高新区和中国发明成果转化研究院促成多个项目平台合作，包括合作推进下一代互联网IPv6应用建设项目、中国科学院半导体研究院所合作项目、佛山人工智能创新服务平台项目等13个平台和项目。

第七届中国创新创业大赛港澳台赛 于2018年7月18日在佛山高新区启动，并于11月28日在佛山高新区举行颁奖仪式。港澳台赛作为中国创新创业大赛向外延伸推广的重要独立赛事，由国家科技部火炬中心、广东省科技厅、广东省台湾事务办公室等联合主办。该次港澳台赛首次在佛山举行，有近300家来自粤港澳台等地的创业企业参赛。历经香港、澳门、台湾各分赛区的初赛以及复赛，43家企业进入决赛，并决出6个行业决赛一等奖项目以及“最具投资价值奖”。大赛为连接两岸创新创业搭建平台，创办4年累积2100多个两岸优质创新项目，累计促进200多个港澳台项目落地广东，帮扶近1000个港澳台团队赴广东考察市场，拉动社会投资10多亿元。

“醒狮杯”国际工业设计大赛 于2018年11月28日在狮山镇落下帷幕。该次大赛自5月启动，首次创新引入国际大赛模式，并进行赛后海外集训和成果转化，旨在帮助企业提升与国际接轨的能力。大赛有来自美国、韩国、迪拜、新加坡、加拿大等多个国家和国内多个省份城市的1500多人参赛，作品征集范围覆盖美国、加拿大、新加坡、日本、法国、荷兰等30多个国家和地区，征集作品超3万份，其中600多个作品获奖，可实现产业化生产的有1000多件。

一汽–大众华南基地建成投产 2018年6月22日，位于狮山镇的一汽–大众华南基地全面建成投产仪式举行。中共佛山市委副书记、市长朱伟，德国大众汽车集团管理董事会成员、大众汽车集团（中国）总裁兼CEO海兹曼教授等出席仪式。基地投产后年产能将从30万辆提高到60万辆。

佛山市基层党员干部培训基地挂牌 2018年7月12日，佛山市基层党员干部培训基地在狮山挂牌。培训基地的建设，将衔接佛山市委党校资源，着重围绕狮山镇经济社会发展的热点、难点、重点、焦点问题，组织专家学者进行课题研究，并通过“走出去、请进来”的方式，就党员干部教育培训、人才交流与培养等方面展开双向教研合作，加快落实基层万名党员骨干培训计划，助力狮山镇打造“阳光党建”品牌。

“三个服务圈层”加快产业工人共融发展 2018年，狮山镇以大数据和总分站制智能文化家为抓手及载体，创新建立“高新区（狮山镇）—产业园区—企业”三层式圈层交互融合发展模式，构建“1＋4＋N”（1个综合性文化服务中心，4个分站式产业园区文化家园，N个有代表性的企业公共文化服务场所）公共文化服务体系。7月24日，产业园区智能文化家开馆，首批11个企业文化家园示范点获得授牌。维尚、雪莱特、燕京、福迪、华兴、华鸿、爱信精机、坚美、联邦、群志光电、亿合门窗等11家企业成为企业文化家园首批示范点，企业将结合自身实际，加快建设智能文化家，全方位打造产业工人的“精神家园”。

【大沥镇】 位于南海区东部，与禅城区、广州市荔湾区接壤。2018年辖42个社区，有196个自然村。辖区总面积95.9平方千米。年末户籍人口29.81万人，常住人口约73万人。是中国商贸名镇、中国内衣名镇、中国时尚品牌内衣之都、中国针织内衣产业转型升级示范镇、中国内衣大数据采集示范镇、中国再生金属物流加工基地、中国专业市场电商采购示范区、广东省有色金属产业集群升级示范区、国家卫生镇、中国龙狮运动名镇、中国民间文化艺术之乡（粤曲）、中国摄影之乡、广东省民间文化艺术之乡（摄影、书画、传统龙舟、藤编）、广东省曲艺传承基地、广东省教育强镇、广东诗歌之乡、广东省口哨音乐之乡。2018年，大沥镇获“国家外贸转型升级基地”称号。

2018年，大沥镇规模以上工业增加值110.52亿元，农业总产值6.07亿元，社会消费品零售总额253.93亿元，实际利用外资5432万元。是年，在全国综合实力百强镇排名中位列第十九位。

全球产品采购中心揭牌 2018年1月10日，位于大沥镇的全球产品采购中心揭牌运营，为大沥“全球采购中心”战略提供线上线下共融的采购平台。南海区建筑业协会、大沥总商会、佛山市石材商会等6个单位签约进驻。该中心主要是以全球产品跨界创新中心核心区的重点项目——中盈国贸中心为线下基础，并由中盈集团和粤驰建筑科技集团共同成立的广东愉翁撒网电子商务有限公司负责运营管理。主要从大沥的布匹市场、五金不锈钢交易中心、小商品城等38个不同的专业市场切入，通过搭建网站，协助专业市场里的所有实体客户“走进”互联网。

第五届世界3D打印技术产业大会 于2018年6月17日在大沥镇举行。来自3D打印领域的800多名国内外专家和企业就“3D打印重新定义制造业”的话题展开讨论，为大沥、南海乃至佛山地区的的制造业技术和产业转型升级提供可行性解决方案和服务支持。

IOD国际产业设计峰会 于2018年6月28日在大沥镇举行。该次峰会以“用设计，为你的全球市场赋能”为主题，来自全国各高校设计教育领域专家学者、各行业协会代表、企业精英参加，7名全球顶尖设计大师进行主题演讲。

2018NewStar国际设计奖颁奖典礼 于2018年6月30日在大沥镇举行。NewStar国际设计奖是IOD国际设计大会旗下设计新秀奖，也是全球最负盛名的新秀设计大赛。该届大赛首次在组委会主题下植入“盐步内衣”与“大沥铝材”等地方产业主题，设立地方产业主题特别奖，并通过推动设计院校走进企业等方式，推动赛事、参赛者与地方产业的深入互动。

大沥镇国际贸易服务招商香港专场活动 2018年12月5日，大沥镇赴香港举办“感恩香港，拥抱世界”国际贸易服务招商香港专场，面向全球重点推介现代商贸产业集群等。产动力全球铝业展贸中心和阿里巴巴广佛商贸圈两个项目进行路演。同时，大沥全铝家居产业集群在创智营商博览会亮相。

【里水镇】 位于南海区东北部，紧邻广州市。2018年辖22个社区、16个行政村，有126个自然村。辖区面积148.28平方千米，户籍人口16.28万人，常住人口45.91万人。是中国袜子名镇、中国香水百合名镇、国家卫生镇、全国环境优美乡镇、全国文明镇、国际安全社区、全国安全社区、广东省教育强镇、广东省生态示范镇、广东省绿色名镇、广东省宜居城镇。2018年，里水镇获“广东省智能家居专业镇”“广府文化体验名镇”称号。

2018年，里水镇规模以上工业增加值219.87亿元，农业总产值14.46亿元，社会消费品零售总额100.91亿元，实际利用外资3912万元。是年，在全国综合实力百强镇排名中位列第九位。

里水镇获评“广东省智能家居专业镇” 2018年1月，里水镇获评为“广东省智能家居专业镇”。是年3月，成立智能家居产业协会，里水各企业从各自为战转为抱团发展，实现产业架构和竞争体系的重塑。至年底，里水镇有智能家居行业相关企业700多家，销售额超200亿元，涌现出志高空调、汇泰龙、和邦盛世等一批代表性企业，涵盖智能家电、智能锁具、智能板材、智能门窗等产品。

里水首届岭南新春水上花市举行 2018年2月10—15日，里水首届岭南新春水上花市举行。水上花市结合里水的生态环境与传统龙舟文化，在传统迎春花市的基础上升级打造，营造出“人在画中游，人在花中走”的场景。水上花市分传统年货、传统花摊、“网红”花摊与美食摊位四个区域，吸引数十万游客到访。水上花市获评为“广府优秀民俗文化活动”并载入《广府文化产业名录》，成功打造成梦里水乡又一品牌活动。

广东文灿压铸股份有限公司上市 2018年4月26日，广东文灿压铸股份有限公司在上海主板IPO上市（证券代码：603348），成为里水镇第一家在上海主板上市的民营企业。该公司成立于1998年，主要从事汽车铝合金精密压铸件的研发、生产和销售，产品主要应用于中高档汽车的发动机系统、变速箱系统、底盘系统、制动系统、车身结构件及其他汽车零部件。截至2018年，里水镇拥有上市企业3家、“新三板”挂牌企业6家、OTC挂牌企业21家。

“安心幼教”品牌项目获“南海区2018年教育创新大奖” 2018年9月，里水镇“安心幼教”品牌项目获“南海区2018年教育创新大奖”。里水镇在“全镇域、全学段、全学子、全链条”四全教育理念的引领下，创建“上善教育 安心幼教”学前教育品牌项目，以“安心成长，幸福童年”为核心理念，以“入学有信心，就读很放心，成长倍安心”为创建策略，以实施多元融合的安全主题教育课程为工作抓手，将安全主题教育贯穿整个幼儿教育教学的始终，致力于打造镇域性的学前教育优质品牌，为南海学前教育提供全域性幼教样本示范。

8英寸半导体晶圆项目落户里水镇 2018年11月14日，8英寸MEMS先进传感器制造项目落户里水镇。该项目是南海电子信息产业园首个签约进驻的大项目，计划投资额20亿元。引入该项目，将吸引一批国内外先进传感器领域的优秀人才，为里水镇乃至佛山市的经济结构调整和先进制造业水平的提升注入新动力。

赤山村、汤南村入选第五批中国传统村落 2018年12月10日，里水镇赤山村、汤南村入选住房和城乡建设部公示的中国传统村落名录。赤山村于1684年建村，占地面积0.86平方千米，建筑规模超过1.5万平方米，整个古建筑群坐北向南。每年正月十五，赤山村均举办“跳火光”这一延续300多年的元宵习俗，赤山村于2016年被评定为第五批“广东省古村落”。汤南村据考于宋代开村，村中祠堂、家庙、晒坪、池塘兼备，聚族而居，布局协调。于2010年被评为南海区十大古村落、南海区十大最美乡村。

（沈　娜）

顺德区

【概况】 顺德区位于佛山市东南部，东接广州市，南邻中山市，西南与江门

2018年佛山市顺德区国民经济主要指标

指　标	单　位	绝对值	比上年增长（%）
地区生产总值	亿元	3163.9	6.2
第一产业增加值	亿元	46.55	3.2
第二产业增加值	亿元	1774.40	8.0
工业增加值	亿元	–	8.0
第三产业增加值	亿元	1342.98	3.5
人均地区生产总值	元	118963	3
规模以上工业总产值	亿元	–	8.2
社会消费品零售总额	亿元	971.9	8.9
外贸进口总额	亿美元	61	8.3
外贸出口总额	亿美元	222.3	9.1
实际利用外资	亿美元	2.73	−65.32
地方一般公共预算收入	亿元	235.78	5.7
地方一般公共预算支出	亿元	231	2.8
常住居民人均可支配收入	元	54038	8.3
境内住户存款余额	亿元	2592.05	8.1

市隔江相望。建县于明景泰三年（1452年），1992年撤县建市，2003年撤市设区。2018年辖大良、容桂、伦教、勒流4个街道和北滘、陈村、乐从、龙江、杏坛、均安6个镇，另设中德工业园功能区，有108个行政村、97个社区、565个自然村，区政府驻地为大良街道。辖区总面积806.57平方千米。年末户籍人口145.26万人、常住人口270.47万人。人口自然增长率10.47‰。

2018年，顺德区耕地面积6742.46公顷，粮食播种面积59.47公顷，粮食产量570.83吨。林地面积1584公顷，森林覆盖率6.75%，活立木蓄积量14.43万立方米。人均公园绿地面积22.39平方米，市域森林覆盖率36.52%，城区绿化覆盖率45.05%。土特产有龙江煎堆、双皮奶、金榜牛乳、大良蝴蛉、伦教糕、陈村粉、鱼皮角。是"世界美食之都""中国家电之都""中国燃气具之都""中国涂料之乡""中国家具商贸之都""中国塑料商贸之都""中国钢铁专业市场示范区""中国家具电子商务之都""中国民间文化艺术之乡""中国书画艺术之乡""国家级生态乡镇""世界盆景赏石园艺博览之都""中国花卉之都""中国花木之乡""中国永春之乡"，全国首个"中国美食名城"。主要旅游景点有清晖园、宝林寺、逢简水乡、长鹿农庄、顺德博物馆、李小龙乐园、678文化街等。主要传统民俗活动有点（开）灯、春茗、祭祖、敬老、龙舟、巡游等46种81项。

2018年，顺德区实现地区生产总值3163.93亿元。社会用电量197.93亿千瓦·时。全年科学技术财政投入15.61亿元（科技三项费用），比上年增长5.30%；教育事业财政投入47.92亿元，增长6.6%；文化体育与传媒财政投入5.41亿元，增长1.54%；医疗卫生与计划生育财政投入25.80亿元，增长2.69%。城镇登记失业人员总数为1.81万人，失业率2.5%。领取基本养老金退休人员29.2万人，享受失业保险待遇99651人次，享受生育保险待遇55948人次，享受工伤保险待遇4599人次。城镇生活污水集中处理率95.25%，城镇生活垃圾无害化处理率100%。

顺德自古人文昌盛，文化底蕴深厚。顺德是粤曲、粤剧的发源地之一，2007年被评为"中国曲艺之乡"。顺德美食文化源远流长，天下闻名，是"世界美食之都""中国厨师之乡"，每年一届的"岭南美食文化节"成为顺德品牌盛会之一。顺德历史名人、贤才杰士众多。北宋至清末有文状元3名（张镇孙、黄士俊、梁耀枢），武状元1名（朱可贞），文武进士762人，文武举人2397人；有清代诗书画三绝的黎简和画坛怪杰苏仁山，以及李小龙、李兆基、郑裕彤、罗定邦、伍宜孙、梁銶琚、陈冯富珍等杰出人物。

2018年，顺德区连续7年获全国综合实力百强区第一名，第十次获评"中国全面小康十大示范县市"。获评全国绿色发展百强区第一名，获"国家生态文明建设示范区"称号，获批率先建设广东省高质量发展体制机制改革创新实验区，建设人民满意政府指数位居全市五区首位。

中共顺德区委书记：郭文海；区人大常委会主任：列海坚；区长：彭聪恩；区政协主席：周文；区纪委书记：肖秀明。

【产业发展】 2018年，顺德区围绕区域发展、产业转型升级、高新技术发展等目标任务攻坚克难、主动作为，创新驱动发展战略进一步深入，产业转型升级不断提速，招商引资成效显著。全区全年实现地区生产总值3163.93亿元，比上年增长6.2%；全社会固定资产投资增长13.4%，其中工业投资增长15.7%，装备制造业投资增长19.7%；全社会消费品零售总额971.9亿元，增长8.9%；外贸进出口总值1867.54亿元，增长5.8%；全区各项存款余额

2017—2018 年佛山市顺德区社会事业主要指标

指 标	单 位	2017 年	2018 年
普通高校	所	1	1
普通高校在校学生	人	15703	14793
中等职业学校和技工学校	所	13	13
中职和技校在校学生	人	24472	23927
普通中学	所	63	65
普通中学在校学生	人	111822	118139
小学	所	148	149
小学在校学生	人	181618	188734
幼儿园	所	315	331
在园人数	人	96763	97503
医院、卫生院	家	587	668
医院、卫生院床位	张	10631	11247
公共图书馆	个	11	11
博物馆	个	3	3
国家档案馆	个	1	1

（本外币）5016.08 亿元、增长 11.2%，贷款余额 3267.77 亿元、增长 13%；实际利用外资 2.7 亿美元、下降 65.32%；工业用电量 115.54 亿千瓦时，增长 0.26%。全区 2018 年单位地区生产总值能耗比上年下降 5.55%，超额完成年度节能任务。

现代农业　深化农业供给侧结构改革，实施乡村振兴战略，坚持以市场为导向，形成以水产养殖、花卉种植和农产品加工流通为主的农业产业结构。顺德区农业用地面积 18576 公顷，其中水产养殖业养殖面积 10318 公顷，种植面积 1.2 万公顷。全年全区实现农业总产值 92.44 亿元，比上年增长 2.2%，占全区地区生产总值 3%，平均公顷产值约 45 万元，位列全省前列。其中种植业总产值 21.26 亿元，增长 4.6%。；水产养殖业总产值 62.10 亿元，增长 1.02%；畜牧业 3.73 亿元，下降 8.4%。是年，顺德区市级以上农业龙头企业 30 家；工商注册登记农民专业合作社 75 个；“顺德国兰”“顺德鳗鱼”“陈村年桔”获国家农产品地理标志登记保护；成功续期“中国兰花之乡”称号；拥有“中国鳗鱼之乡”“中国兰花之乡”“全国重点花卉市场”“中国花卉之都”等农业区域品牌；全区结对村（居）数 168 个，成立乡村振兴促进会 150 个，结对企业 439 家，结对项目 410 个；创建“五好”新村居 28 个，精品村居 4 个。

第二产业稳定增长　规模以上工业增加值 1578.5 亿元，比上年增长 8.2%。家用电器、机械装备、家具制造、纺织服装、珠宝首饰等支柱和特色产业稳定增长，军民融合、新材料、生物医药等新兴产业成长迅速，顺德形成特色鲜明、门类齐全、规模较大的现代工业体系，家电与机械装备两大支柱产业引领全区产业发展加快转型升级。其中，先进制造业增加值 1092.96 亿元，增长 8.6%，占规模以上工业增加值的比重达 69.2%。骨干企业引领全区经济发展，是年，区内主营业务收入超 100 亿元企业达 8 家，其中超 1000 亿元企业 2 家。

第三产业蓬勃发展　社会消费品零售总额 971.9 亿元，比上年增长 8.9%。分行业看，商品零售额 860.8 亿元，增长 8.9%；商贸流通业发展主要特点：一是商品供应充足，消费品价格指数比上年略有增长。是年居民消费价格指数累计增长 2.1%，服务项目价格指数累计增长 2.4%。二是专业市场销售额保持平稳。全区重点监测的 13 个专业市场总销售 1313.5 亿元，增长 9%。9 月，顺德区委区政府份发布“设计顺德”三年行动计划，确定起三年内统筹安排不低于 1.8 亿元，撬动社会投入 15 亿元以上发展工业设计产业的总体部署安排。行动计划以“六大工程”为内容，以培育设计为先导的创新型产业集群，构建“科技—设计—产业”一体创新体系，推动工业设计高端化、国际化、品牌化发展，打造全国工业设计产业高地为目标，形成设计顺德“新起点、高质量、全球化”的发展新格局。2018 年，顺德区电子商务交易额 3156.74 亿元，占全市的 35.76%。“双 11”期间，顺德电商交易额破 92 亿元，比上年同期增长 20%，至少有 14 家电商企业交易额超亿元，包括美的、飞鱼、云米、美易达、大自然、PINGO 国际、万家乐、小熊、箭牌、小冰、格兰仕、九鼎、容声和悍高等企业。2018 年，顺德区对外贸易进出口总值 1867.54 亿元，比上年增长 5.8%，贸易总额创历史新高。其中，出口总额 1464.1 亿元，增长 5.9%，占进出口总值的 78.4%；进口总额 403.5 亿元，增长 5.8%，占进出口总值的 21.6%；贸易顺差 1060.6 亿元，扩大 5.87%。

【全面深化改革】 2018 年，顺德区启动企业投资建设项目“1121”改革和企业开办便利度“1 + 3”改革。全面推行“多证合一”、外资登记备案“一口办理”改革，24 小时智能商事登记系统正式上线。421 项行政服务事项纳入区级“一门式一网式”综合窗口办理，109 项实现“不见面审批（服务）”、284 项实现“一次搞定”，推出第一批“南顺通办”事项。清理规范 99 项行政审批中介服务事项。顺德区入围“中国营商环境百强区县”前十名。

监察体制改革落实　纪检监察机关推进监察体制改革试点工作，完成人员转隶、职能划转、机构成立等工作。划转编制38名，转隶37人，机关内设机构由9个增加至12个。推动监察职能向基层延伸，明确区纪委监委派驻纪检监察组履行纪检、监察两项职能，向10个镇街派出监察组，实现监察全覆盖。建立派驻人员联组工作机制，将派驻区直单位的纪检组人员组成7个联组，统筹力量开展监督工作。

供给侧结构性改革　统筹推进供给侧结构性改革。去库存方面，全年非住宅商品房库存306.42万平方米，比2016年初减少36.94万平方米。去产能方面，推动7家区属国有“僵尸企业”的破产清算工作；协助佛山顺德（云浮新兴新成）产业转移工业园引进项目16个，计划总投资额79.75亿元。去杠杆方面，缓解企业融资难，全年发放企业信贷风险补偿金9.48亿元；支持企业融资，帮助企业续贷金额34.07亿元。降成本方面，推进减税降费工作，降低企业经营成本，是年全区减免企业成本141.92亿元；宣传与落实国务院七项减税措施，落实小微企业一揽子税收优惠政策。补短板方面，针对突出问题，加大补短板力度；加快配电网供电能力建设，220千伏熙悦、容桂变电站，110千伏槎涌、罗沙、谭洲、新联变电站投产；全年交通基础设施项目完成投资总额34.6亿元。

行政审批制度改革　依托广佛同城的契机，推进和广州市南沙区政务通办，推出第一批“南顺通办”事项，其中“南沙代顺德办”事项63项，“顺德代南沙办”事项58项，在自助终端和实体办事大厅实现“广佛跨城通办”线上线下联动跨城办理的新模式。出台“不见面审批（服务）”“一次搞定”政务服务改革实施办法（试行），公布首批“不见面审批（服务）”“一次搞定”事项清单，其中“不见面审批（服务）”109项、“一次搞定”284项，促使改革落到实处。全面下放至镇（街道）163项审批事项，提升村级工业园改造项目报建审批速度。推动网上中介服务超市建设，降低企业制度性交易成本，发挥市场在资源配置中的决定性作用。推进企业投资建设“1121”改革，有针对性地解决现有环节耗时长、不确定性因素较大等制约审批效率的问题，提升全区企业投资建设项目审批效率。

商事制度改革　贯彻落实佛山市提升开办企业便利度实施方案，优化简化行政审批业务流程。开办“1＋3”的模式。其中，内资有限公司设立登记、公章刻制、小规模普通发票申领并联进行，最快1个工作日走完流程；银行开户时间压缩到最快3个工作日完成。企业名称预核和“多证合一”商事登记由原先的14个工作日提速到0.5个工作日内完成审核并打印证照，压缩开办企业的整体时间。实施全国统一“多证合一”改革和外资登记备案“一口办理”改革。将19项涉企证照事项整合到营业执照上，实行“二十四证合一”，涉及外商投资企业商务备案的企业只需要到企业登记一个窗口办理登记即可。推行365天全天24小时智能商事登记模式。推行企业名称自主申报，自2018年8月20日起全面推行企业名称自主申报，企业足不出户即可完成名称预先核准，提升登记效率和企业开办时间。实施“审核合一”登记制度，从2018年9月1日起，全区在部分登记业务实施“审核合一、一人通办”登记模式，加快核准速度。截至2018年底，顺德区办理“审核合一”企业登记业务25016宗，全部办结。推行无纸化模式的全程电子化商事登记，涵盖所有企业登记类型，至年底通过全程电子化系统办理业务105宗。同时，在全区配置19台自助服务终端，实现部分登记业务的名称查询和设立登记一次性自助完成，市民只需拿自己的身份证进行认证，按要求填报有关内容，即可自助打印营业执照，个体户最快5分钟可以办理完成。2018年11月8日，龙江亚洲国际材料交易中心作为全市“24小时商事登记智能终端进专业市场”的试点，召开新闻发布会。至年底，在自助终端机申办开业的市场主体数量超3000户。

“一门式、一网式”政务服务改革　区级及10个镇（街道）按照“4个大一门、两个小一门”的思路设置不同主题的综合窗口。区级设置四类“大一门”综合窗口26个，公安、税务2类“小一门”综合窗口108个，年总业务量300万次。区级综合窗口新接入区农业局、区烟草专卖局、区教育局、区安监局等部门事项，在镇（街道）综合窗口推广使用区“一门式”综合受理审批平台，两级合计完成市目录内事项80%以上的接入任务。所有业务信息与市审批效能监察系统完成实时对接，打造全区统一的“一门式”政务服务新模式。以“一门式”行政审批服务方式，实现“一窗”办多个事项、业务办理统一叫号、前台版块综合受理、后台高效办理审批、综合窗口统一出件的办理方式，满足服务群众、企业的需求，打造审批无阻隔、标准无差异、线上线下无距离、行政服务体系全覆盖的行政审批服务体系。

【城乡土地生态利用制度综合改革试点】 2018年，顺德区推进城乡土地生态利用制度综合改革试点各项重点工作。至年底，完成功能片区土地利用总体规划编制工作；出台《顺德“改一垦一”试点实施办法（试行）》；制订支持现代农业产业园区的政策和实施意见，印发《关于推进现代农业产业园区建设的实施意见》《关于进一步规范设施农用地管理的通知》；完成土地综合整治政策研究，形成《顺德区杏坛镇逢简村土地综合整治规划建设方案》（定稿）；整合现有“三旧”改造政策，出台《顺德区城市更新（“三旧”改造）实施办法》；完善工业用地公开出让制度，制订《佛山市顺德区产业用地指南（试行）》《顺德区国有建设用地租赁和弹性出让暂行办法》；推进高标准基本农田建设，完成“十二五”期间上级下达顺德区建设820公顷高标准基本农田的任务；建成农民公寓5个，解决固化宅基地指标4019个；印发实施《佛山市顺德区轨道交通站场用地及周边综合开发土地供应模式的实施意见》；完善顺德区集体建设用地使用权流转管理办法。

【创新驱动发展】 2018年，顺德区在全省率先建设高质量发展体制机制改革创新实验区，围绕高质量发展，聚焦村级工业园改造，把经济发展的着力点放在以先进制造业为主体的实体经济上，对标国际最优最好最先进，全面深化改革、扩大开放，加快政府职能转变和体制机制创新，在用地审批、空间规划、项目报建等方面先行探索，进一步优化创新环境和营商环境，加快形成推动经济高质量发展的制度框架和政策体系，率先在建设现代化经济体系上取得攻坚突破。

创新驱动发展战略实施　实施“高企倍增”计划，解决高企申报认定过程中遇到的税务问题与人才子女就学问题，并甄选一批优质的科技中介服务机构提供专业服务，提高企业申报的成功率。高企数量实现大幅度增长，高新技术企业新增531家，比上年增长56%，累计1471家。新增上市企业4家，累计27家。推进创新平台建设，推动企业研发平台上档升级，全年新增省级企业技术中心8个，累计70个；新增省级工程中心34个，累计216个；新增省重点实验室2个，累计12个。搭建产学研创新平台，与华南理工大学合作建设顺德科技园，引进18家新兴产业创新企业入驻。新引进市级科技创新团队7个，引进市级团队17个。围绕“高质量发展”和“创业顺德”十周年主题，举办军民融合科技创新大赛、《创业顺德》十周年创新嘉年华等活动，集中展示全区创新创业工作成效。在全国率先成立顺企知识产权保护服务中心，打造知识产权权益保障服务体系和线上线下一体的一站式服务平台。培育知识产权领域的标杆企业，新增国家级知识产权示范企业和优势企业11家，累计36家，数量排全市第一名、全省前列。

产业转型升级　强化技术改造，技改延续高增长态势。全年工业技改投资191.2亿元，比上年增长25%；技术改造备案项目434个，增长20.6%。全区骨干企业发展势头良好。100亿元以上企业8家，其中工业企业5家。3家企业获评国家第三批制造业单项冠军，数量占全市的3/4；新增1家国家技术创新示范企业，数量占全省的1/4。全区装备制造业加速发展。装备制造业投资122.7亿元，增长19.7%，居佛山五区首位。举办第四届珠江西岸先进装备制造业投资贸易洽谈会，全区13个超亿元项目在会上签约，总投资额超过380亿元。广东工业设计城、顺德创意产业园持续扩容提质，一批设计新载体揭牌推出。组织多场活动，设计创新的国际化元素更加突出。全区集聚设计企业330家，成为广东省仅次于深圳（500家）集聚最多专业工业设计机构的地区。推动全区节能降耗，推进电力市场交易试点工作，帮助企业节约电费1.65亿元，降低部分工商业用电大户的电力成本。引导企业主动实施清洁生产计划降低资源消耗量，完成清洁生产企业236家。

2018年，顺德区在全省率先建设高质量发展体制机制改革创新实验区

（顺德区供图）

【村级工业园改造全面加速推进】 2018年，顺德区将村级工业园改造作为政府“头号工程”，举全区之力加速推进。全年区级财政投入22.9亿元、撬动55.6亿元社会资本。建立项目联审会议机制，探索6种改造模式，78个园区启动改造，36个园区启动拆迁，累计整理300.73公顷土地，开工新建137万平方米厂房。50家企业整厂搬进区级腾挪区。开展“三个一百天”联合执法，关停淘汰落后风险企业1362家。

【顺德新能源汽车小镇开园】 2018年10月27日，由顺德区政府支持和引导，碧桂园集团负责投资开发建设运营的顺德新能源汽车小镇在顺德南方智谷正式开园。项目占地面积11.87公顷，分东西2个区域，重点打造动力电池、新材料、整车、电机控制器、动力总成五大研究院、新能源汽车两大院士工作站、运营中心、大数据中心。项目固定资产投资总额预计为25.52亿元，项目计划整体在36个月内完成全部载体建设，48个月内完成新能源汽车产业导入。2018年第一季度项目整体动工；8月示范区主体钢结构封顶，项目西区A区域地下室完成正负零；10月27日，示范区落成并举行“新能源汽车小镇开园暨未来+黑科技节”活动；至2018年底，项目示范区引进21家企业、商协会进驻办公，项目西区高层写字楼完成17层，企业独栋有5栋封顶。2018年完成年度计划投资额6亿元，截至年底累计投资额9.5亿元。

【顺德获批率先建设广东省高质量发展体制机制改革创新实验区】 2018年9月，广东省委全面深化改革领导小组批复同意佛山市顺德区率先建设广东省高质量发展体制机制改革创新实验区。

批复要求，顺德建设实验区要围绕高质量发展，聚焦村级工业园改造，把经济发展的着力点放在以先进制造业为主体的实体经济上，对标国际最优最好最先进，全面深化改革、扩大开放，加快政府职能转变和体制机制创新，在用地审批、空间规划、项目报建等方面先行探索，进一步优化创新环境和营商环境，加快形成推动经济高质量发展的制度框架和政策体系，率先在建设现代化经济体系上取得攻坚突破。

批复提出，顺德要进一步解放思想，紧密结合实际，以高质量发展体制机制改革创新实验区为契机，勇于突破，大胆试、大胆闯、自主改，着力解决高质量发展和建设现代化经济体系的突出问题，以更大的作为开创工作新局面，奋力在构建推动经济高质量发展的体制机制上走在前列，以“顺德样板”“顺德示范”为全省高质量发展提供经验借鉴。

【顺德区获“国家生态文明建设示范区”称号】 2018年12月12日，生态环境部印发《关于命名第二批国家生态文明建设示范市县的公告》，顺德区被授予“第二批国家生态文明建设示范区”称号。12月15日，第二批“绿水青山就是金山银山”实践创新基地和国家生态文明建设示范市县命名表彰大会在广西壮族自治区南宁市召开，副区长苏江毅代表顺德区领取生态环境部颁发的第二批“国家生态文明建设示范区”荣誉牌匾。

2014年，原广东省环保厅和顺德区签订合作协议，共建全省生态文明建设示范区，全面部署生态文明建设示范区创建工作。2015年，顺德区获评广东省生态区。2016年，顺德区强化规划引领，推动完善“多规合一”工作体制，印发实施《生态文明建设规划（2014—2025年）》，率先完成全省首个区级生态保护红线规划。2017年，申报第一批国家生态文明建设示范市县，原省环保厅向原环保部推荐顺德区，但因名额有限未获评。2018年，《顺德区创建国家生态文明建设示范区2018年工作实施方案》制订，统筹各部门力量推进第二批国家生态文明建设示范区的创建工作。

【顺德区举办首届“中国医师节”系列宣传活动】 2018年首个“中国医师节”前后，顺德区为更好地向社会展示“医者仁心、大医精诚”的顺德医生精神，推出首届“中国医师节”系列宣传活动，其中包括评选推广顺德好医生、优秀摄影作品征集、优秀科普视频大赛、顺德医生微电影（微视频）大赛以及嘉年华庆祝活动开展。《真情瞬间》摄影征集活动评选出50组优秀作品；顺德医生微电影（微视频）大赛、科普视频大赛收到全区医疗卫生单位20个视频作品，评出优秀微电影（微视频）作品5个、优秀科普视频作品11个；评定陈汉文等11位顺德好医生个人奖、顺德区伍仲珮纪念医院社区防治科等5个顺德好医生团队奖、广州中医药大学顺德医院附属勒流医院司徒任生获顺德好医生杏林长青奖、南方医科大学顺德医院ECMO团队获顺德好医生特别贡献奖；发布顺德好医生专题宣传片及医师节主题歌《你会知道我》，宣传2018年“顺德好医生”的典型事迹。8月18日晚，在德胜文化广场举办顺德辖区首个“中国医师节”庆祝活动，区有关领导、各镇（街道）卫生和计划生育局的负责人、各医疗卫生单位的负责人及员工代表、历届顺德好医生、媒体及群众近1000人参加庆祝活动。

2017年11月20日，经国务院批复同意，自2018年起将每年8月19日设为“中国医师节”。

【顺德承办第十三届亚洲龙舟锦标赛】 2018年11月13—19日，第十三届亚洲龙舟锦标赛在顺德大良桂畔湖举行。亚洲龙舟锦标赛是国家体育总局计划内的国际A类赛事，比赛分为22人、12人龙舟公开组，22人、12人女子组，22人、12人龙舟混合组三大组别，分别进行200米、500米、1000米直道竞逐赛。赛事吸引中国内地和港澳台地区，以及日本、韩国、印度、伊朗、印度尼西亚、澳大利亚等地区和国家的近500名运动员参赛。国家体育总局社会体育指导中心副主任尹国臣、亚洲龙舟协会秘书长余汉桥、广东省体育局副局长麦良、佛山市委常委郭文海以及佛山市相关负责人出席开幕式。华侨城投资建设的龙舟博物馆于开幕式当天启动首展。

【《鳗鱼的故事》登陆央视纪录频道】 2018年7月26日，《鳗鱼的故事》在广东（潭洲）国际会展中心首映，该片在央视纪录频道同步播出。《寻味顺德》原班人马选取勒流稔海村作为拍摄地，深度挖掘鳗鱼产业发展历程，制作完成3集纪录片《鳗鱼的故事》。该片展示顺德鳗鱼业创新、开放、合作的企业工匠精神，提升顺德在全国的知名度及美誉度。

【原创音乐剧《香云纱》试演】 2018年10月8日晚，“文明顺德·2018基层文体嘉年华”原创音乐剧《香云纱》在顺德演艺中心大剧院试演，现场1000多名观众观演。原创音乐剧《香云纱》由顺德区文化艺术发展中心倾力打造，从立项到舞台呈现，历经1年多时间，邀请国内知名编剧、导演加盟，聘请专业舞美制作团队，在省内外海选优秀演员参与演出。2018年被列入广东省文艺创作生产重点选题规划（2018—2021）、广东省繁荣发展文艺创作专项资金扶持项目、佛山市文艺精品扶持项目。

【大良街道】 大良，别称凤城，是顺德区政府所在地，历来为顺德的政治、文化、教育、商贸中心，地处顺德的中部偏东，连接广州，水陆交通四通八达，顺德客运总站和顺德港坐落其中，105国道、太澳高速、广珠轻轨等穿越境内。大良辖区面积80.29平方千米，建成区面积36.9平方千米，辖19个社区和2个村。2018年，常住人口44.84万人，其中户籍人口26.55万人。大良文化底蕴深厚，内有清晖园、宝林寺、西山庙等名胜古迹，有广绣、粤曲、鱼灯、咸水歌等非物质文化遗产项目，素享“食在广州，厨出凤城”的美誉，是全国“中华餐饮名镇”。2018年，大良街道实现地方生产总值534.25亿元，一、二、三产业占比为0.05∶32.18∶67.77，规模以上工业企业产值387.57亿元，限额以上贸易住宿餐饮业营业额289.86亿元，工商税收122.62亿元，其中区级库税收35.45亿元。

五沙工业园　截至2018年12月底，五沙工业园出让工业用地502公顷，剩余76公顷，引入企业205家，其中世界500强投资的企业14家，园区投产企业190家，有员工近3万人，投资项目涉及汽车配件、智能家电、精细化工、机械装备及模具、新型材料、电子信息等行业。是年，园区内产值超亿元企业50家，规模以上工业企业97家；实现规模以上工业生产总值201.45亿元，比上年下降4.95%；建设用地产出4012.95万元/公顷。园区产业中，最具集聚度和规模的是汽车配件、机械装备、智能家电三个行业，分别占整个园区总产值的25%、21%、13%。园区凭借着毗邻南沙自贸区的区域优势，园区承接日系汽配产业的转移，东海理化、丰田橡塑、丰田部品、爱信精机、爱三部品、光洋六和、东亚汽车等均为广州丰田一级供应商，是华南地区重要的汽配产业基地之一。

大良街道村级工业园改造 2018年，大良街道制定落实《大良街道村级工业园升级改造项目三年行动计划（2018—2020年）》，设立2亿元的村级工业园升级改造专项基金。是年，限期搬迁区累计完成旧厂区拆迁面积32.67公顷，淘汰关停落后企业126家，新建厂房面积1.5万平方米，实施复绿面积2.13公顷；承接园区启动实施顺德酒厂、万家乐、顺德开关厂等5个项目，总占地面积27.2公顷，累计建设厂房面积17.4万平方米；发展保留区开展凤翔工业区顺翔路至宏昌路片区整治提升工作，完成整治面积超过53.33公顷。重点开展新滘工业区改造示范项目、金斗工业区、德胜河北岸南江片区等项目改造。从五沙工业区选取6.67公顷地块作为高端智能制造产业的腾挪区。

史努比缤纷世界获评国家AAAA级景区 2018年9月，经广东省旅游景区质量等级评定委员会组织评定，佛山市史努比缤纷世界景区获批为国家AAAA级旅游景区，成为继清晖园后大良第二个国家AAAA级旅游景区。9月30日下午，史努比缤纷世界举行揭牌仪式。

大信·新都汇开业 2018年11月30日，大信·新都汇顺德店试运营，12月31日正式开业。大信·新都汇顺德店位于顺德新城核心商务区彩虹路与民安路交汇处，项目占地面积4万多平方米，总建筑面积17万平方米，集轻奢时尚、商务生活、餐饮文娱等商业生态链为一体。

桂畔海产融生态小镇建设启动 2018年8月，顺德桂畔海产融生态小镇启动暨农商银行总部大楼动工仪式举行。顺德众创金融街是桂畔海产融生态小镇的启动区。截至2018年底，桂畔海产融生态小镇入驻各类金融机构超过60个，私募基金设立71支，基金规模总额超90亿元。包括顺德农商银行、人保财险顺德分公司、国信证券顺德分公司、宏莱投资等一批金融机构已落户或计划落户。

【容桂街道】 容桂位于佛山市顺德区南部，毗邻港澳，与广州南沙自贸区隔江相望，处于珠江东西两岸交汇点，是广佛、深圳、港澳三个珠三角城市群核心极的辐射聚焦点，地理位置优越，水陆交通便利，105国道、广珠西线高速、广珠城际轨道、伦桂路、红旗路等重要交通干线贯穿而过。2018年，辖区面积80平方千米，下辖3个村和23个社区，常住人口60.5万人，其中户籍人口23.7万人。先后获得“全国文明单位”“中国品牌名镇”“国家卫生镇”“全国精神文明建设工作先进单位”“中华美食名镇”等称号。2018年，容桂街道实现地方生产总值354亿元，一、二、三产业占比为0.15∶64.47∶35.38，规模以上工业企业产775亿元，比上一年增长8%；限额以上贸易住宿餐饮业营业额196亿元，比上一年增长14.9%；全社会固定资产投资比上一年增长40.88%；工商税收71亿元。容桂共拥有各类企业及个体工商户超过3.7万户，其中超亿元企业156家，超十亿元企业15家。拥有占地13.5平方千米的高新技术产业开发区，其中3.5平方千米为国家级高新技术产业开发区，高新技术企业存量313家。拥有国家级科技企业孵化器2家、国家级众创空间1家、省级众创空间1家，省级工程技术研究中心50个，以及中科院顺德基地、西安交大院士工作站等一批科研平台和研发中心。

容桂街道海尾德龙智造科技园项目启动仪式 2018年4月19日，容桂街道海尾德龙智造科技园项目举行启动仪式，拉开2018年容桂村级工业园升级改造攻坚战的序幕。德龙智造科技园项目位于海尾社区德龙工业区内，文海中路以北，星辰路以东，星南路以南，东南面连接红旗路，毗邻海骏达城及红星工业区，距离105国道约300米。该项目是容桂首个由区、街道国资公司联合推动、村集体作为权属方公开引入投资方建设运营的项目。项目改造总面积约2.2万平方米，计划按照高标准建成集约型独立分栋式工业厂房，以智能制造为产业方向，重点引进广州、深圳乃至全国各地的智能家电、机械装备、新材料等创新型企业。

科顺防水科技股份有限公司成功发行A股在深圳证券交易所上市 2018年2月25日，科顺防水科技股份有限公司成功发行A股在深圳证券交易所敲钟上市。科顺防水科技股份有限公司成立于1996年，总部设在广东顺德容桂，是一家集建筑防水材料研发、制造、销售、技术服务和防水工程施工于一体的高新技术企业，行业协会认定的建筑防水行业领军企业及行业综合实力前三名。

顺德首个棚户区改造安置楼“容匠·笙晖名邸”动工建设 2018年5月17日，容桂街道举行容桂街道棚户区改造一期拆迁安置楼情况介绍会，向

顺德区容桂街道细滘社区仁德桥 （顺德区供图）

社会通报安置楼“容匠·笙晖名邸”设计亮点、拆迁安置政策及建设前期工作推进情况。为解决各社区（村）所遗留的历史拆迁难题，2017年容桂街道利用国家、省棚户区的优惠政策，启动容桂街道棚户区一期改造项目。2017年，容桂街道顺利完成209户的拆迁安置任务指标,2018年完成任务指标为553户。

暨南大学附属顺德医院（顺德区第二人民医院）新院区全面启用　2018年10月22日，暨南大学附属顺德医院（顺德区第二人民医院）新院区全面启用，取代旧院区开展诊疗服务。新医院规划占地面积约8.8万平方米，分两期建设，一期工程总建筑面积13.4万平方米，业务用房由4层门诊楼和16层住院大楼组成，可提供病床960张，设有1000多个停车位，绿化率30%。

【伦教街道】 伦教，地处珠江三角洲腹地，与广州番禺一水之隔，是顺德中心城区的重要组成部分，总面积59.2平方千米，总人口约20万人，辖8个村和2个社区。先后获得“中国珠宝玉石首饰特色产业基地”“中国木工机械重镇”“中国玻璃机械重镇”“国家级生态乡镇”“国家卫生镇”“广东省教育强镇”等称号。伦教依托纵横交错的发达交通路网，以105国道为核心，与顺德中心城区、广佛都市圈紧密融合。南方医科大学顺德医院、善耆养老家园、南方智谷B区二期、中铁华隧盾构机等区属重点项目落户伦教，保发珠宝产业园、保利商圈等大型项目开业运营，佛山地铁3号线、11号线等轨道交通规划建设，新市良路、甲子路、新基北路、伦桂路等项目竣工，新城路、创智路、恒智路等路网建设，伦教区位、交通优势凸显。2018年，伦教实现地区生产总值220.02亿元，农业总产值5.71亿元，规模以上工业产值580.08亿元，第三产业增加值52.15亿元，限额以上批发零售餐饮业营业额92.56亿元，社会消费品零售总额87.95亿元，国地税收入28.96亿元。

南方医科大学顺德医院搬迁完成并全面运行　2018年1月20日，南方医科大学顺德医院105名病人全部平安转运，医院整体搬迁工作完成。1月22日，该院全面运行。新院首日挂号超过7300人次，收治入院病人333人，现场就诊秩序井然，各项诊疗工作安全运行。

佛山市云米电器科技有限公司在美国上市　2018年9月25日晚上9时30分，佛山市云米电器科技有限公司在美国纳斯达克上市，成为顺德为数不多的在境外上市的企业之一。佛山市云米电器科技有限公司股票代码为“VIOT”，IPO（首次公开募股）定价为每ADS（美国存托股份）9美元。

第六届顺德珠宝旅游文化节暨第三届顺德国际珠宝展开幕　2018年11月16—18日，以“凝心筑梦 共谱华章”为主题的第六届顺德珠宝旅游文化节暨第三届顺德国际珠宝展在伦教珠宝产业园保发珠宝产业中心举行。开幕式当天，广东轻工顺德珠宝产业学院和重庆曙光珠宝职业产业培训学校与广东保发珠宝产业园战略合作等2个珠宝人才培养项目签约落户伦教。珠宝大师工作室示范基地、樊军民大师工作室、陈義大师工作室、刘忠山大师工作室、顺德珠宝首饰创意中心等5个载体揭幕启用。启动由中宝协与顺德区人民政府共同打造的第二届中国珠宝首饰设计“天工奖”。举办粤港澳珠宝设计师战略伙伴联盟授牌暨珠宝创意设计论坛。

第十九届中国顺德（伦教）国际木工机械博览会　2018年12月6—9日，第十九届中国顺德（伦教）国际木工机械博览会在伦教展览馆举行。该展会吸引400多家知名木工机械和配件展商参展，以“智能制造、创优发展”为主题，展示高速、高效、绿色环保、智能的木工机械新技术及新产品，展品涵盖实木加工、板式加工、门窗加工、喷涂机械、输送设备等各个领域和环节的木工机械设备和配套产品。该展会邀请国内外多个家具协会、生产企业以及行业厂家、经销商、代理商组团参观，吸引马来西亚、印度尼西亚、越南、德国等国家和中国台湾、江西南康、湖南等地的木工机械企业、家具产业组团参加，以及广州、东莞、中山、江门家具和机械商协会代表组团参加。

【勒流街道】 勒流街道踞广佛中心，连接顺德区7个镇街道，位于广佛半小时生活圈和粤港澳大湾区两小时辐射圈之内。顺德水道（北江）、顺德支流一北一南贯穿而过，珠二环高速、佛山一环南延线、325国道、南国西路、伦桂路在此交汇。拥有“中国滑轨产业基地”“中国铰链产业基地”“中国商业照明产业基地”3个国家级基地，先后获得“国际标准化名镇”“中国家居五金之都”“中华美食名镇”“国家卫生镇”“广东省民间艺术之乡”“广东省教育强镇”“广东省文明镇”“广东省科技创新专业镇”“广东生态示范镇”等称号。辖区总面积90.78平方千米，辖17个村、5个社区。2018年末常住人口34.05万人，其中户籍人口12.66万人，地区生产总值310.69亿元，三产比例为2.18%：63.64%：34.18%；规模以上工业总产值581.14亿元；限额以上贸易住宿餐饮业营业额42.6亿元；税收（含国税调库数）完成29.43亿元；一般公共预算收入8.02亿元，城乡居民储蓄存款余额181.33亿元。

“勒流五金创新小镇”入选省级特色小镇名单　2018年，“顺德勒流五金创新小镇”入选省级特色小镇创建对象入库名单，规划总面积3平方千米，按照“一核一带三片区”的总体架构，利用家居五金产业带动产业横向和纵向延伸，打造“全球家居五金全产业链智造中心”。

勒流举办发现勒流之书乡味园博会　2018年4月28日，“醉美勒流 共映清晖”——发现勒流之书乡味园博会在清晖园博物馆开幕，活动持续半个月，吸引群众超10万人次参加。市民游客通过观赏省非遗龙眼点睛、黄连广绣、众涌飘色以及“中国最美乡村”江义剪纸、精美盆景作品等传统民俗，再次“发现勒流”、感受顺德之美，启迪乡村寻根意识和追忆乡愁情思。

稔海村获全国首个“中国鳗鱼之村”称号　2018年7月26日，中国水产流通与加工协会决定授予顺德勒流稔海村“中国首个鳗鱼之村”称号。稔海村以此为契机打造水乡休闲“鳗生活”，形成“鳗文化”，建设一个融鳗鱼产品、美食文化、休闲观光于一体的生态休闲示范园。

勒流金融产业服务中心成立　2018年12月，勒流产业金融服务中心挂牌成立，通过引入专业服务机构，创新金融模式和企业对接，为勒流中小企业提供专业化、全方位、一站式的金融服务平台，加速企业与资本对接，促进勒流街道资本市场运营质量和效益的提升。

【陈村镇】 陈村镇，素有“中国花卉第一镇”“千年花乡”的美誉，自古就是商贾云集之地，历史上曾与广州、佛山、东莞石龙镇合称“广东四大名镇”。陈村人杰地灵，人才辈出，是《三字经》作者区适子、清代作家黎简和现代雕塑艺术家梁明诚的故乡。陈村区域面积50.7平方千米，常住人口21.43万人，户籍人口9.97万人，辖7个村和8个社区。2018年实现本地生产总值230.11亿元；工农业总产值439.36亿元；一般财政收入4.74亿元；税收收入31.68亿元；居民储蓄余额181.24亿元。

第34届陈村迎春花市　2018年2月3—14日，第34届陈村迎春花市在陈村花卉世界举行。该届花市以花与民俗作为纽带，展现陈村的花卉全产业链发展、花卉小镇建设的新成果。除展销传统年桔、年花之外，举办农业、花卉MIX空间展，打造花间集—蝴蝶兰、植物艺术空间、顺德民俗文化、创意农产等一系列主题创意展馆，糅合花艺、花业、花展、民俗、文化创意、电子商务、音乐、美食等丰富多彩的元素，让年味更加芬芳醇厚。

陈村镇“花海骑行”启动暨第三届公益慈善嘉年华活动　2018年3月11日，善行花海·筑梦陈村——陈村镇“花海骑行”启动暨第三届公益慈善嘉年华活动举办，吸引广佛两地近6000人参与。该次启动的路线串联周边的AAAA旅游景点、祠堂古建、年桔文化、河岸湿地公园等20多个景点，让市民以骑行的方式，穿行花海绿道，寻觅巷陌风情，感受岭南水乡文化，领略千年花乡魅力。

昇辉控股总部大楼建设启动　2018年10月9日，广东昇辉电子控股有限公司举行总部大楼建设启动仪式。该项目作为顺德区重点招商项目之一，总投资2亿元，建设面积4.86万平方米，计划建设周期1年，将建设企业研发、设计和创意孵化中心、重点科研课题实验室等科技创新单元，提升企业核心竞争力、打造科技化、现代化企业奠定坚实基础。

广东（陈村）花卉旅游文化节暨国际花卉新优品种推介会　2018年12月29日，广东（陈村）花卉旅游文化节暨国际花卉新优品种推介会在陈村花卉世界开幕。活动持续至2019年1月6日。文化节展览面积达1.5万平方米，展示几千个花卉品种。设有维生品种展示会、缤纷花境展、鸿业花境展、花卉文化体验展、蝴蝶兰展、洋兰展、盆景精品展、七巧立体绿化技术及花艺空间布置展、智谷农业植物艺术展、国兰文化艺术展等项目

【北滘镇】 北滘，古称“百滘”，意为“百河交错、水网密集”，位于佛山市顺德区的东北部。2018年，全镇总面积92平方千米，辖20个村（社区），户籍人口15万人，常住人口33万人。全镇本地生产总值601亿元，农业总产值8.09亿元，规模以上工业产值2657亿元，国地税收入140.2亿元，金融机构本外币存款余额1007.8亿元，限额以上企业社会消费品销售总额226亿元，城乡居民存款余额272.4亿元，城镇居民人均可支配收入64545元，农民人均纯收入20405元。

华南师范大学附属顺德北滘学校开学　2018年9月3日，华南师范大学附属顺德北滘学校启用，首批459名新生入学。该学校是顺德区政府与华南师范大学合作创办、由北滘镇政府投资兴建的九年一贯制公办学校，是华南师范大学在佛山地区首个“校地合作”开办的公办学校项目。该校按省一级示范学校标准设计建设，下设小学部和初中部，小学部、初中部各设36个教学班，计划提供学位3400个。

北滘镇陈大滘村级工业园区改造暨广东智汇产业园示范园项目启动　2018年4月24日，北滘镇陈大滘村级工业园区改造暨广东智汇产业示范园项目启动仪式在陈大滘工业区太阳花工厂内举行，现场解读顺德区村级工业园升级改造“1 + 3”系列文件，明晰村级工业园改造政策的内涵和具体操作指引。其间，北滘镇人民政府与北滘总商会签订陈大滘村级工业园改造项目责任书，北滘总商会与广东智汇产业园投资方签订投资开发合作协议，广东智汇产业园投资方代表与陈大滘村级工业园企业代表签订合作意向书。作为全区推进示范项目之一的陈大滘工业区，改造总体用地面积23.33公顷。计划通过“拆除重建+局部加建+综合整治”的混合模式改造成为广东工业设计城和美的全球创新中心产能人才外溢的扩展功能区。

和泰安养中心建设启动　2018年4月27日，“遵道顺德 和泰齐家”和泰安养中心建设启动仪式在北滘镇举行。活动中，广东和的慈善基金会向和泰安养中心捐赠3亿元，用于和泰安养中心项目建设。和泰安养中心定位为一座中高端养老服务机构，项目落成后将采用公益化、市场化与专业化运营，打造成养老服务标杆，满足北滘养老事业的现实需求。

和园开园　2018年4月27日，位于北滘镇的和园开园，举行“春和景明 清气满园”和园庆典。庆典活动中，广东和的慈善基金会向北滘镇政府移交其捐资3亿元建成的岭南园林经典之作——和园。和园历时3年建设，是一座展示岭南园林艺术、传承广府优秀文化的旅游景区与园林博物馆。

北滘镇通过国家卫生镇复审　2018年8月9日，广东省国家卫生镇复审专家组到北滘镇进行国家卫生镇复审考评，复审主要围绕爱国卫生组织管理、健康教育和健康促进、镇容环境卫生等方式进行细致全面复查。专家组一致认为北滘镇巩固国家卫生镇工作措施落实到位，通过该次国家卫生镇的复审，并建议广东省爱国卫生运动委员会将北滘镇上报国家爱国卫生运动委员会予以复审确认。2015年，北滘镇被国家爱国卫生运动委员会重新确认命名为国家卫生镇。

【乐从镇】 乐从镇位于珠江三角洲中部，距广州市30千米。地处广佛都市圈核心区域，是两大国家级对外合作平台中德工业服务区、中欧城镇化合作示范区的核心区所在地。可通过顺德快线、新桂路、环镇路、佛山大道、佛山一环及轨道交通与周边镇街快速对接，辐射整个珠三角地区。辖区总面积78平方千米，2018年辖19个村、6个社区，年末常住人口32万人，其中户

籍人口12万人。2018年，乐从镇实现地区生产总值212.08亿元，比上年增长6.57%；实现税收40.14亿元，增长19.1%；银行存款余额500.12亿元，增长11.31%，居民存款余额344.88亿元，增长10.41%；贸易业销售收入988.92亿元，增长6.1%，其中三大市场销售额909.77亿元，增长4.94%；规模以上工业产值67.35亿元，增长8.8%；全社会固定资产投资增长11.11%；累计总用电量15.8亿千瓦时，增长4.75%。

乐从首个自闭症儿童康复中心揭幕　2018年1月16日，乐从镇首个特殊儿童康复教育机构——乐从镇星晴儿童康复中心揭牌启用。该项目由乐从镇政府和慈善会联合打造，首期投入近300万元，引入香港同类项目建设标准，由专业特教团队运营，将为乐从镇乃至周边地区的2～12岁的自闭症儿童、2～14岁的智力障碍和脑瘫儿童提供专业的康复训练、托管照料服务。

广东院士团队创新创业（佛山）驿站揭牌　2018年3月29日，由广东院士联合会、佛山市科学技术局联合主办，佛山市顺德区投资服务局、佛山市顺德区乐从镇人民政府承办的佛山生物医药产业创新发展峰会在中欧中心举行，其间，广东院士团队创新创业（佛山）驿站揭牌。该院士驿站是佛山引进院士团队及其成果提供一站式服务的平台，驿站将承担平台功能，发挥其扎根佛山、贴近产业、贴近企业的优势，建立佛山高端科技人才、技术、项目的需求库，以需求为导向，实施靶向性的招才引智，组织佛山企业、事业单位与院士专家开展对接，为院士专家团队的重大科技成果转化落地佛山服务。

乐从镇通过国家卫生镇省级复审检查　2018年8月2日，广东省爱国卫生运动委员会办公室组织专家对乐从镇申报国家卫生镇复审进行检查，听取汇报与现场检查后，专家组认为乐从镇公共设施完善、卫生措施落实较好，机制健全，卫生状况已经达到国家卫生镇标准。

乐从镇获“中国家居商贸与创新之都”称号　2018年11月16日，智·创未来2018乐从家居创新设计系列活动在乐从启动。启动仪式上，中国轻工业联合会与中国家具协会联合授予乐从镇“中国家居商贸与创新之都”名称，这是中国轻工联合会首个以创新元素授名的区域品牌。

【龙江镇】 龙江位于顺德西部，是国家重点镇、广东省中心镇，也是珠三角地方性中心和佛山城市组团之一，国道325、省道121、珠二环高速、佛开高速、顺番路、乐龙路经过辖区。2018年，全镇面积73.8平方千米，下辖13个村、10个社区，常住人口30万人，其中户籍人口10.9万。完成工业总产值855.3亿元，比上年增长9.2%；全社会固定资产投资增长51.43%；税收入库27.2亿元，增长11.89%。位列全国综合实力千强镇第三十四位。

国家市场采购贸易方式试点落户龙江　2018年9月，商务部等七部委批复同意亚洲国际家具材料交易中心开展市场采购贸易方式试点，佛山市成为全国第四批6个开展试点的城市之一。12月20日，佛山亚洲国际家具材料交易中心市场采购贸易方式试点启动。获批成为国家市场采购贸易试点的亚洲国际家具材料交易中心，规划经营面积约120万平方米，至年底建成约80万平方米。该中心是典型的内外贸一体的专业市场，活跃在该市场采购家具的外国客商约1000人，主要来自东南亚、中东、中亚、欧美、非洲等地区。

龙江镇获“中国家具设计与制造重镇”称号　2018年，中国轻工业联合会、中国家具协会批复同意授予龙江“中国家具设计与制造重镇”称号。6月8日，广东顺德（龙江）家居设计创新战略发布会暨广东家居设计谷项目启动。该称号获得是对龙江镇近年在家具产业创新设计方面不断取得新成果的肯定，促使龙江家具产业向“微笑曲线”两端延伸，推动龙江家具产业实现高质量发展，助力“设计顺德”建设。

龙江镇新行政服务中心落成启用　2018年11月23日，龙江镇行政服务服务中心建成启用。中心占地面积1127平方米，实用面积3700多平方米，总共分4层，2~3层为便民服务大厅，设置65个服务窗口，实施业务办理统一叫号、前台版块综合受理、后台高效办理审批、综合窗口统一出件的模式提供服务。

甘竹滩洪潮发电站历史展示馆开馆　2018年12月11日，龙江镇举行甘竹滩洪潮发电站历史展示馆开馆仪式。甘竹滩洪潮发电站是一座时代的丰碑。20世纪70年代，顺德人建成中国第一座低水头发电站。它不仅为顺德40年来的高速发展提供源源不断的能源动力，更为顺德留下宝贵的科技顺德精神原动力。

【杏坛镇】 杏坛，以孔子讲学的杏坛之说命名，位于顺德西南部，水陆交通四通八达，江顺大桥和顺德新港坐落其

顺德区龙江镇城区新貌　（李海廉摄）

中，佛山一环南延线、南二环高速、高富路等道路使杏坛与珠三角各城市实现快速对接。2018年全镇总面积122平方千米，辖24个村、6个社区。户籍人口14.12万人，流动人口9.85万人。杏坛是珠江三角洲知名水乡，文化氛围浓郁，逢简景区全年接待游客达130万人次。2018年全镇实现地方生产总值239.25亿元，比上年增长6.15%；工业总产值669.29亿元，增长11.79%；全社会固定资产投资增长2.68 %；税收19.4亿元，增长24.4%，经济社会发展呈现稳中有进的良好局面。

西山小学高新区学校投入使用 2018年9月3日，顺德区西山小学高新区学校投入使用，是首个落户顺德高新区西部启动区的优质公办学校项目，校址位于高赞大桥以南、佛山一环南延线东侧，占地2万多平方米。至年底，西山小学有10个班，其中一年级4个班，2—4年级各2个班，学生450人，教师23人。

杏坛镇被评为广东省民间文化艺术之乡 2018年3—5月，广东省文化厅组织开展2018—2020年度“广东省民间文化艺术之乡”评审命名活动。经各地推荐、专家评审，全省评选出“广东省民间文化艺术之乡”43个，其中杏坛被评为2018—2020年度“广东省民间文化艺术之乡”，是全区唯一获此称号的镇（街）。

杏坛镇党群先锋队成立 2018年8月4日，杏坛镇党群先锋队成立仪式在杏坛中学礼堂举行，全体党群先锋队队员进行入队志愿宣誓。先锋队为强化农村基层党建提供杏坛思路和杏坛模式。在2017年6个试点村居成立的党群先锋队基础上，杏坛镇加快在其他24个村（社区）组建党群先锋队。

【均安镇】 均安镇地处珠三角腹地，扼顺德西南片区的开放门户，为佛山与中山、江门两市的黄金交汇点。2018年，镇域总面积80.13平方千米，辖5个村和8个社区，户籍人口9.56万人，异地务工人员10.23万人。全镇实现工业产值390.55亿元，比上年增长5.89%；农业产值7.15亿元，下降1%；限额以上批零住宿餐饮营业额16.89亿元，增长18.78%；工商税收入库13.47亿元，增长20.69%；人民币存款余额132.26亿元，增长2.4%。勇立“创新、协调、绿色、开放、共享”的发展潮头，独具生态潜力和人文禀赋的均安厚积薄发，以差异化之笔绘写着“山水均安·花园绿岛——珠三角慢生活小镇”的锦绣蓝图。

均安镇生态环境整治与防治 2018年，均安在全镇6条主干河涌设置402个二维码排污口标识牌，拓宽市民主动参与河长制工作的渠道。成立民间河长、护河志愿者、巡河健身队等队伍，发动基层民众主动参与均安镇河长制工作。协调区政府争取7000多万元计划新建6座分散式农村生活污水处理站，解决南沙、太平等偏远居村的生活污水处理问题，年内推进投资1.8亿元的均安生活污水处理厂及配套管网二期工程，建成后全镇生活污水处理能力达到4.36万吨/日，生活污水处理率提高。是年6月、7月均安水环境质量连续排佛山市第一名。制订《关于均安镇开展新立重立坟头整治工作方案》，清理全镇各山头、堤围地存在坟头12000多个。对全镇31家重点废气排排放企业安装在线监控设备，实时监控企业治污设施运行情况；引入城市环境空气网格化监测系统，加强均安镇区域大气污染防治网格化管理，通过环境保护委员会督办，各部门、村（居）联动，第三方督查“三位一体”的防控体系，均安镇环境空气质量保持全区领先。

“众衣联”中国纺织服装产业互联网服务平台启动 2018年1月25日，“众衣联”中国纺织服装产业互联网服务平台启动签约仪式在佛山市顺德区均安镇政府会议中心举行。中国纺织工业联合会副会长杨纪朝、广东省服装服饰行业协会会长卜晓强等300多名嘉宾领导出席。“众衣联”是由广东牛仔产业集群、纺织（针织）产业集群、梭织产业集群、设计师及品牌集群等23家纺织服装企业抱团发起，以“纺织服装产业+互联网+金融资本”为核心路径打造的纺织服装产业互联网型总部经济体，首期投资1亿元。

广东省2018年“六·五”环境日宣传分会场活动在均安举行 2018年6月3日，由广东省环境保护宣传教育中心、佛山市环境保护局、佛山市顺德区环境运输和城市管理局、佛山市顺德区均安镇政府等单位联合举办的“美丽中国，我是行动者——筑梦顺德生态水乡”广东省2018年“六·五”环境日宣传分会场活动在均安镇南沙岛东海绿岛广场举行。活动还举行顺德区生态保护红线标识牌揭牌仪式，100位环保志愿者现场宣誓授旗仪式、“环境教育基地”与“绿色生态社区”同步创建等活动。参会领导、嘉宾以及与会人员在南沙岛进行零废弃环保徒步活动。

凫洲文化（牛仔）产业园新华永丰片区改造提升项目启动 2018年8月28日，均安镇凫洲文化（牛仔）产业园新华永丰片区改造提升项目启动仪式在均安新华永丰工业园举行。凫洲文化（牛仔）产业园项目是广东（均安）纺织服装产业城的建设核心，该项目主要包括东堤工业片区、新华永丰片区等7个片区，以牛仔+产业为核心，通过对凫洲河沿岸旧工业厂房的重建或活化改造，打造成为汇产业和文化于一炉、集水乡风韵、时尚魅力和生活居住为一体的国际化特色园区。

（田小玲）

高明区

【概况】 高明区位于佛山市西部，是珠江、西江交汇的重要节点，与南海、三水及肇庆高要、云浮新兴、江门鹤山为邻。高明得名于西汉元鼎六年（公元前111年），先后属南海郡、苍梧郡辖地，明成化十一年（1475年）设高明县，1981年恢复县建制并划归佛山地区管辖，1994年撤县设市，2002年撤市建区。2018年辖荷城街道、杨和镇、明城镇、更合镇等4个镇（街道），另设西江新城，有21个社区、51个行政村，有673个村（居）民小组，区政府驻地为荷城街道。辖区总面积937.81平方千米。年末户籍人口32.05万人、常住人口44.29万人。全区常住人口自然增长率9.75‰，户籍人口自然增长率11.09‰。

2018年，高明区有耕地面积1.2万公顷，粮食播种面积0.64万公顷，粮食产量5.52万吨。林地面积4.44万公顷，森林覆盖率50.49%，活立木蓄积量290.5万立方米。人均公园绿地面积22平方米。土特产有合水粉葛、合水生姜、富硒大米、三洲黑鹅、对川红茶、八达桂花鱼等，是珠三角西翼的“鱼米之乡”、绿色食材生产供应基地、全国综合实力百强区、中国工业百强区、“最美中国·生态旅游目的地”。主要旅游景点有唐代龙窑遗址、皂幕山旅游风景区、盈香生态园、云勇森林公园、海天娅米阳光城堡、美的·鹭湖森林度假区。主要传统民俗活动有“角仔节”“塘肚行神”“扒龙舟”“全城灯谜会”等。

2018年，高明全区实现地区生产总值879.49亿元。主要万元生产总值能源消耗0.384吨标准煤。社会用电量52.97亿千瓦·时。全年科学技术财政投入3.28亿元（科技三项费用），比上年增长45.77%；教育事业财政投入8.46亿元，增长0.17%；文化体育与传媒财政投入0.61亿元；医疗卫生与计划生育财政投入5.98亿元。年末从业人员158483人，城镇登记失业人员总数为911人，城镇登记失业率2.58%。全年接收社会化管理退休人员0.23万人，在册管理的社会化退休人员3.2万人。领取基本养老金退休人员3.2万人，享受失业保险待遇1.5万人次，享受生育保险待遇46741人次，享受工伤保险待遇1394人次。城镇生活污水集中处理率81.15%，城镇生活垃圾无害化处理率100%。

高明素有“文风甲端郡”“硕彦辈出”的美誉，拥有古椰贝丘遗址、唐代龙窑遗址、灵龟塔等55处各级文物保护单位，其中古椰贝丘遗址为国家级文物保护单位，还有高明花鼓调、高明濑粉、高明花灯、扎狮等非物质文化遗产。历史文化名人有明代岭南诗坛领袖区大相，中国第一报人梁发，民主革命先驱谭平山、谭植棠、谭天度，广东象牙微雕艺术奠基人冯公侠，武术家、医学家夏汉雄，数学家、教育家何衍璇等。高明是广东革命老区（县）之一，也是粤中纵队诞生地和主要根据地，拥有谭平山故居、陈汝棠故居，以及高明区红色廉政文化教育基地中国人民解放军粤中纵队纪念馆等红色文化场馆。

2018年，高明区获全国县级防震减灾工作综合考核先进单位。

中共高明区委书记：徐东涛；区人大常委会主任：罗雄；区长：梁耀斌；区政协主席：黄棋泰；区纪委书记：蔡国富。

2018年佛山市高明区国民经济主要指标

指　标	单　位	绝对值	比上年增长（%）
地区生产总值	亿元	879.49	5.5
第一产业增加值	亿元	20.11	31.5
第二产业增加值	亿元	658.81	4.0
工业增加值	亿元	643.21	4.0
第三产业增加值	亿元	200.57	8.9
人均地区生产总值	元	199182	4.1
规模以上工业总产值	亿元	2989.39	3.8
农林牧渔业总产值	亿元	41.86	21.4
社会消费品零售总额	亿元	139.47	8.6
外贸进口总额	亿元	24.70	−22.3
外贸出口总额	亿元	175.90	18.1
实际利用外资	亿元	2.05	–
地方一般公共预算收入	亿元	40.40	11.1
地方一般公共预算支出	亿元	49.76	20.2
城乡常住居民人均可支配收入	元	34162	8.8
城镇常住居民人均可支配收入	元	35449	8.6
农村常住居民人均可支配收入	元	24161	9.3
境内住户存款余额	亿元	223.2816	7.3

【产业发展】 2018年，高明区实现第一产业增加值20.11亿元，比上年增长31.5%；第二产业增加值658.81亿元，增长4.0%；第三产业增加值200.57亿元，增长8.9%。三次产业比重为2.3∶74.9∶22.8。是年，高明区位列全国综合实力百强区第四十二位、中国工业百强区第十八位，均比2017年上升1位。

现代农业加快发展　全年实现农林牧渔业总产值41.86亿元，比上年增长21.4%。其中：农业产值9.77亿元，增长36.7%；林业产值1.35亿元，增长18.7%；牧业产值15.40亿元，增长15.6%；渔业产值13.47亿元，增长21.6%；农林牧渔服务业产值1.87亿元，增长4.4%。新增全国休闲渔业示范基地1个、省级水产龙头企业1家、市级以上农业龙头企业3家、市级以上“菜篮子”基地7家、“三品一标一名牌”农产品30个。举办首届葛王擂台赛，“合水粉葛”被认定为全国名特优新农产品。新认定新型职业农民80人，培训4000多人次。开展“农业质量年”行动，国家农产品质量安全追溯平台试运行，食用农产品检测合格率99%以上。

2017—2018 年佛山市高明区社会事业主要指标

指　标	单　位	2017 年	2018 年
中等职业学校和技工学校	所	3	3
中职和技校在校学生	人	4945	4178
普通中学	所	12	12
普通中学在校学生	人	17181	19561
小学	所	23	24
小学在校学生	人	31951	32060
幼儿园	所	40	40
在园幼儿	人	15538	15404
医院、卫生院	家	14	14
医院、卫生院床位	张	1886	1892
群众艺术馆、文化馆	个	73	77
公共图书馆	个	109	116
博物馆	个	2	5
国家档案馆	个	0	0

工业发展后劲增强　全年实现工业总产值 3062.94 亿元，比上年增长 3.8%。拥有规模以上工业企业 509 家，实现规模以上工业产值 2989.39 亿元，增长 3.8%。其中，主营收入超百亿工业企业 2 家、超 50 亿工业企业 1 家、超 10 亿工业企业 9 家、超 5 亿工业企业 10 家。严把工业项目投资强度和亩产税收关，工业项目合同投资总额 154.56 亿元，预计年纳税总额 22.35 亿元。纺织服装产业、食品饮料产业、家居建材产业、精细化工产业、金属制品产业、塑料制品产业、电子电器产业七大支柱产业保持较快增长，实现产值 2493.93 亿元，比上年增长 5.8%。装备制造业、新能源、新材料等三大新兴产业实现产值 967.27 亿元，增长 3.8%，先进制造业增加值占规上工业增加值比重 44%。

第三产业势头良好　推进全域旅游示范区创建，建立“党委领导、政府推动”的全域旅游领导体制，建立“一核两心多点（区旅游集散中心；美的·鹭湖游客中心、西江新城游客中心；28 个咨询服务点）”旅游集散体系，打造了以凌云山片区为核心的“花香旅游经济带”，以美的·鹭湖森林度假区为支柱的旅游景区体系，以温德姆酒店为龙头的高端酒店体系，以房车营地、木屋民宿为代表的住宿新业态，成为全区旅游新增长点。全年接待游客 810.23 万人次，比上年增长 15.4%，实现旅游总收入 35.4 亿元，增长 13%。社会消费品零售总额 139.47 亿元，增长 8.6%；其中批发零售业零售额 121.05 亿元，增长 8.7%；住宿餐饮业零售额 18.42 亿元，增长 7.9%。高标准推动“众塑联”产业平台发展，实现交易额超 20 亿元，平台交易商家 807 家。现代物流业加快发展，引入投资 2 亿美元的安博国际物流园，乐歌供应链管理仓储配送中心、佛汽高明物流中心建成运营；全市首个京东云仓落户万方电商产业园。

【全面深化改革】 2018 年，高明区完成 1 项市级重点改革专题（建立低效产业用地整治提升新机制，促进产业发展提质增效），7 项重点改革专题、26 项改革要点完成年度改革任务；继续推进的 12 项 2016 — 2017 年跨年度改革专题完成 10 项，66 项改革清单全面完成。

构建高质量发展体制机制　推进低效产业用地整治，通过企业自主改造提升、实施政企联合招商、开展协议回收、鼓励土地流转、实施税收倍增计划等方式，全年盘活低效产业用地 97 宗 439.2 公顷，利用盘活用地新上马和改造提升项目 101 个。实施区镇两级管理体制改革，强化区级对土地开发、招商引资等核心发展要素的统筹和区级发展责任。其中，在土地开发区级统筹方面，处置完成闲置土地 321.33 公顷；在区级统筹招商方面，严把项目投资强度和亩产税收关，引进项目 101 个，合同投资总额 402.21 亿元。

打造党建引领基层善治体系　以提升组织力为重点，制定村（居）基层组织建设三年行动计划等 12 项政策举措，推行村（社区）重要事权清单管理，铺开村居无职党员设岗定责，首批领岗党员 1386 人，72 个村（社区）建立党群服务中心。建立集“宣传、服务、查询、监督、投诉”于一体的阳光村务“三联”监督平台，实现村级事务全公开并接受群众监督，推动农村财务账及时交账率从不足 46% 提升至 100%，代管率 100%，推动全区农村集体资产交易合同数增长 46.5%，资产成交年标的增值 21.98%，增长 683 万元。

营造“四季如春”营商环境　深化商事制度改革，深入推进“多证合一”，强化“双随机一公开”监管，新登记各类市场主体 6396 户，总量 3.43 万户。推行经营许可主题式服务，开办企业时间压缩至 3 天。推进“一门式、一网式”政务服务改革，实现不动产抵押登记、抵押权注销登记全区通办，不动产涉税登记“一窗通办”。推进网上中介服务超市建设，为 1757 个进驻中介服务机构提供公平竞争平台。启动高频事项申办“零跑动”、热门事项材料“零提交”改革，实现“双零”事项 40 项。

大力推进民生领域改革　深化教育领域综合改革，推进初中一级办学体制改革，与广东第二师范学院合作共建国家教师教育创新实验区。深化健康高明建设，推进区人民医院与市第一人民医院、区中医院与市中医院组建医联体，实现困难群体家庭医生签约服务全覆盖。深入推进城市执法体制改革，试行城市管理精细化监管应用平台，推广城市管理第三方服务。推进“文化高明”建设，实施“文化高明”三年行动计划，成功创建国家公共文化服务体系示范区。推动智慧市场监管体系建设，建立3.3万户市场主体的数据档案，实现高效、精准、动态、闭环监管。

【创新驱动发展】 2018年，高明区规模以上工业企业R&D经费支出18.76亿元，占GDP比重2.1%。规模以上工业企业研发机构建有率55.51%，主营业务收入5亿元以上工业企业、规模以上高新技术企业研发机构实现全覆盖。

加强创新载体建设 积极对接广深港澳科技创新走廊和佛山“一环创新圈”，实施打造高端创新平台三年行动计划，启动科创小镇规划建设，推动高明（中科院）新材料产业研究院、高明产业创新研究院投入运营，新增院士专家企业工作站7家，省级重点实验室增至4家。实施高企树标提质工程，高新技术企业存量162家，各级工程技术研究中心增至305家，溢达、海天、高富、安华等63家企业共205项产品入选省高新技术产品。

实施质量强区战略 以标准、品牌建设为引领，着力以质量促转型，拥有佛山市政府质量奖企业2家；开展首届区政府质量奖评审，评选出高明区政府质量奖（含提名奖）企业5家；新增佛山市细分行业龙头企业15家、通过二、三级计量保证体系获证企业26家、质量管理体系获证企业34家；新增商标有效注册量2065件，增长35.41%；新增国家标准3项、行业标准6项，累计主导或参与制修订已发布国家标准47项、行业标准64项、地方标准17项；盈香生态园旅游服务业标准化试点列入国家级服务业标准化试点项目，6家企事业单位的检验检测实验室获得中国合格评定国家认可委员会（CNAS）认可。

提升自主创新水平 组织开展产学研对接活动，促进企业与华南理工、四川大学等高校达成41个科技项目合作，合作规模超2000万元。支持鼓励企业实施企业知识产权战略，2018年发明专利授权量为467件，比上年增长26.22%；发明专利拥有量30.96件/万人，发明专利授权量1061件/百万人，均位居全市前列；川东磁电、炜林纳新材料等5家企业专利获中国专利优秀奖，溢达纺织、柯维光电、法恩洁具、安华陶瓷4家企业荣获国家知识产权优势企业荣誉称号。在第十届国际发明展览会暨第三届世界发明创新论坛上，高明区参展企业获得2金3银1铜，奖牌数全市第一。

【西江新城城市生态修复项目获“2017年广东省宜居环境范例奖”】 2018年1月17日，西江新城城市生态修复项目获“2017年广东省宜居环境范例奖”，被推选申报2018年“中国人居范例奖”。该项目围绕海绵城市建设要求，通过严格落实河长制湖长制，打出工程监管、建设、排查整治一整套“组合拳”，完成了74千米雨污水管网、南莲溪水系统主干网等主体工程建设，并通过引水入城，完成秀丽河景观综合整治等6个水环境整治提升工程项目。

【高明区通过国家知识产权强县（区）工程试点区验收】 2018年，原省知识产权局代表国家知识产权局对高明区开展国家知识产权强县（区）工程试点区试点期满考核验收工作，验收成绩104.7分，是省内县（区）级申报历史最高分，获批准创建国家知识产权强县（区）工程示范区。自2015年被确定为国家知识产权强县（区）工程试点区起，高明区坚持立足实际，强化政策、平台、服务、法治四大支撑，推动知识产权工作持续深化发展。2018年全区发明申请量2396件，比上年增长24.66%；发明拥有量1363件，比上年增长36.71%；发明专利授权量位居全省县区前列。

【高明区第二届创意创新创业大赛】 2018年5月28日至9月28日，高明区启动第二届创意创新创业大赛，分社会组和中小学生组，吸引超过100个项目报名参赛。经过激烈角逐，社会组一等奖由泰克斯乐科技公司“防雾新材料的研发与商业化应用”项目获得；中小学生组一等奖分别由高明区第一中学“基于数理选择的四重阻隔防臭地漏的设计与使用”、高明区高级技工学校“室内骑行游览装置”、高明区职业技术学校“智能停车场”、高明区沧江中学“根据路况自适应调节路灯”4个项目获得。对大赛中出现的市场前景突出或社会效益明显的项目，高明区国家级众创空间“纳米空间”提供后续的研发平台、投融资、管理咨询、办公空间等服务。

【高明区举办首届农旅招商推介会】 2018年7月25日，高明区在佛山君御温德姆酒店举办以“助力乡村振兴 乐享生态高明”为主题的首届农旅招商推介会，吸引多家银行业金融机构代表和商会、协会、农民专业合作社、企业家代表、媒体代表等370多人参与。该次推介会全面展现了高明近年来农业和旅游发展的成果，推出8个1333.33公顷的农旅地块用于招商推介，并举行重点项目签约仪式，包括粤中农批市场、睡莲深加工、鹭湖明珠生态农业观光、绿丹生态农业观光、明城镇陌上花开、高明郁金香园以及鹏鹄蘑菇小镇等7个农旅项目，总投资额超60亿元。

【中国武术散打职业联赛2018年赛季在高明区举行】 2018年7月29日至12月21日，国内等级最高的武术散打职业赛事散打天下——中国武术散打职业联赛2018年赛季在高明区举行。该项赛事由国家体育总局武术运动管理中心、中国武术协会，北京中武利百文化体育发展有限公司主办。中国武术散打职业联赛2018赛季共举办4场赛事，设男子65公斤级、70公斤级、75公斤级、80公斤级、85公斤级、90公斤级6个级别比赛，冠军分别由兰友生、李邵阳、高上海、王立祥、闫博文、韩祥达夺得，吸引5万多人次到场观看，20多家媒体视频直播，40多家国家省市媒体以及国内主流门户网站报道。

【高明区与市中医院签约共建紧密型医联体】 2018年9月6日，高明区与市中医院举行共建紧密型医联体签约仪式。根据双方协议，采取非产权合作型的紧密型医联体合作模式，将高明区中医院委托给市中医院全权经营管理。在5年合作期内，高明区将根据医院发展需要，保证财政投入，向上级部门争取医保政策倾斜，以及支持市中医院对供应链的改革，并建立起医联体系内利益共享机制。市中医院则将全面负责高明区中医院的运营，通过管理人才支援、管理人员培训、专题调研和指导等多种形式，实现市中医院“管理下沉”和高明区中医院“医疗服务提升”。

【高明区与广东第二师范学院签约共建国家级教师教育创新实验区】 2018年9月7日，高明区与广东第二师范学院签约，以原富湾中学为合作试点，共建国家教师教育创新实验区。富湾中学更名为广东第二师范学院高明附属学校，从三方面进行合作共建：一是共建共管广二师高明附校，并实施九年一贯制办学体制改革。二是合作共建区级教师发展中心，推进全区教科研训一体化，建设一支业务精湛、担当作为、干事创业的教科研专业队伍。三是共同开展基于学校发展的校长领导力提升和教师培养培训工程，建立校地优秀教师双向互聘模式和校地名师工作站。

【高明区举办第一届村际（百村）足球赛】 2018年10月8日至11月24日，高明区以“乡村振兴、足球同行”为活动主题，举行金科集美天辰湾杯2018年高明区第一届村际（百村）足球赛。比赛吸引66支村居队伍约2000名运动员参加，采取7人制，分小组循环赛和交叉淘汰赛两个阶段，共举行140多场比赛。最终杨和镇河西足球队、杨和镇对川足球队、更合镇田村足球队、更合镇吉田足球队分别获得冠军、亚军、季军、殿军，荷城街道伦埇足球队获精神文明奖，荷城街道唐美足球队获最受欢迎奖。

【第七届世界太极拳健康大会在高明区举行】 2018年11月10—12日，第七届世界太极拳健康大会在高明区举行，来自世界各地20多个国家和地区的800多名运动员参加1239个项目的奖牌角逐。本次大会由国家体育总局武术运动管理中心、中国武术协会主办，广东省武术协会、佛山市体育局、高明区人民政府承办，是国内规模最大、规格最高、参与度最广泛的太极拳品牌赛事。赛事设置个人项目、对练项目和集体项目，包括陈式太极拳、杨式太极拳、吴式太极拳等，组别分为儿童组、少年组、青年组、中年组和老年组。

【2018年首届全球高明恳亲大会】 2018年11月17—18日，高明区举办以“根系高明·花繁五洲”为主题的2018年首届全球高明恳亲大会，600多名来自海内外的高明籍乡亲参加活动。该次恳亲大会主要包括海外联谊会全体会议、招商推介活动、青年联谊活动，以及文旅嘉年华和各镇（街道）“寻根之旅”参观活动等。其间，高明海外联谊会举行了第六届理事大会，选举产生了新一届理事会领导班子。

【高荷港码头建设启动】 2018年12月8日，高明区高荷港码头启动建设。该项目由广州港股份有限公司、海天集团股份有限公司、高明交通投资集团共同建设运营，总投资6亿多元，定位为具有内外贸功能的综合货运码头。高荷港码头设计集装箱吞吐量为48万标箱，目标是带动高明区港口货物吞吐量跃居全市各区之首，解决地区码头及堆场运载能力不足问题，为高明区生产企业提供便利进出口通道。

【荷城街道】 荷城街道位于高明区东部，濒临西江之滨，被西江、沧江二水环抱，是高明区委、区政府驻地，全区的政治、经济、文化、金融、信息和科技中心。2018年下辖14个社区、14个行政村、215个村（居）民小组。辖区总面积179.05平方千米。年末户籍人口16.4万人，常住人口28.75万人。耕地面积24.3平方千米，林地面积2912.72公顷，森林覆盖率25.22%，活立木蓄积量21.4万立方米。荷城街道是“广东省体育先进镇”“广东省文明镇”“广东省教育强镇”“广东省卫生城市”“广东省专业镇技术创新试点单位”“广东省生态乡镇”。支柱产业和特色产业是食品产业、石化产业、纺织产业。

2018年，荷城（街道）地区生产总值580.03亿元，比上年增长5.5%。其中：第一产业增加值4.14亿元，增长32.3%；第二产业增加值432.47亿元，增长4.9%（工业增加值420.14亿元，增长4.6%）；第三产业增加值143.42亿元，增长7.1%。固定资产增长12%；一般公共预算收入6.99亿元，增长9.9%。

佛山电器照明股份有限公司高明总部生产基地项目一期正式投产 佛山电器照明股份有限公司高明总部生产基地项目位于高明区荷城街道（富湾）照明大道，于2016年5月引进，项目总投资8亿元，为省级重点项目。项目用地面积17.49公顷，分2期进行，一期已于2018年11月投产。整个项目建成后，预计新增产值11.3亿元，新增税收4520万元。

2018年11月17—18日，高明区在美的鹭湖森林度假区举行首届全球高明恳亲大会

（高明区供图）

荷城微新闻获2018年度市十佳镇级政务微信号　荷城微新闻创建于2016年，微信粉丝9.5万人次，是荷城街道的官方微信公众号，旨在立足荷城，通过发布权威政务信息，提供优质便民服务。2018年荷城微新闻共推送视频、图文信息120多条，多次荣登佛山政务微信影响力排行榜（镇街总榜）前三名，并荣获2018年度市十佳镇级政务微信号。

盈香凌云飞渡玻璃桥正式开放　盈香凌云飞渡玻璃桥位于高明区盈香生态园内，由广东盈香生态园有限公司投资建设，于2018年10月1日正式开放，是佛山市首座高空玻璃桥。玻璃桥全长288米、宽3.6米，桥高80米，是国内桥面最宽、最长的玻璃桥之一。

【杨和镇】 位于高明区腹地。2018年辖3个社区、7个行政村，有124个村（居）民小组。辖区总面积246.27平方千米。年末户籍人口4.1万人，常住人口5.56万人。耕地面积0.23万公顷，粮食播种面积0.04万公顷，粮食产量0.21万吨。林地面积1.31万公顷，森林覆盖率57.93%，活立木蓄积量85.9万立方米。杨和镇是“国家级生态乡镇”“广东省金属材料专业镇”“广东省教育强镇”“广东省卫生镇”“广东省教育现代化先进区”“广东绿色城镇”“广东省生态乡镇”。支柱产业是金属材料。特色产业有蔬果种植、禽畜（生猪、家禽）养殖、水产养殖和装备制造业。

2018年杨和镇地区生产总值111.24亿元，比上年增长5.7%。其中：第一产业增加值3.47亿元，增长32.0%；第二产业增加值85.60亿元，增长2.5%（工业增加值84.77亿元，增长2.9%）；第三产业增加值22.16亿元，增长20.9%。固定资产投资下降5.1%；一般公共预算收入3.25亿元，增长18.6%。

美的·鹭湖森林度假区设立旅游巡回法庭、旅游市场监管办公室　2018年1月17日，高明区旅游巡回法庭、旅游市场监管办公室在美的·鹭湖森林度假区成立。这是佛山首次尝试旅游综合执法，在景区景点设置执法办公场所，实现就地咨询、就地调解，旅游巡回法庭主要负责指导旅游景区人民调解工作，旅游市场监管办公室负责查处涉及市场监督管理职权的违法违规行为。2018年，美的·鹭湖森林度假区消费维权站被评为“佛山市放心消费创建示范消费维权服务站”；美的·鹭湖森林度假区被评为“佛山市放心消费创建示范旅游景区”。

与西安理工大学签约共建科技成果转化平台　2018年1月26日，杨和镇与西安理工大学签订共建科技成果转化中心的项目协议书，充分借助西安理工大学在科技人才、科研条件、科技信息等方面的资源优势，通过多种形式在科技项目研发、科研成果转化、科学技术攻关、人才培养和输送、组建科技创新平台等领域开展全面的产学研合作。依托该平台，西安理工大学每年将提供优质科研成果转化项目不少于10个，提供可转让技术专利不少于10项，有助于推动杨和镇乃至高明区科技事业发展。

杨和镇综合文化站创建为省特级文化站　2018年5月23日，经省文化厅认定，杨和镇综合文化站创建为省特级文化站。杨和镇综合文化站总面积2000多平方米，配置有自助图书馆、阅览室、书法美术培训室、舞蹈培训室、烘焙室、儿童乐园等15个功能室。自助图书馆自2016年7月份开馆以来，累计图书流通量3.92万册，月均图书流通量2000多本，人流量1.5万人次。同时，在杨和镇综合文化站成立高明区首个“大学生三下乡实践基地”。

【明城镇】 明城镇地处珠江三角洲西部，高明区中心腹地。2018年辖1个社区、11个行政村，有150个村（居）民小组。辖区总面积183.41平方千米，年末户籍人口5.02万人，常住人口4.63万人。耕地面积3700公顷，总播种面积0.24万公顷，粮食产量1.2万吨。林地面积0.72公顷，森林覆盖率46.83%，活立木蓄积量40万立方米。明城镇是“国家小城镇经济综合开发示范镇”“国家级生态乡镇”“全国重点镇”“广东省中心镇”“广东省文明村镇”“广东省教育强镇”“广东省卫生镇”“广东省宜居示范镇”。支柱产业是建材、化工。特色产业有新能源汽车、新材料与装备制造业。

2018年全镇生产总值93.27亿元，比上年增长4.9%。其中：第一产业增加值4.11亿元，增长31.2%；第二产业增加值73.47亿元，增长3.1%（工业增加值72.67亿元，增长3.3%）；第三产业增加值15.69亿元，增长9.6%；固定资产投资增长0.8%；一般公共预算收入1.66亿元，增长12.1%。

中旗新材年产200万平方米石英石项目首期项目试产　该项目位于明城镇高明大道西20号，总投资7.5亿元，占地面积约108亩，首期投资3亿元，于2017年底动工建设，2018年9月开始试产，预计新增产值5亿元，新增税收4200万元。

德方纳米、中旗新材获得首届高明区政府质量奖　2018年12月4日，高明区政府召开首届政府质量奖表彰大会，佛山市德方纳米科技有限公司、广东中旗新材料股份有限公司被授予“2018年度高明区政府质量奖”，分别获得区政府给予的一次性奖励资金100万元。两家公司实施国际先进的质量管理理念，具有领先国内外同行业的产品质量水平，产生良好的经济效益和社会效益。

郁金香主题公园开园　郁金香主题公园位于明城镇明北村委会石塘村一带，由佛山市基石旅游文化有限公司引进荷兰郁金香种球和种植技术投资建设。项目规划总面积133.33公顷，包括荷兰郁金香主题公园、产业观光创意园区、荷兰乡村文化体验区、代尔夫特小镇和风车主题酒店特色住宿。首期开放面积40公顷，投资7000万元，种植郁金香、洋水仙等花卉种球70多个品种共180万球，于2018年2月16日正式开园迎客，年度游客接待量突破13万人次。

田丰农业有限公司获评省休闲农业与乡村旅游示范点　2018年4月，广东省农业厅、广东省旅游局联合发文公布2017年度广东省休闲农业与乡村旅游示范镇、示范点认定结果，其中田丰农业发展有限公司被评为全省休闲农业和乡村旅游示范点，是佛山市唯一入选的示范点。田丰农业发展有限公司位于明城镇崇步农业园区中心，占地面积20公顷，是一家以种植高品质水果及发展休闲观光农业为主的企业，建有水果采摘园、山塘钓鱼场、走廊花带、特色农庄、休闲观光长廊、观光亭、农作物教育基地等休闲设施，曾获“全国绿色生态健康示范基地”“佛山市四星级现代农业园区”“佛山市菜篮子生产基地”称号。

【更合镇】 位于高明区西部，北接高要，南邻鹤山，西连新兴。2018年辖3个社区、19个行政村，有184个村（居）民小组。辖区总面积347.02平方千米。年末户籍人口6.8万人，常住人口4万人。林地面积2万公顷，森林覆盖率59.3%，活立木蓄积量134.4万立方米。更合镇是“广东省不锈钢产品制造技术创新专业镇”“广东省养殖业专业镇”“广东省教育强镇”“广东省生态镇”“广东省卫生镇”“广东省群众体育先进单位”。支柱产业是金属加工、建筑材料、新材料，特色产业有精细化工产业。

2018年全镇生产总值94.96亿元，比上年增长5.4%。其中：第一产业增加值8.39亿元，增长31.2%；第二产业增加值67.28亿元，增长1.5%（工业增加值65.64亿元，增长2.4%）；第三产业增加值19.29亿元，增长10.9%。固定资产投资下降12.8%；一般公共预算收入2.32亿元，增长59.33%。

佛山腾升智能机器人有限公司项目完成签约　该项目位于更合镇白石工业园区，2018年6月正式签约，主要生产模切机、机器人、智能打包机等产品，属工作母机类先进装备制造业产业，总投资1.29亿元，占地2.34公顷。项目建成后，高端瓦楞印刷机产能30台以上，机器人（堆叠式瓦楞机器人）产能150台以上，全自动智能打包机50台以上，预计年产值1.5亿元，纳税860万元左右。

诚德新材料年产150万吨不锈钢冷轧项目首期项目投产　该项目位于更合镇更合大道603号，总投资30亿元，占地面积约300亩，整体达产后，年产值将超200亿元。项目分2期进行，首期年产60万吨于2018年6月投入生产。该项目从立项到试产仅用13个月，创造行业最快投产的新纪录。

安博供应链管理（上海）有限公司高明区更合镇国际物流园区项目完成签约　该项目位于更合镇小洞工业园区内，于2018年5月签约，占地面积约为29.8公顷，计划投资2亿美元，刷新了高明区外资单笔投资记录。项目主要根据客户要求定制或按照安博仓库的高标准，建设具有国际水准的现代物流综合运营平台，建成后可提供约35万平方米甲级仓库。

【西江新城】 位于高明区东部。2018年辖区总面积20平方千米，水体面积占17%，绿化率达19%，规划居住人口25—30万人，是佛山市大型城市组团的重要组成部分。辖区交通条件优越，西江黄金水道穿流而过，广明高速贯通境内，可快速接驳江肇高速、江罗高速以及建设中的高恩高速。在建的高明有轨电车示范线，以及规划中的佛山地铁二号线贯穿新城。新城定位为滨水创新智城，是“广东省现代服务业集聚区”“全国创建绿色生态文明标杆城市”，获“广东省宜居环境范例奖”等称号。2018年，西江新城共推进31项基础设施项目建设，累计完成投资2.5亿元，其中苏河桥、凤凰桥、怡乐路（凤凰路至荷富路段）等24个项目完工，大德路桥涵工程、管线工程照明工程Ⅰ标段建设工程等7个项目正在推进；成功引入高登广场和雅居乐2个现代服务产业项目，合同总投资约49亿元。推进西江新城和沧江工业园全面整合，建设定位为粤港澳大湾区西部新型枢纽产城，努力打造国家级产城融合示范区。

苏河桥和凤凰桥通车　2018年6月2日，西江新城苏河桥和凤凰桥正式通车。苏河桥南北走向，起于丽江路，终于西江大道，全长162米，双向6车道；凤凰桥北起丽江路，南至西江大道，沿线与丽江路、西江大道相交，全长189.525米，宽44米，双向6车道。两桥横跨丽江水廊，是城市重要主干道，通车后为市民提供更快捷顺畅的出行路线，拓宽西江新城道路路网。

凤凰路（怡乐路至明国路段）通行　2018年11月17日，凤凰路（怡乐路至明国路段）正式投入使用，至此，凤凰路（西江大道—怡乐路）全线贯通，该段长854.22米，路宽56米，双向6车道，总投资约2145万元，分两期建设，其中明园路至西江大道路段于2013年5月起建，次年11月通车使用；怡乐路至明国路段于2017年6月复建，通车后有力缓解大德路和明国路的交通压力，方便市民出行。

西江新城第一小学投入使用　2018年，西江新城第一小学建成投用，并于9月2日开学，有一年级10个教学班，学生总人数500人。该学校位于西江新城明湖南路以南、明湖堤岸路以西，按省一级标准化学校标准建设，占地面积2.79公顷（41.85亩），建筑面积约3.2万平方米，总投资2.45亿元，规划设置48个教学班，可提供学位2160个。

（黄思聪　罗朝辉）

西江新城　（高明区供图）

三水区

【概况】 明嘉靖五年（1526年），建置三水县。1959年3月2日，三水县并入南海县。1960年9月30日，恢复三水县建制。1993年3月29日，三水撤县设市（县级市）。2002年12月，三水撤市设区，2003年1月8日，挂牌成立，成为佛山市5个辖区之一。三水区地理坐标为北纬22°58′~23°34′、东经112°46′~113°02′，位于广东省中部、珠江三角洲西北端、佛山市西北部。东邻广州市花都区，东南与佛山市南海区相连，西北与肇庆四会市交界，北接清远市清城区和清新区，西南与肇庆高要市、佛山市高明区隔西江相望。三水中心城区东距广州市区30千米，东南距佛山市禅城区24千米。2018年，三水区总面积827.69平方千米。辖西南街道、云东海街道、白坭镇、乐平镇、芦苞镇、大塘镇、南山镇7个镇（街道），有23个社区、48个行政村，有774个自然村。年末，户籍人口43.62万人，常住人口66.91万人。三水区是全国汽车零部件、医疗器械、自动化机械及设备、电子电器生产基地，是中国首个富裕型长寿之乡、中国饮料之都。

2018年，三水区粮食播种面积1184.6公顷，粮食产量1.22万吨。林地面积1.60万公顷，森林覆盖率18.22%，活立木蓄积量104.4万立方米。三水区内矿产资源有石油、油页岩、天然气、煤、铁、钨、铅锌、铋、石膏、水泥灰岩（含花岗石、石料）、岩盐、硫铁矿、磷、地下水、矿泉水、泥炭土、白陶土、二氧化碳气等18种。还有一定储量的银矿1处、金矿多处。曾开采的矿产有石油、油页岩、煤、石膏、水泥灰岩（含花岗石、石料）、硫铁矿、矿泉水、白陶土、岩盐。主要旅游点有三水荷花世界（荷花奇境）、三水森林公园、侨鑫生态园、小农街、大旗头古村、胥江祖庙、芦苞温泉度假村、长岐古村、九道谷狂野漂流、南丹山森林王国等。其中，三水荷花世界、三水森林公园为4A级景区。另有旅游星级饭店7家、本地旅行社9家。

三水区共有登记不可移动文物274处。其中较具代表性的文物古迹有：白坭银洲贝丘遗址、魁岗文塔、胥江祖庙、大旗头村古建筑群、梁士诒墓及生祠、南边宝月堂、半江桥、广三铁路西南三水站旧址、三水旧海关大楼、河口旧邮局、何维柏墓、昆都山五显古庙、西南武庙等。

2018年，三水区实现地区生产总值1227.96亿元，比上年增长7.5%。人均地区生产总值18.57万元，增长5.2%。固定资产投资比上年增长0.3%。社会消费品零售总额240.68亿元，增长8.8%。外贸出口额169.53亿元，增长34.7%；实际利用外资10186万美元，下降85.6%。地方一般公共预算收入62.44亿元，比上年增长14.8%。城镇常住居民人均可支配收入37367元，比上年增长10.4%；农村常住居民人均可支配收入27319元，增长10.7%。

中共三水区委书记：黄福洪；区人大常委会主任：陈浩明；区长：胡学骏；区政协主席：何绮红；区纪委书记：苏宇（任至7月）、林进浪（7月任职）。

【产业发展】 2018年，三水区完成规模以上工业总产值3263.28亿元，比上年增长6.2%；规模以上工业增加值730.68亿元，增长6.3 %。分轻重工业看，轻工业增加值增长9.3%，重工业增长4.8%。装备制造增加值204.82亿元，比上年增长5%；工作母机增加值63.5亿元，增长10.6%。新引进超亿元装备项目23个，新开工超亿元项目13个，新投产超亿元项目4个。恒力泰、赛因迪、金银河等5家企业设备产品新获珠江西岸先进装备制造业发展资金扶持，三水区省级首台（套）装备14

2018年佛山市三水区国民经济主要指标

指　标	单　位	绝对值	比上年增长（%）
地区生产总值	亿元	1227.96	7.5
第一产业增加值	亿元	30.93	6.0
第二产业增加值	亿元	881.72	6.4
工业增加值	亿元	861.56	6.4
第三产业增加值	亿元	315.31	11.3
人均地区生产总值	元	185703	5.2
规模以上工业总产值	亿元	3263.28	6.2
农林牧渔业总产值	亿元	68.78	2.7
社会消费品零售总额	亿元	240.68	8.8
外贸进口总额	亿元	42.23	−21.5
外贸出口总额	亿元	169.53	34.7
实际利用外资	亿元	1.02	−85.6
地方一般公共预算收入	亿元	62.44	14.8
地方一般公共预算支出	亿元	67.43	13.4
全体居民人均可支配收入	元	34937	10.4
城镇常住居民人均可支配收入	元	37367	10.4
农村常住居民人均可支配收入	元	27319	10.7

2017—2018 年佛山市三水区社会事业主要指标

指　标	单　位	2017 年	2018 年
普通高校	所	3	3
普通高校在校学生	万人	3.82	3.91
中等职业学校和技工学校	所	3	3
中职和技校在校学生	万人	0.56	0.49
普通中学	所	26	27
普通中学在校学生	万人	3.01	3.16
小学	所	34	34
小学在校学生	万人	4.91	5.16
幼儿园	所	70	73
在园人数	万人	2.21	2.25
医院、卫生院	家	19	20
医院、卫生院床位	张	2810	2976
群众艺术馆、文化馆	个	1	1
公共图书馆	个	1	1
博物馆	个	1	1
综合性档案馆	个	1	1

个。推动规模以上工业企业实施“机器换人”，日丰、澳美、海尔滚筒洗衣机、永力泰等 29 家企业新增焊接、切割、码垛、搬运、打包、喷釉等机械手及工业机器人 525 台（套）。先进制造业和装备制造业规模逐步扩大，规模以上工业增加值 587.98 亿元，比上年增长 3%。年内，全区 209 家工业企业实施技改项目 272 个，备案投资金额 122.9 亿元，项目数和备案金额比上年增长 17.24% 和下降 23.23%。其中，投资总额超千万元项目 103 个、超亿元项目 12 个。纺织服装、陶瓷建材、有色金属、通用设备等行业整体销售收入和税收均实现两位数增长。培育更多单项冠军，继凤铝、恒力泰分别凭借铝合金建筑型材、液压自动压砖机获评国家级单项冠军示范企业后，2018 年兴发铝业凭借铝合金建筑型材获评单项冠军示范企业。工业设计有新突破，省长杯获金奖。发挥工业设计对产业转型升级的驱动和服务作用，推动工业设计与制造业融合发展。围绕“新理念引领新时代，新设计推动新制造”主题，提交 370 项作品参加第九届省长杯工业设计大赛。其中，金意陶的艺术窗花和生态海绵城市的环保陶瓷透水砖分别获产品组 CMF 类金奖和铜奖，华瑞蜂窝的蜂窝复合材料获绿色设计奖。

产业集群向规模化高端化发展，西南水都饮料基地、云东海通信天线产业集聚区获批筹建“全国功能性饮料产业知名品牌创建示范区”“全国通信天线产业知名品牌创建示范区”。

是年，三水区累计签约项目 146 个，投资总额 537.8 亿元，招商引资总额再创新高。其中：重点外资项目 7 个、超亿元以上内资项目 72 个、超亿元以上先进装备制造业项目 14 个。签约项目整体质量与结构层次明显提升。年内，全区单个项目平均投资额 3.68 亿元，比上年增长 21.1%；146 个新签约项目中，先进装备、饮料食品及现代服务业三大主导产业项目投资总额占比超 60%；围绕构建现代化产业体系要求，突出先进制造业和战略性新兴产业招商，电子信息、新能源新材料、生物医药新产业新业态项目投资占比超 50%。增量扩张与存量挖潜齐头并进。围绕区内龙头企业发展升级需求释放招商潜能，强化“以商引商”，推动凤铝铝业、恒力泰机械、金银河装备等区内龙头企业、隐形冠军企业释放潜能，助推企业扩能提效，睿优物流通过股权转让与黑石集团合作实现战略升级。全球化招商网络迅速铺开，区镇合力在日本、以色列、美国、德国等地新设一批招商办事处，实现亚太、中东、北美、欧洲等全球经济最活跃地区招商引智网络全覆盖。引入恒力泰建筑陶瓷智能制造装备、宝金泰智创互联工业基地等一批重点项目。

是年，三水区商贸流通行业发展总体态势良好，民营经济稳步发展。全年社会消费品零售总额 240.68 亿元，比上年增长 8.8%。其中，商品零售总额 202.36 亿元，增长 9.1%；餐饮收入总额 38.32 亿元，比上年增长 7%。信息消费进一步扩大，电信业务量 27.31 亿元，增长 114%。引导企业开展促消费活动，三水万达广场、新动力广场、三水广场、恒福广场等 10 多家重点商贸企业共举办 38 场促消费活动，到场购物人数达 40 万人次。加快商贸经济结构调整，鼓励企业在社区发展连锁经营和开展技术改造升级，日日升超市在三水新增 4 家连锁分店投入经营。三水区大型商贸流通企业投入 4000 多万元，实施 10 多个技术改造项目，促进企业转型升级。加快发展服务外包产业，离岸执行金额 7471.2 万美元，比上年增长 69.68%。培育电子商务企业，广东翼卡车联网服务有限公司通过广东省工业和信息化领域电子商务第一批示范单位认定，佛山市华的金属制品有限公司、广东翼卡车联网服务有限公司获 2018 年佛山市发展电子商务专项资金扶持，佛山市华的金属制品有限公司、广东翼卡车联网服务有限公司通过 2018 年佛山市三水区电子商务专项资金项目评审。

是年，三水区实现进出口总额 211.76 亿元，比上年增长 17.9%。其中：出口 169.53 亿元，增长 34.7%；进口42.23亿元，下降21.5%。实现一般贸易进出口134.92亿元， 比上年增长2.41%；加工贸易进出口25.44亿元，增长19.18%；其他贸易方式进出口51.4亿元，其中跨境电商贸易值近3亿元。三水区外贸综合服务平台首次落地，全年实现进出口4000多万元。对“一带一路”沿线国家和地区进出口88.72亿元，增长21.31%。亚洲为三水最大进出口市场，对亚洲全年进出口115.09亿元，增长10.29%。对欧洲、北美洲、拉丁美洲、非洲等地区进出口均有双位数增长，其中对北美进出口比上年增长55.64%。机电及高新技术产品出口增长迅速，机电产品出口73.46亿元，增长比上年23.14%；高新技术产品出口16.04亿元，增长2.86%。电器及电子产品、机械设备、铝材、纺织纱线织物及制品、陶瓷等在出口中排名前列。进口方面，机电产品进口7.34亿元，比上年增长7.82%；高新技术产品进口3.58亿元，增长13.07%。初级形状塑料、废铜在进口中排名前列，进口额均超6亿元。纺织纱线织物及制品增长迅速，全年进口近5亿元，增长8.5倍。年内，三水区新设外资企业27家，比上年增长50%；增资外资企业7家，下降22.22%；完成合同外资87247万元，下降36.07%；实际外资10186万元，下降85.56%。

【全面深化改革】 2018年，三水区进行多项改革，对提高行政效率、优化结构，对经济社会发展起到重要作用。

社会管理体制改革 深化村民议事会、村务监督委员会、家乡建设委员会、乡贤慈善会“四会联动”，完善村民议事协商民主机制。印发《佛山市三水区村民自治工作指引》，创建7个“四会”联动示范村，其中乐平镇大岗村委会桥头村、白坭镇富景社区中社村、芦苞镇独树岗村委会独树岗村和大塘镇六一村委会梅花村等4个村民小组评为优秀。助推民生微实事落实，全区村民议事会申请民生微实事项目140个，获区级民生微实事激励资金1800多万元。助推新农村建设和美丽乡村建设，白坭镇中社村家乡建设委员会撬动社会资金300多万元建成中社公祠，成为白坭镇基层共治善治和美丽乡村建设的示范点。推动非户籍人口参与基层治理，乐平镇大岗、新旗等10个村（社区）以“村企共建”为切入点，引入非户籍地人员参与基层治理，形成“共建、共治、共享”社会治理格局。

公有资产管理体制改革 优化区属国有企业改革重组实施方案和确立国资国企改革三年行动计划，完成“1+4+N”的国有资产组织治理架构的搭建，压减管理层级，打造产、融、投、服四大平台，确定康养卫生、教育文旅、能源环保等12个主业发展方向。加大企业重组力度，初步完成口岸服务、信息化和物业管理、产业金融、汽车检测和驾驶培训、粮食等同类业务的整合。推进国有“僵尸企业”出清重组，完成7家“僵尸企业”的出清任务。教育产业初具规模，宏益工业幼儿园等3家公办普惠性幼儿园相继开学；信息业务不断拓展，完成“粮安工程”粮库智能化升级改造；能源项目持续壮大，完成顺峰加油站升级改造和山水庄园等4个移动通信基站建设。推进公司制改革，完成金本粮所和畅达检测站的改制工作。

财政管理体制改革 实施预算编制执行监督管理改革，转变财政管理重心，以全流程预算管控转变为聚焦预算编制、放开预算执行、强化预算监管。通过加强“大专项+任务清单”管理、优化资金管理流程、加强预算执行动态监控、加强财政的内控建设等一系列举措，加快建立全面规范透明、标准科学、约束有力的预算制度。全面实施绩效管理，加快建立全方位、全过程、全覆盖的预算绩效管理体系，提高财政资金使用效益，推动全区经济社会高质量发展。优化财政支出结构，逐年压缩一般性支出、“三公”经费支出，重点保障社会民生、科技创新、城市建设、生态环保等领域资金需求。建立预算支出进度、绩效评价结果与预算安排挂钩机制，切实提高预算执行效益。

行政审批制度改革 开展行政审批制度改革，不断优化工程领域审批。印发《关于进一步完善企业投资建设并联审批的通知》《三水区工程建设“一门式”业务补充工作细则》，优化工程领域并联审批，做到提前介入，通过规划咨询服务平台开展线上辅导；优化流程，再度压缩报建项目审批总用时；会商会审，协同部门对项目进行集中审查；完善机制，严格执行一次性告知和首问负责制；规范中介，对规划中介机构进行信用评价。分类实施审批提速计划，三水区获批成为佛山市不动产登记“60分钟”审批试点。10月，推行涉税不动产登记业务“一窗通办”模式，市民只需“进一扇门”“取一次号”“交一套材料”就可同时办理不动产缴税和登记业务。11月，实现对当年确权当年申请的一手房商品房（住宅）转移在60分钟内完成不动产登记审批。3月，作为全市试点启动新一轮商事制度改革，企业开办登记全流程（商事登记、刻章、申领发票）用时缩减到3个工作日；7月，实行营业执照24小时全天候自助办理。建成全市首个中介超市，于3月2日正式上线全区网上中介超市，11月中介超市实体大厅正式对外服务。

机构体制改革 统筹谋划机构改革，深入调研摸查，实现“一部门一卷宗”。加强“放管服”改革的统筹力和协同性，公布第三批清理规范行政审批中介事项目录15项。推行权责清单制度，组织区直各部门及镇（街）对照《佛山市镇（街道）权责清单通用指导目录》，对权责清单进行完善修订。开展“减证便民”行动，取消区本级114项证明事项，并以区政府名义印发，向社会公开。完成2017年度绩效考评，充分发挥绩效管理抓手作用，推动区委区政府重点工作有效落实。研究制定《佛山市三水区2018年度绩效管理工作实施方案》，优化镇街差异化考核指标，对全区52个被考核单位实施绩效管理和考评。探索绩效管理信息化系统建设，优化党政机关绩效考核专业化水平。统筹推进市对区绩效考核工作，其中2017年度三水区获市绩效考核第一档第一名的优秀成绩。完善镇级公益一类医疗卫生机构薪酬制度。开展津贴补贴自查清理工作，确保机关事业单位收入分配有序规范。加强对教育系统和医疗系统绩效工资制度调查研究，探索符合实际和教育医疗行业特点的薪酬制度。印发《关于进一步规范区直机关事业单位编制外人员管理的通知》，规范编外人员工资管理。

【创新驱动发展】 2018年，三水区以建设国家创新型城市为统领，全力贯彻落实创新驱动发展战略。

推进高新技术企业培育工作。三水区155家企业通过高新技术企业认定，三水区高新技术企业存量达407家。7家高新技术企业认定为佛山市标杆高新技术企业。7家企业认定为佛山高新区瞪羚企业。539项产品通过广东省高新技术产品认定。

加强科技创新平台载体建设，新增省企业重点实验室1个、国家级孵化器培育单位（省级孵化器）1个和省级众创空间试点单位（省级众创空间）1个、区级科技创新平台（企业研究院）1家。新增省、市、区级工程技术研究中心分别为18个、37个，23个，各级工程技术研究中心409个（其中：省级112个，市级170个，区级127个），规上工业企业研发机构建有率53.09%，大中型工业企业和规上高企实现研发机构全覆盖。

引进创新人才团队，新增6个佛山中国科学院产业技术研究院产业化创新团队。正典生物技术有限公司谭志坚获省科技创新战略（人才发展）专项资金立项。举办2018年三水区创新创业大赛，35个优质项目获扶持。3个创业项目获中国创新创业大赛（广东赛区）奖项，6个项目获中国创新创业大赛（佛山赛区）奖项。9月26日，以“创新引领时代，智慧点亮生活”为主题的三水区2018年全国科普日活动在白坭镇中心小学举行。11月，2018年佛山市三水区青少年科技创新大赛举行，560个优秀项目获三水区青少年科技创新大赛奖项，其中150个优秀项目代表三水区参加佛山市第34届青少年科技创新大赛并获奖。

培育知识产权，全年专利申请量7532件，比上年增长10.08%。其中，发明专利申请4158件，占总量的55.20%，增长3.79%。专利授权量2898件，比上年增长48.84%。其中，发明专利授权400件，占总量的13.80%，增长3.63%。

促进科技金融融合。三水区创新创业投资引导基金、三水区产业发展股权投资基金等多个基金设立，规模超30亿元，为三水区企业解决融资难、融资贵问题。辖区各金融机构执行国家金融调控政策，调整信贷结构，加大对先进制造业、高新技术企业、中小微企业、“三农”以及社会民生信贷支持力度，促进金融与实体经济对接。是年，辖区各金融机构对高新企业贷款余额79.9亿元，发放“政银保”贷款7948笔，贷款总额1.33亿元，实现金融与实体经济的良性互动和联动发展。

【三水区推进国家公共文化服务体系示范区创建】 2018年，三水区推进国家公共文化服务体系示范区创建并通过国家终期验收。是年，出台《三水区建设粤港澳大湾区文旅名城实施意见》《关于加强文化事业和文旅产业双轮驱动发展的实施意见》等文件。加强硬件建设，镇（街）文化站建设实现省特级文化站全覆盖；71个村（社区）实现综合性文化服务中心全覆盖；在白坭镇文化中心打造三水首家“智能文化+”，成为首个落户在禅桂新中心区之外的智能文化家。邓培故居及纪念馆、郑绍忠故居修缮和提升、曾小敏粤剧名人馆建设等博物馆之城重点项目建设。建成以区图书馆、文化馆为总馆，各镇（街道）文化站为分馆、村（居）综合性文化服务中心为服务点的区图书馆文化馆总分馆制服务体系，形成区、镇、村三级公共文化服务网络。区、镇、村三级文化场馆上线“佛山文化云”平台。全区拥有文化志愿者服务队11支、文化志愿者超1500人。系列文化品牌活动深受欢迎，全年区级活动超240场次。2018芦苞镇旅游文化周暨胥江祖庙北帝诞庙会吸引25万人次到访，广东省第六届五人龙舟锦标赛暨白坭镇2018年五人龙舟竞渡大赛118支龙舟队伍参与。2018年南粤古驿道·世界定向排位赛暨亚洲定向杯（广东·三水站）比赛在乐平镇举行，吸引了27个国家和地区的600名运动员参赛，吸引超1万名游客到访，借助“体育+文化+旅游”的模式，助力三水乡村振兴。创作文化精品，与广东省粤剧院合作开展以三水红头巾故事为蓝本的大型粤剧《红头巾》创作；三水本土9名画家“共绘三水”精心创作国画长卷《三江揽胜图》；由中国音乐家协会会员杨湘粤作词、国家一级作曲家崔臻和作曲的三水城市形象宣传歌曲《相约森城》，在中央电视台新闻频道、《人民日报》等多个主流平台发布。在省市文艺评奖中46个作品获奖。出版《三水文艺》“红色文化”和“古水道、古驿道”2期专题期刊。

2018年3月5日，三水区举办城市三水发展大会暨重点项目签约仪式

（三水区供图）

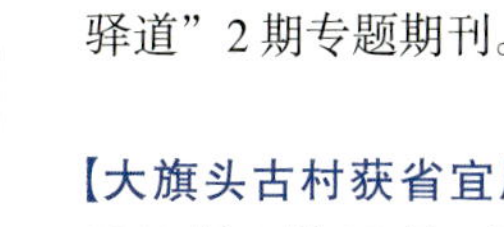
【大旗头古村获省宜居环境范例奖】 2018年1月17日，广东省住房和城乡建设厅发布2017年广东省宜居环境范例奖获奖项目名单，大旗头古村活化项目成为三水区唯一入选项目，佛山共4

个项目入选。2016年，乐平镇以大旗头古村列入市特色古村落安居示范与活化升级试点为契机，遵循“筑巢、引凤、谋发展”的差异化可持续发展路径，投入7000万元（其中征拆700万元），从外围景观提升、古屋修葺维护、丰富经济文化内涵等三大方面着手，做好大旗头古村活化升级工作，建设完善大旗头古村旅游文化创意区，并以此打造广府印象小镇。

【城市三水发展大会召开】 2018年3月5日，三水区召开城市三水发展大会，宣示全面开启城市三水的新征程，以城市引领高质量发展，将三水建设成具有独特城市格局和个性气质的理想之城、未来之城。市委书记鲁毅，市委常委、常务副市长蔡家华，区人大主任陈浩明，区长胡学骏，区政协主席何绮红以及企业家代表等出席会议。会上，航天智慧城项目等一批产业科技项目，以及华中师范大学佛山附属学校项目、三水区乐平医院等一批教育医疗重点项目集中签约，总投资额达322亿元。同时，启动产业发展股权投资基金和创新创业投资引导基金，基金总规模分别为80亿元和50亿元，并在未来3年启动一批教育文化医疗、交通道路、环境提升、文化旅游、特色小镇项目，促进产业提质增效、区域转型升级和“城市三水”建设内涵延伸，76个高质量项目涉及资金超800亿元。

【三水区建立全方位全周期健康服务机制】 2018年4月，三水区启动全民健康管理项目，通过开展全民免费中西医健康体检，建立全民健康大数据，建立全方位全周期的健康服务机制。区、镇两级财政计划投入1.33亿元，将42.33万户籍人口纳入免费健康体检范围，在基本服务项目基础上，新增体格检查、心电图、彩色B超、肝功能、肾功能、肿瘤三项定性等。建立22支体检队伍，11支队伍定点在区、镇两级公立医疗机构开展服务，余下11支队伍直接送体检服务到村居。同时，通过数据平台同步建立居民健康档案，实现所有户籍居民都有自己的健康档案与健康数据。建设三水区全民健康体检信息平台，集合全区公立医院全民健康体检信息，通过信息平台建立体检人员个人健康档案并进行健康管理。对居民的生活方式和健康状况进行评估，并进行健康生活方式指导。

【三水区内首个国家级标准化试点项目通过验收】 2018年5月17日，广东邦普循环科技有限公司承担的“废旧电池回收利用循环经济标准化试点”顺利通过专家组评估验收。这是国家标委会2014年批准立项的国家循环经济标准化试点项目之一，也是三水区首个国家级循环经济标准化试点项目。项目承担单位利用废旧电池资源化利用工程循环处理废旧电池及过程肥料，废旧电池材料的年回收处理总量从1.85万吨增长到34500吨，年回收处理废旧电池量提升87.01%。专家组充分肯定试点项目实现“电池—废旧电池—电池材料—电池”的循环高效利用，建议巩固现阶段标准化建设成果，深入推进项目建设，形成可复制、可推广的经验做法。

【2018年“森城英才”暨“森城工匠”大会召开】 2018年6月13日，三水区召开“传递榜样力量，建设城市三水”2018年“森城英才”暨“森城工匠”大会。会上，19人获得“森城英才”称号，10人获得“森城工匠”称号。该次大会是三水首次高规格向森城英才、森城工匠、劳模致敬。区委书记黄福洪表示，三水比历史上任何时期都更需要广开进贤之路、广纳天下英才，“城市三水”要为五湖四海英才打造创新创业发展平台。三水区的人才政策将再发力、再加码、再提标，将再推人才“1＋10”新政策，面向全国打造招才引智“1＋6人才驿站”体系。大会还启动创建企业“党工共建示范点”活动、产业工人公共文化服务系列活动、“建设城市三水匠心筑梦未来”职工劳动竞赛活动。

【2018三水旅游文化周系列活动举行】 2018年5月19日—5月27日，三水区在荷花世界（荷花奇境）举行“城市三水·悦动湾区”2018三水旅游文化周活动，一连9日主分会场联动，为市民游客呈现多元的文旅节目。活动主会场，邀请来自香港的粤港澳大湾区旅行社、酒店及餐饮业联盟，来自澳门的澳门旅游业议会以及广东省旅行社协会代表，共同启动了粤港澳大湾区旅游战略合作；公布“三水十大文化名片”“三水十大手信”“大美三水在我脚下”徒步线路征集评选结果，以及西南街道百年火车站文旅项目规划方案；启动三水游精品路线、荷花奇境水天地对外营业，进行三水城市绘本小说——《恋上森城》新书出版预告。活动还在乐平镇、白坭镇设分会场。活动吸引40万人次游客的到来。

2018年6月13日，三水区举行2018年“森城英才”暨“森城工匠”大会，区委书记黄福洪（右）为“森城英才”获得者颁奖 （三水区供图）

【三水区获“四好农村路”全国示范县】 2018年9月6—7日，全国“四好农村路”管理现场会在浙江省安吉县召开。在7日上午举行的授牌仪式上，佛山市三水区获得“‘四好农村路’全国示范县”称号。“四好农村路”是指建好、管好、护好、运营好农村公路。三水区从实施乡村振兴战略、打赢脱贫攻坚战的高度着手，将农村道路建设与优化村镇布局、加快农村经济发展、方便农民出行紧密结合，创新农村公路建设、管理、养护、运营新模式，将农村路建到村民的家门口。2016—2017年，三水区共高标准新改建完成农村公路21.67千米。

【三水区开放全市首个“中介超市”实体大厅】 2018年，三水区率先建设佛山市首个“中介服务超市”，主要由网上中介超市平台和中介超市实体大厅2部分组成。三水区中介超市实体大厅于2018年11月16日对外服务。实体大厅位于三水区行政服务中心大院内，总建筑面积超过5000平方米，共设置服务窗口30个、服务办公室48个，有50个中介机构进驻，提供各类中介服务超过30项。

中介超市提供与企业投资项目密切相关的中介服务，包括工程设计、施工图审查、测绘、工程造价咨询、工程监理、消防技术服务等；提供与群众密切相关的中介服务，如资产评估、房地产估价、房地产测绘、会计服务、税务服务等。

【三水区实现区镇两级医联体全覆盖】 2018年12月26日，三水区人民医院与云东海街道社区卫生服务中心完成医联体签约。至此，全区区、镇两级医联体达8个，实现全区社区卫生服务中心医联体全覆盖。医联体是深化医药卫生体制改革的一项重点工作。区级医院通过专家坐诊、双向转诊、远程医疗、人才交流培训等形式对社区服务中心（卫生院）进行帮扶，实现医联体内部优势互补、相互协作、资源共享、共同发展，做到“首诊在基层、分级诊疗、康复回基层”，实现全区医疗服务水平整体提升，做到常见病、小问题在基层，专科专治病例快速转诊，提升诊治质效。

【西南街道】 位于三水区中南部，西江、北江、绥江三江汇流处，是三水的中心城区、区委区政府驻地，辖区总面积149.68平方千米。2018年下辖11个社区、8个行政村，有120个自然村。年末，户籍人口18.11万人，常住人口26.9万人。有耕地面积1718公顷，粮食播种面积252.13公顷，粮食产量1119吨。林地面积1635.08公顷，活立木蓄积量78580立方米，森林覆盖率11%。西南街道是中国饮料名镇、广东省教育强镇、中国（三水）国际水都饮料食品基地、广东省产业集群升级示范区、省市共建循环经济产业基地等。支柱产业包括饮料食品业和房地产业。

2018年，西南街道实现地区生产总值420.6亿元，比上年增长7.6%。其中：第一产业增加值6.15亿元，增长1.2%；第二产业增加值223.87亿元，增长6.5%；第三产业增加值190.58亿元，增长9.1%。人均地区生产总值15.6万元，增长5.4%。固定资产投资增长35%。外贸出口额4.94亿美元，增长20.35%。

凤铝铝业获工信部“单项冠军示范企业”称号 2018年2月，工业和信息化部、中国工业经济联合会联合公布《第二批制造业单项冠军企业和单项冠军产品名单》，佛山市三水凤铝铝业有限公司凭借在铝合金建筑型材领域的优势地位，成为广东省内三家单项冠军示范企业之一，也成为国内该领域唯一一家入选的企业。

三水首个商务楼宇党建阵地成立 2018年5月30日，三水区内首个商务楼宇党组织——西南街道澳盈商务中心党支部成立。该党群服务中心，通过开展党务服务、政策宣传、人才服务、社会服务等四大主题系列活动，丰富楼宇党建工作内涵，成为全区商务楼宇党建的示范点。同时，澳盈商务中心党支部结合自身特点开展更丰富的党组织生活，把党性教育与“双创”培训有机结合，努力打造成为具备吸引力、影响力和凝聚力的党员教育示范点。

三水首个居民小区党建阵地建成 2018年6月21日，颐澳湾小区党群服务中心揭牌投用，成为三水全区首个居民小区党建阵地。该党群服务中心占地200多平方米，内设党员教育园地、群众文体活动空间、图书阅览室、儿童乐园等场室，既是党员教育的阵地，更成为创新党群服务的重要载体。街道党工委、文锋西社区党委、小区物业公司与业主委员会、业主组成的“四级网格”，以党群服务中心为载体，以党建为引领，共同将颐澳湾小区打造成为共建共治共享的乐善社区。

益力多项目竣工试产 2018年9月，佛山首个日资饮料企业益力多三水项目通过竣工联合验收，并于2019年3月试产，计划2019年9月正式投产运营。该项目整体建成后将投入6~7条生产线，日产能280万瓶。作为国际乳酸菌饮料行业中的标杆企业，益力多的选址落户，为水都基地的发展带来新的动力，推动三水食品饮料产业链向高端延伸。

西南街道通过广东省教育强镇复评 2018年11月，西南街道顺利通过“广东省教育强镇”第三轮复评。近年来，该街道把教育纳入全街道经济社会发展总体规划，投入近1亿资金改善学校办学条件；设立教师培训专项经费，加大对名校长、名教师的培养力度；深化家长学校建设，构建起“学校、家庭、社会”三位一体的大德育网络；按照“顶层设计、特色鲜明、一校一品、示范引领、分类推进、长期坚持”的发展思路，推进学校特色建设。

西南街道实现行政村“五好”新村居全覆盖 2018年，西南街道洲边大和、董营麦村、大塱山新村等新增的3个“五好”（规划建设好、绿化美化好、空气水质好、公共服务好、社会风尚好）新村居全面竣工。至此，街道8个行政村均建设有“五好”新村居，实现行政村“五好”新村居全覆盖。

【云东海街道（三水新城）】 位于广佛肇经济圈中部，紧邻三水西南中心城区北部，三水新城规划控制范围128平方千米（核心区57平方千米，启动区19.32平方千米），其中云东海街道整体纳入新城建设范围，辖区面积84.32平方千米。2018年下辖2个社区、10个行政村，有91个自然村。年末，户籍人口3.75万人，常住人口超6万人。有耕地面积141.19公顷，粮食播种面积48.33公顷，粮食产量230吨。林地面积1223.87公顷，活立木蓄积量70760立方米，森林覆盖率16%。是广东省现代服务业集聚区。支柱产业是新材料、智能装备制造和电子通信产业，特色产业是电子通信产业。特色旅游资源有云东海国家湿地公园和三水荷花世界（荷花奇境）、三水森林公园2个国家AAAA级旅游风景区。广三高速、广佛肇高速、广佛肇城轨、三茂铁路等交通干线从境内穿过。

2018年，云东海街道实现地区生产总值106.51亿元，比上年增长7.5%；规模以上工业总产值289亿元，增长6.8?%。其中：第一产业增加值1.41亿元，增长8.2%；第二产业增加值77.6亿元，增长4.2%（其中工业增加值67.01亿元，增长6.8%）；第三产业增加值27.49亿元，增长7.5%。人均地区生产总值17.09万元，增长7%。固定资产投资比上年增长42.06%。社会消费品零售总额12.84亿元，比上年增长11.2%。外贸出口额1.37亿美元，比上年增长44.54%。农村常住居民人均可支配收入1.9万元，比上年增长5.7%。

2018年，三水区荷香湖公园新建成的水韵桥　（三水区供图）

辖区龙头企业盛路通信领跑产学研合作领域　2018年1月29日，西安电子科技大学与广东盛路通信科技股份有限公司联合实验室揭牌。联合实验室借助西安电子科技大学的科技资源，以市场为导向，重点开展产品的关键技术研究及相关的产品开发，共建人才培养基地，发挥人才优势资源，助推三水新城乃至三水区电子通信产业的发展，落实产学研合作。7月24日，广东盛路通信科技股份有限公司与Altair中国签署合作协议，挂牌建立Altair—盛路联合实验基地，双方携手推进包括整车EMC领域应用在内的工程仿真业务，为落实产研合作再度加码。

佛山双子星城奠基助力三水新城城市产业发展　2018年3月28日，佛山双子星城项目正式奠基动工，中农贸集团有限公司、德商集团、广东盛路通信科技股份有限公司、佛山市金银河智能装备股份有限公司、前海海润国际并购基金管理有限公司、驰锐集团、佛山市创必盈产城发展有限公司及博士后科研工作站等9家来自不同领域的知名企业与碧桂园集团签署项目协议，正式入驻佛山双子星城项目。佛山双子星城拟建设以总部办公为龙头，现代服务业为核心，集商务办公、高端酒店、创新创业、购物娱乐为一体的绿色现代核心商务区，打造三水新城现代服务城市产业载体，致力为三水产业升级提供多样化服务，成为三水引人瞩目的新名片、新地标，助力城市三水高质量发展。

大棉涌（云东海段）上线“佛山明星河长巡河”系列直播　2018年5月21日，“佛山明星河长巡河”系列直播在三水大棉涌云东海段进行，大棉涌（云东海段）的镇级河长曾法强接受“南方+”记者采访并进行巡河直播。2017年，云东海在治水方面共投入资金约1.28亿元，通过创新应用“互联网+”思维和“大数据”手段，严格把控污染源、完善排污管网建设，有效提升河涌水质，成功摘除黑臭水体“帽子”。2018—2020年，云东海继续投资4.2亿元治水，按照既定工期倒逼实施污水处理厂、北湖西堤工程项目、高丰泵站、河涌清淤、生活污水治理等33项工程水利建设，全面提升辖区水环境。

《三水新城启动区控制性详细规划》及《佛山市三水区云东海街道邓岗及石湖洲片区控制性详细规划》获佛山市政府批准实施　2018年8月16日，《三水新城启动区控制性详细规划》及《佛山市三水区云东海街道邓岗及石湖洲片区控制性详细规划》获佛山市人民政府批准实施。三水新城启动区承担三水新城城市生活主导功能，以居住和商务办公为主的惬意生活区为定位，规划区域总面积为13.95平方千米。三水新城启动区控规注重以人为本，在规划中重视打造慢行系统，结合三江水韵公园、荷香湖公园、大棉涌新开涌的景观建设，与双子星城市广场、三水北站南面的百年三水文化步行街无缝对接，打造城市核心的慢生活体验区。邓岗及石湖洲片区位于三水新城启动区的北部，承担着三水新城科技创新主导功能，规划区域总面积3.32平方千米。邓岗及石湖洲片区控规以完善配套、提升环境为先导，通过启动大塱涡涌整治、污水处理厂建设、兴业五路改造等项目，带动片区传统产业转型升级，规划建设产业孵化中心、科技服务中心、邻里中心等配套设施，完善市政基础设施，提升园区环境。

云东海学校落成开学　2018年8月28日，云东海学校举行落成典礼。云东海学校位于三水新城发展的核心区域，是三水区2017年十件民生实事工程之一，按照省一级学校标准建设，学校占地面积7.07公顷（约106亩），总投资2.9亿元，是三水区首所公办九年一贯制学校。

邓培纪念馆落成揭牌　2018年10月26日，邓培纪念馆落成揭牌仪式举行，标志邓培故居升级提升工程顺利完成。云东海街道累计投入约450万元，对邓培故居生活场景进行美化提升，扩建故居庭院、新建邓培纪念馆。邓培故居升级提升后，占地面积由原来的600平方米增加至近1400平方米。

三水新城·智造基地开业暨香港青年创新创业协会粤港澳大湾区创新基地揭牌　2018年11月27日，三水新城·智造基地开业暨香港青年创新创业协会粤港澳大湾区创新基地揭牌仪式在三水新城举行。三水新城·智造基地是云东海街道第二个孵化器，首批引入研发生产型企业9家，占园区总面积的80%。园区企业累计获得专利数超30项。园区高新技术企业2家。

映海南社区党群服务中心揭牌成立 2018年12月27日，云东海街道映海南社区党群服务中心揭牌成立。映海南社区党群服务中心首层是办事大厅，共设置6个服务窗口，可提供包括民政、社会保障、人口计划生育、流动人口管理、综合服务等多项服务。第二层设置阅览室和书画室等活动场室，满足居民日常活动的精神文化需求。映海南社区居民委员会于2018年3月经三水区人民政府批复同意后成立，并在8月产生第一届班子，是云东海街道成立的第二个社区居委会。

【白坭镇】 位于三水区南部，东南面与南海区接壤，西面与高明区、肇庆市高要区隔江相望，辖区总面积66.63平方千米。2018年下辖1个社区、2个行政村，有66个自然村。年末，户籍人口2.77万人，常住人口6.81万人。有耕地面积746公顷，粮食播种面积92.8公顷，粮食产量508吨。林地面积573.65公顷，活立木蓄积量18159立方米，森林覆盖率8.51%。是全国综合实力千强镇、广东省综合实力百强镇、广东省新型建材专业镇。支柱产业有建材行业、装备制造业、电力行业等，其中先进装备制造业为近年发展起来的特色产业。2018年，获“广东省五人龙舟特色镇”称号。

2018年，白坭镇实现地区生产总值175.23亿元，比上年增长7.5%。其中，第一产业增加值3.27亿元、第二产业增加值152.21亿元、第三产业增加值19.74亿元。人均地区生产总值25.73万元。固定资产投资比上年下降21.3%。外贸出口额0.56亿美元，比上年增长42.69%。

三水区首个智能文化家落成开放 2018年5月26日，白坭智能文化家落成暨2018白坭西江文创节启动仪式在白坭文化中心举行。白坭智能文化家是佛山市在推进国家公共文化服务体系示范区建设过程中完成的第五个智能文化家，也是三水区首个智能文化家，是全市中心城区外首个面积最大、功能最全的智能文化家，从“书”的空间转变为“人”的空间，设置自助图书馆、高标准阅览空间、少儿亲子阅览区、多媒体体验室、活动沙龙区等活动区域，使智能图书馆从提供单纯的文献借阅服务，拓展为提供数字文化服务、文化志愿者服务、社会教育服务、数字娱乐体验、亲子互动、文艺推广等服务，形成“1 + N”的综合性文化服务、共享和创意平台。11月29日，佛山市智能文化家现场会在白坭镇智能文化家召开，全市、区、镇主要文化管理部门负责人约80人参加，有效推广了白坭智能文化家建设的成功模式。白坭智能文化家还获得“佛山市城市治理十大明星项目”称号。

广东省第六届五人龙舟锦标赛在白坭镇举行 2018年10月1日，“龙腾竞发大湾区 奋进小城大时代”——广东省第六届五人龙舟锦标赛暨白坭镇2018年五人龙舟竞渡大赛在白坭镇雁鹅沙举行。比赛设置男子公开组和男子本地组，共有118支龙舟队伍（本地组76支、公开组42支）590名运动员参赛。三水白坭的萃庆文化体育协会（陈氏大宗祠）和大滘沙一号船队分别获公开组和本地组冠军。

白坭镇西江文创节 2018年白坭镇西江文创节以“西江明珠·文创古镇”为主题，5月至10月以“岭南书院”“中国功夫”“龙舟文化”“疍家文化”“农耕文化”五大文化IP为核心，共举办超过100场文体活动，让市民游客深度体验白坭文化元素。

园区党群服务中心暨行政服务中心园区分中心揭牌成立 2018年11月16日，白坭镇园区党群服务中心暨行政服务中心园区分中心举行揭牌仪式，标志白坭“党务+政务”工作改革迈上新台阶。该中心位于工业企业相对集中的周村辖区，按照“一中心四场室”的要求建设。行政服务中心园区分中心承接国土、社保、卫计、民政等300多项业务，能辐射服务半径5千米内的企业和群众，打造“五公里”政务服务圈，让白坭镇尤其是园区和南部片区群众实现行政审批业务“家门办理、全城通办”。党群服务中心建有党员“红色书吧”、培训室、党史和党的革命精神学习墙等，可为周边企业的党员群众提供交流学习教育平台。

岗头片区自来水管网改造正式通水 2018年12月28日，白坭镇举行岗头片区自来水管网改造通水仪式，标志岗头片区居民用上三水区“自家水”。作为2018年三水区十件民生实事之一，整个水网改造工程总投资为4218万元，全长24.5千米，于2017年12月启动，至2018年底，该工程全面完成村前供

2018年10月1日，广东省第六届五人龙舟锦标赛暨白坭镇2018年龙舟竞渡大赛在三水区白坭镇雁鹅沙河段举行（三水区供图）

水管网通水覆盖，各自然村均具备通水到户条件。

【乐平镇】 位于三水区中部，南接南海区，东联广州市花都区，辖区总面积198.5平方千米。2018年下辖3个社区、14个行政村，有158个自然村。年末，户籍人口8.36万人，常住人口14.52万人。有耕地面积3504公顷，粮食播种面积149.53公顷，粮食产量700吨；林地面积1750.79公顷，活立木蓄积量24043立方米，森林覆盖率7.46%。2018年蝉联全国百强镇第38位，是全国农村优秀学习型乡镇、省教育强镇、省卫生镇和省重点发展的中心镇、全省五大智能制造示范基地之一。是年，乐平镇获得南粤古驿道定向大赛2018年支持全民健身贡献单位、佛山市关心下一代宣传报道工作先进集体、三水区唯一市政府镇街政务信息直报点等荣誉称号。大旗头古村落被中国文化管理协会授予中国民俗文化传承基地。佛山高新区核心园北园三水工业园区位于乐平镇辖区内，规划面积100.98平方千米，主要发展太阳能光伏、汽车零部件、电子电器、自动化机械及设备、医疗器械五大主导产业，拥有中国汽车零部件（三水）产业基地、中国医疗器械（三水）产业基地、国家火炬计划自动化机械及设备产业基地、国家（佛山）显示器件产业园和广东光伏产业基地5个产业基地。

2018年，乐平镇实现地区生产总值308.11亿元，比上年增长7.6%。其中：第一产业增加值6.73亿元，增长1.24%；第二产业增加值261.73亿元，增长7.58%；第三产业增加值39.64亿元，增长7.73%。人均地区生产总值36.85元，比上年增长4.33%。固定资产投资比上年增长4.65%。外贸出口额8.67亿美元，比上年增长13.34%；农村常住居民人均可支配收入2.73万元，增长10.74%。

大旗头古村获评全国“民俗文化传承基地” 2018年5月18日，在第三届“广府印象”文化嘉年华开幕式上，中国文化管理协会向三水区乐平大旗头古村颁发“民俗文化传承基地”牌匾。大旗头古村又称郑村，始建于明嘉靖年间，原名大桥头，是广东粤中地区典型的、最具独特建筑风格的清代村落，相传由清朝广东水师提督郑绍忠所建。1994年，大旗头古村被评为三水市第二批重点文物保护单位；1997年被评为佛山市重点文物保护单位；2002年7月被评为广东省第四批重点文物保护单位；2003年10月，大旗头古村与江苏周庄、安徽西递、宏村同被评为首批22个国家级历史文化名村镇之一；2004年，大旗头古村被广东省文化厅评为广东第一村。

首届佛山高新区三水园创新创业大赛在北京举行 2018年6月15日至8月24日，首届佛山高新区三水园创新创业大赛媒体见面会在北京举行，大赛面向全国征集创新企业和创业团队，旨在以比赛链接集聚创业资源，发掘和扶持一批优秀项目、团队，促进创新创业成果转化，为园区深入实施创新驱动发展战略提供强有力的人才智力支撑。经过比赛，AI（人工智能）垃圾分拣机器人项目、基于人工智能的无线感知系统研发与产业化项目分别获得团队组一等奖和企业组一等奖。

“揽月一号”双创基地入驻团队两获省级大奖 2018年6月9日，入驻佛高区三水园“揽月一号”双创基地某团队的“轻量化重负载铝型材牵引机器人项目”获2018年“创客广东”机器人产业链创新创业大赛企业组第一名。12月1日，“揽月一号”孵化的海绵城市环保陶瓷透水砖在陶瓷固废生产环保新材料中的首创应用项目获得第九届“省长杯”工业设计大赛铜奖，并获省长马兴瑞颁奖。“揽月一号”双创基地启动1年多时间，已有29个孵化项目入驻，其中博士创新人才团队6个，整体年产值超3000万元。

“智博荟”工程启动 2018年7月1日，三水区乐平镇在大旗头古村建威第广场举行“智博荟萃剑论未来”——党建统领乡村振兴论坛暨“智博荟”启动大会。100多名来自各行各业的专家博士受聘成为“智博荟”成员，分属基层党建、经济科技、农村农业、城镇建设、民生事业、文教体卫6个功能界别，为镇党委、政府的决策部署和园区企业的生产发展提供智力支持。乐平镇“智博荟”工程模式为全省首创，为乐平镇开辟创新创业新蓝海。论坛上，由中国机械制造与自动化领域著名科学家、中国工程院院士卢秉恒挂帅的3D打印院士工作站、中国空间技术研究院（航天五院）北京空间科技信息研究所航天生产力促进中心签约进驻。

三水区首个人才驿站在佛山职业技术学院成立 2018年7月5日，三水区首个人才驿站在佛山职业技术学院正式揭牌成立，助力地方柔性引进人才。佛山职业技术学院通过项目合作、合作建立研发中心、校外人才工作室等多种形式，采取博士联谊会、人才沙龙、学术研讨会、政策辅导宣讲等形式做好联络，建立人才长期合作与短期合作相结合的人才引进机制，凝聚地方校外各类人才。

欧神诺陶瓷获第十届国际发明展览会发明创业奖金奖 2018年9月15日，第十届国际发明展览会暨第三届世界发明创新论坛颁发发明创业奖·项目奖等奖项，13个佛山项目获发明创业奖金奖。其中，佛山高新区三水园的佛山欧神诺陶瓷有限公司的“一种具有随光异色效果的建筑陶瓷”获金奖。

日丰总工李白千获“大国工匠”命名 2018年11月30日，日丰企业集团有限公司副总裁、总工程师李白千获得中国轻工业联合会和中国财贸轻纺烟草工会轻工“大国工匠”命名，成为佛山市唯一获此命名者。李白千带领企业研发团队助力日丰企业2次获广东省科学技术奖，创下“焊接中国首根铝塑管”“国内唯一进入美国市场的铝塑管民企”等纪录。日丰三水生产基地2013年落户佛山高新区三水园，主要承担三水项目销售生产等业务与新材料研发中心建设。其中2016—2017年累计开展6个技术改革、增资扩产项目，投入约4亿元重点在生产一体化、自动化方面进行提升，至2018年成为海外塑料管道市场上“中国制造”的优秀代表。

乐平红色驿站党建项目获全省党建创新项目优胜奖 2018年12月10日，三水区乐平党建创新项目《创建红色驿站新阵地 党组织在基层唱主角》亮相广东广播电视台演播厅“广东省直单位第六届工作技能大赛暨市县机关工作技能邀请赛”作品成果展示会，并获得党建创新项目优胜奖。该项目是省直单位第六届工作技能大赛暨市县机关工作技能邀请赛全省900多个参赛项目中唯一晋级大赛决赛的镇（街）级项目。乐平镇红色驿站通过“全覆盖+零距离”定位，构建5分钟党建“服务圈”；“标准化+个性化”建设，打造有温度党建“新地标”；“平台式+项目式”运营，锻造善作为党建“主心骨”；“共治式+共享式”发展，激活促振兴党建“动力源”。

乐平镇首次承办世界级体育大赛 2018年12月18日，南粤古驿道“广府印象小镇”·2018世界定向排位赛暨亚洲定向杯（广东三水乐平站）赛事在乐平举行。是三水区继2012年举办国际铁人三项大赛6年后再次举办世界级体育赛事，也是乐平镇首次承办世界级体育大赛。大旗头村为大赛开幕式、短距离赛、外延活动主场，短距离赛的范围延伸到古灶村、三江村、高岗村。有来自27个国家和地区的600多名运动员参赛。赛事以古驿道全民健身体育赛事为载体，外延举办包括文旅沙龙、水上婚礼、非遗美食、文创展示、摄影活动等十大主题活动，全天吸引观光和体验人数超1万人次。其中，世界定向排位赛是经国际定向运动联合会认可、符合国际级标准资格的公开性定向赛事。

【芦苞镇】 位于三水区中北部，西部与肇庆四会市相连，东部与广州市花都区相邻，南部与乐平镇、北与西北与大塘镇相邻，辖区总面积105平方千米。2018年下辖1个社区、6个行政村，有90个自然村。年末户籍人口3.79万人，耕地面积1229公顷，粮食播种面积126.27公顷，粮食产量609吨。林地面积1449.2公顷，活立木蓄积量161317立方米，森林覆盖率36.13%。

2018年，芦苞镇实现地区生产总值71.38亿元，比上年增长7.4%；规模以上工业总产值215.83亿元，增长6.6%；农业总产值11.53亿元，增长7%；项目招商引资总额26.5亿元，增长25.8%；外贸出口额0.89亿美元，比上年增长52.77%。

博萨汽配项目动工 2018年1月22日，广东博萨汽车部件有限公司项目在芦苞镇福绵东路7号奠基动工，占地面积3.33公顷（约50亩），总投资2亿元，总建筑面积2.46万平方米。年产车身、底盘等汽车配件产品100万套。

洪圣诞民俗活动 2018年4月1日，芦苞镇独树岗古村连续第三年自发举办洪圣诞庙会巡游活动。除醒狮和游龙表演外，还结合独树岗村孝善文化传统，增设为村中65岁以上的300位长者派发祈福米的环节。5000多名村民和游客参加活动。

胥江祖庙北帝诞庙会开锣，并入选省级非遗项目 2018年4月18—22日，芦苞镇举办2018芦苞镇旅游文化周暨胥江祖庙北帝诞庙会，表演北帝祭祀、北帝巡游、千人太极、美食汇等精彩节目，向市民游客展现芦苞庙会文化、民俗文化、长寿文化等，体现芦苞在“城市三水”建设中的文化自信和文化标杆作用。同年5月，广东省人民政府批准并公布广东省第七批省级非物质文化遗产代表性项目名录，“胥江祖庙庙会”通过省级非遗认定，是三水首个被评为省级非遗的民俗类项目，并成为全区继“粤曲星腔”之后的第二个省级非遗项目。

芦苞孝善文化节 2018年10月17日，“长寿三水 孝善芦苞”三水区“中国长寿之乡”十周年暨2018芦苞孝善文化节在芦苞独树岗村举办。全镇6个村和1个社区共筵开828席。活动当天还对“孝善芦苞人”进行命名，朗诵独树岗蔡氏新族规，金婚银婚夫妇上台接受祝福，通过孝善文化引领乡村振兴新风尚。

“美味芦苞，寻味芦苞”腊味美食节 2018年12月14—16日，“美味三水 寻味芦苞”2018芦苞北江腊味美食节在三水区芦苞镇芦苞温泉门前广场举行。整合芦苞文化、旅游、餐饮、农业等资源，探索芦苞传统文化与美食文化跨界融合发展新路径。其间，举办包括三江职业技术学校烹饪专业学生厨艺展示、“最受欢迎美食菜式”评选、首届“打造粤菜师傅工程”之腊味厨神争霸赛、才艺大赛暨芦苞腊味推广“小精灵”选拔赛、腊味制作技艺课堂、腊味手作大比拼等活动。

在全区率先推行教师双聘制 2018年，芦苞镇在全区率先推行教师双聘制，将教师聘任的自主权放在学校和老师个人，学校聘任工作领导小组根据岗位设置和个人表现分批聘任或长短聘。教师双聘制有效调动教师工作的积极性，芦苞镇各校在2018年7月中旬顺利完成聘任工作。

独树岗村党群服务中心揭牌成立 2018年5月29日，芦苞镇独树岗村党群服务中心、公共服务中心揭牌成立。独树岗村党群服务中心和公共服务中心在同一座办公大楼，中心占地面积约1300平方米，设有接待厅、党群会议室、公共法律服务站、扫黄打非工作站等功能室，投入300多万元，为独树岗

2018年12月14日，三水区芦苞镇举办2018芦苞北江腊味美食节

（三水区供图）

村党员群众提供“一站式”的便民配套服务。

【大塘镇】 位于三水区西北部，与广州市花都区和清远市接壤，辖区总面积98.15平方千米。2018年下辖1个社区、7个行政村，有99个自然村。年末，户籍人口4.37万人，常住人口6.77万人。有耕地面积1767公顷，粮食播种面积347.4公顷，粮食产量1828吨。林地面积1499公顷，活立木蓄积量118145立方米，森林覆盖率17.47%。是广东省卫生镇、广东省蔬菜专业镇、广东省生态示范镇。

2018年，大塘镇实现地区生产总值118.34亿元，比上年增长7.5%。其中，第一产业增加值4.18亿元、第二产业增加值95.92亿元、第三产业增加值18.24亿元。固定资产投资比上年下降32.6%。农村常住居民人均可支配收入27319元。外贸出口1.88亿美元，比上年增长26.17%。

禁养区畜禽养殖场清理 2018年，大塘镇投入资金8373万元对禁养区养殖场进行全面清理。7月30日全面完成禁养区315个畜禽养殖场清理，清理畜78966头、禽1184019羽、砖瓦棚舍155816.67平方米、简易棚舍207369.74平方米。

森林小镇规划编制 2018年7月，大塘镇完成森林小镇规划编制。按规划，大塘镇将依托原有优势，建设具有完善生活条件、优良生态景观和优势龙头产业的休闲宜居型森林小镇。2018年，大塘镇现状绿地面积162.98公顷，其中公园绿地36.25公顷、防护绿地26.5公顷、生产绿地31.1公顷、附属绿地28.1公顷、其他绿地41.03公顷。镇区绿化覆盖163.16公顷，绿化覆盖率30.48%。

省级卫生镇评估获得通过 大塘镇成功创建省级卫生镇。2018年，大塘镇通过不断巩固完善基础设施建设，加强城镇综合管理，开展系列环境卫生整治行动，提高环境卫生总体水平，经过省专家技术评估，顺利成为“广东省卫生镇”。

工业区火灾隐患重点整治 2018年，大塘工业区被佛山市政府列为全市第九批挂牌督办火灾隐患重点整治地区。大塘镇迅速落实专项经费，成立整治专班，加大消防整治宣传力度，完善消防设施，开展专项整治行动。共排查企业258家（次），拆除违规建筑面积2.4万平方米，查封33家存在重大火灾隐患的企业；共排查“三小”场所（指小档口、小作坊、小娱乐场所）1068个，下发责令整改通知书1140份，清查木质阁楼126处，清理违规住人467人。2018年12月顺利通过市政府组织的整治验收。

敬老院居住环境全面提升 2018年，大塘镇投入200万元，全面优化大塘敬老院院内环境，实施道路改造、完善消防设施及3栋老人宿舍样板工程，健全内部管理制度，加强人员管理，提升服务质量，使老年人老有所养安享晚年。

【南山镇】 位于三水区最北端，与肇庆市四会市、清远市清新区接壤，辖区总面积124.21平方千米。2018年下辖1个村委会，4个社区，有146个自然村。年末户籍人口2.6万人，常住人口2.4万人。有耕地面积1317公顷，粮食播种面积168.13公顷，粮食产量890吨。林地面积5849.78公顷，活立木蓄积量422196立方米，森林覆盖率48.2%。支柱产业是建材卫浴。特色产业有富硒养生产业。

2018年，南山镇地区生产总值27.79亿元，比上年增长3.1%。其中：第一产业增加值4.26亿元，下降9.6%；第二产业增加值15.55亿元，增长6.2%，（工业增加值9.2亿元，下降8.2%）；第三产业增加值7.97亿元，增长16.5%。固定资产投资下降25.2%。人均地区生产总值12万元，增长3.1%。外贸出口0.14亿美元，增长47.46%。

南山镇行政服务中心六和分中心成立 2018年，南山镇建成行政服务中心六和分中心和2个24小时自助政务超市，形成“五公里政务服务圈”。该分中心于每周二和周四开放服务，业务范围包括社保、医保、计生和民政等服务283项，六和村村民在家门口享受一门式的行政服务，实现“家门办理、全城通办”。完成企业经营许可“一门式”综合服务窗口建设，逐步实现企业登记“同城通办”。

富硒产业推动乡村振兴 2018年7月16日，南山镇十里水果长廊采摘季开园节启动，集中向市民和游客推介南山镇出产的优质水果。在开园仪式上，清远市连州拓胜新能源有限公司与南山镇签订合作协议，计划投资3.6亿元建设富硒技术研发中心、食品加工基地等富硒健康产业项目。提高水果品种质量，通过在现有的富硒土壤基础上，引入硒技术，提高水果富硒含量，发挥生态资源优势，发展高端生态农业，实施乡村振兴战略。

南丹山风景区举行玻璃悬索吊桥开业仪式 2018年10月23日，南丹山风景区举行玻璃悬索吊桥开业仪式，区文体旅游局负责人、南山镇负责人等共同为南丹山玻璃桥开业剪彩。该座钢索牵引的玻璃桥，总长379米，高202米，桥面由多层钢化玻璃铺设而成，是至2018年底广东省境内最长的玻璃桥。

迳口知青进场50周年活动暨专题纪录片首发 2018年11月3日，南山镇举行“迳口知青进场50周年活动暨专题纪录片首发仪式”活动，156名曾在迳口农场挥洒青春、艰苦奉献的知识青年重返南山镇，实地参观南山党群服务中心、南山大道、佛山市萌茵实验学校、幸福市场、康城公园和蓄水坝等地，亲身体会南山镇城市发展的变化，共同见证南山镇新发展。同时，知青们共同观看纪录片《风雨青春，激情岁月——迳口农场知青》，再现50年前来到迳口农场的一群风华正茂的知识青年，奉献青春，挥洒热血，与当地村民齐心协力消灭血吸虫病、开荒种田、抗洪抢险、兴修水利的奋斗史。

村村通自来水工程全面完成 2018年12月19日，三水区村村通自来水工程总结会议在南山镇召开，标志南山镇村村通自来水工程全面完成，三水区村村通自来水工程全面竣工。截至年底，南山镇原未通自来水的122个自然村有113个完成通水，没有通水意愿的完成公示，全镇农村自来水供水到户基本实现全覆盖，全镇各自然村基本喝上安全的自来水。

（朱翠仪）

人　物

新任佛山市领导

李政华　1966年4月生，广东兴宁人，1988年7月参加工作，1987年4月加入中国共产党，大学学历（广州外国语学院英语专业）。1988年7月任省外办礼宾处科员，1992年12月后任省外办礼宾处副科级干部、正科级干部、主任科员，2000年6月后任省外办护照签证处副处长、国际交流处副处长，2007年10月任省外办国际交流处处长，2013年3月任省友协秘书长，2014年6月任省外办副主任、党组成员，2018年4月任佛山市委常委、市委统战部部长。

郭长勇　1970年11月生，河南许昌人，1991年6月参加工作，1990年4月加入中国共产党，大学学历（广州外国语学院法语专业），在职硕士（广东外语外贸大学工商管理专业）。1991年6月任省外办国际交流处科员，1996年4月后任省外办国际交流处副主任科员、主任科员，2003年9月任佛山市外事侨务局副局长、党组成员，2008年12月任佛山市外事侨务局局长、党组书记，2015年10月任佛山市委秘书长、市委办主任，2018年7月任佛山市委常委、市委秘书长、市委办主任，2018年8月任佛山市委常委、市委秘书长、市委办主任、市委宣传部部长，2018年10月任佛山市委常委、市委宣传部部长。

范德军　2018年1月任佛山市委常委、佛山军分区司令员。

谭　萍　女，1973年11月生，四川乐山人，1995年7月参加工作，1994年12月加入中国共产党，大学学历（杭州商学院餐旅企业管理专业），在职硕士（华南理工大学工商管理专业）。1997年12月后任广州白云国际机场宾馆公关销售部副经理、经理，广州招商银行广州分行机场支行办公室主任，2003年4月任广州白云国际机场宾馆副总经理，2003年7月任广州白云国际机场股份有限公司行政公关部经理助理、航空市场部部长，2012年12月任广州白云国际机场股份有限公司副总经理、党委委员，2016年7月任省机场管理集团有限公司总经理助理，2017年5月任省广物控股集团有限公司副总经理，2018年7月为佛山市政府副市长人选，2018年8月任佛山市政府副市长、党组成员。

（市委组织部）

改革先锋人物

何享健　1942年8月生，佛山市顺德区人，中国共产党党员，美的控股有限公司董事长。他秉承“唯一的不变就是变”的创新变革理念，敢闯敢试，勇于挑战，推行企业内部股份制改革，使美的成为中国第一家由乡镇企业改组而成的上市公司。实行股东、董事会、经营团队分设的经营模式，开创民营企业股权改制、股权激励、职业经理人和现代化企业改革等先河。带领美的集团从街办塑料生产组，发展壮大为海内外拥有15万名员工、近200家子公司、60多个海外分支机构、市值近3000亿元的科技集团，进入世界500强。创立慈善基金，投入10余亿元，开展扶贫、救灾、养老、教育等公益慈善事业。曾获“全国劳动模范”等称号。2018年12月18日，在北京举行的庆祝改革开放40周年大会上，被党中央、国务院授予“改革先锋”称号，颁授改革先锋奖章。

胡小燕　女，1974年1月生，四川武胜人，中国共产党党员，佛山市三水区总工会副主席，新明珠建陶工业有限公司成品车间原副主任、销售主管，第十一届全国人大代表。她1998年到广东佛山打工，自强不息，踏实苦干，在农民工群体中脱颖而出，成长为企业一线管理人员。2008年成为第一批当选全国人大代表的农民工，在“两会”上提出保障农民工权益等多项建议。开设“海燕信箱”专栏为农民工维权，推广“小燕成长”职工学历提升计划，建立多个公共场所“爱心妈妈小屋”，尽心尽职为广大农民工服务。珠江电影制片厂以其为原型拍摄打工题材电影《所有梦想都开花》。曾获“全国优秀农民工”称号和“全国五一劳动奖章”。2018年12月18日，在北京举行的庆祝改革开放40周年大会上，被党中央、国务院授予“改革先锋”称号，颁授改革先锋奖章。

（市委宣传部）

全国五一劳动奖章获得者

龙莉英　女，1969年生，江西赣州人，大学本科学历，广东吉熙安电缆附件有限公司副总工程师、质量检验部经理。2011年，主持筹建的500千伏超高压试验室被认定为“广东省企业重点实验室”。2013年，领衔创建“龙莉英劳动模范创新室”（首批佛山市劳模创新室)。以其名字命名的龙莉英劳模创新室2015年获由市总工会颁发的“示范性劳动模范创新室”荣誉称号。带领公司质检部获2015年“全国五一巾帼标兵岗”、2016年“佛山市工人先锋号”、2016年“佛山市职工创新标兵示范岗”等荣誉称号。曾先后获广东省五一巾帼奖、广东省五一劳动奖章、“广东省劳动模范”“全国女职工建功立业标兵”等奖项和荣誉称号。2018年获颁全国五一劳动奖章。

熊智康 1979年生,江西景德镇人,中国共产党党员,大专学历,广东格兰仕集团有限公司元器件车间主任。2000年进入广东格兰仕集团元器件车间工作。带领元器件车间各项管理工作得到大幅度提高,成绩显著,车间多次被集团评为先进车间,车间班组多次被广东省、全国轻工业协会评为质量信得过班组。在车间副主任岗位上,多次主导参与元器件产品的主要工艺技术攻关项目,编制工艺文件,攻克多项元器件产品技术工艺难题,使元器件产品质量稳步提升,产品合格率由原来的平均95%提升至平均99.5%以上。2006年以来,车间生产效率平均增幅在15%以上,效果非常明显。2014年曾获广东省五一劳动奖章。2018年获颁全国五一劳动奖章。

(市总工会)

中国工艺美术大师

黄志伟 1966年生,广东佛山人,正高级工艺美术师,民盟中央文化委员会委员,广东省人民政府文史研究馆工艺美术研究院特聘研究员。1983年进入石湾美术陶瓷厂的陶艺创作室工作和研究,1991年广州美术学院雕塑系雕塑专业毕业。在40多年的艺术探索中,他善于把石湾传统陶器艺术与中国传统美学、中外现代雕塑理论有机揉合,不倦探索创新,拓新出陶塑新法——“线塑”(获国家发明专利),开辟现代石湾陶塑表现技法的新天地。作品多次获评国家级金奖,部分作品被评为国家珍品,被中国国家博物馆、中国工艺美术馆、美国路州州立大学艺术博物馆等国内外多家博物馆收藏。多次被邀请参加国际性的陶艺学术交流,业绩被载入《中国当代艺术界名人录》等各种专业典藉。并被中央电视台新闻频道以《传承传统演绎陶塑新传奇》作专题报道。2007年被授予“共和国杰出艺术家”称号。2015年当选为“中华传统文化杰出传承人”。2018年被评为中国工艺美术大师。

(杨晓明)

“中国好人榜”入榜人物

莫才好 女,1962年2月生,佛山市三水区人,中国共产党党员。佛山市三水区白坭镇清塘村党支部书记、三水区常青志愿服务队队长。2007年至2019年,莫才好退休后挑起了为没有丝毫血缘关系的老人养老送终的重担。从日常照料、添衣防寒到维修家电、置换家具,再到买药送医,甚至临终关怀,12年来,莫才好义务服侍过60多名老人。筹集的10余万元善款被妥善送到每一个有需要的困难老人手中。莫才好被称为三水区志愿者的“灵魂人物”,具有很强的号召力,12年来她无私奉献、任劳任怨的言行感染了身边的志愿者。她培育出大批志愿者骨干,让一支拥有300多人的志愿者队伍蓬勃发展。她每年组织敬老活动、入户探访活动近100场,参与志愿者超过3000人次,志愿时数超过10000小时。在莫才好的带领下,白坭镇清塘村村容村貌大大改观,互帮互助蔚然成风。2017年,莫才好先后获“最美佛山人”“广东好人”等荣誉。2018年1月,莫才好入选“中国好人榜”。

付新妹 女,1970年12月生,清远市英德市人。2008年,付新妹经人介绍嫁给佛山市高明区更合镇新圩岳塘村村民李建中。2010年11月15日,李建中上班途中遭遇车祸导致瘫痪。

面对刚出生的小儿子和突然瘫痪的丈夫,付新妹一肩挑起重担,没有医学护理知识,没有照顾病人的经验,她就悄悄地跟着医生护士学,处理丈夫排尿排便障碍、变换体位、辅助性按摩等,做得比医护人员还要利索。

丈夫重新站起来的希望极其渺茫,付新妹没有一蹶不振,坚强的她扛起了脆弱的家。丈夫住院一年后,由于耗费了积蓄,付新妹不得不把丈夫接回家中。没有输尿管等医疗器械,她经常只能使用保鲜袋帮助丈夫排尿排便。长期卧床缺少运动,最怕就是后背长褥疮皮肤溃烂,付新妹每天要为丈夫擦拭两次身体,每天3次为其按摩活动关节神经,夜里还要常常起床为丈夫翻一次身。6年过去了,李建中身上没长过一颗褥疮。

2018年2月,付新妹入选“中国好人榜”。

陈燕梅 女,1976年10月生,佛山市南海区人,中国共产党党员。从教22年,是佛山市南海区西樵镇第一小学科研主任,主管学校科研、特殊教育工作。

两个双胞胎女儿先天失明,陈燕梅并没有因命运的不公而叹息,而抱怨。她面对现实,努力让孩子回归到正常环境中成长。近几年姐妹俩陆续取得广东省器乐大赛古筝演奏一等奖、诗歌散文朗诵广东省一等奖、田径比赛金银牌、佛山市图书馆建设“特殊贡献奖”等荣誉。

陈燕梅始终充满工作的热情,管理好每年的科研课题。组建学校普特共融团队,有效开展特教班学生与普通班级学生的融合活动。有许多视障孩子的家长找到陈燕梅,寻求教育孩子之道,陈燕梅用融合的理念,以亲身的经历,鼓励孩子,帮助家长,让家长和孩子重获希望。

2018年4月,陈燕梅入选“中国好人榜”。

苏永善 1972年6月生,湛江市遂溪县人,中国共产党党员。佛山市禅城区教育局科学科技教研员,中学生物高级教师、中学特级教师、全国优秀教师、广东省劳动模范“地球奖”得主。苏永善坚持18年为学生采集古陶瓷教学标本,还用大量个人积蓄购买文物藏品,并悉数捐出创建中国首家校园古陶瓷博物馆。博物馆馆藏中国历代古陶瓷、琥珀、化石等一万多件珍贵文物,藏品的数量、系统性、系列性达到国家二级博物馆水平。他开展的科技创新教育，连续8次代表国家参加国际科技大赛及国际科技交流活动并取得优异成绩，获得国际水科技发明奖特别奖、英特尔国际科学与工程大奖赛集体项目第一名、国际生物与环境奥林匹克竞赛等国际级大奖。他指导的师生获得国际级奖励8项（次）、国家级奖励21项（次）、省市级奖励100多项（次）。苏永善是中国教育工作者国际科技大奖的最高记录保持者，曾获得全球性及中国最有影响力的四项环境大奖：福特汽车环保奖、中华环境奖、地球奖、中国青年丰田环境保护奖。

苏永善20年来坚持做好事，坚持5年照料中风病人，坚持11年帮助行动不便的孤寡老人，坚持多年向有需要的小孩和老人伸出援助之手。

2018年8月，苏永善入选“中国好人榜”。

许世彬 1961年4月生，肇庆市广宁县人。许世彬是一名下岗工人，他心怀大爱，古道热肠。从1998年起，他20年累计无偿献血超过350次，献血量高达12.7万毫升，相当于25个成年人的血液总量，其中献机采血小板321次，达621个治疗量，成为佛山市的“献血状元”。

许世彬热心公益，每个休息日都会走上街头宣传无偿献血，2016年志愿服务超过920小时，2017年超过890小时。他夏天自带风扇，冬天自带热水，在酷暑或寒风中一站就是十几小时。他以善心拉动善心，平均每天发动50人献血。

许世彬安贫乐道，下岗和清贫都不曾中断爱心；他言传身教，妻儿兄弟也投身无偿献血事业；他一片赤诚，决心献血献到60岁，志愿服务到终老。

2018年9月，许世彬入选“中国好人榜”。

（市委宣传部）

第二届“佛山·大城工匠”

万　鹏 广东中鹏热能科技有限公司省工程技术研究中心主任。30多年来一直专注于陶瓷热工装备的研究，2017年获国家科技部“科技创新创业领军人才”称号，是业内知名的高级工程师、省科技厅专家库专家、景德镇陶瓷大学客座教授。在他的带领下，企业组建并获批广东省企业技术中心和广东省工程技术研究中心。以他为核心的研发团队几年来结题或在研项目达20多个，包括4个省级科研课题和2个市级科研课题，参编中华人民共和国《辊道式烧成窑炉》《陶瓷制品辊道式干燥器》两项建材行业标准。他带领的部门获佛山市“工人先锋号”，并为企业赢得“广东省高新技术企业”“佛山市职工发明创新创意大赛二等奖”等多项荣誉。2018年，获评第二届“佛山·大城工匠”。

龙莉英 女，广东吉熙安电缆附件有限公司副总工程师。在高压电缆附件技术研发领域，用24年的专注和执着诠释工匠精神，将民族品牌做大做强。她多年专注于实验室工作，拥有实用新型专利、发明专利超百项，曾获广东省科学技术进步奖。在研发青藏铁路、武广高铁电缆附件期间，她和她的团队为了获得持续不间断的实验数据，把沙发床搬进试验室，每天2/3的时间在实验室度过，为了一个实验数据爬上几十米高的铁架，最终在与国际品牌的竞争中胜出。2018年，获评第二届“佛山·大城工匠”。（详见491页《龙莉英》）

苏荣欢 佛山柯维光电股份有限公司研发工程师兼总经理助理、质量经理。入职柯维光电十年来，一直专注于新材料研发工作，如节能灯用固汞、电子粉、消气剂、荧光灯用分散剂、紫外线灯保护膜、水性LED光扩散涂料等。2013年以来，刻苦钻研水性LED光扩散涂料新材料，最终研发出国内首创的纯水性产品，使用水等环保型材料为稀释剂，符合环保、职业健康安全的要求，是溶剂型涂料的最佳替代产品，对国内LED照明产业快速发展起到重要的推动作用。2016年，获得“高明工匠”称号。2018年，当选为全国人民代表大会代表，获评第二届“佛山·大城工匠”。

李贤信 佛山市海天（高明）调味食品有限公司快检院院长。10年来一直从事食品安全快检技术研究，并不断自我突破，为企业奉献了一项项技术攻关成果。与团队合力拿下CNAS实验室国家认可证书，推动实验室跻身国家认可实验室的行列；在行业内率先建立鉴别酿造酱油和配制酱油的分析方法，该项目对于保护消费者的合法权益，规范酱油生产标准，以及建立健康的酱油行业竞争机制具有重要意义，项目获得5项国家发明专利授权；在行业内首次将指纹图谱技术用于酱油香气质量的研究并建立相应的检测方法，利用该技术实现酱油香气质量的全面评价，推动企业内部酱油质量的持续提高。2018年，获评第二届“佛山·大城工匠”。

李金波 美的集团家用空调创新中心主任。在美的空调技术研发中心从事空调研发工作中，充分发挥专业技术特长，带领团队努力创新，积极研究新技术并实现产业化。2001年，开始从事节能空调研发，并率先提出“一晚一度电”的空调产品研发，成为项目主要带头人。该项技术为企业取得显著的经济效益和社会效益，并促进了空调技术的发展。承担国家级科技项目1项、省级科技项目1项，先后获得国家科技进步奖二等奖1项、中国专利优秀奖2项、省科技进步奖二等奖3项和广东发明人奖1项。主持的项目《房间空气调节器节能关键技术研究及产业化》实现销售收入485.1亿元、利税43.2亿元。2018年，获评第二届“佛山·大城工匠”。

李培涛 广东昭信智能装备有限公司总经理助理。先后获得“全国优秀农民工”“佛山市劳动模范”“全国五一劳动奖章”等称号。近22年来，通过不断学习和钻研技术业务，带领公司技术研发团队开发出多款自动化生产线及自动化生产设备，获得多项国家发明专利、实用新型专利。组织参与公司内贴片电感自动绕线设备、精密涂胶组装设备、医疗产品自动生产线等多个项目研发工作，通过项目设备的成功研发和量产，为企业增加上千万元的销售收入，使公司生产效益大幅提升，部分项目设备销往日本、菲律宾等国，受到客户广泛好评。做好“传帮带”，为企业培养了一支综合素质强、专业技术水平高的技术研发团队。2018 年，获评第二届“佛山·大城工匠”。

李　程　佛山市国星光电股份有限公司副总经理。在国星光电全面负责技术开发和产品创新工作。在研发过程中，带领国星技术团队精益求精、无惧挫折。为研发一款可以应对户外复杂环境变化的表面贴装 LED 元器件，经反复设计方案，千百次实验验证，甚至不惜将已投入过百万元但有“小缺陷”的产品推倒重来，成功带领团队开发出可靠性更大的“新型基板大功率 LED”，获广东省科学技术奖二等奖；带领团队解决从芯片到封装再到应用一系列热学问题，“复杂表面热功能结构形貌特征设计与可控制造关键技术”获 2016 年度国家科技进步奖二等奖。其主持或参与国家“863 计划”、电子基金项目等 5 项、省级项目 13 项、市区级项目 1 项。2018 年，获评第二届“佛山·大城工匠”。

杨　珍　女，佛山市南海技师学院装备制造系副主任。在佛山从事职业教育 14 年，当选为第十三届全国人大代表。2013 年杨珍作为学院竞赛教练团队负责人带领团队辅导学校数控选手代表国家参加“第 42 届世界技能大赛”，获数控铣工项目铜牌；2014 年带领学院数控竞赛团队，辅导选手参加第 43 届世界技能大赛数控车项目全国选拔赛，取得第三名；2015 年带领竞赛辅导团队参加第 43 届世界技能大赛制造团队制造挑战赛项目全国选拔赛获得第二名，入选国家集训队且获“全国技术能手”称号；2016 年作为主教练辅导学校青年教师参加第七届数控技能大赛，选手获得数控车项目第二名，获“全国技术能手”称号。主持编写数控专业一体教学课程改革的 4 本校本教材，推动本系部的教学课程改革。2018 年，获评第二届“佛山·大城工匠”。

何自立　菱王电梯股份有限公司研发一部部长。从事电梯行业 29 年，具有丰富的行业研发设计经验。致力于节能环保型电梯、大载重电梯、高速电梯及超高速电梯的研究，并根据行业发展需求，攻克行业发展中的重大技术难题，以前沿技术推动菱王电梯发展成为国内最具规模实力的节能及高速电梯研发与成果转化基地，获得 13 项实用新型专利授权和 1 项发明专利。推进企业研发管理体系建设，引领科研队伍不断创新，开展多项重大科研项目，推进公司稳健地走在创新型科技企业的道路上。作为国家部分电梯标准的编制组成员，参与《满足电梯基本安全要求的安全参数》等标准的制定，对电梯行业技术的发展起到积极推动作用。2018 年，获评第二届“佛山·大城工匠”。

何国良　广东石湾酒厂集团有限公司生产技术总监。在石湾酒厂长期从事实施和监督公司 ISO9001、TQC、HACCP 等先进质量管理技术的应用、推广及有效运行，为产品的质量安全提供有效保障。负责推动先进质量统计及技术的不断创新和应用工作，参与完成新型豉香风味白酒——石湾玉冰烧的研发，针对传统豉香型白酒苦涩的口感进行工艺分析，并对现有工艺进行提升，降低了酒中的苦涩味，得到广大消费者的认同。此外，带头研发出新产品春花红春砂仁酒，并成功解决新产品的沉淀问题。曾在 2012 年度广东省第三届品酒师大赛中获得全省第一名，获“广东省五一劳动奖章”和“广东省职工经济技术创新能手”称号。2018 年，获评第二届“佛山·大城工匠”。

汪宝生　广东伊之密精密机械股份有限公司液压工程师。从事压铸机的液压系统设计，进入公司 5 年多来，先后获得 1 个发明专利和 4 个实用型专利，并在各种期刊上发表文章 5 篇。如发明专利《一种高压液压增压装置》，此项发明是配属在公司压铸机 DM650 设备上专门用于美芝生产空调转子。此前其他厂家的压铸机只能做到一模出 4 个产品，而且合格率不是很高，而采用压铸机并配备此项发明专利能够达到一模出 6 个产品，而且合格率达到 99.9%。自主研发设计的抽芯泵站，缩短了压铸机的生产周期，销售了 20 台，按每台 15 万元计算，为公司创造了 300 多万元的收入。2017 年被评为“佛山市突出贡献高技能人才”。2018 年，获评第二届“佛山·大城工匠”。

张慰峰　广东联塑科技实业有限公司研究院副院长。从事塑料产品质量控制、技术开发、标准制定工作近 22 年，主持及参与制定 30 多项国家、行业、地方标准，相关工作对于推动塑料管道产品的标准化、规范化，缩短与国外先进同行的差距，促进中国塑料管道行业的发展起重要作用。2013 年起担任 GD/TC90 广东省非金属压力管道标准化技术委员会委员。2017 年被评为高级工程师。参加住房和城乡建设部科技计划项目《集中供热预制直埋保温热水塑料管生产与应用关键技术研究》，该课题项目经专家验收，达到国际先进水平。他先后获得“国家标准制定先进工作者”“全国质量管理小组卓越领导者”等称号。2018 年，获评第二届“佛山·大城工匠”。

陈卫民　广东电网有限责任公司佛山三水供电局试验班高级作业员。自 1979 年进入供电系统以来，一直从事配电线路专业工作，兢兢业业、不断创新。他通过配网精细化管理，全面提高配网自动化水平。指挥配网基建、大修技改等多次超 100 人以上的大型施工，全部按时按质高效圆满完成。作为南方电网公司“陈卫民技术能手工作室”负责人，带领 30 余名工作室成员开展技术攻关、培训、技能创新等活动，培养了一大批技术技能人才。完成各类技术创新不计其数，硕果累累，2015 年作为负责人完成的职创项目“加设‘平安环’提高安全带防坠落性能”获 2015 年（第七届）全国电力职工技术成果一等奖，同时获得实用新型专利一项。2018 年，获评第二届“佛山·大城工匠”。

陈红军　佛山市三技精密机械有限公司技术部经理。2004 年进入三技精机，从对印染一无所知的普通机械设计员，成长为印染机械装备行业的设计领军人物。为了解机器运作原理，他忍着高温钻进染色机腔，一呆就是好几个小时。为精益求精，革新节能环保技术，他带领团队不断创新，研发的高温气液染色机为行业首创。他带领团队设计研发了十几个系列共 100 多款高性能的染色机，相关产品及结构共获得发明专利 9 项，实用新型专利17项，外观专利13项，大大推动行业向前发展。他主持研发的UFHPLUS高温溢流染色机，突破传统染色机结构形式，在节能减排效果、染色效率提升方面具有明显的优势。2018年，获评第二届“佛山·大城工匠”。

陈志兴 广东盛路通信科技股份有限公司技术中心总经理。2005年大学毕业进入盛路通信从事天线研发工作。从普通的工程师到产品总监，再到公司技术中心总经理，成为盛路通信的技术“领头雁”。近年来，负责研究的“高XPD双极化抛物面天线”“双极化双备份高性能微波天线”“E-band毫米波反射面天线”等项目均转化成新技术、新产品，累计为公司创造数亿元的销售业绩。研发的部分新产品为客户节省数亿元安装和使用费用，得到华为公司等客户的高度认可。获得授权专利17项，其中发明1项、实用新型16项，申请中专利19项。2016年，获得“全国五一劳动奖章”。2018年，获评第二届“佛山·大城工匠”。

陈尚文 佛山市高明尚昂科技有限公司副总经理。从基层员工做起，精于化工原料生产、聚氨酯材料应用、皮革生产三大领域，先后获取国家专利47项，其中发明专利22项。参与编写零溶剂革、微孔泡沫高强度鞋底料等多份国家行业标准、地方标准。勇于跨界创新，为了研发制造新型人造革，学化学的他拿下了电工证、叉车证等生产所需要的所有从业资格证，帮助企业业绩逆势飘红。曾获2012年佛山市“十大青年建工立业先进个人”，获佛山市区科技进步二等奖、三等奖，获佛山市创新创业大赛十强，获2016年“国家合成革先进工作者”、2017年“佛山市十大创新创业好青年”和2018年“广东省向上向善好青年”等称号。2018年，获评第二届“佛山·大城工匠”。

陈爱民 广东科达洁能股份有限公司机械主任设计师。1999年10月入职科达，主要从事建材陶瓷机械压机类产品液压系统设计工作，为陶瓷压砖机设计更强大的动力系统，先后参与设计科达历代陶瓷压机、墙体砖/粉煤灰砖压机、炊具成型液压压机、日用瓷等静压机及锻铝液压压机等，为建陶行业的发展创新和市场开拓作出突出贡献。参与主导的KD4800网络型全自动液压压砖机项目，获广东省科学技术奖二等奖；参与主导的KD7800型全自动液压压砖机项目、MODULO6800陶瓷砖自动液压机项目，获佛山市科学技术奖一等奖。获3项授权发明专利，1项申请中发明专利，8项已授权实用新型专利。2018年，获评第二届“佛山·大城工匠”。

庞　健 广东万和新电气股份有限公司测试主任工程师。主要担任燃气热水器性能、功能检测、新产品试验、可靠性试验、发现问题分析和跟踪处理汇总等工作。负责产品评价测试、可靠性测试，国外发放样机的委托检验和评审工作，勤于发掘产品存在的缺陷，做到新产品在投入生产前100%的验证和确认；满足客户要求以及国家行业企业标准要求；确保每年重大质量事故为零。被万和电气评为“突出贡献人物”“感动万和十大人物”等。参加可靠性六西格玛项目的培训，特别立项“降低强鼓冷凝型SV系列市场维修率”项目，获公司可靠性六西格玛项目三等奖。2018年，获评第二届“佛山·大城工匠”。

胡　锋 海信科龙电器股份有限公司冰箱研发中心发泡技术主管。26年来只坚持干一件事，就是开展研究和探索冰箱的发泡技术，推动了国内冰箱行业发泡技术的升级换代，冰箱行业因此每年可节约发泡原材料数万吨，产生直接经济效益数亿元。在国内外率先推出发泡绝热系统微晶核技术等多项技术，并作为第一作者获得专利8项，包括发明专利5项以及实用新型专利3项。在国内外首创HFC-245fa/环戊烷混合发泡技术，在公司各工厂全面应用，每年可产生数千万元的经济效益。曾获2007年“广东省五一劳动奖章”，佛山市科技创新领军人物及顺德区金凤凰奖，并多次获省、市、轻工业联合会及中国家电协会等授予的科技进步奖，2017年，获“全国五一劳动奖章”。2018年，获评第二届“佛山·大城工匠”。

柳小明 广东志高空调有限公司项目管理专员。专注于设备技术创新工作9年，逐渐从普工成长为项目管理专员。从解决生产线上的小问题到牵头一个个技术改造项目，始终抱着不断创新、专业、专注、认真研究的精神，不断帮助公司降低成本、提升效率。近几年来，主导技术改造项目约30个，每年创造经济效益不少于255万元。带领团队突破多项技术难点，2017年成功研发出全自动裸机码垛机器人，其中2项技术获得国家专利，其研发的机器人的成本为8万元左右，相当于每台机器人为公司节约40万元。2016年，获“佛山市智能信息机器人码垛应用技能竞赛技术状元（冠军）”；2017年，获得“广东省五一劳动奖章”。2018年，获评第二届“佛山·大城工匠”。

钟保民 佛山市东鹏陶瓷有限公司研究院总经理。31年来专注于从事陶瓷建材产品技术研发、产品开发，以及生产制造、工艺技术和产品质量的管理工作，获中国专利优秀奖2项、广东省专利奖1项、广东省科学技术奖2项、国家级建材行业技术革新奖1项等，获发明专利授权24件，实用新型专利授权27件，主参编国家、行业标准3项。作为企业导师，在公司建立的博士后工作站培养了3名博士后。主导的多项科研成果均顺利转化，帮助公司取得显著的经济效益和社会效益，近3年累计实现新增销值56236.80万元。独立研制出超仿真、低辐射产品，产品在行业中处于国际领先水平。2018年，获评第二届“佛山·大城工匠”。

姚秋丽 女，广东联邦家私集团有限公司设计总监。13年来专注于家具设计，通过深入市场走访和专业设计相结合，设计出众多畅销产品。取得外观设计专利37项，曾获第六届省长杯工业设计大赛家具专项赛一等奖、二等奖，在大赛总决赛中获鼓励奖和入围奖。获第五届华笔·全国家居设计大赛设计创意奖“广东省家具行业优秀青年”称号，被广东省商业美术设计协会评为广东省十佳优秀设计师。出于对设计的一腔热忱，从最初构思创意图纸到最终投入生产的家具生产图纸，每一个细节她都反复论证、修改、完善。她对设计倾注了大量的心血和感情，大到生活方式，小到每一件家具的线条、涂装、面料，甚至每一个五金件的设计，都力求精益求精。2018 年，获评第二届“佛山·大城工匠”。

唐　奇　佛山市迈瑞思科技有限公司研发总监。长期从事陶瓷研发方面工作，承担和完成多项国家和省、部级科研课题和重要技术攻关任务，其中包括国家火炬计划项目 1 项、广东省重大科技专项 3 项、省级科研项目 6 项、广东省重点新产品 3 项。获省、部级科学技术奖 4 次，主持起草国家和行业标准 4 项，先后获各项专利 40 余项，获国际发明专利 1 项、发明及实用新型 13 项，获国家设计著作权 11 项。主导的“大宗固体废弃物资源综合利用”项目采用陶瓷抛光砖废渣制备大规格轻质陶瓷板材，应用于广佛地铁工程。发明负离子陶瓷材料，还建立了该技术的行业及国家标准，广泛应用于多个陶瓷企业，为行业发展做出显著贡献。2018 年，获评第二届“佛山·大城工匠”。

崔俊健　广东嘉腾机器人自动化有限公司研发工程师。从 2009 年开始从事技术类工作，多次参与省重点技改项目、产学研项目、科技创新项目等，2017 年获得“佛山市突出贡献高技能人才”称号。专业为汽车行业定制生产装配工艺方案及配套生产线、推送设备、非标 AGV 等，所服务的客户涵盖电子电力、家电、交通、通讯、航空、食品等众多领域的世界级企业。取得发明专利 1 项、实用型专利 13 项、处于实审阶段的发明专利 3 项。常驻华为公司，协助客户攻关系列配送难题，设计的超低位对接设备在华为工厂得到推广应用。发明的一种转弯轨迹的绘制方法（专利受理中），简化 AGV 配送路径的规划工作，该方法在公司内外得到认可并推广使用。2018 年，获评第二届“佛山·大城工匠”。

梁国坤　碧桂园集团执行董事、集团副总裁。30 年来专注于园林景观设计，独创立体园林景观。是中国资深高尔夫球场设计师，把高尔夫球场的建造心得和理念融入现代园林绿化景观中，设计了碧桂园总部大楼、马来西亚森林城市、惠东十里银滩、十里金滩、兰州新城等数十个项目。致力于研究、推广高品质的生活和生态环境，将低碳、绿色、环保设计融入现代居住环境。铸造的七星级立体园林景观对保护佛山城市生态环境、改善控制质量起到重要作用，对改善佛山人居生活环境做出重要贡献。在 2015 — 2016 年度广东省风景园林优良样板工程评选活动中，所参与施工的 8 个项目获得 6 金 2 银的成绩。2018 年，获评第二届“佛山·大城工匠”。

梁泽江　佛山市东成立亿纺织有限公司生产领班。16 年来专注于织布技能提升，能几秒钟接一根断纱，两三分钟找到一根断针，被授予广东省职工经济技术创新能手、广东省技术能手、全国针织行业技术能手等荣誉称号。在提高技能方面，一方面向师傅请教，再自己摸索钻研，总结操作方法，比如找花针，一般人找不出来或要花十几分钟才能找到并处理好，他能在 5 分钟之内找到花针并处理好，还能通过眼看、耳听、手摸等方法维修及处理好机台运转中出现的各种问题，保证织布机的正常运转。为工友们分别制定学习计划和教学方案，建立学员档案。带出的 40 多名徒弟中，有 30 多名当上公司的质量标兵、技术能手。2018 年，获评第二届“佛山·大城工匠”。

彭方昭　佛山市安齿生物科技有限公司高级技师。大学刚毕业时，是一名人民教师，在第五届全国数控技能大赛五轴职工组比赛中代表广东省获第一名。2013 年，辅助青年教师谢海波在德国莱比锡世界青年技能大赛中取得第三名的好成绩。进入企业工作后，发现生产工艺加工直基台加工时间偏长且精度不易把控。经过一番琢磨、研究，对工艺流程进行优化后，基台的加工时间由 26 分钟一件缩减为 13 分钟一件，加工效率提高 50%，并且加工精度更高。曾获“全国技术能手”、“佛山市突出贡献高技能人才”等称号，2015 年获国务院农民工工作领导小组授予“全国优秀农民工”称号。2018 年，获评第二届“佛山·大城工匠”。

谭宏伟　佛山市保路威环保材料有限公司高级工程师。是国内彩色防滑路面行业发起人之一、环保彩路倡导者、彩色路面专用粘合剂及路面防滑陶瓷骨料创始人，拥有 6 项发明专利、2 项外观专利。创办的佛山市保路威环保材料有限公司 2017 年被评为国家高新技术企业，是国内彩色防滑路面的标杆企业，为彩色防滑路面、彩石透水路面系统提供整体解决方案。旗下保路威彩色防滑路面产品及无溶剂双组份聚氨酯路面黏合剂是国内同业中率先通过欧盟 RoHS 认证的环保产品，产品国内市场覆盖率 97%，保路威及 POLYVECHS 两个品牌于 2012 年均获“中国著名品牌”称号，并于 2013 年获“中国绿色环保产品及全国产品质量消费者满意品牌”称号。2018 年，获评第二届“佛山·大城工匠”。

熊智康　广东格兰仕集团有限公司电器配件制造部副总监兼元器件装配车间主任。十几年专注于做好一只元器件，坚持以严苛标准提升元器件可靠度，打造高品质产品，带领自动化研发团队，攻克多项技术难题，打造行业领先的自动化生产线。多次主导参与元器件产品的主要工艺技术攻关项目，产品合格率从评价的95%提升至99.5%以上。2018 年，获评第二届“佛山·大城工匠”。（详见 492 页《熊智康》）

潘伯林　佛山市禅城区柏林艺术馆馆长。是中国工艺美术大师、中国陶瓷艺术大师、正高级工艺美术师、广东省非物质文化遗产“石湾陶塑技艺”传承人、第二批禅城大工匠、中华非物质文化遗传传承人薪传奖首位佛山获奖者。注重技术革新，开辟一条以传统民俗和日常生活为主要灵感来源的现代陶塑新路线。创作岭南民俗系列作品，开拓石湾陶艺创作的新题材。创新肌理运用，率先引入“披布纹”技法造衣纹。创新材料运用，首创陶艺作品搭配天然枯木。开展陶艺与海派画家艺术跨界合作。对艺术传播贡献卓著，扶植后辈，有教无类，致力于石湾陶艺传承，成为近年石湾陶艺最有影响力的代表之一。2018 年，获评第二届“佛山·大城工匠”。

（市委宣传部）

2018 佛山大事记

1 月

4 日　佛山市委常委会召开会议，传达学习中央经济工作会议、中央农村工作会议和全国扶贫开发工作会议、省委十二届三次全会精神。强调要持续深入学习宣传贯彻党的十九大精神，推动习近平新时代中国特色社会主义思想在佛山落地生根，结出丰硕成果。

△佛山市政府与中国农业银行广东省分行签订战略合作协议。未来五年内，该行将为佛山提供总额 3000 亿元的意向性信用额度，为佛山经济社会发展提供金融支持。

5 日　佛山市委召开十二届委员会第五次全体会议，审议通过《中共佛山市委关于持续深入学习宣传贯彻党的十九大精神推动习近平新时代中国特色社会主义思想在佛山落地生根结出丰硕成果的意见》和《中国共产党佛山市第十二届委员会第五次全体会议决议》。

△在北京举行的第四届全国基层党建创新论坛暨基层党建创新典型案例颁奖仪式上，禅城区《探索实践区域化党建引领基层治理创新》被评为全国基层党建创新优秀案例。

7 日　在北京举行的 2017 中国幸福城市论坛上，南海区获“中国最具幸福感城市（县级）”称号，成为广东省唯一获此荣誉的市辖区。

8 日　以非遗为特色的动漫电影作品《星际小蚂蚁 英雄蔡李佛》，在南海区召开的非物质文化遗产动漫化暨产业融合创新发布会上发布。

△佛山市召开第九次律师代表大会，钟坚当选为市律师协会会长。

9 日　广东省全面推行河长制工作电视电话会议召开，佛山市委书记鲁毅在佛山分会场强调扎实做好河长制湖长制各项工作，力争在生态文明建设中走在前列。

10 日　香港政制及内地事务局局长聂德权率团到佛山访问，双方在经济、文化、社会等方面寻求合作，共建粤港澳大湾区。

11 日　经佛山市委常委会审议通过，《佛山市人才发展体制机制改革实施意见》开始试行，明确市级财政每年投入超 5 亿元专项资金，重点引进海内外创新创业领军人才和团队、优秀博士及博士后人才。

12 日　佛山市委书记鲁毅率队赴北京拜访中国人民解放军军事科学院，深入贯彻落实党的十九大关于军民融合发展战略的决策部署，谋划推动院市合作，共同创建国家军民融合创新示范区。

△佛山市企业上市工作促进会召开。会议要求推动企业投身资本市场做优做强做大，力争 2020 年上市企业数量达 100 家。

13 日　第十三届中国民间文艺山花奖在广州市揭晓。佛山陶艺家范安琪作品《戏曲人物》获中国民间文艺山花奖・优秀民间工艺美术作品奖，是广东省唯一获此荣誉的作品。

13 — 14 日　2018 中国制造论坛在佛山举行。中国社会科学院副院长蔡昉、国家制造强国建设战略咨询委员会委员朱森第、北京大学国家发展研究院教授周其仁等出席论坛，探讨全球制造业变局下的新产业革命。

15 — 17 日　佛山市政协召开十二届二次会议，通过会议决议，选举马时光为市政协秘书长。会议表彰了优秀提案及优秀政协委员。

16 — 18 日　佛山市第十五届人大三次会议召开，审议通过《政府工作报告》等 6 个报告，并作出相应决议。会议选举梅河清为市监察委员会主任，裴广明、宋会勇、龚嘉明为副主任，崔海滨、钟汉腾、林进浪、邱建文、苏嘉宏为委员。

17 日　佛山市市长朱伟在佛山迎宾馆会见瓦努阿图总理夏洛特・萨尔维一行，表示希望双方在旅游、文化等领域加强合作，推动共同发展。

△佛山市人社局在南海区举行 2017 年佛山市突出贡献高技能人才分享会，50 名突出贡献高技能人才被授予荣誉称号。截至 2017 年底，市技能人才总量达 67 万人，其中高技能人才 18.75 万人，占技能人才总量比例达 28%。

△《人民日报》刊发《“数字政府”提升管理效能》文章，大篇幅报道禅城区通过“一门式”“云平台”“区块链”三大创新举措，落实“数字政府”建设，实现社会治理迈向网络化数据化。

19 日　佛山市监察委员会挂牌成立。

△在首批 9 家获得“广东优质”品牌认证的企业中，佛山占 5 家，获证数居全省第一。分别是广东美的生活电器制造有限公司、广东新明珠陶瓷集团有限公司、蒙娜丽莎集团股份有限公司、广东万和新电气股份有限公司、广东宏陶陶瓷有限公司。

20 日　2018 年中国足协佛山国际女足锦标赛第二轮赛事在佛山世纪莲体育中心举行。中国队以 2 比 1 击败泰国队夺两连胜。

22 日　佛山市委常委会召开会议，传达学习党的十九届二中全会公报精神。

△由国家开发银行广东分行会同建设银行、农业银行等 10 家银行与佛山市城市轨道交通 3 号线发展有限公司就佛山地铁 3 号线项目举行贷款合同签约

仪式，获250亿元贷款支持。佛山地铁3号线是贯通佛山南北的主干线，线路全长66.5千米，共设36座车站，是佛山市投资总额最大、建设里程最长的轨道交通项目，预计建设工期5年。

23日 中国硅酸盐学会陶瓷分会与佛山市陶瓷学会合作共建的中国硅酸盐学会陶瓷分会科技服务站挂牌成立。双方将在行业技术攻关、产品设计、人才培养等方面展开合作，为佛山陶瓷行业链接全国技术和设计资源。

△广东省科技厅官网对2017年度广东省科学技术奖拟奖项目名单公示。在公示的246个项目中，佛山市24个项目榜上有名，包括一等奖1项、二等奖8项、三等奖15项。

25日 中国消费者协会发布《2017年城市消费者满意度测评报告》，在50个城市消费者满意度中，佛山排名第四位。

△中国科协调研宣传部在北京发布中国工业遗产保护名录（第一批）名单。顺德糖厂榜上有名，成为佛山唯一入选的工业遗产。

26日 中国城市和小城镇改革发展中心发布《2017国家中心城市发展报告》，佛山市综合排名位列全国第二十一位，广东省第三位。

28日 广东省十三届人大一次会议公布《广东省2018年重点建设项目计划（草案）》，佛山87个项目入选省重点建设项目。此外，珠三角新干线机场，佛山轨道交通11号线、9号线等轨道交通工程，顺德军民融合创新产业园等入选省级重点建设前期预备项目。

30日 广东省十三届人大一次会议佛山代表团尽责履职，向大会提交42份建议。

△黄伟忠、梁志豪、黄伍根、彭映、梁忠贵、叶玉英、陈佳华、颜远军、何志铨、谭健敏、廖遇钿、刘建军、林纯莹、卢能业、谭伟强、陈燕梅、伍召兰、蔡广权、李想葵、罗锡标等20人被佛山市委宣传部、市文明办命名为2017年度“佛山好人”。

31日 佛山市纪委公布：2017年全市纪检监察机关立案1207件，比上年增长40.3%；党纪政纪处分1232人，增长57.1%；查处处级干部34人，增长30.8%；挽回经济损失12.26亿元。

△佛山市委常委会召开会议，传达学习习近平总书记对政法工作的重要指示和中央政法工作会议，全国、全省扫黑除恶专项斗争电视电话会议精神，省政协十二届一次会议、省十三届人大一次会议和省委书记李希到广州代表团的讲话精神，研究贯彻落实意见。

△广东省第十三届人大一次会议上，选举产生162名省第十三届全国人大代表，佛山市8人当选。

2月

1日 即日起，由佛山市住建管理局和佛山市工商局联合制定的《佛山市房屋租赁合同（非住宅）》示范文本正式推行，佛山向加快建立具有佛山特色的房屋租赁交易监管体系又迈进了一步。

△即日起，佛山市暂停发放新的粤X、粤Y号车牌，全市新入户车辆（含新能源汽车）统一使用粤E号牌进行选号。该政策调整不影响在用车辆。

△广东伊之密精密机械股份有限公司、佛山市燃气集团股份有限公司获2017年度广东省政府质量奖，分别获100万元奖励。

1—2日 中共佛山市第十二届纪律检查委员会第三次全体会议召开。全会通过《坚决落实党的十九大全面从严治党战略部署，为我市争当社会主义现代化建设先行区提供坚强保障》工作报告及全会决议。

5日 广东省教育厅公示拟认定139所第一批广东省艺术教育特色学校。佛山市7所学校入选，分别是佛山市铁军小学、佛山市第十四中学、南海区桂城街道桂江小学、南海区西樵镇民乐小学、南海区里水镇和顺中心小学、顺德区实验中学和顺德区容桂容里初级中学。

6日 北京师范大学中国公益研究院、国际公益学院联合在北京发布《2017年中国捐赠百杰榜》，佛山企业家何享健家族以捐赠67.9亿元位列榜首，杨国强家族以10.4亿元排名第五。

7日 佛山西站城市管理局成立。

△位于禅城区南庄镇的佛山地铁2号线绿岛湖至湖涌盾构区间工地，因突发透水堵漏未果，导致工地路面塌陷。事故造成11人死亡、1人失踪、8人受伤，直接经济损失5323.8万元。事故发生后，市委书记鲁毅、市长朱伟等在第一时间赶赴现场，组织指挥救援善后。省委书记李希、省长马兴瑞立即作出指示，要求全力搜救被困人员，防止次生事故发生。

8日 佛山先进制造科学与技术广东省实验室第一届理事会成立，科技部原副部长曹健林当选理事长。该实验室将于5年内斥资55亿元，打造国际一流高端战略科创平台。

△广东长江汽车整车生产及氢动力研发中心项目投资协议签订仪式在南海举行，标志着长江汽车百亿级整车生产及氢动力研发中心项目正式启动。按照协议，项目选址南海区丹灶镇，由杭州长江汽车投资，项目涵盖整车生产及氢动力研发中心建设。

9日 佛山市委召开常委会会议，通报中交二航局佛山地铁2号线一期工程施工工地“2·7”隧道透水坍塌事故情况；传达学习习近平主席在中央军委2018年开训动员大会上向全军发布训令精神；传达省援藏援疆工作领导小组会议、全省统计工作会议精神，研究佛山市贯彻落实意见。

△佛山市召开扫黑除恶专项斗争工作会议，部署开展全市扫黑除恶专项斗争工作。

△2017年度佛山公益慈善榜入选年度人物、组织、项目和特别致敬奖名单公示。其中美的集团创始人、广东省和的慈善基金会荣誉主席何享健被授予特别致敬奖。

△佛山市妇联命名彭嘉亮等32人为2017年度佛山市“三八红旗手”，命名佛山市禅城区石湾镇街道妇女联合会等10个单位为2017年度佛山市“三八红旗集体”。

12日 佛山市委常委会召开（扩大）会议，专题传达《中共广东省委关于坚决全面彻底肃清李嘉、万庆良流毒影响的通知》精神。

15日 被纳入岭南大道北延线项目范围内的禅城区普君市场全部关闭。计划在普君东路南侧、文华路西侧地块建设新的肉菜市场。

23日 工信部公布第二批绿色制造名单，佛山电器照明股份有限公司、广东溢达纺织有限公司等7家佛山企业被认定为绿色工厂。

25日 由农民日报社组织开展的第十一届“中国十佳小康村”评选活动结果揭晓，顺德区勒流街道南水村入选“中国十佳小康村”，是广东省唯一获此荣誉的村。

26日 佛山市污染防治攻坚战动员会召开，全面部署全市污染防治主要工作任务，强调突出重点，精准发力，坚决打好污染防治三大攻坚战。

27日 佛山市政府召开常务会议，听取全市“两建”工作总结和工作计划，研究深化商事制度改革、推进慈善事业发展等工作，通过《佛山市进一步深化商事制度改革优化营商环境的若干意见》等文件。

△佛山市市长朱伟在顺德区委书记郭文海、区长彭聪恩等陪同下，到广东伊之密精密机械股份有限公司、广东格兰仕集团有限公司开展“企业暖春行动”调研。

△佛山市公安局举行“忠诚使命”佛山公安总结报告会，并对2017年获部级、省级表彰的48个集体、102名个人，对表现突出的75个集体、481名民警、100名警务辅助人员进行表彰。

28日 佛山市委常委会议通过《关于对重大决策政策开展廉洁风险评估的意见（试行）》《关于进一步加强对一把手监督的若干意见》。

△2018胡润全球富豪榜发布。全球有2694位富豪上榜。佛山市19人榜上有名，其中碧桂园杨惠妍及美的何享健、何剑锋父子进入大中华区前十名。

3月

1日 佛山市政府召开2018年节后复工暨安全生产“百日会战”行动誓师大会，强化安全生产监管执法，强化源头治理，强化安全风险辨识管控和隐患排查整治工作。

△《佛山市安全生产监督管理局关于〈生产安全事故应急预案管理办法〉的实施方法》开始实施，有效期5年。

△2017年度公益慈善盛典举行。市领导分别为获年度优秀人物、优秀组织以及优秀项目授牌。晚上，“温爱佛山——元宵慈善文化人人行”行通济系列活动人数突破74万人。

6日 中共佛山市委常委会议传达学习党的十九届三中全会公报精神、中共中央关于深化党和国家机构改革的决定，以及中共中央办公厅和省委办公厅有关文件精神，强调进一步增强落实党中央改革部署的自觉性和坚定性。

8日 佛山市委书记鲁毅主持召开市委常委会（扩大）会议，专题学习宣传贯彻习近平总书记重要讲话精神，并研究部署贯彻落实工作。9日，鲁毅以普通党员身份参加所在党支部组织生活会，与支部党员一起学习，谈认识、体会和思考，就党员结合工作实际深入学习宣传贯彻习近平总书记重要讲话精神提出要求。

△广东省委第十一巡视组巡视佛山市工作动员会召开。会上，巡视组组长陈秋生传达省委书记李希的批示要求和省委相关指示精神。根据巡视工作条例及省委实施办法规定，巡视组主要受理反映佛山市级领导班子及其成员、下一级党组织领导班子主要负责人和重要岗位领导干部问题的来信来电来访。市委、市人大常委会、市政府、市政协领导班子成员，市中级法院、市检察院主要负责人出席会议。

10日 香港中文大学医学院院长陈家亮率国际知名专家团队到佛山访问，并与市一医院签订合作协议。双方将依托各自优势和资源，在科研教学、医疗服务和人才培养等方面开展合作。

11日 参加全国“两会”的广东代表团分组学习贯彻习近平总书记参加广东代表团审议时的重要讲话精神。佛山市市长朱伟发言表示，佛山要认真学习贯彻习近平总书记参加广东代表团审议时的重要讲话精神，落实再落实，真抓实干，敢于担当，开拓创新，撸起袖子加油干，为广东实现“四个走在全国前列”作出佛山贡献。

12日 佛山市政府召开党组（扩大）会议，专题学习贯彻习近平总书记参加广东代表团审议时的重要讲话精神，研究部署全市政府系统贯彻落实工作。

△广东省人大常委会党组副书记、副主任徐少华率队到佛山开展加强人民当家作主制度保障专题调研，强调以习近平新时代中国特色社会主义思想武装头脑、依法履职、推动人大工作。

13日 广东省副省长黄宁生到佛山调研科技创新及职业教育工作，鼓励佛山市抓住粤港澳大湾区上升为国家战略的重要契机，将禅南顺（三龙湾）高端创新集聚区打造成粤港澳大湾区科技创新合作示范区，为全省落实创新驱动发展战略作出更大贡献。

14日 广东省旅行社行业协会与景区行业协会召开“首届广东旅行社＆景区行业峰会”，对广东省百强旅行社以及十佳旅游景区名单进行公布和颁奖。佛山南湖国际旅行社和佛山市天宁国际旅行社有限公司等12家旅行社获评2016广东省旅行社百强名单。西樵山、长鹿旅游休博园、祖庙分获“十佳环境好评景区”“十佳服务好评景区”及“十佳综合好评景区”称号。

△商务部认定全国255个基地为国家外贸转型升级基地，佛山建筑陶瓷、金属型材、家电、家具4个产业基地入选。

17—18日 2018中华龙舟大赛首站比赛于海南省万宁市举行，来自南海区的名门世家九江队包揽职业男子组、公开混合组全部6个单项冠军，成为最大赢家。

19日 佛山市委巡察工作领导小组组织全市各区召开动员部署会，审议通过《关于开展农村基层党组织涉黑涉恶涉腐问题专项巡察的意见》，部署各区迅速启动对本区有关村（居）基层党组织的专项巡察。

△佛山市工艺美术行业协会第二届理事会就职仪式暨工艺美术作品展在顺德陈村花卉世界大家艺术馆举行，中国陶瓷艺术大师潘汾淋当选会长。

24日 广东省委书记李希到顺德区、禅城区企业、村居、产业园区，就深入学习贯彻习近平总书记参加广东代表团审议时的重要讲话精神进行调研。晚上，佛山市委书记鲁毅主持召开市委常委会（扩大）会议，传达学习广东省委书记李希调研时的讲话精神。

24—25日 香港艾力彼医院管理研究中心举办“2018中国医院竞争大会”并发布“2017中国医院竞争力排行榜”，佛山市中医院获“中国地级城市医院竞争力排行榜100强医院”“中国中医医院竞争力排行榜100强医院”和“中国医院信息互联HIC竞争力排行榜100强医院”3项大奖。

26日 佛山市公布《关于进一步加强对一把手监督的若干意见》，建立一把手权力清单和负面清单12条措施，对一把手开展全方位、多层次、常态化监督。

26—28日 “粤港澳大湾区·佛港青年互动交流团”活动在佛山市举行，佛山和香港两地的80多名青年从科技与传统两方面探索佛山。

27日 佛山市质量技术监督局公布：2017年佛山有268个产品获“广东省名牌产品”称号，居全省之首。

28日 位于在顺德的广东省智能制造创新示范园中德智能制造国际合作示范区暨美的库卡智能制造产业基地举行启动仪式。共设智能制造核心启动园区、会展核心区、国际社区、人才小镇、智能制造拓展区五大功能片区。

△位于禅城区中山公园内的佛山精武会会馆历经2年修缮后重开。

29日 南海区在广东省首推“地券”制度，并出台《佛山市南海区地券管理暂行办法》。

30日 佛山市第十五届人大常委会十一次会议召开。会议通过关于《佛山市自然生态文明建设专项规划》决议及有关人事任免事项。

△佛山市委书记鲁毅主持召开市委常委会议，传达学习全国、全省统战部长会议精神，全省科技创新大会精神，最高人民法院院长周强3月27日在佛山调研时的讲话精神，全省安全监管工作会议精神，研究贯彻落实意见。

△佛山市纪委监委召开全市城乡基层腐败和作风问题专项治理动员大会，强调全市纪检监察机关和党员干部要充分认识开展城乡基层腐败和作风问题专项治理的重要意义，坚决打赢城乡基层腐败和作风问题专项治理攻坚战，扎实推动城乡基层腐败和作风问题专项治理取得新成效。

31日 佛山市政府常务会议通过《佛山市推动机器人应用及产业发展扶持方案（2018—2020年）》等文件。

△“美丽佛山 一路向前——2018佛山50公里徒步活动”在佛山各区同步进行，参与人数超30.8万人。央视《新闻联播》《东方时空》等栏目报道徒步盛况。

是月 国家知识产权局批复同意佛山市建设国家知识产权服务业集聚发展示范区，为全国7个城市之一，是全省第二个获奖城市。

4月

1日 《佛山市人民政府关于调整扩大高污染燃料禁燃区的通告》开始实施，有效期三年。《通告》规定在禁燃区内存在未按规定停止燃用高污染燃料等行为，可处2万～20万元罚款。

4日 科技部官网发布《科技部国家发展改革委关于支持新一批城市开展创新型城市建设的函》，支持佛山市等17座城市开展创新型城市建设。

8日 佛山市委书记鲁毅主持召开市委常委会会议，传达贯彻中共中央政治局、中央财经委员会和省委常委会会议精神，传达学习全省全面深化改革工作会议精神，传达学习全省宣传文化系统学习宣传贯彻“习近平总书记参加十三届全国人大一次会议广东代表团审议时重要讲话精神”专题会议精神；审议《佛山市关于贯彻落实省委李希书记在佛山调研时的讲话精神工作方案》，听取市人大常委会、市政府、市政协、市中级法院、市检察院党组工作汇报。

△中国篮球协会主席姚明一行到佛山检查2019年国际篮联篮球世界杯（佛山赛区）场馆建设情况。

9日 佛山全市法院决胜“用两到三年时间基本解决执行难”动员部署会在佛山中院召开。会议要求，以决胜的精神状态和敢打必胜的信心，坚决打赢执行难这场硬仗。

13日 佛山市教育工作会议召开，强调把教育工作放在全市发展大局中思考谋划，办好人民满意的教育，确保全年新增义务教育学位4.2万个。

15日 佛山市政府召开常务会议，传达贯彻全省科技创新大会精神和全省大气污染防治工作会议精神，研究水污染防治、深化医药卫生体制综合改革等工作。

△第123届中国进出口商品交易会（广交会）在广州开幕，佛山470多家企业参展，展位数1475个，其中品牌展位469个。

17日 全省家庭文明建设工作会议在禅城区召开，表彰蔡斯迪家庭等49户第一届广东省文明家庭。其中佛山市林伟光等3户家庭获表彰。

18日 佛山市委书记鲁毅主持召开市委常委会会议，传达广东省委办公厅关于交办省委书记李希在佛山调研提出具体工作要求的通知精神，审议《中共佛山市委关于认真学习宣传贯彻习近平总书记在参加十三届全国人大一次会议广东代表团审议时的重要讲话精神的通知》。

20日 中国轻工业联合会公布第七届中国工艺美术大师评选结果公示名单，全国90人入选，佛山陶艺大师黄志伟名列其中。佛山在世有10位中国工艺美术大师，其中8位是陶艺类大师。

20—22日 香港特区政府官员及立法会议员到佛山等粤港澳大湾区5个城市访问，考察大湾区内的最新发展规划、交通基建、科研和文化设施，并参观金融科技和创新科技企业，共同推动大湾区有关工作。

23日 2018区域协调发展与精准扶贫成果报告会在北京举行。佛山高新区获中国“2018十佳最具投资营商价值园区”奖，为广东省唯一获奖园区。

△佛山军分区召开党委会议，专题学习贯彻习近平总书记对广东工作重要讲话精神和省委书记李希在佛山调研时的讲话精神。

24日 佛山市委、市政府召开全市科技创新大会，总结全市科技创新和部署下阶段工作。会议强调把创新作为全市各级党委政府抓发展的“一号工程”，推动创新发展往深里走、实里抓。

25日 佛山市委书记鲁毅主持召开市委常委会会议，传达学习中共中央办公厅关于加强调查研究提高调查研究实效的通知，《李希、王鸿津、武在平同志在中央第十二巡视组巡视广东省工作动员会上的讲话》等文件精神，研究贯彻落实意见。

△第十五届中国慈善榜在北京市发布。碧桂园集团获“中国慈善企业”称号。

27日 历时5年建设，坐落于顺德区北滘新城区的和园开园。该园由和的慈善基金会荣誉主席、美的集团创始人何享健捐赠3亿元兴建，同时该基金会捐赠3亿元的综合性公益养老服务项目“和泰安养中心”也启动建设。

是月 佛山市招商引资工作联席会议办公室印发《佛山市“千亿产值项目”工程2018—2019工作方案》，提出实施“千亿产值项目”工程，以百亿元的支持力度撬动一批产业带动力强、投资额大的上下游关联项目，形成千亿元产业集群。

5月

2日 佛山市委书记鲁毅主持召开市委书记专题会议，听取“三龙湾”高端创新集聚区综合规划情况汇报，研究部署下一步工作。会议明确将禅南顺高端创新集聚区命名为“佛山三龙湾高端创新集聚区”，作为市委、市政府举全市之力打造“一环创新圈”重要创新极核。

3日 佛山市纪委监委召开新闻发布会，对外公布《佛山市纪委监委执纪审查审理质量终身责任制暂行办法》及2项配套规范性文件。规定案件发生质量问题时，不管质量终身责任人是否已离开原单位，是否已退休，都要依法追究其质量责任。

△中国政府网发布国务院办公厅对2017年落实推进供给侧结构性改革、适度扩大总需求、深化创新驱动、优化营商环境、保障和改善民生等有关重大政策措施真抓实干、成效明显的地方予以督查激励通报。佛山市三大项工作获国务院表扬激励，上榜次数位居全省第一、全国城市前列。

4日 纪念马克思诞辰200周年大会在人民大会堂举行。鲁毅、朱伟等市及五区几套班子领导和各界党员干部群众分别集中收看大会直播，深刻学习领会习近平总书记重要讲话精神。

7日 佛山市委书记鲁毅主持召开市委常委会会议，传达学习习近平总书记在纪念马克思诞辰200周年大会上的重要讲话精神，传达省“肃清李嘉、万庆良流毒影响”专项督导组到佛山督导情况及研究贯彻落实意见等。

△佛山市纪委监委印发《关于开展纪检监察干部家访活动的实施办法（试行）》，让每个干部体会组织关心，自觉树立廉洁文明的良好家风。

7—9日 河南省焦作市“转型升级创新发展”专题研修班到佛山市学习考察。其间，两市签订友好城市合作协议，共同构建合作发展新格局。

9日 佛山顺德黄龙书院在黄龙村揭牌成立。市委书记鲁毅要求书院为全市基层党建做榜样树旗帜。

16日 10时48分，网名“善瑜”的44岁佛山男子登顶世界第一高峰——珠穆朗玛峰。

16—17日 佛山市委书记鲁毅、市长朱伟率党政代表团到珠海市、东莞市考察交流，共同抢抓粤港澳大湾区建设机遇，深化合作。

17日 全国新闻界资深编辑记者广东行采访活动走进佛山，40多名来自中央和地方主要新闻媒体的编辑记者实地采访位于顺德的广东工业设计城，挖掘广东改革开放发展的基层经验和鲜活故事。

18日 佛山市第十五届人大常委会第十二次会议召开，任命刘俊文为市政府副市长。

△佛山市召开2018年生态环境督察暨环保联动执法动员电视电话会议，在全国地级市率先开展市级生态环境督察及环保联动专项执法。

19—20日 中华龙舟大赛于江苏省盐城市举行，全国48支龙舟队参赛。其中佛山南海九江龙舟俱乐部派出4支队伍参赛，其参加的6个项目均获冠军。

20日 碧桂园集团举行精准扶贫乡村振兴行动启动会，与河北省石家庄市平山县等全国13个县达成结对帮扶协议，将惠及32万未脱贫建档立卡贫困人口，为全国脱贫攻坚乡村振兴贡献佛山力量。

21日 清华大学校内首个校地合作研究院——清华大学佛山先进制造研究院成立。市长朱伟代表佛山市政府与清华大学签约，并为清华大学佛山先进制造研究院揭牌。

23日 佛山市委书记鲁毅会见到访的美国国家工程院院士、印度国家工程院院士、中国工程院外籍院士夏苏鲁和澳门大学应用物理与材料研究所李宗津教授一行，探索合作共建建筑智能化核心技术学术研究、实验和产业化机构。

△中共中央办公厅、国务院办公厅印发《关于深入推进审批服务便民化的指导意见》，对深入推进审批服务便民化工作作出部署。佛山经验成典型案例向各地推广。

25日 佛山市委书记鲁毅主持召开市委常委会会议，传达学习中共广东省委关于深入学习宣传和贯彻实施《中华人民共和国宪法》的通知精神，中共广东省委办公厅关于中山市部分党员干部涉赌违纪违法案件情况的通报精神，研究贯彻落实工作。

△佛山市在上海举办2018佛山（上海）投资环境推介会，向200多家上海企业推介佛山的投资环境、投资政策，现场签约项目18个，签约总额超350亿元。

△自然资源部农村土地制度改革三项试点工作推进会在北京召开。“南海模式”的农村土地制度改革经验获自然资源部肯定。

26日 人民日报中国城市报社主办的2018中国城市品牌评价排名试发布中，佛山位居全国地级市第四名。

30日 佛山市召开全面深化改革工作会议，部署加快构建“强市、活区、实镇”发展新格局、打造三龙湾高端创新集聚区、构建全面开放新格局等重大改革任务。会议强调进一步解放思想重整行装再出发，奋力开创新时代佛山全面深化改革新局面。

△佛山市委巡察工作领导小组召开农村基层党组织涉黑涉恶涉腐问题专项巡察汇报会。5个区16个巡察组发现问题300多个，其中涉黑涉恶线索31条。会议强调抓好整改落实，探索推进村居巡察全覆盖。

31日 2018年佛山市乡村振兴工作会议召开，印发《中共佛山市委佛山市人民政府关于推进乡村振兴战略的实施意见》及七大工程行动方案。按照“1＋7＋X”系列文件安排，佛山市将大力实施“七大工程”，加快推动组织振兴、生态振兴、产业振兴、人才振兴和文化振兴工作。

△第19届“Go for Israel”2018中国—以色列跨境投资大会在佛山国家高新区举行。上百家以色列科技创新企

业，与国内多个城市的优质投资机构、高新技术企业对接，寻找合适的战略合作伙伴。

△广东省双创示范基地建设系列主题活动在佛山市禅城区启动。禅城区挂牌成为广东省双创示范基地。

△佛山机器人学院与德国弗劳恩霍夫协会战略合作正式启动。

6月

1日 广东省2018年建筑施工“安全生产月”和“安全生产万里行”活动在佛山启动，来自全省各级住建部门、安全监督机构、建筑业协会等逾1000人参加活动。

2日 广东省委书记李希率广东省党政代表团到四川省凉山州调研考察。其间，李希接见广东（佛山）对口凉山扶贫协作工作组并作出指示。佛山市委连夜召开工作组全体成员会议，认真贯彻落实李希讲话精神。

△佛山市顺德陈登职业技术学校代表队获2018年全国职业院校技能大赛中职组物联网技术应用与维护项目一等奖。

3日 “美丽中国我是行动者——筑梦顺德生态水乡”广东省2018年“六·五”环境日宣教分会场活动在顺德启动。

△以中国工业文学拓荒者草明命名的第一届“容桂总商会杯”工业文学颁奖仪式在顺德举行，《织女的天空》等29篇作品获奖，拉开佛山新时代工业文学创作新序幕。

5日 商务部网站公布美国科尔尼管理咨询公司发布的《全球城市报告》，佛山入选2018年全球最具影响力城市榜单。

△佛山市技工教育集团成立，佛山市成为全省首个成立技工教育集团的地级市。着力培养大批支撑佛山市产业发展的高技能人才。该集团首批成员包括7个行业组织、近50家企业、21所技工（职业培训）院校和1家科研院所。

△中国红十字会调研佛山市红十字博爱医院学校为义务教育阶段的患病住院学生提供与其在读学校教材相衔接的免费教学服务。佛山市红十字会博爱医院学校为国内第一所由社会慈善捐资的公益性医院学校，至此，该医院学校已在市内10家医院开办8所分校，有教师21人，服务病患学生近9000人。

△佛山市召开广东省第十五届运动会佛山市体育代表团成立大会，佛山市代表团由约1450名运动员组成。

6日 佛山市委书记专题会议召开，听取十二届市委第三轮巡察情况汇报，研究讨论4个市委巡察组提交的巡察情况报告和巡察发现的问题线索，部署下一阶段工作。

△佛山市委宣传部主办的2018年新闻发言人（新闻助理）业务提升班在市委党校开班，对市、区两级50个部门近百名新闻发言人及新闻助理进行专题培训。

7日 2018年福布斯全球企业2000强榜单出炉，顺德企业碧桂园及美的上榜，排名均进入世界300强。碧桂园排第一百四十三名，比2017年上升100位。美的排第二百四十五名，比2017年上升90位。

△佛山市纪委监委召开派驻（出）机构工作推进会，25个派驻（出）机构覆盖全市70个市直机关和事业单位。

9日 2018年广东省汽车维修工职业技能竞赛佛山选拔赛（南海赛区）在南海技师学院举行决赛，12名优胜选手被授予“佛山市技术能手”称号。

9—10日 2018年全国青少年羽毛球U系列比赛（广州站U10—11）暨“萌芽杯”青少年赛在顺德容桂举行。来自广东各地39支参赛队伍（俱乐部）314名运动员参赛。

10日 佛山市广佛跨界河流深化整治工作会议召开，会议强调佛山要做好中央环保督察“回头看”交办案件的跟踪督办，认真落实“一案三查”。

△佛山市生态保护红线研究讨论会召开，对《佛山市生态保护红线划定方案》进行完善和补充。

△佛山市公布《关于取消和调整一批行政审批等权责事项的通知》，取消和调整218项权责事项。

△佛山市2018年第一季度“最美佛山人”事迹分享会举行。

11日 佛山市政府召开常务会议，听取佛山市第二次全国污染源普查报告，原则通过《佛山市深化供给侧结构性改革2018年工作方案》《佛山市城市建筑垃圾管理办法》等文件。会议决定，拟出台《关于提高佛山市2018年最低生活保障标准的通知》，最低生活保障标准每人每月提升至980元。

△佛山40家民企获2017年省级工业和信息化专项资金（促进民营经济发展）入围项目名单，最高奖补300万元，总额2795.29万元。

△广东省扫黑除恶专项斗争领导小组进驻佛山开展扫黑除恶专项督导工作，督导期为1个月，督导期间接受群众举报。

13日 佛山市召开创建全国禁毒示范城市工作推进会，强调全市各级党委、政府和禁毒部门要把创建全国禁毒示范城市作为2018年全市禁毒工作的中心任务和奋斗目标。

16日 广东（大沥）3D打印协同创新平台正式揭牌开放。

17—18日 第五届世界3D打印技术产业大会在佛山市南海区举行。

20日 佛山市影视产业发展专项资金2017年度申报结果暨2018年度申报指南发布会举行，5个申报项目获得扶持。

△广东省乡风文明建设工作现场会在佛山召开，会议强调，乡风文明是农村精神文明建设的重要内容，也是广东省实施乡村振兴战略重要内容。与会代表点赞佛山成果和经验，指出佛山乡风文明建设具有示范及借鉴意义。

21日 由中国文联、中国电影家协会、佛山市人民政府共同主办的第27届中国金鸡百花电影节VI和主题曲征集活动发布会在佛山市召开。

22日 佛山市第二届“佛山·大城工匠”命名大会召开，30名来自佛山各界的工匠被命名为“佛山·大城工匠”。

△中国社会科学院和经济日报在北京联合发布《中国城市竞争力报告NO.16——40年：城市星火已燎原》，佛山位列2017年中国城市综合经济竞争力指数第11位，并入围改革开放40年经济发展最成功的40个城市。

△国际田联世界田径挑战赛马德里站比赛中，佛山籍运动员苏炳添获得男子100米冠军。

23日 广东（佛山）区域特色产

品品牌建设项目启动，同时对获评的第二届“佛山十佳新农人”颁发荣誉证书。

△2018年广东省汽车维修工职业技能竞赛佛山选拔赛举行新能源汽车维修项目决赛。

26日 中国（佛山）知识产权保护中心在禅城区绿岛湖挂牌，旨在全面提升佛山市知识产权创造、运用、保护的能力，发挥知识产权对实施创新驱动、促进产业经济发展的支撑和引领作用，力争成为全国的典范和标杆。

28日 西南大学广东研究院在佛山揭牌成立，研究院由西南大学与西南大学广东校友企业共同组建，总部设在佛山。

△《佛山市深化供给侧结构性改革2018年工作方案》出台，重点抓好五大方面17项重大举措，将改革重点从“三去一降一补”转到“破、立、降”上，推动佛山市经济发展质量变革、效率变革、动力变革，为广东实现“四个走在全国前列”作出佛山贡献。

△佛山市政府常务会议召开，会议研究中介服务市场建设工作，原则上通过《佛山市网上中介服务超市管理暂行办法》。

△佛山市2018年扶贫济困日活动启动，爱心单位代表现场认捐金额达2.2亿元。

29日 全省首家备案制公证处广东佛山市岭南公证处在佛山市行政服务中心季华大厅挂牌运营。对符合条件的声明书、委托书、终止商品房买卖合同协议等20类案件实施即时出证。

△佛山市艺术文化创新协会成立。该协会的成立有助于提升佛山市公共服务水平，助推佛山向“建设更具高品质的文化导向型城市”迈进。

△第三届中国家电六方论坛在佛山市顺德区大良街道举行，会议强调，物联商业新时代将带来跨界融合的消费升级，倒逼传统家电产业转型并形成融合发展新趋势。

△位于佛山市南海区的先进制造科学与技术广东省实验室（简称“季华实验室”）召开首批项目评审会，来自复旦大学、广东工业大学、长春光机所等3个参建单位的11个项目接受专家团评审。实验室首批评审项目聚焦智能制造、生物医药、3D打印等领域。

30日 佛山市人社局与西安交通大学签订共建人才驿站合作协议，推动佛山市与西部地区高校建立合作长效机制。这是继在武汉大学、吉林大学、浙江大学分别设立中、北、东部人才驿站后，佛山市在全国设立的第四个人才驿站。

△“从中国到好莱坞——电影大师共话中国电影发展”论坛在佛山举行。著名导演贾樟柯、文隽和著名电影教育家刘海波现场进行高峰对话。

△1191名佛山幼儿齐打蔡李佛拳，创造“世界上最多幼儿集体演练传统蔡李佛拳法”的世界纪录。

是月 佛山市首个“一把手”权力清单和负面清单——《“一把手”权力清单和负面清单（试行）》出炉，以此规范“一把手”权力运行。

△佛山市在佛山新城建成华南地区首个污水毒品监测实验室，对污水进行毒情监测，为禁毒工作提供大数据支撑。

△佛山市2部短视频《佛山初地塔坡庙》和《东华里佛山“第一街”的百年变迁》入围国务院第二次全国地名普查领导小组办公室主办的“美丽中国·地名寻梦”全国地名文化短视频征集与展播活动。

△佛山民俗“西樵醒狮”“石湾陶艺”“杏坛水乡民俗”成功申报2018—2020年度“广东省民间文化艺术之乡”称号，其中“西樵醒狮”被广东省文化厅推选代表广东申报“中国民间文化艺术之乡”。

△佛山籍鹰爪拳、洪拳、双皮奶制作和三水胥江祖庙庙会入选广东省第七批省级非遗代表性项目名录和省级非遗代表性项目名录扩展项目名录。

△佛山美的控股有限公司和碧桂园集团董事局副主席、广东省国强公益基金会创始人杨惠妍分别入围由民政部发起的第十届“中华慈善奖”的捐赠企业以及捐赠个人候选名单。

△佛山籍残疾人运动员陈海华获全国残疾人羽毛球锦标赛男子双打SU5级冠军，成为佛山首个该项目全国冠军。

△福布斯中国2018非上市公司潜力企业榜发布，云米电器科技有限公司成为唯一入选的佛山企业。

△佛山市纪委监委对外公布，推出2018年十大重点改革创新项目，推动全面从严治党向纵深发展。

△人社部和公安部联合授予佛山市刑警支队大队长林伟光“全国公安系统一级英模”称号。

△《佛山市深化供给侧结构性改革2018年工作方案》出台，2018年新政策将为企业减负税超100亿元。2017年佛山率先在全省设立的供给侧结构性改革基金投出首笔资金。

7月

1日 根据《佛山市公立医疗机构药品和医用耗材集中采购试行办法》，全市公立医疗机构必须通过阳光管理平台操作药品和医用耗材采购行为过程。

△江门至湛江铁路开通运营，从北京、上海、深圳、广州、佛山均可乘动车往返湛江，结束粤西三市不通高铁的历史，其中佛山西到湛江西最快仅需3小时26分。

△《佛山市城市建筑垃圾管理办法》实施，通过建立建筑垃圾信息管理平台，突出科技化管理；实行建筑垃圾处理许可，加强源头管理；推进建筑垃圾资源化利用。

2日 佛山市全面实施行政执法“三项制度”，即行政执法公示制度，执法全过程记录制度以及重大执法决定法制审核制度。

△佛山召开创建国家公共文化服务体系示范区终期验收动员会，会议强调佛山力争以优秀成绩，通过国家公共文化服务体系示范区终期验收。

△佛山市网上中介服务超市正式启用，超市面向全国中介服务机构开放，自愿入驻。政府使用财政性资金购买中介服务的，除了政府采购和招投标另有规定外，还必须在网上中介服务超市选取中介服务机构。

4日 佛山市召开委常委会会议。指出要紧扣民心这个最大的政治，抓好《佛山市自然生态文明建设专项规划》的落地实施。同时，要深刻吸取三水区被中央环保督察组通报的教训，立行立改。

△广东省政府办公厅通报，全省6个城市获得2017年度“三旧”改造考核奖，佛山市获一等奖。

△佛山市立法三周年图片展举行，佛山市3年内出台9部法规规章，分别是：地方性法规《佛山市历史文化街区和历史建筑保护条例》《佛山市制定地方性法规条例》《佛山市机动车和非道路移动机械排气污染防治条例》《佛山市治理货物运输车辆超限超载条例》《佛山市扬尘污染防治条例》；地方政府规章《佛山市城市容和环境卫生管理规定》《佛山市食品生产加工小作坊集中管理办法》《佛山市寄递物流安全管理办法》《佛山市违法建筑查处暂行办法》。立法数量质量走在全省前列。

5—6日　泛珠区域高铁经济带建设工作现场会暨第四届粤桂黔高铁经济带合作联席会议在南海区召开，贵广和南广高铁沿线13个市（州）共同倡议推动乡村振兴。该次大会将推动粤桂黔高铁经济带沿线城市的产业对接，并推出多个计划合作项目，单个投资额高达13亿元，内容涵盖精准扶贫、农业合作、培训就业、旅游服务等。

5—8日　粤桂黔名优农产品食品展示博览会在南海区举办，精选三省（区）和佛山市对口协作地区名优农产品食品作展示。

△国家税务总局佛山市税务局挂牌成立，标志着原佛山市国家税务局、原佛山市地方税务局正式合并。

6日　佛山市政协委员调研台资企业，了解企业转型升级发展状况和需求，建言献策助力台资企业提高环保意识，走高质量发展之路。

9日　佛山市商事主体登记自助终端机及24小时智能商事登记系统正式上线，佛山在全省乃至全国率先打造365天全天24小时不打烊商事登记模式。办理营业执照最快5分钟完成，开办企业全流程5天内办结。

10—11日　中共佛山市委十二届六次全会召开。会议强调坚持以习近平总书记重要讲话精神统揽佛山工作全局，全面落实广东省委书记李希在佛山调研时的讲话精神，主要抓好七个方面的工作：改革开放、三龙湾高端创新集聚区、粤港澳大湾区建设、提升城市功能现代化、满足人民日益增长的美好生活需要、打好环保等三大攻坚战。会议还强调全面推进党的政治建设、思想建设、组织建设、作风建设、纪律建设，把制度建设贯穿其中，不断提升党的建设质量，为推动高质量发展提供坚强保障。

△中国自主研制出口的最大直径土压平衡盾构机在佛山顺德下线，为2020年迪拜世博会排水系统提供中国装备。这也是中国出口的最大直径的土压平衡盾构机。

12日　佛山市生态环境保护、污染防治攻坚战工作电视电话会议召开，会议强调抓好六个方面工作：抓好中央环保督察“回头看”整改、坚决打赢蓝天保卫战、突出打好碧水保卫战、扎实推进净土防御战、加快村级工业园区综合整治提升步伐、加快生态系统保护和修复力度。截至7月11日　佛山收到中央环保督察组交办案件395件，扣除重复案件，办结率82%，期间关停企业67家。

△佛山市政府印发通知，2018年7月9日前在建、已建、库存的商业、商务办公用房，在满足相关条件后，可申请改建为租赁住房，还可以申请办理按居民标准执行的用水、用电和燃气收费价格。

△《佛山市打好污染防治攻坚战三年行动计划（2018—2020年）》发布，提出到2020年，全市空气质量达到国家空气环境质量二级标准，空气优良天数比例90%以上，全市基本消除黑臭水体。

△佛山京东云仓交流会在佛山泛家居电商创意园举行，首批10个商家现场签约入驻京东云仓。佛山京东云仓围绕佛山家具、建材、家电等行业，将云仓打造成为华南区域标杆性的智慧物流项目。

13日《人民日报》整版报道佛山云勇林场的坚守与进击，诠释佛山人如何克服种种困难，守卫云勇林场，守护生态环境。

△佛山市公益慈善联合会成立。

14日　第十六届全国青少年体育舞蹈锦标赛在佛山开赛，共77支代表队近3000名选手参赛。佛山选手周婧文和周慨然搭档，获9岁以下全能组第二名。周婧文在单人精英C组标准舞、单人精英C组拉丁舞项目中获得冠军。

△2018珠三角港澳青少年蔡李佛功夫赛暨第三届蔡李佛功夫佛山锦标赛在佛山举行，逾500名运动员参赛。

16—20日　佛山市少儿合唱团参加第九届中国魅力校园合唱节，获得小学组别一等奖。

16—21日　第十九届全国中小学电脑制作活动夏令营在江苏省无锡市举办，佛山市参赛学生获10个一等奖、10个二等奖、2个三等奖。

17日　广东省副省长黄宁生到佛山调研民政、教育与文化工作。佛山市领导刘俊文、乔羽陪同调研。

△国家知识产权局向中国（佛山）知识产权保护中心授章，标志着该中心正式开展发明专利、实用新型专利和外观设计专利预审业务，专业审查周期进一步缩短。

△佛山市高层次人才服务专区启动，着力打造政务服务、人才待遇申领、交流联谊、政策宣传以及人才引进方面等四大平台。

△禅城区保险创新发展示范区在智慧新城揭牌，标志着广东省首个保险创新发展示范区正式落地。示范区以东起南海大道、西至禅西大道的季华路商务区为核心，构建“1＋2＋N”的一核两翼多点布局的保险产业创新发展格局。

△第七届中国创新创业大赛港澳台赛首次在佛山举办，该次大赛以“命题挑战赛”为发力点，整合参赛项目与企业需求。

△新加坡建筑机器人项目落户佛山高新区，致力于为建筑建造各环节提供专业机器人系统解决方案，实现安全、高效和经济的新型建筑施工，由此开启机器人产业新领域。

19日　2018《财富》世界500强排行榜发布，佛山两大龙头企业上榜，美的集团股份有限公司排第三百二十三位，碧桂园控股有限公司排名第三百五十三位，两企业排名升幅超百位。

△第三届国际图书馆协会联合会（IFLA）举行的全球“2018年绿色图书馆大奖”评选结果揭晓，佛山市图书馆在32个国家的参评图书馆中获得第一名。是佛山市图书馆界首次获得该奖项

的最高奖。

19—20日 2018年广东省第十一届武术精英大赛暨《中国武术段位制》中段位技术考评（佛山赛区）在佛山市举行。4000多名武术爱好者参与。

20日 广州市人大常委会主任陈建华一行到佛山开展广佛同城专题调研。

23日 佛山市召开"进一步解放思想、改革再深化"大学习大讨论专家座谈会，8个课题的主要负责人畅谈课题研究总体思路和调研体会，探讨下一步提升完善举措和有关工作安排，为佛山发展建言献策。

25日 佛山市召开市委常委会会议，传达学习习近平总书记、李克强总理对吉林长春长生生物疫苗案件作出的重要指示批示及省委主要领导同志的批示精神，研究佛山市贯彻落实意见，听取佛山市2018年上半年食品药品安全监管工作、2018年上半年经济运行情况汇报；审议并原则通过《关于进一步加强城乡基层党风廉政建设的意见》《佛山市基层正风反腐三年行动实施方案》。

△顺德鳗鱼通过农业农村部农产品地理标志登记专家评审并结束公示。

26日 佛山市政府召开经济形式分析会通报：2018年上半年，全市实现地区生产总值4475.98亿元，增长7%；工业投资和技改投资拿下两个全省第一。

△佛山市工商局与阿里巴巴（中国）有限公司签订《合作备忘录》，打破数字壁垒，共治网络市场。

27日 佛山市召开2018年"五好"新村居建设暨省级新农村示范片建设工作推进会。会议确定，2018年，佛山市确定建设"五好"新村居116个，共计划投入资金4.8亿元。

△《佛山市工业企业技术改造三年行动计划（2018—2020年）》发布，佛山2018年上半年工业技改投资总额保持全省第一，力争至2020年开展技改企业超3600家。

△国务院新闻办举行国务院政策例行吹风会，佛山、厦门、武汉、贵阳4个城市受邀介绍本地区优化营商环境方面的经验和做法。佛山成为全省唯一受邀介绍经验的城市。简政放权、创新监管、"一门式一网式"政务服务是佛山经验核心。

△佛山市加强基层党组织建设工作会议召开，会议强调，"要切实把抓好基层党组织建设作为'头号工程'，一抓到底，抓出成效。"全市各级各部门党委（党组）书记要强化责任担当，切实抓好《三年行动计划实施方案》等3份文件的落实，确保取得实实在在的成效。会上正式印发《佛山市加强党的基层组织建设三年行动计划（2018—2020年）实施方案》，方案确定2018年以"规范建设"为主题，2019年以"组织力提升"为主题，2020年以"基层党建全面进步全面过硬"为主题，提出46条措施。

△佛山市召开全市打赢精准脱贫攻坚战工作推进会。会议公布截至会议召开前佛山的扶贫成果：佛山帮扶湛江、云浮234个相对贫苦村，共实现58087人脱贫，帮扶村居民人均可支配收入为13803.74元。会议部署下一阶段扶贫工作以产业扶贫增强贫困地区"造血"功能。

30日 佛山市人民政府、南海区人民政府与中国科学微电子研究所、广东中证城市发展管理有限公司就共同推进集成电路产业发展签订合作框架协议。各方将以南海电子信息产业园为基础，合理建设集成电路产业园，打造粤港澳大湾区集成电路制造高地，加快"两高三新"现代产业体系构建。

31日 福布斯2018中国慈善榜发布，共有100人（或家族）上榜，现金捐款总额达173.1亿元。美的集团何享健家族和碧桂园集团杨国强家族进入榜单前10名。

△2018年佛山工业互联网峰会举行，来自行业商协会、工业互联网解决方案商、工业互联网资讯服务商、国家智库与高校院所、投资融资机构等30多个单位发起成立佛山市工业互联网产业联盟。

是月 顺德区杏坛镇因独特的水乡民俗，获"广东省民间文化艺术之乡"称号。

△《佛山地区商标报告》发布，截至2018年6月30日，佛山地区累计有效注册商标25万件，高企拥有注册商标数量远高于全市平均水平。

△全国普法办公室公布第四批"全国法治县（市、区）创建活动先进单位"名单，广东省有20个单位获肯定，佛山市禅城区入选。

△佛山市政府出台《佛山市深化"互联网+先进制造"发展工业互联网实施方案（2018—2020年）》，提出到2020年，培育形成2家具备较强实力、国内领先的工业互联网平台，10家技术和模式领先的工业互联网服务商；推动超过1000家工业企业运用工业互联网新技术、新模式实施数字化、网络化、智能化升级，带动2万家企业"上云上平台"。

△2018年"中国500最具价值品牌"排行榜发布，20个佛山品牌入选，其中陶瓷、卫浴行业上榜的品牌最多。美的以956.47亿元品牌价值排名榜单第四十三名。

8月

2—5日 2018年第六届中国中（小）学生舞龙舞狮赛在韶关市举行，佛山市禅城区张槎中学和张槎中心小学龙狮团分别获得中学组男子传统南狮第一名和小学组传统南狮第三名。

3日 佛山首场"我为佛山改革建言献策"现场研讨会举行，10多位专家学者、企业家代表和佛山党委政府有关部门围绕一环创新圈建设建言献策。

△国务院办公厅发布《关于部分地方优化营商环境典型做法的通报》，佛山"一门式一网式"政务服务改革榜上有名，成为国务院通报表扬的28项优化营商环境典型做法案例之一。

4日 香港科技大学百万国际创业大赛（佛山赛区）落幕，5支队伍代表佛山挺进全国总决赛。这是佛山首次被列入该项赛事的分赛区，参赛项目与佛山当地产业紧密相关成为最大亮点。

4—5日 2018年第三届全国青少年龙舟锦标赛在甘肃省甘州区举办，全国共11支代表队、170多名选手参赛，佛山市实验中学龙舟队成功卫冕，获得2枚金牌。

6—10日 广东省南粤优秀教师、优秀教育工作者拟表彰人选公示，佛山55人上榜南粤优秀教师，6人上榜南粤优秀教育工作者。

9—10日 国家创建办实地检查验收组深入佛山市、区、镇（街道）、村（社区）文化场馆进行实地检查，对佛山创建国家公共文化服务体系示范区工作进行终期验收。11日，佛山市创建国家公共文化服务体系示范区实地检查验收意见反馈会召开，创建工作各项指标达到优秀。

10日 2018年全国青少年校园足球特色学校名单公示，全国3916所中小学校被评为2018年“全国青少年校园足球特色学校”。其中，佛山市第三中学、石门实验中学等26所学校入选。

12日 顺德区大良街道获评2018年中国产学研协同创新示范镇。

13日 佛山市首届“廉洁佛山年度人物”先进事迹报告会举行，10位克己奉公、勤廉拒腐的“廉洁佛山年度人物”首次公开亮相。

△广东省深化“放管服”改革转变政府职能电视电话会议召开，佛山“放管服”改革经验成为全省示范。

△南海区4名农村居民拿到属于自家房屋的不动产权证书，是南海成为全国农村土地制度改革试点以来，颁发的首批历史遗留宅基地确权证书，标志南海区宅基地新政策进入全面试行和实施阶段。

△文化和旅游部公布第六次全国县级以上公共图书馆评估定级名单，并进行“一级图书馆”授牌仪式。佛山一市五区6个公共图书馆均获得国家“一级图书馆”称号。佛山市图书馆连续6次被评为国家“一级图书馆”。

16日 2018年度国家自然科学基金集中评审项目立项结果出炉，佛山科学技术学院共获批40项，立项金额超过1300万元，全国排名上升124名。

△国家自然科学基金委员会公布的2018年度国家自然科学基金申请项目评审结果中，南方医科大学顺德医院获国家自然科学基金立项4项。

17日 佛山市委整改办通报，中央第十二巡视组反馈意见整改落实工作开展以来，佛山市委针对“党组织建设有待加强”问题，将基层党组织建设整改作为重点，抓实抓细基层党组织建设三年行动计划实施方案等“1＋3”文件的落实落地，市、区两级组织部门分层分级，对全市镇（街）书记、市区镇三级党务工作者和村（社区）党组织书记等集中轮训。82个村（社区）全部完成新设立党委。

△国务院发展研究中心调研组到佛山调研中美贸易摩擦影响，了解佛山市进出口企业对美出口变化情况及应对举措，为佛山市应对中美贸易摩擦影响提出前瞻性、可行性意见建议。

18日 国家体育总局公示第十八届亚运会中国体育代表团人员名单，佛山市有38名运动员入围亚运会参赛名单，涉及7个大项目，包括龙舟、田径、射击、皮划艇、水球、羽毛球、棒球。

18—20日 佛山选手在第七届厦门国际武术大赛中，获49枚金牌。

20日 第十五届广东省运动会闭幕，佛山代表团派出1450人参加33个项目比赛，团队总分位列第五。

21日 2018（第四届）中国智慧城市国际博览会发布《中国城市治理智慧化水平评估报告》，佛山在全国294个副省级及地级市中得分排名第十，获得“2018中国城市治理智慧化综合奖”。“智慧管理”单项排名在全国294个城市中居第二位。

23日 第十五届中国国际中小企业博览会智能家电展在广东（潭州）国际会展中心举办，670家家电企业参展，展示包括智能厨房、智能小家电、智能应用等家电全品类产品。家电产品智能化、制造自动化成为该届家电展最热门话题。

24日 佛山市博物馆之城建设政策宣讲会召开，会议介绍佛山博物馆之城建设的主要情况，解读《佛山市博物馆之城建设专项资金管理办法（送审稿）》，根据《办法》，佛山对于非国有博物馆新建最高可补贴250万元，此外将重点建设、扶持一批本地重点行业的产业系列博物馆。

25日 第一届佛山武林大会暨粤港澳大湾区武术公开赛开幕，该届比赛以武术套路赛为主，设个人赛和团体赛，囊括南拳、太极拳、咏春拳、蔡李佛拳、洪拳、少林拳等南北拳种，以及刀、剑、枪、棍等器械类项目。1000余名武术爱好者参赛，其中佛山参赛队伍19支。

△央视新闻频道（CCTV13）《新闻调查》播出《乡村2018》（三）——《回归家园》，深入报道顺德区杏坛镇青田村在尊重乡村地方文化的基础上，融入现代元素，实现乡村文明复兴的实践。

25—31日 佛山市第三届文学周开幕，以“文学为童年埋下美好的种子”为主题，聚焦儿童文学。25日，洪永争作品暨文学地理学视域下的儿童文学研究学术讨论会举办，全国30多位专家学者对佛山青年作家洪永争的长篇小说《摇呀摇，疍家船》进行研讨。

26日 亚布力中国企业家论坛2018夏季高峰会上，佛山被大会列为制造论坛的主题研究城市。

27日 佛山籍选手陈清晨与队友贾一凡在雅加达亚运会羽毛球女双比赛中获得冠军。

△2018年雅加达亚运会龙舟项目收官，以佛山南海九江龙舟俱乐部为主要班底的中国龙舟队和以佛山顺德乐从罗浮宫龙舟队为主要班底的中国龙舟队男队，分别收获一金一银一个第四名和一金一银，创造历史最好成绩。

△中国产学研合作创新示范镇专家委员会评审，南海丹灶镇被认定为2018年中国产学研合作创新示范镇。

28日 佛山市印发《佛山市“数字政府”建设方案（2018—2020年）》，提出到2020年，通过构建统筹管理体系、实施数据应用工程、组建专业人才队伍等举措，在全省率先建成“数字政府”。

29日 佛山市举行2018年加氢站联合动工仪式，全市首批大规模筹建的8个加氢站相继动工，计划于2019年初之前投入使用。

是月 顺德区成功复评“中国家电之都”，北滘镇成功复评“中国家电制造业重镇”。

△第十二届全国舞蹈展演优秀节目巡演在云南落幕，佛山《南狮》入选精品节目。

△广佛两市签订《深化创新驱动发展战略合作框架协议》，双方将在广州南站和三龙湾高端创新集聚区等片区，共建153.5平方千米的广佛科技创新产业示范区。两市还计划在基础领域核心技术攻关、新型研发机构建设、知识产权保护等12大领域开展合作，开启“广州创新大脑＋佛山转化中心”构建

区域创新发展新格局。

△佛山2018年家庭经济困难学生教育资助政策出炉，其中生源地信用助学贷款已经开始接受办理，最高每人每年可贷1.2万元，各级各类家庭经济困难学生在9月新学期开学后，也可以申请助学金，最高每人每年8900元。

△由《小康》杂志、中国小康网发布的“中国营商环境百强区县”榜单出炉，顺德区入围前十名，排全国第七位；南海区排全国第十三位。

△广东经济和信息委公布，东莞、佛山、深圳、汕头、茂名、云浮共6个地级市，在2017年度制造业发展情况分类评估当中，被评为“优秀等级”。

△2018年国际隧道与地下空间协会年度大赛入围名单出炉，佛山东平隧道工程作为佛山首条过江隧道，入围年度杰出工程，与港珠澳大桥拱北隧道等并列入围同一奖项。

△佛山4件作品入选中国当代工艺美术双年展，其中包括中国工艺美术大师黄志伟的陶塑作品《悠闲老子》。

△佛山市电子商务协会最新发布报告显示，2017年佛山市电子商务市场交易规模达6330亿元（比上年增长25.3%），电商从业人员超35万人，电子商务已成为佛山经济发展的重要支撑。

△中国文明网公布，佛山市第二中学教师苏永善入选“中国好人榜”，名列“敬业奉献”类。苏永善带领学生获得国际大赛9项次，国家和省市级奖励100多项次。还捐出2万余件藏品，建立国内首个校园古陶瓷博物馆。

9月

2日　中国企业联合会、中国企业家协会发布“2018中国企业500强”榜单，佛山企业美的集团股份有限公司和碧桂园控股有限公司上榜，分别排第七十三名和第八十名。

3日　广东省庆祝2018年教师节暨优秀教师表彰大会在广州举行，佛山有55人上榜南粤优秀教师，6人上榜南粤优秀教育工作者，28人获评特级教师。

4日　佛山市召开土地管理暨城市更新工作动员会。会上，佛山市城市更新实施意见出炉，明确地价加收及补偿标准，对旧村居旧城镇改造全面让利，鼓励旧村居旧城镇改造，并提出对不低于13.33公顷的土地连片改造项目给予扶持，鼓励连片改造和确保公益性用地落实。

△《佛山市产业发展保护区划定及城市棕线管理办法》发布，明确全市产业发展保护区共划定352个，其范围界线为城市棕线。

△佛山市政法、交通、公安、网信等部门对滴滴佛山分公司进行联合检查，提出多项整改要求，包括在一周内向公安机关提交在佛山运营的网约车、顺风车驾驶员和车辆信息数据，在10月1日前完成对不合规车辆的清理工作。

5日　佛山市委常委会议召开，强调着力培育一批超5000亿元产业集群。

△2018佛山企业大会举行，会上发布《佛山制造业迈向高质量发展调研报告》。著名经济学家、北京大学教授周其仁作题为《佛山制造的品质革命》主旨报告。

△中国首部大型山水人文纪录片《中国森林城市》在佛山举行开机仪式。该片记录珠三角国家森林城市群中人与自然和谐发展的历程，其中有3集聚焦佛山生态文明建设经验。

△农业农村部公布2018年第三批农产品地理标志登记产品，陈村年桔、顺德鳗鱼获登记为农产品地理标志。至此，佛山有6个地理标志登记农产品。

6日　佛山市政协十二届八次主席会议召开，建议佛山要强化市级统筹构建三龙湾和佛山高新区两大平台体制机制，打造两大经济增长新引擎；加大改革创新力度，进一步完善政策体系，释放土地、人才、金融等制度红利，构建良好创新创业生态。

7—9日　第二届佛山物业服务产业博览会举行，该届博览会集中展示物业管理行业的新面貌、新技术、新产品和新成果，探索行业创新发展的逻辑和路径。

9日　中华龙舟大赛南京六合站收官，决出15个单项冠军。其中乐从龙舟队获得职业男子组100米、200米冠军和500米季军，九江队获得职业男子组100米和500米亚军、200米季军。

10日　佛山三水区获“四好农村路全国示范县”荣誉称号。

△《佛山市养老服务对象评估工作实施办法》出台，对佛山市内申请接受养老服务、入住养老机构或申领养老服务政府补贴的60周岁及以上的老人身体状况、居住状况和经济状况进行综合评估，并根据评估结果，确定老人适用的养老服务类型、照料护理等级等服务内容。

11日　中国旅游研究院和马蜂窝旅游网发布报告显示，在广东21个城市中，佛山市位于最受自由行旅客欢迎的城市第四名。原因主要为在佛山取景拍摄的美食纪录片《寻味顺德》以及人气综艺《极限挑战》使佛山成为新兴网红城市。

12日　《佛山法治政府建设报告蓝皮书（2017）》发布，梳理了2011—2017年佛山依法行政、法治政府建设进程，集中反映佛山市在2017年度依法行政的状况，全文约3万字。这是佛山首次编制有关法治政府建设的蓝皮书。

13日　佛山中国发明成果转化研究院揭牌。

△佛山市纪委出台违反“九条禁令”责任追究暂行办法，细化对违反“九条禁令”行为的处理。

△佛山市首条潮汐车道启用，设在南海桂城海五路东往西最南侧车道，方向为西往东，全长约400米，设置时间为工作日早上7点到9点，每小时可多通行300辆车。

13—15日　第十届国际发明展览会暨第三届世界发明创新论坛在佛山举行。该次论坛聚集全球物理、生物、化学高分子、航空航天、新能源、军民融合等领域的科学家，围绕世界科技前沿技术、全球化技术创新、军民融合与产业协作等话题共商发展大计。该次展会面积达4万平方米，参展发明创新项目近4000个，外宾人数达350人，均创历史新高。

16日　佛山与清华大学签署合作协议，共建清华大学佛山先进制造研究院高效能材料研究中心和城市公共安全中心。

△工信部公示第三批绿色制造名单，佛山有6家企业上榜，其中广东溢达拟

被认定为绿色供应链管理示范企业。

16—17日　受超强台风“山竹”影响，佛山转移安置人员44万多人，全市房屋、商铺及厂房受浸损超过1200间，车辆受损650辆，树木倒伏或折断2万多棵，受灾停电用户近14万户，全市直接经济损失4006万元。

17日　佛山市龙卷风研究中心确认，三水区西南街道、白坭镇出现龙卷风。

18日　佛山市举行“2018最美幼教人”和幼儿园“师德师风建设先进集体”颁奖典礼。吴燕飞等10名幼教老师获“2018最美幼教人”称号，佛山市机关幼儿园等36所幼儿园获“师德师风建设先进集体”称号。这是佛山市首次树立“最美幼教人”榜样。

19日　中国博物馆协会公布第三批国家二级、三级博物馆定级评估结果：顺德区博物馆被评为国家二级博物馆，佛山市祖庙博物馆、南海区博物馆被评定为国家三级博物馆。

△佛山市首个流动公交车博物馆亮相。博物馆本身就是一辆公交车，通过老照片、图片、公交车票、月卡、季卡等，展示佛山公交的发展历程。

20日　佛山市举行知识产权投融资试点工作情况通气会，公布佛山市知识产权质押融资风险补偿资金运作情况：多项指标走在全省前列，已成功为123家科技型企业知识产权质押贷款提供支持，帮助企业累计获得贷款金额超7亿元。

21日　第十三届中国公民道德论坛在北京举办，佛山市顺德区作为全国唯一的县区级发言单位代表作经验介绍。

△《佛山市深入推进创新驱动助力工程专项资金管理办法》印发，佛山市财政将每年专项统筹安排1000万元，作为佛山市深入推进创新驱动助力工程专项资金。

22日　佛山市教育局官网公布佛山42所中小学被认定为“优秀传统文化艺术传承学校”，各校的特色项目涵盖书法、版画、剪纸、陶艺、扎染等中华优秀传统文化艺术。

23日　佛山举行庆祝首届中国农民丰收节活动暨第二届农业嘉年华，该活动采取“1+4+N”的筹办模式，即1个主会场+4个分会场+系列活动。还策划佛山对口支援协作的四川凉山、四川甘孜、新疆伽师的融媒体联动直播。

△佛山医生吴昊当选“全国十佳最美家乡人”。此前吴昊在厦门旅游途中，救下街头晕倒的心脏骤停老人。

24日　佛山本土电影《狮父》入围中加国际电影节题名名单，“佛山功夫少年”王馨雨应邀在闭幕式上表演中国南拳。

25日　佛山与广东省农科院启动共建农业科技示范市，重点围绕花卉、水产、蔬菜等特色产业及生态保护、健康种养、智慧农业等高新科技领域，建设农业科技开发、试验示范推广一系列项目以及科技创新中心和科技培训示范基地。

△佛山市召开实施乡村振兴战略工作推进会议，就贯彻落实佛山市乡村振兴“1+7+X”政策体系作再动员、再部署。

26日　《2018年中国百强区发展白皮书》发布，白皮书综合分析了全国968个地级市市辖区发展情况。佛山五区均上榜，其中，顺德排第五位、南海排第十一位。

△由佛山市高新技术产业协会和佛山市科技人才协会联合推出“科学技术奖”，其中包括高新技术成就奖、高新技术进步奖、科技进步奖、双创杰出人才奖等。这是佛山首次由社会力量自发组织关于高新技术的奖项之一。

△佛山市政协召开十二届六次常委会议，围绕佛山市实施乡村振兴战略进行专题议政，并审议有关人事事项。市政协调研组在会议上解读《关于“实施乡村振兴战略”专题调研报告（送审稿）》。

△广东省林业厅公布2018年广东省森林小镇认定名单，南海区西樵镇上榜。是继高明区明城镇、三水区南山镇入选后，佛山第三个省森林小镇。

28日　佛山首个“三位一体”公交综合枢纽——镇安公交综合枢纽启用，有3条公交首末线路，未来可容纳6条首末线路停靠。可满足约100台纯电动公交车充电需求，可供200辆公交车停放。

△佛山市第三届“最让我感动的老师”认定大会在市工人文化宫举行，陈燕梅等10位老师被认定为“最让我感动的老师”。

30日　商务部等七部委批复同意佛山市亚洲国际家具材料交易中心开展市场采购贸易方式试点。

是月　佛山献血状元许世彬入选9月“中国好人”名单，获评“助人为乐好人”。许世彬连续20年累计献血量13万毫升，是广东省最早突破300次无偿献血的志愿者之一。

△网络安全亲子寻宝——第五届佛山市网络安全宣传周活动启动。

△佛山2家企业获颁“2017年度广东省政府质量奖”，分别是广东伊之密精密机械股份有限公司和佛山市燃气集团股份有限公司。

是月至10月　佛山举行首届少儿粤剧艺术节。

10月

9日　2018年中国中小城市科学发展指数研究成果出炉。顺德区、南海区位列2018年度全国综合实力百强区第一名、第二名，禅城区、三水区、高明区均入围全国综合实力百强区。顺德区位列全国绿色发展百强区第一位，南海区排第四位，禅城区、三水区、高明区分别排十一位、三十七位、五十三位。佛山共有18个镇街入围2018年度全国综合实力千强镇榜单，其中南海区6个镇全部进入前100位。

10日　2018年胡润百富榜发布，33位佛山企业股东入围，比上年增加2人，其中入围前100名的分别为碧桂园杨惠妍（第四名），美的何享健、何剑锋父子（第六名），海天味业庞康（第三十五名）。

11日　广东省公安厅公布第一批“新时代南粤民警之星”首批候选人名单，佛山民警梁朝入选。

△佛山市社会救助信息平台上线，实现佛山市社会救助工作信息化管理、多部门资源共享、大数据分析、辅助决策、主动发现救助、社会力量参与六大功能。

△2018工业互联网标识应用（佛山）大会举行，工业互联网标识二级（行业）节点正式面向企业提供服务。

这是全国首个为企业提供服务的二级（行业）节点平台，标志着佛山从工业局域网迈入工业互联网时代。

12日 佛山公共文化设施地标性建筑佛山大剧院正式投入使用并举行首场演出。

△佛山发布《佛山市高新技术企业树标提质行动计划（2018—2020年）》及《佛山市人民政府办公室关于促进科技成果转移转化的实施意见》两大政策文件，提出未来佛山将每年投入超4亿元，加速高新技术企业树标提质步伐，推动科技成果转化落地，促进地方产业升级。

15日 2018年第二季度“最美佛山人”事迹分享会举行，15组“最美佛山人”、5名首批佛山新乡贤和20名佛山市美德少年诞生。

△第124届广交会开幕，480家佛山企业参展，并统一打出“佛山制造”“自主知识产权”牌，开拓国际市场。其中，志高有2项全球首创的空调技术亮相，成为本届广交会亮点。

△微信公众号“天天新”“佛山乐居”，以及网站九江社区论坛因长期发布夸大事实、虚假不实信息，被处罚并限期整改。

16日 胡润研究院发布《2018胡润女企业家榜》显示，碧桂园杨惠妍蝉联中国女首富。这是她第六次在该榜单中登顶。

△中国陶瓷博物馆·汉陶专题馆在石湾古镇文创园开馆，上万件陶器等汉代藏品供市民免费参观。

△佛山市首批创建的“佛山融爱”妇女创业创新基地揭牌，基地以高科技、时尚产业为主，引入科技、现代服务业等企业30多家，为更多的女性创业者提供资源和服务。

17日 广东省省情调查研究中心佛山分中心在佛山电台挂牌成立。

18日 佛山电台旗下粤语音频APP“花生FM”开启“有声付费”模式，推出付费问答、知识付费等新功能。

△为期5天的2018佛山陶艺建陶设计周开幕，该次活动整合文化、艺术、设计、产业、旅游等多个要素，探索“文化+设计+产业”的跨界融合之路。开幕式上禅城区首发两大设计类专项扶持政策。

22日 广东省第四批第三环境保护督察组督察佛山市工作动员会召开，会议明确坚决扛起生态文明建设和生态环境保护的政治责任，打好污染防治攻坚战。从当日起至11月5日省督察组进驻佛山。

23—27日 全国泰拳锦标赛在顺德体育中心举行。

24日 清华大学—佛山先进制造研究院城市安全研究中心成立，并召开管理委员会第一次工作会议。

△中德工业城市联盟第六次全体会议在佛山举行，会议提出佛山要对标德国和日本，构建质量标准体系。

△全国工商联发布《改革开放49年百名杰出民营企业家名单》，美的控股董事长何享健入选。

△数字广东网络建设有限公司佛山分公司、佛山市大数据发展与应用创新研究院、佛山市数据资源中心3个单位揭牌成立，将推动佛山数字政府建设的项目开发和数据利用。

△佛山“粤省事”服务仪式举行，该小程序上线超过200项服务，涉及身份证、驾驶证、行驶证、社保卡、住房公积金等27种个人类电子证照和残疾人、劳务人员、老年人三大特殊群体事项，其中160个事项实现“零跑动”。

24—26日 2018首届中国“AI+”创新创业大赛暨第二十届中国机器人及人工智能大赛在佛山举行。203所高校、1120名参赛选手参赛，27个“AI+”创新创业项目交流对接。

24—27日 第四届中国（广东）国际“互联网+”博览会在佛山举行，全球700多家知名工业、互联网型企业参展。开幕式现场签约12个重大项目，总投资金额超90亿元。

25日 中国轻工业联合会与中国财贸轻纺烟草工会命名首届轻工“大国工匠”，日丰集团副总裁、总工程师李白千榜上有名，成为佛山唯一获此命名的工匠人才。

25—29日 首届中国农民丰收节佛山农展会在顺德陈村花卉世界展览中心举行。展会开幕式上，《中国乡村品牌振兴计划之粤桂黔品牌农业发展调研报告》正式发布。

27日 佛山本土电影《狮父》在第四届美国戴维斯国际电影节中获“中国文化推广大奖”，女主演王馨雨获该次电影节“最佳新秀女演员”。

30日 2018年中国·佛山人工智能与智能制作国际大会召开，英国东北企业合作署与广东省科技厅、佛山市政府三方签署中英《合作备忘录》。

△佛山市创业孵化示范基地正式开园，该园区是广东省、佛山市、禅城区共建的政府公益性创业孵化平台，为初创企业提供免费办公场地、配套人才公寓、创业教育以及创业融资等服务。

31日 佛山市召开全市深化医药卫生体制改革领导小组会议。

是月 南海区西樵镇驻村（社区）社会工作服务推荐标准出台，是全国首个“镇级”驻村（社区）社会工作服务推荐标准。

△佛山本土电影《左滩》入围2018年第十四届中美电影节“金天使奖”。

△佛山市委办发布关于印发《领导干部直接联系服务高层次人才制度》的通知，提出领导干部直接联系服务高层次人才。

△佛山市三水区人民医院脊柱关节外科主任潘磊和三水区中医院内二科主任侯晓亮获广东省“杰出青年医学人才”称号。

11月

1日 佛山正式实施《佛山市困难群众参加城乡居民基本养老保险实施办法》，为困难群众按每月30元的最低缴费标准缴纳城乡居民养老保险费并享受全额财政参保补贴。

△佛山召开全域旅游工作现场会，发布《佛山市发展全域旅游促进投资和消费实施方案》。

△佛山启动新市民办业务“最多跑一次”制度改革。该项惠民改革内容涵盖全流程网上办事、扩大邮政速递服务覆盖面等六大举措。

1—4日 佛山市举办“2018广东（佛山）非遗周暨秋色巡游”活动。

2日 佛山市政府通过新修订《佛山市新市民积分制服务管理办法》，将购房类人群纳入积分制统筹安排，明确不再执行原购房入户政策，同时取消购房类政策性借读生待遇并设置过渡期，将房产情况作为申请入户、入学的计分指标。

△佛山公布新修订的《网络预约出租汽车经营服务管理暂行办法》，提出公安机关应对网约车驾驶员以及车辆进行安全背景审查，网约车平台公司须提供技术支持与协助，如实提交数据信息。网约车公司一旦违法违规，3个月内被联合约谈2次仍不改正的，可暂停发布、下架其应用程序（APP）。

△佛山蒙娜丽莎集团股份有限公司凭借“陶瓷与艺术、绿色、智能融合的微笑管理模式”获得“制造业组织类”中国质量提名奖，是佛山市唯一获此荣誉企业。

2—8日 2018绿色生产与消费交流会暨第二届氢能周系列活动在佛山举办。该系列活动以“绿色发展 氢创未来”为主题，包括开幕式、第三届氢能与燃料电池产业发展交流会、新能源汽车技术（燃料电池）创新拉力赛、第一届中国（佛山）绿色技术及产品推介会暨第二届中国（佛山）国际氢能与燃料电池技术及产品推介会、“五城联动 氢行中华”联合国开发计划署项目示范城市氢燃料电池汽车巡展等多场高端主题活动。

5日 首届中国国际进口博览会在上海举行，超300家佛山企业赴上海参观采购，涉及智能及高端装备、消费电子及家电、服务贸易等领域。

△佛山通报寻亲案件领域一大技术突破：DNA检测二合一工程技术项目创新成果。该技术填补国内技术空白，检测时间比以前节省5小时。

△佛山市公共法律服务中心挂牌，该中心可以为市民提供法律援助申请、代拟法律文书、公证办理等130多项服务。

△中国慈善联合会在广州发布第五届中国城市公益慈善指数。佛山市综合指数82.55分排全国第二十三名。在“政府支持”分项，佛山以24分排全国第八名。

△佛山市正式运行全国首个“区块链+社区矫正”应用，该应用让公、检、法、司等相关部门的数据从相对孤立的“条数据”变成“块数据”，社区服刑人员一旦出现定位信息中断等情况，平台将发出报警信号。平台还同时实现对社区服刑人员的轨迹跟踪、行为监控、信用评价等。

6日 工信部发布第三批绿色制造名单，佛山的广东伟业铝厂集团有限公司、坚美铝业有限公司、顺德彩辉纺织有限公司、北汽福田汽车股份有限公司南海汽车厂上榜“绿色工厂”，广东溢达纺织有限公司上榜“绿色供应链管理示范企业”。

6—10日 佛山举办佛山电影历程图片展，集中展示佛山百年电影发展史，包括中国电影史上第一位女演员严珊珊，以及黄飞鸿、李小龙等人物。《佛山与中国电影》新书6日首发。

7—10日 第27届中国金鸡百花电影节在佛山举行，历时4天，这是佛山二度举办中国金鸡百花电影节。除开幕式外，电影节期间还举行国产新片推介展映、金鸡国际影展、港澳台影展、少数民族影展、中国电影高峰论坛和提名者表彰仪式、百花奖终评及颁奖典礼暨电影节闭幕式等活动。其中，六大影展放映电影超过110部、近140场次。在该届电影节上，吴京凭借电影《战狼2》夺得最佳男主角，陈瑾凭借《十八洞村》夺得最佳女主角。最佳故事片奖是《红海行动》，优秀故事片奖是《建军大业》。其间，《佛山市南方影视中心影视产业发展规划（2018—2025年）》《佛山影视拍摄指南（2018年版）》正式发布。

9日 第九届“省长杯”工业设计大赛在顺德区落幕。大赛共有国内外参赛作品近35000件，决赛评选出获奖作品60件，其中佛山5件作品获奖。

14日 2018中国安全产业大会在佛山举行，2500多位来自政府、高校顶尖安全行业专家以及国内安全行业的龙头企业代表参会。

△佛山发布《佛山市2018年促进小微企业上规模工作专项行动方案》，将对2018年“小升规”的企业奖励20万元，安排2亿元补贴资金降低企业用能成本，开发针对小升规企业特点的专项金融产品。《行动方案》在融资、用电用气、税费、用地、人才子女入学等方面加大扶持力度。

△佛山市实施医疗人才培养“112工程”（即选拔10名市级医学领军人才、100名杰出青年医学人才、200名医学骨干人才为重点培育对象），王刚等10名医学领军人才、王娟等100名杰出青年医学人才和于绍斌等156名医学骨干人才入选重点培养对象。

△佛山市推荐的37个项目获2018年度广东省科学技术奖提名奖。

16—18日 第十三届亚洲龙舟锦标赛在佛山举办。中国队以12枚金牌位居金牌榜第一。其中，来自佛山的两支队伍（顺德乐从男子龙舟队以及南海九江女子龙舟队）为中国队争得9枚金牌。

17日 由中国证券报、中国财富

2018年11月14日，2018中国安全产业大会在佛山市南海区举行。图为启动仪式现场
（麦炽辉摄）

研究院联合主办的2018中国股权投资高峰论坛暨第二届中国股权投资金牛奖颁奖典礼在广东金融高新区举行。

19日 佛山市委常委会议召开，会议强调：要举全市之力推进粤港澳大湾区建设，深化“香港+佛山”合作、广佛同城建设；加快制定出台佛山“外资十条”等政策措施，大力引进更多高水平外资项目；支持企业依托“一带一路”开拓新市场，推动佛山企业在更广空间、更大舞台上参与国际竞合；聚焦产业转型升级和消费升级需求扩大进口，加快打造贸易强市。

20日 “2018广东省百强民营企业”榜单公布，佛山14家企业上榜，其中美的集团股份有限公司以2419.19亿元营业收入位列榜单第五位，碧桂园控股有限公司以2269亿元营业收入排第六位。

△第三届广佛国际创客节在佛山启动。该届创客节以“创意点亮城市”为主题，22项系列活动轮番上演。

21日 中国社会科学院首部《中国城市创新竞争力发展报告（2018）》蓝皮书发布，北京、上海、深圳位列2018年中国城市创新竞争力前三名，佛山排第十九名。

22日 工信部公示工业互联网试点示范项目，佛山美的集团的“美的工业互联网平台”和广东鑫兴科技的“工业互联网标识二级节点（佛山）项目”入围。

23日 第二十届中国专利奖评选结果公布，佛山企业美的、佛塑、伊戈尔、志高等47家企业与3位发明人共获得52项中国专利奖，其中外观设计银奖1项、专利优秀奖43项、外观设计优秀奖8项。

23—24日 广东省高校科技创新暨高等教育“冲一流、补短板、强特色”提升计划工作推进会在佛山市举行。

27日 由广东中南机械智能孵化器有限公司与佛山职业技术学院共建的中峪智能佛职院3D打印产业学院落户南海区大沥镇，校企双方将共同培育3D打印人才。

28日 佛山市1712家企业拟被认定为国家高新技术企业，入围广东省2018年第一批、第二批拟认定的高新技术企业名单。

28—29日 2018年智慧中国年会召开，佛山获6个奖项，包括第八届中国智慧城市建设领先奖、第一届中国营商环境创新奖、第四届中国互联网+政务优秀实践案例50强（佛山市工商局创新“3 + 5”商事制度改革、禅城区共享社区党建项目、商事制度改革下的南海区市场监管模式3个案例入选）。同时，禅城区委书记刘东豪入选2018数字政府十大创新人物。

29日 佛山市举行首届数字文化创意产业峰会暨碧+文化产业园启动会。大会解读数字文化产业的发展前景，为佛山文化产业发展支招。当日还为佛山版“星光大道”——“鸣星廊桥”落户授牌。

30日 2018年广东省战略性新兴产业骨干（培育）企业（智能制造领域）认定企业名单，佛山市有8家企业获培育企业认定。

是月 由佛山市投资拍摄制作的改革开放题材电影《梦想之城》公映。

△在第70届德国纽伦堡iENA国际发明展上，佛山市南海区九江镇初级中学作品“灭火器与监控系统”“智能共享卫生间”分别获得金奖和银奖。

12月

2日 由共青团中央和中国作家协会联合发起的青春志愿行·共筑中国梦“志愿文学”征文活动揭晓，佛山市的报告文学作品《菠萝志愿者》获全国一等奖。

△中国旅行社协会五届二次会员代表大会暨2018中国旅行社行业发展论坛召开，佛山市被评为2018年度受游客欢迎的优秀旅游目的地之一。

△中国工业题材短篇小说创作大赛结果揭晓，佛山作家张战峰的《坡上开满油菜花》获二等奖。

3日 佛山市出台《佛山市第二期特殊教育提升计划》，提出到2020年残疾儿童少年义务教育入学率保持98%以上。

△佛山市举行“盲人数字阅读推广工程启动暨智能听书机发放仪式”，正式投入使用的互联网智能听书机向视障群体打开阅读大门。

4日 第八届广东省残疾人文化节闭幕式暨佛山“最美助残人”名单发布仪式在佛山举行，共有10个组织和10名个人获得佛山“最美助残人”。

5日 佛山市志愿服务二十五年·志暨2018年度嘉许礼在佛山市青少宫举行。

5—6日 中央电视台科教频道《探索·发现》栏目百集系列片《手艺》第八季，分别播出纪录片《石湾陶塑》《香云纱情》，记录佛山中国工艺美术大师潘柏林、佛山香云纱染整技艺传承人梁珠的手艺人生。

6日 第六届中国电子家电企业国际化峰会在顺德区大良街道举行。会上，顺德区获得国家外贸转型升级基地（家电）授牌。

△中国机电产品进出口商会发布中国电子家电出口百强企业榜单，佛山市的美的、格兰仕、新宝等22家企业上榜。

7日 总规模100亿元的佛山市上市公司通济基金成立。该基金主要作用在于支持佛山优秀上市企业持续稳定经营。

△佛山市首个不动产登记便民服务窗口开通。通过“不动产登记+互联网+金融服务”的服务模式，让企业群众“少跑腿”甚至“零跑腿”，简单快捷办理不动产登记业务。

8—10日 2018年“共筑家园”全国青少年建筑模型教育竞赛活动总决赛开幕式在佛山举行。佛山共有117名选手入围总决赛，其中29人获得金牌、35人获得银牌、45人获得铜牌。

9—16日 2018顺德创意设计周“1209中国设计日”系列活动在佛山广东工业设计城举行。

10日 佛山泛家居品牌产品（南非）展示体验馆启动仪式在南非约翰内斯堡举行。

△由广东省工艺美术协会指导、佛山市工艺美术学会主办的“第二届佛山市工艺美术大师颁证仪式”在佛山举行，70位优秀工艺美术创作人员获得“佛山市工艺美术大师”荣誉称号。

12日 佛山市召开民营企业家大会，推出《佛山市关于促进民营经济高质量发展的若干意见（送审稿）》（简称“民营经济40条”）、《佛山市降低制造业企业成本支持实体经济发展若干政策措施（2018年修订）》（简称“降成本十条”）、《佛山市金融促进民营经济高质量发展若干政策措施》（简称“金融十条”）和《关于依法保护民营企业家人身和财产安全的若干意见（送审稿）》的“1 + 3”政策措施。

△由佛山市政府主办、佛山市商务局承办的2018佛山（深圳）投资环境推介会在深圳举办，当天签约项目近400亿元。

△2018数字政府建设论坛暨第十七届中国政府网站绩效评估结果发布会在北京举行，佛山市政府网以93.9分的总成绩，连续8年位居全国地市政府网站第一名。

△第十四届（2018）光华龙腾奖颁奖典礼（光华龙腾奖是中国设计行业最重要、最有分量的人才表彰奖项，被誉为中国设计业的“奥斯卡”）在人民大会堂举行，佛山市榕树林企业管理有限公司董事长卢刚亮入选“中国设计业十大杰出青年”，成为佛山唯一入选者。

13日 2018年度中国政府网站绩效评估结果揭晓，佛山市位列地市网站前三名，禅城区位列区县网站前三名。

△国家发改委调动民间投资积极性促进民营经济持续健康发展工作座谈会在佛山市召开。

△佛山市出台《关于进一步深化佛台经济文化交流合作的若干措施》。“佛山惠台措施72条”力度之大、范围之广在佛山对台交流合作历史上属首次。

13—16日 由香港佛山社团总会、佛山海外联谊会联合主办的第三届香港·佛山节（2018）在香港举行，以“佛山制造中国功夫”为主题，集中展示佛山制造和美食、功夫、非遗等特色元素。

15日 生态环境部召开中国生态文明论坛（年会），佛山市顺德区获颁“国家生态文明建设示范区”荣誉牌匾。

17日 佛山市公布首批市级社会信用体系建设联合奖惩试点事项清单。

17—19日 第四届珠江西岸先进装备制造业投资贸易洽谈会在潭洲国际会展中心举行，珠江西岸佛山、珠海、中山等8座城市，共164家装备企业展出470件展品。

18日 佛山市建设人民满意政府指数（2018）发布，佛山市建设人民满意政府全域指数为87.25，连续五年提升，清廉指数排名第一。

△佛山首个民宿产业发展大会召开，展示佛山全域旅游发展蓝图，推介民宿资源。大会吸引150多位国内顶尖民宿品牌创始人参与，9个乡村民宿代表性项目签约落户。

△2018佛山金融业年度舆情分析报告发布暨佛山金融传媒大奖颁奖典礼举行。21家优秀金融机构入选“最具口碑金融机构”榜单，11家金融机构获评特色奖。

19日 佛山市推进粤港澳大湾区建设领导小组第一次全体会议召开。会议认真学习习近平总书记关于粤港澳大湾区建设的重要指示精神和习近平总书记视察广东重要讲话精神，深入贯彻落实省推进粤港澳大湾区建设领导小组全体会议精神。

20日 佛山市出台《佛山市特困人员供养工作实施办法》。

△佛山市正式启动国家市场采购贸易方式试点，成为省内继广州之后，第二批先行先试推进市场采购贸易新方式的城市。

△佛山市禅城区首座加氢站建成营业，70辆氢燃料电池公交车投入运营，标志佛山成为全省首个大规模使用氢燃料电池公交车的示范城市。

21日 广州市、佛山市签署《深化广佛同城化战略合作框架协议》。

△佛山市举办“放心消费诚信码”启用发布会，全市272家放心消费示范单位（点）开始使用“放心消费诚信码”。

△首届佛山国际贸易年度人物颁奖典礼举行，广东美的制冷设备有限公司创新中心主任李金波等10人获授“2018佛山国际贸易年度人物”称号。

22日 2018佛山城市治理明星项目结果出炉，五区共10个项目上榜。

25日 《佛山市推进义务教育优质均衡发展行动方案》印发，整体推进佛山市义务教育下一轮改革发展。

△2018“汇聚南粤正能量争做中国好网民”暨“南粤十大网络正能量榜样”颁奖典礼在广州举行，佛山市第二人民医院医生吴昊获评“南粤十大网络正能量榜样”。

26日 生态环境部通报，佛山市行政处罚案件数量和行政处罚金额均进入全国地市前十名，顺德区进入全国县（市、区）前十名。

△“影时代，向未来——第一届新锐互联网影视青创计划”荣耀之夜在佛山中欧中心举行。

△广东省生态环境厅公布2018年“广东省绿色社区”“广东省环境教育基地”单位，佛山有7个单位获该荣誉。

27日 在中国改革（2018）年会暨改革开放40年40案例高层研讨会上，禅城区共享社区案例入选改革开放40年地方改革创新40案例。

28日 佛山市公布《佛山市人才举荐工作实施细则》，明确佛山市人才举荐奖励申报要求、申报程序和发放的具体操作办法等内容。

△佛山“十大醉美古村”评选结果出炉，分别是：禅城区南庄镇罗南隆庆村、南海区西樵镇上金瓯松塘村、九江镇烟南烟桥村、丹灶镇仙岗村、顺德区杏坛镇逢简村、北滘镇碧江社区、北滘镇林头社区、高明区荷城街道阮埇村、三水区芦苞镇长岐村、乐平镇大旗头村。该次评选超200万人次参与投票。

29日 佛山市印发《佛山市人民政府关于进一步贯彻落实广东省进一步促进就业若干政策措施的实施意见》《佛山市利用集体建设用地建设租赁住房管理办法（试行）》。

30日 “第四届加强和创新社会治理成果交流会”在北京召开。佛山市获“2018全国社会治理创新示范市”称号，佛山市委政法委被授予“2018全国社会治理创新示范单位”称号。

是月 中国地震局发布2018年度全国市县防震减灾工作考核结果情况通报，广东省有6个地市获评为全国防震减灾先进城市，分别是深圳市、广州市、佛山市、汕头市、阳江市、东莞市。

△佛山市韩英、何百源、吕啸天、朱文彬、胡亚林等5位作者共5篇作品上榜广东省“改革开放40年最具影响力的小小说”。

（市地方志办）

统计资料

2018年佛山市及各区主要指标

指标名称	计量单位	佛山市	禅城区	南海区	顺德区	高明区	三水区
年末常住总人口	万人	790.57	118.40	290.50	270.47	44.29	66.91
年末户籍人口	万人	436.98	65.98	140.67	139.27	31.34	42.33
全市生产总值（按当年价计算）	亿元	9935.88	1855.06	2809.09	3163.93	879.49	1227.96
第一产业	亿元	144.45	0.27	46.24	46.55	20.11	30.93
第二产业	亿元	5614.00	754.68	1544.38	1774.41	658.81	881.72
第三产业	亿元	4177.43	1100.11	1218.47	1342.98	200.57	315.31
人均生产总值（按常住人口计算）	元	127691	158207	98694	118963	199182	185703
指数（以上年为100）（按可比价计算）							
全市生产总值	%	106.3	106.3	106.2	106.2	105.5	107.5
第一产业	%	105.8	96.9	100.9	103.2	131.5	106.0
第二产业	%	106.1	101.8	106.6	108.0	104.0	106.4
第三产业	%	106.6	109.9	105.8	103.5	108.9	111.3
人均生产总值（按常住人口计算）	%	103.2	104.0	102.5	103.0	104.1	105.2
规模以上工业增加值	亿元	4590.05	452.90	1244.46	1578.53	583.47	730.68
社会消费品零售总额	亿元	3287.54	812.81	1122.68	971.90	139.47	240.68
地方一般公共预算收入	亿元	703.14	89.30	239.03	235.78	40.40	62.44
地方一般公共预算支出	亿元	806.54	122.55	235.13	230.85	49.76	67.43
金融机构本外币存款余额	亿元	15372.81	3905.29	5081.93	5016.08	417.86	871.38
金融机构本外币贷款余额	亿元	10457.65	2892.94	3254.08	3267.77	328.62	624.03
常住居民人均可支配收入	元	49630	48905	50753	54038	34162	34937
常住居民人均生活消费支出	元	34053	34585	33449	39342	22035	22251

注：全市生产总值、人均生产总值、指数、规模以上工业增加值、社会消费品零售总数均为快报数。

2018年佛山市人口规模情况

指标名称	计量单位	实绩	指标名称	计量单位	实绩
常住人口	万人	790.57	户籍人口城镇率	%	93.00
城镇常住人口	万人	750.92	年平均人口	万人	428.28
常住人口城镇化率	%	94.98	年出生人口	人	78611
年末户籍人口	万人	436.98	年死亡人口	人	23554
女性人口	万人	222.56	年末总户数	万户	131.29

2018年佛山市资源环境情况

指标名称	计量单位	实绩	指标名称	计量单位	实绩
土地			**环境**		
行政区域土地面积	平方千米	3797.72	废水排放总量	万吨	90819.62
建成区面积	平方千米	160.78	化学需氧量排放量	吨	89113.93
城市现状建设用地面积	平方千米	144.80	氨氮排放量	吨	13032.76
居住用地	平方千米	42.67	工业废水排放量	万吨	15670.70
公共管理与公共服务设施用地	平方千米	10.55	工业化学需氧量排放量	吨	6855.94
商业服务业设施用地	平方千米	13.47	工业氨氮排放量	吨	497.11
工业用地	平方千米	40.49	工业化学需氧量去除率	%	95.94
物流仓储用地	平方千米	5.88	工业氨氮去除率	%	79.91
道路与交通设施用地	平方千米	15.20	二氧化硫排放量	吨	13162.74
公共设施用地	平方千米	3.61	工业废气排放量	万立方米	24847769.84
绿地与广场用地	平方千米	12.93	工业二氧化硫排放量	吨	12652.64
建成区绿化覆盖率	%	44.25	工业氮氧化物排放量	吨	31992.34
建成区绿地率	%	41.68	工业二氧化硫去除率	%	88.15
公园绿地面积	公顷	3230.70	工业氮氧化物去除率	%	63.37
公园面积	公顷	2326.54	工业烟（粉）尘排放量	吨	17143.55
森林覆盖率	%	20.87	一般工业固体废物综合利用率	%	82.87
水资源			污水处理率	%	96.57
水资源总量	万立方米	367000	生活垃圾无害化处理率	%	100
降水量	万立方米	759200	空气质量优良天数比例	%	80.3
用水总量	万立方米	226200	可吸入颗粒物（PM_{10}）年平均浓度	微克/立方米	60
			可吸入细颗粒物（$PM_{2.5}$）年平均浓度	微克/立方米	35

2018年佛山市经济发展情况

指标名称	计量单位	实绩	指标名称	计量单位	实绩
地区生产总值（快报数）			当年实际使用外资额	万元	457288
地区生产总值（当年价格）	万元	99358845	**规模以上工业（快报数）**		
第一产业增加值	万元	1444528	规模以上工业增加值	亿元	4590.05
第二产业增加值	万元	56140014	按轻重工业分		
第三产业增加值	万元	41774303	轻工业	亿元	2106.14
人均地区生产总值	元	127691	重工业	亿元	2483.91
地区生产总值增长率	%	6.3	按经济类型分		
财政			国有企业	亿元	3.53
地方一般公共预算收入	万元	7031418	集体企业	亿元	8.82
税收收入	万元	5181675	股份合作企业	亿元	6.59
企业所得税	万元	643859	股份制企业	亿元	3112.59
个人所得税	万元	259616	外商及港澳台投资企业	亿元	1328.10
地方一般公共预算支出	万元	8065443	其他企业	亿元	130.41
一般公共服务支出	万元	1232680	按企业规模分		
科学技术支出	万元	546769	大型企业	亿元	1636.83
教育支出	万元	1482310	中型企业	亿元	1394.64
文化体育与传媒支出	万元	231099	小型企业	亿元	1558.58
医疗卫生与计划生育支出	万元	881252	**贸易（快报数）**		
节能环保支出	万元	169569	社会消费品零售总额	万元	32875411
城乡社区支出	万元	1012713	限额以上批发零售业法人企业数	家	3644
交通运输支出	万元	265906	零售业	家	678
社会保障和就业支出	万元	864425	限额以上批发零售业商品销售额	万元	79898791
住房保障支出	万元	144209	限额以上住宿餐饮业法人企业数	家	503
金融			限额以上住宿餐饮业营业额	万元	789146
年末金融机构人民币各项存款余额	万元	149879650	**旅游**		
住户存款余额	万元	75060093	入境游客	人次	3658767
年末金融机构人民币各项贷款余额	万元	103465441	外国人	人次	757217
对外贸易			港、澳、台同胞	人次	2901550
货物进口额（海关数）	万元	10719056.31	国际旅游（外汇）收入	万美元	161096
货物出口额（海关数）	万元	35274261.81	国内游客	人次	50806463
外商直接投资合同项目	个	751	国内旅游收入	万元	7025200

2018年佛山市人民生活情况

指标名称	计量单位	实绩	指标名称	计量单位	实绩
就业			城镇居民人均可支配收入	元	50737
从业人员期末人数（城镇单位）	人	1633297	工资性收入	元	31774
第一产业（农、林、牧、渔业）	人	138	经营净收入	元	7303
第二产业	人	1138653	财产净收入	元	8451
采矿业	人	90	转移净收入	元	3210
制造业	人	1070486	消费		
电力、热力、燃气及水生产和供应业	人	12725	城镇居民人均消费支出	元	34804
建筑业	人	55352	食品烟酒	元	11142
第三产业	人	494506	衣着	元	1318
批发和零售业	人	76041	居住	元	7051
交通运输、仓储及邮政业	人	44320	生活用品及服务	元	1673
住宿和餐饮业	人	18534	交通和通信	元	6422
信息传输、软件和信息技术服务业	人	15413	教育文化娱乐	元	4722
金融业	人	24716	医疗保健	元	1697
房地产业	人	44472	其他用品及服务	元	778
租赁和商业服务业	人	34832	生活质量		
科学研究和技术服务业	人	19804	每百户城镇居民家庭拥有量		
水利、环境和公共设施管理业	人	14399	家用汽车	辆	80.1
居民服务、修理和其他服务业	人	5912	洗衣机	台	104.1
教育	人	75820	电冰箱（柜）	台	104.2
卫生和社会工作	人	48020	彩色电视机	台	133.6
文化、体育和娱乐业	人	6280	空调	台	264.3
公共管理、社会保障和社会组织	人	65943	移动电话	部	285.7
城镇登记失业人数	人	24566	接入互联网	部	251.9
城镇登记失业率	%	2.36	计算机	台	107.2
收入			接入互联网	台	98.5
在岗职工平均人数	万人	161	城镇人均住房建筑面积	平方米	43.9
在岗职工工资总额	万元	12940715	居民消费价格指数（上年为100）	%	102.0
在岗职工平均工资	元	80288			

2018年佛山市公共服务情况

指标名称	计量单位	实绩	指标名称	计量单位	实绩
教育			医院床位数	张	34508
普通高等学校数	所	13	卫生技术人员数	人	55398
成人高等学校数	所	6	执业（助理）医师数	人	20001
中等职业教育学校数	所	45	注册护士	人	25444
普通中学数	所	203	**社会保障**		
普通小学数	所	413	城镇职工基本养老保险参保人数	人	4254980
幼儿园数	所	960	城乡居民基本养老保险参保人数	人	553460
普通高等学校专任教师数	人	3528	城镇职工基本医疗保险参保人数	人	3246530
成人高等学校专任教师数	人	186	城乡居民基本医疗保险参保人数	人	2219548
中等职业教育专任教师数	人	4700	失业保险参保人数	人	2639945
普通中学专任教师数	人	25244	工伤保险参保人数	人	2647134
普通小学专任教师数	人	30233	生育保险参保人数	人	2643801
幼儿园专任教师数	人	22034	提供住宿的各类社会服务机构数	个	77
普通本专科在校学生数	人	123575	养老服务机构数	个	73
成人本专科在校学生数	人	26042	提供住宿的各类社会服务机构床位数	张	17872
中等职业教育在校学生数	人	76373	养老服务机构床位数	张	17092
普通中学在校学生数	万人	34.25	不提供住宿的各类社会服务机构数	个	7562
普通小学在校学生数	万人	58.01	社区服务机构数	个	7559
幼儿园在园幼儿数	人	304035	城镇居民最低生活保障人数	人	4383
文体			**公共安全**		
剧场、影剧院数	个	140	交通事故死亡人数	人	431
公共图书馆数	个	6	交通事故直接财产损失	万元	367
公共图书馆图书藏量	万册	1029	火灾事故死亡人数	人	1
博物馆数	个	22	火灾事故直接财产损失	万元	2022
医疗			刑事案件立案数	起	12919
医疗卫生机构数	个	1932	刑事罪犯总数	人	14151
医院数	家	120	青少年人数（年龄14~25周岁）	人	2576
医疗卫生机构床位数	张	37227			

2018年佛山市科技创新情况

指标名称	计量单位	实绩
专利申请数	件	89388
专利授权数	件	51010
发明	件	5058

2018年佛山市基础设施情况

指标名称	计量单位	实绩	指标名称	计量单位	实绩
交通运输			电信业务收入	万元	1408512
境内公路总里程	千米	5416	固定电话年末用户数	万户	209
高速公路里程	千米	498	移动电话年末用户数	万户	1300
民用汽车拥有量	辆	2533117	3G以上移动电话用户	万户	1102
私人汽车拥有量	辆	2312248	互联网宽带接入用户数	万户	297
年末实有公共汽（电）车营运车辆数	辆	6989	能源电力		
公共汽（电）车客运总量	万人次	56994	全社会用电量	万千瓦时	6908450
年末实有出租汽车运营车数	辆	3753	工业用电	万千瓦时	4488564
年末轨道交通线路长度（建成）	千米	21.48	城乡居民生活用电	万千瓦时	875902
轨道交通客运总量	万人次	12330	城镇居民生活用电	万千瓦时	496069
公路客运量（全社会）	万人	4989	生活设施		
公路货运量（全社会）	万吨	27487	年末公共供水管道长度	千米	10942
水运客运量（全社会）	万人	68	公共供水综合生产能力	万立方米/日	490
水运货运量（全社会）	万吨	4678	公共供水总量	万立方米	139919
民用航空客运量	万人	11	售水量	万立方米	122131
民用航空货邮运量	吨	459	供气总量（人工煤气、天然气）	万立方米	167788
内河港口货物吞吐量（规模以上）	万吨	8973	居民家庭用气量	万立方米	13915
邮电通讯			液化石油气供气总量	吨	460511
邮政业务收入	万元	769584	居民家庭用量	吨	156710

（市统计局）

法规·文件

手机扫码阅读

地方性法规选编

·佛山市扬尘污染防治条例·

（2017年11月6日佛山市第十五届人民代表大会常务委员会第六次会议通过。2017年11月30日广东省第十二届人民代表大会常务委员会第三十七次会议批准。）

第一章　总　则

第一条　有效防治扬尘污染，改善大气环境质量，保障公众健康，根据《中华人民共和国环境保护法》《中华人民共和国大气污染防治法》等法律法规，结合本市实际，制定本条例。

第二条　本条例适用于本市行政区域内扬尘污染防治与监督管理活动。

本条例所称扬尘污染，是指在建设工程施工、建（构）筑物拆除、物料运输与堆放、预拌混凝土生产、市容保洁、绿化作业等活动以及因裸露地面在自然力或人力作用下产生颗粒物对大气环境造成的污染。

第三条　扬尘污染防治工作坚持政府主导、预防为主、防治结合、属地管理、公众参与的原则。

第四条　市人民政府负责组织协调全市扬尘污染防治工作，建立扬尘污染防治统筹协调、长效管理和信息共享机制，制定扬尘污染防治总体方案，协调跨区扬尘污染防治，并将扬尘污染防治工作纳入环境保护责任制考核。

区人民政府负责本行政区域内的扬尘污染防治工作，根据市扬尘污染防治总体方案制定实施方案，并组织实施。

镇人民政府、街道办事处按照职责开展扬尘污染防治工作。

村（居）民委员会应当协助开展扬尘污染防治工作。

第五条　环境保护主管部门对本行政区域内扬尘污染防治实施统一的监督管理；负责协调和督促有关主管部门履行管理职责，并负责对企业事业单位物料堆场（仓库）扬尘污染防治的监督管理工作。

住房城乡建设主管部门负责对房屋建筑及其附属设施建设和拆除工程等施工活动，建筑垃圾消纳场、建筑渣土资源综合利用处理场、房屋建筑及其附属设施工程建设用地、预拌混凝土生产企业等的扬尘污染防治的监督管理工作。

交通运输主管部门负责对道路、轨道交通、港口码头建设和拆除工程等施工活动，公共停车场、公路保洁和绿化作业、港口码头物料堆场、交通运输工程建设用地、违反公路管理建（构）筑物拆除等的扬尘污染防治的监督管理工作。

水行政主管部门负责对水利设施、城镇污水处理设施、市政给排水设施建设和拆除工程等施工活动，河道管理范围内砂场以及水利工程建设用地、违反水资源管理的建（构）筑物拆除等的扬尘污染防治的监督管理工作。

城市绿化行政主管部门负责对城市绿化作业扬尘污染防治的监督管理工作。

煤炭经营监督管理部门负责对煤炭经营企业扬尘污染防治的监督管理工作。

市容环境卫生主管部门负责对城市道路保洁等扬尘污染防治的监督管理工作。

国土资源主管部门负责对未确定建设单位的建设用地、矿山、违反土地管理的建（构）筑物拆除等的扬尘污染防治的监督管理工作。

城市管理执法主管部门负责对违反城乡规划的建（构）筑物拆除等的扬尘

蓝天碧水——南海千灯湖　　（市生态环境局供图）

污染防治的监督管理工作。

其他负有扬尘污染监督管理职责的部门，在各自职责范围内对扬尘污染防治实施监督管理。

第六条 市人民政府鼓励防治扬尘污染新技术的研发应用，推广建设项目装配化施工等新工艺。

第七条 市人民政府应当建立健全扬尘污染防治与管理投诉、举报和奖励工作制度。

任何单位和个人有权向环境保护主管部门或其他负有扬尘污染防治监督管理职责的部门投诉举报扬尘污染行为，有权向有关部门投诉举报各级人民政府、环境保护主管部门以及其他负有扬尘污染防治监督管理职责的部门及其工作人员不依法履行职责的行为。

第八条 各级人民政府及其有关主管部门应当加强扬尘污染防治法律法规的宣传教育。

新闻媒体应当加强对扬尘污染防治法律法规和科学防治知识的宣传，对扬尘污染违法行为进行舆论监督。

第二章 防治措施

第九条 建设单位应当采取下列措施：

（一）依法进行环境影响评价的，建设项目环境影响评价文件应当包括施工扬尘对环境污染的评价内容和防治措施；

（二）在编制工程概算时，根据工程总量等因素，确定扬尘污染防治所需费用；

（三）在施工承包合同中应当明确施工单位的扬尘污染防治责任；

（四）明确扬尘污染防治措施和扬尘污染防治费用支付计划；

（五）监督施工单位落实扬尘污染防治措施，监督监理单位落实扬尘污染防治监理责任；

（六）负责暂时不能开工的建设用地的扬尘污染防治。

第十条 施工单位、运输单位应当制定具体的扬尘污染防治实施方案，落实扬尘污染防治措施。

施工单位应当将列入建设工程概算的扬尘污染防治费用，用于扬尘污染防护用具及设施的采购和更新、扬尘污染防治措施的落实、施工扬尘条件的改善等，不得挪作他用。

第十一条 监理单位应当将监理扬尘治理情况纳入日常工作，对施工单位未按照扬尘污染防治实施方案施工的，应当要求其立即改正，并及时报告建设单位。

第十二条 其他企业事业单位和生产经营者在作业时，应当采取有效的扬尘污染防治措施。

鼓励、支持有关企业和行业协会制定并实施扬尘污染防治规范，加强自律管理。

第十三条 建设工程施工单位在施工时，应当采取以下措施：

（一）将扬尘污染防治措施、负责人、扬尘监督管理主管部门、举报方式与途径等信息张贴在施工围挡外围，接受社会监督；

（二）在施工现场配备扬尘污染防治管理人员，按日做好包括覆盖面积、出入洗车次数及持续时间、洒水次数及持续时间等内容的扬尘污染防治措施实施情况记录；

（三）在施工工地周围设置连续硬质密闭围挡或者围墙。施工工地位于城市主要干道、景观地区、繁华区域的，围挡或者围墙高度不低于两百五十厘米；其余区域的，围挡或者围墙高度不低于一百八十厘米。围挡底部设置不低于三十厘米的硬质防溢座。工程竣工验收阶段，需要拆除围挡、围墙及防溢座的，采取有效措施防治扬尘污染。不具备条件设置围挡或者围墙的，采取有效的扬尘污染防治措施；

（四）施工工地出入口通道不得有泥浆、泥土和建筑垃圾；出入口内侧应设置混凝土搅捣的洗车设施和沉淀池，配备高压冲洗装置；确实不具备条件设置混凝土搅捣的洗车设施和沉淀池的，应当设置车辆冲洗设施，确保驶离工地的机动车冲洗干净；

（五）按时对作业的裸露地面进行洒水；四十八小时内不作业的裸露地面采取定时洒水等扬尘污染防治措施；超过四十八小时不作业的，采取覆盖等扬尘污染防治措施；超过三个月不作业的，采取绿化、铺装或者遮盖等扬尘污染防治措施；

（六）在施工工地的出入口、材料堆放区、材料加工区、生活区、主要通道等区域进行硬底化，并安装喷淋设备等扬尘污染防治设施；

（七）在施工工地堆放的砂石等工程材料密闭存放或者覆盖；及时清运建筑土方、工程渣土和建筑垃圾，无法及时清运的，采用封闭式防尘网遮盖，并定时洒水；不得将建筑垃圾交给个人或者未经核准从事建筑垃圾运输的单位运输；

（八）土石方、地下工程、拆除和爆破等易产生扬尘的工程作业时，采取洒水、湿法施工等扬尘污染防治措施；

（九）设置泥浆池、泥浆沟，确保施工作业产生的泥浆不溢流；

（十）在施工工地依法使用袋装水泥或现场搅拌混凝土的，采取封闭、降尘等有效的扬尘污染防治措施；运送散装物料、建筑垃圾和工程渣土的，采取覆盖措施，禁止高空抛掷、扬撒。

第十四条 房屋建筑及其附属设施建设工程施工单位在施工时，建筑施工脚手架外侧应当设置符合标准的密目防尘网（布）等有效扬尘污染防治设施。

第十五条 建（构）筑物拆除的施工单位在施工时，应当符合本条例第十三条第一项、第二项、第三项、第四项、第七项、第八项、第十项的规定。

建（构）筑物拆除后的待建工地，需要移交建设工程施工单位的，应当及时移交；未能及时移交的，扬尘污染防治工作由建设单位负责实施。建设工程施工单位不能在四十八小时内开工建设的，应当采取有效扬尘污染防治措施。

第十六条 道路和管线铺设工程施工单位在施工时，还应当采取以下措施：

（一）路面切割、破碎等作业时，采取洒水等有效扬尘污染防治措施；

（二）采取分段开挖、分段回填的方式施工，已回填的沟槽，应当进行覆盖或者采取洒水等有效扬尘污染防治措施。

第十七条 轨道交通工程施工单位在施工时，还应当采取以下措施：

（一）爆破作业时在基坑上部采用密闭式防尘网遮盖，爆破后及时洒水；

（二）混凝土喷射作业时，采取有效扬尘污染防治措施；

（三）回填沟槽，采取覆盖或者洒水等扬尘污染防治措施。

第十八条 园林绿化工程施工单位在施工时，应当符合本条例第十三条第一项、第二项、第三项、第四项、第五项、第七项、第九项和第十项规定。

第十九条 贮存煤炭、煤矸石、煤渣、煤灰、水泥、石灰、石膏、砂土等易产生扬尘污染物料的堆场（仓库）的经营管理者，预拌混凝土生产企业，应当采取以下措施：

（一）物料堆场地面进行硬底化处理，实行密闭管理；不能密闭的，设置不低于堆放物高度的连续硬质密闭围挡，并安装喷淋设备等扬尘污染防治设施；

（二）在密闭式堆场装卸或传送物料的，在装卸处配备吸尘装置、喷淋设备等扬尘污染防治设施；在非密闭式堆场装卸或传送物料的，采取覆盖或者设置自动喷淋系统等扬尘污染防治措施；

（三）在出口处设置洗轮机、洗车池，四周设置排水沟和沉淀池，配备高压冲洗装置，驶离作业场所的车辆应当冲洗干净；

（四）划分物料区和道路界限，及时清除散落的物料，保持道路整洁，并及时清洗；保持其出入口通道的清洁，不得有散落物料。

河道管理范围内的砂场经营者应当依照前款第三项、第四项规定，做好扬尘污染防治措施。

码头、矿山、填埋场和消纳场应当实施分区作业，并采取密闭、围挡、遮盖、清扫、洒水等有效扬尘污染防治措施。

第二十条 运输煤炭、垃圾、砂石、渣土、土方、灰浆等散装、流体物料的车辆，应当全封闭装载，并保持车体整洁，防止物料遗撒造成扬尘污染，并按照规定路线行驶。

第二十一条 道路保洁的作业单位，应当采取以下措施：

（一）按照道路保洁的有关规定进行作业；在干燥等容易产生扬尘的气象条件下，增加市区主要道路的洒水次数；

（二）城区主要道路实行高压清洗等机械化清扫冲刷方式，其他道路逐步推广机械化清扫冲刷方式；

（三）人工方式清扫作业的，采取洒水等有效的抑尘措施。

公共场所的经营管理单位，参照前款规定进行清扫保洁，防止扬尘。

第二十二条 道路绿化的作业单位，应当采取以下措施：

（一）不得在路面裸露堆放泥土，产生的垃圾及时清运，不能及时清运的，采取覆盖等有效扬尘污染防治措施；

（二）树穴在四十八小时内不能栽植的，采取洒水、覆盖等有效扬尘污染防治措施；

（三）道路中心隔离带、分车带及路边绿化时，回填土边缘应当低于路缘石；

（四）裸露地面进行绿化或者透水铺装，绿化带实施翻土施肥、消毒时，应当采取定时洒水等有效扬尘污染防治措施。

第二十三条 暂时不能开工的建设用地，建设单位应当对裸露地面进行全部覆盖；超过三个月的，应当采取绿化、铺装或者遮盖等有效扬尘污染防治措施。

其他城市建成区的裸露地面，按照下列规定确定责任人进行绿化，不具备绿化条件的，应当采取地面硬化或者覆盖等有效扬尘污染防治措施：

（一）单位范围内的，由所在单位负责；

（二）居住区内的，由物业服务企业负责；没有物业服务企业的，由其管理单位负责；没有管理单位的，由所在地镇人民政府、街道办事处负责；

（三）市政道路、公共绿地、河道范围内的，由产权管理单位负责；

（四）储备土地，由土地储备机构负责；

（五）空闲土地，由土地使用权人负责；

（六）其他区域，由所在地镇人民政府、街道办事处等单位负责。

第三章 监督管理

第二十四条 负有扬尘污染防治监督管理职责的部门应当根据各自监管职责分别制定建设工程、物料堆场、裸露地面、城市道路、公路等扬尘污染防治操作细则。

第二十五条 负有扬尘污染防治监督管理职责的部门应当建立巡查机制，依法对扬尘污染防治工作进行监督管理和现场检查。环境保护主管部门可以组织相关管理部门实施联合执法检查。被检查的单位或者个人应当配合检查工作，如实提供相关资料。

第二十六条 市环境保护主管部门建立扬尘污染监控网络，定期公布扬尘污染防治信息，牵头组织建立全市扬尘源污染防治监管信息系统；负有扬尘污染防治监督管理职责的部门应当将日常监管取得的扬尘污染防治监管信息共享，作为实施监督管理的依据。

市环境保护主管部门应当定期分析城市环境大气颗粒物来源，并根据行业特点、气候环境、违法情形等条件，确定和公布重点扬尘污染源。

第二十七条 被列为重点扬尘污染源的，应当设置自动监控设备，与市扬尘源污染防治监管信息系统联网，不得破坏、擅自拆除或者闲置，保证监测数据的真实准确。自动监控设备及其配套设施的建设要求由市环境保护主管部门确定。

第二十八条 市、区人民政府依据重污染天气的预警等级，及时启动应急预案，根据应急需要采取责令有关施工单位停止工地土石方作业和建（构）筑物拆除施工等措施的，环境保护主管部门以及其他负有扬尘污染防治监督管理职责的部门应当根据职责分工做好有关工作。被责令停止施工的单位应当立即执行有关的应急措施。

紧急情况消除后，市、区人民政府应及时发布公告终止应急预案。环境保护主管部门及相关部门应当及时告知有关施工单位终止执行有关的应急措施。

第四章 法律责任

第二十九条 本条例规定的行政处罚，实施相对集中城市管理行政执法的，依法由城市管理执法主管部门实施；其他的依法由有关部门实施。

第三十条 各级人民政府、环境保护主管部门和其他负有扬尘污染防治监督管理职责的部门及其工作人员滥用职权、玩忽职守、徇私舞弊、弄虚作假的，依法给予处分。

第三十一条 违反本条例第十条第二款规定，施工单位挪用列入工程概算的扬尘污染防治费用的，由负有扬尘污染防治监督管理职责的部门根据职责分工责令限期改正，处挪用费用百分之三十以上百分之五十以下罚款。

第三十二条 违反本条例下列规定，由负有扬尘污染防治监督管理职责的部门根据职责分工，给予处罚：

（一）违反本条例第十三条第三项至第十项、第十四条、第十五条、第十六条、第十七条、第十八条规定，未采取扬尘污染防治措施的，责令有关单位改正，处五万元以上十万元以下罚款；拒不改正的，责令停工整治；

（二）违反本条例第二十二条规定，未采取扬尘污染防治措施进行道路绿化作业的，责令作业单位改正，处一万元以上五万元以下罚款；

（三）违反本条例第二十三条第一款规定，未采取扬尘污染防治措施的，责令建设单位改正，处五万元以上十万元以下罚款；

（四）违反本条例第二十八条第一款规定，施工单位未执行扬尘污染防治应急措施的，处二万元以上十万元以下罚款。

第三十三条 违反本条例第十九条规定，有关经营管理者未按要求采取扬尘污染防治措施的，由负有扬尘污染防治监督管理职责的部门责令改正，处二万元以上十万元以下罚款；拒不改正的，责令停工整治或者停业整治。

第三十四条 违反本条例第二十条规定，运输车辆未采取全封闭运输的，由市、区人民政府确定的监督管理部门责令运输车辆所有人或者管理人改正，处一万元以上二万元以下罚款；拒不改正的，车辆不得上道路行驶。

第三十五条 重点扬尘污染源违反本条例第二十七条规定，以破坏、擅自拆除或者闲置自动监控设备及其配套设施的方式逃避监管的，由环境保护主管部门责令改正，处两万元以上十万元以下罚款。

第三十六条 违反本条例规定，以拒绝进入现场等方式拒不接受环境保护主管部门和其他负有扬尘污染防治监督管理职责部门的监督检查，或者在接受监督检查时弄虚作假的，由环境保护主管部门或者其他负有扬尘污染防治监督管理职责的部门责令改正，处二万元以上二十万元以下罚款；构成违反治安管理行为的，由公安机关依法予以处罚。

第三十七条 企业事业单位和其他生产经营者有下列情形之一的，受到罚款处罚，被责令改正，拒不改正的，依法作出处罚决定的主管部门可以自责令改正之日的次日起，按照原处罚数额按日连续处罚：

（一）建设工程施工未采取扬尘污染防治措施的；

（二）贮存易产生扬尘的物料未采取扬尘污染防治措施的；

（三）建（构）筑物拆除未采取扬尘污染防治措施的；

（四）重点扬尘污染源逃避监管的。

第五章 附则

第三十八条 本条例所称建设工程，是指房屋建筑及其附属设施建设、道路与管线铺设、市政公用设施建设、轨道交通建设、水利设施建设、港口建设等工程。

第三十九条 本条例自2018年1月1日起施行。

地方政府规章选编

·佛山市违法建设查处暂行办法·

（《佛山市违法建设查处暂行办法》已经2017年11月24日佛山市人民政府第十五届15次常务会议通过，现予公布，自2018年4月1日起施行。）

第一章 总 则

第一条 为了加强城乡规划管理，制止和查处违法建设，提高城乡环境质量，根据《中华人民共和国城乡规划法》《广东省城乡规划条例》等有关法律法规，结合本市实际，制定本办法。

第二条 本办法适用于本市行政区域内违法建设的巡查、认定和处理。

第三条 本办法所称违法建设，是指违反城乡规划管理有关法律、法规规定的下列情形：

（一）未取得建设工程规划许可证或者未按照建设工程规划许可证的规定进行建设的；

（二）未取得乡村建设规划许可证或者未按照乡村建设规划许可证的规定进行建设的；

（三）已取得建设工程规划许可证或者乡村建设规划许可证，在开工前未经验线或者验线不合格擅自开工建设的；

（四）未经批准进行临时建设或者未按照批准内容进行临时建设的；

（五）临时建筑物、构筑物超过批准期限不拆除的。

2018年7月12日，佛山市住建管理局在禅城区南庄镇举行全市违法建设治理工作推进暨拆除违法图斑（指地块）现场交流会。图为广东省住建厅督察员李朝纯在佛山市违法建设治理推进工作暨拆除205-2违法图斑现场 （市城管执法局供图）

水务、交通运输、土地管理、文物保护、园林绿化等有关法律法规另有规定的，从其规定。

第四条 本办法施行前已建成的建筑物、构筑物，是否属于违法建设，依照建设当时施行的法律、法规的规定予以认定。相关指导意见由市人民政府另行制定。

各区人民政府根据本行政区域实际情况，对本办法施行前的违法建设制订整治方案，通过拆除、补办、监管等治理方式进行整治和监控。对尚可采取改正措施的，应当督促当事人改正，补办相关手续；对于无法消除安全隐患的违法建设，依法予以拆除；对于不能补办手续，暂时又不能拆除的，相关主管部门应当将查处发现的违法建设纳入监管范畴，督促当事人消除安全隐患，建立综合管控机制。

第五条 违法建设查处工作遵循属地管理、分级负责、协调联动、依法追责的原则。

市、区、镇人民政府应当保障违法建设查处工作经费，并将其纳入本级财政预算。

第六条 市、区人民政府应当加强对违法建设查处工作的组织领导和监督检查。

市城市管理行政执法部门负责组织实施本办法，加强对基层执法队伍开展执法工作的指导，对执法工作进行全过程监督。

城市管理行政执法部门根据法律、法规和相对集中行政处罚权的有关规定，负责本行政区域范围内违反建设规划管理及街道行政区域范围内违反乡村建设规划管理的违法建设查处工作。

镇人民政府根据法律、法规的有关规定，负责本行政区域范围内违反乡村建设规划管理的违法建设查处工作。

街道办事处协助区城市管理行政执法部门开展对本行政区域范围内的违法建设查处工作。

城乡规划、建设、国土、工商、卫生、文化广电、公安、消防、交通运输、环境保护、水务、发展改革、经济和信息化等部门在各自职责范围内协助实施本办法。

第七条 市、区人民政府应当组织城市管理行政执法、城乡规划、建设、国土、工商、卫生、文化广电、公安、消防、交通运输、环境保护、水务等部门建立查处违法建设联席会议制度，指导协调下列事项：

（一）听取城市管理行政执法等部门关于违法建设及其查处情况的汇报；

（二）针对实际情况提出查处违法建设的意见和要求；

（三）指导、协调解决违法建设查处过程中的主要困难和突出问题，督促相关行政管理部门依法履行职责；

（四）指导、协调违法建设的集中清拆行动、存在较大执法困难的违法建设强制拆除行动和涉及多部门管辖的违法建设事项；

（五）指导、协调其他有关重要事项。

第八条 城乡规划、建设、国土、工商、卫生、文化广电、公安、消防等部门应当与城市管理行政执法部门实现信息互通，及时通过信息共享平台提供城乡规划、施工、房屋租赁备案、用地、工商登记、卫生、文化经营、消防许可等信息。

城市管理行政执法部门需要查询与违法建设查处工作有关的规划、土地、房屋等信息资料的，相关档案机构应当予以配合。

第九条 市、区人民政府应当建立查处违法建设的目标责任考核制度，将违法建设查处工作作为目标考核和领导干部考核的重要内容。严格控制新增违法建设，确保实现对违法建设及时发现、及时控制、及时拆除。上级人民政府对下级人民政府不履行查控违法建设属地管理职责或者组织查控违法建设不力的进行督办督察，对其主管人员或者直接责任人员进行责任追究。

第十条 各级人民政府、街道办事处和城乡规划、城市管理行政执法部门应当组织开展城乡规划和查处违法建设法律、法规的宣传、教育工作，增强全社会遵守城乡规划的意识。

本市新闻媒体应当积极配合开展对城乡规划实施和违法建设处置工作的宣传，加强对违法建设行为及其查处情况的舆论监督。

第十一条 任何单位、个人有权投诉、举报违法建设行为。

城市管理行政执法部门、镇人民政府应当向社会公布信箱、电子邮箱和全市统一的电话，受理违法建设的投诉、举报。城市管理行政执法部门、镇人民政府接到投诉、举报后，应当及时进行调查处理，符合受理条件的，应当予以受理。有明确投诉、举报人的，受理机关应当将受理情况告知投诉、举报人，处理结果应当在处理结束后的7个工作日内通过书面、手机短信等方式告知投诉、举报人。

第二章 违法建设的巡查和制止

第十二条 城市管理行政执法部门、镇人民政府应当建立查处违法建设地段责任制和日常巡查制度，合理划分巡查区域，明确巡查工作直接责任人，实行网格化管理，及时发现和制止违法建设。

街道办事处发现违法建设后应当及时劝阻、制止，并在24小时内向城市管理行政执法部门报告。

第十三条 城市管理行政执法部门发现属于其他行政管理部门职权范围的违法行为，应当于3个工作日内通报同级相关行政管理部门，相关行政管理部门应当及时组织检查核实，依法进行处理，并将处理结果反馈给原通报单位。

其他行政管理部门在办理行政许可、验收、备案和监督检查过程中发现违法建设行为的，应当于3个工作日内通报同级城市管理行政执法部门、违法建设所在地的镇人民政府。城市管理行政执法部门、镇人民政府应当及时组织查处，并将处理结果反馈给原通报单位。

第十四条 居民委员会、村民委员会、物业服务企业在其管理范围内发现违法建设行为的，应当予以劝阻、制止，做好书面记录；劝阻、制止无效时，应当在3个工作日内向城市管理行政执法部门、违法建设所在地的镇人民政府报告。

第十五条 城市管理行政执法部门、镇人民政府在巡查过程中发现在建违法建设或者接到在建违法建设报告的，经核查属实的，应当立即责令停止建设。

城市管理行政执法部门作出责令停止建设的决定后，当事人不停止建设的，城市管理行政执法部门应当立即向同级人民政府报告，同级人民政府应当自收到报告之日起5个工作日内书面责成城市管理行政执法等部门采取查封施工现场等措施。

当事人进入查封施工现场继续实施违法建设的，城市管理行政执法部门可以对继续实施违法建设行为依法及时采取措施予以制止，公安机关可以按照《中华人民共和国治安管理处罚法》相关规定予以处罚。

第十六条 市、区人民政府相关部门应当按照下列规定履行制止违法建设的职责：

（一）城乡规划部门对不符合控制性详细规划和规划条件的建设工程，不得出具建设工程规划许可证；对不符合规划条件的建设工程，不得出具符合建设工程规划条件的核实意见；对在建建设工程项目进行监督检查，建立健全在建项目的跟踪管理制度；

（二）建设部门对未领取建设工程规划许可证的建设工程，不得核发施工许可证，依照规定无需领取建设工程规划许可证的建设工程除外；对当事人未处理完毕的违法建筑物、构筑物，不得进行建设工程竣工验收备案；对房屋出租进行登记备案时，应当查验建设工程规划条件核实意见或者不动产权证等合法权属证明；

（三）国土部门对没有或者不符合建设工程规划条件核实意见以及当事人未处理完毕的违法建筑物、构筑物，不予办理或者暂缓办理不动产首次登记、转移登记（继承登记和生效法律文书转移登记除外）和抵押登记；

（四）消防部门对未领取建设工程规划许可证或者临时建设批准文件的建设工程，不得受理或者通过建设工程消防设计审核、消防设计备案、竣工验收消防备案，依照规定无需办理建设工程规划许可证或者提供临时建设批准文件的除外；

（五）公安机关依照法定职责对在查处违法建设工作中严重危害治安秩序的当事人，依法予以带离现场并进行处理，必要时依法实行交通管制、现场管制等措施；

（六）发展改革、经济和信息化部门将受到行政处罚的当事人违法信息纳入公共信用信息资源目录，并协助相关执法部门向社会公示。

第十七条 相关公共服务单位和生产经营企业应当履行下列职责：

（一）供水、供电、燃气等公共服务单位和生产经营企业不得为没有建设工程规划许可证、乡村建设规划许可证或者建设工程规划核实意见的建设项目提供服务；

（二）建设工程设计单位不得为没有建设工程规划许可证或者乡村建设规划许可证的建设项目出具正式的设计施工图纸；

（三）建筑施工单位、工程监理单位不得承建、监理没有建设工程规划许可证或者乡村建设规划许可证的建设项目；

（四）预拌混凝土生产企业不得向没有建设工程规划许可证或者乡村建设规划许可证的建设项目出售预拌混凝土。

上述公共服务单位和生产经营企业可以在服务合同中约定其对于被依法认定为违法建设的建设项目有权单方面中止或者终止提供服务的内容。对于城市管理行政执法部门、镇人民政府通报其服务对象属于违法建设的，应当自接到通报之日起依法或者依合同中止或者终止提供服务。

依照建设规划管理规定无需领取相关许可证的，不适用前两款规定。

第十八条 商品房开发企业应当遵守经依法批准并公布的城乡规划，在预售、销售商品房时不得诱导他人进行违法建设。

第三章 违法建设的认定

第十九条 城市管理行政执法部门、镇人民政府发现违法建设行为，属于职责范围的，应当立案。

城市管理行政执法部门、镇人民政府应当于立案之日起7个工作日内书面向城乡规划部门征求意见，城乡规划部门应当在收到征求意见之日起15个工作日内进行回复。涉嫌违法建设情况复杂的，可以适当延长期限，延长期限最长不得超过15个工作日。城乡规划部门认为属于《中华人民共和国城乡规划法》规定的尚可采取改正措施消除对城乡规划实施影响的情形，应当向城市管理行政执法部门、镇人民政府提出整改建议；认为属于无法采取改正措施消除对城乡规划实施造成影响的情形，应当出具认定意见。

城市管理行政执法部门、镇人民政府应当在收到城乡规划部门的整改建议或者认定意见之日起60日内作出处理决定；案情特别重大或者复杂的，经区城市管理行政执法部门或者镇人民政府主要负责人批准后，可以适当延长期限，但最长不得超过90日。

城市管理行政执法部门、镇人民政府、城乡规划部门在上述程序中需要勘验、测绘、鉴定、听证或者公告的，该时间不计入案件办理期限。

第二十条 城市管理行政执法部门、镇人民政府在作出处理决定前，应当告知当事人作出处理决定的事实、理由及依据，并告知当事人依法享有的权利。当事人有权进行陈述和申辩。行政机关必须充分听取当事人的意见，对当事人提出的事实、理由和证据，应当进行复核；当事人提出的事实、理由或者证据成立的，行政机关应当采纳。行政机关不得因当事人申辩而加重处罚。

第二十一条 有下列情形之一的，应当认定为尚可采取改正措施消除对规划实施影响的情形：

（一）取得建设工程规划许可证，但未按建设工程规划许可证的规定进行建设，在限期内采取局部拆除等整改措施，能够使建设工程符合建设工程规划许可证要求的；

（二）未取得建设工程规划许可证即开工建设，但已取得城乡规划部门的建设工程设计方案审查文件，且建设内容符合或者采取局部拆除等整改措施后能够符合审查文件要求的；

（三）取得建设工程规划许可证或者乡村建设规划许可证，在开工前未经验线或者验线不合格擅自开工建设，在规定期限内经验线合格，且建设工程符合建设工程规划许可证或者乡村建设规划许可证要求的。

第二十二条 有下列情形之一的，应当认定为无法采取改正措施消除对规划实施影响的违法建设：

（一）未取得建设工程规划许可证或者未按照建设工程规划许可证的规定进行建设，且属于《广东省城乡规划条例》第八十条第二款规定情形的建筑部分；

（二）未经批准进行临时建设，或者临时建筑物、构筑物超过批准期限不拆除的；

（三）已批准进行临时建设，但不按照经审定的建设工程设计方案施工，违反规划条件或者城乡规划技术标准，超过合理误差的建筑部分；

（四）未取得乡村建设规划许可证或者未按照乡村建设规划许可证进行建设，违反村庄规划强制性内容、城乡规划技术标准，超过合理误差的建筑部分。

第（三）项、第（四）项所称合理误差的标准由市人民政府另行制定。

第二十三条 属于本办法第二十二条规定的情形，且有下列情形之一的，可以认定为不能拆除的违法建设：

（一）因违法建设不可分离性难以实施拆除，或者拆除影响相邻建筑物、构筑物主体结构安全的；

（二）现有拆除技术条件或者地理环境无法实施拆除的；

（三）拆除将对无过错利害关系人合法权益、公共利益造成重大损害或者产生其他严重后果的。

城市管理行政执法部门在认定不能拆除的违法建设时，应当会同城乡规划、建设、国土等部门组织专家或者委托相关专业机构进行论证，论证结果和理由以适当方式予以公开。

第二十四条 城市管理行政执法部门、镇人民政府应当依照法律规定采取直接送达、留置送达、邮寄送达和公告送达等方式送达法律文书。

在调查取证时，当事人应当按照城市管理行政执法部门、镇人民政府的要求提供执法文书送达地址并填写送达地址确认书。当事人应当准确填写地址确认书，变更送达地址的应当及时要求变更，城市管理行政执法部门、镇人民政府根据当事人确认的地址进行送达。

当事人下落不明，或者利用直接送达、留置送达、邮寄送达的方式无法送达的，城市管理行政执法部门、镇人民政府可以通过本单位网站和公告栏公告送达法律文书，公告期不少于60日。城市管理行政执法部门、镇人民政府应当向社会公布本单位网站和公告栏地址。

第四章　违法建设的拆除

第二十五条 城市管理行政执法部门、镇人民政府可以向相关部门和单位通报违法建设的当事人信息，由相关部门和单位督促当事人及时改正违法行为：

（一）当事人为国家机关、事业单位、国有企业的，由当事人的上级机关、主管部门督促；

（二）当事人为非国有企业的，由相关行业主管部门督促；

（三）当事人为社会团体的，由主管部门以及民政部门督促；

（四）当事人为宗教团体的，由宗教事务主管部门督促；

（五）当事人为国家机关、事业单位、国有企业工作人员的，由所在单位督促；

（六）当事人为城镇居民或者农村村民且该违法建设在其所在居（村）的，由当事人所在居（村）民委员会督促。

第二十六条 对于违法建设，城市管理行政执法部门、镇人民政府作出限期拆除的决定后，当事人在法定期限内未申请行政复议、提起行政诉讼的，在依法履行了公告、催告等程序后，城市管理行政执法部门应当立即向本级人民政府报告，本级人民政府应当自收到报告之日起15个工作日内书面责成城市管理行政执法等部门依法强制拆除；镇人民政府可以依法作出强制拆除决定并组织实施强制拆除。

城市管理行政执法部门、镇人民政府组织实施强制拆除违法建设，对可能产生重大社会影响的，应当组织有关部门或者委托相关机构事先进行社会稳定风险评估。

公安、卫生、公证等部门或者机构以及违法建设所在地的居民委员会、村民委员会和物业服务企业应当予以协助配合。

第二十七条 城市管理行政执法部门、镇人民政府应当书面通知当事人在强制拆除违法建设前自行搬出财物。当事人拒不搬出财物的，应当对其财物进行登记、制作物品清单。物品清单一式两份，并载明下列事项：

（一）当事人姓名或者名称、地址；

（二）财物名称、数量和完好程度；

（三）当事人取回财物的时间；

（四）行政机关的名称、日期。

物品清单应当经当事人签名或者盖章，当场交付当事人。当事人不到场或者拒绝签名的，可以由基层群众自治组织代表见证或者由公证机构现场公证后，由执法机关代为临时保管并通知当事人领取。当事人应当在强制拆除之日起60日内到指定的地点领取，因逾期不领取造成的损失，由当事人承担。因执法机关过错造成损失的，执法机关应当依法赔偿。

第二十八条 城市管理行政执法部门、镇人民政府对违法建设实施强制拆除的，应当制作执法笔录、现场拍照、录音录像，并附卷保存。

第二十九条 城市管理行政执法部门、镇人民政府可以组织开展对违法建设的集中清拆行动。

城市管理行政执法部门、镇人民政府在组织集中清拆行动和对存在较大执法困难的违法建设组织强制拆除前，可以提前3个工作日向城乡规划、建设、国土、公安、消防等部门发出协助执法函，各相关行政管理部门应当在法定职责范围内予以配合，派出执法人员到现场协助执法。

第三十条 未依法取得有关规划许可证的在建或者建成项目，对无法确定建设单位或者个人的，城市管理行政执法部门、镇人民政府应当在该违法建设现场显著位置张贴公告，并且在本地主要报纸或者市政府网站等公共媒体发布公告，督促责任人依法接受处理，公告期不少于30日。公告期届满，仍无法确定责任人的，由城市管理行政执法部门、镇人民政府依法对违法建设实施强制拆除。

无法确定建设单位或者个人的违法建设项目不及时拆除可能影响安全、交通等的，城市管理行政执法部门、镇人民政府可以向公证机构办理证据保全手续后依法予以强制拆除。

第五章　法律责任

第三十一条 城市管理行政执法部门、镇人民政府、街道办事处的主管人员和其他责任人员有下列情形之一的，由其所在单位、上级主管部门或者纪检监察机关责令改正或者处分：

（一）违反本办法第十一条第二款规定，接到投诉、举报后不受理、登记、处理，或者不在规定的期限内将处理情况和处理结果告知投诉、举报人的；

（二）违反本办法第十二条规定，在责任地段内，不履行日常巡查职责，未能及时发现违法建设，情节严重的；或者发现后不报告、不制止，情节严重的；

（三）违反本办法第十五条、第十九条、第二十条、第二十四条、第二十六条、第二十七条、第二十八条、第二十九条、第三十条规定，对违法建设应当依法处理而不处理或者未依法履行相关程序，情节严重的。

第三十二条 城乡规划、建设、国土、消防、公安等部门主管人员及其他责任人员不履行本办法第十六条规定的协助制止违法建设职责，档案机构的主管人员及其他责任人员未按照本办法第八条规定向城市管理行政执法部门提供相关信息或者档案资料的，由其所在单位、上级主管部门或者纪检监察机关责令改正或者处分。

第三十三条 居民委员会、村民委员会违反本办法第十四条规定，不履行劝阻、制止和报告职责的，由其所属地区的街道办事处、镇人民政府予以通报批评，责令限期改正。

物业服务企业违反本办法第十四条规定，不履行劝阻、制止和报告职责的，建设部门应当将物业服务企业的违法信息录入房地产行业诚信档案管理系统，对其违法行为进行披露，并对其诚信记录进行扣分。

第三十四条 相关单位和企业违反本办法第十七条规定的，由城市管理行政执法部门按照下列规定予以处罚：

（一）供水、供电、燃气等公共服务单位和生产经营企业违反本办法第十七条第一款第（一）项规定提供相关服务的，责令改正；逾期不改正的，处1万元以上5万元以下罚款；

（二）建设工程设计单位违反本办法第十七条第一款第（二）项规定出具正式的设计施工图纸的，责令改正；逾期不改正的，处1万元以上5万元以下罚款；

（三）建筑施工单位、工程监理单位违反本办法第十七条第一款第（三）项规定承建或者监理建设项目的，责令改正；逾期不改正的，处1万元以上5万元以下罚款；

（四）预拌混凝土生产企业违反本办法第十七条第一款第（四）项规定出售预拌混凝土的，责令改正；逾期不改正的，处1万元以上5万元以下罚款。

违反上述第（二）项至第（四）项规定的，由作出处罚的城市管理行政执法部门将相关处罚结果通报同级建设部门，由同级建设部门将其违法信息录入建筑业行业诚信管理平台，对其违法行为进行披露，并对其诚信记录进行扣分。

第三十五条 商品房开发企业违反本办法第十八条规定，诱导业主违法建设的，由建设部门责令改正，对商品房开发企业处1万元以上5万元以下罚款，将违法信息录入房地产行业诚信档案管理系统，对其违法行为进行披露，并对其诚信记录进行扣分。

第三十六条 属于本办法第二十一条第（一）项、第（二）项规定的尚可采取改正措施消除对规划实施影响的违法建设，由城市管理行政执法部门责令当事人限期改正，对按期改正违法建设部分的，处以建设工程造价5%的罚款；对逾期不改正的，依法采取强制拆除等措施，并处建设工程造价10%的罚款。

建设工程未经验线或者经验线不合格擅自开工的，由城市管理行政执法部门或者省人民政府指定的镇人民政府责令停止建设，限期改正。逾期不改正的，由城市管理行政执法部门或者省人民政府指定的镇人民政府对建设单位处1万元罚款，对个人处2000元罚款。

违法建设行为轻微并及时自行纠正，没有造成危害后果的，不予行政处罚。

第三十七条 属于本办法第二十二条规定的无法采取改正措施消除对规划实施影响的违法建设，除本办法第二十三条规定的不能拆除情形外，相关部门应当按照各自职能，分别依据《中华人民共和国城乡规划法》第六十四条、第六十五条、第六十六条的规定处理。

第三十八条 属于本办法第二十三条规定的不能拆除情形的，由城市管理行政执法部门依法对当事人没收实物或者违法收入，可以并处建设工程造价10%以下的罚款。

第三十九条 违法建设当事人是国家机关、人民团体、事业单位、国有企业、居民委员会、村民委员会的，在限期拆除违法建设决定载明的期限内未自行拆除，或者阻碍拆除违法建设的，除依法强制拆除违法建设外，城市管理行政执法部门或者镇人民政府可以提请有权机关对直接负责的主管人员和其他责任人员依法予以处分。

违法建设当事人为国家工作人员并具有前款规定情形的，除依法强制拆除违法建设外，城市管理行政执法部门或者镇人民政府可以提请有权机关依法予以处分。

第四十条 在违法建设查处过程中，阻碍城市管理行政执法部门、镇人民政府、其他相关部门的工作人员依法执行职务的，由公安机关依照《中华人民共和国治安管理处罚法》的规定予以处罚；构成犯罪的，依法追究刑事责任。

第六章 附 则

第四十一条 本办法自2018年4月1日起施行。

文件选编

·佛山市节约用水管理办法·

佛府〔2018〕48号

第一章 总 则

第一条 为加强节约用水管理，提高水资源利用效率，保护和改善生态环境，建设节水型社会，根据《中华人民共和国水法》《广东省实施〈中华人民共和国水法〉办法》《广东省节约用水办法》等法律、法规、规章，结合本市实际，制定本办法。

第二条 本办法适用于本市行政区域内的节约用水及其监督管理工作。

本办法所称节约用水，是指采取经济、技术、行政等综合措施，降低水资源消耗，合理高效利用水资源的各类活动。

第三条 节约用水工作遵循统筹规划、科学配置、分类管理的原则，实行总量控制和定额管理相结合的制度，建立政府推动、市场调节、公众参与的节约用水机制。

第四条 任何单位和个人都有节约用水的义务，有举报严重浪费用水行为的权利。

第五条 节约用水工作实行对居民用水户、非居民用水户和取水户进行分类管理的制度。

（一）居民用水户，是指因日常生活需要在居住场所通过公共管网使用自来水的居民家庭用户，按照《广东省节约用水办法》实行用水定额管理，执行居民生活用水阶梯水价制度，根据阶梯水量和对应水价计收自来水费。

（二）非居民用水户，是指在生产、经营、科研、教学、公共服务等过程中，通过公共管网使用自来水的机关、企事业单位和其他组织。对符合本办法第二十三条规定情形的，按照《广东省节约用水办法》实行计划用水管理，超计划（超定额）用水，执行基本水价累进加价制度，超计划（超定额）用水部分按照累进加价原则加收自来水费。对其他非居民用水户逐步推行计划用水管理。

（三）取水户，是指利用取水工程或者设施直接从江河、湖泊、水库、山塘或地下取水并依法获得取水许可证的单位和个人，按照《广东省实施〈中华人民共和国水法〉办法》实行计划用水管理，超计划（超定额）取水，执行水资源费累进加价制度，对超计划（超定额）取水部分按照累进加价原则加收水资源费。

超计划（超定额）用水、取水是指非居民用水户、取水户超出水行政主管部门核定用水计划的用水、取水行为。

第二章　职责分工

第六条 市、区两级人民政府应当将节约用水工作纳入国民经济和社会发展规划、城市总体规划、重大建设项目布局规划、工业园区规划、高新技术开发区规划等涉及水资源开发利用的规划，确保规划的编制和项目的布局与当地水资源条件相适应，实施效果满足当地用水效率要求。

第七条 市、区两级人民政府应当制定节约用水政策，建立节水激励机制，加强财政保障和节约用水宣传教育，推进节水型社会建设，将节约用水目标任务的完成情况纳入政府政绩考核内容。

第八条 市、区两级人民政府应当增加农业节水投入，根据行政区域内水资源开发程度和经济发展水平，优化调整农业种植结构，加快灌排工程更新改造，因地制宜普及推广喷灌、微灌和滴灌等先进适用节水灌溉技术，推行农业灌溉用水总量控制和定额管理，对农业生产经营单位逐步推行农业用水计量管理。

第九条 市、区两级人民政府进行城镇新区建设、旧城改造和污水处理设施等市政基础设施建设，应当配套建设雨水利用和再生水利用设施。

单体建筑面积超过2万平方米以及其他符合国家规定条件的新建公共建筑，应安装建设雨水净化、渗透、收集系统或者再生水利用设施。大型居住区、商业区等类型建筑可考虑安装建设雨水净化、渗透、收集系统或者再生水利用设施。

城市绿化、环境卫生等市政用水以及生态景观用水应当优先使用再生水、雨水等非常规水源。

第十条 市水行政主管部门负责全市节约用水的监督管理工作，制订全市节约用水实施方案，出台行业用水定额，建立非居民用水超计划（超定额）累进加价制度，逐步推行用水效率标识管理制度，推动节水型社会建设。

各区水行政主管部门负责本行政区域内节约用水的组织实施和监督管理工作，推动节水型社会建设。

第十一条 市发展改革主管部门负责做好全市用水总量指标、用水效率指标与国民经济和社会发展规划的衔接，确保规划与当地水资源条件相适应，实施效果应满足当地用水效率要求。

第十二条 市经济和信息化主管部门负责全市工业节水的有关工作，组织企业在规定时间内停止生产、使用列入国家名录的淘汰类、耗水量高的工艺、设备和产品，推广使用节水工艺、设备和器具并进行监督检查，组织开展节水型工业企业的创建工作。

第十三条 市住房城乡建设主管部门负责贯彻执行节水“三同时”制度，落实城镇房屋建筑、市政园林绿化方面的节水工作要求。

“三同时”制度是指新建、改建、扩建建设项目，应当制订节水措施方案，配套建设节水设施。节水设施应当与主体工程同时设计、同时施工、同时投入使用。节水措施应当纳入建设项目设计审查内容。建设项目竣工验收应当包括设计施工图中的节水配套设施内容。建设项目的节水设施未按设计施工图要求建设的，不得投入使用。

第十四条 市农业主管部门负责全市农业节水的有关工作，拟订农田节水计划和实施方案，推广使用农业节水技术、设备和器具等。

第十五条 市教育主管部门负责推动相关院校加强节约用水的宣传和教育，将节约用水纳入中小学教育内容，组织开展节水型学校的创建工作。

市文化广电新闻出版主管部门负责推动节约用水的宣传工作，组织报刊、电台、电视、网络等媒体定期刊登或播放节约用水公益广告，营造全社会节约用水的良好氛围。

各区发展改革、经济和信息化、住房城乡建设、农业、教育等有关部门，镇人民政府（街道办事处）、村民委员会、居民委员会，按照职责分工做好节约用水的有关工作。

第十六条 供水企业应当每月定期向水行政主管部门提供服务区域内纳入计划用水管理的非居民用水户用水情况，并加强生产自用水的回收利用、供水管网的维护和管理，管网漏损率应符合国家规定标准。

第十七条 各行政主管部门和供水企业对在履行职责或者提供服务过程中获得的居民用水户、非居民用水户和取水户主体信息应当严格保密，不得用于履行职责或者提供服务之外的目的，并采取必要措施，确保信息安全。

第三章　节约用水分类管理

第一节　居民用水户管理

第十八条 居民用水户执行居民生活用水阶梯水价。

阶梯水量和水价设置应当不少于三级，第一级水量按覆盖80%居民家庭用户的月均用水量确定，保障居民基本生活用水需求，执行第一阶梯水价；第二级水量按覆盖95%居民家庭用户的月均用水量确定，体现改善和提高居民生活质量的合理用水需求，执行第二阶梯水价；第三级水量为超出第二级水量的用水部分，执行第三阶梯水价。一、二、三级阶梯水价按不低于1:1.5:3的比例设置。

第十九条 各区发展改革主管部门会同属地供水主管部门制定本区内阶梯水量和水价，具体确定本区的阶梯级数、比例和水量。居民用水户阶梯水量原则上按每户家庭每月4人用水量计算，对家庭人口数量较多的，每增加1人，用水量每阶梯增加5立方米/月。

第二十条 居民用水户原则上以两个月为1个计量缴费周期。各区可结合实际，具体确定本区的计量缴费周期。

第二十一条 居民用水户实行一户一表、独立计量。

第二十二条 实行阶梯水价后增加的收入，应当用于供水企业实施“一户一表”改造、供水管网设施的建设和改造、弥补供水成本上涨和保持第一级水价相对稳定等。

第二节 非居民用水户管理

第二十三条 符合以下情形之一的非居民用水户，纳入计划用水管理：

（一）年实际用水量6万立方米以上的；

（二）纺织、造纸、石油石化、化工、食品发酵等高耗水行业的生产企业。

第二十四条 非居民用水户应当到所在地的供水企业报装用水计量设施。用水计量设施由供水企业统一安装，并实行“一户一表”、独立计量。对纳入计划用水管理的非居民用水户，供水企业必须抄表到户。

用水计量设施的建设、安装和维护费用由非居民用水户自行承担。

第二十五条 纳入计划用水管理的非居民用水户应当履行下列义务：

（一）建立计划用水管理制度，配合各级水行政主管部门和供水企业做好计划用水管理工作，并如实向区水行政主管部门报送用水情况；

（二）根据相关行业用水定额、水平衡测试确定的合理用水水平和年度用水总量等指标，合理提交年度用水计划建议；

（三）按照核定的用水计划统筹用水，并采取循环用水、一水多用等措施，降低水资源消耗量，提高水的重复利用率；

（四）提供游泳、洗浴、洗车、洗衣、水上娱乐等服务的企业应当优先采用节水器具，安装循环用水设施；

（五）以水为原料生产饮料、矿泉水、纯净水等产品的企业，原料水的利用率应当符合相关标准。

第二十六条 纳入计划用水管理的非居民用水户应当定期进行水平衡测试。月均用水量在10万立方米以上的，应当每4年至少开展1次水平衡测试；月均用水量不足10万立方米的，应当每6年至少开展1次水平衡测试。

鼓励其他非居民用水户开展水平衡测试。

水平衡测试结果应当及时报送区水行政主管部门，作为核定用水计划的参考依据。

第二十七条 纳入计划用水管理的非居民用水户应当于每年12月31日前向区水行政主管部门提出下一年度的用水计划建议。

新增纳入计划用水管理的非居民用水户应当在用水前30日内向区水行政主管部门提出本年度用水计划建议。

纳入计划用水管理的非居民用水户无正当事由，未在规定期限内提出用水计划建议的，区水行政主管部门应当书面告知其限期提出；逾期仍未提出的，区水行政主管部门可依照相关规定，调减增长系数，重新核定其用水计划，并向其送达书面通知。

第二十八条 对纳入计划用水管理的非居民用水户，区水行政主管部门应当遵循科学、公正、高效的原则，综合考虑本区用水总量、行业用水定额、产业政策等因素，结合其生产、经营、运行、发展的合理用水需求，以及前3年同期抄表计费水量等用水情况核定其用水计划。

第二十九条 区水行政主管部门应当于每年1月31日前核定并通知纳入计划用水管理的非居民用水户本年度的用水计划。

新增纳入计划用水管理的非居民用水户提出用水计划建议的，区水行政主管部门应当自收到建议之日起15个工作日内核定并通知其本年度用水计划。

区水行政主管部门逾期未核定并通知纳入计划用水管理的非居民用水户本年度用水计划的，视为同意其用水计划建议。

第三十条 纳入计划用水管理的非居民用水户需要调整用水计划的，应当向区水行政主管部门提出调整建议，并提交计划用水量调整原因的说明和相关证明材料。

区水行政主管部门应当在收到非居民用水户调整建议之日起15日内核定是否采纳其调整建议，并书面通知该用水户。不采纳调整建议的，应当书面说明理由。

逾期未核定是否采纳调整建议并书面通知该用水户的，视为采纳其用水计划调整建议。

第三十一条 区水行政主管部门应当制定用水计划建议表和调整建议表等示范文本。示范文本和所需提交材料的目录须在办公场所和政府网站公示。

第三十二条 区水行政主管部门应当定期对纳入计划用水管理的非居民用水户用水情况进行核查，原则上以两个月为1个核查周期。各区可结合实际，具体确定本区的核查周期。

非居民用水户超计划（超定额）用水的，核查结果作为累进加价收费的计征依据。

第三十三条 纳入计划用水管理的非居民用水户超计划（超定额）用水不足10%的，区水行政主管部门应当给予警示；下一个核查周期仍超计划（超定额）用水不足10%的，该周期超计划（超定额）用水部分按照对应用水类别供水价格的1倍加价计收水费。

纳入计划用水管理的非居民用水户超计划（超定额）用水10%以上的，区水行政主管部门应当给予警示，并按照以下标准累进加价计收水费：

（一）超计划（超定额）用水不足20%的部分，按照对应用水类别供水价格的1倍计收水费；

（二）超计划（超定额）用水20%以上不足40%的部分，按照对应用水类别供水价格的2倍计收水费；

（三）超计划（超定额）用水40%

以上的部分，按照对应用水类别供水价格的3倍计收水费。

未超出计划（超定额）用水的部分仍由供水企业按照基本水价计收水费。

第三十四条 区水行政主管部门可采用向社会中介购买服务或者委托属地供水企业、下属分支机构等方式实施超计划（超定额）用水累进加价收费工作。

纳入计划用水管理的非居民用水户超计划（超定额）累进加价收入全额上缴财政，实行“收支两条线”管理，专项用于本级政府节水管理、节水科研工作和完善取用水计量设施建设等。

纳入计划用水管理的非居民用水户应当按时足额缴纳超计划（超定额）累进加价收费，任何单位和个人不得擅自减免收费。

第三节 取水户管理

第三十五条 取水户全部纳入计划用水管理，参照本办法第二十五条至三十二条、第三十四条第一款规定的非居民用水户计划用水管理程序、义务等要求执行。

第三十六条 取水户应当在取水点安装符合国家技术标准的取水计量设施，并按规定进行定期检定，保证其正常运行。计量设施不能正常运行的，取水量按照取水设施最大取水能力计算。

取水计量设施的建设、安装和维护费用由取水户自行承担。

第三十七条 取水户超计划（超定额）取水的，具有管理权限的水行政主管部门应当对其给予警示，并对超计划（超定额）取水部分，按照以下标准累进征收水资源费：

（一）超计划（超定额）取水不足20%的部分，加收1倍水资源费；

（二）超计划（超定额）取水20%以上不足40%的部分，加收2倍水资源费；

（三）超计划（超定额）取水40%以上的部分，加收3倍水资源费。

第三十八条 取水户超计划（超定额）累进加价水资源费应当全额纳入财政预算，由财政部门按照批准的部门财政预算统筹安排，主要用于水资源的节约、保护和管理，也可以用于水资源的合理开发。取水户应当按时足额缴纳超计划（超定额）累进征收水资源费，任何单位和个人不得截留、侵占或者挪用水资源费。

第三十九条 《取水许可证》有效期届满前3个月，水行政主管部门应当及时提醒取水户办理延续取水手续。需要延续取水的，取水户应当在取水许可证有效期届满45日前向原审批机关提出申请。

审批机关受理取水许可延续申请后，应当组织对原许可水量、实际取水量及其取水用途（范围）、计划用水执行、计量设施运行、节水水平和退水状况、取水变更情况、水资源费缴纳等进行全面评估并出具评估意见，作为是否批准延续取水的重要依据。批准延续的，应当核发新的《取水许可证》；不批准延续的，应当书面说明理由。

第四章 复核与监督检查

第四十条 居民用水户对供水企业按照阶梯水价计收的水费有异议的，应当在接到水费通知之日起7日内向供水企业提出异议。供水企业应当依照《佛山市供用水管理规定》第二十五条的规定进行答复处理。

第四十一条 纳入计划用水管理的非居民用水户、取水户对水行政主管部门核定的用、取水计划或者超计划（超定额）用、取水量有异议的，可以在收到通知之日起20日内向水行政主管部门提出水量复核建议。

水行政主管部门应当在收到复核建议之日起10个工作日内作出书面回复。

第四十二条 区水行政主管部门应当按照以下要求，对非居民用水户的用水计划或者超计划（超定额）用水量进行复核：

（一）供水企业抄录的注册水表读数有误的，用水量按照供水企业勘误证明的读数计算。

（二）供水企业延迟抄表的，用水量按照水费发票所列计费时段的日平均用水量计算；用水户未能提供水费发票的，用水量按照供水企业抄表计费的时间证明计算。

（三）注册水表检定为不合格的，以验表当月为期，根据实际情况确定无效的计量时长，最长可以追溯3个月。期间，用水量按照上一年度同期用水的周期水量计算，或者以水表快慢比例进行推算。

（四）因水表发生故障、停坏等原因无法准确抄表的，用水量按照前3个月平均用水量或者上一年度同期用水的周期水量计算。

（五）因军事、消防、重大公共突发事件、公共安全事故、自然灾害等原因超计划用水的，用水量按照实际用水量计算。

第四十三条 水行政主管部门应当按照以下要求，对取水户的取水计划或者超计划（超定额）取水量进行复核：

（一）未安装取水计量设施或者取水计量设施不能正常运行的，取水量按照取水设施的最大取水能力计算；

（二）因军事、消防、重大公共突发事件、公共安全事故、自然灾害等原因超计划（超定额）取水的，取水量按照实际取水量计算。

第四十四条 水行政主管部门在对非居民用水户、取水户节约用水情况进行监督检查时，有权依法采取下列措施：

（一）要求被检查对象提供有关文件、证照和资料；

（二）要求被检查对象就执行相关法律、法规、规章的有关问题作出说明；

（三）进入被检查对象的生产经营场所进行调查；

（四）责令被检查对象停止违法行为，履行法定义务。

第五章 法律责任

第四十五条 水行政主管部门和其他有关部门的工作人员不履行监督职责、滥用职权、徇私舞弊、玩忽职守或者出售、向他人非法提供在履行职责过程中获得的居民用水户、非居民用水户和取水户主体信息的，由其任免机关或者纪检监察机关依法给予行政处分；构成犯罪的，依法追究刑事责任。

第四十六条 违反本办法规定，建设项目的节水设施没有建成或者没有达到规定的要求，擅自投入使用的，由有关主管部门依据职权，责令其停止使用，限期改正，并依照《中华人民共和国水法》第七十一条规定给予行政处罚。

第四十七条 违反本办法规定，供

水企业将在提供供水服务过程中获得的居民用水户、非居民用水户主体信息用于提供服务之外目的的，由水行政主管部门依据职权，责令其限期改正；构成犯罪的，依法追究刑事责任。

第四十八条 违反本办法第二十五条、第二十六条、第三十三条和第三十八条规定，由水行政主管部门依照《广东省实施〈中华人民共和国水法〉办法》《广东省节约用水办法》有关规定给予行政处罚。

第六章 附 则

第四十九条 本办法中涉及数量的，“以上”“以下”包括本数在内，“不足”不包括本数在内。

第五十条 本办法自2018年9月1日起施行，有效期为5年。

·佛山市生态控制线管理办法·

佛府办〔2018〕10号

第一章 总 则

第一条 为加强本市生态文明建设和推进新型城镇化，维护生态系统安全，根据《中华人民共和国城乡规划法》《中华人民共和国土地管理法》《中华人民共和国环境保护法》《广东省城乡规划条例》等有关法律、法规，结合我市实际，制定本办法。

第二条 生态控制线是指为了保障生态安全，维护生态系统的完整性和连续性，防止城市建设无序蔓延，在适应合理环境承载力的前提下，根据有关法律、法规和本办法的规定划定并公布的生态保护范围界限。

第三条 本办法适用于本市行政区域内生态控制线的管理。

第四条 市、区人民政府分别负责本行政区域内生态控制线的划定，制定生态控制线管理的政策和措施，依法实施生态控制线管理。

市、区城乡规划主管部门负责本行政区域内生态控制线划定和管理的具体工作，同级人民政府有关部门按照各自职责，做好生态控制线划定和管理的相关工作。

第二章 规划调整

第五条 生态控制线一经划定，非经规定程序不得擅自更改。

第六条 生态控制线调整规划分为技术修正和局部调整。

第七条 有以下情形之一的，可认定为技术修正：

（一）因基础数据（包括地形图、土地使用证等）不准确、缺失或笔误等原因需要微调边界的；

（二）因蓝线、红线、黄线、紫线和公益性公共服务设施实施的需要，导致生态控制线边界有相应轻微变化的；

（三）市国土规划局认定的其他情形。

美丽的亚艺湖 （市生态环境局供图）

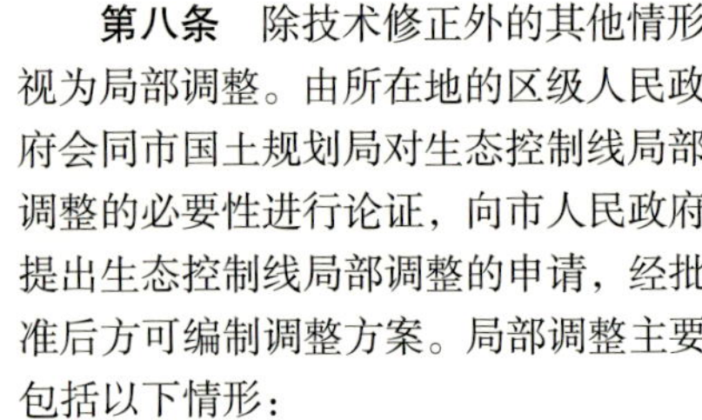

第八条 除技术修正外的其他情形视为局部调整。由所在地的区级人民政府会同市国土规划局对生态控制线局部调整的必要性进行论证，向市人民政府提出生态控制线局部调整的申请，经批准后方可编制调整方案。局部调整主要包括以下情形：

（一）法定规划的编制及修改；

（二）国家、省、市和军队批准或核准立项的符合生态控制线管理要求的重大工程建设；

（三）经管理实施评估，确需调整生态控制线的。

第九条 生态控制线技术修正后，总面积不应减少。

第十条 生态控制线应遵循以下原则进行局部调整：

（一）不减量原则：调入生态控制线面积不少于调出生态控制线面积；

（二）同类同级原则：调入调出的生态控制线应属于同一管制区、同一大类；

（三）优化布局原则：调整后应有助于优化城市的生态布局，保障生态系统的完整性和连续性。

第十一条 生态控制线调整规划应编制调整报告。控制性详细规划与生态控制线调整报告的报审程序一致时，生态控制线调整报告可纳入控制性详细规划内提出调整申请、编制、审批；如不一致，应按本办法中生态控制线调整报告报审要求执行。调整报告内容应符合《佛山市绿地绿线动态维护技术规程》中生态控制线的相关要求。

第十二条 生态控制线调整规划报告的编制单位应具备城乡规划编制乙级以上（含乙级）资质。

第十三条 生态控制线调整报告应按以下程序报批：

（一）技术修正。

由组织编制部门将技术修正报告报市城乡规划主管部门审查批准。

（二）局部调整。

调整报告草案完成后，由组织编制部门进行内部审查、征求有关部门意见、专家审查及公示。草案根据意见完善后，由组织编制部门提交市国土规划局进行审查及数据校核，根据审核意见修改完善后提交市城市规划委员会审议，市城市规划委员会审议通过后，由市国土规划局将成果报市人民政府批准。

第十四条 生态控制线调整报告应当在市、区政府网站、新闻媒体和专门场所向社会公告，并采取论证会、听证会或者其他方式征求专家和公众的意见，公示时间不得少于30日。

第十五条 生态控制线调整规划自批准之日起30日内，在本市主要新闻媒体和市、区政府网站公布。

第十六条 调整报告经批准后，由市国土规划局报市人大常委会和省住房城乡建设厅备案。

第十七条 市国土规划局应对生态控制线实行年度评估及优化；经批准的生态控制线调整规划纳入生态控制线年度评估及优化项目统筹管理。

第三章 保护和管理

第十八条 城乡规划建设活动，必须结合生态控制线管理，强化城市组团隔离，优化城乡空间结构和形态。城乡规划、土地利用总体规划、环境保护规划和其他重要规划的编制与实施，应当落实生态控制线管理要求。

第十九条 生态控制线分两级管制，一、二级管制区的具体范围适用于《广东省城市生态控制线划定工作指引》。生态控制线保护范围内的各项土地利用和建设活动必须符合分级管制要求：

（一）一级管制区内实施生态功能严格保护措施，控制各类开发建设活动，禁止一切与生态保护无关或影响生态环境的建设活动。

除生态保护与修复工程，文化自然遗产保护、森林防火、水源保护、水利、应急救援、军事与安全保密设施，以及必要的管护基础设施外，不得进行其他项目建设。

公路等线状交通设施项目应绕避一级管制区，受条件限制，确需穿越一级管制区的，应报市人民政府同意，并报省住房城乡建设厅备案。

（二）二级管制区内以生态保护为主，不得从事影响主导生态功能的建设活动。

除生态保护与修复工程、景观保护建设，文化自然遗产保护、森林防火、水源保护、应急救援、军事与安全保密设施，以及必要的农村生活及配套服务设施、垦殖生产基础设施、交通市政基础设施、水利设施、电力设施及电力走廊、生态型旅游休闲设施、教育科研设施等特殊用途设施外，不得进行其他项目建设。

第二十条 生态控制线保护范围内的建设项目依法办理有关报建手续前，其规划选址方案应当报市人民政府审查通过。

建设项目选址意见书应当依据建设项目的环境影响评价，提出生态保护和修复意见。

涉及一级管制区的建设项目，依法应当由市、区城乡规划主管部门核发规划选址意见书的，市、区城乡规划主管部门应当在核发项目意见书后十个工作日内，报省住房城乡建设厅备案。

第二十一条 市国土规划局应会同区级人民政府和同级人民政府有关部门对生态控制线保护范围内既有建设项目制定分类处置方案，报市人民政府批准后，分步组织实施。

对合法建成但不符合管制要求的建设项目，位于一级管制区内的，对符合征收条件的土地，依法依规开展补偿安置及建设用地清退后移交相关部门，并实施生态修复与日常管理。位于二级管制区内的，应根据其对周边生态环境影响程度的评估，分别采用下列方法进行处理：

（一）住宅及其配套设施，以及污染物排放达标、对生态保护无不利影响的项目，可按照现状、现用途保留使用。

（二）对生态保护影响较大的项目，依法依规引导相关权利人进行改造和产业转型，逐步转为与生态保护不抵触的适宜用途。

（三）严重影响环境保护、水土保持、河道堤防管理、林业资源和湿地资源保护等要求的项目，由有关行政主管部门按照各自职责依法依规处理。

（四）严重影响水源保护的项目，由有关行政主管部门依法依规处理。

若上位文件对本条款相关内容有新的规定的，从其规定处理。

第二十二条 市、区人民政府应当加强对生态控制线保护范围内具有历史文化、自然风貌、生态产业特色的村庄的保护。

市国土规划局应当加强对生态控制线保护范围内村庄规划编制的技术指导和支持。

第二十三条 市、区人民政府应当将对生态控制线保护范围的生态保护与生态建设纳入国民经济和社会发展规划，促进自然生态系统的保护和修复，提高生态功能和生态效益，形成兼顾生态、生产、生活的复合生态系统。

区级以上环境保护主管部门应当严格控制生态控制线保护范围内的污染源，加强污染治理。可能造成生态环境影响的建设项目，环境保护主管部门应当会同有关部门加强监管，督促建设单位落实生态保护和修复要求。

第二十四条 生态控制线保护范围内的违法建设项目，市、区人民政府及归口管理部门应当按照查处违法建设的有关法律、法规规定及时予以处理。

第四章 监督和保障

第二十五条 市、区人民政府应当建立生态控制线动态监测机制和公众监督机制，将生态控制线管理作为重点工作纳入绩效目标考核体系。

国土规划、环境保护、住建管理（城管）、农业、水利、海洋与渔业、林业等行政主管部门，依照各自职责对生态控制线保护依法进行监督、管理。

第二十六条 市、区人民政府应当按年度向本级人民代表大会或其常务委员会报告生态控制线管理情况，及时向社会公布。

第二十七条 市、区人民政府应当定期开展生态控制线管理实施评估，形成实施评估报告报本级人民代表大会常务委员会，并接受监督。生态控制线管理实施评估以5年为周期，起止年限与城市近期建设规划一致。

第二十八条 市人民政府应当建立生态控制线地理信息平台，实现生态控制线的数据共享和信息化动态管理。

第二十九条 市、区人民政府组织设立生态控制线保护标志，予以公告。任何单位和个人不得擅自移动或破坏生态控制线保护标志。

第三十条 市、区人民政府应当建立健全生态补偿机制，明确生态补偿的责任、权利和义务，制定并实施补偿方案，切实保障生态控制线保护范围内公民、法人和其他组织的合法权益。

第三十一条 市、区人民政府应当组织开展生态控制线保护工作的宣传和科学知识普查及教育。

第五章 附 则

第三十二条 各区人民政府可根据本办法和其他相关法律、法规的规定制定实施细则。

第三十三条 本办法自2018年5月1日起施行，有效期2年。相关管理依据变化或者有效期届满，根据实施情况依法评估修订。

·佛山市引进和培育优质高等教育资源若干扶持政策·

佛府办〔2018〕20号

为加快引进国内外优质高等教育资源，提升我市高等教育质量和水平，根据《中共佛山市委佛山市人民政府关于加快高等教育发展实施意见》（佛发〔2017〕11号）精神，做好佛山市引进优质高等教育资源专项扶持资金的管理使用，制定本扶持政策。

一、扶持范围

（一）佛山市人民政府引进国内外高校在佛山设立并进行独立法人登记的培养全日制本科及以上人才的校区、分校、研究生院、二级学院、中外合作办学机构、产业特色学院等（以下统称新设高教机构）。

（二）本扶持政策印发前已在佛山建设校区的省属高校与佛山市人民政府协议新设或整体迁入对接佛山需求的全学段成建制二级学院（以下统称省属高校全学段校区）。

（三）佛山市属高校、注册地在佛山的高校、新设高教机构、省属高校全学段校区（以下统称市内高教机构）为推进国际合作办学和提升学科专业建设水平、增强科技创新支撑力而引进或新增的机构和项目。

二、引进条件

（一）引进的国内合作高校原则上应为“双一流”建设大学或“双一流”建设学科，国（境）外合作的高校原则上应为世界综合排名前200名或学科（专业）排名前30名［世界知名大学排名和专业排名参考英国高等教育研究机构QS（Quacquarelli Symonds）、英国《泰晤士报高等教育》（The Times）、《美国新闻和世界报导》（US News）、上海交通大学世界大学排行榜，符合其中一项即可］。

（二）引进的创新载体，应符合我市重点产业发展和学校重点建设学科专业建设需要，为省级以上重大科研平台或世界一流大学或研究机构的重点科研平台。

（三）新设高教机构中的校区和分校规划全日制办学规模不少于4000人，研究生院、二级学院、中外合作办学机构、产业特色学院规划全日制办学规模不少于300人。开设的学科专业应重点面向我市产业发展趋势及其对人才、科技的需求，以发展新材料、生物医药、节能环保、新能源汽车、轨道交通、新一代信息技术、智能制造装备、陶瓷建材、家用电力器具制造、生产性服务业等产业相关学科领域为主。

（四）鼓励新设高教机构重点发展研究生教育和中外合作办学。中外合作办学机构和理工领域的研究生院建设予以优先支持。

对于不符合上述（一）至（四）项引进条件，但引进对我市科技进步、产业发展、社会建设等具有特别重大意义的高等教育机构，经市人民政府同意，参照本扶持政策予以支持。

三、扶持措施

（一）支持新设高教机构高起点办学

1.市、区政府根据城市总体规划和土地利用总体规划，安排新设高教机构的建设用地，依照国家建设标准和办学基本要求建设办学基础设施。新设高教机构成立初期3年内，按照办学层次、规划办学规模、设置专业类型给予教学科研条件建设和科研项目启动经费扶持。

2.市财政对新设高教机构予以生均经费补贴支持，根据新设高教机构全日制本科生和研究生实际在校生人数，分别按市属高校本科生生均拨款标准的一定比例（不低于60%）、研究生生均拨款标准予以生均经费拨款。

3.在新设高教机构开始招生5年内（启动建设期），每年实际生均拨款低于规划全日制办学规模总生均经费50%的部分，由市财政根据办学情况以启动经费形式给予补充，保障新设高教机构日常运作。

（二）支持高校在佛山开展中外合作办学

1.支持市内高教机构和市外高校与符合条件的国（境）外高校在佛山合作举办中外合作办学机构，对获得教育部批准设立的中外合作办学机构，按照合作高校水平、机构办学规模和专业类型给予最高3000万元支持建设，支持国际高端人才引进和学科专业建设及科研工作。随办学机构迁入佛山的中外合作办学机构扶持标准参照执行。

2.支持市内高教机构以院系为单位，与符合条件的国（境）外高校合作创办高水平中外合作办学项目，对获得教育部批准设立的中外合作办学项目，根据合作高校水平、项目办学规模及专业类型分别给予最高500万元支持建设。随办学机构迁入佛山的中外合作办学项目扶持标准参照执行。

（三）支持市内高教机构提升学科专业建设水平

1.支持市内高教机构建设以佛山经济社会发展需求为导向的高水平学科专业，对列入国家“双一流”建设学科和广东省重点学科专业建设的，根据重点学科专业建设层级和类别及专业类型，分别给予最高2000万元、1000万元支持建设。

2.支持市内高教机构博士、硕士学位授权点建设，对新增或整体迁入佛山的博士、硕士学位授权点，理工农医类学科分别给予600万元、300万元支持建设，文科类学科分别给予200万元、100万元支持建设。

3.支持市内高教机构建设高水平实验教学平台，对列入国家级和省级实验教学示范中心、模拟仿真实验教学中心等建设的，分别给予200万元和100万元支持建设。随办学机构整体迁入佛山的各级已建设平台参照予以支持建设。

（四）支持市内高教机构增强创新驱动支撑力

1.支持市内高教机构建设高水平创新载体，对精准对接佛山产业发展需求，按国家和省重点实验室标准建设的实验室，分别给予1000万元和600万元支持建设，按国家和省工程（技术）研究中心标准建设的工程中心，分别给予600万元、300万元支持建设。随办学机构整体迁入佛山的各级已建设平台参照予以支持建设。

2. 支持市内高教机构对接佛山需求引入本部或其他国内高水平高校国家级科研平台，按同等条件建设的国家级重点实验室分室、工程（技术）研究中心分中心，分别给予1000万元、600万元支持建设。引进与我市重点产业和学校重点建设学科专业相关的境外世界一流大学或研究机构共建高水平科研平台扶持标准参照执行。

3. 支持市内高教机构以佛山经济社会发展需求为导向建设高水平新型智库，为政府决策提供咨询服务。入选国家和省重点建设新型智库的，分别一次性给予200万元、100万元支持建设。

四、管理与考核

（一）建立佛山市引进优质高等教育资源工作联席会议制度，统筹协调优质高等教育资源引进工作的重大问题，制定引进优质高等教育资源专项扶持资金管理办法。联席会议日常工作由市教育局承担。

（二）佛山市引进优质高等教育资源专项扶持资金列入财政预算予以保障。各区自主引进的高等教育办学机构经市人民政府批准享受市级政策扶持的，以不重复享受原则由市财政统筹生均经费拨款，基本建设经费市、区财政分担，按一校一策原则确定。

（三）引进国内外高校在佛山设立并进行独立法人登记的校区、分校、研究生院、二级学院，支持高校中外合作办学，由市教育局组织联席会议相关职能部门会同相关高校、办学所在区政府及相关职能部门研究拟定合作协议，拟订校园建设、启动经费、生均经费、差额补贴和中外合作办学支持经费等扶持方案，经联席会议审议通过，报市人民政府批准执行。

（四）在实行学校（机构）经费管理办法和招生计划备案制度基础上，新设高教机构生均经费补贴核拨实行生均拨款申请、相关在校生学籍核查、生均拨款核准拨付的管理流程，由市教育局会市财政局组织实施。

（五）支持市内高教机构提升学科专业建设水平、增强创新驱动支撑力项目，实行发布通知、受理申报、资格审核、专家评审、综合评定、结果公示、项目建设任务书备案、资金下达的流程，由市教育局会市财政局组织实施。

（六）建立新设高教机构跟踪管理和专项扶持资金绩效评价制度，根据合作协议和项目建设任务书确定的建设方案和绩效目标，由市教育局会相关部门定期组织绩效考核，确保扶持项目结合我市科技进步、产业发展和社会建设的需求，高效完成各项建设任务。

（七）在扶持项目申请、实施过程中，骗取、套取财政资金、违法发放扶持资金等的，依法追究其责任。

（八）本扶持政策自印发之日起实施，有效期5年。

·佛山市科技创新团队资助办法·

佛府办〔2018〕29号

为落实创新驱动发展战略，加快转变经济发展方式，推动产业结构优化升级，吸引更多海内外优秀科技创新团队和人才来佛山创新、创业，以加快建设国家创新型城市，根据《中共佛山市委关于印发〈佛山市人才发展体制机制改革实施意见〉的通知》（佛发〔2018〕2号）及科技专项资金有关管理办法规定，修订本办法。

一、目标宗旨

面向先进制造与自动化、电子信息、生物与新医药、新材料、航空航天、新能源与节能、资源与环境等近年我市重点发展的产业和领域，加快引进一批瞄准国内外技术研发前沿，具有较强竞争力的科技创新团队，并由此带动各领域培育一批高新技术企业，逐步集聚形成优势产业。

二、资金来源

科技创新团队资助经费由市级财政预算安排，在市科技相关专项资金中列支，按照立项的项目，采取无偿资助的方式支持。各区财政对入选的市科技创新团队项目按照不低于市级财政资助金额的1：1比例进行配套资助。

三、职责分工

市科技局统筹组织科技创新团队管理和服务工作，开展项目申报、中期考核、项目验收及项目变更审批等组织工作，并对团队项目执行情况进行监督管理。

各区经科局作为各区科技创新团队的推荐单位，负责协助市科技局完成项目申报、中期考核、项目验收及项目变更审批的初审工作，并协助市科技局做好团队项目执行情况的监督管理工作。

科技创新团队带头人及各核心成员应履行合同约定，落实佛山工作时间，确保各项任务目标完成，积极配合有关监督管理工作。

项目承载单位对团队成员到位、资金使用、项目实施负主体责任，应按有关规定规范使用和管理项目资金，为团队在佛山工作提供良好条件，及时发

2018年11月24日，广东省高校科技创新暨高等教育“冲一流、补短板、强特色”提升计划工作推进会在佛山举行

（市教育局供图）

现、解决团队存在问题并及时向市、区主管部门汇报，积极配合监督管理、中期考核、结题验收。

四、申报对象和条件

（一）申报对象。

科技创新团队是指以团队带头人为核心，团队协作为基础，有明确目标任务，依托一定平台和项目，进行持续创新创造的人才群体。团队核心成员均未入选过佛山市科技创新团队项目，或未通过佛山市推荐获得广东省科技创新团队专项立项的项目。科技创新团队主要依托产业化项目进行申报，申报项目获得立项后重点围绕产业发展的核心关键技术问题进行研究，申报项目具有技术创新性、快速产业化潜力和广阔的市场前景。

根据科技创新团队引进时是否有合作单位，科技创新团队可以分为创新团队和创业团队两大类。

1. 创新团队。对于由佛山本地合作单位引进的团队，首次与合作单位签订合同或意向性合同日期至当年度申报指南发布日不超过两年。

2. 创业团队。申请团队拟在佛山注册成立公司；或者团队已在佛山市内注册成立的公司，但营业执照注册日期至本年度申报指南发布日不超过两年。

（二）申报条件。

1. 团队具有突出的创新成果和较高的创新水平。学术（技术）水平在同行中具有明显优势，在相关领域已取得较突出的创新成果，或在相关领域显示出明显的创新能力、研发优势和发展潜力。

2. 团队具备一定规模和合理结构。团队应是在长期合作基础上形成的、具有一定规模的创新群体，有合理的专业结构、年龄结构、梯队结构。团队由不少于4名核心成员组成，并由其中1名成员作为带头人。

3. 团队带头人具备履职所需的良好素质。具有较高的学术（技术）造诣且思想创新、品德高尚、治学严谨，具有较强的组织协调能力和团队合作精神，在研究开发群体中有较强的凝聚力，身体健康，有充分的时间和充沛的精力领导团队开展工作。

4. 团队研究方向符合产业发展要求。科技创新团队的研究方向属于与我市产业发展紧密相关的重点领域、行业和产业亟需解决的关键与核心技术。主要从事能产生重大经济效益或社会效益的技术创新、集成创新和科技成果转化。

5. 团队带头人年龄不超过60岁，且核心成员平均年龄不超过50岁，核心成员中具有博士学位或正高级专业技术职务的人数占50%以上。由中国科学院院士、中国工程院院士、发达国家院士作为带头人的团队，带头人年龄放宽至不超过70岁，由诺贝尔奖获得者作为带头人的团队，带头人年龄放宽至不超过75岁，上述两类团队核心成员平均年龄放宽至不超过55岁。

6. 团队及承载单位必须保障不低于市、区财政资助金额总和的自筹经费投入。

五、资助档次

申请资助的科技创新团队经过评估后将按照A类、B类、C类、D类和E类五个档次进行资助。

（一）A类科技创新团队。团队成员中有诺贝尔奖获得者或其他与诺贝尔奖具有同等学术地位的国际奖项获得者，研究方向和项目目标属国际重大科技、重大应用研究问题前沿，学术水平和研究成果在国际同行中处于顶尖水平，拥有国际顶尖水平的发明专利或自主知识产权的创新成果，具有明显的持续创新能力或创新成果转化能力，拥有坚实的创新基础或充分的产业化准备及广阔的市场前景。

（二）B类科技创新团队。团队带头人应为中国科学院院士、中国工程院院士、发达国家院士，研究方向和项目目标属国际重大科技、重大应用研究问题前沿，学术水平和研究成果在国际同行中处于领先地位，拥有国际顶尖水平的发明专利或自主知识产权的创新成果，具有明显的持续创新能力或创新成果转化能力，拥有坚实的创新基础或充分的产业化准备及广阔的市场前景。

（三）C类科技创新团队。研究方向和项目目标属国际重大科技、重大应用研究问题前沿，学术水平和研究成果在国际同行中处于一流水平，拥有国际一流水平的发明专利或自主知识产权的创新成果，具有明显的持续创新能力或创新成果转化能力，拥有坚实的创新基础或充分的产业化准备及广阔的市场前景。

（四）D类科技创新团队。研究方向和项目目标属国内重大科技、重大应用研究问题前沿，学术水平和研究成果在国际同行中处于先进水平，拥有国内顶尖水平或国际先进水平的发明专利或自主知识产权的创新成果，具有持续创新能力或创新成果转化能力，拥有良好的创新基础或良好的产业化准备及市场前景。

（五）E类科技创新团队。研究方向和项目目标属国内科技、应用研究问题前沿，学术水平和研究成果在国内同行中处于领先地位，拥有国内先进水平的发明专利或自主知识产权的创新成果，具有一定的持续创新能力或创新成果转化能力，拥有一定的创新基础或一定的产业化准备及市场前景。

六、申报和评审

一般按照发布指南、受理申报、审核推荐、形式审查、专家评审和立项资助等程序进行。市科技局每年（或上一年度年末）发布申报公告及相关申报指南，集中受理当年的市级科技创新团队的申报工作。我市按照团队自愿申报，择优遴选的方式确定科技创新团队的项目立项名单。其中，A类、B类科技创新团队除按年度集中申报外，还可全年申报、单独评审并确定资助金额。

（一）发布指南。市科技局根据年度科技创新团队引进、培育计划和目标，每年制定和发布《佛山市科技创新团队资助申报指南》，明确受理申报的对象、方向、内容、目标和程序等具体要求。

（二）受理申报。根据《佛山市科技创新团队资助申报指南》的要求，符合申报条件的科技创新团队登录业务系统平台填报《佛山市科技创新团队资助申报书》，并提供相关附件和证明材料。

（三）审核推荐。各区经科局负责受理本区内科技创新团队的申报工作，并按要求对申报对象进行材料初审和推荐，同时加具推荐意见，汇总后报市科技局。

（四）形式审查。市科技局对受理申报的科技创新团队的资格进行审查，并对其申报资质、资助档次、建设目标等进行初审。

（五）专家评审。根据申报对象研究的专业领域和方向，市科技局组织省内外同行专家，对通过初审的科技创新团队根据择优支持的原则进行评审。评审专家组由5名或以上单数专家组成，包括学术、科研、产业、知识产权、财务、投资等领域专家。

分以下两个阶段评审：第一阶段采取匿名函审的方式，由专家对科技创新团队的学术水平进行评判；第二阶段采取现场评审的方式，通过科技创新团队陈述、专家提问、口头答辩、小组讨论、无记名投票等形式，形成专家书面推荐意见。

（六）项目公示。根据专家评审意见，市科技局制订项目立项方案并进行公示，公示期为5个工作日。

（七）上报审批。立项方案经公示无异议意见后，市科技局形成资金安排方案报市人民政府审批。

（八）立项资助。资金安排方案经市人民政府审批同意后公布实施。

七、支持措施

（一）经评审入选的科技创新团队将获得市财政专项经费资助，每个给予200万元—2000万元经费资助。其中A类科技创新团队给予最高2000万元市财政专项经费资助；B类科技创新团队给予最高1500万元市财政专项经费资助；C类科技创新团队给予最高1000万元市财政专项经费资助；D类科技创新团队给予最高600万元市财政专项经费资助；E类科技创新团队给予最高300万元市财政专项经费资助。资助金额参考团队申报金额确定，不高于获评档次的最高额度。

（二）科技创新团队资助，除市财政投入资金外，各区人民政府应按照不少于市财政支持专项经费额度1：1的比例配套提供财政资金。

（三）对入选的科技创新团队项目，推荐给佛山市财政出资设立的可用于实施股权投资的风险投资基金，由基金择优通过阶段性持有股权方式给予支持。

（四）按时完成项目指标、成绩突出的市级和区级科技创新团队，将于其项目验收满两年后，根据项目承载单位的生产发展、经营管理、人员团队、专利成果转化、税收贡献、社会效益等情况进行综合评价，对成绩特别优秀的团队项目，经团队申请、区经科局推荐，市科技局审核确定，由市财政择优给予最高不超过市、区两级财政资助总额的50%进行追加资助支持。

（五）对新增入选广东省科技创新团队专项项目的团队，经团队申请，可直接视为入选下一年度市级科技创新团队，市财政对每个团队按照省财政资助经费的50%进行配套，区财政自行规定配套资助比例，但不得低于省财政资助金额的50%。

既入选佛山市科技创新团队项目又入选广东省科技创新团队专项项目的团队，对后立项项目的资助，市、区财政按照“就高不就低，不重复资助”的原则，对差额部分进行核定资助。

八、项目承载单位及科技创新团队责任

（一）项目承载单位应对项目实施所需经费承担主体责任，保障项目自筹经费到位。申请财政资金资助额度未获得足额支持时，缺口部分应由项目承载单位自筹解决。申报书所列的项目总投资金额及知识产权成果、项目经济指标和社会效益指标等，均不得减少。

（二）团队成员应与项目承载单位签订劳动合同，并保障满足来佛山工作的时间要求，其中全职工作人员要求项目实施期内每年在佛山工作时间不少于210天，兼职工作人员要求项目实施期内累计在佛山工作时间不少于330天。团队成员完成约定的项目和任务后，可由原单位续聘，也可重新选择单位。

（三）团队核心成员应在项目承载单位中持有30%以上的股份。

（四）团队成员在其发表、发布、出版的与团队项目有关的论文、著作、学术报告中应标注明“佛山市科技创新团队专项项目资助”；产生的知识产权成果及其他无形资产，原则上所有权人应为承载单位并优先在佛山应用，另行有约定归属的，不得计入已完成的考核指标任务。

（五）科技创新团队与项目承载单位应严格执行相关资金管理办法的规定，加强对专项经费的管理。专项经费主要用于项目研究和产业化相关的仪器设备及材料购置，技术检测检验，以及项目人员工资等，不得用于其他与项目研发生产无关的开支，确保经费使用效益。项目承载单位对市、区财政资助经费要单独建账，独立核算，专款专用。

（六）项目实施中，项目承载单位及所有团队成员均应遵守相关法律法规。

九、项目管理和评价

（一）项目评审。项目评审应遵循“公平公正、择优选取”的原则，根据年度科技创新团队引进、培育计划和目标，择优遴选立项项目。

1. 评审准备阶段，如市科技局对项目申报材料（含佐证材料）真实性和有效性存在疑问，申报单位应在收到市科技局通知后5个工作日内提供有效证明材料，未能按时提供有效证明材料的，则视为项目形式审查不通过。

2. 进入现场评审的项目，可在现场评审前补充提交项目相关佐证材料，并由市科技局核对复印件与原件一致后留底备案。申报团队应对补充提交材料的真实性负责。

3. 项目评审阶段，如发现项目申报材料存在弄虚作假行为，直接视为项目形式审查不通过。项目承载单位、团队带头人分别于3年内和5年内不得申报佛山市各类科技计划项目，对其申报的国家、省级科技计划项目不予以推荐，并向社会通报。

4. 项目评审重点对团队结构与综合水平、项目先进性与产业化程度、实施计划可行性、指标设定合理性、人员到位与资金落实情况，以及其他对项目实施有重大影响的因素等内容进行评估，提出推荐意见。

（二）成立公司作为项目承载单位。创新团队和创业团队如获得立项，须在立项后的3个月内在佛山登记注册具有独立法律主体的公司（已按要求注册成立新公司的创业团队除外）；创新团队的核心成员需与项目申报的合作单位合资成立公司作为项目承载单位。

团队核心成员须与项目承载单位签订3年以上的劳动聘用合同，合同期限要覆盖立项团队项目的实施时间。团队核心成员在项目承载单位中所占公司股份比例之和不得低于公司总股份的30%。项目承载单位注册资金不得少于所获得市、区两级资助金额的总和。

项目承载单位承担日常监督与管理专项经费的职责，按照国家有关财务制度的规定和合同书的要求，加强对专项经费的监督和管理。团队核心成员如发生违反专项经费使用规定的行为，承载单位同时承担连带违约责任。

（三）签订合同。获得立项的团队应联合项目承载单位与市科技局及所属区经科局签订项目合同书。

项目合同签订前，如有以下情况之一，视为放弃（失去）立项资格：

1. 团队主动放弃签订合同；

2. 团队带头人变更或无法满足来佛山工作时间要求；

3. 团队无法在佛山依法成立承载单位；

4. 团队核心成员、项目完成指标和项目总投入等指标发生变更；

5. 团队核心成员或承载单位存在弄虚作假、违法违纪等行为；

6. 其他应当终止项目的情形。

（四）经费下达。立项项目的市级财政资助经费，由市财政局拨付至项目承载单位所在区财政部门，由区财政部门再拨付至承载单位，或由市财政局直接拨付至承载单位，经费按6：4的比例拨付，即立项当年拨付经费的60%，项目中期考核通过后拨付剩余的40%。区级财政配套资助经费具体拨付办法，由各区自行制定。

（五）变更管理。对实施期内科技创新团队项目实行变更报告管理制度。项目承载单位根据实际情况提出变更申请，经区经科局初审后报市科技局审批。具体要求如下：

1. 项目主要研究内容、项目完成目标、关键技术方案，以及其他涉及项目合同书约定内容需要进行变更的，须由项目承载单位在变更前提交《佛山市科技创新团队变更申请报告》，具体说明变更内容和变更原因，由团队带头人亲笔签名确认，承载单位加盖公章，经所属区经科局出具意见后，报市科技局批准。该类变更原则上只允许变更1次。

2. 在项目实施期间，科技创新团队原则上团队人员数量不变，团队总体人员应保持相对稳定，承载单位在聘用人员方面有充分自主权，但不能随意变更核心成员。其中团队带头人不得变更，否则视为自动放弃项目资助，项目资助终止；团队其他核心成员原则上不得变更，如因特殊情况需要变更，须按程序向市科技局提出书面申请，并获准同意后方可实施，核心成员变更人数不得超过团队人数的1/3。原团队核心成员所承担的具体项目研发任务由新增团队核心成员所承担，以保证团队项目的顺利完成。

3. 其他不涉及考核验收内容的变更，如单位名称、股权构成、法定代表人或股东高管、项目联系信息等内容的变更，由项目承载单位在事项变更后1个月内，书面向市科技局备案。此类变更不受次数限制。

（六）监督检查。

1. 从项目实施期首年起，项目承载单位每年要对全年工作进行总结，撰写提交《年度工作报告》，对团队职责履行和项目进展情况进行监督检查。

2. 根据项目实施情况和实际需要，市科技局统筹安排相关专项检查，组织或委托第三方专业评估机构和专家具体实施。

3. 项目承载单位应根据年度检查、中期考核的意见结果，及时提出工作方案，明确整改措施，并在规定时间内完成。

十、考核与验收

为加强项目的监督管理，对资助项目实施中期考核与项目验收的过程管理。中期考核重点评价项目进展情况、人员到位情况、经费使用情况。项目验收重点评价项目进展情况、人员到位情况、经费使用情况、合同执行情况和经济社会效益等。

（一）评价结论。项目中期考核与项目验收结果，将分别作为第二期财政资金拨付和项目后续奖惩措施的重要依据。中期考核结果分为“通过考核”与“不通过考核”；项目验收结果分为“通过验收”“不通过验收”“结题”。

（二）中期考核。项目承载单位应在项目合同书约定的中期考核期满6个月内提出中期考核申请；未按规定时限提出申请的，视为中期考核不通过。中期考核以项目合同书中约定的各项中期考核评价指标为参考标准。

1. 经中期考核通过的团队项目，市科技局进行公示并报市人民政府同意后，下达拨付第二期财政资助经费。

2. 经首次中期考核不通过的团队项目，应在两个月内递交整改方案，经市科技局同意后，可顺延1年进行第二次中期考核。在整改方案尚未获得批复同意前，项目承载单位应暂停使用财政资金。项目获批同意进行第二次中期考核，则自动视为项目延期1年，原则上后期不再同意其延期申请。

3. 经两次中期考核结果均为不通过的团队项目，视作项目不通过验收。

（三）项目验收。项目承载单位应在合同书约定的项目实施期满6个月内，向市科技局提交验收申请，并按规定接受专业审计机构进行专项审计。审计工作一般由团队项目承载单位聘请审计机构承担，也可以由市科技局聘请审计机构承担。市科技局对团队项目承载单位聘请审计机构出具的审计报告有疑问的，可以由市科技局指定审计机构对其出具的审计报告进行审查或对项目进行二次审计。未按规定时限提出项目验收申请，项目视为不通过。项目验收流程包括提出申请、组织验收、结论下达。

1. 组织验收。由市科技局组织或委托第三方专业机构组织专家以项目合同书为基本依据，对合同完成情况、项目进展情况（含技术指标、成果指标、经济社会效益指标等指标完成情况及项目实施进度）、人员到位情况、经费使用情况（含自筹经费筹措及配套指标、财政经费预算与支出指标）等完成情况作出综合评价。

2. 结论下达。市科技局将根据验收专家评价意见，确定验收结果，并下达项目验收结果通知书。

3. 延期申请。确因客观条件导致项目无法按期完成的，项目承载单位必须于项目实施期满3个月内以书面形式提出延期申请，说明延期原因及延长时限，市科技局视实际情况予以批复。原则上每个项目只能申请延期1次，且延期最长不能超过1年。

4. 整改验收。首次未能通过验收的项目，可在验收结果通知书下达后6个月内，根据专家评价意见进行整改并提出验收申请。若未在规定时间内再次提出验收申请，或整改后仍未能通过验收的，项目实施结论保持不变。

十一、项目终止

项目实施期内因不可抗拒因素造成原定目标和任务无法完成，或发生重大变故导致项目无法继续进行的，团队及项目承载单位必须及时提出终止申请。项目终止申请审核期间，团队成员及项目承载单位应暂停使用财政资金。终止项目未拨付资助经费停止拨付，经专项审计如有经费结余，市、区两级财政按照出资比例原渠道收回。

（一）项目承载单位应在不可抗拒因素或重大变故生效后3个月内，按要求填报项目终止申请书，经区经科局出具意见后报市科技局审批。获批复同意终止的项目，可视作项目结题。

（二）项目实施过程中，如有以下情况之一的，团队及项目承载单位必须提出项目终止申请，经市科技局研究同意后生效。

1. 团队带头人离职，或无法满足来佛山工作的条件；

2. 项目承载单位迁出佛山；

3. 团队其他核心成员变更人数超过1/3，变更次数超过1次，不能满足对等变更，以及无法满足来佛山工作时间要求等；

4. 项目进度滞后，预期难以完成合同约定任务；

5. 项目各项指标变更幅度过大，变更内容为项目核心关键内容，变更后有违项目立项公平公正原则；

6. 团队核心成员或项目承载单位存在弄虚作假、违法违纪等行为；

7. 应当终止项目的其他情形。

十二、其他规定

（一）对于中期考核两次不通过的项目，停止拨付剩余40%的经费。不通过验收的项目，市科技局将对项目承载单位和项目负责人进行通报，3年内不得申报佛山市各类科技计划项目；对其申报的国家、省级科技计划项目不予以推荐，并向社会通报。项目经专项审计如有经费结余，市、区两级财政按照出资比例原渠道收回。

（二）结题项目经专项审计如有经费结余的，市、区两级财政按照出资比例原渠道收回。

（三）发现弄虚作假骗取立项的单位和人员，取消项目立项，追回已拨付的全部经费。对于不履行项目合同，没有如实开展项目实施的团队，根据现实情况处置或者终止项目。项目承载单位、项目负责人分别3年内和5年内不得申报佛山市各类科技计划项目，对其申报的国家、省科技计划项目不予以推荐，并向社会通报。

（四）发现骗取、截留、挪用项目经费，或其他违反财经纪律行为的，严格依照国家、省、市有关规定进行处理，并追究有关单位及相关人员的法律责任。

十三、附　则

本办法由市科技局负责解释，自印发之日起实施，有效期5年。《佛山市人民政府办公室关于印发佛山市科技创新团队资助办法的通知》（佛府办〔2013〕11号）同时废止。

·佛山市既有住宅加装电梯管理办法·

佛府办〔2018〕37号

第一章　总　则

第一条　为适应社会经济发展，完善既有住宅的使用功能，提高宜居水平，根据《中华人民共和国物权法》《中华人民共和国城乡规划法》《中华人民共和国建筑法》《中华人民共和国特种设备安全法》《建设工程安全生产管理条例》《建设工程质量管理条例》《广东省特种设备安全条例》和《广东省电梯使用安全条例》等有关法律、法规和我省有关既有住宅加装电梯的规定，结合我市实际，制定本办法。

第二条　本办法适用于本市行政区域内既有住宅加装电梯的建设和管理。

第三条　本市既有住宅加装电梯，应当遵循“业主自愿、公开透明、充分协商，成熟一梯加建一梯”的原则。

第四条　既有住宅加装电梯应当符合规划、土地、建设、环境保护、消防管理等法律、法规的规定，并遵守本市既有住宅加装电梯技术规程的要求。

第五条　各区规划、建设、国土、消防等行政主管部门和特种设备安全监督管理部门按照各自职能做好既有住宅加装电梯的审批和管理工作，属地镇（街道）人民政府（办事处）、居民委员会、原房改售房单位或者业主委员会等应当对既有住宅加装电梯工作予以协助和协调。

区规划行政主管部门依据市规划行政主管部门的委托开展相关工作，负责提供规划审批咨询服务、审核电梯加装工程设计方案、组织批前公示、核发建设工程规划许可证，办理规划验线和规划验收等工作。

区建设行政主管部门负责对加装电梯建筑施工图审查环节进行监管、核发《建筑工程施工许可证》、施工质量安全监管、工程竣工验收及备案等工作。

区国土行政主管部门负责提供用地咨询服务、提供申请人不动产信息登记情况（既有住宅加装电梯所在单元的不动产登记人信息）；对占用项目范围以外土地的，提供项目范围以外土地权属人信息。超出部分土地属公共土地且无具体权属人的，应出具书面意见。

区消防行政主管部门负责对加装电梯部分的消防车道及防火间距是否符合要求出具反馈意见。

特种设备安全监督管理部门负责对既有住宅加装电梯的生产、使用和检验检测实施安全监督管理。

镇（街道）人民政府（办事处）负责本行政区域内既有住宅加装电梯工作的指导和协调；参与加装电梯征询意见的工作、协调居民委员会等第三方进行见证，并出具见证意见。

第二章　申请条件

第六条　既有住宅的业主可以自行申请，也可以委托业主委员会、业主代表或其他单位和个人申请。

对于建成的居住小区，可由业主委员会或由其委托物业管理公司牵头就加装电梯提出相对合理、稳定的小区加装电梯的整体设计方案，对小区拟加装电梯位置和电梯形式、材质等通过小区业主表决后，形成小区业主规约。

第七条　既有住宅加装电梯的意向和建筑设计方案应当征询本栋（梯间）房屋全体业主的意见，并应当经专有部分占本栋（梯间）建筑物总面积2/3以上的业主且占总人数2/3以上的业主同意。

公示期间存在异议的，利害关系人应以书面形式向居民委员会或区规划行政主管部门提出。

第三章　协商协调机制

第八条　申请加装电梯的业主应当以书面协议形式达成以下事项的解

决方案：

（一）确定电梯使用管理人。

（二）加装电梯工程费用的预算及其筹集方案。

（三）电梯维护保养方式及其保养、维修、改造费用分担方案。

（四）与不同意加装电梯的业主进行协商，以及对利益受损业主进行补偿的资金筹集方案。

（五）如加装电梯导致有关业主的采光、通风、通行或房屋价值等合法权益受到不利影响的，应当依法给予适当补偿，补偿费用在筹集资金中支出。

（六）法律、法规、规章规定其他应当由业主协商确定的事项。

第九条 既有住宅加装电梯所需要的资金，可以按照以下方式筹集：

（一）根据所在楼层等因素，由业主按照一定的分摊比例共同出资，分摊比例由共同出资业主协商约定。

（二）原产权单位或者原房改售房单位（不包括财政拨款的预算单位）出资。

（三）社会投资等其他合法资金来源。

相关业主可以本着权责一致友好协商的原则自行确定出资比例。

第十条 既有住宅加装电梯应当经过业主协商。已成立业主委员会的，业主委员会应当在协商中发挥牵头组织作用。居民委员会、原房改售房单位或者业主委员会等应当对既有住宅加装电梯工作予以协助、协调和指导。业主之间协商或调解不成的，可依法通过民事诉讼途径解决。

第四章 申请程序

第十一条 各区人民政府应构建加装电梯联合审批平台。联合审批职能部门包括国土、规划、建设、消防等行政主管部门。加装申请应通过联合审批窗口受理，各职能部门对申请材料进行审核，并上传反馈意见。具体要求由各区行政服务中心自行制定。

第十二条 既有住宅加装电梯申请应按照下列方式提出：

（一）业主或者业主代表可以提出申请，也可以由业主委员会提出申请。申请的业主人数超过5人的，应当推选不超过5名业主作为代表。

（二）业主可以委托物业服务企业、电梯生产安装企业、加装电梯咨询服务机构办理申请、报建和验收手续。

（三）加装电梯的住宅属于房改房的，业主可以委托原房改售房单位提出申请；原房改售房单位已经关闭、破产、撤销，其住房维修基金已转归其上级主管部门管理的，也可以委托上级主管部门申请办理。

加装电梯的业主应当作为建设单位承担法律、法规规定的义务。

第十三条 既有住宅加装电梯可以直接申请办理建设工程规划许可手续（原批准图纸上已明确标识预留电梯井的除外），同时按规定缴纳城市基础设施配套费。既有住宅加装电梯不需办理建设用地规划许可、供地审批手续和占用现状绿化补偿手续；加装电梯的建筑面积不纳入用地容积率计算；不办理不动产权登记。

第十四条 既有住宅加装电梯申请《建设工程规划许可证》，按照以下程序办理：

（一）申请人按照本办法的规定提交申请资料。

（二）区规划行政主管部门按照本办法的规定组织审批前公示。

（三）审批前公示结束后，区规划行政主管部门依法核发《建设工程规划许可证》，申请人为加装电梯的建设工程的建设单位。

申请人应当在《建设工程规划许可证》的有效期内动工建设。

第十五条 既有住宅加装电梯申请《建设工程规划许可证》，应当提交以下资料：

（一）《佛山市规划建设项目登记表》《佛山市建（构）筑物建设工程规划许可申请表》或各区相关《规划审批事项申请表》。

（二）申请人身份证明文件。申请人为单位的，应当提交《中华人民共和国组织机构代码证》或其它有效证明文件；申请人为业主的，应当提交业主身份证明、业主代表身份证明或者业主委员会的证明材料；接受委托代为提出申请的，还应当提交代理人身份证明文件、授权委托书。

（三）具有相应资质的建筑设计单位出具的建筑设计方案图纸一式两份（含绘制在1/500现状地图上的总平面图、各楼层平面图、各向立面图、剖面图，1/500现状地形图由申请人向国土行政主管部门申请）。

（四）本栋（梯间）房屋专有部分占本栋（梯间）总建筑面积2/3以上的业主且占总人数2/3以上的业主，同意加装电梯的证明材料。证明文件应包括同意加装电梯业主的亲笔签名、房号、联系方式等内容。

（五）申请人与相关业主进行协商的书面材料。

（六）其他法定资料。

第十六条 区规划行政主管部门应当依照相关规定审查建筑设计方案。审查通过的，由申请人配合区规划行政主管部门在拟加装电梯的工程现场（加装电梯所在小区和本栋）、规划行政主管部门网站进行审批前公示，公示期不少于10个自然日。

公示内容包括：

（一）既有住宅加装电梯申请人征求本栋（梯间）全部业主的意见，并取得梯间专有部分占建筑物总面积2/3以上业主且占总人数2/3以上业主同意加装电梯的证明文件。

（二）加装电梯建筑设计方案。

第十七条 区规划行政主管部门组织的审批前公示期间，收到业主提出反对意见的，可由区规划行政主管部门召集联合审批部门一同召开协调会并结合协调会情况提出处理意见；必要情况下区规划行政主管部门可依申请召开听证会等形式听取意见。协调后本栋（梯间）少数业主（不到1/3）仍有异议无法达成一致意见的，应依法作出审批决定。有异议的业主可依法通过法律途径主张权利。双方最终均应服从司法裁定并承担相关的经济责任。

第五章 安全监管与维护

第十八条 申请人应当依照法律法规的规定委托具有相应资质的单位进行建筑方案设计、施工图设计、施工图设计审查、施工和监理，并向区建设行政主管部门申请办理《建筑工程施工许可证》。

第十九条 电梯安装前，施工单位按规定到区特种设备安全监督管理部门办理施工告知手续。

安装过程，施工单位向特种设备检验检测机构申请监督检验，检验检测机构应当按照安全技术规范的要求对电梯安装过程进行监督检验。

第二十条 既有住宅加装电梯所在区建设行政主管部门、特种设备安全监督管理部门应当依法开展安全监督管理工作。

区规划行政主管部门应当将已批准核发《建设工程规划许可证》的项目信息与区建设行政主管部门和特种设备安全监督管理部门共享。

第二十一条 电梯施工单位应当在按照规定履行告知后、开始施工前向检验机构申请监督检验。

加装电梯工程竣工后，应当依法办理工程竣工验收。

加装电梯工程竣工验收合格且加装的电梯经检验合格并取得安全合格标志后方可投入使用。

第二十二条 加装电梯的业主应当共同委托物业服务企业或者其他单位管理电梯，受委托的物业服务企业或者其他单位为电梯使用管理人。

电梯使用管理人应当履行特种设备法律法规规定的电梯使用单位的义务，依照《中华人民共和国特种设备安全法》和《广东省电梯使用安全条例》的规定承担相应责任。

第二十三条 电梯使用管理人应当在电梯投入使用前到区特种设备安全监督管理部门办理电梯使用登记。

在用电梯定期检验周期为1年，电梯使用管理人应当在安全检验合格有效期届满前1个月向特种设备检验检测机构提出定期检验申请。

电梯使用管理人应建立健全电梯安全技术档案，妥善保存电梯的出厂、安装、改造、维修技术资料、检验报告、维保记录、应急预案、人员培训记录等。

电梯使用管理人应建立维护保养档案，真实记录维护保养情况，档案保存期不少于4年。

第六章 法律责任

第二十四条 违反本办法的规定擅自加装电梯建设工程的，由区建设、消防、城市管理等行政主管部门和特种设备安全监督管理部门按照各自职能依法、依规进行处理。

第二十五条 违反本办法第十八条规定，未依法办理质量安全监督登记手续、申请领取《建筑工程施工许可证》的，由区建设行政主管部门依照《建筑工程施工许可管理办法》的规定进行处理；逾期不改正的，由区建设行政主管部门按照本市信用管理规定将施工单位的违规行为列入失信记录。

第二十六条 违反本办法第二十一条的规定，未组织竣工验收或者验收不合格擅自交付使用的，由区建设行政主管部门依照《建设工程质量管理条例》第五十八条的规定依法进行处理；未在工程竣工验收后3个月内向区城建档案馆报送有关竣工验收材料的，由区建设行政主管部门依照《建设工程质量管理条例》的相关规定依法进行处理。

第二十七条 行政机关及其工作人员违反本办法，有下列情形之一的，由本级人民政府、上级行政机关或者监察机关责令改正；情节严重的，对直接负责的主管人员和其他直接责任人员依法给予行政处分：

（一）对不符合法定条件的申请人准予许可的。

（二）对符合法定条件的申请人不予许可或者未在法定期限内作出准予许可决定的。

（三）对符合法定条件的申请不予受理的。

第七章 附 则

第二十八条 本办法所称既有住宅是指已建成投入使用、具有合法权属且未设电梯的4层以上（含4层，不含地下室）单元式住宅。

本办法第七条、第十五条、第十六条所指面积和业主人数的计算方式按照最高人民法院的有关司法解释和《广东省物业管理条例》第二十二条执行。

第二十九条 各区人民政府可以根据本办法制定实施细则。

第三十条 本办法自印发之日起施行，有效期5年，并根据实施情况依法进行评估修订。

附件：佛山市既有住宅加装电梯技术规程

一、总则

（一）为规范和指导既有住宅加装电梯的设计工作，保障电梯加装工程质量安全，根据相关法律、法规和标准，结合佛山市实际，制定本规程。

（二）本规程适用于佛山市行政区域内既有住宅加装电梯工程设计工作。

（三）既有住宅加装电梯工程设计应当符合本规程的规定。

二、基本规定

加装电梯设计方案以实用为原则，建筑面积不计入容积率，不计算绿地率，不得侵占现有城市道路空间，不得影响城市规划的实施，尽量减少占用现状绿化，尽量减少对周边相邻建筑和城市景观的不利影响，不得变相增加住宅使用空间，不得严重遮挡本交通单元内住宅或相邻住宅。具体要求如下：

（一）严重遮挡的界定。

加装电梯方案的梯井（或连廊）与本交通单元内住宅或相邻住宅主要使用房间（卧室或起居室）窗户的正投影净距小于6米，可视为严重遮挡。具体如下图所示：

（二）必要面积要求。

新增的电梯井和连廊的尺度以满足基本交通需要为准，不得以加装电梯为名增加非交通必要的使用面积，具体规定如下：电梯井占地尺寸不超过2.5米×2.5米；电梯井与拟加装电梯的建筑物外墙（不含阳台）距离不宜超过2米（若结构要求可适当放宽），且原则上应正对楼梯口设置；交通连廊净宽不超过1.2米；可结合加装电梯方案对现状绿化、通道等进行改造。

（三）景观美化要求。

加装电梯的建筑设计方案应考虑建筑外立面的景观美化。电梯井道的立面材质和色彩宜与原有建筑和周边建筑相协调，或选择轻盈通透的立面材料；交通连廊宜采取通透的栏杆；加装部分宜考虑立面种植绿化的可能性，以便通过立面绿化美化新建体量的外观效果。

（四）不予批准的情形。

1. 加建电梯设计方案占用现状及规划市政道路、绿地、河涌、历史文化街区的；

2. 已列入拆迁征收范围的；

3. 加建电梯设计方案对城市重要景观节点、重要的道路造成破坏的。

（五）消防要求。

加装电梯的建筑设计方案应在与相邻建筑的消防间距、保证消防通道和消防车可达性以及人行疏散通道等方面满足相关消防规范的要求。

（六）电梯事故应急预案。

电梯使用管理单位应根据本单位的实际情况，制定本电梯的事故应急和求援预案。应急和求援预案应包括以下内容：

1. 落实每台电梯的责任人，配置必备的专业救助工具及24小时不间断的通讯设备；

2. 电梯使用管理单位应当每年进行至少1次电梯应急预案的演练，并通过在电梯轿厢内张贴宣传品和标明注意事项等方式，宣传电梯安全使用和应对紧急情况的常识；

3. 电梯使用管理单位接报电梯紧急情况的处理程序；

4. 乘客在电梯轿厢被困时的解救程序；

5. 紧急状态时对电梯的处理等。

·佛山市新市民积分制服务管理办法·

佛府办〔2018〕45号

第一章　总　则

第一条　为加强和规范新市民服务管理工作，提高服务管理水平，促进我市经济、社会协调发展，根据《居住证暂行条例》（国务院令第663号）、《广东省流动人口服务管理条例》（广东省第十二届人民代表大会常务委员会公告第86号）、《国务院关于进一步推进户籍制度改革的意见》（国发〔2014〕25号）、《国务院关于深入推进新型城镇化建设的若干意见》（国发〔2016〕8号）、《国务院办公厅关于印发港澳台居民居住证申领发放办法的通知》（国办发〔2018〕81号）、《关于做好进城务工人员随迁子女义务教育工作的意见》（粤府办〔2011〕45号）、《广东省城镇住房保障办法》（广东省人民政府令第181号）等精神，结合我市实际，制定本办法。

第二条　本办法所称新市民是指离开常住户口所在地进入本市居住，持有本市居住证的非本市户籍人员。

持本市有效居住证的新市民，经本人申请纳入本市新市民积分制服务范围。

第三条　港澳台居民持本市有效港澳台居民居住证申请积分服务，纳入积分制服务范围。但申请积分入户服务的，不适用本办法。

第四条　本市按照统筹兼顾、总量规划、统一管理、分类排名的原则，对需要享受相关公共服务的新市民按其所得积分高低进行分类排名，排名在公布指标数内的新市民可按有关办法享受相关积分入学、积分入户、积分入住保障房等公共服务。

第五条　新市民积分制服务管理计分指标体系由基础指标、加分指标、减分指标、一票否决指标和各区自定指标组成。各区自定指标是指各区结合自身实际设定的加分项目。

第二章　工作职责

第六条　佛山市流动人口服务管理工作领导小组负责统筹领导全市新市民积分制服务管理工作，领导小组下设新市民积分制服务管理工作协调小组办公室，与市新市民事务办公室（以下简称市新市民办）合署办公，指导各区开展新市民积分制服务工作，负责开发和维护佛山市新市民积分制服务管理信息系统（以下简称市积分系统）。

第七条　市公安局负责牵头制定全市年度积分入户指标数和分配方案，报市人民政府审批后由市公安局统一向社会公布，并报市新市民办备案。

市教育局负责指导各区确定新市民随迁子女年度积分入读义务教育阶段公办学位的指标数，于每年5月前向社会公布，并报市新市民办备案。

市住建管理局负责指导各区制订新市民公租房年度供应计划，做好新市民公租房的申请资格审核与积分排名后的公租房分配及管理工作，与市新市民办共享新市民公租房分配信息。

市政府其他有关职能部门及其在各区、镇（街道）的分支机构、派出机构和其他相关组织机构根据各自职责做好新市民积分制服务管理工作。

第八条　积分核查工作按各单位职责分工如下：

发展改革部门负责公共信用信息的核查评分。

公安机关负责涉及违法犯罪行为记录的核查评分。

教育部门负责学历证书评分、新市民随迁子女学籍档案情况的核查。

人力资源社会保障部门负责由人力资源社会保障部门核发的国家职业资格证书、专业技术资格证书，社会保险情况证明以及由人力资源社会保障部门组织举办的职业技能竞赛获奖情况的核查评分。

不动产登记部门负责不动产权证、房产证的核查评分。

卫生计生部门负责子女出生医学证明、儿童预防接种证、婚检及孕前优生健康检查证明资料、无偿献血证书及有关计划生育情况的核查评分。

科技部门负责科学技术、发明、实用新型、外观设计等专利权证书的核查评分。

市场监管部门负责工商营业执照及企业类别的核查评分。

税务部门负责纳税凭证的核查评分。

交通运输部门负责公共交通从业人员证明的核查评分。

住建管理部门负责市场化租赁住房租赁合同的核查评分。

公积金管理部门负责住房公积金缴交情况的核查评分。

新市民事务办公室负责出租屋登记备案合同、居住证、新市民表彰奖励及新市民事务办公室组织的志愿服务活动的核查评分。

团委负责由其组织的志愿者参加社会服务活动证明的核查评分。

公共事业部门负责环卫从业人员证明的核查评分。

中心血站负责成功无偿献血人员的核查评分。

红十字会负责中华骨髓库捐献志愿者的核查评分。

第九条　各区人民政府应当将为居住证持有人提供基本公共服务的积分工作纳入国民经济和社会发展规划，完善财政转移支付制度，将提供基本公共服务和便利所需费用纳入财政预算。

各区应参照市的做法相应成立区新市民积分制服务管理工作协调小组办公室（以下简称区积分办），负责具体实施积分制服务管理的日常工作，并指导镇（街道）新市民积分制服务管理工作协调小组办公室［以下简称镇（街道）积分办］设立新市民积分制服务受理窗口，做好新市民积分统计、排名、公示、报送工作。

区教育主管部门根据各区、镇（街道）教育资源分布情况和外来常住人口规模，每年提供一定数量的公办学位入学指标数给新市民随迁子女申请入读，按期公布可提供给新市民随迁子女入学的学位数等各类信息，并报区人民政府和市教育局备案。

第十条 各镇（街道）积分办具体负责新市民积分制服务管理的申请受理、资料审核、信息录入、材料传递和档案保存等工作，受理新市民积分制服务管理相关投诉。

各镇（街道）积分办及相关职能部门应将具备条件的受理窗口和涉及新市民积分制入户、入学、入住等公共服务的审批事项进驻行政服务中心办理，设立综合服务窗口，实行“一门式一网式”服务。

第十一条 积分制服务受理窗口及相关部门使用市积分系统开展积分申请受理、资料审核、信息录入、核查评分等积分服务管理工作，共享发展改革、人力资源社会保障、公安、教育、住建管理、卫生计生等有关部门的数据资源，以“互联网+政务服务”为基础，实行网上申请、查询、审核、评分、排名、公示等“一门式一网式”服务。受理积分申请材料一次性告知，实行“最多跑一次”制度。积分制相关申请表格可以在佛山市新市民服务信息网下载，以及各级行政服务中心和流管服务站领取。

第三章 积分规则

第十二条 新市民积分制服务管理按照“个人自愿、分区申请、统一管理、动态调整”的工作模式，全市统一积分项目、项目分值、计分办法和信息系统，各区享有一定的自主加分权。

新市民申请人在符合相关申请条件的前提下，以积分排名从高到低的方式获得公共服务。在总积分相同、排名并列的情况下，以首次在我市办理《广东省居住证》的先后时间确定排名。

第十三条 入读义务教育阶段公办学位积分排名以学年为单位开展。入户积分排名以季度为单位开展。入住公租房的申请时间以各区公布为准。

第十四条 申请积分制服务的新市民应在积分申请截止时间前向各镇（街道）新市民积分制服务受理窗口或通过市积分系统提供相关证明材料，经核实纳入个人积分档案。

新市民有伪造或提供虚假申请资料等不诚信行为的，一经发现，取消当年积分申请资格；取得入户、入学、入住资格的，取消其相应资格，且两年内不得在我市申请积分制服务。

第十五条 新市民及其配偶同时申请积分制服务的，只取夫妻其中一方积分。

第十六条 新市民在申请积分制服务过程中，对核查评分结果有异议的，可在评分结果公示之日起5个工作日内向区、镇（街道）积分办申请再次核查。区、镇（街道）积分办应在成绩公示期内将材料转送相关职能部门再次核查，相关职能部门应在成绩公示期内完成再次核查，并将核查结果反馈积分办，由积分办统一回复申请人。如果核查后积分结果排名变动的，应当再次向社会公示。

第十七条 新市民申请的积分以当次本类别服务事项的积分结果排名确定后终止。申请积分入户的，积分入户结果名单公布后，该次积分制服务自动终止；为随迁子女申请积分入学的，积分入学结果名单公布后，该次积分制服务自动终止；申请公租房的，公租房分配结果名单公布后，该次积分制服务自动终止。

第四章 申办流程

第十八条 持本市有效居住证的新市民，如有未曾入读公办小学或初中起始年级且符合入学条件的适龄随迁子女，可在其居住地为子女申请小学一年级或初中一年级公办学位新生排名，或者登录市积分系统进行网上自助申请。具体操作流程如下：

（一）新市民可于积分申请截止时间前持居民身份证、有效居住证、父（母）子（女）关系证明材料及其他相关资料，按要求上传至市积分系统，或前往其居住地所在镇（街道）新市民积分制服务受理窗口，为随迁子女提出义务教育阶段起始年级公办学位申请。

（二）区积分办依据新市民积分情况，对积分结果进行统计、排名，并于每年6月按照全区或分镇（街道）对积

三水新城

（三水区供图）

分入学排名结果在佛山新市民服务信息网、市政府网等进行公示，公示期不少于5个工作日。教育主管部门根据公布的入学指标数和排名情况，按照相对就近入学原则统筹安排新市民子女入读公办学校，不服从安排者视为放弃入读资格。

第十九条 持本市有效居住证，在我市连续按月缴纳1年社会保险费且申请期间保持参保状态的新市民，可在其居住地申请积分入户（不含港澳台居民），或者登录市积分系统进行网上自助申请。积分入户具体操作流程如下：

（一）符合申请条件的新市民，持居民身份证、有效居住证及其他相关资料上传市积分系统，或前往其实际居住地所在镇（街道）新市民积分制服务受理窗口提出申请。

（二）区积分办于每季度对全区或镇（街道）按申请人所得积分高低进行排名，并将排名结果在佛山新市民服务信息网、市政府网进行公示，公示期不少于5个工作日。各区或各镇（街道）根据入户指标数和积分高低确定入户名单，最终确定的积分入户名单抄送同级公安机关和市新市民办。

（三）取得积分入户资格的新市民，自入户卡签发之日起6个月内凭入户卡及身份证等相关材料到公安机关户籍管理部门办理入户相关手续。逾期未办理的，视为放弃入户资格。

（四）经市（区）人民政府批准设立的单位、工业园区和社区居委会（村委会），有专人负责管理集体户口的，可以申请设立集体户。企业（含民营企业）有自有合法所有权厂房、办公楼、生活区的厂企单位，企业员工数量100人以上（含100人，通过认定的高新科技企业可不受员工人数限制），或每年纳税人民币20万元（含20万元）以上，且有专人负责管理集体户口的，可以申请设立集体户。公安机关负责集体户口的受理审批。符合积分入户条件的新市民，可入户自有合法产权住宅房屋（办理入户手续时必须要出示房产证或不动产权证原件）、集体户、政府提供长期租住的公共租赁房屋、经流动人口服务管理部门登记备案的个人合法产权租赁住宅房屋（须经房屋所有人同意），或与亲友搭户。符合入户条件的人员（含入集体户的人员），可申请为其配偶和未成年子女同时办理随迁入户手续。

具有大学本科及以上学历或中级及以上专业技术资格且男50周岁、女45周岁以下的，不受1年社保限制，申请时上1个自然月起在我市缴纳社会保险费即可以按本办法申请积分入户，也可以按我市人才引进政策直接向市、区人才交流中心提出入户申请。

第二十条 持本市有效居住证，在本市连续按月缴纳社会保险费满3年且申请家庭当年人均可支配收入低于上一年度本市人均可支配收入，在本市没有自有住房的新市民家庭，可在规定时间内申请积分入住公租房。具体操作流程如下：

（一）符合申请条件的新市民，持身份证、户口簿、有效居住证、个人收入证明、家庭成员收入证明及其他相关资料，通过市积分系统上传相关资料，或向居住地所在镇（街道）的新市民积分制服务受理窗口提出申请。积分制服务受理窗口将申请人的资格条件等相关材料，在3个工作日内录入市积分系统或通过系统传送至市住房保障信息系统，移交所在镇（街道）住建管理部门进行条件审核。

（二）区、镇（街道）住建管理部门根据住房保障相关法规的要求对申请材料的完整性、有效性以及申请人家庭收入、家庭财产、家庭住房状况是否符合承租保障性住房等条件进行审查。符合条件的，将申请人名单交回相应积分服务窗口进行积分排名并公示。住建管理部门按照积分排序结果及公共租赁住房供应情况对申请人进行分配。

经审核不符合申请条件的，由住建管理部门回复申请人，并将结果反馈给区积分办。

新市民积分入住申请资格的审核和住房分配及管理，按照《佛山市人民政府办公室关于印发佛山市保障性公共租赁住房管理办法的通知》（佛府办〔2018〕40号）等有关规定执行。

第二十一条 各区按照“互联网+政务服务”的建设要求推进政务服务“一网、一门、一次”改革，各镇（街道）积分受理窗口负责对各类积分申请资料进行初审，并将有效的纸质资料及时录入市积分系统。

镇（街道）新市民积分制服务受理窗口在审核资料过程中对资料真伪不能确定的，应通过市积分系统或将纸质资料提交区或市相关职能部门进行核查。区或市相关职能部门应当在受理之日起10个工作日内完成市积分系统核查评分工作。

已纳入积分制管理的新市民存在扣减分指标情形的，各相关单位应在确认扣减分情形之后3个工作日内将有关资料移送区积分办，区积分办在5个工作日内对相关人员的积分进行相应调整。

第二十二条 新市民向镇（街道）新市民积分制服务受理窗口提出积分申请，应提供身份证和居住证的原件及复印件，如实填写申请表格，并按《佛山市新市民积分制服务管理计分指标》（见附件）提供相关证明材料。申请人通过佛山新市民服务信息网等系统申请并上传的相关证明材料，应当按照属地新市民服务管理机构的要求，配合做好现场证件及相关证明材料核实等工作。

（一）文化程度。

应提供学历证书原件及复印件，或提供中国高等教育学生信息网（学信网）认证资料。

（二）职业资格或专业技术资格。

职业资格（含初级技工、中级技工、高级技工、技师、高级技师），应提供经国家或各省人力资源社会保障部门官方网站验证通过的职业资格证书原件及复印件。如在国家或省人力资源社会保障部门官方网站无法验证的，须向发证当地人力资源社会保障部门申请网上补录或由其出具相关证明材料。

专业技术资格，应提供专业技术资格证书原件及复印件，并同时提供评审表（或考核认定表）原件和复印件。凡在外省经评审获得专业技术资格的人员，均须按《广东省人力资源和社会保障厅关于省外来粤人员高级专业技术资格确认的暂行办法》（粤人社发〔2010〕306号）要求申请办理省外来粤专业技术资格确认，并提供确认后的专业技术资格证书原件及复印件，同时提供评审表原件和复印件。

企业评定的相当岗位等级技术技能，应提供人力资源社会保障部门出具的备案文件。

（三）社会保险。

在本市参加社会保险的，应提供参保凭证；在广东省内其他地市参加社会保险的，应提供异地参保凭证。

（四）房产情况。

应提供房屋所有权证、房地产权证、不动产权属证书原件及复印件，或经佛山房屋租赁交易监管服务平台网签备案的《佛山市房屋租赁合同》原件及复印件。

申请积分入住公租房的应提供申请人家庭在我市无房产承诺书。

（五）居住年限。

应提供在本市办理且在有效期内的《广东省居住证》原件及复印件；积分入户及积分入住申请的居住年限计算时间截至开始申请当日，积分入学申请的居住年限计算时间截至申请年度的5月31日（含当日）；居住证（暂住证）未按要求续期的断开时间不计算，其余有效居住证（暂住证）时间可连续计算。

（六）收入情况。

应提供个人及家庭成员收入情况、当年家庭人均收入证明材料等原件及复印件。

（七）计划生育。

应按照《佛山市新市民积分制服务管理计分指标》提供相关指标证明材料及《佛山市新市民积分制服务管理卫生和计划生育积分承诺表》。

（八）专利创新。

应提供科技创新奖励文件材料或专利授权证书原件及复印件。

（九）表彰奖励、竞赛获奖。

应提供表彰、获奖证书或荣誉证书原件及复印件，同时提供表彰文件或相关证明材料。

（十）社会贡献。

应提供团委或新市民事务办公室出具的参与公益或志愿等社会服务的证明原件及复印件，献血证书原件及复印件，捐献造血干细胞荣誉证书的原件及复印件。

（十一）投资纳税。

应提供工商营业执照、公司章程原件及复印件和本市税务部门出具的纳税凭证。

（十二）卫生防疫。

应提供以下材料的原件及复印件：

1. 子女的《出生医学证明》和《儿童预防接种证》；

2. 有相应资质的医疗卫生机构出具的已自愿接受婚前医学检查或孕前优生健康检查证明材料。

（十三）住房公积金缴交。

应提供住房公积金对账簿（含原住房公积金专用存折）及复印件。

（十四）特定公共服务领域。

应提供环卫、公共交通的工作证原件、复印件以及相关行业行政主管部门开具的证明。

第五章 附 则

第二十三条 《佛山市新市民积分制服务管理计分指标》需要调整的，由市新市民办会同相关职能部门拟定，报市人民政府批准后向社会公布。

第二十四条 国家和省对流动人口管理工作另有规定的，从其规定。

第二十五条 本办法由市新市民办负责解释。

第二十六条 本办法实施之日起，不再执行购房获得政策性借读生待遇政策，统一纳入积分服务体系。本办法实施之日前，已获得住宅房屋权属证书（含房屋所有权证、房地产权证、不动产权属证书）或已备案购房合同，且建筑面积不低于80平方米的，可继续按照政策性借读生有关规定执行至2019年12月31日止。

第二十七条 本办法实施之日起，不再执行《佛山市人民政府办公室关于印发佛山市进一步推进户籍制度改革实施方案的通知》（佛府办〔2016〕21号）中的“佛山市户口登记、迁移准入条件”中市外户口迁移（三）购房入户政策，统一纳入积分服务体系。

本办法实施之日前有入户需求且已获得住宅房屋权属证书的，可在2019年12月31日之前（含当日）按照佛府办〔2016〕21号文相关规定申请入户至2019年12月31日止。

本办法实施之日前，有入户需求且尚未获得住宅房屋权属证书但按照规定已完成网上认购的（含二手房），按照下列规定执行：

（一）不动产首次登记在本办法实施之日前完成的，购房业主应在本办法实施之日起3个月内完成办理不动产权属证书，在不动产权属证书登记之日起3个月内可按照佛府办〔2016〕21号文相关规定申请入户。

（二）不动产首次登记在本办法实施之日后（含实施当日）完成的，购房业主应在不动产首次登记之日起3个月内完成办理不动产权属证书，在不动产权属证书登记之日起3个月内可按照佛府办〔2016〕21号文相关规定申请入户。

（三）不动产首次登记是指开发建设主体利用建设用地建造房屋完成竣工验收后，依法向不动产登记机构申请确认权属。开发商应当及时将不动产首次登记时间告知购房业主，并积极协助购房业主办理不动产权属证书。住建管理部门按照相关规定对开发商配合购房业主办证行为进行诚信评价。

第二十八条 本办法自2019年1月1日起施行。《佛山市人民政府办公室关于印发佛山市新市民积分制服务管理办法的通知》（佛府办〔2016〕24号）同时废止。

附件：佛山市新市民积分制服务管理计分指标

新市民积分制服务管理计分指标体系由基础指标、加分指标、减分指标、一票否决指标和各区自定指标组成。其中基础指标包括合法稳定住所、合法稳定就业；加分指标包括个人文化、技能，特定的公共服务岗位，科技创新，表彰奖励，竞赛获奖，社会贡献，投资纳税，卫生防疫，住房公积金缴交，计划生育；减分指标包括失信情况和违法犯罪；一票否决指标包括申请资料造假和刑事犯罪；各区自定指标指各区结合自身实际设定的加分项目。

入学总积分＝基础分＋加分＋各区自定指标分。

入户总积分＝基础分＋加分＋减分＋各区自定指标分。

入住公租房总积分＝基础分＋加分＋减分＋各区自定指标分。

积分指标及分值如下：

一、基础指标

（一）合法稳定住所。

1. 居住证。

得分标准：居住时限每满1年积10分，最高可计120分。

居住证（暂住证）未按要求续期的断开时间不计算，其余有效居住证（暂住证）时间可连续计算，断开之前之后累计的时间满1年都可以加分。

2. 房产情况。

得分标准：本人、配偶或本人直系亲属（父母、子女）在佛山市拥有合法房产（含住宅和非住宅），按房产建筑面积每平方米积1分计分，拥有多个房产证明的，按各产权面积相加的总面积计算积分，最高可计144分。能提供房产完税材料的各区可结合实际情况在自主加分指标项中另外再设加分。

此项加分仅限于积分入学和积分入户，积分入住则为否决性指标。

3. 租住房屋。

得分标准：申请人租住在我市出租屋（已在我市流动人口综合信息系统或佛山房屋租赁交易监管服务平台登记备案，不包含自住和借住亲友房屋的），每满1年计5分，最高可计30分。出租屋登记备案断开时间不计算，其余有效登记备案时间可连续计算，断开之前之后累计的时间满1年都可以加分。

在我市内先租住房屋再购置合法房产（含住宅和非住宅），两项分值不可累加计算。

（二）合法稳定就业。

得分标准：在广东省内参加社会保险的，每满1年积5分，最高分值50分；在我市内参加社会保险的，每满1年再积10分，额外积分最高可计100分，合计最高分值150分。

二、加分指标

（一）个人文化、技能。

得分标准：

1. 文化程度得分。

得分标准：高中（中技、中职）为20分，大专为30分，本科以上为50分。按最高学历计分，不累加计算。此项加分仅限于积分入户。

2. 职业资格或专业技术资格得分。

得分标准：初级技工为20分，中级技工为40分，高级技工、专业技术资格初级为50分，技师、专业技术资格中级为60分，高级技师、专业技术资格高级为80分。按最高职业资格或专业技术资格计分，不累加计分。

（二）特定的公共服务岗位积分。

得分标准：在本市从事环卫、公共交通驾驶员工作的公共服务岗位人员，每满1年积8分，最高分值80分。

（三）科技创新。

得分标准：近5年内获得国家发明专利，专利权人、发明人每获得1项积50分。多人共有专利的，专利权人、发明人所得分数按50/(人数+1）计算，如为第一专利人（专利权人、发明人）的，加计一份平均分，即得分再“乘以2”。专利权人和发明人为同一人不重复计分，多项可累计积分。

近5年内获得实用新型专利：专利权人、发明人获得1项积40分。多人共有专利的，专利权人、发明人所得分数按40/（人数+1）计算，如为第一专利人（专利权人、发明人）的，加计一份平均分，即得分再“乘以2”。专利权人和发明人为同一人不重复计分，多项可累计积分。

近5年内获得外观设计专利：专利权人、发明人获得1项积20分。多人共有专利的，专利权人、发明人所得分数按20/（人数+1）计算，如为第一专利人（专利权人、发明人）的，加计一份平均分，即得分再“乘以2”。专利权人和发明人为同一人不重复计分，多项可累计积分。

（四）表彰奖励。

得分标准：在佛山市工作生活期间获得县处级党委、政府表彰奖励的每次积10分，最高不超过20分；获得地厅级党委、政府表彰奖励的每次积20分，最高不超过40分；获得省部级以上党委、政府表彰奖励的每次积40分，最高不超过80分。我市镇（街道）党委（党工委）表彰奖励按县处级级别积分。以上不同级别表彰奖励分值可累计积分。

（五）竞赛获奖。

得分标准：个人近5年在广东省范围内，获得区级职业技能竞赛三等奖分值为60分，二等奖分值为65分，一等奖分值为75分；获得市级职业技能竞赛三等奖分值为80分，二等奖分值为85分，一等奖分值为95分；获得省级职业技能竞赛三等奖分值为100分，二等奖分值为110分，一等奖分值为120分；获得国家级职业技能竞赛三等奖分值为130分，二等奖分值为140分，一等奖分值为150分。可累积计分。

（六）社会贡献。

得分标准：近5年内在本市从事社会服务按以下标准计分。

1. 在本市内参加志愿者或新市民办组织的社会活动每满5小时积1分，最高可计60分。

2. 在本市内无偿献血每满200毫升或献单采血小板1个治疗量积5分，最高可计60分。

3. 无偿献血行为发生在本市的无偿献血者并在本市成为中华骨髓库捐献志愿者积10分，成功实现骨髓（造血干细胞）捐献积80分。可累积计分。

（七）投资纳税。

得分标准：

1. 在我市投资设立个体工商户1年以上的积5分；设立个人独资企业、合伙企业1年以上的积10分；投资设立有限公司、股份有限公司等企业法人1年以上的积15分，以上不累加积分。

2. 近5年内（税款入库期），个人在我市累计缴纳个人所得税款每满500元积1分，累计缴纳除个人所得税外的其他税款每满10，000元积1分（个人缴纳的其他税款以经营实体中个人的出资比例计算）。

（八）卫生防疫。

得分标准：

1. 持《儿童预防接种证》，按照预防接种程序参加疫苗接种，并到现居住地预防接种门诊办理转入、转出手续者积5分。

2. 申请人及其配偶婚前自愿参加婚检或自愿参加孕前优生健康检查者积5分。

（九）住房公积金缴交。

得分标准：

1. 在本市开立住房公积金账户的，积5分。

2. 在本市按月缴交住房公积金的，每缴交1年积5分。

以上两项最高可计50分。

（十）计划生育。

得分标准：

1. 申请人或其配偶办理了户籍地核发的国家统一格式的《流动人口婚育证明》（含全国统一的电子婚育证明）或《广东省计划生育服务证》（含电子证明），到达我市后按照有关办法在居住地卫生计生部门进行验证，并按照证件的管理年限及时换证，积5分。

2. 如实填报《佛山市新市民积分制

服务管理卫生和计划生育积分承诺表》（可在佛山新市民网页下载）的积5分。在该表中能够加具申请人及其配偶户籍地（乡镇街道）卫生计生部门审核意见的，额外奖励10分。不能提供的本项不加奖励分，但不影响其他积分。

三、减分指标（适用于积分入户和积分入住）

（一）失信情况。

近5年内在国家、广东省、佛山市公共信用信息管理系统中有行政处罚信息、不良司法信用信息等不良信用记录的个人，或有行政处罚信息、不良司法信用信息、被列入异常信用名录等不良信用记录的的企业法定代表人及个体工商户户主，每宗减10分。

（二）违法犯罪。

1. 近5年内受过强制隔离戒毒处罚的，每次扣50分。

2. 近5年内因过失犯罪且情节较轻并受过刑罚处罚的，扣80分。

四、一票否决指标

（一）申请材料造假。

新市民伪造或提供虚假申请资料，或作虚假承诺的，一经发现，取消当年积分申请资格；取得入户资格的，取消其相应资格，所得积分清零，且两年内不得申请积分。

（二）刑事犯罪。

有严重刑事犯罪记录、故意犯罪记录和过失犯罪情节严重记录的，不能申请积分制服务。

五、各区自定指标

各区在本计分指标体系外可结合自身实际设定加分项目，总分数不超过60分。

·佛山市民宿管理暂行办法·

佛府办〔2018〕52号

第一章 总 则

第一条 为规范民宿经营，提升民宿服务质量，保障旅游者与经营者合法权益，根据《广东省旅游条例》等有关规定，结合我市实际，制定本办法。

第二条 本办法所称的民宿，是指经营者利用自己拥有所有权或者使用权的住宅或者其他民用建筑开办的，为旅游者提供体验当地自然景观、特色文化与生产生活方式的小型住宿设施。

第三条 在本市范围内，单幢客房数量不超过14个标准间（或单间）、最高4层且建筑面积不超过800平方米的民宿，其经营活动及相应监督管理工作适用本办法。

第四条 民宿管理遵循“政策引导、全市统筹、部门监管、体现特色”的原则，放宽市场准入，加强事中事后监管。

第五条 成立佛山市民宿发展协调小组，负责民宿发展过程中重大事项的决策及管理过程中涉及全局性、政策性问题的协调和处置，保障民宿行业持续、健康、快速发展。协调小组由市领导担任组长，市工商、住建管理、公安、旅游、财政、食品药品监管、物价、国土规划、卫生计生、环境保护、文广新、水务、农业、12345热线及消防等主管部门为成员单位，协调小组的日常工作由市旅游主管部门负责。

2018年12月18日，佛山市旅游局在南海丹灶举办佛山市民宿产业发展大会

（市文广体旅局供图）

市工商部门负责引导民宿经营者诚实守信、公平竞争，维护市场秩序。

市住建管理部门负责组织民宿建筑结构安全隐患的排查工作，负责民宿集聚区的公共环境卫生设施建设及配套服务。

市公安机关负责指导民宿安装必要的技防设施和建立自身安全防范制度，指导民宿安装、使用公安机关认可的留宿人员信息采集系统，并监督落实民宿经营者做好信息采集工作。

市消防主管部门负责指导开展民宿消防安全隐患整治和民宿消防安全培训工作。

市旅游主管部门负责推动制定民宿相关服务标准，制定民宿管理及扶持政策，开展民宿宣传推广，指导开展民宿经营者及从业人员业务培训工作，鼓励发展具有岭南文化特色的精品民宿。

市财政部门负责根据市政府批复安排和拨付相关财政资金。

市食品药品监管部门负责做好民宿食品经营许可证发放，督促落实餐饮从业人员健康管理，依法查处餐饮服务无证经营行为。

市物价主管部门负责对民宿价格和收费行为进行监管。

市12345热线主管部门负责指导、协调各成员单位处理民宿有关的热线。

其他有关行政主管部门按照各自职责，负责民宿相关的监督管理工作。

各区要相应建立民宿发展的统筹协调工作机制，成立联合审核工作小组，指定专门的管理部门，负责对本区民宿进行联合审核。

第六条 各镇（街道）人民政府（办事处）负责本行政区域内民宿的日常管理和服务工作。各村（居）委会协助有关部门和镇（街道）人民政府（办事处）开展民宿监管工作。村（社区）可以通过自治规则、村规民约，对民宿经营活动加以规范。

第七条 鼓励成立民宿行业协会。民宿行业协会应发挥行业自律和行业服务作用，接受行业管理部门的业务指导，制定服务规范，参与民宿等级的评定与复核，为会员提供信息咨询、产品推广、培训交流、争议协调等服务。

第二章　开办条件

第八条　民宿建筑应系合法建筑，符合有关房屋质量安全要求。新建、改建的建筑物应符合城乡规划的相关规定和有关工程建设强制性标准，依法设计、施工；改建的建筑物，不得破坏建筑主体和承重结构，必要时还应采取加固措施并进行安全鉴定，确保建筑使用安全。

房屋外观及建筑风貌应与佛山特色的广府文化、岭南建筑文化的景观环境相协调。

第九条　位于镇、村的，利用村民自建住宅进行改造的民宿，其消防安全要求按照《住房城乡建设部 公安部 国家旅游局关于印发农家乐（民宿）建筑防火导则（试行）的通知》（建村〔2017〕50 号）执行。

利用其他住宅进行改造的民宿，其消防安全要求参照建村〔2017〕50 号文执行。

利用住宅之外的其他民用建筑进行改造的民宿，其消防安全应符合《建筑设计防火规范》GB50016—2014（2018 版）。

第十条　民宿经营应符合以下治安管理基本要求：

（一）安装公安机关认可的留宿人员信息采集系统，按照规定进行住客实名登记，并按要求上传公安机关；

（二）配备必要的防盗、视频监控等治安防范设施，客房的门、窗需符合防盗要求；

（三）配备专职或兼职治安保卫人员。

第十一条　民宿选址应符合本行政区域内的土地利用总体规划、城乡规划和旅游发展规划。

第十二条　民宿应保持环境卫生整洁。布草、茶杯等公用物品要严格做到一客一换一消毒。设置布草间，洗消间。配备专职或兼职卫生管理人员。从业人员应持有有效健康合格证明。

涉及食品经营的，应确保食品来源、加工、流通等环节的卫生安全。

民宿餐饮服务单位应上线佛山“阳光餐饮”工程项目，向消费者展示食品加工制作关键过程，接受消费者监督。

第十三条　民宿应接入污水管网，暂不具备条件的，应配备必要的污水处理设施，确保生活和餐饮污水无害化处理后达标排放。生活、餐饮垃圾宜分类处理。

自然保护区、饮用水水源一级保护区、风景名胜区的核心景区等区域，禁止新建、改建、扩建民宿项目。饮用水水源一级保护区内原有民宿项目要逐步清理。

第三章　开办程序

第十四条　民宿经营者应依法申领《营业执照》《食品经营许可证》等。

第十五条　各区人民政府根据各区实际，制定配套的民宿备案管理文件。民宿经营者应自营业之日起 20 个工作日内到区人民政府指定的管理部门登记备案。

区人民政府指定的管理部门在收到民宿备案材料后，对备案材料是否齐全、是否符合法定形式进行联合审核，符合条件的，予以登记备案并发放统一的民宿标识牌，明确经营范围为“民宿经营”。不符合条件的，应出具不符合条件告知书，民宿经营者在整改后可重新申请。

本办法施行之前已开展民宿经营的单位和个人，应自本办法施行之日起 3 个月内办理登记备案手续。

民宿发生产权、经营权或经营范围变更时，民宿经营者应及时办理变更登记，决定停业的，应在停业前到区人民政府指定的管理部门办理民宿注销登记手续，并交回民宿标识牌。

第四章　经营规范

第十六条　民宿经营者聘请非家庭人员从业的，应遵守劳动法律、法规的规定，应与聘用人员签订劳动合同。

第十七条　民宿经营应公开服务项目和服务收费标准，实行明码标价。在显眼位置公布 12345 热线或旅游主管部门投诉电话 12301。

第十八条　民宿经营者为民宿安全生产第一责任人，承担安全生产和消防安全的主体责任。应建立安全管理制度和应急预案。对可能危及住客人身、财产安全的事宜，以明示的方式事先向住客作出说明或者警示。

第十九条　民宿经营者提供的民宿服务信息和广告宣传必须真实可靠，不得做虚假宣传，不得欺骗消费者。

网络交易第三方平台为消费者提供民宿代订服务的，应确保民宿信息的真实性。

第二十条　鼓励民宿经营者投保公众责任险、火灾事故险、雇佣人员人身伤害意外险等商业保险，防范经营风险。

第二十一条　民宿提供汽车租赁、婚纱摄影、垂钓、采摘、旅游商品销售及其他娱乐休闲服务的，应遵循相关行业管理法律、法规的规定，确保服务安全规范。

第二十二条　民宿经营者应当按照有关主管部门的要求，定期报送有关统计数据。

第五章　监督管理

第二十三条　全市各级工商、住建管理、公安、消防、旅游、卫生计生、环境保护、物价、食品药品监管等有关主管部门应建立民宿日常监督检查制度，可采取专项检查、实地核查、随机抽查、网络监测等方式，提高监管实效。及时通报民宿违法违规经营行为等相关监督检查信息，必要时可在本辖区政府网站或主要媒体向社会公告。

第二十四条　鼓励民宿经营者公开承诺经营规范和服务标准。鼓励社会机构开展民宿服务质量与信用评价，引导社会力量广泛参与舆论监督。

第二十五条　对于不符合本办法要求的，全市各级工商、住建管理、卫生计生、环境保护、公安等主管部门依据《中华人民共和国城乡规划法》《中华人民共和国建筑法》《建设工程质量管理条例》《中华人民共和国食品安全法》《中华人民共和国环境保护法》《中华人民共和国水污染防治法》等法律、法规进行查处。

第六章　附　则

第二十六条　本办法自印发之日起施行，有效期 3 年。

第二十七条　本办法由市旅游主管部门负责解释。

2018年市政府规范性文件目录

序号	文件标题（规范性文件编号）	字号
1	佛山市人民政府关于印发佛山市国有建设用地使用权价格及租金计收标准的通知（FSFG2018006号）	佛府〔2018〕23号
2	佛山市人民政府关于印发佛山市节约用水管理办法的通知（FSFG2018020号）	佛府〔2018〕48号
3	佛山市人民政府关于印发佛山市气瓶安全监管改革实施方案的通知（FSFG2018022号）	佛府〔2018〕54号
4	佛山市人民政府关于划定禁止使用高排放非道路移动机械区域的通告（FSFG2018039号）	佛府〔2018〕92号
5	佛山市人民政府办公室关于印发佛山市食盐储备管理办法的通知（FSFG2018001号）	佛府办〔2018〕1号
6	佛山市人民政府办公室关于进一步深化安全生产责任保险工作的实施意见（FSFG2018002号）	佛府办〔2018〕2号
7	佛山市人民政府办公室关于修订佛山市道路交通事故社会救助基金管理实施办法的通知（FSFG2018003号）	佛府办〔2018〕3号
8	佛山市人民政府办公室关于印发佛山市城镇土地使用税税额标准调整方案的通知（FSFG2018004号）	佛府办〔2018〕4号
9	佛山市人民政府办公室关于印发佛山市科技创新载体后补助试行办法的通知（FSFG2018005号）	佛府办〔2018〕6号
10	佛山市人民政府办公室关于印发佛山市推动机器人应用及产业发展扶持方案（2018—2020年）的通知（FSFG2018007号）	佛府办〔2018〕9号
11	佛山市人民政府办公室关于印发佛山市生态控制线管理办法的通知（FSFG2018008号）	佛府办〔2018〕10号
12	佛山市人民政府办公室关于印发佛山市产业转移资金管理办法的通知通知（FSFG2018009号）	佛府办〔2018〕11号
13	佛山市人民政府办公室关于修订佛山市商业银行科技支行认定及管理暂行办法的通知（FSFG2018010号）	佛府办〔2018〕12号
14	佛山市人民政府办公室关于加强政策性小额贷款保证保险工作的通知（FSFG2018011号）	佛府办〔2018〕13号
15	佛山市人民政府办公室关于印发佛山市促进债券融资发展扶持办法的通知（FSFG2018012号）	佛府办〔2018〕14号
16	佛山市人民政府办公室关于印发佛山市违法采砂运砂行为举报奖励办法的通知（FSFG2018013号）	佛府办〔2018〕15号
17	佛山市人民政府办公室关于印发佛山市公立医疗机构药品和医用耗材集中采购试行办法的通知（FSFG2018014号）	佛府办〔2018〕16号
18	佛山市人民政府办公室关于修订佛山市城市建筑垃圾管理办法的通知（FSFG2018015号）	佛府办〔2018〕18号
19	佛山市人民政府办公室关于印发佛山市引进和培育优质高等教育资源若干扶持政策的通知（FSFG2018016号）	佛府办〔2018〕20号
20	佛山市人民政府办公室关于推进商业、商务办公用房改建为租赁住房加快租购并举住房制度建设工作的通知（试行）（FSFG2018017号）	佛府办〔2018〕21号
21	佛山市人民政府办公室关于印发佛山市网上中介服务超市管理暂行办法的通知（FSFG2018018号）	佛府办〔2018〕22号

（续表）

序号	文件标题（规范性文件编号）	字号
22	佛山市人民政府办公室关于印发佛山市城市地下综合管廊管理试行办法的通知（FSFG2018019 号）	佛府办〔2018〕23 号
23	佛山市人民政府办公室关于印发佛山市非居民用水累进加价实施方案的通知（FSFG2018021 号）	佛府办〔2018〕25 号
24	佛山市人民政府办公室关于深入推进城市更新（“三旧”改造）工作的实施意见（试行）（FSFG2018023 号）	佛府办〔2018〕27 号
25	佛山市人民政府办公室关于印发佛山市城市棕线管理办法的通知（FSFG2018024 号）	佛府办〔2018〕28 号
26	佛山市人民政府办公室关于修订佛山市科技创新团队资助办法的通知（FSFG2018025 号）	佛府办〔2018〕29 号
27	佛山市人民政府办公室关于加快全面推广绿色建筑的意见（FSFG2018026 号）	佛府办〔2018〕30 号
28	佛山市人民政府办公室关于印发佛山市建设工程混凝土临时搅拌站（拌合点）监督管理办法的的通知（FSFG2018027 号）	佛府办〔2018〕31 号
29	佛山市人民政府办公室关于印发佛山市深入推进创新驱动助力工程专项资金管理办法的通知（FSFG2018028 号）	佛府办〔2018〕32 号
30	佛山市人民政府办公室关于印发佛山市标准化战略资金管理办法的通知（FSFG2018029 号）	佛府办〔2018〕35 号
31	佛山市人民政府办公室关于印发佛山市工程建设项目招标投标管理办法的通知（FSFG2018030 号）	佛府办〔2018〕36 号
32	佛山市人民政府办公室关于印发佛山市既有住宅加装电梯管理办法的通知（FSFG2018031 号）	佛府办〔2018〕37 号
33	佛山市人民政府办公室关于印发佛山市高等教育高层次人才引进扶持办法的通知（FSFG2018032 号）	佛府办〔2018〕38 号
34	佛山市人民政府办公室关于印发佛山市政府投资建设工程工资支付管理暂行办法的通知（FSFG2018033 号）	佛府办〔2018〕39 号
35	佛山市人民政府办公室关于印发佛山市保障性公共租赁住房管理办法的通知（FSFG2018034 号）	佛府办〔2018〕40 号
36	佛山市人民政府办公室关于划定养殖水域滩涂禁养区、限养区、养殖区和规范水产养殖管理的意见（FSFG2018035 号）	佛府办〔2018〕41 号
37	佛山市人民政府办公室关于印发佛山市促进融资租赁发展扶持办法的通知（FSFG2018036 号）	佛府办〔2018〕43 号
38	佛山市人民政府办公室关于修订佛山市新市民积分制服务管理办法的通知（FSFG2018037 号）	佛府办〔2018〕45 号
39	佛山市人民政府办公室关于印发佛山市城镇独生子女父母计划生育奖励办法的通知（FSFG2018038 号）	佛府办〔2018〕46 号
40	佛山市人民政府办公室关于印发佛山市市级统筹路网项目建设管理暂行办法的通知（FSFG2018040 号）	佛府办〔2018〕48 号
41	佛山市人民政府办公室关于印发佛山市利用集体建设用地建设租赁住房管理办法（试行）的通知（FSFG2018041 号）	佛府办〔2018〕51 号
42	佛山市人民政府办公室关于印发佛山市民宿管理暂行办法的通知（FSFG2018042 号）	佛府办〔2018〕52 号

（市府办）

索 引

说 明

一、本索引采用主题分析方法，款目按汉语拼音字母（同音字按声调）顺序排列。

二、文中类目题、分目题用黑体字标明，其余用宋体字排印。

三、索引款目后的数字表示内容所在的页码，数字后面的英文字母（a、b、c）表示栏别（即版面的左、中、右栏）。

四、本索引部分款目在主标目下设副标目，副标目空两字起排；同一主题的“参见”只标页码。

五、本索引对《特载》《2018 佛山大事记》《法规·文件》等类目不作内容主题分析；书中的图表仅对其标题进行索引，并在其款目后分别注明“表”或“图”。

A

B

C

D

E

F

H

J

T

Y

Z

数字首

英文字母首